D1930968

Mannheim und sein Nationaltheater

Daß die Bühne
» unter allen Erfindungen des Luxus und allen Anstalten zur gesellschaftlichen Ergötzlichkeit den Vorzug verdiene, haben selbst ihre Feinde gestanden. Aber was sie hier leistet, ist wichtiger, als man gewohnt ist zu glauben.

Die menschliche Natur erträgt es nicht, ununterbrochen und ewig auf der Folter der Geschäfte zu liegen, die Reize der Sinne sterben mit ihrer Befriedigung. Der Mensch, überladen von tierischem Genuß, der langen Anstrengung müde, vom ewigen Triebe nach Tätigkeit gequält, dürstet nach bessern auserlesenern Vergnügungen, oder stürzt zügellos in wilde Zerstreuungen, die seinen Hinfall beschleunigen und die Ruhe der Gesellschaft zerstören. Bacchantische Freuden, verderbliches Spiel, tausend Rasereien, die der Müßiggang ausheckt, sind unvermeidlich, wenn der Gesetzgeber diesen Hang des Volks nicht zu lenken weiß. Der Mann von Geschäften ist in Gefahr, ein Leben, das er dem Staat so großmütig hinopferte, mit dem unseligen Spleen abzubüßen – der Gelehrte zum dumpfen Pedanten herabzusinken – der Pöbel zum Tier. Die Schaubühne ist die Stiftung, wo sich Vergnügen mit Unterricht, Ruhe mit Anstrengung, Kurzweil mit Bildung gattet, wo keine Kraft der Seele zum Nachteil der andern gespannt, kein Vergnügen auf Unkosten des Ganzen genossen wird. Wenn Gram an dem Herzen nagt, wenn trübe Laune unsere einsamen Stunden vergiftet, wenn uns Welt und Geschäfte anekeln, wenn tausend Lasten unsere Seele drücken und unsere Reizbarkeit unter Arbeiten des Berufs zu ersticken droht, so empfängt uns die Bühne – in dieser künstlichen Welt träumen wir die wirkliche hinweg, wir werden uns selbst wieder gegeben, unsere Empfindung erwacht, heilsame Leidenschaften erschüttern unsere schlummernde Natur und treiben das Blut in frischeren Wallungen. Der Unglückliche weint hier mit fremdem Kummer seinen eigenen aus – der Glückliche wird nüchtern und der Sichere besorgt. Der empfindsame Weichling härtet sich zum Manne, der rohe Unmensch fängt hier zum erstenmal zu empfinden an. Und dann endlich – welch ein Triumph für dich, Natur! – so oft zu Boden getretene, so oft wieder auferstehende Natur! – wenn Menschen aus allen Kreisen und Zonen und Ständen, abgeworfen jede Fessel der Künstelei und der Mode, herausgerissen aus jedem Drange des Schicksals, durch e i n e allwebende Sympathie verbrüdert, in e i n Geschlecht wieder aufgelöst, ihrer selbst und der Welt vergessen und ihrem himmlischen Ursprung sich nähern. Jeder einzelne genießt die Entzückungen aller, die verstärkt und verschönert aus hundert Augen auf ihn zurückfallen, und seine Brust gibt jetzt nur e i n e r Empfindung Raum – es ist diese: ein M e n s c h zu sein. «

Friedrich Schiller
Aus: Was kann eine gute stehende Schaubühne eigentlich wirken?
(Vorgelesen bei einer öffentlichen Sitzung der Kurpfälzischen deutschen Gesellschaft zu Mannheim im Jahr 1784)

Das Schiller-Denkmal von Carl Cauer (1828–1885) vor dem alten Nationaltheater auf B 3.
Abzug von historischer Platte, um 1935.
RMM, Thslg.

Das Theater und die Jesuiten-Kirche in Mannheim. Kupferstich von Joseph Anton Klauber (um 1779–1837), Augsburg, erschienen im Verlag von Tobias Löffler. Mannheim, um 1810. RMM

Karin v. Welck (Hrsg.)

Schriften zur Mannheimer Theater- und Musikgeschichte

Band 1

Das neue Nationaltheater am Goetheplatz *nach dem Umbau 1992/94. Foto: Frank Heller. RMM, Thslg.*

Mannheim und sein Nationaltheater

Menschen – Geschichte(n) – Perspektiven

Liselotte Homering und Karin v. Welck (Hrsg.)

Mit Geleitworten von

August Everding, Lothar Mark, Winrich Meiszies,
Ulrich Schwab und Gerhard Widder

Mit Beiträgen von

Claudia Balk, Herbert Beierbach, Lutz Beutling,
Karl Bossert, Waltraud Brunst, Sibylle Dahms,
Brigitte Dormann, Dieter Dümas, Konrad Dussel,
Sibilla Erhart, Ursula Gornik-Skibbe, Michael Hampe,
Kurt Heinz, Wilhelm Herrmann, Edwin Hoffmann,
Ulla Hofmann, Liselotte Homering, Alfred Huber,
Susanne Kaulich, Jürgen Kirschner, Joachim Klement,
Bruno Klimek, Heide Koch, Stefan Koch, Wilhelm Kreutz,
Andreas Krock, Silke Leopold, Jun Märkl, Georg Metz,
Albert Ostermaier, Arnold Petersen, Stefan Ritter,
Eduard Roth, Friedrich Schiller, Michael Winrich Schlicht,
Heinz Schönfeldt, Klaus Schultz, Ulrich Schwab,
Reinhard Stenzel, Achim Weizel und Karin v. Welck

Reiss-Museum Mannheim

Konzeption
Liselotte Homering

Redaktion
Grit Arnscheidt, Dieter Dümas,
Wilhelm Herrmann, Liselotte Homering,
Susan Kentner, Karin v. Welck

Bildrecherche, -auswahl und -texte
Liselotte Homering

Schlußredaktion
Wilhelm Herrmann, Liselotte Homering
und Susan Kentner

Bearbeitung der Bibliographie
Dieter Dümas

Texterfassung
Elke Rieber

Foto auf dem Umschlag
Hans-Jörg Michel, Nationaltheater Mannheim
Henrik Ibsen, *Baumeister Solness*
Mannheimer Erstaufführung, 5. März 1995
Nationaltheater, *Schauspielhaus*

Layout
Bärbel Waser

Produktionsbetreuung
Reinhard Hechelhammer

Gesamtherstellung
Mitterweger Werksatz GmbH, Plankstadt

Sollten, trotz intensiver Recherchen, Rechte
an Fotografien unberücksichtigt geblieben sein,
bitten wir um Mitteilung.

© 1998
Reiss-Museum Mannheim
Palatium Verlag · Mannheim,
Autoren und Fotografen

Diese Publikation erscheint als Begleithandbuch
zur theatergeschichtlichen Dauerausstellung
des Reiss-Museums,
»Mannheim und sein Nationaltheater –
Bretter, die die Welt bedeuten«.

STADT MANNHEIM

Die Deutsche Bibliothek – CIP-Einheitsaufnahme
Mannheim und sein Nationaltheater:
Menschen – Geschichte(n) – Perspektiven /
Reiss-Museum Mannheim, Liselotte Homering
und Karin v. Welck (Hrsg.). Mit Beitr. von
Claudia Balk ... - Mannheim: Palatium Verl., 1998
(Schriften zur Mannheimer Theater- und
Musikgeschichte ; Bd. 1)
ISBN 3-920671-27-9

Dank

Gedruckt aus Landesmitteln durch die
Arbeitsstelle für literarische Museen,
Archive und Gedenkstätten in
Baden-Württemberg, Marbach am Neckar

Wir danken darüber hinaus den großzügigen
Förderern dieses Projektes

Stadt Mannheim

Dresdner Bank AG in Mannheim

Freunde und Förderer des Nationaltheaters e.V.

Förderkreis für das Reiss-Museum e.V.

Otto-Mann-Stiftung der Universität Mannheim

Rotary Club Mannheim-Kurpfalz

Dieses Buch ist dem Andenken von Herbert Meyer, Direktor des Reiss-Museums Mannheim von 1968 bis 1973 und Initiator der Mannheimer Theatersammlung in ihrer jetzigen Form, sowie den ehrenamtlichen Mitarbeiterinnen der Theatersammlung des Reiss-Museums Mannheim in Dankbarkeit zugeeignet.

Die Herausgeberinnen

Inhalt

An Stelle eines Prologs

Die Theatersammlung des Reiss-Museums Mannheim

Vier Sparten Theater

Schauspiel

Oper

Tanztheater

Chronologie

Namen, Daten, Fakten

An Stelle eines Prologs

Vorwort

Karin v. Welck und *Liselotte Homering*

Mannheim und sein Nationaltheater · Menschen – Geschichte(n) – Perspektiven: kein herkömmliches Buch über Mannheims liebstes und teuerstes Kind, keine chronologische Theatergeschichte der vergangenen vierzig Jahre, seitdem das Nationaltheater seine neue Wirkungsstätte am *Goetheplatz* erhalten hat. Sondern ein Buch, das den Standort des Nationaltheaters heute markiert, in einer Zeit des Umbruchs, in einer sich verändernden Kulturlandschaft, einer sich verändernden Welt. Zudem ist das Buch – nicht zuletzt – das begleitende Handbuch zur Ausstellung *Mannheim und sein Nationaltheater – Bretter, die die Welt bedeuten,* das heißt das Lesebuch zur Dauerausstellung des Theatermuseums im Reiss-Museum der Stadt Mannheim, in dem Themen angesprochen und vertieft werden, auf die in der Ausstellung zum Teil nur hingewiesen werden kann.

Wir verstehen das Buch jedoch nicht allein als notwendige Ergänzung zur Ausstellung, sondern auch als Ergänzung, zum Teil als Fortschreibung der bisher vorliegenden Publikationen zum Mannheimer Nationaltheater, wie etwa von Anton Pichler (1879), Ernst Leopold Stahl (1929) und Herbert Meyer (1979). Dabei war es unser Ziel, aufbauend auf den chronologischen Stationen der Dauerausstellung, eine möglichst facettenreiche, thematisch geordnete Darstellung vorzulegen, die inhaltlich auf die in Mannheim vertretenen vier Sparten Bezug nimmt. Aus diesem Grund haben wir sowohl »Theatermenschen« vor und hinter den Kulissen als auch Wissenschaftler, Kritiker und Kulturpolitiker gebeten, an dieser Bestandsaufnahme mitzuarbeiten.

Zu Beginn des Projektes hätten wir nicht zu hoffen gewagt, daß tatsächlich gelingen könnte, was im Lauf der Arbeit geschah: Für das nun vorliegende Buch wurden ganze Kapitel der Geschichte des Mannheimer Nationaltheaters neu geschrieben, ja oft zum ersten Mal überhaupt bearbeitet, so beispielsweise in den Beiträgen über das Mannheimer Tanztheater (Sibylle Dahms), das Kinder- und Jugendtheater *Schnawwl* (Jürgen Kirschner), über die Entwicklung des Mannheimer Opernrepertoires (Silke Leopold), die Mannheimer Geschichte der Theaterfotografie (Claudia Balk), über die Zeit des französischsprachigen Schauspiels und der Wandertruppen vor der Gründung des Nationaltheaters (Wilhelm Herrmann) .

Daß neben den wissenschaftlichen Aufsätzen und den kulturpolitischen Statements auch Zeitzeugen zu Wort kommen, ist vor allem Waltraud Brunst, Joachim Klement und Stefan Koch zu danken, denen zwar die undankbare Aufgabe zufiel, aus der Fülle der möglichen Interviewpartner einige wenige auswählen zu müssen, denen es in ihren Gesprächen jedoch gelang, etwas von der besonderen Atmosphäre erlebbar zu machen, die die Arbeit am und für das Nationaltheater auszeichnet. Die Anordnung der Interviews folgt übrigens – weitgehend – dem Alphabet, lediglich in den Kapiteln über die Mannheimer Operngeschichte und das »Theater in der Kritik« wurde dieses System zu Gunsten einer »Themenzuordnung« unterbrochen.

An dieser Stelle gilt darüber hinaus unser herzlicher Dank allen, die unser Buchprojekt mit Rat, Tat, Hilfe, Geduld und Wohlwollen unterstützt, gefördert und begleitet haben.

Die einzigen literarischen Texte innerhalb des Buches stammen von Friedrich Schiller und Albert Ostermaier, dem ersten und dem »ersten neuen« Theaterdichter des Nationaltheaters – gleichsam symbolisch umrahmen sie die Beiträge dieses Bandes.

Eine besondere Freude ist es für uns, daß wir mit diesem Buch unsere große Schriftenreihe zur Mannheimer Theater- und Musikgeschichte eröffnen können. Mit dieser Reihe bieten wir in Zukunft Wissenschaftlern, die sich speziell mit der reichen und vielfältig überlieferten regionalen Theater- und Musiktradition befassen, ein Forum.

Carl Hagemann, zweimal Intendant des Mannheimer Nationaltheaters zu Beginn dieses Jahrhunderts, hat das Bonmot geprägt, Mannheim habe der Einwohnerzahl entsprechend viele Intendanten und nur einen Einwohner (den Intendanten!). Womit er vor allem der Lust an der kritisch-konstruktiven Anteilnahme vieler Mannheimer Bürgerinnen und Bürger für »ihr« Nationaltheater Rechnung trug. Ob diese Lust heute noch so groß ist wie vor einigen Jahrzehnten? Das Buch jedenfalls versucht, nicht nur die Erinnerung an die große Tradition des Mannheimer Nationaltheaters wach zu halten, sondern auch Perspektiven zur fälligen Neuorientierung aufzuzeigen.

Mannheim, im Dezember 1997

Ein Wort vorab

August Everding
Staatsintendant und Präsident des Deutschen Bühnenvereins

Sie haben 1997 ein bedeutendes Jubiläum Ihres Theaters begangen. Ein Theater, das immer mit seiner ruhmreichen Vergangenheit, seiner lebendigen Gegenwart und seiner hoffnungsvollen Zukunft leben mußte und muß. Dieses »Theaterbuch« wird die Geschichte anschaulich schildern, wird darlegen, was dem Theater nottut und was die Zukunft uns hoffentlich – und hoffentlich nicht – beschert. »Ein Wort vorab« aber fordert eine Stellungnahme. Vergangenheit belastet nicht nur, es gilt auch, Bewährtes zu bewahren, Gegenwart ist nicht deshalb schon gut, weil sie jung, modern und gegenwärtig ist. Zukunft ist bedrohlich und verheißend. Aus der Vergangenheit können wir lernen und müssen wir vieles vergessen, denn Moden darf man nicht nachlaufen. Wer den Zeitgeist heiratet, wird bald Witwe sein. Und die Zukunft kann gefährlich werden, wenn man glaubt, an der Kultur sparen zu können und daß Akzeptanz das Markenzeichen für Qualität sei. Sie kann gefährlich werden, wenn alles noch schneller, noch problemloser, noch vorgefertigter konsumiert werden soll, wenn die Musicalitis uns überschwemmt, wenn das Repertoire- und Ensembletheater in Frage gestellt wird.

Aber die Zukunft kann auch vielversprechend sein, wenn die Politiker nicht mehr nur versprechen, sondern mit uns im Boot sitzend dafür eintreten, daß zu einer Stadt nicht nur ein Rathaus, eine Kirche, ein Hospital und meinetwegen eine Bank, sondern essentiell ein Theater gehört. Theater nicht als Amüsierschuppen, nicht als Elitetempel, sondern als Zentrum einer Stadt, wo anregend, aufregend, anstößig, lustvoll, erheiternd und bildend Theater gemacht und vorgeführt wird. Und gerade Mannheim hat bewiesen, was das Theater für eine Stadt bedeuten kann. Hier wurde sich auseinander- und zusammengesetzt, hier war Krieg und Frieden um das Theater, hier haben Uneinsichtige und Einsichtige regiert. Theater in Mannheim war das Heim für Männer und Frauen, es war der Ort, an dem man sich traf und die Zuschauer treffen konnte. Wie oft ist das Theater schon totgesagt und manchmal totgespart worden – es hat immer überlebt. Diese Gewißheit darf uns aber nicht lähmen, wir müssen für unsere Theater – für alle, die großen und kleinen – kämpfen. Daß dieser stete, notwendige und hoffentlich notwendende Kampf in Mannheim erfolgreich ausgehe, dem sei dieses »Wort vorab« gewidmet.

Zum Geleit

Gerhard Widder
Oberbürgermeister der Stadt Mannheim

»Mannheim ist ein Theater, um das herum eine Stadt gebaut wurde.« Dieses Zitat beschreibt einerseits die enge Bindung, die große Teile der Bürgerschaft der Stadt – aber auch Menschen weit in die Region hinaus – zu ihrem Nationaltheater haben. Es beschreibt andererseits aber auch die hohe Aufmerksamkeit, die alle Vorgänge am Theater finden, seien sie – wie traditionell in Mannheim – positiver Art, seien sie aber auch kritischer Art.

Durch seine Entscheidungen bis in die jüngsten Tage hinein hat der Mannheimer Gemeinderat immer wieder bewiesen, welchen Stellenwert er dem Nationaltheater beimißt und damit gleichzeitig bezeugt, welche zentrale Funktion das Theater für das kulturelle Leben der Stadt und der Region wahrnimmt und auch künftig wahrzunehmen hat. Das geistige Leben einer Stadt – und Kunst und Kultur sind dabei von herausragender Bedeutung – macht eine Stadt unverwechselbar, gibt ihr das ihr eigene Gepräge, trägt dazu bei, sie zu dem zu machen, was Ziel von unser aller Handeln sein muß: Die »Stadt = Heimat ihrer Bürgerinnen und Bürger.« Diese Unverwechselbarkeit ist es auch, die eine Stadt und die Region im Wettbewerb der Regionen bestehen lassen. In der Ausdrucksweise unserer Zeit spricht man dabei auch von den sogenannten *weichen* Standortfaktoren.

Vielleicht mehr als andere Kulturinstitutionen lebt das Theater vom Wechsel und vom Wandel. Dennoch muß auch das Theater ab und an innehalten und sich seiner eigenen Position bewußt werden, nachdenken über seine Geschichte und seine Tradition, nachdenken über seine Stellung in der Gesellschaft. Deshalb ist es mir eine besondere Freude, daß sich unter vielen anderen auch ein so großer Kreis von ehemals und jetzt Verantwortlichen für das Nationaltheater in dem vorliegenden Buch zusammengefunden hat, um unter den verschiedensten Aspekten über Fragen, die das Theater in unserer Zeit betreffen, nachzudenken und sich aufgrund ihres großen Erfahrungsschatzes hierzu zu äußern. Probleme werden aufgezeigt und Lösungswege geboten, die nicht nur für Mannheims Theater zur Diskussion beitragen können.

Das Nationaltheater ist ein Teil unserer Stadt, und das gilt naturgemäß auch für die finanzielle Situation – von der in diesem Buch gleichfalls häufig die Rede ist. Auch die Theaterfinanzierung unterliegt den Zwängen kommunaler Finanzen. Aber, und dazu bekennen sich gerade in dieser Zeit die in Mannheim kommunalpolitisch Verantwortlichen, Kunst und Kultur verlieren auch in finanziell angespannten Zeiten nicht ihre Bedeutung für die städtische Gemeinschaft. Es gilt, alle Möglichkeiten auszuschöpfen, um mit knapper werdenden Mitteln ein ansprechendes und anspruchsvolles Angebot aufrechterhalten zu können. Dazu sind auch neue Organisationsformen hilfreich, insbesondere dann, wenn diese das wirtschaftliche Handeln durch stärkere dezentrale Verantwortung ermöglichen.
Aus diesem Grund wurde das Nationaltheater in einen Eigenbetrieb übergeleitet.

Eine für alle Beteiligten schwere Übergangszeit liegt hinter uns, ein Prozeß des Umbruchs und des Wandels, der nicht ohne Einschnitte abgeschlossen werden konnte. Dem Theater bringt er mehr Entscheidungsfreiheit und die für den Betrieb nötige Flexibilität. Der Eigenbetrieb bedeutet jedoch nicht die wundersame Vermehrung des Geldes. Hier muß in aller Öffentlichkeit und vor allem bei den Verantwortlichen beim Land vor falschen Schlüssen gewarnt werden. Längst ist eine Stadt überfordert, ein qualifiziertes Vier-Sparten-Theater wie unser Nationaltheater einzig und allein aus städtischen Mitteln zu erhalten. Der notwendige, angemessene Zuschuß des Landes ist aber keineswegs als »milde Gabe« ohne Gegenleistung zu sehen. Schließlich stellt unser Nationaltheater ein Kulturangebot für eine weit über die Grenzen der Stadt hinaus reichende Region bereit. Aus diesem Grund halten wir es nach wie vor für gerechtfertigt, wenn das Mannheimer Nationaltheater hinsichtlich des Betriebskostenzuschusses den beiden Staatstheatern in Stuttgart und Karlsruhe gleichgestellt wird.

Wie oft es in der Geschichte unseres Nationaltheaters um die Finanzierung des Hauses ging, zeigt sich auch in diesem Buch, für das jedoch gleichermaßen die bekannte Formulierung gilt: Nur, wer die Geschichte kennt, kann die Gegenwart besser verstehen und die Zukunft sinnvoll gestalten. Mit anderen Worten: Wer die Tradition und die Probleme des Mannheimer Nationaltheaters kennt, wer von seinem Stellenwert in der allgemeinen Theater- und Kulturgeschichte erfährt, verfügt zugleich über ganz konkrete Argumente, sich für seinen Fortbestand zu engagieren. Insofern ist dieses neue Buch über *Mannheim und sein Nationaltheater,*
das manches Bekannte, aber ebenso viel weniger Bekanntes vom Verhältnis der Mannheimer zu ihrem Theater zu berichten weiß, auch ein »Bürgerbuch« und wendet sich auch an diejenigen, die vielleicht noch nicht im Nationaltheater waren, aber mit Recht auf die Geschichte und die Tradition dieser »ur-Mannheimer« Kultureinrichtung stolz sind.

Geleitwort

Lothar Mark
Bürgermeister, Dezernent für Kultur, Schulen und Sport der Stadt Mannheim

»Kultur ist keine Beigabe – sie ist eine Gabe, für die es sich zu leben lohnt«, hat August Everding einmal formuliert (Everding 1993, S. 15).
Übersetzt in das Politikerdeutsch unserer Tage heißt dies nichts anderes als, daß Subventionen für die Kultur in Mannheim Investitionen in die Lebensqualität unserer Stadt sind. Nicht von ungefähr lautet daher das Leitziel des Kulturdezernats in Mannheim: »Der Mensch lebt nicht vom Brot allein.« Dieses Zitat aus dem *Alten Testament*, 5. Buch Moses, unterstreicht die Tatsache, daß Kultur Lebensmittel ist und somit überlebenswichtig.

In den Spardiskussionen, die zur Zeit überall geführt werden, darf diese wichtige Tatsache nicht in Vergessenheit geraten, und so ist es zu begrüßen, daß der Ministerpräsident von Baden-Württemberg, Erwin Teufel, in seiner Regierungserklärung vom 19. Juni 1996 gesagt hat: »Eine demokratische Bürgergesellschaft, die nur von materiellen Maßstäben geprägt wäre, hätte keine Zukunft und wäre kein überlegenes Staats- und Gesellschaftsmodell. [...]. Die Kultur trägt entscheidend zur Attraktivität unseres Landes und zur Lebensqualität der Menschen bei.« Als Kulturdezernent der Stadt Mannheim hoffe ich, daß in dieser Aussage auch das Bekenntnis zur Theaterkultur in Baden-Württemberg enthalten ist und daß den Worten des Ministerpräsidenten die notwendigen Taten folgen, denn um das hohe Niveau des Mannheimer Nationaltheaters aufrechterhalten zu können, ist unsere Stadt ganz wesentlich auf die Unterstützung durch das Land Baden-Württemberg angewiesen.

In einer Zeit, in der sowohl die Zuschüsse des Landes als auch die der Stadt Mannheim für das Nationaltheater nur unter allerhärtesten Kämpfen zu erhalten sind, kommt der Herausgabe eines Mannheimer Theaterbuchs, mit dem nicht allein eine Chronik der Ereignisse der Vergangenheit vorgelegt wird, sondern auch der Diskussionsstand um die heutige und künftige Form des Theaters dokumentiert wird, besonders große Bedeutung zu. Ein solches Buch über *Mannheim und sein Nationaltheater* hilft, die Auseinandersetzung zu versachlichen, und zeigt einmal mehr, daß sich die Erfolge und der gesellschaftliche Wert eines Theaters beileibe nicht allein in Zahlen ausdrücken lassen.

Trotzdem kann und darf sich das Theater natürlich nicht der allgemeinen Debatte um das Sparen verschließen. Durch die Einführung des Eigenbetriebs Nationaltheater ab dem 1. September 1996 haben wir uns in Mannheim ganz bewußt den Herausforderungen unserer Tage gestellt. Dabei wurde mit der Reform der Verwaltung des Theaters von der Kameralistik zur kaufmännischen Buchführung eine generelle Strukturreform dieser traditionsreichen Kulturinstitution in unserer Stadt begonnen. Dennoch müssen sich die Verantwortlichen klar darüber sein, daß ein Theater wie das Nationaltheater kein Wirtschaftsbetrieb ist, auch wenn es nach den Kriterien eines derartigen Betriebs arbeiten muß. Die Bedeutung eines Theaters für eine Stadt und ihre Region erwächst sehr häufig gerade dadurch, daß dort nicht nur wirtschaftlich kalkuliert, sondern daß das Theater auch Ort der Diskussion und der Nachdenklichkeit ist, an dem vieles probiert, aufgeführt und verworfen wird, das sich nicht in Mark und Pfennig rechnet. Eine rein ökonomische Betrachtungsweise von Kultur und Kunst und damit auch des Nationaltheaters darf also nicht zum entscheidenden Maßstab für die Leistungen unseres Theaters sein. Mein Fazit lautet daher: Zwar darf das Nationaltheater von Sparüberlegungen im Zuge der Haushaltskonsolidierung nicht ausgeschlossen bleiben, die kulturpolitischen Entscheidungen für unser Nationaltheater müssen jedoch die hohe Bedeutung des Mannheimer Nationaltheaters für die kommunale, regionale und nationale Kulturlandschaft mit einbeziehen, die durch die Beiträge in diesem Buch eindrucksvoll unterstrichen wird.

Grußwort

Ulrich Schwab
Generalintendant des Nationaltheaters Mannheim

»Nur ein keckes Wagen ist's, was Glück erringt!« ruft Kaspar seinem Freund Max in Webers *Freischütz* zu. Wer weiß, vielleicht hat mancher Theaterbesucher dieses Zitat aus der Eröffnungsvorstellung des »neuen« Nationaltheaters im Januar 1957 als Leitmotiv verstanden für alles, was da noch kommen möge?

1997: Vierzig Jahre – welch' kurze Zeit, gemessen an den 218 Spielzeiten, die diese Institution mit Namen Nationaltheater schon existiert. Andererseits: Vierzig Jahre – was haben wir hier schon alles erlebt: unzählbare Sternstunden mit Sängern, Schauspielern, Tänzern, Regisseuren, Dirigenten und Orchestern. Augenblicke des Entsetzens über die eine oder andere Panne, Verzweiflung vor allem ob der immer zu knapp bemessenen Etats, intensive Gespräche und Diskussionen über viele an- und aufregende Vorstellungen, kurz: vierzig Jahre voller Lebendigkeit, in denen uns letztlich jenes ›kecke Wagen‹ sehr oft zum Glück geführt hat.

Ich freue mich, daß dieses Theaterbuch aus Anlaß des vierzigjährigen Bestehens des wiedererrichteten Nationaltheaters zustande gekommen ist. Unseren treuen Theaterbesuchern seien besonders die Gedanken der »Zeitzeugen« empfohlen, die viele Erlebnisse der Vergangenheit rund um die Bühne wieder aufleben lassen. Wir, die Theatermacher, kommen in diesem Buch ebenso zu Wort wie Sie, das Publikum und die Kritiker. Wir wollen damit das fortsetzen, was für uns das tägliche Brot ist: die Auseinandersetzung mit den existentiellen Fragen dieser Welt, mit der Freude und dem Staunen über sie. Indem wir über Vergangenes reflektieren, machen wir uns bereit für die Zukunft, in der »unser Nationaltheater« hoffentlich auch weiterhin eine so große Rolle in Ihren und unseren Herzen spielt.

Grußwort

Winrich Meiszies
Vorsitzender des Bundesverbandes der Bibliotheken und Museen für darstellende Künste e.V.

Zwar ist das vierzigjährige Bestehen des neuen Mannheimer Nationaltheaters am *Goetheplatz* der äußere Anlaß für die Herausgabe dieses Buches gewesen, doch stellt diese Publikation darüber hinaus das längst fällige Begleitbuch zur theaterhistorischen Dauerausstellung der Mannheimer Theatersammlung dar, mit deren Neueinrichtung und Eröffnung das Reiss-Museum und die Stadt Mannheim im Jahr 1994 einen Meilenstein in der bundesdeutschen Theatermuseumslandschaft gesetzt haben.

In meiner Eigenschaft als Vorsitzender des *Bundesverbandes der Bibliotheken und Museen für darstellende Künste e.V.*, unter dessen zur Zeit 26 Mitgliedsinstitutionen die Mannheimer Sammlung eine herausragende Rolle spielt, bin ich dankbar dafür, an dieser Stelle einige Worte zur Situation von Theatermuseen in Deutschland sagen zu können, denn allzu selten haben wir Theatermuseumsmenschen Gelegenheit, uns über doppelte Anlässe wie diesen zu freuen.

Die öffentlichen Hände, die Gemeinden, die Bundesländer, geben jährlich Milliardenbeträge für das Theater aus. Für die Dokumentation der künstlerischen Leistungen ebendieser Theater hingegen bleibt nur ein verschwindend geringer Bruchteil an Mitteln. Fast könnte man den Eindruck gewinnen, die kulturpolitisch Verantwortlichen in diesem Land möchten schnell vergessen machen, was da mit ihrem politischen Votum als Voraussetzung auf dem Theater geschieht – nach dem Motto: weg mit Schaden.

Das Theater, unser Fachgegenstand, macht es uns, den Theaterarchivaren und -dokumentaristen, aber auch den Besuchern beispielsweise unserer Ausstellungen ebenfalls nicht immer leicht. »Theater ist stets live« – diesen werbewirksamen Ausspruch muß man wohl einem klugen Theaterleiter zuschreiben. Könnte man sich einen größeren Gegensatz als den zwischen dem lebendigen Theater und dem Theatermuseum vorstellen, das – nach landläufiger Meinung – mit toten Gegenständen zu tun hat. An dem lebendigen, intensiven, schließlich auch überaus subjektiven Eindruck des Theatererlebnisses wird sich das Theatermuseum messen lassen müssen. Denn von diesem ist die Erwartungshaltung unserer Besucher geprägt.

Aber im Gegensatz etwa zu den Erscheinungsformen der anderen Künste läßt sich das außergewöhnlich vergängliche Theaterkunstwerk nicht mitnehmen, geschweige denn ins Museum tragen. Während sich die Auseinandersetzung mit bildender Kunst weitgehend im Museum abspielt, kann und will das Theatermuseum das Theatererlebnis nicht ersetzen. Was die unverhältnismäßig wenigen bundesdeutschen Theatermuseen allerdings leisten, ist, daß sie anhand der in ihren Häusern gesammelten, bewahrten und erforschten Archivalien, Dokumente und Objekte die Geschichte der jeweiligen Theater und Theaterlandschaften – überregional, regional und lokal – außergewöhnlich bildhaft vermitteln können. Sie ziehen hierfür alle medialen Möglichkeiten hinzu, derer sich übrigens durchaus noch nicht die Mehrzahl der bundesdeutschen Museen heutzutage bedient: die lustvolle Inszenierung, zum Teil unter Verwendung von Originaldekorationen – wie als jüngstes Beispiel im Theatermuseum und -archiv Hannover mit einem begehbaren Bühnenbild geschehen –, informative Kommentierung und audiovisuelle Medien bis hin zur Computer-Animation – wie in einzigartiger Weise im Mannheimer Theatermuseum.

Theater ist nie nur die künstlerische Leistung eines großen Einzelnen. Theater ist eine soziale Kunst, in dem Sinn, daß Theater das Werk einer Vielzahl von Beteiligten ist, die dem Zuschauer in der Regel verborgen bleiben und von deren Anteil am Theaterkunstwerk er sich oft keinen Begriff macht oder machen kann. Erst seit dem frühen 20. Jahrhundert weisen die Theaterzettel etwa den Regisseur und den Bühnenbildner namentlich aus. Bis zu diesem Zeitpunkt treten sie hinter dem Werk, hinter der Aufführung zurück. Ausnahmen – wie auch in Mannheim – bestätigen die Regel. In der überwiegenden Zahl der Fälle haben wir es mit lokal bedeutsamen, in den seltensten Fällen mit großen Namen zu tun – wie sie etwa im Bereich der bildenden Kunst zu den spektakulären Ausstellungserfolgen führen.

Hier gerade liegt die spezielle Aufgabe der Theaterdokumentation: Theaterarchive und -bibliotheken, Theatersammlungen, Theatermuseen sind das materialisierte Gedächtnis des Theaters. Dies ist die einfache und klare Erkenntnis, die Theaterdokumentaristen selbstbewußt in die Debatte werfen können. Über dem intensiven Theatererlebnis vergessen der Theaterbesucher oder die Theaterbesucherin allzuoft, daß Theater, daß die künstlerischen Mittel und organisatorischen Bedingungen eine Geschichte haben – wie alle anderen Kunstformen auch. Daß die gegenwärtige Situation des Theaters ihre historischen Wurzeln, ihre Ursachen hat, vielleicht in ähnlicher Weise sogar schon einmal verlaufen ist – das kann das Theatermuseum deutlich und anschaulich machen. (Und für diejenigen, die dieses Trostes bedürfen, auch zeigen, daß Theaterstile geworden sind, von Menschen gemacht sind, und deshalb sich auch wieder ändern können, aus historischer Notwendigkeit ändern müssen.) Dies freilich nur, solange Theatermuseen nicht die Rolle erinnerungsmächtiger Nostalgietempel spielen, die in Konkurrenz zum aktuellen Theatergeschehen treten. Wenn sie aus kritischer Distanz, aber mit Passion, die Geschichte der jeweiligen Theater und Theaterlandschaften bewahren, begleiten und kommentieren, sind sie auch starke Partner für die Theater und dienen diesen selbst zur Standortorientierung.

Ein zweiter und an dieser Stelle letzter Aspekt erscheint mir wichtig für die Funktionsbestimmung

von Theatermuseum, Theaterausstellung. Spätestens Bertolt Brecht hat das Zuschauen im Theater zu einer Kunst erklärt. Das Theatermuseum kann im Ausüben dieser Kunst Hilfe und Anleitung geben. Im Theatermuseum können die künstlerischen Mittel des Theaters – quasi im Experimentiersaal – »herauspräpariert« werden, deutlich und anschaulich gemacht werden.
Das Festhalten des vergänglichen Augenblicks aus dem nicht aufzuhaltenden Prozeß einer Aufführung bietet die Möglichkeit, sich über die Wirkungsmechanismen von Theater Klarheit zu verschaffen. In diesem Sinn können wir die toten Zeugen eines höchst lebendigen Prozesses durchaus zum Sprechen bringen – man muß uns nur die unserem Gegenstand entsprechenden Möglichkeiten geben.

Daß diese in Mannheim seit 1994 und nun zusätzlich mit dem vorliegenden Begleitbuch zur Theaterdauerausstellung gegeben sind, nehmen wir im Namen aller Institutionen, die sich mit der Dokumentation der darstellenden Künste befassen, froh und dankbar zur Kenntnis.
Beide Fakten sind für uns alle auch ein Ansporn.

Nur in fünf Städten in der Bundesrepublik existieren zur Zeit ständige Ausstellungen zur Theatergeschichte: in Düsseldorf, in Hannover, in Meiningen, in Reichenbach und – in Mannheim. Diese Ausstellungen sind in ihrer Seltenheit und in ihrer Bedeutung kostbaren Schätzen zu vergleichen, die es zu hegen, zu pflegen und zu beachten gilt. Seien Sie daher den Theatermuseen gegenüber nicht gleichgültig: Fördern und fordern Sie Theatermuseen.

Die Theatersammlung des Reiss-Museums Mannheim

Zur Geschichte und Bedeutung der Theatersammlung des Reiss-Museums Mannheim und ihrer Dauerausstellung

Mannheim und sein Nationaltheater – Bretter, die die Welt bedeuten

Liselotte Homering

Großes Rundmedaillon (»Sophocles-Tondo«) aus dem historischen Nationaltheater auf B 3, das von Anfang an bis zum Umbau des Hauses 1853/55 die Mitte des Proszeniums schmückte. Seit seiner Restaurierung 1994 ist es eines der Schmuckstücke und markantes Erkennungszeichen der theatergeschichtlichen Schausammlung im Reiss-Museum. Foto: Jean Christen. RMM, Thslg.

Die Mannheimer Theatersammlung ist in ihrer Art die einzige in Baden-Württemberg und zur Zeit neben Düsseldorf, Hannover, Meiningen und Reichenbach/Vogtland eines von nur fünf deutschen Theatermuseen, das eine ständige Ausstellung zur Theatergeschichte präsentieren kann. Neben Ulm verfügt die Mannheimer theaterhistorische Sammlung über den kontinuierlichsten Bestand an regionalspezifischen Theatralia im deutschen Südwesten.

Die Geschichte der Mannheimer Theatersammlung

Am 9. April 1896 »beauftragte der Mannheimer Stadtrat den Historiker Friedrich Walter mit der Ordnung des Archivs und der Bibliothek des [Großherzoglichen] Hof- und Nationaltheaters. Walter legte zunächst die *Geschichte des Theaters und der Musik am [k]urpfälzischen Hofe* (1898) vor und ließ im folgenden Jahr in nimmermüdem Fleiß das zweibändige Inventar folgen« (Schadt 1996, S. 9). Damit beschreibt Jörg Schadt – wie die folgende Darstellung zeigt – das eigentliche Geburtsjahr (1899) der Theatersammlung des Reiss-Museums Mannheim (vgl. auch Meyer 1981, S. 92).

Die Geschichte der Mannheimer Theatersammlung sowie des Mannheimer Theatermuseums gestaltete sich einerseits wechselvoll, andererseits konsequent und kontinuierlich, insofern sich die Stadt Mannheim stets der Bedeutung und besonderen Stellung dieser Spezialsammlung im Verband der lokalen, aber auch überregionalen Kulturinstitutionen bewußt war.

Ludwig Mathy (1849–1937), von 1881 bis 1899 Professor am Mannheimer Gymnasium sowie am Großherzoglichen Institut für Mädchen, war nicht nur dem Mannheimer Altertumsverein eng verbunden (später, von 1917 bis 1922, im Vorstand tätig; vgl. Caspari 1937, S. 90), sondern darüber hinaus von 1895 bis 1899 Mitglied der städtischen Theaterkommission. Am 29. Juli 1895 wurde er in letzterer Funktion vom Mannheimer Stadtrat beauftragt, den Zustand von Bibliothek und Archiv des Großherzoglichen Hof- und Nationaltheaters zu überprüfen. Sein ausführlicher Bericht vom 1. Oktober 1895 (vgl. Walter 1899/1, S. 26, und StadtA MA Nachlaß Walter PH 53[1]) mündete in die Empfehlung, die historischen Bestände des Nationaltheaters systematisch zu verzeichnen (vgl. auch Jacob 1962, S. 4). Ebenso schlug Mathy vor, sowohl die Bibliothek als auch das Theaterarchiv aufgrund ihrer theaterhistorischen Bedeutung und ihres musealen Wertes aus dem Nationaltheater auszugliedern, weil dort diese kostbaren Materialien infolge teilweise ungeschützter Unterbringung einerseits gefährdet, andererseits der Erforschung nur in besonderen Ausnahmen zugänglich waren. Deshalb machte er den Vorschlag, diese historischen Bestände dem Mannheimer Altertumsverein zu übergeben. Bereits seit dem 4. Dezember 1894 waren Verhandlungen zwischen der Theaterkommission der Stadt Mannheim, der Hoftheaterintendanz und dem Mannheimer Altertumsverein in Gang gekommen, die sich mit diesem Thema befaßten. Nach Erteilung des Auftrages an Friedrich Walter am 9. April 1896 (siehe oben), Archiv und Bibliothek neuzuordnen und zu katalogisieren, wurde im Vertrag vom 13. Juni 1896 zwischen dem »Stadtrate der Hauptstadt Mannheim« und dem »Herrn Lehramtspraktikanten Dr. Fr. Walter« unter anderem in § 7 entschieden, daß das historische Archiv und die historische Bibliothek des Nationaltheaters in die Räumlichkeiten des Altertumsvereins überführt werden. Sie wurden in die *Vereinigten Sammlungen des Großherzoglichen Hofantiquariums und des Mannheimer Altertumsvereins* im Schloß übernommen, wo sie Walter für die Bearbeitung zur Verfügung standen. Anfang Oktober 1899 erschien dessen zweibändige Publikation, die von der Kritik einhellig begeistert aufgenommen wurde (insgesamt hierzu StadtA 1), zumal die Veröffentlichung zweifellos Singularität für sich beanspruchen konnte. Hatten sich doch die meisten Städte bis dahin eher nicht um ihre historischen Theaterbestände gekümmert. Das gesamte Unternehmen läßt erkennen, wie sehr sich die Stadt und die Bürger Mannheims der Bedeutung dieser Schätze bewußt waren, wobei im Zentrum des Interesses

1 StadtA MA Nachlaß Walter, »Persönliches und Handakten« 53; im folgenden innerhalb des Textes als »StadtA 1« nachgewiesen; nochmals ausführlich zitiert am Ende dieses Aufsatzes.

Schloßmuseum Mannheim Blick in den Saal 418 (»Kostümsaal«) mit Originalkostümen des 18. Jahrhunderts aus dem Kostümfundus des Mannheimer Nationaltheaters. Foto von historischer Platte, um 1926. RMM, Fotobändchen 60

eindeutig die literatur- und theaterhistorische Relevanz der kostbaren Materialien stand.

Am 4. Juli 1903 beschloß der Mannheimer Bürgerausschuß darüber hinaus, das Nationaltheater solle dem Altertumsverein für die Einrichtung des *Stadtgeschichtlichen Museums* in der in der ersten Hälfte des 18. Jahrhunderts erbauten Kirche des ehemaligen Augustinerinnenklosters, später Schulkirche (L 1,1), den umfangreichen Bestand historischer Kostüme (»132 Garderobestücke«) aus seinem Fundus (im 18. Jahrhundert von Mitgliedern des kurpfälzischen Hofes an das Theater für dessen Kostümfundus abgegeben) sowie Möbel (»142 Stück«), Geräte, Gemälde und Waffen (»70 Stück«) aus dem 18. Jahrhundert übergeben, was auch bereitwillig geschah (vgl. Bürgerausschußsitzung vom 4. Juni 1903). 1904 konnte der Altertumsverein all diese Materialien in seine Obhut übernehmen und zu einem Teil für Ausstellungszwecke einsetzen.
Am 4. November 1905 ging der langgehegte und beharrlich propagierte Wunsch des Mannheimer Altertumsvereins nach einem stadtgeschichtlichen Museum mit dessen Eröffnung in der Schulkirche an der *Breiten Straße* (L 1,1) in Erfüllung. Bereits zu diesem Zeitpunkt war ein Raum als selbständige Abteilung innerhalb des Museums der Geschichte des Theaters in Mannheim gewidmet (Raum IX, vgl. Stadtgeschichtliches Museum 1908). Infolge der politischen Ereignisse wurde das durch die Mannheimer Bürgerschaft positiv aufgenommene *Stadtgeschichtliche Museum* jedoch seit Herbst 1918 geschlossen (bis 1924). Drei Jahre später,

1921, übergab der Mannheimer Altertumsverein seine Sammlungen in die Verwaltung der Mannheimer Stadtgemeinde (vom Bürgerausschuß am 3. Juni 1921 genehmigt), wobei die Eigentumsrechte des Vereins (heute: Gesellschaft der Freunde Mannheims und der ehemaligen Kurpfalz. Mannheimer Altertumsverein von 1859 e.V.) vertraglich voll gewahrt blieben.

Schon seit längerer Zeit war deutlich geworden, daß das von Stadt und Altertumsverein eingerichtete *Stadtgeschichtliche Museum* mittlerweile so viele Materialien und Exponate enthielt, daß eine Neugestaltung an anderem Ort notwendig werden würde. Am 15. Mai 1926 schließlich wurde im Mittelbau und im Bereich des Ostflügels im ehemaligen kurfürstlichen Residenzschloß das Mannheimer Schloßmuseum eröffnet. Im sogenannten *Blauen Saal* oder auch *Kostümsaal* (Saal 418) war ein kleinerer Teil der aus dem Theaterfundus überwiesenen Kostüme ausgestellt; den Raum 398 hingegen richtete man insgesamt zum *Theatersaal* ein, in dem ausschließlich Exponate zur Mannheimer Theater- und Musikgeschichte des 18. Jahrhunderts zu sehen waren (Schloßmuseum 1926, S. 27–30 und S. 71–74). Alles in allem bedeutete dies freilich angesichts der auch im 19. und 20. Jahrhundert zum Teil besonderen Geschichte und Tradition des Mannheimer Theaters eine nicht rundum befriedigende Präsentationslösung.

Erstmals umfassend fand die Darstellung der Mannheimer Theater- und Musikgeschichte im Rahmen der viel beachteten großen Theaterausstellung statt, die Friedrich Walter, seit 1921 Direktor des Schloßmuseums, 1929 aus Anlaß des 150jährigen Bestehens des Nationaltheaters in fünfzehn Räumen des Mannheimer Schlosses zusammengestellt hatte (einen Überblick gibt der *Führer durch die Jubiläumsausstellung des Schloßmuseums*, der in Dürr 1929, S. 43–64 abgedruckt ist).

Von 1907 an war Friedrich Walter mit der Neuordnung des Städtischen Archivs beauftragt. In seiner Eigenschaft als Stadthistoriker (1907 hatte er aus Anlaß des 300jährigen Stadtjubiläums eine umfangreiche Publikation zur Stadtgeschichte erarbeitet) und als Leiter des städtischen Archivs lag auch die Verwaltung und damit – wie Walter selbst formuliert – die »Betreuung […] der von [ihm] geordneten, theatergeschichtlich hochbedeutsamen Archivalien- und alten Bücherbestände des Theaters« (Walter I 1949, S. 143) in seinen Händen. Allerdings konnten ihm die umfangreichen Materialien aus Platzmangel räumlich nicht im seit 1910 zum Stadtarchiv

Iffland als Franz Moor in der Uraufführung in Mannheim

Im Nationaltheater
von Mannheim
erlebten
Friedrich Schillers
„Räuber"
am 13. Januar 1782
ihre
Uraufführung

Im Theatermuseum der Stadt Mannheim finden Sie eine beziehungsreiche Fülle von reizvollen Originaldokumenten aus den Tagen jener, die ganze gebildete Welt bewegenden Uraufführung der „Räuber". Erinnerungen an Goethe, Shakespeare und viele andere Dichter reihen sich an. Aber auch Zeugen aus dem Schaffen der Klassiker der Oper und des Konzertsaals sprechen im Mannheimer Theatermuseum eine beredte Sprache: Händel, Gluck, Haydn, Mozart, die berühmte Mannheimer Schule, Beethoven, Carl Maria von Weber, Schumann, Richard Wagner u.s.w. – Sie haben so bequeme Gelegenheit, ihre Eindrücke aus dem Heidelberger Schloßhof im nahen, kunststättenreichen Mannheim zu erweitern. Vielfache sehr gute Verbindungen: Eisenbahn, Schnellbahn, Reichsautobahn mit ihrer festlichen Einfahrt!

Werbezettel für das Theatermuseum der Stadt Mannheim. Um 1936. RMM, Thslg.

eingerichteten Rathausturm in N 1 zugeordnet werden (vgl. Schadt/Martin 1987, S. 162 und Popp 1996, S. 403), sondern sie verblieben – wie seit dem 12. November 1897 geregelt, als die Verwaltung von Theaterarchiv und -bibliothek durch den Mannheimer Altertumsverein übernommen worden war (vgl. Popp 1996, S. 403) –, in einem Raum des Ostflügels im Mannheimer Schloß. Wie das noch heute in der Theatersammlung des Reiss-Museums vorhandene Inventar des »Theater-Archivs«, in dem die Neuanschaffungen an »Autographen etc. [Musikalien]« von 1910 bis 1943 aufgelistet wurden, nachweist, hat man das neue Theater-Archiv nicht nur als eigenständige Sammlung innerhalb des städtischen Archivs und streng getrennt von diesem geführt, sondern wurden ihm im Gegenteil sogar das eine oder andere Mal einzelne theaterhistorisch relevante Autographen, die sich im Besitz des Stadtarchivs befanden, einverleibt. Diese Neuerwerbungen hat man – wie hier und da vermerkte Standortbezeichnungen zeigen – unabhängig vom eigentlichen historischen Archiv- und Bücherbestand des Nationaltheaters (im Schloß) in den Räumlichkeiten des Stadtarchivs im 5. bis 7. Geschoß des Rathausturmes aufbewahrt. Diese Neuerwerbungen für das Theater-Archiv wurden durch einen eigenen Prägestempel gekennzeichnet, wie sie einige wenige heute noch im Reiss-Museum erhaltene Autographen aufweisen.

Bis 1935 blieben die historische Theaterbibliothek sowie das historische Theaterarchiv räumlich dem Schloßmuseum, verwaltungstechnisch dem städtischen Archiv zugeordnet. Mit Datum vom 1. Juni 1935 war Friedrich Walter als Direktor des Schloßmuseums »vorzeitig in den Ruhestand (bzw. Wartestand) versetzt« worden. »Die amtliche Mitteilung hierüber ist vom 6. Februar 1935 datiert...« (StadtA MA, Nachlaß Friedrich Walter, PH 21[2]), berichtet Walter selbst in der Anlage zu einem Schreiben an Florian Waldeck vom 3. Dezember 1947.[3] Beinahe umgehend nach Walters zwangsweiser (seine Frau war Jüdin) Zurruhesetzung (vgl. auch Fördererkreis 1992, S. 87 und Watzinger 1987, S. 85 f.) erging am 20. September 1935 die Anweisung des damaligen Oberbürgermeisters Carl Renninger, die Verwaltung des städtischen Archivs in N 1 sei »versuchsweise« der Mannheimer Schloßbücherei zu übertragen. Außerdem bat Renninger um die sofortige Übernahme sowohl der in den Räumen des Schloßmuseums aufgestellten historischen Theaterbibliothek als auch des historischen Theaterarchivs durch die Schloßbücherei (StadtA MA Wiss. Stabi. Zug. 10/1971, Nr. 113, 286[4]). Diese Anweisung wurde ab Oktober 1935 vollzogen. Schon rasch stellte sich freilich heraus, daß die Zusammenfassung von Schloßbücherei und städtischem Archiv nicht praktikabel war. Aus diesem Grund verfügte der Oberbürgermeister mit Schreiben vom 12. März 1936, das städtische Archiv sei – allerdings *ohne* die Theaterbibliothek und *ohne* das Theaterarchiv – aus der Schloßbücherei auszugliedern und als selbständige Organisationseinheit weiterzuführen. Als Amtssitz wurde das Haus N 4, 2 bestimmt (StadtA 3, 261).

Das Theatermuseum in E 7, 20

Kurze Zeit später, mit Schreiben vom 6. Januar 1936 an die Schloßbücherei, bestimmte Renninger schließlich, daß das nunmehr von der Schloßbücherei verwaltete historische Theaterarchiv dem seit Ende 1935 in der Villa Reiß (E 7, 20) vorgesehenen Theatermuseum anzugliedern sei. Dieses wurde als Zweigstelle des Schloßmuseums von Gustaf Jacob eingerichtet, der seit dem 20. April 1936 zum Direktor ernannt worden war. Die Theaterbibliothek hingegen sollte weiterhin in der Schloßbücherei verbleiben (Stadt A 3, 262), eine Regelung, die sich im Hinblick auf die Theaterbibliothek kurze Zeit darauf als segensreich

[2] StadtA MA Nachlaß Walter, »Persönliches und Handakten« 21; im folgenden innerhalb des Textes als »StadtA 2« nachgewiesen; nochmals ausführlich zitiert am Ende dieses Aufsatzes.

[3] Obgleich Friedrich Walter sich klar über den Sachverhalt geäußert hat, vertritt Popp in seiner Arbeit über den Mannheimer Altertumsverein neuerdings die Position, Walter sei wegen Erreichung der Altersgrenze und – ausdrücklich – nicht vorzeitig zur Ruhe gesetzt worden (vgl. Popp 1996, S. 385). Walter selbst hat dies eindeutig anders beurteilt.

[4] StadtA MA Wiss. Stabi. Zug. 10/1971, Nr. 113; im folgenden innerhalb des Textes als »StadtA 3« nachgewiesen; nochmals ausführlich zitiert am Ende dieses Aufsatzes.

Das Theatermuseum der Stadt Mannheim in der ehemaligen Villa der Familie Reiß in E 7, 20. Straßenfront. Foto: Friedrich Rosenbusch, 1936. RMM, Thslg.

erwies, da diese Bestände bereits 1939 in den Keller des Mannheimer Schlosses und von dort in der Zeit vom November 1943 bis Januar 1944 auf direktem Weg in das Salzwerk in Heilbronn verbracht worden waren (vgl. Schrenk 1997, S. 140), in dem unzählige Kunst-, Bibliotheks- und Archivschätze den Vernichtungen des Zweiten Weltkrieges entgangen sind.[5]

Im Juni 1936 wurde das historische Theaterarchiv dem Theatermuseum zugeführt, wie ein diesbezüglicher Bericht Gustaf Jacobs am 30. Juni 1936 bestätigt (StadtA 3, 257). Das in verhältnismäßig kurzer Zeit (Dezember 1935 bis April 1936) eingerichtete *Theatermuseum der Stadt Mannheim* wurde am 9. April 1936 der Öffentlichkeit übergeben. Es präsentierte in der ehemaligen Villa des Mannheimer Mäzene-Geschwisterpaares Carl und Anna Reiß in E 7, 20 mit einer Dauerausstellung viele wertvolle Exponate. In neun Sälen und Kabinetten, die sich auf zwei Geschosse verteilten, waren Gemälde, grafische Blätter, Bühnenbild- und Kostümentwürfe, Bühnenbildmodelle, Manuskripte, Plakate und eine Vielzahl weiterer Zeugnisse der Mannheimer Theater- und Musikgeschichte vom 18. bis zum 20. Jahrhundert ausgestellt, außerdem etliche historische Musikinstrumente, zum Teil aus Mannheimer Werkstätten, sowie Memorabilia verschiedenster Art.[6] Mit Ausbruch des Zweiten Weltkriegs Anfang September 1939 wurde zunächst die Schließung der Museen verfügt. Unverantwortlicherweise ordnete Carl

5 Der Darstellung bei Schrenk widerspricht allerdings ein kurzes, nur in Abschrift überliefertes Schreiben des Badischen Ministeriums des Kultus und Unterrichts vom 30. Juli 1943, das an den Oberbürgermeister Carl Renninger gerichtet ist und folgende Schutzmaßnahme für die wertvollen staatlichen Buchbestände (Bibliothek Desbillons) in der Mannheimer Schloßbücherei vorschlug: »Hier ist der Erwägung anheimgestellt worden, ob nicht die seit dem Spätjahr 1939 in 80 Kisten verpackten und im Keller des Schlosses in Mannheim untergebrachten, in staatl. Eigentum stehenden Bestände der Schloßbücherei Mannheim an einen auswärtigen Bergungsort verbracht werden sollte[n], zumal diese Maßnahme eine bessere Sicherung der wertvollen Bestände der Städtischen Theaterbibliothek im freiwerdenden Kellerraum ermöglich[t]e« (StadtA MA Wiss. Stabi. Zug. 21/1968, Nr. 40 = »StadtA 4«). Anhand der Transportlisten (in StadtA 4) läßt sich im übrigen folgender Weg der in insgesamt sechzehn Kisten verpackten Theaterbibliothek nachvollziehen: Am 6. Oktober 1943 wurden die Kisten Nr. 4 sowie 10 bis 16 in das Salzwerk nach Heilbronn transportiert. Der Transport scheint allerdings über Schwetzingen gelaufen zu sein, denn Kiste 4 muß unter vielen anderen Kisten zunächst in der Schwetzinger Schloßkapelle verblieben sein, da sie erst am 24. Februar 1944 mit den Kisten 1, 2, 3, 5, 7, 8 und 9, die bereits am 7. Oktober 1943 von Mannheim nach Schwetzingen verbracht worden waren, nach Heilbronn transportiert wurde. Kiste 6 traf ebenfalls am 7. Oktober 1943 in Schwetzingen ein, wurde jedoch erst am 23. oder 24. März 1944 nach Heilbronn weitertransportiert. Insgesamt erstaunlich ist folgende Tatsache: Die im zweiten Band bei Friedrich Walter (Walter 1899/2) unter dem Großbuchstaben »B« aufgelistete »Musikbibliothek« überwiegend aus der Frühzeit des Nationaltheaters, die Walter im Lauf der Arbeit an seiner Publikation von 1899 aus der laufenden Musikaliensammlung des Nationaltheaters ausgegliedert und der historischen Theaterbibliothek eingefügt hat (vgl. Walter 1899/2, S. 161), ist seit dem Krieg *in toto* nicht mehr vorhanden. Ebenso abgegangen sind etliche Bestände aus der Walterschen Kategorie »C« (»Verschiedenes. Repertorien, Scenarien, Tagebücher, Inventarien, Kataloge und die Rollenbibliothek«), unter der auch die Theaterzettelbände subsumiert waren, die im Gegensatz zum überwiegenden Teil der unter »Verschiedenes« angeführten Bestände fast vollständig überliefert sind. Bislang haben sich aber nirgendwo Hinweise darauf finden lassen, daß der Verlust dieses wertvollen Teils der Theaterbibliothek je offiziell festgestellt, geschweige denn bemängelt worden wäre, als die Rücktransporte aus Heilbronn abgeschlossen waren. Eine Klärung dieser als zumindest befremdlich einzuschätzenden Diskrepanzen war bislang, trotz intensiver Recherchen, nicht möglich.

6 Siehe Theatermuseum 1936 sowie die zur Eröffnung des Museums erschienenen Zeitungsartikel im *Hakenkreuzbanner* vom 7. April 1936, A Nr. 166, S. 5 und in der *Neuen Mannheimer Zeitung – Mannheimer General-Anzeiger* vom 11. und 12. April 1936, A und B Nr. 169, Sonntags-Beilage. Aus welchen Sammlungen und Institutionen im einzelnen die Exponate für das Mannheimer Theatermuseum stammten, läßt sich anhand des in der Theatersammlung des Reiss-Museums vorhandenen Rauminventars für das Theatermuseum in E 7, 20 im einzelnen nachweisen, wird aber auch kurz zusammengefaßt in einer maschinenschriftlichen Notiz für eine Pressekonferenz erwähnt, die am 2. Juli 1948 stattfand und sich mit der Situation der Mannheimer Kulturinstitute befaßte. In dieser Notiz heißt es stichwortartig: »Theatermuseum/Im Jahr 1936 gegründet und in dem ehemaligen Wohnhaus der theaterfreudigen Geschwister Karl [sic!] und Anna Reiß in E 7, 20 untergebracht, dem Städt. Schloßmuseum angegliedert, aus dessen Bestände [sic!] die neuen Räume im wesentlichen gefüllt waren. Hinzu kommen Erweiterungen und Leihgaben des früheren Mannheimer Altertumsvereins, der Schloßbücherei, der Kunsthalle und des National-Theaters. Theater-Archiv mit Beständen aus der Blütezeit der Mannheimer Bühne angegliedert. Wechselnde Ausstellungen. Museumsgebäude zerstört. Bestände teilweise gerettet und zusammen mit den Sammlungen des Schloßmuseums im Keller des Schlosses magaziniert [Paraphe unleserlich]« (StadtA 4).

7 So auch folgender, etwas ausführlicherer Bericht vom 2. Februar 1944: »[...] Die nach den verschiedenen Luftangriffen des September eingetretenen Verluste sind erheblich. Sie umfassen neben umfangreicheren Teilen weniger wertvollen und unbedeutenden Sammlungsgutes vor allem das gesamte Archiv des Mannheimer Nationaltheaters, das in einem Keller des Hauses L 2, 9 durch Brand vernichtet wurde. In dem gleichen Keller sind sämtliche dort geborgenen Polstermöbel des Städt. Schlossmuseums sowie zahlreiche Stücke aus den Beständen des Theatermuseums verbrannt. »Unterzeichnet« i.V. B.[öhm]« (StadtA 4, gemeinsames Schreiben des Schloßmuseums und der Schloßbücherei an den »Generaldirektor der Oberrheinischen Museen, Strassburg/Elsass, die Bergung des Kunst- und Bibliotheksgutes betr.«). Daß übrigens aus dem Theaterarchiv mehr erhalten geblieben ist, als sich heute im Besitz der Theatersammlung des Reiss-Museums Mannheim befindet, bezeugt der schriftliche Hinweis des Leiters der Sammlung von 1973 bis 1985, Wilhelm Herrmann, 1997 an die Verfasserin, daß im »Spätjahr 1973 originale Dokumente aus dem Mannheimer Theaterarchiv, darunter ein Iffland-Autograph, auf dem Autographenmarkt auftauchten und dem Reiss-Museum zum Kauf angeboten wurden. Wegen der Höhe der finanziellen Forderung wurde der (Rück-)Ankauf vom damaligen Direktor Herbert Meyer abgelehnt.«

Renninger jedoch bereits am 15. Dezember 1939 deren Wiedereröffnung an (vgl. Walter II 1950, S. 366). In der Anlage zu seiner Stellungnahme zur »Klarstellung aller Vorgänge während der Amtstätigkeit des Herrn Renninger« vom 21. November 1947 hebt Walter auch die »[v]erspätete und unzulängliche Bergung der Bestände des seit Kriegsbeginn besonders gefährdeten Schlossmuseums« hervor. »Erst nach dem grossen Brandschaden, den das Schloss bei einem der ersten schweren Luftangriffe 16/17. Dezember 1940 erlitt, wurde die Schliessung verfügt. Unersetzliche Werte (darunter das Theaterarchiv) wurden im Keller des städtischen Gebäudes L 2, 9 ([ehemals Palais Castell, Grammansches Haus; unter anderem befand sich dort die] Treibstoff- und Reifenstelle) untergebracht, wo sie bei dem Grossangriff vom 5/6. September 1943 verbrannten (das Feuer drang durch den Aufzugsschacht in die Kellergewölbe vor)« (siehe StadtA 2).[7]

Durch Auslagerung, die doch noch am 9. August 1943 von Oberbürgermeister Carl Renninger verfügt worden war,[8] sich allerdings durch entsprechende Vorbereitungsmaßnahmen und schließlich durch den verheerenden Angriff vom 5./6. September 1943 bis zum November 1943 verzögert hatte (vgl. Schrenk 1997, S. 138–140), waren ein guter Teil der musealen Bestände des Theatermuseums und der überwiegende Teil der Schloßbücherei (inklusive der historischen Theaterbibliothek mit einigen Verlusten, siehe oben und Anmerkung 5) gerettet worden. Ebenso haben sich immerhin Reste des historischen Theaterarchivs erhalten (durch welchen Zufall, läßt sich heute nicht mehr nachvollziehen; die erhaltenen Materialien sind aufgelistet bei Herrmann 1985, S. 86). Hier freilich ist der erste Band (*Das Theater-Archiv*) der bereits eingangs erwähnten Publikation von Friedrich Walter aus dem Jahr 1899 von herausragender Wichtigkeit, »weil er alle Faszikel

Das Theatermuseum der Stadt Mannheim. Blick in den »Mozart-Saal« im Erdgeschoß. Im Vordergrund ein tafelförmiges Hammerklavier von Johann Christof Jeckel, Worms, um 1780 (Kriegsverlust). Foto: Friedrich Rosenbusch, 1936. RMM, Thslg.

zumindest registriert und in vielen anderen Fällen einzelne Stücke teilweise oder vollständig im Wortlaut zitiert« (Herrmann 1985, S. 86). Sowohl bereits Friedrich Walter als nach dem Krieg auch Herbert Meyer haben darüber hinaus »auf die Akten [zur Mannheimer Theater- und Musikgeschichte] hingewiesen, die sich im Badischen General-Landesarchiv in Karlsruhe befinden. [...] Andere wichtige Ergänzungen [...] werden in München sowohl im Geheimen Staatsarchiv als auch im Geheimen Hausarchiv und im Mannheimer Stadtarchiv aufbewahrt und sollten bei einschlägigen Arbeiten ebenso mitberücksichtigt werden wie das mit dem Theatermuseum in Schloß Wahn [heute Theaterwissenschaftliche Sammlung der Universität zu Köln] verbundene

[8] Einer Aktennotiz, die der stellvertretende Direktor des Schloßmuseums Ludwig W. Böhm am 5. September 1942 verfaßte, ist zu entnehmen, daß sich zu diesem Zeitpunkt der Mannheimer Oberbürgermeister Carl Renninger noch strikt gegen die Verlagerung von Kulturgütern verwahrt hatte, da eine solche Maßnahme zur Verunsicherung der Mannheimer Bevölkerung führen könne (siehe StadtA 4 und vgl. Schrenk 1997, S. 137 und S. 138).

Institut für Theaterwissenschaft der Universität Köln und das [Deutsche] Theatermuseum (früher Clara-Ziegler-Stiftung) in München« (Meyer 1973, S. 5). Außerdem sind den Forschern heute kaum mehr Grenzen gesetzt, zusätzlich unbedingt etliche andere nationale und internationale Archive, Bibliotheken und Sammlungen (auch privater Natur) zu konsultieren, die – zum Teil sehr interessante – ergänzende Materialien zur Mannheimer Theater- und Musikgeschichte bereithalten.

Annemarie Marks-Rocke
liest
aus den Erinnerungen der
Karoline Jagemann
die Aufzeichnungen ihrer
Mannheimer Zeit.

Zu dieser Veranstaltung erlaube
ich mir, auf Sonnabend, den 23.
Oktober 1937, abends 8½ Uhr in
das Theatermuseum der Stadt
Mannheim, E 7, 20,
ergebenst einzuladen.
Dr. Jacob

Einladungskarte zu einer Lesung im Theatermuseum aus den Erinnerungen der Sängerin Caroline Jagemann, die von 1792 bis 1796 am Mannheimer Theater engagiert war. Annemarie Marks-Rocke ist die Tochter der »Mannheimer« Opernsängerin Anna Rocke-Heindl. Als Vorlage für die Gestaltung der Einladungskarte diente die Titelseite des französischen Librettos von Ignaz Holzbauers Adriano in Siria, *der am 11. Januar 1769 erstmals in der Mannheimer Hofoper gespielt wurde. RMM, Thslg.*

Die britischen Bombenangriffe in der Nacht vom 5. auf den 6. September 1943 zerstörten nicht nur das Nationaltheater, sondern unter vielen anderen Häusern ebenso die Villa Reiß, das Rathaus in N 1 sowie »fast alle Gebäude rings um den Paradeplatz [...]. Auch die in den Häusern N 2, 4, N 2, 9, C 4, 12, L 2, 9 und im Schloß verwahrten Bestände erlitten während des Krieges die schwersten Einbußen. Zwar wurden die wertvollen Rats- und Kaufprotokolle, die Dr. Ludwig Böhm [der damalige stellvertretende Direktor des Schloßmuseums, des städtischen Archivs sowie der Schloßbibliothek und der Volksbücherei] nach dem Salzwerk [in Heilbronn] verbringen ließ, und die Briefsammlung [heute Teil der »Kleinen Erwerbungen« im Stadtarchiv] gerettet, doch die Bürgerausschußprotokolle, die Stadtrechnungen, die Bürgerbücher, das Theaterarchiv [s.o.] und die Masse der Verwaltungsakten, die etwa 125 000 Faszikel umfaßten, gingen verloren« (Jacob 1962, S. 7).

Da ein beträchtlicher Teil der im Mannheimer Theatermuseum in E 7, 20 ausgestellten Materialien und Objekte gerettet wurde und nach wie vor erhalten ist, verrät übrigens Popps neuerdings aufgestellte Behauptung, »die gesamte Theatersammlung« sei 1943 verbrannt (Popp 1996, S. 407), eine bemerkenswerte Unkenntnis des Sachverhalts.

Darüber hinaus bestätigte der Mannheimer Gemeinderat am 17. Februar 1949 das Weiterbestehen des Mannheimer Theatermuseums als Bestandteil des Schloßmuseums (kurzzeitig nach dem Krieg: Städtische Museen). Rechtsnachfolger des Schloßmuseums ist das seit 1954 im Andenken an die Mannheimer Geschwister Carl und Anna Reiß so genannte Städtische Reiß-Museum Mannheim (heute Reiss-Museum Mannheim).

Das zerstörte Nationaltheater auf B 3.
Privataufnahme, um 1945.
RMM, Thslg.
Nachlaß Langheinz

Die Theatersammlung des Reiss-Museums Mannheim

Mit dem Vertrag vom 5. November 1970 zwischen dem Land Baden-Württemberg und der Stadt Mannheim wurde die Übergabe der umfangreichen Bestände der Mannheimer Schloßbücherei bzw. von deren Nachfolgeinstitution, der seit 1954 so genannten Wissenschaftlichen Stadtbibliothek, zum Aufbau der Mannheimer Universitätsbibliothek geregelt. Hierbei war es das große Verdienst von Herbert Meyer – seinerzeit in Personalunion Direktor der Wissenschaftlichen Stadtbibliothek (seit 1959) und des Städtischen Reiß-Museums (seit 1968) –, sowohl die Ausgliederung der historischen Theaterbibliothek als auch einer großen Zahl von Sekundärliteratur zum Thema Theater allgemein zu erreichen (die Übergabe erfolgte mit dem 1. Januar 1971). Diese Bibliotheken verblieben mithin im Eigentum der Stadt Mannheim und dienten zusammen mit den wenigen noch überkommenen Beständen des historischen Theaterarchivs (siehe oben), Einzelstücken des Theater-Archivs (siehe oben) sowie den vom Reiss-Museum (vormals Schloßmuseum), dem Altertumsverein und dem Nationaltheater planvoll gesammelten und wissenschaftlich erschlossenen zahlreichen und vielfältigen Theatralia im *Städtischen Reiß-Museum* als Grundstock für die neue Theatersammlung im Rahmen des bis heute *de jure* bestehenden Theatermuseums des Reiss-Museums Mannheim.

Von 1972 bis 1984 war die Mannheimer Theatersammlung mit ihrer ständigen Ausstellung zur Mannheimer Theatergeschichte (Eröffnung am 4. Oktober 1972) im Haus B 4, 10 a (*Speer-Bau* des Reiss-Museums) der Öffentlichkeit zugänglich. Seit Oktober 1973 unterstand sie der wissenschaftlichen Leitung von Wilhelm Herrmann, der eine beträchtliche Anzahl von Ausstellungen und

Schauraum der Mannheimer Theatersammlung in B 4, 10a (»Speer-Bau«) von 1972 bis 1984. Foto: RMM, 1972. RMM, Thslg.

mehrere monographische Schriften, bzw. Kataloge zu den unterschiedlichsten Themen der Mannheimer Theater- und Musikgeschichte erarbeitet und publiziert sowie die Sammlung systematisch geordnet und erschlossen hat. Diese Aufbauarbeit wird seit dem Ausscheiden Wilhelm Herrmanns kontinuierlich fortgeführt. Das Nationaltheater selbst unterstützt diese Arbeit, indem es sämtliche dokumentarischen Materialien aus dem künstlerischen Betrieb automatisch und in regelmäßigen Abständen an die Theatersammlung abgibt, die sie entsprechend erschließt. Unberührt bleiben hiervon die Registraturakten, die vom Nationaltheater als Teil der städtischen Gesamtverwaltung an das Mannheimer Stadtarchiv abgeliefert und dort gemäß dem Aktenplan der Stadt Mannheim erschlossen werden.

Aufgrund von einschneidenden Baumaßnahmen im Bereich des Quadrates B 4 wurde die Ausstellung in B 4, 10 a im Jahr 1984 geschlossen und die Sammlung insgesamt an zwei verschiedenen, schwer zugänglichen Orten ausgelagert, bevor sie aus Anlaß des 17. Internationalen Kongresses des Weltverbandes der Bibliotheken und Museen für Darstellende Künste (*Société Internationale des Bibliothèques et des Musées des Arts du Spectacle*, SIBMAS), den die Mannheimer Theatersammlung im September 1988 ausgerichtet hat, rückgeführt und in das Alte Zeughaus (C 5) integriert wurde. 1990 wurde das Gebäude in *Museum für Kunst-, Stadt- und Theatergeschichte im Reiss-Museum der Stadt Mannheim* umbenannt.

Die zweite große Ausstellung der Theatersammlung nach dem Umzug ins Zeughaus (C 5) fand 1991 aus Anlaß des 200. Todestages von W. A. Mozart im renovierten Verschaffelt-Gewölbe *statt. Der Komponist verbrachte immerhin 176 entscheidende Tage seines Lebens in Mannheim. Der Ausstellungsgestalter Stefan Andreae verzauberte die Räume mit seinen humoristisch-originellen Ideen (Phantombilder von Mozart und seiner Frau Constanze, Mozarts Hund Bimperl, lebende Bachforellen, Küsse-Kalkulator und vieles Kuriose mehr) zu einer Folie, auf der Mozarts Charakter und Leben in Mannheim in bunter Vielfalt reflektiert wurden. Foto: Jean Christen. RMM, Thslg.*

Durch den Auszug der Archäologischen Sammlungen des Reiss-Museums aus dem Zeughaus in den Neubau auf D 5 (1988) und durch erste Sanierungsmaßnahmen im Zeughaus (C 5) konnte das mittlerweile nach dem Architekten dieses letzten Mannheimer kurfürstlichen Monumentalbaus *Verschaffelt-Gewölbe* benannte Untergeschoß zunächst für Wechselausstellungen der Theatersammlung eingerichtet werden. 1991 wurde das Gewölbe mit einer umfassenden Mozart-Ausstellung (*176 Tage W. A. Mozart in Mannheim*) erstmals für eine große Theaterausstellung genutzt. Seit Dezember 1994 ist hier die neueingerichtete Dauerausstellung der Theatersammlung, *Mannheim und sein Nationaltheater – Bretter, die die Welt bedeuten,* zu sehen.

Die Sammlung und ihre Bestände[9]

Die Bibliothek

Die Theatersammlung des Reiss-Museums Mannheim umfaßt den noch immer sehr umfangreichen Teil des dokumentarischen Materials aus der Geschichte des Nationaltheaters Mannheim, der im Zweiten Weltkrieg nicht vernichtet worden ist, zu dem unter vielem anderen auch zwei sich ergänzende Reihen gebundener Theaterzettel zählen, die zur Zeit insgesamt vom offiziellen Gründungsjahr (1779) bis zur Spielzeit 1981/82 reichen (rund 280 überwiegend Großoktavbände). Ab der darauffolgenden Spielzeit 1982/83 bis jeweils zur Gegenwart müssen diese Theaterzettelbände mühevoll und in überaus langwieriger Arbeit rekonstruiert werden, da seitens des

[9] Vgl. auch Herrmann 1985, Homering 1989 und Homering 1992.

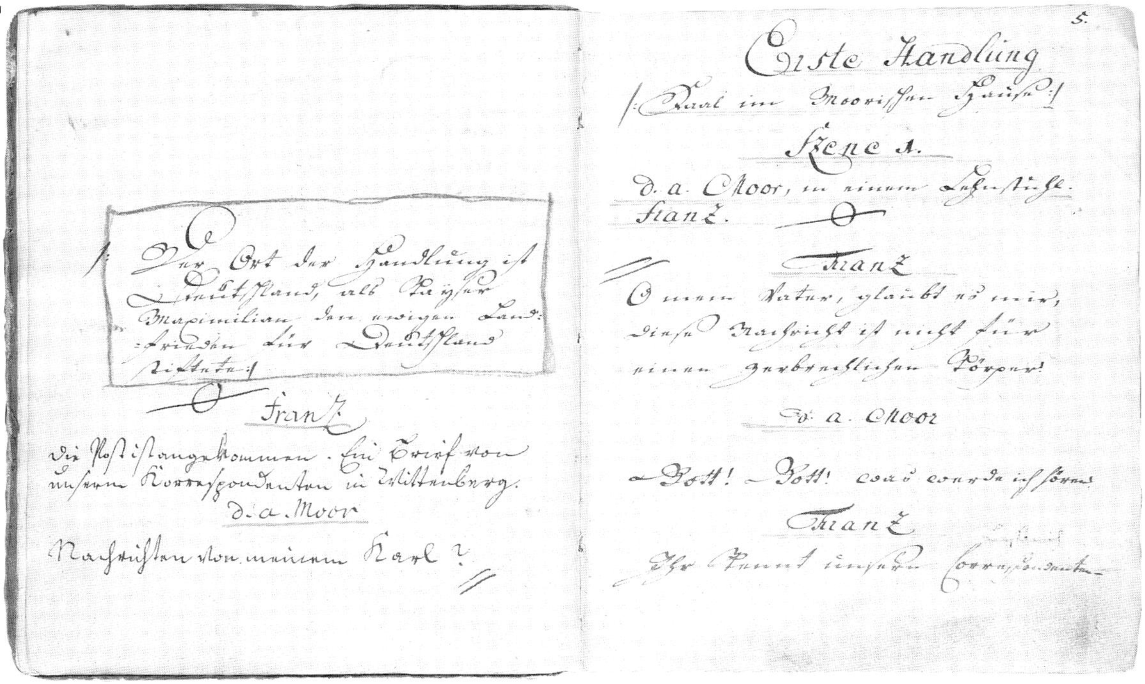

Soufflierbuch zur Uraufführung von Friedrich Schillers Räubern *am 13. Januar 1782 im Mannheimer Theater. Das 392 Seiten starke Manuskript stammt von der Hand des Kopisten Johann Daniel Trinkle. Anfangsseiten mit dem im Original rot eingerahmten, berühmten Vermerk: »Der Ort der Handlung ist Deutschland, als Kayser Maximilian den ewigen Landfrieden für Deutschland stiftete.« Foto: Jean Christen. RMM, Thslg.*

Nationaltheaters von 1972 an für das Schauspiel auf den Besetzungszetteln keine Tagesdaten mehr eingedruckt worden sind. Die systematische Weiterführung und Erarbeitung dieser Theaterzettelbände empfiehlt sich insofern, als nur sie dem Wissenschaftler einen wirklich umfassenden und einigermaßen zuverlässigen Überblick über die täglich seitens des Theaters geleistete künstlerische Arbeit bieten können, weit über die Informationen der vom Theater angelegten Spielplan- oder Dispositionsbücher hinaus, die allerdings die Grundlage der Rekonstruktion darstellen. In den vergangenen Jahren wurde diese – mehr oder minder als Sisyphosarbeit zu bezeichnende – Tätigkeit von Wilhelm Herrmann und Frauke Franz-Martens geleistet.
Außerdem verfügt die Sammlung über mehr als 10 500 Werktexte (bestehend aus Regie-, Soufflier-, Inspizienten- und Rollenbüchern) für denselben Zeitraum, bzw. bis zur jeweiligen laufenden Spielzeit, die etliche Unikate (weltweit nur einmal vorhandene Manuskripte oder Drucke) und Erstausgaben enthält, darunter als kostbarstes Stück das handschriftliche Soufflierbuch zur Uraufführung von Friedrich Schillers Jugenddrama *Die Räuber* am 13. Januar 1782 in Mannheim.
Diese Bibliothek ist unterdessen insgesamt systematisch erschlossen: einerseits die sogenannte Alte Werktextbibliothek (Laufzeit von ca. 1779 bis etwa 1840) durch das Werk Friedrich Walters (Walter 1899/2, S. 5–117), andererseits die Neue Werktextbibliothek (Laufzeit von ca. 1840 bis heute) durch Erika Veit. Diese Sammlung von besonders bearbeiteten Stücktexten, die wichtige Informationen zur (Mannheimer) Aufführungsgeschichte der Werke enthalten und zu der seit

Beginn der Direktion von Brigitte Dethier (Spielzeit 1996/97) auch Stücktexte des Kinder- und Jugendtheaters am Nationaltheater *Schnawwl* hinzugekommen sind, wird durch eine Spezialsammlung von etwa 500 Libretti (Opern- und Ballettexte) ergänzt, die aus einem Zeitraum vom späten 17. Jahrhundert bis zum frühen 19. Jahrhundert stammen und für Aufführungen in 35 Städten Europas gedruckt wurden, und in der sich gleichfalls etliche Unikate befinden.

Eine Sondersammlung stellen die Musikdrucke des Mannheimer Verlegers Johann Michael Götz (1740–1810) dar, der seit 1773 (bis etwa 1799) mit seinen Erzeugnissen, die er in Mannheim, Düsseldorf, München und schließlich in Worms stechen ließ, zu den bedeutendsten Musikverlegern Südwestdeutschlands im 18. Jahrhundert zählt. Mit der großzügigen Unterstützung der *Stiftung Kulturgut Baden-Württemberg* und des *Fördererkreises für das Reiss-Museum e.V.* gelang es dem Reiss-Museum im Jahr 1993, für die Theatersammlung einen Teil der Verlagsproduktion dieses bedeutenden Mannheimer Notenstechers und Verlegers zu erwerben. Immerhin bot Götz in Mannheim den Komponisten der berühmten *Mannheimer Schule* eine Alternative zum damals führenden Verlagsort Paris und deckte darüber hinaus den großen Bedarf der

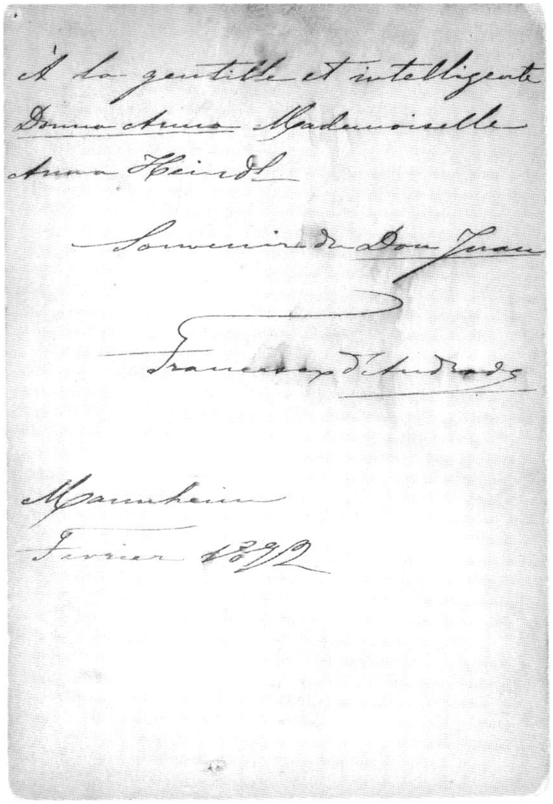

Links:
Francesco d'Andrade (1859–1921) in der Rolle von Mozarts Don Juan. In den Jahren 1891 bis 1903 gastierte der berühmte portugiesische Bariton insgesamt sieben Mal in dieser Partie in Mannheim. Foto: J. C. Scharwächter Berlin, 1890. RMM, Thslg. Schenkung Marks-Rocke

Rechts:
Am 19. Februar 1892 war Anna (Rocke-) Heindl d'Andrades Partnerin als Donna Anna. Ihr gilt die eigenhändige Widmung des Künstlers auf der Rückseite der Fotografie: »À la gentille et intelligente Donna Anna Mademoiselle Anna Heindl. Souvenir de Don Juan. Francesco d'Andrade. Mannheim Fevrier 1892«. RMM, Thslg. Schenkung Marks-Rocke

Mannheimer Hofkapelle an ständig neuen Musikdrucken. Zu den exzeptionellen Stücken dieser Sammlung zählt unter anderem auch der Mannheimer Partiturerstdruck der bedeutenden ersten deutschen Nationaloper, *Günther von Schwarzburg,* von Ignaz Holzbauer aus dem Jahr 1776, bei dem es sich um ein vom Komponisten selbst eingerichtetes und am Ende eigenhändig von ihm signiertes Handexemplar handelt. Diese überaus wertvolle Spezialsammlung wird kontinuierlich durch Ankäufe ergänzt.

In den Jahren 1992 bis 1994 übergab das Nationaltheater der Theatersammlung als Dauerleihgabe seine alte Musikalienbibliothek (nicht zu verwechseln mit der bei Friedrich Walter 1899/2, S. 166–196, verzeichneten »Musikbibliothek«, siehe oben und Anmerkung 5), in der das Notenmaterial (inklusive viele Partituren) zu ca. 150 Werken des in Mannheim aufgeführten Musiktheaters vereinigt ist. Die Bestände dieser Bibliothek umfassen in etwa einen Zeitraum von 1850 bis 1950. Diese kostbare und überaus interessante Sammlung wurde in den letzten Jahren von Erika Veit nach allen wünschenswerten Kriterien erschlossen. Zusätzlich hat die Theatersammlung vom Nationaltheater – gleichfalls als Dauerleihgabe – zu rund sechzig am Mannheimer Nationaltheater aufgeführten Schauspielen sämtliche – zumeist in Manuskriptform vorliegenden – Kompositionen erhalten, darunter viele Werke des langjährigen Mannheimer Kapellmeisters Hans-Georg Gitschel, sowie als besondere Kostbarkeit die Originalkomposition von Aleida Montijn für Erwin Piscators Mannheimer *Räuber*-Neuinszenierung von 1957. Auch dieser Sammlungskomplex konnte mittlerweile komplett von Erika Veit erschlossen werden.

Die inzwischen auf etwa 7500 Bände angewachsene Bibliothek (Sekundärliteratur) zur Geschichte von Musik und Theater in Mannheim und zur allgemeinen Theatergeschichte – darunter auch die Fachbibliotheken aus dem Nachlaß des berühmten Theatertechnikers Walter Unruh, der Kostümbildnerin Gerda Schulte, des Bühnenbildners Paul Walter, des Theaterorganisten und Chorleiters Albrecht Hänlein, der Intendanten Friedrich Brandenburg und Arnold Petersen, von Ulrich Brecht sowie dem langjährigen Geschäftsführer der *Theatergemeinde für das Nationaltheater Mannheim e.V.* Theo Maret – rundet diesen umfangreichen Bestand ab.

Sammlungen, Archive, Nachlässe

Hinzu kommt eine beträchtliche Anzahl an Bühnenbildentwürfen und -modellen von Künstlern, die für das Mannheimer Nationaltheater gearbeitet haben, ebenso Figurinen (Kostümentwürfe), Kostümen, die die Sammlung in unregelmäßigen Abständen vom Nationaltheater zur Bewahrung erhält. Außerdem enthält die Sammlung eine große Zahl von Ölgemälden, Stichen, Aquarellen, über 45 000 Szenenfotografien (und ca. 90 000 Negative) für rund 1800 Inszenierungen des Mannheimer Nationaltheaters (von ca. 1925 bis zur Gegenwart) – in ihrer Gesamtheit erschlossen durch Cläre Arnold –, Künstlerporträt- und Rollenfotografien (seit Mitte des 19. Jahrhunderts), Autographen und viele andere Materialien und Dokumente zur Mannheimer Musik- und Theatergeschichte, darunter ein Pressearchiv, das zur Zeit ca. 60 000 Artikel (rezensierender und chronologisch berichtender Art) aufweist und ständig auf dem laufenden gehalten wird, sowie ein umfangreiches Personenarchiv. Dieses bietet eine Fülle an Materialien und Informationen zu einer Vielzahl von Personen, die in Beziehung zum Mannheimer Nationaltheater und zu den darstellenden Künsten allgemein stehen.

An weiteren, größeren künstlerischen Komplexen sind vorhanden die Sammlungen Gerda Schulte

Der Schauspieler Willy Birgel, der von 1924 bis 1936 in Mannheim engagiert war, am Fenster seiner Wohnung in der Mühldorferstraße 14. Foto: Tillmann-Matter, um 1935. RMM, Thslg. Nachlaß Birgel

(Kostümbildnerin und Leiterin des Kostümwesens) und Paul Walter (Bühnenbildner und Leiter des Ausstattungswesens), die das Lebenswerk der beiden Künstler, darunter ihre Mannheimer Jahre von 1951 bis 1969, bzw. von 1952 bis 1976, materialreich belegen (insgesamt ca. 5300 Entwürfe und Modelle), des weiteren Nachlässe (und Teilnachlässe) oder zu Lebzeiten gestiftete Sammlungen der in Mannheim tätigen Intendanten Francesco Sioli, Herbert Maisch und Friedrich Brandenburg, der Schauspieler und Schauspielerinnen Hans Becker, Willy Birgel, Anne Kersten (Fotografien und Zeitungsausschnittsammlung), Bum Krüger und Ernst Langheinz sowie der Sänger und Sängerinnen Irene Eden, Adam Fendt (Fotografien und Tondokumente), Wilhelm Fenten, Aenne Geier, Erik Hallström (Fotografien), Nora Landerich, Kurt Schneider und Elisabeth Schreiner, der Dramaturgiesekretärin Germana Kampe, der Tänzerin Anja Römer-Hahn (Fotografien) sowie ein Teil des Nachlasses des Bühnenbildners und Autors Friedrich Kalbfuß. Zudem erhielt die Theatersammlung nach der »Wende« vom Archiv der Sächsischen Staatsoper Dresden als Dauerleihgabe eine Zeitungsausschnittsammlung zum Wirken des Hofkapellmeisters Hermann Kutzschbach in Mannheim.

Besonders erwähnenswert ist der große Teilnachlaß des Theaterwissenschaftlers, -dramaturgen und -kritikers Ernst Leopold Stahl (1882–1949), der unter anderem seine gesamte Korrespondenz umfaßt, darunter mit Briefpartnern wie Otto Falckenberg, Otto Flake, Marieluise Fleißer, Joseph Gregor, Gerhart Hauptmann, Herbert Ihering, Heinz Kindermann, Alfred Kubin, Oscar Fritz Schuh und vielen anderen. Darüber hinaus enthält dieser Teilnachlaß (dessen anderer Teil – die Bibliothek – in der Schweizerischen Theatersammlung Bern verwahrt wird) eine Fülle von zum Teil überaus raren Theaterzeitschriften, Programmheften und eine Theaterplakatsammlung. Weitere Spezialsammlungen sind etwa der Nachkriegsgeschichte der *Bayreuther Festspiele* oder den *Schwetzinger Festspielen* sowie der *Musikalischen Akademie des Nationaltheater-Orchesters e. V.*, die durch eine umfangreiche Sammlung chronologisch geordneter Konzertzettel vervollständigt wird, den Schillerpreisträgern der Stadt Mannheim, den Bloomaulordensträgern, der *Mannheimer Schultheaterwoche*, den (Internationalen) *Schiller-Tagen*, dem Kinder- und Jugendtheater am Nationaltheater *Schnawwl* und vielem anderen mehr gewidmet. Außerdem führt die Mannheimer Theatersammlung ein *Violeta Dinescu-Archiv*, das ständig durch Schenkungen und Übergaben der rumänischen Komponistin und ehemaligen Stipendiatin der Stadt Mannheim ergänzt wird.

Keineswegs aber werden in der Theatersammlung nur Materialien zum Mannheimer Nationaltheater planvoll gesammelt, sondern zur Geschichte der darstellenden Künste in Mannheim allgemein (beispielsweise zur kurfürstlichen Hofoper im Schloß, zum Apollo-Theater, dem Kindertheater im Bernhardushof, dem Colosseum-Theater, dem Saalbau-Theater, dem Astoria-Theater, zu Theateraufführungen im *Rosengarten,* Theater in Schulen, Gemeindezentren, der Universität, der Staatlichen Hochschule für Musik und Darstellende Kunst, zu Puppen- und Figurentheater, zur Freilichtbühne, Musiktheater Astoria, Theater in G 7, zum Oststadttheater, zu Kabarett, Schaustellerei, Zirkus, Varieté, in gewissem Rahmen auch zur Mannheimer Filmgeschichte und zu vielen anderen Erscheinungsformen der darstellenden Künste in Mannheim). Daß hier im übrigen auch die Unterstützung durch diese zum Teil freien Gruppen und Ensembles selbst dringend vonnöten ist, sei nur am Rande, allerdings mit größtem Nachdruck bemerkt.

Abgerundet werden all diese umfangreichen Bestände zur Mannheimer Theater- und Musikgeschichte durch die Theaterplakatsammlung, eine Sammlung regionaler, überregionaler und internationaler Programmhefte (zur Zeit ca. 50 000 Exemplare), Tondokumente sowie einer audiovisuellen Sammlung. Als überaus wichtiges Hilfsmittel wird eine Premierendatei geführt, in der seit 1779 bis zur unmittelbaren Gegenwart alle Ur- und Erstaufführungs- sowie Neuinszenierungs- und Neueinstudierungsdaten für Aufführungen des Mannheimer Nationaltheaters enthalten sind und die einen raschen und zuverlässigen Zugriff auf Tausende von Aufführungsdaten ermöglicht. Weitere Karteien geben zu anderen theaterspezifischen Fragestellungen Auskunft. Überdies steht ein Repertorium, das als Ergänzung von Friedrich Walter (Walter 1899/2, S. 259–418, umfassend die Jahre 1778–1803) und Oskar Fambach (Fambach 1980, umfassend den Zeitraum von 1804 bis 1832) für den Zeitraum von 1833 bis 1950 alle nachweisbaren Aufführungen am Nationaltheater verzeichnet, kurz vor dem Abschluß. Bearbeitet wird dieses Repertorium von Wilhelm Herrmann. Ebenfalls von Wilhelm Herrmann (unter Mitarbeit von Frauke Franz-Martens) wird zur Zeit ein Verzeichnis aller je am Nationaltheater tätig gewesenen Gäste und Gastensembles erstellt.

Die Sammlung wird ständig durch Stiftungen, Schenkungen, Ankäufe sowie durch vom Nationaltheater und anderen Mannheimer Theatern und Einrichtungen der darstellenden Künste übergebene Materialien und Dokumente ergänzt, die systematisch aufgearbeitet und erschlossen werden.

Theaterzettel zu einem Gastspiel der berühmten französischen Schauspielerin Sarah Bernhardt im Mannheimer Nationaltheater am 8. Mai 1903 als Marguerite Gautier in der Kameliendame (La Dame aux camélias) *von Alexandre Dumas (fils). RMM, Thslg. Nachlaß Grieser Album I*

Präsentation ausgewählter Kostüme aus Inszenierungen des Nationaltheaters am Beginn der Schausammlung Mannheim und sein Nationaltheater – Bretter, die die Welt bedeuten *im Erdgeschoß und im* Verschaffelt-Gewölbe *des Museums für Kunst-, Stadt- und Theatergeschichte im Reiss-Museum, C 5, Zeughaus. Foto: Jean Christen. RMM, Thslg.*

Mannheim und sein Nationaltheater – Bretter, die die Welt bedeuten
Ein Rundgang durch das Mannheimer Theatermuseum im *Verschaffelt-Gewölbe* des Reiss-Museums Mannheim

In der gegenwärtigen Aufstellung, die in einzelnen Bereichen immer wieder verändert wird, präsentiert die Ausstellung unter überwiegend chronologischem Aspekt die »Highlights« der Mannheimer Theater- und Musikgeschichte vom 18. Jahrhundert bis zur Gegenwart. Im folgenden wird die Ausstellung skizziert, wie sie sich 1997 zeigt.

Den Anfang machen – noch im Erdgeschoß des Zeughauses, der sogenannten *Säulenhalle* – neben den effektvollen Theaterkostümen aus verschiedenen Inszenierungen des Nationaltheaters die Porträts von drei Künstlerinnen, die (nicht allein) in der Mannheimer Theatergeschichte Bedeutung erlangt haben. Ein Porträt zeigt Esther Charlotte Brandes (vgl. Farbabbildung I, 2), eine der bedeutendsten Tragödinnen des 18. Jahrhunderts und eines der ersten Mitglieder des Dalberg-Ensembles, in der Rolle der Ariadne in *Ariadne auf Naxos*, dem Duodrama von Johann Christian Brandes mit der Musik von Georg Benda. Auf dem zweiten Gemälde ist Ellen Franz als Leonore d'Este in Goethes *Torquato Tasso* porträtiert (vgl. Farbabbildung IV, 8). Sie war in Mannheim eine überaus beliebte Schauspielerin (engagiert von 1863 bis 1866) und wurde als Freifrau von Heldburg die Frau des als »Theaterherzog« in die Geschichte eingegangenen Herzogs Georg II. von Sachsen-Meiningen. Ihr Porträt repräsentiert das 19. Jahrhundert. Das dritte, ganzfigurige, Porträt zeigt die Opernsängerin Mella Fiora, gemalt von Ferdinand Keller, die zu Beginn des 20. Jahrhunderts in die sogenannte Mannheimer Gesellschaft eingeheiratet hat und damit auch ein typisches Mannheimer Theaterphänomen verkörpert, nämlich die berühmte, zum Teil noch heute spürbare enge Beziehung zwischen Theater und Bürgerschaft in der Quadratestadt (vgl. auch den Beitrag von Heide Koch und Abbildung S. 448 in diesem Buch).

Das *Verschaffelt-Gewölbe* wartet trotz der Darstellung von Vergangenem immer wieder mit technischen, zum Teil innovativen Attraktionen auf: So empfangen den Besucher sogleich beim Hinabsteigen in die Tiefen des architektonisch überaus reizvollen *Verschaffelt-Gewölbes* alte und neue Bühnenscheinwerfer aus den Häusern in B 3 und vom *Goetheplatz* (Neubau des Nationaltheaters, eingeweiht 1957), die an veritablen »Zügen« zwischen den Stahlstützen neben der sich frei hinabschwingenden Treppe von Mitarbeitern der technischen Abteilung des Nationaltheaters installiert wurden und für entsprechende Vorführungen selbstverständlich betriebsbereit sind. Der Besucher erhält hier einen anschaulichen Eindruck von der Entwicklung der Bühnenlichttechnik.

Aspekte der Mannheimer Theater- und Musikgeschichte

Nach der Verlegung des Regierungsortes der Kurfürsten von der Pfalz von Heidelberg nach Mannheim durch Kurfürst Carl Philipp im Jahr 1720 setzte in der neuen Residenzstadt nach einiger Zeit ein reges künstlerisches Leben ein. 1742 wurde die von dem Bologneser Theaterarchitekten Alessandro Galli Bibiena (1686–1748) erbaute und mit aller zur damaligen Zeit verfügbaren Bühnentechnik ausgerüstete Hofoper im Westflügel des Schlosses eröffnet. Hier fanden repräsentative Aufführungen der *Opera seria* (große italienische Oper) statt. Bereits 1795 während der Belagerung Mannheims durch die kaiserlichen Truppen in den Revolutionskriegen fiel das prächtige Opernhaus den Flammen zum Opfer.

Von 1730 bis 1771 (vgl. den Beitrag von Wilhelm Herrmann über das französische Schauspiel und die Wandertruppen) wirkten in der Quadratestadt mehrere französische Theatertruppen, die ebenfalls überwiegend den Geschmack des Adels, aber auch des gebildeten Bürgertums befriedigten.
Im Verlauf von rund vier Jahrzehnten spielten diese Truppen ein enorm reichhaltiges Repertoire, das zeitweilig weit über das der richtungweisenden *Comédie-Française* in Paris hinauswuchs. 1771 allerdings wurde die gerade amtierende französische Schauspieltruppe von dem Nachfolger Carl Philipps, Kurfürst Carl Theodor (1724–1799), entlassen (siehe den Beitrag von Wilhelm Herrmann). Carl Theodor hatte sich mit Nachdruck dem deutschsprachigen, nationalen Theater verschrieben, womit er freilich auf der Linie der damaligen geistigen Bestrebungen, besonders des durch eine gemäßigte Aufklärung in der Kurpfalz geprägten Bürgertums lag. Sowohl Carl Philipp als auch und vor allem Carl Theodor waren es, die Mannheim zu einer Musikstadt von europäischem Rang und Ruf machten, die mit Namen wie Franz Xaver Richter, Johann Wenzel Stamitz, Christian Cannabich, Ignaz Holzbauer – also den Vertretern der *Mannheimer Schule* –, aber auch mit Georg Joseph Vogler, Johann Christian Bach und nicht zuletzt Wolfgang Amadé Mozart eng verknüpft ist. Mozart besuchte Mannheim nicht nur mehrfach, sondern auch in entscheidenden Phasen seines Lebens und knüpfte hier wichtige Kontakte zum Hof und zu Musikern des Hofes. Besonderen Anreiz für seine Aufent-

halte bot das Mannheimer Orchester, das in Europa höchstes Ansehen erlangte infolge seiner bis dahin unerhörten spieltechnischen Disziplin (vgl. Pelker 1997).

Vom historischen Modell zur Computer-Animation

Carl Theodors Stiftung der *Kurpfälzischen deutschen Gesellschaft* im Jahr 1775 beeinflußte auch die Errichtung von Mannheims berühmtestem Kulturinstitut, dem Nationaltheater (damals noch *Teutsches Comödienhaus*, was soviel wie deutschsprachiges Schauspielhaus bedeutet). Anfangs wurde das Theater noch von verschiedenen Schauspieltruppen bespielt (vgl. den Beitrag von Wilhelm Herrmann und vgl. *Chronologie*), seit Oktober 1779 aber von seinem Intendanten Wolfgang Heribert von Dalberg (1750–1806) mit einem festen (stehenden) Ensemble zu seiner ersten Blütezeit geführt. Das 18. Jahrhundert, das den Beginn des modernen Theaters markiert, wird in der Ausstellung auch äußerlich gekennzeichnet durch einen Holzbühnenboden – die sprichwörtlichen *Bretter, die die Welt bedeuten* – sowie rote Samtvorhänge, die die Vitrinen umrahmen. Repräsentanten der damaligen Zeit – unter anderen Mozart, Schiller, Iffland, Dalberg – sind allesamt in zeitgenössischen Darstellungen vertreten. In diesem Bereich wird die Theatergeschichte überaus anschaulich mit modernster Technik konfrontiert: Eines der zentralen und wertvollsten Objekte der Mannheimer Theatersammlung ist das Modell einer Kulissenbühne, das um 1800 für die Familie Dalberg gefertigt

Blick in den Ausstellungsbereich »Vom staatlichen Repräsentationstheater zum bürgerlichen Nationaltheater«. Im Vordergrund die Computer-Animation zu einer der Uraufführungsdekorationen für Friedrich Schillers Räuber *(siehe auch Farbabbildung II, 4 in diesem Buch). Foto: Jean Christen. RMM, Thslg.*

wurde. Es vermittelt den Eindruck von der raffiniert funktionierenden Bühnentechnik, wie sie in den meisten Theatern in der Zeit des 18. und noch des 19. Jahrhunderts üblich war. Mit dieser Technik ließ sich binnen kürzester Zeit mit vergleichsweise geringem Aufwand die gesamte Szenerie synchron wechseln. Diesem Modell dient zur Ergänzung und Erläuterung eine ca. fünfminütige Computer-Animation, in der erstmals eine Originaldekoration aus der Uraufführung von Friedrich Schillers *Räubern* aus dem Jahr 1782 (*Saal im Moorschen Schloß/Bildergalerie*) mit Hilfe innovativer Technologie räumlich und farblich rekonstruiert werden konnte und in ihrer Funktion gezeigt wird. Eine technische Attraktion, die beweist, daß moderne und professionell erstellte technische Medien ausgezeichnet zur Erklärung historischer Sachverhalte dienen können (vgl. Farbabbildung II 4).

Der Mord an einem Theaterautor und die Mannheimer Polizei

1819 erschütterte ein politischer Mord die Grundfesten des damaligen Lebens in Deutschland. In Mannheim wurde der umstrittene Publizist und außergewöhnlich erfolgreiche Bühnenschriftsteller August von Kotzebue (1761–1819) von dem Studenten Carl Ludwig Sand (1795–1820) in seiner Wohnung nahe dem Theater ermordet. Ein folgenschweres Ereignis, das in der Theaterschausammlung mit Unterstützung der Mannheimer Polizei durch moderne Mittel der erkennungsdienstlichen Rekonstruktion des Tatherganges dokumentiert wird.

Gruppenfotografie der Familien Mühldorfer, Heckel und Kühn. Von links nach rechts: Susanna Kühn, geb. Mühldorfer, Josef Kühn, Theaterdekorateur, Auguste Mühldorfer, geb. Wirt, Joseph Mühldorfer, Theaterarchitekt, -maschinist und -dekorateur, Emil Heckel, Instrumentenhändler und Verleger, Marie Heckel, geb. Mühldorfer, Wilhelm Mühldorfer (?), Bruder von Joseph Mühldorfer. Foto um 1858. RMM, Thslg. Nachlaß Familie Heckel

Bürgerliches Nationaltheater

1839 wurde die Struktur des Nationaltheaters grundsätzlich verändert: Da der badische Staat zusehends mit Geldern für das Nationaltheater geizte, andererseits dem Theater aber immer wieder Intendanten oktroyierte, die sich aus dem adeligen Hofbeamtentum rekrutierten (sogenannte Kavalierintendanten), übernahm die Stadt Mannheim selbst schließlich sowohl die Finanzierung als auch die Verwaltung der immer wieder krisengeschüttelten Bühne in eigene Regie. Die Position des Intendanten wurde kurzerhand ganz abgeschafft und das Haus von drei kunstsinnigen, bisweilen auch dilettierenden Honoratioren »regiert« (Hoftheaterkomitee). Ein seither unwiederholtes System, das auch andernorts keine Nachahmer gefunden hat. Immerhin bewährte sich diese Triumviratskonstruktion, mal mehr, mal weniger, runde fünfzig Jahre hindurch.

In diesem Ausstellungsabschnitt ist auch eine Auswahl der bekannten Bühnenbildentwürfe von Joseph Mühldorfer (1800–1863), einem der berühmtesten Theaterarchitekten, -maschinisten, und -dekorateure des 19. Jahrhunderts, zu sehen, der von 1832 bis zu seinem Tod in Mannheim tätig war und der Bühne mit seinen zum Teil spektakulären gestalterischen und technischen Einfällen zu besonderer Bedeutung verhalf.

Wie vielerorts stand auch auf der Mannheimer Bühne die zweite Hälfte des 19. Jahrhunderts zu einem guten Teil im Zeichen der teilweise von erheblichem Antisemitismus begleiteten Auseinandersetzungen um das Werk Richard Wagners. Der Komponist besuchte die Quadratestadt mehrmals und hatte in dem Mannheimer Musikalien- und Instrumentenhändler sowie Verleger Emil Heckel (1831–1908) seinen »Strategen« für die ersten

Blick in den Hermann-Goetz-Raum in der Mannheimer Theaterschausammlung. Das Originalmobilar stammt aus einer Schenkung der Urenkel des Komponisten, die der Theatersammlung 1990 gemacht wurde. Der Flügel ist eine Dauerleihgabe des Mannheimer Klavierhauses Andreas Weng. Foto: Jean Christen. RMM, Thslg.

Bayreuther Festspiele (1876) gefunden. Heckel gründete am 1. Juni 1871 in Mannheim den ersten *Richard-Wagner-Verein*. Durch den erfolgreichen Verkauf sogenannter Patronatscheine à 300 Talern flossen zur Etablierung des Bayreuther Unternehmens etwa ein Siebentel (50 000 Taler) der veranschlagten Bausumme aus Mannheim an den *Grünen Hügel* der Festspielstadt. In der Ausstellung ist die Tatsache, daß man sich durch den Erwerb eines Patronatscheines das Anrecht auf einen Platz für die ersten Aufführungen von Wagners Tetralogie *Der Ring des Nibelungen* 1876 sichern konnte, symbolisiert durch einen Originalklappstuhl der Erstbestuhlung aus dem Bayreuther Festspielhaus, unter dem malerisch 300 Schokoladentaler aufgehäuft liegen.
Zuweilen muß auch in der Darstellung von Theatergeschichte ein Augenzwinkern erlaubt sein!

Zusätzliche Attraktion in diesem Ausstellungsbereich bietet ein Gedenkraum für den Königsberger Komponisten Hermann Goetz (1840–1876), dessen beide Opern *Der Widerspenstigen Zähmung* und *Francesca von Rimini* 1874 und 1877 in Mannheim uraufgeführt worden sind. Eine Schenkung der Urenkel des Komponisten an das Reiss-Museum machte die Ausstattung des Raumes mit Originalmobiliar möglich. Darüber hinaus erinnern etliche Memorabilien an den hochbegabten und allzu früh verstorbenen Musiker, dessen noch bis ins 20. Jahrhundert überaus erfolgreich gespielte komische Oper *Der Widerspenstigen Zähmung* neben seiner ausgezeichneten Kammermusik zu Unrecht in Vergessenheit geraten ist.

Das Theater im Krieg, zwischen den Kriegen und nach der »Stunde Null«
Bei der Gestaltung des Bodens in der Ausstellung wurde Wert darauf gelegt, Bezüge zum Inhaltlichen herzustellen. So etwa auch im Bereich der ersten Hälfte des 20. Jahrhunderts, dem insgesamt eine Stahlfläche unterlegt ist. Assoziationen an U-Boote, Materialschlachten und sinnloses Blutvergießen in zwei Weltkriegen wecken Unbehagen beim Betreten dieses düsteren und unwirtlichen Untergrunds, der von unten rot beleuchtet ist und den zwei schräge Lichtbänder durchschneiden, die Fläche dadurch in drei Segmente spaltend (Erster Weltkrieg, Weimarer Republik, Zweiter Weltkrieg). Trotz der Häufung von Krisen- und Schreckenszeiten in den dreißig Jahren zwischen 1914 bis 1944, hat das Theater kaum je seinen Spielbetrieb eingestellt, was ein grelles Licht auf die nicht nur gesellschaftliche, sondern politisch nutzbare Funktion von Theater wirft. Am Ende dieser Ausstellungseinheit – gleichsam symbolisch – ist auf einem umstürzenden Prisma das Großfoto des Mannheimer Schiller-Denkmals – *neben* seinem hohen Sockel stehend – vor dem 1943 zerstörten Nationaltheater in B 3 zu sehen! Die ehemals triumphierende Geste des Dichters, der sein *Räuber*-Manuskript in der linken Hand hält, drückt in dieser Situation nur noch ankla-gende Resignation aus.

Als Folge der Zerstörung des Nationaltheaters an seinem alten Platz wurde der Spielbetrieb während der Jahre 1945 bis 1956 in die *Schauburg*, ein ehemaliges Kino in der *Breiten Straße*, verlegt.
Ein Symptom für das Schicksal vieler Theater nach der »Stunde Null«, die ihre traditionellen Spielstätten verloren hatten und auf Behelfsbühnen ausweichen mußten. Eine rekonstruierte Garderobe des Nationaltheaters in der *Schauburg* veranschaulicht die Beengtheit und Primitivität auf und hinter diesen *Brettern, die die Welt bedeuten*, die jedoch dank der außergewöhnlichen Anstrengungen aller Beteiligten viele Aufführungen zu glanzvollen Höhepunkten des von Existenzangst und materieller Not geprägten Alltags werden ließen.

Das von seinem Sockel herabgestürzte Schiller-Denkmal vor dem zerstörten Nationaltheater auf B 3, um 1945.
RMM, Thslg.

Mary Wigman (1886–1973)
Tänzerin, Choreographin
und erste Mannheimer
Schillerpreisträgerin während
einer Probe im Musensaal des
Mannheimer Rosengartens.
Foto: Adolf Falk, 1955.
RMM, Thslg.

Zwei Persönlichkeiten, die in dieser Zeit im Hinblick auf die Bühnengestaltung Außerordentliches geleistet haben, waren in der Zeit von 1945 bis 1952 Heinz Daniel (1892–1960) und von 1952 bis 1976 Paul Walter (1913–1993). Während sich Daniel erst mit den schwierigen Bedingungen der Behelfsbühne (Abmessung acht mal vier, später acht mal fünf Meter!) vertraut machen mußte, konnte Walter bereits auf dessen Erfahrungen aufbauen. Ungefähr 350 Inszenierungen stattete Paul Walter im Lauf seiner Zeit in Mannheim künstlerisch aus. Anläßlich der Eröffnung des neuen Nationaltheaters am *Goetheplatz* (Januar 1957) wandelte er die Bühne des sogenannten *Kleinen Hauses* (heute *Schauspielhaus)* für die von Erwin Piscator als Gastregisseur inszenierten *Räuber* von Schiller in eine regelrechte Arena-Bühne um. Eine Vorstellung von dem oftmals kühnen Einfallsreichtum des Künstlers vermittelt auch das Bühnenbildmodell für den ebenfalls von Erwin Piscator inszenierten *Wilhelm Tell* von Schiller (1958), dem – als Hinweis auf eine Eigenart Piscatorscher Bühnenwelten – ein von unten beleuchteter Gitterfußboden unterbaut ist. Den Regisseur faszinierte an diesem – wie er ihn selbst gerne apostrophierte – »Piscator-Rost«, daß die darauf agierenden Schauspieler seltsam schwerelos wirkten und der Eindruck einer vom Raum befreiten Atmosphäre entstand.

Eine Abteilung in der Ausstellung ist der berühmten Ausdruckstänzerin, Choreographin und ersten Mannheimer Schillerpreisträgerin (1954) Mary Wigman gewidmet, die bereits in den zwanziger Jahren am Nationaltheater gastierte und nach dem Krieg drei Inszenierungen für das Mannheimer Theater erarbeitete, von denen sie die Choreographie zu Carl Orffs *Carmina burana* und *Catulli Carmina* (1955) zu den wichtigsten Arbeiten ihres künstlerischen Lebens zählte.
Für diese beiden Werke hat sie ein umfangreiches Choreographieskizzenbuch hinterlassen, das das Reiss-Museum vor einigen Jahren für die Theatersammlung erwerben konnte und das in der Ausstellung in Auszügen zu sehen ist.
Die Farbenpracht und Dynamik der Darstellung von der Hand »der Wigman« vermag zusammen mit ergänzenden Szenenfotografien unmittelbares Zeugnis von der hinreißenden Intensität dieser berühmt gewordenen Aufführung abzulegen (vgl. auch Abbildung S. 158).

Porträts, Rollen- und Szenenfotografien vieler berühmter Schauspieler und Schauspielerinnen sowie Opernsänger und Opernsängerinnen, die in Mannheim entweder als bereits erfahrene Künstler das Publikum erfreut oder von hier aus Weltkarrieren aufgebaut haben, wird der Besucher im Verlauf seines Ganges durch die einzelnen Ausstellungsbereiche sehen und wiederfinden. Beispielsweise die in Mannheim geborenen großen Schauspieler Albert Bassermann und Carl Raddatz, die Sänger und Sängerinnen Fritz Vogelstrom, Gertrud Bindernagel, Margarethe Teschemacher, Fred Dalberg, Jean Cox, Franz Mazura, Hannelore Bode, Elisabeth Schreiner sowie die Schauspieler und Schauspielerinnen Willy Birgel, Ida Ehre, Joseph Offenbach, Erwin Linder, Bum Krüger, Ernst Ronnecker, Clara Walbröhl, Walter Pott und viele, viele andere.

Darüber hinaus verweist die Ausstellung auf verwandte und bis heute mit dem Theater konkurrierende Medien wie Rundfunk und Film. Die Konzeption der Theaterschausammlung ist auf Semipermanenz angelegt, das heißt, Ausstellungsstücke können ausgetauscht werden, neue Aspekte, auch andere Zusammenhänge erschließen sich dem Besucher. Dies dient nicht nur der Schonung besonders empfindlicher Objekte, sondern auch der Lebendigkeit der Präsentation.

Die Darstellung der Mannheimer Theater- und Musikgeschichte wird außerdem in vielfältiger Weise medial ergänzt, nicht allein durch die bereits erwähnte Computer-Animation im Bereich des 18. Jahrhunderts, sondern auch durch Video-Gegenüberstellungen berühmter historischer und zeitgenössischer Inszenierungen von Schillerdramen, durch Musikausschnitte im Hermann-Goetz-Raum oder auch durch ein etwa dreißigminütiges Video, das einen Blick in die für den Theaterbesucher zum Teil unbekannte Arbeit »hinter den Kulissen« des Mannheimer Nationaltheaters gewährt. An dieser Stelle können die Museumsbesucher in bequemen Originaldrehstühlen aus dem Mannheimer *Schauspielhaus* Platz nehmen und einen besonderen Informationsservice der Theatersammlung nutzen: Unter dem Stichwort *Mannheimer Theater aktuell* finden sie hier Rezensionen zu laufenden Mannheimer Inszenierungen vor sowie berichtende Zeitungsartikel zum Theater- und Musikleben in Mannheim insgesamt. Eine weitere Besonderheit befindet sich zur Zeit noch als Kooperationsprojekt mit dem Tonstudio des Mannheimer Nationaltheaters in Vorbereitung: ein »klingendes Museum«, in dem auf Wunsch eine Fülle von Tondokumenten überwiegend aus dem Bereich der Mannheimer Oper, aber auch des Schauspiels abrufbar sein wird.

Zur Bedeutung der Theatersammlung des Reiss-Museums Mannheim

Die besondere Bedeutung der Mannheimer Theatersammlung liegt in ihren kontinuierlich gewachsenen, erhaltenen und gepflegten Beständen, die nach einer eigens entwickelten Systematik ausgesprochen benutzerfreundlich für die Öffentlichkeit und die wissenschaftliche Forschung zur Verfügung steht. Nochmals besonders hervorzuheben sind die Bibliothek mit vielen Unikaten und den für das Mannheimer Theater bearbeiteten Werktexten sowie den von 1779 an beinahe vollständig erhaltenen Theaterzettelbänden, die Musikalienbibliothek sowie die Notendrucke aus dem Verlag von Johann Michael Götz, die bis zur unmittelbaren Gegenwart reichenden Personen- und Pressearchivbestände, die ständig aktualisiert werden, die vollständige Sammlung von Bühnenblättern und Programmheften des Nationaltheaters, die umfangreiche aufführungs- und personenbezogene fotografische Sammlung (insgesamt ca. 150 000 Abzüge, Fotoplatten, Diapositive und Negative), die kunsthandwerklich-theaterpraxisorientierte grafische Sammlung (mit insgesamt ca. 6000 Bühnenbild- und Kostümentwürfen sowie über einhundert Bühnenbildmodellen), die porträtgrafische Sammlung, die Plakatsammlung, die Kostüme und sehr vieles andere mehr. Mit Hilfe dieser überaus vielfältigen Bestände und Exponate wird die Mannheimer Theater- und Musikgeschichte differenziert und transparent anschaulich darstellbar. Die telefonischen und schriftlichen Anfragen, die die Mannheimer Theatersammlung täglich erreichen, kommen aus der ganzen Welt. Mittlerweile werden im Jahresdurchschnitt weit über 400 Vorgänge von den Fachwissenschaftlern der Sammlung erledigt.

Darüber hinaus erarbeitet und organisiert die Theatersammlung im Reiss-Museum Ausstellungen und Kabinettschauen, veranstaltet Vorträge (zum Teil auch im Rahmen der Vortragsreihe der Gesellschaft der Freunde Mannheims), Führungen, musikalische Veranstaltungen und vieles mehr.

Als »Gedächtnisstütze« dient die Sammlung immer wieder auch dem Theater selbst, das stets möglichst rasch mit den gewünschten Informationen, oft auch mit entsprechendem Bildmaterial versorgt wird. Überhaupt versteht sich die Theatersammlung als eine »Informationsbörse«, die Interessenten einschlägige Informationen und

Hinweise auf andere Institutionen, Sammlungen und Personen vermittelt, die Wissenswertes zu bestimmten Fragestellungen bereithalten. Außerdem kooperiert die Sammlung mit vielen regionalen und überregionalen Institutionen, besonders aber mit der *Forschungsstelle Mannheimer Hofkapelle* der Heidelberger Akademie der Wissenschaften, die systematisch die Geschichte des Musiktheaters (Hofoper), der geistlichen Musik, der Kammermusik, der Kompositionen der *Mannheimer Schule* sowie des Orchesters insgesamt am Mannheimer Hof im 18. Jahrhundert erforscht.

Überregional organisatorisch verankert ist die Mannheimer Theatersammlung im *Bundesverband der Bibliotheken und Museen für darstellende Künste e. V.* ebenso wie auf internationaler Ebene in der *Société Internationale des Bibliothèques et des Musées des Arts du Spectacle* (SIBMAS). Als Folge der aktiven Mitgliedschaft der Mannheimer Sammlung in beiden Organisationen haben sich in den vergangenen Jahren vielgestaltige nationale und internationale Beziehungen ergeben, die bisher unter anderem zur Übernahme von Theaterausstellungen aus Wien und aus München sowie einem vom Slowenischen Theatermuseum in Ljubljana organisierten gemeinsamen Ausstellungsprojekt des *Mitteleuropäischen Zentrums für Theaterdokumentation* geführt haben. Für diese erfreuliche Intensivierung der nationalen und internationalen Beziehungen war zweifellos die Ausrichtung des 17. Internationalen Kongresses der SIBMAS 1988 in Mannheim durch die Theatersammlung des Reiss-Museums ausschlaggebend, die auf diese Weise in den entsprechenden Fachkreisen geradezu schlagartig weltweit zu Bekanntheit gelangte.[10]

Die Theaterkunst ist eine der vergänglichsten Kunstformen überhaupt. Das ständig zunehmende Interesse an Dokumentationszentren wie der Mannheimer Theatersammlung seitens der Forschung und der Medien bedeutet zweifelsohne auch eine Verpflichtung. Verpflichtung einer theaterbegeisterten Stadt wie Mannheim, weiterhin für den Erhalt, die Pflege, Ausstattung und Betreuung dieser einmaligen Sammlung einzustehen. Immerhin kann die Theatersammlung des Reiss-Museums Mannheim im Jahr 1999 auf eine einhundertjährige Geschichte zurückblicken! Nur so wird auch in Zukunft die nicht nur künstlerische, sondern auch soziale und gesellschaftspolitische Leistung, die das Mannheimer Theater- und Musikleben auszeichnet, in systematischer Weise bewahrt, dokumentiert, erforscht und für nachfolgende Generationen erschlossen werden können. Denn: Wer die vergangene Theatergeschichte verstehen lernt, wird mehr Verständnis für die Gegenwart entwickeln und nicht ohne Wertmaßstäbe in die Zukunft gehen müssen. Daß damit freilich nicht ein falschverstandenes Traditionsbewußtsein allein um der Tradition willen gemeint ist, sei der Vollständigkeit halber hinzugefügt. Nur wer um seine Geschichte weiß, kann seinen Standort bestimmen und Neues wagen!

Auch in diesem Sinn ist es ein wichtiger Meilenstein, daß die Theatersammlung des Reiss-Museums mit der Einrichtung einer eigenen Publikationsreihe, den *Schriften zur Mannheimer Theater- und Musikgeschichte*, der wissenschaftlichen Beschäftigung und Auseinandersetzung mit diesem herausragenden Spektrum der Mannheimer Kulturgeschichte in Zukunft ein attraktives Forum bieten kann. Dafür sei an dieser Stelle nochmals allen Förderern und Sponsoren ganz besonderer Dank gesagt.

[10] Dokumentiert ist der Verlauf dieses Kongresses in der Publikation *Theatersammlungen 1990* (siehe Literaturverzeichnis).

Theaterausstellungen in Mannheim

Im folgenden sind die theaterhistorischen Ausstellungen chronologisch zusammengestellt, die vom Altertumsverein, dem Schloßmuseum, der Schloßbücherei (später Wissenschaftliche Stadtbibliothek), dem Theatermuseum, dem Städtischen Reiß-Museum (zeitweise Städtische Museen) sowie der Theatersammlung des Reiss-Museums erarbeitet und veranstaltet worden sind. Soweit nicht anders vermerkt, fanden diese Ausstellungen im Reiss-Museum Mannheim statt. Bei der Erstellung dieser Übersicht haben Andreas Krock und Elke Rieber geholfen.

1902

Aus der Zeit Carl Theodors (Schulkirche L 1,1): Mit Genehmigung des Stadtrates und der Theaterkommission sowie der Intendanz des Großherzoglichen Hof- und Nationaltheaters werden für diese Ausstellung Theaterkostüme (ehemals von Mitgliedern des kurpfälzischen Hofes an das Theater abgegeben), aber auch Möbel, Geräte, Gemälde und Waffen des 18. Jahrhunderts aus dem Besitz des Theaters zur Verfügung gestellt. Diese Stücke werden kurze Zeit später aufgrund eines Bürgerausschuß-Beschlusses des Jahres 1903 vom Theater dem Altertumsverein übergeben und im Stadtgeschichtlichen Museum sowie ab 1926 im Schloßmuseum (dies seit 1925 die Bezeichnung für die städtischen Kulturhistorischen und Archäologischen Sammlungen) ausgestellt (siehe oben).

Jubiläumsausstellung des Schloßmuseums aus Anlaß des 150jährigen Bestehens des Nationaltheaters 1929. Blick in die Wagner-Heckel-Abteilung. RMM, Fotobändchen 60

1904
Die aus dem Theater stammenden historischen Kostüme werden vom Mannheimer Altertumsverein für das Stadtgeschichtliche Museum übernommen.
1905
Einrichtung und Eröffnung (4. November) des Stadtgeschichtlichen Museums in der Schulkirche L 1, 1; darin auch eine eigenständige Abteilung für die Mannheimer Theater- und Musikgeschichte des 18. Jahrhunderts.
1905
Aus Anlaß des 100. Todestages: Schiller-Ausstellung (Sammlungsräume des Altertumsvereins im Schloß).
1913
Der Mannheimer Altertumsverein beteiligt sich mit einer Fülle von Leihgaben aus eigenen Beständen an der großen Theaterkunstausstellung der Städtischen Kunsthalle.
1926
(15. Mai) Eröffnung des Mannheimer Schloßmuseums (im Mittelbau- und Ostflügel-Bereich). Im sogenannten *Blauen Saal* (Saal 418) wird ein kleiner Teil der aus dem Theaterfundus überwiesenen historischen Kostüme ausgestellt. Als sogenannter *Theatersaal* ist Raum 398 eingerichtet, in dem Exponate zur Mannheimer Theater- und Musikgeschichte des 18. Jahrhunderts gezeigt werden. Im Saal 377 wird unter anderem der politische Hintergrund der Ermordung des bekannten Theaterautors und Schriftstellers August von Kotzebue durch Carl Ludwig Sand in Mannheim 1819 dargestellt. (Zusätzlich einige Ölgemälde mit Bezug auf Mannheimer Theaterkünstler verstreut auf andere Säle.)

»Aus der Geschichte des Mannheimer Nationaltheaters«. Ausstellung der Städtischen Museen und der Wissenschaftlichen Stadtbibliothek 1954 im Hofgebäude des Zeughauses aus Anlaß des 175jährigen Bestehens des Mannheimer Nationaltheaters. Foto: RMM, 1954. RMM

1927
Voltaires *Olimpie* und das Schwetzinger Theater (Schloßmuseum).
1929
150 Jahre Mannheimer Nationaltheater
Große theaterhistorische Ausstellung in fünfzehn Sälen des Schloßmuseums.
1929
Zur Entstehung von Schillers *Kabale und Liebe* (Schloßmuseum).
1932
Schattentheater und Puppenspiel (Schloßmuseum, Sonderausstellungs-Säle).
1936
Heinrich-Kleist-Gedenkausstellung (Schloßbücherei).
1936
(9. April) Eröffnung des Mannheimer Theatermuseums in der Villa der Geschwister Reiß in E 7, 20.
1937
Der Komponist Albert Lortzing und Mannheim (Theatermuseum).
1937
Im Rahmen der *Maifestspiele* des Nationaltheaters: Die Projektion im Bühnenbild (Theatermuseum).
1937
Aus der Mannheimer Theaterwelt. Zeichnungen zum Mannheimer Theater- und Musikleben von Joachim Lutz
(Theatermuseum).
1937
Anläßlich der *Gaukulturwoche* in Mannheim und anläßlich der Wiedereröffnung des Schwetzinger Schloßtheaters (damals erstmals offiziell und im Prinzip nicht zutreffend als »Rokokotheater« bezeichnet): Schwetzingen und sein Theater (Theatermuseum).
1937
Ausstellung des Reichsbundes der deutschen Freilicht- und Volksschauspiele e.V. Berlin; Ausstellungseröffnung am 11. Oktober 1937 anläßlich der *Badischen Kulturwoche*:
Die Freilichtbühnen im neuen Deutschland (Schloßmuseum).
1938
Zum Gedenken an Adele Sandrock (Theatermuseum).
Die 1937 verstorbene Schauspielerin, die mehrmals am Mannheimer Theater gastierte, hatte dem Mannheimer Theatermuseum – ebenso wie anderen bedeutenden Theatermuseen, und zwar in Wien, München und in Frankfurt – etliche Kostüme aus ihrem Besitz vermacht, die jedoch im Zweiten Weltkrieg vernichtet wurden.
1953
Städtische Museen und Nationaltheater:
Zweite Internationale Ausstellung für Bühnenphotographie – Photo + Scene.
1954
Ausstellung der Städtischen Museen Mannheim und der Schloßbücherei zum 175jährigen Bestehen des Nationaltheaters:
Aus der Geschichte des Mannheimer Nationaltheaters.
1955
Ausstellung der Städtischen Museen und der Wissenschaftlichen Stadtbibliothek:
Zum 150. Todestag – Schiller und Mannheim.
1957
(24. Januar) Eröffnung des Städtischen Reiß-Museums im Zeughaus.
1959
Aus Anlaß der 200. Geburtstage:
Schiller und Iffland in Mannheim.
1961/1962
Ausstellung des Städtischen Reiß-Museums mit der Wissenschaftlichen Stadtbibliothek:
August von Kotzebue (1761–1819).
Zum Gedenken an die 200. Wiederkehr seines Geburtstages.

1962
Heinrich von Kleist zum 150. Todestag (Wissenschaftliche Stadtbibliothek).
1962
Gerhart Hauptmann zum 100. Geburtstag (Wissenschaftliche Stadtbibliothek).
1964/1965
August Wilhelm Iffland (1759–1814).
Eine Ausstellung der wissenschaftlichen Stadtbibliothek aus Anlaß des 150. Todestages.
1965
Richard Wagner · Emil Heckel und die Bayreuther Festspiele.
Eine Ausstellung des Städtischen Reiß-Museums.
1971
Mozart und Mannheim.
1972
(4. Oktober) Oberbürgermeister Ludwig Ratzel übergibt die neue Mannheimer Theatersammlung mit ihrer Dauerausstellung zur Mannheimer Theatergeschichte in B 4, 10 (*Speer-Bau* des Städtischen Reiß-Museums) der Öffentlichkeit.
1974
Aus Anlaß des 25.Todestages von Ernst Leopold Stahl und des 25jährigen Bestehens der *Theatergemeinde für das Nationaltheater e.V.*: Ernst Leopold Stahl (1882–1949). Ein Leben im Theater, mit dem Theater und für das Theater.
1974
Willy Birgel (1891–1973).
1975
Leopold Jessner/Gustaf Gründgens.
1976
Mannheim in und für Bayreuth.
1976
Paul Walter. Bühnenbilder aus vier Jahrzehnten (1934–1976).
1976
Heinz Dietrich Kenter. Inszenierungen eines halben Jahrhunderts an deutschsprachigen Theatern.
1977
Mannheim und Mozart.
1978
Max Martersteig und das Nationaltheater Mannheim von 1885–1890.
1979
200 Jahre Nationaltheater Mannheim (Nationaltheater, Foyer).
1979
Das Nationaltheater im 19. Jahrhundert.
1980
Francesco Sioli. Intendant des Nationaltheaters Mannheim von 1924 bis 1930.
1981
Ernst Langheinz (1894–1972)
Schauspieler am Nationaltheater Mannheim von 1924 bis 1959.
1982
200 Jahre Schillers *Räuber.*
1982
Goethe und das Nationaltheater Mannheim.
1984
Bum Krüger (1906–1971)
Schauspieler und Kabarettist.
1985
Vom *Sohn* zur *Marneschlacht.*
Das Nationaltheater von 1918 bis 1933.
1986
Richard Strauss. Erstaufführungs-Jubiläen in Mannheim 1986 (*Salome, Elektra, Intermezzo, Der Rosenkavalier, Ariadne auf Naxos, Die Frau ohne Schatten*).
1987
Albert Bassermann (1867–1952).
Anläßlich seines ersten Bühnenauftritts in Mannheim 1887.
1988
Aus Anlaß des 17. Internationalen Kongresses der *Société Internationale des Musées et des Bibliothèques des Arts du Spectacle* (SIBMAS) in Mannheim:

Der Ort der Handlung ist die Bühne.
Bühnengestaltung in Mannheim vom 18. bis zum 20. Jahrhundert.

1989
Im Rahmen der Bibliophilen-Tage in Mannheim: 210 Jahre Nationaltheater Mannheim.

1989
Pierre Carlet de Marivaux und Mannheims Nationaltheater.

1990/1991
Hermann Goetz (1840–1876) zum 150. Geburtstag.
Ein neu zu entdeckender Komponist des 19. Jahrhunderts in Mannheim.

1991
Herbert Maisch (1890–1974).

1991
Willy Birgel zum 100. Geburtstag.

1991/1992
In Zusammenarbeit mit der Städtischen Musikbücherei Mannheim aus Anlaß des 200. Todesjahres:
176 Tage W. A. Mozart in Mannheim.

1992
»Harrt einen Augenblick noch,
ich beschwör' Euch« –
Schauspiel Mannheim 1988–1992
in Szenenfotografien von Hans-Jörg Michel.

1992
Form – Farbe – Klang.
Die Kunst des zeitgenössischen Geigenbaus.

1993
Der Mannheimer Musikverleger Johann Michael Götz (1740–1810).

1993
Theater im Grünen –
80 Jahre Freilichtbühne Mannheim · Dramatischer Club Mannheim-Waldhof.

1993/1994
Vinzenz Lachner (1811–1893)
Hofkapellmeister und Komponist in Mannheim.

Die Theatersammlung des Reiss-Museums widmet immer wieder auch anderen Theatern in Mannheim Ausstellungen, beispielsweise im Jahr 1993 unter dem Titel »Theater im Grünen« der Mannheimer Freilichtbühne · Dramatischer Club Mannheim-Waldhof aus Anlaß von deren 80jährigem Bestehen. Eröffnung mit Mitgliedern der Freilichtbühne.
Foto: Jean Christen. RMM, Thslg.

1994
The Last Sitting – Bert Stern fotografiert Marilyn Monroe.

1994/1995
Im Rahmen von *Widerstreit der Bilderwelten* – Kunst und Kultur der 20er Jahre:
Russische Theaterkunst 1910–1936.
Eine Ausstellung des Österreichischen TheaterMuseums Wien.

1994
(13. Dezember) Eröffnung der neuen Theaterschausammlung: *Mannheim und sein Nationaltheater – Bretter, die die Welt bedeuten*.

1996
Ruth Berghaus (1927–1996) und ihre Mannheimer Inszenierungen – Eine Dokumentation.

1996
Zemann Portraits Theaterkünstler auf Portraitfotografien von Hilde Zemann. Eine Ausstellung des Deutschen Theatermuseums München.

Das vielbegehrte Plakat zur Ausstellung »The Last Sitting – Bert Stern fotografiert Marilyn Monroe«. Nach der Mozart-Ausstellung 1991 war die Monroe-Präsentation mit ca. 24 000 Besuchern eine der bisher erfolgreichsten Ausstellungen der Mannheimer Theatersammlung. Reprofoto: Jean Christen. RMM, Thslg.

1996
Das pfälzische Florenz. Musik und Theater in Mannheim zur Zeit von Kurfürst Carl Theodor (Schloß Schwetzingen).
1996
Albrecht Hänlein (1846–1909) zum 150. Geburtstag. Organist und Chorleiter – Sein Beitrag zum Mannheimer Musikleben vor 100 Jahren.
1997
14. April 1957/13. April 1997: Vierzig Jahre Richard Wagners *Parsifal* in Hans Schülers Inszenierung im Nationaltheater (Foyer Nationaltheater, danach Reiss-Museum, Zeughaus, *Verschaffelt-Gewölbe*).
1997/1998
Von »Der Sandrock« zur Adele – Pathos und Komik. Eine Ausstellung des Deutschen Theatermuseums München.
1997/1998
»Viel gerühmt – oft gepriesen« – 175 Jahre Carl Maria von Webers *Der Freischütz* in Mannheim (Kassenhalle Sparkasse Mannheim, danach Reiss-Museum, Zeughaus, *Verschaffelt-Gewölbe*).
1997/1998
In Zusammenarbeit mit dem Nationaltheater und dem Stadtarchiv Mannheim: Hans Schüler zum 100. Geburtstag (*Oberes Foyer* Nationaltheater, danach Reiss-Museum, Zeughaus, *Verschaffelt-Gewölbe).*

Quellen und Literatur

Hakenkreuzbanner vom 7. April 1936, A Nr. 166 – *Neue Mannheimer Zeitung/Mannheimer General-Anzeiger* vom 11. und 12. April 1936, A und B Nr. 169, Sonntags-Beilage – StadtA MA Nachlaß Walter PH 21 und PH 53 – StadtA MA Wiss. Stabi. Zug. 10/1971, Nr. 113 und Zug. 21/1968, Nr. 40 – RMM Thslg. Inventar »Theater-Archiv« – Sitzungen/Beschlüsse 1903 und 1921; – Caspari 1937 – Dürr 1929 – Fambach 1980 – Fördererkreis 1992 – Herrmann 1985 – Homering 1989 – Homering 1992 – Jacob 1962 – Meyer 1973 – Meyer 1931 – Pelker 1997 – Popp 1996 – Schadt 1996 – Schadt/Martin 1987 – Schloßmuseum 1925 – Schrenk 1997 – Theatersammlungen 1990 – Walter 1899/1 und 2 – Walter I 1949 – Walter II 1950 – Watzinger 1987.

Abkürzungen

StadtA 1: Stadtarchiv Mannheim, Nachlaß Walter, »Persönliches und Handakten«, 53 (zur Zeit der Benutzung nicht foliiert).

StadtA 2: Stadtarchiv Mannheim, Nachlaß Walter, »Persönliches und Handakten«, 21 (zur Zeit der Benutzung nicht foliiert).

StadtA 3: Stadtarchiv Mannheim, Wissenschaftliche Stadtbibliothek, Zugang 10/1971, Nr. 113.

StadtA 4: Stadtarchiv Mannheim, Wissenschaftliche Stadtbibliothek, Zugang 21/1968, Nr. 40 (zur Zeit der Benutzung nicht foliiert).

Vier Sparten Theater

Schauspiel

Oper

Tanztheater

Kinder- und Jugendtheater

Von Iffland bis Klimek – 217 Schau-Spielzeiten

Heinz Schönfeldt

Szene aus Maria Magdalena *von Friedrich Hebbel. NI 9. Juni 1988, Regie: Bruno Klimek. Caroline Schreiber (Maria Magdalena), Gabriela Badura (Mutter) im Bühnenbild von Thomas Armster und in Kostümen von Dorothea Katzer. Foto: Hans-Jörg Michel. RMM, Thslg.*

Was sich als Mannheimer Nationaltheater, kaum daß es 1779 gegründet war, auch schon nachdrücklich in die deutsche Theatergeschichte einschrieb: Es war das Mannheimer Schauspiel. Mag es später öfter im Schatten der Oper gestanden haben – dem Schauspiel verdankt Mannheim seinen frühen Ruhm und Ruf als Theaterstadt, auf das Schauspiel geht die Tradition zurück, die bis heute fruchtbar und verpflichtend nachwirkt. Und die sich immer wieder auch, bis in die jüngste Zeit, zu erneuern und zu bestätigen vermochte.

Lauter Glücksfälle

»Ein günstiger Boden für freiere geistige Bewegung« – so äußert sich Eduard Devrient in seiner *Geschichte der deutschen Schauspielkunst* über Mannheim als Kulturstadt um 1780 – »das Zusammentreffen schön gestimmter Persönlichkeiten, eine glückliche Mischung der gesellschaftlichen und Bildungs-Elemente, alles das erzeugte hier einen neuen Geist der Verfeinerung und Veredelung« (Devrient 1967/1, S. 495).
Doch hätte »alles das« noch nicht genügt, das Nationaltheater so triumphal ins Leben treten zu lassen.

Der Umzug des Kurfürsten Carl Theodor nach München im Herbst 1778 hatte die – bis dato – Residenzstadt Mannheim zunächst einmal hart getroffen. Doch erreichte es Freiherr Wolfgang Heribert von Dalberg im selben Jahr, daß Carl Theodor den Mannheimern die Mittel zur Errichtung einer ständigen Bühne bewilligte. Ein Glücksfall war nun, daß just zu diesem Zeitpunkt der Herzog von Gotha sein Hoftheater schloß. Aus der dadurch freigewordenen Schauspielerschar, die der große Konrad Ekhof um sich versammelt und geschult hatte, holte Dalberg die Spitzenkräfte nach Mannheim, darunter die noch jungen, doch schon mit bemerkenswertem Talent hervorgetretenen Freunde August Wilhelm Iffland, Johann David Beil und Heinrich Beck.

Bis dahin hatte die Truppe des Prinzipals Abel Seyler in der Mannheimer *Teutschen National-Schaubühne* gespielt (zur Vorgeschichte des Mannheimer Nationaltheaters vgl. den Beitrag von Wilhelm Herrmann); diese verschmolz nun mit den Neuen aus Gotha. Am 7. Oktober 1779 begann mit diesem Ensemble die Geschichte des Nationaltheaters Mannheim – an einem Abend ohne alles festliche Gepränge. Auf dem Theaterzettel stand eine Nichtigkeit: *Geschwind, ehe es jemand erfährt,* ein Lustspiel von Johann Christian Bock nach Goldoni. Der größte Glücksfall aber für Mannheim und sein junges Theater war jener Freiherr von Dalberg (vgl. Farbabbildung I, 1). Ein Mann von Tatkraft und geistigem Format. Ein Intendant, dem seine Bühne Herzenssache war, der die Zügel straff führte und auf eine stete künstlerische wie menschliche Entwicklung und Vervollkommnung seiner Schauspieler drang. So konnte der schon einmal zitierte Eduard Devrient zu dem Urteil kommen, es habe »das Mannheimer Nationaltheater zu jener Zeit in Hinsicht auf seinen wahrhaft künstlerischen Geist, als einzig musterhaft in der ganzen Theatergeschichte« (Devrient 1967/1, S. 515) zu gelten.

Deutschlands erste Bühne

Dalberg, der selbst für die Bühne schrieb, hatte den Mut, das ungestüme Drama eines unbekannten jungen Autors zur Uraufführung anzunehmen: Schillers *Räuber.* Damit verschaffte er, am 13. Januar 1782, der Stadt und ihrem Theater ein Ereignis, das ganz Deutschland aufmerken ließ. Und wenn auch die darauf erfolgte Anstellung des jungen Mannes als Theaterdichter keiner Seite viel brachte, so blieb doch dem Nationaltheater der ehrende Beiname *Schillerbühne*.

Daß der Höhenflug früh endete, war nicht innerem Verfall, vielmehr äußeren Widrigkeiten zuzuschreiben: vor allem den kriegerischen Verwicklungen im Gefolge der französischen Revolution. Ende 1794 belagerten und beschossen die Franzosen Mannheim. Zu großen Zerstörungen (dabei auch zum Verlust des kurfürstlichen Opernhauses) führte dann 1795 das Bombardement der Stadt durch kaiserliche Truppen, das die französische Besatzung zur Kapitulation zwang.

Zwar spielte das Nationaltheater während dieser Jahre mit nur kurzen Unterbrechungen fort, doch

Szene aus
Das Bewußtsein
von August Wilhelm Iffland.
UA 12. Dezember 1786.
Kupferstich von Heinrich Anton Melchior (1771–1796), um 1787.
5. Aufzug, letzter Auftritt.
Von links nach rechts:
Katharina Ritter (Gräfin Louise), Johann Michael Boeck (Reichsfreiherr von Werden), Christiane Henriette Witthöft (Sophie), August Wilhelm Iffland (Freiherr von Werden), Heinrich Beck (Eduard Ruhberg).
Die Darstellung ist typisch für den in Mannheim gepflegten natürlich-emotionalen Stil der Dalberg-Iffland-Ära.
RMM, Thslg.

konnte die Unsicherheit der Verhältnisse, die Gefährdung von Eigentum, Leib und Leben nicht ohne Auswirkungen auf das Personal der Bühne bleiben. So kehrte der seit 1791 mit der künstlerischen Leitung betraute Iffland, obwohl Dalberg ihn mit allen Mitteln zu halten versuchte, von einer Gastspielreise nicht nach Mannheim zurück – er wurde 1796 Direktor des Berliner Königlichen Nationaltheaters.

Damit verlor die Mannheimer Bühne den Mann, der dem bereits mehrfach zitierten Eduard Devrient »als das echte Produkt und als der wahre Repräsentant und Führer der Mannheimer Schule« (Devrient 1967/1, S. 505) erschien. Dalberg schrieb in einem Brief vom 27. Dezember 1796 »Herrn Ifflands abgang wird hier stark empfunden, und Ich weiß noch nicht zu bestimmen, ob Er nicht den umsturz unseres Theaters nach sich ziehen wird« (zit. nach Pichler 1879, S. 158).

Nun, das Theater bestand weiter, obwohl es schon zuvor zwei der stärksten, ebenfalls einst aus Gotha gekommenen Schauspieler durch den Tod verloren hatte: 1793 den gerade fünfzigjährigen Johann Michael Boeck, Heldenspieler und ersten Liebhaber in Trauer- und Lustspielen, und 1794 den erst vierzigjährigen Johann David Beil. Zu allem Überfluß beorderte nach dem Tode Carl Theodors (1799) sein Nachfolger Maximilian Joseph einige weitere wichtige Mitglieder der *Schillerbühne* nach München, und zwar Heinrich und Sophie Beck, Carl Stentzsch, Johann Philipp Jakob und Maria Tochtermann sowie den Bühnenarchitekten Julius Quaglio (vgl. Pichler 1879, S. 169/170). Das war ein Aderlaß, der entscheidend zur Zerrüttung beitrug.

Hinzu kam, daß der noch bis 1803 amtierende Dalberg – von den politischen Wirrnissen und neuen, daraus erwachsenden Aufgaben zunehmend in Anspruch genommen – sich nicht mehr so intensiv um sein Theater kümmerte wie einst. So war der Niedergang unvermeidlich. Hoffnungen und Versuche, Iffland für Mannheim zurückzugewinnen, schlugen fehl; der inzwischen in Berlin Etablierte kam nur noch zu Gastspielen und mußte, wie Anton Pichler, der verdienstvolle Chronist der ersten hundert Nationaltheater-Jahre, schreibt, dabei einen bedauerlichen »Verfall der einst so herrlichen Mannheimer Bühne« (Pichler 1879, S. 195) erkennen.

Wenn aber von Niedergang und Verfall die Rede ist, so muß man stets die vorangegangene Blütezeit im Auge behalten, um den rechten Maßstab nicht zu verlieren. In jenen ersten fünfzehn Jahren hatte Mannheims Schauspiel das Nationaltheater zur herausragenden, zur »ersten« Bühne Deutschlands erhoben. Ein Vorbild an künstlerischem Ernst und Gelingen, bildete das Ensemble einen eigenen Aufführungsstil aus, so daß sich, wie früher in der Musik, nun auch für das Theater der Begriff *Mannheimer Schule* verwenden ließ.

Gemeint war damit ein auf Natürlichkeit und Lebenswahrheit zielendes Spiel; Iffland erinnerte 1805 daran mit den Worten: »In der besten Epoche, welche das M[annheimer] Th[eater] ehedem gehabt hat, bestand dessen vorzügliche Eigenthümlichkeit darin, daß dessen Mitglieder bei aller Genialität und Jugendkraft, die Linie der Wahrheit treu zu halten bemüht waren, und Vieles der Richtigkeit aufzuopfern sich entschlossen hatten« (zit. nach Pichler 1879, S. 339).

Höhen und Tiefen

Die adligen Intendanten, die in der Nachfolge Dalbergs an die Spitze des Nationaltheaters gelangten, bemühten sich nach Kräften, ohne das Format ihres großen Vorgängers zu erreichen.

Immerhin: Bereits für die Zeit um 1810 notierte Anton Pichler eine »zweite glückliche Theaterepoche« (Pichler 1879, S. 210) in Mannheim, die 1814, wiederum durch politische und kriegerische Ereignisse, beendet wurde.

Dem Grafen Carl von Luxburg, Intendant von 1821 bis 1836, bescheinigt Pichler dagegen ausdrücklich, daß sein Lieblingskind die Oper gewesen sei, so daß »über Zurücksetzung des Schauspiels viele Klagen laut wurden« (Pichler 1879, S. 233). Es wirkten aber auch zu dieser Zeit immer wieder einzelne vorzügliche Kräfte in Mannheim, die dem Ensemble Rückhalt gaben und später noch auf anderen wichtigen Bühnen glänzten. So, um nur zwei Namen zu nennen, Ferdinand Löwe (von 1820 bis 1827) und Theodor Döring (von 1833 bis 1836).

Szene aus Heinrich IV, *1. Teil, 2. Akt, 3. Szene, von William Shakespeare. Theodor Döring (Falstaff): »Beim Himmel, ich kannte Euch so gut Eure Mütter Euch kennen.« Stahlstich der Englischen Kunstanstalt A. H. Payne, Leipzig und Dresden. Aus dem Prachtalbum für Theater und Musik. RMM, Thslg.*

Die entschieden bedeutendste, auch international hoch renommierte Persönlichkeit am Nationaltheater des 19. Jahrhunderts war aber Joseph Mühldorfer, der als Dekorationsmaler, Maschinist und Baumeister in einer Person bis zu seinem Tod 1863 in Mannheim blieb. Von seinen außerordentlichen Künsten profitierte allerdings hauptsächlich die ausstattungsträchtigere Oper. Noch unter dem Grafen Luxburg war er 1832 engagiert worden.

Wenige Jahre danach, 1839, ging das Nationaltheater in städtische Verwaltung über, es wurde nun von einem dreiköpfigen Bürgerkomitee geleitet, das seit 1843 für die künstlerischen Belange einen Oberregisseur engagierte – ohne sich freilich das Recht nehmen zu lassen, ihm jederzeit kräftig dreinzureden.

Von diesen Oberregisseuren sei hier Julius Werther herausgestellt, der von 1868 bis 1873 und nochmals von 1877 bis 1884 amtierte und das Schauspiel rechtzeitig zum 100. Geburtstag der *Schillerbühne* wieder auf eine Leistungshöhe führte, die es interessanter machte als die Oper, wie Ernst Leopold Stahl in seiner bis 1929 reichenden Chronik des Nationaltheaters feststellt.

Werther strebte die Geschlossenheit des Ensembles als Grundlage künstlerischen Erfolgs an; als Regisseur ging er über ein oberflächliches Arrangieren der Bühnenvorgänge entschieden hinaus, er sorgte für eine durchdachte Gestaltung des szenischen Geschehens aus dem Geist der Dichtung. Besondere Liebe und Sorgfalt widmete er den Klassikern, die sonst (und schon unter Dalberg) am Nationaltheater wie an den anderen Bühnen des Landes nur eine untergeordnete Rolle neben dem unterhaltsamen Gebrauchstheater gespielt hatten.

Weithin Aufsehen erregte Werther mit einer *Iphigenien-Trilogie* (Erstaufführung 8. Oktober 1878), die Schiller (*Iphigenie in Aulis* von Euripides, übersetzt von Friedrich Schiller), Sophokles (*Elektra* von Sophokles, bearbeitet von Adolph Wilbrandt) und Goethe *(Iphigenie auf Tauris)* zusammenspannte. Vor allem aber mit dem Gewaltstreich, Goethes *Faust II* erstmals am 25. November 1882 auf die Mannheimer Bühne zu stemmen. Die legendäre Aufführung dauerte mit einer einstündigen Pause von 17 Uhr bis gegen 1.30 Uhr morgens. Das Publikum strömte von weither nach Mannheim, und nichts vermag Gewicht und Ansehen der damaligen *Schillerbühne* deutlicher zu kennzeichnen als die Tatsache, daß die Eisenbahn ihren Fahrplan nach dieser Aufführung richtete, also dem Vorstellungs-Ende angepaßt noch Extrazüge in alle Richtungen abgehen ließ.

Von Bassermann bis Hagemann

1890 entschlossen sich die Mannheimer, ohne vorerst das Bürgerkomitee aufzugeben, ihrem Theater wieder einen Intendanten zu verordnen. Unter den ersten, die dazu berufen wurden, taucht mit August Bassermann ein Mitglied jener Mannheimer Familie auf, die sich in Wirtschaft und Politik vielfach hervortat, aber auch dem Theater bedeutende Persönlichkeiten schenkte. Darunter jenen Schauspieler, der nach der Jahrhundertwende zu den anerkannt Größten seines Metiers zählte: Albert Bassermann.
Er hatte als Eleve 1887 am Nationaltheater seine ersten Bühnenschritte gewagt (vgl. auch *Chronologie*); einige Zeit danach war er aushilfsweise noch einmal 1894/95 für drei Monate nach Mannheim zurückgekehrt.

Alberts Onkel August Bassermann, der ebenfalls als Schauspieler begonnen und von 1887 bis 1893 dem Mannheimer Ensemble angehört hatte, bewährte sich als Intendant, der dem Nationaltheater ein Jahrzehnt ungestörten Gedeihens verschaffte (von 1895 bis 1904). Den Mann aber, unter dem die *Schillerbühne* einen neuen außerordentlichen Aufschwung erleben sollte, gewann Mannheim 1906 in Carl Hagemann – einem Intendanten ohne praktische Theater-Erfahrung: Er war zuvor nur publizistisch, als Kritiker und Theoretiker der Bühne, in Erscheinung getreten.

Mit unverbrauchter Energie und Begeisterungsfähigkeit führte Hagemann dem Nationaltheater neue Ideen und Impulse zu. Unter ihm begann (von 1906 bis 1910) die »Zeit der streng individuellen Inszenierung« (Stahl 1929, S. 214), zu der es Ansätze ja schon unter Julius Werther gegeben hatte. Hagemann aber gestaltete die Szene völlig neu, entrümpelte sie von illusionistischem Beiwerk und schuf – aktuelle Gedanken und Versuche anderer Kollegen aufgreifend und kongenial unterstützt von seinem Bühnentechniker Adolf Linnebach – die »Idealbühne«. Aus überlegt durchkomponiertem Zusammenspiel von Architektur, Farbe und Licht sollte dem jeweiligen Bühnenwerk der seinem Gehalt und seiner Stimmung gemäße Spielraum erwachsen. So wirkte das Nationaltheater eigenständig mit an den auf die »Stilbühne« gerichteten zeitgenössischen Bestrebungen.

Eines der bedeutsamen Ereignisse in der zweiten Amtszeit Hagemanns (1915–1920) war am 1. Januar 1918 die (für das Reichsgebiet erste) Aufführung von Walter Hasenclevers Schauspiel *Der Sohn* in der Inszenierung des Regisseurs Richard Weichert und des Bühnenbildners Ludwig Sievert. Mit ihr wirkte die *Schillerbühne* noch einmal beispielhaft in die deutsche Theaterszene hinein; Hans Knudsen rühmt den darin vollendet ausgeprägten Regiestil in seiner *Deutschen*

Szene aus
Die Dreigroschenoper
von Bertolt Brecht und Kurt Weill. EA 17. April 1929, Inszenierung: Heinz Dietrich Kenter. Ensembleaufnahme in der Ausstattung von Eduard Löffler, in der Mitte Willy Birgel (Macheath) in der Todeszelle. Foto: Tillmann-Matter. RMM, Thslg.

Theatergeschichte als »Erfüllung und großartige Vollendung des expressionistischen Theaters« (Knudsen 1970, S. 352). Insgesamt hat Hagemann, wie Stahl resümiert, »der Mannheimer Bühne zu einem so repräsentativen Ansehen in der gesamtdeutschen Theateröffentlichkeit verholfen, wie kein anderer Bühnenleiter in der neueren Zeit« (Stahl 1929, S. 357).

Triumph am Rande des Abgrunds

Die zwanziger Jahre (vgl. auch den Beitrag von Wilhelm Herrmann) begannen dagegen wenig verheißungsvoll mit raschem Wechsel an der Spitze des Hauses. Erst mit dem Intendanten Francesco Sioli (1924–1930) kam es wieder zu einer steten und zielbewußten Entwicklung. Sioli verjüngte das Ensemble wie das Repertoire, dadurch erhielt auch die zuvor vernachlässigte tagesfrische dramatische Produktion wieder den gebührenden Raum. Ansehen und Substanz kräftigten und mehrten sich und halfen mit, über die ernste Krise von 1929 hinwegzukommen, als wegen städtischer Finanznot die Theaterschließung bevorstand – ein Aufstand der Bürger verhinderte sie in letzter Minute (vgl. auch *Chronologie*).

Ins Schauspiel-Ensemble holte Sioli einige Künstler, deren Namen noch hell zu uns herüberleuchten: Ida Ehre, Raoul Alster, Bum Krüger und vor allem Willy Birgel, der von 1924 bis 1936 in Mannheim blieb und sich in zahllosen Rollen als ungemein vielseitiger Darsteller von Hamlet bis Mackie Messer, von Mephisto bis zum Hofmarschall Kalb bewährte. Zu Publikumslieblingen spielten sich damals auch Ernst Langheinz und Karl Marx hoch, die dem Haus über Jahrzehnte hinweg, bis nach dem Zweiten Weltkrieg, verbunden blieben.

Herbert Maisch hatte, als er 1930 den Intendantenposten übernahm, allen Anlaß, seinem Vorgänger Sioli dankbar zu sein. Die Krise des Jahres 1929 hatte zwar einige Ensemblemitglieder in die Flucht getrieben, das Leistungsvermögen war aber nicht ernstlich beeinträchtigt. Davon zeugt nicht zuletzt die Einladung nach Berlin, wo das Schauspiel des Nationaltheaters Anfang 1933 mit der *Marneschlacht* von Paul Josef Cremers gastierte, einem literarisch unbedeutenden Dokumentarstück, das aber von Maisch so trefflich inszeniert und von seinem Ensemble so eindrucksvoll gespielt war, daß es in der Stadt, die sich als Deutschlands Theaterhauptstadt fühlte, zwei Wochen vor ausverkauftem Haus lief und auch den gefürchteten Berliner Kritikern imponierte. Wenige Wochen später jagten die Nationalsozialisten Herbert Maisch aus dem Amt; an seine Stelle trat Friedrich Brandenburg. Auch er konnte noch von dem Kapital zehren, das unter Sioli und Maisch angesammelt worden war, wenn auch das Personal jüdische Mitglieder verlor. Brandenburg ist anzurechnen, daß er das Nationaltheater mit Geschick und ohne peinliche politische Anbiederung, im Schauspiel sich klug auf einen reich mit Klassikern durchsetzten Spielplan stützend, durch die Hitler-Jahre gesteuert hat (vgl. für diese Zeit ausführlich der Beitrag von Wilhelm Kreutz).

Im Kriegsjahr 1943 fiel der von den Mannheimern geliebte Theaterbau in B 3 den Bomben zum Opfer. Trotzdem wurde weiterhin gespielt, hauptsächlich nun im Schwetzinger Schloßtheater – bis am 1. September 1944 alle deutschen Bühnen auf Befehl des Reichspropagandaministeriums schließen mußten. Bereits am 11. November 1945 begann aber, mit Hofmannsthals *Jedermann*, die erste Nachkriegs-Spielzeit in der *Schauburg*, einem ehemaligen Kino, mit dessen äußerst beengten Raumverhältnissen sich Oper wie Schauspiel über ein Jahrzehnt lang abzufinden hatten (vgl. den ausführlichen Beitrag von Kurt Heinz).

Das neue Haus

Wenn Werner Gilles, der Schauspielkritiker des *Mannheimer Morgen* in jener Zeit, rückblickend die elf »Exiljahre des Nationaltheaters« einen »der interessantesten und zugleich auch fruchtbarsten Abschnitte in der wechselvollen

Szene aus Die Räuber *von Friedrich Schiller. NI 13. Januar 1957 zur Eröffnung des National-theaters am* Goetheplatz *und 175 Jahre nach der Uraufführung in Mannheim, Inszenierung: Erwin Piscator a.G. Im Bühnenbild von Paul Walter und in Kostümen von Gerda Schulte Anneli Granget (Amalia), Ernst Ronnecker (Franz). Foto: Adolf Falk. RMM, Thslg.*

Szene aus Der Biberpelz *von Gerhart Hauptmann. NI 13. Dezember 1952, Inszenierung: Heinrich Sauer. Im Bühnenbild von Hansheinrich Palitzsch und in Kostümen von Gerda Schulte Charles Waldemar (Julius Wolff), Clara Walbröhl (Frau Wolff). Foto: Adolf Falk. RMM, Thslg.*

Vergangenheit der Mannheimer Schillerbühne« (in Mertz/Magin 1970, S. 32) nannte, so ist das vor dem Hintergrund der Nachkriegsnot und der vorangegangenen politischen und kriegerischen Schrecken zu sehen. Gewiß aber erfüllte das Nationaltheater die vordringliche Aufgabe jener Tage: den von den Nationalsozialisten versperrten Zugang zum Welttheater und zu verfemt gewesenen Autoren neu zu öffnen.

Was andererseits nicht verhinderte, daß die mit der Währungsreform heraufbeschworene Geldknappheit einmal mehr den Bestand der *Schillerbühne* in Frage stellte. Der Stadtrat diskutierte eine Fusion mit dem Heidelberger Theater, die den Verzicht auf das Mannheimer Schauspiel bedeutet hätte. Energische Proteste verhinderten dieses Fiasko – und führten 1950 zur Gründung der *Gesellschaft der Freunde des Mannheimer Nationaltheaters* (vgl. auch den Beitrag von Ulla Hofmann und Achim Weizel). Die *Gesellschaft der Freunde* hatte sich jede irgend mögliche ideelle und materielle Unterstützung der *Schillerbühne* und speziell die »Wiederherstellung der traditionellen Verbundenheit der Mannheimer Bevölkerung mit ihrem Theater« zum Ziel gesetzt (Mertz/Magin 1970, S. 49).

Dabei griff aber sogleich auch der Gedanke an einen Theaterneubau um sich (vgl. auch den Beitrag von Herbert Beierbach). Und am 13. Januar 1957 war es soweit, richteten sich die Blicke einer breiten Theateröffentlichkeit wieder auf Mannheim, das sein neues Theatergebäude am *Goetheplatz* eröffnete: mit Schillers *Räubern*, genau 175 Jahre nach ihrer Uraufführung, in einer vielbeachteten Inszenierung von Erwin Piscator (vgl. auch Abbildung S.75 und Farbabbildungen X und XI,19).

Der international angesehene, aus der Emigration zurückgekehrte Regisseur hatte die Spielfläche zwischen zwei Zuschauerblöcke placiert und nutzte damit sogleich die technischen Möglichkeiten des *Kleinen Hauses* (heute *Schauspielhaus).* Es galt als ein zukunftweisend moderner Theaterbau, offen für neue, aus den Zwängen der Guckkastenbühne befreite Spielformen. Genutzt wurden diese Möglichkeiten dann freilich kaum, zumal der dafür erforderliche Arbeitsaufwand dem Theaterbetrieb nicht eben zuträglich war; Erwin Piscator machte 1959 noch einen Versuch mit Max Frischs *Biedermann und die Brandstifter* (Erstaufführung 22. Mai 1959; vgl. auch den Beitrag von Liselotte Homering und Andreas Krock).

Auch in den sechziger Jahren gab es manche beeindruckende Inszenierung, und auf der Bühne standen immer wieder kraftvolle Begabungen, so der genialische Ernst Ronnecker, der Franz Moor der Piscator-*Räuber,* so der von 1946 bis 1972 in Mannheim engagierte, nicht nur in komischen Rollen brillierende Walter Pott oder der später auch in Berlin sehr populär gewordene Horst Bollmann. Clara Walbröhl und Rosemarie Reymann, die der *Schillerbühne* jahrzehntelang die Treue hielten, gehörten ihr damals schon an (seit 1949 bzw. 1958). Der Schauspieldirektor Heinz Joachim Klein warb verdienstvoll für den Dramatiker Ernst Barlach; seine *Sündflut*-Inszenierung (Erstaufführung 8. März 1958) wurde 1958 zu den *Wiener Festwochen* eingeladen (vgl. auch *Chronologie*).

Mitte der sechziger Jahre begann der Schauspieldirektor Werner Kraut mit der freieren Behandlung von Klassiker-Texten (Georg Büchner *Dantons Tod,* Neuinszenierung 12. Juli 1964, William Shakespeare *Hamlet,* Neuinszenierung 22. April 1965). Damit erfuhren die Mannheimer behutsam dosiert, was anderwärts – im Zuge allgemeinen Wandels vom Schauspieler- zum Regietheater – schon zum Alltag gehörte. Rücksichtsloser sprang der junge Gastregisseur Hans Neuenfels 1971 mit den *Räubern* um (Neuinszenierung 25. Juni 1971); seine vielgeschmähte Inszenierung glich einer Zertrümmerung des Mannheimer Traditionsstücks (vgl. auch »Zeitzeugen«: Joachim Eliese).

Bald darauf kam Mannheims Schauspiel aus ganz anderen Gründen ins Gerede. Ein mißglücktes Mitbestimmungsmodell im Gefolge der 68er Unruhen führte zu beträchtlicher Verwirrung und schließlich zum Zerfall des (mit Führungskräften wie Hagen Müller-Stahl und Jürgen Flimm keinesweg schlecht besetzten) Ensembles. Das geschah unter der Intendanz des um die Oper hochverdienten Michael Hampe (vgl. dessen Beitrag in diesem Buch), der dann aber auch im Schauspiel einen hoffnungsvollen Neubeginn ermöglichte, als er 1974 Claus Leininger zu dessen Leiter machte (vgl. auch »Zeitzeugen«: Claus Leininger).

Der neue Aufschwung

Leininger, der gebürtige Mannheimer, der an der heimischen Bühne auch seine Theaterlaufbahn begonnen hatte (1950–1956), gab der Sparte neuen Halt und Perspektiven. Der Betrieb lief wieder reibungslos, starke Eindrücke sind aus jener Zeit in Erinnerung geblieben: seine Brecht-Inszenierungen, aber auch ein Zugstück wie die zeittypischen *Neuen Leiden des jungen W.* von Ulrich Plenzdorf (Erstaufführung 25. September 1974) oder die für belebende Aufregung sorgende, weil von manchem als blasphemisch empfundene Aufführung von Dario Fos *Mistero Buffo,* inszeniert von Arturo Corso (Erstaufführung 25. Februar 1975).

Szene aus Der Bockerer *von Peter Preses und Ulrich Becher. EA 8. Oktober 1978, Inszenierung: Jürgen Bosse. Im Bühnenbild von Peter Albrecht Schulz und in Kostümen von Maja Scholl-Lemcke Adolf Laimböck (Bockerer), Siegfried Gressl (Guritsch). Foto: Gerhard Vormwald. RMM, Thslg.*

Claus Leininger, der 1977 als Intendant nach Gelsenkirchen ging, regte auch die *Schillertage* (1978–1992) an, die mit internationalem Programm den Blick auf Mannheim zogen; daß nun doch gelang, sie von 1997 an neu zu beleben und im Wechsel mit Weimar wieder alle zwei (für Mannheim also alle vier) Jahre stattfinden zu lassen, stimmt positiv (vgl. auch *Chronologie*).

Schließlich war es Leininger, der 1975 den jungen Jürgen Bosse nach Mannheim holte, seinen späteren Nachfolger. Unter ihm trat das Schauspiel endgültig wieder aus dem Schatten der Oper, zunehmend beachtet von der überregionalen Kritik. Bosse war ein Mann des realistischen, von der klar und eindringlich erzählten Stückfabel ausgehenden Theaters. Er verstand es, im dichten, detailgenauen Gewebe seiner Inszenierungen Menschen zu formen noch aus Neben-, selbst aus Kolportagefiguren. In wenigen Jahren wuchs unter ihm ein Ensemble von seltener Geschlossenheit und künstlerischer Kraft zusammen. Gabriela Badura, Helga Grimme, Monika Baumgartner, Hedi Kriegeskotte, Karin Schroeder oder Ernst Alisch, Hans Falar, Heiner Kollhoff, Rudolf Kowalski, Adolf Laimböck, Peter Rühring, Toni Slama, Berthold Toetzke – das sind einige der Namen, mit denen sich Erinnerungen an große, bewegende, auch umwerfend heitere Theaterabende verbinden (vgl. auch Farbabbildung XIV, 24).

Vierzig Inszenierungen schuf Bosse in dreizehn Jahren. Der Durchbruch gelang ihm 1977 mit Ödön von Horváths *Bergbahn* (Westdeutsche Erstaufführung 30. Januar 1977), die zu den *Berliner Festwochen* und den *Ruhrfestspielen* geholt wurde. Es folgten, als weitere Zeichen wiedergewonnener Wertschätzung, drei Einladungen zum *Berliner Theatertreffen:* 1980 und 1987 für die Bosse-Inszenierungen von Arnolt Bronnens *Vatermord* (Neuinszenierung 22. Juli 1979) und Bernard-Marie Koltès' *Quai West* (Erstaufführung 27. November 1986) und 1983 für Tschechows *Onkel Wanja* (Erstaufführung 26. März 1983), inszeniert von Harald Clemen, den es leider nur für kurze Zeit an das Haus zu binden gelang (vgl. auch *Chronologie*).

Bemerkenswert auch die zweiwöchige Reise nach China, vom 2. bis 18. Mai 1982, wo die Mannheimer mit acht Aufführungen des *Bockerers* von Peter Preses und Ulrich Becher (Erstaufführung 8. Oktober 1978) Furore machten. Die von Bosse inszenierte Ausgrabung dieses tragikomischen Rückblicks auf die Nazi-Zeit (mit Adolf Laimböck als schlechthin unüberbietbarem Titeldarsteller) brachte es in Mannheim auf weit über hundert Vorstellungen und traf in China nach den Greueln der sogenannten Kulturrevolution auf betroffenes Verständnis. Bosse bevorzugte realistisches Zeittheater, wie es seinem Naturell und Stilwillen entgegenkam, und er scheute vor heikler Thematik so wenig zurück wie vor der knalligen Farce – Dario Fos *Zufälliger Tod eines Anarchisten* (Erstaufführung 9. April 1978) war ein weiterer, ebenfalls bis ins Ausland herumgereichter Publikumsreißer. Seine besondere Liebe galt neben Horváth noch dem Iren Sean O'Casey und dem Zeitgenossen Botho Strauß.

Zu kurz kam dagegen die Klassik. Bosse tat sich schwer mit Schiller und anderen Klassikern wie fast alle seine Altersgenossen. Andererseits widerstrebte es ihm, kritisch-demontierend wie jene mit den alten Stücken umzugehen. Erst gegen Ende seiner Mannheimer Zeit fühlte er sich reif für Shakespeare, ohne mit *Richard III* (Neuinszenierung 12. Mai 1979), *Hamlet* (Neuinszenierung 26. Februar 1986) oder *König Lear* (Neuinszenierung 30. Januar 1988) den Glanz seiner großen Abende zu erreichen. Ein leuchtend lebendiges Theater-Ereignis allerdings gelang ihm 1985 mit

Szene aus
König Lear
von William Shakespeare.
NI 30. Januar 1988,
Inszenierung: Jürgen Bosse.
Im Bühnenbild von Heinz
Hauser und in Kostümen
von Urte Eicker
Horst Christian Beckmann
(König Lear).
Foto: Hans-Jörg Michel.
RMM, Thslg.

Ibsens *Peer Gynt* (Neuinszenierung 27. Januar 1985). Es wäre unverzeihlich, hier nicht den Intendanten Arnold Petersen zu erwähnen, der seinem Schauspieldirektor den Rücken frei hielt und die materiellen Grundlagen seiner Arbeit sicherte, was einigen Kampf kostete, je knapper die öffentlichen Finanzen wurden. Petersen war nach Hans Schüler (1951–1963) der zweite bedeutende – und sicher der erfolgreichste – Intendant der Nachkriegszeit. Unter ihm blühte das Nationaltheater in allen Bereichen, kam es auch zu seiner vierten Sparte, dem Kinder- und Jugendtheater *Schnawwl* (seit der Spielzeit 1979/80; vgl. auch den Beitrag von Jürgen Kirschner). Und in Petersens Zeit fiel nicht nur die große China-Reise, sondern im Mai 1992 auch der einwöchige Ausflug nach St. Petersburg (vgl. auch *Chronologie*).

Die Zeit nach Bosse

Da leitete bereits Nicolas Brieger das Schauspiel. Auch das zeichnete Petersen aus: daß er außer Umsicht, Tatkraft und einem sicheren Gefühl für Qualität über ausgezeichnete Verbindungen in der weiten Theaterwelt verfügte, so daß es ihm stets gelang, ausscheidende Führungskräfte durch mindestens gleichwertige zu ersetzen. Als Bosse 1987 nach Stuttgart ging und einen großen Teil der auf ihn eingeschworenen Truppe mitnahm, kam Brieger und brachte das Kunststück fertig, binnen kurzem ein neues Ensemble (das sich um so starke Persönlichkeiten wie

Szene aus
Das Käthchen von Heilbronn
von Heinrich von Kleist.
NI 28. Oktober 1988,
Inszenierung: Nicolas Brieger.
Im Bühnenbild von Hermann Feuchter und im Kostüm von Yoshio Yabara
Maximilian Wigger (Friedrich Wetter, Graf vom Strahl), Almut Henkel (Käthchen).
Foto: Hans-Jörg Michel.
RMM, Thslg.

Barbara Petritsch und Detlev Greisner scharte) an die alte Leistungsstärke heranzuführen. Vielversprechend sogleich der Beginn mit Kleists *Käthchen von Heilbronn* (Neuinszenierung 28. Oktober 1988): bildstarkem, sinnenhaftem, mit allem Respekt entstaubtem Klassikertheater. Nachhaltig wirkte der neue Chef dann mit Inszenierungen, die in der Kunst der Menschenformung, in psychologischer und atmosphärischer Genauigkeit mit Bosses besten Arbeiten wetteiferten. Goldonis *Trilogie der Ferienzeit* (Erstaufführung 25. Februar 1990) sei hier noch erwähnt – und *Das weite Land* (Neuinszenierung 21. Dezember 1990) von Arthur Schnitzler, mit dem die Mannheimer in St. Petersburg gastierten (vgl. auch *Chronologie*).

Unter Briegers Direktion arbeitete auch schon Bruno Klimek in Mannheim, wo er sich mit einer Hebbelschen *Maria Magdalena* (Neuinszenierung 9. Juni 1988) von unbarmherziger Strenge einführte (vgl. Abbildung S. 68) und mit einem farbig über die Bühne gewirbelten *Hofmeister* (Neuinszenierung 2. Juli 1989) von Jakob Michael Reinhold Lenz seine später noch mehrfach bewährte, zuweilen auch eigenwillige Wege einschlagende szenische Phantasie bewies. Leider führten die Turbulenzen nach Petersens vorzeitigem Abschied (Juli 1992) und im Vorfeld der wegen Generalüberholung notwendigen Schließung des Hauses am *Goetheplatz* zum allzu raschen Ende der Ära Brieger und zum Auseinanderfallen seines Ensembles. Mit Michael W. Schlicht verpflichtete der neue Theaterleiter Klaus Schultz 1992 einen Schauspieldirektor, der nicht selbst inszenierte, sondern drei in ihren Zielen und Stilen unterschiedliche Regisseure ans Haus zog.

Dieses »Mannheimer Modell« versprach Vielfalt, bot aber dem kontinuierlichen Zusammenwachsen eines neuen Ensembles nicht die günstigsten Voraussetzungen. Dennoch gab es eine Reihe ansprechender Aufführungen und auch überregionale Erfolge. Zu nennen wären da vor allem zwei weitere Einladungen zum *Berliner Theatertreffen* 1994 und 1996: für eine Inszenierung Hans-Ulrich Beckers, des profiliertesten Mannheimer Regisseurs jener Jahre (*Walpurgisnacht oder Die Schritte des Komturs* [Erstaufführung 10. Januar 1994] von Wenedikt Jerofejew), und für eine Arbeit des Gastregisseurs Gerhard Willert (Ibsens *Baumeister Solness* [Erstaufführung 5. März 1995]; vgl. *Chronologie*; siehe Farbabbildung XVI, 28).

Zusammen mit Klaus Schultz verließ 1996 auch Michael W. Schlicht die *Schillerbühne*. Der neue Theaterchef Ulrich Schwab holte Bruno Klimek, nun als Schauspieldirektor, nach Mannheim zurück, wo er durch die Verabschiedung fast des gesamten vorgefundenen Ensembles zunächst einmal für beträchtliche Aufregung sorgte.

Es wird sich zeigen, ob seine neue Mannschaft die einschneidende Maßnahme zu rechtfertigen vermag. Und ob, ungeachtet der Sparzwänge, die das Theater zuletzt zunehmend bedrohlicher würgten, eine kontinuierliche und zielgerichtete Arbeit über einen längeren Zeitraum hinweg die unter Jürgen Bosse und Nicolas Brieger erreichte Solidität und künstlerische Qualität wiederzugewinnen und zu behaupten erlaubt.

Szene aus
Walpurgisnacht oder
Die Schritte des Komturs
von Wenedikt Jerofejew. DEA 10. Januar 1994, Inszenierung: Hans-Ulrich Becker. Im Bühnenbild von Alexander Müller-Elmau und in Kostümen von Elisabeth Rauner von links nach rechts: Jens Schönlau (Kolja), Werner Galas (Paschka Jerjomin), Max Grashof (Serjosha Kleinmichel), Marcus Calvin (Aljocha), Rainer Bock (Gurewitsch), Wolfgang Jaroschka (Michalytsch), Roland Bayer (Prochorow), Hendrik Arnst (Witja), Achim Buch (Stasik), Gerd Fatscher (Wowa). Foto: Hans-Jörg Michel. RMM, Thslg.

Zeitzeugen: Gabriela Badura

Joachim Klement

Gabriela Badura
Schauspielerin
Foto: Sonja Rothweiler

»Ich kann die Welt in Gut und Bös' nicht teilen.« Heinrich von Kleist konnte es nicht, Gabriela Badura will es nicht mehr. Gut und Böse zu trennen, verstellt ihr den Blick auf die Menschen und auf die Figuren, die sie auf der Bühne spielt. Das hat sie in ihrem Beruf gelernt, und über diese Einsicht ist sie froh: »Man beraubt die Menschen sonst ihrer Tiefe und der Welt, die sie mit sich herumtragen.«

Seit über zwanzig Jahren steht Gabriela Badura auf der Bühne des Nationaltheaters, war immer integraler Bestandteil des Ensembles und ist in dieser Zeit zu einer Institution geworden, »die Badura«, wie sie vom Publikum liebevoll genannt wird. Dabei hat sich die Schauspielerin, die im oberschlesischen Gleiwitz (heute Polen) geboren wurde, in Tirschenreuth und Augsburg aufwuchs und nach dem Studium am Wiener Reinhardt-Seminar über Engagements am Burgtheater in Wien, in Bonn und Essen nach Mannheim kam, mit ihrer heutigen Heimatstadt nicht immer leicht getan. Als sie 1975 mit dem damaligen Schauspieldirektor Claus Leininger von Essen nach Mannheim wechselte, kam sie mit der Stadt »überhaupt nicht klar«. Erst fand sie mit ihren beiden Kindern keine Wohnung – »Schauspielerin und dann noch Kinder« –, und dann tat sie sich mit der kurpfälzischen Mentalität schwer. »Hier bekommt man immer die Meinung gesagt, ob man gefragt hat oder nicht.« Was ihr zuerst als »ruppig« erschien, findet sie heute »direkt und offen«: »Ich habe mich gerne daran gewöhnt.«

Ohnehin ist ihr Mannheim zur »zweiten Haut« geworden. »Wissen Sie, ich bin jetzt so lange in einer Stadt dieser Größe und dieser Vitalität, daß ich mir gar nicht vorstellen kann, etwa in München oder Berlin zu leben. Die eine Stadt ist mir zu provinziell, die andere zu anstrengend.«

Seßhaftigkeit hat für Gabriela Badura aber mit Ruhe nichts zu tun. Auch heute noch »steht das Ehebett im Intercity«. Schon der Vater ihrer Kinder arbeitete an anderen Orten, war an der Schauspielschule und als Regisseur in Bochum, später in Lübeck, während sie für die Kindererziehung allein verantwortlich war. Heute arbeitet ihr zweiter Mann in München. »Aber der Lebensmittelpunkt der Familie ist Mannheim.«

Was sie hier schätzen gelernt hat, ist Kontinuität in der Arbeit. Für sie eine wichtige Voraussetzung für das Theater. Sie denkt gerne an die Zeit mit Arnold Petersen als Intendant und Jürgen Bosse als Schauspieldirektor zurück. »Petersen war ein guter Intendant für uns. Der hatte Rückgrat.« Und mit Jürgen Bosse habe das Ensemble »gemeinsam gelernt«: »Da hat über viele Jahre Arbeit gemeinsam stattgefunden. Das gegenseitige Kennen schafft Vertrauen, das braucht man als Schauspieler für die Arbeit besonders.«

1991 sah der Regisseur David Mouchtar-Samorai Gabriela Badura als Mutter Courage in der Inszenierung von Wilfried Lachauer. Seither arbeitet sie als Gast in den meisten seiner Inszenierungen, oft am Düsseldorfer Schauspielhaus. Die Arbeiten mit Mouchtar-Samorai schätzt sie besonders: »Er ist ein Regisseur, der die Menschen, mit denen er arbeitet, liebt. Und er gibt den Schauspielern eine große Verantwortung für ihre Figuren. In seiner Arbeit gibt es eine ungeheure Freiheit, ohne daß das inhaltliche Konzept darunter leidet.« Die Möglichkeit, sich Rollen über das eigene emotionale Gedächtnis zu erarbeiten, hat sie bei ihm gelernt. Das waren für sie neue Wege, die sie auch den Beruf noch einmal »absolut anders« haben sehen lassen.

Diese Arbeitsweise hat ihr auch geholfen, sich der Hilde in Franz Xaver Kroetz' Volksstück *Der Drang* anzunähern, der in der Inszenierung von Volker Schmalöer mit Beginn der Spielzeit 1996/97 auf die Bühne des *Schauspielhauses* kam. Die Arbeit mit dem »emotionalen Gedächtnis« hilft ihr, eine Figur an die Realität zu binden und der Gefahr zu entgehen, sich mit ihrer Arbeit am Theater zu weit von der Lebenswirklichkeit des Zuschauers zu entfernen. Für sie eine wichtige Aufgabe: »Denn im Gegensatz zu früher ist das Theater heute nicht mehr selbstverständlicher Lebensinhalt, sondern Luxus geworden. Das liegt auch an uns. Wir müssen uns der Wirklichkeit wieder anders stellen.« Gabriela Badura sagt das, um gleich darauf vom Mannheimer Publikum zu schwärmen, das seinem Theater verbunden sei wie in kaum einer anderen Stadt. »Das Mannheimer Publikum ist phantastisch und wird hoffentlich so bleiben. Da kommt mal ein Blumenstrauß oder ein Brief, man wird auf der Straße angesprochen, das spornt an.«

Gabriela Badura kann alles spielen und hat in Mannheim auch schon fast alles gespielt, von der Arbeiterin bis zur Königin. Dieses Spektrum will sie sich nicht nehmen lassen: »Ich lasse mich nicht festlegen. Ich spiele die Grandes Dames ebenso gerne wie die proletarischen Frauen.«

Was sie sich für die Zukunft wünscht, ist, weiter kontinuierlich in einem Ensemble zu arbeiten. »In einer Atmosphäre, in der Junge und Alte voneinander lernen.« Das war in ihrer eigenen Biographie so, und sie hält es heute für wichtiger denn je. »Die Begegnung zwischen den Generationen findet sonst kaum noch statt.« Ein ungeheurer Mangel, wie sie findet, deshalb fordert sie dem Theater auch ab, daß es sich vor allem für ein junges Publikum öffnet und nach Möglichkeiten sucht, Kinder und Jugendliche immer wieder mit Theater in Berührung zu bringen.

Seit ihre Kinder das Haus verlassen haben, hat Gabriela Badura mehr Zeit für die Stadt, in der sie lebt. Den *Luisenpark* liebt sie besonders. »In welcher Stadt geht das schon, zwischen Störchen einen Wein in einem Park zu trinken. Das findest du doch sonst nirgends.«

Von der Hofoper zur West Side Story
Mannheims Musiktheaterrepertoire

Silke Leopold

Alessandro Galli Bibiena (1687–1748) Entwurf zum Logenhaus der Mannheimer Hofoper. Federzeichnung, grau laviert, um 1740. Aus: Drawings by the Bibiena Family and Their Followers, *London 1991. Mit der freundlichen Genehmigung der jetzigen Eigentümer. Reprofoto: Jean Christen. RMM, Thslg.*

Nicht immer bestand die Stärke des Mannheimer Musiktheaters nur im Bewahren eines – wie auch immer definierten – »klassischen« Repertoires, wenn auch zumeist auf hohem Niveau. Der mehr oder minder einsame Höhepunkt der Mannheimer Oper fällt zweifellos in die Regierungszeit Kurfürst Carl Theodors, als sich die Hofoper kurzzeitig als Stätte der deutschen Reformoper profilierte. Eine vergleichbare Entwicklung läßt sich erst wieder in den zwanziger und beginnenden dreißiger Jahren des 20. Jahrhunderts feststellen, als Intendanten und Kapellmeister wie Francesco Sioli, Herbert Maisch, Richard Lert und Joseph Rosenstock mit Nachdruck dem zeitgenössischen Musiktheater in Mannheim den Weg bereiteten.

Die Oper zur Zeit Kurfürst Carl Theodors
Als das erste stehende Ensemble unter Wolfgang Heribert Freiherrn von Dalberg 1779 im Mannheimer Theater den Spielbetrieb aufnahm – nur wenig mehr als ein Jahrzehnt, nachdem Gotthold Ephraim Lessing in Hamburg noch mit der Idee eines bürgerlichen deutschsprachigen »National«theaters inmitten eines europäischen Netzes französischsprachiger Hoftheater und italienischer Hofopern gescheitert war –, da schien es, als hätte die Oper in Mannheim ihre beste Zeit bereits hinter sich. Denn Kurfürst Carl Theodor hatte, als er 1778 seine Residenz nach München verlegte, nicht nur die meisten seiner Musiker mitgenommen, sondern auch den größten Teil jenes höfischen Publikums, das sich seit Generationen in den klassischen und mythologischen Sujets, in den kunstvollen musikalischen Formen der Oper wiederfand, das in der Hierarchie der Rollen, in dem Intrigengeflecht der Handlung eine Bestätigung der geltenden Gesellschaftsordnung suchte und fand. Carl Theodor hatte Mannheim nicht nur zu einem Opernzentrum gemacht, das im Konzert der Hofopern Europas eine gewichtige Stimme spielte; er hatte darüber hinaus auch eine bestimmte künstlerische Richtung vorgegeben, die Mannheim neben Wien, Stuttgart und Parma an die Spitze jener Bewegung stellte, die – durchaus einseitig verzerrend – als »Glucksche Opernreform« in die Musikgeschichtsschreibung eingegangen ist.

Zweierlei zeichnete die Mannheimer Opernpflege zur Zeit Carl Theodors aus: Zum einen bot sich den Komponisten hier die Möglichkeit, neben hervorragenden Sängern und Sängerinnen, wie man sie allerdings auch andernorts finden konnte, außerdem über die besten Instrumentalisten Europas verfügen zu können – Musiker in einer Zahl und von einer Qualität, wie sie anderwärts eher selten anzutreffen waren. Zum anderen aber nahm Carl Theodor aktiv an der Diskussion um eine Erneuerung der Oper teil, die seit Mitte der fünfziger Jahre an einigen deutschen und italienischen Höfen geführt wurde.

Worum ging es in dieser Diskussion? 1755 hatte Francesco Algarotti, ein hochgebildeter italienischer Intellektueller und Weltenbummler, dessen populärwissenschaftliche Nacherzählung der Newtonschen Farbenlehre unter dem Titel *Neutonianismo per le dame* (Newton für die Damen) europaweit Furore gemacht hatte, eine folgenreiche Schrift mit der eher harmlosen Überschrift *Saggio sopra l'opera in musica* (Abhandlung über die Oper) veröffentlicht. In diesem Buch entwarf Algarotti das Bild einer Oper, in der alle beteiligten Elemente – die Ouvertüre, der Text, die Komposition, das Bühnenbild, das Ballett, die Arien und Rezitative – nicht mehr um ihrer selbst willen gleichsam beziehungslos aneinandergereiht, sondern einzig und allein auf das Drama bezogen werden sollten. Algarotti, der Weitgereiste, hatte in Paris die französische Oper kennengelernt, deren musikalisches Zentrum nicht die virtuose Arie wie in der italienischen Oper, sondern das dramatische Rezitativ die orchesterbegleitete Theaterdeklamation darstellte. In einer Verbindung der italienischen mit der französischen Operntradition sah er einen Ausweg aus der Krise der *Opera seria*. Seine Kritik richtete sich vor allem gegen die künstlerische Verwahrlosung einer zur Massenware herabgesunkenen italienischen Oper, gegen die Willkür der Sänger und gegen die ihnen willfährigen Komponisten, die um einer sinnleeren Virtuosität willen die unabdingbare *verosimilianza* preisgegeben hatten – die Forderung nach Wahrscheinlichkeit dessen, was auf der Bühne geschah. Nichts lag ihm ferner als die Ursache für den Niedergang der italienischen Oper in den Libretti des aus Rom gebürtigen kaiserlich-habsburgischen

Hofpoeten Pietro Metastasio zu suchen, die der Oper mit ihrer kunstvoll geknüpften Intrige, mit ihrem raffinierten Netzwerk aus Arien in der immer gleichen *Da-capo*-Anlage, aber mit jeweils wechselndem emotionalem Inhalt eine neue und für mehr als eine Generation verbindliche dramaturgische Gestalt gegeben hatten. Dennoch sollte seine *Abhandlung* langfristig das Ende jener höfischen *Opera seria* einläuten, die auf der Grundlage der metastasianischen Libretti Weltgeltung erlangt hatte.

In der Bevorzugung italienischer Opern auf der Grundlage metastasianischer Libretti machte auch der Mannheimer Hof zunächst keine Ausnahme. Ob in Dresden, wo die berühmteste Sängerin des 18. Jahrhunderts, Faustina Bordoni, in den Werken ihres Mannes Johann Adolf Hasse aus Bergedorf, Triumphe feierte, ob in Berlin, wo der junge Preußenkönig Friedrich II. seinem »Hofcompositeur« Carl Heinrich Graun Opern nach italienischer Art und möglichst im Stil Hasses zu komponieren befahl, ob in Stuttgart, wo sich die italienische Oper selbst gegen den ursprünglich französischen Musikgeschmack des Fürsten durchgesetzt hatte – überall in Deutschland konkurrierten die Residenzen miteinander um den Ruf, die prächtigste, innovativste Oper, die berühmtesten Sänger und die namhaftesten Bühnenbildner zu besitzen. Glücklich der Fürst, der über italienische Sänger, französische Tänzer, böhmische Geiger und deutsche Tastenspieler verfügen konnte. An italienischen Sängern herrschte in ganz Europa kein Mangel, denn die Konservatorien in Neapel und andernorts bildeten weit mehr Musiker aus, als in Italien beschäftigt werden konnten. Einheimische Sänger aber wie die von Wilhelm Heinse als »deutsche Melpomene« apostrophierte Dorothea Wendling, für die Mozart später so herrliche Musik wie die Rolle der Ilia in seinem am 29. Januar 1781 in München uraufgeführten *Idomeneo* schrieb, mußten die italienische Gesangsart perfekt beherrschen, wenn sie Erfolg haben wollten.

Carl Theodor durfte sich in dieser Hinsicht tatsächlich glücklich nennen. Und wie seine »Vettern« in den anderen Residenzen nutzte auch er die propagandistischen Möglichkeiten, die die Oper ihm bot. Ein Fürst nämlich, der sich einen solchen Luxus wie die exorbitant teuren Opernaufführungen leisten konnte, zog damit die wohlwollende Aufmerksamkeit der europäischen Öffentlichkeit auf sich. Und innerhalb des höfischen Festkalenders bildete die Opernaufführung und mit ihr der jeweilige Anlaß den Höhepunkt des Jahres. Carl Theodor ließ sich und seine Familie an seinem (4. November) oder seiner Gemahlin Namenstag (19. November) mit einer neuen Oper feiern, die dann in der Karnevalszeit nachgespielt wurde. Das Publikum bestand aus geladenen Gästen, die der Kurfürst auf diese Weise auszeichnete oder durch Nichteinladung für Unbotmäßigkeit strafte. Dabei wurde die höfische Ordnung streng eingehalten – auf den besten Plätzen saßen sowohl die einheimischen als auch die am Hof als Gäste weilenden Adligen sowie die ausländischen Diplomaten, von deren positiven Berichten in ihre Heimat viel abhing; das Militär, der niedere Adel und die Hofbeamten verteilten sich, streng nach gesellschaftlichem Rang, auf die übrigen Plätze. Zu den oberen Rängen hatten die Bürger der Stadt freien Zutritt, und ganz oben drängten sich die Lakaien und Kammerzofen, immer auf Abruf, ihrer Herrschaft in den Logen zu Diensten zu sein.

Mannheim und die Ideen der Reformoper

Carl Theodor hatte ein feines Gespür für musikalische Trends und für Komponisten mit Zukunft. Sein Hofkapellmeister Carlo Grua erhielt nur zweimal Gelegenheit, eine Oper zu komponieren –

die erste mit dem Titel *Meride* zur Eröffnung der Hofoper am 18. Januar 1742, die zweite, auf Metastasios Libretto *La clemenza di Tito,* sechs Jahre später (17. Januar 1748). Die Musik beider Opern ist verloren, was eine Beurteilung von Gruas dramatischer Kunst unmöglich macht; auffällig ist jedoch, daß in den folgenden Jahren nur noch Werke aufgeführt wurden, die andernorts kurz zuvor mit großem Erfolg über die Bühne gegangen waren: Baldassare Galuppis *L'Olimpiade,* 1747 in Mailand aufgeführt, eröffnete 1749 den Reigen der »auswärtigen« Opern und hatte so großen Erfolg, daß vier Jahre später eine weitere, in Rom uraufgeführte Oper aus seiner Feder mit dem Titel *Antigona* nach Mannheim geholt wurde. Johann Adolf Hasses Dresdener *Demofoonte* von 1748 kam 1750 in Mannheim heraus; und Nicolò Jommelli, zu diesem Zeitpunkt noch in Wien als Opernkomponist tätig, hatte 1751 gleich mit zwei für Rom komponierten Opern, *Artaserse* und *Ifigenia in Aulide,* auch in Mannheim Erfolg. Carl Theodor hätte Jommelli gern als Kapellmeister nach Mannheim verpflichtet, doch dieser zog es vor, einem Angebot des Württembergischen Herzogs für dieselbe Position in Stuttgart zu folgen. Statt dessen fand der Kurfürst in dem nun freigestellten Württembergischen Hofkapellmeister Ignaz Holzbauer geeigneten Ersatz. Holzbauer, aus Wien gebürtig und dort im Umkreis italienischer Komponisten zum Musiker herangewachsen, hatte lange Jahre in Italien verbracht und beherrschte den Stil der metastasianischen *Opera seria* perfekt. Nicht weniger als sieben Metastasio-Vertonungen entstanden in seinen Jahren als Hofkapellmeister in Mannheim, zwei davon auf neuerlichen Reisen nach Italien. In Holzbauer fand Carl Theodor freilich auch einen willigen Helfer bei seinen Bestrebungen, die Reformideen Algarottis in die Tat umzusetzen. Denn die Annäherung an die französische Musikkultur, wie Algarotti sie gefordert hatte, kam auch den politischen Absichten des Kurfürsten durchaus entgegen. Unter der geistigen Schirmherrschaft Algarottis hatte der Hofintendant des auf italienischem Boden französisch beherrschten Herzogtums Parma, Guillaume-Leon Du Tillot, zum ersten Mal versucht, italienische und französische Opernkultur nicht nur theoretisch, sondern auch praktisch miteinander zu verbinden. Aus Jean-Philippe Rameaus 1733 in Paris uraufgeführter Oper *Hippolyte et Aricie* machten der Parmenser Hofdichter Carlo Innocenzo Frugoni und der eigens für dieses Experiment nach Parma verpflichtete Tommaso Traetta ein italienisch-französisches Amalgam, indem sie Rameaus Instrumentalmusik übernahmen und aus der literarischen Vorlage, Jean Racines *Phèdre,* zusätzliche Szenen entwickelten, um Situationen für Arien nach italienischer Art zu schaffen. Unter großer Anteilnahme des europäischen Hochadels war diese erste Reformoper unter dem Titel *Ippolito ed Aricia* im Mai 1759 aufgeführt worden; und Holzbauer, der Anfang 1759 im nahen Mailand seine Oper *Alessandro nell'Indie* herausbrachte, mag von seinem Fürsten den Auftrag erhalten haben, sich mit den Vorbereitungen in Parma näher zu beschäftigen. Schon ein halbes Jahr nach dem Parmenser Ereignis, am 4. November 1759, präsentierte Holzbauer im Mannheimer Hofopernhaus eine eigene Version von Frugonis Libretto; wieviel Musik von Rameau oder Traetta in diese Produktion einfloß, läßt sich auch hier nicht sagen, da die Partitur verloren ist. Von nun an jedenfalls entwickelte sich Mannheim zu einem der wichtigsten Zentren der Opernreform. Neben einer Reihe weiterer Metastasio-Opern, neben einigen *Buffa*-Opern, die den eben in Mode gekommenen bürgerlichen Sujets folgten, förderte Carl Theodor solche Opern, die den neuen Ideen über das musikalische Drama verbunden waren. Mit *Sofonisba,* einer Komposition desselben Tommaso Traetta nach Art von *Ippolito ed Aricia,* gelang es ihm 1762 fast, die Parmenser Oper in den Schatten zu stellen. 1764 setzte Gian Francesco de Majo die neuen dramaturgischen Ideen in *Ifigenia in Tauride* um, einer Oper, die sich stilistisch auf Christoph Willibald Glucks zwei Jahre zuvor entstandene »Festa teatrale« *Orfeo ed Euridice* bezieht. Und zu Beginn der siebziger Jahre sorgte Johann Christian Bach, der jüngste Sohn des alten Leipziger Opernverächters, mit der Reformoper *Temistocle* 1772 für Aufsehen; *Lucio Silla,* drei Jahre später in Mannheim aufgeführt, huldigte dagegen noch einmal dem metastasianischen Ideal.

Carl Theodors Spürsinn für kulturelle Tendenzen, die gleichsam in der Luft lagen, sollte sich noch ein weiteres Mal bewähren. Zwar hing auch er jenem »entsezlichen Welschlands = Paroxismus« an, den Wolfgang Mozart in einem Brief vom 29. September 1777 bei den »meisten grossen herrn« konstatierte. Als sich in Weimar unter Mitwirkung Christoph Martin Wielands jedoch die ersten Versuche regten, eine deutschsprachige Oper auf der dramaturgischen Grundlage der italienischen Oper zu entwickeln, holte Carl Theodor alsbald auch diese Idee nach Mannheim. Und wieder ging ihm Holzbauer bei der praktischen Umsetzung zur Hand, wobei er über das Weimarer Vorbild weit hinausging. Mit *Alceste* hatte Christoph Martin Wieland 1773 ein Libretto geschaffen, das sich an den Reformideen Glucks orientierte; Anton Schweitzers Vertonung stellte dagegen eher eine *Opera seria* mit deutschem Text dar. 1775 wurde *Alceste* in Mannheim aufgeführt, und wie zuvor bei den metastasianischen Opern dauerte es kaum mehr als ein Jahr, bis hier ein ähnliches Werk entstand – eine Oper, deren historische Bedeutung sicherlich die künstlerische deutlich übertrifft. *Günther von Schwarzburg,* die Geschichte um den Wittelsbachischen Gegenkönig von Karl IV., machte vor allem deshalb so viel Furore, weil sie erstmals, wie das *Berliner literarische Wochenblatt* 1776 schrieb, »eine deutsche Oper [darstellte], aus der deutschen Geschichte, von einem deutschen Dichter! Deutsche Composition und auf dem besten deutschen Theater aufgeführt!« Holzbauers Musik, die Mozarts Bewunderung erweckte, orientierte sich an Vorbildern wie Gluck oder Jommelli; über die Interpretation freilich konnte Mozart sich nicht genug lustig machen (vgl. den Brief vom 14. November 1777).

Es war denn auch nicht nur die Verlegung des Hofes nach München, die einer weiteren Entwicklung der deutschen Nationaloper in Mannheim den Garaus machte. Der Auftrag an Mozart, mit *Idomeneo* für München wiederum eine Oper italienisch-französischer Tradition zu schaffen, läßt den Verdacht aufkommen, Carl Theodor habe das Vertrauen in die Zukunft einer deutschen Nationaloper verloren. Allzu viele Probleme stellten sich bei der Verbindung der Opernmusik mit der deutschen Sprache. Zwar hatte die Mannheimer Hofoper vorweggenommen, was bald in ganz Deutschland Mode werden sollte. Im letzten Jahrzehnt des 18. Jahrhunderts schossen die Nationaltheater in Deutschland gleichsam wie Pilze aus dem Boden; jede Stadt, die kulturell auf sich hielt, wollte dabeisein, wenn es um die neuen, bürgerlich überformten Operngebilde ging, die die alte italienische Hofoper abzulösen begannen. Dem breiten Interesse der neuen Publikumsschichten, die als zahlende Besucher in die nunmehr öffentlichen Opernhäuser strömten, stand jedoch nicht nur ein eklatanter Mangel an Werken entgegen, sondern auch ein Defizit an geeigneten Sängern. So hatte Mozart schon in seinem Brief vom 14. November 1777 über die im neuen Mannheimer Theater in B 3 (Nationaltheater) spielende Truppe von Theobald

Marchand geschrieben: »hier ist eine teütsche National=schaubühne die immer bleibt, wie zu München. Teütsche singspielle giebt mann bisweilen, aber die singer und singerinen sind darbey Elend« (vgl. auch den Beitrag von Wilhelm Herrmann über das französische Schauspiel und die deutschen Wandertruppen in Mannheim).

Sprechtheater contra Musiktheater

Mit dem glanzvollen Aufstieg des Mannheimer Nationaltheaters als Sprechbühne begann denn auch der Niedergang Mannheims als innovative Pflegestätte der Oper. Bis sich ein neuer Operntypus herausgebildet hatte, der den Namen »deutsche« Oper nicht nur aufgrund der Sprache verdiente, sondern auch aufgrund neuer dramatischer und musikalischer Konzepte, die sich von der älteren Oper prinzipiell unterschieden, sollte noch einmal eine Generation vergehen.
Die neuen – alten – Ideen von dramatischer Wahrhaftigkeit und Natürlichkeit, wie sie Schillersches Drama und Ifflandsche Schauspiel-

Szene aus
Rudolf von Crequi, *Singspiel von Nicolas-Marie d'Alayrac. EA 25. Mai 1794. Kolorierte Radierung in:*
Rheinische Musen, *1794. RMM*

kunst darboten, kollidierten zunächst einmal mehr mit dem Prinzip Oper, die, als gesungenes Drama, *per se* weder wahrhaftig noch natürlich sein konnte. Freilich darf man nicht vergessen, daß die Grenzen zwischen Oper und Schauspiel auch im 19. Jahrhundert noch durchaus fließend waren; kaum ein gesprochenes Drama kam ohne Schauspielmusik, zumindest ohne Ouvertüre, aus, und in den komischen deutschen Singspielen nach Art der französischen *Comédie melée d'ariettes* ließ der witzige gesprochene Dialog bisweilen die eingestreuten Lieder und Arietten vergessen. Allenthalben, in Berlin wie in Wien, in München wie in Dresden, gerieten die Hofopern mit ihrem italienischen Spielplan in eine Identitäts- und Finanzkrise, der zumeist die Auflösung folgte.

Auch in Mannheim versuchte man, dem Mangel an geeigneten deutschen Opern durch Übersetzungen italienischer oder französischer Erfolgswerke ins Deutsche zu begegnen. Zunächst einmal griff Dalberg auf die französische *Opéra comique* wie Glucks *Pilgrime von Mekka* oder André-Ernest-Modest Grétrys *Urteil des Midas* zurück, die musikalisch wie szenisch weniger Aufwand erforderte als die große Oper. Später kamen einige italienische Buffa-Opern von Vicente Martín y Soler und Antonio Salieri hinzu, die zuvor in Wien gespielt worden waren. Die Frankfurter Oper war den Mannheimern dabei freilich immer um eine Nasenläge voraus. Das gilt auch für die Opern Mozarts, die in Mannheim generell eine oder zwei Spielzeiten nach Frankfurt herauskamen – 1784 *Die Entführung aus dem Serail,* 1789 *Don Juan* in einer deutschen Singspielversion mit gesprochenen Dialogen, 1790 *Die Hochzeit des Figaro* in derselben Weise, 1793 *Così fan tutte* unter dem Titel *Die Wette oder Mädchenlist und Liebe,* und 1794 schließlich, wiederum ein Jahr später als Frankfurt und nachdem selbst Orte wie Godesberg und Graz sie gespielt hatten, die *Zauberflöte.* Übrigens war die Aufnahme dieser letzten Oper des bereits zum Mythos verklärten Götterlieblings in Mannheim durchaus geteilt. So berichteten beispielsweise die *Rheinischen Musen* eher kritisch: »Der Zulauf ist unbeschreiblich, von nah und fern macht Reiz der Neuheit die Zuschauer herbeiströmen; doch scheint diese Oper hier nicht so viel Glück zu machen, und sich so lang zu erhalten, als in Wien und Frankfurt. Des Publikums gebildeterer Theil sieht sie für das an, was sie ist, für einen schönen Guckkasten, für ein Ragout von Unsinn und Vernunft, mit einer reizenden Musik und kostbaren Dekorationen gewürzt« (Mannheim 1794, 1. Band, 1. Heft, 4. Stück, S. 85).

Bürgerliche Opernkultur

Bei allem frühen Unverständnis sollten Mozarts Opern jedoch bald den Grundstock dessen bilden, was zu Beginn des 19. Jahrhunderts in Mannheim wie allenthalben in Deutschland entstand – ein über Jahrzehnte stabiles Opernrepertoire, auf das die Theater jederzeit zurückgreifen konnten, das in der Regel volle Häuser garantierte und das, als Musik vergangener, »klassischer« Zeiten, Diskussionen um Sinn und Unsinn der Werke oder der Gattung Oper von vornherein ausschloß. In den Repertoireopern, mit deren Kenntnis das neue, nichthöfische Publikum Bildung demonstrieren konnte, fand das Bürgertum ein ähnliches Identität stiftendes Medium wie der Adel zuvor in der italienischen *Opera seria.* Anders als in der höfischen Kultur, in der Exklusivität, Einzigartigkeit, Unwiederholbarkeit der Selbstdarstellung und dem Standesbewußtstein des Fürsten gedient hatte, wurde nun die Reproduzierbarkeit, die Regelmäßigkeit, die Verläßlichkeit der Kulturgüter zum Wesensmerkmal einer bürgerlichen Opernkultur. Darin steckte neben der Tugend auch eine Not – denn Oper blieb ein extrem teures Theatervergnügen, das sich, wenn nicht durch die verschwenderische und demonstrative Freigebigkeit eines Fürsten nur durch einen strengen Blick auf die Kosten überhaupt in eine bürgerliche, kommerziell denkende Welt übertragen ließ. Kein Wunder also, wenn die wechselnden Intendanten des Mannheimer Nationaltheaters, was die Oper betraf, zu Beginn des 19. Jahrhunderts alle dasselbe Ziel verfolgten – ein Repertoire zu schaffen und beständig zu erweitern, das die (Spiel-)Zeiten überdauern konnte, das wenig Risiken barg und die Kosten nicht ins Unmögliche wachsen ließ. Die kleinen komischen Singspiele eines Dittersdorf oder Boieldieu, die ohne große Bühnenmaschinerie und ohne allzu teures Personal auf der Bühne wie im Orchester auskamen, bildeten die eine Seite; aufwendige Produktionen aber – wie etwa Spontinis *Ferdinand Cortez* (1825), Spohrs *Jessonda* (1825) oder Rossinis *Die Belagerung von Korinth* (1835) – kamen erst dann auf den Mannheimer Spielplan, wenn der Erfolg an anderen Orten das finanzielle und künstlerische Risiko sicher minimierte. Daneben zeigte sich aber auch in Mannheim ein wachsendes Interesse des Publikums an Sujets, in denen die Bürger nicht wie in der Komödie Gegenstand des Spotts oder zumindest der Heiterkeit waren, sondern auch, wie Carl Dahlhaus es formulierte, ihren »Anteil an der Würde des Tragischen« einforderten (Dahlhaus 1980, S. 37). Revolutionsopern wie Beethovens *Fidelio* oder Aubers *Stumme von Portici* – beide seit 1834 regelmäßig im Spielplan – gehörten ebenso in diesen Bereich wie die italienische *Semiseria*-Oper, die etwa mit Bellinis *Nachtwandlerin* (seit 1836) oder Rossinis *Diebischer Elster* (seit 1823) den Mannheimer Spielplan bereicherte.

Lediglich im Falle des *Freischütz* von Carl Maria von Weber beeilte sich das Mannheimer Nationaltheater, unter den ersten zu sein, die diese 1821 in Berlin uraufgeführte Oper nachspielten. Das hatte nicht nur mit der besonderen Stellung dieser Oper in der Geschichte der Gattung zu tun, sondern auch mit der spezifischen Wertschätzung, die Mannheims Musikliebhaber dem Komponisten einst entgegengebracht hatten. Der *Freischütz* gilt als die erste »deutsche« Oper, in der sich deutsche Sprache, deutsches Sujet und eine »deutsche«, jedenfalls nicht mehr italienische oder französische Musik zu einem Werk verbanden. Eine Oper, in der der Wald die Hauptrolle spielte – Weber hatte diesen romantischen Stoff auf seinen Wanderungen in den Hügeln um Heidelberg kennengelernt, als er 1810 im Hause des musikliebenden Advokaten Gottfried Weber zu Gast und Schüler des Abbé Vogler war. Schon damals hatte dieser sich bemüht, für den begabten jungen Musiker eine Position als zweiter Kapellmeister im Nationaltheater zu erwirken (vgl. auch *Chronologie*, 2. August 1805); an Sparmaßnahmen und am Widerstand des amtierenden Kapellmeisters Peter Ritter, der in Mannheimer Diensten ergraut war, war dieses Projekt jedoch gescheitert (vgl. Warrack 1976, S. 110). 1822 aber holte der Intendant Carl August von Luxburg den *Freischütz* nach Mannheim, was für Ritter eine bittere Pointe enthielt: Denn auch er hatte begonnen, eine *Freischütz*-Oper zu komponieren, deren fertiggestellte Nummern er nun vernichtete, als er Webers *Freischütz* gewahr wurde. So groß war der Effekt dieser Oper, die so genau den Zeitgeist traf, daß das Nationaltheater noch im Winter desselben Jahres Pius Alexander Wolffs *Preciosa* mit der Schauspielmusik von Weber mit großem Erfolg auf den Spielplan setzte.

Triumph des Repertoiretheaters

Zu einem Repertoirespielort ersten Ranges aber entwickelte sich das Mannheimer Nationaltheater in der langjährigen Ära der Brüder Lachner. 1834

Vinzenz Lachner (1811–1893) 1. Kapellmeister (entspricht heute dem Generalmusikdirektor) in Mannheim von 1836 bis 1872/73. Foto: Gebr. Matter, Mannheim, 1867. RMM, Thslg.

wurde Franz Lachner zum Ersten Kapellmeister des Nationaltheaters berufen, zwei Jahre später sein jüngerer Bruder Vinzenz, der diese Position 36 Jahre lang, bis 1872/1873 innehatte – Zeit genug, ebenso zielgerichtet wie behutsam ein Opernrepertoire aufzubauen, das das umfangreichste in ganz Deutschland sein sollte. Ob französische, italienische oder deutsche Oper – Lachner sorgte dafür, daß keine Stilrichtung, kein wichtiger zeitgenössischer Komponist zu kurz kam. Heinrich Marschner und Konradin Kreutzer, Albert Lortzing und Friedrich von Flotow, Fromental Halévy und Giacomo Meyerbeer, Gioacchino Rossini und Gaetano Donizetti – sie alle bereicherten das Repertoire der Mannheimer Oper. Und wenn Lachners besondere Vorliebe einerseits den Spielopern Lortzings wie *Zar und Zimmermann* und *Der Wildschütz* und andererseits den *Grands Opéras* Meyerbeers wie *Der Prophet* oder *Robert der Teufel* galt, so befand er sich damit durchaus in guter und zahlreicher Gesellschaft; denn Meyerbeer, der ja auch ein Schüler Abbé Voglers gewesen war, beherrschte in der Mitte des 19. Jahrhunderts die europäischen Opernbühnen ebenso wie Lortzing die deutschen.

Was man Lachner in der Presse bisweilen vorwarf, war vor allem seine Abneigung gegen die kleinen Singspiele. Hierüber gab es manchen Streit mit einem Publikum, das die Oper nicht nur als einen Hort der Kunst, sondern auch der Unterhaltung ansah. Kein Argument war den Abonnenten, die diesen Streit in der Presse austrugen, zu gering, für eine ausgewogene Mischung kleiner und großer Opern zu streiten. Kein Protest – weder beim Publikum noch bei der musikhistorischen Zunft – regte sich angesichts der nahezu vollständigen Vernachlässigung jenes neuen Sterns am Opernhimmel, dessen Werke im Mutterland der Oper musikalisch wie politisch Furore machten: Daß Lachner von Giuseppe Verdi lediglich 1847 einmal den *Ernani*, 1859 einmal den *Rigoletto* und 1862 den *Troubadour* ins Programm nahm, daß er sich weder für den Welterfolg *La Traviata* oder so bedeutende Opern wie *Der Maskenball* oder *Macbeth* erwärmen konnte, geschweige denn für *Die Räuber*, die Opernversion jener Schillerschen *Räuber*, die einst in Mannheim uraufgeführt worden waren, hat weder zu seinen Lebzeiten noch in der musikwissenschaftlichen Literatur bisher Befremden ausgelöst.

Umso heftiger aber warf die Nachwelt Lachner vor, daß er das Genie Richard Wagners nicht rechtzeitig erkannt habe, ja daß seine Abneigung gegen Wagnersche Musik den Siegeszug von dessen Werken an den Toren Mannheims

Szene aus Die Meistersinger von Nürnberg *von Richard Wagner. August Knapp (Hans Sachs) und Ottilie Ottiker (Evchen). Foto: um 1875. RMM, Thslg.*

gleichsam gestoppt habe. Statt dessen setzte sich Emil Heckel, Musikalienhändler und Musikverleger, mit großem Enthusiasmus für Wagners Werk und seine Festspielidee ein. In Mannheim gründete Heckel 1871 den ersten *Wagner-Verein,* nach dessen Vorbild sich alsbald in vielen anderen Städten vergleichbare Gruppen zusammentaten. Auch mit seiner zögernden Haltung Richard Wagner gegenüber mußte Vinzenz Lachner sich freilich keineswegs allein fühlen. Ein Vergleich mit den Spielplänen anderer Opernhäuser der Zeit macht deutlich, daß Mannheim, was die Wagner-Pflege anging, keineswegs so rückständig war, wie die Wagner-Enthusiasten es später glauben machen wollten. Schon zu Zeiten Lachners wurden fünf Wagner-Opern in den Spielplan übernommen: *Tannhäuser,* 1845 uraufgeführt, im Jahre 1855; *Lohengrin,* 1850 uraufgeführt, im Jahre 1859; *Die Meistersinger von Nürnberg,* 1868 uraufgeführt, schon ein Jahr später; *Der fliegende Holländer,* 1843 uraufgeführt, im Jahre 1870 und *Rienzi,* bereits 1842 uraufgeführt, in Lachners letztem regulären Dienstjahr 1872; die Teile des *Ring* aber kamen erst nach der Ära Lachner auf die Mannheimer Bühne; dabei darf jedoch nicht vergessen werden, daß diese ihrerseits überhaupt erst seit Ende der sechziger Jahre nach und nach in München und Bayreuth uraufgeführt wurden. Und man kann nicht behaupten, daß Lachners Nachfolger sich bemüht hätten, schnellstens aufzuholen, was dieser angeblich versäumt hatte; denn während *Das Rheingold* und *Die Walküre* 1879 erstmals in Mannheim gegeben wurden, sollte es bis 1884 bzw. 1885 dauern, bis mit *Siegfried* und der *Götterdämmerung* der Zyklus geschlossen war. Zu diesem Zeitpunkt, nämlich in Wagners Todesjahr 1883, hatten schon Städte wie Amsterdam, Brüssel, Venedig, Rom, Triest oder Graz ihrem Publikum den *Ring* präsentiert. Vergleicht man die Mannheimer Wagner-Aufführungen nun mit einem Opernhaus wie etwa Hamburg, so stellt man durchaus erstaunliche Parallelen fest. *Der fliegende Holländer* etwa wurde dort im selben Jahr wie in Mannheim erstmals gegeben, *Tannhäuser* nur zwei Jahre vor Mannheim im Jahre 1853, *Lohengrin* dagegen 1855, also vier Jahre vor Mannheim; die *Meistersinger von Nürnberg* aber gingen in Hamburg erst 1871, zwei Jahre nach Mannheim in Szene.

Deutsche Nationaloper in Mannheim?

Freilich hatte Lachner, sicherlich ebenso ein musikalisch Konservativer wie ein erfahrener Theaterpraktiker, bei den Wagner-Partituren ausführlich den Rotstift angesetzt. Das war im Alltagsgeschäft der Oper nichts Besonderes und wurde sogar von den Komponisten generell selbst akzeptiert. Mit Wagner aber entstand eine neue Qualität des Verständnisses von der Gattung. Opern, die zuvor nach Art des Steinbruchs problemlos den jeweiligen Aufführungsgegebenheiten am Ort angepaßt worden waren, für die der für die absolute Musik der Zeit postulierte Werkbegriff nicht galt, wurden von Wagner nun ebenfalls zu unveränderlichen, sakrosankten Werken erklärt, denen sich die Gegebenheiten anzupassen hatten und nicht umgekehrt. Kürzungen, wie sie im Theaterbetrieb üblich waren, wurden dadurch zu einem Sakrileg. In den Kampf um Wagner, der auch einen Generationenkonflikt darstellt, mischten sich allerdings auch nationalistische Töne, die für die Jahre um den deutsch-französischen Krieg 1870/71 und die Gründung des Deutschen Reiches 1871 nicht unbedingt selten waren. In Emil Heckel, dem Sohn des einflußreichen Theaterkomiteeleiters Karl Ferdinand Heckel, fand der junge, 1868 verpflichtete Oberregisseur Julius Werther einen glühenden Mitstreiter für die neue deutsche Oper. Zeitungskritiken ihrer Parteigänger gossen kübelweise Unrat über die italienische Oper aus.

Gestellte Szene aus Der Widerspenstigen Zähmung *von Hermann Goetz. UA 11. Oktober 1874. Von links nach rechts: Ida Herbeck (Bianka), Karl Slowak (Lucentio), Eduard Schlosser (Petrucchio), Carl Ditt (Baptista), Ottilie Ottiker (Katharine), Nina Hartmann (Eine Edeldame aus Padua) und ?. An der Wand zwei authentische Porträts: links Johannes Brahms, rechts der Dirigent der Aufführung, Ernst Frank. Foto: Emil Bühler, 1874. RMM, Thslg.*

Da wurde Gaetano Donizetti als »italienisch musikalisch-dramatischer Hochtraber« (zit. nach Stahl 1929, S. 47) bezeichnet, und Verdis *Troubadour* flugs zu einer »unbegreiflicherweise übernommenen Banditenoper« herabgewürdigt (zit. nach Stahl 1929, S. 47). Aber die Chance, nach dem Rücktritt des alten und der Streitereien müden Lachner nun einen echten Neuanfang zu wagen, ließ das Theaterkomitee dennoch ungenutzt verstreichen. Kein Geringerer als Hans von Bülow, einer der bedeutendsten Dirigenten des 19. Jahrhunderts – ja gewissermaßen der Urvater des Orchesterdirigenten, der seine künstlerische Kompetenz primär im Nachinterpretieren und nicht, wie alle Dirigenten zuvor, im Komponieren sah – hatte Interesse an der Nachfolge Lachners angemeldet. Bülow gehörte zu dem Kreis um Wagner, und möglicherweise trugen die Mannheimer Wagner-Enthusiasten zu seinem Interesse an dieser Position ebenso bei wie die Idee, die ehrwürdige Tradition des Nationaltheaters, für die Mannheim seit nunmehr fast einem Jahrhundert stand, jetzt noch einmal mit neuen Impulsen auch für die Oper aufzugreifen. Bülows Programm für ein »neues Mannheim« spann denn auch jene Töne fort, die einst in Zusammenhang mit Holzbauers *Günther von Schwarzburg* angeschlagen worden waren: »Die Mannheimer Oper müßte sich entschließen, mit einem großen nationalen Beispiel voranzugehen, müßte die deutsche Fahne aufpflanzen, keine andere neben ihr dulden: Beethoven, Mozart,

Szene aus Tosca von Giacomo Puccini. EA 4. Februar 1912, Regie: Eugen Gebrath, ML: Felix Lederer. Fritz Vogelstrom (Cavaradossi) und Lilly Hafgren-Waag (Floria Tosca) – das Mannheimer Traumpaar des beginnenden 20. Jahrhunderts. Foto: G. Tillmann-Matter, 1912. RMM, Thslg.

Gluck, Weber, Spohr, Marschner, Wagner – in erster Linie, und von fremden nur solcher Autoren Werke, in denen deutscher Kunstgeist waltet wie: Cherubini, Méhul, Spontini, Boieldieu und wenige andere. Mit einem Worte ein klassisches deutsches Repertoir [sic!] ungestört durch ›welschen Tand‹« (zit. nach Stahl 1929, S. 53). Es sei dahingestellt, ob es klug oder unklug war, auf Bülow zu verzichten und statt dessen noch einmal Vinzenz Lachner und bald darauf Ernst Frank, den Schüler seines Bruders Franz Lachner, als Kapellmeister zu verpflichten. Bülows Idee einer deutschen Nationaloper hätte auf das Publikum wie auf die Presse sicherlich polarisierend gewirkt und wahrscheinlich auch die Aufmerksamkeit ganz Deutschlands auf dieses Experiment mit ungewissem Ausgang gelenkt. Statt dessen versank die Oper in Mannnheim nun für mehr als eine Generation in der selbstgewählten Bedeutungslosigkeit eines Repertoirehauses, in dem die 200. Aufführung von Mozarts *Zauberflöte* (9. Mai 1875) bereits einen Höhepunkt darstellte. Daran vermochten auch die wenigen Uraufführungen – Lichtblicke im täglichen Allerlei aus Mozart, Meyerbeer und Lortzing – wenig zu ändern. 1874 wurde die Spieloper *Der Widerspenstigen Zähmung* des jungen, todkranken Hermann Goetz mit großem Erfolg aus der Taufe gehoben; die Uraufführung seiner zweiten Oper, *Francesca von Rimini*, 1877 erlebte Goetz selbst nicht mehr. Und für die Uraufführung von Hugo Wolfs *Corregidor* im Juni 1896, die dank der angereisten Freunde des Komponisten und dank seiner Mannheimer Förderer zu einem Triumph für den von der Syphilis bereits schwer gezeichneten Komponisten wurde, hatte Mannheim zunächst die vierte Wahl bedeutet; zuvor hatte der Komponist das Werk ohne Erfolg in Wien, Berlin und Prag angeboten. Ansonsten aber gelang es keinem der wechselnden Intendanten, der Opernpflege Mannheims jenes unverwechselbare Gesicht wiederzugeben, das es einst in seinen Anfängen als Hofoper in die erste Reihe der Opernhäuser auf deutschem Boden gestellt hatte.

Aufbruchstimmung

Das sollte sich im Jahre 1924 abrupt ändern. Mit den Intendanten Francesco Sioli und danach Herbert Maisch kehrte noch einmal jener Geist des Aufbruchs nach Mannheim zurück, der mit der allmählichen Herausbildung der Repertoireoper im 19. Jahrhundert unbemerkt abhanden gekommen war. Schon ein Jahr zuvor hatte der neue Kapellmeister Richard Lert begonnen, Zeichen zu setzen: Statt sich dem Mannheimer Publikum mit dem üblichen Mozart oder Wagner zu präsentieren, machte er gleich mit seinen ersten beiden Einstudierungen deutlich, daß die Zeit des behäbigen Schlendrians, dem allenfalls die Dirigate Wilhelm Furtwänglers als Mannheimer 1. Hofkapellmeister in den Jahren zwischen 1915 und 1920 musikalische Glanzlichter aufgesetzt hatten, vorbei war. Mit Georg Friedrich Händels *Julius Caesar* holte er die Händel-Renaissance, die 1920 in Göttingen begonnen hatte, auch nach Mannheim; und mit der Uraufführung von Egon Wellesz' *Alkestis* stellte er sein Engagement für die zeitgenössische Musik unter Beweis. Der neue Intendant Sioli unterstützte ihn in seinem Engagement für die alte und die neue Oper: 1925 präsentierte die Mannheimer Oper die Neufassung von Claudio Monteverdis *Orfeo* durch Carl Orff, und 1928 kam sogar ein so experimenteller Komponist wie Ernst Toch mit seinen Kurzopern *Egon und Emilie* und *Die Prinzessin auf der Erbse* zu Wort. In rascher Folge und ohne das Repertoire zu vernachlässigen, holte Sioli mit einer Reihe von Mannheimer Erstaufführungen nach, was zuvor versäumt worden war: Russische Opern wie Alexander Borodins *Fürst Igor* oder Modest Mussorgskis *Boris Godunow;* tschechische Opern wie Leoš Janáčeks *Jenufa,* zeitgenössische Opern wie Paul Hindemiths *Cardillac,* Ernst Kreneks Jazz-Oper *Jonny spielt auf.* Und sein Nachfolger Maisch ergänzte diese Neuheiten um die Deutsche Erstaufführung von Janáčeks *Aus einem Totenhaus* im Dezember 1930, nur wenig mehr als ein halbes Jahr nach der

Szene aus Wozzeck von Alban Berg. EA 28. Juni 1932, Inszenierung: Herbert Maisch, ML: Joseph Rosenstock. In der Ausstattung von Eduard Löffler Else Schulz (Marie), Wilhelm Trieloff (Wozzeck). Foto: G. Tillmann-Matter, 1932. RMM, Thslg.

Brünner Uraufführung und der Mannheimer Erstaufführung von Alban Bergs *Wozzeck* im Juni 1932. Auch Berthold Goldschmidts erst in jüngster Zeit wiederentdeckte Oper *Der gewaltige Hahnrei* erlebte 1932 in Mannheim ihre Uraufführung. Mit dieser Blütezeit des zeitgenössischen Musiktheaters in Mannheim korrespondieren die Engagements einer Reihe illustrer Sängerinnen, wie Rose Pauly-Dresen, Margarete Klose, Margarethe Teschemacher, Gertrud Bindernagel oder Erna Schlüter, die überwiegend von Mannheim aus große Karrieren aufbauten.

Es bedarf keiner Erläuterung, warum diese Werke nicht unbedingt als Kassenschlager gelten konnten. Das Mannheimer Publikum war, was zeitgenössische Musik anging, seit Jahrzehnten nicht verwöhnt worden. Und die neueste Musik sprach immer nur einen kleinen Kreis von speziell Interessierten an. Sioli und Maisch aber nahmen noch einmal ernst, was in Zeiten des Repertoiretheaters in Vergessenheit geraten war – daß ein Opernhaus nicht nur den Geschmack des breiten Publikums zu bedienen, sondern gleichermaßen einen Kulturauftrag wahrzunehmen hat, der auch und vor allem darin bestand, die zeitgenössische Musik zu fördern. Für ein knappes Jahrzehnt gehörte Mannheim zu den innovativsten Opernhäusern Deutschlands.

Das Opernrepertoire während des »Tausendjährigen Reiches«

Wenn dieser Aufbruch im Jahr 1933 ebenso jäh endete wie er zuvor begonnen hatte, so lag das nicht nur an der rüden Amtsenthebung des Intendanten Herbert Maisch, der sich dem braunen Terror nicht beugen mochte. Der widerlichen Rassenlehre der Nazis fielen auch genau die Werke zum Opfer, die der Mannheimer Oper zunächst unter Dirigenten wie Erich Kleiber, Richard Lert und Joseph Rosenstock und unter den Intendanten Sioli und Maisch zu jenem alten Glanz des Neuen, Experimentellen verholfen hatten, der ihm im 19. Jahrhundert so gänzlich abhanden gekommen war. Und vielleicht mag mancher konservative Opernliebhaber, dem die neuen Töne ohnedies allzu schrill in den Ohren geklungen hatten, heimliche Genugtuung dabei empfunden haben, als die ungeliebten Kinder des vergangenen Jahrzehnts mit dem Bade der »arischen Säuberungen« ausgeschüttet wurden: Nahezu alles, was seit 1920 dem Opernspielplan Farbe gegeben hatte, wurde als »jüdisch« oder »entartet« vom Spielplan getilgt: Ernst Toch und Franz Schreker, Egon Wellesz und Ernst Krenek, Berthold Goldschmidt und Darius Milhaud, Paul Hindemith und Alban Berg. Daß der »Arisierung« des Spielplans auch ein großer Teil der beliebtesten und erfolgreichsten Operetten zum Opfer fielen, war sicher ein herber Schlag für die neuen Machthaber, die auf die leichte Muse gewißlich weniger verzichten mochten als auf die ohnedies ungeliebten Neutöner. Und des Mozart-Librettisten Lorenzo da Pontes jüdische Herkunft wurde billigend verschwiegen, weil ein Verzicht auf zwei der wichtigsten Säulen des Spielplans, Mozarts *Hochzeit des Figaro* und *Don Juan* bei Opernenthusiasten möglicherweise Protest gegen die ganze Richtung ausgelöst hätte. Statt dessen wurde, bittere Pointe der Geschichte, die deutsche Übersetzung des *Don Giovanni* des Juden Hermann Levi verboten. Und so beschränkte sich der Mannheimer Opernspielplan in den zwölf Jahren des »Tausendjährigen Reiches« wie andernorts auch auf das klassische Repertoire der deutschen und der Oper jenes Mutterlandes der Gattung, das den Nationalsozialisten auch politisch genehm war: Mozart und Gluck, Lortzing und Nicolai, aber auch Rossini und Donizetti, Verdi und Puccini, dazu Richard Strauss und stets aufs neue Wagner, Wagner, Wagner (vgl. auch den Beitrag von Wilhelm Kreutz).

Szene aus
Othello *von Giuseppe Verdi.*
NI 25. Dezember 1971,
Inszenierung:
Wolfgang Windgassen a.G.,
ML: Hans Wallat.
Im Bühnenbild von Paul Walter und in Kostümen von Lieselotte Klein
Michael Davidson (Jago),
Jean Cox (Othello).
Foto: Mara Eggert.
RMM, Thslg.

Szene aus Die Teufel von Loudun *von Krzysztof Penderecki. EA 16. Juni 1977, Regie: Friedrich Meyer-Oertel, ML: Hans Wallat. Im Bühnenbild von Wolf Wanninger und in Kostümen von Reinhard Heinrich von links nach rechts: Eduard Mayer (Laubardement), Georg Völker (Grandier), Klaus Wendt (Gerichts-vorsteher). Foto: Gerhard Vormwald. RMM, Thslg.*

Repertoire ohne Risiko

Es bedarf immer wieder einer Erklärung, warum sich an diesem Spielplanmuster auch nach dem Zusammenbruch der Naziherrschaft und der Befreiung Deutschlands zunächst nur zögernd etwas änderte: Als erste Oper nach Kriegsende wurde Rossinis *Barbier von Sevilla* gespielt, gefolgt von Beethovens *Fidelio,* Verdis *Troubadour,* Mozarts *Don Juan* (nun in Levis deutscher Fassung), Strauss' *Ariadne auf Naxos.* Daß diese Werke gleichsam »vorhanden« waren, kann nur ein Teil der Argumentation sein. Oper bedeutete für die Theaterbesucher vermutlich auch – und unter jedweden Bedingungen – den Rückzug in eine unbeschwerte Welt, in der Politik und Tagesgeschehen, die Trümmer und der Hunger zumindest eine Zeitlang zweitrangig blieben; und diese Funktion konnten selbst Werke wie Rossinis durchaus subversiver *Barbier von Sevilla* erfüllen, den die mitreißende Musik in eine andere Sphäre hob. Dazu paßt auch, daß Richard Wagner zunächst auf dem Spielplan fehlte; zumindest für eine kurze Zeit erschien er durch die Nationalsozialisten kontaminiert. Erst 1949 wandte man sich in Mannheim mit einer Neuinszenierung der *Walküre* erneut dem *Ring* zu. Dafür aber wuchs die Neugier an all dem, was dem Publikum zwölf Jahre vorenthalten worden war. 1947 gab es nicht nur zwei Neuinszenierungen zeitgenössischer Opern, sondern am 9. und 11. Januar auch zwei Nachtvorstellungen mit Werken verfemter Komponisten, darunter

Szene aus
Elektra *von Richard Strauss.*
Wiederaufnahme am
10. Mai 1988 der NI vom
5. Oktober 1980,
Inszenierung:
Ruth Berghaus a.G.,
ML: Friedemann Layer.
In der Ausstattung von
Marie-Luise Strandt
vorne: Brenda Roberts
(Elektra), oben: Luana de Vol
(Chrysothemis).
Foto: Hans-Jörg Michel.
RMM, Thslg.

Meyerbeer und Halévy, Korngold und Hindemith *(Verbotener Gesang erhält wieder Klang)*. Es entsprach freilich durchaus dem Charakter der fünfziger Jahre, daß sich das Interesse schon bald wieder auf das Repertoire, auf die bewährten Werke konzentrierte. In den zwölf Jahren zwischen 1951 und 1963, die Hans Schüler dem Nationaltheater als Intendant vorstand, feierte das Repertoire in höchster Perfektion noch einmal Triumphe. Sein Ziel war es, einen kompletten *Verdi- und Wagner-Zyklus* zu erarbeiten, und die hohe Qualität der Aufführungen festigte den Ruf Mannheims als eines der »großen« Opernhäuser Deutschlands. Schülers plötzlicher Tod setzte dem Vorhaben freilich ein ungewolltes Ende; doch gelangten immerhin achtzehn der wichtigsten Werke Verdis und Wagners zur Aufführung. Die Experimente überließ man anderen Häusern wie etwa Hamburg, dessen Intendant Rolf Liebermann seinem Publikum pro Spielzeit mindestens eine Uraufführung zumutete. Der einzige Versuch, den Schüler unternahm, die Mannheimer Oper auch der experimentellen zeitgenössischen Musik zu öffnen, endete in einem Fiasko, das schlimmer nicht hätte sein können. Werner Egks und Boris Blachers *Abstrakte Oper Nr. 1*, am 10. Oktober 1953 nach einer voraufgegangenen konzertanten Aufführung in Frankfurt nun in Mannheim szenisch uraufgeführt, produzierte nicht nur den »ersten [Theaterskandal] seit undenklichen Zeiten«, wie der Kritiker Kurt Heinz im *Mannheimer Morgen* am 19. Oktober 1953 mit unverhohlenem Stolz berichtete. Das Verhalten des Publikums, das sich zuvor, offenbar in gezielter Absicht, mit Trillerpfeifen, Autohupen und Kindertrompeten bewaffnet hatte, dürfte den Verantwortlichen auch jegliche Lust genommen haben, sich noch einmal für Werke zu engagieren, die abseits des Hergebrachten lagen (vgl. auch Farbabbildung IX, 18). Und die Kritik, allen voran die *Abendpost* aus Frankfurt – gleichfalls am 19. Oktober 1953 –, machte das Maß der Diffamierung voll, indem sie dieses Bubenstück der Zuschauer nicht nur als gerechtfertigt ansah, sondern es zudem gar als Zeichen für ein neues demokratisches Bewußtsein feierte.

Erst in jüngerer Zeit findet die Mannheimer Oper auch in Zusammenhang mit zeitgenössischem Musiktheater überregionale Beachtung, etwa wenn so spektakuläre Uraufführungen wie Heiner Müllers *Hamletmaschine* in der Vertonung von Wolfgang Rihm (1987) den Spielplan bereichern. Ansonsten aber lebt die Mannheimer Oper bis heute von ihrer Reputation als verläßlich hochwertigem Repertoiretheater. Die Spielplangestaltung hat sich freilich, in Zeiten eines Kulturpluralismus, der die Schranken zwischen einer vermeintlich »hohen« und einer weniger hohen Kultur zunehmend verwischt, gegenüber den vergangenen Epochen gewandelt.
Heute dürfte es nur die ewig Gestrigen bei dem Gedanken schaudern machen, daß Mozarts *Zauberflöte* neben Pendereckis *Teufeln von Loudun* zu finden ist und Wagners *Parsifal* neben Bernsteins *West Side Story*.

Szene aus
West Side Story
von Leonard Bernstein.
EA 23. Dezember 1995,
Inszenierung:
Matthias Davids a.G.,
ML: Stefan Blunier.
Im Bühnenbild von Knut Hetzer und in Kostümen von Alexandra Bentele in der Mitte vorne: Isabel Dörfler (Anita) und Giuseppe Russo (Bernardo).
Foto: Hans-Jörg Michel.
RMM, Thslg.

Zeitzeugen: Hannelore Bode

Waltraud Brunst

Hannelore Bode
Opernsängerin
Jugendlich-dramatische Sopranistin
Foto: privat

Die ersten Fäden zwischen Bayreuth und Mannheim wurden bekanntlich von Richard Wagner höchstselbst gesponnen, als er ein festes Freundschaftsband zum Mannheimer Musikalienhändler Heckel knüpfte. In der jüngeren Vergangenheit diente das Ensemble des Mannheimer Nationaltheaters den Talentsuchern vom *Grünen Hügel* Jahr für Jahr als Fundgrube für wagnererprobte Orchestermusiker und Chorsänger, Dirigenten und Solisten. Die Heroinen der neunziger Jahre – Waltraud Meier und Deborah Polaski – hatten zwar auch ihr Hand- bzw. Mundwerk in Mannheim gelernt, gehörten aber zum Zeitpunkt ihrer Bayreuth-Berufung nicht mehr zum Mannheimer Ensemble.

Vor einem Vierteljahrhundert hingegen feierten drei Protagonisten bei den Bayreuther Festspielen Triumphe, denen, was die Bindung an das Mannheimer Mutterhaus angeht, wahre Nibelungentreue bescheinigt werden kann. Die einzige Frau in diesem Trio – neben den wackeren Helden Jean Cox und Franz Mazura – war Hannelore Bode. Kurioserweise hat das weltweite Aufsehen, das im Jahre 1971 das neue »Traumpaar« Hannelore Bode und René Kollo im *Lohengrin* erregte, die bemerkenswerte Rollenvielfalt der jungen Sängerin in ihrer zwölfjährigen, höchst erfolgreichen Bayreuther Solistenkarriere überstrahlt.

Hannelore Bode war, lange vor ihrem Mannheimer Engagement, schon dadurch in die »große Bayreuth-Familie« integriert, daß ihr Vater viele Jahre Trompeter im Festspielorchester war. Die junge Sängerin – Fach: Lyrischer Sopran – gehörte zunächst dem Festspielchor an, der ja bekanntlich auch ein Sammelbecken internationaler Opernsolisten ist, und debütierte 1968 als Waldvogel (*Siegfried*) unter Lorin Maazel. Danach sang sie buchstäblich alle Partien ihres Fachs: Blumenmädchen in *Parsifal*, die Rheintochter Woglinde, die Eva in den *Meistersingern* und schließlich im *Ring des Nibelungen* Sieglinde, Freia und Gutrune. Sogar der anspruchsvolle Kritiker-Papst Joachim Kaiser lobte in der *Süddeutschen Zeitung* in einer Besprechung des denkwürdigen Chéreau-*Rings* Hannelore Bodes »schönen Sieglinden-Sopran«.

Hannelore Bode erinnert sich gern an jene Bayreuther Zeit, in der auch ihr Mann, der Bassist Heinz Feldhoff, dem Festspiel-Ensemble angehörte, auch wenn die Familie für viele Jahre auf längere Globetrotter-Reisen verzichten mußte. Abgesehen von ein paar stressigen Wochen, in denen sich die Proben in Bayreuth mit den Engagementsverpflichtungen erst in Bremen, später in Mannheim überschnitten, waren die Wochen im schönen Frankenland mit Kindern und Haustieren die reine Sommerfrische.

Hannelore Bode hat in ihren Bayreuther Jahren mit der gesamten Sängerprominenz zusammengearbeitet, ihr Siegmund war beispielsweise Peter Hofmann. Geradezu ins Schwärmen gerät sie heute noch, wenn die Rede auf René Kollo kommt. Die beiden jungen Berliner waren nicht nur optisch – groß, schlank und blond – ein wahres Traumpaar, auch ihre Stimmen mischten sich perfekt. »Und als Kollege war und ist René einfach ein toller Kumpel.« Die beiden arbeiteten in den siebziger Jahren auch an anderen großen Häusern gern und oft zusammen, mit Georg Solti in Wien bei Plattenaufnahmen der *Meistersinger* und unter Colin Davis am Londoner *Covent Garden* im *Freischütz*, bei dem Götz Friedrich Regie führte.

An ihrem Mannheimer Stammhaus war Hannelore Bode beileibe nicht auf Wagner-Rollen festgelegt. Schon bei ihrem »Gastspiel auf Engagement« wurde sie im *Rosenkavalier* als »jüngste und schönste Marschallin seit Menschengedenken gefeiert«. Sie war halt wirklich jene blühende Frau um die Dreißig, die Richard Strauss vorgeschwebt haben mag. Als ihre liebsten Rollen nennt sie Arabella, Desdemona, Mimi und Rusalka. Ach ja, und die Maddalena in Giordanos *André Chenier*, die so stolz und unbeugsam mit dem Geliebten aufs Schafott geht – in einem herrlichen Duett. 1977 wurde ihr der Titel einer Kammersängerin verliehen; Jean Cox wurde mit ihr gleichzeitig geehrt.

Mit Offenheit und Würde spricht Hannelore Bode sodann über den Schicksalsschlag, der sie auf dem Zenit ihrer Karriere traf. Bei einer Zahnoperation wurde ein Gesichtsnerv durchtrennt. Es kostete unendlich viel Geduld, mit Hilfe des Frankfurter Gesangspädagogen Karl Heinz Jarius die Kontrolle über Gesichtsmuskulatur und Stimmbänder wiederzugewinnen. Verständlich, daß Hannelore Bode über die bittere Zeit, als Bayreuth und die großen Fachpartien in Mannheim einfach nicht mehr zur Diskussion standen, nur streiflichtartig spricht.

Die Disziplin und der Kampfesmut jener Jahre bringt Hannelore Bode nun gern in die Arbeit mit anspruchsvollen Regisseuren ein. Mit Ruth Berghaus hat sie sich die Chrysothemis in *Elektra* erarbeitet – »mit einer solchen Intensität, daß keiner von uns auf die Uhr sah.« Mit unverhohlener Freude konstatiert sie, daß Presse und Publikum ihren jüngsten Wagner-Interpretationen (Sieglinde, Gutrune) hohe Anerkennung zollten. Für die kommenden Jahre wünscht sie sich, bei allmählichem Übergang ins Charakterfach, so interessante Rollen wie die Küsterin in Janáčeks *Jenufa*.

Als »Spartensprecherin Oper« setzt sich Hannelore Bode besonders für jüngere Kolleginnen ein. Sie engagiert sich auch mit Vorträgen in Schulen und Volkshochschulen »für die junge Generation, unser Publikum von morgen«. Und vergißt auch nicht, sich ihres herrlichen Hauses an den Rebenhängen der *Bergstraße* zu erfreuen.

Geschichte, Entwicklung und Aufgabe des Opernchors am Nationaltheater Mannheim

Georg Metz

Die Damen und Herren des Mannheimer Opernchores in der Spielzeit 1996/97. Foto: Hans-Jörg Michel. RMM, Thslg.

Wer sich mit der Geschichte des Nationaltheaters Mannheim beschäftigt, sucht vergebens nach umfangreichen oder gar lückenlosen Aufzeichnungen über dessen Chor. Das Interesse des Publikums, der Chronisten und der Presse galt bislang in erster Linie den berühmten und beliebten Solisten, Dirigenten und Intendanten des Theaters, hingegen selten dem Geschick des für die Oper so wichtigen Chorensembles. Doch was wäre das Nationaltheater ohne seinen Chor?

Die Anfänge
Als am 24. Oktober 1790 Wolfgang Amadé Mozart im Mannheimer Theater seinen *Figaro* erlebte, muß immerhin auch ein kleiner »Singechor« bestanden haben. Doch wer glaubt, daß hierfür ein eigenes Ensemble oder gar ein »Hoftheaterchor« bestallt war, der irrt. Zunächst mußten nämlich von den 15 000 Gulden Jahreszuschuß aus dem kurfürstlichen Etat (vgl. Stubenrauch 1954, S. 4) Schauspieler, Dekorationen und der Unterhalt des Theaters insgesamt bezahlt werden; und dann gab es auch noch einige Sänger, denen man sowohl solistische als auch chorische Aufgaben übertragen hatte. Wer bei einer Opernaufführung keinen Dienst hatte, mußte eben die Chorstellen mitsingen, denn es waren insgesamt nur siebzehn Sänger und Schauspieler engagiert (*Theater Kalender* 1795, S. 54–57).

Immerhin kam es während der provisorischen Intendanz von Josef Peter Fried(e)rich und Sebastian Haub/Haupt (1816–1819) am 1. April 1818 zum löblichen Versuch, unter der Leitung des Mannheimer Kapellmeisters Peter Ritter eine »Singeschule« ins Leben zu rufen. Doch mußte diese – mangels Ansturms von Singwilligen – bereits am 1. Juni desselben Jahres ihre Pforten wieder schließen (vgl. Pichler 1879, S. 217). Eine der ersten Taten Heilwig von Ungern-Sternbergs, seit 1819 Intendant des Hauses auf B 3, bestand in der Gründung einer »Kunstschule […], um der Schauspielkunst, der Instrumentalmusik und dem Gesange talentvolle Schüler zu gewinnen. Zum Director des Conservatoriums wurde P[eter] Ritter ernannt, St[efan] Grua zum Musiklehrer« (Pichler 1879, S. 221). Es ist anzunehmen, daß die Schüler des *Conservatoriums* auch im Rahmen von Opernaufführungen im Chor mitgewirkt haben. Nur so dürfte es möglich gewesen sein, beispielsweise Carl Maria von Webers *Freischütz* (die verhältnismäßig frühe Erstaufführung fand am 5. Mai 1822 statt) und den ebenso chorintensiven *Oberon* (Erstaufführung 27. April 1828) auch in Mannheim aufzuführen. Einen gewissen Fortschritt kann man schließlich in den Aufführungen von Ludwig van Beethovens *Fidelio* (Erstaufführung 26. Dezember 1828) unter dem Dirigenten Michael Frey erkennen, denn hier schließlich war ein stärkerer Chor, der zusätzlich durch singbegeisterte und begabte Laien vergrößert wurde, notwendig. Im übrigen hatten in diesen Jahren die begabtesten Chorsänger auch als Schauspieler Dienst zu tun, offensichtlich weil die Gage knapp bemessen war – ein Problem, das noch Jahrzehnte hindurch der Lösung harrte.

Ein besonderes Ereignis in der Entwicklungsgeschichte des Mannheimer Opernchors fand am 13. März 1833 statt: Der Chor, unterdessen auf sechzehn Damen und ebenso viele Herren »angewachsen«, stand im Mittelpunkt des Publikumsinteresses, als zum ersten Mal bei aufgehobenem Abonnement eine Vorstellung (*Aline von Feudenheim, oder: Die Pfalz in Ostindien*, Musik von Wenzel Müller) »zum Vorteil des Chorpersonals« gegeben wurde, wie der entsprechende Theaterzettel vermeldet. Benefizveranstaltungen dieser Art gab es erneut in den Jahren 1840, 1842 und 1843 (vgl. Stahl 1929, S. 28) und auch später immer wieder.

Vinzenz Lachner (1811–1893)
Im Jahre 1836 wurde Vinzenz Lachner, eine der bemerkenswertesten Theaterpersönlichkeiten des 19. Jahrhunderts, als Nachfolger seines Bruders Franz zum Kapellmeister in Mannheim berufen. 1811 geboren, wirkte er in der Quadratestadt bis zum Jahr 1873 und zog, nachdem er pensioniert worden war, als Kompositionslehrer nach Karlsruhe. Neuerdings wurde in einer Ausstellung

der Theatersammlung des Reiss-Museums darauf hingewiesen,[1] daß er in Mannheim bei seinem Versuch, das Werk Richard Wagners sinnvoll aufzuführen, zunächst an den äußeren Umständen und vor allem an den künstlerischen Unzulänglichkeiten des Theaterpersonals scheiterte.
Das gesamte künstlerische Personal also, nicht nur der Chor, hatte im Umgang mit der sogenannten »Zukunftsmusik« größte Schwierigkeiten. Wenn man liest, daß beispielsweise der *Wach-auf-Chor* aus den *Meistersingern* gestrichen werden mußte (vgl. Heckel 1899, S. 4), so ahnt man Lachners künstlerische Not. Richard Wagner, der am 17. November 1872 bei einer Mannheimer *Holländer*-Aufführung anwesend war, mußte zu seinem Entsetzen hören, daß etliche musikalische Passagen auch in dieser Oper ganz und gar dem Rotstift zum Opfer gefallen waren, und verließ ebenso empört wie demonstrativ vor Ende der Aufführung das Theater (vgl. Heckel 1899, S. 54). Ein Ruhmesblatt für Lachner war das nicht. Andererseits sei zu seiner Ehrenrettung gesagt (auch die oben erwähnte Ausstellung hob hierauf besonders ab), daß er beinahe die gesamte klassische Opernliteratur sowie viele Werke des zeitgenössischen Musiktheaters aufführte, was für die Mannheimer Bühne von epochaler Bedeutung war: Immerhin bekam das Mannheimer Publikum im Lauf der ersten 25 Dienstjahre Lachners 159 verschiedene Opern zu sehen. Das Repertoire einer einzigen Spielzeit konnte häufig aus rund sechzig jederzeit abrufbereiten Werken bestehen, von denen die meisten Choropern waren. Eine Sensation!

Lachner war auch als Dirigent von lokalen Chorvereinigungen sehr geschätzt. 1840 hatte er den ältesten Mannheimer Männergesangverein, die *Liedertafel*, mitbegründet. Den einzigen gemischten Laienchor der Stadt, den *Musikverein*, rettete er gar vor dem künstlerischen Untergang,

Großherzogl. Hof- u. Nationaltheater in Mannheim.

Mittwoch, den 13. März, 1833.

(Mit aufgehobenem Abonnement.)

Zum Vortheile des gesammten Chorpersonals
des hiesigen Hoftheaters:

1084 Aline von Feudenheim, 7
oder:
Die Pfalz in Ostindien.

Zauberposse in 3 Abtheilungen, nach Bäuerle's „Wien in einem andern Welttheile" bearbeitet. Musik von W. Müller.

Aline, Königin von Golconda, eine Deutsche, sonst Marie von Feudenheim genannt	Mad. Eschborn
Elise, ihre Jugendfreundin und Vertraute	Mlle. Kinkel
Wampelino, } Große des Reichs	Herr Thürnagel
Usbeck, } Große des Reichs	Herr Richter
Hagar, Wampelino's Vertrauter	Herr Versing
Osmin, Offizier des Palastes der Königin	Herr Reutter
Dappich, Palast-Inspector	Herr Grua
Nicki, sein Sohn	Herr Ritter
Ankertau, Capitain eines holländ. Schiffes	Herr Kühn
Hauptmann von Eichenkron	Herr Diez
Offizier der holländischen Truppen	Herr Arnold
Bims, Schiffsbarbier	*
Zaire, Golconderin	Mlle. Löwe
Bauernmädchen	Mlle. Zimmermann
Gassenbube	
Lissa, Golcondens Schutzgeist	Mlle. Wepfer

Alinens Gefolge. Indische Soldaten. Mohren. Sklaven. Deutsche Handwerker. Deutsche Bauern und Bäuerinnen. Holländische Soldaten. Matrosen 2c.

* Hr. Obermayer, vom Großherzogl. Hoftheater in Karlsruhe.

1312. Vorher geht: 5.

Rataplan, der kleine Tambour.

Vaudeville in einem Aufzuge, nach dem Französischen von F. Pillwitz.

Groscanon, Grenadier-Sergeant	Herr Kühn
Rataplan, Tambour, sein Pflegesohn	Mlle. Kinkel
Caprice, Pfeifer	Mlle. Löwe
Frau Marton, Soldatenwittwe	Frau v. Busch
Tirebouchon, Gastwirth	Herr Grua
Therese, Kellnerin	Mlle. Wepfer
Soldaten.	

Die Handlung geschieht in einem Dorfwirthshause.

Anfang 6 Uhr, Ende um 9 Uhr.

Die Freibillette sind für heute aufgehoben.

Die Preise der Logen und die Eintrittspreise sind die gewöhnlichen.

Diejenigen Herren Abonnenten, welche ihre Logen für diese Vorstellung zu behalten wünschen, werden ersucht, ihre Bestellungen deßhalb Mittwoch, den 13. März, Vormittags von 9 bis 12 Uhr, bei Hrn. Hoftheaterkassirer Walther zu machen.

Donnerstag, den 14. März: Der Rehbock, Lustspiel von Kotzebue. — Die Mäntel, Lustspiel von Blum.

Theaterzettel zur Zauberposse Aline von Feudenheim *nach Adolf Bäuerle mit Musik von Wenzel Müller, die als erste Benefizvorstellung in der Geschichte des Nationaltheaters zu Gunsten des Opernchores am 13. März 1833 gegeben wurde. RMM, Thslg.*

[1] Vgl. *Vinzenz Lachner (1811–1893) – Hofkapellmeister und Komponist in Mannheim*. Eine Ausstellung in Zusammenarbeit mit der Theatersammlung des Reiss-Museums von der Heidelberger Musikwissenschaftlerin Bärbel Pelker. Reiss-Museum Mannheim, Theatersammlung C 5, Zeughaus, Verschaffelt-Gewölbe, 11. Dezember 1993–20. März 1994 (verlängert bis 29. Mai 1994). Die erste Monographie zu Vinzenz Lachner, die Bärbel Pelker im Auftrag des Reiss-Museums verfaßt, erscheint voraussichtlich im Jahr 2000 in der Schriftenreihe des Reiss-Museums zur Mannheimer Theater- und Musikgeschichte.

indem er kurzerhand dessen Leitung übernahm (vgl. Stahl 1929, S. 21). An Lachners Seite stand der eifrige Chordirektor Ludwig (Louis) Hetsch. Ihm ist es in erster Linie zu verdanken, daß schließlich die Einstudierungen des *Fliegenden Holländers*, der *Meistersinger von Nürnberg* und des *Tannhäuser* zufriedenstellend in Angriff genommen werden konnten. Ein weiterer Höhepunkt in Hetschs Wirkenszeit war am 16. Dezember 1870 die Feierstunde zu Beethovens 100. Geburtstag. Mit der Einstudierung der Chöre zu den *Ruinen von Athen*, »ausgeführt vom gesammten Sängerpersonale des Hoftheaters«, wie auf dem Theaterzettel zu lesen steht, vermochte er das Mannheimer Publikum zu überzeugen. Man bedenke, daß ohne Aushilfe durch Laien inzwischen immer noch nur jeweils sechzehn Damen und Herren engagiert waren, denn wie überall, so wurde auch am Nationaltheater zu Beginn der 1870er Jahre – es war die Zeit des deutsch-französischen Krieges – das Geld knapp. Deshalb zog man auch explizit die Solisten zu dieser Aufführung hinzu. Und aus demselben Grund griff man wohl die Idee der Benefizveranstaltungen wieder auf (siehe oben) und auch später immer wieder, dieses Mal zugunsten des »Hoftheater-Pensionsfonds und des Chorpersonals« (vgl. Stahl 1929, S. 28).

Welch ein Repertoire!

Die Ausbildungsmöglichkeiten der Chorsänger im 19. Jahrhundert lassen sich nicht annähernd mit einem heutigen Gesangsstudium vergleichen. Wirklich geschulte Chorsänger waren eher die Ausnahme. Das führte dazu, daß der noch junge und recht kleine Opernchor durch den stetig anwachsenden Spielplan und die bereits erwähnte Schwierigkeit der aufzuführenden Werke bald überbeansprucht war. Ein Blick auf den Spielplan von 1870/71 mag verdeutlichen, wie stark der Chor damals gefordert wurde: Von Lortzing gab man fünf, von Auber und Meyerbeer je vier Opern, darunter *Die Hugenotten* und *Robert der Teufel*. Von Mozart standen *Titus*, *Die Hochzeit des Figaro*, *Zauberflöte* und *Don Juan* auf dem Plan. Zu Wagners bereits oben erwähnten Werken traten noch *Lohengrin* und die Choroper *Rienzi* hinzu. Selbstverständlich waren Verdis, Webers und Rossinis Werke ebenso vertreten wie Beethovens *Fidelio*, Flotows *Martha*, Halévys *Jüdin* und Bellinis *Norma*. Zum täglichen Arbeitspensum des Chores gehörten Opern, die heute größtenteils nur noch dem Namen nach oder lediglich in Teilen bekannt sind, wie zum Beispiel Cherubinis *Wasserträger (Graf Armand)*, Kreutzers *Nachtlager von Granada*, Marschners *Hans Heiling* oder *Die weiße Dame* und *Johann von Paris* von Boieldieu (vgl. Stahl 1929, S. 39–40). Nicht vergessen werden sollen auch zahlreiche Operetten, die in zunehmendem Maß den Spielplan der Opernhäuser erweiterten.
Die Frage, wann der damalige Opernchor das alles auswendig gelernt haben soll, läßt sich angesichts der Premierendichte beim besten Willen nicht hinreichend beantworten.

Anerkennung und Kritik

1872 kam der Wiener Kapellmeister Ernst Frank nach Mannheim und versuchte, die Situation zu verbessern, indem er eine »Chorschule« gründete. Obwohl diese Einrichtung nur fünf Jahre lang von Bestand war, konnte der ungewöhnlich große Spielplan dank ausgebildeter und wohlvorbereiteter Sänger einigermaßen aufrechterhalten werden (vgl. Stahl 1929, S. 74), wenn auch nicht zur vollen Zufriedenheit des Publikums und der Presse. In jenen Jahren mangelte es wahrlich nicht an massiver Kritik.

Speziell Vinzenz Lachner erntete zum Ende seiner Mannheimer Jahre teilweise herbe Kritik, nicht zuletzt von seinen Mitarbeitern. Man warf ihm

Amtsmüdigkeit und Gleichgültigkeit vor (vgl. Stahl 1929, S. 46). Und doch war seine Arbeit für die Theaterstadt ebenso prägend wie wegweisend.

Professionelle Chordirigenten wie Johannes Starke (zunächst Sänger, seit 1877 Chordirektor), Emil Steinbach (Musik- und Chordirektor von 1871 bis 1874), Anton Heurung (Musik- und Chordirektor von 1874 bis 1877) und Ferdinand Langer führten die Chorarbeit schließlich weiter. Über Langer, der dem Nationaltheater – mit einer kurzen Unterbrechung – von 1855 bis 1905 die Treue gehalten hatte, urteilt Walter: »Seine Stärke war die absolut zuverlässige Beherrschung des Musikalischen. Ihm fehlte aber der geniale Zug, der die Mitwirkenden und die Hörer fortreißt. [...] Auch als Chordirigent betätigte er sich erfolgreich. Er beherrschte die Massen im großen Oratorium und verstand auch da, durch Umsicht zu ersetzen, was ihm an zündender Kraft fehlte« (Walter 1935, S. 418).

Man darf nicht vergessen, daß es sich bei etlichen Opern, die in Mannheim nach den 1870er Jahren aufgeführt wurden, um Erst- oder Uraufführungen handelte. Der Stil, der Ausdruck und die zum Teil riesenhafte Form mußten zunächst einmal bewältigt sein. Es ist demnach nicht verwunderlich, daß in diesen Jahren immer mehr Klagen über den Leistungsabfall beim Chor, aber auch beim Orchester laut wurden. In einer 1871 anonym im Mannheimer Verlag Johann Philipp Walter unter dem Titel *Die Theaterfrage. Betrachtungen über die Mannheimer Bühne* erschienenen Schrift, war schließlich folgendes zu lesen: »Der Chor kann auch den bescheidensten Ansprüchen nicht genügen. Die vorhandenen Kräfte müssen ersetzt und ergänzt werden, namentlich durch solche Kräfte, wie sie sich unter dem jetzigen Personal nicht oder wenig vorfinden. Die Mitglieder des Chors sind auf Nebenverdienste angewiesen, weil sie mit ihrer Gage nicht durchzukommen vermögen; wir haben unter diesen Mitgliedern einige, welche in dem Aufsuchen der Nebenverdienste nicht wählerisch sind und hierin sich nicht viel durch die Kunst, deren Repräsentanten sie sind, leiten lassen. Die ihnen von Seiten des Theaters selbst gebotenen und, wie wir hören, oft hervorgehobenen Nebenverdienste, bestehen in Notencopiren, einem Geschäfte, für welches einige wenige Kreuzer für den Bogen bezahlt werden. Die musikalisch gebildeteren Chormitglieder können allerdings durch Unterrichtertheilen sich einiges erwerben, aber bei der großen Anzahl Lehrkräfte, welche aus den Orchestermitgliedern bestehen, ist die Erlangung von Schülern nahezu eine Unmöglichkeit. [...] Es sind Kräfte im Chor, die durchaus aus demselben entfernt werden müssen; Leute, die nicht zu singen verstehen...« (S. 7 und S. 8).

Ob folgende Geschichte als ernstzunehmende Kritik zu verstehen ist, mag dahingestellt sein. Jedenfalls besuchte am 30. Mai 1878 ein amerikanischer Zeitgenosse Wagners *Lohengrin* im Nationaltheater und zeichnete davon folgendes Bild: »An einem anderen Tag fuhren wir nach Mannheim und hörten uns eine Katzenmusik, will sagen: eine Oper an und zwar jene, die Lohengrin heißt. Das Knallen und Krachen und Dröhnen und Schmettern war unglaublich [...]. – Wenn das Heulen und Wehklagen und Kreischen der Sänger und Sängerinnen und das Wüten und Toben des gewaltigen Orchesters höher anschwoll und wilder [...] wurde, hätte ich aufschreien können, wäre ich allein gewesen [...]. Es war ein merkwürdiges Stück. Kostüme und Bühnenbild waren schön auffällig, aber Handlung gab es nicht viel [...], es wurde eigentlich nicht viel getan, sondern nur darüber geredet; und stets heftig./ [...] Wenn man zu hoffen begann, sie würden zu einer Verständigung kommen, tobte ein ganz und gar aus Besessenen zusammengefügter Chor los, und während der folgenden [...] Minuten durchlebte ich [...] alles, was ich seinerzeit erlitt, als das Waisenhaus abbrannte.« Der erwähnte Amerikaner war Mark Twain, der diese wenig schmeichelhafte Schilderung über Wagners »romantische Oper« in Mannheim in seinem Tagebuch festhielt (Twain 1985, S. 65–67). Allerdings gewinnt man den Eindruck – abgesehen von der gewiß übertreibenden Ausdrucksweise – einer erstaunlich bewegten Szene. Doch wird man sich keine großen Illusionen hinsichtlich der Spielfreudigkeit von Choristen im 19. Jahrhundert machen dürfen. Wenn ein Spielleiter dem Chor erklärt hatte, von wo er aufzutreten und wohin er nach seinem Gesang abzugehen hatte, war die Arbeit und Phantasie in den meisten Fällen auch schon erschöpft. Eine im heutigen Sinn verstandene Inszenierung oder gar Chorregie galt gewiß als Fremdwort. Darüber hinaus war die Zeit für Bühnenproben ohnehin nur knapp bemessen, da im Haus auf B 3 bis kurz nach der Jahrhundertwende nur eine Bühne sowohl für Schauspiel als auch für die Oper zur Verfügung stand. Die daraus resultierenden eminenten Schwierigkeiten kann man sich unschwer ausmalen, zumal die Stücke wegen der fest abonnierten Plätze wesentlich häufiger wechseln mußten, als dies heute der Fall ist.

Schon bald gewann der Opernchor an Selbstbewußtsein und verstand sich sogar zu organisieren, wie der Beitritt zum *Chorsängerbund* (gegründet 1834) erweist, dem der Chor bis 1935 angehörte, um seine Rechte als Kollektiv wahrnehmen zu können (vgl. Berufsinformation) – die heutige Organisation *Vereinigung deutscher Opernchöre und Bühnentänzer* ist die legitime und tatkräftige Nachfolgeorganisation des *Chorsängerbundes*. Dieses Selbstwertgefühl war durchaus vonnöten, wie etwa die Ereignisse während der Spielzeit 1890/91 zeigen: Wieder einmal stand das Haus im Zentrum der Publikumskritik. Massive Fehler des Intendanten Karl von Stengel (1890–1892) und der Theaterverwaltung veranlaßten den Chor schließlich, sogar mit Streik zu drohen. Angesichts solch starker Polarisierungen hielt es Stengel in Mannheim tatsächlich nur zwei Jahre aus (vgl. Stahl 1929, S. 163–164).

August Bassermann und die Folgen

Dagegen war die Intendanz von August Bassermann (1895–1906) ein Glücksfall für die künstlerische, personelle und finanzielle Entwicklung des Chores. Zu Beginn seiner Amtszeit waren 22 Damen und 21 Herren verpflichtet. Als er das Nationaltheater verließ, verfügte es über insgesamt 52 fest engagierte Chormitglieder, und die Bezahlung war um ein Drittel gestiegen. Bemerkenswert und für die damalige Zeit geradezu unerhört waren die vertraglich zugesicherten sechs Wochen bezahlten Jahresurlaubs und ansehnliche Zusatzhonorare bei entsprechenden Diensten (vgl. Dienstverträge 1910). Dafür stiegen aber auch die Ansprüche an den Chor sowie den im Jahr 1901 offiziell gegründeten Extrachor, dem übrigens zunächst ausschließlich Herren angehörten, zusehends (vgl. Stahl 1929, S. 194; siehe auch *Chronologie*). Die Nachfrage seitens des Mannheimer Publikums gestaltete sich so stark, daß es keine Seltenheit war, wenn für den Chor an Wochenenden drei Vorstellungen pro Tag (!) angesetzt waren (vgl. Stahl 1929, S. 216). Viele Erstaufführungen wurden zu künstlerischen Ereignissen, was man nicht zuletzt dem 1. Kapellmeister Willibald Kähler (1899–1906) zu verdanken hatte. Spielleiter Oscar Fiedler schließlich zeichnete dafür verantwortlich, daß zum ersten Mal von einer sinnvollen Bewegungsregie der Chöre gesprochen werden konnte.

Nun ist es müßig, über die künstlerische Ausstrahlung Wilhelm Furtwänglers (1915–1920) und dessen Arbeit am Nationaltheater zu berichten.

Der Damensingchor des Nationaltheaters während einer Probe mit Chordirektor Karl Klauß.
Foto: G. Tillmann-Matter, 1929.
RMM, Thslg.

Ganz gewiß profitierte auch der Chor von der Arbeit des begabten Dirigenten, obgleich man heute mit Schmunzeln liest, daß er bei einer Lübecker *Fidelio*-Aufführung in Anwesenheit des maßgeblichen Mannheimer Theaterausschusses gerade mit den Chören nicht zurechtkam und ein Schmiß die Folge war. Das hinderte die Herren nicht, ihn zu engagieren, unter anderem mit dem tröstenden Argument: »[J] in Mannheim werden Sie ja einen ganz anderen Chor zur Verfügung haben.« (Wessling 1987, S. 125). Gemeint war selbstredend einen besseren!

Der wegweisende Chordirektor am Mannheimer Nationaltheater von 1928 bis 1945 war Karl Klauß. Mit seiner Hilfe gerieten unter anderem die deutschen Erstaufführungen von Giuseppe Verdis *Nabucco* (28. Oktober 1928) und Leoš Janáčeks *Aus einem Totenhaus* (14. Dezember 1930) zu außergewöhnlichen Ereignissen der Mannheimer Operngeschichte. Darüber hinaus war dank seiner Einstudierung ein selbst für die damalige Zeit spektakuläres Programm in einem *Rosengarten*-Konzert am 17. April 1931 mit Strawinskys *Ödipus Rex* und der *Psalmensymphonie* zu hören.

Nicht unerwähnt bleiben sollen auch Pfitzners bereits am 28. März 1920 erstaufgeführter *Palestrina* sowie der am 15. März 1925 zum ersten Mal in Deutschland am Mannheimer Nationaltheater zu hörende *Fürst Igor* von Alexander Borodin – zwei Werke, in denen der

Chor eine besondere Rolle spielt, beide noch einstudiert von Klauß' Vorgänger Robert Erdmann (1911–1925).

Joachim Popelka (1910–1965)
Die schrecklichen Ereignisse der letzten Jahre des Zweiten Weltkrieges hatten auch Mannheims Kulturleben zunichte gemacht. Doch schon im Sommer 1945 beschlossen Stadt und Militärregierung gemeinsam, das Nationaltheater zu reorganisieren. Intendant Carl Onno Eisenbart und Kapellmeister Richard Laugs nahmen sich der schweren Aufgabe an, und schon bald konnten im *Ufa-Palast (Universum)* in N 7 Konzerte mit ernsten und heiteren Programmen sowie am 9. Oktober 1945 mit Gioacchino Rossinis *Der Barbier von Sevilla* auch wieder erstmals nach dem Krieg eine Oper gegeben werden. Der Opernchor trug selbstverständlich wieder seinen Teil zum Erfolg dieser vom Publikum ersehnten Aufführungen bei. Darüber hinaus bewiesen viele Mitglieder des Opernchores mit persönlichem Einsatz ihre Verbundenheit mit Mannheims Nationaltheater beim Neubeginn in schwerster Zeit, beispielsweise durch den Verkauf von Eintrittskarten von Haustür zu Haustür. Ein Sachverhalt, mit dem langjährige Opernchormitglieder wie etwa Klaus Schunke noch heute lebendigste Erinnerungen verknüpfen.

Im November 1945 kam schließlich Joachim Popelka als Opernchordirektor an das Nationaltheater. Sein Wirken soll an dieser Stelle eine besondere Würdigung erfahren.

Der 1910 in Leipzig geborene Musiker sang als Schüler im Thomanerchor, bevor er am Konservatorium und an der Universität seiner Vaterstadt studierte. Von 1937 bis 1942 war er als Kapellmeister an den Städtischen Bühnen Leipzig, dem Stadttheater Gießen und in Halle/Saale tätig. Nach dem Krieg kam er als Chordirektor und Kapellmeister ans Nationaltheater. Durch die Übernahme des *Beethovenchores* Ludwigshafen und der *Chorgemeinschaft Friesenheim* stand er bald im Zentrum der Chorarbeit in und um Mannheim. Popelka war auch als Komponist und Dramaturg tätig. Kammermusiken, Klavierkonzerte, Ballette, diverse Chöre und vor allem Opern aus seiner Feder wurden aufgeführt. Er war ein gern gesehener Liedbegleiter und Dirigent vieler Chorkonzerte. Eine ganz wesentliche Leistung lag in der Übersetzung von mehr als dreißig Operntexten aus dem Italienischen ins Deutsche, vor allem für den Mailänder Verlag Ricordi. Unzählige hervorragende Kritiken über seine Übersetzungsarbeiten sowie seine Choreinstudierungen belegen, welche Bedeutung er für den künstlerischen Neuanfang des Nationaltheaters hatte. Zwei Beispiele seien hier angeführt. Zur Einweihung des neuen Nationaltheaters mit dem *Freischütz* schrieb Max Christian Feiler im *Münchner Merkur* am 13. Januar 1957: »[D] die Chöre sangen mit einer Präzision und einem Elan, die keiner Weltstadt Unehre machen würden« (Feiler 1957). Zur Regie hatte dagegen W. M. Eisenbarth bemerkt: »[W] was die Personen- und Chorführung anlangt, so wird man auch hier in den neuen Raum hineinwachsen. Dieser Punkt war der mangelhafteste der Gesamtinszenierung« (Eisenbarth 1957).

Besonderes Gewicht hat der folgende Dankesbrief von Carl Orff anläßlich der am 6. Juli 1959 in Mannheim erstaufgeführten *Antigonae*:

»Sehr geehrter, lieber Herr Popelka – indem ich Ihnen nochmals herzlichst für die ausgezeichnete Einstudierung der Antigonae-Chöre danken möchte, bitte ich Sie, auch den Herren Ihres Chores meine besondere Anerkennung für die ganz ungewöhnliche Leistung zu sagen. Der große Erfolg des Abends, zu dem Sie wesent-

lich beigetragen haben, soll Ihnen und Ihren Helfern Freude und Genugtuung sein.
Mit allen guten Wünschen Ihr gez. Carl Orff« (Privatbesitz).

Die jüngere Chorgeschichte

Nach Popelkas plötzlichem Tod im April 1965 konnten seine Nachfolger einen gut disponierten Chor übernehmen und in seinem Sinn weiterarbeiten. Ohne die fundierte Arbeit der Chordirektoren Ernst Momber (1965–1974), Jürgen Schulz (1974–1982), Franz Meiswinkel (1982–1987) und Albert Limbach (1988–1992) und ohne das ehrgeizige Engagement eines leistungsstarken und jungen Opernchores hätte das Nationaltheater nicht seinen geradezu legendären Spielplan der siebziger und achtziger Jahre aufrechterhalten können. Ein Blick auf die Mitgliederzahl, wie sie in den jeweiligen Jahrgängen des *Deutschen Bühnen Jahrbuches* angeführt ist, belegt auch den quantitativen Fortschritt und die Anerkennung des Chores: Waren 1960 insgesamt noch 46 Damen und Herren engagiert, so wurde der Chor im Jahr 1979 bereits auf 51 Mitglieder erweitert und wuchs 1985 auf 56 Sänger/innen an. Zwischenzeitlich erhöhte sich der Personalbestand sogar auf sechzig Mitglieder.[2] Hinzu kam bei großen Choropern jeweils der Extrachor (vgl. den Beitrag von Waltraud Brunst in diesem Buch). 26 bis dreißig Vorstellungen pro Monat waren keine Seltenheit. Neben dem strapaziösen Opernalltag blieb daher keine Zeit mehr, um auch noch Konzertprogramme einzuüben. Joachim Popelka beispielsweise hatte deshalb seine Chorkonzerte bis auf wenige Ausnahmen mit dem Ludwigshafener *Beethovenchor* und/oder der *Chorgemeinschaft Friesenheim* einstudiert (vgl. Heinz 1965).

Dagegen gehören zur jüngeren Chorgeschichte gerade auch Konzertauftritte. Im Rahmen der Theaterjubiläumsspielzeit 1979/80 dirigierte Chordirektor Jürgen Schulz am 19. Mai 1980 Händels *Dettinger Te Deum* und Orffs *Catulli Carmina* (mit Solisten des Nationaltheaters und der *Pfälzischen Philharmonie*). Elf Jahre später sang der Chor unter Generalmusikdirektor Miguel A. Gómez-Martínez aus Anlaß von Mozarts 200. Todestag am 4. und 5. Dezember 1991 im *Opernhaus* des Nationaltheaters dessen *Requiem*. Als das Mannheimer Theater durch die im Herbst 1992 begonnene 3. Sanierungsphase gezwungen war, konzertante Opern im *Rosengarten* zu spielen, entstand die Idee, ein eigenes Konzert mit Chören aus beliebten oder auch teilweise unbekannten Opern zu geben. Bereits die erste Veranstaltung am 27. Februar 1993 war dank einer gelungenen Werbung, die zum großen Teil die Chormitglieder selbst organisiert hatten, in kurzer Zeit ausverkauft und wurde ein überwältigender Erfolg für den Chor und seinen jetzigen Leiter (vgl. Koch 1993). Das Konzert mußte wegen der großen Nachfrage mehrmals wiederholt werden und führte beinahe zwangsläufig zur Verpflichtung, dem Mannheimer Publikum diese neue Konzertreihe regelmäßig anzubieten. Die Aufführung des *Requiems* von Antonín Dvořák mit Chor, Extrachor, Solisten und Orchester in Mannheims *Heilig-Geist-Kirche* (11. März 1995) ist allen Beteiligten in besonderer Erinnerung, und auch in der Folge stießen die weiteren großen Choraufführungen des Nationaltheaters auf außergewöhnliche Resonanz bei den Besuchern. Erfreulicherweise hat das Mannheimer Beispiel in mehreren deutschsprachigen Theatern Nachahmung gefunden und lenkt so das Interesse des Publikums mit Sicherheit stärker auf die Existenz der Opernchöre, als dies in der Vergangenheit der Fall war.

Die Chorarbeit

Die Aufgaben des Mannheimer Opernchores sind die gleichen wie an allen anderen Opernhäusern: die Darstellung des Volkes bzw. einer spezifisch

[2] Laut *Deutschem Bühnen Jahrbuch* für die Spielzeit 1997/98 ist die Chormitgliederzahl mittlerweile auf 55 Damen und Herren reduziert worden. Anm. d. Red.

Szene aus Antigonae *nach Sophokles von Carl Orff, in der dem Herrenchor eine hervorragende Rolle zukommt. EA 6. Juli 1959, Inszenierung: Ernst Poettgen, ML: Walther Knör. Die Premiere fand im Bühnenbild von Paul Walter, in Kostümen von Gerda Schulte und in Anwesenheit des Komponisten statt. Foto: Adolf Falk. RMM, Thslg.*

charakterisierten Menge von Menschen. Erst mit der Entwicklung der Opernregie im späten 19. und frühen 20. Jahrhundert wuchsen dem Opernchor nach und nach individuelle Gestaltungsmöglichkeiten zu.

Wie bereits dargestellt, haben gerade die Mannheimer Chorsänger seit jeher mit einem großen Repertoire umzugehen. An dieser Tradition messen sich auch heute noch die Aufnahmebedingungen für den hiesigen Opernchor. Neben einer abgeschlossenen Gesangsausbildung soll der/die Bewerber/in eine gesunde, wohlklingende Stimme und die Fähigkeit haben, vom Blatt zu singen. Weitere Bedingungen sind ein gutes musikalisches Gedächtnis und das Talent, sich auf der Bühne richtig bewegen zu können; darüber hinaus die Fähigkeit, jederzeit die erlernte barocke, klassische, romantische oder immer häufiger die moderne, bzw. zeitgenössische Opernchorliteratur abrufen zu können (vgl. Berufsinformation). Außerdem ist es ratsam, sich mit der italienischen und französischen Sprache vertraut gemacht zu haben, denn italienische Repertoireopern werden heute ebenso wie Bizets *Carmen* oder Saint-Saëns' *Samson und Dalila* in der Originalsprache gesungen. Am 30. Mai 1993 führte das Nationaltheater erstmals Manuel de Fallas *Atlántida* auf und dies sogar in Katalanisch, wobei Fachleute dem Chor erstaunliche Textverständlichkeit attestierten.

Die Arbeit an einem neuen Stück beginnt im Chorsaal unter der Leitung des Chordirektors. Schon nach dem ersten Lesen werden der Ausdruck, die Dynamik und das musikalische Konzept festgelegt. Wenn nach einigen Wochen des »Feilens« der Dirigent der Produktion hinzukommt, kann sich selbstverständlich noch das eine oder andere Detail ändern. Bei einer musikalischen Einstudierung, an der so viele Individuen beteiligt sind, handelt es sich stets – zum Wohl des Werkes – um ein »work in progress«. Wenn der Chor schließlich auf der Bühne zusammen mit dem Regisseur und den anderen Mitwirkenden das Stück in Szene setzt, muß alles auswendig beherrscht werden. Nur so kann allabendlich eine Leistung erbracht werden, die der technisierten Konkurrenz von Tonträgern gleich welcher Art standhält.

Fast alle Opernhäuser suchen zur Zeit qualifizierten Nachwuchs für ihre Chöre. Darin sollte jede junge Sängerin und jeder junge Sänger die Chance sehen, einen interessanten, vielseitigen und künstlerisch hochwertigen Beruf zu ergreifen. Auch wenn die Theater sparen müssen, so können sie doch niemals auf einen leistungsstarken Chor verzichten, denn das hieße, den Opernbetrieb an sich *ad absurdum* zu führen.
Auch in Mannheim beweist der Opernchor seit vielen Jahrzehnten mit seiner kontinuierlichen Entwicklung, daß gerade er für die Reputation des Nationaltheaters ein in der Tat überlebenswichtiges Erfolgspotential darstellt.

Gestellte Szene aus Tannhäuser und der Sängerkrieg auf Wartburg, *von Richard Wagner, eine der großen Choropern. NI 16. Juni 1996, Inszenierung: Chris Alexander, ML: Jun Märkl. Der* »Einzug der Gäste« *im 2. Aufzug lebte in dieser Inszenierung besonders durch die zum Teil grelle Farbigkeit der Kostüme nach Entwürfen von Susanne Hubrich im Bühnenbild von Maren Christensen. Foto: Hans-Jörg Michel. RMM, Thslg.*

Zeitzeugen: Ingrid Kapmeyer-Beck

Waltraud Brunst

Ingrid Kapmeyer-Beck
Opernchorsängerin
Sopranistin
Foto: privat

»Wenn Sie am 1. September 1964 Ihr Engagement in Mannheim antreten, müssen Sie auf eine Reihe von Opern tadellos vorbereitet sein, die Sie noch nicht im Repertoire haben.« Ein Brief dieses Inhalts flatterte der jungen Sopranistin Ingrid Kapmeyer im fernen Oldenburg ins Haus. Wenn man sein Opernexamen in der Tasche hat, vier Jahre im Oldenburger Opernchor gesungen hat (für 400 Mark Monatsgage), dann freut man sich naturgemäß auf die Herausforderung, mit dem Intendanten Ernst Dietz an ein großes Haus zu wechseln. Was Ingrid Kapmeyer zu diesem Zeitpunkt noch nicht wußte: Von den acht hohen Sopranen im damals 46köpfigen Mannheimer Opernchor verabschiedeten sich fünf, teils an ein anderes Haus, teils in den Ruhestand. Mit dem allmählichen Einstieg in das Riesenrepertoire war es also nichts. Das hieß im Klartext, in wenigen Wochen 36 neue Opern auswendig studieren. Die Horrorsituation wurde noch dadurch verschärft, daß statt der frischen Meeresbrise die schwüle Hitze der Rheinebene ertragen werden mußte. »Bis Weihnachten«, so Ingrid Kapmeyer-Beck, »war ich vollständig fertig mit der Welt.« Eine solche Notsituation habe sie gottlob in den 32 Jahren, bis sie sich mit Spielzeitende 1996 in den Ruhestand verabschiedete, nie mehr erlebt.

Gut, daß die junge Frau damals die Vokabel »Streß« noch nicht kannte. Sie hatte sich den Beruf gewählt und liebte ihn, und für die Arbeit rund um die Uhr wurde sie Abend für Abend auf der Bühne des Nationaltheaters entschädigt. Nach den ersten starken Eindrücken befragt, schildert sie zwei Werke, wie sie gegensätzlicher kaum denkbar sind. Da war der monumentale *Boris Godunow* mit Fred Dalberg in der Titelrolle, jene Oper, die die legendäre »Ära Stein« einläutete. Und da war die *Antigone* des nahezu unbekannten Barockmeisters Tommaso Traetta, ihre erste Begegnung mit

Eva-Maria Molnars faszinierender Darstellungskunst. Die Molnar in den sechziger Jahren – was für eine Fülle an herzzerreißenden Momenten! Ein *Wir wollen helfen*-Konzert, in dem Eva-Maria Molnar mit dem »Lied von der Weide« aus Verdis *Othello* den halben Saal zu Tränen rührte. Bei einer *Turandot*-Stellprobe mußte der Dirigent gar eine Extrapause einlegen, weil die Molnar der Sklavin Liu so ergreifende Gestalt verlieh. Wenn wir schon einmal bei unvergeßlichen Augenblicken sind – dazu zählt auch jene Szene nach dem Sängerwettstreit, im *Tannhäuser*, als Hannelore Bode als Elisabeth für den geächteten Sünder um Gnade flehte.

So ein Rückblick kann auch höchst amüsant sein, wenn der Blick sich von der hehren Kunst in die Niederungen des Opernbetriebs wendet. Vor Einführung der Pauschalvergütung muß das Honorierungs(un)wesen an der *Schillerbühne* groteske Blüten getrieben haben. Jede Hand- oder Fußbewegung, die »außerhalb der Norm« lag, wurde – wenn auch jämmerlich – extra honoriert. Wer, wie Ingrid Kapmeyer (ab 1969 mit dem Tenor Günther Beck verehelicht), kleine Solorollen im Vertrag hatte, kann ein Lied davon singen. Ein Lehrbub in den *Meistersingern* schlug mit stolzen fünf Mark zu Buche.

Ingrid Kapmeyer-Beck gehörte viele Jahre dem Personalrat an. Solidarisierung ist am Theater nicht ganz unwichtig, damit nicht den Schnapsideen übergeschnappter Regisseure Tür und Tor geöffnet wird. So konnte sich der Damenchor bei einer *Macbeth*-Inszenierung erfolgreich dagegen wehren, daß die Hexen mit textilen Schlabberbusen verunstaltet wurden. Bei dem Stichwort »outet« sich Ingrid Kapmeyer-Beck auch gleich mit einem denkwürdigen Schmiß, als sie bei dem mißtönenden Hexengekicher mutterseelenallein ein gräßliches »Hihihi« zuviel ausstieß.

In einem speziellen Fall war übrigens die ganze Solidarität für die Katz. Einer der Chordirektoren (es darf gerätselt werden) war äußerst sensibel bei Fehlleistungen der hohen Stimmen. Oft rief er schon »Zu tief!«, wenn Soprane oder Tenöre nur Luft holten. Altistinnen und Bässe »konnten da unten rumbrummeln, was sie wollten.« Das Leben kann ungerecht sein. .

Wie weit die Identifikation mit einer Rolle führen kann, erlebte Ingrid Kapmeyer-Beck bei Pendereckis *Die Teufel von Loudun* mit zwei unvergessenen Sängerdarstellern, Georg Völker als Pater Grandier (vgl. auch Abbildung S. 102) und Astrid Schirmer als bucklige Äbtissin. Ingrid Kapmeyer-Beck beschwört noch heute, daß ihr die Schirmer einmal in Gedanken versunken und zum Erbarmen krumm und schief in einer Vorstadtstraße entgegenkam und sich dann plötzlich erschrocken zu ihrer Normalstatur aufrichtete.

Die schwierigste Arbeit? Ohne Frage Schönbergs *Moses und Aron*; damit hat sich Friedemann Layer wirklich ein Denkmal gesetzt. Die größte Freude der letzten Jahre? Die von Georg Metz während der Umbauzeit eingeführten Opernchorkonzerte, die sich nun fest im Mannheimer Musikleben etabliert haben.

Mit leichtem Bedauern sieht die erfahrene Chorsängerin, daß Leute ihres Schlages, »die mit dem Kopf unterm Arm zum Dienst kamen«, seltener werden. Mit Befremden beobachtet sie manche Entwicklung im Regiebereich: »Darf sich ein Haus wie Mannheim Regisseure erlauben, die noch nie eine Oper inszeniert haben?« Es ist davon auszugehen, daß Ingrid Kapmeyer-Beck und ihr Mann auch im gemeinsamen Ruhestand den »Machern« am *Goetheplatz* weiterhin mit kritischer Zuneigung auf die Finger sehen werden.

Beständig auf dem eigenen Weg

Das Nationaltheater-Orchester im Wandel der Zeiten

Susanne Kaulich

Das Nationaltheater-Orchester im Mozartsaal *des Kongreß-zentrums* Rosengarten *mit seinem derzeitigen General-musikdirektor Jun Märkl. Foto: Hans-Jörg Michel, 1997.* Musikalische Akademie des Nationaltheater-Orchesters e.V.

Die im 18. Jahrhundert durch die kurfürstliche Hofkapelle begründete Musiktradition Mannheims wird heute zum Großteil vom Orchester des Nationaltheaters weitergeführt. Dabei spielt die *Musikalische Akademie,* in der alle aktiven und pensionierten Orchestermitglieder des Nationaltheaters organisiert sind, eine wichtige Rolle: In eigener Verantwortung veranstaltet sie Sinfoniekonzerte, deren Gästeliste sich wie ein *Who is who?* bedeutender Komponisten, Dirigenten und Solisten liest, und deren hohes künstlerisches Niveau das Orchester zu immer neuen Herausforderungen – auch im Bereich der zeitgenössischen Musik – führt.

Von der Hofkapelle zu den Liebhaber-Konzerten

In der musikalischen Welt steht Mannheim seit jeher für das »Besondere«: Hütet die *Musikalische Akademie*, in ihrer Organisationsform als selbständiger und unabhängiger Konzertveranstalter heutzutage einmalig, eine grandiose Tradition, ohne sich dabei der zeitgenössischen Musik zu verschließen, so fand das Orchester der kurpfälzischen Residenz im 18. Jahrhundert durch seine fortschrittliche Musizierweise weit über die Grenzen der Quadratestadt hinaus große Bewunderung. Die *Mannheimer Schule* schrieb Kulturgeschichte. Der englische Musikschriftsteller Charles Burney bezeichnete 1773 das Mannheimer Orchester als eine »Armee von Generälen, gleich geschickt, einen Plan zur Schlacht zu entwerfen als darin zu fechten. Hier ist der Geburtsort des Crescendos und Diminuendos, und hier war es, wo man bemerkte, daß das Piano (welches vorher hauptsächlich als Echo gebraucht wurde) sowohl als das Forte musikalische Farben sind, die so gut ihre Schattierungen haben als rot und blau in der Malerei« (zit. nach Hermann 1979, S. 903). Und Christian Friedrich Daniel Schubart schwärmte: »Kein Orchester der Welt hat es je in der Ausführung dem Mannheimer zuvorgethan. Sein Forte ist ein Donner, sein Crescendo ein Catarakt, sein Diminuendo – ein in die Ferne hin plätschernder Krystallfluss, sein Piano ein Frühlingshauch« (zit. nach Girth 1979, S. 910). Auch Friedrich Gottlieb Klopstock soll nach einer Klangkostprobe begeistert ausgerufen haben: »Hier schwimmt man in den Wollüsten der Musik!« (zit. nach Girth 1979, S. 910).

Dazu muß man bedenken, daß solch weitgereiste Musikkenner ihre Vergleichsmaßstäbe nicht gerade niedrig angesetzt haben. Die mit Mannheim konkurrierenden Klangkörper fanden sich im Kaiserlichen Orchester Wien, im Dresdner Orchester des Königs von Polen, in Friedrichs des Großen Orchester von Potsdam und im bayerischen Hoforchester zu München (vgl. Girth 1979, S. 909/910). Die Mannheimer Hofkapelle stand demnach nicht nur in höchstem musikalischen Ansehen, sondern es scheint den dort beschäftigten Musikern im Vergleich zu denen in anderen Orchestern der Zeit auch ausgesprochen passabel gegangen zu sein. Nicht zuletzt ein Grund für Leopold Mozart, den Sohn Wolfgang Amadé mit dessen Mutter nach Mannheim zu schicken in der Hoffnung auf eine Anstellung. Dem jungen Mozart wiederum imponierte die Fortschrittlichkeit der *Mannheimer Schule*, und ihn reizte die Bekanntschaft mit so berühmten Solisten und Virtuosen wie Christian Cannabich, dem Flötisten Johann Baptist Wendling, dem Oboisten Friedrich Ramm und dem Fagottisten Georg Wenzel Ritter.

Finanzen spielten auch schon zu kurfürstlichen Zeiten eine bedeutende Rolle. So berichtet Roland Würtz in seinem Aufsatz *Die Organisation der Mannheimer Hofkapelle*, Kurfürst Carl Philipp habe bei seinem Amtsantritt 1720 rigorose Sparmaßnahmen beabsichtigt. Trotzdem fällt die Zahl der aktiven Instrumentalisten mit 41 recht beträchtlich aus. Im »Katastrophenjahr« 1778, in dem der Hof nach München umzog, verfügte die Hofkapelle sogar über 56 Instrumentalisten. Vergleicht man den Mannheimer Personalstand mit dem der Höfe in Berlin, Bonn, Dresden, Karlsruhe, Mainz, Stuttgart, Wien und Paris, so »fällt auf, daß Mannheim diese Kette von Residenzen mit musikalischer Bedeutung anführt: Die Orchesterstärke deckt sich also mit der von den Zeitgenossen dokumentierten überragenden Qualität« (Würtz 1992, S. 38). Ein Beweis dafür, daß hohe Reputation einhergeht mit attraktiver Bezahlung, was wiederum die besten Kräfte anzieht: Qualität und Prestige bedingen sich demnach gegenseitig.

Doch dann das jähe Ende: Der Hof zieht mit Carl Theodor nach München, nur die besten Künstler folgen ihm. München verfügt ja selbst über eine ansehnliche Oper nebst Orchester. Zurück bleibt in Mannheim ein zahlenmäßig recht beachtlicher Torso. Ein Großteil der Orchestermitglieder ist zunächst stellungs- und arbeitslos, bis Carl Theodor die mißliche Situation für Musiker und Stadt erkennt und per Dekret bestimmt, daß Theater und Orchester in Mannheim auf keinen Fall aufgelöst werden sollen: Mit dem Nationaltheater legt er die Geschicke der Kunst nun in die Hände der Bürgerschaft und schafft so von München aus in Mannheim das erste funktionierende bürgerliche Theater auf deutschem Boden. Schon wenige Monate später, im November 1778, rief der Konzertmeister und Komponist Ignaz Fränzl als einer der in Mannheim Verbliebenen zur Gründung von *Liebhaber-Concerts* auf.
Am 12. November 1778 schreibt Mozart aus Mannheim an seinen Vater: »Man richtet hier auch eine accademie des amateurs auf, wie in Paris – wo H: fränzel das violin Dirigiert – und da schreibe ich just an einen concert für Clavier und violon [...].« Im folgenden Jahr konstituiert sich das Orchester als selbständige Konzertinstitution. Dahinter steht die Idee, die hauptsächlich im sinfonisch-konzertanten Bereich wirkende Tradition der *Mannheimer Schule* zu wahren und neben den Diensten als Hoforchester in Theater und Kirche weiter zu pflegen. Dies gilt als Geburtsstunde der *Musikalischen Akademie.*

Die Musikalische Akademie

Die Geschichte des Nationaltheater-Orchesters ist von jener der *Musikalischen Akademie* nicht zu trennen. Üblicherweise geben Opernorchester einer Stadt unter dem musikalischen Chef des Hauses auch Sinfoniekonzerte. Die außergewöhnliche, ja einmalige Situation in Mannheim besteht darin, daß dieses Orchester unter dem Namen *Musikalische Akademie* seine Konzerte in eigener Regie und selbständig veranstaltet. In dem eingetragenen und gemeinnützigen Verein *Musikalische Akademie des Nationaltheater-Orchesters Mannheim e.V., gegründet 1779* sind alle aktiven und pensionierten Orchestermitglieder automatisch mit ihrem Engagement als Orchestermusiker am Nationaltheater organisiert. Zweck und Ziel des Vereins ist die Veranstaltung von acht Sinfoniekonzerten pro Saison in Mannheim. Dafür und für die dazu erforderlichen Proben stellt die Stadt Mannheim als Träger des Nationaltheaters der *Musikalischen Akademie* das Orchester gratis zur Verfügung.[1] An Kosten kommen auf den Verein zu: die Saalmiete für den *Mozartsaal* des *Rosengartens,* die sich übrigens in den letzten fünf Jahren verfünffacht hat (!), die Gagen für Solisten und Gastdirigenten, Aushilfen und Verstärkungen sowie Ausgaben für Werbung, Druckerzeugnisse und Blumenschmuck. Subventionen gibt es keine, der Verein trägt sich selbst aus den Einnahmen des Abonnements (neunzig Prozent) und des freien Verkaufs. Als wichtige kultur- und bildungspolitische Aufgabe sieht der Vorstand die moderate Preisgestaltung der Konzerte, die mit dem derzeitigen Höchstpreis von DM 40,– weit unter dem üblichen Niveau liegt (siehe Anmerkung 1). Die Einnahmen richten sich nach den Ausgaben, kontrolliert wird durch das Rechnungsprüfungsamt der Stadt Mannheim. Sollte die Kasse nicht stimmen, was in der über 200jährigen Geschichte bislang wohl noch nicht vorkam, könnte der Verein bei der Stadt Mannheim ein Darlehen beantragen.

Als Vereinsorgane fungieren der Vorstand,[2] bestehend aus zwei Vorsitzenden, Geschäftsführer, Schriftführer, dem aus fünf Mitgliedern zusammengesetzten künstlerischen Beirat und der Mitgliederversammlung als höchstem Souverän. Vorstand und Beirat werden für jeweils zwei Jahre gewählt. Organisation, Programmgestaltung und

[1] Im Hinblick auf die neuesten Entwicklungen siehe *Chronologie*, Mai und Spätjahr 1997.

[2] Die Vorstandschaft von 1948–1969 ist abgedruckt in: *Festschrift* 1969, S. 35. Fritz Bunge amtierte 23 Jahre bis zu seinem Tod im Jahre 1980. Im Amt folgten ihm Alfred Hinz von 1980–1990 und anschließend Eginhard Teichmann.

Nach dem fünften Akademiekonzert der Saison 1971/72 am 10. und 11. Januar 1972. Von links nach rechts: GMD Hans Wallat, die Solistin des Abends, Martha Argerich, die das Klavierkonzert Nr. 1 e-moll von Frédéric Chopin interpretierte, sowie Kammermusiker Fritz Bunge, Orchestervorstand und von 1957 bis zu seinem Tod 1980 1. Vorsitzender der Musikalischen Akademie. Foto: Eginhard Teichmann. RMM, Thslg.

Künstlerengagements liegen ausschließlich in ihrer Verantwortung. Der jeweilige Generalmusikdirektor des Nationaltheaters, bei dessen Berufung die Akademie ebenfalls mitwirkt, ist berechtigt, pro Saison jeweils vier Konzerte zu dirigieren (bis zu Wolfgang Rennerts Engagement 1980 waren es noch sechs). Der GMD hat ein Mitspracherecht in der Programmgestaltung, kann sich jedoch ohne Zustimmung des Vorstandes nicht durchsetzen (siehe Anmerkung 1). Doch – wie auch an den jeweiligen Programmen abzulesen ist – versucht die *Akademie* natürlich, den Generalmusikdirektoren Gelegenheit zur Entwicklung eines eigenen Profils zu geben. Zum Beispiel legte Friedemann Layer viel Gewicht auf Werke Gustav Mahlers und Bernd Alois Zimmermanns, Miguel A. Gómez-Martínez setzte sich für spanische und brasilianische Komponisten wie Cristobal Halffter, Heitor Villa-Lobos, Jesús Guridi, Manuel de Falla und Joaquin Rodrigo ein.

Was bedeutet diese für ein deutsches Opernorchester einmalige Organisationsform für den Konzertbetrieb? Zum einen ist das Selbstverständnis eines eigenverantwortlichen Orchesters ein viel besseres. Die Mitglieder sind motiviert, denn ihre Sachkenntnis fließt direkt ein in die Programmplanung, Auswahl der Solisten und Gastdirigenten. Das Orchester »engagiert sich«, und es engagiert die, mit denen es arbeiten will: die Künstler. Das wiederum wissen Solisten und Dirigenten sehr zu schätzen. Die künstlerische und psychologische

»Befruchtung« ist also gegenseitig, das Prestige genauso. Alfred Sous zieht aus dieser Konstellation folgendes Resümee: »Steigen doch die Anforderungen an die Musiker ständig. Damit erhöht sich auch gleichzeitig das Niveau des Orchesters« (Sous 1985, S. 264).

Berühmte Namen

Unter diesen historischen, traditionellen und organisatorischen Voraussetzungen mag es leichter verständlich sein, warum so viele berühmte Musiker in Mannheim wirkten: als Gäste der *Musikalischen Akademie* und als deren Hauptdirigenten bzw. musikalische Chefs der Oper. Geschichte, Namen, Daten und Programme der *Musikalischen Akademie* sind in den Jubiläumsfestschriften nachzulesen. Einige Namen seien jedoch herausgegriffen, um die obigen Behauptungen zu unterstreichen. Ignaz Fränzl, die Brüder Franz und vor allem Vinzenz Lachner, der am längsten beschäftigte Mannheimer 1. Kapellmeister (von 1836 bis 1873!), prägten das frühe und mittlere 19. Jahrhundert. Berühmte Komponisten wie Carl Maria von Weber oder Hector Berlioz arbeiteten mit dem Orchester. Natürlich sei an Richard Wagners spektakuläres Konzert im Jahre 1871 erinnert: Als erster Dirigent überhaupt brachte er an jenem historischen Abend des 20. Dezember 1871 den Musikern seine ausschließliche Aufmerksamkeit entgegen, wandte er doch

Probe im Musensaal *des* Rosengartens *zum zweiten Akademiekonzert der Saison 1932/33 am 18. Oktober 1932. Am Flügel GMD Joseph Rosenstock, der sein* Sinfonisches Konzert für Klavier und Orchester *selbst interpretierte. Am Pult der junge Eugen Jochum. Foto: G. Tillmann-Matter. Dauerleihgabe der* Musikalischen Akademie des Nationaltheater-Orchesters e.V. *in der Thslg. des RMM*

beim Dirigieren nicht wie üblich dem Orchester, sondern dem Publikum den Rücken zu. Eine neue Dirigierweise war geboren. Auch Johannes Brahms kam übrigens mehrfach in die Quadratestadt, ein Beweis für die musikalische Toleranz und Ausgewogenheit des Orchesters, das sich nicht an den erbitterten Fehden zwischen Wagnerianern und Brahms-Anhängern beteiligte.

Das Glück in der Wahl der Chefdirigenten

Betrachtet man die Namen der Mannheimer Generalmusikdirektoren (die sich ab 1877 bis in die zwanziger Jahre freilich 1. Kapellmeister nannten) und die der Gastdirigenten der *Akademie,* so erlebte das Orchester von 1889 bis zum Zweiten Weltkrieg wohl eine absolute Blütezeit. »Mannheim und sein Orchester«, so bilanzierte Karl Boppel, Orchestermitglied und Verfasser vieler Publikationen der *Akademie,* »hatten fast ausnahmslos Glück in der Wahl ihrer Chefdirigenten« (Boppel 1969, S. 19). Man möchte hinzufügen, sie hatten nicht nur Glück, sondern eine ausgezeichnete Nase. Denn fast allen Dirigenten gelang von Mannheim aus direkt und unmittelbar der Sprung nach Berlin oder in andere Musikweltstädte. Viele unter ihnen waren ebenso langjährige Bayreuth-Dirigenten, was die enge, traditionsreiche Beziehung des Mannheimer Orchesters zum Bayreuther Festspielorchester untermauert.

Berlin folgte dem Mannheimer Engagement bei: Felix Weingartner (1889–1891), Emil Nikolaus von Reznicek (1896–1899), Wilhelm Furtwängler (1915–1920), Franz von Hößlin (1920–1922), Erich Kleiber (1922–1923) und Richard Lert (1923–1928). Dem Ruf aus München (Hoftheater bzw. Philharmonie) kamen Hugo Röhr (1892–1896) und Fritz Rieger (1947–1950) nach. Artur Bodanzky (1909–1915) verließ Mannheim zugunsten der *Metropolitan Opera* New York, zu der auch Joseph Rosenstock (1930–1933) zurückkehrte. Ebenso wie Hermann Kutzschbach (1906–1909) wurde Karl Elmendorff (1936–1942), langjähriger Bayreuth-Dirigent, an das Opernhaus in Dresden (heute *Semperoper*) verpflichtet. Auch die Zahl an Bayreuth-Dirigenten in den letzten Jahrzehnten kann sich sehen lassen: Horst Stein, der Mannheim Richtung Wien verließ, Hans Wallat, Peter Schneider und nicht zu vergessen Mannheims langjähriger 1. Kapellmeister Donald Runnicles, dessen Karriere ihn inzwischen nach San Francisco geführt hat.

Illustre Gästelisten

Die Gästeliste der *Musikalischen Akademie* (ohne Anspruch auf Vollständigkeit) liest sich bis in die sechziger Jahre wie das *Who is who?* bedeutender Komponisten und international gefragter Dirigenten: Hans von Bülow, der sich übrigens ernsthaft für die Chefposition nach Vinzenz Lachner interessierte (vgl. auch den Beitrag von Silke Leopold in diesem Buch). Dies zerschlug sich aber leider ebenso wie bei Richard Strauss, der seiner Frau, der Sängerin Pauline de Ahna, in Mannheim ein Engagement verschaffen wollte, was jedoch abgelehnt wurde. Gustav Mahler, Eugen d'Albert, Max von Schillings, Willem Mengelberg, Franz Schreker, Hans Pfitzner, Max Reger, Ferruccio Busoni, Hans Knappertsbusch, Bruno Walter, Fritz Busch, Ferdinand Leitner, Otto Klemperer, Rudolf Kempe, Wolfgang Sawallisch, Joseph Keilberth, Wolfgang Fortner, Günter Wand, Vaclav Neumann sowie die Ehrenmitglieder Paul Hindemith und Eugen Jochum – sie alle standen am Pult der *Musikalischen Akademie* Mannheim.

Die Aufzählung der Instrumentalsolisten in den Konzerten der *Musikalischen Akademie* würde hier zu weit führen. Bleibt an diesem Punkt nur festzustellen, daß sich auch in diesem Bereich die

Generalmusikdirektor Horst Stein 1968 mit dem Orchester im Musensaal *des* Rosengartens*. Hinter Horst Stein erkennbar Gisela Dammann, von 1965 an erstes weibliches Mitglied des Nationaltheater-Orchesters in diesem Jahrhundert.*
Foto: Eginhard Teichmann. RMM, Thslg.

Crème de la crème ein Stelldichein gab (vgl. auch Abbildung S. 125).

Die Generalmusikdirektoren im Großen Haus am Goetheplatz

Werfen wir jetzt einen Blick auf die Generalmusikdirektoren der letzten vierzig Jahre, der Ära des Nationaltheaters am *Goetheplatz.* Sie war bis ins Jahr 1980, wenn man Wolfgang Rennerts immerhin fünfjährige Ägide noch dazurechnen will, bis 1985, geprägt von recht langen Amtszeiten. So konnten sich Orchester und Ensemble konsolidieren, und dem Haus gelang es, die künstlerische Kontinuität zu entwickeln, der das Nationaltheater seinen guten Ruf verdankt. Neben den weit beachteten Erfolgen wurde jedoch von allen Chefs geradezu gebetsmühlenartig auf die ständige Arbeitsüberlastung der Orchestermusiker sowie des gesamten künstlerischen und technischen Apparats des Nationaltheaters hingewiesen.

In Herbert Alberts Händen, dessen Amtszeit von 1952 bis 1963 währte, lag 1957 die schwierige Umgewöhnung vom engen Orchestergraben des Interimstheaters in der *Schauburg* zu dem des *Großen Hauses* (heute *Opernhaus*) mit seiner großzügig dimensionierten Bühne. Es war wohl keine leichte Aufgabe, die Akustik des neuen Raumes und die grundlegend veränderten Arbeitsbedingungen für das Orchester auszuloten und zu bewältigen. Zudem waren die nur 74 Orchestermusiker einer ständigen Überbeanspruchung ausgesetzt. Karl Boppel formulierte die damalige Misere: »Professor Herbert Albert, musikalischer Chef und ein hervorragender Musiker, verfügte in seiner Position nicht über die Machtmittel, mit deren Hilfe er die 74 Instrumentalisten seines Orchesters von einer jahrelangen permanenten Überbeanspruchung hätte befreien können. Erinnert sei [...] an die qualvolle Gepflogenheit, sonntags vor den Akademiekonzerten zwei Opern oder eine Operette und eine große Oper anzusetzen!« (Boppel 1969, S. 20).

Abhilfe schuf 1963 Alberts Nachfolger Horst Stein. Ihm gelang gleich bei seinem Amtsantritt mit dreizehn neuen Streicherstellen die längst überfällige Aufstockung des Orchesters. Steins Argumente gegenüber dem Gemeinderat lagen auf der Hand: »Die Tatsache, daß hier ein zahlenmäßig mittelstark besetztes Orchester seit Jahren den Spielplan eines Staatstheaters zu bewältigen hatte, stieß auf Verständnis,« resümierte Stein in einem Interview mit dem *Mannheimer Morgen* am 6./7. Juni 1970 anläßlich seines Abschieds von Mannheim. Steins Verdienste für die Mannheimer Oper können nicht hoch genug geschätzt werden, legte er doch in den sechziger Jahren das Fundament für ein Ensemble- und Repertoiretheater, von dem das Haus heute noch zehrt. »Er hat das bedeutende Kapital der Mannheimer Oper bewahrt und vermehrt«, bilanzierte Kurt Heinz am 9. Juni 1970 im *Mannheimer Morgen*. 25 Jahre später, 1995, wurde Horst Stein die Ehrenmitgliedschaft des Nationaltheaters verliehen.

Den sieben »Stein-Jahren« folgten zehn Jahre unter Hans Wallat, der mit seinem *Tristan*-Dirigat 1970 einen triumphalen Einstand gefeiert hatte. Doch bereits 1977 warnte Kurt Heinz davor, ihn über seinen bis 1979 laufenden Vertrag hinaus zu verlängern: Würde man ihn darüber hinaus halten wollen, so lautete sein Argument, wäre Wallat neben Albert der am längsten amtierende Generalmusikdirektor seit hundert Jahren. Doch sei eben »nicht zu überhören, daß Mannheims Nationaltheater-Orchester seit einiger Zeit nicht mehr ausnahmslos jenes leidenschaftliche, sich selbst und andere stimulierende Engagiertsein zu erkennen gibt, das seinen Ruf ausmacht und in seiner Tradition liegt« (Heinz 1977). Der so düpierte, gleichwohl nicht unumstrittene »General« räumte 1980 den Platz für Wolfgang Rennert, dessen Vertrag weitaus mehr Spielraum für anderweitige Verpflichtungen zuließ, als man dies bisher in Mannheim gewohnt war. Nurmehr vier Akademiekonzerte (1981/82 waren es gar nur drei!) werden seither vom GMD bestritten, eine Lösung, die jedoch auch den Vorstellungen der *Akademie* entgegenkam. In der Presse aber wurde geklagt: »Das hat es früher nie gegeben! Seine Vorgänger haben jeweils ihre Sollverpflichtungen weit überschritten« (Heinz 1982). Doch die Zeiten hatten sich geändert, nicht nur in diesem Punkt: Der »progressive Operndirektor« – so Wolfgang Rennert am 20. Juli 1985 im *Mannheimer Morgen* – setzte sich nicht nur ausdrücklich für zeitgenössische Musik ein,[3] sondern auch für das moderne Regietheater. Er gewann Ruth Berghaus, Harry Kupfer und Marco-Arturo Marelli für Regieaufgaben in Mannheim. Auch deshalb wurde über Rennert innerhalb wie außerhalb des Hauses – nicht immer freundlich – diskutiert. Dazu kamen noch Arbeitsgerichtsprozesse von Orchestermitgliedern, so daß Rennert Mannheim nach Ablauf seines Vertrags 1985 verließ.

Mit Peter Schneider folgte ein so kurzes Zwischenspiel, daß er selbst kaum Zeit und Gelegenheit fand, sich Feinde zu machen: Kurz nach Amtsantritt bat er schon um vorzeitige Vertragsauflösung, um seinen internationalen Verpflichtungen nachzukommen. Was Schneider bereits im Oktober 1985 vergeblich gefordert hatte, nämlich die Aufstockung des »in der Bundesrepublik am meisten belasteten Orchesters« um zwanzig Planstellen, glückte schließlich Friedemann Layer zwei Jahre später. Hatte Oberbürgermeister

[3] *Lear* von Aribert Reimann, Schostakowitschs *Nase* und Schönbergs *Moses und Aron* kamen in Rennerts Amtszeit heraus.

Gerhard Widder GMD Schneider noch mit dem Bescheid enttäuscht, »in den nächsten fünf Jahren sei an keine einzige Stelle zu denken«,[4] lenkte er nun, da die extreme Überbelastung des Orchesters von Schneider und Layer stets vor Augen geführt worden war, doch ein. Layer, der die Situation bereits durch seine spektakuläre Gastproduktion mit Arnold Schönbergs *Moses und Aron* im Jahre 1984 kannte, warnte vor seinem Amtsantritt im *Mannheimer Morgen* vom 11. Februar 1987 davor, daß Mannheims Nationaltheater-Orchester an die Grenzen seiner Leistungskapazitäten stoße. »Die hohe Arbeitsbeanspruchung der Musiker bei nur minimaler Besetzungsstärke führe, wenn es so weitergehe, zum Kollaps. ›Sie kriegen hier keine Leute mehr her. Das Orchester wird schlechter‹, sagt Dirigent Layer und spielt damit auf die eklatanten Nachwuchssorgen an, die der Klangkörper heute schon hat.« Auch der Verweis, daß Stuttgart, Karlsruhe und Heidelberg die Stellenpläne ihrer Theaterorchester teilweise drastisch erhöht hätten, führte schließlich zum Umdenken: Das Nationaltheater-Orchester wurde zur Spielzeit 1987/88 von 88 auf 102 Stellen aufgestockt. Dadurch wurde die Altersstruktur, vor allem durch die zusätzlichen Bläserstellen, erheblich verjüngt. Doch auch Friedemann Layer hielt es in Mannheim nur drei Jahre. »Atmosphärische Störungen« innerhalb des Hauses und auch im Orchester hielten ihn ab, seinen Vertrag zu verlängern.

[4] Zitate aus einem Interview von Stefan Koch mit Peter Schneider vom 15. Mai 1986 im *Mannheimer Morgen*.

Der Spanier Miguel A. Gómez-Martínez trat die Nachfolge an und sah sich nach kurzer Zeit plötzlich mit einem Intendantenwechsel konfrontiert. Arnold Petersen warf Ende der Spielzeit 1991/92 nach siebzehn Jahren Amtszeit das Handtuch. Die Stadt berief Klaus Schultz auf den Intendantensessel, ohne sich vorher mit dem amtierenden Generalmusikdirektor abzustimmen. Dies veranlaßte den stolzen Spanier ebenfalls zur Aufgabe seines Postens. In der Spielzeit 1993/94 mußte man ohne Generalmusikdirektor über die Runden kommen, danach trat Jun Märkl sein Amt an. Als 1. Kapellmeister hatte er bereits die Probleme des Nationaltheaters sowie die prekäre finanzielle Situation der Stadt kennengelernt. Seitdem versucht er im Einvernehmen mit dem neuen Generalintendanten Ulrich Schwab die »heiligen Pforten« der Oper zu öffnen und mit Orchester und Ensemble auch außerhalb von Bühne und Orchestergraben neue Publikumsschichten zu erreichen, um den traditionellen solidarischen Rückhalt in der Öffentlichkeit für das Theater zu stärken. Aktionen wie Konzerte in Fabrikhallen (beispielsweise bei John Deere), im *Luisenpark*, bei Stadtfesten (Einweihung der »B-Linie«) sollen die Arbeit des Theaters populärer machen (vgl. auch den Beitrag von Jun Märkl in diesem Buch und Anmerkung 1).

Die Gegenwart des Nationaltheater-Orchesters

Die leidvolle Diskussion um eine der künstlerischen Qualität gemäße Anhebung der Tarifgruppe führte bisher zu keinem Ergebnis. Schon seit 25 Jahren ist das Nationaltheater-Orchester aufgrund seiner Mitgliederzahlen in die Tarifgruppe A (TVK A) eingestuft. In der von der *Deutschen Orchestervereingung* (DOV) in zwei Jahresabständen veröffentlichten Liste, die die Einstufung der deutschen Kulturorchester nach Tarifgruppen und Planstellen dokumentiert, befindet sich Mannheim seit sechzehn Jahren immer zwischen den Plätzen 28 und 32.

Interessant wird diese Einstufung vor allem im Vergleich mit den benachbarten »konkurrierenden« Orchestern wie Saarbrücken, Darmstadt, Wiesbaden und besonders der *Staatsphilharmonie Rheinland-Pfalz* in Ludwigshafen sowie der *Badischen Staatskapelle* Karlsruhe. In einem vom Mannheimer Orchestervorstand in Auftrag gegebenen Gutachten von Professor Alfred

Rinderspacher, einem ehemaligen Mitglied der Tarifkommission für die Orchester der Länder und Gemeinden in der DOV, ist abzulesen, daß gerade diese vormals viel schlechter eingestuften Orchester inzwischen mit Mannheim gleichgezogen haben, ohne daß Mannheim seinerseits höher eingestuft wurde. Dagegen wurden Ludwigshafen (96 Planstellen) und Karlsruhe (99) mit Fußnote zwei des Tarifvertrags TVK A höher bewertet und rangieren jetzt *vor* dem Nationaltheater-Orchester. Bei dieser Fußnoten-Höherstufung geht es nicht nur um eine bessere Besoldung der Orchestermusiker, es geht auch ums Prestige. Denn, so betonen neben Rinderspacher auch Dirigenten wie Peter Schneider, Friedemann Layer, Horst Stein und andere, es sei zu befürchten, daß qualifizierte Musiker in besser dotierte Orchester abwandern und entsprechende Bewerber ausbleiben.
So würde auf Dauer gesehen das Orchester seine künstlerische Qualität in der Zukunft nicht nur nicht mehr halten können, sondern gar einbüßen. Das Abgleiten in die Provinzialität – zumal vor dem Hintergrund der zunehmenden Konkurrenz von ostdeutschen Bühnen – wäre programmiert.
In der 1996 veröffentlichten Tabelle liegt das Nationaltheater-Orchester auf dem 29. Platz hinter Karlsruhe, Ludwigshafen und Duisburg.
Die »Fußnote« und damit die Wiedererlangung eines der Qualität und Tradition angemessenen Platzes innerhalb der deutschen Orchesterlandschaft ist gegenwärtig oberstes Ziel des Orchesters, seines Chefs und der gesamten Theaterleitung.

Wie sieht das Orchester heute aus?
Zwei Dinge haben sich im Laufe der letzten zwei Jahrzehnte innerhalb aller Orchester radikal geändert. Zum einen fanden endlich auch mehr Frauen den Weg in die Orchester, und zum anderen ist die Zusammensetzung der Mitglieder internationaler geworden. Noch in den sechziger Jahren waren die meisten Musiker am Nationaltheater Deutsche, sie stammten zum größten Teil sogar aus der Region. Das hat sich inzwischen zusammen mit dem Berufsbild des Orchestermusikers sehr gewandelt. Heute ist man flexibler, bewirbt sich überallhin und hat natürlich auch mehr Konkurrenz, in den letzten Jahren vor allem auch aus den osteuropäischen Staaten.
In Mannheim ist derzeit mit 22 Kollegen rund ein Fünftel der Musiker Ausländer. Sie kommen aus Polen, Ungarn, Kroatien, USA, Japan, Bulgarien, Finnland, der Ukraine, Rumänien und Chile. Der Damenanteil beträgt achtzehn, darunter neben den Streicherinnen eine Hornistin, eine Flötistin und zwei Harfenistinnen. Nachdem in den Jahren 1885/86 bis 1888 und dann nochmals von 1891/92 bis 1895 als erste Frau Margarete Ernst (bzw. Ernst-Harditz) an der Harfe Mitglied des Mannheimer Theaterorchesters geworden war (vgl. Abbildung S. 455), dauerte es bis 1965, daß in unserem Jahrhundert wieder eine Frau in das Nationaltheater-Orchester aufgenommen wurde: die Geigerin Gisela Dammann (vgl. Abbildung S. 128). Von 1979/80 bis 1983 stand mit Karin Boernes eine Konzertmeisterin dem Orchester, mit einem damaligen Anteil von sieben Damen, vor. Ganz allmählich steigerte sich der Frauenanteil von Jahr zu Jahr, er liegt jedoch immer noch unter zwanzig Prozent (vgl. auch den Beitrag von Heide Koch in diesem Buch).

Die Stärken des Orchesters
Das Nationaltheater hat aufgrund seines großen Opern-Repertoires und seines über die Jahre hinweg herausragenden und international bekannten Sängerensembles einen legendären Ruf. Sicher, der Wandel im Theatergeschäft hat auch vor Mannheim nicht halt gemacht. Daß ein Opernhaus jedes Fach und jede Partie von der Soubrette bis zur Hochdramatischen, vom Spieltenor bis zum Heldentenor ganz und gar aus hauseigenen Kräften besetzen kann, das gibt es

nicht mehr. Hier nicht, und anderswo schon gar nicht: Heutzutage arbeitet man überall mit freiberuflichen Gästen oder Gaststars. In Mannheim hat diese Entwicklung allerdings erst sehr spät eingesetzt. Bis weit in die achtziger Jahre konnten selbst die musikdramatischen Werke von Richard Wagner und Richard Strauss ohne Gäste auf die Bühne gebracht werden. Diese Tradition lebt vor allem im Orchester weiter. Der süffig-volle, saftige Klang kommt besonders bei Wagner, Strauss und den großen Verdi-Opern hervorragend zur Geltung. Nicht umsonst konzentriert sich die Tradition der *Festlichen Opernabende* auf Werke dieser Komponisten. Und das Orchester genießt bei den internationalen Gastdirigenten einen vorzüglichen Ruf. Auch die Bayreuther Festspiele können und wollen auf Mannheimer Orchestermitglieder in allen Instrumentengruppen nicht verzichten. Seit 1876 wirken Jahr für Jahr zwischen fünf und dreizehn Mannheimer im Festspielorchester mit.

Im Konzertbereich versteht das Orchester besonders bei Beethoven, Brahms und Bruckner – in den letzten Jahren kam auch noch verstärkt Mahler hinzu – seine Qualitäten, die charakteristische Spiel- und Klangkultur, eindrucksvoll unter Beweis zu stellen. Dem Vorwurf, nur »tönendes Museum« zu sein, wirkt die *Akademie* seit 1992 mit je einer Uraufführung pro Saison entgegen. Wobei nicht zu vergessen ist, daß auch in früheren Jahren hin und wieder Uraufführungen und Deutsche Erstaufführungen in Akademiekonzerten stattgefunden haben.[5] Nach Uraufführungen von Miguel A. Gómez-Martínez *(Sinfonia del Descubrimento)* und Samuel Adler *(Shir Ha Ma'alot)* im Jahr 1992, unterstützt seit 1993 die Südwestdeutsche Landesbank jedes Jahr ein Auftragswerk der *Musikalischen Akademie*: Younghi Pagh-Paan, Manfred Trojahn, Oskar Gottlieb Blarr, Gija Kantscheli, Wolfgang Rihm und Detlev Glanert konnten bisher zu Kompositionen für das Nationaltheater-Orchester gewonnen werden. Diese Initiative der *Musikalischen Akademie* für zeitgenössische Musik ist nicht nur eine Herausforderung für Orchester und Publikum, sie ist zeichensetzend und begründet für die Zukunft ein Renommee, das diesem traditionsreichen Klangkörper gut zu Gesicht steht (siehe Anmerkung 1).

[5] Beispielsweise Uraufführungen: *Zweites Konzert für Orchester* von Hans Vogt im fünften Akademiekonzert 1960/61; *Hölderlin-Fragmente* für Sopran und Orchester von Aribert Reimann im vierten Akademiekonzert 1964/65 und einige Erstaufführungen von Paul Hindemith. Siehe *Festschrift* 1979, S. 88–113.

Soloharfenistin Anne Hütten bei einer Probe im Orchesterprobenraum des Nationaltheaters mit Placido Domingo, unter dessen Leitung das Nationaltheater-Orchester 1994 in Frankfurt am Main gastierte.
Foto: Eginhard Teichmann. RMM, Thslg.

Zeitzeugen: Richard Behrens

Waltraud Brunst

Richard Behrens
Orchestermusiker
Violinist (1. Geige)
Foto: Schwetasch

Aha – ein Intellektueller! Der Blick in das Wohnzimmer des 71jährigen Richard Behrens verrät einen Menschen, der sich zeitlebens mit Literatur auseinandergesetzt hat. Dabei hat Behrens fast vierzig Jahre lang seine Brötchen nicht in einer Universitätsbibliothek, sondern am Mannheimer Nationaltheater verdient, genauer: als erster Geiger. Nun müssen ja ausübende Künstler nicht zwangsläufig Fachidioten sein, deren geistiger Horizont von fünf Notenlinien begrenzt ist. Aber daß sich ein Kammermusiker mit seinem »Arbeitsmaterial«, den Opern und Sinfonien also, auch philologisch so intensiv auseinandersetzt, ist doch eher die Ausnahme von der Regel.

Richard Behrens kam 1954 ins Orchester des Nationaltheaters, als Professor Herbert Albert hier Generalmusikdirektor war, und dessen Interpretation von Paul Hindemiths *Mathis der Maler* faszinierte den jungen Geiger sogleich. Beim Stichwort »Faszination« bringt Richard Behrens umgehend die Sprache auf die Atmosphäre in der *Schauburg*, die so viel dichter war als später in den weitläufigeren Dimensionen des 1957 bezogenen Neubaus am *Goetheplatz*. Es gab in der *Schauburg* weder Foyer noch Kantine; Künstler und Publikum gingen in der Pause – gemeinsam – auf die Straße. Aber diese Aufbruchsstimmung, dieses Zusammengehörigkeitsgefühl! Zur 175-Jahr-Feier des Orchesters im Jahr 1954 kam kein Geringerer als Wilhelm Furtwängler mit den *Berliner Philharmonikern* zu einem Sonderkonzert. Das war auch die große Zeit des ersten Mannheimer Traumpaars nach dem Krieg, Irma Handler und Heinz Sauerbaum, von denen alle Zeitgenossen heute noch in den höchsten Tönen schwärmen.

Nun wäre es völlig falsch, Richard Behrens für einen verträumten Nostalgiker zu halten. Die Mitglieder des künstlerischen Beirats der *Musikalischen Akademie*, dem Behrens 25 Jahre lang angehörte, können ein Lied davon singen, daß vor allem er ein glühender Verfechter zeitgenössischer und selten gespielter Musik in den Programmen der Akademiekonzerte war. Er setzte sich erfolgreich für die Spätromantiker Franz Schmidt, Carl Nielsen und Hans Pfitzner und – »leider immer vergebens« für Franz Berwalds Sinfonien ein, »von denen eine besser ist als die andere«.

So ist es nicht weiter verwunderlich, daß Behrens, nach besonders eindrucksvollen Erinnerungen an das erlebte Opernrepertoire befragt, fast ausschließlich Werke des 20. Jahrhunderts nennt. 1961 etwa Paul Hindemiths köstliche Opera buffa *Neues vom Tage* – da konnten die Mannheimer ihren hochverehrten Heldentenor Jean Cox einmal in einen Duschvorhang gewickelt bewundern –, dann im gleichen Jahr der Schwanengesang des Meisters *Das lange Weihnachtsmahl*. Da war zunächst die Uraufführung in Mannheim (mit Molnar, Cox, Tipton), dann die denkwürdigen Aufführungen in Berlin und Paris – alles unter Hindemiths bizarrer Stabführung. Auch Strawinskys *The Rake's Progress*, Pfitzners *Palestrina* (zum 100. Geburtstag des Komponisten 1969) und Alban Bergs *Lulu* zählen zu Behrens' lebhaftesten Erinnerungen.

Natürlich gab es auch Wagner-Sternstunden noch und noch, angefangen mit der Schüler-Inszenierung des *Parsifal*. Unvergeßlich auch die Gastspielreisen nach Lausanne und Toulon und die Persönlichkeit der Birgit Nilsson, die konzertant nicht minder überwältigend war als szenisch.

Unter den Gastdirigenten waren es vor allem drei (keiner davon ist noch am Leben), die einen bleibenden Eindruck bei Richard Behrens hinterlassen haben. Constantin Silvestri erarbeitete, schon vom Tod gezeichnet, eine unglaublich intensive d-moll-Sinfonie von César Franck. Kyrill Kondrashin riß mit einem ausschließlich russischen Programm das Akademiekonzert-Publikum förmlich von den Stühlen. Giuseppe Patané, der angeblich mehr als tausend Partituren im Kopf hatte, dirigierte eine vor Leidenschaft glühende Aufführung der Revolutionsoper *André Chenier* von Umberto Giordano. Ach ja, und natürlich darf man auch die einzigartigen Bruckner-Interpretationen von Eugen Jochum und Günter Wand nicht vergessen.

Mit leichter Wehmut denkt auch Richard Behrens an die »großen Zeiten« unter Horst Stein (1963 – 1970) und Hans Wallat (1970 – 1980) zurück. Wobei er (verschmitztes Lächeln) noch immer nicht ergründet hat, warum Stein nach den Akademiekonzerten meistens mit den Streichern einen trinken ging und Wallat immer mit den Bläsern.

Womit wir endlich bei den schönen Nebensachen des Lebens wären. Auch der Feingeist Behrens huldigte – wie übrigens erstaunlich viele seiner Kollegen – in den sechziger Jahren heftig dem König Fußball. Die Fußballmannschaft des Nationaltheaters spielte seinerzeit höchst erfolgreich gegen Zirkus- und Pressemannschaften und 1961 siegreich (4:1) gegen die Kicker des *Leipziger Gewandhauses*. Stolz präsentiert Richard Behrens einen Lederfußball mit zahllosen Unterschriften, den die Orchester-Kollegen dem »gefürchteten Linksfüßer« Behrens zum Eintritt in den Ruhestand überreicht haben.

Muß man noch eigens betonen, daß ein alter Theaternase wie Richard Behrens nach wie vor mit großem Interesse am Wohl und Wehe des Mannheimer Musentempels Anteil nimmt?

Tagsüber Koch, abends Torero

Statisterie und Extrachor am Nationaltheater

Waltraud Brunst

Probe zur Neuinszenierung von Henrik Ibsens Peer Gynt *am 27. Januar 1985 in der Inszenierung von Jürgen Bosse. Rudolf Kowalski (Peer Gynt) und Mitglieder der Schauspielstatisterie des Nationaltheaters. Foto: Hans-Jörg Michel. RMM, Thslg.*

Es soll bedauernswerte Menschen geben, denen die Kunstform Theater überhaupt nichts bedeutet. Das müssen nicht zwangsläufig amusische Banausen sein; möglicherweise sind sie ja der Literatur oder der zeitgenössischen Malerei herzlich zugetan. Gleichwohl wollen wir uns mit ihnen hier nicht weiter beschäftigen. Uns interessieren vielmehr jene, deren Liebe zum Theater die Grenzen des Fanatismus streift bzw. überschreitet, die den diffusen Gedanken »Ach, wer doch einmal auch da oben stehen könnte!« in die Tat umsetzen. Zwar bedarf es hierzu im Normalfall eines mehrjährigen, entbehrungsreichen Studiums der Schauspiel- oder Sangeskunst. Man kann es freilich auch einfacher haben, wenn man sich beim Nationaltheater Mannheim – und nur von diesem soll hier die Rede sein – in der Statisterie oder im Extrachor verdingt.

Die Statisterie
Reden wir zunächst von den Musenfreunden, die in weiser Selbstbeschränkung wissen, daß ihrer Stimme die nötige Höhe/Tiefe oder einfach der Wohlklang fehlt, oder die ganz allgemein gründlich unmusikalisch sind. Die finden ihren Platz in der Statisterie des Sprechtheaters. Zwar müssen auch die Opernstatisten ihre Singstimme nicht erheben, aber eine gewisse Grundmusikalität ist auch da vonnöten. Zum einen werden die Opernstatisten häufig als Soldaten, wilde Krieger, Klosterinsassen oder »Gesellschaft« eingesetzt, und da ist rhythmisch korrektes Marschieren, Schreiten oder gar Tanzen unerläßlich. Zum anderen wäre es für einen unmusikalischen Menschen sicher die reine Folter, wenn er ohne echtes Interesse »endlose« Opernakte durchstehen oder -liegen, in jedem Fall aber durchleiden müßte.

Die Statisterie am Mannheimer Nationaltheater ist nicht eben generalstabsmäßig organisiert. Das ist offensichtlich auch nicht notwendig, da sie ja im großen und ganzen reibungslos zu funktionieren scheint. Als kompetenter Gesprächspartner stand mir Gunter Möckel Rede und Antwort, der nun schon dreißig Jahre lang als Mönch oder Sklave über die Bretter stiefelt (oder wankt, je nachdem) und der sich immerhin zu echten Edelrollen emporgedient hat. So verkörpert er im *Freischütz* den schwarzen Jäger Samiel und in *Tosca* jenen unseligen Offizier, der im letzten Akt das Erschießungskommando befehligt. Wer sich den grandiosen Pomp der Puccinischen Partitur in jener hochdramatischen Szene vergegenwärtigt, der weiß, daß die knappen Kommandos darin ziemlich untergehen, aber seien Sie sicher – Möckel hat sie in fließendem Italienisch drauf!

Die Statisterie am Nationaltheater ist, wie in der Branche üblich, auf Karteikarten festgehalten. Das heißt, es existiert für jeden Statisten eine Karte, auf der Name, Adresse und der jeweilige Einsatz vermerkt sind. Außerdem besitzt jeder Statist einen Hausausweis, den er beim Pförtner vorzeigen muß und der ihm die Möglichkeit bietet, an der Abendkasse übriggebliebene Karten preiswert zu erstehen. Dagegen ist es ein wenig verwunderlich, daß die bewußte Karteikarte nichts über besondere Merkmale und Fähigkeiten aussagt. Wäre es nicht hilfreich, wenn gleich auf der Karte stünde »2,07 m Körpergröße« oder »Kann mit den Ohren wackeln und Flamenco tanzen«? Dafür, so Möckel, gebe es einen Ordner. Der registriert (mit Foto), wer gut tanzen oder gar steppen kann, wer über Bärenkräfte verfügt, um den siegreichen Radames in *Aida* mit vier Mann durch den ganzen *Triumphmarsch* zu schleppen, oder wer keine Probleme damit hat, partiell oder ganz nackt aufzutreten. In dem bewußten Ordner stehen aber auch so nüchterne Angaben wie »Hat viel Zeit, da Hausfrau oder Student« (hört! hört!) oder »Montags nie« oder »Nur am Wochenende«

Sobald eine neue Produktion geplant wird, hat der Leiter der Statisterie die schwierige Aufgabe, die passende Mannschaft auszusuchen.
Das sind manchmal nur zwei Türsteher oder vier Kellnerinnen. Das kann aber auch bisweilen zu wahren Mammut-Unternehmungen führen, wenn etwa in *Moses und Aron* hundert Hebräer zu rekrutieren sind. Die größten Brocken nach diesem Sonderfall waren oder sind Pendereckis *Die Teufel von Loudun* oder die *Meistersinger*, für die ein Heer von Stadtsoldaten, prügelnden Lehrbuben oder Fahnenträgern benötigt wird. Im Schauspiel, erinnert sich Möckel, war *Peer Gynt* besonders personalintensiv.

Bisher haben sich als Statisterieleiter immer versierte Schauspieler wie Fritz Dühse, Günther Baacke und Reginald Dehoff bewährt. Mit Beginn

Szene aus Nabucco *von Giuseppe Verdi.*
NI 2. Juni 1968, Inszenierung: Reinhold Schubert, ML: Wilfried Emmert.
Nabucco *ist eine der großen Choropern, bei denen der Mannheimer Opernchor stets auf die Unterstützung des Extrachores bauen konnte, zumal bei solch monumentalem Bühnenbild wie dem von Paul Walter für diese Inszenierung. Auch die Kostümausstattung (Gerda Schulte) ist naturgemäß für Chor und Extrachor wesentlich aufwendiger als für andere Werke des Musiktheaters.*
Foto: Mara Eggert.
RMM, Thslg.

der Spielzeit 1996/97 übernahm der langjährige Statist Jörg Schellenberger die Verantwortung für die Massenszenen – in Zusammenarbeit mit dem jeweiligen Regisseur, versteht sich. In den sechziger Jahren war die Opern- und Schauspielstatisterie noch nicht getrennt, was durchaus dazu führen konnte, daß die Statisten im ersten Akt von *Boris Godunow* auftraten, dann blitzartig in ihre Garderobe unterm Dach eilten, weil sie im zweiten Akt von *Hamlet* im *Kleinen Haus* gebraucht wurden. Heute agieren die Sparten getrennt; man hilft sich gelegentlich aus. Interessant, daß auch schon mal die *Tatort*-Talentsucher vorbeischauen und ein paar »Kleinkriminelle« zum *Casting* einladen.

Die Einteilung der Statisten ist in erster Linie eine Frage der Erfahrung und des Fingerspitzengefühls. Wenn in *Arabella* in Windeseile bei offenem Vorhang eine Festtafel zu decken ist, dann ist hauswirtschaftliches Talent unverzichtbar. Und wenn der Regisseur der *Verkauften Braut* bewußt kein Ballett für die Tänze der Dorfjugend einsetzt, dann wird man nicht gerade ausgesprochene Techno-Freaks zum Polkatanzen abordnen.
Gut, daß die Zuschauer nicht wissen, auf welche Weise manchmal der schöne Schein gewahrt wird. So soll einmal die über einer Balustrade bis zur Hüfthöhe sichtbare Priesterschar in der *Aida*-Gerichtsszene durch Getränkekisten auf einheitliche Scheitelhöhe gebracht worden sein.

Bekanntlich erhalten Amateure am Theater keine Gagen, sondern eine Aufwandsentschädigung. Die hält sich auch bei vielbeschäftigten Statisten in überschaubaren Grenzen. Immerhin hat Gunter Möckel, als er vor vielen Jahren feststellte, daß er doch im Schnitt mehr als fünfzig Mark monatlich verdient, von diesem Zubrot die Patenschaft für ein Kind aus der *Dritten Welt* übernommen – und das bis heute, inzwischen schon für das dritte Kind.

Der Extrachor
Der Extrachor des Mannheimer Nationaltheaters wird urkundlich schon 1901 nachgewiesen, auch wenn 1984 originellerweise das sechzigjährige Bestehen gefeiert wurde (vgl. auch *Chronologie*). Das Gründungsjahr der Statisterie-Vereinigung ist übrigens 1903. Die Strukturen des Extrachores sind schärfer umrissen als die der Statisterie.
Die Proben, die der Chordirektor des Hauses leitet, sind verbindlich; auf Pünktlichkeit wird strikt geachtet. Während noch vor einigen Jahren etwa bei den *Meistersingern* einige Zünfte generell dem Extrachor anvertraut waren (so die Schuster und die Bäcker), gilt neuerdings die Vorschrift, daß der Extrachor nicht mehr »allein« erklingen darf. Jede Chorgruppe muß also mit Profis des Theaterchors durchsetzt sein.

Überraschend milde sind die Aufnahmekriterien. In aller Regel bringen altgediente Chormitglieder Bekannte mit, die sie in einem anderen Chor als stimmgewaltig kennengelernt haben. Meist wird der Neuling eine Weile bei den Proben geduldet, ehe er vorsingen muß. Ein geübter Chorerzieher merkt sehr wohl auch schon im Kollektiv, ob die Sangeskünste des Aspiranten den hohen Anforderungen genügen. Die erfüllt nämlich beileibe nicht jeder Wald- und Wiesensänger. Außer den stimmlichen Voraussetzungen, einer gewissen Routine im Ensemblegesang und einem natürlichen Bewegungstalent müssen die Extrachor-Interessenten sich darauf gefaßt machen, die manchmal umfangreichen Chorpartien auswendig zu lernen, und das immer häufiger in italienischer und französischer Sprache. Ein dreifach Hoch der Erfindung der Kontaktlinse, deren Gebrauch kurzsichtige Choristen inzwischen davor bewahrt, blind wie die Maulwürfe durch Säulenhallen zu torkeln und am hilfreichen Arm des Nachbarn über Treppen zu stolpern!

Von den Extrachorsängern wird sowohl Disziplin als auch hohe Flexibilität gefordert. Probenpläne werden ungefähr einen Monat im voraus verteilt. Wer bei einer Neuinszenierung mitwirkt, sollte tunlichst in den letzten Wochen vor der Premiere nicht verreisen, da sich das gesamte Ensemble für Sonderproben zur Verfügung halten muß. Die Präsenzpflicht gilt auch für Sonn- und Feiertage. Dieses strenge Reglement sorgt im allgemeinen dafür, daß unzuverlässige Schlamper ganz von selbst bald wieder von der Bildfläche verschwinden.

Ein Teil der Repertoire-Opern kann von den ca. 55 Damen und Herren des (Berufs-) Opernchors allein bestritten werden; in einigen werden kleine Extrachor-Ensembles mit eingesetzt. Die große Stunde für den Extrachor schlägt in den sogenannten großen »Choropern«, und davon gibt es im Spielplan des Nationaltheaters eine ganze Menge. Da sind unter den Musikdramen Richard Wagners die schon erwähnten *Meistersinger*, dann der neu inszenierte *Tannhäuser* mit dem aufwendigen *Einzug der Gäste in der Halle der Wartburg*, außerdem *Lohengrin* und *Rienzi*, von Verdi *Aida* und *Don Carlos*, *Nabucco* und *Otello*. Außerdem erfordern auch *Fidelio*, *Turandot*, *Cavalleria*, *Boris Godunow* und *Palestrina* ein gewaltiges Aufgebot schöner Stimmen – die

Aufzählung ist naturgemäß unvollständig. Buchstäblich jeden Rahmen sprengte seinerzeit (unter Friedemann Layer) die volle zwei Jahre beanspruchende Einstudierung von Arnold Schönbergs *Moses und Aron* – die stärkste Belastung, die dem Extrachor (und dem Hauschor) jemals abverlangt wurde.

Auch die Aufwandsentschädigung für die Sängerinnen und Sänger des Extrachors ist, wie zu erwarten, mehr als bescheiden; in den seltensten Fällen kommt (monatlich) ein dreistelliger Betrag zusammen. Kurioserweise wird das Salär für jede Oper einzeln ausgehandelt. Älteren Aufzeichnungen ist zu entnehmen, daß 1967 für die *Festwiese* im letzten *Meistersinger*-Akt ein Sockelbetrag von dreizehn Mark gezahlt wurde. Wer im zweiten Akt an der Prügelszene teilnahm, bekam noch eine Mark zusätzlich, und eine weitere Mark konnte der verdienen, der sich auch noch im ersten Akt den frommen Betern in St. Sebaldus zugesellte. Das sind Summen! Da hilft den singenden Opernfanatikern halt auch nur das (den Arbeitgebern so wohlgefällige) Argument, daß andere Leute für ihr Hobby schließlich sogar Geld bezahlen.

Die schon im *Statisterie*-Teil angeführte Regelung mit dem Hausausweis, der zum preiswerten Erwerb von Restkarten in *Opern-* und *Schauspielhaus* berechtigt, gilt analog auch für den Extrachor. Im übrigen teilt man sich mit der Statisterie getreulich einen großen Raum unterm Dach – beim Theater geht die Hierarchie angeblich von unten nach oben. Dort dürfen die Amateurkünstler, säuberlich nach Geschlechtern getrennt, immerhin auch die Hilfe von Garderobieren und Maskenbildnern getrennt genießen.

Die Gewänder der Massenchöre sind ein Kapitel für sich. Die prunkvolle Abendgarderobe (aus Spenden und Privateigentum) im *Wartburg*-Akt des aktuellen *Tannhäuser* ist die luxuriöse Ausnahme von der Regel (vgl. auch Abbildung S. 119). Den Löwenanteil ihrer Auftritte bestreiten die Chordamen in einem schwarzen Grundgewand, das mit Tüchern und Schärpen, im *Boris* auch mal mit Tunika und Gummistiefeln, abgewandelt wird. Als aparte Besonderheit wird den Damen und Herren des Extrachors, die mehrheitlich dem gehobenen Mittelstand angehören – es gibt Lehrer, Banker, Naturwissenschaftler – , eine Schmutzzulage von zwei Mark zugestanden, wenn sie etwa in *Aida* durch äthiopischen Wüstensand robben.

Als ausgesprochen positive Geste empfand der Extrachor, daß sich bei der Premiere von jenem bereits erwähnten *Tannhäuser* Generalmusikdirektor Jun Märkl höchstselbst in der Pause unters Dach begab, um mit einer herzlichen, kleinen Ansprache seinen Dank für den vorbildlichen stimmlichen und darstellerischen Einsatz abzustatten.

Szene aus
La Bohème
von Giacomo Puccini.
NI 25. Dezember 1974,
Inszenierung: Friedrich Meyer-Oertel, ML: Hans Wallat, Bühnenbild: Günter Fischer-Piscat, Kostüme: Reinhard Heinrich.
Auf der großen Bühne des Mannheimer Opernhauses steht in »Volksszenen«, wie sie das 2. Bild in Puccinis Erfolgsoper bietet, neben dem Opern- und dem Kinderchor die Opernstatisterie mit vielen kleinen und köstlichen »Soloauftritten« im Mittelpunkt des bewegten Geschehens.
Foto: Mara Eggert.
RMM, Thslg.

Zeitzeugen: John Dalke

Waltraud Brunst

John Dalke
Opernchorsänger
Bassist
Foto: privat

Zweifellos wäre es hochinteressant, mit dem Mannheimer Opernchorsänger John Dalke über seine außergewöhnlichen Freizeitbeschäftigungen zu sprechen. Der kanadische Bassist ist als Model so erfolgreich, daß er schon auf der Modeseite des *Mannheimer Morgen* und auf der Titelseite des Magazins *Focus* zu bewundern war. Er hat mit Richard Burton gefilmt (in einem Film über Richard Wagner); er dreht häufig Werbespots und Schulungsfilme und ist ein gesuchter Moderator.

Vor allem aber verkörpert John Dalke einen neuen, selbstbewußten Typus des Opernchorsängers, bei dem niemand auf die Idee käme, daß sich hier ein optisch oder akustisch Minderbemittelter im Kollektiv versteckt, weil es für eine Solistenkarriere nicht gereicht hat. John Dalke hat in Winnipeg und Michigan studiert; er spricht mit Wärme von seiner Zeit am Opernstudio Zürich und kam vor nunmehr neun Jahren ans Mannheimer Nationaltheater, als Chorsänger mit Verpflichtung zu kleinen Solopartien. Die Frage, was Opernsänger tagsüber machen, wird gottlob immer seltener gestellt. Dies wäre auch zu peinlich, wenn man dann erfährt, daß Chorsänger an einer großen Bühne (wie Mannheim) in zehn Jahren an die hundert Partien erarbeiten – auswendig, versteht sich! Und im Gegensatz zum (aus begabten Amateuren bestehenden) Extrachor hat der Opernchor ja nicht nur in den ausgesprochenen »Choropern« wie *Meistersinger*, *Fidelio* oder *Nabucco* zu singen. Er ist in den meisten Inszenierungen auch szenisch ins Regiekonzept eingebunden.

In den letzten Jahren ist der Mannheimer Opernchor nachhaltig aus seiner Begleitfunktion herausgetreten. Aus der Not der Theater-Schließzeit und der daraus resultierenden Unterbeschäftigung wurde die Tugend der eigenständigen Opernchorkonzerte geboren, die sich sogleich zu wahren Publikumsrennern entwickelten. Das Werbekonzept für jenes erste, überaus erfolgreiche Konzert mit beliebten Chorszenen im Frühjahr 1993, dem weitere, aufsehenerregende Konzerte folgten (Dvořák-*Requiem, Heitere Chorszenen etc.)* hatte John Dalke professionell erarbeitet. Sein Engagement und seine Begeisterung für diese ungewöhnliche »Nebentätigkeit« sind bis heute ungebrochen: »Ich stehle mir das *Know how* von der Wirtschaft und bringe es ins Theater ein.«

Es liegt nahe, mit einem Mann, dessen werbestrategische Kompetenz unbestritten ist, über die aktuelle Theaterproblematik »zwischen Kunst und Kasse« zu diskutieren. Das erste Statement überrascht. John Dalke sieht den rechten Weg am positiven Beispiel des von Chris Alexander inszenierten *Tannhäuser* und nicht in trickreichem Management, Tingeleien und hektischer Imagepflege: »Das Nationaltheater ist da, um die Kunst der Nation zu bewahren. Erstklassige Leistung ist die beste Werbung.« Es komme ja nicht von ungefähr, daß sich das Chor-Image durch überzeugende Leistungen zum Positiven gewandelt habe. Immer wieder erhält der Chor Sonderbeifall, und das nicht nur beim Schlußtableau. Es ist ein neues »Wir«-Gefühl, eine Wechselwirkung zwischen Chor und Publikum gewachsen. Das hat John Dalke noch nirgends so intensiv erlebt wie in Mannheim.

In Anbetracht der unbestreitbaren Tatsache, daß am Theater »eine Herde Egoisten auf einem Haufen lebt«, gebe es im Chor wenig Neid und Mißgunst, dafür erstaunlich viel Toleranz: »Wenn einer spinnt, dann darf er spinnen.« Opernchorsänger wirken der Gefahr, ihre Identität zu verlieren, auf mannigfache Weise entgegen. Viele nehmen immer noch Unterricht, andere unterrichten selber. Auch die Mitwirkung bei Kirchenkonzerten in der Region stellt die Sänger vor individuelle Aufgaben.

Zum Thema »Moderne Regiearbeit« zitiert John Dalke Dietrich Fischer-Dieskau, der die Vorlage eines überzeugenden Regiekonzepts bei Vertragsabschluß (!) für unerläßlich hält. Wenn sich Orchestermusiker vor Probenbeginn mit ihrem Instrumentalpart beschäftigen, wenn Solisten und Chorsänger ihre Partien auswendig »draufhaben«, dann ist nicht einzusehen, daß Regisseure unter dem Vorwand, einem »kreativen Prozeß« zu folgen, einfach draufloswursteln. Ein schlüssiges Regiekonzept ist und bleibt der beste, wenn nicht der einzige Weg, ein Opernensemble für die oft genug zermürbende Probenarbeit zu motivieren.

John Dalke sieht die derzeit über Deutschland hereinbrechende Flut an Musicals in eigens dafür errichteten Amüsiertempeln mit den gemischten Gefühlen, die ernsthafte Künstler diesem ausufernden Genre entgegenzubringen pflegen, wenn auch nicht direkt als Konkurrenz. Eines, meint er, könnten auch die Opernhäuser von den *Auditions* – dies der Fachausdruck für das ausgedehnte Vorsingen und -tanzen der Bewerber – lernen: Perfektes *Casting*, also die sorgfältige Auswahl bei der Besetzung der Haupt- und Nebenrollen, ist der halbe Erfolg. Das habe sich ja bei Mannheims eigener Musical-Produktion *West Side Story*, bei der ein sehr intensives Casting erfolgte, gezeigt – einer Produktion, die sich übrigens vor aufwendigeren Großprojekten keineswegs zu verstecken brauchte.

Ein Streifzug durch drei Jahrhunderte Mannheimer Ballettgeschichte*

Von der Hofoper zum Nationaltheater

Sibylle Dahms

Szene aus La Guirlande enchantée, *Abschlußballett von Fabiani zu Niccolò Piccinis* La buona figliuola zittella. *Hofoper Mannheim, 8. November 1769. Dekorationen von Lorenzo Quaglio. Aus der Durazzo-Sammlung, Fotodokumentation in DdMDA*

Wissenschaftlich fundierte Ballettgeschichte, die sich abseits der zentralen Entwicklungslinien, abseits der großen, speziell für diese Kunstgattung relevanten Metropolen (Paris, Wien, Mailand, London, St. Petersburg, Kopenhagen etc.) bewegt, findet sich heute noch mehr oder weniger in den Anfängen. Dies ist umso bedauerlicher, als sich gerade auf diesem Gebiet die Quellenlage nach den Katastrophen unseres Jahrhunderts gravierend verschlechtert hat. Daß es trotz solcher Schwierigkeiten möglich ist, uns von der nahezu dreihundertjährigen Ballettgeschichte in Mannheim ein einigermaßen repräsentatives Bild zu machen, sollte ermutigend sein für eine Ballettforschung, die sich in Zukunft notwendigerweise auf breiteren Bahnen als bisher bewegen müßte, um zu einer differenzierteren Sichtweise dieser nach wie vor vernachlässigten Kunstform zu gelangen. Dies zeigt gerade auch die erstaunlich hautnah an den jeweils aktuellen Tendenzen partizipierende, dennoch eine gewisse Eigenständigkeit wahrende Entwicklung des Mannheimer Balletts. So eröffnet etwa dem Kenner der Ballettgeschichte des 18. Jahrhunderts der Blick auf Mannheim manch interessante neue Perspektive.

* Erfreulicherweise findet sich trotz Kriegsverlusten in der Theatersammlung des Reiss-Museums ein erstaunlich repräsentativer Quellenbestand zur Mannheimer Ballettgeschichte, der sich in vielen Fällen durch die Bestände der Derra de Moroda Dance Archives am Institut für Musikwissenschaft der Universität Salzburg ergänzen ließ. Auf beide Archivbestände wird mit folgenden Siglen verwiesen: Reiss-Museum Mannheim, Theatersammlung – RMM, Thslg.; Derra de Moroda Dance Archives Salzburg – DdMDA.

Das Mannheimer Ballett en action
»Die Ballette sind sehr glänzend und vollständig, und die Tänzer werden hier alle selbst gezogen« – heißt es unter dem Eintrag »Mannheim« in Reichards *Taschenbuch für die Schaubühne, auf das Jahr 1777 (S. 249)*. Zu diesem Zeitpunkt war das Mannheimer Ballett nicht nur an einem bedeutenden Glanzpunkt seiner Entwicklung angelangt, sondern es konnte bereits auf eine höchst bemerkenswerte Geschichte zurückblicken. Selbst das Ballett am Hoftheater Herzog Karl Eugens von Württemberg in Stuttgart, bzw. Ludwigsburg, das ab 1760 dank der spektakulären Erfolge des Ballettreformers Jean Georges Noverre in aller Munde war, existierte erst seit den späten 1750er Jahren und konnte sich aufgrund seiner enormen Produktionskosten nur bis etwa 1767 auf entsprechend hohem Niveau halten.

In Mannheim hatte das Ballett schon in der ersten Hälfte des 18. Jahrhunderts seinen Platz im Theaterleben gefunden, ebenso wie das damals an vielen Hoftheatern favorisierte französische Schauspiel, wobei es hier – wie andernorts – zwischen beiden Sparten zu regem Austausch kam, was für die Entfaltung des dramatischen Handlungsballetts, des *Ballet en action* à la Noverre, nur förderlich sein konnte. Daß das Mannheimer Ballett ab Mitte des 18. Jahrhunderts gerade auf diesem Gebiet eine ganz beachtliche Rolle spielte, wird anhand des bislang überlieferten Quellenbestandes mehr als deutlich (vgl. auch Corneilson/Wolf 1996).

Die besonderen Entfaltungsmöglichkeiten des Mannheimer Balletts stehen aber auch in engstem Zusammenhang mit den hier vorhandenen hervorragenden musikalischen Bedingungen. Im dramatischen Handlungsballett neuen Typs, das sich von den unterschiedlichen bis dahin üblichen verbalen Erklärungsversuchen tänzerischer Aktion zu lösen suchte, fiel nunmehr der Musik als Bedeutungsträger eine wesentlich größere Rolle zu. Eine ausdrucksstarke, »sprechende«, sich den jeweiligen szenischen Erfordernissen flexibel anpassende, eine sozusagen semantisierte Instrumentalmusik, fand in den Kompositionen der berühmten *Mannheimer Schule* ein geradezu kongeniales Medium. Also waren es auch diese günstigen Rahmenbedingungen, die dem Mannheimer Ballett im 18. Jahrhundert einen besonderen Platz in der Tanz- und Ballettgeschichte sicherten (vgl. Dahms 1996).

Über die Tätigkeit der bislang frühesten am kurpfälzischen Hof aktenkundig nachweisbaren Tanz- bzw. Ballettmeister – ab 1717 Paul de Floris (auch de Fleuris) sowie der ab 1746 in derselben Funktion wirkende Sebastiano Scio, Mitglied einer im 18. Jahrhundert über ganz Europa verbreiteten Tänzerdynastie – fehlen bislang noch einschlägige Quellen.

Ein erstes wichtiges Datum für die Mannheimer Ballettgeschichte ist die Eröffnung des von Alessandro Galli Bibiena neuerbauten Opernhauses anläßlich der Vermählung des designierten Kurfürsten Carl Theodor mit Elisabeth Augusta von Pfalz-Sulzbach am 13. Januar 1742, wobei Carlo Gruas *Meride* als festliche Hochzeitsoper zur Aufführung gelangte. Dieses Werk enthielt – dem feierlichen Anlaß gemäß – auch eine Reihe von Zwischenaktballetten mit der Musik von Alessandro Toeschi. Hierfür hatte man zusätzlich zum Haus-Choreographen Sebastiano Scio einen prominenteren Gast verpflichtet, nämlich Charles (Claude) Gardel, den Ballettmeister des im Exil in Nancy residierenden polnischen Königs Stanislaus I. Lesczynski. Gardel war der Vater zweier der berühmtesten Tänzer und Choreographen der zweiten Hälfte des 18. Jahrhunderts: Maximilien Gardel, später einer der schärfsten Konkurrenten

Noverres um das Amt des Ballettmeisters der Pariser *Opéra*, wurde am 18. Dezember 1741 in Mannheim geboren – während der Zeit, als sein Vater an der Hofoper verpflichtet war. Maximiliens um siebzehn Jahre jüngerer Bruder Pierre Gardel, sein Meisterschüler und ab 1787 auch sein Nachfolger als leitender Choreograph des Pariser Opernballetts, gilt heute als wichtiger Repräsentant der auch für das Ballett dramatisch spürbaren Epochenwende um 1800.

Die Tänzer-Familie Lauchery

Von größter Bedeutung für das Mannheimer Ballett erwies sich jedoch vor allem das Engagement der aus Lyon stammenden Tänzer-Familie Lauchery. Laurentius (Laurent) Lauchery, 1713 in Lyon geboren, ist in Mannheim ab 1742 bezeichnenderweise als *acteur et danseur* in den Akten des französischen Theaters aufgeführt (vgl. das Quellenmaterial in DdMDA). Sein ältester und wohl auch begabtester Sohn Etienne, 1732 in Lyon geboren, ist die eigentlich bedeutendste Erscheinung des Mannheimer Ballettgeschehens im 18. Jahrhundert. Bereits ab 1747 als Figurant im Mannheimer Ballett tätig, dürfte sich Etienne Lauchery auch vorübergehend, wie damals üblich, mittels eines kurfürstlichen Stipendiums zur tänzerischen Perfektionierung in Paris aufgehalten haben. Ab 1756 trat er seinem älteren Kollegen Sebastiano Scio als *Maître de Danse* zur Seite, wobei er vor allem für Belange des höfischen Gesellschaftstanzes und für die bei Hof stattfindenden Bälle zuständig war. Gleichzeitig taucht er zusammen mit einer Reihe weiterer Mitglieder der Lauchery-Familie, vor allem den beiden Primaballerinen Lauchery *la maggiore* und Lauchery *la minore*, in den Darstellerlisten des Mannheimer Opernballetts auf.

André Bouqueton

Warum Etienne Lauchery nicht schon in den 1750er Jahren eine führende Position im Mannheimer Hofballett erhalten konnte, hat einen sehr plausiblen Grund: Die Leitung des Balletts hatte man im Jahre 1754 den beiden französischen Tänzern und Choreographen André Bouqueton und Louis Auguste Rey übertragen, die sich der besonderen Gunst der Kurfürstin erfreuen durften. Anläßlich eines Gastspiels in Schwetzingen im Juni 1754 hatten beide Tänzer die Kurfürstin offenbar so in Begeisterung versetzt, daß sie sie kurzerhand zum Vertragsbruch mit ihrem eigentlichen Dienstherrn, dem in Köln, bzw. Bonn residierenden Kurfürsten Clemens August von Wittelsbach bewog – ein nicht unüblicher Vorgang zu einer Zeit, da Künstler gleich einer Ware gehandelt und einander oft mit merkwürdigen Praktiken abgejagt wurden. In diesem Fall führte die Affäre – auf deren Begleitumstände die Verfasserin dieses Beitrages freundlicherweise durch die Heidelberger Musikwissenschaftlerin Bärbel Pelker aufmerksam gemacht wurde – zu einer länger währenden Verstimmung zwischen beiden Höfen, die sich auch nach etlichen Jahren nicht ganz ausräumen ließ, wie anhand der im *Dresdner Staatsarchiv* befindlichen Riaucour-Akten zu ersehen ist. Hier heißt es in einem Brief des Geheimsekretärs von Zapffe vom 24. Mai 1760: »Bouqueton est Le même Danseur pour lequel La Cour de Bonn et celle d'ici Se sont brouillées. Brouillerie qui dure déjà plusieurs ans« (Riaucour 1760).

Es war vor allem Bouqueton – Reys Spur verliert sich nach etwa einem Jahr –, der *de facto* ab 1754 die Leitung des Mannheimer Balletts übernahm. Einem Eintrag in Parfaits *Dictionnaire des Théatres* (S. 74 f.) ist zu entnehmen, daß er aus dem großen Kreis von Tänzern stammte, die sich mit Beginn der 1750er Jahre am *Théâtre du Foire Saint Laurent* in Paris zusammengefunden hatten, wo übrigens auch Noverre um diese Zeit wesentliche Erfahrungen sammeln und erste choreographische Erfolge feiern konnte. Viele Tänzer und Choreographen, die in den folgenden Jahren auf dem Gebiet des dramatischen Handlungsballetts tätig waren, hatten zuvor am *Foire Saint Laurent* gewirkt – so auch eine ganze Reihe von späteren Mitgliedern des Mannheimer Balletts wie die Tänzerfamilien Boudet und Hamoche.

Bouqueton, der seine Stellung als Günstling der Kurfürstin klug nutzte, konnte sich am Mannheimer Theater eine Position schaffen, die er bis 1769 mit Erfolg verteidigte. Zunächst als *Primo Ballerino* tätig, eine Bezeichnung, die er in den 1750er Jahren noch mit Etienne Lauchery teilte, avancierte er bald auch zum *Maestro de Balli* und ab 1762 zum Direktor einer Ballettschule. In den aus diesem Jahr überlieferten Ballettlibretti wird er als *Directeur de l'Académie de Danse* und *premier Danseur* bezeichnet (zum Beispiel in Bouqueton 1763). Dies ist in der Tat ein sehr früher Beleg für die Gründung einer derartigen Institution im deutschsprachigen Raum. Solche den Theatern angegliederte Unterrichtsstätten für Bühnentanz wurden namentlich im letzten Drittel des Jahrhunderts in den Ländern nördlich der Alpen, bzw. außerhalb Frankreichs eingerichtet, um den landeseigenen Nachwuchs zu fördern und damit nach Möglichkeit die teuren Engagements ausländischer Gäste zu reduzieren.

Während seines rund fünfzehnjährigen Wirkens am Mannheimer Hof dürfte Bouqueton mindestens zwanzig Ballette geschaffen haben, zu denen eine Reihe von Libretti sowie fünf Partituren überliefert sind. Diese aus dem Zeitraum von 1758 bis 1769 stammenden Quellen zeigen, daß Bouqueton sich ganz im Trend seiner Zeit bewegte: Wie Noverre in seiner frühen, noch weniger experimentellen Schaffensphase verwendete auch Bouqueton exotische und antike Stoffe sowie solche aus dem unerschöpflichen Reservoire der Renaissance-Epik (Ariost, Tasso), die reichlich Möglichkeit zu Divertissements, bzw. zu spektakulären Bühneneffekten boten. Vermutlich war er als Choreograph vor allem deshalb so erfolgreich, weil er seine Zwischenaktballette, die in die zu dieser Zeit eher statischen Opern eingefügt wurden, zum effektvollen Spektakel nutzte. Hierbei kamen neben der großen Zahl von Mitwirkenden (beispielsweise 66 in *Les Noces de Gengis-Kan*, 86 in *Mars et Venus*) auch alle technischen Möglichkeiten zum Einsatz. Seit 1758 stand ihm nämlich mit Lorenzo Quaglio auch einer der hervorragendsten Theaterarchitekten der Zeit für derartige vom Maschinenzauber geprägten Ausstattungsstücke zur Verfügung.

Etienne (Stephan) Lauchery (1732–1820). Historische Fotografie eines um 1770 entstandenen Gemäldes eines unbekannten Malers. RMM, Thslg.

Ballettreform und neues Handlungsballett

André Bouqueton, dessen Spur sich nach seinem Weggang aus Mannheim um etwa 1769 mehr oder weniger verliert,[1] hatte hier zweifellos den Höhepunkt seiner Karriere erreicht, während seiner langjährigen Tätigkeit aber auch die Entfaltung des außerordentlich befähigten Etienne Lauchery als Choreograph behindert. Daß Lauchery sich weit substantieller mit den Neuerungstendenzen auf dem Gebiet des Handlungsballetts auseinandersetzte als Bouqueton, zeigt sich anhand seiner dramaturgisch zumeist wesentlich differenzierter ausgearbeiteten Ballettlibretti, die uns glücklicherweise in großer Zahl überliefert sind. In diesen wird freilich deutlich, daß Lauchery – bei aller Anlehnung an das große Vorbild Noverres – doch auch eigene Wege ging. Es ist somit mehr als verständlich, daß er sich zunächst nach einem eigenen Wirkungs- und Entfaltungskreis für seine künstlerischen Bestrebungen umsah, den er um 1763 am Hof des theaterbegeisterten Landgrafen Friedrich II. von Hessen-Kassel fand. Dieser hatte im selben Jahr eine eigene, meist aus französischen Kräften bestehende Ballettkompagnie engagiert, die – ebenso wie in Mannheim – eng mit dem gleichzeitig engagierten *Théâtre Français* zusammenwirkte, eine für Lauchery vertraute und zugleich höchst vorteilhafte Konstellation.

[1] Lediglich Ivor Guest (1954, p. 147) nennt einen Ballettmeister Bouqueton, der im Jahr 1776 am Londoner *King's Theatre* wirkte.

Während seiner mehr als achtjährigen Tätigkeit als *Maître de Ballet* in Kassel schuf Lauchery rund fünfzig Ballette, deren gedruckte Libretti großteils überliefert sind (Lauchery 1768). In ihnen dokumentiert sich Laucherys enger Bezug zu den Reformideen des neuen Handlungsballetts, wie es zu dieser Zeit von Noverre in Stuttgart, von Gasparo Angiolini in Wien erstmals verwirklicht wurde. Auch in Laucherys Ballettlibretti finden sich die Hauptforderungen für den neuartigen dramatischen Ballett-Typus erfüllt: Sie enthalten Stoffe mit kontrastreicher Handlung, beachten dabei die gattungsspezifischen Eigenheiten für tragische, bzw. anakreontisch-heitere Aktionen. Möglicherweise hat sich Lauchery auch ganz direkt am großen Vorbild Noverres orientiert, denn für einen ambitionierten Mann seines Schlages war Stuttgart gewiß nicht aus der Welt. Ein Vergleich zwischen Noverres Libretti aus der Stuttgarter Zeit mit jenen gleichzeitig in Kassel entstandenen Werken Laucherys zeigt vielfach interessante Parallelen; zudem hat Lauchery auch mit den beiden Stuttgarter Ballettkomponisten Noverres, nämlich mit Florian Deller und Johann Joseph Rudolph, zusammengearbeitet. Dennoch zeigt sich bei Lauchery, daß er in der dramaturgischen Strukturierung seiner Ballette durchaus bestrebt war, eigene Wege zu gehen. Auffallend ist die detailgenaue Beschreibung der Aktionsabschnitte seiner Ballette sowie die Akt- und Szeneneinteilung, die sich in Noverres Ballettlibretti der Stuttgarter Zeit noch nicht findet (vgl. Corneilson/Wolf 1996). Wesentlich für Laucherys eigenständige Entwicklung als Choreograph in Kassel war aber wohl auch seine weitere Zusammenarbeit mit den Mannheimer Kollegen. So findet sich zum einen eine Reihe von Mannheimer Tänzern, darunter natürlich Lauchery-Familienmitglieder, auf den Besetzungslisten der Kasseler Ballette. Zum anderen waren es die damals für die Mannheimer Ballettmusik zuständigen Komponisten Christian Cannabich, Giuseppe Toeschi sowie Ignaz Fränzl, die mit Lauchery in Kassel zusammenwirkten. Gelegentlich scheint Lauchery, wie das für Tanz- und Ballettmeister der damaligen Zeit durchaus üblich war, auch eigene Kompositionen zu Balletten geschrieben zu haben.

Signor Fabiani

Da Lauchery nicht unmittelbar nach Abgang seines Rivalen Bouqueton im Jahr 1769 nach Mannheim zurückkehren konnte oder wollte, wurde die Leitung des Mannheimer Balletts zunächst von zwei weiteren recht interessanten Tänzern übernommen: So finden wir zunächst einen gewissen Signor Fabiani 1769 bis 1770 mit der Leitung des Mannheimer Balletts betraut. Mit hoher Wahrscheinlichkeit handelt es sich hier um ein Mitglied der aus Venedig stammenden Tänzerfamilie Fabiani, von denen einige in den ausgehenden 1750er Jahren dem Wiener Ballettensemble der Ära des Ballettreformers Franz Anton Hilverding und seines Meisterschülers Gasparo Angiolini dem *Burg-* bzw. *Kärntnertortheater* angehört hatten. Dabei geht es um jene mit Noverre konkurrierenden Mitglieder einer *Wiener Schule*, die sich seit Mitte des Jahrhunderts ebenfalls der Entwicklung des Tanzdramas neuen Typs verschrieben und auf diesem Gebiet vor allem mit Christoph Willibald Gluck zusammengearbeitet hatten. Schlüssigster Beweis für die Verbindung des Mannheimer Fabiani zu Wien ist vor allem ein in Mannheim erhaltenes Ballettlibretto: Dieses Ballettszenar zu Fabianis *La Guirlande enchantée*, 1769 als Abschlußballett zu Piccinnis *Buona Figliuola* aufgeführt,[2] entspricht bis in minutiöse Details einer ikonographischen Quelle, die die Wiener Aufführung dieses Balletts dokumentiert, wobei sich sogar Textabschnitte, die in Bild und Text aufscheinen, als absolut deckungsgleich erweisen; vgl. auch Abbildung S. 144).[3]

Fabiani war es schließlich auch, der auf Einladung der Vorderösterreichischen Landstände in Freiburg anläßlich der Brautreise der Dauphine Marie-Antoinette im Mai 1770 von Wien nach Paris mit dem Mannheimer Ballett ein großangelegtes Gastspiel in einem eigens hierfür in Freiburg errichteten Theaterbau des Mannheimer Theateringenieurs und Bühnenausstatters Lorenzo Quaglio absolvierte. Dem festlichen Anlaß entsprechend hatte Fabiani hierfür die Ballette *Le temple dédié à l'Amour* und *Le Jugement de Paris* geschaffen.[4] Mit diesem Ballettgastspiel, an dem er federführend mitgewirkt hatte, enden allerdings die Hinweise auf Fabianis Tätigkeit für das Mannheimer Hoftheater.

Johann Claudius Viktor LeGrand

Johann Claudius Viktor LeGrand, der ab 1771 das Mannheimer Ballett interimistisch leitete und der zuvor bereits in Bouquetons Ballettensemble als Solotänzer gewirkt hatte, wurde 1732 als Sohn einer französischen Schauspielerfamilie in München geboren und hatte dort wie auch in Paris seine Tänzerausbildung erhalten (vgl. Mlakar 1992). Vermutlich lagen LeGrands Stärken zunächst auf dem tänzerischen und weniger auf dem choreographischen Sektor, zumal er aufgrund seines »schönen, ansehnlichen Wuchses« zum *Danseur noble* prädestiniert schien (zit. nach Münster 1981, S. 97).

Choreographische Lorbeeren erwarb er sich erst am Münchner Hoftheater, wohin es ihn nach Übersiedlung des kurfürstlichen Hofes zusammen mit dem Großteil des künstlerischen Personals verschlagen hatte. Hier machte er sich vor allem als Choreograph der Ballette zur Uraufführung von Mozarts *Idomeneo* (1781) einen Namen.

In Mannheim scheint man hingegen seinen choreographischen Fähigkeiten noch nicht ganz getraut zu haben: In den frühesten Ballettszenarien aus dem Jahr 1771 zu *Enée et Turnus* und *Orphée et Euricice*, in denen LeGrand als Erfinder der Tänze genannt wird, stammt die textliche und wohl auch dramaturgische Konzeption vom Mannheimer Hofdichter Mattia Verazi.[5]

Etienne Lauchery

Ab 1772 begann mit Laucherys Berufung zum *Maître de Ballet de la Cour Palatine* sowie zum

2 RMM, Bibl. Mh 1739.

3 Fotokopien der seit Anfang der dreißiger Jahre großteils verschollenen ikonographischen Sammlung befinden sich in DdMDA.

4 Einen ausführlichen Bericht hierüber gibt Kupferschmid 1929, Sp. 154–160.

5 Beide Ballettlibretti finden sich innerhalb des Textbuches zu Piccinis *Gli Stravaganti*, Mannheim 1771. RMM, Bibl. Mh 1738.

Directeur de l'Académie de Danse eine Glanzzeit der Mannheimer Ballettgeschichte. Mit reichlichen Erfahrungen auf dem Gebiet des neuen dramatischen Ballettstils ausgestattet, konnte er aufgrund günstiger finanzieller Bedingungen nunmehr aus dem vollen schöpfen. Der Gesamtetat des Balletts belief sich beispielsweise im Jahr 1775 auf 26 000 Gulden. Lauchery erhielt laut Besoldungslisten des Jahres 1777/78 eine Gage von 2500 Gulden pro Jahr – eine beachtliche Verbesserung der finanziellen Situation, wenn man bedenkt, daß der Ballettmeisterposten noch um die Jahrhundertmitte mit lediglich 600 Gulden dotiert war (vgl. Walter 1898, S. 160).[6]

Daß Lauchery für seine Mannheimer Tätigkeit zunächst auf Werke aus seinen Kasseler Jahren zurückgriff, ist nur zu verständlich, zumal er hierbei ja auch bereits mit Mannheimer Kollegen – Musikern, Tänzern – zusammengewirkt hatte. Allerdings zeigt ein Vergleich von Mannheimer und Kasseler Libretti gleichnamiger Werke, daß Lauchery bestrebt war, diese für Mannheim sowohl stofflich wie auch personell zu erweitern. Als Beispiel hierfür können unter anderen *L'Amour Jardinier ou le Mariage de Dorante et d'Angelique* (Kassel 1766) oder *L'Amant Jardinier* (Mannheim 1775) gelten. Laucherys Neuschöpfungen für Mannheim – etwa *Les Fêtes du Serail*, *Ulisse et Orphée dans l'isle des Sirènes* – entstanden nun durchweg in musikalischer Zusammenarbeit mit Christian Cannabich. Besonders erwähnenswert ist Laucherys 1772 in Schwetzingen (Mannheim 1773) aufgeführte Ballettpantomime *La Foire de Village Hessoise*, über die Charles Burney als Augenzeuge berichtet, sie habe ihm »unter allen [Balletten], die ich noch gesehen habe, am besten gefallen« (Burney 1772/1980, S. 226). Besonders verwunderte ihn die große Zahl von Mitwirkenden auf der klein wirkenden Schwetzinger Bühne. Das Mannheimer Ballett umfaßte damals rund fünfzig Mitglieder, allerdings die Eleven inbegriffen. Das von Burney angesprochene *Ballet pantomime*, ein echtes Genreballett im Noverreschen Sinn, zu dem es leider keine schriftlichen Originalquellen gibt,[7] bot dem Autorenteam Lauchery/Cannabich/Quaglio gewiß reichlich Möglichkeit für eine mit Lokalkolorit angereicherte Zeichnung. Alles in allem läßt das Studium der überlieferten Ballettlibretti aus der Feder Laucherys darauf schließen, daß ihm das heitere Genre mehr entgegenkam. Da uns hierfür in Noverres und Angiolinis Ballettschaffen nur spärliche Informationen vorliegen, füllt das überlieferte Werk Laucherys manche Lücken der Ballett-Stoffgeschichte jener Zeit. Daß fast alle heroischen Ballette Laucherys mit einem *lieto fine* (»Happy-End«) abschließen – im Gegensatz zu denen Noverres und Angiolinis – mag auf den Mannheimer, bzw. Kasseler Publikumsgeschmack zurückzuführen sein.

Als Kurfürst Carl Theodor die Nachfolge des im Dezember 1777 verstorbenen Kurfürsten Maximilian III. Joseph von Bayern antrat und im Verlauf des Jahres 1778 seine Residenz nach München verlegte, wobei ihm der Großteil des künstlerischen Personals folgte, ging unter anderem auch ein bedeutendes Kapitel Mannheimer Ballettgeschichte zu Ende. Während sein Kollege LeGrand sich in seiner Geburtsstadt München sehr bald wieder heimisch fühlte, fiel es Lauchery schwer, unter geänderten Bedingungen Fuß zu fassen. Gravierende Kürzungen des Ballett-Etats und zugleich seiner eigenen Gage machten ihm sein Wirken in der neuen Umgebung wenig schmackhaft. Auch dürften persönliche Gründe dazu geführt haben, seine Position als Ballettmeister an LeGrand weiterzugeben und 1779 zunächst wieder nach Mannheim zurückzukehren. Innerhalb weniger Monate war er nämlich in diesem Jahr zweifacher Vater geworden:

6 Im Vergleich dazu fiel beispielsweise die Besoldung in den Jahren 1776 und 1777 von Ignaz Holzbauer, Kapellmeister der Hof- und Kapell-Musik, mit 1900 Gulden pro Jahr geradezu bescheiden aus (vgl. Würtz 1992, S. 40).

7 Lediglich eine deutsche Übersetzung des seit dem Zweiten Weltkrieg verschollenen Librettos findet sich in Kloiber 1928.

Im Mai hatte ihm in München eine Anna Huber den Sohn Claudius geboren, am 19. September gebar ihm seine bereits dritte Frau, die Tänzerin Maria Vulcani in Mannheim seinen Sohn Albert, der später in die Fußstapfen seines Vaters treten und ein recht erfolgreicher Choreograph des *Königlichen Nationaltheaters* in Berlin werden sollte.

Da sich auch in Mannheim nach dem gesellschaftlichen Exodus kaum noch lohnende Aufgaben boten, kehrte Lauchery 1781 wieder nach Kassel zurück. Im Jahr 1788 fand der nunmehr 55jährige schließlich nochmals eine große Aufgabe: Mit der Errichtung einer Ballettschule und dem Aufbau eines entsprechend geschulten Ballettensembles für das soeben eröffnete königliche Opernhaus in Berlin ergaben sich für Lauchery Möglichkeiten, auch in der preußischen Metropole den neuen dramatischen Ballettstil zu pflegen, wobei es wiederum zur Aufführung von Werken aus seiner Kasseler und Mannheimer Glanzzeit kam. Lauchery, dessen Wirken bis zu den Anfängen des *Romantischen Balletts* reichte und der heute gleichzeitig als einer der bedeutendsten Vermittler des dramatischen Handlungsballetts des 18. Jahrhunderts gelten kann, starb am 5. Januar 1820 in Berlin.

Ballettgastspiele Ende des 18. und Anfang des 19. Jahrhunderts in Mannheim

Mit der im September 1778 erfolgten Übersiedlung des gesamten Hoftheaterbetriebs nach München zeichnet sich in Mannheim vor allem das Ende des Balletts als eigenständige, wenn auch der Oper zugeordnete Einrichtung ab. In der Folgezeit begnügte man sich für nahezu ein Jahrhundert mit Gastspielen reisender Tänzer oder Ballettensembles. Zwar gab es hin und wieder Versuche, wiederum eine eigene Ballettkompagnie zu etablieren, die aber allesamt zu keinem Ziel führten. Das einschlägige Quellenmaterial, das uns vom ausgehenden 18. bis zum letzten Drittel des 19. Jahrhunderts überliefert ist, bietet, insgesamt betrachtet, ein buntes Spektrum, und es scheint kaum möglich, in diesem regellosen und oft vom Zufall diktierten Geschehen eine klare Linie zu erkennen. Die Vielfalt des hierbei Gebotenen kann hier nur angedeutet werden.

Zweifelsohne vollzog sich in den letzten beiden Dezennien des 18. Jahrhunderts in Mannheim unter der Direktion Dalbergs, zumal angesichts der zum Teil kühnen Neuerungen auf dem Schauspielsektor, ein entscheidender Geschmackswandel. Die vom Schauspiel geprägte *Zweite Mannheimer Schule*, als deren Seele Iffland bezeichnet wird, setzte für alle anderen Kunstformen neue ästhetische Maßstäbe, die das drastisch dezimierte Ballett nicht mehr zu leisten imstande war. Kleine, meist solistische Tanzeinlagen im Schauspiel oder in der Oper waren somit auf reine Unterhaltungsfunktion reduziert, bzw. dienten als Füllsel für zu kurz geratene Stücke. Symptomatisch hierfür ist das Gastspiel der Madame Hartig aus München im Mai 1783, die ein »Pas seul als Engländerin« in dem Schauspiel *Der Sturm von Boxberg* tanzte, ein Stück, das wegen seiner Kürze zu anderen Gelegenheiten mit der *Grossen Friedenssymphonie* von Wranitzky gekoppelt wurde. Sophie Hartig war übrigens Mitglied des Münchner Balletts und hier als »Demikaraktere, auch erste Liebhaberin im komischen Ballette« engagiert (Münster 1981, S. 97). Als Solistin in der Chaconne zu *Idomeneo* ist ihr Name uns aus der Mozartliteratur geläufig.

Auffallend sind um die Zeit der Jahrhundertwende die zahlreichen Gastspiele von Berliner Tänzern in Mannheim: Vom dortigen königlichen Ballett stammte beispielsweise das Tänzerpaar Schubert, das im April 1790 in Mannheim gastierte, ebenso wie die 1805 in Mannheim tanzende Demoiselle

Familie Kobler. »Blumen- und Hüpftanz«. Aquarellierte Federzeichnung von Johannes Jelgerhuis (1770–1836), Oktober 1812. Sammlung des Theaterinstituut Nederland, *Amsterdam*

Guerri; auch die Namen einer Reihe von Mitgliedern der Berliner Tänzerdynastie Telle finden sich ab 1801 bis in die Mitte der 1830er Jahre auf Mannheimer Programmen. Sollte zumindest für einen Teil dieser Gastspiele nicht der nunmehr in Berlin seßhaft gewordene Lauchery den Anstoß gegeben haben?

Es waren aber auch einige recht bemerkenswerte Persönlichkeiten, die sich in Mannheim unter die gastierenden Tanzsolisten mischten: Im Oktober 1813 gab das berühmte Schauspielerehepaar Sophie und Friedrich Schröder ein Gastspiel mit einigen Melodramen und Auftritten in Schauspielen, in deren Zwischenakten ihre Töchter Betty und Wilhelmine Tänze aufführten. Die damals neunjährige Wilhelmine Schröder, später als Wilhelmine Schröder-Devrient eine der größten Sängerinnen Europas, tanzte dabei ein »Solo sérieux« sowie ein »Englisches Solo« (Fambach 1980, S. 107). Aus München kommend, trat auch Charlotte Pfeiffer – später als Schauspielerin und erfolgreiche Bühnenautorin Birch-Pfeiffer berühmt geworden – 1810 tanzenderweise mit ihrer Schwester in Mannheim auf (vgl. Pichler 1879, S. 204; siehe auch den Beitrag von Heide Koch in diesem Buch).

Gelegentlich suchte man, mit dem Gastspiel ganzer Ballettensembles dem Geschmack und Verlangen mancher sicher in Mannheim noch vorhandenen Freunde der Tanzkunst zu entsprechen: So gastierte im April 1820 zunächst eine Pariser »Tanzgesellschaft« unter der Leitung eines Mr. Cabanel mit verschiedenen Solotänzen und Pantomim-Balletten (Fambach 1980, S. 165),

und im August und September gab es ein etwas längeres Gastspiel der damals in Wien engagierten Koblerschen Gesellschaft (Fambach 1980, S. 168). Dieses äußerst mobile, vor allem aus Familienmitgliedern der Koblers bestehende Ensemble, das in der ersten Hälfte des 19. Jahrhunderts an vielen europäischen Bühnen zu finden ist (beispielsweise in Amsterdam, Paris, Hamburg, Hannover, Braunschweig, Prag, Breslau etc.), hatte sich vor allem auf den unterhaltsamen Sektor heiter-grotesker Ballettpantomimen spezialisiert (vgl. Tänzerdatei DdMDA).
Die überlieferten Hinweise auf das Mannheimer Programm der Koblers klingen durchaus originell: So tanzte man etwa am 24. August 1820 zunächst ein Terzett mit ›Guitarrenbegleitung‹ und, nach einem Einakter von Kotzebue, ein »Großes heroisch-türkisches Ballet mit militärischem Evolution-Contretanz und Combatiment«.[8]
Im Mai des Jahres 1825 gastierte J. L. Lewin, Direktor einer englischen Pantomimen-Gesellschaft sowie ›Mimiker und Pantomimenmeister‹ des *K.K. Theaters an der Wien* für mehrere Abende in Mannheim. Auch diese reisende Theatergesellschaft ist in der ersten Jahrhunderthälfte in weiten Teilen Deutschlands nachweisbar (vgl. Tänzerdatei DdMDA). In Mannheim bot Lewin große komische Zauberpantomimen mit »Maschinen-Verwandlungs-Verkleidungen«, bzw. »Maschinen, Metamorphosen und Verkleidungen« (vgl. Fambach 1980, S. 211 und Theaterzettelband 1825).

Verschiedentlich scheinen sich auch Mitglieder etablierter Hoftheaterballette – wohl in ihrer spielfreien Zeit – zu eigenen gastierenden Ensembleformationen zusammengefunden zu haben: Im Sommer 1827 (23. August) trat das Ehepaar Caspar und Babette Thoms, Tochter des berühmten Münchner Ballettmeisters Friedrich Horschelt und wie ihr Mann Mitglied des Münchner Hoftheater-Balletts, zusammen mit dem Ersten Solotänzer des Hoftheaters Kopenhagen Mr. Larcher als Solisten in einem *Allegorischen Divertissement* auf. Nur wenige Tage später, am 28. August 1827, begann ein Gastspiel der ersten Tänzer und Tänzerinnen des *Königlich Niederländischen Theaters* in Brüssel mit Balletten damals höchst renommierter Choreographen wie Louis Milon, Louis Duport und Jean Antoine Petipa, Vater des berühmten Choreographen Marius Petipa (Fambach 1980, S. 233, und Tänzerdatei DdMDA).

Höchst bemerkenswert ist auch das Gastspiel einer *Gesellschaft Gärtner und Fenzel,* eines Tänzer-Ensembles unter der Leitung zweier »Balletmeister aus Wien« (Fambach 1980, S. 241). Johann Fenzl, 1807 als Sohn einer Wiener Schauspielerfamilie geboren, formierte später mit seiner Frau Elise, geb. Gärtner, und seinen Kindern ein berühmtes reisendes Ballettensemble. Als Pantomimenmeister am Wiener *Leopoldstädter Theater*, später Ballettmeister in Stuttgart machte er sich einen Namen als Choreograph und Ballettpädagoge, bevor er 1848 bis 1860 Hofballettmeister in München wurde. Als ganz junger Ballettmeister und noch am Beginn seiner Karriere hat der später so renommierte Fenzl, wohl in Zusammenarbeit mit seinem Schwiegervater Gärtner, 1828 das damals äußerst beliebte große pantomimische Ballett *Der Abend eines Rajah oder: Die Sklavenwahl* (Erstaufführung 2. Juli 1828) für das Mannheimer Theater »mit Tänzen, Evolutionen, Gruppirungen und Gefechten« versehen (Fambach 1980, S. 241, und Theaterzettelband 1828).

Zu den Wiener Ballett-Ensembles, die in diesen Jahren Mannheim besuchten, zählte auch eine Gruppe von »Tänzern und Tänzerinnen des K.K. Hoftheaters am Kärnthnerthor in Wien«, die Ende August/Anfang September 1830 ein zum

[8] Fambach 1980, S. 169 und Theaterzettelband 1820; Titel dieses Balletts von Franz Kobler: *Der Raub der Zemira.*

»Der Erntetanz, die letzte Produktion der Kinder des Ballets der Madame [Josephine] Weiß«. Aus: Wiener allgemeine Theaterzeitung *1853. DdMDA*

Teil recht ungewöhnliches Gastspiel absolvierten: An ihrem Abschiedsabend (3. September) sangen in den Zwischenakten ihrer Ballettdivertissements »Steiermärkische Alpensänger« Quartette, darunter »Leobner Stanzeln« (Fambach 1980, S. 262, und Theaterzettelband 1830).

Nicht unerwähnt soll bleiben, daß auch der berühmte Jean Rozier, Partner vieler großer Spitzentänzerinnen seiner Zeit, gegen Ende der 1830er Jahre kurz in Mannheim gastierte (vgl. Pichler 1879, S. 252), ebenso wie die »48 jungen Tänzerinnen unter Leitung der Ballettmeisterin Josephine Weiß« (Pichler 1879, S. 276), jene berühmten Wiener Kinder also, die gegen Mitte des Jahrhunderts in ganz Europa und auch auf einem Amerika-Gastspiel Triumphe feierten. Darüber hinaus nahmen einige der damals so bewunderten spanischen Tanzkompagnien gelegentlich – 1834, 1856 mit Sicherheit nachweisbar[9] – ihren Weg über Mannheim.

Neuanfänge eines eigenständigen Balletts in Mannheim

Neben dieser beachtlichen und durchaus an überregionalen Tendenzen orientierten Gastspielszene traten die Bemühungen um ein eigenständiges Ballett am Mannheimer Theater merklich auf der Stelle. Ein erster Versuch (Cosmas) Morellis an der Wende vom 18. zum 19. Jahrhundert war nur von wenig Erfolg begleitet. Morelli, der einer verzweigten venezianischen Theaterfamilie entstammte (vgl. Tänzerdatei DdDMA) und der in den 1790er Jahren in Stuttgart, Ansbach und Nürnberg bereits vergeblich versucht hatte, als Ballettmeister seßhaft zu werden, erhielt von Dalberg im September 1798 ein Engagement auf Probe. Doch bald erwies sich dieses Unternehmen »als fehlgeschlagene Spekulation Dalbergs, bessere Einnahmen zu erzielen«, und so löste sich dieses Ballett bereits nach vier Monaten wieder auf, da es »zum Schaden der Theater-Oeconomie gereicht hat, und die dermaligen Verhältnisse die genaueste Sparsamkeit erfordern« (Pichler 1879, S. 169).

Einzig (Franz?) Beauval gelang es, sich in der ersten Hälfte des 19. Jahrhunderts über einen etwas längeren Zeitraum in Mannheim zu etablieren, und zwar zunächst als Tanzpädagoge. Bei der Konservatoriumsgründung 1819 hatte man auch den Tanz einbezogen: »Nach dem Beispiel größerer Städte, in welchen man durch Conservatorien Talente zu wecken und zu bilden, und geläuterten Geschmack fortzupflanzen sucht, hat die Intendance eine Kunstschule errichtet« (Pichler 1879, S. 221). Schauspiel, Instrumentalmusik, Gesang und Tanz zählten zu den Lehrfächern. Ballettmeister Beauval war dabei für

[9] Pichler 1879, S. 245 sowie A. Heinrichs *Deutscher Bühnen-Almanach* 1856 (unter Eintrag »Mannheim«).

Ballett- und Tanzunterricht zuständig. Im Jahr 1822 umfaßte seine Ballettschule »50 junge Leute« (vgl.Pichler 1879, S. 228). Beauval, der sich 1821 mit der Mannheimer Sängerin Rosa Krämer verheiratete, hatte ab 1820 bereits Ballette für die Mannheimer Bühne choreographiert. Quellenbelege für Ballettproduktionen Beauvals finden sich allerdings nur von 1820 bis 1824. Die Tatsache, daß Beauval ab 1823 die Mannheimer Gesellschaft zu Tanzübungen lud, ab 1831 zusätzlich eine Fechtschule gründete, läßt darauf schließen, daß auch sein Versuch, ein eigenständiges Ballettensemble in den Mannheimer Theaterbetrieb einzubeziehen, gescheitert war.[10] Lieber griff man dort wieder auf die Gastspielpraxis zurück und überließ Beauval lediglich das Arrangement von Tanzszenen innerhalb der Oper, weshalb sich dieser gezwungen sah, zusätzliche Einnahmequellen zu erschließen. Ab etwa 1834 beschäftigte Beauval in den Operneinlagetänzen offenbar auch zunehmend Mitglieder seiner Familie, das heißt seine Töchter Louise und Amalie sowie seinen 1825 in Mannheim geborenen Sohn Alfred Jakob, der in den siebziger Jahren die Leitung des Balletts am Großherzoglichen Theater Karlsruhe übernehmen sollte (vgl. Tänzerdatei DdMDA).

Die Epoche der Ballettmeisterinnen

Die Notwendigkeit, die für die Opernproduktionen erforderlichen Tanzszenen angemessen aufführen zu können, gab aber schließlich wohl den entscheidenden Impuls, im letzten Drittel des 19. Jahrhunderts sukzessive das Ballett wiederum als Dauereinrichtung in den Mannheimer Theaterbetrieb zu integrieren. In Mannheim folgte man hiermit einem Trend, der zu dieser Zeit ganz generell an den deutschen Theatern der mittleren Ebene zu registrieren ist. Noch in den 1860er Jahren hatte man sich Solistinnen wie die berühmte Ballerina Katti Lanner, Tochter des Wiener Walzerkomponisten Joseph Lanner, und die Primaballerina der Stuttgarter Oper, Katharina Vogel, nach Mannheim engagieren müssen, um beispielsweise die Fenella in der *Stummen von Portici* bzw. die Äbtissin Helene in *Robert der Teufel* zu interpretieren, wobei man um diese Solistinnen vermutlich ein mehr oder weniger laienhaftes *Corps de Ballet* gruppierte. Im Jahr 1871 lesen wir erstmals im *Deutschen Bühnenalmanach*, daß die Tänzerin Pauline Frühwald damit betraut wurde, die »zu den Stücken gehörigen Tänze u. Gruppirungen« (S. 201) zu gestalten, wozu ihr ein aus sechzehn jungen Mädchen und Kindern bestehendes »Corps de Ballet« zur Verfügung stand. Pauline Frühwald-Gutenthal sollte somit als erste Leiterin des seit 1871 bis auf den heutigen Tag

Pauline Frühwald-Gutenthal. Erste Ballettmeisterin des Nationaltheaters. Engagiert als 1. Tänzerin von 1870 bis 1884 und als Ballettmeisterin von 1882 bis 1888. Fotografie um 1885. RMM, Thslg.

[10] Der Hinweis bei Stahl 1929, S. 390, Beauval sei von 1819 bis 1844 Ballettmeister in Mannheim gewesen, ließ sich bislang nicht bestätigen.

bestehenden Mannheimer Balletts in dessen Geschichte eingehen. Von einer Ballettschule ausgehend, bildete die selbst als Solotänzerin tätige Ballettmeisterin also allmählich ein Ensemble heran. Auffallend ist, daß das Mannheimer Ballettensemble von seiner Neugründung bis in die zwanziger Jahre unseres Jahrhunderts ausschließlich aus weiblichen Kräften bestand, was aber keineswegs unüblich war: Das 19. Jahrhundert – die große Ära der Ballerinen – hatte die Rolle des männlichen Tänzers auf ein Minimum reduziert; der männliche Tänzerstand war somit gänzlich unattraktiv geworden und kaum mehr existent. Daher kommt es, daß bis weit ins 20. Jahrhundert vielfach auch Männerrollen von Tänzerinnen getanzt wurden. In Mannheim – wie auch andernorts – scheint es jedoch üblich gewesen zu sein, Schauspieler, bzw. Operettensänger zu kleineren Tänzerrollen heranzuziehen.

Von den Ballettmeisterinnen, die nunmehr in ununterbrochener Folge bis 1923 am Mannheimer Ballett das Szepter führten, seien hier nur die wichtigsten genannt:

Zu erwähnen ist zunächst Louise Dänike (1890–1901), der gleich zu Beginn ihrer Tätigkeit mit ihrer Produktion von Josef Bayers *Puppenfee* (16. Oktober 1890) ein Riesenerfolg gelang – und zwar mit ihren acht Solotänzerinnen und einem Elevenensemble von rund fünfzig Personen, das sie mit ihrem »großen tanzpädagogischen Geschick zurechtgedrillt hatte« (Stahl 1929, S. 144): In einer einzigen Spielzeit erlebte diese Ballettproduktion 24 Aufführungen. Bemerkenswert scheint auch die temperamentvolle Ungarin Fernande Robertine (1902–1904) gewesen zu sein, eine hervorragende Mimikerin, die allerdings nur kurze Zeit in Mannheim wirkte, um dann der zierlichen Emilie Wratschko (1904–1907) ihren Platz zu überlassen. Diese repräsentierte eher die »weiche, kokette« Linie (Stahl 1929, S. 195).
Ab 1909 etablierte sich mit Aennie Häns geradezu eine Mannheimer Institution: Die von 1909 bis 1922 sowie von 1928 bis 1931 amtierende Ballettmeisterin und Leiterin der Ballettschule konnte sich offenbar großer Beliebtheit erfreuen. Während ihrer »Amtszeit« kam vor allem unter der Intendanz Carl Hagemanns (ab Oktober 1915) viel tänzerischer Elan in das Repertoire des Nationaltheaters. Auch wendete man sich bemerkenswerterweise der Historie des Tanzes zu: Beispielsweise wurde in der Spielzeit 1916/17 in einer von Aennie Häns zusammen mit dem Buffo und Schauspieler Alfred Landory dargebotenen und von Hagemann höchstpersönlich konferierten Matinee »Die Entwicklung des Gesellschaftstanzes« demonstriert – von der Pavane zum Foxtrott (vgl. Stahl 1929, S. 355). Darüber hinaus war während dieser Zeit auch der sich ankündigende Aufbruch des deutschen Ausdruckstanzes in Mannheim zu registrieren, insbesondere anläßlich der Gastspiele von Gertrud Leistikow (11. Oktober 1919) und ihrer Schülerin Ilse Sievert (24. Januar 1920) sowie der Schwedin Jenny Hasselquist (6. Dezember 1919). Vor allem Mary Wigman, die später auf besondere Weise mit Mannheim verbunden sein sollte, gastierte hier ab Beginn der zwanziger Jahre mehrmals (1921 und 1925, später nochmal 1937).

Hagemann, der am 7. Februar 1920 selbst eine bei Publikum und Presse vielbeachtete Pantomime nach Goethes Ballade *Der Gott und die Bajadere* mit der Musik von Leonid Kreutzer in Mannheim herausbrachte, in der die Tänzerin Lilly Stock an der Seite von Fritz Odemar brillierte, hat sein besonders nahes Verhältnis zum Tanz in einem bemerkenswerten Vortrag dokumentiert, den er anläßlich eines Gastspiels des Wiesbadener Staatstheaters – er hatte 1920 dessen Intendanz übernommen – am 9. Mai 1925 im *Musensaal* des

Mannheimer *Rosengartens* hielt. Zur Aufführung gelangten Strawinskys *Geschichte vom Soldaten* und Egon Wellesz' *Persisches Ballett*. In dieser Rede heißt es unter anderem und ganz im Sinn der neuen Tanzästhetik:

»Am Anfang war der Tanz, erst später kam die Musik. Nicht umgekehrt [...]. Die Tatsache, daß zuerst der Tanz war und dann erst die Musik dazukam, bestimmt uns ja, den Tanz als solchen eine Eigenkunst zu nennen. Der Tanz ist nicht körperlich umgesetzte Musik, sondern eigenwilliger und eigenartiger Körperausdruck künstlerischer Gefühle, die zumeist von irgendwelcher Musik angeregt wurden und sich gleichsam über der Musik als ein selbständiges Kunstgebäude erheben [...].«[11]

Am Mannheimer Nationaltheater ergab sich schließlich auch für den großen Praktiker und Theoretiker der neuen Tanzbewegung, Rudolf von Laban, und seine Schule erstmals die Möglichkeit, seine Theorien im praktischen Theaterbetrieb zu erproben, und dies mit einer allerdings von der Presse kontrovers beurteilten Choreographie für den ersten Aufzug von Richard Wagners *Tannhäuser* (Neuinszenierung 4. Dezember 1921). Es scheint ihm dabei erfolgreich gelungen zu sein, das *Venusberg-Bacchanal* »von den Animierkneipenmätzchen und sonstigen Geschmacklosigkeiten üblicher Provinzaufführungen« zu befreien (Stahl 1929, S. 368).

Die Ballettchefs gewinnen an Terrain

Ab 1922 finden sich, beginnend mit Reinhold Kreideweiß (1922–1924), auch wieder männliche Ballettchefs und Solotänzer am Mannheimer Nationaltheater, darunter einige recht erfolgreiche wie Rolf Arco (1926–1927), dem sich »über harte Arbeit und Anfängerjahre am Nationaltheater Mannheim und Heidelberg der Weg an die Staatsoper Berlin« eröffnete (Enkelmann 1937, Textteil [S. 1]). Hatte man sich hinsichtlich des Ballettrepertoires in den zwanziger Jahren noch

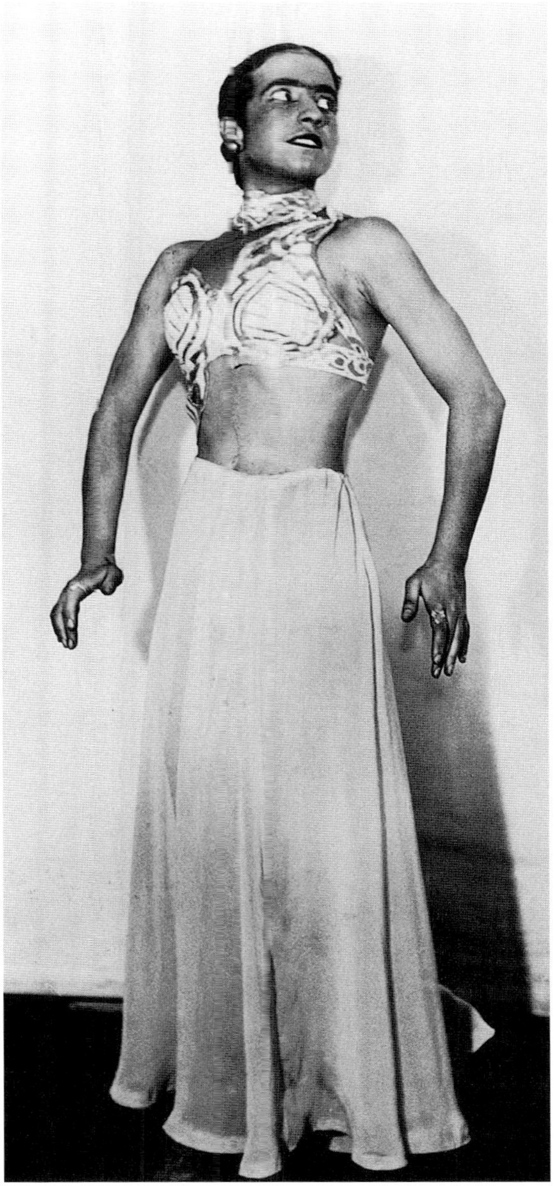

Anja Dittler (verheiratete Römer-Hahn). Die Künstlerin war von 1931 bis 1935 am Mannheimer Nationaltheater engagiert. In dieser Zeit kreierte sie auch selbst Tanzstücke, die vor allem am zeitgenössischen Ausdruckstanz orientiert waren. Die Tänzerin lebt heute in Pforzheim. Reprofotografie, um 1931. RMM, Thslg.

[11] RMM, Thslg. Ms S. 7–8.

Szene aus Carmina Burana *von Carl Orff. EA 2. Juli 1955,* Rosengarten, Musensaal, *Inszenierung und Choreographie: Mary Wigman a.G., ML: Herbert Albert. In Kostümen von Gerda Schulte Peter Ahrenkiel und Lisa Kretschmar. Von dieser (zusammen mit* Catulli Carmina *gespielten) Inszenierung bewahrt die Theatersammlung des Reiss-Museums etwa dreihundert Fotografien sowie das Choreographieskizzenbuch von Mary Wigman, so daß die Aufführungen gut rekonstruierbar sind. Foto: Adolf Falk. RMM, Thslg.*

stark an den in ganz Europa so überaus erfolgreichen *Ballets Russes* orientiert – etwa mit *Carnaval* (Tanzszenen nach Robert Schumann, Erstaufführung 3. November 1922), *Geist der Rose* (Tanzszenen nach Webers *Aufforderung zum Tanz*, Erstaufführung 13. November 1922) oder *Petruschka* (Erstaufführung 30. Oktober 1926) –, so zeigte man sich mit Beginn der dreißiger Jahre verstärkt im Sog der deutschen Ausdruckstanzbewegung. Vielleicht hatten hier auch Gastspiele wie die bereits erwähnten von Mary Wigman oder von Gret Palucca am 7. Dezember 1930 (später nochmal am 29. Oktober 1939) entsprechende Anregung gegeben. Jedenfalls existierte unter der Ballettmeisterin Gertrud Steinweg (1931–1935) und unter Hans Helken (1935) neben dem regulären Ballettensemble auch ein dem Theaterbetrieb angegliederter Bewegungschor, der sich in den Jahren 1932 und 1933 immerhin aus 25 Damen und zwölf Herren zusammensetzte. Doch auch jüngere Mitglieder des Ballettensembles, wie die aparte Anja Dittler (1931–1935), zeigten sich in eigenen Projekten den Neuerungstendenzen gegenüber höchst aufgeschlossen (die Theatersammlung des Reiss-Museums bietet hier interessantes Quellenmaterial).

Der hoffnungsvollen und mit großem Elan gestarteten Ausdruckstanzbewegung stellten sich ab Mitte der dreißiger Jahre allerorts in Deutschland – so auch in Mannheim – durch politische Restriktionen und einseitige dirigistische Kanalisierungsversuche zunehmend Hemmnisse in den Weg, was zu einem für den deutschen Tanz in vieler Hinsicht folgenschweren Exodus der meisten Protagonisten (zum Beispiel Rudolf von Laban, Kurt Jooss), beziehungsweise zur inneren Emigration (Mary Wigman) führte.

Während der Kriegsjahre suchte die aus einer ostpreußischen Familie stammende, in Moskau geborene Ballettmeisterin Wera Donalies (1937–1944) »in ungebrochenem Kunstwillen«[12] mit einem gehobenen Unterhaltungsprogramm – selbst noch nach der Zerstörung des Nationaltheaters 1943 durch britische Bomben – den Ballettbetrieb in diversen Ausweichräumlichkeiten aufrechtzuerhalten.

Auch in der entbehrungsreichen Nachkriegszeit blieb dem Mannheimer Nationaltheater sein Ballett erhalten. Dank des bejubelten Publikumslieblings Lisa Kretschmar (1951–1953 und 1953–1956), einer gleichermaßen technisch wie künstlerisch brillanten und hochmusikalischen Tänzerin und Choreographin, zeigte sich das Mannheimer Ballett bereits in den fünfziger Jahren – noch vor Eröffnung des neuen Hauses am *Goetheplatz* – bei Publikum und Presse gleichermaßen erfolgreich (vielfältiges Quellenmaterial – Rezensionen, Fotografien etc. – zu Lisa Kretschmar in der Theatersammlung des Reiss-Museums).

Wesentliche choreographische Akzente setzte in dieser Zeit aber auch nochmals die Altmeisterin des *Deutschen Ausdruckstanzes* Mary Wigman in Mannheim mit Inszenierungen von Händels *Saul* (EA 18. Juni 1954), Orffs *Carmina burana* und *Catulli Carmina* (EA 2. Juli 1955) sowie Glucks *Alkestis* (EA 23. November 1958).
Ihre Mannheimer Orff-Inszenierungen zählte Mary Wigman zu ihren wichtigsten Bühnenschöpfungen. Die umfangreichen handschriftlichen Skizzen der Choreographin sowie über 300 Szenenfotografien zu diesen Inszenierungen werden heute in der Theatersammlung des Reiss-Museums Mannheim aufbewahrt.
Mary Wigman wurde 1954 für ihr Lebenswerk mit dem *Schillerpreis der Stadt Mannheim* geehrt und anläßlich ihres 75. Geburtstages 1961 zum Ehrenmitglied des Nationaltheaters Mannheim ernannt.

Angesichts dieser Sonderstellung der Wigman in Mannheim nimmt es wunder, daß ihre Schülerin Ingeborg Guttmann (1956–1960), die erste Ballettchefin im neuerrichteten Haus am *Goetheplatz*, ohne entsprechende Fortune in Mannheim wirkte; jedenfalls blieben ihre Versuche, Ausdruckstanz mit klassischem Ballett zu verbinden, ohne Resonanz. Ihrem Ensemble gehörte übrigens

[12] *Saarbrücker Zeitung* vom 3. Dezember 1943.

Szene aus dem
II. Jazzballett, Dithyrambus,
von Wolfgang Lauth.
UA 21. April 1967,
Idee und Choreographie:
Horst Müller,
Musik: Wolfgang Lauth,
Bühnenbild: Irmgard Weiher,
Kostüme: Lieselotte Klein.
Foto: Mara Eggert.
RMM, Thslg.

kurzzeitig auch Gerhard Bohner (1958–1960), eine der innovativsten Choreographenpersönlichkeiten der Tanztheaterbewegung der siebziger und achtziger Jahre, als Gruppentänzer an. Mit Ingeborg Guttmanns Weggang 1960 findet die Ära der Ballettmeisterinnen in Mannheim ein Ende: Bis auf den heutigen Tag liegt die Leitung des Balletts in den Händen männlicher Ballettchefs.

Das Ballettgeschehen seit Beginn der sechziger Jahre soll hier nur der Vollständigkeit halber in Ansätzen skizziert werden. Einer umfassenden Dokumentation für diesen Zeitabschnitt anhand von Zeitzeugenberichten und einer auf breiterer Basis durchgeführten Aufarbeitung der medialen Rezeption kann und sollte im Rahmen der vorliegenden Arbeit nicht vorgegriffen werden. Die Theatersammlung des Reiss-Museums, das Deutsche Tanzarchiv Köln, das Stadtarchiv Mannheim und nicht zuletzt die *Derra de Moroda Dance Archives* in Salzburg bieten hierfür etliche Quellenmaterialien.

Mit Heino Heiden (1960–1963), dem bei Tatjana und Victor Gsovsky in Berlin, aber auch bei Antony Tudor in New York ausgebildeten Tänzer und Choreographen, zog 1960 die traditionell klassische Linie wieder in Mannheim ein, eine Tendenz, die ganz generell im Ballettgeschehen an deutschen Theatern in diesen Jahren zu registrieren ist. Bemerkenswert ist, daß Heiden 1962 erstmals wieder eine Neuauflage des aus dem 18. Jahrhundert stammenden und heute zum Standardrepertoire zählenden Genreballetts *La fille mal gardée* des Noverre-Schülers Jean Dauberval, das übrigens 1820 die zuvor erwähnte Kobler-Familie auch schon in Mannheim präsentiert hatte, in einer Neuadaption auf die Bühne brachte.

Horst Müller (1963–1973), der klassisch wie auch in diversen zeitgenössischen Tanztechniken (Kurt Jooss, Doris Humphrey) ausgebildete Nachfolger Heidens ab 1963, machte Mannheim vor allem dank seiner höchst originellen *Jazz-Ballette* zu einem Anziehungspunkt, wozu auch die musikalische Komponente, das heißt die fruchtbare Zusammenarbeit mit dem Jazz-Musiker und -Komponisten Wolfgang Lauth entscheidend beitrug.

Lothar Höfgen (1973–1979), der mit der neuen Intendanz Michael Hampes 1973 nach Mannheim berufen wurde, stand als Ballettchef einem zum Kammerensemble verkleinerten Ballett gegenüber. Der Startänzer aus Maurice Béjarts Brüsseler *Ballet du XXe Siècle* hatte sich bereits als Choreograph, bzw. Ballettchef in Karlsruhe und Bonn profiliert und insbesondere mit seinem Ballett zu Pendereckis *Polymorphia* einen Namen gemacht. Mit seinen mitunter recht unkonventionellen Deutungen bewährter Repertoirestücke stieß er nicht immer auf ungeteilte Zustimmung beim Mannheimer Publikum. Bereits 1979 verließ er das Nationaltheater, um sich an seiner eigentlich zentralen Wirkungsstätte Hannover zu etablieren.

In Joachim Gerster (1979–1991), einem Schüler Dore Hoyers und Tatjana Gsovskys, der bereits 1958/59 als Tänzer dem Mannheimer Ballettensemble angehört hatte, folgte Höfgen zwar kein revolutionärer Neuerer, dennoch ein äußerst sensibler Choreograph, der zugleich über hervorragendes dramaturgisches Können verfügt, was ihm vor allem bei der choreographischen Umsetzung literarischer Vorlagen zustatten kam.

Mit Philippe Talard, der 1991 von Ulm, wo er sich bereits eine höchst interessante Kompagnie aufgebaut hatte, nach Mannheim berufen wurde, schließt sich der Kreis. Wiederum steht – wie schon im 18. Jahrhundert – ein Franzose an der Spitze des Mannheimer Balletts. Wie Maurice Béjart, aus dessen Schule er kommt und der sich wohl als einer der eigenwilligsten europäischen Ballettschöpfer der zweiten Jahrhunderthälfte erwiesen hat, als einer jener wenigen, die sich erfolgreich gegen die anglo-amerikanische Dominanz zu behaupten vermochten, so scheint auch Philippe Talard im Rahmen der ihm in Mannheim gegebenen

Szene aus
Salome.
UA 8. September 1974, Choreographie: Lothar Höfgen, Musik: Isang Yun, Bühne: Günter Fischer-Piscat, Kostüme: Lieselotte Klein. Teresa del Cerro (Salome). Foto: Mara Eggert. RMM, Thslg.

Möglichkeiten durchaus seine Eigenständigkeit zu wahren: Mit einer von tänzerischer und kraftvoll-akrobatischer Technik geprägten Kompagnie setzt er kluge dramaturgische Konzepte mit kreativem Elan, großer Musikalität und auf »unverkopfte« Weise um und erreicht so – wie es scheint – auch wiederum ein breiteres Publikum. Ein neuer Weg, der unbedingt Beachtung finden sollte, ein Weg, der in der Zeit drastischer Sparmaßnahmen, denen am Theater in der Regel das schwächste Glied des Dreispartenbetriebs, das Ballett, zum Opfer fällt, zukunftsträchtig ist.

Drei Jahrhunderte Mannheimer Ballett: ein buntes Spektrum heterogenster Tendenzen, das gleichwohl präzise alle wichtigen Strömungen der Ballettgeschichte dieser Zeit widerspiegelt – und somit durchaus eine wichtige Facette im Gesamtgeschehen der europäischen Tanztheatergeschichte repräsentiert.

Szene aus Der Seiltänzer, *Tanzstück von Philippe Talard. UA 14. April 1996. Musik und Einrichtungen von Dayton Allemann und Dennis Kuhn, Ausstattung von Johannes Conen. Bruno Perillo und Karine Guingamp. Foto: Carola Hölting. RMM, Thslg.*

Zeitzeugen: Horst Dobirr

Liselotte Homering

Horst Dobirr
Tänzer
1. lyrischer Solo-Tänzer
Foto: Jean Christen

Ein blitzklarer Wintersamstagvormittag in der Wohnung von Margarethe und Horst Dobirr. Sie Schauspielerin, er Solotänzer am Mannheimer Nationaltheater in den Jahren von 1956 bis 1958 und 1963 bis 1969. Die Wohnung strahlt einen Hauch fünfziger Jahre aus, an den Wänden zeitgenössische Kunst und vor den Fenstern eine Fülle von Grünpflanzen. Horst Dobirr ist erst wieder einige Tage zu Hause, er hat einen längeren Krankenhausaufenthalt hinter sich: »Die Gelenke sind kaputt – irgendwann ist ein künstliches Kniegelenk fällig – das sind natürlich alles Verschleißerscheinungen vom Tanzen.« Sagt's und schwärmt im selben Atemzug, daß er sonst immer regelmäßig mit seiner Frau nach Thailand fliegt, um den Körper wieder einigermaßen auf Vordermann zu bringen: »Nach drei, vier Tagen in Thailand kann ich fast wieder ohne Stock gehen. Das Wasser dort ist beinahe durchgehend dreißig Grad warm, und das bekommt meinen Gelenken hervorragend.« Solche Erscheinungen seien bei Tänzern mit zunehmendem Alter einigermaßen normal – die Knorpel verschleißen sich bei den enormen Belastungen, denen der Körper durch Training und Tanz ausgesetzt ist. Damit müsse man eben leben. Und schon sind wir mitten im Fachsimpeln. Doch der Reihe nach.

Horst Dobirr (der Name ist masurischer Herkunft) ist 1932 in Berlin geboren. Der Vater war bei Siemens angestellt, der Sohn begann ebenfalls bei Siemens mit einer Feinmechanikerlehre. Und wie kommt man da zum Ballett? Tja, sozusagen »wie die Henne zum Ei«, sagt er schmunzelnd. Die Familie wohnte in Kreuzberg, und eines Tages standen er und sein Vater am *Wittenbergplatz*, als der Blick des Sohnes auf ein Plakat fällt, auf dem Werbung für Laienkurse der Wigman-Schule gemacht wurde. Achtzehn Jahre alt war der junge Mann, und Horst Dobirr verkündete seinem Vater: »Papa, da geh' ich hin.« Ist doch logisch, oder? Na, ja – ein Vorspiel hatte es schon gegeben: Horst Dobirr kommt – wie er selbst sagt – aus kleinen Berliner Verhältnissen. Da sitzt man abends meistens in der Küche. Er hielt sich aber lieber im Wohnzimmer auf, wenn im Rundfunk Konzerte übertragen wurden, Beethovens *Neunte* oder anderes, und dann habe er immer so »herumgehampelt« zur Musik. Und noch etwas war für seine Tanzleidenschaft ausschlaggebend: In den beginnenden fünfziger Jahren sei er öfter mal ins Kino gegangen und ganz fasziniert von der Tänzerin La Jana gewesen (»die hatte ein sehr schönes Gesicht, war aber saudumm«) – trotzdem imitierte er sie zu Hause: »Wenn ich aus dem Kino kam, machte ich dann auch so blöde Bewegungen, wie die da im Film tanzte – es muß schrecklich gewesen sein«, aber so begann tatsächlich alles.

Horst Dobirr tanzte Mary Wigman vor, die seine Begabung sofort erkannte und ihm anbot, ihn kostenlos auszubilden, vorausgesetzt, er würde zuerst seine Ausbildung als Feinmechaniker abschließen. Sobald er seine Prüfung in der

Tasche hatte, konnte er bei der Wigman anfangen. Mit komischer Verzweiflung erzählt er, daß bald immer *er* die Gruppe anzuführen hatte und kaum je einmal zur Ruhe kam, was sich bald rächte. Eines seiner Knie war so überbelastet, daß er zeitweilig überhaupt nicht mehr tanzen konnte. Aus dieser Zeit stammt seine große Liebe zur Pantomime, die ihm ein Schauspielerkollege schmackhaft gemacht hatte. Die Faszination für diese neue Erfahrungswelt ging so weit, daß sich der junge Tänzer ernsthaft überlegte, die Pantomimenkunst zum Beruf zu machen. Doch kam es anders. Denn eines Tages meldete sich die Hildesheimer Choreographin Ingeborg Guttmann – den Mannheimern keine Unbekannte – bei Mary Wigman und suchte händeringend einen Ersatz für ihren durch Krankheit ausgefallenen Solotänzer. Mary Wigman empfahl Horst Dobirr, und damit begann seine Karriere als Tänzer. Dobirr erzählt, daß er entsetzlich schüchtern gewesen sei und seinen ersten Auftritt in Paul Burkhards *Feuerwerk* komplett in den Sand gesetzt hat, da er sich so sehr von den vor ihm auftretenden Clowns und den vielen in Badekostümen tanzenden Mädchen faszinieren ließ, daß er einfach gebannt in der Gasse stehen blieb. Plötzlich sei die Guttmann hinter ihm aufgetaucht und habe ihn daran erinnert, daß er sich eigentlich auf der Bühne befinden sollte. Er sei so entsetzt gewesen, daß er wie »ein Huhn vorm Auto – überhaupt nichts mehr gewußt« habe und nur noch konfus auf der Bühne hin und her gerannt sei. Glücklicherweise habe die Guttmann die eigentlich unweigerlich auf ihn zukommende Konventionalstrafe abgewendet. In Hildesheim übrigens hat Horst Dobirr auch seine Frau kennengelernt, seine strengste Kritikerin, wie er sagt. Aber er betont, daß ihm ihr Urteil immer überaus wichtig gewesen ist, auch, wenn schon mal so knallharte Kommentare wie »Ach, die Choreographie war hervorragend, man bräuchte nur einen besseren Solotänzer!« auszuhalten waren. Trotzdem: »Eine harte Kritik ist viel besser, als wenn man immer gesagt bekommt, was bist Du gut, was bist Du gut! Auf deutsch gesagt, das ist beschissen, weil es einem überhaupt nichts bringt.« Horst Dobirr liebt – trotz seiner eher leisen Art – das offene Wort. Bildhaft läßt er Szenen, gespickt mit raschen Dialogen, vor den Augen seines Gegenübers entstehen, die häufig genug mit pointiertem Humor gewürzt sind.

Hildesheim war sicher keine leichte Schule, denn hier wurde dem Ausdruckstänzer eine Menge klassisches Ballett abverlangt, was bei Mary Wigman eher nebenher gelaufen war. So gereichte es ihm für seine Entwicklung zum Vorteil, daß er, als Ingeborg Guttmann in Hildesheim aufhörte, sich ein Jahr Zeit nahm, um in Berlin bei Gustav Blank noch einmal nach allen Regeln der Kunst klassisches Ballett »zu bimsen«. Zusätzlich ließ er sich in London bei der russisch-amerikanischen Ballerina Anna Northcott den letzten Schliff geben. Eine wahre Knochenmühle muß das gewesen sein: »Da habe ich jeden Nachmittag in der Badewanne eine Stunde in heißem Wasser gelegen, weil ich nicht mehr laufen konnte, so hart war dort das Training!« Die Schinderei zahlte sich aus. Ingeborg Guttmann ging als Choreographin nach Mannheim und holte sich Horst Dobirr als Solotänzer, allerdings noch mit Gruppenverpflichtung. Die Namen seiner Kollegen von damals hatten Klang, nicht nur in der Mannheimer Ballettszene: Roger George und Frank Hoopmann. Beides kraftvolle Tänzer, die durch den sensiblen, eher lyrischen Horst Dobirr ausgezeichnet ergänzt wurden.
Zwei Jahre blieb Dobirr in der Quadratestadt. Als Hoopmann nach Amerika ging, sah Dobirr seine Chance gekommen. Ingeborg Guttmann aber hielt ihn noch für zu jung. Zwar bot sie ihm Hoopmanns Partien an, nicht jedoch den dazu gehörenden Vertrag. Also wechselte der mittlerweile 26jährige als erster lyrischer Solotänzer nach Heidelberg, wo die »großartige Choreographin« Ilse-Lore Wöbke

wirkte. An Heidelberg erinnert er sich gerne, weil er wunderschöne Rollen zu tanzen hatte. Als die Wöbke erkrankte, sprang für sie – die ebenfalls in Mannheim bekannte – Lisa Kretschmar ein. In ihrem Fall macht Dobirr aus seinem Herzen gleichfalls keine Mördergrube. Jedenfalls kündigten er und die damalige Heidelberger Solotänzerin Gaby Fried, die häufig seine Partnerin war, nach nicht allzulanger Zeit, und beide begaben sich auf Vortanzreise. Dobirr lernte den gerade aus Amerika zurückgekehrten Jooss-Schüler und Oldenburger Ballettmeister Horst Müller kennen, der ihn sogleich begeistert als ersten Solotänzer verpflichtete und der ihm »eine schöne Rolle nach der anderen« gab. 1963 kehrte Dobirr mit Müller und Ernst Dietz wieder nach Mannheim zurück, wo sich für ihn fünf Jahre später, nach vielen begeisternden Tanztheaterabenden, auf dramatische Weise sein Karrierekreis schloß. Es geschah in einer Aufführung von Müllers Ballett *König Hirsch* nach Musik von Georg Friedrich Händel. Dobirr war wunderbar ausgeruht und durch Moorpackungen am Schwarzen Meer, wo er mit seiner Familie in Ferien war, verwöhnt, nach Mannheim zurückgekehrt. Begeistert erzählte er seiner Frau nach einem Training: »Ich springe wieder wie früher, ich habe keinerlei Schmerzen! Das war der Fehler«, fügt er hinzu, »hätte ich bloß Schmerzen gehabt. Bei Schmerzen hat man immer eine Grenze, ich aber flog auf der Bühne durch die Gegend, als sei das gar nichts! In der folgenden Aufführung des *König Hirsch* hatte ich schon gut zwei Drittel getanzt, und dann kam ein ›Grand Jeté‹, mit dem ich meinem Verfolger wegspringen mußte. Da hat es oben in der Luft plötzlich peng gemacht, ich stürzte wie Ikaros auf den Boden und lag einfach da. Ich konnte mich nicht mehr bewegen, am linken Knie war eine Sehne durchgerissen.« Der Vorhang ging zu, Horst Müller trat vor das Publikum, erklärte kurz den Unfall, der Abend wurde ohne die Hauptperson zu Ende getanzt – »The Show Must Go on«! Nach wochenlangem Krankenhausaufenthalt und mehreren Operationen war allen im Theater daran gelegen, Horst Dobirr wieder in den »normalen« Tänzeralltag zu integrieren. Horst Müller bot ihm den Wechsel ins Charakterfach an, in *Cinderella* sollte er eine der bösen Schwestern tanzen. Er probte auch dafür, brachte durch sein pantomimisch-komisches Talent alle zum Lachen – in seinem Kopf aber blieb die Angst bei jedem Sprung, daß wieder etwas passieren könnte. Es war aussichtslos, als Tänzer weiterzuarbeiten. Horst Dobirr machte einen harten Schnitt: Er war knapp 37 Jahre alt, für einen tänzerischen Neuanfang mit härtestem Training zu alt – also sattelte er auf seinen dritten Beruf um: Tontechniker. Die Prüfung bestand er in Heidelberg mit der Note 1,5, und das ortsansässige Max-Planck-Institut wollte ihn für sich anwerben. Aber Horst Dobirr konnte nicht ohne seine geliebte Theaterluft leben, und so blieb er von 1973 bis 1990 dem Nationaltheater als Tontechniker beruflich verbunden. Auf diese Weise konnte er in Mannheim schließlich sogar sein 25jähriges Dienstjubiläum feiern.

Und heute? Natürlich hat er manch köstliche Anekdoten aus seiner Mannheimer Tänzerzeit parat, aber auch ganz bestimmte Ansichten zum Ballett an sich und dem Mannheimer Tanztheater im besonderen. Ich frage ihn, was er denn davon gehalten hat, wenn er in Opern und Operetten mitzutanzen hatte. Rundweg: überhaupt nichts, »weil es eine fürchterliche Belastung ist. Denn schließlich will ein Tänzer Ballettabende tanzen, er will Rollen haben, und wenn man in der Oper, schlimmer noch in der Operette tanzen muß, dann schämt man sich fast, nein, man schämt sich richtig.« Und mit einem Seufzer der Erleichterung fügt er hinzu: »Das ist ja jetzt Gott sei Dank weg, das ist ja keine vertragliche Verpflichtung mehr.« Auf die Frage, wie denn zu seiner Zeit der Kontakt zwischen den einzelnen Sparten gewesen ist, betont er, daß die Verbindungen zur Oper, »vor allem aber zwischen dem Schauspiel und dem Ballett ausgesprochen gut waren. Es klingt vielleicht ein bißchen doof, aber ich kann's nicht anders ausdrücken – wir waren wie eine große Familie damals, besonders als das neue Haus eröffnet wurde.« Und nun greift er tief in seinen Anekdotenschatz und erzählt, wie der Schauspieler Horst Bollmann und er sowie einige Damen des Balletts eines Sommerabends nach einer Ballettaufführung in der Kantine zusammentrafen und beschlossen, einen Ausflug in den *Luisenpark* zu machen. Nächtens also kam es zu einer enthüllten Separatvorstellung im alten *Kutzerweiher*, als plötzlich ein Polizist auf dem Fahrrad vorbeikam und die reizvolle Bescherung sah. Bestürzt stiegen Nymphen und Faune ans Land, von dem Wasser des *Kutzerweihers* tief grün gefärbt (!), warfen sich hastig wieder in ihre Klamotten und harrten der Dinge, die da kommen würden. »Doch der Polizist hat sich überhaupt nicht beirren lassen, guckte uns zu und sagte dann: ›Aha, Theater, so. – Na ja, ich sehe von einer Anzeige ab, wenn ihr mir sofort die Bänke dahin zurückstellt, wo ihr sie hergenommen habt! Also dann, gute Nacht!‹ – Das waren noch Zeiten, als die Polizei noch so lieb zu einem war«, fügt Horst Dobirr noch heute amüsiert hinzu.

Und wie sieht es mit dem Publikum aus – gibt es da für ihn Veränderungen? Durchaus: Das Publikum war früher kritischer, meint er. Jetzt ist man schnell bereit »Bravo« zu rufen, auch wenn keine großen Leistungen geboten worden sind. »Das muß nicht sein. Wenn ich mir überlege, was wir damals für Aufführungen hatten, vor allem im Schauspiel! Da waren solche Kräfte wie der Reichmann, der Martell, der Bollmann, der Ronnecker, die de Graaf – ach Gott, wenn die einmal über die Bühne gingen, da hat doch das Haus gebebt – das darf man alles nicht vergessen. Da war unheimlich viel Dampf dahinter und Können vor allen Dingen.« Da habe das Publikum schnell zu entscheiden gewußt, was wirklich gut war. Und das Tanztheater? »Tja, da habe ich oftmals den Eindruck, die tanzen gar nicht, die bewegen sich nur. Beim Tanz muß alles Stil haben, wenn man springt, muß man beim Aufkommen groß werden und nicht einfach nur die Arme zur Seite wegwerfen oder sonst etwas Unlogisches vollführen.« Aus diesem Grund hat ihm Aki Kato in Philippe Talards *Seiltänzer* so ausnehmend gut gefallen: »Diese Frau ist unnachahmlich, sie hat eine wunderbare Ausstrahlung und eine großartige Spannung – sie beispielsweise bewegt sich nicht, sondern sie tanzt wirklich, sie ist ganz in der Figur drin.«

Auf die Frage, zu welcher Kategorie Tänzer er selbst sich rechne, zu den denkenden oder zu den intuitiven, reagiert Horst Dobirr erwartungsgemäß salomonisch: »sowohl als auch.« Andererseits erzählt er, daß ihn Horst Müller in Oldenburg einmal dazu angeregt hat, einen Tanz ohne Musik nur auf die Worte eines Gedichtes von Gottfried Benn, rezitiert von Günther Amberger, zu erarbeiten. Er habe einige Zeit benötigt, den Sinn hinter den Worten zu finden und diesen – dann zumeist kontrapunktisch zum Sprachrhythmus – zu tanzen. Und nun wird Horst Dobirr plötzlich selbst ganz poetisch, wenn er dieses Erlebnis beschreibt: »Das Gedicht wurde durch den Tanz zu einem schönen Teppich, den man webt.« Da spricht eindeutig der hochsensible, aber auch analytisch denkende Ausdruckstänzer, der das Leben hauptsächlich über den Tanz zu definieren scheint. Und so erstaunt es auch nicht, wenn für ihn, trotz aller schmerzhaften Folgeerscheinungen seines Berufes, feststeht: »Wenn ich noch einmal auf die Welt käme, würde ich wieder Tänzer werden – ist doch logisch.«

Fast zwanzig Jahre lang den SCHNAWWL aufgesperrt!

Eine Skizze zum Kinder- und Jugendtheater in Mannheim zwischen 1979 und 1996

Jürgen Kirschner

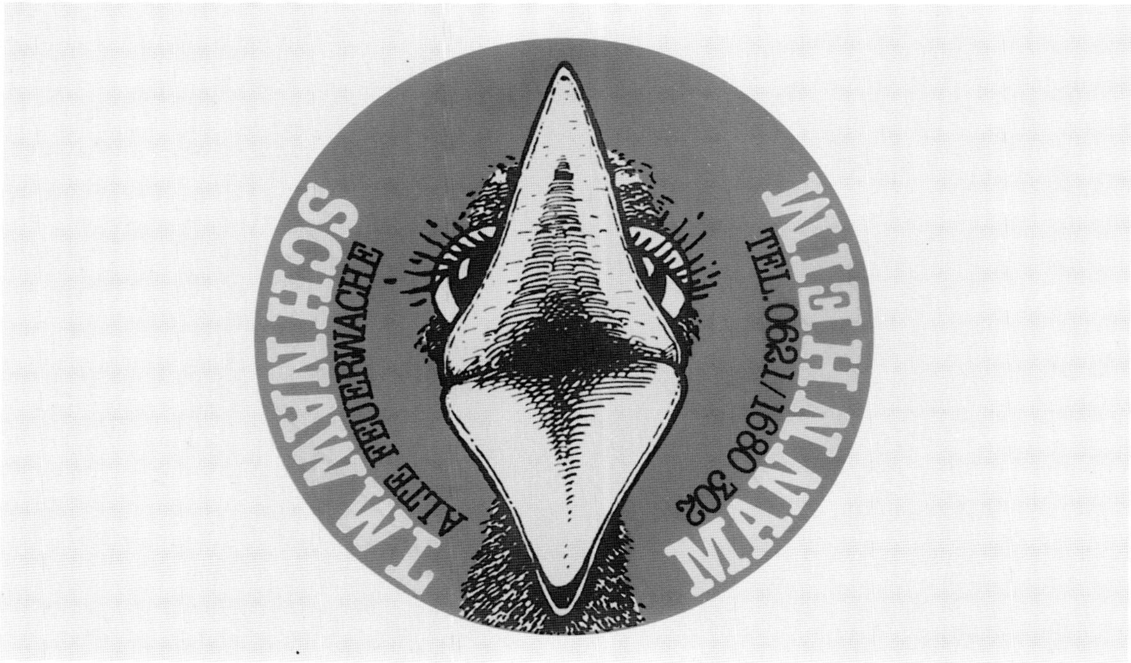

Signet des Schnawwl *bis 1990 von Gerhard Fontagnier, Mannheim. RMM, Thslg.*

Im Spagat zwischen eigenen künstlerischen Ansprüchen und stagnierendem Etat bzw. der Erwartung hoher Aufführungs- und Besucherzahlen haben die Ensembles des *Schnawwl* dem Mannheimer Publikum das Repertoire des Kinder- und Jugendtheaters erfolgreich erschlossen. In der lokalen Identifikation mit dem Stil des *Schnawwl* erweist sich das kommunale Kinder- und Jugendtheater als Grundbaustein eines institutionsübergreifenden Kulturraumes für Kinder und Jugendliche, der auch von seinem baden-württembergischen und überregionalen Engagement profitiert.

Spätes Modell
Mit der Restauration des deutschen Stadttheatersystems nach 1945 wurde in Westdeutschland das Kinder- und Jugendtheater auch weiterhin in Form des »Weihnachtsmärchens« gepflegt. Einzelne private bzw. kommunale Neugründungen brachten die jugendlichen Helden aus der Kinder- und Jugendliteratur, später auch zunehmend soziale Problemstellungen auf den Spielplan. Ende der sechziger Jahre ergriffen die in Opposition zum Stadttheater entstandenen Freien Gruppen Partei für die Kinder und Jugendlichen, und 1971 legte der *Deutsche Bühnenverein* auf der Basis einer Umfrage unter den Mitgliedsbühnen eine *Studie zum Kinder- und Jugendtheater* vor, die mit einem umfangreichen Forderungskatalog abschloß (Deutscher Bühnenverein 1971). So wurden die öffentlichen Rechtsträger der Theater aufgefordert, durch finanzielle, räumliche und personelle Entscheidungen das Kinder- und Jugendtheater zu beleben und somit den Anschluß an vorbildliche Entwicklungen in anderen europäischen Ländern – und nicht zuletzt in der damaligen DDR – zu finden. In der Folge entstanden vor allem im norddeutschen Raum neue Kinder- und Jugendtheater. Fast zehn Jahre später entschloß sich auch die baden-württembergische Landesregierung zu einem landesweiten Impulspaket (ASSITEJ 1981). Unter anderem wurden für die Landesbühnen in Bruchsal, Esslingen und Tübingen jeweils 300 000 DM zur Verstärkung der Ensembles zur vermehrten Produktion von Kinder- und Jugendtheater bereitgestellt. Auch die Stadttheater konnten für Zwecke des Kinder- und Jugendtheaters vierzig Prozent Subventionen erhoffen, wenn die jeweilige Stadt die restlichen sechzig Prozent beisteuerte. Im Laufe der Jahre machten Heidelberg, Aalen, Konstanz, Stuttgart und Freiburg für das *Theater im Marienbad* von dieser Möglichkeit Gebrauch. In Mannheim entschied sich der Gemeinderat im Juni 1978 für die Einrichtung einer vierten Sparte am Nationaltheater Mannheim.

Einfach schön!
Anfang 1979 hatte der Intendant des Nationaltheaters Arnold Petersen in Pavel Mikulastik einen ersten Leiter gefunden, der mit einem Ensemble von acht SchauspielerInnen, dem Dramaturgen Roland Haas, der Regie- und Dramaturgieassistentin Annette Endres und – ab der zweiten Spielzeit – dem Theaterpädagogen Bernd Bosse sowie den MitarbeiterInnen für Technik und Verwaltung das Team komplettierte. »Attraktiv, heiter, artistisch, komödiantisch« (Schönfeldt 1979) hieß das Motto, unter dem nach einer kleinen Kostprobe im Mai am 29. September 1979 das Spiel mit einem Volksfest begann. Gespielt wurde

Ankündigung für die ersten Aufführungen des Kinder- & Jugendtheaters am Nationaltheater Mannheim.
In: Nationaltheater Theaterzeitung, *Jubiläumsspielzeit 1979/80, Nr. 1, 1979. RMM, Thslg.*

im *Forum der Jugend* und mobil in den Vororten bzw. dem weiteren Umkreis, aber auch im *Studio* und im *Kleinen Haus* des Nationaltheaters, denn die geplante Spielstätte wurde noch umgebaut. Erst am 8. Mai 1981 konnte der *Schnawwl* das Dachgeschoß in der *Alten Hauptfeuerwache* beziehen. »Popper, Punks und Parkas, Subkulturler zwischen älteren Herrschaften, Männer mit graumelierten Haaren und ebensolchen Anzügen, Damen im Ausgehkleid neben ›Azubis‹ in lila Leder-Montur und Freaks mit punkfarbenen Strähnen im Haar«, so berichtete der *Mannheimer Morgen* am 11. Mai 1981 (Räuchle 1981a), defilierten am Wochenende durch das Haus.
Mit variabler Bestuhlung und den Möglichkeiten einer Fabrikhalle bot der Raum den vom Theater gewünschten »Werkstattcharakter« (Räuchle 1981b). Hier sollte die strikte Trennung von Akteuren und Zuschauern aufgehoben und das Publikum ins Spiel einbezogen werden.

Von Grimm zu Grips
Das eigenständige Kinder- und Jugendtheater wurde in das traditionelle Spielplanangebot des Nationaltheaters eingebunden, die »Weihnachts-märchen-Position« aber mit neuen Vorzeichen versehen. So kündigte der *Mannheimer Morgen* *Hakims Geschichten* von Norberto Avila im *Kleinen Haus* als »fällige Advents-Premiere für Kinder und Familie« (Schönfeldt 1980b) an. Der zur Premiere am 30. November 1980 angereiste Portugiese Avila hatte das Stück für Kinder in Zeiten der Diktatur geschrieben, um die Zensur zu umgehen. Die – in Deutschland fünfund-

Szene aus Hakims Geschichten *von Norberto Avila. EA 30. November 1980, Inszenierung: Pavel Mikulastik, Bühnenbild: Charles Heilig, Kostüme: Johanna Bucher. (Personen nicht identifiziert). Aus: Nationaltheater Theaterzeitung Nr. 4, 1981. RMM, Thslg.*

zwanzigste – Inszenierung des Stückes durch Pavel Mikulastik setzte in kargem Bühnenbild eines Autofriedhofs und einfachen Kostümen auf die Wirkung der durch spezielles Körpertraining vorbereiteten SchauspielerInnen. Marionettenspiel und ein starkes musikalisches Element akzentuierten die Geschichten über den Wert der Phantasie nicht nur im Orient, sondern auch in Mannheim. Im nächsten Jahr wurde das »Weihnachtsstück des Nationaltheaters«, das »im Dezember fast täglich gespielt (wurde), und zwar morgens für Schulen und nachmittags für Kinderheime, Tagesstätten und für die ganze Familie« (Theaterzeitung 1981) zum ersten Mal in der *Alten Hauptfeuerwache* gezeigt: *Spaghetti mit Ketchup.* Grips hatte Grimm abgelöst.

Mitspielen und Aufklären

Was zehn Jahre lang in Deutschland von Freien Gruppen entwickelt und aufgeschrieben worden ist, wurde später auch im Kontext des deutschen Stadttheaters rezipiert. So hatte am 6. Februar 1981 im *Jugendhaus Erlenhof* das Stück *Langfinger* Premiere, ein Krimi vom Berliner Theaterkollektiv *Birne* um Wohlstandskriminalität und AusländerInnen in der Bundesrepublik. Da die jungen BesucherInnen aber nicht nur zuschauen dürfen, sondern aktiv in die Handlung eingreifen können, reflektiert das Publikum öffentlich seine Haltung zu den Fragestellungen. Während dieses Mitspielstück 1975 noch in der Erwartung gespielt wurde, die Kinder würden sich gegen das türkische Mädchen entscheiden, zeigte sich in Mannheim ein Wertewandel. Die jungen MannheimerInnen nahmen zuerst beide Mädchen in Schutz und wandten sich dann gegen das nette Popperkind von nebenan. Oder lag die Parteinahme der Kinder an der Konturierung der beiden Welten durch den Regisseur Klaus Adam begründet, der die türkische Familie lebensnah, die deutsche dagegen als Karikatur auf die Bühne stellte? Auch beim Rollentausch der beiden Darstellerinnen blieb das Publikum jedenfalls bei seiner Meinung.

Was heißt hier Liebe? fragte der *Schnawwl* zuerst am 11. April 1980 im Saal des *Forums der Jugend* (an der *Neckarpromenade*) – und startete damit einen Dauerbrenner, der nach einem Jahr schon siebzig Mal *für Menschen ab 13 Jahren* gespielt worden war. Nach dreieinhalbmonatiger Probezeit hatte Pavel Mikulastik die erste Liebe zwischen dem sechzehn Jahre alten Paul und der vierzehn Jahre alten Paula mit sechs SpielerInnen für drei Stunden auf eine kleine einfache Bühne gebracht. Einblendungen und die neu komponierte Musik unterstützten die SchauspielerInnen bei dieser Revue, die der Kritik nur zu lang geraten war. *Das Spiel um Liebe und Sexualität für Leute in und nach der Pubertät* war seit seiner Uraufführung 1976 in vielen Städten der Bundesrepublik, Österreich und der Schweiz gespielt und vielfach ausgezeichnet worden. »Sich nicht mit den sexuellen Bedürfnissen ihrer Tochter oder ihres Sohnes auseinandersetzen zu müssen, war vorherrschendes Erziehungsverhalten« (Fehrmann/Flügge/Franke 1977). So umriß die *Rote Grütze* die Erfahrungen der nachgewachsenen Generation, die sie zusammen mit den eigenen Erlebnissen zur Grundlage des Stückes gemacht hatte. Auch in Mannheim hatten Vorgespräche mit der Lehrerschaft und Nachgespräche mit dem Publikum einen heftigen Schlagabtausch nicht abfangen können, der vom November 1980 an bis zum folgenden März die Leserbriefspalten bereicherte. Das Theater gab so den Anlaß, den Umgang mit der Sexualität – der Kinder – zu debattieren. Die Einforderung des Elternrechts auf Aufklärung paarte sich mit dem Wertekanon »Würde, Sauberkeit, Achtung der Eltern, Streben nach Leistung« (Leserbrief 1980a), der Hinweis auf die Doppelmoral unserer Gesellschaft und der Wunsch nach Aufklärung als »ein Stück Liebes- und

Szene aus
Was heißt hier Liebe?
von der Roten Grütze.
EA 11. April 1980,
Regie: Pavel Mikulastik,
Ausstattung: Charles Heilig.
Von links: Regula Steiner,
René Huber, Barbara Hagin.
Foto: Charles Heilig.
RMM, Thslg.

Lebensdisziplin« (Leserbrief 1980b) wurden dagegengehalten. Während die einen für Kunstfreiheit und Toleranz eintraten, haben die anderen die Gefährdung der Öffentlichkeit durch solches Theater beschworen. Sexuelle Aufklärung hat als Thema öffentlicher Debatten inzwischen jedoch ausgedient. Als der *Schnawwl* im September 1992 das Stück in einer neuen Inszenierung – mit einer zusätzlichen Szene über Aids und einem blauen Kondom im Programmheft – herausbrachte, blieb es bei der üblichen Kritik im Feuilleton.

Von Mailand nach Mannheim
Doch der *Schnawwl* hat sich mit seinen großen Augen nicht nur in Deutschland umgeschaut. Das Kinder- und Jugendtheater holte auch wichtige Neuentdeckungen aus dem Ausland nach Mannheim. In Mailand schreibt das *Teatro del Sole* seit 1971 ein Stück Kinder- und Jugendtheatergeschichte. 1974 hatte eine Autorengruppe dieses Theaters in Kontakt mit heimischen Schulklassen einen Text über zwei jugendliche Ausreißer verfaßt. Nachdem Hubert Habig – seit 1982 als Dramaturg am *Schnawwl* – die deutsche Übersetzung bearbeitet hatte, setzte der Gastregisseur Hans-Jörg Betschart diese Fassung in Szene – und arbeitete damit auch ein Stück eigene Geschichte auf. *Felix und Carlina* flüchten von Mannheim nach Frankfurt am Main, weil die Generationen sich nicht verstehen. Doch der Ausweg erweist sich als Sackgasse. Am Schluß urteilt das Publikum über die Schuld der Kinder – oder der Erwachsenen. Nach der Deutschen Erstaufführung für *Menschen ab 11 Jahren* am

26. März 1982 notierte der *Mannheimer Morgen:* »Gesellschaftskritik der kurzweiligsten Art« (Lemke-Stein 1982). In einem einfachen Bühnenbild trugen wieder die schauspielerischen Leistungen die Aufführung. Mit hohem Lob für die DarstellerInnen und mildem Tadel für die juristisch nicht einwandfreie Lösung der Diebstahlsfrage erkannte die Theaterkritik in der Inszenierung »jene Art sinnvollen Kindertheaters, das sich als Familien-Theater versteht« (Schönfeldt 1982).

Als sich Pavel Mikulastik im Sommer 1984 mit einem Großteil des Ensembles von Mannheim verabschiedete, war der *Schnawwl* zu einem Begriff geworden: »Theater, das am schönsten ist, wenn es sich am einfachsten gibt« (Schönfeldt 1984). Schon in der Spielzeit 1980/81 hatte das Theater mit 175 Aufführungen 26 000 ZuschauerInnen erreicht. Doch das Einspielsoll von ca. zehn Prozent der Gesamtsubvention und die damit verknüpfte Verpflichtung zu größtmöglicher Aufführungszahl hatten dem Theater zu enge Grenzen gesetzt. Aber natürlich wurde – mit einem lachenden und einem weinenden Auge – zum Abschied gefeiert.

Autorenstücke für die Jugend

Als im Herbst 1984 Konrad Schrage mit dem Regisseur René Geiger und der Dramaturgin Gabriele Kluge die Geschicke des *Schnawwl* in ihre Hand nahmen, wurde das Repertoire noch ausgebaut. Neue Stücke für das Kinder- und Jugendtheater waren in dem vergangenen Jahrzehnt vielfach kollektiv entstanden. Zur Übernahme dieser Texte ins Repertoire kam nun die Pflege einzelner Autoren für das Kinder- und Jugendtheater. 1985 vergab der *Schnawwl* mit Hilfe von Landesmitteln eine Auftragsarbeit über die Jugend von Friedrich Schiller, den es immer wieder nach Mannheim gezogen hatte, und am 13. Januar 1782 erlebten *Die Räuber* am Nationaltheater ihre Uraufführung. Peter-Paul Zahl, der ebenso wie Schiller seine Erfahrungen mit der deutschen Obrigkeit gemacht hatte, beschrieb anhand der Entstehung der *Räuber*, wie sich ein deutscher Intellektueller – ebenso wie Goethe und im Gegensatz zu Büchner und Heine – schnell mit der deutschen Misere abgefunden hat. Am 12. Februar 1988 erlebte *Fritz – a German Hero oder Nr. 447 bricht aus* in einer Mannheimer Fassung seine Uraufführung. Die Inszenierung bot in der umfangreichsten Produktion dieser Spielzeit statt der dialogorientierten Vorlage ein »mehr körpertheaterbetontes Aktionsstück im Schnawwl-Stil« (Marx 1988) für *Menschen ab 14*. Eine ins Publikum ausgreifende Spielfläche, die Visualisierung der feudalen Welt durch entsprechende Kostüme, die mit eigenem Kompositionsauftrag hergestellte Musik und eine betonte Lichtregie ergänzten sich zu »Theaterbildern« (Vogt 1988; vgl. auch Abbildung S. 174).

Rückblickend charakterisierte René Geiger das Anliegen dieser Ära: »Wir haben versucht, in den sechs Jahren eine möglichst große Palette von Kinder- und Jugendtheater zu zeigen. Für Kinder stehen Autoren [oder Autorenkollektive] wie Peter Hacks, Rote Grütze, F[riedrich] K[arl] Wächter, Eugène Ionesco, Paul Maar und Eva Ström nebeneinander sowie im Jugendtheater Bertolt Brecht, Rudolf Herfurtner, das Musical ›Linie 1‹ von Volker Ludwig bis hin zum Autorenauftrag an Peter-Paul Zahl« (Theaterzeitung 1990). Spielplan und Spielweise waren in der zurückliegenden Zeit vom Feuilleton und der Fachpresse mit Kritik bedacht worden (Jahnke 1987). Doch Konrad Schrage hat den eigenen Erfolg weniger an der Resonanz der Theaterkritik, sondern mehr an einem kunstfremden Publikum gemessen, das für das Theater begeistert werden konnte. Der *Schnawwl,* inzwischen ein *Theater für junge Leute,* wollte generationsübergreifend und quer zu den sozialen

Schichtungen wirken. Der gleichbleibende Etat von 1,4 Millionen DM hat mit den begrenzten Personalausgaben zu einer regelmäßigen Fluktuation des Ensembles geführt. Dazu waren im Durchschnitt 200 Aufführungen mit 30 000 Besuchern pro Spielzeit nur durch hohen Produktionsdruck zu erreichen. Beides hat schließlich Schrage und Geiger zusammen mit der Hälfte des Ensembles aus Mannheim vertrieben. Noch im Sommer 1990 begann Hubert-Georg Flachhuber, der seit 1981 zunächst für Organisation und Disposition zuständig war, als kommissarischer Leiter mit dem Neuaufbau.

Theater in Bewegung

Am 7. September 1990 eröffnete der *Schnawwl* mit einem Stück aus der DDR für die ganze Familie. Für *Die Abenteuer des Don Quijote, gespielt von seinen Freunden,* hatte der Gastregisseur Michael Balaun den Theaterraum umgebaut und das Publikum seitlich auf Tribünen plaziert. Der Text von Hans Ostarek wurde in dieser Inszenierung zum Spektakel, das den SchauspielerInnen Gelegenheit gab, Talentproben mit einer Spielfreude vorzuzeigen, die man in Mannheim erwartete. Und ein Jahr später hob sich der Vorhang für *ein Clownsspectakel mit viel Musik;* ab 15. Oktober 1991 begeisterte das Clownsduo [Jens] *Finke & Faltz* aus »Berlin-Ost« jung und alt. Noch mehr Musik, noch weniger Requisiten benötigten die beiden ungleichen Figuren auf ihrer Wanderschaft, die sie am Schluß gemeinsam *Durch dick und dünn* fortsetzten. – Für das Stück der niederländischen Regisseurin und Autorin Josee Hussaarts *Ikarus! oder Der Himmel ist blau und auch das Meer* mußte sich am 4. März 1994 auch das Publikum in Bewegung setzen (vgl. auch Abbildung S.176). Vom Treffpunkt im Landesmuseum für Technik und Arbeit aus wurden die Besucherinnen beim Gang durch Relikte des technischen Fortschritts eingestimmt auf das kommende Bühnengeschehen im Studio des Süddeutschen Rundfunks. Die Kooperation von den Darstellungsformen Museum und Theater wurde ergänzt durch den künstlerischen Austausch zwischen Deutschland und Weißrußland. Denn Regie führte Modest Abramov aus Minsk, der mit Musik-, Ton- und Lichteffekten eine komplexe Atmosphäre entstehen ließ. In deren Zentrum suchten sich der Baumeister Dädalus und sein Sohn Ikarus einen Weg aus dem selbsterdachten Labyrinth. – *Jespers Dusel* von Günter Jankowiak wurde als ein »heiteres Stück vom Kindsein und Erwachsenwerden, von Glück und Unglück« (Theaterzeitung 1995) angekündigt. Kindsein heißt, in Bewegung bleiben, fortschreiten, seinen Horizont erweitern. Wenn man »etwas

Szene aus Fritz – a German Hero oder Nr. 447 bricht aus *von Peter-Paul Zahl. UA 12. Februar 1988, Inszenierung: René Geiger, Bühnenbild: Christian Bernt, Kostüme: Heidi Buehl. Vorne: Peter Cahn, Mitte von links: Joachim Kappl, Werner Schöni, Ute Bronder, hinten: Ingolf Kumbrink. Foto: Hans-Jörg Michel. RMM, Thslg.*

deutlicher erkennbar macht« (Theaterzeitung 1996), nennt dies das langjährige Mitglied der *Roten Grütze* Aufklärung. Jesper bewegt sich *für Menschen ab 8* in das Land der Phantasie, um sich aus seiner Traurigkeit zu reißen. »Konzentration auf das Wesentliche« (Neumann-Cosel-Nebe 1995) bescheinigt die Presse nach der Uraufführung am 14. Oktober 1995 der Regisseurin Yolande Bertsch. – *Die Konferenz der Vögel* beschreibt eine andere, eine mythische Reise. In Zusammenarbeit mit dem Ensemble des Regisseurs Peter Brook hatte der französische Autor Jean-Claude Carrière ein islamisches Gedicht aus dem 12. Jahrhundert dramatisiert. Um sich von Furcht und Unsicherheit zu befreien, machen sich die Vögel auf die Suche nach einem neuen König – und finden sich selbst. Als Gäste leiteten die Mannheimer Erstaufführung am 14. Dezember 1991 der Regisseur Marcelo Diaz, der Musiker Roberto C. Détrée und der Choreograph Maverick Quek. Mit vierzehn SchauspielerInnen, vier Musikern und elf weiteren an der Produktion Beteiligten entstand ein »musikalisches Bewegungstheater« (Pflanz 1992a; vgl. auch Abbildung S. 177).

Gewalt ist Bewegung mit negativem Vorzeichen. Mit Gewalt, die von Jugendlichen ausgeht, hinter der aber andere Konflikte stecken, hat sich der Autor Hansjörg Schertenlaib beschäftigt. In Mannheim hat Raimund Finke, von 1992 bis 1996 Dramaturg am *Schnawwl,* das Stück *Rabenland* inszeniert. Er hat auch ein Stück verfaßt, das die Auswirkungen von elterlicher Gewalt beschreibt. *Erste Liebe,* am 30. April 1994 uraufgeführt, handelt von sexuellem Mißbrauch und seiner Tabuisierung. Von der Kritik wurden das Stück und die Inszenierung der Regisseurin Franziska Steiof zwar geteilt beurteilt, doch das Publikum applaudierte dem Spiel um *sexuelle Selbstbestimmung.*

Szene aus Durch dick und dünn *von* Finke & Faltz. *UA 15. Oktober 1991. Regie: Jens Finke und Matthias Faltz. Manfred Uhl, Reinhold Weiser. Foto: Hans-Jörg Michel. RMM, Thslg.*

Phantasie und Arbeit

»Theater als Spielfeld der Phantasie« (Schönfeldt 1990) war das Credo in den neunziger Jahren. Statt auf einen Hausregisseur setzte der kommissarische Leiter auf wechselnde Gastregisseure. Doch schon nach der ersten Spielzeit verließ fast das ganze Ensemble das Theater. Und nach der zweiten Spielzeit ging mit weiteren SchauspielerInnen nach zwei Jahren auch der Dramaturg Carl Häser. Der feste Blick auf die Zuschauerzahlen hatte für Experimente wenig Raum gelassen. »Kommunikationslosigkeit« (Pflanz 1992b) erschwerte zusätzlich die von hohem Produktionsdruck belastete Theaterarbeit. Das von Intendant Arnold Petersen als »Durchgangs-Ensemble« (Pflanz 1992b) charakterisierte Theater verabschiedete sich dann auch vom Publikum mit dem Satz: ›Wir haben gern für Sie

Szene aus
Ikarus! oder Der Himmel ist blau und auch das Meer
von Josee Hussaarts,
EA 4. März 1994.
Regie: Modestowitsch Abramov a. G., Raum- und Kostümgestaltung: Rainer Grönhagen.
Oben: Charlotte Knappstein, unten: Klaus Herre.
Foto: Frank Heller.
RMM, Thslg.

gespielt, gesungen und viel gearbeitet« (Theaterzeitung 1992). Mit dem neuen Generalintendanten Klaus Schultz wurde Hubert-Georg Flachhuber Leiter des *Schnawwl,* das zwar von der Generalsanierung des Theaters verschont blieb, wie andernorts aber durch Sparpläne der öffentlichen Hände in Frage gestellt wurde. Flachhuber hat ein Kinder- und Jugendtheater als eigenständige Sparte realisiert und damit der Konzentration auf die Zielgruppe mit einem jungen Ensemble den Vorzug vor einem integrierten Modell gegeben, das – wie inzwischen in Esslingen – ein Ensemble spartenübergreifend einsetzt.

Theater im lokalen Netz

Zwar entfaltet Kinder- und Jugendtheater seine Wirkung vornehmlich über die Vorstellung seiner Produktionen unter professionellen Rahmenbedingungen. Aber mehr als andere Theaterformen der Gegenwart neigt das Kinder- und Jugendtheater dazu, sich als Bestandteil eines komplexen Zusammenhanges zu sehen, in welchem die Sozialisation seiner Klientel stattfindet. Zunächst müssen Kinder und Jugendliche vorwiegend über MultiplikatorInnen ins Theater gebracht werden. Zum kontinuierlichen Kontakt mit Schulen und anderen Institutionen kommt die Wahl des Aufführungsortes. Auch in Mannheim spielte das Theater nicht nur aus Not, sondern aus Überzeugung mobil dort, wo die Kinder und Jugendlichen waren. Dazu kam die Etablierung einer festen Spielstätte außerhalb des bestehenden Stadttheaters, Wand an Wand mit anderen Bereichen der Kinder- und Jugendkultur. In der *Alten Hauptfeuerwache* hat die *Musikwerkstatt* ihren Platz, hier finden regelmäßig internationale Kinderkulturwochen statt. Die Öffnung des Hauses war nicht nur eine jugendpolitische Forderung, sondern auch ein Anliegen der Theaterleute selbst. Realisiert hat sich dieser Gedanke vor allem durch die Entzauberung des Theaters für das Publikum. Wenn die Zuschauer hinter die Kulissen blicken, wird zwar weniger die (begrenzte) technische Ausstattung beeindrucken. Das Fehlen einer aufwendigen Theatermaschinerie verweist aber auf den Kern des Theaters, die Menschen selbst. Mit ihnen kann das Publikum bei Vor- und Nachgesprächen über ästhetische wie thematische Fragen der Produktionen ins Gespräch kommen.

Gleichzeitig haben die professionellen Theatermacher einen Blick für die Bedeutung des eigenen Theaterspiels von Kindern und Jugendlichen entwickelt. In Mannheim bietet der *Schnawwl* seit 1982 jedes Jahr den lokalen Produktionen mit den *Schultheaterwochen* eine Plattform. Im Sommer 1993 veranstaltete der *Schnawwl* das vierte bundesweite Treffen der *Jugendclubs an Theatern*

(Schnawwl 1994). Unter diesem Stichwort erarbeiten seit dem Ende der achtziger Jahre neben SchülerInnen auch Auszubildende und StudentInnen unter professioneller Anleitung eigene Produktionen. Die dort gezeigten Aufführungen zum Thema *Gewalt* führten schließlich zur Einrichtung des *Schnawwl-Spielclubs,* der generationsübergreifend auch Kinder und Erwachsene einbezieht. Am 11. Dezember 1993 wurde als erste Produktion und Uraufführung *Bei uns sieht das aus wie normal,* eine szenische Collage zur Alltagsgewalt, herausgebracht. Für die mittlerweile über 42 000 Kinder und Jugendlichen hat sich in Mannheim eine Angebotspalette herausgebildet, die vom Zuschauen zum Selbstspielen reicht und in die das Figurentheater ebenso einbezogen ist wie die verschiedenen Formen des Schauspiels und des Musiktheaters.

Anbindungen

Für das Kinder- und Jugendtheater ist aber nicht nur die Einordnung in den lokalen kulturpolitischen Kontext von Bedeutung. Für Mannheim hat sich auch die intensive Förderung eines regionalen Verbundes auf Landesebene ausgezahlt. So verdeutlicht ein Blick auf die Liste der Engagements, daß der *Schnawwl* vielfach auf Kräfte der anderen Theater in Baden-Württemberg setzte. 1979 trafen sich erstmals die VeranstalterInnen landesweit zu einem Gedankenaustausch und gründeten die *Arbeitsgemeinschaft für Kinder- und Jugendtheater in Baden-Württemberg* als lockeren Zusammenschluß von Theaterbeauf-

Szene aus Die Konferenz der Vögel *von Jean-Claude Carrière, EA 14. Dezember 1991. Regie: Marcelo Diaz, Bühne: Serati, Kostüme: Heidi Buehl. Vorne von links: Carl Häser, Maveric Quek, Ines Haffner, Mitte von links: Susanne Krämer, Susanne Szell, Bettina Schümann, Katreen Hardt, Klaus Herre, Mathias Wendel, (hinten nicht identifiziert). Foto: Hans-Jörg Michel. RMM; Thslg.*

Szene aus
Bei uns sieht das aus wie normal *vom*
Schnawwl-Spielclub.
EA 11. Dezember 1993,
Spielleitung: Ester Daniel.
Von links:
Florian Kaiser, Daniel Kleber.
Foto: Frank Heller.
Reproduktion aus dem Programmheft zu dieser Produktion.
RMM, Thslg.

tragten und Kulturreferenten der Städte, von Intendanten und Theaterleitern der Landesbühnen sowie der Stadt- und Privattheater und pflegten den Kontakt zu Theatern wie Besuchergruppen. Seit 1981 vergibt die Arbeitsgemeinschaft einen von ihr angeregten, vom Land gestifteten *Baden-württembergischen Jugendtheaterpreis* zur Förderung von zeitgenössischen AutorInnen für das Jugendtheater. 1985 haben sich die Kinder- und Jugendtheater ihrerseits zu einer *Arbeitsgemeinschaft Baden-Württembergischer Kinder- und Jugendtheater* zusammengeschlossen. Seit 1986 sorgt dieser Arbeitskreis mit Geschäftsadresse *Alte Hauptfeuerwache* für das *Baden-Württembergische Kinder- und Jugendtheatertreffen*, das wechselnd an den Orten der Mitgliedsbühnen stattfindet. Es alterniert mit dem *Baden-Württembergischen Theatertreffen,* das schon seit 1981 einen Schwerpunkt zum Kinder- und Jugendtheater anbietet. Diese Ereignisse sind Ausdruck eines kontinuierlichen und gemeinsamen fachlichen Weges im Austausch und in der Diskussion, zu der Präsentation und kulturpolitische Vertretung ebenso gehören wie unterschiedliche Formen der internen Aus- und Weiterbildung (ASSITEJ 1981).

Das Engagement des Mannheimer Kinder- und Jugendtheaters führte aber auch über die Landesgrenzen hinaus. Auf der praktischen Ebene wurden die ausländischen Gastspiele ergänzt durch internationale Kooperation, wie der gegenseitige Austausch zwischen dem *Schnawwl* und dem russischen Theater zeigt. 1988 und 1989 beherbergte der *Schnawwl* die Geschäftsstelle der

Szene aus Feuerwehrmänner *von Ted Keijser/Toneelgroep Wederzijds* – Ein feuriges Schauspiel ab 8 Jahren, *DEA 28. September 1996, Regie: Brigitte Dethier, Ausstattung: Marion Hauer. Von links nach rechts: Anne-Rebekka Düsterhöft, Rainer Kleinespel, René Schack, Barbara Feldbrugge. Foto: Hans-Jörg Michel. RMM, Thslg.*

ASSITEJ, Sektion Bundesrepublik Deutschland. Von 1987 bis 1992 war Hubert-Georg Flachhuber Schatzmeister dieses internationalen Zusammenschlusses der professionellen Kinder- und Jugendtheater. In seiner Amtszeit nahm das 1989 gegründete *Kinder- und Jugendtheaterzentrum in der Bundesrepublik Deutschland* in Frankfurt am Main seine Arbeit auf. Hier hat die regionale Förderung des Kinder- und Jugendtheaters ihre Entsprechung auf Bundesebene gefunden.

Theater – marsch!
Im Oktober 1995 hat sich der neue Mannheimer Generalintendant Ulrich Schwab für die Veränderung des künstlerischen Konzeptes des Kinder- und Jugendtheaters entschieden und im November Brigitte Dethier als neue Leiterin berufen. Sie will durch Nutzung der Infrastruktur des Nationaltheaters und Kooperation mit den anderen Sparten eine Annäherung an das Nationaltheater anstreben. Und die erste Spielzeit wurde – wie kann es anders sein – mit den *Feuerwehrmännern* von Ted Keijser und dem Ensemble *Wederzijds* am 28. September 1996 als Deutsche Erstaufführung eröffnet.

Zeitzeugen: Ingrid Clauß

Waltraud Brunst

Ingrid Clauß
Orchestermusikerin
Soloharfenistin
Foto: Schruft & Gerold

Es ist richtig, daß 1965 als erste Frau in unserem Jahrhundert Gisela Dammann einen Anstellungsvertrag beim Mannheimer Nationaltheater-Orchester erhielt (vgl. den Beitrag von Susanne Kaulich). Die ersten kleinen Breschen in die etablierte Männergesellschaft wurden allerdings schon 1960 geschlagen. Damals hatte die Berlinerin Ingrid Clauß den Zuschlag für die Harfen-Volontariatsstelle bekommen, die schon seit längerem bestand, damit Soloharfenist Siegfried Handke sich auch mal eine Grippe oder die alljährliche Bayreuth-Verpflichtung oder das »Abfeiern« von Überdiensten genehmigen konnte. Als der damalige Stelleninhaber im November 1960 in ein Vollengagement abwanderte, schlug die Stunde für Ingrid Clauß, die mit einem Geiger des Orchesters verheiratet und somit »vor Ort« war.

So ganz problemlos scheint es vor 37 Jahren doch nicht gewesen zu sein, in dem so eindeutig maskulinen Klangkörper Fuß zu fassen. Profanes Beispiel: Es gab zwar eine Damentoilette, aber die war nach altem Gewohnheitsrecht meist männlich »besetzt«. Amüsant ist dergleichen sicher nur in der Rückschau, genau wie der Umstand, daß es sich die Herren bald abgewöhnten, der Dame in den Mantel zu helfen. »In den ersten Wochen kamen sie manchmal zu viert angerannt.«

Weit problematischer wurde der Geschlechterkampf, wenn die junge Harfenistin etwa eine Stunde vor Beginn der Vorstellung im Orchestergraben mit dem langwierigen Einstimmen ihrer 49 Saiten beginnen wollte, vielmehr mußte. (Was für ein Segen war das doch, als ein paar Jährchen später das elektronische Stimmgerät erfunden wurde!) Da gab es immer wieder einen bestimmten Geigenkollegen, der sich unbedingt auch so früh und auch im Orchestergraben einspielen mußte. Auf die flehentlichen Bitten der jungen Frau, sie nicht beim Harfestimmen zu stören, konterte er bissig: »Sie stören mich auch!« Und das meinte der Herr vermutlich nicht nur akustisch... Ingrid Clauß, auch heute noch eher verbindlich als kämpferisch von Wesensart, stand dem geballten Machotum jener Zeit rat- und waffenlos gegenüber; die Institution der »Frauenbeauftragten« wurde erst viel später eingeführt.

Was es damals auch noch nicht gab, war der selbstverständliche Umgang mit Babysittern und Tagesmüttern. Das Problem tauchte auf, als 1961 Tochter Susanne geboren wurde. Ingrid Clauß war froh darüber, daß in der ersten Zeit relativ wenig Dienst anfiel und daß es »irgendwie« immer funktionierte. Sie hatte sich vorgenommen, vom Kollegen Handke kameradschaftlich unterstützt, das ganze gewaltige Repertoire sozusagen in Heimarbeit einzustudieren. Jeden Abend brachte sie um 19 Uhr ihr Kind zu Bett und übte dann eisern bis 22 Uhr. Tochter Susanne, die heute in den USA lebt, hat erst kürzlich darüber philosophiert, wie gut sie es doch hatte, »allabendlich von Harfenklängen in den Schlaf gespielt zu werden.« Später wurde die Kleine oft im ersten Akt von langen Wagner-Opern mit einem Malbuch in der Kantine geparkt, im zweiten Akt (wenn die zweite Harfe pausierte) von der Mami nach Hause ins Bett gebracht und dann von einer älteren Nachbarin gehütet, während Ingrid Clauß zurückhetzte, um im dritten Akt wieder in die Saiten zu greifen. Den emanzipierten jungen Frauen von heute ins Stammbuch: Es dürfte symptomatisch für die sechziger Jahre sein, daß die Fürsorge für die Familie und das permanent schlechte Gewissen damals (nur damals?) eindeutig Frauensache waren.

Außerordentlich schwierig gestaltete sich im Gespräch mit Ingrid Clauß die Recherche nach großen, starken, bezwingenden künstlerischen Eindrücken aus jener großen Opernzeit. Sie fand schlicht alles überwältigend: das Dirigat von Herbert Albert (»ein wirklicher Herr«) und Horst Stein, die Bühnenbilder von Paul Walter, die Inszenierungen, die Kostüme… Schön war, daß damals Orchester, Chor, Ballett und Solisten aus Oper und Schauspiel wie eine große Familie waren. Heute ist die Fluktuation viel stärker, während damals manche Instrumentengruppen zwanzig Jahre in unveränderter Besetzung spielten.

Wenn Ingrid Clauß einen Lieblingskomponisten nennen sollte, dann Puccini, »der jedes Gefühl in Musik umsetzen konnte.« Ein Problem für Harfenisten ist ausgerechnet das, was Streicher oft schmerzlich vermissen: die langen Pausen. Es kam in all den Jahren schon zwei-, dreimal vor, daß man nach einem langen *tacet* plötzlich irgendwo draußen mit eisigem Schrecken die Akkorde wiedererkannte, in denen die Harfe fehlte. Dieser Schock, als sie zum ersten Mal *Troubadour*-Bühnenmusik zu spielen hatte und bei der Romanze des Manrico einfach die Orchester-Stichnoten nicht hörte und dann Chordirektor Joachim Popelka geistesgegenwärtig »Harfe, Harfe!« rief… So mancher Schmiß ging auch zu Lasten der Dirigenten. Wolfgang Rennert ließ mal nach einer *Rosenkavalier*-Pause, durch starken Beifall animiert, das Orchester aufstehen und gab gleichzeitig den Einsatz zum nächsten Akt. In heller Panik fielen die Künstler in ihre Sitze und versuchten, der Partitur hinterher zu hecheln.

Nach allerlei hübschen Geschichten, etwa daß man beim sparsamen Kollegen Handke noch die Kunst des Saitenknotens lernte – »darüber lachen sich heute die jungen Kolleginnen tot« – und daß man bei *Traviata* nur die Hälfte der Saiten einsetzen muß und folglich auch nur diese stimmt, noch einmal die dringende Frage nach einem ganz persönlichen Erlebnis auf der Konzertbühne. Langes Schweigen, dann: »Ach ja, der Rostropowitsch ist mal nach einem Konzert durch das ganze Orchester gestiefelt, um mir eine rote Rose aus seinem Strauß zu überreichen.« Von einer solchen Geste kann man jahrelang zehren.

Farbteil 1
Von der Dalberg-Zeit bis zum Ersten Weltkrieg

1
Wolfgang Heribert von Dalberg (1750–1806). Intendant des Mannheimer Nationaltheaters seit September 1778. Anonymes Porträt. Öl auf Leinwand, nach 1791. RMM

2
Esther Charlotte Brandes (1746–1786). Rollenporträt als Ariadne in dem gleichnamigen Melodram von Johann Christian Brandes und Georg Benda aus dem Jahr 1774, mit dessen Titelrolle die große Tragödin auch die Mannheimer während ihres Engagements von 1779 bis 1781 begeisterte. Kopie nach dem verschollenen Original von Anton Graff von A. Nerff. Vgl. auch den Beitrag von Heide Koch in diesem Buch. Öl auf Leinwand, nach 1775. RMM

3
Friedrich Schiller (Mitte) verläßt nach einer Aufführung im Mai 1782 in Begleitung von Henriette von Wolzogen (links) und Luise Vischer (rechts) das Mannheimer Theater und wird begeistert vom Publikum empfangen. Links oben, in roter Robe, Wolfgang Heribert von Dalberg. Historiengemälde von Friedrich August Pecht (1814–1903). Öl auf Leinwand, 1865. RMM und Museum für Literatur am Oberrhein, Karlsruhe

4
Friedrich Schiller Die Räuber.
Der Überlieferung zufolge hat die Dekoration »Bildersaal – Galerie im Moorschen Schloß« in der Uraufführung der Räuber *am 13. Januar 1782 mitgespielt. Die Originaldekoration wurde 1943 zerstört. Aufgrund von Schwarzweißaufnahmen konnte 1994 mit Hilfe des Computers eine Farb- und Raumrekonstruktion dieser Dekoration hergestellt werden. In der Mannheimer Theaterschausammlung ist diese in einem fünfminütigen computeranimierten und kommentierten Videofilm zur Bühnentechnik des 18. Jahrhunderts zu sehen. Computeranimation von Renate Wünschl und Thomas Polajnar, Hamburg.*
RMM, Thslg.

5
Caroline Jagemann (1777–1848), spätere Freifrau von Heygendorff. Sängerin und Schauspielerin. Sie kam 1790 nach Mannheim, debütierte hier zwei Jahre später und war von 1792 bis 1796 am Nationaltheater engagiert. Sie war eine der bedeutendsten Theaterfrauen des späten 18. und frühen 19. Jahrhunderts (vgl. den Beitrag von Heide Koch in diesem Buch). Ihrem Andenken ist neuerdings im Mannheimer Stadtteil »Im Rott« eine Straße gewidmet (außerdem Esther Charlotte Brandes – vgl. Farbabbildung I, 2 – und anderen »Mannheimer« Theaterfrauen. Vgl. auch Chronologie). Zeichnung von Franz Christian oder Johann Waldherr, um 1820.
Privatbesitz

6
Jacobo Pozzi (1814–1897)
Ansicht des Theaterplatzes in Mannheim von Nordwesten aus gesehen, mit dem Großherzoglichen Hof- und Nationaltheater auf B 3 und der Jesuitenkirche. Gouache, 1834.
RMM

7
Joseph Mühldorfer
(1800–1863)
Entwurf für einen Theatervorhang.
Unten rechts datiert und signiert: »Mannheim den 16ten September 1859. Mühldorfer« (auf der Abbildung nicht sichtbar).
Gouache, 1859.
RMM, Thslg.

8
Ellen Franz (1839–1923), spätere Freifrau von Heldburg.
Rollenporträt als Leonore d'Este in Torquato Tasso *von Johann Wolfgang Goethe. Das Gemälde wurde der in Mannheim von 1864 bis 1867 engagierten Schauspielerin vom Hoftheaterkomitee zu ihrem Abschied verehrt. Ellen Franz war eine der bedeutendsten Theaterfrauen des 19. und frühen 20. Jahrhunderts, vor allem durch die Arbeit, die sie neben ihrem späteren Mann, Herzog Georg II. von Sachsen-Meiningen, für die Meininger Bühne leistete (vgl. auch den Beitrag von Heide Koch in diesem Buch).*
Porträt von Oskar Begas (1828–1883), 1866. Zu dem Gemälde existiert ein Pendant in Meiningen.
Städtische Kunsthalle Mannheim

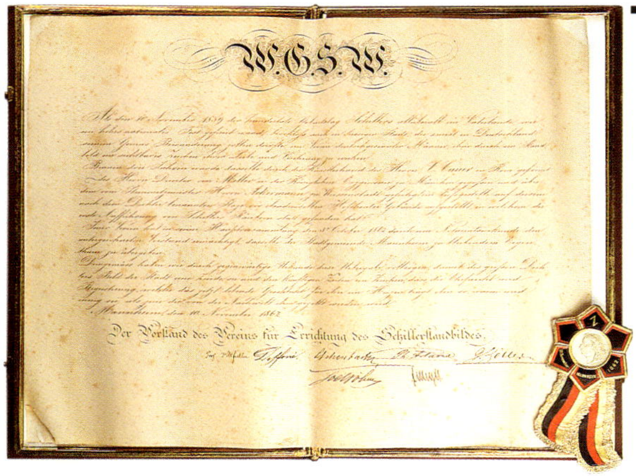

9
Urkunde anläßlich der Übergabe des Schiller-Denkmals von Carl Cauer auf dem Platz vor dem Nationaltheater in B 3 durch den Verein zur Errichtung des Schillerstandbildes an die Stadt Mannheim vom 10. November 1862 (vgl. Chronologie).
RMM

11
Theaterplakat vom 21. September 1891 für die Fest-Vorstellung im Mannheimer Nationaltheater anläßlich der Einweihung der neuen Neckarbrücke (»Friedrichsbrücke«, an Stelle der alten Kettenbrücke, im Zweiten Weltkrieg zerstört, heute »Kurpfalzbrücke«). Beide Inszenierungen des Abends stammten vom Intendanten, August Bassermann, der auch in der Szene aus Wallenstein's Tod *von* Friedrich Schiller *die Rolle des Titelhelden verkörperte. Vierfarbdruck, Wendling Dr. Haas & Co. Mannheim.*
RMM, Thslg.

10
Franz von Seitz (1817–1883)
Figurine des Rienzi (2. Aufzug) für die Mannheimer Erstaufführung der gleichnamigen Oper von Richard Wagner am 20. Dezember 1872. Seitz war Kostümbildner in München. Vom Hof- und Nationaltheater München wurden die Entwürfe zur dortigen Erstaufführung am 27. Juni 1871 für Mannheim übernommen. Die Figurinen verblieben in Mannheim.
Gouache über Bleistift, 1871.
RMM, Thslg.

12
Der Micado oder Ein Tag in Titipu
von W. S. Gilbert und Arthur Sullivan. Werbeplakat für die Operetten-Gastspielreihe des Mikado-Operetten-Ensembles vom Carl Schultze-Theater in Hamburg im Mannheimer Nationaltheater vom 3. bis zum 7. Juli 1889. Max Martersteig, Oberregisseur (künstlerischer Leiter) in Mannheim von 1885 bis 1890, folgte mit der Einführung von Operettengastspielen in Mannheim einem oft geäußerten Wunsch des Publikums, der bis dahin mit den hauseigenen Opernkräften nicht erfüllt werden konnte. Auch später fanden in den Sommerwochen immer wieder große Operettengastspiele im Mannheimer Nationaltheater statt, die Vorläufer heutiger Musical-Gastspiele also.
Vierfarbdruck, Ateliers Alex. Hoenig.
RMM, Thslg.

13
Oskar Auer (1851–1923)
Bühnenbildentwurf »Sonnentempel« für die Neueinstudierung der Zauberflöte *von W. A. Mozart am 31. März 1902. Für diese festliche Mannheimer Osterpremiere wurden neun neue Dekorationen, allesamt von Oskar Auer entworfen, hergestellt. Von dieser sind allein fünf im berühmten Atelier von* Kautsky's Söhne & Rottonara, *Hoftheatermaler in Wien, angefertigt worden, darunter auch der »Sonnentempel«. Die ebenfalls zum Teil neuen Kostüme waren nach Entwürfen des Garderobe-Inspektors Robert Derichs und der Obergarderobiere Louise Böheim entstanden (vgl. auch den Beitrag von Liselotte Homering und Andreas Krock in diesem Buch).*
Theaterwissenschaftliche Sammlung der Universität zu Köln

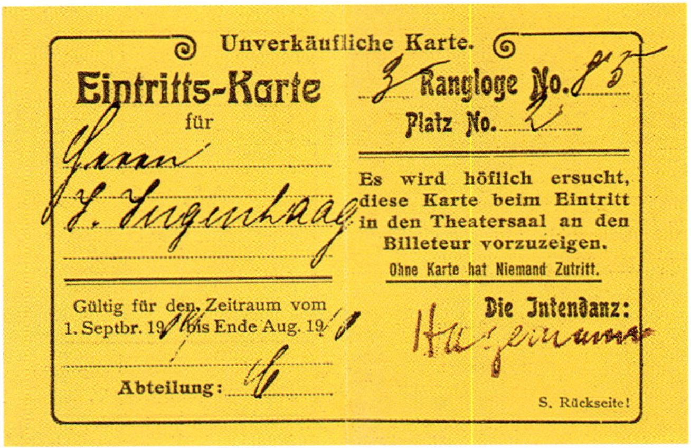

Unverkäufliche Karte.

Eintritts-Karte
für
Herrn
J. Ingenhaag

3 Rangloge No. 85
Platz No. 2

Es wird höflich ersucht, diese Karte beim Eintritt in den Theatersaal an den Billeteur vorzuzeigen.
Ohne Karte hat Niemand Zutritt.

Gültig für den Zeitraum vom 1. Septbr. 1909 bis Ende Aug. 1910

Abteilung: 6

Die Intendanz:
Hagemann

S. Rückseite!

14
Abonnementausweis des Großherzoglichen Hof- und Nationaltheaters Mannheim zur Spielzeit 1909/1910 für Johann Ingenhaag aus Heidelberg, 3. Rangloge, Nr. 85, Platz 2 mit der Unterschrift des damaligen Intendanten Carl Hagemann. Ingenhaag zählte zu den langjährigen Abonnenten (seit 1870) des Nationaltheaters.
Privatbesitz

15
Ludwig Sievert (1887–1960)
Bühnenbildentwurf zur Mannheimer Erstaufführung der 2. Fassung der Oper Ariadne auf Naxos *von Richard Strauss, die mitten während des Ersten Weltkrieges am 19. Juni 1916 stattfand. Richard Strauss selbst rühmte die Mannheimer Inszenierung von Carl Hagemann, fand hingegen wenig Gefallen am Dirigat des damaligen 1. Kapellmeisters, Wilhelm Furtwängler.*
Theaterwissenschaftliche Sammlung der Universität zu Köln

Das Nationaltheater in der Diskussion

»Abschalten können Sie woanders!«
Gedanken zum Stichwort »Nationaltheater«

Michael Winrich Schlicht

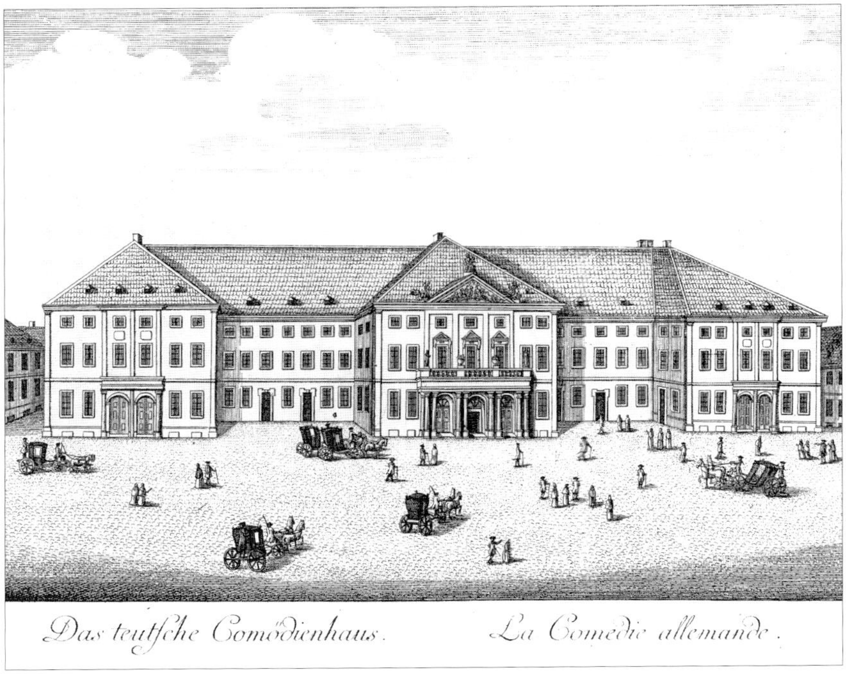

Das Mannheimer Nationaltheater auf B 3. Kupferstich der Gebrüder Klauber, Augsburg, nach einer Zeichnung von Franz Anton von der Schlichten (1725–1795), 1782. RMM

Was ist »ein« Nationaltheater? Eine Frage, die man in Mannheim eigentlich gar nicht stellen kann. Jeder weiß schließlich, was »das« Nationaltheater ist, jeder liebt es, behauptet das jedenfalls, und einige gehen auch hin. Wenn jeder hinginge, der es zu lieben vorgibt, wäre das Nationaltheater, so wie es seit 1957 auf dem *Goetheplatz* steht, nicht zu groß, sondern zu klein. Für eine Stadt, in der nicht gar so viel über 300 000 Einwohner leben, in einer Region, in der weit über eine Million Menschen ihre Existenzen haben, wo die Nachbarstädte (Heidelberg und Ludwigshafen) über eigene Theater verfügen, wird der großzügige Neubau aus Wirtschaftswunderjahren allmählich immer mehr zum schwer füllbaren und schwer finanzierbaren »Dinosaurier«, wie es Altintendant Arnold Petersen, dem Haus gewiß nicht übelwollend, formuliert hat. Aber wer ist wofür zu groß?

Staatstheater – Stadttheater – Nationaltheater
Mannheim ist bekanntlich keine Stadt mit einem Theater, sondern ein Theater mit einer Stadt. Und kann ein »National«-Theater zu groß sein? Die Stadt ist zu klein, will man das Theater als allein ihr gehörig verstehen. Ein Nationaltheater als Stadttheater, da springt jedem der Widerspruch in die Augen. Die Vorsilbe »Stadt« macht ein Theater klein, beschaulich, ja etwas provinziell. »Staatstheater« haben dagegen den Ruch des Großen, Opulenten, Luxuriösen, wenn auch oft zu Unrecht (wie etwa in Hessen, wo die »Staatstheater« in Darmstadt, Kassel und Wiesbaden mit dem »Stadttheater« Frankfurt – denn nichts anderes sind die dortigen »Städtischen Bühnen« – bei weitem nicht zu vergleichen sind). Und ein »Nationaltheater«? Muß das nicht eigentlich die Steigerung sein, das Nonplusultra? Schön wär's, und wer nach München schaut, könnte in der dortigen, nach Mannheimer Vorbild »Nationaltheater« genannten Oper ein Beispiel für den Sonderstatus sehen, den die Bezeichnung vermuten läßt.

Theo Girshausen definiert den Begriff »Nationaltheater« folgendermaßen: Bei einem Nationaltheater handele es sich ganz allgemein um eine »von geschäftlichen Zwängen befreite, subventionierte Bühne zur systematischen Pflege der Dramatik einer Nation. Ihre Aufgabe besteht darin, in Repertoire und Darstellungsstil Maßstäbe zu setzen und sie in werkgerechten, traditionsbildenden Aufführungen zu bewahren« (Girshausen 1996, S. 299).

In Deutschland wurden Nationaltheater später als in anderen Ländern erst Ende des 18. Jahrhunderts gegründet. Zumeist erhielten bereits bestehende Hoftheater aus verschiedensten Gründen und nur bedingt den Idealen von Gotthold Ephraim Lessing, Friedrich Schiller, vor allen aber des Dänen Johann Elias Schlegel folgend einfach einen neuen Namen. In Mannheim war dies anders, und nur seinem Theater ist durch die Jahrhunderte hindurch der Name geblieben. Sieht man von dem schon erwähnten München ab, wo die »Bayerische Staatsoper« (so die offizielle Bezeichnung) heute zwar im »Nationaltheater« spielt, obwohl natürlich der Nationaltheatergedanke ursprünglich in erster Linie das Schauspiel meinte, trägt außer dem Mannheimer Theater in Deutschland nur noch die Weimarer Bühne gleichsam den Ehrentitel »Nationaltheater«, allerdings noch nicht so lange, wie viele denken. Das »Komödienhaus« in Weimar, in dem Goethe als Intendant wirkte, blieb lange Hoftheater. 1918 zum Landestheater avanciert, wurde es erst 1919 (!) in »Deutsches Nationaltheater Weimar« umbenannt, weil bekanntlich die verfassunggebende Versammlung der nachfolgenden Weimarer Republik daselbst tagte. Nur das Nationaltheater Mannheim kann also für sich in Anspruch nehmen, der Zeit und dem Gedankengut entsprungen zu sein, das den Begriff Nationaltheater schuf.

»Die Jahrzehnte vor und nach der Französischen Revolution, das war für Deutschland die Epoche, in der, mit Schiller zu reden, der Zeitgeist in allen Provinzen des Vaterlands dem Drama einen lebhaften Schwung gab; es war die Ära des Nationaltheaters, in der, mit dem Blick auf das griechische Schauspiel als das ideale, dem gesamten Volk verpflichtete Erziehungs-Instrument, die Bühne den Charakter einer Instanz gewann, die Kanzel, Schule und Tribunal zugleich sein sollte – eines Theaters, auf dem gepredigt wurde (›Die Räuber‹: ein theologisches Melodram; ›Nathan der Weise‹: eine geistliche Gegen-Rede!), auf dem man Gerichtstag hielt (›Die Gerichtsbarkeit der Bühne fängt an‹, erklärte der junge Schiller, ›wo das Gebiet der weltlichen Gesetze sich endet‹) und auf dem, als Ciceronen durch das bürgerliche Leben, die Ensembles jene Kunst der praktischen Vernunft und Lebensklugheit lehrten, die mit höfischem Gehabe, dem Palast-Ton der Marinelli und von Kalb, nichts mehr zu tun haben wollte: Bürgerliche Kultur – Sprache des Herzens! – gegen höfische Zivilisation mit ihrem starren Reglement!«, so faßte prägnant Walter Jens die Situation in seinem Festvortrag *Der Ort der Handlung ist Deutschland – Nationaltheater ohne Nation* zusammen, den er 1979 im Mannheimer Nationaltheater aus Anlaß von dessen 200jährigem Bestehen hielt (Jens 1979, S. 1, Sp. 1).

Bürgerliches Nationaltheater

Diese Position des Bürgertums »gegen die dominierende, die Einheit der Bürger-Nation verhindernde höfisch-aristokratische Kultur« (Girshausen 1996, S. 299) trieb man in Mannheim schließlich noch weiter als irgendwo anders in Deutschland: Kurz vor der Einrichtung des Mannheimer ›Deutschen Theaters‹ (als das es in dem eigentlichen Gründungsreskript vom 1. September 1778 bezeichnet wird, vgl. Walter 1899/1, S. 44) fiel Bayern an die Kurpfalz, und aufgrund der Wittelsbachischen Hausverträge war Kurfürst Carl Theodor gehalten, die Residenz von Mannheim nach München zu verlegen. Mochte ihm zunächst noch eine nationale Schaubühne im Sinn eines staatlichen Repräsentationstheaters vorgeschwebt haben – eine Idee, die wohl am ehesten auf das Münchner Hoftheater (seit 1778 Nationaltheater) übertragen wurde (vgl. auch Schläder 1992, S. 9) –, so entwickelte sich in Mannheim – jedenfalls mit Einverständnis des Kurfürsten – etwas, das sich weitgehend als bürgerliches Nationaltheater apostrophieren läßt. Dessen Bezeichnung als Hof- und Nationaltheater wurde allerdings später (1839, als die Stadt sowohl die finanzielle als auch administrative Verantwortung für ihr Theater übernahm, womit das Mannheimer Theater ja im Prinzip als erstes Stadttheater in die Theatergeschichte Deutschlands eingegangen ist) vehement verteidigt. Der Grund hierfür liegt eindeutig im Selbstbewußtsein des erstarkten (Groß)-Bürgertums, das mit dem Hinweis auf den Hof (sprich: Staat) das eigene Repräsentationsbedürfnis befriedigte, ohne mehr von dem – unterdessen nicht mehr kurpfälzischen, sondern badischen – Staat im engeren Sinn abhängig sein zu wollen. Staatstheater als Zierde, bürgerliches, oft auch patriotisch-national geprägtes (insbesondere an politischen Fest- und Gedenktagen) Theater als Inhalt!

Dies mag so traditionell wie ehrenvoll sein – in jedem Fall gehört es der Vergangenheit an. Konnte Walter Jens anläßlich der 200-Jahr-Feier des Nationaltheaters aus diesem Anspruch noch eine Verpflichtung für die Gegenwart ableiten, so ist das auf heute bezogen, kaum zwanzig Jahre danach, schwer vorstellbar.

Die staatliche Einheit Deutschlands ist (wieder-) hergestellt. Niemand darf den Begriff »Nation« gebrauchen, um *mehr* zu verlangen oder durchzusetzen. Auch wenn noch nicht ganz zusammengewachsen ist, was zusammengehört, wenn die Narben noch schmerzen – der dem Regionalismus, Partikularismus und daraus resultierenden Provinzialismus entgegengerichtete Auftrag des Nationaltheaters ist genauso überholt wie der, ein erstarktes Bürgertum gegenüber einem erschlafften Adel zu emanzipieren.

Was uns heute bewegt, irritiert und mit den widersprüchlichsten Gefühlen (nicht nur, aber auch Gefühlen des Widerspruchs...) erfüllt, sind ganz andere Probleme und Entwicklungen. »Europa« heißt die Einheit, in der wir aufgehen. Grenzen fallen, die Welt wird zum medialen Dorf, und auf die Euro-Währung folgt vielleicht die

Euro-Sprache. Ein Nationaltheater im Zeitalter zunehmender Internationalität, ist das nicht ein Anachronismus? Ist aus dem Anspruch aufs Große und Ganze unter der Hand ein Markenzeichen für das Gestrige, Beschränkte, weil Eingegrenzte geworden?

Vom »Europa der Vaterländer« wird gesprochen. Der Widerspruch von großräumigen Organisations- und Wirtschaftsräumen zu unverwechselbar individuellen Lebens- und Denkformen wird propagiert. Vielleicht sind letztere aber nur die Beruhigungspillen, die die kreatürlichen Widerstände auf dem aufhaltsamen (?) Weg zu ersteren überwinden helfen sollen, und am Ende steht die europäische oder schließlich weltumspannende *Schöne neue Welt* von Orwell, Huxley & Co.

Ob aufhaltsam oder nicht, Sand im Getriebe des Weltlaufs wollte Theater immer schon sein. Und so kann aus dem Engagement für ein »Nationaltheater« schon bald ein Beharren auf einem Begriff werden, dem nicht die Zukunft gehört (wie im 18. Jahrhundert), sondern den die Zukunft überwinden will.

Nationale Identität durch Sprache

Der Hinweis auf die Utopie einer Einheitssprache hat bereits angedeutet, wo Theater seine nationale Identität am leichtesten beweisen und wahren kann: eben in der Sprache.

Daß es gar nicht so selbstverständlich ist, daß auf deutschen Bühnen deutsch gesprochen wird, zeigt die Oper. Der Trend zur Originalsprache ist, ausgehend von Festspielen und Metropolen, nicht nur in Mannheim angekommen, sondern erreicht immer kleinere Häuser. Die Internationalität des Opernbetriebs und des Sängermarktes läßt ein Gegen-den-Strom-Schwimmen gar nicht mehr zu.

Aber nicht die allen Zwängen zum Trotz hier oder dort noch ermöglichte Aufführung in der Sprache der Hörer gilt als das Besondere, Seltene, das man erlebt haben will, sondern die Originalsprache wird als Gütesiegel empfunden, als bürge sie allein schon für großstädtisches Niveau. Daß dies so ist und entgegen allen anfänglichen Erwartungen, Befürchtungen (oder auch Hoffnungen!) vom Publikum goutiert wird, ist ein Phänomen, dessen Signifikanz man für unser Theaterverständnis viel zu wenig reflektiert.

Schließlich ist es ja nicht so, daß wesentlich mehr Menschen als früher die Originalsprachen der Opern verstehen (wenn noch Englisch gesungen würde!). Nein, es wird trotz Europäisierung insgesamt einfach weniger verstanden, als würden die Opern in der nationalen Sprache aufgeführt. Und das gefällt. Das kulinarische Theater hat mit der Durchsetzung der Originalsprache in der Oper seinen größten Triumph gefeiert. Warum verstehen, wenn man genießen kann? Verzichtet man auf das Verstehen des Textes, gibt es auch keinen großen Unterschied mehr zwischen dem inhaltlich brillanten, kritischen und witzigen *Figaro* und dem banalen *Trovatore.* Wunderbare Musik bieten beide, und wer will schon mehr? Die mittlerweile im einen oder anderen Opernhaus installierten Übertitelungsanlagen beweisen nur zu sehr die Richtigkeit dieser These. Mit diesen stellt man den Besuchern anheim, auf einem verminderten Textniveau (oft handelt es sich um nicht mehr als eine inhaltliche Kurzinfo!) wenigstens dem Handlungsablauf folgen zu können. Sprachliche Details und Differenzierungen des Originaltextes bleiben dabei weitgehend auf der Strecke.

Noch gibt es Vergleichbares im Schauspiel nicht. Sieht man von den Versuchen des Düsseldorfer Schauspielhauses und seiner Regisseurin

Karin Beier in den vergangenen zwei Jahren ab, Shakespeares *Ein Sommernachtstraum* und seinen *Sturm* mit Schauspielern aus neun Ländern in deren jeweiliger Muttersprache spielen zu lassen und damit den Sprach- und Gefühlsverwirrungen der Stücke genialisch zu entsprechen, so beschränkt sich nicht deutsch gesprochenes Schauspiel in Deutschland auf Gastspiele und Minderheitenprojekte. Aber muß das so bleiben?

Das Beharren auf deutschsprachigem Schauspiel beispielsweise in Salzburg ist eigentlich ein alter Zopf, den man mit guten Gründen kappen könnte. Schon lange stellen Besucher aus dem deutschen und österreichischen Sprachraum eher eine Minderheit bei den Festspielen dar. Aber selbst bei Festivals, die weniger Eigenproduktionen als Gastspiele – und darunter, wie auch in Salzburg, natürlich viele ausländische – zeigen, ist im Schauspiel die Originalsprache kein wichtig genommenes Kriterium. Da reist ein Tschechow aus Ungarn durch die Welt, ein Aischylos aus Rußland und Ibsen, Euripides und Shakespeare aus Frankreich. Schauspieler- und Regieleistungen zählen, Originalität der Sprache nicht.

Egal, wie man das bewertet, sollte ein Umdenken einsetzen und auch im Sprechtheater die Originalität der Sprache zum Qualitätsausweis werden und dieser Trend, von den Festspielen ausgehend, sich verbreiten, erst die Kritiker, dann die Zuschauer erfassen, was hätte das Schauspiel einem solchen auf Verständnis pfeifenden Publikum zu bieten? Die Oper hat die Musik, die Konzentration rechtfertigt und Genuß garantiert. Das Schauspiel müßte auf andere Reize sinnen. Musicalproduktionen, die oft genug (fast) ohne musikalische Attraktionen auskommen (müssen), zeigen, wie das aussehen kann.
Nicht nur, daß ein solches Theater in unseren subventionierten Repertoirebetrieben weder organisierbar noch finanzierbar ist, wer wollte ein derart show-dominiertes Schauspiel?

Wundermittel »Nationaltheater«

Der Begriff »Nationaltheater« wirkt da wie ein Wundermittel. Vor ihm zerstiebt der hier einmal probehalber aufgezeigte Spuk hergeholter (aber wer will behaupten: wirklich utopischer?) Sandkasten-Zukunfts-Visionen. »Nationaltheater« meint sicher Theater in der Sprache seines Publikums. Aber solange es (Sprech-)Theater fast ausschließlich in dieser Erscheinungsform gibt, meint es natürlich mehr. Wieviel Charakter in einer Sprache steckt, was eine Kultur allein durch ihre Sprache von anderen unterscheidet, das kann im Sprechtheater vielleicht besser veranschaulicht werden als in jeder anderen Kunst. So kann der Ehrentitel, die Behauptung der Besonderheit des Nationaltheaters Mannheim vielleicht ein Anstoß sein, die Besonderheit unserer Sprache und Kultur zu thematisieren.

Ganz sicher bedeutet all dies nicht, daß nur deutsche Stücke im deutschen Nationaltheater zu spielen seien, wie dies zu Beginn der Nationaltheaterbewegung durchaus als Idee propagiert wurde. Heute ist dies anders. Allerdings muß man Stücke auch nicht unbedingt nur um ihrer Exotik willen aufführen. Wobei es selbstverständlich interessant ist, zu erfahren, daß außerhalb des mitteleuropäisch-nordamerikanischen Raums mit seiner eng verwobenen Tradition auch Theater gemacht wird, mit eigenen Traditionen und verblüffendem Reichtum. Internationale Festspiele bringen uns davon Kunde, immer häufiger, wenn auch noch nicht häufig genug – gemessen an den Unsummen, die für den Startourismus ausgegeben werden, der die Festivals so lange nivelliert hat.

Das Fremde als Fremdes vorzustellen, widerspricht der Idee des Nationaltheaters. Es aber in der eigenen Sprache als gar nicht so fremd zu erfahren, ist eine ihm gemäße Aufgabe, und eine schon im 18. Jahrhundert erkannte obendrein.

»›Ein gutes Theater‹, noch einmal Johann Elias Schlegel, ›tut einem Volke eben die Dienste, die der Spiegel einem Frauenzimmer leistet. Es zeigt ihm, was übel und was lächerlich ist.‹ Uns selbst wollen wir sehen, lautete die Parole, so wie wir sind und wie wir sprechen und fühlen – und nicht als in Franzosen verkleidete Deutsche. Vor der Folie des Fremden sollte das Eigene Konturen gewinnen: Deshalb die Absage an ein Theater, das, ohne Berücksichtigung des unterschiedlichen Nationalcharakters, Marivaux's und Moliere's [sic!] Personal von Paris nach Hamburg übertrug« (Jens 1979, S. 1, Sp. 4).

Worthülse oder ideelle Verpflichtung?
Was bedeutet nun all dies für Theaterleute, die an einem »Nationaltheater«, dem Mannheimer Nationaltheater arbeiten? Ist für sie der Name nur noch leere Worthülse, das Mannheimer Theater ein Stadttheater wie jedes andere, oder bedeutet die außergewöhnliche Bezeichnung nicht doch auch eine ideelle Verpflichtung im Umgang mit der Tradition eines Hauses, im Umgang mit den Besuchern dieses Nationaltheaters, die noch immer mit ihren Steuer- und den von ihnen entrichteten Eintrittsgeldern zur Finanzierung ihres Theaters beitragen? In dem Sinn, daß sich die hiesige Bürgerschaft einst, in künstlerischen wie geldlichen Dingen, von der Autorität des Staates befreit hat, wird heute niemand mehr denken wollen, zumal es manch einem Politiker in der gegenwärtigen Finanzsituation gewiß lieber wäre, man hätte ein Staats- denn ein »Nationaltheater« genanntes Stadttheater in Mannheim.

Aber vielleicht ist die Situation doch komplizierter. Mannheim besitzt weder ein Staats- noch ein Stadttheater, sondern eben die Besonderheit eines Nationaltheaters, dem alle dafür Verantwortlichen Rechnung zu tragen haben. Nimmt man diese Besonderheit ernst, müssen alle daran Beteiligten sich stets aufs Neue besinnen, was in der heutigen, sich ständig verändernden, wohl auch immer rascher verändernden Welt damit gemeint sein kann. Der Begriff »Nationaltheater« ist hier Verpflichtung und Ansporn zugleich.

Gemeint ist ein Theater, das nicht nur, aber zentral deutsche Autoren spielt – womit auch die Verpflichtung zur Aufführung »klassischer« Autoren angesprochen ist. Aber: Selbst wenn dies manch einen Zuschauer nicht erfreuen mag – hierbei ist zwar einerseits Werkgerechtigkeit gefordert, andererseits aber Risikobereitschaft – nicht nur der Theatermacher, sondern ebenso der Rezipienten, die »alten» Stücke unter heutigen Fragestellungen neu für unsere Zeit wiederzugewinnen. Daß dies nicht immer gelingt, kann auch einen Aspekt der Lebendigkeit von Theater bedeuten.

Einen besonderen Reiz stellen Spielpläne dar, deren Stückinhalte innere Bezüge aufweisen. In denen beispielsweise bestimmte Themen etwa der deutschsprachigen Dramatik internationaler und Welt-Dramatik an die Seite gestellt werden. Hier geht es selbstverständlich nicht um Qualitätsvergleich, sondern um andere Perspektiven, aus denen Themen und Probleme betrachtet werden, beispielsweise, wenn der Iphigenie-Stoff in den Versionen von Euripides, Goethe oder Hauptmann – wie wir dies zu meiner Zeit als Mannheimer Schauspieldirektor praktizierten – auf dem Theater behandelt wird. Und hier gibt es viele Möglichkeiten anderer Themenauswahl, wobei es gleichzeitig Aufgabe und Verpflichtung eines Nationaltheaters ist, das Internationale als das thematisch ebenso Nahe wie das Nationale zu vermitteln.

Szene aus
Iphigenie in Delphi
von Gerhart Hauptmann.
NI 15. Juli 1995,
Inszenierung: Armin Petras,
Ausstattung: Philipp Stölzl.
Von links nach rechts:
Susanne Häusler (Elektra),
Barbara Teuber (Iphigenie),
Wolfgang Jaroschka
(Pylades).
Foto: Hans-Jörg Michel.
RMM, Thslg.

Nationaltheater hat auch in Zeiten des Umbruchs – wie wir sie in diesen Jahren erlebt haben und nach wie vor erleben – seinen geistigen Ort im Zentrum des Geschehens, das es mit entsprechenden, möglichst auch zeitgenössischen Stücken aufzeigen, begleiten, kommentieren und interpretieren muß.

Shakespeare – Säule des »klassischen« Spielplans

Eine weitere Säule des »klassischen« Spielplans ist Shakespeare, der Prüfstein und Kraftquell jeder vitalen Theaterarbeit. Hier hat das Mannheimer Nationaltheater nicht nur eine literarische Verpflichtung, indem gute Übersetzungen (Johann Joachim Eschenburg, E. S. Lauterbach, Erich Fried) gespielt werden sollten, sondern auch eine Verpflichtung aus Tradition – denn schließlich war es Wolfgang Heribert von Dalberg, der erste Intendant des ersten festen Ensembles des hiesigen Sprechtheaters, der sein Hauptaugenmerk auf Shakespeare legte und damit eine Vorreiterrolle im deutschsprachigen Raum spielte.

Auch bei allen anderen europäischen Autoren kann es nie darum gehen, beispielsweise nordisches, französisches, italienisches, russisches, englisches Theater zu kopieren, sondern wichtig ist stets, eigene Umsetzungsformen zu finden – hier gilt noch einmal die Formel, die Walter Jens gefunden hat: »Vor der Folie des Fremden soll das Eigene Konturen gewinnen« (siehe oben), wobei, falls es ihn denn geben sollte, der jeweils unterschiedliche »Nationalcharakter« nicht übertragbar ist. Das zu erkennen, war, worauf Jens hinweist, bereits eine Errungenschaft der Nationaltheateridee, die nach wie vor Gültigkeit besitzt. Daß hier auch sehr eigenwillige Interpretationen möglich sind und sein müssen, macht den Reiz der Translozierung aus. Wer also zum Beispiel Ibsen sehen will, wie er in Norwegen gespielt wird, muß eben nach Oslo fahren!

Schließlich sei noch an eine mögliche Aufgabe eines/des Nationaltheaters erinnert. Wohl kaum wird man so viel Selbstbewußtsein mehr in Mannheim wie im 18. Jahrhundert entwickeln wollen, daran zu glauben, Mannheimer Aufführungen könnten heute noch »traditionsbildend« (Girshausen, siehe oben) wirken. Um schließlich nochmals kurz auf meine Mannheimer Zeit als Schauspieldirektor zurückzukommen: In Anbetracht der Tatsache, daß ich selbst nicht inszeniert habe, haben wir ein Konzept entwickelt, das meiner Vorstellung von Nationaltheater besonders nahekommt. So war es möglich, durch das Engagement unterschiedlichster Regisseure und Regisseurinnen dem Publikum gleichsam einen Querschnitt zu bieten, welche Tendenzen, welche Regiestile im deutschsprachigen Theaterraum derzeit anzutreffen sind. Dergleichen ließe sich durch Gesamtgastspiele exemplarischer Inszenierungen – wie sie früher in Mannheim durchaus immer wieder geboten wurden – anreichern. So wäre ein Nationaltheater tatsächlich auch als Spiegel des internationalen und nationalen Theaters in deutscher Sprache denkbar. (Die wiedererstandenen *Schiller-Tage* werden künftig – mein Konzept dafür endlich verwirklichend – im Wechsel mit Weimar dazu einen Beitrag leisten, dessen Erweiterung, grundsätzlich wünschenswert, in Zeiten knappen Geldes jedoch wohl Illusion bleiben muß.)

Die Verantwortung des Publikums für sein Nationaltheater

Um abschließend nochmals auf den Beginn des Beitrages zurückzukommen – eine Stadt wie Mannheim mit etwas über 300 000 Einwohnern und einem Einzugsgebiet von weit über einer Million Menschen hat nachweislich immer wieder Probleme, insbesondere mit einer akzeptablen Besucherfrequenz im Schauspiel aufzuwarten. Also: Wer ist wofür zu groß? Das Nationaltheater für die Stadt und die Region? Doch gewiß nicht! Das Publikum fragt gerne nach der Verantwortung derjenigen, die für sie Theater gestalten. Ist aber nicht umgekehrt auch an das Publikum zu appellieren, sich einem wie oben beschriebenen Nationaltheater gewachsen zu zeigen? Sich nicht nur aufgeschlossen dem täglichen Experiment Theater gegenüber zu verhalten, sondern mit Stolz die Besonderheit eines Nationaltheaters, des Mannheimer Nationaltheaters nicht nur zu akzeptieren, sondern einzufordern? Das ist für alle Beteiligten mit Mühe verbunden. Aber sollten wir für unser gutes Geld nicht mehr fordern, als nur (gut) unterhalten zu werden? Um einen bekannten Slogan eines bekannten Fernsehsenders zu zitieren: »Abschalten können Sie woanders!« Das Nationaltheater verlangt die ganze Aufmerksamkeit, den ganzen Auseinandersetzungswillen seines Publikums. *Dafür* wird es vom Land, von der Stadt, vor allem aber von den Bürgern dieser Stadt subventioniert.

Zeitzeugen: Joachim Bliese

Liselotte Homering

Joachim Bliese
Schauspieler
Foto: Reiner Brosch

Bereits 1969, im dritten Jahr seines Mannheimer Engagements, brachten es die Dramaturgen des Nationaltheaters, Peter Mertz und Hedda Kage, in der März-Ausgabe der Mannheimer Theaterzeitung auf den Punkt: Joachim Bliese, »als jugendlicher Held und Charakterspieler engagiert«, gehört »zu den Schauspielern, die immer in der ersten Reihe stehen und mit zweitem Namen eigentlich Orest, Tasso, Fiesco heißen, heimlich angeschwärmt von kleinen Mädchen und älteren Damen, von laienspielenden Schülern zum hoffnungsvoll strahlenden Berufsvorbild genommen.« Im selben Atemzug war da von der ›allabendlichen Sympathie der ebenso edel Gesonnenen im Parkett‹ die Rede, die am »Heldenimage« Blieses mitgebastelt haben. Nicht nur die Autoren von damals, sondern auch Joachim Bliese selbst stand und steht erst recht heute den Gefühlswogen, die er weckte, mit Vorsicht, zumindest mit Skepsis gegenüber. Dergleichen Zurückhaltung mag auch mit seinem Geburtsort Kiel zusammenhängen. Doch wird man nicht vollends fehlgehen, ihm die berühmten ›zwei Seelen, ach, in seiner Brust‹ zu unterstellen. Wie sonst wird einer auf die Idee kommen, vom Volkswirtschaftsstudium auf die »Bretter, die die Welt bedeuten«, zu wechseln?!

Halbheiten lagen ihm fern: Beim großen Schauspielerschmied Eduard Marks – nebenbei bemerkt der Schwiegersohn von Mannheims legendärer Sopranistin Anna Rocke-Heindl – hat er von 1957 bis 1959 an der Hochschule für Musik und Theater in Hamburg sein Rüstzeug erlernt. Sieben Jahre »Lehrzeit« in Coburg, Wiesbaden und Oberhausen folgten, bevor er nach Mannheim kam, von dem er heute unumwunden zugibt, weder die Stadt selbst, geschweige denn ihr Theater gekannt zu haben. Doch differenziert er: »Allerdings war mir die große Vergangenheit des Theaters bewußt, die besonders durch die Verbindung mit Schiller sowie durch Dalberg und Iffland bis zum heutigen Tag ihre Ausstrahlung behalten hat.« War es tatsächlich das, was ihn ausgerechnet in die Quadratestadt gezogen hat? Bliese bekräftigt dies durchaus: »Ich hatte meine ersten Jahre am Theater hinter mir und kam nun in ein Ensemble, das sich aus der Tradition des Hauses besonders der Pflege des klassischen Repertoires verpflichtet wußte, aber auch die gegenwärtigen Entwicklungen aufzunehmen suchte. Diese beiden Elemente – Tradition und Gegenwart – scheinen mir mehr als an vielen anderen Häusern das besondere Reizklima des Nationaltheaters zu jener Zeit gebildet zu haben.«

Joachim Bliese kann sich ein Urteil hierüber erlauben, denn er ist in der deutschsprachigen Theaterlandschaft weit herumgekommen. Auf Mannheim folgten Stuttgart, Ulm, Frankfurt, Heidelberg, Hamburg, Basel und Berlin (zunächst an der Freien Volksbühne, dann zehn Jahre am Staatlichen Schauspielhaus) – stets mit festen Verpflichtungen (bis 1991) – und seit 1991 als »freier Schauspieler« unter anderem in Hamburg, Bonn, Düsseldorf, Berlin, Luzern, Zürich und Wien. Von seinen vielen Arbeiten für das Fernsehen und die verschiedensten Rundfunkanstalten ganz zu schweigen!

Vergegenwärtigt man sich die Zeit von Joachim Blieses Mannheimer Engagement (1966 bis 1972), spiegelte sich in ihr – wie er selbst es formuliert – »das Abbild einer Gesellschaft auf der Suche nach einem neuen Selbstverständnis am Ende der Aufbauzeit der Bundesrepublik und am Beginn der Veränderungen während und nach der 68er Bewegung.« Und er fügt hinzu: »Diese Spannung zeigte sich auch im Ensemble, das einerseits aus erfahrenen, guten älteren Kollegen, andererseits aus zum Teil sehr ungewöhnlichen, talentierten jungen Mitgliedern bestand« – Namen und Persönlichkeiten wie Marlene Achtermann, Melanie de Graaf, Jutta Lampe, Gertrud Nothhorn, Rosemarie Reymann, Clara Walbröhl, Günther Amberger, Raimund Bauer, Manfred Berben, Ulrich von Dobschütz, Gerold Krauel, Walter Pott, Paul Schmidkonz, Walter Vits-Mühlen und andere stehen dafür. Eben diese Spannung »zeigte sich auch im Spielplan, der neben dem klassischen Bereich ganz bewußt die neue osteuropäische Dramatik herausstellte, was damals ungewöhnlich war. Auch der Inszenierungs- und Aufführungsstil spannte sich von tradierten Formen in Sprache und Körperlichkeit bis zu sehr zeitbezogenen Formen und Deutungen.« Gerade an den vielen klassischen Rollen, in denen Bliese den Mannheimer Freunden des Schauspielers sicher in lebendiger Erinnerung ist, läßt sich dieses Spannungsfeld verdeutlichen. So blieben beispielsweise sein Kalaf in Schillers *Turandot*-Version, sein Prinz von Homburg, der Fiesco oder auch sein Torquato Tasso eindrücklich im Gedächtnis haften: Schon mit seiner ersten Rolle, dem Kalaf in Schillers Gozzi-Bearbeitung der *Turandot,* ließ der eben von Oberhausen gekommene junge Schauspieler aufhorchen. Auch wenn die Inszenierung des damaligen Schauspieldirektors, Ilo von Janko, nicht gerade auf einhellige Gegenliebe stieß, gelang Bliese doch ein Debüt in Mannheim, das verheißungsvoll war, auch und besonders wegen seines präzisen Umgangs mit der Sprache. Blieses Darstellung von Kleists hochkomplexem Prinzen von Homburg folgte man mit angehaltenem Atem. Sein Fiesco wurde auch durch die zweiseitige Arena- und Raumbühne Paul Walters, die viele Gelegenheiten zu faszinierendem Körpereinsatz der Schauspieler bot, zu einem unvergessenen Erlebnis. Ebenso sein Torquato Tasso, von dem Wolfgang Höfler im *Karlsruher Tageblatt* am 20. Dezember 1967 unter der Überschrift »Beste Leistung: Joachim Bliese« schrieb: »Joachim Bliese verfügt über eine reiche Ausdrucksskala, die von visionärer Eindringlichkeit bis zum Rasen der Leidenschaft reicht. Seine Ausbrüche ins Maßlose und Wahnhafte wirken deshalb so glaubwürdig, weil sie jederzeit intellektuell gesteuert und kontrolliert werden«, womit der Rezensent zweifellos den Nerv der starken Wirkung von Blieses Spiel bis auf den heutigen Tag getroffen hat.

Den Umbruch in der Darstellung seiner Mannheimer klassischen Rollen brachte zweifellos Hans Neuenfels' *Räuber*-Inszenierung von 1971, in der Bliese den Karl Moor verkörperte. Nicht nur für das Mannheimer Theater, sondern auch für sich selbst erkennt der Künstler gerade in dieser heftig umstrittenen Inszenierung einen Wendepunkt, der »das Ende einer Theater- und Gesellschaftsepoche und den Aufbruch in eine neue und ungewisse Zeit markiert« hat. Und rückblickend resümiert Bliese: »Aus den Erfahrungen der Mannheimer Zeit ist auch für meine Arbeit die Veränderung das Bleibende geworden.«

Das Theater und sein »Marktwert«
Die Mannheimer und ihr Nationaltheater

Heinz Schönfeldt

Künstlerinnen und Künstler des Nationaltheaters präsentieren auf dem Marktplatz in Mannheim zur Freude des in großer Zahl erschienenen Publikums Ausschnitte aus dem laufenden Programm. Foto: Frank Heller, 1994. RMM, Thslg.

Marktwert in Anführungszeichen – das hat seinen guten Grund. Denn man zögert ein wenig, den an Konsum und Profit gemahnenden Begriff in Verbindung mit Kunst und Kultur zu gebrauchen. Theater hat, wenn es gut ist, wie alle Kunst einen Wert, der sich nicht in Mark und Pfennig, nicht in bloßen Zahlen ausdrücken läßt – nicht einmal in Zuschauerzahlen. Aber natürlich ist Theater auch ein Wirtschaftsfaktor. Es kostet Geld, viel Geld sogar. Und dem läßt sich gegenüberstellen, wieviel materiellen Nutzen es andererseits seinem Standort verschafft: als Arbeitgeber, als Steuerzahler, mit beträchtlichen Auswirkungen ins Wirtschaftsganze hinein, auf die Gastronomie zum Beispiel und überhaupt auf die Beschäftigung in sogenannten vorgelagerten Bereichen.

Ein »Luxus«, der sich bezahlt macht
Aufschluß darüber gab Ende der achtziger Jahre eine Studie des *Ifo-Instituts für Wirtschaftsforschung*, die der Bundesminister des Innern in Auftrag gegeben hatte. Sie kam zu dem Ergebnis, daß jede dem Theater zusätzlich bewilligte Million dem Theaterstandort Mehreinnahmen von 1,25 Millionen Mark beschaffte und daß zehn neue Arbeitsplätze am Theater vier weitere in der übrigen Wirtschaft entstehen ließen. Umgekehrt könne eine Etatkürzung um eine Million das Einkommen der Region um bis zu 1,4 Millionen Mark zurückgehen lassen.

Mag diese Art Marktwert mehr oder weniger genau zu berechnen sein – anders verhält es sich mit dem Kunst-, dem kulturellen Wert des Theaters. (Sein Unterhaltungswert sei hier ausgeklammert, zumal es heutzutage eine äußerst produktive Unterhaltungsindustrie jenseits des Theaters gibt.) Nicht in Mark und Pfennig läßt sich dieser Kulturwert bestimmen, den das Theater seinem Publikum vermittelt – und der darüber hinaus das ganze geistige Klima einer Stadt und Region, ihre Anziehungskraft und Ausstrahlung mitbestimmt. In welchem Ausmaß dies der Fall ist, hängt gewiß von der Qualität des Gebotenen, von der Leistungsfähigkeit des Instituts ab – und damit allerdings wiederum in erheblichem Grade vom verfügbaren Geld.

Kein Wunder, daß die Geschichte des Mannheimer Nationaltheaters nicht nur von künstlerischen Erfolgen und Krisen, sondern auch vom immer erneuten Kampf um ausreichende finanzielle Ausstattung berichtet. Mehrfach schien, in Notzeiten, das Ende der *Schillerbühne* unmittelbar bevorzustehen; glücklicherweise wurde jedesmal noch das Schlimmste verhindert. Dies aber wäre nicht möglich gewesen ohne die jeweils in heftigem Protest und tätiger Unterstützung zutage getretene Liebe der Mannheimer zu ihrem Theater.

Schiller, Bassermann und die Marktfrau
Die Theaterliebe – wirklich: »der Mannheimer«? In der Tat, es war zwei Jahrhunderte hindurch nicht nur eine kleine, eine »gebildete« Schicht, die in Treue und Opferbereitschaft zum Nationaltheater hielt, wenn auch gewiß das im 19. Jahrhundert erstarkte Bürgertum, und aus ihm vor allem jüdische Familien, entscheidenden Rückhalt bot. Aber in der Ansicht, daß dieses Theater unbedingt zu Mannheim gehöre, daß Mannheim ohne es schlechthin undenkbar sei, waren sich alle Einwohner einig. Es hatte sich in Mannheim ein Verhältnis zum Theater herausgebildet, wie es in kaum einer anderen deutschen Stadt anzutreffen war. Daß dies keine leere Behauptung ist, bezeugen viele Anekdoten, aber auch die Aussagen von Theaterleuten, die an der *Schillerbühne* gewirkt und dabei die Vertrautheit zwischen Bürgerschaft und Theater erfahren haben.

So ist jene Marktfrau zum Vorzeigebeispiel geworden, von der Ernst Leopold Stahl in seiner Chronik des Nationaltheaters berichtet. Sie soll dem jungen Albert Bassermann am Morgen nach einer *Räuber*-Aufführung, in der er den Kosinsky gespielt hatte, die Leviten gelesen haben: »[A]rg wüscht gekrische hawwe Se jo geschtern.« Doch nicht ohne nachgeschickten Trost, der sich als Prophezeiung erwies: »Awwer isch meen' als, He' Albett, aus Ihne könnt am End' doch noch emol was werre!« (Stahl 1929, S. 16).

Willy Birgel, der von 1924 bis 1936 an der *Schillerbühne* engagiert war, berichtet (und Herbert Meyer zitiert es in seinem Nationaltheaterbuch), wie er am Morgen nach einer durchfeierten Nacht auf dem Weg zur Probe in der Straßenbahn eingeschlafen sei, ungestört vom mitleidigen Schaffner; ein »theaterverantwortlicher Bürger« habe ihn schließlich, auf dem Rückweg von der Endstation, am *Paradeplatz*, der theaternächsten Haltestelle, geweckt mit den Worten: »Herr Birgel, müsse Se net ins Theater, probiere?« (Meyer 1979, S. 24).

»In den Theaterferien schläft auch die Stadt«
Diese hübschen Geschichtchen werden untermauert durch Feststellungen wie die des bedeutenden Intendanten Carl Hagemann, der in seinem Erinnerungsbuch *Bühne und Welt* auf das »geflügelte Wort« verweist, wonach Mannheim so viele Theaterintendanten wie Einwohner habe. Und er schreibt: »Dem echten Mannheimer kann nichts Schlimmeres passieren, als wenn man drinnen und draußen nicht über sein Theater spricht – nichts über sein Theater zu sprechen weiß. In den Theaterferien schläft auch die Stadt« (Hagemann 1948, S. 63).

Hagemann war es auch, der dem später als Regisseur und Theaterleiter zu hohem Ansehen gekommenen Otto Falckenberg zur Uraufführung seines Bühnenstücks *Doktor Eisenbart* verhalf. Aus diesem Anlaß weilte der Autor in Mannheim, und er berichtet darüber in einem Brief: »Eine Premiere, gar eine Uraufführung, ist ja hier zu Lande ein Ereignis, das die ganze Stadt in Aufregung versetzt. [...] Wieviel liebenswürdige, gescheite und begabte Leute habe ich hier in kurzer Zeit kennengelernt, wie herzlich und gastfreundlich wurde ich überall aufgenommen. Ich konnte mir in den letzten Tagen keinen Kragenknopf kaufen, ohne daß die Verkäuferin meine ganze Biographie wissen wollte; so sehr fühlt sich hier alles mit dem Theater verbunden« (Petzet 1944, S. 172).

Und lassen wir zuletzt noch den Intendanten Herbert Maisch zu Wort kommen: »Kannte mich in Erfurt außer meinem Dezernenten« – so heißt es in Maischs Erinnerungen *Helm ab – Vorhang auf* – »so gut wie niemand, hier in Mannheim begrüßte mich schon der Schaffner an der Sperre mit Rang und Namen. [...] Wußte man in Erfurt erst nach vielen Skandalen, daß es dort ein Theater gibt, hier kannte die Blumenfrau und der Straßenkehrer jeden Schauspieler und jeden Sänger« (Maisch 1968, S. 223).

Thalia in veränderter Umwelt
Die Marktfrau, die Blumenfrau, der Straßenkehrer – die Zitate verdeutlichen, wie innig und verbreitet die Theaterverbundenheit der Mannheimer war. Aber: Carl Hagemann war von 1906 bis 1910 und noch einmal von 1915 bis 1920 Intendant in Mannheim, Herbert Maisch von 1930 bis 1933. Seitdem hat es große gesellschaftliche Veränderungen gegeben, und es liegt nahe, daß sich mit ihnen (und durch sie) auch das Verhältnis der Mannheimer zu ihrem Theater verändert hat.

Vor allem bieten sich inzwischen den Menschen zahllose andere Zerstreuungen, die das Interesse vom Theater abziehen: Kino, Fernsehen, Fußball – das ganze unübersehbare Angebot einer riesigen Freizeit- und Unterhaltungsindustrie. Und die mit dem Auto gewonnene Mobilität erlaubt es, leicht und rasch auch zu entfernten Veranstaltungsorten zu gelangen.

So mag man kaum annehmen, daß sich heute auf dem Mannheimer Wochenmarkt noch jemand findet, der so vertrauten, burschikos-familiären Umgang mit den Künstlern des Nationaltheaters pflegt wie jene legendäre Marktfrau (im Gegensatz hierzu die »Zeitzeugen«-Aussage von Allan Evans in diesem Buch). Ein ohne repräsentativen Anspruch vorgenommener Test im Frühjahr 1996 bestätigt solche Zweifel: Unter gut einem Dutzend befragter »Marktfrauen« fanden sich gerade zwei, die überhaupt »ab und zu« bzw. »sehr selten« den Weg ins Theater fanden, alle anderen kannten die *Schillerbühne* nicht von innen.

Gleichwohl hat noch im Mai 1980 der Schauspieldirektor Jürgen Bosse bei der Spielplanvorschau ausdrücklich dem Mannheimer Publikum gedankt, dessen Theaterfreude und Theaterneugierde seine Kollegen in anderen Städten »blaß vor Neid« machten (Schönfeldt 1980a, S. 40). Und viele aus dem Ensemble stimmen bis in die jüngste Zeit mit ihm darin überein (vgl. auch die »Zeitzeugen« in diesem Buch). Wie auch bis in die jüngste Zeit kein Mangel ist an handfesten Beweisen für Mannheimer Theaterverbundenheit.

Alte Liebe rostet nicht

Die Notzeit nach dem verlorenen Krieg, als in den Trümmern der Stadt gefroren und gehungert wurde, konnte nicht verhindern, daß noch vor dem Ende des Kapitulationsjahres 1945 unter schwierigsten Verhältnissen in den beengten, notdürftig hergerichteten Räumlichkeiten des *Schauburg*-Kinos wieder Theater gespielt und begierig angenommen wurde (vgl. auch den Beitrag von Kurt Heinz). Und noch blühte keineswegs das Wirtschaftswunder, als sich schon der Wunsch regte, das durch Bomben zerstörte Theaterhaus neu zu erbauen. Über eine zweimalige Tombola brachten die Mannheimer rund eine Million Mark dafür auf (vgl. auch den Beitrag von Hofmann/Weizel und die *Chronologie*).

Auch früher schon war Verlaß auf sie. Als 1929 die *Schillerbühne* wegen der katastrophalen Finanzlage der Stadt kurz vor der Schließung stand, verhinderte ein »Aufstand« der Bürger das bittere Ende; zu einer Protestkundgebung am 8. Dezember kamen 4000 Menschen (vgl. auch den Beitrag von Hofmann/Weizel und die *Chronologie*). Und als 1990 der *Schillerbühne* Mittelkürzungen drohten, die an die Substanz gehen mußten, gab es nicht nur einen Protestzug von Ensemblemitgliedern unter lautstarker Anführung des damaligen Schauspieldirektors Nicolas Brieger, sondern anschließend Appelle und Aktionen aus der Bürgerschaft, die zur Entspannung der Lage führten (vgl. auch die *Chronologie*).

Daß die 1950 ins Leben gerufene *Gesellschaft der Freunde des Nationaltheaters* (heute *Freunde und Förderer des Nationaltheaters Mannheim*) gerade in den sorgenreichen neunziger Jahren wieder zu regem Leben erwachte, ist sicher einer ideenreich und tatkräftig für neuen Schwung sorgenden Führung zu verdanken. Aber der (auch in rasch gestiegener Mitgliederzahl sich äußernde) Erfolg wäre doch nicht denkbar ohne entsprechenden Widerhall in der Stadt. So gelang es auch Anfang 1996, in verhältnismäßig kurzer Zeit 10 000 Unterschriften zu sammeln für einen Appell an die Landesregierung mit dem Ziel, die seit Jahren eingefrorenen Theaterzuschüsse des Landes wieder auf die alte Höhe zu bringen und damit die Leistungskraft der *Schillerbühne* zu sichern (vgl. auch die *Chronologie*).

Ein Stadt-Theater wie kein anderes

Wenn man nach den Gründen für die besondere und so erfreuliche Mannheimer Theaterbegeisterung fragt, so gibt ein Blick auf die Anfänge einiger Aufschluß. Das Nationaltheater entstand, vor über 200 Jahren, nicht als Stätte fürstlichen Vergnügens und höfischer Repräsentation, sondern als ein (erbetenes) Geschenk des Kurfürsten an die Bürger Mannheims, seiner ehemaligen Residenz, die durch seinen Umzug nach München im Herbst 1778 mit dem äußeren Glanz auch Beträchtliches an Wirtschaftskraft eingebüßt hatte. »[Z]u einiger nahrungs mitbeihülfe der hiesigen Stadt und Bürgerschafft« solle das Theater dienen, hieß es denn auch im kurfürstlichen Schreiben vom 1. September 1778 an den Initiator und ersten Intendanten, den Freiherrn von Dalberg (Walter 1899/1, S. 43).

So wird ganz deutlich, daß die *Schillerbühne*, im Gegensatz zu anderen alten Häusern, von Beginn an ein Theater für die Bürger war, und als Mannheim 1802 an das Großherzogtum Baden fiel, hatten die Bürger auch mehr und mehr für den Unterhalt ihrer Bühne aufzukommen. 1817 wurde der seit 1804 gewährte Karlsruher Zuschuß von 20 000 Gulden auf 4000 reduziert, 16 000 Gulden mußte nun Mannheim zuschießen. Und 1821 wurde bestimmt, daß künftig für alle Theaterschulden und -verbindlichkeiten allein die Stadt geradezustehen hatte.

Da war es nur folgerichtig, daß die *Schillerbühne* 1839 endgültig zum Stadttheater wurde, zum ersten bis heute bestehenden in Deutschland, geleitet von einem Bürgerkomitee. Eduard Devrient schreibt dazu in seiner Geschichte der deutschen Schauspielkunst: »Die Stadt selbst hatte für die Würde und das Gedeihen ihres Kunstinstituts zu sorgen, und daher kam es, daß der schon bestehende lebhafte Anteil der Einwohner nun zu einer familienhaften Parteinahme wurde, welche die Tätigkeit der Bühne in Liebe hegte und trug und so die im Leben eines jeden Theaters unvermeidlichen Schwankungen des Kunstwertes ihrer Leistungen weniger empfindlich und schädlich machte« (Devrient 1967/2, S. 262).

Die Abstimmung an der Kasse

Nichts erscheint einfacher (und einleuchtender), als die Theaterfreude einer Stadt und Region am Publikumszuspruch zu messen. In Mannheim gab es, was nach den vorangegangenen Ausführungen nicht wundernimmt, selten Anlaß zur Klage. Und bis in die Gegenwart ist das so geblieben; in den erfolgreichen Jahren der Intendanz Arnold Petersens (1975 bis 1992) war die Platzausnutzung so hoch, daß die *Schillerbühne* damit einen Spitzenplatz unter den deutschen Bühnen errang.

Einen Einbruch gab es verständlicherweise, als das Haus am *Goetheplatz* im Sommer 1992 wegen dringend erforderlicher Generalüberholung für anderthalb Spielzeiten geschlossen wurde. Die Ensembles von Schauspiel, Oper und Ballett mußten auf andere, weniger geeignete Spielstätten ausweichen; Opern konnten teilweise nur noch konzertant aufgeführt werden. Allerdings wies die Statistik schon vorher ein Absinken der Nachfrage aus. Gab es 1985 im *Kleinen Haus* (heute *Schauspielhaus*) noch eine Platzausnutzung von 84 Prozent, so waren es unmittelbar vor der Schließung des Stammhauses nur noch 76 Prozent; fürs *Große Haus* (heute *Opernhaus*) lauten die entsprechenden Zahlen 88 und 79 Prozent.

Deutlich auch der Rückgang bei *Theatergemeinde* und Platzmieten; die *Theatergemeinde* hatte 1985 rund 10 000 Mitglieder, 1991/92 waren es noch 8000, durch die Schließung verringerte sich die Zahl auf 6000. Die Mieten gingen von 7254 im Jahr 1985 auf 6226 im Jahr 1992 zurück. Immerhin konnten die aus der Theaterschließung herrührenden Verluste innerhalb kurzer Zeit wenigstens teilweise wieder aufgefangen werden; 1996 kam die *Theatergemeinde* auf 7400 Mitglieder, die Mieten standen bei 5560, die Plätze im *Schauspiel*- und im *Opernhaus* waren wieder zu siebzig bzw. 75 Prozent besetzt. Wie sich die im vergangenen Jahr (1996) durchgeführte, zum Teil beträchtliche Erhöhung der Eintrittspreise auf die Besucher- sowie Abonnentenzahlen auswirken wird, bleibt allerdings noch abzuwarten.

Zehntausende von Vorbestellungen

Nun muß eine reduzierte Abonnentenzahl nicht unbedingt von Nachteil sein – sofern nicht zu viele Plätze leer bleiben. Zwar gibt das Abonnement dem Theater ein gesichertes Einnahmefundament, doch es unterwirft auch – und um so stärker, je größer die Zahl der Teilnehmer – die Spielplan-Disposition lästigen Zwängen. Außerdem bringt der freie Verkauf mehr Geld ein (vorausgesetzt natürlich, daß er floriert). Je bedeutsamer er für die Einnahmeseite wird, um so größere Anstrengungen sind nötig, um die Zahl der »Kunden« zu steigern.

Das bedeutet zum einen, daß die Aufführungen beim Publikum »ankommen« müssen (ohne das Angebot zum billigen Unterhaltungsprogramm verkommen zu lassen), es bedingt zum anderen eine intensive Werbung, die möglichst weite Kreise erreicht, ins Theater zieht und an das Theater bindet. Bemühungen darum hat es schon in früherer Zeit vielfach gegeben.

Im vorigen Jahrhundert sind Zuschauer nicht zuletzt über Preisvergünstigungen gewonnen worden. In der Spielzeit 1877/78 gab es die ersten verbilligten »Volksvorstellungen«; seit 1899 kamen Vorstellungen zu einem Einheitspreis von vierzig Pfennig hinzu.
Zum Vergleich: In jener Zeit kostete in Mannheim ein Pfund Butter 1,20 Mark, zwei Kilo Brot der ersten Sorte 56 Pfennig oder ein halbes Kilo Schweinefleisch 72 Pfennig; für einen Parkettplatz in den vorderen Reihen im Mannheimer Hof- und Nationaltheater mußte man zwischen 3,50 Mark und bis zu sechs Mark ausgeben (vgl. Jahresbericht 1899, S. 152 und Thslg. Theaterzettel der Spielzeit 1899/1900).

Anfangs gab es viermal im Jahr solche Volksvorstellungen in Mannheim, doch die Zahl stieg, und 1922 waren es schon 22. Kein Wunder, denn die Werbewirkung war groß. Im November 1907 lagen für eine Aufführung von Shakespeares *Was ihr wollt* laut Ernst Leopold Stahl nicht weniger als 40 000 Bestellungen vor, dreißigmal mehr als Plätze vorhanden waren (Stahl 1929, S. 219); für manche Oper sollen es noch mehr gewesen sein. Als die Inflation Anfang der zwanziger Jahre derlei Billigangebote unmöglich machte, entstanden 1922 die *Theatergemeinde Freie Volksbühne* und der *Bühnenvolksbund* (vgl. ausführlich hierzu Stahl 1929, S. 220–221 und vgl. den Beitrag über die *Theatergemeinde* in diesem Buch).

Alte Rezepte und neue Ideen

Auch nach dem Zweiten Weltkrieg gab es vielfältige Bemühungen, die Aufmerksamkeit aufs Theater zu lenken und möglichst neue Besucherkreise zu gewinnen. So ging die *Schillerbühne* bereits in den frühen siebziger Jahren mit Aufführungen oder einzelnen Szenen auf die Straße und in die Vororte, um an Menschen heranzukommen, die eine gewisse »Schwellenangst« vom *Großen* oder *Kleinen Haus* fernhielt.
Das 1979 gegründete und als vierte Sparte des Nationaltheaters geführte Kinder- und Jugendtheater vermag junge Leute frühzeitig an den Theaterbesuch zu gewöhnen.

Zu Arnold Petersens Zeit gab es bereits öffentliche Proben, und gewiß nicht nur geübte Theatergänger strömten in die fasnächtlichen Theaterfeste, bei denen die Stimmmungswogen hochgingen und sich die Gelegenheit ergab, Sänger, Schauspieler, Tänzer und andere Theaterleute zwanglos aus der Nähe und in ungewöhnlichen Rollen kennenzulernen. Freilich konnte der ohnehin überlastete Betrieb so wenig wie die Einrichtung des Hauses diesen Beanspruchungen auf Dauer standhalten, so daß man von solcher wirkungsvollen Popularisierung des Theaters wieder abkam. Allerdings wurde die Idee in diesem Jahr (1997) nach zehn Jahren erneut aufgegriffen.

Auch das Mannheimer Nationaltheater wirbt mit unterschiedlichen Postkarten- und Plakatmotiven. Die Idee für diese Werbekampagne wurde vom Öffentlichkeitsarbeitsteam unter der Leitung von Ulrike Steffel entwickelt (vgl. auch den Beitrag von Heide Koch in diesem Buch). Bewußt wird hierbei Bezug genommen auf die in Mannheim sprichwörtliche Theaterbegeisterung nicht nur der Markt-, sondern in diesem Fall auch der Brezelfrau.
Foto: Hans-Jörg Michel. RMM, Thslg.

Es fehlte aber in Mannheim, was das Theater angeht, auch weiterhin nicht an Ideen und Phantasie in dem Bemühen, auf die Menschen zuzugehen und ihnen Lust auf das Angebot der *Schillerbühne* zu machen. Wenn sich der Opernchor mit populären Programmen ans Publikum wendet (vgl. auch den Beitrag von Georg Metz), wenn die Oper mit dafür geeigneten Werken in den *Luisenpark* geht, so trägt das ebenso zur Werbung für das Theater bei wie die Konzerte des Nationaltheater-Orchesters in Mannheimer Industriebetrieben (vgl. auch den Beitrag von Jun Märkl).

Ein Publikum, das nicht unbedingt zum Stamm der Theaterbesucher gehört, wurde erreicht durch eine Produktion wie das Musical *West Side Story* von Leonard Bernstein; ob einige davon sich dann auch in *Carmen* oder *Tosca* wagen, bleibe dahingestellt. Es erscheint aber wahrscheinlicher, als wenn das Haus, wie während der Sommerpausen seit 1996, an Gastspieltruppen mit einer Musical-Produktion wie *42nd Street* (Warren/Dubin) vermietet wird, die bei manchem Besucher vielleicht eher den Eindruck vermittelt, daß da etwas geboten würde, das aus eigener Kraft nicht machbar ist.

Bereits Anfang der siebziger Jahre (31. Oktober 1970) kam es im übrigen zu einer Zusammenarbeit des Nationaltheaters mit der Mannheimer Jazzgruppe *Joy Unlimited* für das freche Bühnenspektakel *Tut, was ihr wollt*, einem Musical von Donald Driver nach Shakespeare, dem der Zustrom jugendlichen Publikums über fünfzig Vorstellungen bescherte.

Das Aushängeschild der Stadt

So gab und gibt es vielerlei Möglichkeiten, das Theater im Gespräch zu halten, die Besucherzahlen zu steigern und im öffentlichen Bewußtsein den Gedanken wachzuhalten, daß das Mannheimer Nationaltheater ein kostbares und wichtiges Besitztum der Stadt ist, das es sorgsam zu hegen gilt. Dazu gehört, daß dem Haus die Mittel erhalten bleiben, die es ihm erlauben, seinen künstlerischen Standard zu wahren und so allem werbenden Bemühen überhaupt die Grundlage zu geben.

Da der Theateretat in den neunziger Jahren nicht mehr mit den allgemeinen Kostensteigerungen Schritt gehalten hat, waren Einsparungen nötig, die den Betrieb aufs äußerste angespannt haben. Mag dies für den Fernstehenden noch nicht zu erkennbaren Einbußen geführt haben, so braucht man, um die Augen dafür zu öffnen, nur auf das Verschwinden der *Schillertage* zu verweisen. Gerade sie waren im übrigen nicht nur ein attraktives Angebot für speziell Theaterbegeisterte, sondern darüber hinaus eine Werbung für Mannheim weit über seine Grenzen hinaus. Insofern tat die Stadt gut daran, sie nun gemeinsam mit Weimar – wenn auch dadurch für Mannheim nur im Vierjahresrhythmus – wiederaufleben zu lassen.

Das ist ein Effekt, den auch auswärtige Gastspiele der *Schillerbühne* – man denke an die Chinareise 1982 (vgl. auch die *Chronologie*) – hatten und weiterhin haben können, sofern die künstlerische Qualität dafür vorhanden ist. Kein Zweifel also, daß mit dem »Marktwert« des Mannheimer Nationaltheaters auch der Imagewert der Stadt verknüpft ist – die Verantwortlichen in Rat und Verwaltung werden es wissen.

Und hoffentlich auch künftig danach handeln.

Zeitzeugen: Jean Cox

Waltraud Brunst

Jean Cox
Opernsänger
Dramatischer Tenor
Foto: privat

»Ich war immer ein singender Sänger« – so Jean Cox über Jean Cox. Dieses ungewöhnliche Statement klingt nur vordergründig nach Binsenweisheit. Es gibt nämlich durchaus Sänger, die höchstens vierzig bis fünfzig Vorstellungen im Jahr singen – bei Cox waren es immer mehr als achtzig »und einmal 150«. Es gibt Tenöre, die ihre Glanzarien grundsätzlich einen halben bis einen ganzen Ton tiefer singen – Cox hat nie transponiert. »Und Markieren«, sagt er, »ist das Schlechteste, was man einer Stimme antun kann.« Er hat in den Proben gelegentlich oktaviert, wenn lange Phrasen in unangenehmer Höhe zu singen waren, »aber ich habe immer richtig gesungen.« Mit diskretem Understatement mutmaßt er, er sei bei Intendanten in aller Welt deshalb so beliebt gewesen, weil er höchst selten in seinem langen Sängerleben abgesagt hat: »Ich bin halt ein gesunder Typ.« Jean Cox – ein Tenor ohne Schal und ganz ohne Allüren. Man glaubt ihm aufs Wort, daß er in Genf einmal innerhalb von zwei Wochen sieben Mal den Tristan gesungen hat.

Im Gespräch mit dem 75jährigen Jean Cox überraschen immer wieder die vielen Bühnen-Stories aus der großen, weiten Welt. Dabei hätten doch die meisten Mannheimer Opernfreunde Stein und Bein geschworen, daß »ihr« Jean Cox in all den Jahren seit 1959 praktisch immer an Bord war. Die Omnipräsenz am eigenen Haus war nur deshalb kein Widerspruch zur regen Gastspieltätigkeit im In- und Ausland, weil der »gesunde Typ« offenbar tatsächlich über eine gußeiserne Konstitution verfügt. Wenn er beispielsweise morgens um zehn Uhr in Düsseldorf eine *Götterdämmerung*-Probe absolvierte – in Originalhöhe und ohne zu markieren, versteht sich –, dann hätte ihm so schnell niemand (und schon gar kein Tenor!) geglaubt, daß er am Vorabend fünf Stunden lang als Jung-Siegfried auf der Bühne des Mannheimer Nationaltheaters gestanden hatte.

Überhaupt ist des Staunens kein Ende, wenn Jean Cox aus seiner langen, schönen Sängerkarriere berichtet. Ist es zu fassen, daß er in seinem ganzen Leben vielleicht zwei, höchstens drei Mal Urlaub gemacht hat? Die Theaterferien verbrachte er wirklich jahrzehntelang bei den Münchner, Bregenzer oder Bayreuther Festspielen. Dabei muß einmal aus Gründen der historischen Wahrhaftigkeit festgehalten werden, daß für Cox ausnahmsweise nicht das Mannheimer Nationaltheater als Sprungbrett für Bayreuth diente (wie für so viele Sängerkollegen). Vielmehr hatte Wolfgang Wagner schon 1956 den jungen lyrischen Tenor in Braunschweig gehört und im gleichen Jahr als Steuermann (*Der fliegende Holländer*) nach Bayreuth verpflichtet. Aus heutiger Sicht höchst originell, daß Wolfgang Wagner damals in Braunschweig *Don Giovanni* inszenierte und Cox wegen seines wunderbaren Don Ottavio für die Festspiele verpflichtete. Dabei hat Cox damals am gleichen Haus auch schon als *Lohengrin* brilliert, mit Birgit Nilsson als Partnerin übrigens.

Höchste Zeit, den musikalischen Werdegang des Jean Cox wenigstens streiflichtartig wiederzugeben. Er wurde 1922 in Gadsden/Alabama geboren, studierte an der Universität von Alabama, später in Boston und – mit Hilfe eines *Fulbright*-Stipendiums – in Rom. Er debütierte als Rodolfo (*La Bohème*) in Spoleto. Zunächst war er in Kiel und Braunschweig engagiert, ehe er 1959 nach Mannheim kam – und blieb. Jean Cox erinnert sich, daß sich damals gleich drei Talentsucher – die Kapellmeister Karl Fischer und Walter Knör sowie Verwaltungsdirektor Willi Tronser – den hoffnungsvollen Allround-Tenor in Braunschweig angehört hatten. Cox gastierte dann in Mannheim »auf Anstellung« als Don José (*Carmen*) und debütierte zu Beginn der Spielzeit 1959/60 als Alfred (*La Traviata*) unter Herbert Albert, den er einen »wunderbaren Musiker« nennt. Im gleichen Atemzug beginnt er, von Karl Fischer, Mannheims langjährigem Ersten Kapellmeister, zu schwärmen: »Unter Fischer konnte man gar nicht schmeißen!« Als Albert nach seinem Herzinfarkt ein halbes Jahr lang ausfiel, stand Fischer allabendlich am Pult; um nichts in der Welt hätte er in der Situation etwa Recht auf Freizeit eingefordert. Dann kam Horst Stein, für Cox der Inbegriff eines »Sängerdirigenten«. Bekanntlich war Stein ja ausgebildeter Tenor. Altgediente Orchestermusiker, die noch die legendäre »Stein-Zeit« von 1963 bis 1970 erlebt haben, erinnern sich genüßlich daran, wie Stein mit markierenden Tenören auf der Probe umgesprungen ist: Er sang ihnen die exponiertesten Passagen mit der ihm eigenen Power vor. Keine Frage, daß Cox, der »gesunde Typ«, bei Stein einen Stein im Brett hatte.

Mit großer Sympathie spricht Cox auch von Hans Wallat, in dessen Ära (von 1970 bis 1980) seine spektakulärsten heldentenoralen Triumphe fielen. Mit Wallat, den er in seiner unprätentiösen Art einen »guten Mann« nennt, und natürlich mit dem Nationaltheater-Orchester hat er seine Schallplatte *Jean Cox singt Wagner* eingespielt. Beim Anblick des strahlenden Jung-Siegfried auf dem Cover fällt es wieder einmal schwer, sich zu vergegenwärtigen, daß Jean Cox damals um die fünfzig war. Denn wenn er auch auf der Bühne stets verschwenderisch mit seinen stimmlichen Mitteln umging, so ließ er sich doch außergewöhnlich viel Zeit mit der Eroberung des sogenannten schweren Fachs. Er war schon 37, als er 1959 im lyrischen Fach Mannheim für sich zu gewinnen begann. In den sechziger Jahren waren es – nie ausschließlich, aber hauptsächlich – die italienischen Partien von Alvaro bis Cavaradossi, mit denen er hier und andernorts brillierte: »Eine Zeitlang war ich der Bundes-Don-Carlos.«

Erst in einem Alter, in dem die meisten Tenöre sich nach einer Professur und einem Altersruhesitz umsehen, erarbeitete Jean Cox sich im Vollbesitz seiner stimmlichen Mittel und in beneidenswerter Jugendlichkeit die beiden Siegfriede, Tannhäuser, Parsifal und Tristan – und seinen unvergleichlichen Othello. (Mit »h« geschrieben, weil man dazumal in Mannheim sich nur bei *Festlichen Opernabenden* bisweilen der Originalsprache bediente; vgl. auch Abbildung S. 101).

Mit einer Emphase, die bei seinem moderaten Temperament eher selten ist, spricht Jean Cox von der Zusammenarbeit mit Wolfgang Windgassen. Der ehedem gefeierte Tenorkollege hatte 1971 in Mannheim den *Othello* von Giuseppe Verdi inszeniert und in Cox einen schlechthin idealen Titelhelden gefunden. Ungeachtet seiner weltweiten Erfolge mit den Musikdramen Richard Wagners war es wohl auch dieser *Othello*, der für Jean Cox einen Gipfelpunkt seiner Karriere markierte.

Bei der Frage nach großen Regie-Erlebnissen fällt ihm außer Windgassen sogleich Günther Rennert ein, mit dem er vor allem bei den Münchner Opernfestspielen oft und gern zusammengearbeitet hat und dessen Bruder Wolfgang von 1980 bis 1985 Generalmusikdirektor in Mannheim war. Im Umgang mit Regisseuren (»ich hasse Spinner«) hat Cox immer die klare Linie geschätzt: »Ich gehe jeden Gang auf der Bühne, wenn ich weiß, warum.« Aus gutem Grund hat er sich immer geweigert, »als Tristan auf der Erde zu rollen wie im Hähnchengrill.«

Nicht minder wichtig als die Personenführung, bei der er offenkundig oftmals seine eigene Sicht eingebracht hat, war ihm immer die Ausstattung. »Ich bin ein Mensch, der Atmosphäre braucht, und die möchte ich unter anderem auch aus den Kulissen beziehen.« Was Wunder, daß die genialen Bühnenbilder von Paul Walter in seiner Erinnerung fester verankert sind als die Modernisierungs-Bestrebungen der achtziger Jahre.

Das heißt nun beileibe nicht, daß Jean Cox »Opas Oper« nachgetrauert und das Pensionsalter herbeigesehnt habe. In staunenswerter Alterslosigkeit sang er noch bis weit in die neunziger Jahre hinein. Zuletzt stand er, längst über siebzig, in Benjamin Brittens *Billy Budd* (Kapitän Edward Fairfax Vere) und in *Elektra* (Äghist) von Richard Strauss auf der Bühne des Mannheimer *Opernhauses*.

Ein Jammer, daß die große Opernliteratur aller Epochen die Heldentenöre vornehmlich zum Leiden und Sterben verdammt. Selbst bei angestrengtem Grübeln fallen uns nur zwei Rollen ein, in denen Jean Cox sein komödiantisches Talent entfalten konnte. Zu Beginn der sechziger Jahre hob Paul Hindemith hier nicht nur seine letzte Oper *Das lange Weihnachtsmahl* aus der Taufe (natürlich mit Cox in einer der Hauptrollen), er dirigierte auch höchst eigenhändig seine musikalische Farce *Neues vom Tage*. Darin stellte Jean Cox seinen prächtigen Körperbau noch ausführlicher zur Schau als später in Siegfrieds ledernem Lendenschurz. Als »schöner Herr Herrmann« balancierte er, nur notdürftig in einen Duschvorhang gewickelt, auf dem Rand einer Badewanne und erwies sich als komisches Talent von hohen Graden. Heute noch erinnert er sich grinsend an jene einzigartige künstlerische Herausforderung und bedauert sichtlich, daß die Herren Verdi, Wagner & Co. seine einschlägige Begabung so gar nicht bedienten. Immerhin gelang es ihm auch regelmäßig, aus dem Alfred in der *Fledermaus* ein wahres Kabinettstück tenoraler Einfalt zu machen.

Ein Tenor, der so eindeutig über das verfügt, was man »bezwingende Ausstrahlung« zu nennen pflegt, muß sich natürlich fragen lassen, warum er sich so lange geweigert hat, sein *Know-how* an die nächste Generation weiterzugeben. »Gesangsschüler brauchen kontinuierliche Betreuung und Überprüfung«, meint Jean Cox, »und das sollten mindestens zwei Wochenstunden sein.« Solange er selbst oft auf Gastspielreisen war und noch häufiger auf Mannheims Opernbühne stand, wollte er nicht die Verantwortung für junge Stimmen übernehmen. Mit seiner zweiten Frau, der international gefeierten Mezzosopranistin und Gesangspädagogin Anna Reynolds, hat er allerdings in seinem jetzigen Refugium in Peesten (nahe Kulmbach und Bayreuth) in den letzten Jahren häufig Sommerseminare abgehalten.

Ein trauriger Umstand brachte Jean Cox dann doch noch dazu, seine pädagogischen Fähigkeiten zu mobilisieren. Als 1994 der hochgeschätzte Opern- und Oratoriensänger Aldo Baldin verstarb, übernahm der damals 72jährige Jean Cox mit dem ihm eigenen Pflichtbewußtsein die verwaiste Gesangsklasse des Freundes und Kollegen – Baldin sang von 1977 bis 1985 in Mannheim vor allem das Mozartfach – an der Karlsruher Musikhochschule. Seit nunmehr zwei Jahren erfüllt Cox schon ein volles Deputat und opfert klaglos einen Großteil seines wohlverdienten Ruhestandes, um die übernommenen Studenten (mit je zwei Wochenstunden) zur künstlerischen Reife zu führen.

Den angebotenen Professorentitel hat Jean Cox übrigens abgelehnt. Dagegen ist er sehr stolz darauf, daß ihn »sein« Nationaltheater Mannheim 1977 zum ersten Mannheimer Kammersänger der Nachkriegszeit kürte. Er nahm die Würde damals gemeinsam mit der gleichermaßen geehrten langjährigen Kollegin Hannelore Bode entgegen. Inzwischen prangt das Coxsche Porträtfoto auch im Theaterfoyer in jener Bildergalerie, die Ehrenmitglieder aller Sparten links vom Aufgang A zum *Opernhaus* den wehmütigen Erinnerungen der Besucher anempfiehlt.

Auch ein so offener und geradliniger Mensch wie Jean Cox hält für seine Gesprächspartner immer noch die eine oder andere Überraschung parat. Das Geheimnis sängerischen Erfolges erklärt er nicht etwa, wie insgeheim erwartet, mit den preußischen Tugenden Arbeit und Fleiß. Er greift zu Begriffen wie »Charisma« und »Instinkt«. Größte Überraschung: Die obligatorische Frage nach Lieblingsrollen läuft ins Leere. Jean Cox überlegt artig eine Weile und bleibt dabei – keine Lieblingsrolle! Als wir bei den nostalgischen Rückblicken in die sechziger Jahre an der Stelle ankommen, wo ich behaupte, es hätte damals bei mancher Repertoirevorstellung in Miete »Sowieso« an einem schlichten Donnerstag – etwa bei einer *Macht des Schicksals*-Sternstunde mit Molnar, Cox und Davidson – wahrhaft festliche Opernabende gegeben, da gelingt es Jean Cox noch einmal, mich nachhaltig zu verblüffen. Er, dem angeblich eitlen Stand der Tenöre angehörig, sagt schlicht: »Sternstunden in der Oper – das liegt immer am Dirigenten.«

Entfremdung des Theaters von seinem Publikum?
Aspekte der Mitbestimmung und ihrer Folgen

Michael Hampe im Gespräch

Szene aus
Die Entführung aus dem Serail
von W. A. Mozart. NI 29. Mai 1975, Inszenierung: Michael Hampe, ML: Tilo Fuchs. Im Bühnenbild und in den Kostümen der Gäste Rudolf und Reinhard Heinrich sangen Grit van Jüten (Konstanze) und Georg Völker (Bassa Selim). Foto: Mara Eggert. RMM, Thslg.

Herr Professor Hampe, Sie waren von 1972 bis 1975 in Mannheim als Intendant tätig. Zu dieser Zeit befand sich die damalige Bundesrepublik in einem Prozeß des politischen und sozio-kulturellen Umbruchs, den auch die Theater deutlich zu spüren bekamen. Nach Ende Ihrer Mannheimer Intendanz, vor etwa zwanzig Jahren, haben Sie in einem Interview, das der damalige Leiter der Theatersammlung des Reiss-Museums, Wilhelm Herrmann, mit Ihnen machte, besonders auch zum Thema »Mitbestimmung am Theater« Stellung bezogen. Seinerzeit befanden Sie, dieses System habe sich als unpraktikabel erwiesen. Wie stehen Sie, um unzählige Erfahrungen reicher – als Intendant in Mannheim und in Köln, als begehrter Opernregisseur in aller Welt, als langjähriges Direktoriumsmitglied der Salzburger Festspiele und als Leiter der Dresdner Musikfestspiele –, dem Aspekt Mitbestimmung im Theaterbetrieb heute gegenüber?

Ich bin inzwischen viel weiter als seinerzeit in Mannheim, und dies aus ganz unterschiedlichen Gründen. Seinerzeit war ich ein junger Intendant, der relativ unerfahren hier in diesen großen Betrieb kam. Ich war, und das ist sehr wichtig, vorher in Zürich, wo das damals hochberühmte Schauspielhaus meine Heimstatt und Erziehungsstätte war. Ich war sehr jung, mit 29 Jahren wurde ich Vizedirektor am Schauspielhaus Zürich und stand vor Schauspielern wie Mathias Wieman, Willy Birgel und Agnes Fink und sollte mit ihnen Regie führen. Die müssen furchtbar nett zu mir gewesen sein, anders kann ich mir das heute nicht vorstellen. Dann aber übernahm ich in Mannheim diesen großen, komplizierten Betrieb, der immer noch auf den Schienen lief, die der ausgezeichnete Intendant Hans Schüler nach dem Krieg mit der Eröffnung des neuen Hauses gelegt hatte. Schüler war ein wirklich guter Intendant, ich habe ihn als Anfänger – ich war ja in Mannheim 1959/60 ein Jahr als Schauspieler bei ihm engagiert – noch aus unmittelbarer Anschauung miterlebt. Er hatte das Theater ausgesprochen rationell organisiert und gut disponiert. Das bedeutet für einen Intendanten: Man muß mit verhältnismäßig geringen Mitteln sehr effektiv arbeiten, jede Fehlentscheidung erhält man sofort als Stromschock zurück. Also eine geradezu ideale Schule für einen jungen Intendanten, wenn er's durchsteht.

Mannheim ist bis heute unbestritten das fleißigste deutsche Theater. Gemessen an der Zahl der Vorstellungen und Veranstaltungen, an der Zahl der Produktionen und wiederum gemessen am Gesamtetat, hat Mannheim die besten statistischen Zahlen im gesamten Bundesgebiet. Es gibt zwei Zahlen, die für mich vor allem aussagekräftig sind: der Preis pro Vorstellung und damit der Preis pro Platz, bzw. die Subvention pro Zuschauer. Diese Werte sind in Mannheim heute ebenso wie vor zwanzig oder fünfzig Jahren – ich weiß das von Herbert Maisch, der Anfang der dreißiger Jahre hier Intendant war, bis die Nationalsozialisten ihn wegjagten – mit die besten in ganz Deutschland. Das muß man einmal sagen, auch den Stadtvätern, weil sie das oft nicht wissen, obwohl man es ganz einfach in der Statistik des *Deutschen Bühnenvereins* nachlesen kann.[1]

Können diese Verhältnisse so bleiben?

Ich halte diese Verhältnisse für eine Tugend. Daß diese ungeheure Betriebsbelastung natürlich in gewisser Weise einem Spitzenqualitätsanspruch im Wege stehen kann, ist im gleichen Atemzug hinzuzufügen. Denn Sie können nicht 700 oder, wie es zu Arnold Petersens Zeiten teilweise der Fall war, an die 900 Veranstaltungen pro Jahr geben und verlangen, daß jede von absoluter Hochrangigkeit ist. Damit meine ich aber nicht, daß es sich deswegen automatisch um schlechtes Theater handeln muß. Vielmehr stellt dieses Theater eine ganz enorme Leistung einer deutschen Kommune dar – und zwar seit beinahe 160 Jahren, seit 1839 das Mannheimer Theater als erstes in Deutschland in kommunale Verwaltung übergegangen ist. Solche Leistungsrelationen muß man erst einmal bewußt wahrnehmen, bevor man das deutsche Stadttheater in seinen einzelnen Elementen in Zweifel zieht.

Als ich hier antrat, war eine Zeit des gesellschaftlichen Umbruchs, eine Zeit der Werteveränderung, und es vollzog sich gleichzeitig ein Generationswechsel. Aufs Theater bezogen, zunächst einmal im Künstlerischen, bedeutete das, daß wir jüngeren Theaterleute die damals als Intendanten, als Oberspielleiter in einflußreichen Positionen anfingen oder gerade etabliert waren, daß wir gegen den Stil unserer »Väter«, die da hießen

[1] Da das Gespräch bereits im April 1996 geführt wurde, sind hier logischerweise die Preiserhöhungen zur Spielzeit 1996/97 nicht in Betracht gezogen.

Gründgens, Stroux, Barlog, Lindtberg oder Schweikart, rebellierten.

Rebellierte diese jüngere Generation gegen den Stil oder nicht vor allem gegen die innere Haltung ihrer »Väter«?

Wir rebellierten vor allem gegen den damals noch vorherrschenden Schauspielstil. Der Stil des deutschen Theaters in den fünfziger oder auch noch sechziger Jahren war ja immer noch der Staatstheaterstil der dreißiger und vierziger Jahre, denn alle bisher Genannten, und es wären noch viele andere aufzuzählen, die das Theater in unendlicher Mühe nach dem Krieg wieder aufgebaut hatten, waren diesem Schauspielstil verhaftet. Es war im wesentlichen ein Stil großer Darstellerpersönlichkeiten, die auf der Bühne mit all ihrem Faszinosum häufig Natur als Kunst verkauften. Damit waren wir Jüngeren damals, jeder auf seine Weise, die einen radikaler, die anderen stiller, nicht mehr einverstanden.
Wir wollten die formalen Elemente und die Ensembleleistung stärker betonen. Jeder von uns hatte auf freundschaftliche oder auch manchmal nicht so freundschaftliche Weise seine Schwierigkeiten mit den großen alten Damen und Herren der dreißiger und vierziger Jahre, die eben auch das Theater in den fünfziger und sechziger Jahren noch beherrschten. Es handelte sich hier also zunächst um einen legitimen künstlerischen Generationskonflikt, wie er auch gerade jetzt wieder stattfindet. Man bleibt, wenn man selbst dreißig Jahre älter geworden ist, auch nicht davon verschont, denn dann kommt eine neue Generation, die alles ganz anders sieht, und man muß sich große Mühe geben, sie zu begreifen.

Das ist ein ganz normaler Prozeß, der, seinerzeit durch die Kriegs- und Nachkriegszeit angestaut, sich heftig artikulierte. Soweit so gut und legitim. Das verband sich nun mit den gesellschaftlichen, politischen und auch ideologischen Umbrüchen der späten sechziger Jahre und wurde ziemlich genau zu dem Zeitpunkt, als ich hier in Mannheim 1972 anfing, sehr evident, auch in der Art, wie die Theater betrieben wurden, bzw. betrieben werden sollten. Und dabei begann, wie ich glaube, eine gefährliche Entwicklung, die in ihren Folgen erst heute sichtbar geworden ist, nämlich daß außerkünstlerische Zwecke mit dem Theater verbunden wurden. Das Theater sollte eingesetzt werden für Zwecke, für die es nach meiner Überzeugung nicht gemacht ist. Ich meine damit nicht ein unpolitisches, den gesellschaftlichen Konflikten fernstehendes Theater. Das gibt es nicht, aber ich meine, daß Theater immer nur mit künstlerischen Mitteln arbeiten kann, während damals das Theater für Zwecke benutzt werden sollte, die ich besser im Parlament erreichen kann.

Warum aber nicht auch mit künstlerischen Mitteln?

Natürlich, wenn sie dafür geeignet sind. Es gab aber auch viele Fälle, in denen nur dem Dilettantismus Tür und Tor geöffnet wurde.
Die Auswirkungen werden in ihrer Gänze erst heute sichtbar. Es begann damals eine Entfremdung zwischen Theater und Publikum, die heute bedenkliche Formen angenommen hat. Das Publikum hat heute viele Möglichkeiten, hat viel mehr Angebote, als dies vor zwanzig oder dreißig Jahren der Fall war. Und so geht es, wenn ihm das Theater nicht gefällt, einfach woanders hin. Das Theater hat in den letzten zwanzig bis dreißig Jahren grob die Hälfte seines Publikums verloren. Das wird kaschiert, weil insgesamt weniger Vorstellungen gespielt werden und dadurch besonders die Opernaufführungen einigermaßen gut besucht sind.

Szene aus
Die Petroleuminseln
von Lion Feuchtwanger.
EA 10. Oktober 1972,
Inszenierung: Jürgen Flimm.
Für die Bühnengestaltung
zeichnete Hans Kleber
verantwortlich.
Foto: Mara Eggert.
RMM, Thslg.

Das ändert aber nichts an der Tatsache, daß beinahe nur noch halb so viele Aufführungen wie vor einigen Jahren gegeben werden. Mannheim allerdings ist dabei noch immer eine große Ausnahme.

Ist diese Entwicklung aufzuhalten oder ist sie vielleicht sogar reversibel?

Wie immer, wenn man über solche Tendenzen im Theater spricht, darf man nicht verallgemeinern. Jedes Theater hat seine eigene Individualität und wird von Individuen gemacht, die ganz verschieden sind. Ich will nur sagen, damals in den Umbruchsjahren 1968 bis 1972, als ich in Mannheim anfing, wurde dieser Prozeß in Gang gesetzt. Wie immer bei solchen Umbrüchen, gibt es dann auch Moden, und eine dieser Moden wurde die Mitbestimmung. Daß darin durchaus ein ernsthafter künstlerischer Kern enthalten war, wird heute gerne übersehen. Mode bedeutet, daß auch Kulturpolitiker, ohne recht zu wissen, von was sie eigentlich redeten, einfach um der publizistischen Wirkung willen – jeder nach seiner Façon – ein Mitbestimmungsmodell haben wollten.

Hat der damalige Mannheimer Kulturdezernent Manfred David an dem hiesigen Mitbestimmungsmodell mitgearbeitet?

Er stand der Sache zunächst sehr positiv gegenüber. Und was mich persönlich betraf – auch ich war diesen Ideen durchaus aufgeschlossen, allerdings auf ganz pragmatische Weise. Ich war hier, nach überkommenem und normalem Modell, von der Stadt in einem Regiebetrieb zum Intendanten gekürt worden, hatte meine Ausbildung im Intendantenberuf am kleinen, handlichen, privatwirtschaftlich organisierten Betrieb des Schauspielhauses Zürich durchgemacht und kam aus der Schweiz, wo diese gesellschaftliche Entwicklung noch nicht so weit fortgeschritten war. Auch ich hatte als Regisseur und als Theaterleiter durchaus die Idee, daß das Zeitalter der großen Solisten, mit denen ich noch zusammenarbeiten durfte, eher vorbei war und es mehr auf Ensemblebildung und Ensemblespiel ankam. Ich hatte ja das große Glück, in Zürich als Regisseur mit Schauspielern wie Leonard Steckel, Gustav Knuth, Wolfgang Reichmann, Helmut Lohner, Christiane Hörbiger, Heidemarie Hatheyer, Maria Becker, René Deltgen, Willy Birgel, Mathias Wieman, also den berühmten, großen Vertretern des deutschen Theaters der dreißiger, vierziger, fünfziger Jahre, ebenso wie mit den besten jüngeren meiner Generation als gerade Dreißigjähriger arbeiten zu dürfen. Trotzdem hatte ich damals – auch im Gegensatz zu meinem Lehrer Leopold Lindtberg – viele andere Ideen im Hinblick auf das Schauspielerkollektiv, und diese Ideen wollte ich in Mannheim in die Tat umsetzen und hatte zu diesem Zweck eine unbestreitbar sehr starke, junge Mannschaft zusammenengagiert, deren Mitglieder aber alle nicht aus der Schweiz, sondern aus Deutschland – zum großen Teil aus Berlin und München kamen. Die wollten nun ihre Mitbestimmung haben. Ich war, das muß ich nochmals ausdrücklich hinzufügen, ihren Ideen gegenüber durchaus offen, aber im Sinn einer pragmatischen Entwicklung und einer Integration. Ich wollte nicht den Intendanten alten Stils spielen und habe gesagt, wir können es versuchen. Auf der politischen Seite zeigte sich Herr David zumindest aufgeschlossen, weil ihm diese Haltung sicherlich auch politischen und publizistischen Rückenwind einbrachte. Ich erwähnte ja, es ging um einen Trend in der Kulturpolitik.

Was ich bislang gesagt habe, gilt vornehmlich für das Schauspiel, weniger für die Oper. Auch in der Oper gab es eine sehr starke Ensemblevertretung, wie ich sie so in keinem anderen Opernhaus nachher wieder erlebt habe. Nur war diese vernünftig, erfahren und praxisorientiert. Da hatte ich es mit Persönlichkeiten wie Franz Mazura, Georg Völker und Elisabeth Schreiner zu tun, die mich zwar durchaus auch gelegentlich korrigiert haben als jungen Intendanten, aber auf eine kollegiale und pragmatische Weise, aus der sich eine sehr gute Zusammenarbeit ergab.

In der Oper also haben wir uns sehr schnell und sehr gut zusammengerauft, und das funktionierte ausgezeichnet. Insofern ist eigentlich die Oper von all dem, was wir jetzt besprechen, auszunehmen, denn da gab es eine wirkliche Mitsprache, was Spielplan, was Rollen, was Ensembleauslastung und all die anderen Dinge betraf, aber auf eine praktikable und künstlerisch betriebserfahrene Weise, für die ich bis heute dankbar bin. Wir hatten damit zu Beginn meiner kurzen Mannheimer Intendanz zu gleicher Zeit sozusagen ein perfekt funktionierendes, richtiges Mitbestimmungsmodell in der Oper und ein überzogenes, nicht funktionierendes im Schauspiel.

Hinzufügen möchte ich noch, daß Hans Wallat damals immer ein makellos loyaler Generalmusikdirektor (GMD) mir gegenüber war, was durchaus nicht selbstverständlich ist: GMD und Intendant stehen nämlich häufig in einem gewissen Spannungsverhältnis. Im Opernbereich haben wir mit dem Generalmusikdirektor und mit der Ensemblevertretung den Spielplan besprochen, Regisseure gemeinsam ausgewählt, festgelegt, wer was singen kann, wer vielleicht auch zu stark belastet ist, kurzum, alle Fragen wurden auf eine vernünftige Weise mit den Möglichkeiten des Betriebs in Einklang gebracht. Das funktionierte, weil die beteiligte Ensemblevertretung an der betriebsinternen Wirklichkeit orientiert war. Außerdem vertrat dieses aus hervorragenden, erstklassigen Künstlern bestehende Ensemble einen entsprechend hohen Anspruch. Das ist, glaube ich, ein entscheidender Faktor. Das waren ja alles Leute, die es letztlich überhaupt nicht nötig hatten, in Mannheim zu bleiben, denen stand ja die Welt offen – einem Jean Cox, einer Hannelore Bode, einer Eva-Maria Molnar, einer Elisabeth Schreiner, einem Franz Mazura, einem Georg Völker, um nur die Wichtigsten zu nennen. Dadurch aber, daß sie alle Mannheim die Treue gehalten haben, hatten sie auch ein Interesse daran, daß ihr Haus gut »funktionierte«. Ich glaube, das ist ein entscheidender Punkt, und während ich hier darüber spreche, wird mir eigentlich erst völlig klar, daß wir ohne viel Aufhebens und ohne daß das viel Publizität erlangt hätte, ein vollkommen funktionierendes Mitsprachemodell in der Oper hatten.

Was in der Oper dem Vernehmen nach gut funktionierte, führte im Schauspiel jedoch zu großen Spannungen. Waren die Gründe hierfür ausschließlich politischer, ideologischer Natur?

Im Schauspiel war es, wie gesagt, so: Ich stand der Entwicklung aufgeschlossen gegenüber und verfolgte ein Modell, wie es in der Oper funktionierte. Das hätte sich aus der Arbeit heraus entwickeln müssen. Ich war das auch von Zürich so gewohnt. Das Schauspielhaus Zürich war im Grund immer eine Schauspielerrepublik, was ja bei den bereits genannten Namen kein Kunststück war. Wenn man einen Mathias Wieman hat, sucht man Stücke für ihn und beredet auch mit ihm, was, wie und wann man es machen wird. Mitsprache also aufgrund von künstlerischer Autorität und Kompetenz. Insofern war mir das nichts Neues. Mit einer gewissen Naivität, die ich heute unumwunden zugebe, bin ich am Mannheimer Nationaltheater in eine Situation hineingeraten, in der die Mitbestimmung, bevor die Arbeit überhaupt noch begonnen hatte, formalisiert, strukturell festgeschrieben werden sollte. Dagegen habe ich mich gewehrt, nicht weil ich grundsätzlich dagegen war, sondern weil ich sagte, ich muß das ausprobieren.

Haben Sie deshalb das sogenannte Pfingstpapier nicht unterschrieben?

So ist es. Es entstand an Pfingsten 1972, also drei Monate vor Beginn meiner Intendanz, plötzlich eine Drucksituation. Einzelne Mitglieder des künftigen Schauspielensembles und die Vorstände versammelten sich und sagten, sie kämen überhaupt nur nach Mannheim, wenn wir jetzt ein formalisiertes Mitbestimmungsmodell abfassen und unterschreiben würden. Und das habe ich mich zu unterschreiben geweigert. Dadurch war ich natürlich zum Lavieren gezwungen, denn was hätte ich drei Monate vor Spielzeitbeginn ohne das Ensemble bzw. ohne wesentliche Teile des Ensembles anfangen sollen. Vor allem aber: Ich wollte ja mit ihnen zusammenarbeiten, schließlich hatte ich sie engagiert. Wir haben dann in dieser ungeklärten Situation zu arbeiten begonnen, und zwar sehr erfolgreich und unter ungeheurem Druck. In wenigen Monaten haben hier gleichzeitig gearbeitet: Jürgen Flimm, Hagen Müller-Stahl, Friedrich Dürrenmatt, Rudolf Heinrich, Hans Neugebauer, Liviu Ciulei (vgl. auch Farbabbildung XIII, 23) und ich, alle zur selben Zeit, alles Künstler, die schon weltberühmt waren oder es in kürzester Zeit wurden, meistens der eine im *Großen,* der andere

Friedrich Dürrenmatt
(1921–1990)
Eigenhändige Bühnenskizze
zu seiner Zeitsatire
Der Mitmacher.
DEA: 31. Oktober 1973,
Inszenierung: Friedrich
Dürrenmatt a.G. Schwarzer
Kugelschreiber auf Papier.
Foto: Jean Christen.
RMM, Thslg.

im *Kleinen Haus* und der Dritte im *Studio*.
Das *Studio* wurde neu eröffnet, ausdrücklich gegen den Rat des Oberbürgermeisters Hans Reschke, an den ich mich mit großem Vergnügen erinnere. Er sagte mir jungem, expansionswütigem Intendanten: »Laß es, denn du wirst nicht nur einen Spielraum mehr haben, du brauchst auch mehr Garderobe, mehr Werkstätten, mehr Beleuchter, mehr Techniker, und die wirst du nicht haben im Betrieb.« Wir haben es trotzdem eröffnet, es besteht ja bis heute, wie Sie wissen. Aber natürlich hatte Reschke recht. Inzwischen habe ich gelernt, daß bei erfahrenen Intendanten Konzentration das Geheimnis ist und nicht Expansion. Jeder junge Intendant will expandieren, und so wollte ich es auch. Also, all das fand damals gleichzeitig im Haus statt. Außerdem entstanden natürlich auch Spannungen zwischen dem neuen und dem alteingesessenen Ensemble, die ich unterschätzt oder vielleicht im Drang der Geschäfte so gar nicht antizipiert hatte. Vor allem aber – und da fühle ich mich bis heute in der richtigen Position – vor allem aber ging es einer kleinen Gruppe darum, die Institution des Nationaltheaters und die Institution des Intendanten vor einen Karren zu spannen, der erstens mein Karren nicht war und der zweitens nicht funktionierte. Das drückte sich etwa darin aus, daß zu jeder normalen Spielplan-, Stück- oder Besetzungsbesprechung fünf Leute in mein Zimmer kamen. Von dem Gespräch wurde anschließend ein Protokoll gefertigt und ans

schwarze Brett gehängt. Wenn ich aber in einer Besetzungsbesprechung nicht vertraulich abwägen kann, ob Schauspieler A oder B aus den und den Gründen besser geeignet für eine Rolle ist, dann kann ich natürlich nicht mehr offen reden.
Also das waren Dinge, die im Theater nicht funktionieren, das war auch nicht das, was ich wollte und wozu ich bereit war. Ein letzter Punkt, und der brachte dann aus rein praktischen Gründen die Sache sehr schnell zum Ende:
Es stellte sich rasch heraus, daß alles dreimal so teuer wurde und dreimal so lange dauerte.
Wenn statt eines Intendanten drei Personen verhandeln, haben Sie die dreifache Summe an Telefongebühren, an Arbeitsmenge und Arbeitszeit. Kurzum: Es wurde viel zu teuer.
Der Intendant sollte letztlich verantworten, was er nicht entschied. Das war der Kernpunkt des Problems: Die Kongruenz von Entscheidung und Verantwortung war gestört. Ich mußte ja den Gesamtbetrieb verantworten, das heißt die Ausbalancierung Oper-Schauspiel, mit allen Konsequenzen – Werkstätten, Etat, personelle Kapazitäten, Werkstattkapazitäten, Finanzkapazitäten, technische Kapazitäten usw.
Das alles muß ja gerade in einem so intensiv arbeitenden Theater wie dem Mannheimer Nationaltheater gegeneinander ausbalanciert sein. Dieses Ausbalancieren ist die eigentliche Intendantenkunst, die ich auf diese harte Art ziemlich schnell zu lernen hatte.

Schließlich griff dann Oberbürgermeister Ludwig Ratzel, der Nachfolger Reschkes, ein und suspendierte das ohnehin nie unterschriebene Mitbestimmungsmodell. Der Kulturdezernent konnte das Dilemma nicht mehr allein lösen, denn schließlich hatte er das Modell zuvor ja propagiert. Ratzel hat sich dabei als Realist erwiesen. In Mannheim hatte er eher erkannt, was sich in den folgenden Jahren in allen anderen Städten ebenso herausstellte: daß ein Mitbestimmungsmodell dieser Art für das Theater nur hinderlich und erheblich kostenintensivierend ist.

Gewiß aber hatte diese Mitbestimmungsidee doch auch positive Seiten, die in den Betriebsablauf integriert werden konnten. Würden Sie sagen, daß die Mitbestimmungsdebatte das Theater zumindest erfolgreich »aufgemischt« hat?

Ja, es war eine ungeheuer lebendige Zeit, die dem Nationaltheater eine gewisse Auflockerung, einen Umbruch gebracht hat, der dem Theater damals sehr gut tat. Insgesamt war das Nationaltheater ein sehr in seinen Strukturen festgefahrenes Haus. Meine Intendanzzeit brachte frisches Blut und neue Ideen. Denken Sie etwa gleich am Anfang meiner Intendanz an Jürgen Flimms Inszenierung von Lion Feuchtwangers *Petroleuminseln*, in der das *Kleine Haus* endlich wieder, so wie es von Erwin Piscator und dem Architekten Gerhard Weber beabsichtigt war, als Raumtheater genutzt wurde. Es kamen im Bereich der Oper auch durch mich neue Anstöße, die frisch und originell waren, beispielsweise dadurch, daß ich Rudolf Heinrich engagierte, einen der großen Bühnenbildner dieses Jahrhunderts. Er hat mit mir den Mozart-Zyklus gemacht und selber Alban Bergs *Lulu* inszeniert. Auch daß Friedrich Dürrenmatt nach Mannheim kam und eine schöne Inszenierung seines *Mitmachers* hier machte, das alles wirkte so wie das Umpflügen eines guten Bodens, der danach dann noch fruchtbarer ist.

Schließlich ist zu erwähnen, daß es den künstlerisch kompetenten Mitgliedern der Mitbestimmungsgruppe, vor allem Jürgen Flimm, natürlich auch um die Sache ging und dabei großartige Aufführungen gelangen, wegen der wir uns heute, aus der Rückschau nach 25 Jahren, wahrlich nicht zu genieren brauchen.

Ich muß noch einmal wiederholen, daß wir in der Oper ein gutes Mitbestimmungsmodell hatten, das mir vorbildlich geblieben ist für meine ganze weitere Arbeit und das sicher dazu beigetragen hat, daß, als ich bereits nach anderthalb Jahren zwei Angebote erhielt – vom Schauspielhaus Zürich und von der Kölner Oper – ich mich für Köln entschied.

Habe ich Sie vorhin richtig verstanden: Sie haben in Mannheim mit der »Aufmischung« des Theaters einen Prozeß eingeleitet, den Sie jetzt vielleicht doch mit anderen Augen sehen?

Grundsätzlich ging es darum, das Theater in neue Verhältnisse zu integrieren. Ich habe mich seit dieser Mannheimer Zeit immer bemüht, meine künstlerischen Ansprüche nicht isoliert vom gesamten gesellschaftlichen Umfeld zu sehen. Und ich hatte schließlich das Glück, in Claus Leininger ab dem zweiten Jahr meiner Mannheimer Intendanz einen fabelhaften Schauspieldirektor zu finden, der genau dieses Ausbalancieren des künstlerischen Anspruchs mit dem, was in einem gesellschaftlichen Umfeld richtig und vertretbar ist, großartig beherrschte und später ja auch einer der besten deutschen Intendanten geworden ist. Mit Leininger war es sehr schnell möglich, auch dem Schauspiel eine pragmatisch orientierte Mitspracheregelung zu geben, ähnlich wie zuvor schon der Oper (vgl. auch »Zeitzeugen: Claus Leininger«). Ich glaube deshalb, daß ich das Theater, als ich nach drei Jahren hier schon wieder wegging, in einem sehr guten Zustand meinem Nachfolger, Arnold Petersen, übergeben konnte.

Die »Aufmischung«, wie Sie es eben nannten, das Umpflügen, hat in meiner Beurteilung dem Theater damals sehr gutgetan und hat dazu beigetragen, daß unter Petersen dann eine sehr lange Periode stabiler Theaterverhältnisse möglich war. Insofern sehe ich diese kurzen drei Jahre meiner Mannheimer Intendanz persönlich als sehr positiv, sehr lebendig, aufregend, für meine eigene Entwicklung ganz entscheidend und habe sie in schöner Erinnerung. Ich möchte diese drei Jahre Mannheimer Intendanz in meiner Biographie nicht missen.

Sie machen Theater also stets bezogen auf die jeweilige Gesellschaft, in der Sie es machen?

Ich habe es einmal so formuliert: Der Intendant hat vier Grundverantwortlichkeiten, Grundverpflichtungen. Die erste, weit überragende, ist gegenüber den Werken. Da diese Werke in vielen Fällen Wunder menschlicher Erfindungskraft sind und, sozusagen in einem Destillat, die Menschheit auf der Höhe ihrer Möglichkeiten zeigen, ist die erste Verpflichtung des Intendanten gegenüber diesen Werken, sie angemessen zu präsentieren.

Daraus ergibt sich fast von selber die zweite große Verantwortung: diejenige gegenüber dem Publikum, nämlich die Werke so zur Darstellung zu bringen, daß das Publikum sie versteht und begreift, um was es geht. Das heißt, man ist vor allem anderen für die Dramaturgie eines Hauses verantwortlich. Dramaturgie ist ein hohes Wort, das sich aber einfach übersetzen läßt. Es heißt nichts anderes als: Was will ich ausdrücken, und wie drücke ich es aus, damit es das Publikum versteht. Das ist eine große Verantwortung, gegen die gegenwärtig meiner Ansicht nach viel gesündigt wird, durch überzogenen Subjektivismus einerseits und Dilettantismus andererseits – das eine bedingt häufig das andere.

Szene aus
Im Dickicht der Städte
von Bertolt Brecht. NI 26. Juni 1973, Inszenierung: Hagen Müller-Stahl. Bühnenbild und Kostüme von Fred Berndt und Isolde Hahn.
Foto: Mara Eggert.
RMM, Thslg.

Die dritte ist die Verantwortung gegenüber dem Rechtsträger, gegenüber dem Eigentümer des Theaters. Denn der Intendant ist ja keineswegs Eigentümer, auch wenn er sich manchmal so gebärdet, sondern nur Verwalter, Treuhänder. Er hat das Theater so zu führen und einzurichten, daß es auch bestehen kann vor einer Prüfung, wie die Mittel eingesetzt und verwendet werden. Damit meine ich die Ausbalancierung des Kunstanspruchs mit den verantwortbaren Kosten. Die vierte große Verantwortung, die ein Intendant hat, besteht natürlich gegenüber den Mitarbeitern seines Hauses: daß ihre Talente wachsen und entwickelt werden können, daß sie nicht stagnieren, sondern untereinander in einem Klima arbeiten können, das überhaupt erst Kunst ermöglicht. Das sehe ich als die vier zentralen Verantwortungsbereiche eines Intendanten, wobei dominierend für mich, auch in meiner eigenen Motivation, immer die erste ist, nämlich die Verantwortung gegenüber den Werken. Aus ihr leiten sich alle anderen ab.

Das Gespräch fand im April 1996 in Mannheim statt.

Die Fragen stellte Liselotte Homering

Zeitzeugen: Allan Evans

Stefan Koch

Allan Evans
Opernsänger
Dramatischer Bariton
Foto: privat

Als der amerikanische Heldenbariton Allan Evans im Herbst 1987 ins Mannheimer Ensemble kam, hatte er bereits eine Karriere an deutschsprachigen Theatern hinter sich. Mannheim aber war – so gesteht es der farbige, 1941 geborene Sänger ganz freimütig ein –, Mannheim war immer sein Traumhaus gewesen. Schon während Michael Hampes Nationaltheater-Intendanz habe er es kennengelernt, als er hier gastweise den Nabucco sang. Mit Eva-Maria Molnar als Abigail und Franz Mazura als Zacharias. Schon damals meinte Hampe: »Der Evans, der wäre was für unser Ensemble.« Und redete mit ihm über *Don Giovanni.* Was Hans Wallat wohl irgendwie mißverstand. Jedenfalls, als Evans für den Giovanni dann vorsang, meinte Wallat, der Porgy sei doch weit besser bei ihm aufgehoben. Aber daraus wurde damals nichts. Und auch als Hans Neugebauer später in Köln (Intendant: wiederum Michael Hampe) *Pelléas et Mélisande* mit Evans als Golaud inszenierte, sinnierte man, da die Verbindungen zum Nationaltheater eng waren: In Mannheim der Telramund im *Lohengrin,* das wäre mit Evans gut vorstellbar. Hans Wallats kurzer Befund jedoch: Zu jung! Dafür ist Allan Evans heute dankbar.

Als Arnold Petersen Mitte der achtziger Jahre dann nach Basel fuhr, um sich dort Allan Evans im *Mann von La Mancha* anzuhören, war's aber klar: »Du sollst nach Mannheim kommen«, so Petersen zu Evans. Und der war natürlich überglücklich. Mannheim, auch damals noch: »Wenn man von einem Wagner-Ensemble sprach, war das immer das am Nationaltheater«, so der Sänger. »Jean Cox, Franz Mazura, Georg Völker, Hannelore Bode und all die anderen – ich kannte sie. Die Ehrfurcht vor Wagner personifizierte sich für mich in diesen Künstlern, und die waren seit langem in Mannheim. Ich wollte dazugehören.« Und er gehörte dazu, gleich mit drei Rollendebüts, mit denen der Künstler in den ersten elf Tagen die Feuertaufe des Repertoirebetriebes bestand: Gessler (in Rossinis *Wilhelm Tell,* vgl. auch Abbildung S. 495), Amfortas im *Parsifal* und Barak in der *Frau ohne Schatten.* »Ja, ja«, meint Allan Evans, »damals hieß es im Haus: ›Das wirst Du nie schaffen.‹ Nach dem Barak habe ich dann zu Klaus Wendt gesagt: ›Sie wissen, daß ich es kann, aber lassen Sie es nie wieder vorkommen!‹«

»Ich fand ein solides Theater vor«, so die Erinnerung des Sängers. Inzwischen – zehn Jahre sind vergangen – hat Allan Evans in Mannheim alles gesungen, was sein Fach fordert. Die Wagner-Helden, natürlich, und hier vor allem Wotan in Friedrich Meyer-Oertels *Ring*-Inszenierung, Holländer, Telramund (jetzt war er nicht mehr zu jung), König Marke; auch Don Giovanni – endlich! Evans beeindruckte als Bassa Selim und als Verkörperung der vier Bösewichter in *Hoffmanns Erzählungen,* als manisch-wütender Orest in *Elektra,* als bedrohlicher Boris in Schostakowitschs *Lady Macbeth,* auch als El Cimarrón in Hans Werner Henzes freiheitskämpferischem Monolog. Seine größte Herausforderung, sein schönster Mannheimer Erfolg? Die Antwort braucht ein wenig Überlegung, dann klingt es umso bestimmter: »Hans Sachs! Ich glaube, ich habe damit in Mannheim Operngeschichte geschrieben.« Wegen eines farbigen Nürnberger Schusters hatte es vor der Wiederaufnahme der *Meistersinger* 1995 unschöne Bedenken gegeben – als Evans sich, mit Tränen in den Augen, dem Publikum dann stellte, trug es ihn auf Händen. Solcherart Solidarität mag es wohl sein, was ihn hier hält, trotz mannigfacher Gastverpflichtungen (»ich habe überall gesungen«) und was ihm die Kraft gibt, nach wie vor zu Mannheim zu stehen.

Und dann ist da noch etwas anderes, etwas »Mannemerisches«: der Markt. »Ich gehe gern auf den Wochenmarkt und kenne dort sehr viele Menschen. Ein bestimmter Fan kommt immer zur selben Zeit wie ich und will übers Theater reden. Und dann – mein Kartoffelhändler. Ich kann nur für zwei Mark Kartoffeln kaufen, egal wie viel. Gebe ich zehn Mark, kriege ich immer acht zurück. Dies alles wird Teil deines Lebens.«

Und das Haus selbst, das Nationaltheater? »Der Lack ist ab«, so heißt es dann doch. »Die Zeiten haben sich geändert, nicht nur in Mannheim«, und damit wird Allan Evans ernst. »Aber vielleicht wird man nur älter, und die jüngeren empfinden es heute so, wie ich es damals fühlte.« Regisseure, die nicht genau wissen, was sie wollen, ärgern den Sänger, der für die akribische Vorbereitung seiner Partien bekannt ist; auch lasse die Gründlichkeit der musikalischen Vorbereitung nach, nicht jeder Kapellmeister stehe mehr für die unbedingt nötige, profunde Repertoirekenntnis ein; und daß es heute immer notwendig sei, die Berechtigung des Theaters, insbesondere der Oper, nachzuweisen, um ihren Bestand gegen politische Widerstände zu kämpfen, stimmt den Sänger mehr als sorgenvoll. »Vielleicht mache ich noch ein paar Jahre weiter«, so heißt es, »dann aber kann ich mir denken, etwas anderes zu tun.« Was? »Ich möchte gern meine Erfahrungen an Jüngere geben, möchte lehren, wie man Singen und Darstellen vereint, wie man sich auf einer Bühne bewegt, wie musikalisches Theater funktioniert.« Perspektiven eines 56jährigen hochgeschätzten Sängerdarstellers, der die Mannheimer Oper, seit sie zu seinem Traumhaus wurde, als Heimat schätzt – eine euphorische, aber auch kritische Liebe zu diesem Theater und seinem Publikum.

Das Theater und seine Krisen

Arnold Petersen

Das Theater und seine Krisen – ein unerschöpfliches Thema. Man muß nur lange genug in diesem Metier tätig gewesen sein, um ein nicht enden wollendes Lied davon singen zu können. In den fünfzig Jahren meiner Verbundenheit mit dem deutschen Subventionstheater ist mir eigentlich keine Zeitspanne bewußt, in der es als völlig krisenfrei gegolten hätte.
Mein Intendantenkollege Jürgen Flimm bekannte unlängst ebenfalls: »[S]eit ich denken kann, hatten wir die Krise. Wenn wir die nicht mehr hätten, dann hätten wir sie« (Flimm 1995, S. 57).

Krisen – belebendes Element für das Theater?
In dieser Feststellung des erfahrenen Theatermachers Flimm steckt mehr als das berühmte Körnchen Wahrheit. Es hat wirklich bisweilen den Anschein, als gehörten die Krisen als belebendes Element zum Theater wie das Salz zum Brot. Denn noch stets ist das Theater aus allen seinen »Krisen«, den echten wie den vermeintlichen, unbeschadet, wenn nicht gar gestärkt hervorgegangen.

Bislang war das jedenfalls so. Aber muß das für alle Zeiten gelten, ist Verlaß darauf, daß der Patient Theater stets ohne größeren Schaden davonkommt? Und welche Medizin erweist sich als probates Heilmittel? Gelassenes Abwarten, bis wieder alles im Lot ist, oder energisches und erfindungsreiches Dagegenkämpfen, um die Gefahr einer echten und lebensbedrohenden »Existenzkrise« abzuwenden.

Gegenwärtig scheinen wir es gar mit mehreren Krisen zu tun zu haben, die in unterschiedlicher Zeitfolge zwar, aber schließlich doch im gemeinsamen Zugriff über das öffentliche deutsche Theater gekommen sind. Ich zähle drei, die seit einer Reihe von Jahren die Gemüter all derer bewegen, denen das Theater nicht völlig gleichgültig ist und die sich darüber hinaus als Ausübende, Politiker, Rezensenten und Besucher kritisch mit ihm befassen.
Ich will sie in der zeitlichen Reihenfolge nennen, in der sie sich als Schlagworte in öffentlichen Diskussionen oder den Spalten überregionaler Feuilletons breitgemacht haben: die »Strukturkrise«, die »Sinnkrise« und die »Krise der öffentlichen Finanzierung«.

Die Strukturkrise
Bei der Strukturkrise handelt es sich also um die älteste der aktuellen Bedrohungen des öffentlichen Theatersystems. Sie soll auch Hauptgegenstand unserer Betrachtung sein, zumal sie als Innenschaden die Theatermacher heftiger in die Eigenverantwortung nimmt als die von außen an sie herangetragenen Krisenerscheinungen.

In den späten sechziger Jahren mit dem Aufstand der Söhne gegen die Väter aufgeflammt (vgl. auch den Beitrag von Michael Hampe und den »Zeitzeugen«-Bericht von Joachim Bliese), ist sie inzwischen bereits in die zweite Generation eingetreten. Sie erweist sich als äußerst zäh und beharrlich, zumal ihr in den verflossenen drei Jahrzehnten nur in kleinen Ansätzen beizukommen war. Verstärkt wurde sie zudem durch die überstürzte Verschmelzung der beiden Theatersysteme in Ost und West, die sich über vierzig Jahre der Trennung nicht nur in ihrer kulturpolitischen Zielsetzung, sondern auch in ihren inneren Organisationsformen auseinanderdividiert hatten.

Versuchen wir zunächst einmal eine Beschreibung dieser Krisenerscheinung, die von vielen Seiten – Insidern des Theaters ebenso wie außenstehenden Kritikern – als das Hauptübel des gegenwärtigen Theaters diagnostiziert wurde. Vor sieben Jahren bin ich schon einmal mit einer detaillierten Auflistung der auffälligsten Symptome dieses angeblichen Grundübels an die Öffentlichkeit getreten (Petersen 1990 a und b) und habe mich damit in gewissen Kreisen, besonders bei Arbeitnehmervertretungen ob meiner pessimistischen Betrachtungsweise unbeliebt gemacht, gleichwohl aber vielleicht doch bei manchem Theaterschaffenden und etlichen Kulturpolitikern lang nachwirkende Denkanstöße ausgelöst. Pessimismus mag auch diesmal wieder aus meinen Ausführungen abzulesen sein, doch meine ich, daß eine ehrliche und schonungslose Diagnose im Hinblick auf therapeutische Maßnahmen hilfreicher ist als eine Verschleierung von Zuständen.

Kernpunkte meiner damaligen und heutigen kritischen Bestandsaufnahme sind folgende Feststellungen:

Ein bedenklicher Katalog
Die deutschen Dreispartentheater haben sich in den letzten fünfzig Jahren mehr und mehr zu Großbetrieben entwickelt, die nur noch schwerfällig zu handhaben sind, von Jahr zu Jahr überproportional mehr öffentliche Gelder beanspruchen und unter schwindender Kreativität leiden.

Zwischen Aufwand und Ergebnis theatraler Arbeit klafft ein bedenkliches Mißverhältnis. Dies richtet sich nicht mehr in erster Linie nach künstlerischen Erfordernissen und Geboten, sondern wird fast nur noch von organisatorischen und technischen Zwängen bestimmt. Der Apparat dient also nicht mehr vorrangig der Kunst, sondern die Kunst hat den Apparat zu bedienen. Die Produktionsvoraussetzungen für die künstlerische Arbeit erweisen sich unter diesen Zwängen schlichtweg als theaterfeindlich.

Die Vielzahl unterschiedlicher Tarifverträge mit unterschiedlicher Arbeitszeitregelung und unterschiedlichen arbeitsrechtlichen Bewertungen scheinen sich nach dem Prinzip der Unvereinbarkeit entwickelt zu haben. Sie wirken sich äußerst nachteilig auf die personalwirtschaftliche Führung eines Theaters und damit natürlich gleichzeitig auf dessen künstlerische Effizienz aus. Der Wildwuchs der tarifvertraglichen Arbeitsregelungen, insbesondere jener der kollektiven Abteilungen der Theater, ist das größte Hemmnis für die Entfaltung produktiver künstlerischer Theaterarbeit. Das gemeinsame Ziel und der Sinn aller Theaterarbeit ist in diesem Dschungel unterschiedlicher Vertragsinhalte kaum noch erkennbar.

Man muß das einmal verdeutlichen. Die Arbeitsverhältnisse des Gesamtpersonals eines Theaters werden durch sieben verschiedene Tarifverträge geregelt. Da gibt es den sogenannten Normalvertrag Solo, der für die Solisten des künstlerischen Personals, also die Schauspieler, Sänger, Solotänzer und Bühnenvorstände maßgeblich ist, sodann je einen Tarifvertrag für den Opernchor, die Tanztruppe und das Orchester. Das technische Personal, soweit überwiegend künstlerisch tätig, arbeitet nach dem Bühnentechniker-Vertrag, der noch eine Spezialversion für Landesbühnen aufweist, und das Gros des technischen Personals sowie die Angestellten der Verwaltung richten sich nach dem BAT, dem großen Vertragswerk des öffentlichen Dienstes.

Die in diesen Verträgen unterschiedlich geregelten Arbeits- und Ruhezeiten erschweren die Disposition und die Durchführung von Proben und Vorstellungen oft erheblich. Da gibt es die Sieben-Tage-Woche für die Solisten, die Sechs-Tage-Woche für das Orchester, die Inspizienten und Souffleusen, die Fünfeinhalb-Tage-Woche für den Chor und die Tanztruppe und die Fünf-Tage-Woche für das technische Personal auf der Bühne und in den Werkstätten sowie das Verwaltungspersonal. Zu welch grotesken Arbeitsbedingungen in der Erstellung einer Inszenierung diese unterschiedlichen Regelungen führen können, mag folgendes Beispiel aus der Praxis des Theateralltags illustrieren, von dem ein Kollege berichtete:

Eine Beleuchtungsprobe für die Neuinszenierung einer Oper erweist sich als komplizierter als erwartet. So fehlen zwei bis drei Stunden Beleuchtungszeit. Wenn die gesetzlich vorgeschriebene Nachtruhe und die für den nächsten Vormittag angesetzte Orchesterprobe eingehalten werden sollen, muß letztere mit einstündiger Verspätung beginnen, damit am frühen Morgen die Beleuchtungseinrichtung abgeschlossen werden kann. Die Dauer einer Orchesterprobe ist tarifrechtlich auf drei Stunden begrenzt. Die Stunde Wartezeit für das Orchester muß als Dienstzeit angerechnet werden. Somit verbleiben nur zwei Stunden Probezeit, die aber für den geplanten Durchlauf der Oper, selbst bei forcierten Tempi, nicht ausreichen. Um die entstehende Schwierigkeit zu lösen, erklären sich die vielbenötigten Beleuchter ausnahmsweise zu drei Stunden Nachtarbeit bereit. Die Theaterleitung bietet dafür einen zusätzlichen dienstfreien Tag an. Der zur Mitbestimmung hinzugezogene Personalrat verweigert jedoch seine Zustimmung, weil er einen Präzedenzfall vermeiden will. Die Folge: Es muß eine zusätzliche komplette Orchesterprobe gefunden werden, was nur auf Kosten des Ausfalls einer Abendvorstellung oder einer Probe für das in Folge anstehende Sinfoniekonzert geht.

Als Hemmschuh für produktive Theaterarbeit erweist sich mitunter auch die strenge Arbeitsteilung innerhalb des technischen Personals. So darf beispielsweise ein Beleuchter keine Requisiten transportieren, ein Requisiteur nicht beim Umbau helfen, auch wenn er in seinem Metier gerade nicht gebraucht wird. Den kunstverbundenen Theaterarbeiter, der früher Überstunden der Kunst zuschrieb und überall mit anpackte, gibt es heute nur noch in Form arbeitszeitorientierter Spezialisten. Die Folgen sind Spannungen unter den Arbeitsgruppen, Schuldzuweisungen, Entfremdungen, wo Gemeinsinn gefordert ist. Das macht die Arbeit kompliziert, lustlos, teuer.

Die vielfältigen Vorschriften und umständlichen Entscheidungswege der öffentlichen Verwaltung tun ein übriges dazu, eine künstlerisch und wirtschaftlich erfolgreiche Führung des Theaters zu behindern. Oftmals können Entscheidungen im vitalen Interesse des Theaters nur unter stillschweigend geduldetem Umgehen von Vorschriften getroffen werden.

Zur abschließenden Vervollständigung des Katalogs der strukturellen Schwachpunkte unseres derzeitigen Theatersystems sei noch angemerkt, daß die von den Gewerkschaften geforderte Anpassung aller Theaterberufe an die Schematik sozialer Errungenschaften im Widerspruch steht zur Risikobereitschaft künstlerischer Arbeit und die Gefahr in sich birgt – so hart und rückschrittlich das klingen mag –, daß sie zur »Verbeamtung« führt, zum Faulwerden, zum Fettansatz.

Der Kunst gebührt der Vorrang
Nun ist es sicher nicht damit getan, die vermeintlichen Mißstände in der Struktur unserer Theater immer nur zu bejammern und zu beklagen, sondern man sollte ernsthafte Anstrengungen unternehmen, sie abzuschaffen. Seit Jahren wird in Fachkreisen, an *Runden Tischen*, in Arbeitgeber- und Arbeitnehmerverbänden und in aller Öffentlichkeit darüber diskutiert, welche Schritte unternommen werden müßten, um das Theater als Institution wieder in einem positiveren Bild erscheinen zu lassen. Ich will einmal versuchen, die wichtigsten Ergebnisse all dieser Überlegungen, Untersuchungen und teilweise auch schon vorgenommenen Korrekturen im folgenden zusammenzufassen.

Um den in aller Welt bewunderten Standard und die Leistungsfähigkeit des deutschen öffentlichen Theaters zu erhalten, muß es sich einer Radikalkur unterziehen. Dazu gehört in erster Linie die Forderung, daß die Kunst im Theater wieder den absoluten Primat gegenüber dem technischen und dem Verwaltungs-Apparat erhält.

Die Arbeitsverhältnisse aller am Theater Beschäftigten müssen deshalb dem Ziel untergeordnet sein, dem künstlerischen Ensemble die bestmöglichen Arbeitsbedingungen zu schaffen, auch wenn damit gelegentlich die soziale Komponente zurücktreten sollte. Denn das Theater hat seine eigenen Gesetze, Gesetze, die nicht dieselben sein können wie in anderen Bereichen des öffentlichen Arbeitslebens.

Als vordringlichstes Gebot wird von vielen Kritikern des öffentlichen Theatersystems vorgebracht, daß es unvermeidlich sei, die Tarifverträge der Theaterbeschäftigten auf der Grundlage einer einheitlichen Regelung der Arbeitszeiten neu zu gestalten. Anzustreben sei dabei der Gewinn größtmöglicher Flexibilität in der Handhabung der Arbeitszeit und des jeweils benötigten Personals, angepaßt den wechselnden Erfordernissen der jeweiligen Produktion.

Zur Stärkung des für die Theaterarbeit so wichtigen Teamgeistes, aber auch der Eigenverantwortlichkeit eines jeden Mitarbeiters sollte man an den Häusern für jede Inszenierung kleinere bewegliche Produktionsgruppen aus Künstlern und Technikern in überschaubaren Organisationsformen einrichten, überschaubar für jeden, der an der Produktion beteiligt ist. Das jeweilige Produktionsteam wäre der Theaterleitung gegenüber verantwortlich für Planung, Kostenkalkulation und Ausführung der Inszenierung. Es ist sehr wohl denkbar, daß mehrere solcher Produktionsgruppen nebeneinander in wechselnden Besetzungen am gleichen Haus arbeiten, so wie es im künstlerischen Bereich längst üblich ist, wo Regisseure, Bühnenbildner, Kostümbildner, Dramaturg,

Inspizient und Assistenten gemeinsam mit den Darstellern ein täglich zusammenarbeitendes Produktionsteam bilden. Warum sollten in ein solches Team nicht auch die technischen Vorstände wie Bühneninspekteure, Theatermeister, Beleuchter, Tonmeister, Requisiteur und eine eingeteilte bühnentechnische Mannschaft einbezogen werden können? Derzeit steht einer solchen, vernünftigen, den künstlerischen Prozeß einer Inszenierung fördernden Arbeitskonzentration das Schichtsystem mit ständig wechselnder technischer Mannschaft entgegen, das nur dazu führt, daß der einzelne Mitarbeiter beim fortlaufenden Probenbetrieb das Endprodukt aus dem Auge verliert. Dieses Schichtsystem gehört dringend abgeschafft, weil es wegen ständiger Diskrepanz zwischen vorhandener bzw. fehlender Arbeitskapazität und dem täglich wechselnden Arbeitsbedarf für eine produktive Theaterarbeit ungeeignet ist.

Mustervertrag für Theaterarbeit

Die derzeit bestehende Anbindung des technischen und des Verwaltungs-Personals an das Tarifsystem des öffentlichen Dienstes müßte aufgehoben werden. Damit würde gleichzeitig die volle Personalbefugnis an die Theaterleitung gehen, die ohnehin in der Beurteilung personeller Fragen für den Theaterbereich der Verwaltungsbehörde gegenüber die größere Sachkompetenz besitzt.

Für das betroffene Personal müßte ein neues Vertragswerk entworfen werden, das als wesentliche Neuerungen unter anderem eine leistungsabhängige Bezahlung, die zusätzliche Honorierung besonderer Leistungen und die Kündbarkeit leistungsunwilliger Mitarbeiter vorsieht, damit auch bei den nichtkünstlerischen Personalgruppen des Theaters der Leistungsgesichtspunkt wieder stärker zum Tragen kommt.

Ein solches Vertragswerk besteht in der Theorie bereits. Eine kleine Arbeitsgruppe erfahrener Theaterleute aus dem Kreis der *Dramaturgischen Gesellschaft,* zu dem sich auch der Verfasser dieses Beitrags zählen durfte, hat vor drei Jahren einen *Mustervertrag für Theaterarbeit* entworfen und in Fachkreisen zur Diskussion gestellt, den sie als Denkanstoß für eine radikale Reform des Tarifvertragssystems – eine Art Utopie, wie sie selber zum Ausdruck bringt – verstanden wissen will.

Die Grundsatzfrage bei der Vertragsgestaltung lautete: Was ist wichtig im Prozeß der künstlerischen Arbeit? Und was daran ist selbstverständlich, ohne daß es vertraglich festgeschrieben werden muß?

Erklärtes Ziel der Vertragsreform ist die produktive Gestaltung der Zusammenarbeit aller am Theater Beschäftigten. Statt sich hermetisch abgrenzender Gruppen wird das Arbeitsethos einer Truppe angestrebt, in der jeder bereit ist, nicht nur seine eigene, sondern im Bedarfsfalle auch andere Aufgaben zu übernehmen, zu denen er sich befähigt fühlt.
Die tägliche Arbeitszeit richtet sich nach den künstlerischen Erfordernissen und nur nach diesen, wobei selbstverständlich gesetzliche Arbeitszeitbestimmungen sowie die Zumutbarkeit für das Theatermitglied zu beachten sind. Der absolute Kündigungsschutz, dessen sich der Beschäftigte im öffentlichen Dienst sicher sein kann, ist im neuen Mustervertrag nicht mehr vorgesehen.

In diesen Vertragsregelungen stecken in der Tat sehr radikale Ansätze, die Arbeit am Theater mit Blick auf den künstlerischen Ertrag effizienter zu gestalten.

Entlastung durch Großwerkstätten?

Im Zuge der angestrebten Strukturveränderungen sollte auch die Frage der Rationalisierung von

Werkstattarbeit ernsthaft überprüft werden und nicht von vornherein mit dem Vorwurf angeblicher Kunstfeindlichkeit abgetan werden. Es sollte untersucht werden, inwieweit sich durch Verkleinerung oder gar Abschaffung der kostenintensiven, aus der handwerklichen Tradition überkommenen Theaterwerkstätten und durch Vergabe von Ausstattungsaufträgen an Drittfirmen Rationalisierungs- und Spareffekte und vielleicht sogar eine künstlerische Maximierung erzielen ließe.

Die Einrichtung großer zentraler Werkstätten als privatwirtschaftliche Dienstunternehmen für einen Verbund mehrerer Theater würde eine größere Auslastung modernen technischen Gerätes und eine bessere Ausnutzung des Personals und der Maschinenkapazitäten gewährleisten. Durch Großeinkauf und sinnvolles Abfangen von Belastungsspitzen, die sich aus den schwankenden Erfordernissen des Theaterbetriebs ergeben, würden sich finanzielle Vorteile einstellen.

Einbezogen in die Konzentration von Werkstattarbeit wären vor allem die Bereiche Kostümabteilung, Schreinerei, Schlosserei, Deko-Abteilung und Malsaal. Daß die Einrichtung zentraler Großwerkstätten auch gewisse Nachteile mit sich bringen würde, weil die betriebsinterne Kommunikation dadurch Defizite erfährt, darf nicht unerwähnt bleiben, doch sollte man die Vor- und Nachteile sorgfältig gegeneinander abwägen.

Eine nicht unerhebliche Arbeitsentlastung des Theaterbetriebes würde auch die immer wieder in die Diskussion gebrachte Anregung nach stärkerer Kooperation unter Bühnen, die nach Größe und Leistungsvermögen vergleichbar sind, bringen, sei es durch den Austausch von Dekorationen, Kostümen, Möbeln, Requisiten oder gar kompletten Inszenierungen.

Neue Betriebsformen sind gefragt

Die Reform der inneren Arbeitsstruktur müßte Hand in Hand gehen mit einer Veränderung der Betriebsform des Theaters. Zur Steigerung der künstlerischen Leistungskraft und Wirtschaftlichkeit des Theaters muß eine Betriebsform gefunden werden, die es der Theaterleitung ermöglicht, in einer ihren Aufgaben angemessenen Selbständigkeit eine betriebsnahe Führung zu praktizieren. Es geht darum, den Widerspruch zwischen den Besonderheiten der künstlerischen Arbeit und der Funktionsweise eines bürokratischen Verwaltungsapparates aufzuheben.

Das setzt die Abkoppelung des Theaters von allen sogenannten Querschnittsämtern der städtischen Verwaltung, also dem Personalamt, Bauverwaltungsamt, Hochbauamt, Kulturamt, der Kämmerei und dergleichen voraus. Die Entscheidung über den Einsatz nicht nur des künstlerischen, sondern auch des technischen Personals sowie deren Entlohnung muß vollständig in die Hände des Theaters gelangen. Nur so wäre es möglich, daß besondere Leistungen besser belohnt werden könnten, als es nach den heutigen Tarifregelungen möglich ist. Bessere Leute müßten besser bezahlt werden können, so wie es im künstlerischen Bereich seit jeher geschieht.

Es müßte die volle unternehmerische und betriebswirtschaftliche Selbständigkeit des Theaters erreicht werden, mit allem Mut zum Risiko, aber auch der Motivation zur außerplanmäßigen Leistung, von der letzten Endes die Kunst profitiert, wenn dadurch Mehreinnahmen erzielt werden, über die das Theater frei verfügen könnte.

Schon heute gehen viele Rechtsträger dazu über, den Theatern bei der Verwendung von Haushaltsmitteln eine größere Selbständigkeit und

Flexibilität einzuräumen. Das geschieht teilweise durch die Umwandlung in eine GmbH oder einen Eigenbetrieb, teilweise aber auch durch eine Entlassung der Regiebetriebe aus der für die öffentliche Hand typischen Verwendung der Finanzmittel auf der Grundlage der Kameralistik.

Die Sinnkrise

Nun gibt es eine zunehmende Zahl von kritischen Zeitgenossen, welche die Gefahr drohender Stagnation und baldigen Niedergangs des deutschen öffentlichen Theaterlebens nicht in dessen reformbedürftigen Strukturen sehen, sondern meinen, das gesamte Theater befände sich in einer »Sinnkrise«. Sie stellen das Theater in seiner Gesamtheit in Frage, behaften es mit dem Verdikt des nicht mehr Zeitgemäßen und werfen ihm vor, zu einem Luxusgut für eine Minderheit der Bevölkerung geworden zu sein. In seinen Ausdrucksmöglichkeiten sei es im Vergleich zu modernen Medien ohnehin beschränkt und unterversorgt mit frischem Zustrom zeitgenössischer künstlerischer Produkte. So friste es ein überflüssiges Dasein als Fossil, das aus reinem Prestigedenken und vorgegebenem kulturellen Anspruch, nicht aber aus Überzeugung am Leben gehalten werde.
Die heutige Gesellschaft, besonders deren jüngere Vertreter, von Theaterleiter Manfred Beilharz einmal als »computergesteuerte Megagesellschaft« (Beilharz 1995, S. 41) bezeichnet, verlange nach zeitgemäßeren Ausdrucksformen theatraler Gestaltungsmöglichkeiten.

Es steht die Frage an, ob der Typus des Stadttheaters als spezifische Errungenschaft deutscher bürgerlicher Kultur heute noch einen Sinn vermittelt und eine Zukunft hat. Als die Bürgerschaften deutscher Städte vor gut hundertfünfzig Jahren daran gingen, die bislang als Privattheater oder repräsentative Hoftheater geführten Bühnen in eigene kommunale Verwaltung zu nehmen, hat sicher niemand geglaubt, daß diese Stätten kommunikativer bürgerlicher Begegnung, die sowohl als Tempel der Erbauung als auch als Spielplatz unterhaltender Zerstreuung dienten, aus dem abendlichen Leben der Städte je in die Gefahr kämen, weggedacht werden zu können. Sie bildeten das kulturelle Zentrum, es gab nichts Vergleichbares, keine alternativen Angebote.

Ist das Theater auch heute noch prägnanter Ausdruck urbaner Identität, hat das Bekenntnis von Heinz Winfried Sabais, dem früheren Darmstädter Oberbürgermeister, »erst das Theater macht eine Stadt zur Stadt«, noch Gültigkeit?

Kann das Theater seine Eigenständigkeit gegenüber der gewaltigen Flut konkurrierender, kommerziell orientierter Anbieter von Film, Fernsehen, Video, Internet noch behaupten? Besitzt es noch soviel Überzeugungs- und Wirkungskraft, um wie in früheren Zeiten das geistige und gesellschaftliche Klima einer Stadt zu prägen und sich im Zeitalter allgemeiner Verkabelung und Bildschirmhörigkeit als der letzte Hort öffentlicher, lebendiger und direkter Kommunikation zu bewähren, als freiester Ort der Selbstentfaltung und Garant dafür, daß die gesellschaftliche Phantasie nicht verkümmert?

Die Fragestellung läßt schon erkennen, daß der Verfasser dieser Zeilen bei aller gebotenen Skepsis dennoch keinen Zweifel daran hegt, daß die Theater der Städte und Regionen als unersetzlicher Bestandteil der kulturellen Identität ihrer Bürger die vermeintliche »Sinnkrise« überleben werden.

Die Finanzkrise

Das setzt allerdings voraus, daß Staat und Kommunen die Kulturpflege nicht länger als Freiwilligkeitsleistung, die von politischem Wohlwollen abhängig ist, sondern als Pflichtaufgabe anerkennen. Und damit kommen wir zum letzten, dem leidigsten Thema auf unserem Streifzug durch die Krisenlandschaft des deutschen Theaters: der Krise der öffentlichen Finanzierung. Auch hier haben wir es nicht mit einem aktuellen Befund zu tun, denn solange ich mich erinnern kann, haben die von der öffentlichen Hand subventionierten Theater unter finanziellem Druck gestanden und waren Sparzwängen ausgesetzt. Jeder, der sich mit der Materie auskennt, weiß, daß die Theaterkunst eine teure Kunst ist. Und je größer der Anspruch des Publikums, umso teurer das Theater. In hohem Maß personalintensiv und im technischen Bereich ein Manufakturbetrieb, wo fast alles mit der Hand geleistet werden muß, gibt es kaum Möglichkeiten der Rationalisierung, die Kosten sparen könnte.

Da nimmt es nicht wunder, daß in Zeiten wie diesen, da sich allzu viele hungrige Mäuler an die Futterkrippen der öffentlichen Haushalte drängeln, diese aber leerer sind als je zuvor, sich das öffentliche Theater wieder einmal dem Zwang ausgesetzt sieht, sich zu legitimieren und seine Existenz zu rechtfertigen.

Sicher gibt es auch auf seiten mancher Theater noch Lernbedarf, wie man mit öffentlichen Geldern sinnvoller und effizienter umgehen kann. Unsere Überlegungen zur Reform eingefahrener Theaterstrukturen mögen durchaus dazu angetan sein, hier richtungweisende Impulse zu geben. Es kann auch nicht schaden, den Theaterleuten hin und wieder deutlich zu machen, daß es das Geld der Steuerzahler ist, und zwar nicht nur das der Theaterbesucher sondern auch jenes großen Teiles der Bevölkerung, der dem Theater fernsteht, das ihnen die Ausübung ihrer künstlerischen Neigungen, ihrer Vorlieben, ihrer Berufung ermöglicht.

In der Praxis erproben

Ich möchte meine Bestandsaufnahme, meine Überlegungen und Vorschläge, wie man den drei aktuellen Krisen des Theaters beikommen könnte, mit der Bemerkung abschließen, daß neue Theatermodelle natürlich nicht nur *gedacht,* sondern auch *gemacht* werden sollten. Sie gewinnen nur dann an Überzeugungskraft, wenn sie in der Praxis erprobt werden und sich darin gegenüber bisherigen Organisationsformen als die besseren und fortschrittlicheren erweisen.

So wünsche ich mir, daß sich einer unserer deutschen Rechtsträger bereitfinden möge, an dem Theater seiner Stadt eine neue Organisationsstruktur zu erproben, die ganz und gar an den Bedürfnissen der Kunst orientiert ist, in dessen Zentrum die Aufführung und in deren Mittelpunkt wiederum der darstellende Künstler steht. Das Ensemble sei das Maß aller Dinge, das Ensemble als eine Gemeinschaft, die zusammenarbeiten möchte, die auf ein künstlerisches Konzept verschworen ist, flexibel in der Zusammensetzung, geprägt durch Leistungswillen und künstlerisches Vermögen.

Nur dann ist es sinnvoll, über Veränderungen in den Strukturen nachzudenken.

Zeitzeugen: Harald Figge

Waltraud Brunst

Harald Figge
Orchestermusiker
Solofagottist
Foto: Bechtel

1966/67 war eine schlechte Saison für Fagottisten. Eineinhalb Jahre lang hatte *Das Orchester*, vielgelesenes Zentralorgan deutscher Orchestermusiker und Musikstudenten, keine einzige Vakanz gemeldet. Nur so ist es zu erklären, daß der 21jährige Harald Figge, der an der Kölner Musikhochschule kurz vor dem Abschlußexamen stand, die Tollkühnheit besaß, sich beim Mannheimer Nationaltheater und beim Münchner Gärtnerplatz-Theater jeweils um die ausgeschriebene Solofagottistenstelle zu bewerben. München sagte sofort ab. Mannheim war mutiger und lud immerhin zum Probespiel ein. Noch heute behauptet Harald Figge, daß es der Poststempel auf dem Einladungsschreiben war, der ihn in seinem größenwahnsinnigen Entschluß bestätigte. Dort prangte nämlich neben der Dreißig-Pfennig-Marke unübersehbar »Mannheim erwartet auch Sie!«

Ein gutes Omen, ohne Frage. Aber das bewahrte den jungen Mann natürlich nicht vor einem teuflisch schweren Probespiel gegen gewaltige Konkurrenz. Zu den Rivalen zählte übrigens ein gewisser Siegfried Jerusalem, seines Zeichens Fagottist in Reutlingen, der dann später außerhalb des Orchestergrabens seinem Vornamen alle Ehre machen sollte. Harald Figge ist übrigens überzeugt davon, daß nicht das glanzvoll bewältigte Solokonzert den Ausschlag für seinen Sieg gab. Vielmehr habe Generalmusikdirektor Horst Stein, der ruhelos vor den Probenden auf und ab tigerte, bei einer der vorgelegten Orchesterstellen (dem Vorspiel zum zweiten Akt *Carmen* übrigens) mit ganz kleinen Bewegungen zu taktieren begonnen und dabei hochzufrieden festgestellt, daß der hoffnungsvolle Knabe aus Köln seinen Tempovorstellungen folgte und sensibel die Accelerandi und die Ritardandi ausführte.

Ja, und dann war Harald Figge auf einmal mit gerade 22 Jahren Stimmführer in einem großen Opernorchester. Wie reagierten denn die alten Hasen auf den jungen Spund? Na, einfach fabelhaft! Ohne die kameradschaftliche Hilfe der älteren Kollegen hätte der junge Solofagottist das Probejahr wohl nicht »unfallfrei« überstanden. Trotz emsigen Partiturstudiums lauerten da überall Klippen, die es zu umschiffen galt. Kapellmeister Karl Fischer pflegte beispielsweise die »leeren Takte« (bei Rezitativen) nicht abzuschlagen. Da war der freundschaftliche Rippenstoß des versierteren Kollegen, der das »Timing« halt im Hinterkopf hatte, überlebensnotwendig.

Ein Jahr später kam der ebenfalls blutjunge Helmut Schützeichel als Solooboist. Auch die Stimmführerpositionen bei Klarinetten und Flöten wurden mit den jugendlichen Helden Manfred Klein und Robert Lovasich besetzt, was dem Führungsquartett der Holzbläser eine jahrzehntelange (und bis heute andauernde) Kontinuität und ganz nebenbei eine vielgerühmte Qualität bescherte. So konnte auch Orchestervorstand Fritz Bunge, als er 1970 den zu einem Sonderkonzert verpflichteten Mstislaw Rostropowitsch am Flughafen abholte, die mit drohendem Unterton vorgebrachte Frage »Haben Sie auch gute Fagotte?« ehrlichen Herzens bejahen. Rostropowitsch erklärte, er habe erst kürzlich das zweite Cellokonzert von Schostakowitsch nach der Generalprobe bei einem prominenten Orchester kurzerhand durch das Dvořák-Konzert ersetzt, weil die Fagottgruppe seinen Ansprüchen nicht genügte. Fast überflüssig zu erwähnen, daß in Mannheim das vorgesehene Schostakowitsch-Konzert erklang.

Von einem strengen Podium-Star war gerade Rostropowitsch übrigens meilenweit entfernt. Harald Figge erinnert sich an ein gemeinsames Gastspiel in Landau, als »Slava« Rostropowitsch sich während der Ouvertüre hinter der Bühne einen Feuerwehrhelm auf die graue Mähne stülpte und rechts und links aus den Seitentüren lugte, um die Orchestermusiker zum Lachen zu bringen – leider mit überwältigendem Erfolg.

An die Ära Wallat (1970 bis 1980) hat Harald Figge besonders lebhafte Erinnerungen. Da war zum einen die damals wirklich gewaltige Überlastung der Bläser (während die Streicher bekanntlich unter Horst Stein aufgestockt worden waren), zumal oft an den Wochenenden parallel im *Großen* und im *Kleinen Haus* Opern gespielt wurden. Da gab's zum anderen das fabelhafte feste Ensemble mit Dalberg und Cox, Schreiner, Bode und Molnar, Mazura und Völker – nicht zu vergessen den unvergeßlichen »Jockel« Rees als Mime in Wagners *Ring des Nibelungen*. Mit dieser Mannschaft machte das Nationaltheater Mannheim nicht nur in den Partnerstädten Toulon und Swansea, sondern auch in Lausanne und auf Schloß Neuschwanstein (mit konzertanten Szenen aus Wagner-Opern) Furore. Auch an seine Bayreuther Zeit, die ebenfalls in die siebziger Jahre fiel, erinnert sich Harald Figge gern und oft. Das bewegendste Erlebnis war für ihn jener Augenblick, als ihn zum ersten Mal im Orchestergraben, dem berühmten »mystischen Abgrund« die Sphärenklänge des *Lohengrin*-Vorspiels umgaben.

Inzwischen sind die Zeiten auch für die Bläser etwas besser geworden. Mit fünf statt vier Fagotten ist der Dienst halt leichter zu bewältigen. Es gilt als ungeschriebenes Gesetz, daß man ausgeruht und vorbereitet zum Dienst erscheint. Harald Figge ist der lebende Beweis dafür, daß preußische Pflichterfüllung und rheinische Frohnatur sich nicht unbedingt gegenseitig ausschließen müssen.

Vier Jahre, die doppelt zählen

Klaus Schultz

Das Nationaltheater am Goetheplatz *im Mai 1993 während des Umbaus. Foto: Peter Eickholt (Gerling & Arendt).*

Vorbemerkung der Herausgeberinnen

1992 löste sich Arnold Petersen vorzeitig aus seinem Vertrag als Generalintendant des Nationaltheaters. Sein Nachfolger wurde Klaus Schultz, zuvor Generalintendant in Aachen. Noch im selben Jahr begannen die Sanierungsarbeiten am Gebäude des Nationaltheaters, in deren Verlauf auch das *Schauspielhaus* einen Bühnenturm erhielt. Der gesamte Spielbetrieb wurde auf unterschiedlichste, zum Teil ungewohnte Spielstätten in Mannheim, Schwetzingen und Ludwigshafen verlegt. Unter der Leitung von Klaus Schultz gelang dieses logistische Meisterstück und eröffnete zugleich interessante Perspektiven. Im Frühjahr 1994 konnte das Nationaltheater seine Arbeit wieder am *Goetheplatz* aufnehmen. Bald jedoch wurde klar, daß Klaus Schultz ein Angebot nach München wahrnehmen und seinen Vertrag mit Mannheim vor dem eigentlichen Ablaufdatum lösen würde. Seit Beginn der Spielzeit 1996/97 leitet Schultz als Staatsintendant das Staatstheater am Gärtnerplatz in München. Nicht ohne Grund beschreibt er seine Zeit in Mannheim als »vier Jahre, die doppelt zählen«.

Ansprache anläßlich der Verabschiedung als Generalintendant des Nationaltheaters Mannheim, Schauspielhaus, 21. Juli 1996
Stil kommt immer von innen, nicht von außen. Der Stil dieses sympathischen Morgenprogramms ist auch ein Blick ins Innere unseres Nationaltheaters, ist Ausdruck seiner Vitalität, seiner künstlerischen Kraft, der Vielgestalt unseres Ensembles. Ich danke allen, die diese kostbaren musikalischen Beiträge vorbereitet und gestaltet haben, und danke herzlich für die guten, nachdenklichen Worte und ich danke für die Geschenke.

Sehr verehrter Herr Oberbürgermeister Widder, Ihnen danke ich, daß Sie zu diesem Empfang einladen, daß Sie mit dem, was Sie heute gesagt haben, die Verbundenheit der Stadt Mannheim mit dem Nationaltheater unterstreichen, die eine Schicksalsverbindung des Glücks bleiben möge.

Meine sehr verehrten Damen und Herren, um alle wirkenden Kräfte eines Theaters bauen sich Spielplan und Engagement, entwickeln sie weiter, und darauf beruht auch der Aufgabenstrauß eines Theaterleiters, dessen Aufgabe ich vor allem darin sehe, daß er allen, den direkt wie indirekt künstlerischen Kräften des Theaters ihre Wirkungsmöglichkeiten sichert, auch gegen tägliche Schwerfälligkeit. Meine Haltung soll heute kein entsorgtes Sich-Zurücklehnen sein. Ich weiß zu gut, was von unseren Plänen weniger gut gelungen ist, und welche womöglich gar nicht realisiert worden sind. Aber mein Gefühl ist auch das eines des dankbaren Aufatmens, daß eine künstlerisch, menschlich und organisatorisch ebenso reiche wie komplizierte Wegstrecke ohne Unfälle und gelungen hinter uns liegt. Viel ist in diesen Tagen von der »Sanierungsphase« 1992 bis 1994 die Rede, und es wird zu Recht an die finanziellen Anstrengungen und Bedrohungen erinnert, die das Theater mit der Stadt seit Beginn meiner Intendanz zu teilen hatte.

Das Nationaltheater – ein Stück des Herzens dieser Stadt
Wie in jedem nach 1945 gebauten Theater ermüden auch in diesem Gebäude Materialien aller Art, und es mußte dieser Renovierungskomplex bewältigt werden. Allen im Nationaltheater gebundenen Kräften, vor allem unserem Publikum, aber auch den Verantwortlichen in der Stadt, darunter insbesondere den Fachleuten des Hochbauamtes und der Firmen, sind wir für die Begleitung und Hilfe bei Planung und Ausführung der Sanierung jener Jahre auch heute noch sehr dankbar. Aber – es muß weitergehen! In vielen Bereichen des Hauses zeigen sich Mängel, die nicht zu größeren Gefahren werden dürfen, sondern in einer künftigen, weiteren Sanierungsstufe behoben werden müssen. Theater sind wie Kirchenbauten: Irgendwo steht immer ein Gerüst, wird repariert und kuriert. Uns Menschen ergeht es ja ähnlich.

So sehr die Stadt Mannheim um ihr Theater künstlerisch beneidet wird, um die daraus erwachsenden Verpflichtungen ist sie, wie jeder Rechtsträger eines Theaters, nicht zu beneiden. Dabei will niemand im Theater leichtfertig mit dem schwer verantworteten und anvertrauten Geld umgehen, im Gegenteil. In den letzten Jahren hat das Theater große Einsparleistungen aus eigenen Kräften beigetragen, und ich bin auch Ihnen, Herr Mark,[1] dankbar, daß Sie dies erwähnt haben. Überhaupt, das Geld. Es spielt ja in der Kunst eine magnetische Rolle, und mit kaum jemandem kann man so intensiv über Geld reden wie mit Sängern, Schauspielern und Bühnenbildnern, Regisseuren oder Dirigenten, während ich mit kaum jemandem in den letzten Jahren so gut über künstlerische

[1] Lothar Mark, Bürgermeister und Dezernent für Kultur, Schulen und Sport der Stadt Mannheim

Ziele, Projekte und Themen so eindringlich finanzgetränkt und erfolgreich sprechen konnte wie mit Bankiers, Firmenchefs und großzügigen Bürgern dieser Stadt, die mehr als nur Sponsoren waren, sondern die mitdachten, mithalfen und förderten. Ihnen allen gilt mein Dank! Die finanzielle Grundlage des Nationaltheaters ist, wie allerorten, eines der Hauptthemen gewesen, und es gehört nicht allzuviel Phantasie dazu, sich vorzustellen, daß alle unsere Gemeinwesen schwierige Probleme bekamen und sie vorerst auch nicht loswerden dürften. Die Diskussionen waren hier oft sehr hart, intern wie auch öffentlich, aber auch hier muß der Stil von der Sache und vom Wert des Themas bestimmt sein. Und so spreche ich sicher im Namen aller Besucher wie aller Mitwirkenden dieses Theaters die erwartende Bitte aus, alle selbstverständlichen wie besonderen Erfordernisse dieses einmaligen historischen, lebendigen Eigentums dieser Stadt auch künftig in großem Verantwortungsbewußtsein zu bedenken und zu gestalten. Das Nationaltheater ist ein Stück des Herzens dieser Stadt! Sicherlich werden die Gespräche und Verhandlungen hier wie in Stuttgart auch in Zukunft so strittig, so zäh, so ermüdend sein wie in den letzten Jahren, und oft fragten wir uns mit Staunen, ob man bei allen Theaterdiskussionen über unsere Arbeit an sich eigentlich noch wahrnimmt, daß wir zu alledem auch noch Theater spielen, und das nicht zu wenig: In den vergangenen vier Jahren zogen über dreieinhalbtausend Vorstellungen mehr als eine Million Besucher an.

Dank an die Mitarbeiter und Weggefährten
Daß wir Theaterleute stets den engen Kontakt und den Austausch der Erwägungen und Konzepte mit der Stadt haben konnten, danken wir ganz besonders Ihnen, lieber Herr Bürgermeister Mark. Sie haben sich immer verläßlich engagiert, Sie sagten, was Sie dachten, Sie informierten sich umfassend. Daß Sie daneben Schulen, Museen und Sporteinrichtungen sowie die freie Kunstszene zu betreuen haben, liegt in der Natur Ihres übergroßen Dezernats. Aber Sie vermochten die oft auseinanderstrebenden Kräfte zu integrieren und damit zu verhindern, daß sie gegeneinander sich ausspielten oder ausspielen ließen.
Dies ist das Verdienst Ihrer Persönlichkeit und Ihres Engagements, und dafür möchte ich Ihnen, meinem »Mannheimer Entdecker«, heute persönlich und in freundlicher Öffentlichkeit herzlich danken.

Ihre guten Worte aus Licht und Schatten, lieber Herr Pürgstaller[2], spiegelten wider, daß die auch innerhalb des Theaters widerstrebenden Interessen und Probleme, Einschätzungen und Urteile jedenfalls immer zum Dialog führen sollen und müssen. Daß dieser Dialog seit über zwei Jahren sich um so viel Gutes verbessert hat, liegt auch an Ihnen und an Ihren Kolleginnen und Kollegen im Personalrat. Außenstehende machen sich kaum eine Vorstellung davon, wie viel an Zeit und Nervenkraft dazu gehören, diese besondere Kommunikation und Mitwirkung zu leisten. Besonders bin ich dem Personalrat für die gelungene, lange und komplizierte arbeitszeitrechtliche Diskussion und die daraus erfolgende Dienstvereinbarung dankbar – sie hat uns enorm beschäftigt.

[2] Oskar Pürgstaller, Opernsänger, Vorsitzender des Personalrates und Sprecher des Opernensembles.

Rückblick
Meine Damen und Herren, es fällt mir natürlich schwer, einen umfassenden und gerechten Blick auf alle künstlerischen Sparten und Aktivitäten der vergangenen Jahre zu richten – dazu mag das von Brigitte Heusinger dankenswerterweise zusammengestellte Heft des *Rückblicks* (Rückblick 1996) verhelfen, das Sie heute – gleichsam als interessante Gedächtnisstütze – erhalten. Lassen Sie mich aber doch zu einzelnen Bereichen noch etwas sagen.

Einrichtung des Interimsschauspielhauses am Maimarkt. Blick vom noch unbestuhlten Zuschauerraum zur Bühne.
Foto: Hans-Jörg Michel. RMM, Thslg.

Szene aus
Die Zauberflöte
von W. A. Mozart.
Während des Umbaus spielte das Nationaltheater unter anderem auch im Schwetzinger Schloßtheater. NI 14. Oktober 1992, Inszenierung: Florian Zwipf, ML: Jun Märkl. In der auf die Gegebenheiten des Schwetzinger Schloßtheaters abgestimmten Ausstattung von Marcel Zaba sangen Rodney Godshall den Sarastro (Mitte) und Franz Mazura den Sprecher (links).
Foto: Hans-Jörg Michel.
RMM, Thslg.

Lieber Herr Flachhuber, daß das *Kinder- und Jugendtheater* ein unumstößlicher Teil des Nationaltheaters blieb, ja daß Ihr Engagement im Ensemble sich personifizierend darin ausdrückte, daß man Sie als »Herrn Schnawwl« ansprach – und den »Schnawwl« haben Sie auch – dies alles und die künstlerische, die kommunikative Vielfalt des *Schnawwl*-Programms haben bewirkt, daß man dieses besondere, eigenwillige und kostbare Kind des Nationaltheaters nicht mehr wegdenken mag – so hoffe ich jedenfalls und danke Ihnen und allen Mitgliedern dieses farbigen, kreativen Ensembles von Herzen.

Das *Ballett* hat uns allen gelegentlich auch Sorgen bereitet, aber daß, lieber Herr Talard, aus Ihren blühenden, bei ersten Gesprächen nicht immer auf Anhieb leicht verständlichen, aber immer charmant und selbstbewußt entwickelten Ideen dann Proben, Premieren und möglichst viele gelingende, erfolgreiche Aufführungen wurden, darum waren wir stets alle bemüht. Besonders wußte ich zu schätzen, daß Sie Herrn Marks und meine Überlegungen zu einer Kooperation mit anderen Ballettkompagnien sogleich mit Zahlen und Sachverstand unterstützten, ein Konzept, das ich nach wie vor für sinnvoll halte und das hoffentlich jenseits provinzieller Ängste noch einmal diskutiert wird. Eine intensiv arbeitende große Kompagnie würde sowohl den Tänzern als auch dem Thema Ballett in dieser Region größere Kraft geben. Ich wünsche Ihnen, Herr Talard, und dem ganzen Ballettensemble eine glückliche Fortsetzung Ihrer Arbeit.

Das *Schauspiel* hatte vor der »Schließzeit« besonders hart an den Nüssen der auftauchenden Fragen und Probleme zu knacken. Ich erinnere mich an manche bewegte und bewegende Ensembleversammlung. In Ihnen, lieber Herr Schlicht, hatte ich einen Schauspieldirektor, der gerade in dieser Situation durch Rat, Klugheit und loyale Hilfe Wege ebnen konnte. Die Spielstätte am *Maimarkt* war von der Stadt beschlossen, und dieser Beschluß war gut, aber sie mußte erarbeitet und belebt werden. Es ist Ihr Verdienst und das aller Schauspieler und Regisseure. Jeder von uns hat *seine* Erinnerungen an besondere Aufführungen – mir bleibt Sobols *Ghetto* unvergessen, aber auch Hans-Ulrich Beckers Inszenierung der *Iphigenie* und der *Walpurgisnacht* (vgl. auch Abbildung S. 83) sowie die Engagements von Nicolai Sykosch für Kleists *Zerbrochnen Krug* und Shakespeares *Sommernachtstraum* und von Gerhard Willert für Ibsens *Baumeister Solness* (vgl. auch Farbabbildung XVI, 28), Strauß' *Zeit und das Zimmer* und Tschechows *Möwe* (genaue Daten vgl. Rückblick 1996). Die Einladungen zum Theatertreffen nach Berlin 1994 und 1996 sind nur Beispiele für die Ausstrahlungskraft des Schauspielensembles in dieser Zeit. Ihr Suchen, Herr Schlicht, Ihr Finden eines Ensembles war stets mit dem Interesse und der Auseinandersetzung um künstlerische Kerne und Fragen begleitet. Wie kompliziert dies ist, kann sich der Theater-Liebhaber kaum vorstellen, und überhaupt erinnert es mich an einen Spruch Eduard von Bauernfelds, einen Vers, den ich auch besonders Ihnen, Herr Oberbürgermeister, zitieren möchte: »Schöne Zeit, als mit dem Karren Thespis fuhr, der Possenvater. Schwer ist's einen Staat regieren, zehnmal schwerer, ein Theater.«

Im Bereich der *Oper,* und das wurde angesprochen, galt es natürlich eine besonders große Verlagerung des Spielorts zu bewältigen. Es waren in Schwetzingen, Ludwigshafen und im Komplex des *Rosengartens* neue Möglichkeiten auszuprobieren, und die *Konzertante Aufführung* entwickelte sich von einer Krücke zu einem selbständig lebenden, interessanten Forum für Oper jenseits der Szene. Dies ist ein wertvoller Teil unseres Programms geblieben. Daß ich in Ihnen, Herr Märkl, den Partner für diesen Bereich gewinnen durfte, gehört für mich zu den Glücksfällen, zu den geglücktesten Schwerpunkten meiner Arbeit in Mannheim. Sie haben, noch als Gast, die erste szenische Premiere, die *Zauberflöte* in Schwetzingen, dirigiert, und waren, bevor Sie hier als Operndirektor, Generalmusikdirektor engagiert waren, auch schon so etwas wie ein dauernder Partner. Aber dann begann Ihre Mannheimer Wegstrecke. Es ist heute eine ganz große Ausnahme, daß ein Dirigent, besonders dann, wenn er so begabt und so vielseitig orientiert und voller Fleiß und Kenntnis ist wie Sie, nicht schwermütig wird, beim Anblick eines Schreibtisches oder wenn er Termine wahrnehmen und planen muß. Ich wünsche Ihnen sehr, daß Ihre sonst so selten vereinten und guten Eigenschaften dem Ensemble und diesem Haus möglichst lange erhalten bleiben. Ich weiß aus täglicher wie jahrelanger Erfahrung, wie Sie sichtbar oder unsichtbar, jenseits des Dirigierens, den täglichen Vorstellungen und Proben und damit dem *Opernhaus* großen Halt geben und hoffe, daß Sie ähnlich darüber denken. Danke, lieber Jun Märkl.

So wie es in jeder Sparte Aktivitäten zusätzlich zum normalen, gewohnten Programm gab, so auch in der Oper, indem wir, dank der Unterstützung durch Frau Professor von Welck im Reiss-Museum eine schöne Tradition begründen konnten, die hoffentlich weitergeführt wird: die Liederabende, die den Ensemblemitgliedern die Möglichkeit geben, in einem großen, eigenen Programm ihre künstlerischen Fähigkeiten zu entfalten. Ähnliches gilt für die Musiker des Orchesters, die durch die Kammermusikveranstaltungen hier im *Schauspielhaus* auf eine ganz neue Art herausgefordert werden. Ich denke aber auch an die Chorkonzerte unter der Leitung von Georg Metz, die dem Chor nicht nur komplexere musikalische Identität und Verwirklichungsmöglichkeiten geben, sondern vor allem auch deutlich machen, daß beide Bereiche, Chor und Orchester, nicht komplizierte Kollektive innerhalb eines Hauses sind, sondern aus vielen künstlerisch hochqualifizierten Menschen bestehen, und daß diese Erfahrung aller Mitglieder eines solchen Ensembles aneinander etwas ist, was man überhaupt nicht mit Geld bezahlen kann; hier sind Lebenszeit und viel Arbeitserfahrung enthalten, da spielen Schauspieler, Sänger, Musiker zusammen, singt ein Chorsänger innerhalb einer Stimmgruppe und weiß genau, wo Schwächen, wo Stärken innerhalb einer Aufführung liegen, kann sofort auffangen, kann darauf reagieren – dies sind ja die eigentlichen Werte eines solchen Ensembles und dessen, worin sich das Nationaltheater von Häusern unterscheidet, die nur noch Engagements zusammenstellen, um Einzelabende zu veranstalten. Hier lebt etwas, was täglich sich erneuert, in der Erfahrung bereichert und stärkt und damit die Möglichkeit zu dem bietet, was wir zu Recht Tradition nennen, und ich wünsche, daß keinerlei haarsträubende Ideen, welcher Art auch immer, an diese Struktur und an diese Kraft des Musiktheaters in Mannheim negativ heranreichen mögen.

Der *Leitung des Künstlerischen Betriebs,* also Ihnen, lieber Klaus Wendt und Ihren exzellenten Mitarbeiterinnen Kerstin Lepper und Barbara Troeger, gilt der besonders herzliche Dank des Kapitäns an seinen allerersten Offizier. Sie haben stets mit Nervenkraft, Phantasie und großem Fleiß das Gelingen unserer Theaterabende vorbereitet und gesichert – nicht nur die *Festlichen Opernabende* waren festlich; für ihre eindrucksvolle Besetzung durch Sie, lieber Herr Wendt, meinen besten Dank!

Das Nationaltheater geht nun einer neuen Rechtsform, der des Eigenbetriebs entgegen, und damit anderen Spielregeln im Umgang mit Gesetzen, Rechten und Formen. Vor allem war es unsere *Verwaltung* in diesen Jahren, die mit dieser Prozedur und zahlreichen anderen über- und außerplanmäßigen Dingen der letzten Zeit besonders schwer zu schaffen hatte. Untersuchungen, Prüfungen, Kommissionen, Sitzungen – das große »Extra«, das über vielem unserer Arbeit stand, blieb auch ihr nicht erspart. Dank Ihnen, Herr Beutling und Ihren Mitarbeitern, für die intensiven, anderen meist nicht sichtbaren, aber notwendigen begleitenden Kräfte.

Einen Gedanken von Schopenhauer abgewandelt, könnte man sagen, daß *Technik* zwar nicht alles, aber daß im Theater ohne die Technik alles nichts ist. Und so danke ich Jürgen Münte, Christian de la Rosée und allen Mitarbeitern von Technik, Werkstätten, Beleuchtung, Fahr- und Vorstellungsdiensten von Herzen. Die dazu gehörenden Abteilungen am Theater haben beigetragen, daß wir vor allem keine Bühnenunfälle hatten, und daß wir den Übergang ins sanierte Haus gut bewältigen konnten und dies unter nicht immer leichten Voraussetzungen. Ich habe das nicht immer allen so ausdrücken können, aber diese Stunde gibt gute Gelegenheit, es umso nachdrücklicher zu tun. Ich freue mich, daß alle in diesen Bereichen arbeitenden Mitarbeiterinnen und Mitarbeiter ihr Bestes gegeben haben und wünsche Ihnen allen von Herzen eine gute Zukunft!

Publikum und Theaterfreunde – Ein Mannheimer Akkord

Lassen Sie mich etwas zum Thema Publikum sagen. Viel wird heute unternommen, den sich wandelnden Bewegungen im Publikum auf den Grund zu gehen, es zu erforschen und zu befragen, und oft führt die allgemeine Finanz- und Gelddiskussion zum kurzschlüssigen und vorschnellen Schluß, daß dem vermeintlich markt- und kassenmäßig günstigsten Aspekt gefolgt werden sollte. Es ist ja das Schwierige unserer Situation, daß wir die Quadratur des Zirkels, nämlich eine materiell ertragreiche und sinnvolle Gestaltung unserer Arbeit zu sichern, mit einer Rechtfertigung verbinden müssen, die gerade aus jenen Essenzen sich speist, die nicht mit Geld zu messen sind. Und auch hier kommt »Stil von innen« – Stil eines Hauses, seine Tradition zu wahren. Es darf, glaube ich, nicht geschehen, wie es in manchen Städten geschieht oder geschehen wird, daß man aus puren materiellen Erwägungen glaubt, lebendige Theater reduzieren oder sogar wegdenken oder wegfusionieren zu sollen, um statt dessen Surrogate oder *Instants* aus gelegentlichen, geborgten Aufführungen oder gar endlosen Musicalserien zu implantieren. Das erinnert mich an eine Bemerkung von André Gide, der einmal sagte, natürlich dürfe man seiner Neigung folgen – aber immer nur aufwärts.

Der Dialog mit dem Publikum kommt im Theater sicherlich zu kurz. Dialog meint, daß man einander ernsthaft zuhört, und das ist ja nicht so leicht. Meistens haben die Theaterleute einen ganzen Abend lang das Gehör und das Publikum die Gelegenheit zum Applaus – Sie ahnen nicht, wie wesentlich der Applaus für uns ist! Manchmal hätte der Dialog, wenn es nach meinem Wunsch gegangen wäre, intensiver sein können. Ein Mal hatten wir mit den *Freunden und Förderern* einen solchen Abend, er hieß *Sie sind engagiert,* doppelsinnig, denn das Publikum ist ja auch engagiert in seiner Begeisterung und seinem Interesse für das Theater. Aber muß man nicht auch mit jenen Dialog führen, die sich vom Theater abgewandt haben, *weil* sie das Theater lieben oder *ihren* Begriff vom Theater lieben und ihn hier nicht wiederfinden? Ich nehme die Frage sehr ernst, wie unser Publikum in zehn, fünfzehn Jahren aussehen wird. Ob die Kinder von heute, die sich in Computer- und Medientechnik so fabelhaft auskennen, den Qualitätssprung in die Wirklichkeit eines Erlebnisses, eines Hier und Jetzt auch schätzen werden, und was wir dazu beitragen müssen, um einst dieses Publikum zu haben – eine Aufgabe, welche die Generationen vor uns nicht sahen, obwohl es sie ähnlich gab; sie wird ein wichtiges Thema bleiben. Und hier gibt es den wichtigen Brückenschlag durch die Existenz eines Kreises wie der *Freunde und Förderer*, denen ich sehr, sehr herzlich für die Ehre danken möchte, ihnen in der Zukunft als Ehrenmitglied angehören zu dürfen. Ich entsinne mich der ersten, noch in der Vorbereitungszeit meiner Intendanz geführten Gespräche mit Herrn Professor Hirsch-Weber und Herrn Goedecke und die daraus erwachsenden Überlegungen, die Amplitude, die Wirkungsmöglichkeit der Theaterfreunde in Zukunft vielleicht weiter zu fassen und auch neue Formen zu finden, wie die Gründung eines Beirats zu erwägen, dem Mitglieder angehören, die in exponierten, vielseitigen, unterschiedlichen Berufen wertvolle Erfahrungen von außen zur Theaterdebatte beitragen und vor allem auch der Arbeit des Theaters selbst geben können. Dies ist in den Jahren seit 1992 zunehmend gelungen. Wir haben den Gesprächen mit den Beiratsmitgliedern, den Diskussionen mit dem Vorstand als Theater sehr viel zu verdanken. Es war ein Geben und Nehmen, wie eine Symbiose, die man sich insgesamt mit dem Publikum natürlich immer

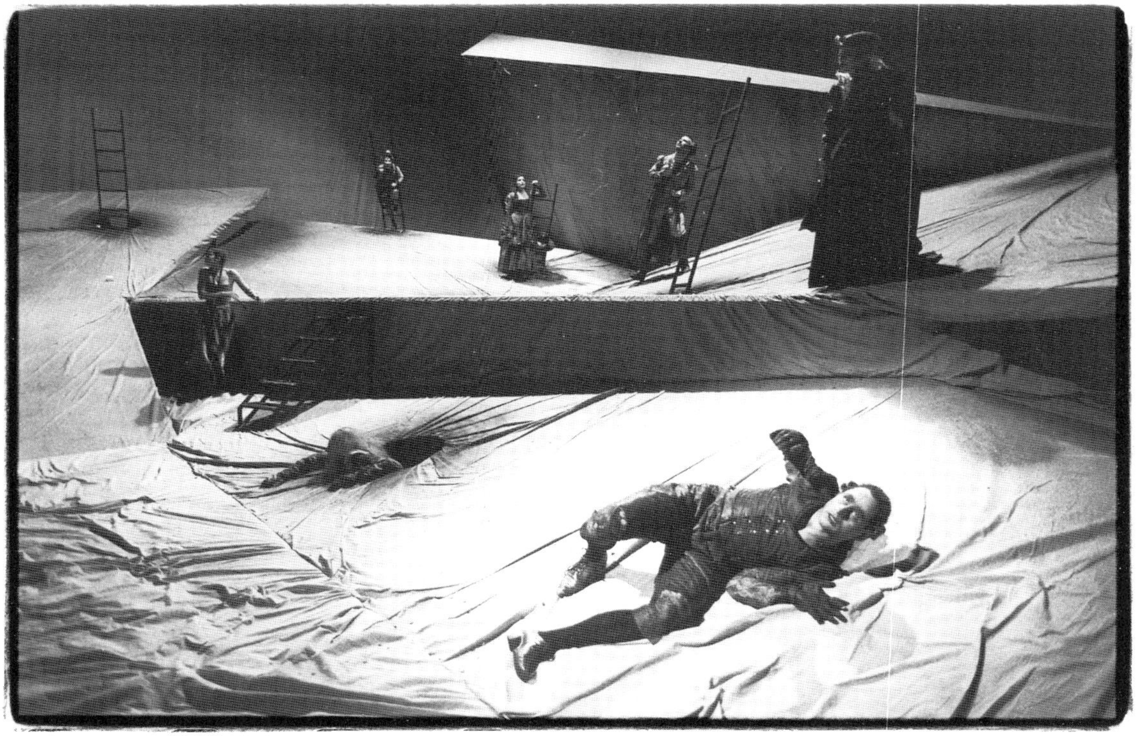

Szene aus
... Zauber der Hölle ...
Ein Schiller-Projekt
von Amélie Niermeyer, Henrik Bien und Alexander Müller-Elmau.
UA 26. Februar 1994 im Schauspielhaus *aus Anlaß der Wiedereröffnung des Nationaltheaters am* Goetheplatz *nach der Umbau- und Sanierungsphase III, Inszenierung: Amélie Niermeyer. Für die eindrucksvolle Bühnengestaltung zeichneten Alexander Müller-Elmau und Zwinki Jeannée verantwortlich. Vorne: Achim Buch (Franz [Moor]). Foto: Hans-Jörg Michel. RMM, Thslg.*

wünscht: Dialog, Kritik, Ermunterung, Hilfe. Herr Professor Weizel, Ihnen, Frau Hofmann, Herr Böhler, Ihnen, Herr Kämpgen, und den Mitgliedern des Beirats; Ihnen, Herr Dr. Rieken von der Sparkasse, die Sie alle die ganze Zeit uns ideell und materiell unterstützt haben, unser ganz, ganz herzlicher Dank und meine innigsten Wünsche für das weitere Gedeihen dieser Vereinigung!

Meine Damen und Herren, ich hatte die Wahl: entweder ein knappes, herzliches Dankeswort oder etwas mehr; ich habe mich entschieden, etwas länger zu sprechen. Das Nationaltheater ist halt sehr groß, und groß ist mein Dank. Besonderen Dank Ihnen, liebe Frau Sparn, meiner Sekretärin und Referentin: Dank Ihrer starken Nerven und Ihres guten Herzens konnte ich besser arbeiten als ich sonst hätte arbeiten können. Dank meiner Familie, Dank den Freunden und allen, den täglich sichtbaren oder weniger sichtbaren, Gesprächspartnern, mit denen ich die Dinge des Theaters voranbringen durfte oder zumindest dies versucht habe. Dank der Stadt Mannheim und unserem Publikum, daß Sie uns durch *Zauber* und *Hölle* begleitet haben.
Dank und Wunsch, daß Sie vorhaben, im Geiste des Gelingens der vergangenen Jahre weiterzugehen. Und in diesem Sinne bitte ich sehr, meinen Nachfolger, Ulrich Schwab, bei seiner Arbeit, bei seinem Beginn, auf seinem Weg zu begleiten und zu unterstützen wie mich. Ich weiß,

wie wichtig und hilfreich dies ist und wie es allen am Theater zugutekommt.

Bei diesem Abschied von Mannheim möge etwa aufsteigende Wehmut sich in dauernde Sympathie wandeln, in mitsorgende und mitfreuende.
Ich wünsche Ihnen, Herr Oberbürgermeister und der Stadt Mannheim alles, alles Gute:

Ich wünsche Ihnen *beherztes Denken* und *glückliche Hand* – und nun nehme ich meinen Koffer, in dem viel Liebe steckt.

Danke!

Der Text der Ansprache wurde für dieses Buch vom Autor überarbeitet.

Zeitzeugen: Hertha Fuchs

Liselotte Homering

Hertha Fuchs
Schauspielerin
Foto: de Selliers

In der *Hofkonditorei Kettemann* haben wir uns verabredet. Sie ist selbstverständlich bereits da, das bringt der Beruf der Schauspielerin, später Lehrerin, eben so mit sich: Hertha Fuchs, jugendliche Charakterspielerin am Nationaltheater von 1941 bis 1951.

Sie sprudelt sogleich über – zählt Namen auf, wobei es bei der Aufzählung nicht bleibt. Alle werden bildhaft charakterisiert: Willy Birgel – »der hat alles *aus dem Kasten gezogen*, aber mit großer Fertigkeit«, plaudert sie über Mannheims berühmtestes Ensemblemitglied von einst und seine textlich problematischen Beziehungen zur Institution der Souffleuse. Aber auch: »Er war ein sehr zurückhaltender, phantastischer Mann – eben ein Herr.« Ebenso gerät sie über Walter Pott ins Schwärmen: »Er war der anständigste Kollege, den ich mir vorstellen kann.« Von dem Schauspieler Friedrich Hölzlin – einem erklärten Anhänger des Nationalsozialismus – berichtet sie, daß er sich als Betriebsratsvorsitzender dennoch für gefährdete Kollegen eingesetzt habe. Von Heini Handschumacher, der bei einem Bombenangriff ums Leben gekommen sei. Von Fritz Kräger, dem Verwaltungsdirektor während des *Dritten Reiches,* einem der wenigen, die im Theater auf dem »Hitlergruß« bestanden haben. Von Albert Venohr, der bei Kriegsende wutentbrannt die Hitlerbüste aus dem Fenster des Intendanzbüros im zerstörten Nationaltheater auf den *Schillerplatz* geschleudert habe. Von Ernst Langheinz, der nicht nur als exzellenter Darsteller, besonders skurriler Rollen, sondern auch als engagierter Gegner des Nationalsozialismus Charakter bewiesen habe. Von ihren Kolleginnen: Ellen Mahlke, die zwar nicht hübsch, aber eine sehr gute Schauspielerin gewesen sei. Sie mußte wegen eines Hüftleidens ihre Karriere aufgeben. Von Nora Landerich (die eigentlich Eleonore von Unruh hieß und sich nach einem jungen Kämpfer aus Felix Dahns *Ein Kampf um Rom* Landerich genannt hat, »weil ihr der Junge so sympathisch war«), einem Theaterurgestein allererster Güte – sie und ihr Mann, der Kapellmeister Eugen Hesse: »ein verrücktes Paar!« Von Beryl Sharland – mit Bewunderung erinnert sie sich an »ihre strahlende Bühnenerscheinung von lauterem Charakter«, die bereits auf die Schauspielschülerin großen Eindruck machte, von Aimée Stadler, »die letzte Naive«, deren »außerordentliche Natürlichkeit auf der Bühne« die Menschen stets besonders für sie eingenommen habe. Außerdem war die gebürtige Wienerin eine umfassend gebildete Persönlichkeit, sprachenbegabt – »Germanistik und Anglistik hatte sie bis zum Doktorat studiert« – und immer »hilfsbereit und ohne Neid« – kurzum »sehr beliebt bei Publikum und Kollegen«. Die Freundschaft zwischen Hertha Fuchs und Aimée Stadler hat Jahrzehnte überdauert, was unter Schauspielerkolleginnen schon etwas heißen will.

Überhaupt: Auch während der Zeit des Nationalsozialismus habe ernstlich niemand den anderen am Theater gefährden wollen. Obgleich man vom einen oder der anderen wußte, daß sie unter die »strammeren Nazis oder Nazissen« zu rechnen waren. Dafür sei das Ensemble eben doch zu sehr aufeinander angewiesen gewesen. Allerdings kam der Oberspielleiter Rudolf Hammacher eines Tages einmal auf sie mit der Warnung zu, es sei aufgefallen, daß sie nie mit »Heil Hitler« grüße. Darauf Hertha Fuchs entgeistert: »*Ihnen* ist das aufgefallen?« Und Hammacher: »Nein, mir höchstens angenehm. Aber man spricht darüber. Was Sie jetzt daraus machen, ist Ihre Sache.« Rückblickend gibt sie ihre gemischten Gefühle von damals wieder, wenn sie sagt: »Ich war so verdutzt, daß ich nicht weiß, ob ich mich überhaupt bedankt habe.« Schließlich wandte sie den Hitlergruß in der lächerlich verkürzten Form »Hei'tler« stets dann an, wenn sie einem bestimmten Menschen im Theater begegnete, den sie – zu Recht oder zu Unrecht – für den vermeintlichen Schwätzer hielt.

Wenn Hertha Fuchs all diese Mosaiksteinchen ausbreitet, wird eine Zeit anschaulich, die unsereins nur aus Büchern und von Erzählungen der Eltern kennt. Sie hat die Zeit während des Krieges und die Zeit nach dem Krieg als Schauspielerin am Mannheimer Nationaltheater erlebt. Sie hat auch das alte Nationaltheater in B 3 noch in bester Erinnerung mit seinem roten Wagner-Vorhang, seiner plüschrot gepolsterten Bestuhlung, den an den Brüstungen mit roten Samthandläufen ausgestatteten Rängen und der weiß-goldenen Ausmalung. Und dann die Akustik: einfach hinreißend! – An die 1. Loge rechts erinnert sie sich besonders gut – die Loge der Frau Engelhorn – einer ungekrönten Königin nicht unähnlich –, die dort stets zu residieren pflegte. Überhaupt: Die Logen waren namentlich gemietet, außen die jeweiligen Besitzer abzulesen. Unter den Theaterleuten berüchtigt war die Miete *E* – wie sie interpretiert wurde: die Miete der »Einhändigen«, also derer, die mit Applaus stets geizten. So etwas soll es ja auch heute noch geben!

Und wie sie nun zum Theater gekommen sei? Eigentlich habe sie sich ja der Juristerei – wie ihr Vater – in die Arme werfen wollen, aber das sei für eine junge Frau damals nicht sehr aussichtsreich gewesen. Außerdem: »Studium als Tochter eines Dissidenten? Da bedeutete das Theater tatsächlich eine Alternative.« Andererseits gebe es ja gewisse Parallelen zwischen der ernsten Gerichtsbarkeit und der Schauspielkunst, so daß sie nach dem Abitur am Bayerischen Gymnasium in Ludwigshafen ihr Weg eben zur Mannheimer Schauspielschule geführt habe, obgleich sie eigentlich habe Sängerin werden wollen. Doch stand sie auf dem – wohl nicht ganz üblichen – Standpunkt, daß eine Sängerkarriere nur auf einer soliden Schauspielausbildung basieren könne. Als der damalige Mannheimer Intendant Friedrich Brandenburg eine Darstellerin für die Rolle der Schönen in Goethes *Faust* suchte, habe sie schließlich doch kurz entschlossen mit Maria Stuart vorgesprochen. Brandenburg argumentierte jedoch, sie habe schon »genau den Quetschton von der Stieler« und lehnte sie für diese kleine Rolle ab. Wohl kein gutes Zeugnis für Elisabeth Stieler – Mannheims beliebte Tragödin –, die bekannt war für ihre etwas manierierte Stimmführung, was der Zuneigung ihres Publikums allerdings kaum Abbruch tat.

Hertha Fuchs hingegen verlegte sich nun auf das Studium der Musik. Friedrich Hölzlin – ebenso wie Klaus W. Krause ihr Lehrer an der Schauspielschule des Theaters – bat sie schließlich darum, doch die Hauptrolle in einer der Schauspielstudienaufführungen zu übernehmen. Sie ließ sich breitschlagen. »Bei der Premiere vor geladenen Gästen sah mich dann der Oberspielleiter Hammacher und empfahl mich dem Intendanten, der mich zum Vorsprechen einlud und – o Wunder! – diesmal engagierte.« Wie das Leben eben so spielt! Mit nur 200.– Mark Anfangsgage stieg Hertha Fuchs gleich als »die Einspringerin vom Dienst« voll ins Geschäft ein und rettete – dank ihrer Fähigkeit, Rollen ungewöhnlich rasch lernen zu können – das Haus gar manches Mal aus prekärer Situation, wenn Kolleginnen im letzten Moment absagten. Nicht ohne Belustigung erinnert sie sich daran, daß sie auch eine ganze Reihe von eigentlichen »Bubenrollen« habe übernehmen müssen, da mancher Kollege während des Krieges eingezogen worden war. Aimée Stadler habe schon damals anläßlich eines frohen Nikolaus-Beisammenseins im Fuchsschen Elternhaus gereimt:

»Nun kommt die Hertha Fuchs / von knabenhaftem Wuchs. / Als Knabe wandelt kühne / sie oft auf Mannheims Bühne / und bricht da manches Herz ... / zu ihrem großen Schmerz, / dann kommt's von ihrer Zunge: / ›Warum denn nur als Junge? / Wißt Ihr denn nicht Bescheid, / ich bin auch nett als Maid.‹ / Wie soll man's aber fühlen, / bei Hertha, dieser Kühlen?«

Letzteres will man gar nicht glauben, bei dieser temperamentvollen und sprühenden, viel Wärme ausstrahlenden Frau in etwas vorgerückterem Alter. Daß sie andererseits »immer so der Seelenabfalleimer für alle« gewesen sei – »obwohl ich ja noch so jung war« –, nimmt man ihr gerne ab. Klug, witzig und integer, ihrem Gegenüber aufgeschlossen und zurückhaltend-neugierig zugleich – das sind Eigenschaften, die Vertrauen hervorrufen. Dies ist gewiß auch der Grund, warum sie soviel von den Kollegen und Kolleginnen weiß, wenn sie auch bewußt vieles verschweigt, was »nicht hierher gehört«. Dazu kommt ihr ausgezeichnetes Gedächtnis, über das sie schon immer verfügen konnte.

Also alles eitel Sonnenschein? Von wegen: Ernst wird Hertha Fuchs, wenn sie von den bangen Stunden während des Vor- und des Hauptalarms erzählt, die sie oft genug im Gewölbe des Theaterkellers in B 3 mit den anderen verbracht hat, oder wenn sie in den unterschiedlichsten Luftschutzbunkern Durchhalteabende des Nationaltheaters mitgestaltet hat bis zur bitteren Neige. Als Goebbels auch den Theaterbetrieb einstellen ließ, wurde sie ab 1944 als Dreherin zu Heinrich Lanz einberufen, wo sie erkrankte und schließlich ins Wirtschaftsamt in die *Werderstraße* zur Markenausgabe im Schalterdienst abkommandiert wurde, den sie freundlich und menschenwürdig zu gestalten versuchte. Immerhin: Jeden Mittwochnachmittag war dort noch immer Gelegenheit, vor gleichfalls abgestellten Kollegen und anderen Mitarbeitern Gedichtrezitationen zu veranstalten. Außerdem erinnert sie sich an eine ganz furchtbare Geschichte, die 1942 in Mannheim geschah: »Das Reichsgericht verlor 1934 die Zuständigkeit für Hoch- und Landesverrat und ähnliches. Das übernahm der Volksgerichtshof, und dieser tagte ausnahmsweise in Mannheim anläßlich eines Prozesses, der vierzehn Kommunisten [sog. Lechleiter-Gruppe] in Mannheim gemacht worden war. Einer unserer Bühnenarbeiter soll ein Verwandter eines Angeklagten [Daniel Seizinger; vgl. den Beitrag von Wilhelm Kreutz] gewesen sein. Alle (!) Angeklagten, darunter eine Frau, wurden durch das Fallbeil hingerichtet. Durch meine Bekanntschaft mit einer Rechtsanwaltsfamilie wußte ich viel von der Verhandlung im Schloß und wohnte einer solchen bei. Freisler habe ich mit dem ganzen Volksgericht erlebt! Grau – en – voll!«

Und wie ging's dann nach dem Kriegsende weiter? Die Eltern hatten alles verloren, das restliche Theaterensemble fand irgendwie wieder zueinander. *Bunte Abende* waren angesagt, die der Spielleiter Hans Becker initiiert hatte. Damit seien auch Abstecher bis an die *Bergstraße* gemacht worden – zumeist in ungeheizten Räumen, in denen man bis auf die Knochen durchfror. Walter Pott, Kurt Rackelmann, Wilhelm Trieloff, Becker selbst und dessen Frau, Paula Becker-Staufert, seien immer mit von der Partie gewesen. An eine verrückte Geschichte, die ihr Becker für solch einen Abend eigens geschrieben habe, erinnert sie sich besonders – sie zu erzählen, dauere zu lange, auch sei sie insgesamt nichts als albern gewesen, doch einen Zungenbrecher, den sie hierbei stets zu sprechen gehabt habe, müsse sie einfach loswerden – und sie sagt ihn wie aus der Pistole geschossen auf: »Hottentotten-Stottertrottel-Mutter-Attentäter-Lattengitter-Wetterkotter-Beutelratte.« Sie können's ja mal als Konzentrationsübung selbst versuchen. Freilich – hohe Ansprüche ans Theater hatte damals zunächst niemand. Die Menschen waren einfach nur dankbar, daß das Leben noch weiterging und man sich angesichts aller Zerstörung und der ungeheuren Verluste doch auch noch über etwas freuen oder amüsieren konnte. In der *Schauburg* war dann wieder alles ganz anders. Da fällt ihr aber noch eine andere Sache ein. Nicht erst heute werden Werksvorstellungen vom Theater durchgeführt – unter anderem erinnert sie sich an eine Veranstaltung um 1948, die das Nationaltheater für die Firma Sunlicht im *Rosengarten* veranstaltete. Als Abendgage gab's für jeden ein heiß begehrtes Seifenpaket!

Zum Zusammenhalt des Ensembles nach dem Krieg befragt, überlegt sie erst: Im Gegensatz zum Ensemble von B 3 sei es zwangsläufig nicht mehr so homogen gewesen, man habe sich nicht mehr so recht aufgehoben gefühlt wie im alten Haus – und dies trotz der politischen Unsicherheiten während des Nationalsozialismus. Auch habe es zunächst an diesen ausgezeichneten Schauspielerpersönlichkeiten von vor dem Krieg gemangelt. Außerdem sei schon damals der »Autoritätsbegriff« abhandengekommen, der ihrer Meinung nach beim Theater eben doch wichtig ist.

Schließlich traf sie ein persönliches Schicksal: Mitte/Ende 1950 begann sie mit Migräneanfällen, die mit Sprachstörungen und einem Flimmerskotom einhergingen, zu kämpfen, für die keiner die Ursache herausfinden konnte. Die Karriere endete abrupt. Heute – da schon lange wieder alles mit viel Mühen überstanden ist –, zitiert sie fröhlich Josef Kainz, der irgendwann einmal gesagt haben soll: »Theater spielen ist sehr schön, aber nur für junge Leut'!« Also sattelte sie um und absolvierte eine Ausbildung zur Schulmusikerin. »Ich bin so glücklich in diesem Beruf geworden!« Und das Theater? Vermißt man das denn nicht doch? In Würzburg, wo Hertha Fuchs schon lange lebt, hat sie sich zwar sehr fürs Schultheater eingesetzt, aber ins Stadttheater gehe sie eigentlich fast nie. Irgendwie stören sie immer die »nackerten Weiber« auf der Bühne. Da sei sie halt altmodisch. Sonst aber ganz und gar nicht. Leidenschaftlich gerne besucht sie Ausstellungen mit zeitgenössischer Kunst und interessiert sich brennend für das Weltgeschehen. Und sie reist viel. Natürlich liest sie regelmäßig Theaterrezensionen in der Zeitung, einfach um auf dem laufenden zu bleiben. Aber sie werde das Gefühl nicht los, daß die »Regisseure früher mehr Ehrfurcht vor den Autoren gehabt und weniger dem Zeitsinn gehuldigt« hätten. Vielleicht würden die Stücke heute auch einfach von all den vielen Symbolen, die die Regisseure aus ihrem eigenen Erfahrungsbereich den Werken überstülpen, erdrückt und der Zuschauer mit ihnen. Ob sie denn nie Lust verspürt habe, selbst Regie zu führen? »Du lieber Himmel, nein, ich hätte immer Angst gehabt, daß am Ende lauter ›Füchse‹ da oben auf der Bühne stehen!«

Theater als Identifikationsfaktor einer Stadt

Ulrich Schwab

Unter dem Motto
Leinen los!
präsentierte sich das Nationaltheatergebäude zum Saisonauftakt am 22. September 1996 als kulturelles Flaggschiff der Stadt Mannheim.
Foto: Hans-Jörg Michel. RMM, Thslg.

Der 1. September 1996 markiert einen besonderen Einschnitt in der bis zu diesem Zeitpunkt beinahe 218 Jahre dauernden Geschichte des Mannheimer Nationaltheaters. Am 1. September 1778 als kurfürstliches *Teutsches Theatre* gegründet (Walter 1899/1, S. 44), wurde es nach 61 Jahren unmittelbarer Abhängigkeit zunächst vom kurpfälzischen und seit 1803 vom badischen Staat bereits 1839 – also sehr viel früher als die meisten heutigen »Stadttheater« – der Administration der Stadt Mannheim unterstellt. Seither war das Nationaltheater fest in die Kommunalverwaltung eingebunden und ihren Gesetzmäßigkeiten unterworfen. Als »Regiebetrieb« wurde es wie ein städtisches Amt geführt. Durch Beschluß des Gemeinderates ist das Nationaltheater mit Beginn der Spielzeit 1996/97 in einen »Eigenbetrieb« umgewandelt worden. Zwar wird es nach wie vor stadtverwaltungsintern – und zum Grauen der Theaterleute – als »Amt 42« bezeichnet, doch ist es erstmals in seiner Geschichte in eine großenteils wirtschaftliche Selbständigkeit entlassen worden. Welche Folgen hat dies für das Theater und sein Publikum?

Theater – künstlerischer Produktions- und Dienstleistungsbetrieb

Der entscheidend neue Denkansatz ist, daß die Organisations- und Betriebsabläufe des Theaters nicht mehr nach den Grundsätzen der kameralistischen Haushaltsführung, die vielleicht für ein Einwohnermeldeamt noch funktionieren mögen, lediglich »verwaltet« werden und damit einer nur schwer steuerbaren Eigen- und Kostendynamik überlassen bleiben, sondern daß sich Theater als ein hochkomplexer künstlerischer Produktions- und Dienstleistungsbetrieb definiert, den es zur Qualitätsoptimierung seiner künstlerischen Produkte und Dienstleistungen unternehmerisch zu führen gilt.

Schon die Verwendung einer solchen betriebswirtschaftlichen Terminologie stößt im Zusammenhang mit einer Kulturinstitution auf emotionale Widerstände – als verletze sie ein Tabu.
Warum?

In unseren Köpfen, vor allem in denen von Feuilleton-Redakteuren und Bildungsbürgern, spukt noch immer das in der Spätromantik des ausgehenden 19. Jahrhunderts geprägte Klischee der »Spitzweg-Idylle« vom liebenswerten, aber notwendigerweise armen Poeten. Es hat unseren Kunst- und Kulturbegriff so nachhaltig geprägt, daß eine Verbindung von Kunst und Kommerz noch immer als unvereinbarer Widerspruch empfunden wird: Ein großer Künstler kann, ja darf kein guter Kaufmann sein – und umgekehrt.

Dabei geht die künstlerische Entwicklung eines Malers, Dichters oder Komponisten, eines Schauspielers, Sängers oder Regisseurs, aber auch eines Kulturbetriebes (sofern man hier von künstlerischer Entwicklung sprechen kann) in aller Regel Hand in Hand mit der Entwicklung seines »Marktwertes«. Während dieser Sachverhalt in den angelsächsischen Ländern, aber auch in Frankreich und Italien, anerkannt und ganz unbefangen verhandelt wird, ist im deutschen Sprachgebrauch die Kommerzialisierung von Kunst eine *contradictio in adjecto*, weil in Deutschland der Begriff »Kommerzialisierung« den Verrat aller hehren Ziele von Kunstausübung zu implizieren scheint.

Die Umsetzung betriebs- und marktwirtschaftlicher Prinzipien bei der Führung unserer großen Kulturbetriebe ist angesichts immer leerer werdender öffentlicher Kassen – und alle Zeichen sprechen dafür, daß wir hier erst am Anfang einer immer restriktiver werdenden Entwicklung angelangt sind – das Gebot der Stunde. Vom Intellekt her wird dies jedermann nachvollziehen können. Emotional stößt diese Erkenntnis jedoch nach wie vor auf allergrößte Widerstände.

Hier liegt das Dilemma: Es ist ein doppeltes, denn Künstler und Publikum empfinden ähnlich. Unserer Sehnsucht nach kreativen Freiräumen und dem existentiellen Bedürfnis, uns in diesen Bereichen der Phantasie zu verwirklichen, an diesen schöpferischen Prozessen teilzuhaben, steht die Angst gegenüber, daß diese letzten Zufluchtsorte für Theaterleute und Zuschauer durch kommerzielle Einflüsse auch noch verlorengehen. Wenn es aber nicht gelingt, diese tief verwurzelten Berührungsängste abzubauen, werden so große Kultureinrichtungen wie unsere Theater nicht überleben. Allerdings dürfen wir nicht nur rational argumentieren, sondern müssen sinnlich erfahrbar machen, daß sich Kunst und Kommerz nicht notwendigerweise ausschließen, sondern daß statt der bisher praktizierten Mangelverwaltung letztlich nur unternehmerisches Denken und Handeln Spiel- und Freiräume für Kunstschaffen und erhalten können.

Wie aber lassen sich solch komplizierte Sachverhalte, zumal sie unserem vorherrschend romantisch idealisierenden Kulturverständnis widersprechen, »sinnlich erfahrbar« machen?

Die kommunikative Kraft des Theaters

Der Rechtsträger des Eigenbetriebs Nationaltheater, die Stadt Mannheim, hat hierzu ein Vehikel geschaffen, das in der Eigenbetriebssatzung des Theaters als Unternehmensziel vorgegeben wurde: Neben der inhaltlich noch sehr ergänzungsbedürftigen Zielvorstellung, die Aufgabe des Theaters bestehe in der »Pflege und Förderung der darstellenden Künste«, ist als Unternehmensziel die »Förderung der Kommunikation unter der Bevölkerung und deren Identität mit der Stadt Mannheim und ihrer Region« definiert.

Die kommunikative Kraft von Theater erhält in diesem Zusammenhang eine neue Dimension. Bevor sie eingesetzt wird, Unternehmensziele des Theaters zu erreichen, muß sie dessen Überleben sichern: Im ständigen Kontakt mit dem Publikum, im praktizierten positiven Miteinander von Kunst und Kommerz muß es gelingen, bestehenden Vorurteilen zu begegnen und den Nachweis zu erbringen,

- daß betriebswirtschaftliche Denk- und Organisationsstrukturen die Freiheit der Kunst nicht beschränken, sondern gewährleisten helfen,
- daß zum Beispiel das Instrumentarium einer kaufmännischen Buchhaltung mit Kostenstellen- und Kostenträgerrechnung künstlerische Gestaltungsmöglichkeiten nicht einengt, sondern die dadurch erreichte Kostentransparenz verschüttete Ressourcen aufdeckt und damit Kreativität erst möglich macht,
- daß die Zusammenarbeit mit Sponsoren keine künstlerische Abhängigkeit von diesen zur Folge haben muß, sondern Spielräume für Phantasie finanziert, und nicht zuletzt,
- daß die Einsicht, steigende Kosten durch steigende Einnahmen – und sei es durch höhere Eintrittspreise – erwirtschaften zu müssen, keine Auswirkung auf die Qualität der Aufführungen hat, sondern diese erst sicherstellt.

Es ist nicht lange her, da haben wir Theatermacher aus Angst, die Rechtsträger könnten über ihre Finanzierung Einfluß auf unsere Spielplangestaltung nehmen, einen dichten Nebel über die wirtschaftlichen Verhältnisse unserer Theater gebreitet und so viele Jahre Versuche der Politiker, im Theaterbereich größere Einsparungen vorzunehmen, meist erfolgreich abgewehrt.

Das Argument war und ist heute noch, angesichts größtenteils unveränderbarer Personalfixkosten für Verwaltung und Technik müßten sich alle Einsparungsbemühungen auf den einzig flexiblen, den künstlerischen Bereich auswirken. Und in der Tat haben sich in der Vergangenheit Zuschußkürzungen meist ausschließlich auf den künstlerischen Personal- und Produktionskostenbereich ausgewirkt, bis hin zur Schließung ganzer Sparten. Der »Apparat« Verwaltung und Technik dagegen blieb mit wenigen Ausnahmen von Kürzungen verschont. Mehr noch: Infolge unabweislicher Tariferhöhungen stiegen diese angeblich nicht beeinflußbaren Kosten von Jahr zu Jahr immer höher. Mangels eines ausreichenden kostenrechnenden Instrumentariums weiß auch heute kaum eine Theaterleitung, welche Kosten konkret welchen Aufführungen zuzurechnen sind.
So können in aller Regel weder die Personalkosten der Werkstätten, noch die der Bühnentechnik für die Auf-, Ab- und Umbauten einer Inszenierung während der Proben und Vorstellungen der jeweiligen Produktion zugeordnet werden.
Und doch macht gerade dieser Komplex den

größten Teil der Produktionskosten aus, während die immer wieder heiß diskutierten Ausstattungssachkosten, die deutlich weniger als zwei Prozent des Gesamtbudgets betragen, nahezu vernachlässigt werden können.

Da in den letzten Jahrzehnten die in den Theatern vorgehaltene Infrastruktur mit Ausstattungswerkstätten und Bühnentechnik als »ohnehin vorhanden« und bezüglich der Kosten als »nicht beeinflußbar« definiert wurde, ist dieser gesamte Bereich für die Produzenten zu einer Art Selbstbedienungsladen geworden. Dies trieb den Aufwand und damit notwendigerweise die Kosten noch weiter in die Höhe.

Erst in jüngster Zeit, seit die Rechtsträger der Theater – in aller Regel die Städte und Länder –, unter dem Schock immer größer werdender Einnahmeausfälle stehend, anfingen, sogenannte freiwillige Leistungen auf den Prüfstand zu stellen, rückten die Kulturetats – und hier besonders die Zuschüsse für die Theater – neu ins Blickfeld. Da bundesweit in allen Kulturhaushalten die Theateretats den weitaus größten Zuschußbedarf auslösen, schienen hier die größten Einsparpotentiale zu liegen.

Weil sich die Theaterleitungen aber mangels ausreichender Kostentransparenz meist außerstande sahen, konkrete Einsparvorschläge zu machen, wurden die Theaterzuschüsse, landauf landab in unterschiedlichen Größenordnungen pauschal gekürzt. Regelmäßig war dieser Vorgang mit einer für öffentliche Verwaltungen leider üblichen undifferenzierten Stellenwiederbesetzungssperre verbunden.

Generelle Wiederbesetzungssperren können selbst im städtischen Verwaltungsablauf zu großen Problemen führen. In einem so komplizierten Produktionsbetrieb wie dem Theater mit unzähligen kleinen Abteilungen, die alle mit Spezialisten besetzt sein müssen, kann diese Rasenmähermethode zum Erliegen des Theaterbetriebs führen. Ähnliches gilt für pauschale Kürzungen, gleichgültig, ob sie in prozentualen Kürzungsquoten oder in festgelegten Millionenbeträgen erfolgen. Die Theatermacher in Deutschland traf diese Situation ganz unvorbereitet. Statt rechtzeitig eine Strategie entwickelt zu haben, wie die ständig eskalierenden Kosten – auch gegenüber den Politikern – transparent und erst dadurch begrenzbar gemacht werden können, hatte man sich in Vernebelungstaktik geübt und wurde jetzt deren Opfer. Opfer wurden vor allem die Theater selbst.

Da man sich aufgrund vorgegebener Vertragsstrukturen des öffentlichen Dienstes außerstande sah, kurzfristig den »Apparat«, also den größten Teil der laufenden Personalkosten, zu reduzieren, wurde die künstlerische Produktion eingeschränkt. Dies führte in der deutschen Theaterlandschaft zu fatalen Folgen: Die Bandbreite reicht hier von radikaler Reduzierung der Vorstellungszahlen über die Streichung von Neuproduktionen bis hin zur Schließung ganzer Sparten. Insbesondere das Ballett als dritte Sparte von Mehrspartentheatern wurde und wird immer häufiger zur Disposition gestellt.

Finanzielle Planungssicherheit ermöglicht langfristige Disposition

Für das Nationaltheater trifft diese Zustandsbeschreibung in vollem Umfang zu, und doch ist die Mannheimer Theatersituation im Vergleich zu anderen Theaterstädten einzigartig. Auch hier war in den vergangenen zehn Jahren der Zuschußbedarf für das Theater von Jahr zu Jahr überproportional gestiegen, und auch hier konnte dem berechtigten Verlangen der verantwortlichen

Kommunalpolitiker nach mehr Transparenz mangels eines ausreichenden Instrumentariums nicht Rechnung getragen werden. Im Jahr 1992 beschloß der Gemeinderat mit den Stimmen aller Fraktionen, den städtischen Zuschuß für das Nationaltheater in den nächsten Jahren auf vierzig Millionen DM zu begrenzen. Bei gleichzeitiger »Deckelung«, das heißt bei Festschreibung der Landeszuschüsse, hätte dies angesichts der jährlichen Tarif- und sonstigen Kostensteigerungen den existenzbedrohenden, das Theater in seinem Selbstverständnis zerstörenden Qualitätsabbau bei Oper und Schauspiel bedeutet – und schließlich das Ende der beiden Sparten Ballett sowie Kinder- und Jugendtheater.

Daß es hierzu nicht kam, ist ausschließlich dem Stellenwert des Theaters in der Stadt und der einmütigen Haltung der Mannheimer Bevölkerung zu verdanken, die ihren Politikern quer durch alle Parteien signalisierte, daß sie eine Beschädigung »ihres« Nationaltheaters nicht hinnehmen und bei den nächsten Gemeinderatswahlen entsprechend reagieren werde (vgl. auch *Chronologie*). Gleichzeitig war es der Stadt- und der Theaterverwaltung gelungen, die Voraussetzungen für die Umstellung des Regiebetriebs in einen Eigenbetrieb zu schaffen. Damit konnte dem berechtigten Anliegen des Gemeindeparlaments nach mehr Transparenz entsprochen werden. In einer langen Nachtsitzung am 19. Juni 1996 einigten sich schließlich die Vorsitzenden der drei im Mannheimer Gemeinderat vertretenen Fraktionen nach heftigem Ringen mit der Theaterleitung auf einen Kompromiß: den städtischen Zuschuß für das Nationaltheater für die nächsten fünf Jahre auf wenigstens 46,5 Millionen DM festzuschreiben. Auf diese Weise gelang es der Stadt erstmals, den in den vergangenen Jahren ständig eskalierenden Zuschußbedarf des Theaters weit unter der hochgerechneten Kostenentwicklung zu halten bzw. einzufrieren. Somit konnte sie unabhängig von jeder Tarif- sowie sonstigen Kostensteigerung eine feste Größe für den Theaterzuschuß einplanen. Für das Theater hat diese Vereinbarung mit den Repräsentanten des Stadtparlaments die Konsequenz, nicht nur erhebliche Kürzungen akzeptieren und kurzfristig auf eine Reihe wichtiger künstlerischer Vorhaben verzichten, sondern darüber hinaus in den kommenden fünf Jahren sämtliche Tarif- und sonstige Kostensteigerungen erwirtschaften zu müssen.

Andererseits kann das »Unternehmen Nationaltheater« jetzt bis zum Jahr 2001, selbst wenn die Zeiten für die Stadt schwerer und das Geld noch knapper werden sollten, von einer verbindlichen Planungsgröße ausgehen und somit – zumindest was die Zuschüsse der Stadt anbelangt – langfristige Dispositionen treffen. Für das Klima in der Stadt bedeutet dies, daß an die Stelle der ständigen Querelen und negativen Schlagzeilen um Haushaltsüberschreitungen und angebliche Mißwirtschaft im Theater eine zuverlässige Partnerschaft treten und die meist unproduktive Finanzdiskussion einer neuen Aufmerksamkeit gegenüber den künstlerischen Inhalten des Nationaltheaters weichen kann.

Da die Mannheimer ihr Nationaltheater lieben wollen, wird die zum Teil verständliche Skepsis gegenüber dem in der Vergangenheit oft kritisierten Geschäftsgebaren der Theaterleute und die dadurch entstandene Distanz zwischen Bevölkerung und Theater einer verstärkten Akzeptanz Platz machen können. Die ersten Schritte hierzu sind bereits getan. In nur wenigen Wochen ist es gelungen, die kameralistische Haushaltsführung des Regiebetriebs auf eine kaufmännische Buchführung mit Kostenstellen- und Kostenträgerrechnung umzustellen und damit die Voraussetzungen für einen fristgerechten Start des Eigenbetriebs zu schaffen. Gleichzeitig sind damit die Bedingungen für ein zeitnahes Berichtswesen und die dadurch erst mögliche Kostentransparenz erfüllt. Eine dezentrale Ressourcenverantwortlichkeit und damit verbunden erstmalig die Zuordnung von Kosten und Erträgen auf die neuen Kostenstellen »Oper«, »Schauspiel«, »Ballett« und »Schnawwl« werden völlig neue Erkenntnisse über Kosten- und Leistungsverhältnisse sowie eine neue Planungssicherheit ermöglichen.

Die Verantwortlichkeit der vier Spartendirektoren gegenüber dem Generalintendanten für die ihnen zugeteilten Budgets, kombiniert mit einer täglich abrufbaren Einnahme- und Kostenkontrolle, hat schon in kurzer Zeit ein verändertes Bewußtsein gegenüber wirtschaftlichen Notwendigkeiten geschaffen und einen nahezu sportiven Ehrgeiz geweckt, das jeweils vorgegebene Einnahmesoll zu erreichen und im Rahmen des budgetierten Ausgabeansatzes zu bleiben.

Eine Vielzahl neuer Aktivitäten – beispielsweise die Öffnung der traditionsreichen *Schillerbühne* für eine Broadway-Musical-Produktion, die über 20 000 Besucher ins Nationaltheater gezogen hat, eine Partnerschaftsaktion mit Mannheimer Wirtschaftsunternehmen, unzählige Werbeveranstaltungen in Stadt und Umland, die Verwandlung der Theaterfassade in die eines Luxus-Dampfers

Das Nationaltheater versucht immer wieder, sein Publikum auch außerhalb des Hauses am Goetheplatz *anzusprechen, wie hier beispielsweise 1996 mit einer Ballettvorführung auf der großen Terrasse des Stadthauses in N 1. Foto: Frank Heller. RMM, Thslg.*

und ein turbulenter Stapellauf zu Beginn der Spielzeit 1996/97 mit über 7000 Gästen »an Bord« (vgl. Abbildung S. 244), die teilweise Umnutzung der Kassenhalle als Café, jeden Sonntag »Brunch im Foyer« mit Matinee-Programmen verschiedenster Couleur, Familiengesprächskonzerte und nicht zuletzt das Jugendprojekt »enter«, das innerhalb von zwei Jahren jedes Mannheimer Kind achtmal ins Theater führen soll – haben den jungen Eigenbetrieb Nationaltheater innerhalb kürzester Zeit mit einer Vehemenz in das Bewußtsein der Stadtöffentlichkeit gerückt, daß sich mancher besorgt fragte, ob bei soviel »Geschäftigkeit« die eigentliche künstlerische Zielsetzung des Theaters nicht verlorengehe.

Zugegeben, dreißig Premieren, ein Spielplan mit über sechzig Stücken und insgesamt etwa 1000 Veranstaltungen in der ersten Spielzeit sagen nur etwas über die Quantität und nicht unbedingt etwas über die Qualität dieser Zielsetzung aus.

Programmheft zu dem Broadway-Musical 42nd Street *von Al Dubin und Harry Warren, mit dem das* Opernhaus *des Nationaltheaters während der Sommerferien vom 15. August bis zum 7. September 1996 bespielt wurde. Reprofoto: Jean Christen. RMM, Thslg.*

Aber bereits die ersten fünfzehn Premieren in nur zehn Wochen und die dadurch in der Stadt ausgelösten Diskussionen haben selbst die Skeptiker überzeugt, wie sehr die Vitalität eines unternehmerisch geführten Theaters Anspruch und Qualität von Theaterarbeit befördern kann.

Die Quadratur des Kreises

Und doch bleibt noch viel zu tun. Damit das Nationaltheater bei Aufrechterhaltung oder sogar noch einer Steigerung der von ihm erwarteten künstlerischen Qualität in den Jahren 1996 bis 2001 seinen Wirtschaftsplan einhalten kann – und das ist die selbstverständliche Voraussetzung für seine Rolle als zuverlässiger Partner –, müssen von allen Beteiligten noch große Anstrengungen und Opfer erbracht werden.

In erster Linie muß den künstlerisch Verantwortlichen nahezu die Quadratur des Kreises gelingen: Sie müssen ihren künstlerischen Auftrag erfüllen und gutes, das heißt attraktives und zugleich anspruchsvolles Theater machen.

Die Verwaltung muß zu neuen, sehr viel effizienteren Organisations- und Managementstrukturen finden. Den Kollegen von der Technik muß eine neue Flexibilisierung der Arbeitszeiten und ein oft schmerzlicher Verzicht auf tradierte Besitzstände zugemutet werden. Das Publikum schließlich muß akzeptieren, daß der Theaterbesucher über die Eintrittspreise zumindest einen angemessenen Eigenanteil an den entstehenden Kosten finanzieren muß, wenn der Bestand des Nationaltheaters in seiner jetzigen Qualität gesichert bleiben soll.

Damit schließt sich der Kreis. Die Identifikation der Mannheimer Bevölkerung mit ihrem Nationaltheater hat dieses zu dem gemacht, was es heute ist. Sie hat die Politiker vor gravierenden Fehlentscheidungen bewahrt. Jetzt fordert das Theater über die emotionale Unterstützung hinaus von jedem seiner Besucher einen finanziellen Einsatz, der nicht unwesentlich das übersteigt, was er bisher zu leisten bereit war.

Der auf uns Theaterleuten lastende Erwartungsdruck wird dadurch immer größer, denn wir müssen im Gegenzug nicht nur die Stimmigkeit des Preis-Leistungs-Verhältnisses nachweisen, sondern auch den emotional kommunikativen Wert eines Theaterabends so im Bewußtsein unserer Besucher verankern, daß er für sie unverzichtbar wird. Insofern ist die Programmvielfalt eines Theaterspielplans sehr wohl ein Qualitätsmaßstab, indem sich das Theater auch über die Quantität attraktiver Veranstaltungen als kommunikativer Mittelpunkt seiner Region definiert.

Sich treffen, sich begegnen, miteinander zu kommunizieren, heißt, sich mit seiner Umgebung identifizieren. Die Identifikation der Mannheimer mit ihrem Nationaltheater hat der *Schillerbühne* in ihrer über 200jährigen Geschichte schon oft das Überleben gesichert. Diese Tradition strahlt zurück und trägt so zu einer Identifikation der Bevölkerung mit ihrem unmittelbaren Lebensbereich bei und damit wesentlich zur Lebensqualität in Mannheim. Das Theater muß sich darüber hinaus wieder ein deutlicheres und unverwechselbares künstlerisches Profil schaffen und sich mehr als bisher als Forum für die Menschen dieser Stadt und deren Fragen verstehen. Das ist unser Ziel.

Zeitzeugen: Edith Jaeger

Liselotte Homering

Edith Jaeger
Opernsängerin
Koloratursopranistin
Foto: privat

Gleich eingangs unseres Gespräches überrascht sie mit den Worten, daß sie nicht mehr von Mannheim fort und daß sie sicher in Mannheim begraben sein wolle, denn hier haben ebenso wie ihre Mutter ihre beiden Ehemänner ihre letzte Ruhe gefunden. »Ganz abgesehen davon, daß ich auch sonst sehr an Mannheim hänge, weil das Publikum hier einmalig ist und war.« Obwohl sie einschränkend hinzufügt, daß die Menschen in Mannheim früher applaudierfreudiger gewesen seien als heute. Wie oft durften sich die Sänger und Sängerinnen nach – zugegeben – großartigen Repertoireaufführungen noch vor dem bereits herabgelassenen Eisernen Vorhang beim begeistert Beifall spendenden Publikum bedanken. Da sie bis heute ständige Besucherin des *Opernhauses* ist, kann sie vergleichen, und es stimmt sie ein wenig traurig, daß das Publikum dem hauseigenen Ensemble gegenüber zurückhaltender reagiert als noch zu ihrer Zeit, denn »Applaus, das ist ja das Brot des Künstlers...«

Eigentlich habe sie Tänzerin werden wollen, als Kind sei sie sehr zierlich gewesen, »was man heute nicht mehr behaupten kann«, fügt Edith Jaeger schelmisch hinzu. In ihrer Heimatstadt Stuttgart habe sie bereits als kleines Mädchen zu den Klängen der Militärkapelle, die regelmäßig Platzkonzerte im Park gegeben hat, zur Begeisterung der Umstehenden kleine Tanzeinlagen dargeboten. Doch auch ihre später so beeindruckende schauspielerische Seite war schon in ihren Kindertagen ausgeprägt, wenn sie der Großmutter und ihrer Mutter, von einem Pfarrerstalar umwallt, Bußpredigten hielt! »So etwas muß in einem stecken, man kann's nicht lernen, man muß es haben, und dann muß es aufgebaut werden, von den jeweiligen Professoren oder von Regisseuren.«

Ihre Eltern waren beide ausgesprochen musikalisch veranlagt, die von Edith Jaeger noch immer sehr verehrte Mutter vielleicht sogar mehr als der Vater, der zwar mit einem wunderschönen Tenor begabt war, doch hatten die Großeltern darauf bestanden, daß er »was G'scheit's« lernen sollte. Also wurde er Direktor der *Allgemeinen Transportgesellschaft Stuttgart* (ATEGE)! Immerhin mußte Edith Jaeger keine allzugroßen Kämpfe mit den Eltern bestehen, als sie schließlich offenbarte, Opernsängerin werden zu wollen.

Ihre Ausbildung erhielt Edith Jaeger an der Staatlichen Hochschule für Musik in Stuttgart bei den Professoren Johannes Willy und Else Sihler sowie an der Opernschule bei Fritz Windgassen, dem Vater des berühmten Tenors Wolfgang Windgassen. Die Mutter riet ihr, unbedingt auch Klavier spielen zu lernen, was ihr bis heute zugute gekommen ist. Ihr erstes Engagement hatte sie 1942/43 am *Reußischen Theater* in Gera. Antrittsrolle – wie kann es anders sein: Königin der Nacht in Mozarts *Zauberflöte*. Dort lernte sie übrigens bereits den Dirigenten Karl Fischer kennen, der später in Mannheim einer ihrer Ersten Kapellmeister war. Eigentlich sollte sie kurz darauf nach Düsseldorf engagiert werden, »aber da war so viel Fliegeralarm«, so daß man ihr riet, ein Engagement im ostpreußischen Königsberg anzunehmen, wo es zum damaligen Zeitpunkt noch vergleichsweise ruhig zuging, was sich allerdings rasch änderte. Regisseur in Königsberg war übrigens Günther Rennert – »also, ich war in besten Händen, in Königsberg.« Schließlich jedoch erging es ihr wie sehr vielen anderen auch: Die Wohnung brannte aus, die ganze Einrichtung – auch ihr Flügel – wurde zerstört, sie selbst ging mit einem Koffer, der immerhin ein Goldlamékleid enthielt, auf die Flucht. Vier bis fünf Tage benötigte sie mit der Bahn aus dem brennenden Königsberg nach Stuttgart. Noch wie heute erinnert sie sich an schauerliche Szenen unterwegs: wie tote Kinder aus dem Zug herausgeworfen wurden, wie man während des Bombenalarms in Unterführungen Schutz suchte, wie Bomben auf die Geleise abgeworfen wurden und vieles mehr, von dem sie lieber schweigt. »Ich habe weder weinen noch lachen können. Ich war wie Stein. Ich wünsche es niemals unserer Jugend, daß sie je so etwas erleben muß.«

In Stuttgart angekommen, wurde sie sofort in einen Rüstungsbetrieb, eine Fallschirmfabrik, abkommandiert, denn »wer nicht in der Rüstung arbeitete, hat auch seine Gage nicht weiter erhalten. Ich mußte meinen Königsberger Vertrag vorweisen und bekam so vom Staat eine Bezahlung für meine Arbeit in der Fabrik.« Natürlich blieb auch ihre künstlerische Begabung nicht ungenutzt: Mit Kammersänger Max Roth vom Stuttgarter Staatstheater ging sie auf »Wehrmachtstournee«.

Als der Krieg schließlich vorbei war, mußte es freilich auch irgendwie weitergehen. Gelegenheit zum künstlerischen Überleben boten die amerikanischen Clubs – »also nicht als Mädchenware, sondern als Sängerin«, betont Edith Jaeger. In diesen Clubs gab es künstlerische Darbietungen von Artisten, Varieté- und Theaterkünstlern. Wohl eher als Zufall, denn als weise Voraussicht zu bezeichnen ist die Tatsache, daß Edith Jaeger in ihr Brahms-Liederbuch Nr. 1, das neben besagtem Abendkleid in ihrem »Fliehkoffer« eingepackt war, zwei amerikanische Songs eingeklebt hatte: *Long ago and far away* und *Sweetheart* –, die ihr nun zustatten kamen. Lachend erinnert sie sich, als sie kurzsichtig wie eine Eule (aus Eitelkeit trug sie keine Brille) in ihrem todschicken Goldlamékleid (»ich wog gerade einmal 92 Pfund!«) im Stuttgarter Staatstheater auf der Bühne stand und sang, bis das Publikum pfeifend applaudierte. Sie war völlig konsterniert, da sie damals noch nicht wußte, daß die amerikanischen Soldaten mit Pfiffen ihre Begeisterung zu unterstreichen pflegten. Erst als ihr hinter der Bühne ein Offizier ins Ohr zischte: »Go out once more, you're very good«, wurde ihr bewußt, daß sie ihr Publikum gewonnen hatte.

Selbstverständlich konnten die Clubs nicht die Endstation für eine Künstlerin vom Format der Edith Jaeger bedeuten. So knüpfte sie Kontakt zum Münchener Staatskapellmeister und späteren Stuttgarter Intendanten Bertil Wetzelsberger, der sie nach Frankfurt empfahl, da die dortige Fachinhaberin als ehemalige »PG« (Parteigenossin) nicht mehr auftreten durfte. Ihre Antrittsrolle war sogleich die *Figaro*-Susanna, der viele ihrer Fachpartien folgten – zunächst noch in der alten Börse und später im Schauspielhaus, unter anderen mit Georg Solti und Hermann Scherchen – Spezialist für zeitgenössisches Musiktheater – am Pult. In Frankfurt sang sie sogar die Maddalena de Coigny in Umberto Giordanos großer Verismo-Oper *André Chenier* – zwar keine Partie für einen Koloratursopran – »aber ich hatte ja die Dramatik.« Wie sie immer und immer wieder vor allem auch in ihren »Leib- und Seele«-Partien Königin der Nacht und Violetta Valery in *La Traviata* über Jahre hinweg unter Beweis stellte.

Von der Spielzeit 1946/47 an wurde sie ans Landestheater Darmstadt engagiert und sang dort unter Musikdirektor Karl-Mathieu Lange die Zerbinetta in Strauss' *Ariadne auf Naxos,* die Konstanze in Mozarts *Entführung aus dem Serail,* die Gilda im *Rigoletto* und alle Rollen, die ihr Fach hergab. Zugute kam ihr stets ihre Fähigkeit, Partien rasch lernen zu können. »Schrecklich sind immer nur Arien, in denen kleine Veränderungen vorkommen.« Aber dafür hatte sie im Lauf der Jahre eine probate Methode entwickelt: »Man muß sich ein bestimmtes Spiel zurechtlegen, an das man sich bei der jeweils musikalisch veränderten Stelle halten kann«, verrät sie.

Schließlich gastierte sie auch einmal in Mannheim, und zwar 1950 als Rosalinde in einer Silvesteraufführung der *Fledermaus.* Bei der Probe während des *Csardas* klopfte der unvergessene Mannheimer Generalmusikdirektor Eugen Szenkar plötzlich ab, die Jaeger stutzte und hörte den Orchesterchef von unten mit deutlich ungarischem Akzent rufen: »Das singen Sie aber schon sährr schöön!.« – »So kam ich also nach Mannheim« – vier Jahre später war das. »Und dann ging's los in der *Schauburg.* Da haben wir viel Atmosphäre gehabt auf der Bühne, die wir anfangs im *Großen Haus* eigentlich vermißt haben, vielleicht lag das an der großen Entfernung zwischen Bühne und Publikum. Irgendwie war auch die Begeisterung des Publikums vorher größer, weil man so kurz nach dem Krieg überhaupt wieder ein Theater hatte.« Mit Grauen allerdings denkt sie an die schrecklichen Toilettenzustände in der *Schauburg* zurück, ebenso mit Schaudern an die regelrechten Kletterpartien, die man hinter sich bringen mußte, um auf die Bühne zu gelangen. Aber alle haben das in Kauf genommen, denn jeder war ja glücklich, überhaupt wieder in der Oper singen zu dürfen. Und sie sang, sang alles, was »gut und teuer« war: nicht nur die Königin der Nacht, auch Lucia di Lammermoor, auch Zeitgenössisches und immer wieder die Traviata, mit der sie die Mannheimer zu Stürmen der Begeisterung hinriß.

Angesprochen auf die Kolleginnen und Kollegen in Mannheim, nennt sie – wie andere auch – die bekannten Namen: Irene Ziegler, Kurt Schneider, Hertha Schmidt, später im *Großen Haus* Georg Völker, Franz Mazura, Aurelia Schwenniger, Jean Cox, Ilse Köhler, und sie betont, daß man immer sehr aneinander gehangen habe, zum Teil bis jetzt Kontakt pflegt, vielleicht mehr als die Künstler und Künstlerinnen heute, obgleich sie den sängerischen Zustand des jetzigen Ensembles im selben Atemzug und in hohen Tönen preist. Ebenso wie das musikalische Niveau unter dem derzeitigen GMD Jun Märkl, der viele gute Ideen habe. Und wie stand es mit den »Generalen« zu ihrer Zeit? »Horst Stein war natürlich ein guter

Dirigent. Herbert Albert war vielleicht als Mensch sympathischer. Der hat einen wunderbaren Mozart dirigiert – *Così fan tutte* hat er selbst mit uns am Klavier einstudiert! Karl Fischer war auch ein toller Mann – der konnte ja fünf verschiedene Opern in einer Woche dirigieren, und da gab es nie Probleme. Bei Albert mußte man sich immer selbst um die Einsätze sorgen. Wenn der nicht dran gedacht hat, dann kam halt kein Einsatz – aber nicht nur sein Mozart: seine Strauss-Interpretationen...«, die wogen stets alles andere auf! Darüber hinaus hebt sie freilich die besondere Verantwortung der Regisseure hervor. Mit denen hat sie in Mannheim Glück gehabt: Joachim Klaiber, Ernst Poettgen und Hans Schüler, Namen, die nicht nur in der Quadratestadt Klang hatten. Später, als sie selbst nicht mehr aktiv dabei war, hat ihr vor allem Friedrich Meyer-Oertel mit seinen Inszenierungen imponiert – »der war einer der besten Opernregisseure in Mannheim!«

Ja, überhaupt das Spielen: »Das Theaterspielen ist etwas Wunderbares. Auch Proben sind schön«, sagt sie im Brustton der Überzeugung. Wenn sie nach den Proben und einer gewissen Ruhe- und Nachdenkphase später im Ballettsaal des neuen Hauses am *Goetheplatz* vor den Spiegeln bestimmte Gesten ausprobiert hat, die sie für die sinnvolle Interpretation ihrer Rollen als passend empfand, so war dies stets außerordentlich hilfreich für ihr Innewerden einer Partie. »Das sieht zwar saudumm aus, aber geholfen hat's«, konstatiert sie mit ihrem ausgeprägten Hang zu Pragmatismus und Realismus. Die bestimmen wohl die eine Seite der Edith Jaeger. Die andere aber entbehrt nicht einer tief sitzenden Abgründigkeit, die unter einem köstlichen, oft auch selbstkritischen Humor verborgen liegt. Ein Satz der *Rosenkavalier*-Marschallin kommt in den Sinn: »Ein halb mal lustig, ein halb mal traurig« – und alles kräftig gewürzt mit einem Schuß »Traviata«. Die Liebe verbindet sich Edith Jaeger zumeist vor allem mit der Musik. Und welchen Komponisten führt da Mannheims dramatischer Koloratursopran von einst an? Ausgerechnet Richard Wagner: »Wenn ich Wagner höre, da fließen bei mir die Tränen. Aber es hat ja auch keiner schöner die Liebe komponiert als der Wagner – aber da ist schon der Tod dabei« – Liebe und Tod, beide Aspekte eines erfüllten Lebens, sei es auf der Bühne, sei es privat. Und so erstaunt es auch kaum mehr, aus ihrem Mund zu hören, wie sie sich ihren Tod im Idealfall vorgestellt hätte, zumal es einmal nahe daran gewesen ist, als sie mit Nierenkolik und vierzig Grad Fieber in Darmstadt die Violetta Valery gesungen hat: »Wär' ein schöner Tod gewesen: ›Ich werde leben, o Wonne!‹ – und da knickt man so ein, fällt zurück in seinem Stuhl – und alles ist aus!«

Vierzig Grad Fieber und Nierenkolik und trotzdem auf die »Bretter, die die Welt bedeuten« – das ist die Haltung, von der Edith Jaegers Berufsethos geprägt war und ist: Wer beim Theater bestehen will, der darf nicht zimperlich sein. Eiserne Disziplin und körperliche Fitness sind das A und O für eine Karriere, abgesehen von grundsätzlicher Begabung, »gutem Aussehen, Ausstrahlung, die von innen kommt«, und dem Erlernen einer perfekten Gesangstechnik – allerdings: »Schön singen allein genügt nicht, die Menschen müssen ergriffen sein.« Das galt freilich auch für ihre zweite Karriere, die sie als Gesangspädagogin 1971 zunächst an die Städtische Musikschule Mannheim und ab 1974 an die Staatliche Hochschule für Musik Heidelberg-Mannheim geführt hat und die schließlich 1980 durch die Verleihung des Professorentitels gekrönt wurde. Und dies gilt ebenso für ihre dritte Karriere, die sie begann, wenn andere sich längst zur Ruhe gesetzt hätten, als sie an der *Mannheimer Abendakademie* – unterstützt durch deren Leiter, Heinz Ufer, und bestärkt vom ehemaligen Kollegen im Orchester des Nationaltheaters, Hanno Haag, der für die musikalische Erwachsenenbildung an Mannheims Volkshochschule zuständig ist –, eine Gesangsklasse für junge und junggebliebene Laien ins Leben rief, in der von der Lehrerin zum Bankangestellten oder von der Hausfrau zum Mediziner viele Berufsgruppen vertreten sind, die nicht nur Spaß an der Freud' haben, sondern auch eine gesunde Portion Ehrgeiz entwickeln, ihre Freizeit auf nicht eben alltägliche Weise zu gestalten.

Wer einmal das unvergleichliche Flair der regelmäßig durchgeführten Konzerte und Vortragsabende erlebt hat, die stets auch von der Persönlichkeit Edith Jaegers getragen werden, weiß zu schätzen, was diese Frau auf ihrem Gebiet für Mannheim leistet. Wichtig ist ihr darüber hinaus stets auch die soziale Komponente, denn Veranstaltungsorte sind nicht nur Konzertsäle, sondern auch Altersheime, Einrichtungen des *Roten Kreuzes* sowie mehrmals das Mannheimer Gefängnis. Daß sie dies auch heute noch mit ihren knapp achtzig Jahren bewerkstelligt, ist zweifellos die Folge ihrer eisernen Disziplin, einer guten Konstitution, die sie sich durch Training ihrer geistigen Regsamkeit, tägliche Gymnastik, regelmäßigen Saunabesuch und gesunden Lebenswandel zu erhalten trachtet. Der Ruf ihrer guten Gesundheit eilte ihr bereits beim Theater wie Donnerhall voraus. Wie war doch das geflügelte Wort »Kalu« Schmeißers – ebenso begeisterter Fasnachter wie Edith Jaeger und oft auf der närrischen Bühne ihr Partner sowie im »normalen« Leben ihr »Halsarzt«: »Mit der Jaeger verdient man nix, weil die nie krank ist!«

Unter ihren Schülern und Schülerinnen haben mittlerweile viele regionalen und überregionalen Bekanntheitsgrad erlangt und den Sprung zur Bühne oder auf das Konzertpodium geschafft. Dabei verhehlt sie nicht, daß ihr bei ihrem Temperament die pädagogische Vermittlung ihrer Gesangs- und Bühnenerfahrung anfangs durchaus nicht leicht gefallen ist. Aber vor allem Helmut Weinland, der Direktor der Städtischen Musikschule, dessen ruhigen Einfluß sie stets geschätzt hat, habe ihr da sehr geholfen. Schnell wurde ihr bewußt, wie groß die Verantwortung eines guten Gesangspädagogen ist, wie exakt, klar und oft energisch man den angehenden Sängern gegenüber sein muß.

Überhaupt – Stichwort Temperament: Da ging's auf Mannheims Bühne manchmal ausgesprochen heftig zu. Lachend erinnert sich Edith Jaeger an die Abschiedsvorstellung von Mannheims einstigem Heldentenor Georg Fassnacht – damals noch, 1954, auf dem »Nudelbrett« der *Schauburg*. Den *Bajazzo* gab es mit Fassnacht als Canio, und Edith Jaeger sang die Nedda: »Da hat er mich am Ende so am Griff g'habt und so g'würgt, daß i Schterndle g'sehe hab', und der Chor g'sagt hat, ›äbe bringt er die Jaeger um‹!« Flugs verfällt sie in ebenso breites wie ungeleugnetes Stuttgarterisch. Von Heinz Sauerbaum beginnt sie zu schwärmen, dem Sänger »mit der Träne in der Stimme« und hält auch mit Geschichten über ihr eigenes Bühnentemperament nicht hinterm Berg, ebenfalls als Nedda, als sie einmal unter dem Ausruf »Du Elender!« auf Willi Wolff, der den Taddeo sang, mit der Peitsche losgegangen ist – »Ja, ja, wenn i g'spielt hab' – da war viel Peng dran!« fügt sie lakonisch, aber nicht ohne Stolz hinzu. Selbst bei einer gemütlichen Tasse Kaffee in ihrem Heim am *Stephanienufer* spürt man diesen Vulkan in Edith Jaeger auch heute noch. Eine enorme Vitalität spricht aus jeder ihrer Bewegungen. Sie führt die Sterne ins Feld: »Ich bin ein Widder – und ein Widder ist ein dynamischer Mensch – auch, wenn man sich manchmal wirklich nicht gut fühlt.« Diese letztlich doch positive Grundeinstellung hat sie ihr bewegtes Leben hindurch, das ihr auch viel Schmerz zugefügt hat, getragen und wird ihr hoffentlich noch viele Jahre das Leben erleichtern helfen, damit sie ihre reichen menschlichen und künstlerischen Erfahrungen und Einsichten möglichst lange anderen vermitteln kann.

Die Zeit erobern

Bruno Klimek

Seit ich mit dem Rauchen aufgehört habe, bin ich einen Schritt weiter: Ich habe mehr Zeit. Selbst das Warten auf die Straßenbahn ist weniger nervenaufreibend als früher, da ich glaubte, jede Warteminute nur mit einer Zigarette überleben zu können. Heute lasse ich mir Zeit beim Warten. Mit Schaudern erinnere ich mich der Pein meines Raucherlebens an Nichtraucherorten und bei Nichtraucheranlässen, des hektischen Stillstands, der Ohnmacht, der Wut, der quälenden Ungeduld: zeitraubend und demütigend, erbärmlich vergeudete Existenz.

Der große Theatermann Fritz Kortner pflegte seinen Schauspielern in den letzten Probentagen vor der Premiere zu raten: Wir haben keine Zeit – also machen Sie langsam.

Wenn ich den rasenden Schnitten eines Videoclips folgen will, wird mir schwindlig: Bewegung und Beschleunigung ersetzen den Inhalt, intensiv ist, was schnell ist, und alles, was laut ist, hat recht. Was Zeit braucht und verbraucht, liegt nicht im Trend. Wer es sich leisten möchte, Zeit zu haben, sollte sich die Zeit nehmen, ins Theater zu gehen – und sich Zeit lassen beim Zuschauen. Theater braucht viel Zeit. Und ist daher die reinste Form der Zeitverschwendung.

Eine seiner Zeichnungen hat der jüngst verstorbene Horst Janssen mit dem Vermerk versehen: gegen die Zeit gezeichnet. Und Shakespeare schreibt wider die Gepflogenheiten der englischen Grammatik das Wort *Time* mit einem großen Anfangsbuchstaben – als wäre ZEIT der Eigenname einer Gottheit.

Nur wer Zeit hat, kann sich Zeit nehmen. Oder Zeit lassen. Wer sich Zeit nimmt, hat das erstaunliche Gefühl, die Gegenwart bannen zu können – erstaunlich deshalb, weil wir die Gegenwart sonst immer nur als etwas Flüchtiges, kaum Spürbares, nie Greifbares wahrnehmen, immer nur als den allzu raschen Übergang von etwas Schon-Vergangenem zu einem Eben-noch-Zukünftigen. Theater, gegen die Zeit gespielt, läßt die Zeit gerinnen, die Zeit hält inne, Gegenwart wird spürbar. Es gilt der Ausnahmezustand: Für die Dauer der Vorstellung mißt sich unsere Lebenszeit an der Zeit, die auf der Bühne verstreicht, der Alltag wird ausgesperrt, es zählt nur das, was auf der Bühne geschieht, nichts anderes ist mehr von Bedeutung. Wir erobern die Zeit.

Ein Theaterabend ist immer auch ein Sieg über den Tod. Wenn wir den flüchtigen Augenblick verweilen lassen, als währte er ein Leben lang, schlagen wir der Vergänglichkeit ein Schnippchen, und für die Dauer der Vorstellung sind wir unsterblich.

Der Schauspieler, der sich zum Herrn macht über die Zeit, reguliert unseren Pulsschlag und bestimmt den Rhythmus unseres Atems. Er liest in unseren Gefühlen, spielt mit unseren Gedanken: Wir sind ein Leib.

Die eroberte Zeit schafft Raum für eine Welt, die nicht das Leben ist, doch dem Leben täuschend ähnlich. Und sobald der Vorhang aufgeht, herrscht Krieg. Familienkriege toben, Bürgerkriege, Geschlechterkämpfe, und es rast der Vernichtungskrieg des Menschen gegen sich selbst.
Wir überleben alles unbeschadet, aber nicht unberührt. Die Schauspieler spielen nicht um *ihr* Leben, sondern um *unseres.* Auf der Bühne wird verhandelt, was in unserem Leben, vor allem jedoch in den Entwürfen unserer Phantasie, im Wolkenkuckucksheim unserer Sehnsüchte, im Reich unserer Wünsche eine große oder kleine Rolle spielt.

Manchmal ist das Theater wirklicher als die Wirklichkeit, vielleicht auch nur wirkungsvoller. Nichts von dem, was auf der Bühne geschieht, ereignet sich wirklich: Der Ermordete verbeugt sich am Ende der Vorstellung. Und doch haben wir geweint, als er starb, und waren entsetzt über seine Ermordung.

Das Geschehen auf der Bühne lenkt unseren Blick in die Abgründe menschlicher Begierden, und wenn wir uns weit genug über den Abgrund beugen, blicken wir hinab in unsere eigenen Abgründigkeiten. Als Zuschauer im Schutze der Dunkelheit müssen wir uns ihrer nicht schämen. Wenn das Licht angeht und wir das Theater verlassen, treten wir als Unbescholtene hinaus in den Alltag.

Der »Unglückliche weint hier mit fremdem Kummer seinen eignen aus«, sagt Schiller in seiner Betrachtung über die *Schaubühne als eine moralische Anstalt* (vgl. auch S. 2). Im Kino werden wir nicht minder heftig berührt, aber es gibt einen Unterschied: Die Leinwand schwitzt nicht.

Das Fernsehen wiederholt Wiederholungen, eine Videokassette läßt sich vor- und zurückspulen.
Ein Theaterabend findet immer unter veränderten Bedingungen statt, schon allein deshalb, weil das Publikum wechselt, und am Ende jeder Vorstellung haben wir etwas erlebt, das niemand je wieder erleben wird.

Im Theater ereignet sich alles jetzt-in-diesem-Augenblick: Die Luft brennt, die wir zur gleichen Zeit wie die Figuren auf der Bühne atmen.
Das unmittelbar Erlebte reiht sich ein in die Erfahrungen unseres gelebten Lebens, es gehört zu uns, als hätten wir es tatsächlich erlebt.

Was uns mit Mördern und Mörderinnen, mit Königinnen und Narren, mit Liebhabern und Liebestollen zeitlebens verbindet, ist die gemeinsam eroberte Zeit.

Zeitzeugen: Gerhard Kiepert

Stefan Koch

Gerhard Kiepert
Opernsänger
Tenor
Foto: Eichler

»Ich kannte Mannheim überhaupt nicht«, bekennt Gerhard Kiepert ganz freimütig, als ich ihn bat, die Geschichte seiner Beziehung zum Nationaltheater zu erzählen. Gerhard Kiepert ist nun auch schon dreißig Jahre hier: 1967 holte ihn Horst Stein als Buffotenor nach Mannheim. Sofort nach dem Vorsingen, bei dem Kiepert den Pedrillo aus Mozarts *Entführung* und Rudolf aus *La Bohème* zum besten gegeben hatte. Der Düsseldorfer Termin mit Stein wurde damals durch Kollegen vermittelt, die Kieperts helle, höhensichere Stimme und sein Buffo-Talent in Mainz und Essen erlebt hatten, wo der Sänger zunächst im Chor, dann als Solist die Opernwelt kennenlernte.

In den Jahren zuvor hatte Gerhard Kiepert vom Theater nur sehr vage Vorstellungen. Denn als der 1937 in Pommern Geborene über Leipzig nach Hessen gekommen war und seine neue Heimat in der Nähe von Hanau gefunden hatte, arbeitete er in seinem erlernten Beruf als Anstreicher, griff jedoch abends gern zur Gitarre, um seine Freunde im Gesangverein zu unterhalten. Vico Torriani war damals »in« bei den geselligen Runden. Bis ihm einer riet, doch mal nach Hanau zu fahren, da gebe es eine Gesangslehrerin, die bekannt sei für ihre Talentschmiede. Gerhard Kiepert fuhr, nahm Privatstunden, ließ die Sache mit Vico Torriani sein und entwickelte seine Stimme so erfolgreich, daß die Frankfurter Opernschule ihm ihre Tore öffnete. Hier lernte er Oper kennen, unter Georg Solti, der damals am Frankfurter Haus arbeitete. Gerhard Kiepert entdeckte seine große Liebe zum Theater. Und dann kam Horst Stein, dann kam Mannheim – bis heute.

»Stein war eine Vaterfigur für uns alle, die wir hierher kamen«, erzählt der Sänger. Einen italienischen Tenor habe der Meister anfangs aus ihm machen wollen – deshalb auch der Rudolf beim Vorsingen – »aber ich habe immer nur das gut gemacht, was ich mir wirklich auch zutraute.« Und das war eben das »leichte« Fach der Spieltenöre und Buffo-Charaktere. Das erkannte Horst Stein bald und setzte ihn ein, reichlich, so wie es in Mannheim üblich war. »Den Eselmann in der *Klugen* von Orff habe ich in acht Tagen studiert, und alle um mich herum haben mir geholfen, besonders die Souffleuse Suse Fischer«, erzählt Kiepert. Aber: »Stein hatte beide Hände überm Ensemble, und er wußte genau, was er wem zumuten durfte.«

Gerhard Kiepert erarbeitete sich in den Jahren alles, was sein Fach bereithält: David in den *Meistersingern,* Jaquino im *Fidelio,* Monostatos in der *Zauberflöte,* Kilian im *Freischütz,* Wenzel in der *Verkauften Braut,* Basilio im *Figaro,* den Tanzmeister im *Onegin,* Valzacchi im *Rosenkavalier* und...und...und. »Als Buffo hat man keine großen Partien, aber sehr wichtige, auch was die Darstellung anbelangt«, erklärt der Sänger, dessen von strenger Selbstkritik begleitete Bescheidenheit auch heute noch sein Markenzeichen ist. Von Mannheim habe es ihn nie weggezogen, nein, hier »habe ich mich wohlgefühlt und tue es auch heute noch, obwohl vieles von der einstigen familiären Atmosphäre verloren gegangen ist. Die jungen Kollegen sind viel selbstbewußter geworden, auch ist der Drang nach außen größer«, befindet der Künstler und bedauert ein wenig den »Verlust an Anekdoten«, die früher so reichlich Anlaß zum Lachen gaben, besonders wenn Gerhard Kiepert sie erzählte. »Heute gibt es weniger Ticks, auch weniger Originale als früher«, diagnostiziert der Sänger, ohne dabei ins Lamentieren zu verfallen. Dazu ist Gerhard Kiepert zu sehr Realist, weiß, daß sich das Haus geändert hat und daß diese Änderungen auch zeitbedingt sind.

Große Eindrücke, große Erlebnisse bei besonderen Produktionen? Nach einiger Recherche im betagten Tagebuch kommen sie: *Porgy und Bess,* damals mit Franz Mazura und Karl Heinz Herr, den verehrten Kollegen; der *Wozzeck* mit dem Regisseur Bohumil Herlischka, hinter dessen verbaler Derbheit sich ein großes Theatertalent verbarg; auch Janáčeks *Totenhaus*, inszeniert von Herbert Wernicke und dirigiert von Friedemann Layer. Gerhard Kiepert hat einiges übrig für moderne Inszenierungen, für neue Wagnisse – aber gut müssen sie sein, durchdacht und von gediegener Handwerklichkeit geprägt. Hier fällt öfter der Name Friedrich Meyer-Oertels, des früheren Oberspielleiters der Oper, dessen *Lady Macbeth von Mzensk* (Schostakowitsch) Kiepert noch als beispielhaft in Erinnerung ist. Und auch das moderne Musiktheater hat bei Mannheims leichtem Tenor einen Platz, siehe den Kaufmann im Rihmschen *Jakob Lenz,* den er sich 1996 neu erarbeitete.

So ist Gerhard Kiepert ein typisches Mannheimer »Operngewächs«: hier eingepflanzt, groß gezogen und fest verwachsen in der wechselvollen Geschichte des Hauses. Ein Mannheimer Ensemblesänger eben. Von ihm und mit ihm lebte die Mannheimer Oper in ihren Glanzjahren, und von seiner Erfahrung profitiert die Arbeit noch heute.

Traditionen des Mannheimer Musiktheaters auf dem Prüfstand

Jun Märkl

Szene aus Der Rosenkavalier *von Richard Strauss. NI 26. Januar 1997, Inszenierung Olivier Tambosi, ML: Jun Märkl. Janice Dixon (Feldmarschallin, Fürstin Werdenberg) im Bühnenbild und Kostüm nach Entwürfen von Frank Philipp Schlößmann (1. Akt). Foto: Hans-Jörg Michel. RMM, Thslg.*

»Theater als Kunstform hat längst ausgedient, die Oper als Kunstform ist nicht mehr zeitgemäß!« Behauptungen und Hypothesen dieser Art wurden in der nun schon einige Jahre andauernden Spardiskussion um Theaterbudgets immer wieder als Argumente gegen die Subventionierung der Theater angeführt. Inwieweit dies generell, besonders aber für Mannheim zutrifft, war die wesentliche Frage, die ich mir während der Vorbereitungen zu meiner Amtszeit als Generalmusikdirektor und Operndirektor am Nationaltheater zu stellen hatte. Ist Theater eine Kunstgattung, die auch heute noch eine Aussage zu formulieren vermag? Welche Konzepte für das Mannheimer Musiktheater schaffen uns eine Perspektive für die Zukunft?

Die Oper – »Spielplatz« für Konzepte und Modelle

Theater ist eine Kunstform, die sich grundlegend von anderen konkurrierenden Medien wie Film, Fernsehen oder Video unterscheidet: Theater ist ein Live-Medium mit interaktivem Charakter. Die elektronischen Produkte laufen unabhängig davon ab, ob ein Betrachter vorhanden ist. Hingegen ist die Voraussetzung für das theatrale Erlebnis die Wechselwirkung zwischen Publikum und Theateraufführenden. Dadurch entstehen einzigartige, unwiederbringliche Aufführungen, die elektronische Medien in dieser Art nicht bieten können. Diese enge, unmittelbare Bindung »zwingt« eine Theaterleitung ständig, diese Beziehung zu untersuchen, an ihr zu arbeiten, sie zu verändern oder gegebenenfalls zu erneuern.

Das Theater und insbesondere das Musiktheater lebt von der Abstraktion realer Vorgänge. Allein der Gesang enthebt sowohl die Handlung als auch die Dialoge einer naturalistischen Wirklichkeitsabbildung und schafft eine übergeordnete Bühnenwirklichkeit: Auf diese Weise entsteht ein Kunstraum, in dem Probleme, Emotionen, politische, gesellschaftliche und menschliche Konstellationen sich in Reinform mit gesteigerter Intensität offenbaren. Da diese Auseinandersetzung auf der Bühne bis zur letzten Konsequenz durchgeführt werden und oft sogar mit dem (Bühnen-)Tod der Beteiligten enden kann, gelangt man durch die Kunstform zu Einsichten und Ergebnissen, die in der Realität nur schwer zu erzielen sind, weil gesellschaftliche Normen diesen Schritt verhindern. Die Oper erfüllt als »Spielplatz« für Konzepte und Modelle jeglicher Art eine wichtige gesellschaftliche Funktion. Aktuelle Strömungen und Fragen aufzugreifen und Anregungen dazu durch Theateraufführungen zu liefern, muß eine Forderung an alle Theaterschaffenden sein.

Ensemble- und Repertoiretheater

Diese und einige weitere noch zu erwähnende Überlegungen leiteten mich bei der Erstellung eines konzeptionellen Ansatzes für das Musiktheater, das sich im Spannungsfeld zwischen Tradition und Erneuerung in wesentlichen Punkten neu besinnen muß. Traditionsgemäß wird das Mannheimer Musiktheater von zwei Leitgedanken geprägt: dem Ensemble- und dem Repertoiretheater. Waren beide Begriffe früher bestimmend für fast alle Theater im deutschsprachigen Raum, so ist das Nationaltheater Mannheim heute eines der allerletzten Mehrspartenhäuser, das noch nach diesem System arbeitet.

Der großen Idee des »Nationaltheaters« entspricht es, einen wesentlichen Teil unseres Kulturerbes im Musiktheaterbereich als Angebot an unser Publikum bereitzuhalten, also ein repräsentatives Repertoire zu pflegen und zu regenerieren. Als ich im September 1994 meine Arbeit begann, gab es im *Opernhaus* nach der eineinhalbjährigen Schließphase aufgrund der Theatersanierung ein spielfertiges Repertoire von sieben Opern bzw. Operetten. Heute (1996/97), nach zwei Spielzeiten, sind es 37 Werke, unter denen sich viele wesentliche Opern der wichtigsten Komponisten unseres Kulturkreises befinden.
Die Tradition des Nationaltheaters als Repertoiretheater soll aber nicht nur bewahrt, sondern muß auch stets erneuert werden: Neu hinzugekommene Leitlinien für das Repertoire, die in jedem Jahr im Spielplan erscheinen werden, sind die französische Oper in Originalsprache, konzertante Aufführungen sowie das zeitgenössische Musiktheater: Die Opern *Schaum der Tage* von Edison Denissov (September 1994), Wolfgang Rihms *Jakob Lenz* (April 1996), die Uraufführungen *Der Spiegel des großen Kaisers* von Detlev Glanert (November 1995) und *Babylon* von Detlef Heusinger (Juni 1997) bestätigen unser Engage-

ment für die zeitgenössische Oper. Wenn es uns gelingt, durch aktuelle Werke unsere Tradition fortzuschreiben, wird das Musiktheater als Gattung nicht aussterben.

Dem Gedanken des Ensembletheaters liegt die Überlegung zugrunde, daß nur eine langfristige Arbeit mit Sängern und Darstellern, die über Jahre hinweg zu einem homogenen Ensemble geeint werden, dem Erhalt des Repertoiretheaters sowie einer kontinuierlichen Qualitätssteigerung dienen kann. Die Zusammenarbeit bedeutet in vielen Fällen ein Erarbeiten des Repertoires von kleinen Rollen in einem Anfängerengagement bis hin zu Hauptrollen in späteren Jahren. Die Verantwortung, die dem musikalischen Leiter obliegt, ist dabei enorm: Durch eine sorgfältige Rollenauswahl bestimmt er wesentlich die stimmliche und künstlerische Entwicklung der Sänger und ihres Stimmaterials. Fehleinschätzungen des Entwicklungsstandes und der Möglichkeiten eines Sängers können zu irreparablen Schäden der Stimme und damit zur drohenden Arbeitslosigkeit für den Sänger führen. Ist den Verantwortlichen eines Theaters, das zum größten Teil mit Gästen arbeitet, nur der augenblickliche Stand des Sängers wichtig, fordert der Ensemblegedanke hingegen eine langfristige Pflege und Betreuung der Künstler. Für mich ist es eine der schönen Seiten meiner Aufgaben als Generalmusikdirektor, die sängerische und darstellerische Entwicklung jedes Sängers aufmerksam und mit großer Sorgfalt zu verfolgen, Hilfestellungen zu leisten und das Repertoire nach diesen Möglichkeiten auszuwählen. Daß es in Mannheim auch unter letztgenannter Prämisse nicht zu einer Verarmung des Angebots an Werken des Musiktheaters kommt, spricht für die Vielseitigkeit und Ausgewogenheit unseres Ensembles.

Die Unterschiedlichkeit der durch das Repertoire vorgegebenen Rollen hebt einen weiteren Gesichtspunkt hervor: den Solidaritätsgedanken. Es ist in Mannheim üblich, daß die Ensemblemitglieder wechselweise kleine, mittlere und große Partien übernehmen, somit sowohl in kleineren Rollen den Kollegen zuarbeiten als auch in den Hauptrollen »im Rampenlicht stehen«. Die daraus entstehende Hilfsbereitschaft und der gute Zusammenhalt des Ensembles am Nationaltheater ist in der »Szene« weithin bekannt und geschätzt. Diese menschliche und künstlerische Qualität zu fördern, erweist sich auch langfristig als Vorteil: Künstler, die sich aufgrund ihrer Mannheimer Theatererfahrung national oder international einen Namen machen konnten und auf dem »freien Markt« ein gutes Aus- und Einkommen hätten, binden sich, angezogen von dem guten Ensembleklima, weiterhin an das Nationaltheater und bleiben Mannheim dadurch einige Jahre länger erhalten. Auch der finanzielle Aspekt sollte hier nicht unerwähnt bleiben: Da jedes Engagement eines Gastes ungleich teurer als ein Festengagement ist, gibt es für das Nationaltheater zumindest mittelfristig keine Alternative zum festen Ensemble.

In Mannheim ist die Bindung zwischen den Darstellern auf der Bühne und ihrem Publikum sehr eng. Die Zuschauer verfolgen den Werdegang und die Entwicklung der Sänger genau und begleiten ihr Wirken über Jahre hinaus. Unmittelbarer als an Theatern, die viel mit Gästen arbeiten, gelingt es in Mannheim, daß sich das Publikum über die Sänger mit den dargestellten Rollen identifiziert, was für das Er- und Durchleben einer Aufführung enorm wichtig ist, es in vielen Fällen sogar vertieft.

Grenzen der Repertoirepflege

Ich wage zu behaupten, daß das Ensembletheater zugleich eine Voraussetzung für das Repertoiretheater ist; denn die Qualität einer szenischen und musikalischen Einstudierung kann nur dann erhalten werden, wenn das Wissen um den Geist einer Produktion durch die Jahre von den älteren an die jüngeren Kollegen weitergegeben werden kann. Ich setze daher auf weitgehende Kontinuität innerhalb des Ensembles. Problematisch wird die Repertoirepflege, selbst mit einem Ensemble, allerdings bei Produktionen wie dem *Parsifal* von 1957, dessen Sängerbesetzung seit der Premiere mehrmals vollständig gewechselt hat. Wir haben keine »Zeitzeugen« der Produktion und müssen uns heute leider auf schlecht geführte Regiebücher und oft vage Vermutungen stützen, um in etwa das herzustellen, was die Intention des damaligen Produktionsteams gewesen sein mag. Gleichzeitig stoßen wir auch auf die Grenzen der Repertoirepflege: Ein Theater kann kein Museum sein, sondern lebt davon, auf die Gegenwart mit ihren aktuellen Tendenzen zu reagieren. Der Anspruch, vor dem jede Produktion unabhängig von ihrem Alter bestehen muß, ist die Wahrhaftigkeit der nachschaffenden Interpretation. Ist das Werk in seiner jetzigen Fassung dem heutigen Publikum ästhetisch und vom Qualitätsanspruch noch vermittelbar? Denn dem Geist einer Inszenierung nachzuspüren, ist nur durch die Identifikation der Künstler mit der überlieferten Produktion möglich. Diese herzustellen, ist besonders bei sehr »alten« Produktionen problematisch. Erfahrungsgemäß erhält sich die Qualität einer gut gearbeiteten Einstudierung viel länger als die einer weniger gelungenen. Die »Überlebensdauer« ist somit nur teilweise vom absoluten Alter abhängig. Dennoch ist irgendwann für jede Produktion eine Grenze erreicht, die eine neue Aufarbeitung fordert. Nicht museale Konservierung, sondern stete Erneuerung und Weiterentwicklung der Traditionswerke des Musiktheaters muß Postulat der Theaterarbeit sein. Wir werden daher in den kommenden Jahren auch unsere »Museumsstücke« wie *Parsifal* (1957), *Die Meistersinger von Nürnberg* (1967), *Der fliegende Holländer* (1970) und *Fidelio* (1975) in Neuinszenierungen wieder zur Diskussion stellen müssen.

Musiktheater für alle Mannheimer

Die Theaterbegeisterung in Mannheim ist seit jeher besonders ausgeprägt, ja sprichwörtlich. In der heutigen Zeit mit ihren großen gesellschaftlichen Umwälzungen und revolutionären Veränderungen der Medienlandschaft halte ich es für außerordentlich wichtig, daß das Theater stets den Dialog mit seinem potentiellen Publikum sucht und zu den bestehenden auch neue Angebote von Kultur in Mannheim und der Region formuliert. Nur durch aktive Schritte auf die Bevölkerung zu kann die Schwellenangst vor dem Theater, die es unbestritten gibt, verringert und die Bedeutung des Theaters behauptet oder sogar ausgebaut werden.

Aufgrund dieser Gedanken habe ich ein Konzept entwickelt, das durch besondere Aktivitäten das Nationaltheater einer breiten Bevölkerungsschicht nahebringen soll:

- Ein Angebot an unsere »Jüngsten« haben wir durch unsere Kinder- und Jugendkonzerte geschaffen. Diese Reihe von Veranstaltungen, die stets moderiert werden, habe ich im November 1994 mit einem Konzert eröffnet, das neben *Ma mère l'oye* von Maurice Ravel auch Sergej Prokofieffs *Peter und der Wolf*, gelesen von Loriot, zur Aufführung brachte. Kindern und Jugendlichen soll klassische Musik als eine Sprache vermittelt werden, die einen großen Ausdrucksgehalt hat. Die Gattungen Konzert und in einem zweiten Schritt auch Oper mit dem ihr eigenen Phänomen des gesungenen Wortes werden hier erläutert und das Theater als Institution sowie seine Mitarbeiter vorgestellt.

Szene aus
Die Meistersinger von Nürnberg
von Richard Wagner. NI 25. Dezember 1967, Inszenierung: Paul Hager, ML: Horst Stein. Ursula Rhein (Eva) und Fred Dalberg (Pogner) im 2. Aufzug. Die Inszenierung mit den nach wie vor vom Publikum stets mit Begeisterung aufgenommenen Bühnenbildern von Paul Walter und den Kostümen von Gerda Schulte steht bis heute auf dem Spielplan des Nationaltheaters und zählt neben dem Parsifal *von Richard Wagner in der Inszenierung von Hans Schüler aus dem Jahr 1957 zu den am längsten spielenden Inszenierungen des Nationaltheaters. Foto: Mara Eggert. RMM, Thslg.*

- Für Mannheim neue Wege beschreiten wir für Jugendliche mit der Aufführung von Musicals. Dabei lege ich Wert darauf, daß die Werke, die dem musikalischen Geschmack unserer Jugend näherkommen, Probleme und Fragen enthalten, die den *Kids* auf den Nägeln brennen: Armut, Aggression, Fremdenfeindlichkeit, Rassismus und Gewalt, soziale Spannungen und Perspektivlosigkeit. Ganz bewußt habe ich deshalb die *West Side Story*, eine Mannheimer Erstaufführung, als erstes Werk angesetzt.

- Neu sind auch die Werkskonzerte: Mit dem Nationaltheater-Orchester besuche ich jedes Jahr einen großen, in Mannheim ansässigen Betrieb, in dessen Werks- oder Montagehalle ein Konzert für die Belegschaft und Freunde der Firma veranstaltet und moderiert wird. Das Konzert soll dabei stets in einem für den Betrieb typischen Arbeitsbereich stattfinden. Aus der Verbindung dieser Arbeitswelt mit speziell dafür ausgesuchter »klassischer Musik« erhoffe ich mir eine Bereicherung der Erfahrung für beide beteiligten Partner, den Betrieb und das Nationaltheater, sowie den Abbau von Schranken, Vorurteilen und Hemmschwellen. Das Nationaltheater soll durch solche Angebote als ein Kulturanbieter für alle Mannheimer begriffen werden. Darüber hinaus können die kulturellen Verbindungen zu Unternehmen dazu beitragen, die Attraktivität des Wirtschaftsstandortes Mannheim zu erhöhen. Die ersten zwei Veranstaltungen dieser Art haben wir im Landmaschinenwerk von John Deere (Juni 1995) und beim Turbinenhersteller Asea Brown Boveri (Juni 1996) durchgeführt.

- Ein Angebot an die gesamte Bevölkerung sind die sommerlichen Open-Air-Konzerte, die wir zusammen mit der Stadtpark Mannheim GmbH auf deren großer Freizeitwiese durchführen. In einer Mischung aus Picknick- und Konzertatmosphäre wird unter Beteiligung eines Moderators eine Zusammenstellung von »populärer Klassik« aus Oper, Operette und Musical geboten. Auch hier hat die Veranstaltungsreihe den Hintergrund, das Theater allen Mannheimern, die unsere Subventionen über einen Teil ihrer Steuerabgaben finanzieren, vorzustellen, ihnen unsere Leistungen und Qualität anzubieten und neue Freunde für das Theater zu gewinnen.

Wenn auch all diese Aktivitäten sehr wichtig sind, um ein neues potentielles Publikum anzusprechen, so können sie nur flankierende Maßnahmen sein. Ihre Wirkung wird sich erst langfristig in größerem Verständnis für das Theater und erhöhten Zuschauerzahlen zeigen.

Organisatorische Umstrukturierungen

Ein wesentlicher Gesichtspunkt unserer Arbeit muß sein, unser gegenwärtiges Publikum zu halten, es weiterhin zu interessieren, ihm Impulse zu geben. Dies läßt sich nur durch interessante, faszinierende Theaterabende erreichen, die wir wiederum nur durch stetige Qualitätssteigerung unserer Arbeit langfristig anbieten können.
Das Repertoiretheater birgt die Gefahr, daß aufgrund der Angebotsfülle der einzelne Theaterabend zu wenig vorbereitet wird. In Mannheim gab es immer Vorstellungen, die ganz große Erlebnisse vermittelten und keinen Vergleich mit deutschen Spitzenhäusern zu scheuen brauchten. Insgesamt aber war das Niveau zu unterschiedlich, gab es nebeneinander sehr gute und schlechte Abende. Die Qualität im Verlauf der Spielzeit litt an mangelnder Beständigkeit. Konkurrenzfähig sind wir aber nur, wenn unser Aufführungsniveau auf hoher Ebene stabilisiert wird. Eine ganze Reihe von infrastrukturellen Maßnahmen habe ich initiiert, um dem Theaterbesucher das Bestmög-

liche bieten zu können. Neben der Schaffung verbesserter Probenräume haben die organisatorischen Umstrukturierungen ein Ziel: für jede Theateraufführung ein Maximum an Vorbereitungs- und Probenzeit zu schaffen. Im Wesen einer Live-Aufführung liegt es, daß sie auf dem schmalen Grat zwischen Gelingen und Scheitern wandelt. Eine große Zahl von künstlerischen und technischen Faktoren muß zusammenfinden, um eine Partitur zum Leben zu erwecken, den Zuschauer und Zuhörer seinem Alltag zu entrücken und ihn durch das Dargebotene zu fesseln. Wenn dies auch nicht immer gelingt, so ist doch stets von allen Mitarbeitern das Maximum an persönlichem Einsatz und die ganze Hingabe für ihre Aufgaben gefordert, um das Erlebnis Theater möglichst oft entstehen zu lassen. Der Vorbereitungsphase einer Aufführung und einer ökonomischen Arbeitsweise kommt daher ein besonderer Stellenwert zu.

Die Zukunft: Vorstellungen in Serien
Im Laufe der Jahre wird sich die Form des Spielplanangebots verändern. Waren früher die Aufführungen eines Werkes über die ganze Saison verteilt, beispielsweise je eine Vorstellung von *La Bohème* im September, Dezember, Februar und Juli, so führte das zu einem nötigen Probenaufwand vor jeder dieser Vorstellungen.
Dafür waren oft keine Kapazitäten frei, so daß häufig solche Abende ohne jede Probe mit viel Glück mehr oder weniger gut über die Bühne gingen. In Zukunft werden wir uns eine ausgiebigere Vorbereitung leisten müssen und dann vermehrt in Serie spielen. Um beim Beispiel *La Bohème* zu bleiben: vier Vorstellungen im Dezember und vier im Mai. Im Sinne ökonomischer Arbeitsabläufe ist ein solches System von Vorstellungen in Serien unsere Zukunft, weil Aufwand (= Proben) und Ertrag (= Vorstellungen) in ein sinnvolles Verhältnis zueinander gebracht werden: zwei Probenblöcke für acht Vorstellungen statt vier Probenblöcke für vier Vorstellungen!

Gegenüber dem »alten System« wird auch vom Publikum ein Umdenken gefordert: Nicht in jedem Monat wird man das gesamte Repertoire zur Verfügung haben, sondern einzelne Werke erscheinen gebündelt und zeitlich abgegrenzt mit erhöhter Qualität im Spielplan. Über das Jahr gesehen wird dennoch das gesamte Repertoire angeboten werden.

Neben der qualitativen Verbesserung unserer Aufführungen ergeben sich auch für die Vermarktung des Produktes, um es durch einen in der Wirtschaft gebräuchlichen Terminus zu beschreiben – wir sind als Theater durchaus einem Dienstleistungsunternehmen vergleichbar –, große Vorteile: Unsere Werbe- und Öffentlichkeitsarbeitsabteilung erhält die Möglichkeit, gezielt auf Aufführungszyklen hinzuweisen und diese zu »bewerben«, etwa als »Oper des Monats«.
Da dem Nationaltheater – verglichen beispielsweise mit einem Wirtschaftsunternehmen – ein verschwindend geringer Etat für Werbung zur Verfügung steht, gilt es auch in diesem Bereich, unsere Kräfte zu bündeln und gezielt einzusetzen. In Zukunft wird der Werbeabteilung eine wesentlich größere Bedeutung – auch etatmäßig – als früher zukommen, um uns als Kulturanbieter im Plakatdschungel der Werbung von Großunternehmen und Gastspielensembles behaupten zu können.

Sponsoring ist Notwendigkeit
Damit eng verbunden ist in Anbetracht der knappen öffentlichen Haushalte die Suche nach Sponsoren für das Theater. War das vor Jahren in der Kunst noch ein Tabu, ist es heute zur Notwendigkeit geworden. Unter der Voraussetzung, daß die Konzeption und Interpretation unserer

Bühnenwerke vom Geldgeber unbeeinflußt bleiben muß, habe ich keine Berührungsängste, mit der Wirtschaft zu beiderseitigem Nutzen zusammenzuarbeiten. Wenn Sponsorensuche in erster Linie Aufgabe des Intendanten ist, so tragen wir als Musiktheater mit vielen der skizzierten Aktivitäten meines Konzeptes (Beispiel Werkskonzerte) dazu bei, das Interesse in der Wirtschaft am Theater zu wecken und geeignete Projekte für Investitionen eines Unternehmens anzubieten (vg . auch den Beitrag über Sponsoring in diesem Buch).

Die Flammen neu entfachen

Traditionen pflegen, heißt nicht Asche aufzubewahren, sondern die Flammen stets neu zu entfachen. In d esem Sinne sollen diese konzeptionellen Gedanken dazu beitragen, auch in Zukunft – in Ze ten großer gesellschaftlicher und sozialer Veränderungen – das Theater als zentralen Bezugspunkt in Mannheim und der Region zu erhalten. Wir müssen immer wieder daran arbeiten, um die Voraussetzungen dafür zu schaffen, daß uns die Flammen der Begeisterung für die Bühne erhalten bleiben und wir, erfüllt von diesem Gefühl, unserem Publikum etwas mitteilen und mitgeben, das nur das Theater geben kann: Wir müssen unsere Zuschauer und Zuhörer bewegen, erschüttern, herausfordern, erfreuen und anregen. Dann haben wir für unsere Stadt einen Wert, der weit über die gewährten Subventionen hinausgeht: Ein wesentlicher Teil des geistigen und seelischen Lebens und Erlebens der Stadt zu sein, ist unser Anspruch und unser Ziel. Gelingt uns dies, wird das Nationaltheater noch für lange Zeit seine große Bedeutung für Mannheim und die Region behalten.

Zeitzeugen: Ilse Köhler

Stefan Koch

Ilse Köhler
Opernsängerin
Altistin
Foto: privat

Ilse Köhler ist in Hamburg aufgewachsen. In Musik, so erzählt sie, hatte sie immer eine Eins, aber das geliebte Fach nun gleich als Beruf? Da war Vater Köhler davor. Tochter Ilse mußte heimlich Gesangsstunden nehmen, und erst viel später, als sie in Saarbrücken im Engagement stand und dort zeigte, was in ihr steckt, war der Familienfrieden wieder hergestellt. Aber auch heute noch, so hör' ich es witzeln, denkt Ilse Köhler, wenn sie vor einem Auftritt in der Gasse steht: »Wär' ich doch bloß Fremdsprachensekretärin geblieben!« Das hat sie nämlich »offiziell« gelernt. Aber das Lampenfieber läßt sich mit solchen nostalgischen Anrufungen auch jetzt, nach mehr als vierzig Jahren auf der Bühne, noch nicht besiegen.

Ilse Köhler ist auch eine »Ziehtochter« Horst Steins. Der holte sie 1966 aus Lübeck, wohin sie nach Engagements in Heidelberg und Saarbrücken gegangen war, und gab ihr einen Vertrag als Spielalt mit Verpflichtung zum dramatischen Fach. Vorher war allerdings ein Brief von Arnold Petersen gekommen, sie solle in drei Wochen zwanzig Partien lernen. Ilse Köhler studierte Tag und Nacht, lehnte dann aber – damals war sie Anfang Dreißig – die Erda doch ab. Ergebnis: ein böser Brief von Meister Stein, sie solle doch die Verantwortung für die Dispositionen ihm überlassen. Ab da war Ilse Köhler für »...zig Jahre« die Mannheimer Erda. Auch die Dorabella in Mozarts *Così*, auch die Maddalena im *Rigoletto* und die Azucena im *Troubadour*, im *Ring* die erste Norn und Floßhilde, im *Tristan* die Brangäne, sie war Bizets *Carmen*, Humperdincks Hänsel und Mozarts Marzelline und wäre als Julie La Verne in Oscar Hammersteins *Show Boat* (»meine Lieblingspartie damals!«) bei einem Gastspiel des Nationaltheaters in Luxemburg fast einmal von der Bühne gepurzelt, wenn sie nicht einen Ehemann gehabt hätte – und noch hat! –, der sie geistesgegenwärtig auffing.

Als »Mädchen für alles« sah sich damals Ilse Köhler: »Es wurde mit einem Rieseneinsatz gearbeitet, und es wurden viele Opfer gebracht. Das ist etwas, was mir heute fehlt. Ich finde, manche jungen Sänger fordern zu viel. Ich war besessen von meinem Beruf und bin es heute noch, und Mannheim gab mir die Möglichkeit, diese Besessenheit zu befriedigen. Sicher: Horst Stein war hart, aber er war ehrlich und gerecht. Der Ensemblegeist war immens, und er hat, so finde ich, bis heute nicht nachgelassen.« Und dann: »Ich habe meine Grenzen immer gekannt. Ich sollte auch den Octavian singen, aber ich war dann doch lieber eine gute Annina als ein schlechter Octavian.«

Vielleicht ist es gerade die Mischung aus glückhaft kalkulierter Selbsteinschätzung, immenser Erfahrung und Gespür für das künstlerisch Richtige, die Ilse Köhler eine so lange Verbundenheit mit dem Nationaltheater gestattete – bis zu ihrem »Rückzug« aus dem Ensemble zum Ende des vergangenen Jahres. Sie hat große Erinnerungen an ihr Mannheimer Opernleben. An große Inszenierungen, an prägende Regisseure, an wichtige Dirigenten. Horst Stein wollte sie nach Hamburg holen, Wolfgang Rennert bot ihr München an – aber in Mannheim blieb sie. Mit Friedrich Meyer-Oertel arbeitete sie gern zusammen, mit Kurt Horres auch, erst recht aber mit Christine Mielitz, zu der eine enge Beziehung entstand. Ihre Erzählungen sprudeln hier vor Anekdoten: Wie sie bei einer Mielitzschen *Jenufa*-Probe pünktlich um zehn erschien und sich von der Meisterin gleich einen Rüffel einhandelte: »Man kommt nicht um zehn, ich probe um zehn!« Was der Beginn einer wunderbaren Freundschaft wurde. Oder von jenem denkwürdigen Moment, als zum Schluß einer *Götterdämmerung* unter Hans Wallat plötzlich auf offener Bühne der Hintergrundprospekt von *Carmen* auftauchte – da war was durcheinander geraten. Ilse Köhler erzählt das und noch viel mehr, als ob's gestern gewesen wäre, und die Leidenschaft fürs Opernleben im Mannheimer Haus dringt – trotz allen Lampenfiebers und aller Kontrolle – durch jeden ihrer Sätze.

Die Doppelrolle des Theaters zwischen Kunst und Kasse

Lutz Beutling

Nicht erst heute wird die Bedeutung des Nationaltheaters als Wirtschaftsfaktor erkannt: Blick in eines der Schaufenster des Mannheimer Modehauses Neugebauer (O 3, 6–8), das zur Eröffnung des neuen Nationaltheaters seine Kundinnen zum Stoffkauf für die Festrobe einlädt. Foto: Keese und Steiger, 1957. RMM, Thslg.

Als Spielstätte der Kunst und gleichzeitig Produktionsstätte für Kunst muß das Theater als künstlerischer und wirtschaftlicher Betrieb eine schwierige Doppelrolle spielen. Durch die dramatische Finanzkrise aller öffentlichen Haushalte, die damit verbundenen Sparzwänge der Theaterträger und die Forderungen nach grundlegenden strukturellen Veränderungen sind die Theaterbetriebe unter enormen Druck geraten. Infolge des Diktats der leeren Kassen regiert inzwischen der Kassenbericht und damit der Zwang zum wirtschaftlichen Erfolg. Der Spagat zwischen Kunst und Kasse wird immer größer und gefährdet zunehmend die Substanz und Existenz des Theaters. Wenn die Theater überleben wollen, müssen sie den neuen Herausforderungen mit neuen Konzepten begegnen. Das gilt auch für das Nationaltheater Mannheim, das in den letzten Jahren durch eine große Sanierung, erhebliche Mittelkürzungen und zusätzliche Finanzierungsleistungen, zwei Intendantenwechsel (1992 und 1996) und die Umwandlung in einen Eigenbetrieb ab 1. September 1996 an die Grenzen seiner Belastungs- und Leistungsfähigkeit geraten ist.

Das Theater als Kultur- und Wirtschaftsfaktor

Angesichts der tiefgreifenden und strukturellen finanziellen Krisensituation der öffentlichen, besonders der kommunalen Haushalte ist es – nicht zuletzt für die Theater – höchste Zeit, den Fragen ihrer kulturellen und ihrer wirtschaftlichen Bedeutung entschieden mehr Aufmerksamkeit zu widmen als bisher. Bei der Frage, welchen Stellenwert das Theater in unserer heutigen Gesellschaft einnimmt, ergibt sich ein eklatanter, grundsätzlicher Widerspruch: einerseits die erfreuliche und zunächst beruhigende Erkenntnis, daß Theater, wie die Kultur schlechthin, als Wachstumsbranche für die Zukunft gilt, andererseits die ernüchternde und eher beunruhigende Tatsache, daß bei einer Kürzung der öffentlichen Ausgaben gerade die großen und traditionsreichen Kultureinrichtungen wie Theater immer wieder als erste in die »Schußlinie« geraten. Die wesentliche Ursache dafür ist, daß dieser Bereich – im Gegensatz beispielsweise zur öffentlichen Daseinsvorsorge – bis heute immer noch nicht als gesetzliche Pflichtaufgabe anerkannt und als sogenannter »Subventionsempfänger« (»Almosenempfänger«?) in ungleich stärkerem Maße Beweiszwängen ausgesetzt ist.

Insofern erweisen sich die Ergebnisse wissenschaftlicher Untersuchungen der letzten Jahre als hilfreich, die zu der zunächst verblüffend erscheinenden Aussage gelangen, daß Theater nicht nur bedeutende Kultur-, sondern auch beachtliche Wirtschaftsfaktoren für die jeweilige Stadt bzw. Region darstellen und auf dem Wege der Umwegrentabilität (also zum Beispiel ihrer Einkommens- und Beschäftigungsnebeneffekte) mehr Geld einbringen, als sie kosten. Denn als künstlerische Einrichtungen sind Theater nicht nur Auftraggeber für die einheimische und regionale Wirtschaft, sondern erbringen über ihre Wirtschaftstätigkeit sowie über die Ausgaben ihrer Besucher (wie etwa für Transporte, Gastgewerbe, Einkäufe) in erheblichem Maße Leistungen an die Wirtschaft bzw. induzieren Leistungen und bewirken Steuerrückflüsse an den Staat. Dadurch regen sie den Geld- und Wirtschaftskreislauf an. Errechnet wurde im Durchschnitt ein Anteil an der Gesamtbruttowertschöpfung in Höhe von 2,3 %, an den Gesamterwerbstätigen in Höhe von 2,7 % und an den Gesamteinlageinvestitionen in Höhe von 1,4 %. Eine über die Rolle des Nationaltheaters Mannheim als Wirtschaftsfaktor durchgeführte Untersuchung hat diese wissenschaftlich gestützten Ergebnisse bestätigt. Obwohl von vielen milde belächelt, haben diese neuen Erkenntnisse zumindest mit der Vorstellung aufgeräumt, bei Kultur handele es sich um überflüssigen Luxus, auf den man, wenn es darauf ankommt, als erstes verzichten könne.

Theater und Marktwirtschaft

Als Spielorte der Kunst und zugleich Produktionsstätten für Kunst sind Theater Wirtschaftsunternehmen, die Kunst produzieren. Im Gegensatz zu rein marktwirtschaftlich orientierten Betrieben, die ausschließlich auf Gewinnerzielung ausgerichtet sind, gilt als Hauptziel des Theaters der künstlerische Erfolg, was nicht bedeutet, daß die künstlerische Produktion nicht auch mit dem Ziel eines möglichst weitgehenden wirtschaftlichen Erfolgs geschieht. Die Balance zwischen den beiden Zielen gleicht jedoch – insbesondere in finanziellen Krisenzeiten – einem ständigen Drahtseilakt. Das prinzipielle Dilemma des öffentlich geförderten Theaters ist und bleibt der Grad der Anpassung der künstlerischen Leistungen an den allgemeinen Marktprozeß, also an die Angebots- und Nachfragebeziehungen. Die gesamte Geschichte des deutschen Theaters ist von dieser Konfliktsituation gekennzeichnet.

Vor dem Hintergrund der dramatischen Finanzkrise aller öffentlichen Haushalte und der damit

Einnahmenstruktur öffentliche Theater

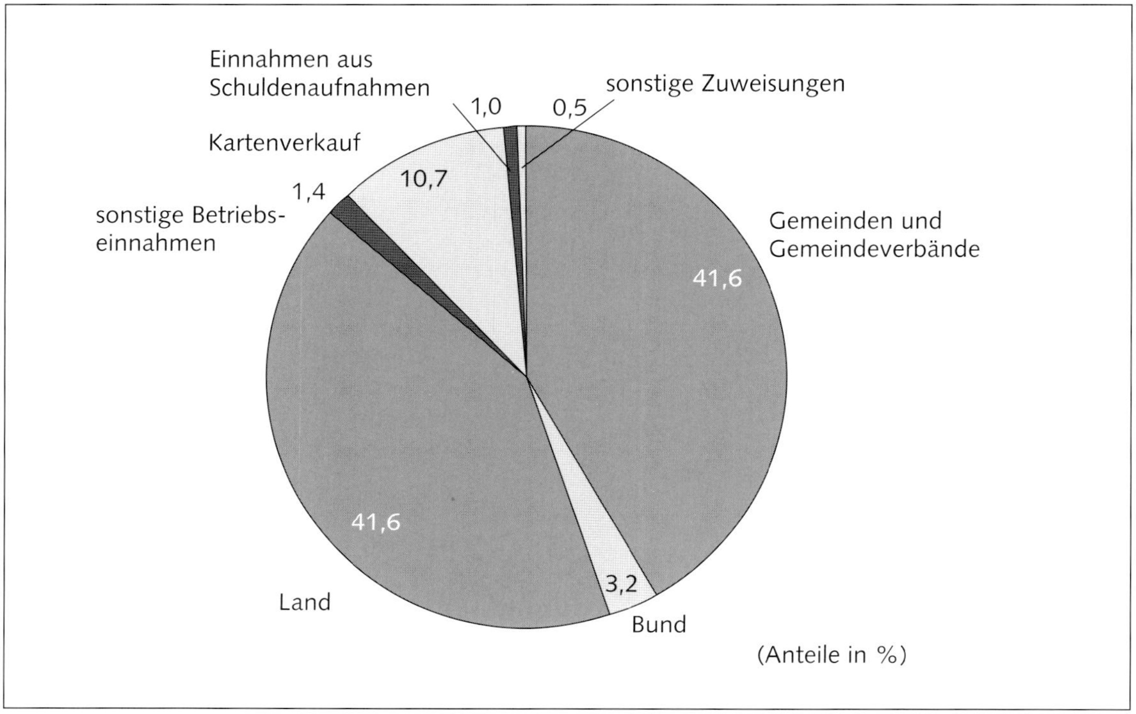

			in Mio DM
Gesamtzuweisungen	3 823 478 TDM (87,9 %)	– Gemeinden / Gemeindeverbände	1810
Gesamteinnahmen	4 348 137 TDM	– Länder	1811
		– Bund	137
		– Kartenverkauf	462
		– Sonstige Einnahmen und Zuweisungen	128

verbundenen Sparzwänge der Theaterträger zeichnet sich ab, daß Politik und Öffentlichkeit nicht mehr bereit sind, Theater wie bisher zu finanzieren. Die gegenwärtige öffentliche Diskussion über Theater ist deshalb auch immer stärker von Fragen der Wirtschaftlichkeit, der Produktivität, der Effizienz und damit von Auslastungsgraden, Einspielergebnissen, Kostendeckungsgraden, Kosten- und Leistungsrechnung und Deckungsbeiträgen und damit von ökonomischen und betriebswirtschaftlichen Themen bestimmt. Gefragt sind immer mehr Erfolgsstücke, also Theater, das auf eine möglichst breite Akzeptanz beim Publikum stößt und für volle Kassen sorgt. In Anbetracht der teilweise tiefgreifenden Mittelkürzungen wächst gleichzeitig der Druck auf eine entsprechende Spielplangestaltung. Dadurch wird die künstlerische Substanz des Theaters zusehends gefährdet. Die Diskussionen über den künstlerischen Erfolg

Ausgabenstruktur öffentliche Theater

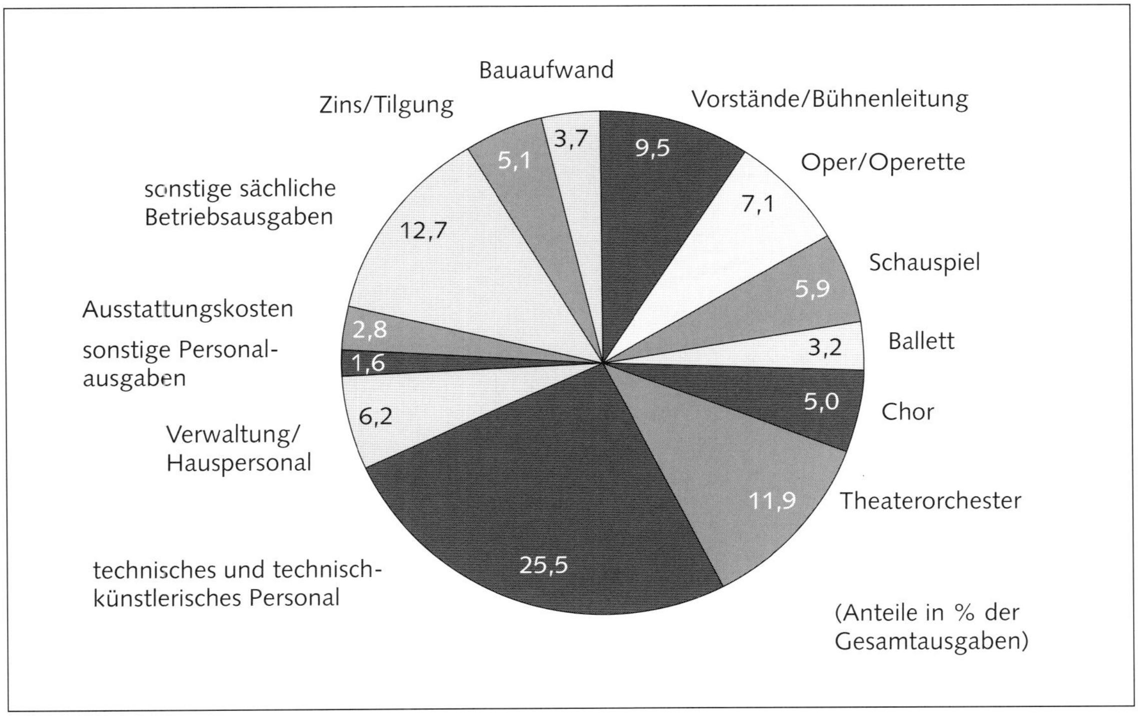

Gesamtausgaben	4 348 137 TDM
Personalausgaben	3 295 673 TDM (75,8 %)
Sachausgaben	1 052 464 TDM (24,2 %)

(%)	-Anteile der Personalausgaben	in Mio DM	(%)
42,6	künstlerisches Personal (künstlerische Vorstände, Solisten, Chor, Ballett, Theaterorchester)	1850	56,0
3,2	technisches Personal	1107	33,8
10,7	Verwaltungs- und Hauspersonal	268	8,1
2,9	sonstige Personalausgaben	70	2,1

und damit über Inhalt, Rolle und Bedeutung des Theaters in der Gesellschaft sind dabei auffällig in den Hintergrund getreten. Für das Theater ist es aber existentiell wichtig, daß parallel zu den erforderlichen betriebswirtschaftlichen und sonstigen Strukturveränderungen auch die Frage nach dem Stellenwert und dem kulturpolitischen Auftrag des Theaters in der Gesellschaft neu gestellt und beantwortet werden muß.

Das Theater in der Krise – Auf dem Weg in die Pleite oder Aufbruch zu neuen Strukturen?

Von »Wasserköpfen«, vom »subventionsverschlingenden Verwaltungsapparat« und dem »Aussterben der Dinosaurier« ist die Rede, wenn heute über das öffentliche Theater gesprochen wird. Die steigenden Kosten und die sinkende Produktivität haben das Theater in eine Krise gestürzt und zusammen mit der öffentlichen Finanzmisere einen Prozeß des längst fälligen Strukturwandels für das gesamte derzeitige Stadttheatersystem ins Rollen gebracht. Nun gibt es Theaterkrisen, solange das Theater existiert. Die derzeitige Krise des Theaters ist aber nicht nur eine Finanzkrise, sondern gleichzeitig eine Strukturkrise des Theaterbetriebs selbst und darüber hinaus eine Legitimationskrise des Theaters schlechthin, also der Rolle und des Stellenwerts des Theaters in einer veränderten Gesellschaft (vgl. auch den Beitrag von Arnold Petersen).

Die Finanz- und Kostenstruktur – Was kostet das Theater?
Die Finanzierung der öffentlichen deutschen Theater erfolgt weitgehend aus öffentlichen Mitteln. Wirtschaftliche Träger der Theater in Deutschland sind Gemeinden, Gemeindeverbände und Länder. Die folgende Darstellung gibt einen kurzen Gesamtüberblick über die wichtigsten ökonomischen Rahmendaten der öffentlichen deutschen Theater und ihre Finanz- und Kostenstruktur (Basis: Theaterstatistik 1993/94).

Die Einnahmen- und Ausgabenstruktur (vgl. Grafiken S. 274 und 275) macht deutlich:

- Die öffentlichen Theater sind personalintensive Betriebe; der Kostenanteil beträgt hier ca. 76 %. Von den Gesamtausgaben von ca. 4,3 Mrd. DM entfallen ca. 3,3 Mrd. DM auf Personalausgaben und ca. 1 Mrd. DM auf Sachausgaben.

- Die öffentlichen Theater werden zu ca. 87,9 % aus öffentlichen Zuweisungen finanziert (ca. 3,8 Mrd. DM öffentliche Zuweisungen, ca. 0,5 Mrd. DM Betriebseinnahmen).

- Gemeinden/Gemeindeverbände und Länder tragen den Hauptanteil an der Theaterfinanzierung (jeweils 41,6 %).

Die betriebswirtschaftliche Problematik – Sinkende Produktivitätsentwicklung
Wenn man die Produktivitätsentwicklung des Theaters in Westdeutschland (für das Theater in Ostdeutschland existieren keine vergleichbaren Daten) ausschließlich unter ökonomischen Gesichtspunkten betrachtet, ergibt sich eine abnehmende Produktivität. Das Verhältnis der Entwicklung von Aufwand und Ertrag des Theaters in den letzten 25 Jahren läßt folgendes erschreckende Bild erkennen: Einer Steigerung der Gesamtausgaben um das 5,4fache und des Zuschusses pro Besucher um das 8,8fache steht ein Rückgang der Zahl der Neuproduktionen um ca. 13 % und der Zahl der Besucher um ca. 15 % gegenüber.
Diese kurze Bilanz beweist: Das Theater kostet immer mehr, aber es kommt immer weniger dabei heraus.

Aufbruch zu neuen Strukturen und mehr Wirtschaftlichkeit – das Ende der Kunst?
Der wirtschaftliche Druck auf die öffentlichen Theater ist immer stärker geworden. Wenn die Theater überleben wollen, müssen sie sich den neuen Herausforderungen stellen und ihnen mit neuen Konzepten begegnen. Oberstes Ziel muß sein, den gesamten Theaterbetrieb und seine rechtliche und betriebswirtschaftliche Form effizienter zu gestalten und damit die Produktivität des Theaters zu steigern. Alle Strukturveränderungen müssen deshalb bei den Theaterbetriebs- und Leistungsprozessen ansetzen, also der Planung, Organisation und Leitungsstruktur, den Produktionen und dem Leistungsangebot etc. Eine zentrale Rolle bei der Neugestaltung der Theaterbetriebe spielen insbesondere:

- eine rechtzeitige Planung,
- eine adäquate Organisations- und Leitungsstruktur,
- eine schlanke Produktion,

- ein attraktives Leistungsangebot und Marketing,
- ein effizientes Kostenmanagement,
- ein transparentes Controlling- und Berichtssystem,
- eine verstärkte Beteiligung der MitarbeiterInnen.

Die Finanzkrise der öffentlichen Haushalte und die damit einhergehenden Forderungen nach mehr Kostenbewußtsein, Wirtschaftlichkeit und Produktivität haben einen Wandel und Erneuerungsprozeß in Gang gesetzt, der längst fällig war und der nicht mehr aufzuhalten ist. Dadurch ist ein Perspektivenwechsel entstanden, der sowohl Chancen als auch Risiken in sich birgt. Wichtig dabei ist, daß das »Produkt Theater« in einer wachsenden Medien- und Freizeitgesellschaft seinen Eigensinn und Eigenwert behält und weiter entfalten kann und der damit verbundene »Kulturauftrag« nicht auf der Strecke bleibt.

Nationaltheater Mannheim – Quo vadis?
Die öffentliche Finanzkrise seit Beginn der neunziger Jahre und die damit verbundenen Sparzwänge einerseits sowie die abnehmende Bereitschaft von Politik und Öffentlichkeit andererseits, das Theater wie bisher zu finanzieren, haben auch beim Nationaltheater Mannheim tiefe Spuren hinterlassen. Sie haben gleichzeitig einen Prozeß struktureller Veränderungen verursacht. Dieser setzte 1988 mit der Sanierung ein – also der Erneuerung der äußeren Strukturen –, die bis Anfang 1994 dauerte. Sie erfolgte in drei Phasen, kostete ca. 72 Mio. DM und bewirkte, daß *Opern-* und *Schauspielhaus* vom Sommer 1992 bis Februar 1994 für etwa eindreiviertel Jahre geschlossen und der Proben- und Spielbetrieb in bis zu vierzehn verschiedene Ersatzspielstätten verlagert werden mußte. Die Folge davon waren Besucher- und Einnahmeverluste von etwa einem Drittel und ein gravierender Abbau des Musiktheaterrepertoires. Die sich ab Ende der achtziger Jahre bereits abzeichnende, parallel zur Sanierungsphase III ab 1992 immer stärker durchschlagende Finanzkrise, von der auch die Stadt Mannheim nicht verschont blieb, führte dazu, daß ein Prozeß der Erneuerung der inneren Strukturen, also der notwendigen Anpassung der betrieblichen Strukturen in organisatorischer, personeller, finanzieller und rechtlicher Hinsicht an die veränderten Rahmenbedingungen einsetzte. Eines der wichtigsten Postulate, und zwar sowohl der Politik als auch des Theaters in der 1993 ausgelösten Strukturdiskussion über die Zukunft des Nationaltheaters war die Frage der Umwandlung des Regiebetriebs in einen Eigenbetrieb. Der mit dem Eigenbetrieb verbundene Gedanke war, das Theater organisatorisch, personell und finanziell auf der Basis weitestgehender Verantwortung auf eigene Beine zu stellen und mit der Einführung des betrieblichen Rechnungswesens mit kaufmännischer Buchführung und Kostenrechnung Instrumentarien zu schaffen, es auch wirtschaftlicher zu führen, um mit den dadurch erwirtschafteten Mitteln zusätzliche Freiräume für die künstlerische Arbeit zu gewinnen. Mit der Übertragung der Verantwortung auf das Theater (Eigenbetriebsgesetz) sollten der Theaterbetrieb nicht nur von den formalen Zwängen der Stadtverwaltung befreit sowie die Entscheidungsprozesse verkürzt werden (zum Beispiel durch die Ausgliederung aus der kommunalen Gesamtverwaltung und die Konzentration auf einen Betriebsausschuß), sondern sollte auch die Handlungs- und Entscheidungsfreiheit des Theaters gleichzeitig auf rechtlicher Basis gesichert werden.

Ausgelöst durch die Finanzprobleme der Stadt, sind die ursprünglichen mit dem Eigenbetrieb verbundenen Ziele immer mehr in den Hintergrund gedrängt worden. Die Diskussionen seit dem Doppelhaushalt 1993/94 der Stadt sind zunehmend von der Frage bestimmt gewesen, wie der städtische Zuschuß für das Nationaltheater reduziert werden kann. So hat der Gemeinderat auf Antrag der CDU-Gemeinderatsfraktion zum Doppelhaushalt 1993/94 beschlossen, den Zuschuß für das Nationaltheater ab 1995 möglichst auf vierzig Millionen DM zu begrenzen. Obwohl es in den folgenden Diskussionen der Gemeinderatsgremien darüber immer wieder um die Frage ging, welches Theater sich die Stadt leisten kann, hat eine Strukturdebatte über Inhalte, Ziele und Stellenwert des Nationaltheaters für die Zukunft bis heute nicht stattgefunden. Statt dessen hat sich der Finanzdruck auf das Theater mit dem Doppelhaushalt 1995/96 und weiteren Kürzungen und Sperren noch verstärkt. Trotz dieser erheblichen Einschnitte sowie des fortschreitenden Personalabbaus ist es dem Nationaltheater in den beiden Jahren seit 1994 mit einer enormen Wiederaufbauleistung des gesamten Ensembles und aller Bereiche gelungen, in einem relativ kurzen Zeitraum die durch die Sanierung eingetretenen Verluste wieder wettzumachen und nicht nur an die Leistungen und Ergebnisse vor der Sanierungsphase anzuschließen, sondern diese teilweise noch zu übertreffen.

Mit einem neuerlich tragfähigen Repertoire (ca. sechzig Produktionen), etwa gleichen Besucherzahlen (ca. 350 000) und Einnahmen in nie dagewesener Höhe (ca. 9,5 Millionen DM), konnten sowohl künstlerisch als auch wirtschaftlich – trotz widriger Umstände – wichtige Grundlagen für den ab 1. September 1996 begonnenen Eigenbetrieb geschaffen werden. Hervorzuheben ist, daß diese Leistungen und Ergebnisse trotz eines seit 1992 (dem letzten »normalen« Jahr vor der Sanierung) in etwa gleichgebliebenen städtischen Zuschusses und eines seit 1992 eingefrorenen Landeszuschusses erzielt worden sind. Unter Berücksichtigung der seit 1992 erfolgten tariflichen und sonstigen Kostensteigerungen bedeutete dies gegenüber 1992 eine Einsparleistung von ca. sieben Millionen DM bzw. 10 %.

Dadurch ist der Druck auf die ohnehin zu knappen Personalressourcen (insbesondere im technischen Bereich) weiter gewachsen. Ein Theaterbetrieb, der längst die Grenzen seiner Belastbarkeit erreicht hat und der als wirtschaftlich geführtes Theater gilt, kann derartige Belastungen und weitere Kürzungen auf Dauer ohne Schaden nicht überstehen. Die unweigerliche Folge wären weitere Substanz- und Qualitätsverluste. Der Weg in die Provinz wäre damit nicht mehr aufzuhalten. Wenn das Nationaltheater dank des engagierten Einsatzes seiner MitarbeiterInnen in allen Bereichen noch immer einen relativ guten Ruf als Ensemble- und Repertoiretheater hat, so trügt der äußere Schein. Der Betrieb knirscht und kracht in allen Fugen. Um zu verhindern, daß er auseinanderbricht, bedarf es eines außergewöhnlichen Geschicks und Fingerspitzengefühls aller verantwortlichen Entscheidungsträger der Stadt und des Theaters. Was das Theater braucht, ist eine mittelfristig gesicherte finanzielle Perspektive, eine weitestgehende Handlungs- und Entscheidungsfreiheit und nach den Turbulenzen der letzten Jahre Ruhe, damit es sich auf seine künstlerische Arbeit konzentrieren und die Motivation der MitarbeiterInnen gefördert werden kann. Bei allen Bemühungen, weitere neue Besucherschichten mit neuen Ideen, Projekten und besonderen Angeboten an das Theater heranzuführen, sollte das Nationaltheater trotz des finanziellen Drucks nicht der Versuchung unterliegen, sein Spielplanangebot immer mehr mit dem Blick auf den Kassenerfolg zu gestalten. Im Zentrum der Arbeit muß neben der Erhaltung des Ensemble- und Repertoiregedankens die künstlerische Qualität des Spielplanangebots und deren permanente Steigerung stehen. Sonst verspielt das Nationaltheater seine Zukunft.

Im Interesse der Bürger dieser Stadt und der gesamten künftigen Entwicklung des Kultur- und Wirtschaftsraums Mannheim sollte es gerade in finanziell schwierigen Zeiten das gemeinsame Ziel der Stadt sowie der Wirtschaft und der Bürgerschaft sein, das Nationaltheater als wichtigen Kultur- und Wirtschaftsfaktor auch in Zukunft im Sinn eines leistungsfähigen Theaters von hoher künstlerischer Qualität und Produktivität zu erhalten.

Literatur

Beutling 1983; 1986; 1988; 1993; 1995 – Statistik 1993/94.

Zeitzeugen: Petrina Kruse-Gitschel

Waltraud Brunst

Petrina Kruse-Gitschel
Opernsängerin
Sopranistin
Foto: privat

Wenn von den goldenen *Schauburg*-Zeiten die Rede ist, dann bekommen die Opern-Nostalgiker heute noch glänzende Augen. Ach ja, Willi Wolff, Irene Ziegler, Heinz Sauerbaum – das waren noch magische Persönlichkeiten! Ein echter Publikumsliebling aus jener Zeit, die Opernsoubrette Petrina Kruse, lebt noch mitten unter uns. Obwohl sie schon 1963 aus dem Ensemble des Nationaltheaters ausgeschieden ist, fördert jeder Mannheimer Langzeit-Abonnent mühelos ihre Glanzrollen aus dem Gedächtnis: Ännchen und Susanna, *Fidelio*-Marzelline und Sophie.

Im Gespräch mit der fast Siebzigjährigen kostet es kein bißchen Mühe, die Rollenbilder von damals aus der Erinnerung zurückzurufen. »Unsere Petrina«, wie die legendären Mannheimer Marktfrauen zu sagen pflegten, ist schlank, braungebrannt und lebhaft. Sie genießt es, »in Ruhe und Frieden« mit ihrem Ehemann Hans-Georg Gitschel, der dem Nationaltheater viele Jahrzehnte als Studienleiter, Korrepetitor, Kapellmeister und Hauskomponist diente, auf die goldene Hochzeit zuzusteuern – in dem Metier wahrlich eine Seltenheit!

So beschaulich waren die Zeiten im Hause Gitschel beileibe nicht immer. Die Jungvermählten kamen 1947 ins zerbombte Mannheim; Gitschel fing bei Fritz Rieger als Studienleiter an. 1950 sang Petrina Kruse dem damaligen Generalmusikdirektor Eugen Szenkar das *Freischütz*-Ännchen vor; das hatte die »höhere Tochter« schon auf dem Gymnasium gelernt. Als Mutter zweier Kleinkinder war sie vollauf beschäftigt, hatte aber nebenbei – den »Korrepetitor im eigenen Haus« fleißig nutzend – so manche Fachpartie dazustudiert. Mit den Anstellungsverträgen sah man das in der Pionierzeit nach dem Zweiten Weltkrieg nicht so eng, und so durfte die junge Dame mit der perfekt geführten, wunderschön timbrierten Stimme und der appetitlichen Ausstrahlung als sogenannte Externistin immer mal wieder auf dem »Nudelbrett« in der *Schauburg* einspringen: als Ännchen, als Susanna, als Najade in *Ariadne auf Naxos*.

Petrina Kruse-Gitschel erinnert sich noch heute mit Schrecken daran, daß sie, die eigentlich immer gleich mit Haut und Haaren in Kostüm und Maske geschlüpft war, bei den ersten richtigen Zivil-Proben ungeahnte Probleme hatte. In Rock und Bluse auf der Probebühne oder (später) im Cocktailkleid – so hieß das in den Fünfzigern – auf dem Konzertpodium bei einer sogenannten »Tingelei« war sie nach eigener Einschätzung nur die Hälfte wert. Als sie für *Hänsel und Gretel* das Taumännchen probierte – also das weiß sie noch ganz genau! –, da hatte sie plötzlich »mindestens fünfzig Beine«.

Wahrscheinlich hätte der (für das Theater so bequeme) Externistinnen-Status noch lange weiterbestanden, hätte nicht 1954 Herbert Maisch, damals Intendant in Köln, die junge Sängerin in der Generalprobe zu Hindemiths *Mathis der Maler* gesehen und gehört. Die wollte er unbedingt an die Kölner Oper engagieren! Mannheims Intendant Hans Schüler erkannte den Handlungsbedarf und band Petrina Kruse mit einem Fachvertrag ans Nationaltheater – für stolze 480 Mark, wie sie sich erinnert.

Es folgte ein Jahrzehnt großer Bühnenerfolge, ab 1957 dann im neuen Haus am *Goetheplatz*, wo die quirlige Petrina endlich genügend »Auslauf« hatte. Was war das damals für ein verschworener Ensemblegeist, und was waren das für herrliche Rollen! Obwohl, wie sie es formuliert, »nicht alles leicht ist, was Schürze und Zöpfe trägt.« Petrina Kruse wollte singen, und sie sang nach Herzenslust. An so manchem Sonntagmorgen in zwei verschiedenen Kirchen, wobei kein Mensch darüber nachdachte, ob sie abends noch Vorstellung hatte. Sie sagte fast nie ab, überschritt auch kühn ihre Fachgrenzen, als man ihr Mimi und Antonia anbot: »Ich wollte doch auch mal sterben...«

Im Jahr 1963 rächte sich der seit langem überforderte Körper. Noch ein Jahr am Heidelberger Stadttheater, des kleineren Spielplans wegen, dann sagte Petrina Kruse der Bühne für immer ade. Während alle Welt dachte, es bräche ihr das Herz, war sie zunächst eher erleichtert darüber, dem Dauerstreß entronnen zu sein. Sie schildert das Hochgefühl, »morgens um zehn in Ruhe zu frühstücken, während die Kolleginnen vielleicht schon das hohe C abrufen müssen«, auch die Erleichterung, sieben Jahre lang nur für die Kinder da zu sein. »Die Tränen um das verlorene Paradies kamen erst später.«

Den Kontakt zur Welt des Gesangs hat Petrina Kruse-Gitschel nie verloren. Sie hat immer aktiv am Musikleben ihres Mannes teilgenommen, später auch selbst wieder unterrichtet. Wahrscheinlich kam ihr die immer schon recht unprätentiöse Sicht auf ihren Beruf in jener Zeit zugute. Selbst auf dem Gipfel ihrer kurzen, schönen Karriere wäre es ihr nie eingefallen, sich als »Opernsängerin« zu bezeichnen. »Ich bin am Theater« oder »ich singe« pflegte sie auf Anfrage mitzuteilen. Der allseits bekannte Diva-Typ unter den Kolleginnen, »der selbst am Strand von Rimini die großformatigen Rollenfotos aus der Badetasche zieht«, der wäre wohl auch nach dreißig Jahren noch außerstande, so entspannt wie Petrina Kruse über die große Krise in ihrem Künstlerleben zu sprechen.

Das Theater und die Technik

Stefan Ritter und *Eduard Roth* im Gespräch

Blick in die Bühnenmaschinerie des alten Nationaltheaters auf B 3. RMM, Thslg. Nachlaß Brandenburg

Wieviel Technik braucht das Theater, nimmt die Technik im Theater überhand, sind die technischen Abteilungen im Theater chronisch unterbesetzt, was bedeutet es für den täglichen Theaterbetrieb, wenn das technische Personal weiter reduziert wird, was machen die Bühnentechniker überhaupt tagsüber, für welche Abläufe im Theater ist der Technische Direktor verantwortlich, welche Bedeutung hat das Licht im Theater? – all diesen und anderen Fragen haben sich 1996 und 1997 Stefan Ritter, Technischer Direktor seit September 1996, und Eduard Roth, bis Ende 1997 Leiter des Beleuchtungswesens, gestellt. Ihre Antworten zeigen, wie hoch der Anteil der Technik am Gesamterfolg des Theaters einzuschätzen ist.

Herr Dr. Ritter, Sie sind seit September 1996 Technischer Direktor am Nationaltheater Mannheim, Sie, Herr Roth, seit 1980 Leiter des Beleuchtungswesens. Können Sie bitte zunächst erklären, wie Ihre Arbeitsgebiete aussehen.

Stefan Ritter: Grundsätzlich ist zunächst festzustellen, daß die Theater mit ihren umfangreichen technischen Anlagen nicht wegen der technischen Mitarbeiter gebaut worden sind, sondern daß wir uns in allen technischen Bereichen als Dienstleister für die künstlerischen Sparten, in Mannheim sind das Oper, Schauspiel, Ballett und das Kinder- und Jugendtheater *(Schnawwl)*, zu verstehen haben. Damit ist vor allem die ständige Kooperation und Kommunikation mit den genannten Sparten durch mich und meine Mitarbeiterinnen und Mitarbeiter gemeint. Dazu gehört selbstverständlich auch der enge Kontakt zu den Abteilungen, die für die künstlerische Organisation zuständig sind, wobei die technische Direktion mit all ihren Abteilungsleitern an den Planungsprozessen direkt beteiligt ist. Grundlage der künstlerischen und technischen Disposition ist der jährliche Plan der Neuproduktionen, also der Premieren, die für eine Spielzeit vorgesehen sind.

Dieser Inszenierungsplan enthält für eine Spielzeit, die abzüglich der Theaterferien zehneinhalb Monate dauert, ca. 25 bis dreißig Premieren, das heißt im Monat sind zwei bis drei Premieren zu realisieren. Die damit verbundenen Zahlen sind für unsere Mitarbeiterinnen und Mitarbeiter des technischen Bereiches und für die Kostüm- und Maskenabteilung eine große Herausforderung! Zu den eben genannten Neuinszenierungen kommt der tägliche Spielbetrieb im *Opernhaus*, *Schauspielhaus*, in der Studiobühne und im *Schnawwl*, der in Mannheim überaus abwechslungsreich ist, in Deutschland eigentlich einmalig. Somit sind der Einsatz und die Ideen dieser Dienstleistungsabteilungen täglich neu zu aktivieren.

Welche sind Ihre speziellen Aufgaben bei der Erarbeitung einer Neuinszenierung?

Stefan Ritter: Strukturell ist die Technik in zwei große Bereiche zu untergliedern. Auf der einen Seite in den Werkstattbereich, der für alle Sparten des Theaters arbeitet, mit Schreinerei, Schlosserei, Dekorationswerkstatt, Plastikabteilung und Malersaal sowie Kostümwerkstatt und Maskenherstellung. Und in den zweiten großen Bereich, den Bühnenbetrieb mit der Bühnentechnik, Beleuchtungstechnik, der Ton- und Requisitenabteilung; die Mitarbeiterinnen und Mitarbeiter dieses Bereiches sind den jeweiligen Spielstätten zugeordnet.

Spielstättenübergreifend arbeitet die Abteilung »Technischer Betrieb und Wartung«. Diese Mitarbeiter bedienen die technischen Anlagen, also maschinentechnische Anlagen für die Bühnen, elektrische und klimatechnische Anlagen für alle Bereiche des Nationaltheaters sowie regelungs- und steuerungstechnische Anlagen. Sie sind auch für deren Wartung und Instandhaltung zuständig.

Die Mitarbeiter des Transports realisieren die Transporte von den Dekorationslagern, die in Mannheim leider relativ weit außerhalb des Theatergebäudes liegen, zu den Spielstätten und umgekehrt, und nicht zu vergessen, die Mitarbeiter der Studiotechnik, die die Studiobühne im *Werkhaus* und alle Probebühnen, auch die außerhalb des Theaters, betreuen.

Dies gilt auch für die Produktionsleitung mit den technischen Assistenten. Sie ist für die gesamte zeichnerische und konstruktive Vorbereitung der Werkstattunterlagen unter Einbeziehung der technischen Bedingungen der Spielstätten

Vom Modell zur Dekoration: Blick in die Schreinerei des Nationaltheaters. Vorne links das Bühnenbildmodell von Dieter Stegmann zur Neuinszenierung des Barbier von Sevilla *von Gioacchino Rossini am 2. Dezember 1980. Foto: Thomas Huther. RMM, Thslg.*

verantwortlich. Sie stellt außerdem die ständige Verbindung zum Bühnenbildner während der Werkstattfertigung her und gehört unmittelbar zur technischen Direktion.

Wie gestaltet sich denn nun konkret der chronologische Ablauf der technischen Vorbereitungen für eine Neuinszenierung?

Stefan Ritter: Der erste Kontakt mit dem Bühnenbildner geschieht zum sogenannten Konzeptionsgespräch. Hier wird vom Bühnenbildner anhand von Zeichnungsunterlagen, Bühnenbildmodell und verbaler Erläuterung das technische Konzept vorgestellt und von mir und einigen leitenden technischen Mitarbeitern und Vertretern der beteiligten künstlerischen Sparte mit unseren Möglichkeiten auf der jeweiligen Bühne und gedanklich auch schon mit den Werkstattfertigungsmöglichkeiten verglichen. Im Ergebnis dieses Gespräches werden die Bedingungen für die Bauprobe festgelegt. Diese findet ca. zehn Tage nach dem genannten Konzeptionsgespräch statt und stellt die zweite Phase der Entwicklung einer Neuinszenierung dar. Auf der Bauprobe wird mit vorhandenen Materialien das Bühnenbild im Maßstab 1:1 auf der Bühne markiert. Das dient dazu, Proportionen festzulegen, die optische Wirkung zu erkennen, eventuell erste Lichteindrücke zu vermitteln und je nach Möglichkeit und Erfordernis auch Farbwirkungen zu testen. Hierbei werden bereits Möbel genutzt, um die Spannungsverhältnisse im Bühnenraum zu simulieren. Vorgesehene technische Veränderungen werden mit den Markierungsmaterialien geprobt. Mit der Bauprobe sind alle Maße endgültig fixiert, und der Bühnenbildner fertigt seine Zeichnungen an. Diese übergibt er in der sogenannten Werkstattbesprechung an die Abteilungsleiter der Werkstätten. Diese Werkstattbesprechung stellt die dritte Phase des Ablaufs für eine Neuinszenierung dar. Eine solche Werkstattbesprechung dauert in der Regel mehrere Stunden, alle Dekorationsteile werden detailliert besprochen, also die Maße, der Werkstoff, besondere malerische Behandlungen oder spezielle Funktionserfordernisse.

Anschließend sind die Werkstattleiter aufgefordert, eine Kostenkalkulation, ihren jeweiligen Verantwortungsbereich betreffend, zu erstellen. Diese Kalkulation wird mit den finanziellen Budgets der Inszenierungen verglichen und gemeinsam mit dem Bühnenbildner sowie der zuständigen künstlerischen Leitung, falls erforderlich, abgestimmt. Parallel dazu vollzieht sich die Erarbeitung der Werkstattzeichnungen in der Produktionsleitung, der Materialeinkauf, die Personalplanung mit teilweise erforderlicher Fremdvergabe und die technische Planung mit den beteiligten Abteilungen des Bühnenbetriebes.

Diese Arbeiten sind der Ausgangspunkt für die Phase vier, die Werkstattfertigung. Sie nimmt in der Regel mehrere Wochen in Anspruch, wobei hier der Ausstattungsumfang entscheidend ist. In den Werkstätten müssen jeweils zwei bis drei Inszenierungen parallel bearbeitet werden. Daraus resultiert, daß die Organisation, insbesondere die Koordination der einzelnen Aufträge, eine ganz entscheidende Rolle spielt, denn zu einem im Inszenierungsplan festgelegten Termin, der sogenannten technischen Einrichtung, ist die gesamte Dekoration von der Werkstatt komplett auf die jeweilige Bühne zu transportieren. An diesem Tag wird sie das erste Mal aufgebaut, die geplanten Funktionen der einzelnen Dekorationsteile müssen dann den Anforderungen entsprechen.

Ergänzen möchte ich die Phase vier noch durch den Hinweis, daß jetzt auch die künstlerischen Proben auf den Probebühnen und den jeweils vorgesehenen Spielstätten beginnen. Für die technischen Mitarbeiter bedeutet das, daß zu diesem Zeitpunkt die Probebühnen außerhalb des Theaters gleichfalls vorbereitet worden sein müssen. Diese werden dann für einen längeren Zeitraum genutzt, ansonsten herrscht im Theaterbetrieb täglich der Wechsel zwischen Probe am Vormittag und Aufführung am Abend. All diese ständigen Veränderungen sind durch die technischen Mitarbeiter zu erledigen.

Mit der technischen Einrichtung und der sich anschließenden mehrstündigen Beleuchtungseinrichtung sowie Beleuchtungsprobe ist der technische Aufbau vorerst abgeschlossen, und es beginnt die Endprobenphase, in der Oper zunächst noch mit dem Klavier, dann erst mit dem Orchester. Schließlich folgen die Hauptprobe und die Generalprobe, dann die Premiere. – Ich habe das so ausführlich geschildert, weil verständlicherweise ab und zu die Frage aufkommt: Was machen die Techniker eigentlich den ganzen Tag?

Herr Roth, würden Sie dies bitte aus Ihrer Sicht ergänzen.

Eduard Roth: Die Abteilung Beleuchtungswesen besteht zur Zeit aus 31 Personen und zwei Aushilfskräften. Mit diesem Personal betreuen wir die drei Spielstätten, das heißt, das *Opernhaus,* das *Schauspielhaus,* das *Studio im Werkhaus* sowie außerdem das *Casino im Werkhaus* und sämtliche

Probebühnen. Als Leiter der Abteilung muß ich das Personal einteilen, es bei Laune halten und motivieren. Gemeinsam mit dem Technischen Direktor nehme ich die notwendigen Neueinstellungen vor.

Gibt es beim Theater keinen Einstellungsstop?

Eduard Roth: Doch, leider gibt es zur Zeit bei den Beleuchtern einen Stellenbesetzungsstop, der uns wirklich schwer beutelt. – Neben der Betreuung des Personals habe ich für die technischen Anlagen zu sorgen. Das heißt, die etwa tausend Scheinwerfer, die wir haben – die genaue Zahl weiß ich gar nicht – brauchen ja immer wieder Ersatzteile, also Linsen, Spiegel und Leuchtmittel. Im Lauf eines Jahres kommt da ein ganz schönes Volumen zusammen, das benötigt wird, nur um den Betrieb am Laufen zu halten.

Horizont-Beleuchtungsgestell mit motorgetriebenen Scheinwerfern im Opernhaus, 1994.
Foto: Studio Lossen Foto, Heidelberg.

Außerdem kümmere ich mich um die Neuproduktionen. Von den 25 bis dreißig Werken, die wir in der Spielzeit machen, beleuchte ich selbst etwa acht Stücke. Die anderen werden von mir bis zur Lichtbesprechung mit dem Regisseur betreut, danach übernimmt sie ein anderer Beleuchtungsmeister. Ich versuche außerdem, wenigstens einmal im Jahr, außerhalb von Mannheim etwas zu machen, das heißt, ich leuchte dann ein Musical aus oder arbeite für den *Süddeutschen Rundfunk* oder das Fernsehen. Es ist für die eigene Arbeit sehr wichtig, wenn man sich immer wieder mit anderen Gegebenheiten auseinandersetzen kann. – Für den Betrieb am Nationaltheater müssen die Dienstpläne erstellt werden. Das machen zwar meine Obermeister, aber kontrollieren muß ich sie, denn wenn es ein Problem gibt, fällt das auf mich

zurück. Damit alles klappt, muß man sich immer weiterbilden, entweder bei der *Show-Tech* in Berlin oder bei bühnentechnischen Tagungen. Natürlich gehe ich auch immer wieder in andere Theater und schaue mir dort Stücke an und beobachte, wie die Kollegen ausleuchten, ob sie es gut oder schlechter als wir am Nationaltheater machen.

Das Schöne für mich an meiner Arbeit am Mannheimer Nationaltheater ist die Tatsache, daß ich sowohl für das Schauspiel als auch für die Oper verantwortlich bin. Eine solche Möglichkeit gibt es sonst nicht oft in der Bundesrepublik.

Herr Ritter, was schätzen Sie seit Beginn Ihrer Tätigkeit am Nationaltheater Mannheim als positiv ein, und wo haben Sie negative Erfahrungen gemacht?

Stefan Ritter: Ich will mit letzterem beginnen: Negative Einflüsse oder Erfahrungen beeinträchtigen mich meinem Naturell nach nicht allzu sehr. Wenn ich hier aber etwas anführen soll, dann ist es die Vorruhestandsregelung der Stadt Mannheim, die den technischen Bereich systematisch dezimiert. Diese Vorruhestandsregelung besagt, daß Mitarbeiter mit dem 58. Lebensjahr das Theater verlassen und in den Ruhestand gehen können. Diese Stellen dürfen aber nicht wiederbesetzt werden. Im Klartext bedeutet das, daß wir nach und nach einen Mitarbeiter nach dem anderen verlieren, der sowieso schon geringe Personalstand am Nationaltheater Mannheim immer niedriger wird, und die Aufgaben nicht mehr erfüllt werden können. Letztlich hat das Einschnitte in der künstlerischen Planung und Realisierung zur Folge.

Was bedeutet das konkret?

Stefan Ritter: Da jede Neuinszenierung eine Einzelanfertigung darstellt, ist der Einsatz von Maschinen, wie er in der Wirtschaft üblich ist, nicht möglich. Das Theater ist hier und heute und auch für alle Zukunft auf die handwerkliche Arbeit von Menschen angewiesen. Daß die Mitarbeiter in den Werkstätten über hohe künstlerische Fähigkeiten verfügen, muß man an dieser Stelle unbedingt erwähnen. Ebenso trifft das auf der Bühne selbst zu: Auch hier ist die manuelle Arbeit der Bühnentechniker durch keine Maschine ersetzbar. Folglich müßten wir, wenn infolge dieser Vorruhestandsregelung weiterhin Personal abgebaut wird, das künstlerische Angebot für die Mannheimer Bevölkerung einschränken. Das würde bedeuten: Es gibt pro Spielzeit weniger Inszenierungen, weniger Vielfalt, mehrere Tage im Monat überhaupt keine Vorstellungen und auch keine Proben und schließlich reduzierte Dekorationen. Oder – von der anderen Seite betrachtet: Bei gleichem künstlerischen Angebot ergäben sich beträchtliche Kostenerhöhungen, da die Werkstattfertigung fremdvergeben werden müßte. Außerdem wären im Bühnenbereich Aushilfskräfte unter ebenfalls erhöhtem Kostenaufwand zu verpflichten.

Alles in allem: keine erfreulichen und sowohl unter finanziellem wie künstlerischem Aspekt auch keine vertretbaren Aussichten für eine Theaterstadt wie Mannheim! Man muß wohl abwarten, ob sich hier in absehbarer Zeit ein Umdenken ergeben wird. – Wo liegen nun aber die positiven Seiten für Sie in Mannheim?

Stefan Ritter: Persönlich sehe ich Mannheim, seine Umgebung und das Nationaltheater mit allen notwendigen Differenzierungen als positiv. Die Mitarbeiter sind engagiert, die Zusammenarbeit ist gut, nicht zuletzt gehört das Nationaltheater mit zu den größten Theateranlagen Deutschlands. Eine positive Erfahrung der

Blick in die neue Maschinerie im Bühnenturm des Opernhauses, 1994. *Foto: Studio Lossen Foto, Heidelberg.*

letzten Zeit ist die rasche Zustimmung des Gemeinderates zur sogenannten Sanierungsphase IV. Die Unterlagen dazu wurden von mir und dem Hochbauamt erarbeitet. Wir werden dadurch in die Lage versetzt, Anlagenteile, die noch aus den Jahren 1956/1957 stammen und nicht in den vorangegangenen Sanierungsphasen ausgetauscht werden konnten, zu erneuern. Beispielsweise gehören dazu die Inspizientenrufanlagen für das *Opernhaus* und das *Schauspielhaus*. Sie haben inzwischen musealen Wert, da sie noch aus dem Erbauungsjahr stammen. Für den Spielbetrieb sind sie aber von allergrößter Bedeutung, sie entsprechen jedoch keinesfalls mehr den heutigen technischen Gegebenheiten. Wir werden sie also im Sommer 1998 ohne Unterbrechnung des Spielbetriebes komplett durch neue Anlagen ersetzen. Diese Sanierungsphase IV wird sich bis über die Jahrtausendwende erstrecken.

Sie haben mit Ihrem Eintritt in das Nationaltheater Mannheim die Ergebnisse der Sanierungsphase III vorgefunden, das heißt ein Großteil der Züge wurde auf Computersteuerung umgestellt. Der Laie stellt sich dann ja gleich vor, daß dadurch im technischen Bereich eigentlich Stellen eingespart werden könnten.

Stefan Ritter: Das ist sicher eine falsche Betrachtungsweise. Zum Beispiel führt der neue Bühnenturm im *Schauspielhaus* dazu, daß die künstlerischen Gestaltungsmöglichkeiten gegenüber der vorhergehenden Bühne wesentlich umfangreicher geworden sind und sich dadurch auch höhere Anforderungen, sowohl an die Werkstätten als auch an die Bühnentechnik ergeben. Hier muß man betonen, daß diese höheren Anforderungen mit dem gleichen Personalstand erfüllt werden! An anderer Stelle habe ich schon darauf hingewiesen, daß das Nationaltheater sowieso schon gegenüber anderen Theatern vergleichbarer Größe einen sehr niedrigen Personalbestand hat und daß eben diese bereits erwähnte Vorruhestandsregelung existiert. Vergangenes Jahr haben fünf Mitarbeiter des technischen Bereiches diese in Anspruch genommen. Trotzdem haben wir alle künstlerischen Anforderungen erfüllt. Ergänzen möchte ich in diesem Zusammenhang noch, daß die erweiterten technischen Anlagen inklusive ihrer komplizierten Steuerung natürlich auch einen hohen Wartungsaufwand erfordern, um die Ausfälle auf ein Minimum zu senken. Dazu ist ebenfalls Personal notwendig, zusätzliche Stellen haben wir aber nicht bekommen.

Herr Roth, was beurteilen Sie als positiv und was beurteilen Sie als negativ nach dem Umbau?

Eduard Roth: Positiv ist, daß wir seit dem Umbau im *Opernhaus* neue Lichtstellanlagen und ein Havariesystem haben. Das heißt also, wenn eine Anlage ausfällt, haben wir die Möglichkeit, mit Hilfe einer kleinen Computeranlage die Vorstellung, ohne daß die Besucher etwas merken, weiterzufahren. Das war vorher gar nicht möglich. Zum ersten Mal nach dem Umbau hat sich das neue System übrigens 1990 bei *My Fair Lady* bewährt. Außerdem haben wir bei der Sanierung im *Opernhaus* die Portalbrücke verbreitert.

Worin besteht bei dieser Maßnahme der Vorteil?

Eduard Roth: Die Portalbrücke ist ein ganz wesentlicher Bestandteil des Ausleuchtens. Von dort bekommen die Personen Rücklicht, Kopflicht, Seitenlicht und Vorderlicht. – Zusätzlich zur Portalbrücke haben wir noch Galerienbrücken eingebaut, auf denen jetzt die Scheinwerfer mit Hilfe von Wagen an ihre jeweilige Position gefahren werden können. Früher mußten die Beleuchter die Geräte mühsam mit dem Stativ hin- und herschleppen.

Auch während der Vorstellung?

Eduard Roth: Nein, das wird vorher eingerichtet. Was in der heutigen Beleuchtung sehr zum Tragen kommt, ist das Gegenlicht. Deshalb haben wir im *Opernhaus* vier Gegenlichtbrücken eingebaut.

Wieso kann man heute nicht mehr ohne Gegenlicht arbeiten, früher ging das doch auch?

Eduard Roth: Das menschliche Auge hat sich auf ganz andere Lichtverhältnisse eingestellt. Mit Hilfe des Gegenlichts wirkt alles viel interessanter. Zwar hat man bis 1970 im Theater kein Gegenlicht eingesetzt, doch seither hat sich diese Technik durchgesetzt und enorm entwickelt. Auch im *Schauspielhaus* haben wir die Lichtstellanlagen erweitert und die Vorderbühne mit Hilfe von Z-Brücken so gestaltet, daß der Beleuchter problemlos einleuchten kann.

Was versteht man unter Z-Brücken?

Eduard Roth: Das sind Beleuchtungsbrücken, die über dem Zuschauerraum liegen. – Darüber hinaus wurden im *Schauspielhaus* drei Gegenlichtbrücken eingebaut. Die gab es dort vorher nicht, denn das *Schauspielhaus* hatte ja keinen Bühnenturm und ist eigentlich erst nach dem

Umbau ein »richtiges« Theater geworden. Sowohl im *Schauspielhaus* als auch im *Opernhaus* haben wir unter den Galerien links, rechts und hinten zusätzliche Teleskopzüge mit je drei Metern Breite eingebaut, mit deren Hilfe wir je nach Bedarf die Bühne auch von der Seite beleuchten können. Auf den Lichtbrücken gibt es natürlich auch Steckdosen, so daß man nicht mehr so lange Kabel ziehen muß wie früher. Auch muß man heute weit weniger als früher mit Laststangen für zusätzliche Scheinwerfer arbeiten. Man kann zwar nicht ganz darauf verzichten, weil man manche Bühnenbilder nicht ausschließlich von den Lichtbrücken aus beleuchten kann, aber wir müssen sicher sechzig Prozent weniger Laststangen verwenden als früher. Probleme gibt es im vorderen Bereich des *Schauspielhauses*. Da ist der Bühnenturm für die Ausleuchtung zu weit nach hinten versetzt. Wir haben daher dort die schon erwähnten Teleskopzüge eingesetzt, die jedoch nicht ganz optimal sind, weil sie etwas zu langsam funktionieren.

Herr Ritter, seit dem Weggang von Paul Walter 1976 gibt es im Mannheimer Nationaltheater keinen festverpflichteten Ausstattungsleiter mehr. Ist die um diese Position immer wieder einmal aufflammende Diskussion für Sie ein Thema?

Stefan Ritter: Das ist eine Frage, die in den vergangenen Jahren allerdings sehr oft diskutiert wurde. Sie ist auch in der Historie der Theaterentwicklung verankert. Vor dem Krieg gab es in Deutschland sehr festgefügte Theaterensembles, die über viele Jahre kontinuierlich zusammenblieben. Gastspiele an anderen Theatern waren nicht die Regel. Das betraf nicht nur Sängerinnen und Sänger, bzw. Schauspielerinnen und Schauspieler, auch Regisseure und Bühnenbildner blieben im Ensemble. Selbst bedeutende Opern- und Schauspielhäuser der Vergangenheit hatten fest engagierte Regisseure und Bühnenbildner. Diese Entwicklung war auch nach dem Zweiten Weltkrieg noch zu verzeichnen. Mit der Änderung der Tarifverträge, dem Willen zu gastieren und dem Kult um die Regisseure, der auch um Deutschland keinen Bogen gemacht hat, vollzog sich die Auflösung des Ensembletheaters, damit lösten sich zugleich die festen Bindungen von Regisseur und Bühnenbildnern zu den Theatern. Somit sind heute die meisten Bühnenbildner und Regisseure freischaffend, meistens arbeiten sie in einem Team zusammen und werden dann auch gemeinsam von den Theatern verpflichtet. Die häufigen Personalwechsel in den Opern- und Schauspielleitungen sind gleichfalls nicht dazu angetan, daß Bühnenbildner in großen Theatern wieder fest engagiert werden. Auf der anderen Seite führt dieser ständige Wechsel des künstlerischen Partners zu ständig neuen Herausforderungen, ob diese Diskontinuität für die künstlerische Prägung eines Theaters von Bedeutung ist, ist natürlich fraglich (vgl. auch den Beitrag von Liselotte Homering und Andreas Krock).

Kann man sagen, daß sich durch diese Tendenz die Verantwortlichkeit im Hinblick auf die Ausstattungsrealisierung insgesamt mehr in Richtung auf die technische Leitung eines Hauses verlagert hat, als auf die künstlerische Leitung?

Stefan Ritter: Die rasante Entwicklung der letzten Jahre und der Einfluß der wirtschaftlichen Zwänge hat dazu geführt, daß heute genauso wie in der Wirtschaft der Manager gefragt ist. Erforderlich ist die Kommunikation zu allen Bereichen des Theaters, ist die Führung aller technischen Abteilungen, ohne daß ich das Fachwissen bis ins Detail für alle technischen Anlagen besitze. Die Delegierung von Verantwortung ist mein Prinzip, sie macht die Arbeit auch erst interessant und wird von meinen Abteilungsleitern angenommen. Ich muß und kann mich auf meine technischen Mitarbeiter verlassen. Was die wirtschaftliche Seite anbelangt, die auch immer mehr im Theater Bedeutung erhält, so ist mir mein Betriebswirtschaftsstudium in diesem Zusammenhang von Nutzen.

Ist Ihr Aufgabengebiet durch diese veränderte Situation nicht insgesamt umfangreicher und dadurch schwieriger zu bewältigen geworden?

Stefan Ritter: Das kann man so nicht sagen. Aufgrund der äußeren Zwänge sind die Anforderungen allerdings höher, und das erfordert mehr Arbeit im Team, eine fundierte Entscheidungsfindung. Ich glaube, daß heute eine Bühnen- und Beleuchtungsmeisterprüfung als Grundlage zum technischen Leiter eines Theaters nur noch in kleineren Theatern ausreicht. Heute sind Managementkenntnisse gefragt.

Lassen Sie uns doch noch einmal ganz kurz auf die Gastbühnenbildner zurückkommen: Versucht hier nicht jeder bis an die Grenzen der Möglichkeiten des Hauses zu gehen?

Stefan Ritter: Sicher ist das so, daß jeder Bühnenbildner versucht, unsere fast 600 qm große Opernbühne, bzw. fast 400 qm große Schauspielbühne, mit ihren umfangreichen technischen Anlagen in Ober- und Untermaschinerie zu nutzen. Grenzen werden gesetzt durch die Budgets, die jeder Bühnenbildner in seinem Vertrag zugewiesen erhält, wie durch die personelle Besetzung in den technischen Abteilungen der jeweiligen Bühnen. Andererseits halte ich es für erforderlich, auch ab und zu die technischen Möglichkeiten voll auszureizen, wie wir es gerade in neuester Zeit bei der *Troubadour*-Inszenierung 1997 durchgeführt haben. Dazu kommt, daß der Beifall für die optisch gelungene Gestaltung eines Bühnenraumes auch der Beifall für die Werkstätten und für die Bühnentechniker ist. Und darüber sind dann alle nach den Anstrengungen, und wenn alles gut geklappt hat, schon sehr glücklich, gerade weil man bis an die Grenzen des eigentlich Machbaren gehen mußte. Aber unsere Besucher auch einmal so richtig mit all den technischen Finessen unserer Häuser zu fesseln, ja regelrecht zu bezaubern, das macht doch viel Freude und wird vom Publikum auch durch verstärkten Besuch der Aufführungen honoriert.

Die Fragen stellte: Liselotte Homering

Blick von der Galerie in den Malersaal, der sich wie die übrigen Werkstätten des Nationaltheaters im Werkhaus *in der* Mozartstraße *befindet. In Arbeit ein Prospekt nach einem Entwurf von Michel Lebois für die Uraufführung von Jérôme Savarys »Bühnenspektakel«* Die drei Musketiere oder D'Artagnan zieht nach Paris *am 15. Oktober 1977. Foto: Gerhard Vormwald. RMM, Thslg.*

Einrichtungen und Abmessungen der Bühnen des Mannheimer Nationaltheaters

Opernhaus:
Portalbreite: 14,5 bis 20 m
Portalhöhe: 3,0 bis 10 m
Bühnenraumbreite: 23,0 m
Bühnenraumtiefe: 23,0 m (mit hochgefahrenem Orchesterpodium 29,0 m)
Bühnenturmhöhe: 23,0 m mit vier Arbeitsgalerien
Drehbühne: Durchmesser 17,0 m,
3 Doppelstockpodien, 3 Schrägsteller,
36 Elektrozüge, 23 Handzüge

Schauspielhaus:
Variable Bühne als Einraumbühne oder Portalbühne mit Bühnenturm
Portalbreite: 11,0 m bis 15,0 m
Portalhöhe: 5,5 m bis 8,0 m
Bühnenraumbreite: 17,0 m
Bühnenraumtiefe: 19,0 m (mit Vorbühne 25,0 m)
9 Plateauversenkungen, schrägstellbar
Bühnenturmhöhe: 23,0 m mit fünf Arbeitsgalerien

Studiobühne im Werkhaus:
Bühnenbreite: 8,0 m
Bühnentiefe: 8,0 m bis 10 m

Bühne des Schnawwl, *Alte Hauptfeuerwache*
Einraumtheater mit flexibler Zuschauertribüne.

(Angaben: Stefan Ritter)

Lichtstellanlagen des Nationaltheaters in der Schauburg und im Nationaltheater am Goetheplatz (Großes Haus/Opernhaus, Kleines Haus/Schauspielhaus und Studio im Werkhaus) 1945 bis 1997

1945 (Siemens Bordoni)
Manuell bedienbare Anlage mit 80 regelbaren Stromkreisen in zylindrisch aufgebauten Spartransformatoren mit Anzapfungen an den einzelnen Windungen.

1957 (Siemens A)
Großes Haus
200 regelbare Stromkreise
Kleines Haus
120 regelbare Stromkreise

Vollelektrische Regelung mittels Magnetverstärkern. Die Bewegung der Stellhebel konnte entweder mit Handrädern oder durch einen in der Drehzahl steuerbaren Motorantrieb vorgenommen werden. Die Laufzeit der Stellhebel war von 2 Sekunden bis 10 Minuten einstellbar. Die Vorlichtstimmungseinrichtung wurde durch 8 Lichtstände möglich.

1977 (Bühnen Spielhaus: Siemens Sitralux B 30; Bühne *Studio im Werkhaus*: Niethammer Lumitron)
Großes Haus
240 regelbare Stromkreise
Kleines Haus
160 regelbare Stromkreise
Studio im Werkhaus
64 regelbare Stromkreise

Erstmals computergesteuerte Lichtanlage mit neuer Software, die speziell für das Nationaltheater entwickelt wurde. Monitorkontrolle. Mittels Diskette konnten 200 Lichtstände vor der Vorstellung programmiert oder als Langzeitspeicher eingeplant werden.

1990 (Bühnen Spielhaus: Siemens Sitralux B 40 und T 40 als Havariesystem; Bühne *Studio im Werkhaus:* Siemens Sitralux T 40)
Opernhaus
540 regelbare Stromkreise
Schauspielhaus
440 regelbare Stromkreise
Studio im Werkhaus
75 regelbare Stromkreise

Computergesteuerte Lichtanlagen mit optimierter Software. Effekttechnik. Unbegrenzte Einprogrammierung der Lichtstände und Zeitzuordnung für jeden einzelnen Stromkreis möglich.

1990 (Strand Lighting)
Opernhaus
PC-Anlage für 30 ferngesteuerte Scheinwerfer verschiedener Typen.

(Angaben: Eduard Roth)

Zeitzeugen: Claus Leininger

Liselotte Homering

Claus Leininger
Schauspieldirektor
Foto: privat

Claus Leininger, waschechter Mannheimer, 1931 in der Quadratestadt geboren, Schüler des Karl-Friedrich-Gymnasiums, Abitur in Mannheim 1950, Berufsziel: Bühne/Theater. »Ich wollte schon als Kind zum Theater, das war in mir drin. Meine Eltern waren ganz entsetzt. Mit zehn Jahren war ich zum ersten Mal im Theater, in der Oper *Hänsel und Gretel*. Dann habe ich aber auch so schwierige Stücke wie beispielsweise Grabbes *Don Juan und Faust* gesehen, den ich bestimmt nicht verstanden habe.« Er erzählt, wie er sich morgens um vier Uhr im Winter an der Kasse angestellt hat, »um für die *Meistersinger*-Abschiedsvorstellung von Karl Elmendorff und das *Walküre*-Debüt-Dirigat von Eugen Bodart eine Karte zu bekommen – Stehplatz hinter dem Parkett!« – Aber auch abgesehen von Aufführungen war er öfters im alten Nationaltheater. »Mittags, auf dem Weg zu meiner Großmutter, die auf dem *Lindenhof* wohnte, machte ich ab und zu den Umweg über B 3 und setzte mich dann auf die Bühne an die Seite und habe zugeschaut, wie die Arbeiter die Dekorationen aufbauten. Ich kann's bis heute nicht begreifen, daß sich kein Mensch um mich kümmerte oder mich herausschmiß.«

Schauspieler wollte Leininger zwar auch werden, was ihm gelang, noch lieber aber Regisseur. Ernst Leopold Stahl, »ein großartiger Mann, auch menschlich sehr fein und sehr freundlich – hat sich immer gewundert, daß so ein Siebzehnjähriger wie ich gerade Regisseur werden wollte.« Überhaupt – Ernst Leopold Stahl: »Er hatte immer junge Leute um sich geschart. Man traf sich alle vier Wochen zu einem Gesprächszirkel in seiner Wohnung in der Oststadt. Vor allem Theaterleute kamen, aber auch Universitätsangehörige aus Heidelberg. Es wurde hauptsächlich über Theater gesprochen, und ich ganz junger Kerl unter Älteren fühlte mich da sehr wohl und habe auch viel profitiert.« Nach vier Jahren vornehmlich Regieassistenz und ein wenig Schauspielerei in der *Schauburg* – »es ist bemerkenswert, was man da alles gespielt hat. Wenn Sie das den Jungen heute erzählen, schütteln die nur den Kopf. Daß große Opern dort gespielt wurden – zum Beispiel *Meistersinger*, *Aida* – und Riesenschauspiele wie *Wallenstein* oder *Hamlet*! Es war jedenfalls eine sehr lebendige Zeit!« Nach vier Jahren *Schauburg* also holte ihn Heinz Hilpert 1956 nach Göttingen, wo er bis 1960 blieb – zunächst als Regieassistent und Schauspieler, dann als Regisseur.

Ab 1960 bis 1967 war Claus Leininger Oberspielleiter bei Hans-Reinhard Müller in Freiburg – »das war für mich eine sehr wichtige Zeit, da war ich sieben Jahre lang und inszenierte alles Mögliche, was mich besonders interessierte. Den Spielplan im Schauspiel konnte ich weitgehend selbst bestimmen. Nach zwei Jahren inszenierte ich auch meine erste Oper, Lortzings *Zar und Zimmermann*, und von da an jedes Jahr eine Oper.« Der Freiburger Zeit folgten sieben Jahre in Essen, ebenfalls als Oberspielleiter des Schauspiels. 1974 engagierte ihn Michael Hampe schließlich wieder nach Mannheim, nun als Schauspieldirektor. Doch halt – so einfach, wie es sich hier anhört, verhielt sich die Angelegenheit nicht. Wir befinden uns wieder einmal in einer Zeit des Umbruchs am Theater: Mitbestimmung ist angesagt. Claus Leininger schildert mit hinreißender Offenheit die Zustände, die ihm seinerzeit am Mannheimer Theater begegneten, und spricht unumwunden von »der schweren Mannheimer Zeit«, die freilich für alles Spätere – seine Intendanzen am *Musiktheater im Revier* in Gelsenkirchen und am Hessischen Staatstheater in Wiesbaden – »hilfreich« war. »Da habe ich vieles gelernt, was ein Intendant können muß.« Wohl war Leininger auf einiges gefaßt, dann aber kam der 7. Oktober 1973, an dem er sich dem Ensemble »stellte«: »Die ganze Probebühne war voll. Da war nicht nur das Schauspielensemble, es waren auch alle Dramaturgen, Assistenten, Inspizienten und Souffleusen anwesend – also, ich glaube, mindestens fünfzig Personen waren um mich herum versammelt. Und da saß ich armer Mensch nun auf der Probebühne 1 im dritten Stock wie vor einem Tribunal und wurde eineinviertel Stunden lang examiniert. Allerdings waren es keine unfairen Fragen, die gestellt wurden. Auch war der Ton durchaus nicht feindselig. Ich kannte solche bohrenden Fragen von Essen, aber so ausgeprägt wie in Mannheim hatte ich sie noch nie zuvor erlebt. Der Trick, der mir schließlich spontan einfiel, war, daß ich den Spieß umdrehte. Zur Verblüffung der Versammlung habe dann ich unzählige Fragen gestellt und auch mit Kritik nicht gespart über eine Aufführung, die ich am Abend zuvor gesehen hatte – das war der *Geizige*, eine ganz oberflächliche Inszenierung –, und habe sie gefragt, ob sie das für gutes Theater hielten. Ich war ziemlich scharf und provokant, was den meisten wohl imponiert hat.«

Schließlich entschied sich das Ensemble einhellig für Claus Leininger, der zunächst mit einer gewissen Löwenbändigermentalität wieder

Ordnung in die aus dem Ruder gelaufenen Verhältnisse im Schauspiel brachte. »Der Hagen Müller-Stahl hatte künstlerisch gut gearbeitet, und die Inszenierungen von Jürgen Flimm waren erstklassig und haben sich mir tief eingeprägt – aber: die Disziplin! Sie können sich überhaupt nicht vorstellen, wie chaotisch es da zuging! Wenn ich den vielen Berichten glauben darf: Die Kinder wurden auf die Proben mitgebracht, die im übrigen nie pünktlich anfingen, jeder kam, wann es ihm gefiel. Da habe ich mal ein Exempel statuiert. Bei einer der ersten Bühnenproben für *Mutter Courage* – auf zehn Uhr angesetzt – kam Helga Grimme zwischen fünf bis zehn Minuten zu spät. Von Hilpert war ich strengste Pünktlichkeit gewohnt, und ich habe dem Ensemble auch mitgeteilt, daß alle Proben (nicht nur meine eigenen!) präzise beginnen müssen. Das Zuspätkommen von Helga Grimme (die ich später außerordentlich schätzte!) hat mich maßlos geärgert, und ich habe ganz gegen meine Gewohnheit sie furchtbar zusammengeschrieen, habe die Probe gar nicht begonnen, sondern ausfallen lassen und bin einfach weggelaufen. Damit war das Thema Disziplin mehr oder weniger erledigt, weil sich das schnell herumgesprochen hat. Seitdem fingen die Proben immer ganz pünktlich an.«

Claus Leiningers Augen hinter der großen Brille leuchten, und es entsteht eine der vielen Pausen, die er auszukosten scheint.

»Was ich auch vermieden habe, was damals üblich war, daß buchstäblich über alles diskutiert wurde mit Gott und der Welt. Bevor ich kam, so wurde mir auch erzählt, stand während der Probenzeit die Bühne öfters eine oder zwei Stunden leer, weil wieder einmal Diskussionen angesagt waren, meist über nichts Wichtiges. Ich habe damals gesagt, ›ausführlich reden und über alles diskutieren können wir im Anschluß an die Probe, nicht während der Probe!‹ Oft wurde ja nur diskutiert, um zu diskutieren! Vor allem die Technik war für die wiedergefundene Arbeitsdisziplin dankbar. Außerdem hatte ich ja auch von Essen etliche Leute mitgebracht, deren Einfluß sich insgesamt positiv auf das Ensemble ausgewirkt hat.«

Claus Leininger, diesem unprätentiösen und völlig uneitel erscheinenden Theatermann, dessen Sprechweise mit einem Spurenelement Mannheimerisch so vertraut und »normal« klingt, Claus Leininger ist es zu verdanken, daß das Mannheimer Schauspiel wieder in geordnete Bahnen kam und daß sein Nachfolger, den er selbst zuvor als 1. Spielleiter nach Mannheim geholt und sich als Nachfolger gewünscht hatte – Jürgen Bosse – ein wahrhaft wohl bestelltes Feld vorfand, noch gespickt mit Visionen seines Vorgängers.

Aus Leiningers kurzer Ägide stammte die Idee, in Mannheim ein Kinder- und Jugendtheater zu etablieren, das Jahre später erst ins Leben gerufen wurde. Vor allem aber die Idee, in Mannheim *Schillertage* zu veranstalten. Sie kam ihm im Zug, wie er verschmitzt erzählt. »In der Vorbereitungszeit für meine Arbeit am Mannheimer Nationaltheater hatte ich mir überlegt, man müßte im Schauspiel etwas ganz Besonderes machen, auch als Gegengewicht zu den so gut laufenden *Festlichen Opernabenden* im Musiktheater. Also, sagte ich mir, die Bühne nennt sich *Schillerbühne*, zu Recht, deshalb könnte man doch *Schillertage* in Mannheim veranstalten und dafür die wichtigsten Schiller-Aufführungen einladen.« Originellerweise traf Leininger im Speisewagen zufällig den Schriftsteller Rolf Hochhuth, den er als ersten in seine Idee einweihte und der ihn begeistert bestärkte. »Bei meiner ersten Pressekonferenz in Mannheim habe ich die *Schillertage*

dann als Projekt verkündet und viel Beifall dafür geerntet. Die Realisierung hat zwar noch vier Jahre gedauert, aber Mannheim hatte seine *Schillertage* – und deshalb bin ich auch froh, daß es jetzt gelungen ist, dieses wichtige Internationale Theaterfestival in Mannheim wieder zu beleben.«
Besonders prägend für Leiningers Mannheimer Zeit waren die großen Horváth-Inszenierungen – ein Autor, den er besonders schätzt.
Himmelwärts (1975), *Kasimir und Karoline* (1976) und als Erstaufführung für die damalige BRD 1977 *Die Bergbahn* sind vermutlich noch allen Mannheimer Schauspielfans bestens im Gedächtnis.

Ebenso der große Mannheimer Theaterskandal um Dario Fos *Mistero Buffo* in der perfekt-artistischen Inszenierung von Arturo Corso, dessen *Mistero Buffo*-Inszenierung Leininger in Antwerpen kennengelernt hatte: »Die Aufführung fand ich so hinreißend, daß ich Corso das Stück nochmal in Essen und dann in Mannheim habe inszenieren lassen. Die Reaktionen unterschieden sich allerdings fundamental. In Essen gab es überhaupt keine Proteste, aber in Mannheim ist das Publikum eben anders. Das Mannheimer Publikum ist leidenschaftlicher als anderswo und vehement in seinen Äußerungen, ob positiv oder negativ.
Die gehen hier entweder gleich auf die Barrikaden oder schreien ›Hosiannah‹, und alles immer sehr schnell, schneller als in anderen Städten. Essen war da viel liberaler. Gerade in Mannheim hatte ich solch eine negative Reaktion überhaupt nicht erwartet. Das hat mich schon sehr aufgeregt, zumal ich fand, daß das Publikum ungerecht urteilte. Das Ensemble übrigens war sich einhellig einig, bei dieser Inszenierung Ausgezeichnetes geleistet zu haben, und das hatte es auch.«

Und wen aus diesem Ensemble hat Claus Leininger in besonders guter Erinnerung? Wie aus der Pistole geschossen kommt die Antwort: »Also ich habe sehr gerne mit der Badura gearbeitet, mit der Grimme auch, wir haben viel zusammengemacht und immer mit großem Erfolg und Vergnügen, aber auch der Mathias Gnädinger war ein sehr guter Mann und der Reinhart von Stolzmann, der war sehr begabt. Mit der Reymann habe ich übrigens auch gut gearbeitet. Sie war zwar manchmal ein bißchen schwierig, ab und an auch ein wenig umständlich, aber sehr gründlich und sehr genau. Das war eine erfreuliche Begegnung.«
Insgesamt bricht er eine Lanze für das Ensembletheater: »Wir hatten damals im Prinzip nur Schauspieler engagiert, die in der Lage waren, exponierte Hauptrollen zu spielen, gleichzeitig aber auch ohne Murren kleine und kleinste Rollen zu übernehmen. Ich finde es gut, wenn jemand heute den Hamlet spielt und am nächsten Tag eine Dienerrolle verkörpern kann, ohne dies als Degradierung zu empfinden. Das macht ein richtiges Ensemble aus und ist auch für das Publikum interessant.«

Bei dieser Gelegenheit kommen wir auf den langjährigen Mannheimer Ausstattungsleiter Paul Walter zu sprechen. Und auch hier macht Leininger aus seinem Herzen keine Mördergrube: »Ich mochte ihn persönlich sehr ebenso wie er mich. Ich gehörte nicht zu denen, die ihn damals verdammt haben, denen er einfach nicht mehr ins Bild der Zeit paßte. Er galt als autoritär, was er wohl war für die damaligen Verhältnisse.
Aber er war ein Mann mit vielen Fähigkeiten, der allerdings endlose Diskussionen haßte.
Er hatte Visionen, hatte Ideen, und man konnte mit ihm auch um die Sache ringen, aber die Dinge zerreden, dazu war er nicht der Mann. Deshalb haben ihn die Jungen abgelehnt.«
Woraus Walter die Konsequenz zog und vorzeitig aus seinem Mannheimer Vertrag ausstieg. Seither hat das Nationaltheater keinen

fest engagierten Ausstattungsleiter mehr. Was Leininger für ein Theater übrigens letztlich unter die Gewinnseite verbucht: »Das Publikum hat mehr davon, wenn es nicht immer mit derselben künstlerischen Handschrift konfrontiert wird, sondern mit einer individuell geprägten Stilvielfalt.«

Schließlich frage ich natürlich, warum es denn zu Claus Leiningers verhältnismäßig raschem Aufbruch von Mannheim kam. Stand dies im Zusammenhang mit dem Intendantenwechsel? Hampe ging nach Köln, Petersen sollte kommen. »Für Petersen, den ich ja noch aus seiner Zeit als Chefdisponent in Mannheim kannte, habe ich selbst plädiert. Ich habe ja das Schauspielensemble, das zunächst radikal gegen ihn war, in vielen Sitzungen umgestimmt, so daß wir später ein einmütiges Votum für Petersen hatten.« Das also war nicht der Grund. Was war es dann? Die heimliche Liebe zur Oper, die in Mannheim mit nur einer Inszenierung (Beethovens *Fidelio*, der bis 1996 in Leiningers Inszenierung im Mannheimer Repertoire stand) unvollkommen befriedigt werden konnte? Leininger behauptet, er sei schließlich schon einigermaßen erschrocken gewesen, als er plötzlich zum Intendanten ans Gelsenkirchener *Musiktheater im Revier* berufen wurde – »Intendant werden wollte ich überhaupt nie, das war nie mein Ziel, mein Berufsziel war eigentlich das, was ich in Mannheim war, nämlich Schauspieldirektor zu sein mit weitgehenden Vollmachten.« Aber wie das Leben so spielt – es kam eben alles ganz anders, zunächst die Intendanz in Gelsenkirchen, danach in Wiesbaden: »Da war ich dann aber doch wieder froh, sowohl Oper als auch Schauspiel zu haben.« Als Intendant wurde Leininger schließlich als Regisseur enthaltsam: »Ich habe immer gesagt, wenn ich mich schon der Beanspruchung durch eine Intendanz aussetze, kann und will ich mich nur auf diese eine Aufgabe konzentrieren. Es kann mir überhaupt niemand erzählen, daß es möglich wäre, Intendanz und gleichzeitig Regie vor allem bei einem Mehrspartentheater unter einen Hut zu bringen: Entweder leidet die künstlerische Arbeit oder das Haus leidet darunter. Ich war wirklich kein fauler Mensch, aber in meiner Zeit als Intendant hatte ich jeden Tag von morgens bis nachts zu tun.« Das allerdings ist heute vorbei. Claus Leininger ist unterdessen – wie er sich selbst apostrophiert – »Rentner«, obgleich er, laut Wiesbadener Vertrag, noch bis 1997 hätte im Amt sein sollen – mit Aussicht auf weitere Verlängerung.

Vor einiger Zeit jedoch ereilte Claus Leininger, diesen ungemein vitalen und aktiven Theatermann, ein Schlaganfall: »Es war dramatisch. Ich war völlig gelähmt – also im Kopf gelähmt, ich hatte mich eigentlich aufgegeben. Die Sprache war zwar nicht zerstört, aber ich hatte Mühe zu artikulieren. Normal reden, wie jetzt, das konnte ich nicht.« Er berichtet von diesem einschneidenden Erlebnis mit bemerkenswerter Gefaßtheit. »Heute muß ich viel spazierengehen, regelmäßig und wenig essen und möglichst gesund leben – daran halte ich mich.«

Was aber keineswegs bedeutet, er hätte aufgehört, sich zur gegenwärtigen Situation des Theaters Gedanken zu machen und unmißverständlich, ja kompromißlos Stellung zu beziehen. Beispielsweise zum teilweise sehr subjektiven »Regietheater«: »Heute ist es ja eigentlich so, daß man von der Presse als konventionell abgestempelt wird, wenn man nicht ganz ungewöhnliche Ideen hat – mögen sie noch so verrückt und verwegen sein. Das ist schlecht. So denkt jeder junge Regisseur, er müßte die Theaterwelt neu erfinden. Daraus erklärt sich auch der Erfolg des Musicals – eine in der Regel oberflächliche Kunstgattung. Da wird zum Teil ein irrsinniger Aufwand an Ausstattung getrieben, und das Publikum glaubt, es sieht wunderbare Kunst – dabei merkt es gar nicht wie es betrogen und beschissen wird.«

Womit Claus Leininger keineswegs meint, daß Theater nicht auch unterhaltsam sein soll. Sträflich sind nur Oberflächlichkeit und Banalität. »Am wichtigsten ist, daß das Theater für die Menschen verständlich ist. Das Publikum darf nicht dasitzen und nicht mehr erkennen, was und warum etwas geschieht. Sonst distanziert es sich vom Theater und bleibt weg – das gilt für die Oper ebenso wie für das Schauspiel. Manche Regisseure treiben die Menschen ja geradezu in die Arme der Musicaltheater. Und da müssen wir aufpassen, daß unser Theaterpublikum nicht weniger wird und das Musicalpublikum noch mehr anwächst als jetzt schon. Das einzig entscheidende Kriterium für gutes Theater ist die künstlerische Qualität. Aber die leidet natürlich, wenn man die Theaterapparate verkleinern muß, was die Konsequenz wäre, wenn noch mehr gespart werden soll.« Trotz der prekären Lage, in der sich viele Theater heute befinden, ist Claus Leininger, wenn auch nicht sicher, so doch optimistisch, was die Zukunft des Theaters angeht. In seiner bescheiden-zurückhaltenden, aber nachdrücklichen Art, hinter der seine tiefe Leidenschaft zu fühlen ist, bekennt er: »Mein Optimismus besteht darin, daß ich etwas erhalten sehen möchte, was, wenn es nicht mehr da wäre, ein großer Verlust wäre für die Gesellschaft. Deshalb glaube ich, wird es immer wieder Kräfte geben, die dem mit neuen Ideen entgegenwirken und ermöglichen werden, daß Theater auch in Zukunft gespielt wird.«

Der Seniorenkreis des Nationaltheaters – eine Mannheimer Besonderheit

Edwin Hoffmann im Gespräch

Edwin Hoffmann überreicht bei der ersten Seniorenkreis-Weihnachtsfeier im Jahr 1969 dem beliebten Tenor Jakob Rees einen Präsent-Korb als Dank für sein Mitwirken. Neben Jakob Rees von links nach rechts: Donna Woodward, Lisbet Brittain, Linda Uteh und Thomas Lehrberger.
Foto: privat.

Edwin Hoffmann, Jahrgang 1934, ist seit 38 Jahren am Nationaltheater Mannheim tätig, seit 23 Jahren als Vorstand der Dekorationsabteilung. 1969 gründete er den Seniorenkreis des Nationaltheaters Mannheim, der seitdem zu einer wichtigen und beliebten Institution geworden ist. Für sein vielfältiges Engagement wurde er 1994 zum Ehrenmitglied des Nationaltheaters ernannt.

Herr Hoffmann, wie kam es zur Gründung des Seniorenkreises?

Der Auslöser für die Gründung war ein Gespräch im April 1969 nach der Trauerfeier für Karl Schmid, einen Kollegen, der im Malersaal tätig gewesen war und bereits in der *Schauburg* in den schwierigen Nachkriegsverhältnissen Mitarbeiter des Theaters wurde. Wir waren damals sehr enttäuscht, daß niemand von der Theaterleitung bei der Beisetzung gewesen war, und überlegten, daß es gut wäre, wenn es einen Kreis gäbe, durch den die älteren Kolleginnen und Kollegen auch nach ihrer Pensionierung mit dem Theater in Verbindung bleiben könnten. Wir wollten diesen Kolleginnen und Kollegen das Gefühl geben, nicht vergessen zu sein. Aber wer sollte das machen und in die Hände nehmen?
Ich fühlte mich damals als 35jähriger in der Lage, einen solchen Kreis aufzubauen. Ich organisiere gerne und war zudem schon immer sozial eingestellt.

Wie fing Ihre Arbeit an?

Zunächst habe ich Adressen gesammelt und dann ehemalige Kolleginnen und Kollegen zu einem ersten Treffen am 24. Mai 1969 in den *Durlacher Hof* eingeladen. Es war ein »Schnuppertreffen« mit fünfzehn Teilnehmern. Schon bei dieser Begegnung habe ich vorgeschlagen, jeweils den ersten Donnerstag eines Monats für die Treffen des Seniorenkreises in der Kantine des Nationaltheaters festzulegen, und habe eine Terminliste verteilt. Von da an kamen Monat für Monat mehr Teilnehmerinnen und Teilnehmer, und es zeigte sich bald, daß die Idee gut war.

Wer wird eingeladen, und wie viele Teilnehmerinnen und Teilnehmer kommen zu den Treffen?

Grundsätzlich werden alle ehemaligen Mitarbeiterinnen und Mitarbeiter aus sämtlichen Bereichen des Theaters schriftlich eingeladen. Wer möchte, kann auch seinen Partner oder seine Partnerin mitbringen. Überwiegend kommen ehemalige Mitarbeiterinnen und Mitarbeiter aus den Abteilungen Technik und Verwaltung, aber durchaus auch Künstler. Allerdings sind Künstler ja häufig nicht sehr lange im Engagement am Nationaltheater und haben daher natürlich zum Teil auch nicht so eine enge Bindung an das Haus wie zum Beispiel die Mitarbeiterinnen und Mitarbeiter des Abendpersonals oder der Technik und Verwaltung. Die Zahl der Teilnehmerinnen und Teilnehmer an unseren Treffen wurde immer größer. Heute sind wir bei den monatlichen Treffen zwischen neunzig und 120 Personen. Besonders beliebt ist unsere Weihnachtsfeier, dort sind wir eigentlich immer annähernd 200 Personen.
Für jedes Treffen organisiere ich ein besonderes Programm. Am Anfang gibt es einen Begrüßungs- und Informationsteil, in dem ich die neuesten Entwicklungen am Theater kurz darstelle. Daran schließt sich ein Unterhaltungsteil an, der am Anfang oft von Jakob Rees ganz allein gestaltet wurde. Heute hat unser Studienleiter, Hermann Emmerling, die Gestaltung dieses Teils übernommen. Er organisiert, daß stets einige Solistinnen und Solisten auftreten, und sorgt dafür, daß es immer ein sehr schöner und geselliger Nachmittag wird.

Sie haben bereits die Weihnachtsfeier erwähnt, können Sie mir etwas über die Organisation dieses besonderen Treffens sagen?

Die Weihnachtsfeier ist der Höhepunkt unserer Aktivitäten. Besonders wichtig ist hierbei die Tombola. Alle Senioren werden gebeten, uns Preise im Wert von mindestens DM 15,– zur Verfügung zu stellen. Außerdem schreibe ich

Geschäftsleute an, die um Spenden gebeten werden. Entweder erhalten wir Warenspenden oder auch Geldspenden, von denen wir Preise einkaufen. Es kommen enorm viele Spenden zusammen. Wir sind in der Lage, 800 Gewinne für die Tombola zur Verfügung zu stellen. Da jedes Los nur DM 1,– kostet, kaufen manche Teilnehmer bei der Weihnachtsfeier bis zu dreißig Lose und können, wenn sie Glück haben, mit einem ganzen Arm voll Gewinnen nach Hause fahren. Das Besondere ist, daß alle Gewinne sehr liebevoll und schön in Weihnachtspapier verpackt werden. Das macht natürlich sehr viel Arbeit. Wir brauchen für die Vorbereitungen ein ganzes Wochenende. Aber mittlerweile sind alle Abläufe so minutiös organisiert, daß alles reibungslos klappt. Bei der Weihnachtsfeier selbst sind oft der Oberbürgermeister und der Kulturbürgermeister anwesend. Außerdem auch der Vorsitzende des Gesamtpersonalrats sowie viele Stadträtinnen bzw. Stadträte und natürlich die Theaterleitung. Es ist immer ein großes Fest, und das Begleitprogramm der Künstlerinnen und Künstler des Nationaltheaters zu diesem Tag wird selbstverständlich ganz besonders sorgfältig vorbereitet. Der Reinerlös unserer Tombola geht an die Stiftung *Wir wollen helfen* des *Mannheimer Morgen*.

Entwickelt der Seniorenkreis noch weitere Aktivitäten?

Ja. Wir unternehmen Tagesreisen in die Region und mindestens zwei Mal im Jahr mit jeweils zwei Reisebussen eine Reise über zehn Tage. Dabei tragen die Teilnehmer die anfallenden Kosten selbst, das heißt, wir müssen keinen Zuschuß für diese Unternehmungen beantragen. Ich übernehme die Organisation, suche aus mehreren Angeboten das beste aus und lege dann eine Teilnehmerliste aus. Um unnötige Schwierigkeiten zu vermeiden, mache ich ab und zu eine Vorfahrt. Bei unseren Tagesreisen, aber auch bei den mehrtägigen Reisen, versuchen wir möglichst günstige Angebote zu finden. So bereiten wir zum Beispiel immer ein Picknick mit belegten Broten vor, damit wir nicht in teuren Gaststätten einkehren müssen. Ohne die Hilfe meiner Frau wäre das alles gar nicht möglich.

Wohin sind Sie denn schon gefahren mit Ihrem Seniorenkreis?

Wir sind häufiger nach Bayern gefahren, aber auch in die Schweiz und nach Österreich, nach Berlin, Spanien, Italien, Ungarn, Hamburg, Hannover, Dresden. Immer haben unsere Fahrten irgend etwas mit dem Theater zu tun. Das heißt, wir besichtigen immer ein Theater, oft auch die Werkstätten. Ab und an gehen wir abends auch in Theateraufführungen. Das Schöne ist, daß uns eigentlich fast immer freier Eintritt bei unseren Besichtigungen gewährt wird. In diesem Zusammenhang möchte ich übrigens erwähnen, daß ich für den Seniorenkreis immer großartige Unterstützung durch die Intendanten hatte.

Sie haben schon gesagt, daß Sie keine Zuschüsse für Ihre Fahrten bekommen. Wie finanzieren Sie denn die anderen Veranstaltungen?

Die Fahrten bezahlt, wie schon gesagt, jeder Teilnehmer selbst. Die anderen Aktionen werden finanziert, indem wir bei den Veranstaltungen eine Kasse herumgehen lassen, bei der jeder Teilnehmer zwischen DM 1,– und DM 10,– einzahlt. Ein Gremium von vier pensionierten Mitarbeiterinnen und Mitarbeitern verwaltet dieses Geld. Was wir nicht für Verpflegung und Blumensträuße für die Künstler, die bei unseren Treffen auftreten, ausgeben, kommt in die Kasse für die Tagesfahrten. Alle organisatorischen Arbeiten werden ehrenamtlich erledigt. Dadurch sparen wir natürlich viel Geld.

Gibt es eigentlich an anderen Theatern in Deutschland auch Seniorenkreise?

Nein, erstaunlicher Weise nicht. Aber das hängt sicher auch damit zusammen, daß die Organisation eines solchen Seniorenkreises viel Arbeit bereitet. Auch für Mannheim habe ich die Sorge, daß es schwierig werden wird, jemanden zu finden, der diese Arbeit übernimmt, wenn ich sie einmal nicht mehr machen kann. Denn es ist sehr wichtig, daß sich jemand intensiv um den Seniorenkreis kümmert.

Da haben Sie sicher recht. Nicht umsonst haben Sie ja aus Anlaß des 25jährigen Bestehens des Seniorenkreises im Rahmen der Weihnachtsfeier am 15. Dezember 1994 die Ehrenmitgliedschaft am Nationaltheater Mannheim durch Herrn Bürgermeister Mark und den damaligen Generalintendanten Herrn Schultz verliehen bekommen. Wie würden Sie einem möglichen Nachfolger Ihre Tätigkeit für den Seniorenkreis beschreiben?

Es ist viel Arbeit, und es erfordert viel Organisationstalent, aber es ist auch eine schöne Sache.

Die Fragen stellte: Karin von Welck

Zeitzeugen: Axel Mayer/Günter Müller

Waltraud Brunst

Axel Mayer
Orchesterwart
Foto: Flott

Günter Müller
Orchesterwart
Foto: privat

In den fünfziger Jahren wurde die noch aus Feudalzeiten übriggebliebene Berufsbezeichnung »Orchesterdiener« durch das sachlichere »Orchesterwart« ersetzt. Dennoch erinnert sich Günter Müller, der vor vier Jahren seinen Dienst als »Heinzelmännchen des Orchesters« quittierte, dunkel daran, daß tatsächlich seine Vorgänger noch zumindest dem Generalmusikdirektor gegenüber eine eher devote Haltung einnahmen. Mit Müller trat dann ein selbstbewußter Staatsbürger auf den Plan, der nicht von ungefähr jahrelang dem Personalrat angehörte und ÖTV-Delegierter war. Aber bitte keine voreiligen Schlüsse! Auch Günter Müller lief keineswegs, die Faust geballt und die »Internationale« auf den Lippen, durchs Mannheimer *Opernhaus*.

Es ist allerdings unumstritten, daß seit Müllers Amtsantritt 1957 der Job des Orchesterwarts ein bißchen professioneller betrieben wurde. Er führte beispielsweise Sitzpläne für jede einzelne Oper ein, so daß jeder Hilfssheriff nach einem Blick auf den Plan etwa weiß, welches Schlagzeug wohin gehört. Die Arbeit der drei Orchesterwarte findet gänzlich im Verborgenen statt. Einzige Ausnahme: Bei den Akademiekonzerten im *Rosengarten* wird der Konzertflügel herumgeschoben, ein Pult für den Solisten installiert, die Dirigentenpartitur ausgetauscht. Da kam es dann auch schon mal zu Szenenapplaus, weil Günter Müller im dunklen Anzug mit dem weißhaarigen Charakterkopf leicht mit einem illustren Gastdirigenten oder Solisten zu verwechseln war.

Im *Opernhaus* spielt sich die segensreiche Tätigkeit der Orchesterwarte im Dunkel des Orchestergrabens oder hinter den Kulissen ab. »Halt«, wendet da Axel Mayer ein, der 1995 in Rente ging und vorher nahezu drei Jahrzehnte lang mit Günter Müller ein optimales Team bildete, »früher agierten wir auch gelegentlich als Statisten, richtig im Kostüm, für 2,50 Mark pro Vorstellung!« Und schon sind wir bei den Theateranekdoten der frühen Jahre. Weiß noch jemand, wie Heinz Sauerbaum bei seinem allerletzten *Othello* so in Rage war, daß der die Molnar richtig gewürgt hat? Und daß man den unpünktlichen Tenor Louis Roney mit dem Taxi holen ließ? Und daß die Altistin Irene Ziegler bei ihrem Auftritt jedem, der gerade in der Gasse stand, ihren klebrigen Lutschbonbon in die Hand drückte?

Es kostet größte Mühe, das Gespräch wieder auf das Berufsbild des Orchesterwarts und sein Verhältnis zum künstlerischen Personal zu lenken. Nun, das Verhältnis zu Dirigenten, Bühnenstars und Orchestermusikern – so Müller – funktionierte eigentlich immer nach dem Gegenseitigkeitsprinzip. Jener Musiker, der nach Gutsherrenart auf die tiefe gesellschaftliche Kluft hinwies (»Zwischen Ihnen und mir, da liegen Welten!!«) durfte sich mittelfristig auf ein bißchen Dienst nach Vorschrift gefaßt machen. Dagegen waren die wirklich berühmten Opernsänger wie Dalberg, Cox, Völker und Mazura ebenso selbstverständlich per Du mit den Orchesterwarten wie die Mehrzahl der Musiker. Die meisten Ensemblemitglieder kapierten halt einfach, wie wichtig ein effizient funktionierendes Orchesterwart-Team für den ganzen Betrieb ist.

Im Keller hatte Günter Müller, der gelernte Schreiner, eine Werkstatt eingerichtet, in der nicht nur Notenpulte und Transportkisten repariert, sondern auch allerlei gebaut und getüftelt wurde. Auch mit allen erdenklichen Hilfsmitteln ist der Job nach wie vor eine rechte Knochenarbeit. Das leuchtet jedem ein, der sich die Ausmaße von Konzertflügel, Harfe und Schlagwerk vor Augen hält. Die beiden Jahre, als der *Rosengarten* wegen des *Mozartsaal*-Ausbaus eine einzige Baustelle war, das waren die bisher schlimmsten Zeiten für das Team. Die Fahrstühle waren außer Betrieb, und das ganze Instrumentarium mußte über Treppen und Balkone gehievt werden. Müller, der als Vorarbeiter immer Sprecher der Orchesterwarte war, hat damals ein Veto nach dem anderen gegen die unzumutbaren Arbeitsbedingungen eingelegt – viel geändert hatte sich dadurch nicht.

Dafür berichten die beiden Pensionäre übereinstimmend, daß Intendant und Verwaltungsdirektor eigentlich immer viel auf die Meinung der Praktiker gaben. Die Forderungen des Orchesters waren nämlich manchmal – gutmütiges Grinsen – »ein bißchen überzogen«. Ja, ja, wer sein Lebtag lang aus dem Graben die hochdramatischen Opernlibretti hört, neigt halt generell zu Übertreibungen...

Folgt die Gretchenfrage, wie man's denn mit der Musik hält, der man lebenslang »gedient« hat. Axel Mayer ist, trotz bemerkenswerter Branchenkenntnis, nicht sooo wild auf Sinfonik. Hingegen hat ihm die Oper immer viel bedeutet. Er hat sich manchmal, etwa um Windgassen abendfüllend zu erleben, zusätzlich als Vorhangzieher verdingt (für stolze 1,50 Mark pro Abend). Günter Müller hat den Beruf überhaupt deswegen gewählt, weil ihm die klassische Musik viel bedeutet. Er hat daheim alle Haydn-, Mozart-, Beethoven-Sinfonien auf Konserve und das meiste von Mendelssohn und Brahms. Ganz nebenbei sei auch im Zimmer der Orchesterwarte grundsätzlich E-Musik aus dem Radio erklungen. Mit klassischen Sinfonien bestückt Müller übrigens auch seinen Walkman, der ihn auf langen Spaziergängen rund um Frankenthal begleitet. Axel Mayer hat dagegen mit dem Fahrtwind genug um die Ohren, wenn er mit seinem Rennrad durch die Vorderpfalz brettert. Der monatliche Rentnerstammtisch, nach einem Text von Udo Lindenberg liebevoll »Rentnerband« genannt, der künstlerisches und technisches Personal friedlich vereint, sorgt dafür, daß das Duo Mayer/Müller auch heute noch erfährt, was an »seinem« Theater im fernen Nordbaden passiert.

Die Theatergemeinde – kulturelles Bindeglied zwischen Stadt und Region

Karl Bossert und *Reinhard Stenzel*

Braucht das Nationaltheater die Theatergemeinde? Die Frage enthält eine Provokation, die sich nicht nur gegen die Theatergemeinde, sondern auch gegen das Nationaltheater wenden kann. Zwar pflegen Gegner der Theatergemeinde in die Waagschale zu werfen, diese Institution sei nichts als ein lästiger Verein, ausschließlich auf populäre Stücke erpicht und dauernd an den Inszenierungen herumnörgelnd. Bedauerlicherweise könne man aber diese vermeintlich reaktionäre »Gemeinde« nicht ohne weiteres außen vorlassen, weil sie zum einen als gemeinnützig anerkannt sei, und das Nationaltheater zum anderen halt auch seinen Kulturauftrag habe. So betrachtet, ist die Theatergemeinde möglicherweise nicht lebenswichtig für das Nationaltheater. Aber wie alle Medaillen hat auch diese eine Kehrseite.

Im Anfang war die Volksbühnenbewegung
Als Verein hat die Theatergemeinde ihre ganz spezifische Geschichte. Die Zielsetzung der 1890 von Bruno Wille in Berlin gegründeten *Freien Volksbühne* und damit der Volksbühnenbewegung überhaupt, war es, allen Bevölkerungsgruppen den Besuch des Theaters zu ermöglichen. Darüber hinaus sollten nicht nur neue Besucherschichten erschlossen, sondern auch neue und andere, vom oft tristen Arbeitsalltag verdrängten Werte mit Hilfe des Theaters vermittelt werden. Schon vor der eigentlichen Volksbühnenbewegung wurden in Mannheim vom 22. Januar 1878 an sogenannte Volksvorstellungen zu erheblich reduzierten Preisen eingeführt (vgl. auch *Chronologie*). Diese Einrichtung, die durch Beschluß des Gemeinderates vom 22. Januar 1920 auf 45 »Volksvorstellungen« pro Spielzeit erweitert wurde, mußte infolge der Inflation bereits zwei Jahre später wieder rückgängig gemacht werden. Dies war der Grund dafür, daß die gleichsam städtische Kultur-Wohlfahrt nunmehr von den Betroffenen selbst in die Hand genommen wurde: Noch 1922 gründeten einerseits Mitglieder von Gewerkschaften und des Theaterkulturbundes die *Theatergemeinde Freie Volksbühne Mannheim*, zu der andererseits – getragen von einem eher christlich-bürgerlich-völkischen »Lager« – parallel der *Bühnenvolksbund Mannheim-Ludwigshafen* entstand (vgl. auch *Chronologie*). Prinzip beider Vereinigungen war von Anbeginn an, daß alle Mitglieder denselben erheblich ermäßigten Beitrag für ihren Theaterbesuch entrichteten und von Vorstellung zu Vorstellung die Plätze wechselten.

Die Theatergemeinde für das Nationaltheater Mannheim e.V.
Ähnliche Grundsätze standen auch Pate bei der vier Jahre nach Ende des Zweiten Weltkrieges gegründeten *Theatergemeinde für das Nationaltheater Mannheim e.V.* Diese sind in die Vereinssatzung eingebunden: »Zweck des Vereins ist, in weiten Kreisen der Bevölkerung Liebe und Verständnis für die

Kunst zu wecken und zu pflegen, dies insbesondere durch Schaffung einer sich selbst verwaltenden Kunstgemeinde, die ihren Mitgliedern Theatervorstellungen, Konzerte und sonstige künstlerischen Veranstaltungen zu einem ermäßigten Beitrag bietet.« Prinzipiell kann jede(r) Mitglied der Theatergemeinde werden, das heißt, die Theatergemeinde ist weder konfessionell noch politisch in irgendeiner Form gebunden.

Die Mannheimer Theatergemeinde erwies sich zu Beginn keineswegs als Senkrechtstarter, geschweige denn als Selbstläufer. Es währte geraume Zeit und bedurfte erheblicher Mundpropaganda, bis man erstmals 300 Mitglieder geschlossen an einer Aufführung im Nationaltheater teilnehmen lassen konnte (vgl. auch Herrmann 1958, S. 3). Schließlich jedoch ging es stetig voran, und die Mitgliederzahlen stiegen. Das Interesse und der Nachholbedarf, Theater zu erleben, war groß, wenn auch die Einkommensverhältnisse nach der Währungsreform (1948) oft Opfer verlangten. Ende der Spielzeit 1954/55 freilich konnte die Theatergemeinde die Anmeldung des 10 000. Mitgliedes verzeichnen.

Die Fertigstellung des neuen Nationaltheaters am *Goetheplatz* 1957 weckte naturgemäß das Interesse in noch erheblicherem Maß, so daß zu Beginn der Spielzeit 1957/58 beim Mitgliederstand von 15 000 sogar kurzfristig eine Aufnahmesperre mit Vormerklisten verhängt werden mußte, weil bei gleichzeitigem Anwachsen der Theaterabonnements keine Plätze mehr zur Verfügung standen. Zum Ende der darauffolgenden Spielzeit war schließlich der Höchststand mit 16 500 Mitgliedern erreicht, eine Traumzahl, bei der es allerdings nicht blieb. Im Lauf der Jahre überwogen die Austritte die der Neuaufnahmen. Die Gründe hierfür waren und sind ganz unterschiedlicher Natur.

Multiplikator Theatergemeinde
Bei genauem Hinsehen wird deutlich, daß der Theatergemeinde vor allem ein erhebliches Multiplikatorenpotential innewohnt. Schon Wilhelm Herrmann wies vor vierzig Jahren darauf hin: Der Theatergemeinde »ist es zu einem wesentlichen Teil zu verdanken, daß das kommunale Nationaltheater zu einem Regionaltheater für das nördliche Baden, das südliche Hessen und die östliche Pfalz geworden ist« (Herrmann 1958, S. 3). Mit Hilfe von vielen ehrenamtlichen Mitarbeitern in rund 100 Städten und Gemeinden in einem Umkreis von ca. sechzig Kilometern um Mannheim-Ludwigshafen organisiert die Theatergemeinde für die regionalen Besuchergruppen regelmäßige Theater- und Konzertfahrten mit der Unterstützung preisgünstiger Busunternehmen, die von den Mitarbeiterinnen und Mitarbeitern in den jeweiligen Orten organisiert werden. Die Geschäftsstelle in Mannheim und die Helferinnen und Helfer »vor Ort« knüpfen und pflegen Kontakte zu Volkshochschulen, Volksbildungswerken, Seniorenvereinigungen, Schulen, Vereinen und Institutionen vielfältiger Art. Dieses stets dichter werdende Netzwerk versucht ausgleichend dazu beizutragen, daß angesichts eines überbordenden Freizeitangebotes das Nationaltheater Mannheim als kulturelles Flaggschiff der Region ein fester Begriff bleibt. Das große Spielplanangebot und die Vielfalt der Inszenierungsarten macht es in der Regel nicht schwer, den unterschiedlichen Mentalitäten zwischen *Weinstraße/Pfalz* und *Bergstraße/Odenwald* gerecht zu werden.

An dieser Stelle sei nochmals an die ursprüngliche Idee erinnert, die hinter der Volksbühnenbewegung stand und die heutzutage – gelegentlich auch bei Mitgliedern der Theatergemeinde – allzu leicht in Vergessenheit geraten ist. Wilhelm Herrmann hat schon vor knapp vierzig Jahren (!) daran erinnert: »Die Forderungen der Mannheimer ›Freien Volksbühne‹ müssen ihren gegenwärtigen Nachfolgern das Gewissen schlagen lassen. In einem Idealprogramm, gerichtet an die Adresse des Nationaltheaters, verlangte man im Rahmen der zehn Vorstellungen pro Jahr und Mitglied sieben Schauspiele, drei Opern und keine einzige Operette. Es ist nicht zuviel gesagt, daß diese Konsequenz heute geeignet wäre, eine Reihe von Volksbühnenvorständen stürzen zu lassen« (Herrmann 1958, S. 2). Und auch Hans Schüler, Mannheims unvergessener Intendant von 1952 bis 1963, hat anläßlich des 18. Volksbühnentages, der 1958 in Mannheim stattfand (vgl. *Chronologie*), die besondere Bedeutung der Volksbühnen für die Entwicklung des Theaterspielplans hervorgehoben, »der im Durchschnitt nachweislich ein höheres Niveau hat, als es vor der Ausbreitung der Volksbühnenbewegung möglich gewesen ist.« Denn, »[s]olange es keinen organisierten Theaterbesuch gegeben hat, und wo es heute noch keinen gibt, haben sich große Zugeständnisse auf dem Gebiet seichter Unterhaltungskunst und sentimentaler Rührstücke als unvermeidbar erwiesen.« Den Volksbühnenmitgliedern – so Schüler weiter – »verdanken es aber auch die zeitgenössischen Autoren, daß ihre Stücke nicht mehr nach zwei bis drei Aufführungen abgesetzt werden müssen. Die organisierten Theaterbesucher haben nämlich durchaus Verständnis dafür an den Tag gelegt, daß auch problematische Werke zur Diskussion zu stellen sind« (Verband 1958, S. 15).

In den zurückliegenden vierzig Jahren hat sich die Situation allerdings beinahe erschreckend verändert. 1958 machte Hans Schüler noch folgende Rechnung auf: »Als die Stadt Mannheim 30.000 Einwohner hatte, besuchten das Theater etwa 1.000 gutsituierte Bürger, also etwa 3 1/3 % der Bevölkerung, heute sind es 10 %, nämlich 30.000 von 300.000. Von ihnen sind 15.000, also die Hälfte, Mitglieder unserer Volksbühnenorganisation. [...] Ungeachtet der Massenunterhaltungsmittel Radio, Fernsehen und Film, ist die Zahl der Theaterinteressenten nicht nur ziffernmäßig, sondern auch im Verhältnis zur Einwohnerzahl ganz wesentlich gestiegen. Daß die neue Zeit mit ihren vielen Beanspruchungen es mit sich bringt, daß der einzelne nicht mehr so häufig ins Theater geht wie früher, das ist vielleicht verständlich. Vor 150 Jahren besuchte das Mannheimer Publikum das Nationaltheater ein- bis zweimal in der Woche, das heutige tut es nur mehr ein- bis zweimal im Monat. Deshalb mußten früher viele Stücke seltener, heute dagegen können weniger Stücke häufiger gegeben werden. Es gibt nicht mehr zwei Premieren in der Woche, sondern nur noch zwei Premieren im Monat«, was zur Folge hat, daß für die Proben jedes Stückes, »statt früher einer Woche, jetzt ein Monat zur Verfügung« steht – auch dies eine Veränderung, die der Volksbühnenbewegung zu verdanken ist, so Schüler (Verband 1958, S. 15 und Verband 1958, vgl. S. 15), und es bleibt mit Nachdruck hinzuzufügen, nicht unbedingt den Theaterabonnenten von einst.

Die Theatergemeinde heute

Wo aber steht die Theatergemeinde heute? Mannheim hat ca. 320 000 Einwohner, die Theatergemeinde zur Zeit nur mehr rund 6500 Mitglieder. Dies entspricht etwas mehr als zwei Prozent der Mannheimer Gesamtbevölkerungszahl! Trotz aller Anstrengungen, trotz erheblich intensivierter Werbemaßnahmen, auch im Schulterschluß mit dem Theater selbst, erscheint der dringende Wunsch nach mehr Mitgliedschaften zur Zeit in weite Ferne gerückt. Es ist zu konstatieren, und die Mannheimer Situation ist hier kein Einzelfall, daß besonders die junge Generation keine festen Bindungen durch eine Mitgliedschaft in der Theatergemeinde eingehen möchte. Durch den Mitgliederrückgang bei der

Theatergemeinde, aber auch bei den Platzmietern des Nationaltheaters – die zum Teil eklatanten Preiserhöhungen sowohl bei der Theatergemeinde als auch bei den Platzmieten mögen einen gewissen Anteil an der Misere haben –, stehen dem freien Verkauf in allen Sparten fast ausnahmslos genügend Karten am Abend zur Verfügung. Hier freilich macht sich das Theater selbst Konkurrenz, indem es an der Abendkasse Schülern und Studenten sogenannte Last-Minute-Preise, also Karten zu *Dumping*-Preisen anbietet, die es jederzeit jedem ermöglichen, sich jeweils Wunschvorstellungen zum erheblich reduzierten Preis »herauszupicken«.

Es ist verständlich, daß unter solchen Voraussetzungen die Zahl der Mitglieder aus Mannheim selbst eher marginal ist. Der größte Anteil der 6500 Mitglieder kommt aus den umliegenden Gemeinden. Und hier hat die Theatergemeinde nach wie vor ihre wesentliche Funktion für das Nationaltheater behalten: Theaterfreunden in der Region den Vorstellungsbesuch in einer Gruppe zu ermöglichen, die regelmäßig gemeinsam per Bus nach Mannheim fährt. Vor knapp zehn Jahren stellte sich die Gesamtlage jedoch noch wesentlich erfreulicher dar. Der damalige Intendant Arnold Petersen konnte aus Anlaß des vierzigjährigen Bestehens der Theatergemeinde eine durchwegs positive Bilanz ziehen: »Ein Ereignis ist dieses Jubiläum auch für die Stadt Mannheim, daran darf es gar keinen Zweifel geben. Das Nationaltheater rühmt sich seit vielen Jahren mit Recht, zu den bestbesuchten Theatern der Bundesrepublik zu gehören. Diese konstante Leistung ist nicht allein Ausweis unseres ehrgeizigen künstlerischen Bemühens, sondern ganz wesentlich auch der Tatsache zu verdanken, daß die Theatergemeinde dafür sorgt, daß unsere Aufführungen weit über die Grenzen der Stadt hinaus einem Besucherkreis zugänglich gemacht werden, der ohne die hervorragende Organisationsarbeit Ihrer vielen Mithelfer für das Theater nicht zu erschließen wäre. Etwa jeder 4. Besucher des Nationaltheaters wird durch die Theatergemeinde in das Nationaltheater geführt, über 100 000 in einer Spielzeit und das nun schon seit 40 Jahren. Hat mal jemand nachgerechnet, daß das eine Zahl von mehr als 4 Millionen ergibt? Und welche Arbeit steckt dahinter, welches Engagement, wieviel Liebe zum Theater?...Nehmen Sie es nicht für ein Lippenbekenntnis, wenn ich Ihnen sage, daß die Theatergemeinde aus dem kulturellen Leben unserer Stadt nicht mehr wegzudenken ist. In einer Zeit, in der unsere Gesellschaft bei wachsendem Bedarf an Freizeitangeboten bereits allzusehr von einer werbekräftigen Vergnügungsindustrie bedroht wird, tragen Einrichtungen wie Ihre Theatergemeinde dazu bei, Wege zu einer sinnvollen, kulturell hochwertigen, universell bildenden und dem Unterhaltungsbedürfnis dennoch nicht abholden Gestaltung des Feierabends zu ebnen« (Petersen 1989, S. 2).

Auch angesichts gesunkener Mitgliederzahlen bei der Theatergemeinde – und wie bereits erwähnt, nicht nur dort – kann es für das Nationaltheater kein zu unterschätzender Vorteil sein, zu wissen, daß die Mannheimer Theatergemeinde dem Nationaltheater neben den eigenen Abonnenten und dem freien Kartenverkauf mehr als zwanzig Prozent seiner regelmäßigen Besucher zuführt. Damit ist und bleibt die Theatergemeinde nach wie vor eine verläßliche Planungsgröße. Immerhin belegt sie zur Zeit jährlich rund 65 000 Plätze im Theater, bzw. anschaulicher ausgedrückt, entspricht diese Zahl einem ausverkauften *Opernhaus* an 59 Abenden im Jahr! Das Nationaltheater selbst könnte mit seinen personellen und finanziellen Mitteln eine vergleichbar flächendeckende Organisation kaum leisten. Aus diesem Grund tauschen sich die Öffentlichkeitsarbeit des Nationaltheaters und die Mannheimer Theatergemeinde auch aus und analysieren ihre Arbeit, vor allem, um Synergieeffekte herbeizuführen. Denn gemeinnütziger und kultureller Auftrag wie auch die Absichten und Pläne sowohl des Theaters als auch der Besucherorganisation berühren oder decken sich auf mancherlei Weise. Insofern sollte es keine Konkurrenz zwischen beiden Institutionen geben: hie Werbung um Theater-Abonnenten, da Werbung um Mitglieder der Theatergemeinde. Beide Institutionen haben ihre Klientel: Es gibt gute Gründe, Abonnent des Nationaltheaters zu sein, und es gibt ebenso gute Gründe, Mitglied der Theatergemeinde zu sein.

Die Leistungen der Theatergemeinde

Die Mitglieder der Theatergemeinde erhalten für einen, trotz Preiserhöhung, nach wie vor günstigen Jahresbeitrag von zur Zeit DM 335.– (1997), bzw. ermäßigt für Jugendliche DM 180.–, zehn Vorstellungen im Nationaltheater aus den Sparten Schauspiel, Oper und Ballett, sowie ein Sinfoniekonzert mit der Staatsphilharmonie Rheinland-Pfalz im *Mozartsaal* des *Rosengartens* oder im Ludwigshafener *Pfalzbau,* je auf wechselnden Plätzen. Das Angebot erschöpft sich jedoch nicht im »puren« Theater- oder Konzertereignis, denn darüber hinaus finden Einführungsvorträge zu bestimmten Aufführungen statt, sachkundige Führungen durch Ausstellungen und Museen und Mitgliederversammlungen mit verschiedenartigen Vorträgen und ausgesuchten künstlerischen Darbietungen unter Beteiligung des Nationaltheaters. Hinzu kommt die regelmäßige Zustellung der vereinseigenen Zeitschrift *Die Theatergemeinde,* die als Bindeglied zu den Mitgliedern fungiert und neben der Veröffentlichung des spezifischen Spielplans Hinweise auf Vorstellungen, Werkeinführungen, Inszenierungsrezensionen, besondere Veranstaltungen, Theaterfahrten und vieles mehr bietet. Ein besonderer Vorteil der Theatergemeinde besteht darin, daß auf Wunsch zum ermäßigten Preis zusätzlich Karten für alle Vorstellungen des Theaters und anderen Konzerten über die Vereinsgeschäftsstelle bezogen werden können. Außerdem besteht durch die Mitgliedschaft der Mannheimer Theatergemeinde beim *Bund der Theatergemeinden* für alle Vereinsmitglieder die Möglichkeit, im gesamten deutschsprachigen Raum in mehr als 45 Städten mit mehr als 170 Theatern und mehr als 75 Orchestern Karten zu gleichfalls ermäßigten Preisen erwerben zu können. Darüber hinaus ist ein nicht zu unterschätzender Vorteil einer Mitgliedschaft in der Theatergemeinde das gemeinsame Theatererlebnis, das nach der Aufführung auch noch in kleiner Runde Gleichgesinnter auf dem Nachhauseweg besprochen und damit angemessen verarbeitet werden kann.

Die mannheimer puppenspiele/Figurentheater am Kurpfalzkreisel – Das Theater der Theatergemeinde

Von allen Theatergemeinden unterscheidet sich die Mannheimer Besucherorganisation dadurch, daß sie ein eigenes Theater betreibt. Die *mannheimer puppenspiele/Figurentheater am Kurpfalzkreisel* wurden 1958 gegründet; 1970 erfolgte der endgültige Umzug ins Souterrain der U2-Schule. Die *puppenspiele* bieten einen festen Spielbetrieb mit ca. 160 Vorstellungen je Spielzeit; mit Inszenierungen für Kinder im Vorschulalter, für Schulkinder und für Erwachsene. Für Mitglieder sind satzungsgemäß Pflichtvorstellungen vorgesehen. Auch diese Einrichtung der Theatergemeinde bindet Menschen aus der Region an die Stadt Mannheim und führt Kinder und Jugendliche ans Theater heran.

Verläßliche Partnerin in schwieriger Zeit

- Finanziell betrachtet ist die Theatergemeinde eine verläßliche Planungsgröße, weil ihre Mitgliederzahl stets annähernd gleich hoch ist.

Die Theatergemeinde bucht – von sehr seltenen Ausnahmen abgesehen – alle Inszenierungen im *Opern-* und *Schauspielhaus*. Das Nationaltheater kann mehr als 65 000 abgegebene Karten je Spielzeit verläßlich einplanen.

– Spielplanstrategisch betrachtet ist die Theatergemeinde ein verläßliches Instrument zur Steuerung von Besucherströmen. Die größere Flexibilität dabei ist mit keinerlei Nachteilen für die Mitglieder verbunden. Im gegenseitigen Einvernehmen bietet dies für beide Partner erhebliche Vorteile bei der Erstellung des Spielplans. Die reibungslos funktionierende Zusammenarbeit mit der Disposition des Nationaltheaters und das menschlich gute Arbeitsverhältnis sind hierbei ein nicht hoch genug einzuschätzendes Plus.

Ein Aspekt darf abschließend nicht unerwähnt bleiben:

– Politisch betrachtet ist es für das Nationaltheater sicherlich ein Vorteil, daß neben den *Freunden und Förderern des Nationaltheaters* noch eine zahlenmäßig mehr als doppelt so starke Gemeinde von organisierten Theaterbesuchern existiert, die immerhin rund ein Viertel der regelmäßigen Besucher des Nationaltheaters ausmachen. Die Theatergemeinde kennt ihre Mitglieder, viele sogar persönlich und genau. Wann immer dem Nationaltheater Gefahr drohen sollte, die seine künstlerische Qualität erheblich einschränken oder gar zunichte machen würde, hätte es zusätzlich eine mehr als engagierte Organisation neben sich, die schnell und wirkungsvoll ihre Stimme erheben kann. Denn als Mitglied im Bund der Theatergemeinden, der bundesweit in 33 Städten rund 180 000 Theaterbesucher vertritt, hat sie als offizielle Exponentin eines beachtlichen Teils der Besucher ein bedeutendes Gewicht.

Es mag sein, daß die Theatergemeinde auch in den Augen ihrer Befürworter am Nationaltheater gelegentlich ein schwieriger Kunde ist. Im Gegensatz zum Theater selbst ist die Theatergemeinde im eigentlichen Sinn keine subventionierte Institution. Insofern ist sie immer auch von der Qualität des »Produktes« der abendlichen Vorstellung im Theater abhängig. Deshalb ist sie einerseits im Sinn der ursprünglichen, erheblich anspruchsvolleren Wünsche der Volksbühnenbewegung ein immer wieder einmal unbequemer und fordernder Partner des Theaters. Sie ist dies aber nicht nur im Interesse ihrer Mitglieder, sondern vor allem im Interesse des Nationaltheaters selbst, das im Gegenzug stets darauf vertrauen kann, daß seine Besucherorganisation mit ihm letztendlich immer solidarisch ist. Denn sie heißt *Theatergemeinde* »für« *das Nationaltheater Mannheim e. V.*

Zeitzeugen: Franz Mazura

Stefan Koch

Franz Mazura
Opernsänger
Dramatischer Baßbariton
Foto: Joachim Sipos

Schon möglich, daß sich irgendwo im Archivmaterial über die Oper des Nationaltheaters auch Notizen Hans Schülers finden. Mannheims Intendant in den fünfziger und beginnenden sechziger Jahren pflegte sich während der Aufführungen Notizen zu machen, vor allem über Gäste, die verpflichtet wurden, vor allem – man darf davon ausgehen – über junge Gäste. In der Spielzeit 1958/59 gastierte ein Baßbariton aus Mainz als Orest in der Mannheimer *Elektra*. »Schöne Stimme, sehr musikalisch!« schrieb Schüler auf seinen Zettel. Das dürfte das erste fixierte Mannheimer Urteil über Franz Mazura gewesen sein. Damals war der Sänger 34 Jahre alt. Heute ist er 73. Seit Horst Stein ihn 1964 aus Braunschweig holte (wohin Mazura aus Mainz gewechselt war), ist der Künstler dem Haus verbunden, bleibt ihm treu nun schon seit mehr als drei Jahrzehnten. Nicht wenige Kenner schätzen Franz Mazura als einen der bedeutenden Sängerdarsteller des heutigen Musiktheaters. Trotz internationaler Karriere, trotz Salzburg, trotz Bayreuth und der *Met*, trotz mannigfacher Angebote von größeren Häusern – in Mannheim hat Mazura über Jahrzehnte hinweg seine künstlerische Heimat gefunden.

Franz Mazura verkörpert neben einigen seiner Kollegen die Tradition des Mannheimer Opernensembles, an dessen Glanzzeiten unter Stein er sich ohne sentimentale Verklärung, aber doch mit Wärme erinnert: »Es war jeder für jeden da, es herrschte ein unglaublicher Teamgeist, weil man jahrelang zusammen arbeitete und wußte, was man voneinander erwarten durfte. Heute hat sich die Struktur gewandelt. Wenn jemand Repertoire hat, geht er nach Hamburg oder München. Früher hatte Mannheim dieses Repertoire – es war nicht nötig, zu wechseln.«

Als Mephisto in Gounods *Margarethe* hatte Horst Stein den Sänger in Kiel einst gehört und ihn daraufhin nach Mannheim geholt – als seriösen Baß mit Möglichkeiten im Heldenfach. Stein gab Mazura 1966 den Jochanaan in der *Salome*: »Damit begann meine eigentliche internationale Karriere«, so der Sänger. Mazura trug maßgeblich dazu bei, daß die Wagner-Pflege in Mannheim bis in die achtziger Jahre hinein in Blüte stand. Die großen Baßbariton-Partien – etwa Wotan und Gurnemanz – verkörperte er nachhaltig, 1971 ging er nach Bayreuth, zunächst als Gunther, dann kamen die »Alberiche«, ebenfalls Gurnemanz, Biterolf und – darauf war Mazura lange »abonniert« – Klingsor dazu. Franz Mazura in Bayreuth: Auch damit trug der Künstler zu einer Verbindung bei, die Jahrzehnte währte und bis heute noch nicht abgerissen ist, auch wenn Mannheimer Namen inzwischen weniger auf den Bayreuther Besetzungszetteln zu finden sind als damals.

In Mannheim war es maßgeblich das Repertoire, das Mazura in den Anfangsjahren hier hielt. »Der Spielplan wurde mehr auf das Ensemble aufgebaut. Es war ein wahnsinniger Streß, aber wenn man diesen Beruf ergreift – so dachte ich damals, und so denke ich heute noch –, muß man mehr leisten als unbedingt notwendig. Vieles war natürlich unter Horst Stein auch einfacher für uns, da die szenischen Experimente erst später begannen.« Womit Franz Mazura keineswegs meint, daß die Zeiten unter Wolfgang Rennert, der in Mannheim manches »szenische Experiment« einführte, weniger fruchtbar waren. Schönbergs *Moses und Aron*, Reimanns *Lear*, später auch Schostakowitschs *Lady Macbeth von Mzensk* – mit einem bewegenden Franz Mazura als Boris – waren Produktionen, von denen der Künstler jetzt noch schwärmt.

Heute ist Mazura nur noch selten auf der Mannheimer Bühne zu sehen, und auch von Bayreuth hat er sich 1995 verabschiedet: »Nach 25 Jahren muß man wissen, wann man einen Schlußpunkt setzen soll.« Einen Schlußpunkt dort, aber noch nicht unbedingt hier. Aus Anlaß seines 45jährigen Bühnenjubiläums 1996 erarbeitete sich Mazura zum ersten Mal Schönbergs *Pierrot Lunaire*, um dieses zentrale Werk der *Zweiten Wiener Schule* auch in Mannheim vorzustellen. Und er war sich keineswegs zu schade, in der Wiederaufnahme von Harald Clemens Inszenierung von Mozarts *Entführung* den Bassa Selim zu spielen. Sich die Neugierde stets zu erhalten, frische Herausforderungen zu suchen und den Erfahrungsschatz immer wieder zu erweitern, so könnte man Mazuras künstlerisches Credo wohl formulieren – seit langen Mannheimer Jahren und, so ist zu hoffen, noch lange an diesem Ort.

Was wären die Freunde und Förderer ohne ihr Nationaltheater, was wäre das Nationaltheater ohne seine Freunde und Förderer?

Ulla Hofmann und *Achim Weizel*

Im Jahr 1994 haben die Freunde und Förderer des Mannheimer Nationaltheaters *unter anderem die Neueinrichtung des Tonstudios im Spielhaus auf dem* Goetheplatz *mitfinanziert. Mit dem Leiter des Tonstudios, Martin Reichmann (rechts), freuen sich (von links nach rechts): Klaus Wendt, Künstlerischer Direktor des Nationaltheaters, Richard Dietmann, Geschäftsführer der* Freunde und Förderer, *Achim Weizel Erster Vorsitzender, Generalintendant Klaus Schultz und Hans Joachim Rieken, Schatzmeister der* Freunde und Förderer. *Foto: Reinhard Hund. RMM, Thslg.*

Ernst Leopold Stahl schreibt 1929 in seinem Buch *Das Mannheimer Nationaltheater* über die Beziehung der Mannheimer zu ihrem Theater: »Für den Mannheimer ist sein Theater nicht mehr und nicht weniger, als der ewig lebendige Ausdruck der Synthese aus kurpfälzischer höfischer Kulturüberlieferung und selbständiger deutscher Bürgerkraft« (Stahl 1929, S. 382).
In der Tat gibt es wahrscheinlich kein Theater in Deutschland, in dem sich die Bürger so stark als Freunde und Förderer ihres Theaters fühlen, wie dies in Mannheim der Fall ist.

Die Mannheimer und ihr Nationaltheater
Als Hinterlassenschaft des Kurfürsten Carl Theodor kam das Theater 1802 an den badischen Staat und führte von 1806 bis 1918 den Titel *Großherzogliches Hof- und Nationaltheater*, ab 1918 dann die Bezeichnung Nationaltheater. Im Gegensatz zu anderen Hoftheatern übernahm die Mannheimer Bürgerschaft schon bald das Theater in eigene Verantwortung. Als im Jahre 1839 der letzte vom Großherzog ernannte Intendant zurücktrat, übernahm ein Hoftheaterkomitee die Leitung des Theaters für mehr als ein halbes Jahrhundert. Dem Komitee gehörten jeweils drei von der Gemeindevertretung gewählte angesehene Bürger der Stadt an. Sie waren vor allem verantwortlich für die finanzielle Seite der Verwaltung des Theaters. Die jeweiligen künstlerischen Leiter (sogenannte Oberregisseure) waren ihnen unterstellt. Die Arbeit des ehrenamtlich tätigen Komitees war nicht immer unumstritten, da naturgemäß die unterschiedlichen Persönlichkeiten versuchten, dem Theater ihre jeweilige Prägung zu geben. In künstlerischer Beziehung sind hier die Musikalienhändler Karl Ferdinand Heckel und sein Sohn Emil Heckel zu erwähnen, während Heinrich Rumpel sich über Jahre (April 1858 bis April 1871 und wieder 1880 bis 1882) um die Finanzen sorgte.

Diesem aktiven Einsatz der Bürger ist es sicher zuzuschreiben, daß früher als in anderen Städten der Versuch gemacht wurde, den Theaterbesuch für alle Schichten der Bevölkerung erschwinglich zu machen. In der Spielzeit 1877/78 wurden die billigen Volksvorstellungen eingeführt. Der Preis für eine Sperrsitzkarte betrug eine Mark, ein Galerieplatz kostete 20 Pfennig. Unter der Intendanz von August Bassermann (1895–1904) wurden Volksvorstellungen zum Einheitspreis von 40 Pfennig eingeführt, die Karten gab es dabei im verschlossenen Umschlag. In die Zeit Bassermanns fällt auch die Einführung von Schülervorstellungen und einer jährlichen Vorstellung für die Garnison. Als im Jahr 1922 die Stadt aus finanziellen Gründen die Volksvorstellungen einstellte, kam es zur Gründung der *Freien Volksbühne Mannheim*. Parallel dazu entstand der *Bühnenvolksbund Mannheim-Ludwigshafen* (vgl. auch den Beitrag von Karl Bossert und Reinhard Stenzel).

Das Angebot der Abonnements stieg ständig. Gab es ab dem Jahr 1877 zwei (A und B), so hatte man im Jahre 1923 die Wahl zwischen sechs Kategorien (A bis F). Auch die Betriebe boten ihren Angehörigen die Möglichkeit zu Theaterbesuchen, wobei der Mannheimer Landmaschinenfabrikant Heinrich Lanz bereits 1895 Schrittmacherdienste leistete, indem er in sämtlichen Abonnementsvorstellungen des Theaters insgesamt vierzig Plätze mietete, um sie an die Beamten und Arbeiter seines Betriebes kostenlos zu verteilen (vgl. Stahl 1929, S. 18).

Die Bürgerschaft nahm so fast von Anfang an regen Anteil am Theater. Klassenlos allerdings war das damalige Theater nicht. Es gab eine genaue Sitzordnung nach Rang und Stand. Die Logen des ersten Ranges befanden sich überwiegend in den Händen des eingesessenen Mannheimer Großbürgertums, die Parterrelogen zeigten einen etwas niedrigeren Stand an, die Sperrsitze waren von dem begüterten Kaufmannsstand belegt. Im zweiten Rang fanden sich Beamte und wohlhabendes Bürgertum, im dritten Rang vielfach Handwerker (vgl. Stahl 1929, S. 15; vgl. auch Farbabbildung VIII, 14). Die festen Bindungen an das Theater führten zu einer großen Vertrautheit der Bevölkerung mit den Ensemblemitgliedern. Die Theaterkünstler waren bei längerer Zugehörigkeit zum Ensemble in die Stadt integriert. Manche Schauspielerin oder Sängerin heiratete in Mannheims sogenannte bessere Kreise (vgl. Stahl 1929, S. 14). Auch der 1839 gegründeten renommierten Herrengesellschaft *Räuberhöhle* gehören bis heute

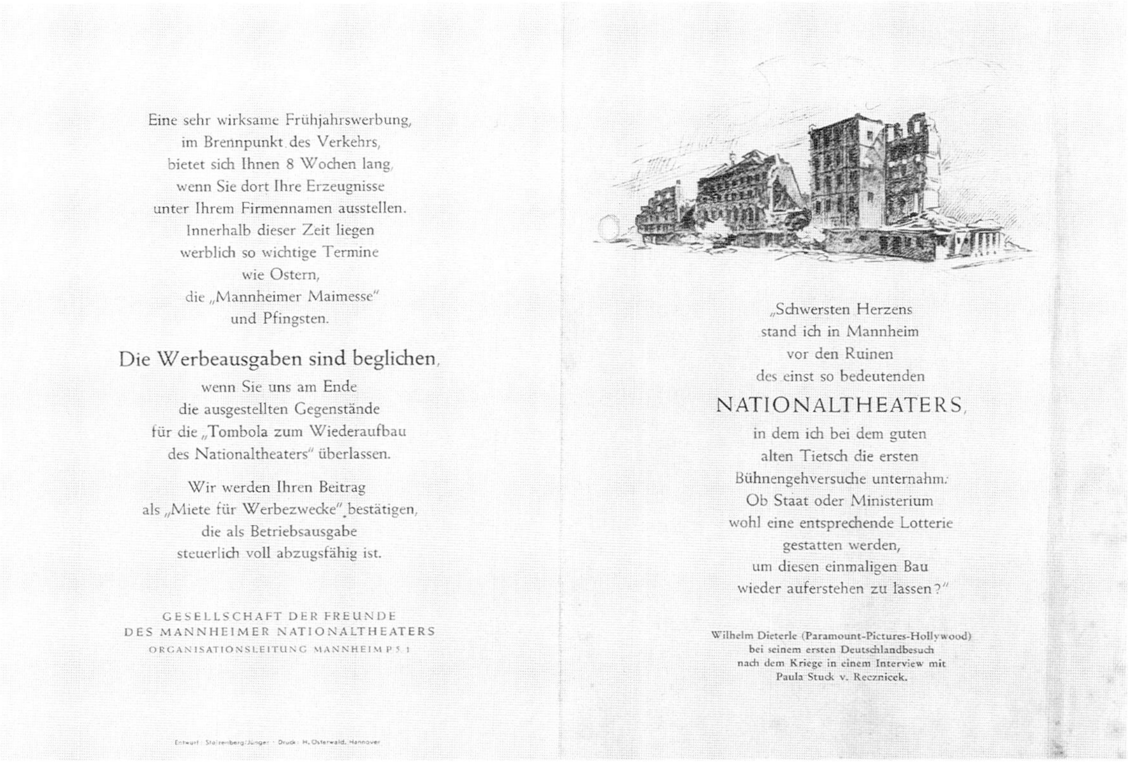

Eine sehr wirksame Frühjahrswerbung,
im Brennpunkt des Verkehrs,
bietet sich Ihnen 8 Wochen lang,
wenn Sie dort Ihre Erzeugnisse
unter Ihrem Firmennamen ausstellen.
Innerhalb dieser Zeit liegen
werblich so wichtige Termine
wie Ostern,
die „Mannheimer Maimesse"
und Pfingsten.

Die Werbeausgaben sind beglichen,
wenn Sie uns am Ende
die ausgestellten Gegenstände
für die „Tombola zum Wiederaufbau
des Nationaltheaters" überlassen.

Wir werden Ihren Beitrag
als „Miete für Werbezwecke" bestätigen,
die als Betriebsausgabe
steuerlich voll abzugsfähig ist.

GESELLSCHAFT DER FREUNDE
DES MANNHEIMER NATIONALTHEATERS
ORGANISATIONSLEITUNG MANNHEIM P 5, 1

Entwurf: Stolzenberg/Jünger · Druck: H. Osterwald, Hannover

„Schwersten Herzens
stand ich in Mannheim
vor den Ruinen
des einst so bedeutenden
NATIONALTHEATERS,
in dem ich bei dem guten
alten Tietsch die ersten
Bühnengehversuche unternahm.
Ob Staat oder Ministerium
wohl eine entsprechende Lotterie
gestatten werden,
um diesen einmaligen Bau
wieder auferstehen zu lassen?"

Wilhelm Dieterle (Paramount-Pictures-Hollywood)
bei seinem ersten Deutschlandbesuch
nach dem Kriege in einem Interview mit
Paula Stuck v. Reznicek.

Werbeblatt der Gesellschaft der Freunde des Mannheimer Nationaltheaters, *um Firmen zur Teilnahme an der Tombola zum Wiederaufbau des Nationaltheaters zu veranlassen. S. 318 und S. 319 (im Original in Farbe): Vorder- und Rückseite. Entwurf: Stolzenberg/ Jünger, 1951. RMM, Thslg.*

stets Mitglieder des Theaters an (vgl. auch den Beitrag von Heide Koch in diesem Buch).

Die Begeisterung der Mannheimer Theaterfreunde war jedoch nie unkritisch. Wie es sich unter Freunden gehört, wurden die Ereignisse am Theater oft heftig diskutiert. Im Brennpunkt stand dabei, damals wie heute, häufig die Person des Intendanten. Der Spielplan selbst bot unendlichen Stoff für Diskussionen, wobei sich die Tendenz erhalten hat, daß die Oper in der Regel auf weniger Kritik stößt als das Schauspiel. Stahl begründete dies damit, daß »[i]m Schauspiel [...] der Rationalismus der ausgesprochen real und nüchtern denkenden Kaufmannswelt und vielleicht auch die Artung des pfälzischen Geistes überhaupt ihrer Urteilsfähigkeit etwas engere Grenzen gesteckt« habe. »Phantastische Dichtung hatte es darum in Mannheim nie leicht, sich durchzusetzen« (Stahl 1929, S. 15). Doch auch in der Oper gab es Glaubenskriege. Mannheim wurde schon sehr früh eine Wagnerstadt, die Begeisterung für die Werke Richard Wagners führte unter anderem dazu, daß das musikalische Werk Verdis nur sehr langsam Eingang in den Mannheimer Spielplan fand (vgl. auch den Beitrag von Silke Leopold in diesem Buch).

Die Tatsache, daß das Geschehen im Theater immer als Teil der Stadtkultur aufgefaßt wurde, zieht

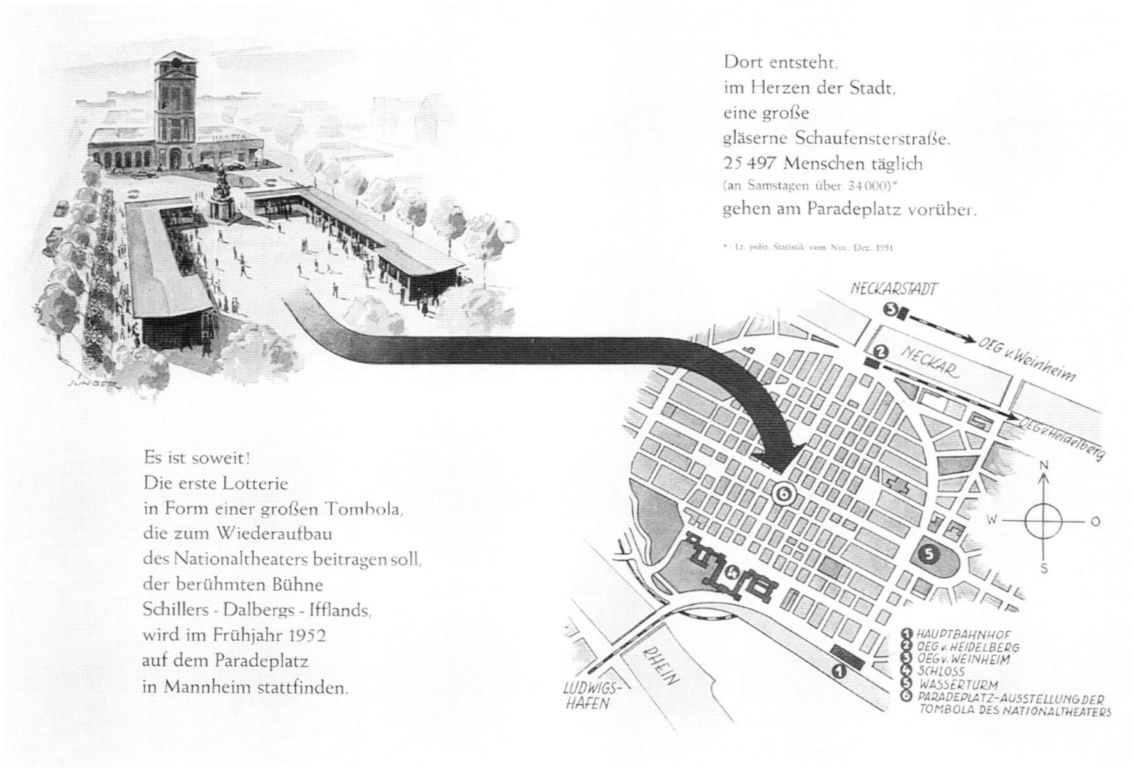

sich wie ein roter Faden durch die Geschichte des Nationaltheaters. So berichtet auch Herbert Meyer in seinem Buch über das *Nationaltheater Mannheim 1929–1979* vom intensiven Interesse des Publikums an den Geschehnissen auf und hinter der Bühne. Dabei stand oft – wie bereits erwähnt – die Person des Intendanten im Mittelpunkt. Er sollte – nach Meyer – »enge[n] Kontakt [halten] mit der Stadtverwaltung, mit dem Theaterausschuß und vor allem mit den Mannheimer Bürgern selbst, die darauf von jeher einen besonderen Wert gelegt haben. Man wollte seinen Intendanten sehen und sprechen, im geselligen Kreis ebenso wie im Theater mit ihm zusammen sein« (Meyer 1979, S. 10/11). Ein besonderer Höhepunkt war das Theaterjubiläum 1929. Neben zwei Ausschüssen, die die gesamten Vorarbeiten leisteten, denen unter anderen als Vorsitzender der damalige Oberbürgermeister Hermann Heimerich sowie der Intendant Francesco Sioli, der Direktor des Schloßmuseums Friedrich Walter und Finanzsachverständige angehörten, wurde ein Ausschuß aus 68 prominenten Mannheimer Bürgern gegründet, der aktiv an den Vorarbeiten teilnahm (vgl. Meyer 1979, S. 26). Die Jubiläumsfeier verlief außerordentlich erfolgreich. Sowohl die Mannheimer Theaterfreunde als auch die zahlreichen Gäste von außerhalb waren vom Ablauf der Feierlichkeiten begeistert, allgemein wurde hervorgehoben, daß das Jubiläum wieder einmal gezeigt habe, wie tief das Theater in der Stadt verwurzelt sei (vgl. auch *Chronologie*).

Mannheims Bürger stehen zu ihrem Nationaltheater
Die Probe aufs Exempel folgte schon kurze Zeit später. Aus finanziellen Gründen kam es im Jahre 1929 zu einer schweren Theaterkrise, die darin mündete, daß aufgrund eines unsinnigen und politisch beeinflußten Beschlusses ausgerechnet des Bürgerausschusses (nicht des Stadtrates) das Theater mit Ablauf der Spielzeit 1929/1930 hätte geschlossen werden müssen. Der entsprechende Stadtratsbeschluß schließlich führte zu heftigen Protesten in der Bürgerschaft. Am 8. Dezember 1929 versammelten sich 4000 Mannheimer und Mannheimerinnen im *Nibelungensaal* des *Rosengartens*, um entschieden gegen die Schließung »ihres« Theaters zu protestieren. Oberbürgermeister Hermann Heimerich, prominente Bürger sowie Vertreter des Nationaltheaters forderten leidenschaftlich eine weitere Unterstützung der Traditionsbühne. Die entscheidende Sitzung des Bürgerausschusses fand unter lebhafter Anteilnahme der Bevölkerung am 13. Dezember 1929 statt. Nach heftigen Debatten wurde mit 61:48 Stimmen ein zunächst auf drei Spielzeiten befristeter, gleichbleibender Zuschuß bewilligt, der die Existenz des Theaters doch noch sicherstellte (vgl. Meyer 1979, S. 31/32 und die *Chronologie* in diesem Buch).

Die politischen Veränderungen in den dreißiger Jahren gingen am Nationaltheater nicht spurlos vorüber. So wurden auch in Mannheim viele Künstler gezwungen, das Theater zu verlassen (ausführlich hierzu der Beitrag von Wilhelm Kreutz in diesem Buch). Im Spielplan des Schauspiels fanden sich Stücke, die den »Zeitgeist« widerspiegelten. Trotzdem wurde weiter aktiv Theater gespielt, und selbst der Ausbruch des Zweiten Weltkriegs blieb anfänglich ohne größere Rückwirkungen auf den Theaterbetrieb. Während des gesamten Krieges hielten die Theaterfreunde ihrem Theater die Treue. Nachdem das alte Haus auf B 3 am 5./6. September 1943 zerstört worden war, verlagerte man die Aufführungen auf mehrere andere Spielstätten. Trotz aller Mühseligkeiten brachte es das Theater in der Spielzeit 1943/44 immerhin auf 215 Vorstellungen und 183 weitere Veranstaltungen, zu denen die Besucher oft nur unter riskant zu nennenden Umständen gelangen konnten (vgl. Meyer 1979, S. 111).

Ab 1. September 1944 durfte auf offizielle Anordnung hin kein Theater in Deutschland mehr spielen. Viele der Angehörigen des Theaters wurden zum Kriegsdienst eingezogen oder in der Kriegswirtschaft eingesetzt. Für kurze Zeit war das Theater auch in Mannheim zum Erliegen gekommen.

Der Ruf nach einem Theaterneubau
Nach Kriegsende lag Mannheim in Trümmern. Mit Unterstützung der amerikanischen Behörden konnte aber schon Ende 1945 im ehemaligen Lichtspielhaus *Schauburg* im Quadrat K 1 eine Notbühne eingerichtet werden (vgl. auch den Beitrag von Kurt Heinz in diesem Buch). Dieses Behelfstheater war für viele Mannheimer der Schauplatz unvergeßlicher erster Begegnungen mit Stücken, die bis 1945 nicht hatten gespielt werden dürfen. Aber die räumlichen Verhältnisse in der *Schauburg* waren beschränkt, die Nachfrage nach Eintrittskarten enorm, und die große alte Bühne im Haus am *Schillerplatz* unvergessen. So formte sich früh der starke Wunsch nach einem neuen Theater. Die Spitzen von Stadtverwaltung und Theater erwogen und verwarfen Pläne allerlei Art: Die Idee, einen Flügel des zerstörten Schlosses auf- und umzubauen, gehörte ebenso dazu wie der Gedanke einer Fusion mit dem Heidelberger

Theater (ausführlich hierzu die Beiträge von Herbert Beierbach und Kurt Heinz und vgl. *Chronologie*). Diese Fusionsüberlegungen, die zeitweise auch von Oberbürgermeister Hermann Heimerich angestellt wurden, führten zu Protesten der Bürgerschaft und des Ensembles des Nationaltheaters. Auf einen Aufruf des Intendanten Richard Payer zur Rettung des bedrohten Nationaltheaters antworteten beherzte Bürger mit der Gründung der *Gesellschaft der Freunde des Mannheimer Nationaltheaters* am 3. März 1950. Die Gesellschaft unter dem Vorsitz von Carl Reuther und Carl Kober bekannte sich öffentlich zur Erhaltung und Förderung der traditionsreichen *Schillerbühne*. Sie griff den Wunsch nach einem Theaterneubau auf, der – in einer Zeit größter Wohnungsnot – inzwischen Gestalt angenommen hatte. Vorangegangen waren schon verschiedene Veranstaltungen, die einen finanziellen Beitrag für das große Unterfangen eines Theaterneubaus liefern wollten: Künstlerabende von Mitgliedern des Theaterensembles gehörten ebenso dazu wie ein Hausball des Oberbürgermeisters im Café *Kossenhaschen* oder der Bühnen- und Presseball am Rosenmontag. Die entscheidende Mitfinanzierung aus den Reihen der Bevölkerung ergab sich jedoch erst aus der Theater-Lotterie, mit der sich die *Gesellschaft der Freunde des Mannheimer Nationaltheaters* in die Geschichte der *Schillerbühne* einschrieb. Eine mit Preisen gespickte Tombola, von der Mannheimer Wirtschaft gestiftet, war in den so gar nicht verwöhnten fünfziger Jahren ein zündender Gedanke (ausführlich hierzu die *Chronologie*). Auf dem *Paradeplatz*, mitten im Herzen der durch den Krieg geschundenen Innenstadt, wurden Tombolapavillons aufgebaut, verglast und mit Tüchern verhängt, die Ungeduld und Neugier schürten. Als die Tombola im Sommer 1952 eröffnet wurde, war der *Paradeplatz* schwarz von Menschen. Die Lose verkauften sich wie von selbst. Zum Wunsch, bald wieder ein richtiges Theater zu haben, trat die harmlose Freude am Preisgewinn. Das Ergebnis war überwältigend. In hundert Verkaufstagen wurden 1,2 Millionen Lose abgesetzt, die einen Gesamterlös von 1 129 405,74 DM und nach Abzug von Steuern und Aufwendungen einen Reinerlös von rund 530 000 Mark eintrugen. 1956 folgte eine zweite Tombola, die einem Volksfest glich. Dabei wurde auf dem *Paradeplatz* ein zwölf Zentner schwerer Ochse am Spieß gebraten und verzehrt. Nochmals wurden mehr als eine Million Lose verkauft und 460 000 DM erlöst. So kam insgesamt ein Reinertrag von rund einer Million DM zustande – in den fünfziger Jahren, knapp nach der Währungsreform, ein riesiger Betrag (vgl. auch die *Chronologie* in diesem Buch). Mit dieser Summe, mit Geldern der Stadtverwaltung und weiteren Spenden wurde schließlich die Stiftung *Nationaltheaterneubau Mannheim* ausgestattet, die durch Beschluß des Gemeinderats vom 30. Juni 1953 ins Leben gerufen worden war. Dem Kuratorium der Stiftung gehörte auch der Vorstand der *Gesellschaft der Freunde des Mannheimer Nationaltheaters* an. Nach Finanzierungszusagen von Stadt und Land kam es im Sommer 1954 zur Grundsteinlegung für den Neubau des Nationaltheaters, der schließlich Anfang 1957 nach einem Kostenaufwand von insgesamt rund 18 Millionen DM eröffnet werden konnte (vgl. den Beitrag von Herbert Beierbach in diesem Buch).

Kooperation mit der Abendakademie

Die *Gesellschaft der Freunde des Mannheimer Nationaltheaters* hatte mit ihrer Initiative ideell und materiell dazu beigetragen, daß es möglich war, die Pläne für einen Theaterneubau rasch und in einem dem Mannheimer Stadtbewußtsein entsprechenden Sinn zu verwirklichen. Nach dieser enormen Anstrengung wurde es stiller um die *Gesellschaft*. Sie sah sich nach neuen Aufgaben um und fand schließlich 1967 einen theaterfreundlichen Kooperationspartner in der *Mannheimer Abendakademie und Volkshochschule*, die damals schon von Heinz Ufer geleitet wurde. Die Zusammenarbeit vollzog sich insbesondere mit der Kulturabteilung des Instituts unter Leitung von Rainer Heynig. Die *Abendakademie* stellte nicht nur Räume und Einrichtungen für die Vereinsorganisation zur Verfügung. Sie erarbeitete auch gemeinsam mit dem Theaterintendanten – jetzt Arnold Petersen – und dem Verwaltungsdirektor des Nationaltheaters Hanns Maier ein Veranstaltungsprogramm. Einführungen in Neuinszenierungen wurden ebenso angeboten wie Liederabende, der Besuch von Generalproben sowie geschlossenen Veranstaltungen im *Werkhaus-Studio*. In manches Mal vehementen Diskussionen mit Kommunal- und Landespolitikern erläuterte man aktuelle Theaterfragen. 1970 erschien der im Auftrag der *Gesellschaft* erarbeitete und längst vergriffene Dokumentationsband *Das Nationaltheater Mannheim 1779–1970*, herausgegeben von Peter Mertz und Wolf Magin. Die Kooperation mußte enden, als die *Abendakademie* 1990 in das neu erbaute *Stadthaus* in N 1 umzog und sich der Theatergesellschaft nicht länger widmen konnte. Bald darauf befand sich das Nationaltheater selbst im technischen Umbau und mußte mit wechselnden Spielstätten eine außerordentlich schwierige Phase bewältigen. So wurde unter dem Vorsitz von Wolfgang Hirsch-Weber gemeinsam mit den Vorstandsmitgliedern Lutz Beutling – Verwaltungsdirektor des Nationaltheaters –, Senator Wolfgang Goedecke, Rainer Heynig, Hans Joachim Rieken, Martin Scherer, Generalintendant Klaus Schultz, Heinz Ufer und Achim Weizel entschieden, die *Gesellschaft* organisatorisch von der *Abendakademie* zu lösen und die Vereinsgeschäfte der hilfreichen *Stadtsparkasse Mannheim* zu übertragen. Die Mitgliederversammlung von 1992 beschloß die Umbenennung der *Gesellschaft* in *Freunde und Förderer des Nationaltheaters Mannheim*.

Eine Lobby für die Kunst

Der Verein mit dem neuen Namen und bald auch einem neuen Vorstand (Vorsitzender Achim Weizel, Stellvertreter Ulla Hofmann und Karl Heinz Böhler, Schatzmeister Hans Joachim Rieken, Geschäftsführer Richard Dietmann, Beiratsvorsitzender Heinz-Günter Kämpgen) setzte an bei einer raschen und kraftvollen Mitgliederwerbung. Gerade in Notzeiten, in denen um den Fortbestand des Theaters gerungen werden mußte, sollte sich zeigen, daß Mannheim weiterhin zu seinem Theater stand. Von 1993 bis 1997 wuchs der Mitgliederstand von rund 150 auf weit über 2000 *Freunde und Förderer* an. Dieser große Mitgliederstamm aus allen Bevölkerungsschichten und dem ganzen Umland bildete und bildet weiterhin gewissermaßen die Lobby des traditionsreichen Theaters, das seit 1779 und damit seit mehr als 200 Jahren ununterbrochen spielt – von 1994 an wieder im sanierten Haus auf dem *Goetheplatz*. Die Vereinigung weiß sich diesem großen Erbe ebenso verpflichtet wie den tagespolitischen Theaterfragen. Dazu gehörten Mitte der neunziger Jahre vor allem die Sparmaßnahmen der öffentlichen Hand und ihre Auswirkungen auf das Theater. Im Kontakt mit Politikern von Stadt und Land ging der Verein daran, das Verständnis für die Belange des Theaters zu fördern und die Position des Theaters in der Öffentlichkeit zu festigen. Er realisierte großangelegte Unterschriftenaktionen, in denen sich angesichts drohender Einschnitte die Wirtschaft des Rhein-Neckar-Raums zum Nationaltheater Mannheim bekannte, oder in denen die Theaterfreunde das Land Baden-Württemberg an seine kulturellen und materiellen Verpflichtungen erinnerten (vgl. auch *Chronologie*). Zur Unterstützung des Vorstands bildete sich ein Beirat aus Mannheimer Bürgern und Bürgerinnen. Er entwickelte sich in kurzer Zeit zu einem wichtigen Forum für die Belange des Nationaltheaters, in dem Vertreter der Kommunalpolitik, der Wirtschaft, der Universität und des kulturellen Lebens gemeinsam mit den Vertretern des Nationaltheaters freimütig die aktuellen Probleme und Aufgaben erörtern, die gemeinsam angegangen werden sollten. Verschiedene Arbeitsgruppen beschäftigten sich beispielsweise mit Fragen der Öffentlichkeitsarbeit, des Marketing, mit Veranstaltungen und Einrichtungen des Theaters oder mit einzelnen größeren Projekten. Denn aus den Mitgliedsbeiträgen und Spenden trägt der Verein auch zur Finanzierung von Einrichtungen und Produktionen des Theaters bei. So wurde beispielsweise der attraktive Informationsstand im Foyer des Nationaltheaters vom Verein finanziert. Darüber hinaus wurden Theaterproduktionen unterstützt, meist durch die Beschaffung bühnentechnischer Objekte, die auch noch weiterverwendet werden können, wenn die geförderte Inszenierung »abgespielt« ist. Zahlreiche Mannheimer Persönlichkeiten wandten dem Verein Spendengelder zu; seinen unermüdlichen Förderer Heinrich Vetter ernannte der Verein in Dankbarkeit zum Ehrenmitglied, wie vordem schon die einstigen Vorstandsmitglieder Wolfgang Hirsch-Weber, Senator Wolfgang Goedecke sowie Heinz Ufer.

Den Mitgliedern wird eine ganze Reihe von Vergünstigungen angeboten. Besonderer Beliebtheit erfreute sich von Anfang an die Reihe der *Begegnungen mit...*, die das nähere Kennenlernen von Künstlern des.Nationaltheaters zum Ziel hat. Ebenso geschätzt wird der Besuch von Generalproben oder auch die regelmäßige monatliche Aussendung, mit der über die nächsten Premieren und das übrige Theatergeschehen informiert wird. Eine ständige Kolumne hat der Verein im monatlich erscheinenden *Theatermagazin*, dessen Herausgabe von den *Freunden und Förderern* mitfinanziert wird.

Was wäre das Theater ohne seine *Freunde und Förderer*? Ein wenig ärmer und ein wenig schwächer wäre dieses Institut, das lange Zeit als Mannheims liebstes Kind gelten durfte, dann schon. Doch die *Freunde und Förderer* wären ohne ihr Theater schlechterdings nicht vorstellbar. Diese Vereinigung bezieht ihre Daseinsberechtigung aus der Existenz des Nationaltheaters, und sie steht für die Unverzichtbarkeit der Kunst in guten wie in schlechten Tagen.

Zeitzeugen: Waltraud Meier

Waltraud Brunst

Waltraud Meier
Opernsängerin
Mezzosopranistin
Dramatische Sopranistin
Foto: privat

»Wenn man Mannheim überlebt hat, ist man gerüstet fürs Leben«, so Waltraud Meiers Antwort auf die Frage, was die beiden Jahre am Mannheimer Nationaltheater für ihre Karriere bedeutet haben. Das mit dem Überleben klingt vielleicht dramatischer als beabsichtigt. Auf alle Fälle waren 28 Rollen in zwei Jahren für die knapp 22jährige eine Feuerprobe, die sie, wie inzwischen die Welt weiß, glänzend bestanden hat. Waltraud Meier sorgt allerdings gleich dafür, daß der Verdacht der Menschenschinderei von der Intendanz der *Schillerbühne* genommen wird. Eigentlich sollte nämlich das Mezzofach unter zwei jungen Damen aufgeteilt werden. Überraschend schnell verabschiedete sich die Kollegin Norma Lerer, und als Waltraud Meier sich als schier unverwüstlich zeigte, wurde die andere Stelle gar nicht mehr neu besetzt.

Das alles ist jetzt schon fast zwei Jahrzehnte her, und daß uns Waltraud Meier in Mannheim für ein Gespräch zur Verfügung steht, ist ein reiner Glücksfall. Sie singt in Wien, an der *Scala*, an der *Met*. Sie singt vor allem alljährlich bei den Bayreuther Festspielen, und ihre Kundry, ihre Isolde waren die Sensation der neunziger Jahre auf dem *Grünen Hügel*. Nun war sie am 29. Januar 1997 – endlich – einmal wieder im Mannheimer Nationaltheater zu Gast, um die Sieglinde in einer konzertanten *Walküre* zu singen.
Fast überflüssig zu erwähnen, daß der *Festliche Opernabend* ein einziger Triumphzug für Waltraud Meier war.

Ja, wie war das damals, als die 21jährige Würzburgerin aus dem ersten Engagement in ihrer Heimatstadt nach Mannheim zum Vorsingen kam? »Ein Kulturschock«, sagt sie spontan. Die geometrische Stadt nach dem barocken Würzburg, »und diese entsetzlichen Rohrleitungen in den Gängen des *Großen Hauses.*« Die Menschen allerdings, die herzlichen, offenen Kurpfälzer hätten sie dann rasch wieder versöhnt. Das Vorsingen – Cherubino und Eboli, wie sie sich erinnert – verlief ganz offensichtlich höchst erfolgreich. Jedenfalls bat Generalmusikdirektor Hans Wallat sie in sein Zimmer, um die Modalitäten des Vertrages zu besprechen. Als Intendant Arnold Petersen hereinschaute und mit einer Kopfbewegung auf die Novizin Wallat fragte: »Spricht sie deutsch?«, schmetterte sie ihm entgegen: »Nein, frrränkisch!« So begannen 1978 die erfreulichen Geschäftsbeziehungen zwischen Waltraud Meier und dem Mannheimer Nationaltheater.

Es war eine harte, schöne Zeit. Das Problem mit den eingangs erwähnten 28 Rollen war nicht nur, daß man die ja irgendwie lernen mußte. Das auch, natürlich. Aber das Riesenrepertoire! *Der Rosenkavalier*, in der die Titelfigur ja nicht eben eine Nebenrolle ist, »war vielleicht im Oktober dran und dann wieder im Februar.« Es gab so gut wie nie vorher eine Auffrischungsprobe, so daß »jede Vorstellung ein Ritt über den Bodensee war«. Fairerweise stellt Waltraud Meier klar, daß nicht alle 28 Partien Hauptrollen waren. »Da war auch mal so was wie die Stimme vom Himmel dabei.« Wie bitte? In *Don Carlos* tatsächlich die »Stimme vom Himmel« statt der Eboli? Womit wir für längere Zeit bei dem schönen Thema »Stimmfächer« wären. Von einer Beschränkung auf ein eng begrenztes Stimmfach hat Waltraud Meier offenbar noch nie etwas gehalten. Sie sang zwar am Nationaltheater alles, was zwischen hohem Mezzo und tiefem Alt im Repertoire war – Octavian, Carmen, Maddalena, Azucena, Waltraute, Fricka und Erda beispielsweise –, aber sie sang eben auch, wenn man ihr das anbot, eine so eindeutige Sopranpartie wie die engelsgleich schwebende »Stimme vom Himmel«. Wohl dem, der über ein solch grenzenloses Material in solch luxuriöser Klangqualität verfügt! Bei ihrem jüngsten Gastspiel am Mannheimer Nationaltheater präsentierte sich die »Kundry der neunziger Jahre« als phänomenale Sieglinde, die auch wegen der »gleißenden Pracht ihrer Spitzentöne« bejubelt wurde.

Die Erinnerungen an die beiden Mannheimer Jahre sind bei Waltraud Meier noch erstaunlich präsent nach fast zwei Jahrzehnten. Ganz ohne Frage hat Hans Wallat die junge Sängerin damals entscheidend geprägt. Als er 1980, nach der geradezu altmodischen Verweildauer von zehn Jahren das Mannheimer Nationaltheater verließ, ging Waltraud Meier mit nach Dortmund, wo sie noch drei Jahre lang dem Ensemble angehörte. In den fünf Jahren also, in denen sich die junge Sängerin nahezu alle wichtigen Rollen ihres Repertoires erarbeitete, baute sie auf Wallats »unglaubliches Urteilsvermögen«. Am Anfang sei sie oft verzweifelt gewesen, weil Wallat sie häufig unnachsichtig kritisierte. Schließlich habe sie sich ein Herz gefaßt und ihn gefragt, warum er gerade mit ihr eigentlich nie zufrieden sei. Da habe er sie beruhigt und gesagt: »Ich kritisiere nur da, wo ich weiß, daß es auf fruchtbaren Boden fällt.« Ganz ohne Zweifel ein psychologisch elegant eingefädelter Motivationsschub.

Ohne die mindeste Bedenkzeit zählt Waltraud Meier die Mannheimer Kapellmeister jener Zeit auf. Da war John Mattheson, der dann wieder in seine neuseeländische Heimat zurückging, da war Mathias Husmann – heute GMD in Magdeburg – und schließlich (als Ballett-Korrepetitor!) Donald

Runnicles, der danach eine große Karriere gemacht hat. Heute ist er Generalmusikdirektor in San Francisco, und Waltraud Meier begegnet ihm in Bayreuth, in Wien, an der *Met*.

Unter den Kollegen hat sie am meisten Franz Mazura zu verdanken, der ihr erster Wotan, ihr erster Ochs war. Von ihm hat sie unendlich viel gelernt, in schauspielerischer Hinsicht natürlich, aber auch, wie er sich auf der Bühne verhielt, wenn das Augenmerk auf die Kollegen gerichtet war – sozusagen das, was man im Sportjargon das »Spiel ohne Ball« nennt. Ilse Köhler war stets eine hilfreiche, fabelhafte Kollegin. Ach ja, und Thomas Lehrberger ein idealer Begleiter zu den Volksfesten der Region – herrliche Zeiten, mit der OEG auf den Dürkheimer Wurstmarkt!
Ansonsten brauchte man nicht allzuviel über Freizeitgestaltung nachzudenken bei dem Spielplan. Die Akademiekonzerte allerdings, die hat sich Waltraud Meier eigentlich immer angehört. Nun, abgesehen davon, daß es jungen Sängern immer wohl ansteht, auch musikalisch sozusagen über den vokalen Tellerrand hinauszuschauen, fiel ja in Waltraud Meiers Mannheimer Zeit ausgerechnet jenes Jubiläumsjahr 1979, als die *Musikalische Akademie* ihr 200jähriges Bestehen feierte. Und da wurde ja bekanntlich alles an instrumentalem Luxus aufgeboten, was einigermaßen zu bezahlen war. Eugen Jochum (vgl. auch Abbildung S. 126) dirigierte Bruckners *Achte.* In Sonderkonzerten waren Wolfgang Sawallisch mit dem Bayerischen Staatsorchester München und Kurt Masur mit dem Leipziger Gewandhausorchester zu Gast. Die sechzehnjährige Anne-Sophie Mutter, damals am Fuße ihrer Weltkarriere, spielte das Violinkonzert von Brahms. Die *Lieder eines fahrenden Gesellen* mit Hermann Prey brachten die erste, prägende Begegnung mit Gustav Mahler. Später, im Januar 1986, kehrte Waltraud Meier übrigens selbst als Mahler-Interpretin mit den *Kindertotenliedern* auf die Bühne des Mannheimer *Rosengartens* zurück. Unvergeßlich auch das letzte Akademiekonzert des Jahres 1980, für das sich der scheidende Hans Wallat als Schwanengesang Giuseppe Verdis *Messa da Requiem* ausgesucht hatte.
Wenn sie heute darüber nachdenkt, hat sie von Mannheim nicht allzuviel gesehen. Ihre Wohnung in den S-Quadraten, das Theater – was jenseits der *Planken* oder der *Breiten Straße* lag, ist ihr fremd geblieben. Natürlich war sie damals auch theaterbesessen und dachte nicht daran heimzugehen, wenn sie ihre Waltraute oder Erda absolviert hatte. Den Rest der Oper hat sie sich immer von der Beleuchterbrücke aus angesehen. Nein, nie aus der Gasse, immer von der Beleuchterbrücke!

Beim Stichwort Erda fällt Waltraud Meier spontan ein, daß es Mazura damals tatsächlich geschafft hat, die blutjunge, unerfahrene Erda mit einem der ältesten Bühnen-Kalauer hereinzulegen.
Er fragte also die aus den Tiefen der Erde auftauchende weise Frau, halblaut und gemein, wie sie ihre Frühstückseier wünsche. Und Waltraud-Erda sang in strömendem Legato und um Fassung ringend: »Weiche, Wotan, weiche!« Und als wir schon einmal in der Abteilung Anekdoten waren, da erinnerte sie sich auch noch genüßlich an jene denkwürdige *Götterdämmerung*, als nach Brünnhildes ergreifendem Schlußgesang die Mauern von Walhall einstürzten und dahinter unpassenderweise die Prospekte aus dem ersten Akt *Carmen*, das schäbige Gemäuer einer Zigarettenfabrik in Sevilla also, sichtbar wurden.

Beim Stichwort »schäbiges Gemäuer« fällt Waltraud Meier noch einmal der Kulturschock der frühen Jahre ein. Bis heute, meint sie, habe sich an der beispielhaften Schmucklosigkeit »backstage«, vor allem am, mit Verlaub, schäbigen Zustand der Künstlergarderoben im

Mannheimer Nationaltheater nichts geändert. Ihr konstruktiver (und durchaus ernst gemeinter) Vorschlag: Der rührige Verein der *Freunde und Förderer* soll doch mal bei irgendeinem Theaterfest eine Art »Happening« mit freiwilligen Malergehilfen veranstalten, die sämtliche Garderoben und Gänge in den schönsten Farben anstreichen. »Die paar Eimer Farbe spendiere ich mit tausend Freuden.« Das soll ein Wort sein, liebe Frau Meier, das auf fruchtbaren Boden fällt!

Wenn eine Hand die andere wäscht

Kultursponsoring: Balance zwischen Freiheit und Finanzen

Szene aus Aus einem Totenhaus *von Leoš Janáček. NI 29. Oktober 1989, Inszenierung und Ausstattung: Herbert Wernicke a.G., ML: Friedemann Layer. Herrenchor und Statisterie des Nationaltheaters. Die Ausstattung für diese Neuinszenierung wurde durch die Siemens AG, Mannheim gesponsort. Foto: Hans-Jörg Michel. RMM, Thslg.*

Die vom Nationaltheater ausgehende Faszination und Anziehungskraft steht in unmittelbarem Zusammenhang mit der Vielfalt und Qualität der Kunst, die dort für das Publikum geschaffen wird. Über die Attraktivität von Kulturinstitutionen entscheidet nicht zuletzt deren Finanzlage. Sollen Aufführungen oder Ausstellungen auch künftig auf hohem Niveau erhalten bleiben, muß die Kasse stimmen. Ohne private Förderung ist Kultur kaum denkbar. Zumal Steuergelder, erst recht bei der derzeit schwierigen Wirtschaftslage, nur noch eingeschränkt fließen. Sponsoring, also die finanzielle Unterstützung etwa durch Banken oder Wirtschaftsunternehmen, ist heute weithin üblich, es ist jedoch keine Zauberformel oder gar Garantie für Höchstleistung. Allerdings können dergleichen Finanzspritzen zusätzliche Freiräume öffnen und so zur Attraktivität von Kunst und Kultur beitragen. Der nachfolgende Text wurde von Mitarbeitern der Fachabteilungen der Sponsoren des Nationaltheaters Mannheim verfaßt.

Verantwortung und Imagepflege

Sponsoren, Förderer oder Gönner verbinden mit ihren Zuwendungen grundsätzliche Ziele: Sie wollen gesellschaftspolitische und soziale Verantwortung als Unternehmen in der Region tragen, ihr Image präsentieren und Institutionen wie das Nationaltheater nach Kräften unterstützen. Welche konkreten Effekte sich Geldgeber davon versprechen, bleibt zunächst ihre Sache. Sicher ist aber: Sollten sie der Versuchung erliegen, auf diesem Weg Einfluß auf Inhalte der Kultur oder die künstlerische Unabhängigkeit zu nehmen, riskieren sie schnell ihre Glaubwürdigkeit und/oder beeinträchtigen das eigene Ansehen.

Wie aber meistern die Förderer des Nationaltheaters, hier die Dresdner Bank in Mannheim, die *Freunde und Förderer des Nationaltheaters* im Bund mit der *Sparkasse Mannheim*, *Siemens* oder die *SüdwestLB*, die Balance zwischen finanzieller Unterstützung und künstlerischer Freiheit, ohne in letztere einzugreifen? Hierzu nehmen Sponsoren gerne Stellung.

Die Dresdner Bank AG Mannheim

Die *Dresdner Bank* in Mannheim fördert unter anderem das Nationaltheater. Das traditionsreiche Geldinstitut im Rhein-Neckar-Dreieck ist seit 1899 mit der Quadratestadt und ihren Bürgern verwurzelt. Schon diese Tradition bringt das Unternehmen mit der renommierten Kulturinstitution in Verbindung. Nachdem die Bank bereits in der Vergangenheit der regionalen Kunst und Kultur nahestand, engagiert sich das Haus seit 1990 mit einem festen jährlichen Betrag aktiv als Sponsor des Nationaltheaters. Über den gespendeten Etat verfügt das Theater völlig eigenständig. »Das ist eine Sache des gegenseitigen Vertrauens«, sagt dazu Franz Graf von Meran, Mitglied der Geschäftsleitung der *Dresdner Bank* in Mannheim.

Mit den Finanzmitteln aus dem Geldinstitut wurden beispielsweise die Programmhefte der musikalischen Werke am Nationaltheater komplett überarbeitet und zeitgemäß gestaltet. Ihre Konzeption stammte zum Teil noch aus den späten Nachkriegsjahren. Für die Leser findet sich in den Heften deshalb auch der dezente Hinweis: »Dresdner Bank – Förderer des Nationaltheaters«.

Die Kunst »vor Ort«, die gemeinsame Tradition und natürlich die Identifikation der *Dresdner Bank* mit den Mannheimer Kulturinstituten stehen hinter dieser Partnerschaft. Sponsoring soll sich darüber hinaus natürlich »auszahlen«. Das will Graf von Meran keineswegs verschweigen: »Mit dieser Form der Unterstützung wollen wir auch unseren Bekanntheitsgrad steigern, unser positives Image fördern und unseren Kunden entgegenkommen«. In den Genuß der Fördermittel aus der *Dresdner Bank* kommen daher vor allem renommierte Kulturbetriebe und professionelle Künstler. Was nicht bedeutet, daß Nachwuchstalente nicht zum Zuge kämen. Zwei Kriterien spielen bei der Auswahl eine besondere Rolle, wie Graf von Meran unterstreicht. »Zum einen legen wir Wert auf eine dauerhafte Partnerschaft. Zum anderen möchten wir vor allem kulturelle Ereignisse unterstützen, die viele Mitbürger zu schätzen wissen.«

Die Sparkasse Mannheim und die Freunde und Förderer des Nationaltheaters

Ihr Name ist Programm: *Freunde und Förderer des Nationaltheaters* (vgl. auch den Beitrag von Ulla Hofmann und Achim Weizel in diesem Buch). Daß der traditionsreiche Verein, dem heute weit mehr als 2000 Mitglieder angehören, das Theater unterstützt, versteht sich von selbst. Hand in Hand mit dem Förderverein trägt die *Sparkasse Mannheim* zu dieser Förderung bei. Gemeinsam machen sich die beiden Partner für den Kulturbetrieb stark.

Zusammen mit engagierten Bürgern will die Bank ihren Teil beisteuern, um die Popularität des Mannheimer Nationaltheaters zu intensivieren. Dieser Einsatz zielt auf den Erhalt sowohl des klassischen als auch des modernen Kulturgenres. Darüber hinaus will das Geldinstitut ein Bestreben zum Ausdruck bringen, das Tradition hat: »Wir engagieren uns gerne im Bunde mit den Bürgern, die sich schon seit Jahren in vorbildlicher Weise für die Popularität des Nationaltheaters als Anziehungspunkt für viele Menschen in der Region einsetzen.«

Seit 1992 vertreten der Förderverein und die *Sparkasse* ihr Interesse am Nationaltheater gemeinsam. Die Vorstände beider Institutionen einigten sich seinerzeit auf die geschäftsführende Mitwirkung der Bank im Verein der *Freunde und Förderer*. Durchhaltevermögen und Kreativität stehen hinter den Erfolgen dieser Partnerschaft.

Die *Sparkasse* hat in den Jahren des Sponsoring immer alle Sparten des Theaters im Auge behalten, seien es nun Ballett, Oper, Operette und Musical oder das Sprechtheater. Sie setzt auf die kulturelle Ausstrahlung des Hauses insgesamt. Kurz und knapp bringt das Geldinstitut die Motivation zur finanziellen Unterstützung in Zusammenarbeit mit dem Verein der *Freunde und Förderer* auf den Punkt: »Mit der Kultur gedeiht auch das Wirtschaftsleben einer Stadt.«

Die Siemens AG, Zweigniederlassung Mannheim

Die Zweigniederlassung Mannheim der *Siemens AG* betreibt eine Kulturförderung, die im Schwerpunkt der Unterstützung von Projekten in der Region dient. Es geht ihr dabei hauptsächlich darum, sich im Sinne eines regionalen Unternehmens an den besonderen kulturellen Aufgaben in der Region zu beteiligen. Entscheidungskriterium für eine Unterstützung ist dabei vor allem Art und Besonderheit des Projektes und dessen Bedeutung für das Kulturangebot in der Region. So konnte sich beispielsweise das Nationaltheater bei den *Schillertagen* zum Zeitpunkt der Wende (1990) wie auch bei den Inszenierungen von Leŏs Janáčeks Oper Aus einem Totenhaus (Neuinszenierung 29. Oktober 1989) und Giacomo Puccinis Tosca (Neuinszenierung 23. Dezember 1994) auf entsprechende Fördermittel stützen. Mit diesem Engagement trägt die *Siemens AG* zur kulturellen Vielfalt und Attraktivität der Region bei. »Einflußnahme auf die Inhalte geförderter Projekte schließen wir kategorisch aus«, so Heinz-Günter Kämpgen, der die Siemens AG als Leiter der Infrastruktur der Region Frankfurt/Mannheim im Beirat des *Vereins der Freunde und Förderer des Nationaltheaters* vertritt. Generell versteht *Siemens* kulturelles Engagement als Instrument der internen und externen Unternehmenskommunikation mit dem Ziel, die Stellung in der Gesellschaft zu festigen, das wechselseitige Verhältnis zwischen Unternehmen und dem Umfeld mitzugestalten, als Partner präsent zu sein.

Die Arbeit im kulturellen Bereich hat die *Siemens AG* seit Bestehen der Kulturabteilung in München (1987) weiter ausgebaut. In den überregionalen Förderprojekten geht es um die Unterstützung zeitgenössischen kulturellen Lebens. Das kulturpolitisch orientierte Engagement betrifft Künstler und künstlerische Bereiche, die innerhalb der Kulturförderung der öffentlichen Hand zu wenig beachtet und unterstützt werden. Die Arbeit der *Siemens AG* zielt dabei auch auf die Positionierung dieser Künste in der Öffentlichkeit. Der Schwerpunkt wird hierbei auf die Nachwuchsarbeit und die Förderung neuer künstlerischer Ansätze in den Bereichen Musik, künstlerische Fotografie, Medienkunst und freies Theater gesetzt.

Die SüdwestLB – Südwestdeutsche Landesbank
Das Nationaltheater steht auch in der Gunst der *SüdwestLB* mit ihren Hauptsitzen in Mannheim und Stuttgart. Das Geldinstitut bekennt sich zu gesellschaftlicher Verantwortung außerhalb seiner unternehmerischen Grenzen. Aus diesem Grunde fühlen sich die Finanzfachleute auch zu einem besonderen Auftrag verpflichtet: nämlich kulturelle Angebote zu fördern. Schließlich könne der Staat diese oftmals nicht mehr in ausreichendem Maß finanzieren. Ihr Sponsoring will die *SüdwestLB* jedoch ausschließlich als Ergänzung zur öffentlichen Kunstförderung verstanden wissen. Für Dr. Karl Heidenreich, Vorstandsmitglied des Hauses, gibt es keinen Zweifel: »Auf jeden Fall muß weiterhin der Staat für die Kultur einstehen. Nur dadurch sind Vielfalt und Qualität gewährleistet«. Sponsoren können nach seiner Meinung jedoch »wünschenswerte künstlerische Freiräume vergrößern« helfen. Wobei allerdings auch die Kasse der Geldgeber nicht unerschöpflich ist. Die Landesbank versucht ihre Fördermittel deshalb optimal zu konzentrieren und gleichzeitig langfristig einzusetzen. Außerdem ist man bei der *SüdwestLB* von einem sozialen Effekt der Finanzmittel überzeugt: Indem sich die Wirtschaft der Kultur öffnet und umgekehrt die Kultur der Wirtschaft, entsteht ein breites kulturelles Angebot, das zu mehr Lebensqualität für alle Mitbürger beiträgt.

In erster Linie verfolgt die *SüdwestLB* mit ihrem Sponsoring zwei Ziele: »die Stärkung der Kultur in der Region und die Förderung zeitgenössischer Künstler«, so Heidenreich. Ein aktuelles Beispiel ist die auch überregional vielbeachtete Uraufführung der Oper von Detlev Glanert *Der Spiegel des großen Kaisers* (23. November 1995; siehe Abbildung S. 598).

Dabei ist die Zusammenarbeit von Geldgeber und Künstler klar abgestimmt: Die künstlerische und inhaltliche Freiheit einer geförderten Institution oder Person wird nicht angetastet. Denn beide Partner könnten auf Dauer nur zum Erfolg gelangen, wenn sie glaubhaft kooperieren. Außerdem habe auf diese Weise auch das Publikum die Möglichkeit, eine solche Verbindung nachzuvollziehen. Schließlich steht und fällt mit der Begeisterung des Publikums jedes Engagement in Kunst und Kultur.

Zeitzeugen: Gabriele Schnaut

Stefan Koch

Gabriele Schnaut
Opernsängerin
Mezzosopranistin
Dramatische Sopranistin
Foto: Klaus Lefebvre

Gabriele Schnaut ist ein Mannheimer »Operngewächs« besonderer Art. Die heute als hochdramatische Sopranistin gefeierte Künstlerin hat nach 1988, als sie das Mannheimer Nationaltheater verließ, um sich dann für zwei Spielzeiten noch an Düsseldorf zu binden, den Sprung in die freie Existenz gewagt und gehört heute zu den internationalen Spitzenvertreterinnen ihres Fachs. Trotzdem kehrt sie ab und an nach Mannheim zurück, nicht zuletzt, weil sie in Studienleiter Hermann Emmerling einen Partner gefunden hat, auf dessen profunde Erfahrung sie nach wie vor baut: Bei den gemeinsamen Treffen erweitert Gabriele Schnaut ihr Repertoire oder rekapituliert Partien, die sie längere Zeit nicht gesungen hat – etwa die Kundry im *Parsifal,* mit der sie 1995 einen beglückenden Erfolg am Nationaltheater hatte.

»Mannheim war das, was ich überhaupt nicht wollte«, so die Antwort auf die Frage, wie hier alles anfing mit Gabriele Schnaut. Nach der Studienzeit in Frankfurt hatte die junge Sängerin erst in Stuttgart einen Anfängervertrag, war dann aber nach Darmstadt gegangen, wo der damalige Intendant Kurt Horres ihr Förderer wurde. Als man sie zum Vorsingen nach Mannheim einlud – 1979 – war die Reaktion eindeutig: »Ich sing' nicht vor, ich habe keine Lust.« Mannheim, das war für Gabriele Schnaut ein Moloch, in dem junge Sänger verschlissen werden, und gerade das wollte sie nicht. »Die können ja auch mal nach Darmstadt kommen, wenn sie mich hören wollen«, so dachte sie es sich.

Was folgt, ist lustig. Gabriele Schnaut führte damals *Kloibers Handbuch der Oper* stets mit sich, das Vademecum aller Sänger, Dirigenten und Opernleute. Penibel hatte sie die Partien angestrichen, die sie sich demnächst erarbeiten wollte und hatte dies auch mit ihrem Agenten durchgesprochen. Eines Tages rief Kurt Horres sie an: »Heute abend haben die Mannheimer drei Karten bestellt.« Es gab *Hänsel und Gretel* mit Gabriele Schnaut als Hänsel. Arnold Petersen, Klaus Wendt und Wolfgang Rennert saßen also im Parkett, hinterher brachte das Nationaltheater-Terzett Hänsel die Flötentöne bei: »Wie wäre es in Mannheim mit folgenden Partien...?« Es waren genau jene, die sich Gabriele Schnaut angestrichen hatte. »Da muß im Hintergrund etwas gelaufen sein«, lacht sie heute. Was folgte, war ein reguläres Vorsingen im Mannheimer Haus – was Tradition hat – und ein Vertrag ab der Spielzeit 1980/81.

Den damaligen Mannheimer Generalmusikdirektor Wolfgang Rennert bezeichnet die Künstlerin für sich als »Glücksfall«. »Er hatte sich ein junges Ensemble engagiert, von dem viele inzwischen Karriere gemacht haben. Mich hat Mannheim nicht verschlissen, und ich bin dankbar dafür«, erzählt sie. »Ich hatte einen gewissen Stand am Haus, bin auch immer in Seeheim-Jugenheim wohnen geblieben, was von vornherein eine gewisse Distanz mit sich brachte. Singen konnte ich das, was ich wollte, und Rennert hatte ein gutes Gespür für meine Wünsche.« Der Sextus in Mozarts *Titus*, auch die Brangäne in Harry Kupfers damals verstörend-moderner *Tristan*-Inszenierung gehören zu den prägenden Rollenerkundungen aus den damaligen Zeiten. Bis Rennert eines Tages die Sängerin in sein GMD-Zimmer bat, ihr einen Klavierauszug zeigte und sie fragte, ob sie sich das zutraue. Es war der *Wozzeck* von Alban Berg. »Sie gehen wohl nicht davon aus, daß ich die Margret singen soll«, meinte Gabi Schnaut. »Nein, die Marie«, so die Antwort Rennerts. Damit war das vollzogen, was man gemeinhin als Wechsel ins dramatische, später ins hochdramatische Fach bezeichnet.

»Ein Fachwechsel war das aber eigentlich nicht«, plaudert Gabriele Schnaut aus dem Nähkästchen. Schon in den ersten Gesangsstunden habe ihr die Frankfurter Lehrerin gesagt, die Stimme hätte einen dramatischen Kern und reichlich Höhe – aber Mezzos wurden damals, in den siebziger Jahren, mehr gesucht als Soprane. Nun, mit der Marie kehrte Gabriele Schnaut zu ihren Wurzeln zurück, und die Karriere ging steil bergan. Von Mannheim aus stieß Gabriele Schnaut ins dramatische Wagner-Fach vor, als eine der ersten Bühnen verpflichtete sie Hamburg für die Isolde, nachdem sie die Partie schon konzertant in Dortmund gesungen hatte. Bis 1988 blieb Gabriele Schnaut als Ensemblemitglied dem Nationaltheater verbunden, einem Haus, das ihr zu einem wichtigen Zeitpunkt als Sprungbrett zu ihrer künstlerischen Lebensplanung half und dem sie sich heute in Sympathie verbunden weiß.

Farbteil 2
Von der Weimarer Republik bis zur Gegenwart

16
Plakat für die Mannheimer Erstaufführung des Spiels »aus romantischer Zeit mit Musik von gestern und heute« Die drei Musketiere *von Ralph Benatzky am 10. Juli 1931. Das Notenzitat nimmt Bezug auf den Anfang des Titelschlagers »Drei Musketiere«. Erschienen in der Vereinsdruckerei Mannheim, Entwurf vermutlich von Eduard Löffler. RMM, Thslg.*

17
Szene aus Das Herrenrecht, *Oper von Wilhelm Stärk. EA 21. Juni 1942, Spielleitung: Erich Kronen, ML: Karl Elmendorff. Adam Fendt (Jan), Grete Scheibenhofer (Marei). Vgl. auch die Beiträge von Wilhelm Kreutz und Claudia Balk in diesem Buch. Foto: Karl Klauß. RMM, Thslg.*

18
Paul Walter (1913–1993)
Bühnenbildentwurf zu Abstrakte Oper Nr. 1 *von Werner Egk und Boris Blacher. Szen. UA 17. Oktober 1953 (Nationaltheater in der* Schauburg*). »Angst 2« (vgl. auch die Beiträge von Silke Leopold und Kurt Heinz in diesem Buch). Tempera, Bleistift, Tusche auf grauem Karton, collagiert. RMM, Thslg.*

19
»Festliche Premiere in glanzvollem Rahmen«.
Farbig illustrierter Artikel aus der Fernsehzeitschrift
bild und funk, *Ausgabe S vom 3. bis 9. Februar 1957, S. 4 und 5,*
aus Anlaß der Eröffnung des neuen Nationaltheaters am
Goetheplatz *am 12./13. Januar 1957 (vgl. auch* Chronologie*).*
RMM, Thslg.

Eröffnung des Nationaltheaters · Mannheims gesellschaftliches Ereign

Festliche Premiere
in glanzvollem Rahmen

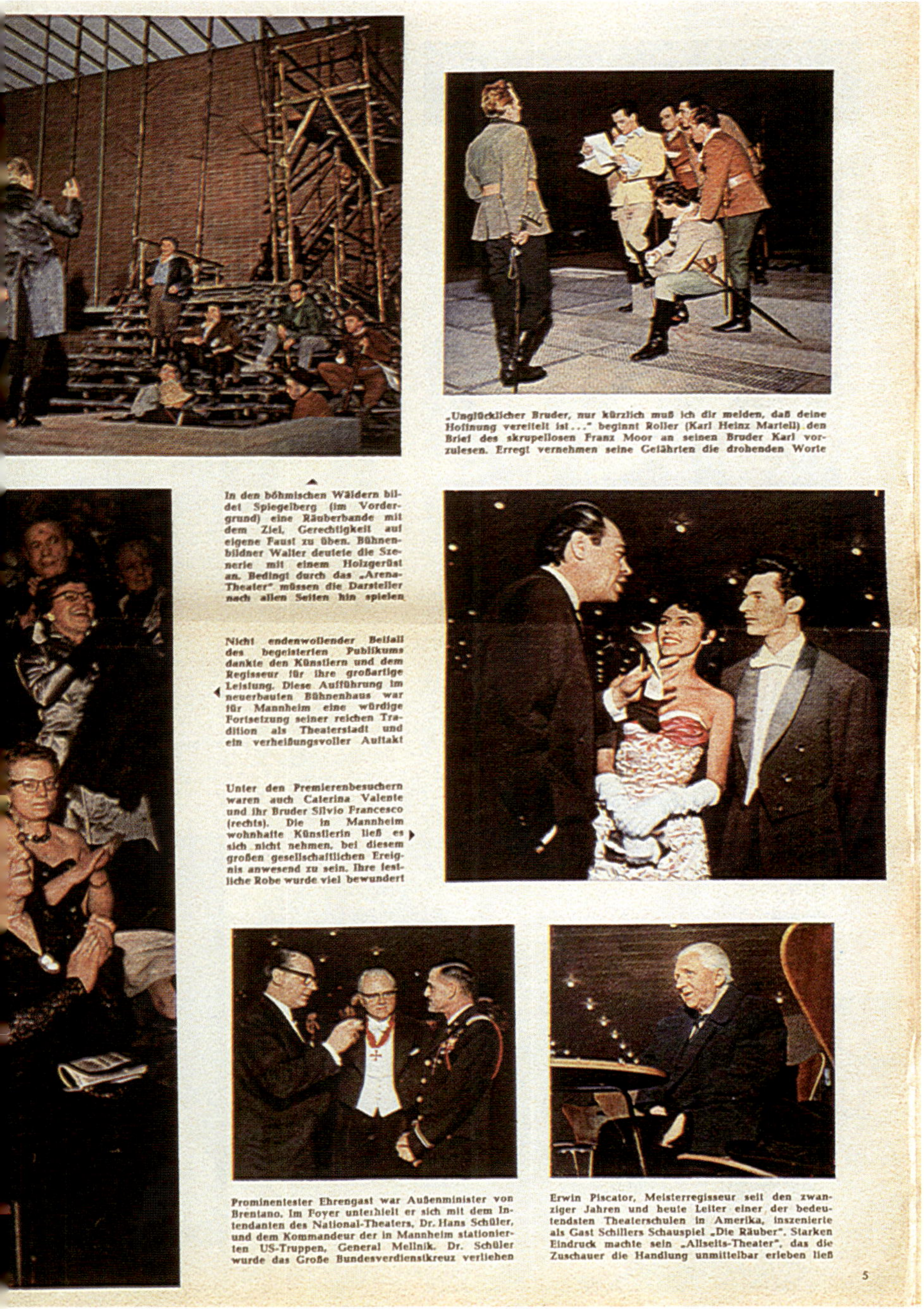

„Unglücklicher Bruder, nur kürzlich muß ich dir melden, daß deine Hoffnung vereitelt ist ..." beginnt Roller (Karl Heinz Martell) den Brief des skrupellosen Franz Moor an seinen Bruder Karl vorzulesen. Erregt vernehmen seine Gefährten die drohenden Worte

In den böhmischen Wäldern bildet Spiegelberg (im Vordergrund) eine Räuberbande mit dem Ziel, Gerechtigkeit auf eigene Faust zu üben. Bühnenbildner Walter deutete die Szenerie mit einem Holzgerüst an. Bedingt durch das „Arena-Theater" müssen die Darsteller nach allen Seiten hin spielen

Nicht endenwollender Beifall des begeisterten Publikums dankte den Künstlern und dem Regisseur für ihre großartige Leistung. Diese Aufführung im neuerbauten Bühnenhaus war für Mannheim eine würdige Fortsetzung seiner reichen Tradition als Theaterstadt und ein verheißungsvoller Auftakt

Unter den Premierenbesuchern waren auch Caterina Valente und ihr Bruder Silvio Francesco (rechts). Die in Mannheim wohnhafte Künstlerin ließ es sich nicht nehmen, bei diesem großen gesellschaftlichen Ereignis anwesend zu sein. Ihre festliche Robe wurde viel bewundert

Prominentester Ehrengast war Außenminister von Brentano. Im Foyer unterhielt er sich mit dem Intendanten des National-Theaters, Dr. Hans Schüler, und dem Kommandeur der in Mannheim stationierten US-Truppen, General Mellnik. Dr. Schüler wurde das Große Bundesverdienstkreuz verliehen

Erwin Piscator, Meisterregisseur seit den zwanziger Jahren und heute Leiter einer der bedeutendsten Theaterschulen in Amerika, inszenierte als Gast Schillers Schauspiel „Die Räuber". Starken Eindruck machte sein „Allseits-Theater", das die Zuschauer die Handlung unmittelbar erleben ließ

5

19

Rechte Seite, oben:

Szenenfotografien aus der Räuber*-Neuinszenierung im Bühnenbild von Paul Walter und in Kostümen von Gerda Schulte.*

Mitte:

Caterina Valente und ihr Bruder Silvio Francesco im Gespräch.

Unten links:

Außenminister Heinrich von Brentano, US-Kommandeur der in Mannheim stationierten Truppen Colonel N.R. Hoskot (in der Bildunterschrift falsch als General [Stephen M.] Melnik ausgewiesen), und Intendant Hans Schüler.

Unten rechts:

Erwin Piscator.

20
Programmheft für die Gastspielreise des Nationaltheaters in die Deutsche Demokratische Republik vom 27. bis 30. April 1964 mit William Shakespeares Der Sturm *in der Inszenierung von Ernst Dietz (vgl. auch* Chronologie*). Das stilisierte Schillerporträt zierte von der Spielzeit 1952/53 an die Programmhefte des Nationaltheaters (bis zur Spielzeit 1965/66). Der Entwurf für das einprägsame Signet stammte von Hansheinrich Palitzsch. RMM, Thslg.*

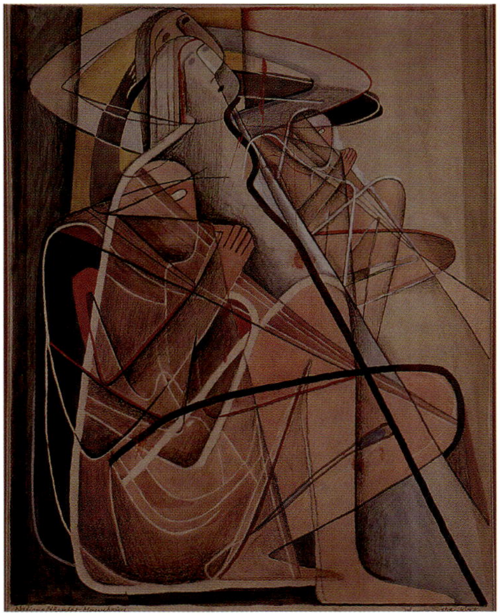

21
Johanna Schütz-Wolff (1896–1965)
Entwurf zu einem Bildteppich für den Treppenaufgang zum Großen Haus (Aufgang A) des neuen Nationaltheaters am Goetheplatz. Zur Eröffnung des Hauses wurde dieser in der Originalgröße, von der Künstlerin selbst auf Karton gemalt, aufgehängt. Später fehlte der Stadt das Geld zur Ausführung des Teppichs. Seit 1969 hängt an derselben Stelle ein anderer, wesentlich kleinerer, aus Wolle geknüpfter, Bildteppich von Johanna Schütz-Wolff (vgl. auch Chronologie).
RMM, Thslg.

22
Gerda Schulte (geb. 1903)
Kostümentwurf für
Neues vom Tage
von Paul Hindemith.
NI 3. April 1961
(Olli - Erika Ahsbahs).
Plakafarben auf Karton,
collagiert.
RMM, Thslg.

23
Liviu Ciulei (geb. 1923)
Kostümentwurf (Hure) für Die Dreigroschenoper von Bertolt Brecht und Kurt Weill. NI 16. Oktober 1973. Ciulei zeichnete sowohl für die Regie als auch die Ausstattung verantwortlich.
Aquarell über Federzeichnung mit Stoffmustern.
RMM, Thslg.

24
Szene aus
Sommergäste *von Maxim Gorki.*
EA 16. Mai 1986, Regie: Harald Clemen, Bühnenbild: Jörg Zimmermann, Kostüme: Uta Loher.
Von links nach rechts: Elisabeth Auer (Kalerija), Hedi Kriegeskotte (Varvara Michajlovna), Gabriela Badura (Marja Lvovna), Walter Sittler *(Vlas), Rudolf Kowalski (Rjumin), Helga Grimme (Julija Filippovna), Ernst Konarek (Suslov), Ernst Alisch (Basov), Henning Schimke (verdeckt, Zamyslov), Roderich Wehnert (Semikolon), Catrin Flick (mit dem Rücken zum Betrachter, Olga Alekseevna) und Berthold Toetzke (dto., Salimov).*
Foto: Hans-Jörg Michel.

25
Szene aus Das Teehaus *von Lao She, mit dem das Chinesische Volkskunsttheater Peking am 28. September 1980 im Nationaltheater Mannheim seine erste Europa-Tournee begann (vgl.* Chronologie*). Foto: Volkskunsttheater Peking. RMM, Thslg.*

26
Szene aus
Eine Woche voller Samstage
von Paul Maar.
EA 11. September 1987
(Kinder- und Jugendtheater
Schnawwl*),*
Regie: Konrad Schrage,
Ausstattung: Christian Bernt
Ute Bronder (Sams),
Eva Martin (Verkäuferin).
Foto: Christian Bernt.
RMM, Thslg.

27
Peter Heilein (geb. 1942)
Bühnenbildentwurf für
den 1. Akt zu Jenufa
(Ihre Ziehtochter) *von*
Leoš Janáček.
NI 15. Juni 1988.
Publikum und Kritik waren
gleichermaßen begeistert
von der bewegten Regie
von Christine Mielitz,
Peter Heileins Ausstattung
und dem Dirigat von
Friedemann Layer.
Plakafarbe über Bleistift.
RMM, Thslg.

28
Szene aus
Baumeister Solness *von Henrik Ibsen.*
EA 5. März 1995, Inszenierung: Gerhard Willert, Ausstattung: Martin Krämer.
Von links nach rechts: Sylvana Krappatsch (Hilde Wangel), Alberta Schatz (Aline), Ronald Funke (Solness). Mit dieser umstrittenen Inszenierung wurde das Mannheimer Schauspiel für den Mai 1996 zum Berliner Theatertreffen eingeladen (vgl. auch den Beitrag von Heinz Schönfeldt in diesem Buch und Chronologie*).*
Foto: Hans-Jörg Michel.
RMM, Thslg.

Theater in der Kritik

Der Theaterkritiker ist kein Animateur

Alfred Huber

Stets geliebt: der Kritiker! In seinem »Blick hinter die nationalen Theater-Kulissen« hat der Karikaturist Wolf Strobel fürsorglicherweise an den »Not-Ausgang für Kritiker« gedacht, der – wie der Begleittext zu dieser Zeichnung verrät – darüber hinaus mit einer ›automatischen Auswurf-Vorrichtung‹ versehen ist (rechts).
Allgemeine Zeitung Mannheim, *Silvesterausgabe 1956.*
RMM, Thslg.

Wir leben in einer Leistungsgesellschaft. Uns ist es selbstverständlich geworden, alles miteinander zu vergleichen und entsprechend zu bewerten. Auch neigen wir dazu, einmal gewonnene Einsichten zu verfestigen. Dann verleihen wir ihnen Glanz und das Gewicht ewiger Gültigkeit. Ja, wir hängen an diesen Modellen so sehr, daß wir ihnen den Rang unüberwindbarer Mythen zubilligen: den Mythos von der schönsten Aufführung, dem besten Dirigenten, dem virtuosesten Pianisten. Wem freilich der Mut fehlt, Mythen zu zerstören, wer das Risiko grenzüberschreitender Gedankenspiele scheut und nur am Bewährten festhält, – der leugnet, daß jede Norm ein vorübergehendes, oft sogar flüchtiges Ereignis unseres Denkens ist.

Kritik als Vermittlerin zwischen Kunst und Leben
Gewiß, Konventionen sind notwendig. Ohne sie wäre Neues, Abweichendes nicht erfahrbar. Schließlich lebt das, was wir kritisches Bewußtsein nennen, vom Wechselspiel zwischen vertraut und unvertraut. Wo freilich das Zitat bedeutsamer wird als die Erfindung, wo das historisch Überlieferte herrscht, verliert das reflektierende Denken an Offenheit und Vitalität. Andererseits gehört es gerade zu den großen Defiziten unserer Gegenwart, daß sie kaum noch stilbildende Konventionen zuläßt, sondern eine stete Abfolge von Neuheiten favorisiert. Dieses Ergebnis einer allgemein verbreiteten Originalitätssucht überbewertet das Subjektiv-Richtige, das Spontane, als sei ein Leben ohne Geschichte vorstellbar.

In solch einer Zeit, die es offensichtlich verlernt hat, in Gegensätzen zu denken, in der Dialektik zum *Small talk* verkommt, muß Kritik als Vermittlerin zwischen Kunst und Leben mehr denn je die Botschaft von der besseren Wirklichkeit verkünden. Allein die Kunst, geschult am Prinzip des Widerspruchs, vermag noch am ehesten den sinnentleerten, desolaten Zustand einer materialistisch geprägten Gesellschaft zu durchschauen und den prinzipiell bejahenden Gesetzen des Marktes angemessenen Widerstand zu leisten. In dieser Haltung, die am ehesten als Ausdruck einer naiven Ursprünglichkeit gewertet werden kann, liegt ihr humanes Ideal begründet. So betrachtet, gibt es ein Bündnis zwischen Kritikern und Künstlern, auch wenn Vertreter beider Parteien manchmal auftreten, als wären sie natürliche Feinde.

Das Theater ist da keine Ausnahme. Viele Schauspieler verachten Kritiken und lesen sie dennoch begierig. Der Regisseur Hansgünther Heyme fühlte sich einst von der »Kritiker-Mafia« verfolgt, und sein 1986 gestorbener Kollege Ernst Wendt – selbst zu Beginn seiner Karriere als Kritiker tätig – nannte die Theaterkritiker gar »Schwarze Sheriffs des kulturellen Lebens« (Wendt 1980, S. 25). Aus der gegenseitigen, wenn auch häufig widerwillig vollzogenen Respektierung früherer Jahre ist inzwischen nicht selten ein rüder Schlagabtausch geworden. Eine Ursache dafür liegt gewiß im veränderten kulturpolitischen Klima der Bundesrepublik. Wo nur noch Quotenregelungen und Prozentsätze zählen, sind die Kulturschaffenden nervös geworden. Strenge Sparauflagen zwingen die Theater, auf optimal genutzte Platzkapazitäten zu achten. Jahrzehntelang relativ autonome Inseln im kulturellen Geschehen, müssen sie jetzt Politiker von der Notwendigkeit ihrer Existenz überzeugen und sich zugleich gegen den immer entschiedener formulierten Anspruch einer Freizeitgesellschaft wehren, die eine Kultur fordert, die in erster Linie unterhalten, zerstreuen soll.

Kritik als Mahnerin des Publikums
Dieser Wandel läßt sich deutlich dort ablesen, wo unsere Theater angesiedelt sind: in den Städten. Längst haben sie ihr einst unverwechselbares Bild den Erfordernissen einer modernen Einheitsarchitektur geopfert. Wir reden von Industriegebieten, von Wohn- und Einkaufszentren, selten aber von der Stadt (vgl. hierzu auch Greiner 1996). Den bergenden Heimatbezug, falls es den je gab und er keine nostalgisch verbrämte Erfindung einzelner Literaten ist, hat sie für viele Menschen verloren. Anstatt diese Ungeborgenheit, die Unwirtlichkeit des Umfeldes als Ausdruck unserer seelischen Verfassung zu begreifen, vertuschen wir die innere und äußere Leere mit Ablenkungsmanövern. So ersetzt die »Stadtmöblierung« den alten Begriff Stadtreklame, als gelte es, ein Wohnzimmer einzurichten und keine profanen Werbekampagnen zu inszenieren. Musical- und Kinopaläste werden gebaut, Diskotheken und Spielhallen eröffnet, als wären wir ein Volk, das allein noch

in den Vergnügungen seine Identität findet und rettet.

Hier, wo sich Freizeitkonsum und Kultur kaum entflechten lassen, haben es die traditionellen Theater entsprechend schwer. Der allgemein zu beobachtende Utopieverlust in unserer Gesellschaft, die Vorstellung, daß es genüge, die Welt in Quantifizierbares und Qualifizierbares zu unterteilen, verändert offensichtlich auch die klassischen Aufgaben der Kunst – und damit das Selbstverständnis der Theaterkritik. Hatte sie ursprünglich, vor allem bei neueren Stücken, eher eine kritisch begleitende und vermittelnde Funktion, so muß sie dem Theater jetzt überall dort zur Seite springen, wo es sich weigert, allzusehr auf die Unterhaltungsbedürfnisse des Publikums einzuschwenken.

Den Realismusanspruch beispielsweise von Jürgen Bosse, Mannheims Schauspieldirektor in den Jahren 1977 bis 1988, sein Interesse an Stücken der Weimarer Republik, seine Horváth-Pflege mußte man vielleicht erläutern, aber kaum verteidigen. Gleiches galt für die Versuche seines Nachfolgers Nicolas Brieger, menschliches Leben als ein offenes Abenteuer zu bestimmen und mit Hilfe des Theaters sensibel an Ideale wie Freiheit, Liebe, Würde und Toleranz zu erinnern, Ideale, die in der restaurativen Phase nach 1968 mehr und mehr zu literarischen oder politischen Lippenbekenntnissen verkümmert waren. Natürlich gab es in Mannheim immer Kämpfe um die Budgetierung des Nationaltheaters, auch Verlockungen, über die gewährten Mittel auf die Zielsetzungen des Spielplanes einzuwirken. Dennoch stand das Verteilen und Nutzen von Marktchancen nicht so im Vordergrund wie gegenwärtig.

Der für jedes Theater existenzerhaltende Balanceakt zwischen Aufklärung und Unterhaltsamkeit war weniger radikal, ließ genügend Raum für all die notwendigen Geschichten im Zugriff ästhetischer und gesellschaftlicher Reflexionen. Die Bundesrepublik, damals vermögender, leistete sich gönnerhafte Großmut auf dem Gebiet zirzensischer Dinge. Heute, angesichts ständig schrumpfender Einnahmen des Staates und der Kommunen, hat sich das geistige Klima radikal verändert. Was ehedem als unverzichtbar gepriesen wurde, die Kultur, wird jetzt oft zähneknirschend hingenommen, weil man die Prestigeobjekte Museum, Theater oder Konzertsaal nicht so ohne weiteres schließen kann. Dabei fürchten die verantwortlichen Kommunalpolitiker weniger den zu erwartenden Protest in der Öffentlichkeit, der hält sich, wie das Beispiel Berliner *Schillertheater* bewies, durchaus in Grenzen, sondern sie scheuen den äußerst unpopulären Verlust von Arbeitsplätzen. Kunst, das zeigt sich in Krisenzeiten mehr denn je, ist keine zwingende, selbstverständliche Kategorie kollektiven Bewußtseins. Hinzukommt, daß der schon immer sozialgeschichtlich determinierte Kulturbegriff, geprägt von Vorlieben und Abneigungen, anfällig für Tendenzen und Strategien, sich inzwischen in einer babylonischen Stil- und Sprachverwirrung erschöpft, weit entfernt von jener sinnstiftenden Kraft, die fähig wäre, den Menschen als bewußtes Individuum wieder einzubinden in den verbindlichen Kosmos ethischer Werte.

Kritik gegen die totale Freiheit des künstlerisch Machbaren

Jüngere Regisseure bezeichnen sich heutzutage gern als Entertainer und verhehlen kaum ihre tiefe Abneigung gegen die politische Bewegung von 1968. Ihr oft spielerischer, nicht selten formzerstörender Umgang mit überlieferten Texten, die zahllosen Beispiele schneidiger Aktualisierungen schüren allerdings den Verdacht, daß ihre Kunst weniger von der Idee des Humanen zehrt als von dem Bedürfnis radikaler Selbstdarstellung. Kritisieren kann diese Haltung aber nur, wer naiv genug ist, trotz der vielen Rückschläge im menschlichen Zusammenleben, an bewußtseinsverändernde Prozesse der Kunst zu glauben.

Das mag naiv klingen. Doch zu solcher Naivität muß sich Kritik gegenwärtig bekennen, will sie nicht Willkür und sich rasch verschleißende Innovationen fördern. Niemand freilich kann dem Theaterbesucher garantieren, daß seine durch das Kunstwerk ausgelösten gedanklichen Projektionen angemessen sind, da sie den Tatbestand unverbindlicher, subjektiver Phantasien notwendig zu überschreiten vermögen. Aber wo sonst, wenn nicht im Theater, sollte sich wirkliches Leben ereignen und noch in der gräßlichsten Ungerechtigkeit jene versöhnende Utopie aufleuchten, daß einmal alles ganz anders sein könnte? Das Maß freilich für solche verändernde Entwicklung droht momentan verloren zu gehen, weil der kontrollierte Bezug zu dem, was da als korrekturfähig gilt, der totalen Freiheit des künstlerisch Machbaren gewichen ist. Entsprechend bedarf es heute anderer Zielsetzungen künstlerischer Selbsterklärungen, anderer Dialogformen, soll die kommunikative Intimität zwischen Theater und Besucher nicht völlig verlorengehen.

Nichts ist mehr selbstverständlich. Kein klassischer Kanon regelt das Verhältnis zwischen Bühne und Zuschauerraum, zwischen Angebot und Erwartungshaltung. Gesteigerte Selbstzweifel auf beiden Seiten sind notwendig, um den drohenden Zerfall humaner Ideen abzuwenden. Überall dort, wo die Form über den Gehalt zu triumphieren beginnt, fällt künstlerisches Bemühen, mag es sich noch so modern und autonom gebärden, nach und nach dem egoistischen Antrieb einer Gesellschaft anheim, deren Zerstreuungsbedürfnis, deren Konsumwütigkeit, abgesichert durch eine radikal materialistische Weltanschauung, steigende Tendenzen verrät. Daß Kritik häufig diesem Trend folgt, sich auf ästhetisch-handwerkliche Kriterien beschränkt, anstatt die literarische Substanz einzuklagen, enthüllt, wie sehr sie manchmal die eigene Sache als verlorene behandelt. Zugleich billigt sie dem Theater jene Beliebigkeit zu, die gegenwärtig oft Ausdruck ihres Erscheinungsbildes ist. Die Gesellschaft, zunehmend oberflächlicher und inhumaner in ihren zwischenmenschlichen Bezügen, hat die humanen Ideen der Kunst längst rigoros abgeschüttelt.
Neu freilich ist solche Einsicht nicht. Bereits Thomas Mann läßt in seinem *Doktor Faustus* den Tonsetzer Adrian Leverkühn vor dem geschichtlichen Hintergrund von Wehklage und Apokalypse zu seinem Freund Zeitblom sagen, daß er zurücknehmen wolle, was bis heute in der Kunst als Inbegriff der Humanität gilt: Beethovens *Neunte Symphonie* (vgl. Mann 1975, S. 477).

Mehr denn je hat deshalb Kritik nach dem Selbstverständnis von Kunst zu fragen und der »Neuen Munterkeit« im Theater zu mißtrauen. Sie darf sich nicht von Moden oder Auflagenhöhen, von Besucher- oder Abonnenteninteressen steuern lassen. Zur Kritik gehört auch jene Freiheit, die Kunst unabdingbar für sich (zu Recht!) beansprucht. Natürlich muß sich Kunst nicht rechtfertigen, das ist ihr Privileg, wenn sie will, was noch nicht war, wenn der Künstler von dem Gebilde, das er hervorbringt, selbst überrascht sein soll. Rechtfertigen muß man vielleicht Spielpläne, die Verteilung von Haushaltsgeldern, nicht jedoch die Risikobereitschaft von Kunst. Ihr gesellschaftlich notwendiger Sinn liegt gerade darin, daß sie sich ungeschützt ausliefert, traditionelle Hüllen fallen läßt und im Entstehungsprozeß nicht diese oder jene Konvention bedenkt.

Der Kritiker ist kein Animateur

Der Kritiker wiederum darf nicht weniger hingebungsvoll, ja hingerissen agieren, wenn er das so Entstandene auf »Herz und Nieren« prüft und den Text, die ihm unvertraute Inszenierung mit seinen eigenen Lebens- und Leseerfahrungen vergleicht. Daß er bisweilen bei der Beurteilung einer Regiearbeit, eines Stückes nach Weltzusammenhängen fragt, was ihm häufig als hochfahrende, bevormundende Parteilichkeit angekreidet wird, läßt sich nicht immer vermeiden. Schließlich ist die Kunst kein Amüsierbetrieb, der das Publikum bei guter Laune hält, und der Kritiker ist kein Animateur, dessen mehr oder minder geistreiche Späße den Theaterbesuchern das Nachdenken ersparen sollen.

Weshalb wir geboren werden, ist ein Rätsel. Niemand vermag es zu lösen. So sind wir gezwungen, darauf zu antworten mit einem politisch und ethisch verantwortungsvollen Handeln, das alle sozio-kulturellen Teilbereiche umschließt. Sicher, Kunst kann die Welt nicht verändern, jedenfalls nicht nachweisbar. Die Realgeschichte spricht überzeugend dagegen. Kunst und noch mehr das öffentliche Reflektieren darüber sind Luxus. Andererseits besitzt Kunst ein Erkenntnisvermögen, das emotional zu entschlüsseln uns wach hält, das uns lehrt, jenes existentielle Wagnis wieder zu ertragen, das wir als Ergebnis eines geradezu grotesken Sicherheitsbedürfnisses vehement aus unserem Leben verdrängt haben. Nur die fremden Dinge erweitern unser Bewußtsein. Sie allein schärfen den Sinn des Beschauers, des Zuhörers für das Andere, Neue, Utopische, für das dialektische Verhältnis von Vertrautheit und Kreativität im Zentrum menschlichen Denkens.

Leben ist mehr als nur Zerstreuung

Der allgegenwärtige Populismus leugnet die Notwendigkeit von Kritik. Als ob das Kunstwerk nicht selbst schon ein kritischer Ein- und Widerspruch wäre, Ausdruck einer Diskrepanz zwischen Künstler und Realität. Er will einvernehmliche Strategien gerade dort, etwa in Literatur und Theater, wo das Schöne ohne das Unbequeme, Quälende bislang nicht zu haben war. Geht doch dem erfüllten Wunsch stets ein erkannter Mangel, der konkreten Sehnsucht eine vage Zerrissenheit voraus. Da Geduld, Hingabe und Ausdauer immer seltener werden im hektischen Alltagsgeschäft, hat die Hopp-und-Ex-Mentalität längst auch den Kulturbetrieb erfaßt. Das Ziel zählt, das Vergnügen, nicht der beschwerliche Weg. Der zu beobachtende Trend in den Feuilletons deutscher Tageszeitungen, das Bekannte noch bekannter zu machen, anstatt die Blicke der Leser auf das Überraschende, noch nicht Dagewesene zu lenken, ist bezeichnend für diese Entwicklung.

Tröstlich immerhin zu wissen, daß der oft beschworene Zeitgeist keineswegs stets recht behält. So kann Theater als Schule der Neugierde und Kritik, als Vermittler ästhetischer Prinzipien gerade am Ende des 20. Jahrhunderts eine gleichermaßen noble wie zwingende Aufgabe erfüllen. Dem Publikum nämlich über ein schier unerschöpfliches Potential an Vitalität zu beweisen, daß Leben weitaus mehr bedeutet als nur Zerstreuung oder Kampf ums tägliche Dasein. Daß es vielmehr eingebettet ist in das wunderbare dynamische Wechselspiel kreativer Kräfte, die den einzelnen aus seiner drohenden Isoliertheit erretten und ihm, wie flüchtig auch immer, das beglückende Erlebnis einer lebendigen Gemeinschaft gewähren.

Postgelbe Schillerbühne

Früher war er weiß und quer im Format; jetzt klebt er gelb und hoch an den Litfaßsäulen Mannheims: der Wochenspielplan des Nationaltheaters, der auf solche Weise kundtut, daß neue Herren mit neuen Einfällen die Schillerbühne leiten. Zu wünschen wäre ihnen freilich, daß sie sich gut stellen mit der Stadtreklame, damit die postgelbe Kulturpropaganda (fast das Abbild eines Fahrplans der Bundesbahn) nicht ertrinke in den Signalfarben der Konsumwerbung, wie das zumindest an einigen Plätzen in diesen Tagen der Fall ist.

Gelb getönt, umrandet ist auch das Werbematerial, das soeben verschickt worden ist. Der Leporello zum Beispiel, der harmonikaartig zusammengefaltete Prospekt, mit dem die Stücke angezeigt werden, die wir Theaterfreunde in der kommenden Spielzeit zu erwarten haben. Rot ist noch mit im Spiel und schwarzer Aufdruck auf weiße Flächen — hier wie in der Abonnementswerbung. „Top, das Freizeitvergnügen (mit der großen Spannweite)“ wird dort angepriesen und allen, die von der „Arbeitszeitverkürzung profitieren“, die „Pläne haben“, „Sport, Clubs, Reisen und Fernsehen“, die das Basteln und daneben die Diskussion schätzen, die „vorne sein wollen, informiert, kurz: topfit“, allen denen wird versprochen: „Ein regelmäßiger Besuch im Nationaltheater macht Sie zu einem interessanten Gesprächspartner über die verschiedensten Entwicklungen der deutschen und internationalen Dramatik, des Musiktheaters und des Experiments.“

Wie wahr! Daß uns das bisher noch nicht aufgefallen ist! In der fast zweihundertjährigen Geschichte, die Stadt und Theater gemeinsam verbracht haben. Wie recht sie also tun, die Neuen an der Schillerbühne, uns solches laut und deutlich, will sagen: Schwarz und Rot auf Gelb und Weiß und in modern-auffälliger Trommler-Manier mitzuteilen! Klappern muß man, denken sie wohl, bei diesem Handwerk, und in der Konkurrenz zur Versandhaus- und Waschmittel-Werbung muß man sich bunt und laut benehmen, um gehört zu werden.

Sie können's halt noch nicht wissen, wie intim es die Mannheimer seit eh und je und — gottlob — bis heute mit ihrem Nationaltheater haben. Daß Töne, die andernorts angebracht sein mögen, in dieser Stadt leicht zu Mißtönen werden können. Weil „man“ hier weiß, wovon die Rede ist. Reklame tut not. Auch dem Theater. Aber die richtige muß es sein, richtig für die Region, richtig für den Personenkreis, der angesprochen werden soll. Die Neuen können es nicht wissen. Vielleicht hätten sie fragen sollen? Alte Bücher zum Beispiel oder Persönlichkeiten wie Willy Birgel oder Ida Ehre, die (neben anderer Prominenz) früher in Mannheim auch schon Theater gespielt haben? Gutes Theater, nebenbei!

Kurt Heinz

Der Kritiker ist nicht nur kein Animateur und auch nicht ausschließlich Rezensent, sondern außerdem kritisch-konstruktiver Begleiter und Kommentator der aktuellen Geschehnisse um das Theater in einer Stadt, wie dieses Beispiel aus dem Mannheimer Morgen *vom 11. September 1972 zeigt (Nr. 209, S. 24). RMM, Thslg.*

Zeitzeugen: Michael Timmermann

Joachim Klement

Michael Timmermann
Schauspieler
Foto: Hans Jörg Michel

»Ich liebe das Theater dann am meisten, wenn es sich mit einer Aussage, die auch meine ureigenste ist, in Deckung bringen läßt. Dann bin ich glücklich. Das politische Theater, das fehlt mir heute eigentlich«, sagt Michael Timmermann. Ein weltferner Ästhet der Darstellenden Kunst ist er nie gewesen, der dienstälteste Schauspieler des Nationaltheaters, der nicht das Gefühl hat, »daß ich sehr alt bin oder sehr alt geworden bin.« Er, der eigentlich alles andere werden wollte als Schauspieler, begann sein Mannheimer Engagement mit einer Rolle in einem Stück von Marcel Achard, der Titel: *Darf ich mitspielen?*

Seit 1963 gehört Michael Timmermann dem Nationaltheater an. Gespielt hat er seitdem, wie es am Theater heißt, »alles, was gut und teuer ist.« Und er ist mit dem Beginn seines Mannheimer Engagements in die Stadt zurückgekehrt, die er schon aus seiner Kindheit kannte und in die es die Familie nach dem Krieg verschlagen hatte. Sein Vater, Joachim Timmermann, kam als Schauspieler und Regisseur 1946 nach Mannheim und zählte zum frühen Ensemble der *Schauburg*: Ein alter Kinosaal an der *Breiten Straße* diente dem Nationaltheater bis zur Eröffnung des neuen Hauses 1957 als Ausweichquartier. Ein Jahr später holte der Vater den Sohn und die Mutter, die Schauspielerin Hanna Meyer, nach.

Als der Vater bereits 1948 starb, wollte der Sohn erst einmal nicht ans Theater, sondern wollte etwas werden, was der dominante Vater »nicht gekonnt hatte oder gewesen war«. Deshalb ging Michael Timmermann nach der Schule weg aus dem kaputten Nachkriegsdeutschland, wanderte nach Australien aus, besuchte dort Verwandte und blieb drei Jahre in dem Land, in dem für ihn »Milch und Honig flossen«. Er arbeitete in der Textilagentur seines Onkels, wollte eigentlich Journalist werden, aber die Sprachkenntnisse reichten nicht. Er beschloß, Land und Leute kennenzulernen, war Taxifahrer in Sydney, Hafenarbeiter und fuhr große Trucks durch den Kontinent. Aber ihm fehlte etwas, und »das war mehr als die Muttersprache«.

Michael Timmermann kehrte nach Deutschland zurück und wollte Schauspieler werden. »Irgend etwas am Theater mußt du machen«, dachte er sich. Er war begabt genug und wurde an der *Falckenberg-Schule* in München aufgenommen. Als sein Lehrer Oskar von Schab die Schule verließ und seine eigene kleine Schule aufmachte, folgte Timmermann seinem »phantastischen Lehrer für das Rollenstudium«. Er tat das auch aus Kostengründen: »Es gab ja damals kein Stipendium, ich mußte mir das alles selber bezahlen.« Nach dem Abschluß der Ausbildung folgten »in der Warteschleife zum ersten Engagement« Hospitanzen und kleine Rollen an der *Lore-Brunner-Bühne* und am *Theater der Jugend* in München, dann die ersten Engagements in Bonn und Oldenburg. Als Ernst Dietz, der damalige Intendant des Staatstheaters Oldenburg, als Intendant nach Mannheim ging, um am Nationaltheater Nachfolger von Hans Schüler zu werden, nahm er Michael Timmermann mit: »Da schloß sich ein Kreis: Da war ich dann wieder in der Stadt, in der ich als Kind hinter der Bühne und auf den Beleuchterbrücken herumgekrochen bin.«

Am neu eröffneten Spielhaus des Nationaltheaters erlebte Michael Timmermann, daß Modernität auch zu einer Behinderung werden kann. Das heutige *Schauspielhaus*, damals noch *Kleines Haus* genannt, das 1957 mit Piscators Inszenierung von Schillers *Die Räuber* eröffnet worden war, war als Werkstattbühne, die auch als Raum- und Arenabühne genutzt werden konnte, konzipiert worden. Auf die Dauer hielt das Konzept aber den Anforderungen des Repertoirebetriebes nicht stand: »Ich will nicht sagen, daß das Publikum nach dem alten Guckkasten geschrien hat. Wir haben hervorragendes Theater gespielt unter den Bedingungen. Und die großen Klassiker haben wir im *Großen Haus*, dem heutigen *Opernhaus*, gespielt. Aber was die Technik sich alles einfallen lassen mußte! Sie haben, weil es keinen Bühnenturm gab, Züge über Rollen installiert; und nach jeder Neuinszenierung sah die Decke aus wie ein Schweizer Käse. Obwohl wir uns dann ein Portal geschaffen haben, waren wir in den Möglichkeiten begrenzt. Da dauerte ja ein Umbau einen Tag« (vgl. auch den Beitrag von Stefan Ritter und Eduard Roth).

Erlebt hat er in der Stadt, die nicht nur »die Stadt meiner Kindheit, sondern auch meine künstlerische Heimat geworden ist«, auch seinen »vielleicht größten Erfolg«. Über dreihundert Mal stand er zwischen 1984 und 1996 als leidender Orchestermusiker in Patrick Süskinds Ein-Personen-Stück *Der Kontrabaß* auf der Bühne. Gespielt hat er die Rolle des Musikers, der ganz für sich die Komplexe, Sehnsüchte, Träume und Aggressionen des kleinen Mannes auslebt, mit demselben unbeirrbaren Verantwortungsbewußtsein, das jeder Figur, die er verkörpert, ihren eigenen Pulsschlag und Atem leiht. »Der ganze Timmermann auf engstem Raum« war der *Kontrabaß* für einen Kritiker. Für Michael Timmermann hatte dieser Erfolg vor allem auch mit dem Mannheimer Publikum zu tun, das ihn seit vielen Jahren kennt: »Die haben eine ganz besondere Liebe und Verbindung zu ihrem Theater. Das merkt man oft an persönlichen Gesprächen, die sich auf der Straße ergeben. Vor allem merkt man es aber, wenn es kriselt am Theater, und Krisen hat es ja immer wieder gegeben. Daß die Krisen härter werden, liegt an der Zeit.«

Begegnet sind Michael Timmermann in den 34 Spielzeiten, die er an der *Schillerbühne* ist, viele Menschen, mit denen er gerne zusammengearbeitet hat, Regisseure und Kollegen, aber herausheben möchte er keinen: »Da täte ich vielen unrecht, wenn ich nur einen besonders erwähnen würde.« Geblieben ist dem erfahrenen Schauspieler die Neugierde auf die Arbeit: »Die Arbeit innerhalb des Schauspiels, die Arbeit mit dem Regisseur an der Szene hat sich total geändert im Laufe der Jahre. Ich habe das sehr genossen, gerade mit den jungen Regisseuren. Die haben mir viele neue Impulse gegeben. Ich habe davon profitiert, und auch der Umgang der Kollegen untereinander ist wieder ein anderer geworden.«

Für ihn hat diese permanente Veränderung 1968 angefangen, »als plötzlich Straße und Politik ins Theater schwappten, als wir uns wirklich nicht mehr in unseren Elfenbeinturm zurückziehen konnten. »Da war«, so der Schauspieler, »plötzlich mehr Leben drin« (vgl. auch den Beitrag von Michael Hampe sowie die »Zeitzeugen« – Berichte von Joachim Bliese und Claus Leininger). Timmermann, der sich viele Jahre lang als Spartenvertreter und Mitglied des Personalrates für die Interessen seiner Kolleginnen und Kollegen eingesetzt hat, der sich selbst politisch und sozial engagiert, *Amnesty International* aktiv unterstützt, findet allerdings, daß sich heute wieder mehr bewegen sollte. »An Veränderung ist ja im Moment eigentlich keiner interessiert. Das sind auch die Folgen von fünfzehn Jahren konservativer Regierung. Das lähmt. Da muß jetzt wieder mehr passieren.«

Diese feste Überzeugung korrespondiert im übrigen durchaus mit den Antworten, die Michael Timmermann kürzlich in dem *fragebogen* gab, mit dem die Dramaturgie immer wieder einmal in Anlehnung an *FAZ-Magazin*-Gepflogenheit seine »Opfer« für das Theatermagazin konfrontiert. Nicht nur, daß Michael Timmermann auf die Frage ›wo möchten Sie leben?‹ logischerweise antwortete, ›in einer funktionierenden Demokratie‹, wobei die Betonung gewiß auf ›funktionierend‹ lag, sondern auch auf die Erkundigung nach seiner ›gegenwärtigen Geistesverfassung‹ selbstbewußt und ein wenig schelmisch reagierte: »Wacher und aufmerksamer als in meinem Alter üblich«.

Überhaupt: dieser *fragebogen*. Da war noch manches über den Menschen Michael Timmermann zu erfahren, was stets spürbar auch der Schauspieler Timmermann – falls sich beides überhaupt trennen läßt – von der Bühne seinem Publikum vermittelt. Von seiner ›Lieblingstugend Takt‹ und seinem ›Hauptcharakterzug Toleranz‹ war da die Rede, und daß er an seinen Freunden besonders »Aufrichtigkeit« schätze. Und als er zu erkennen gab, sein Motto sei ›positiv leben‹, da war es auch nicht mehr weit zur ebenso kurzen wie bündigen Antwort auf die Frage, was er am liebsten wäre: »Bin zufrieden mit dem, was ich bin.«

Allerdings – oder vielleicht gerade deswegen – hat sich für ihn, der es sich nie bequem gemacht hat, in den letzten Jahren viel verändert. Seit 1992, »das war so ein bißchen ein Wendepunkt«, ist er auch Regisseur, der mit Erfolg am Mannheimer

Oststadt-Theater inszeniert: »Das hat mir sehr viel Spaß gemacht, und ich versuche jetzt, die beiden Berufe – Regie und Schauspiel – unter einen Hut zu bringen. Aber wenn ich in ein paar Jahren mal mit der Schauspielerei aufhören sollte, werde ich bestimmt intensiver in dieser Richtung arbeiten.«

Auch wenn er sich zur Ruhe setzen sollte, Mannheim will er nicht verlassen, weder das wunderschöne alte Bauernhaus, das er bewohnt, noch seine Freunde: »Der große Freundeskreis außerhalb des Theaters. Der ist so wahnsinnig wertvoll.«

Musikkritik – wozu?

Stefan Koch

Musikkritiker: ein seltsamer, ein zwiespältiger Beruf. Ohne Kritiken gäbe es kaum eine öffentliche und veröffentlichte Reflexion des kulturellen Zeitgeistes, und die Diskussionen über Konzerte, Opernaufführungen, neue Werke und Interpretationen blieben weitgehend auf Fachzirkel und ihre Publikationen beschränkt.

Kritiken schaffen Öffentlichkeit. Aber Kritiker sind verdächtig, haben die Macht des »letzten Wortes«. Ihre Urteile, so meinen die Kritiker der Kritiker, sind entweder zu subjektiv, verfolgen obskure kultur- oder lokalpolitische Ziele, sind zu schnell gefällt und in der Oberflächlichkeit ihrer Formulierungen stets angreifbar. Oft, so wird beargwöhnt, regiert die Suche nach dem sprachlichen Gag, dem originellen rhetorischen Dreh über die Abgewogenheit der Argumentation. Kritiken sind Tagesware, die über Laufbahnen und Künstlerschicksale eilfertig entscheiden können, und den Kriterien wissenschaftlicher Auseinandersetzung halten sie schon gar nicht stand. Der Kritiker spielt Macht aus, weil er, frustriert über die eigene Unzulänglichkeit, sich selbst künstlerisch zu profilieren, über andere richtet. Trotzdem: Fast jeder liest Kritiken, findet sich bestätigt oder reibt sich an ihren formulierten Urteilen, und wenn der Kritiker nicht ins Theater kommt, weil er krank ist oder ihn eine Aufführung nicht zum Schreiben reizt, heißt es: »Wo waren Sie denn?« Man scheint ihn trotz allem zu brauchen, den Zeitungsschreiber.

Die verschlossenen Elfenbeintürme

Warum also braucht man ihn, den Kritiker, gerade in Zeiten, die sich stürmisch ändern? Oder braucht man ihn doch nicht mehr? Kultur, vor allem die sogenannte »etablierte«, also vornehmlich Oper, Schauspiel, Konzert, verliert an öffentlicher Wirksamkeit, auch an Wertschätzung. Jedenfalls scheint es so. Die politischen Diskussionen um Tarifstrukturen, Arbeitszeiten, Personalreduzierungen, Besucherauslastungen und ökonomische Effektivität bei höchstmöglicher Sparsamkeit scheinen den notwendigen Diskurs der Gesellschaft über ihren kulturellen Standort, auch über die Aufgabe und Funktion von Kunst in einem sich wandelnden Wertesystem, gnadenlos zu überlagern, ja ihn geradezu überflüssig werden zu lassen.

Vom »Elend der Musikkritik« sprach Carl Dahlhaus schon 1957 (S. 132–136), aber sein deprimierender Befund zielte auf ein immanentes, nicht auf ein strukturelles Problem. Auf die Ratlosigkeit der Kritik gegenüber den damaligen Entwicklungen der Neuen Musik, deren Ästhetik sich den Urteils-Kriterien des 19. Jahrhunderts widersetzte – Kriterien, in denen Dahlhaus die Musikkritik immer noch befangen sah. Heute geht es in der Diskussion über Kritik nicht mehr um Maßstäbe der Beurteilungen, um Bewertung von Tradition oder Gegenwart, sondern um die Bewahrung einer Instanz, die dem kulturinteressierten Bürger Informationen und Wegmarken für die Beurteilung von Kunst gibt. Auf daß der oben beschworene Spiegel des Zeitgeistes nicht blind werde.

»Wir müssen wieder elfenbeinerne Türme bauen«, formulierte 1957 der Nestor der Kritikerzunft nach dem Krieg, Hans Heinz Stuckenschmidt (Stuckenschmidt 1957, S. 59). Er meinte damit, man müsse dem »Verfall des musikalischen Geschmacks« durch den Film und den Rundfunk Einhalt gebieten, indem sich die Kritik auf ihre Traditionen besinne: in argumentativer Klarheit und durchaus subjektiver Rechtschaffenheit das musikalische Werk diskutieren und beurteilen.

Heute, in Zeiten, da die Grenzen verschwimmen und der Kulturbegriff auch dank einer gigantischen Vermarktungsindustrie seine elitäre Aura längst eingebüßt hat, sind die Elfenbeintürme verschlossen. In sie einzutreten, können sich allenfalls noch Großkritiker leisten, deren Zeitungen weitgehend unabhängig vom lokalen Tagesgeschäft auch im Feuilleton das »Große und Ganze« reflektieren. Der regionale Kritiker, der »Stadt-Kritiker« – und von ihm soll hier die Rede sein – sieht sich längst in einem Geflecht aus Begehrlichkeiten, in denen die kritische Reflexion auf ein künstlerisches Ereignis bisweilen an die Peripherie rückt. Er ist daneben zum Vorausberichterstatter, bisweilen zum Reporter, gar zum Gesellschaftskolumnisten geworden; bezeichnend, daß PR-Agenturen ihn als »Multiplikator« ansehen, der durch werbende Vorausberichterstattung in seinem Medium zur »Positionierung« eines kulturellen »Events« am Markt beiträgt.

Opernkritik in Mannheim

Natürlich ist hier ein Schuß Polemik enthalten. Denn nach wie vor gibt es Kritiker und Zeitungen, die sich (noch) scheuen, auf die modischen Trends zum reinen Info-Journalismus allzu vorbehaltlos aufzuspringen. Sie pflegen das journalistische Genre der Schauspiel- und Musikkritik weiterhin, wenn auch nicht mehr so umfangreich wie bisher. So auch in Mannheim, dessen reges Theaterleben im *Mannheimer Morgen* seit der Gründung des Blattes 1946 seinen kontinuierlichen Niederschlag findet bis heute.

Mannheims Kritiker und das Nationaltheater verbindet eine Vernunftehe, in der es von Zeit zu Zeit mal kriselt, in der aber auch wärmere Gefühle füreinander Platz haben. Wir sprechen hier von der Mannheimer Opernkritik. Es waren vornehmlich Kurt Heinz, der frühere Feuilletonchef des *Mannheimer Morgen*, und sein späterer Nachfolger in dieser Position, Heinz Schönfeldt, die das Musiktheater des Nationaltheaters begleiteten und die Kultur der Kritik in dieser Stadt maßgeblich ausbildeten. Ihre Beziehung zum Theater war gefärbt durch eine – sicher nicht immer anstrengungslos gewahrte – Balance zwischen Nähe und Distanz. Es gibt Kritiker, die mehr in Theaterkantinen sitzen als beim heimischen Partiturstudium und die auf Premierenfeiern den Schulterschluß mit den dann Kritisierten üben; in Mannheim mied – und meidet – die schreibende Zunft Kumpaneien dieser Art und ist bis jetzt damit recht gut gefahren.

Sicher: Man kennt sich. Das bleibt nicht aus in einer Stadt, deren kulturelles Leben sich maßgeblich auf das Theater konzentriert. Aber man respektiert sich gegenseitig, auch wenn das Theater deutliche Worte vernimmt. Als etwa Hans Wallats Ägide als Generalmusikdirektor sich dem Dezennium zuneigte, ließ Kurt Heinz in Kommentaren durchblicken, daß zehn Jahre genug seien. Das saß – Wallat zog 1980 die Konsequenz. Und als sein Nachfolger Wolfgang Rennert die Anzahl seiner Dirigate bei der *Musikalischen Akademie* von sechs auf vier verringerte, warf ihm Kurt Heinz vor: »Das hat es früher nie gegeben«; aber er verband seine Kritik an dem vielfach auswärtig beschäftigten »General« auch mit dem Wunsch, daß der »progressive Operndirektor« das Mannheimer Haus weiterführen möge. Daß viele der Inszenierungen aus Rennerts Amtszeit – etwa von Harry Kupfer, Friedrich Meyer-Oertel und Ruth Berghaus – von der Kritik angegriffen wurden, erhöhte zwar die Reibungshitze zwischen Theater und veröffentlichter Meinung zeitweise heftig, konnte aber kaum die grundsätzliche Überzeugung untergraben, daß die Stadt ein leistungsfähiges, auch neuere Trends berücksichtigendes Theater braucht.

Der Kritiker und seine Leser

Heute, da der Autor dieses Beitrages die Mannheimer Tradition der Opernkritik weiterzuführen versucht, sind Veränderungen eingetreten.
Das Theater, ehedem unangefochten anerkannt als ausstrahlungsreiche Kulturikone der Stadt, muß um seine Stellung kämpfen – wie alle Theater. Aufgabe der Kritik hat es hier zu sein, über den Tageseindruck hinaus das Gesamtprofil des Theaters in der Öffentlichkeit zu schärfen, dem Leser und somit dem Publikum mitzuteilen, daß es lohnt, sich dem Abenteuer Theater auszusetzen, auch wenn eine Inszenierung, eine sängerische oder dirigentische Leistung einmal fragwürdig erscheinen.

Dabei gilt es nach wie vor, daß der Opernkritiker mit einer Leserschaft zu rechnen hat, die emotional anders strukturiert ist als etwa das Konzert- oder auch das Schauspielpublikum. Die gefühlsmäßige Identifikation mit dem musiktheatralischen Repertoire, zumal wenn es sich um bekannte, durch Traditions- und Rezeptionsgewohnheiten scheinbar vertraute Werke handelt, ist ungleich größer als im Sprechtheater.

Mehr noch: Schon immer war die Oper ein Ort gesellschaftlicher Repräsentation, deren Leitbilder Sänger und Dirigenten sind, die nicht nur durch künstlerische Kompetenz, sondern ebenso durch eine unentwirrbare Melange aus Charme, selbstdarstellerischem Fluidum, lokaler Verbundenheit und weltläufiger Ausstrahlung zu Publikumslieblingen werden. Gerade die Identifikation des Mannheimer Publikums mit der Oper definiert sich über die starke Hinwendung zu Personen und die Anteilnahme an ihren Karrieren im Haus oder auch außerhalb. Das ist eine Frucht des hier jahrzehntelang gepflegten Ensembletheaters und seiner durchweg klug kalkulierten Personalpolitik.

Diese Gebundenheit des Publikums an »sein« Haus und »seine« Künstler als selbstgefälligen Provinzialismus zu desavouieren, hieße, die Stellung des Theaters in der Stadt leichtfertig zu untergraben und seinen Wert aufs Spiel zu setzen. Erfahrungen aus anderen Häusern, die ihr Ensemble zugunsten reisender Gäste reduzieren, zeigen, daß dann der Zuspruch des breiten Publikums eher nachläßt als wächst. Gerade ein Kritiker, der in der Kommentierung des Operngeschehens am Ort eine seiner vornehmlichen Aufgaben sieht, muß bei aller angestrebten Unabhängigkeit der spezifischen Chemie zwischen Publikum und Theater Rechnung tragen, wenn er auf Dauer respektiert sein will. Nur mit dem Theater und dem Publikum gelingt es heute, die gewachsene Tradition des Hauses gegen die Widerstände der Zeitläufte zu erhalten.

Wobei unter Traditionsbewahrung nicht die verklärte Beschwörung des Guten, Wahren und Schönen gemeint sein muß. Nicht alles, was im Brennglas der Erinnerungen Glanz erhält, war immer gut, wahr und schön. Vielmehr gilt es, den ideellen Stellenwert des Theaters in einer unter vielen Fragwürdigkeiten sich wandelnden, zunehmend materialistisch ausgerichteten Gesellschaft immer wieder neu zu definieren: Theater als einziger Ort, an dem gespielte und gesungene Geschichten erzählt werden – von lebendigen Menschen für andere Menschen. Auch für den Kritiker.

Zeitzeugen: Dorothea Strasburger

Waltraud Brunst

Dorothea Strasburger
Orchestermusikerin
Violoncellistin
(Erste Solocellistin, Konzertmeisterin)
Foto: Eginhard Teichmann

Das erste Vierteljahrhundert ihres Lebens verbrachte Dorothea Strasburger in einem sozialen Umfeld, in dem die Gleichberechtigung von Mann und Frau eine Selbstverständlichkeit war. Dorothea und ihre etwas jüngere Schwester hatten schon die Mutter, eine promovierte Philologin, als emanzipierte Frau erlebt und hielten Patriarchat und männliche Dominanz für Relikte aus dem 19. Jahrhundert. In der Berufswahl waren die Schwestern Strasburger frei, und die musikalischen Eltern nahmen wohlwollend zur Kenntnis, daß beide Töchter Musik studierten. In den siebziger Jahren waren die deutschen Musikhochschulen schon heftig weiblich unterwandert; in einigen Streicherklassen befanden sich die Männer gar in der Minderheit. So erlitt Dorothea Strasburger eine Art »Kulturschock«, als sie bei einem Aushilfsjob im Freiburger Opernorchester einen älteren Musikerkollegen sagen hörte, daß der Einzug einer Frau in seiner Gruppe »nur über seine Leiche« stattfände.

1980 fand Dorothea Strasburger als Stipendiatin der Karajan-Stiftung als erste Frau Aufnahme in die Cellogruppe des Berliner Philharmonischen Orchesters. Genau zu jenem Zeitpunkt stürmte zum ersten Mal eine junge Geigerin aus der Schweiz nach brillantem Probespiel die Männerbastion dieses Traditionsorchesters. (Das war noch vor dem Medienaufsehen, das später die Klarinettistin Sabine Meyer erregte.)

Jedenfalls war Dorothea Strasburger einschlägig sensibilisiert, als sie sich 1983 in Mannheim um die Erste Solocellisten-Stelle bewarb, die mit dem Titel »Konzertmeister/in« einhergeht. Das Probespiel war lang und schwierig; die Entscheidung wurde schließlich vom damaligen Generalmusikdirektor Wolfgang Rennert auf den folgenden Vormittag vertagt. Dann war Dorothea Strasburger als erste Frau in der Cellogruppe am Mannheimer Nationaltheater gleich deren Stimmführerin. Sie erinnert sich noch sehr deutlich an die gemischten Gefühle jener Anfangszeit, als sie insgeheim auf den einen oder anderen Macho-Spruch gefaßt war. Sie war dankbar dafür, daß die just zu diesem Zeitpunkt nach Frankfurt wechselnde Erste Konzertmeisterin Karin Boerries immerhin schon kleine Breschen in die Männerdomäne geschlagen hatte. Auch die Tatsache, daß jenseits des Rheins, in der Staatsphilharmonie Rheinland-Pfalz, schon seit Jahrzehnten eine Frau am ersten Cellopult sitzt, ließ in Dorothea Strasburger die Überzeugung reifen, daß »der Rhein-Neckar-Raum doch eine ziemlich liberale Gegend ist«.

Die Erfahrungen mit Kollegen und Dirigenten sind seit damals eigentlich durchweg sehr positiv. Dem früher so beliebten Vorurteil, daß Orchestermusikerinnen nach dem Dienstantritt so schnell wie möglich in Mutterschutz gehen, hat Junggesellin Strasburger bis dato keine Nahrung gegeben. Dabei betont sie ausdrücklich, daß sie vor den doppelbelasteten Kolleginnen mit Familie größte Hochachtung hat. Selbst Gastdirigenten aus dem Vorderen Orient akzeptieren heute die Künstlerin am ersten Pult. Obwohl Dorothea Strasburger amüsiert gesteht, daß sie in ihrer unsicheren Anfangsphase »dankbar für zwei Takte Cellosolo war«, damit der Gast schon in der ersten Probe »wußte, woran er ist«.

Heute hat Dorothea Strasburger andere Sorgen. Die allgemeine Situation der Kulturorchester und der Opernhäuser, die spärlicher fließenden Mittel und das Dilemma, wie man dieser Krise begegnen soll – dazu hat sie eine dezidierte Meinung. So sehr sie die »Öffnung nach draußen«, das Werben um neue Besucherschichten begrüßt, so wenig hält sie von oberflächlichem Populismus. Die über Jahrzehnte gewahrte hohe Qualität des »Produkts Nationaltheater« sollte ihrer Meinung nach nicht für »*action* um jeden Preis« gefährdet werden. Die Anstrengungen, über die Schulen verstärkt die Jugend ins Haus zu holen, begrüßt sie uneingeschränkt – dann aber bitte zum Nulltarif!

Mit spürbarem Stolz verweist Dorothea Strasburger auf die nach wie vor »bürgerlichen« Preise für die Akademiekonzerte (vgl. hierzu *Chronologie*, Spätjahr 1997) und auf die bewährte Politik, lieber nach hervorragenden jungen Solisten und Gastdirigenten als nach »großen Namen« Ausschau zu halten. Die sehr interessanten und unkonventionellen Programme der Akademiekonzerte bilden ihrer Meinung nach ein nicht zu unterschätzendes Gegengewicht zu den weit gleichförmigeren sinfonischen Programmen der internationalen Reiseorchester (vgl. auch den Beitrag von Susanne Kaulich).

Dorothea Strasburger glaubt, in der Zeit ihrer Zugehörigkeit zum Nationaltheater-Orchester eine gewisse Demokratisierung mitzuerleben. Das »Kuschen« vor der Obrigkeit weicht allmählich einem Gefühl der Mitverantwortung für den Theaterbetrieb – keine schlechte Entwicklung, wie sie findet.

Aspekte der Mannheimer Theatergeschichte

Comédie française und deutschsprachige Wandertruppen

Schauspiel in Mannheim vor der Gründung des Nationaltheaters

Wilhelm Herrmann

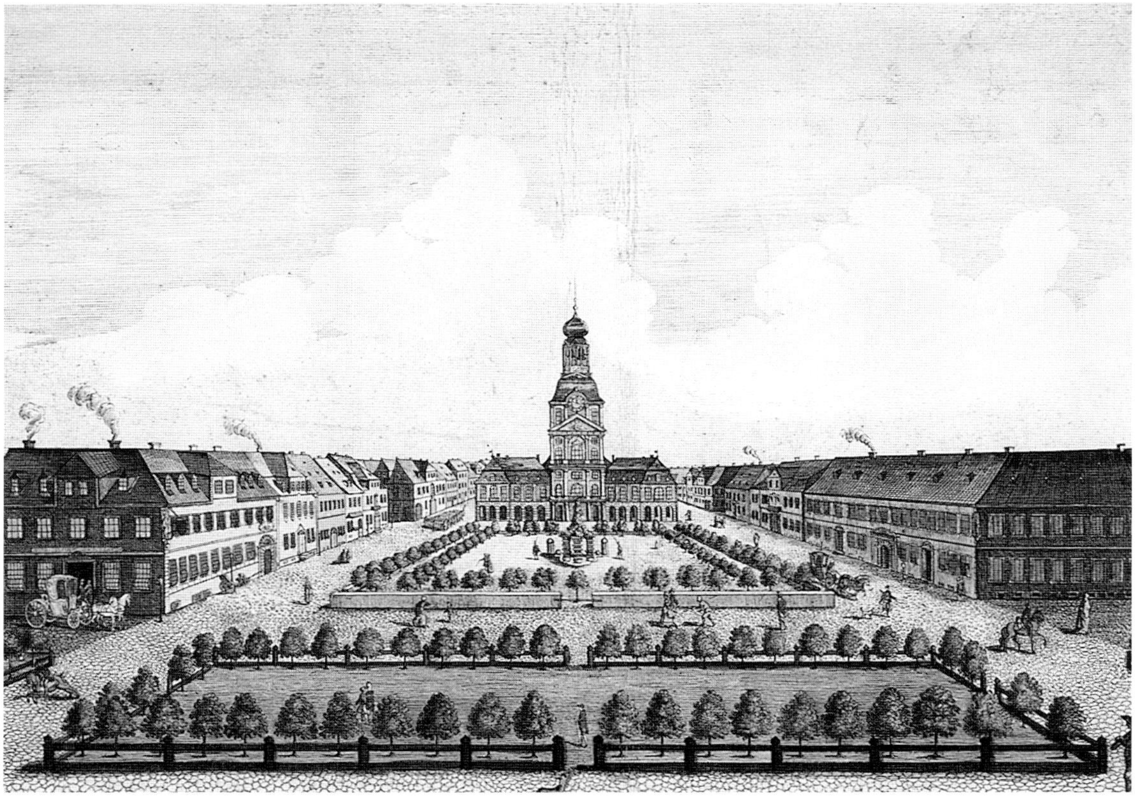

Ansicht des Parade- und Promenadeplatzes in Mannheim (»Vue de la Place d'Armes et de la Promenade a Manheim avec la Douane la Poste aux lettres et la Cour Palatine«). Im Original altkolorierter Kupferstich von Gottlieb (?) Friedrich Riedel (1724–1784). Guckkastenbild, um 1770. RMM

Wer in Mannheim vor der Gründung des heute noch existierenden Nationaltheaters ein Freund des gesprochenen Theaters war, der hatte zwei Möglichkeiten, dieser Neigung zu frönen. Entweder er besuchte die Vorstellungen der vom kurpfälzischen Hof unterhaltenen französischen Schauspielergesellschaft oder diejenigen der Wanderbühnen, die regelmäßig in Mannheim Station machten und dann weiterzogen. Von den Aufführungen der Schulbühnen mit Dilettanten soll hier nicht die Rede sein.

Subventionstheater und kommerzielles Theater

Es gab zahlreiche Merkmale der Unterscheidung zwischen beiden Bühnentypen. Ein äußerliches war die Sprache. Selbstverständlich äußerten die Franzosen sich in ihrer Muttersprache. Deutsch war ausschließlich in den Vorstellungen der Wanderbühnen zu vernehmen. Dies hatte Auswirkungen auf die soziale Herkunft des Publikums. Die Kenntnis der französischen Sprache beschränkte die Besucher der Vorstellungen mit der Franzosentruppe auf den Adel und das gehobene Bürgertum. Die Darbietungen der Wanderbühnen sind, ebenfalls aus sprachlichen Gründen, als Volkstheater anzusehen. Zunächst von den unteren Schichten der Bevölkerung frequentiert, gewannen sie Ende der 1760er Jahre das Interesse des kurpfälzischen Hofs, den Herrscher eingeschlossen. Der erste Besuch des Kurfürsten Carl Theodor (1767, vgl. auch *Chronologie*) in einer der »Bretterbuden«, die den Wandertheatern als Spielstätten dienten, war der Beginn einer Entwicklung – Hinwendung zur eigenen Nation, Literatur und Sprache – , die im Laufe eines Jahrzehnts in die Gründung des Mannheimer Nationaltheaters mündete.

Im übrigen unterschied sich die subventionierte französische Gesellschaft von den Wanderbühnen dadurch, daß diese kommerzielle Unternehmen waren, also von den Einkünften an der Abendkasse existieren mußten. Außerdem hatten die Franzosen eine vorgeschriebene feste Auftrittsfrequenz von rund 120 Vorstellungen im Jahr, die Wandertheater überhaupt keine Auftrittsgarantien. Sie verloren zahlreiche Spieltage, während sie von Ort zu Ort zogen, und unterlagen dem Ja oder Nein der Behörden, bei denen sie um Spielerlaubnis nachgesucht hatten. Sie konkurrierten untereinander und durften, von Ausnahmen abgesehen, weder in der Fasten- noch in der Adventszeit auftreten. Endlich zählten die Mitglieder dieser Schauspieltruppen zu den Außenseitern der Gesellschaft, denen noch im späteren 18. Jahrhundert die kirchlichen Sakramente verweigert wurden.

Die französischen Komödianten

Die Existenzdauer der französischen Komödie in Mannheim ist fast gleichzusetzen mit derjenigen der Hofoper, die von 1742 bis 1778 bestand. Die Franzosen wirkten von 1729 bis 1771, wovon vier Jahre abzuziehen sind wegen zweimaliger Verabschiedung der jeweiligen Truppen. Die erste Kompanie hätte schon im Oktober 1743 die Koffer packen müssen, erwirkte jedoch über ein Bittgesuch, daß die Entlassung erst Aschermittwoch 1744 in Kraft trat. Die Annahme liegt nahe, daß der kurz zuvor auf den Thron gelangte Kurfürst Carl Theodor dies im Eifer anfänglicher Sparmaßnahmen verfügt hatte. Dem widerspricht freilich der spontane Entschluß, die Nachfolgegesellschaft zu verpflichten. Carl Theodor sah sie in Düsseldorf, wo sie in den Diensten des Generals Ulrich Friedrich Woldemar Grafen von Löwenthal gestanden hatte und von diesem gerade verabschiedet worden war, und holte sie 1746 nach Mannheim. Hier war ihres Bleibens nicht sehr lange; der Herrscher entließ sie 1756. In diesem Falle drängt sich die Vermutung auf, daß die Entscheidung vom Lissaboner Erdbeben beeinflußt war. Es hatte in Europa Bestürzung und Entsetzen ausgelöst. Carl Theodor sah die »zürnende Hand Gottes« am Werke und verbot Anfang 1756 alle Lustbarkeiten im Lande. Was die Franzosen anbelangt, so dauerte diese Bußübung, wenn es denn eine war, bis zum Oktober 1758. Ab diesem Monat gab es wieder französischsprachiges Theater am Mannheimer Hof. Dies setzte sich fort bis ins Jahr 1771, als die Franzosen endgültig verabschiedet wurden. Am 3. August gaben sie in Oggersheim ihre letzte Vorstellung.

Das kulturelle Leben in Mannheim zwischen 1720 und 1742, als Kurfürst Carl Philipp in der Stadt residierte, war nicht gerade ein Muster an Lebendigkeit und Aufgeschlossenheit. Immerhin lassen einige Ideen und Taten aufmerken. Schon 1721 trug der Herrscher sich mit der Absicht, eine französische Schauspielergesellschaft nach Mannheim zu holen. Sie wurde vom Stadtrat mit Interesse und mit dem Willen, an ihrer Verwirklichung mitzuhelfen, zur Kenntnis genommen. Warum die Pläne scheiterten, ist ein Geheimnis der Stadtgeschichte geblieben.

Was Carl Philipp nicht gelungen war, das vollbrachte die lokale Aristokratie am Ende des Jahrzehnts. Sie engagierte eine französische Truppe in eigener Verantwortung und auf eigenes Risiko. Die Organisation lag in den Händen von Julius Augustus Graf von der Marck und Johann Ernst Graf von Nassau-Weilburg. Was das bisher angenommene Gründungsjahr 1730 anbelangt, so sei darauf aufmerksam gemacht, daß der *terminus ante quem* der 17. März 1730 ist. Denn unter diesem Datum steht ein Mannheim betreffender Reisebrief aus der Feder des Barons Karl Ludwig von Pöllnitz, zu finden in dessen Werk *Lettres et Mémoires.* Es enthält, laut weiterem Titel – in deutscher Übersetzung –, »die Beobachtungen, die er [Pöllnitz] auf seinen Reisen gemacht hat, und den Charakter der Personen, aus denen sich die hauptsächlichsten Höfe Europas zusammensetzen.« Über die französischen Schauspieler heißt es da: ›Der Adel unterhält eine Truppe von französischen Komödianten, die dreimal wöchentlich auf einem sehr kleinen Theater auftreten. Von den Bürgern [*Bourgeois*] und den Fremden wird Eintrittsgeld verlangt. Obwohl diese Truppe […] nicht zu den besten zählt, verfehlt sie nicht, Vergnügen zu bereiten, weil sie dafür sorgt, daß man sich sieht und trifft.‹[1]

Da nun nicht anzunehmen ist, daß Pöllnitzens Besuch in Mannheim mit dem Beginn der französischen Vorstellungen zusammenfiel, kann man sich deren Beginn durchaus vor 1730 denken. Zumindest müssen die Engagementsverhandlungen in den späten 1720er Jahren stattgefunden haben.

Die sehr kleine Bühne, von der Pöllnitz berichtet, war vermutlich diejenige, die sich in einem Gebäude der reformierten Kirchengemeinde befand. Es wurde abgerissen, als dieser der weltliche Trubel anfing, Unbehagen zu bereiten; denn dort traf sich auch der Hof zu Karnevalsveranstaltungen. Auf der Suche nach einer neuen Spielstätte wurden die Franzosen erst fündig, als die Behörden den nachmaligen Stadtratssaal im Kaufhaus auf dem Quadrat N 1 für künstlerische und gesellige Aktivitäten freigaben. Hier spielten die Franzosen bis 1743. Inzwischen, seit Mitte der 1730er Jahre, waren sie in die Obhut des Hofes übergegangen als subventionierte Bühne mit dem Titel *Les Comédiens français de Son Altesse Sérénissime Electorale.* Die 1746 verpflichtete Nachfolgetruppe fand 1748 eine endgültige Spielstätte im Schloß, wo ihr ein zunächst unter akustischen Mängeln leidender Theatersaal eingerichtet wurde. Ab diesem Zeitpunkt wird der Spielbetrieb der folgenden 23 Jahre so verlaufen sein, wie es der *Pfälzische Kleine Calender auf das Jahr 1770* unter der Überschrift *Französische Comedie* festgehalten hat: »Wird alle Sontag, Dienstag und Freitage, in dem Comedien Haus in dem linken Flügel des Schlosses aufgeführet, und fangt gewöhnlich Abends um halb 6 Uhr an. Nach der Hauptpiece wird entweder ein Schauspiel von einem Aufzug, oder ein Ballet gegeben.«

Der Hinweis auf die Ballette legt nahe, daß die französische Gesellschaft über ein eigenes Tänzercorps neben dem Ballett der Hofoper verfügte.

[1] Pöllnitz 1738, S. 346/347. Der Text lautet im französischen Original: »La Noblesse entretient une Troupe de Comédiens François, qui représentent trois fois par semaine sur un très petit Théatre. Les Bourgeois & les Etrangers payent. Bien que cette Troupe […] ne soit pas des meilleures, elle ne laisse pas de faire plaisir, parce qu'elle fait qu'on se voit & qu'on se rassemble.«

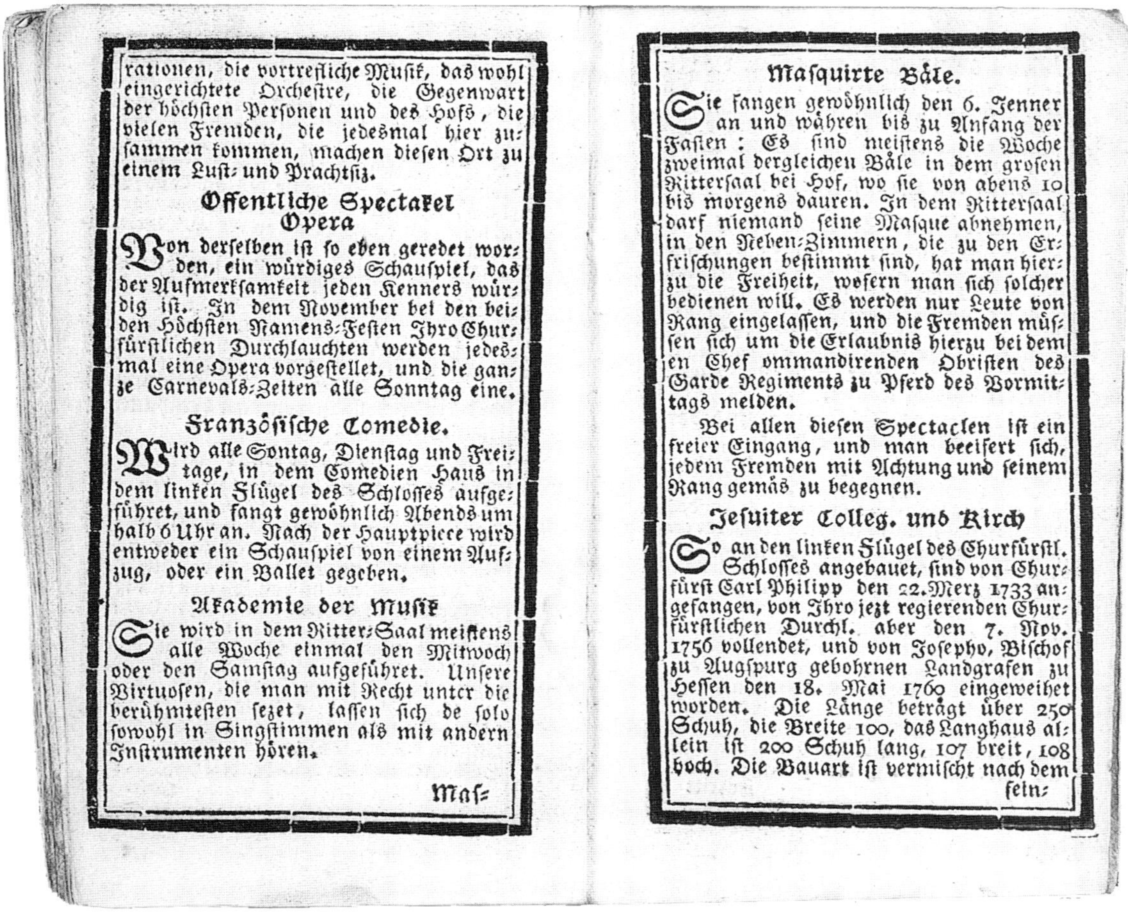

rationen, die vortrefliche Musik, das wohl eingerichtete Orchestre, die Gegenwart der höchsten Personen und des Hofs, die vielen Fremden, die jedesmal hier zusammen kommen, machen diesen Ort zu einem Lust- und Prachtsiz.

Offentliche Spectakel
Opera

Von derselben ist so eben geredet worden, ein würdiges Schauspiel, das der Aufmerksamkeit jeden Kenners würdig ist. In dem November bei den beiden Höchsten Namens-Festen Ihro Churfürstlichen Durchlauchten werden jedesmal eine Opera vorgestellet, und die ganze Carnevals-Zeiten alle Sonntag eine.

Französische Comedie.

Wird alle Sontag, Dienstag und Freitage, in dem Comedien Haus in dem linken Flügel des Schlosses aufgeführet, und fangt gewöhnlich Abends um halb 6 Uhr an. Nach der Hauptpiece wird entweder ein Schauspiel von einem Aufzug, oder ein Ballet gegeben.

Akademie der Musik

Sie wird in dem Ritter-Saal meistens alle Woche einmal den Mitwoch oder den Samstag aufgeführet. Unsere Virtuosen, die man mit Recht unter die berühmtesten sezet, lassen sich de solo sowohl in Singstimmen als mit andern Instrumenten hören.

Mas-

Masquirte Bäle.

Sie fangen gewöhnlich den 6. Jenner an und währen bis zu Anfang der Fasten: Es sind meistens die Woche zweimal dergleichen Bäle in dem grosen Rittersaal bei Hof, wo sie von abens 10 bis morgens dauren. In dem Rittersaal darf niemand seine Masque abnehmen, in den Neben-Zimmern, die zu den Erfrischungen bestimmt sind, hat man hierzu die Freiheit, wofern man sich solcher bedienen will. Es werden nur Leute von Rang eingelassen, und die Fremden müssen sich um die Erlaubnis hierzu bei dem en Chef ommandirenden Obristen des Garde Regiments zu Pferd des Vormittags melden.

Bei allen diesen Spectaclen ist ein freier Eingang, und man beeifert sich, jedem Fremden mit Achtung und seinem Rang gemäs zu begegnen.

Jesuiter Colleg. und Kirch

So an den linken Flügel des Churfürstl. Schlosses angebauet, sind von Churfürst Carl Philipp den 22. Merz 1733 angefangen, von Ihro jezt regierenden Churfürstlichen Durchl. aber den 7. Nov. 1756 vollendet, und von Josepho, Bischof zu Augspurg gebohrnen Landgrafen zu Hessen den 18. Mai 1760 eingeweihet worden. Die Länge beträgt über 250 Schuh, die Breite 100, das Langhaus allein ist 200 Schuh lang, 107 breit, 108 hoch. Die Bauart ist vermischt nach dem

sein-

Doppelseite aus dem Pfälzischen Kleinen Calender auf das Jahr 1770. *RMM, Bibl., Mannheimer Drucke*

Dies bestätigt eine von Anton Pichler in seiner *Chronik des Großherzoglichen Hof- und National-Theaters in Mannheim* (1879) veröffentlichte Personalliste (S. 5 ff.), in der im einzelnen der Intendant (der jeweils identisch war mit dem Intendanten der Hofmusik), der Sekretär, Schauspieler, Schauspielerinnen, Tänzer (doch keine Tänzerinnen), Figuranten und Figurantinnen, der Garderobier, der Souffleur, der Tanz- und der Ballettmeister aufgeführt sind. Auch ist bei der 1758 neu engagierten Kompanie von einem *Entrepreneur* die Rede, der hinsichtlich der Entgegennahme und Verwendung der Subventionsgelder zwischen Hof und Truppe als Mittelsmann fungierte. Zu jener Zeit zählte die Gesellschaft 44 Mitglieder; der Zuschuß des Hofes betrug 34 655 Gulden (Stahl 1940, S. 233), nach heutigem Geld eine runde Million Mark.

In einer so knappen Darstellung wie dieser kann man auf die Nennung von Namen verzichten. Zum einen sind sie nicht vollzählig überliefert, zum anderen findet sich unter den überlieferten keiner von nennenswertem Rang. Immerhin stößt man

Voltaire (1694–1778). Im Original altkolorierter Kupferstich von Pierre Michel Alix (1762–1817) nach dem Porträt von François Garnerey (1755–1837). RMM

auf einige, die, von Verwandten getragen, das lokale Theaterleben mitgeprägt haben, sei es an der Hofoper, sei es bei den Wanderbühnen kurz vor der Gründung des heute noch existierenden Nationaltheaters, sei es, schließlich, an diesem selbst: Lauchery, Sartori, Boudet, Toeschi. Welche Stücke die französischen Künstler wann aufgeführt haben, ist wegen unvollständiger Dokumentation zum größten Teil nicht mehr zu rekonstruieren. Wir kennen die Titel zahlreicher Bühnenwerke, doch nicht die dazugehörigen Vorstellungsdaten. *Vice versa* kennen wir zahlreiche Vorstellungsdaten, ohne zu wissen, was an den betreffenden Tagen jeweils aufgeführt wurde. Aus dem Jahr 1742 existiert eine Liste mit 186 Werktiteln, die das Repertoire der Franzosen umfaßte (vgl. auch Walter 1898, S. 349 f.). Was die hier vermerkten 62 Tragödien, 37 fünfaktigen, achtzehn dreiaktigen und 56 einaktigen französischen Komödien, die zehn dreiaktigen und drei einaktigen italienischen Komödien anbetrifft, so hat Jean Jacques Olivier in seinem Geschichtswerk *Les Comédiens Français dans les cours d' Allemagne au XVIIIe siècle* (Paris 1901) allen späteren Forschern eine mühsame Arbeit erspart und zu den Titeln die Autoren eruiert, sieben nicht festzustellende ausgenommen.

Unter den Tragödiendichtern dominieren Pierre Corneille mit dreizehn Werken, Jean Racine (9), Prosper Jolyot de Crébillon d. Ä. (5), Pierre Corneilles Bruder Thomas, Voltaire und Jean Galbert de Campistron (je 4). Souverän beherrscht Molière mit 21 Titeln das Komödienrepertoire. Ihm folgen Florent Carton Dancourt (15), Jean-François Regnard (9), Marc-Antoine Legrand (6), Jacob de Montfleury (5), Edmonde Boursault und Noël Le Breton, genannt Hauteroche (je 4).
Die zahlreichen anderen Autoren – es sind rund fünfzig – weisen drei und weniger Titel auf. Dies ist, wohlgemerkt, der Stand des Jahres 1742, der nichts Genaues über die folgenden drei Jahrzehnte aussagt. Im allgemeinen aber werden sich die Mannheimer Franzosen an ihren Pariser Kollegen von den tonangebenden Bühnen orientiert haben. Daß sie 1742 die erwähnten 186 Werke für eine sofortige Präsentation parat – oder, nach neuerem Jargon: »drauf« – hatten, darf füglich bezweifelt werden. Vermutlich aber hätten sie jedes, wenn verlangt, in kurzer Frist auf die Bühne bringen können.

Genauer informiert sind wir über einige von den Franzosen aufgeführte Bühnenwerke von Voltaire. Der Philosoph und Dichter stand in engen, ja herzlichen Beziehungen zu Kurfürst Carl Theodor, der ihn bewunderte und zweimal, 1753 und 1758, am kurpfälzischen Hof begrüßte, um sich mit ihm über aktuelle literarische Fragen zu unterhalten. Selbstverständlich ließ der Souverän, da er ja über eine französische Komödiantengesellschaft verfügte, es sich angelegen sein, dieser die Aufführung von Theaterstücken ihres renommierten Landsmanns zu befehlen. Ernst Leopold Stahl nennt sie in seinem Theatergeschichtswerk *Das Europäische Mannheim* (1940) die »pompös aufgemachten Glanzpunkte der halbhundertjährigen Geschichte des Mannheimer Französischen Theaters, wie sie keine zweite Truppe jemals an einem deutschen Hofe erlebt hat« (S. 235).

Im einzelnen wurde von der französischen Truppe in Mannheim oder Schwetzingen an dramatischen Werken von Voltaire aufgeführt: 1753 *Zaïre,* jeweils in deutscher Erstaufführung 1755 *L'Orphelin de Chine* und 1762 *Tancrède* sowie, ebenfalls 1762, gar in Uraufführung *Olympie. L'Orphelin de Chine* wurde 1769 noch einmal in neuer Inszenierung gegeben. Dies in Verbindung mit den fünf Voltaire-Stücken, die auf der Titelliste von 1742 verzeichnet sind, von denen jedoch keine Aufführung genau nachweisbar ist, darf man als die zentrale Leistung der französischen Komödianten festhalten und würdigen.

Die endgültige Verabschiedung der Künstler im Jahre 1771 ist von der lokalen Theatergeschichtsschreibung immer in Beziehung gesetzt worden zu den nationalen deutschen Tendenzen, die sich damals im öffentlichen Leben und damit auch in den Künsten zu offenbaren begannen. Bis heute läßt sich auch kein triftigerer Grund finden. Carl Theodor hatte als Zuschauer die »Bretterbude« besucht, in der der deutsche Wanderbühnenprinzipal Franz Joseph Sebastiani 1768 mit seiner Gesellschaft auftrat (siehe unten). Auch hatte er Sebastiani die Würde eines kurfürstlichen Hofkomödianten verliehen. Die folgende Entwicklung in den 1770er Jahren bestätigt die Meinung von Ernst Leopold Stahl, der in seinem erwähnten Buch als Grund für die Verabschiedung der Franzosen angab: »Man begann sich in Deutschland mit Deutschland zu beschäftigen« (S. 235).

Wanderbühnen im Mannheim des 17. und 18. Jahrhunderts

Das Phänomen der Wanderbühnen, die vor der Gründung des heute noch existierenden Nationaltheaters in Mannheim Station machten, findet man in der stadt- und theatergeschichtlichen Literatur nur unzulänglich und lückenhaft dargestellt. Mit diesen Zeilen sollen zumindest einige »weiße Stellen« getilgt werden, die den Gesamtaspekt des Themas bisher verschleiert haben. Zusätzlich erforderlich sind nämlich das Studium der Mannheimer Stadtratsprotokolle und der zeitgenössischen Theaterperiodika sowie vergleichende Forschungen im Bereich der Theatergeschichte anderer Städte, soweit sie Erhellendes zu den Geschehnissen in Mannheim beizutragen vermag.

Die Wanderbühnen werden allgemein nach ihren Prinzipalen oder Prinzipalinnen benannt. Es sei deshalb vorausgeschickt, daß deren vier, die zur deutschen Elite dieses Theatertypus zählten, nie mit ihren Truppen – die auch Gesellschaften, Kompanien oder, im harmlos-unkriminellen Sinne, Banden genannt wurden – den Weg nach Mannheim fanden: Caroline Neuber, genannt die Neuberin, Konrad Ernst Ackermann, Johann Friedrich Schönemann und Gottfried Heinrich Koch.

Um dies nun ins Positive umzukehren und einen Bezugsrahmen zu schaffen, seien vorab alle Prinzipale aufgeführt, die von 1679 bis 1779 mit ihren Gesellschaften in Mannheim auftraten, dazu das Jahr oder der Zeitraum ihres Besuchs. Diese einhundert Jahre schließen die Gastspiele ein, die für das 17. und 18. Jahrhundert nach Ausschöpfung aller wesentlichen Quellen feststellbar sind. Nur ein Name ist aus dem 17. Jahrhundert überliefert: Johannes Velten, genannt Magister Velten (1679; vgl. auch *Chronologie*). Erst fünfzig Jahre später beginnt die dann immer dichter werdende Reihe der Direktoren: Johann Gottlieb Förster (1729), Franz Leopold Naffzer (um 1730), Johann Carl von Eckenberg (1735), Stephan Mayer (1738), Friedrich (?) Molk (1743), Heinrich Hermann (1748), Franz Schuch (1751), Johann Joseph von Brunian (1755/56), die Kurbayrischen Hofakteure (Direktor nicht festgestellt, 1756), Franz Joseph Sebastiani (Anfang der 1760er Jahre, 1764), Brenner (Vorname ungewiß; 1764 und 1765), Arnold Heinrich Porsch (1766), Johann Tilly (1767), Johann Felix von Kurz (1767/68 und 1768/69), erneut Franz Joseph Sebastiani (1768, 1769/70, 1770/71), Theobald Marchand (1771/72 bis 1775/76), Jakob Maria Pippo (1774) und Abel Seyler (1778/79). Hinter dieser Folge von Namen steht ein Entwicklungsprozeß, der im Zusammenhang zu sehen ist mit den Wechselbeziehungen zwischen dem Hoftheater und den Wanderbühnen in Mannheim. Zunächst gab es überhaupt keine bis 1768, als der Hof, gewöhnt an italienischsprachige Opern und französischsprachige Schauspiele, erstmals Interesse an deutschsprachigem Theater bekundete und sich, den Kurfürsten eingeschlossen, in die primitive, von dem Mannheimer Zimmermeister Lorentz Conrad im Auftrag von Sebastiani errichtete »Komödienbude« auf dem Marktplatz begab, in der Sebastiani mit seinem Ensemble auftrat (vgl. *Chronologie* 1769). Im selben Jahr noch wurde dem Prinzipal der Titel eines kurfürstlichen Hofkomödianten verliehen.

Damit war der erste Schritt auf dem Weg zum Nationaltheater getan. In der Folge der Wanderbühnengastspiele in Mannheim vom Beginn an markiert Sebastiani auch aus anderem Grunde eine Zäsur. 1769, als er nach Mannheim zurückkam, hatte, jedenfalls in dieser Stadt, der Hanswurst ausgedient; sein Name war auch Harlekin oder, im Falle von Kurz, Bernardon gewesen. Er hatte gleichsam seinen Tod überlebt. Denn 1737 war er schon symbolisch von der Bühne vertrieben worden; Caroline Neuber trat damals in Leipzig als Engel mit dem Flammenschwert in Erscheinung.

In Mannheim gab es den buntscheckigen Lustigmacher, solange Theater aus dem Stegreif gespielt wurde. Auf seriösem Gebiet geschah dies in den Haupt- und Staatsaktionen, auf komischem in den der *Commedia dell'arte* nachgebildeten Burlesken. Doch auch in den Haupt- und Staatsaktionen fehlte kaum je eine komische Gestalt, meist in Dienerfunktion auftretend, als Kontrast zum Helden, der die höheren Stände repräsentierte. Förster und Eckenberg waren die Vertreter beider Versionen, Eckenberg zudem ein Prinzipal, dessen Truppe je zur Hälfte aus Schauspielern und Artisten bestand. Er verkörperte die damals nicht unübliche Theater-Zirkus-Ehe und war selbst ein Artist, ein Kraftathlet, sozusagen der Urvater der Gewichtheber. Er stemmte Kanonen mit einer Hand und Pferde mit daraufsitzenden Reitern. Zwei Pferde konnten ihn nicht von der Stelle bewegen, selbst wenn der preußische König Friedrich Wilhelm I. – wie geschehen – eigenhändig mit der Peitsche auf die Tiere eindrosch. Hermann gehörte zum gleichen Typus; seine Darbietungen werden im Mannheimer Ratsprotokoll vom 24. Oktober 1748 mit »Luftspringen, Sëyl dantzen, Pantominen [sic] und Italienischen feuer werck« umrissen.

Nach der Jahrhundertmitte mehrten sich die Gastspiele von Truppen, deren Direktoren zugleich Hanswurstdarsteller waren: Schuch, genannt »der letzte deutsche Harlekin«, von Lessing hochgeschätzt; Brunian, wegen seiner beträchtlichen Schulden häufig in den Mannheimer Ratsprotokollen erwähnt; Kurz, den man den wahrhaft letzten deutschen Harlekin nennen könnte, weil

Franz Schuch d. Ä. (1716–1764). Zeitgenössischer Kupferstich. Theaterwissenschaftliche Sammlung der Universität zu Köln

er noch nach Schuchs Tod in der von ihm kreierten komischen Gestalt des Bernardon glänzte.

So großen Spaß dies dem Publikum bereitete, um die Konsequenzen der von Johann Christoph Gottsched ausgehenden Theaterreform kam auf die Dauer kein Prinzipal herum. Sie zielte darauf ab, das Stegreiftheater abzuschaffen und durch das literarische, »regelmäßige« Theater zu ersetzen. Dieses orientierte sich an den französischen Klassikern, die übersetzt und von deutschen Autoren nachgeahmt wurden. Die Spielpläne der Hanswurstdirektoren füllten sich daher allmählich mit Stücken, die der Reformidee entsprachen. Umgekehrt verzichteten die Reformprinzipale, darunter Porsch und Tilly, nicht ganz auf die vom Publikum immer noch begehrten Burlesken.

Die zunächst völlig fehlende Dokumentation der Wanderbühnengastspiele in Mannheim, soweit sie Künstlerisches betrifft, hat übrigens mit Porschs Erscheinen ein Ende: Der älteste heute noch existierende Theaterzettel belegt die Aufführung der Tragödie *Codrus* von Johann Friedrich von Cronegk 1766 durch das Porsch-Ensemble. Daß derselbe Theaterabend mit einer Hanswurstiade zu Ende ging, ist ein Beispiel für die bewahrte Tradition des sogenannten Nachspiels, das, von den Sittenwächtern gefürchtet, dem Hanswurstdarsteller Gelegenheit bot, sich aufs übermütigste zu tummeln und das Publikum mit gewagten Scherzen in die gewünschte Hochstimmung zu versetzen. Ab den späten 1760er Jahren diente der Überlieferung und Dokumentation die enge Verbindung zwischen Sebastiani und dem Mannheimer Verleger Christian Friedrich Schwan. Dieser übersetzte französische Bühnenstücke ins Deutsche, die jener mit seinem Ensemble in Mannheim aufführte. Schwan brachte sie in seinem Verlag heraus und erwähnte auf den Titelblättern jeweils die Daten der ersten Mannheimer Aufführungen, dazu die Namen der Darsteller hinter denen der handelnden Personen.

Sebastianis Repertoire enthielt hauptsächlich Singspiele, damals wechselweise »Operetten« genannt, und dies blieb auch so, als sein Schwiegersohn Theobald Marchand, schon vorher seiner Truppe angehörend, ihn als Prinzipal ablöste. Dies will nicht besagen, daß von beiden nicht auch Schau- und Lustspiele gegeben worden wären, die durchaus auf den Beifall der Nationaltheater-Befürworter hätten rechnen können. Was das Nationaltheater anbelangt – schon 1775 war das Wort in aller Munde –, so wuchs Marchand, der ab 1771 regelmäßig in Mannheim gastierte, eine besondere Aufgabe zu.

Zunächst ging die Mannheimer Hofoper voran und inszenierte 1775 erstmals ein deutschsprachiges Werk: *Alceste* von Anton Schweitzer (Libretto: Christoph Martin Wieland). 1776 formierte sich eine Pflanzschule von Hofballetteleven und -elevinnen, die in Schwetzingen unter der Leitung von Gottlieb Friedrich Lorenz vor dem Kurfürsten deutsche Lustspiele aufführte. Anfang 1777 begannen im neuerbauten Schauspielhaus, dem späteren Nationaltheater-Gebäude, die Vorstellungen mit den Lorenz-Schützlingen. Nach dem fehlgeschlagenen Versuch, Lessing zum Direktor des Theaters zu gewinnen, wurde Marchand in diese Position berufen. Er verdrängte Lorenz allmählich und leitete das Ensemble, das aus Mitgliedern seiner und der Lorenz-Truppe bestand, bis Mannheim seine Eigenschaft als Residenz verlor und der Kurfürst mit seinem Hofstaat nach München übersiedeln mußte. Das Marchand-Ensemble, das man das erste Mannheimer Nationaltheater (vor dem heute noch existierenden) nennen könnte, ging mit an die Isar.

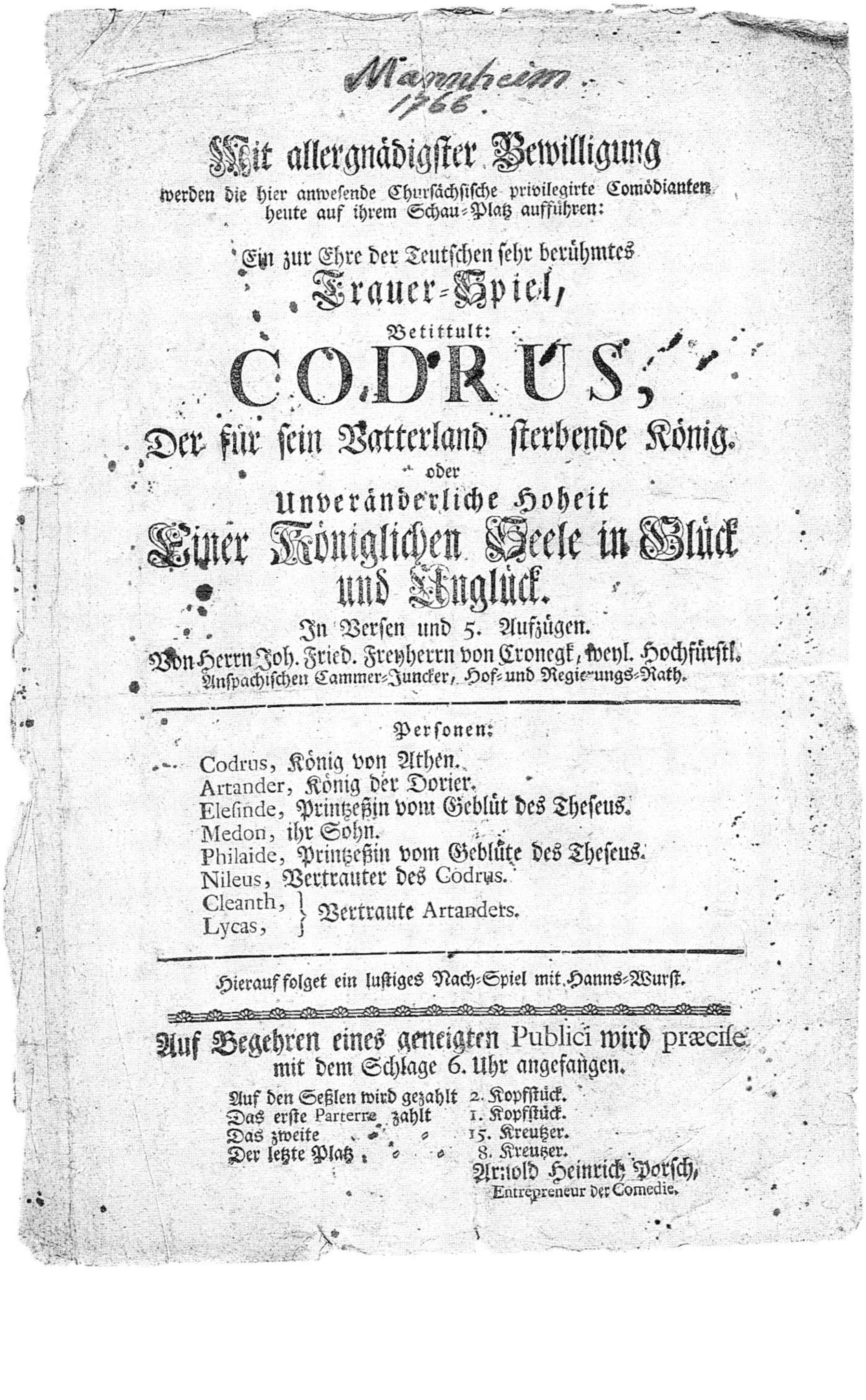

Mannheim 1766.

Mit allergnädigster Bewilligung
werden die hier anwesende Chursächsische privilegirte Comödianten heute auf ihrem Schau-Platz aufführen:

Ein zur Ehre der Teutschen sehr berühmtes
Trauer-Spiel,
Betittult:
CODRUS,
Der für sein Vatterland sterbende König.
oder
Unveränderliche Hoheit
Einer Königlichen Seele in Glück und Unglück.
In Versen und 5. Aufzügen.
Von Herrn Joh. Fried. Freyherrn von Cronegk, weyl. Hochfürstl. Anspachischen Cammer-Juncker, Hof- und Regierungs-Rath.

Personen:

Codrus, König von Athen.
Artander, König der Dorier.
Elesinde, Printzeßin vom Geblüt des Theseus.
Medon, ihr Sohn.
Philaide, Printzeßin vom Geblüte des Theseus.
Nileus, Vertrauter des Codrus.
Cleanth, } Vertraute Artanders.
Lycas, }

Hierauf folget ein lustiges Nach-Spiel mit Hanns-Wurst.

Auf Begehren eines geneigten Publici wird præcise mit dem Schlage 6. Uhr angefangen.

Auf den Seßlen wird gezahlt 2. Kopfstück.
Das erste Parterre zahlt 1. Kopfstück.
Das zweite 15. Kreutzer.
Der letzte Platz 8. Kreutzer.

Arnold Heinrich Porsch,
Entrepreneur der Comedie.

Theaterzettel einer Aufführung von Johann Friedrich von Cronegks Tragödie Codrus *durch die Theatertruppe von Arnold Heinrich Porsch. Mannheim, 1766. RMM, Thslg.*

Links:
Titelseite von Christian Friedrich Schwans Übersetzung von Charles Collés Partie de chasse de Henri IV *für die Sebastianische Truppe, die dieses Stück erstmals am 30. Oktober 1768 in Mannheim spielte.*
Rechts:
Personenverzeichnis für Christian Friedrich Schwans Übersetzung von Louis Sebastien Merciers Trauerspiel Der Deserteur. *»In Mannheim zum erstenmal aufgeführt von den Churpfaelzischen deutschen Hof-Comoedianten unter der Direction des Herrn Marchand. Mannheim bey C. F. Schwan, Churfuerstl. Hofbuchhaendler 1770« – so der Text auf dem Titelblatt. RMM, Bibl., Mannheimer Drucke*

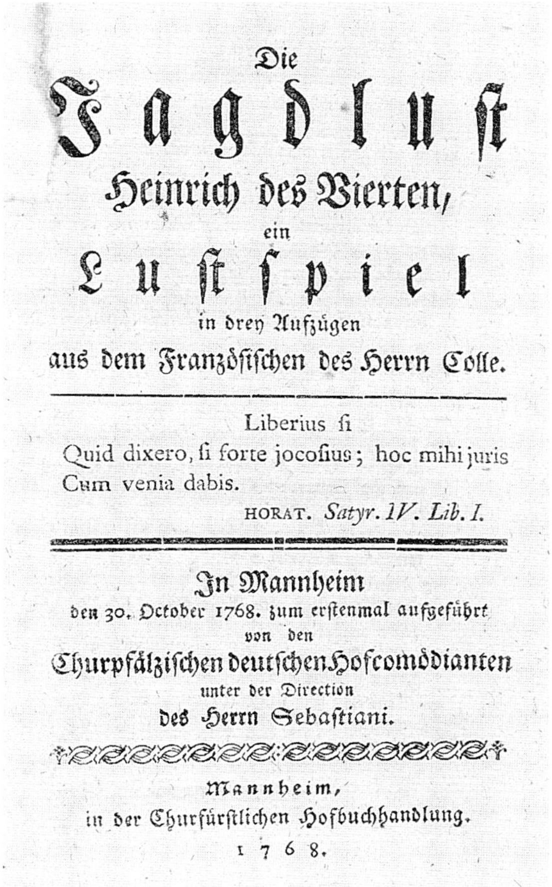

Die
Jagdlust
Heinrich des Vierten,
ein
Lustspiel
in drey Aufzügen
aus dem Französischen des Herrn Colle.

Liberius si
Quid dixero, si forte jocosius; hoc mihi juris
Cum venia dabis.
HORAT. *Satyr. IV. Lib. I.*

In Mannheim
den 30. October 1768. zum erstenmal aufgeführt
von den
Churpfälzischen deutschen Hofcomödianten
unter der Direction
des Herrn Sebastiani.

Mannheim,
in der Churfürstlichen Hofbuchhandlung.
1768.

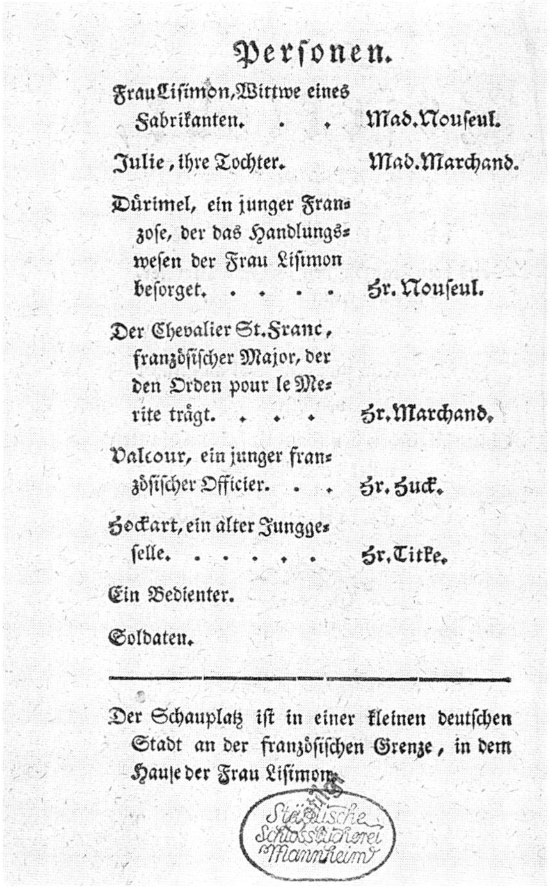

Personen.

Frau Lisimon, Wittwe eines Fabrikanten. . . . Mad. Nouseul.
Julie, ihre Tochter. Mad. Marchand.
Dürimel, ein junger Franzose, der das Handlungswesen der Frau Lisimon besorget. . . . . Hr. Nouseul.
Der Chevalier St. Franc, französischer Major, der den Orden pour le Merite trägt. . . . Hr. Marchand.
Valcour, ein junger französischer Officier. . . Hr. Huck.
Hockart, ein alter Junggeselle. . . . . . Hr. Titke.
Ein Bedienter.
Soldaten.

Der Schauplatz ist in einer kleinen deutschen Stadt an der französischen Grenze, in dem Hause der Frau Lisimon.

Städtische Schlossbücherei Mannheim

Damit hatte die Stunde geschlagen für Abel Seyler, den Mitbegründer des ersten deutschen Nationaltheaters 1767 in Hamburg und nach dessen Scheitern Wanderbühnenprinzipal. Er hatte in Mannheim schon erfolglos mit Marchand um den Direktorenposten konkurriert. Nun aber war der Weg frei für ihn. Zum Ausgleich für den Wegzug des Hofes beschloß dieser die Gründung eines Nationaltheaters. Zum Intendanten berufen wurde Wolfgang Heribert von Dalberg mit dem Auftrag, das Ensemble mit Individualverträgen zu engagieren. Er benötigte dafür ein Jahr bis zum 7. Oktober 1779, dem ersten Spieltag des neuen Instituts. Diesen Zeitraum überbrückte er mit Vorstellungen der Wanderbühne Seyler.

In dieser Situation war der endliche Schulterschluß zwischen Wander-, Hof- und Nationaltheater in Mannheim erfolgt. Denn zwischen Frankfurt und Mannheim pendelnd, blieb Seyler ein Wanderbühnenprinzipal; der kurpfälzische Hof stellte ihm zur Komplettierung des Ensembles Sänger und Musiker zur Verfügung, die sonst in der Übergangszeit hätten »spazieren gehen« dürfen;

schließlich entsprach Seylers Spielplan im großen und ganzen den für ein deutsches Nationaltheater Maßstäbe setzenden Tendenzen.

Damit nicht genug – Seyler gab Dalberg die entscheidenden Hinweise, die zum Engagement des Mannheimer Gründungsensembles führten, und dies wurde damit honoriert, daß Abel Seyler nach der Auflösung seiner Wandertruppe zum Direktor des Mannheimer Nationaltheaters berufen wurde. In dieser Funktion war er bis 1781 tätig. Im Verlauf einer verbalen Auseinandersetzung mit der Schauspielerin Anna Elisabeth Toscani (vgl. auch den Beitrag von Heide Koch in diesem Buch) erfaßte ihn schließlich eine solche Wut, daß ihm die Hand ausrutschte und auf der Wange der Künstlerin landete, die im folgenden Jahr in der Uraufführung der *Räuber* von Schiller die Amalia verkörperte. Damit war Seyler, wie man heute sagt, nicht mehr tragbar und mußte sich davonbegeben.

Abel Seyler (1730–1800). Zeitgenössischer Schattenriß. Stadtarchiv Frankfurt am Main

Vom Quadrat B 3 zum Goetheplatz
Geschichte der Nationaltheatergebäude

Herbert Beierbach

Mathias Artaria (1814–1885). Frontalansicht des Mannheimer Nationaltheaters auf dem Quadrat B 3 vor dem Umbau nach Plänen von Joseph Mühldorfer. Öl auf Leinwand, 1853. RMM

Der Beitrag über die Baugeschichte des Nationaltheaters Mannheim mit seinen verschiedenen Häusern hat zum Ziel, einen Überblick über die Geschichte des Theaters in seinen einzelnen Baustadien zu geben und anhand der unterschiedlichen Lösungen der Bauaufgabe den Wandel in der architektonischen Gestaltung aufzuzeigen. Bei der Darstellung wird speziell auf die Anordnung und Ausführung des Zuschauerraumes und der Bühne mit der gegenseitigen Zuordnung eingegangen. Besonders ausführlich wird die Errichtung des »Neuen Hauses« auf dem *Goetheplatz* – von den ersten Planungen bis zum ausgeführten Projekt – beschrieben.

Das Nationaltheater und seine Bestimmung

Die Gründung des Nationaltheaters in Mannheim in der zweiten Hälfte des 18. Jahrhunderts stand unter dem Einfluß der Aufklärung und der zunehmenden Besinnung auf die eigene, nationale Kultur. Nach einer Zeit der starken Beeinflussung durch die italienische und französische Theaterkunst strebte man die Bildung von Nationaltheatern zur Hebung und Verbesserung der deutschen Sprache und Literatur an. Sie sollten den einheimischen Künstlern eine neue Wirkungsstätte vermitteln und dem höfischen sowie dem bürgerlichen Publikum zugänglich sein.

Unter dem Einfluß der Gründung des Hamburger Nationaltheaters und der Bestimmung des *Burgtheaters* in Wien zum Hof- und Nationaltheater wurde dieses Ziel in Mannheim durch die 1775 gestiftete *Kurpfälzische Deutsche Gesellschaft* gefördert und von Kurfürst Carl Theodor befürwortet. Damit erfolgte die Hinwendung zu einem deutschsprachigen Hoftheater, dessen Einrichtung als »Comödien- und Redoutenhaus« im hiesigen Zeug- und Schütthaus auf dem Quadrat B 3 die Zustimmung des Kurfürsten fand (erwähnt in dem Gutachten des Hofkammerrates Johann Lambert von Babo am 27. August 1775: »Die Erbauung eines Comödien und Redoutenhauses dahier betr.«; vgl. Walter 1899/1, S. 37/38).

Die Hofoper im Schloß

Die große Theatertradition Italiens, die bis in die Antike zurückreicht, übte auf die Entwicklung des europäischen Theaters einen wesentlichen Einfluß aus. Besonderer Beliebtheit erfreute sich die Kunstgattung der Oper. Die Festveranstaltungen entwickelten sich im Zeitalter des Absolutismus zunehmend zur Selbstdarstellung der Oberschicht, in deren Mittelpunkt die Machtdemonstration des Herrschers stand.

Bereits zu Beginn des 17. Jahrhunderts führte diese Entwicklung zur Bildung der Rahmen- und Guckkastenbühne, die den Theaterraum deutlicher als je zuvor in die Bühne, die »Welt der Illusion«, und den Zuschauerbereich, die Welt der Realität, aufteilte. Im Zeitalter des Barock erfolgte die Gestaltung der Theater in Europa überwiegend durch bedeutende italienische Künstlerfamilien, die vor allem das zunächst ständisch geprägte Ranglogentheater populär machten. So ist auch die Hofoper in der Mannheimer Residenz das Abbild des absolut regierten Staates. Alessandro Galli Bibiena, der Architekt des Hauses, verstand es meisterhaft, dem Verlangen des Kurfürsten Carl Philipp nach effektvoller Repräsentation zu entsprechen. Das Zuschauerhaus mit seiner fünfrangigen Logenanordnung bildete er in dem damals vorherrschenden Grundrißtypus der Glockenform aus. Über dem Eingang in der Mittelachse war die konvex in den Raum ragende Fürstenloge eingefügt, an die sich die vorgezogenen Balkone der Logen anschlossen. Diese waren in den Seitenfeldern abgestuft ausgeführt. Der Fürstenloge gegenüber befand sich das prachtvoll geschmückte Bühnenportal, an das sich seitlich diagonal angeordnete Trompeterlogen anfügten. Vor der Bühne hatte das Orchester seinen Platz. Das leicht ansteigende Parkett nahm zahlreiche Sitzreihen auf, die durch einen Mittelgang getrennt waren (vgl. auch Abbildung S. 86).

Der Umbau des Schütthauses zum Schauspielhaus durch Lorenzo Quaglio (1776)

Unter Anlehnung an das Vorbild der Hofoper entstand gut dreißig Jahre später durch Lorenzo Quaglio ein weniger repräsentativ ausgestatteter Theaterbau auf dem Quadrat B 3. Entsprechend seiner Funktion, mußte das aus dem alten Zeug- und Schütthaus umgebaute Gebäude anders gestaltet und für das höfische sowie das bürgerliche Publikum eingerichtet werden. Aus dem

Logenhaus der Hofoper entwickelte er ein Rangtheater, das Sitzreihen für das Bürgertum und Logen für den Adel vorsah. Logenvorräume ersetzten die Abgeschlossenheit der früheren Kabinette. Die Form der Abstufung und Staffelung der seitlichen Raumteile übernahm Quaglio von der Hofoper. Die vorkragende Hofloge war einfach ausgeführt, nur der von Karyatiden getragene vergoldete Baldachin mit der Krone symbolisierte noch die Vorrangstellung des Herrschers. Gekuppelte Säulen rahmten das Bühnenportal, das von einem mit Medaillons geschmückten Giebeldreieck abgeschlossen wurde. Das Parkett war mit amphitheatralisch ansteigenden Sitzreihen ausgestattet.

Den einstigen nüchternen Bau des Schütthauses in B 3 gestaltete Quaglio im Außenbereich in ein palaisartiges Bauwerk um. Er erweiterte den Altbau an der Westseite zum dort befindlichen Platz hin um drei Risalite und versah die Fassaden mit profilierten Gewänden und Skulpturen, die Matthäus van den Branden schuf. Das repräsentative Aussehen wies auf die Bestimmung als Stätte der Schönen Künste hin (vgl. Abbildung S. 368).

Der Wandel der architektonischen Gestaltung von der barocken Hofoper innerhalb des kurfürstlichen Schlosses zum freistehenden, höfisch-bürgerlichen Theater wird im Gebäude des Nationaltheaters besonders deutlich und verweist bereits auf die Änderung der soziologischen Verhältnisse.

Die Umgestaltung des Theaters durch Mühldorfer (1853)

Trotz einer gründlichen Renovierung des Zuschauerraumes und des Einbaus einer neuen Bühnenmaschinerie gelangten das Mannheimer Hoftheaterkomitee und die Stadtväter Mitte des 19. Jahrhunderts zu der Überzeugung, daß man ein altes Theater besaß, das insbesondere den Ansprüchen des Publikums nicht mehr genügte. Vor allem erwiesen sich schon lange die engen Verhältnisse im Zuschauerraum als nicht mehr zufriedenstellend, so daß man sich mit dem Projekt eines erneuten, grundlegenden Umbaus befaßte. Zunächst wollte der seit 1832 in Mannheim engagierte berühmte Theaterarchitekt Joseph Mühldorfer (vgl. Abbildung S. 51), der mit der Planung betraut worden war, eine Erweiterung des Gebäudes zum *Theaterplatz* – dem heutigen *Schillerplatz* vorsehen, um dort einen großzügigen, neuen Zuschauerraum anordnen und gleichzeitig die Bühne im eigentlichen Altbau verbreitern zu können. Ähnlich war auch Karl Friedrich Schinkel bei dem Entwurf für den Aufbau des Berliner Schauspielhauses (1821) verfahren. Die Umsetzung dieser ausgezeichneten Idee scheiterte in Mannheim jedoch aus finanziellen Gründen.

So erarbeitete Mühldorfer ein kostengünstigeres Projekt, das die Einbeziehung der Vorhöfe in den Theaterbau vollzog und dadurch sowohl eine Vergrößerung des Zuschauerraumes als auch der Bühne ermöglichte. Dessen Verlagerung in den südlichen Gebäudeteil bewirkte mit der Anordnung eines Vestibüls zusätzlich eine zweckmäßige Lösung des Eingangsbereiches. Durch die Aufstockung des gesamten Baukörpers um ein Geschoß ergaben sich im nördlichen Teil eine Vergrößerung des Konzertsaales und die Bereitstellung von Räumen für das Theaterpersonal.

Das neue Zuschauerhaus besaß nun über den im Halbkreis ausgeführten Parterrelogen vier übereinander angeordnete Ränge, die sich leicht zurückschwingend an das Proszenium anschlossen. Besonders erwähnenswert ist, daß diese Ränge von Konsolen getragen wurden und so frei in den Raum ragten. Auf diese Weise entfielen die

Das Nationaltheater auf B 3. Blick vom Zuschauerraum auf die Bühne mit der Dekoration zu Tartüffe *von Molière (am 5. Juli 1931 hatte die Premiere dieser Neuinszenierung des Intendanten Herbert Maisch in der Mannheimer Schloßbibliothek stattgefunden; aufgrund von Querelen mit dem Staatlichen Hochbauamt wurde die Inszenierung in neuen, der Mannheimer Schloßbibliothek nachempfundenen Dekorationen im Nationaltheater weitergespielt). Bei dieser Inszenierung war der Orchestergraben überbaut. Foto: G. Tillmann-Matter. RMM, Thslg.*

notwendigen Stützen, woraus sich eine optimale Sicht von allen Plätzen ergab. Die Ausführung stellte ein Novum der Rangausbildung dar. Im Bereich des kastenförmigen Proszeniums mit je vier Logen befand sich der abgesenkte Orchestergraben. Die Bühne ragte geringfügig in den Zuschauerraum hinein, der Bühnenrahmen wurde von Säulen und einem reichverzierten Öffnungsbalken gebildet. Auf der Höhe des ersten Ranges befand sich im Proszeniumsbereich eine Fürstenloge mit gewölbter Brüstung und ausladendem, reichdekoriertem Baldachin (siehe Abbildung oben). Der Bühne gegenüber war die Brüstung des ersten Ranges wellenförmig vorgezogen. Zusätzlich betonte ein Stützenpaar die Auskragung. Die Deckenmalerei im klassizistischen Stil nahm traditionell auf das weitgespannte Sonnensegel des antiken Theaters Bezug. Ein traubenförmig angeordneter Kronleuchter schmückte die reich gegliederte Decke (vgl. auch Abbildung S. 544 und *Chronologie*).

Der neugestaltete Zuschauerraum stellte für Mannheim einen großen Fortschritt dar, denn er bildete einen modernen, zeitgemäßen Theatertyp, der den Anforderungen des Publikums gerecht wurde. Zum anderen wurde eine Verlagerung von der formalen zur funktionellen Gestaltung des Zuschauerraumes deutlich.

Das Nationaltheatergebäude auf B 3 von Nordwesten aus. Postkarte um 1942. RMM, Thslg.

Bei der Gliederung der Fassade behielt man die Architekturdetails des alten Gebäudes bei. Durch die Einbeziehung der Höfe und die Aufstockung wirkte das Äußere trotz der noch sichtbaren Risalite ziemlich flächig. Es entstand der Eindruck eines mächtigen Baublocks in der kühlen Nüchternheit des französischen Klassizismus.

Die Stadt Mannheim hatte durch die überzeugende Lösung Mühldorfers ein fast neues Theater mit einem neuen Zuschauerraum und einer zeitgemäß ausgestatteten Bühne erhalten, was wesentlich zur Fortsetzung der Tradition des alten Hauses beitrug.

Das Interimstheater in der Schauburg

Obwohl man am Beginn des 20. Jahrhunderts viele Projekte für einen neuen Theaterbau diskutierte, blieb man dem alten Gebäude treu. Nicht nur die Anhänglichkeit des Mannheimer Publikums an das traditionsreiche Haus, sondern auch die sprichwörtlich guten akustischen Verhältnisse des Theaters waren hierfür neben der finanziellen Thematik ausschlaggebend. So konnte man – abgesehen von zum Teil erheblichen baulichen Änderungen für die allgemeine Sicherheit – den Spielbetrieb bis in die Kriegsjahre aufrechterhalten. In der Nacht zum 6. September 1943 ereilte dann das Theater sein tragisches Schicksal. Das Gebäude wurde bei einem Fliegerangriff von Brand- und Sprengbomben getroffen, so daß das Bauwerk – bedingt durch den herrschenden Wassermangel – vollkommen ausbrannte (vgl. auch Abbildungen S. 39, S. 54 und S. 423).

Trotz der schrecklichen Ereignisse der Kriegszeit war die Zuneigung der Mannheimer Bevölkerung zu ihrem Theater so groß, daß nach einer Reihe von Konzertabenden im *UFA-Palast* in N 7 schon im November 1945 in den instandgesetzten

Die Tennisplätze im Karree Renz-, Hebel-, Goethestraße *und* Friedrichsring (Goetheplatz) *um 1935. Auf diesem Gelände wurde der Neubau des Mannheimer Nationaltheaters errichtet (Eröffnung 1957, vgl. auch* Chronologie*). Postkarte im Kupfertiefdruck, erschienen im Verlag des Warenhauses Kander. RMM, Thslg.*

Räumen des *Schauburg*-Kinos in K 1 die erste Nachkriegsspielzeit aufgenommen werden konnte (vgl. auch Abbildungen S. 424–434). Die allgemeinen Bedingungen für einen Theaterbetrieb auf der kleinen Bühne mit acht Metern Breite und vier Metern Tiefe waren nicht sehr ermutigend. Aber in Anbetracht der großen Herausforderung des Wiederaufbaus der Stadt wußte man die Aufgabe zu meistern.

Schon nach der Währungsreform wurden erste Projekte diskutiert. Der damalige Oberbürgermeister Dr. Fritz Cahn-Garnier vertrat sogar die Idee, den stark zerstörten Teil des Schlosses mit Hilfe des Landes wieder aufzubauen und dort ein Theater mit Opern- und Schauspielbühne zu errichten. Der ausgeschriebene Wettbewerb zeigte allerdings, daß ein Einfügen eines umfangreichen Theaterbauprogramms mit allen technischen Einrichtungen in einen vorhandenen Gebäudekomplex ein schwieriges Unterfangen darstellt, das zu keiner befriedigenden Lösung führen konnte. Die Vorstellung, im Schloß eine kulturelle Institution für den Raum Mannheim-Ludwigshafen zu schaffen, war schließlich auch aus finanziellen Gründen nicht realisierbar.

Der erste Wettbewerb für den Theaterneubau im Jahr 1952

Ungeachtet einiger Fehlschläge gab man die Bemühungen um einen Theaterneubau nicht auf. Nachdem die Vorstellung ihres Rundtheater-Entwurfs durch die Architekten von Laban-Stoecklin-Baur erfolglos verlaufen war, setzte sich der damalige Oberbürgermeister Dr. Hermann Heimerich dafür ein, daß ein Wettbewerb für den Theaterneubau ausgeschrieben wurde. Zur Planung dieses Bauvorhabens, dessen Gesamtkosten auf

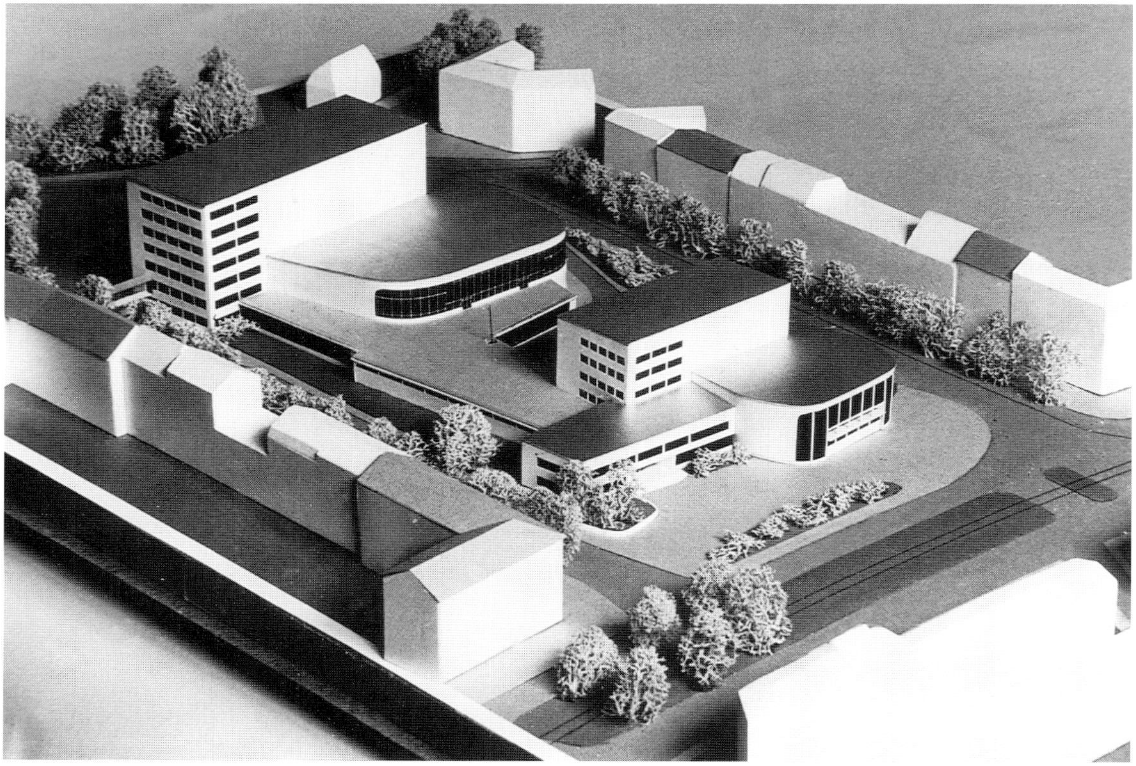

Richard Döcker Wettbewerb 1952: Modell des Projektes 2 auf dem Goetheplatz *mit sichtbar getrenntem* Großem *und* Kleinem Haus.
Foto: Gerhard Schwab, Stuttgart.
RMM, Thslg.

sechs Millionen DM begrenzt waren, wurden Mitte 1952 sechs auswärtige Architekten eingeladen, zu denen Ludwig Mies van der Rohe, Hans Scharoun, Richard Döcker, Otto Ernst Schweizer, Rudolf Schwarz sowie Perrottet von Laban gehörten. Von den Mannheimer Architekten hatte man die Arbeitsgruppen Mündel-Plattner, Schmechel-Thoma, Marx-Wagner und Lange-Mitzlaff aufgefordert.

Ein vom Intendanten des Theaters, Dr. Hans Schüler, erstelltes Raumprogramm sah ein Gebäude für Oper und Operette mit zirka 1200 Plätzen und ein intimes Haus mit 400 bis 500 Sitzen vor. Von besonderer Bedeutung für die Gestaltung von Zuschauerraum und Bühne der beiden Häuser war die Forderung nach Ausführung eines Guckkastentheaters, das aber auch die Verbindung beider Raumteile zu einem Einheitsraum unter Beseitigung des Bühnenportals zuließ.

Da man einen modernen Theaterbau errichten wollte, kamen die früheren Standorte – der *Schillerplatz* und der östliche Schloßflügel – nicht mehr in Betracht. Auch die anderen vorgeschlagenen Plätze mußten wegen der ungünstigen Lage oder der hohen Erschließungskosten aufgegeben werden, so daß man schließlich den *Goetheplatz* als Standort des Theaters in Aussicht stellte. Das große Problem bestand hier in der Überbauung des vorhandenen Luftschutzbunkers, der nicht abgebrochen werden durfte. Den aufgeforderten Architekten überließ man die

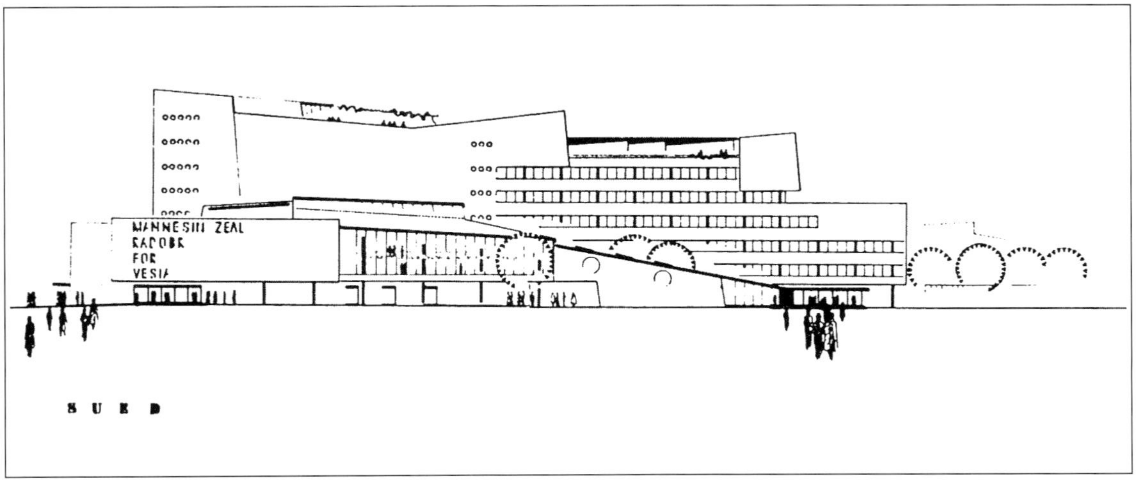

Hans Scharoun Wettbewerb 1952: Ansicht des Nationaltheaters auf dem Goetheplatz *von Süden aus (Haupteingang, Richtung Ecke* Goethestraße/ Friedrichsring*). Hans Scharoun-Archiv, Stiftung Archiv der Akademie der Künste, Berlin.*

Entscheidung über den Standort, den diese durch eigene Untersuchungen selbst bestimmen sollten.

Anfang Januar 1953 gingen von den auswärtigen Büros zehn Entwürfe und städtebauliche Varianten ein, während die Mannheimer Arbeitsgruppen sechs Entwürfe und drei Varianten vorlegten. Einige der Arbeiten werden nun kurz vorgestellt, um einen Überblick über die Vielfalt der Lösungen zu gewinnen:

Richard Döcker, Stuttgart, entwickelte speziell für den Mannheimer Theaterbau einen trichterförmigen Zuschauerraum mit hervorragenden optischen und akustischen Bedingungen und vermied aus sozialen Gründen eine Ranganordnung. Er legte für das Theater am *Goetheplatz* drei Projekte vor, zwei davon an der Ostseite des Platzes mit teilweiser Überbauung des Bunkers. Die Zuschauerräume und Bühnen waren parallel nebeneinander angeordnet, der Eingangs- und Foyerteil für beide Häuser einmal gemeinsam, zum anderen getrennt vorgesehen. Ein drittes Projekt für diesen Standort zeigt die beiden Häuser als eigenständige Baukörper in ostwestlicher Anordnung mit einem diagonalen Verbindungsgang.

Darüber hinaus schlug Döcker für den *Friedrichsplatz* eine U-förmige Anlage mit Anschluß an den bestehenden *Rosengarten* vor. Das *Große* und *Kleine Haus* wurden durch einen mehrgeschossigen Bauteil verbunden. Für ein Theater im *Friedrichspark* am Schloß entwarf er einen Baukomplex mit richtungsversetzten Häusern, die ebenfalls durch einen hohen Gebäudetrakt zusammengeschlossen wurden.

Hans Scharoun, Berlin, legte einen bemerkenswerten Entwurf vor, der eine getrennte Anordnung der Häuser mit einem zusammenfassenden Gebäudetrakt vorsah. An die Hauptachse schloß das *Große Haus* in einem Winkel von 90 Grad an, während das *Kleine Haus* in entgegengesetzter Richtung um etwa 30 Grad abwich. Auffallend ist die vorgeschlagene diagonale Lage des Gebäudes auf dem Platz, die einen Freiraum im Südwesten ergeben hätte. Für das *Große Haus* entwickelte Scharoun eine Bühne mit dreigeteiltem Flachhorizont in aperspektivischer Anordnung, die ein

Ludwig Mies van der Rohe Wettbewerb 1952: Modell des Nationaltheaterneubaus auf dem Goetheplatz. *Das Modell befindet sich heute mitsamt den von Mies van der Rohe eingereichten Plänen im Eigentum der Städtischen Kunsthalle Mannheim. Foto: Bill Hedrich. Bill Hedrich Blessing, Chicago Historical Society (RMM, Thslg.)*

fortlaufendes Spiel gestatten sollte. Auf eine Rangausbildung verzichtete er gleichfalls.

Das Projekt von Ludwig Mies van der Rohe, Chicago, ließ eine strenge axialsymmetrische und funktionelle Raumaufteilung in einem doppelgeschossigen kubischen Baukörper erkennen.
Es enthielt ein wegweisendes Konzept: Im Obergeschoß befanden sich Zuschauerräume und Bühnenhäuser, während die technischen Einrichtungen im unteren Teil des Gebäudes untergebracht waren. Die klare Trennung nach Funktionen und die Konzentrierung der Technik erfüllten die Forderung nach einem rationellen Betriebsablauf.

Der Entwurf von Rudolf Schwarz, Köln, basierte dagegen auf einem Achsenkreuz, dessen Hauptachse von den beiden Häusern, die Querachse von den Nebenanlagen gebildet wurden. An den hohen Bühnenturm mit den symmetrisch angeordneten Seitenbühnen und Nebenräumen in konischen Gebäudeteilen schloß im Westen die Studiobühne des *Kleinen Hauses* an, während im Osten der segmentartig gestaltete Zuschauerraum in amphitheatralischer Anordnung vorgesehen war. Auch hier überzeugt die äußerst konzentrierte Anlage des Theaters.

Otto Ernst Schweizer, Karlsruhe, schlug eine Lösung für den *Goetheplatz* und den *Luisenpark* vor. Er gab einem Theaterbau in der Parklandschaft den Vorzug, da hier keine direkten Bezüge zur Umgebung bestehen. Das *Große Haus* war mit einem ovalen Seitentrakt für ein experimentelles Theater verbunden. Für den *Goetheplatz* entwickelte er einen kompakten Baukörper mit der axialen Anordnung der beiden Häuser und dem Zusammenschluß der Bühnen. Dem konisch gestaffelten Zuschauerraum des *Großen Hauses* mit ausgedehntem Eingangs- und Foyerteil im Westen setzte er das *Kleine Haus* in einfacher Form entgegen. Auch hier hätte die sinnvolle Anordnung der Räume einen rationellen Betriebsablauf gewährleistet.

Ferdinand und Heinrich Mündel Wettbewerb 1952: Modellansicht des Nationaltheaterneubaus auf dem Goetheplatz. *Foto: Gerhard Schwab, Stuttgart. RMM, Thslg.*

Die Mannheimer Arbeitsgruppen bevorzugten generell den *Goetheplatz* als Standort für das Theater. So ordneten Ferdinand und Heinrich Mündel beide Häuser gegenüberliegend versetzt im östlichen Teil des Platzes an. Ebenfalls sind hier Bühnenteil und Zuschauerraum mit den Nebenräumen eng verzahnt, was einen guten Wirkungsgrad des Betriebes ermöglichte. Wesentlich für die Größe des Theatergebäudes war jedoch die Idee, Werkstätten und Magazine in einen benachbarten Baublock zu verlagern und mit einem Verbindungssteg direkt zugänglich zu machen.

Ernst und Andreas Plattner entschieden sich im Gegensatz dazu, das Gebäude in einer L-förmigen Anordnung zu gestalten, wobei sich das *Große Haus* am *Friedrichsring*, das *Kleine Haus* abgewinkelt dem *Luisenpark* gegenüber befunden hätte. Ein mehrgeschossiger Gebäudetrakt verband die beiden Häuser. Während der Entwurf von Mündel im Zuschauerraum des *Großen Hauses* einen Balkon vorsah, ordnete Plattner dort drei Ränge an.

Alfred Lange und Hans Mitzlaff sahen für das Theater einen langgestreckten Baukörper vor, welcher der Längsachse des Platzes folgte. Eine Ausnahme bildete der Zuschauerraum des *Kleinen Hauses*, der um 90 Grad gedreht war. Die technischen Einrichtungen zwischen den Häusern sind in einem Komplex zusammengefaßt und folgen der Hauptachse. Werkstätten und Magazine sollten an einem benachbarten Ort untergebracht werden.

Das Projekt Max Schmechel und Helmuth Thoma zeigt eine Trennung der beiden Häuser. Als verbindender Bauteil war ein niedriger Trakt mit Probe- und Verwaltungsräumen vorgesehen. Das *Große Haus* mit Eingang im Westen wies eine großzügige Anordnung von Zuschauerraum und Bühne mit zugeordneten Nebenräumen auf. Die wenig abgewinkelte Lage des *Kleinen Hauses* im Osten hätte die optimale Ausnutzung der ausgerundeten Platzform ermöglicht. Durch die lose Anbindung der Bauten hätten das *Große* und das *Kleine Haus* ihre jeweilige Eigenständigkeit bewahrt.

In einem axialsymmetrischen Gebäude waren beide Häuser im Entwurf von Friedrich Marx, Georg Wagner und Alfred Au neben einer mehrgliedrigen Baugruppe für technische Räume angeordnet. Dadurch erhielt das eigentliche Theatergebäude an der *Goethestraße* reduzierte Abmessungen. Die Anlage weist konisch einrangige Zuschauerräume auf, die sich nur durch ihre Größenordnung unterscheiden. Beide Bühnenhäuser waren zu einer Einheit zusammengefaßt.

Perrottet von Laban, Erwin Stoecklin und Hermann Baur sahen in ihrem Plan eine gegenläufig versetzte Ausrichtung der beiden Häuser in einem größeren Komplex vor. Das *Große Haus* mit Foyer und zweirängigem Zuschauerraum befand sich dem *Luisenpark* gegenüber. Das *Kleine Haus* mit seiner Rundbühne orientierte sich an der Form des griechischen Theaters und war von Westen zugänglich. Die nebeneinander gestellten Bühnenhäuser deuteten auf einen rationellen Betriebsablauf hin.

Bei den vorliegenden Entwürfen zeichnete sich die Lösung mit der Längsorientierung der beiden Häuser in axialer oder gegeneinander versetzter Anordnung besonders ab. Hierbei hätten beide Einheiten zu einem Komplex zusammengeschlossen oder als eigenständige Bautrakte mit verbindenden Teilen vorgesehen werden können. Die andere Gruppe von Architekten sah eine parallele oder entgegengesetzte Lösung in der östlichen Platzhälfte vor, die aber durch die Zusammenlegung der hohen Bühnenhäuser eine optische Abriegelung gegen den *Luisenpark* bewirkt hätte. Die Lage des Luftschutzbunkers war für die Planung von großer Bedeutung und beeinflußte daher die Anordnung. In einigen Fällen allerdings wurde diese einschränkende Voraussetzung erstaunlicherweise nicht berücksichtigt.

In der Beurteilung der Entwürfe kamen der Ausschuß und die Sachverständigen zu der Auffassung, daß keines der vorliegenden Projekte den Vorstellungen des Gremiums ganz entsprach, wohl aber viele Anregungen für eine Weiterbearbeitung geliefert wurden.

Die erneute Ausschreibung im Jahr 1953

Aufgrund der besonderen Bewertung ihrer Projekte sollten die Architekten Mies van der Rohe, Schwarz und Schweizer zu einer Überarbeitung der Entwürfe aufgefordert werden. Aus der flexiblen Anordnung bei Mies van der Rohe, dem streng perfektionistisch durchdachten Vorschlag von Schwarz und dem großzügigen Gebäude Schweizers mit einem konzentrierten technischen Betrieb sollte eine Synthese gebildet werden. Neben der Aufforderung der genannten Büros erging auch eine Einladung an Gerhard Weber, Frankfurt am Main, da dieser unterdessen besonders durch seinen Theaterbau in Hamburg bekannt geworden war.

Aus der Beurteilung der Entwürfe ergaben sich freilich einige Forderungen an die Stadt Mann-

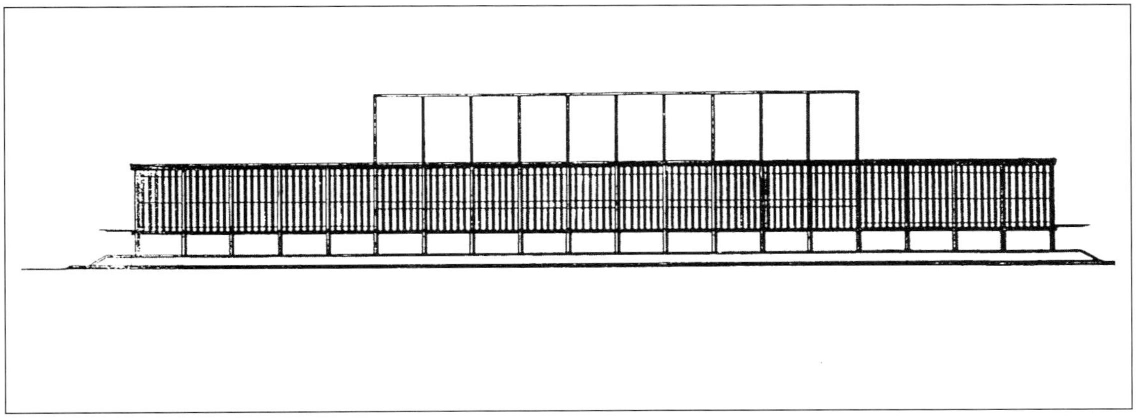

Otto Ernst Schweizer Wettbewerb 1953: Entwurf zur Fassade des Nationaltheaterneubaus Richtung Goethestraße.
Bei: Otto Ernst Schweizer, Zum zweiten Entwurf für das Nationaltheater der Stadt Mannheim. *In:* Kunstwerk-Schriften 1955, *Band 49/50, S. 79.*

heim: Für die Weiterbearbeitung der Projekte war es dringend notwendig, ein vereinfachtes Raumprogramm zu erstellen und gleichzeitig die Standortfrage endgültig zu klären. Ebenfalls mußte beschlossen werden, die Verwaltungsräume, Magazine und Werkstätten aus dem Theaterkomplex herauszulösen und in einem separaten Bauwerk unterzubringen (*Liselotteschule*).

Zur Abwicklung und Finanzierung der Baumaßnahme wurde außerdem im Juni 1953 die Stiftung *Nationaltheaterbau Mannheim* gegründet (vgl. auch *Chronologie*), dessen Kuratorium für die kommenden Jahre die Entscheidungen der Planung und Ausführung zu treffen hatte. Ihm gehörten ebenso Mitglieder des Theaterausschusses wie Stifter und Vertreter des Staates an.

Da die aufgeforderten Architekten Mies van der Rohe und Schwarz eine Überarbeitung ihrer Projekte abgelehnt hatten, kam es bei dem zweiten Wettbewerb für den Theaterbau nur zu einer Gegenüberstellung der Entwürfe von Otto Ernst Schweizer und Gerhard Weber. Die eingesandten Projekte wurden Anfang 1954 begutachtet und von den Verfassern in einer Sitzung erläutert.

Ein Vergleich der Arbeiten von Schweizer und Weber zeigt, daß die Bauaufgabe von beiden Architekten in vielen Bereichen fast gleichartig gelöst wurde: einerseits hinsichtlich der Lage des Gebäudes auf dem *Goetheplatz*, bei der nur besondere Vorzüge und Auslegungen für die Ausrichtung des *Großen Hauses* zum *Friedrichsring* oder zum *Luisenpark* bestimmend waren. Andererseits gelangte man auch in der Gestaltung und Anordnung der Häuser unbewußt zu einem ähnlichen Entwurf. Der geforderte Zusammenschluß der Bühnenhäuser mit den unterschiedlich großen Zuschauerräumen bildete für beide den Anlaß für einen trapezförmig gestalteten raumsparenden Baukörper.

Beim Projekt Schweizer fand die weiträumige und großzügige Gestaltung des Eingangs- und Foyerraumes in der Beurteilung besondere Beachtung, wobei die Lösung mit den breiten Treppenaufgängen zum *Großen Haus* sehr beeindruckte. Der Zuschauerraum in der nüchternen Kreissegmentform ohne Ranganordnung stellte eine rationelle Raumform dar, die dem Besucher optimale Sicht- und Hörmöglichkeiten gewährleistet hätte. Das *Kleine Haus* in seiner rechteckigen Anlage war ebenso konsequent gestaltet. Es vermittelt durch sein steilansteigendes Parkett den intimen Charakter eines für das Sprechtheater besonders geeigneten Raumes. Beide Häuser und das Bühnenareal erscheinen ausreichend bemessen, die Anordnung der Nebenräume auf mehreren Geschossen in Bühnennähe günstig vorgesehen.

Die Lösung Webers mit der zentralen Eingangshalle und beidseitig anschließenden Vorräumen erschien zweckmäßig und zufriedenstellend. Aus der durch den Bunker bedingten Höherlegung des Bühnengeschosses ergaben sich zwei größere Treppenläufe. Der trapezförmig gestaltete Zuschauerraum des *Großen Hauses* wurde als Rangtheater vorgesehen, die drei umlaufenden Ränge mit den abgetrennten Logen waren aus der Hamburger Lösung entwickelt. Für die vorgegebene Zuschauerzahl und die optischen sowie akustischen Bedingungen sah der Architekt die moderne Form der Ranganordnung als die optimale Ausnützung des Raumes an.
Mit wenigen Änderungen übernahm er das gleiche Konzept beim *Kleinen Haus* in reduzierten Abmessungen. Die erforderlichen Nebenräume waren in der mehrgeschossigen Randzone untergebracht. Ein langgestrecktes gemeinsames Foyer für beide Häuser befand sich an der Südseite des Gebäudes.

In der Fassadengestaltung gelangte man trotz der annähernd gleichartigen Grundrißform zu verschiedenen Ansichten. Beim Entwurf Schweizers sind diese klar gegliedert, wirken aber sehr gleichförmig. Die Sockelausbildung, das Zurücksetzen des unteren Geschosses mit weitgehender Verglasung und die gleichartigen Elemente des oberen Bereichs erhalten an den Stirnseiten durch breite Treppenanlagen und Überdachungen eine Betonung. Die Längsfassaden des Projekts Weber stehen dazu mit dem ähnlich zurückgesetzten Wandelgang mit Verglasung und den Plattenverkleidungen des oberen Geschosses in gewissem Gegensatz. Durch das Einfügen von vertikalen Fensterelementen in die Wandflächen und ein starkes Zurückstaffeln von Feld zu Feld ergibt sich eine optische Gliederung. Eine konisch überdachte Eingangspartie an der Südseite stellt eine besondere Betonung des Gebäudes dar. Die Stirnseiten sind leicht zurückgesetzt, großflächig verglast vorgesehen und sollen einen Ausblick auf den *Friedrichsring* oder den *Luisenpark* gestatten.

Entscheidung für Gerhard Weber

Die eingereichten Lösungen waren in städtebaulicher und betriebstechnischer Hinsicht überzeugender als die Vorschläge des ersten Wettbewerbs. Der Entwurf Schweizers mit der festlichen Gestaltung der Foyer- und Zuschauerräume wurde als das klarere und großzügigere Konzept bezeichnet, während Webers Projekt mit der intensiven Ausarbeitung besonders der funktionellen und technischen Bereiche als zweckmäßiger angesehen wurde. Am Schluß der Beratungen schlug man vor, dem Architekten Gerhard Weber die Ausarbeitung des Theaterentwurfs zu übertragen, vorausgesetzt, einige Änderungswünsche fänden Berücksichtigung. Die vielen öffentlichen und industriellen Bauvorhaben, die sein gut organisiertes Büro bereits durchgeführt hatte, trugen wesentlich zu diesem Entschluß bei.

Das überarbeitete Konzept mußte für die weitere Entwicklung des Projektes von entscheidender Bedeutung sein, da man mit der Annahme der Pläne zuversichtlich hoffte, das neue Haus mit der Spielzeit 1956/57 eröffnen zu können. Die Grundsteinlegung für den Nationaltheaterbau wollte man am 18. Juni 1954 auf dem *Goetheplatz* vornehmen, womit das Vorhaben im Rahmen der Feierlichkeiten zum 175jährigen Bestehen des traditionsreichen Theaters begangen werden sollte (vgl. auch *Chronologie* und Abbildung S. 559).

Die neue Fassung des Entwurfs durch Weber (*Projekt B*) zeigte eine verbesserte gemeinsame Eingangslösung und die Anordnung eines Foyers im Bühnengeschoß hinter den Zuschauerräumen. Die bisherige Eingangshalle und die seitlichen Vorräume wurden zu einem großen Raum zusammengefaßt, der die Funktion einer Wandelhalle übernehmen sollte. Dadurch ergaben sich erhebliche Vorteile für die Anordnung von Seiten- und Hinterbühnen. Bei der Gestaltung des Zuschauerraumes des *Großen Hauses* entfiel nun die mehrgeschossige Ranganordnung. Über der breiten Regiezone im rückwärtigen Teil wurde ein Rang vorgesehen, der sich an den Seiten in abgetreppter Form fortsetzte. Im Zuschauerraum des *Kleinen Hauses* entfiel die Rangempore, so daß man ein steil ansteigendes Parkett anordnen konnte. Durch diese differenzierte Gestaltung der beiden Häuser erreichte man eine bessere Abstimmung auf die Erfordernisse der Oper und des großen Schauspiels, bzw. der Komödie oder des modernen Stückes. Hinter den beiden Zuschauerräumen verblieb ein Foyer, das nun an den Stirnseiten des Gebäudes balkonartig vorkragte. Mit diesen Änderungen hatte das neue Haus eine optimale Aufteilung erfahren, seine äußere Gestalt änderte sich dadurch jedoch nicht wesentlich.

Allerdings zeigte sich bei der Planung, daß durch die geforderten Verbesserungen eine Erhöhung des Bauvolumens eingetreten war, die den neu gesteckten Kostenrahmen wesentlich überschreiten würde (9,2 Millionen DM ohne Bühneneinrichtung). So war zu entscheiden, ob man das Projekt wie geplant ausführen, das Schauspielhaus eventuell erst später anbauen oder – nach dem Vorschlag des Intendanten Dr. Hans Schüler – unter wesentlichen Einschränkungen weiterführen sollte. Dabei war an den Wegfall der Probebühne und des Bühnenturms des *Kleinen Hauses* gedacht. Für diesen Teil entwickelte man in Zusammenarbeit mit Hans Schüler und dem Schweizer Theaterarchitekten Ernst Friedrich Burckhardt ein neues Konzept, das viele Wandlungsmöglichkeiten der Inszenierung gestattete. Dieses sah die Einrichtung eines intimen Theaters mit variabler Podiumsbühne vor, wie es bereits im *Mozartsaal* des *Rosengartens* – dem *Stamitzsaal* vor seinem Umbau 1996 – bestand. Trotz der Einfachheit in der Ausstattung wollte man mit der Veränderbarkeit der Spielfläche einerseits und der notwendigen Improvisation andererseits die Voraussetzungen für überdurchschnittliche Aufführungen schaffen.

Neben geringen Änderungen (*Projekt C*) im Eingangsbereich und der Wandelhalle wurde das *Kleine Haus* als Experimentiertheater umgestaltet. Erfahrungen aus den Spielzeiten in der *Schauburg* und im *Rosengarten* führten schließlich zur Ausführung eines variablen Raumtheaters, in dem sowohl das Spiel auf der Guckkastenbühne als auch die Vorführung ohne Proszeniumsrahmen mit der Podiums- oder Arenabühne möglich war (vgl. auch Abbildung S. 488). Durch flexible Einrichtungen konnte für jedes Stück eine entsprechende Raumaufteilung vorgesehen werden. Der Bühnenturm und die aufwendige Maschinerie waren somit nicht mehr nötig, sie konnten durch einfachere technische Mittel ersetzt werden. Trotz dieser Sparmaßnahmen belief sich die endgültige Bausumme auf annähernd achtzehn Millionen DM.

Die kritische Situation bei der Finanzierung des Theaters hatte dazu geführt, daß Gerhard Weber unter Fortführung der Ideen der zwanziger Jahre von einer Raumbühne und der Vorstellung Walter Gropius' von einem *Totaltheater* eine neue Form der Spielbühne entwickelte. In dieser Konzeption wurde dann das Theatergebäude in den Jahren 1955 bis 1957 ausgeführt. In Erinnerung an die

Das neue Nationaltheater auf dem Goetheplatz, *erbaut nach Plänen von Gerhard Weber, kurz vor der Fertigstellung. Foto: Adolf Falk. RMM, Thslg.*

letzte Vorstellung vor der Zerstörung des alten Hauses in B 3 wurde das neue Theater am *Goetheplatz* mit den Aufführungen von Carl Maria von Webers *Der Freischütz* und Friedrich Schillers *Die Räuber* am 13. Januar 1957 eröffnet und damit die große Tradition des Nationaltheaters fortgesetzt.

Das neue Theatergebäude und seine Besonderheiten

Der Mannheimer Theaterbau weist einige bemerkenswerte Besonderheiten auf, die ihn vor anderen auszeichnen. Die Errichtung auf dem *Goetheplatz* machte grundsätzlich die Einbeziehung des vorhandenen Luftschutzbunkers notwendig. Da seine Oberkante ca. 0,80 m über dem Platzniveau lag, mußte die Bühnenebene – das Bühnenhaus und der Zuschauerraum – auf einer Höhe von + 4,70 m vorgesehen werden, um die Untermaschinerie unterbringen zu können. Der tiefer angeordnete Orchestergraben liegt außerhalb dieses Bereiches und fixiert damit die Ostwestlage des Gebäudes. Durch dieses Niveau bedingt, konnte das Erdgeschoß als gemeinsame Wandelhalle mit vorgeschaltetem Kassenteil im Süden ausgeführt werden. Die Großzügigkeit des Platzes sollte mit der Fortführung des Plattenbelages in den Theaterbereich und der Transparenz des unteren Geschosses optisch erhalten bleiben.

Die Hinleitung des Publikums zu den Zuschauerräumen wurde durch die Anordnung der beiden Häuser mit dem gemeinsamen Eingang optimal gelöst. Hervorzuheben ist neben dem Zusammenschluß zweier Theater in einem Bauwerk die erstmals realisierte Gegeneinanderstellung der beiden Bühnenhäuser, kombiniert mit einer dazwischen liegenden Transportzone, in der man Dekorationen für mehrere Aufführungen lagern konnte. Die zweckmäßige Lage der Künstlergarderoben und Nebenräume bildete die Grundlage für einen rationellen Bühnenbetrieb. Ebenso sinnvoll war die Ausnutzung der Räume unter dem Parkett der Häuser für Probenräume (Ballett, Orchester) oder für Magazine.

Eine weitere Besonderheit stellt die speziell auf die unterschiedlich darzustellenden Werke ausgerichtete Gestaltung der Zuschauerräume und Bühnen dar. Statt der anfangs geplanten Ausführung von zwei nahezu gleichartigen Häusern unterschiedlicher Größe entstand die differenzierte Gestalt der beiden Theater. Das neue Konzept mit der Wandelbarkeit des *Kleinen Hauses* bedeutete einen neuen Abschnitt in der Entwicklung des Theaterbaus. Diese Lösung sollte für die Gestaltung von Schauspielbühnen richtungweisend werden. Auch der bei der grundlegenden Sanierung des Theaters in den Jahren 1992 bis 1994 erfolgte Einbau eines Bühnenturms mit moderner Technik änderte grundsätzlich nichts an der Idee des variablen Experimentiertheaters. Ebenso ist bereits in der äußeren Form der vollzogene Zusammenschluß der beiden Häuser durch den trapezförmigen Kubus nachhaltig ausgedrückt. Das durch die Konstruktion besonders gegliederte Gebäude fügt sich in seiner neutralen Form gut in die vorhandene umgebende Bebauung des Platzes ein. Mit seiner betonten Sachlichkeit stellt es die moderne Stätte der Kunst in der Baugesinnung der fünfziger Jahre auf vorbildliche Art dar.

Benutzte Quellen und Literatur

Beierbach 1994 – Burckhardt – Gilles 1970 – Grebner 1957 – Harting 1950 – Henning 1953 – Huth 1982 – König 1954/55 – Linde 1953 – Rieger 1824 – Schüler 1956 – Schulz 1959 – Schweizer 1955 – Stahl 1929 – Trumpfheller 1957 – Walter 1907 – Weber 1953a und b – Weber 1954 – Weber 1955.

Der Weg zum subventionierten Theater

Die Finanzierung des Nationaltheaters im 19. und frühen 20. Jahrhundert

Konrad Dussel

Kunst kostet Geld, und das Theater bildet keine Ausnahme von dieser Regel. Nun wäre dies an sich kein besonderes Problem, wenn das Geld immer ausreichend vorhanden wäre. Es ist aber fast schon ein Gemeinplatz, daß es gerade beim Theater in beachtlichem Ausmaß durch Zuschüsse aufgebracht werden muß, weil die direkten Einnahmen nicht ausreichen. Viele Gedanken macht man sich über diesen grundsätzlichen Sachverhalt kaum, da es schon immer so gewesen zu sein scheint. Mäzene hatten einzuspringen, wenn die Ausgaben die Einnahmen überstiegen – das war die Regel, nicht die Ausnahme. Die daraus entwickelte Argumentation ist einfach genug: In alten Zeiten waren es die Fürsten, die die notwendigen Zahlungen leisteten, in der Gegenwart ist es die öffentliche Hand, sind es vor allem die Kommunen. Damit ist nichts prinzipiell Falsches gesagt. Doch gab es ja möglicherweise Unterschiede in der Höhe der Zuschußleistungen, vielleicht waren diese Unterschiede nicht unbeträchtlich, und am Ende könnten sie sich in allgemeine Entwicklungslinien einfügen, die kulturgeschichtlich interpretierbar sind: Grund genug, von der Gegenwart und ihren Problemen etwas Abstand zu halten und einen längeren Zeitraum zu überblicken.

Das Nationaltheater und seine Gesamtkosten im 19. Jahrhundert

Das Mannheimer Nationaltheater drängt sich für eine solche Betrachtung geradezu auf: Als erste deutsche Stadt entschloß sich Mannheim bereits 1839, den Zuschußbedarf des Hof- und Nationaltheaters selbst zu sichern. Mit dieser kühnen Entscheidung stand die Stadt jahrzehntelang allein und fand auch später nur zögernd Nachfolge bei den Kommunen. Entsprechend groß war der Legitimationsbedarf – nicht zuletzt in finanzieller Hinsicht. Statistisches Material steht deshalb in Hülle und Fülle zur Verfügung.

Die Weimarer Republik erweist sich in dieser Perspektive sehr schnell als Schlüsselepoche für die Geschichte der Theaterfinanzierung. Damals wie heute war von einer »Theaterkrise« die Rede, die ohne ökonomischen Hintergrund nicht zu analysieren, allerdings auch nicht darauf zu beschränken ist.[1] Pauschalargumente taugen in diesem Zusammenhang wenig. Nie geht es um alles oder nichts, immer nur um mehr oder weniger – Kunst wie Geld. Dies gilt auch für Mannheim. Und weil die Ergebnisse einer ganzen Reihe zeitgenössischer umfassender statistischer Erhebungen zur Situation der seit den zwanziger Jahren beträchtlichen Zahl kommunaler Theater im Deutschen Reich vorliegen, ist es möglich, die allgemeine Aussagekraft der Mannheimer Ergebnisse einigermaßen zu bestimmen.

Schon in Zeiten, in denen die Fürsten kaum öffentlich Rechenschaft darüber abzulegen hatten, wofür sie ihr Geld auszugeben beliebten, hatten

[1] Aufgrund konsequenter Ausblendung der ökonomischen Dimension im allgemeinen nur beschränkt zu nutzen: Schmidt/Weber 1995.

die Theater mit Finanzierungsproblemen zu kämpfen, und die Mannheimer Hofbühne ganz besonders. Denn seit 1778 gab es in Mannheim keinen Hof mehr: Kurfürst Carl Theodor hatte sein bayerisches Erbe angetreten und pflichtgemäß die Residenz nach München verlegt. Für das Mannheimer Theater blieben als Wiedergutmachung zunächst nur bescheidene Zuschüsse, denn das meiste wurde für die Bühne in München verbraucht. Immerhin zeigte sich die Bedeutung des legendären ersten Intendanten Wolfgang Heribert von Dalberg auch in ökonomischer Hinsicht: In jahrzehntelangem Kampf gelang es ihm, die fürstlichen Zuwendungen von anfänglich 5000 Gulden im Jahr auf 15 000 Gulden für das Theater und etwa noch einmal soviel für das Orchester erhöht zu erhalten. Wie entscheidend diese Zuschüsse für die Existenz des Nationaltheaters waren, zeigt der Befund, daß im Jahr 1790 insgesamt 37 000 Gulden Ausgaben weniger als 12 000 Gulden direkte Einnahmen gegenüberstanden (vgl. Daniel 1995, S. 191).

Die finanzielle Krise, in die das Mannheimer Theater während der Wirren der Jahre 1794 bis 1803 infolge der Revolutionskriege geraten war, wurde zunächst dadurch gelöst, daß der Staat Baden als neuer Hausherr die aufgelaufene Schuld von 48 000 Gulden als Teil der badischen Staatsschuld akzeptierte. Es dauerte jedoch Jahrzehnte, bis der Unterhalt der Bühne dauerhaft gewährleistet war – das heißt, bis eindeutig geregelt war, wer die finanziellen Lasten des laufenden Betriebs zu tragen hatte. Eine neue Epoche begründete in dieser Hinsicht der Entschluß des Mannheimer Gemeinderats vom 16. April 1839, fortan die alleinige Verantwortung für alle Schulden und Kosten des Theaters zu übernehmen (vgl. auch *Chronologie*). Im Besitz des badischen Staats verblieben das Gebäude und einige Aufsichtsrechte, vom Unterhalt war er dagegen weitgehend entbunden. Jahrzehntelang konnte er sich nun auf einen jährlichen Zuschuß von 8000 Gulden beschränken, während sich die Stadt zunächst auf 25 500 Gulden festlegte (vgl. Zimmermann 1992, S. 73–94).

Diese Konstruktion war ausreichend, in den vierziger Jahren den Theaterbetrieb zu gewährleisten. Zwar betrugen die Ausgaben mittlerweile 95 000 bis 100 000 Gulden im Jahr, doch konnte die Bühne in der ersten Hälfte des 19. Jahrhunderts weit höhere Betriebseinnahmen verzeichnen als zu Zeiten Dalbergs. Eine Selbstfinanzierungsquote von 45 Prozent im Jahr 1827 war ein Tiefpunkt, ansonsten bewegten sich die Werte durchweg zwischen sechzig und siebzig Prozent (vgl. Zimmermann 1992, S. 78, und Rückblick 1890, Tabelle IIIa).

Einer harten Belastungsprobe war die Theaterliebe der Mannheimer jedoch ausgesetzt, als Ende der 1840er Jahre eine grundlegende Sanierung und Erweiterung des alten Gebäudes unumgänglich wurde. 1847/48 war man noch von Gesamtkosten in Höhe von 80 000 Gulden ausgegangen, von denen der badische Großherzog 68 000 Gulden übernehmen wollte. Die Revolution 1848/49 verhinderte die sofortige Ausführung des Projekts, und als man dem Vorhaben wieder nähertrat, ergaben die Planungen einen Finanzbedarf von 150 000 Gulden, an denen sich der badische Staat nur noch mit 50 000 Gulden beteiligen wollte. Am 4. März 1853 stimmten die Gremien der Stadt auf der Grundlage dieser Kalkulation dem Umbau zu. Die Arbeiten wurden zwar zügig bewältigt, so daß die neue Bühne bereits am 11. Februar 1855 wieder bespielt werden konnte (vgl. auch *Chronologie*), doch die Kosten waren mittlerweile explodiert: Verschiedenes hatte man besser ausführen wollen, anderes war erst während des Umbaus als notwendig hinzugekommen, Löhne und Materialpreise waren gestiegen. Letztlich betrugen die Gesamtkosten 294 282 Gulden – fast das Doppelte des Veranschlagten (vgl. Walter 1907/2, S. 434–436).

Ihr volles Gewicht erhält diese Zahl erst durch den vergleichenden Blick auf andere Projekte der Stadt zu dieser Zeit. Im Jahr 1851 hatte man sich dazu entschlossen, die städtische Beleuchtung auf Gas umzustellen. Die Stadt erbaute eine Gasanstalt, der Betrieb wurde dagegen an die *Badische Gesellschaft für Gasbeleuchtung* verpachtet. Die Baukosten betrugen 200 000 Gulden. Gleichzeitig war man darangegangen, das städtische Krankenhaus zwischen 1851 und 1858 in drei Abschnitten zu erweitern, so daß es am Ende über 336 Betten verfügte. Insgesamt fielen dabei Kosten von 98 000 Gulden an (vgl. Walter 1907/2, S. 438–440 und Krauß 1993, S. 116–117).

Es überrascht deshalb nicht, daß der Theaterumbau in der Stadt umstritten war. Schließlich wurden seine Kosten, das heißt die jährlich notwendigen Mittel für Verzinsung und Tilgung der erforderlichen Anleihe, in einer für alle (und nicht nur die potentiellen Theatergänger) spürbaren Weise finanziert: durch Erhöhung der Bier- und Weinbesteuerung. Der sogenannte Bieroktroi wurde von drei auf zehn Kreuzer pro Ohm (= 100 Maß, etwa 150 Liter) angehoben (vgl. Walter 1907/2, S. 436).

Bis Ende der 1850er Jahre gelang es jedoch, die außerordentlichen Defizite des Nationaltheaters wieder zu begrenzen. Seit Anfang der sechziger Jahre war es sogar fast durchweg möglich, kleine Überschüsse zu erzielen – natürlich ohne daß deshalb daran zu denken gewesen wäre, auf die fest bewilligten Zuschüsse zu verzichten. Die Spielzeit 1872/73 war zumindest rechnungsmäßig ein Glanzpunkt. Die noch immer 33 500 Gulden betragenden Staats- und Stadtzuschüsse bildeten gerade noch 17,5 Prozent der Einnahmen.

Die tatsächliche Eigenfinanzierungsquote war sogar noch höher als die daraus zu folgernden 82,5 Prozent: Sie lag bei 85 Prozent, weil mehr als 5000 Gulden Überschuß erwirtschaftet worden waren, die in den Reservefond (vgl. auch die *Chronologie*) eingezahlt wurden (Rückblick 1890, Tabelle IIb).

Mit dem folgenden Jahr begann sich das Blatt langfristig zu wenden. Es gab kleine Defizite, die *ad hoc* durch die Stadtkasse gedeckt werden mußten. Seit 1876/77 wurden dann regelmäßig außerordentliche Zuschüsse der Stadtkasse im voraus bewilligt – 1876/77 waren es noch 26 000 Mark, 1888/89 schon 78 000 Mark. Die Eigenfinanzierungsquote sank entsprechend. Für die Zeitgenossen, die die Abschlüsse der 1860er Jahre vor Augen hatten, als sich das Theater zu über achtzig Prozent selbst finanzierte, mußten siebzig Prozent ein schlechtes Ergebnis sein.

Die finanzielle Situation des Mannheimer Theaters im Kaiserreich kann ein Blick auf den Jahresabschluß 1883/84 illustrieren:

Tabelle 1. Eckwerte des Mannheimer Theaterhaushalts 1883/84

Ausgaben:		Einnahmen:	
Personalkosten	308 046	Betriebseinnahmen:	282 273
Sachkosten	89 533	Zuschüsse:	121 428
Summe Ausgaben	397 579		403 701

(Alle Angaben in Mark; vgl. Rückblick 1890, Tabelle IIb)

Um den Wert von siebzig Prozent bewegte sich die Eigenfinanzierungsquote des Nationaltheaters auch in den nächsten Jahren und Jahrzehnten: tendenziell vor der Jahrhundertwende leicht darunter, danach mehr oder minder deutlich darüber. 1906/07 konnten 74,7 Prozent der Ausgaben durch eigene Einnahmen gedeckt werden, 1909/10 waren es sogar 78,4 Prozent (errechnet nach Stahl 1929, Tabellenanhang).

Deutliche Abstriche müßten jedoch gemacht werden, wenn in die Rechnung auch der außerordentliche Bauaufwand miteinbezogen würde. In den Jahren 1892 bis 1894 mußte die Stadtgemeinde fast 200 000 Mark für Umbauten investieren, 1900 bis 1902 war es noch einmal mehr als eine halbe Million Mark. Für die Spielzeit 1901/02 leistete sich Mannheim deshalb neben einem Zuschuß aus ordentlichen Mitteln von 205 348 Mark noch außerordentliche Ausgaben in Höhe von 224 490 Mark (vgl. Stahl 1929, Tabellenanhang, und Walter 1907/3, S. 596–597).

Der Zuschußbedarf während der Weimarer Republik

Im Kaiserreich bildeten Städte mit kommunalem Theaterbetrieb die absolute Ausnahme. Zu Mannheim war im 19. Jahrhundert allein Freiburg 1868 hinzugekommen. Viele andere Städte besaßen zwar ein eigenes Theatergebäude und waren bereit, an die Pächter mehr oder minder hohe Zuschüsse zu zahlen, doch vor der Übernahme der letzten finanziellen Verantwortung schreckten sie zurück. In großem Stil wandelte sich dies erst während der Weimarer Republik. 1919 betrieben 24, vier Jahre später, 1923, bereits fünfzig Städte ein eigenes Theater (vgl. Jahrbuch 1902, S. 230–254 und Lenk 1933, S. 37–40). Für die deutsche Theaterkultur bedeutete dies einen epochalen Einschnitt, der in der Forschung auch entsprechend breit dargestellt wurde (vgl. Boetzkes/Queck 1977, S. 687–715 oder Schmidt/Weber 1995). Eng damit verbunden war eine andere Veränderung, die bislang überhaupt nicht beachtet worden ist: Die Relation zwischen Betriebseinnahmen und Zuschüssen wurde in den zwanziger Jahren geradezu auf den Kopf gestellt – zumindest in Mannheim, wo es ja eine entsprechende kommunale Geschichte des Theaters gibt, die Vergleichswerte liefern kann. Die folgende Tabelle verdeutlicht die langfristige Entwicklung.

Tabelle 2. Betriebseinnahmen und Zuschüsse im Mannheimer Theaterhaushalt I

	Einnahmen (M/RM)	Betriebseinnahmen (%)	Zuschüsse (%)
1883/84	403 701	71,0	29,0
1929/30	3 038 000	39,8	60,2
1936	2 196 000	32,5	67,5

(Die Daten für 1929/30 und 1936 sind dem Jahrbuch 1931, S. 303 und dem Jahrbuch 1938, S. 168 zu entnehmen.)

Die Leistungen der Stadt Mannheim erweisen sich dabei im Vergleich letztlich noch nicht einmal als besonders auffällig. Bei den Städten ähnlicher Größenordnung betrug die Zuschußquote 1929/30 durchschnittlich 57,4 Prozent, 1936 ca. 66 Prozent (siehe Jahrbuch 1931, S. 287 und Jahrbuch 1938, S. 159).

Der zeitliche Abstand zwischen 1883/84 und 1929/30 ist allerdings zu groß, um den Umschwung in der Theaterfinanzierung näher datieren und darauf aufbauend Vermutungen über seine Ursachen äußern zu können. Verschiedene Einschnitte sind denkbar, allen voran die Alternativen »Systemwechsel 1918/19« und »Weltwirtschaftskrise 1929«. Die folgende Tabelle vermag einige Klarheit zu schaffen:

Tabelle 3. Betriebseinnahmen und Zuschüsse im Mannheimer Theaterhaushalt II

	Einnahmen (M)	Betriebseinnahmen (%)	Zuschüsse (%)
1899/00	637 676	70,4	29,6
1924/25	2 118 126	72,6	27,4
1925/26	2 405 169	55,4	44,6
1926/27	2 382 550	56,6	43,4
1927/28	2 508 913	45,7	54,3

(Siehe Stahl 1929, Tabellenanhang)

Mit aller wünschenswerten Deutlichkeit vermögen diese Angaben die beiden naheliegendsten Vermutungen zu widerlegen: Es war nicht der »Systemwechsel 1918/19«, der die Finanzierung des Mannheimer Theaters grundlegend beeinflußte, denn noch 1924/25 konnte die Eigenfinanzierungsquote an die Vorkriegswerte anknüpfen (die Zahlen für die Spielzeit 1919/20 bis 1923/24 fehlen; wahrscheinlich wären sie aber auch aufgrund der Inflationsjahre kaum aussagekräftig). Und es war auch nicht erst die Weltwirtschaftskrise, die das Theater in vorher nie erlebtem Ausmaß auf die Unterstützung der Kommune angewiesen sein ließ, denn der Umschwung setzte bereits Jahre zuvor ein: Für Mannheim läßt sich der Umbruch in der Theaterfinanzierung auf die Jahre 1925 bis 1929 datieren.

Spezifische Mannheimer Verhältnisse sind dabei kaum ins Feld zu führen, wie der Blick auf die allgemeine Entwicklung zeigt. Schon aus der Perspektive der dreißiger Jahre konnte eine »überaus starke Aufwärtsentwicklung der Zuschüsse von 1925 bis 1929/30« festgestellt werden (Herterich 1937, S. 158). Leider diente dabei als Bezugszahl nur die Spielzeit 1925/26. Die Zuschüsse für 68 Stadttheater entwickelten sich danach indexiert folgendermaßen (nach Herterich 1937, S. 164):

1925/26	1926/27	1927/28	1928/29	1929/30	1930/31
100	132,7	128,1	132,9	128,9	123,2

Und selbst wenn man jede Bühne für sich betrachtet, um allzugroßen Nivellierungstendenzen zu begegnen, bleibt der Befund, daß nur zwölf Bühnen 1930/31 die jeweils höchsten Zuschüsse bezogen, immerhin 22 waren es schon 1925/26 bis 1927/28 und 34 1928/29 sowie 1929/30. Mannheim lag bei dieser Betrachtung – nach dem Bisherigen wenig verwunderlich – in der Spitzengruppe (vgl. Herterich 1937, S. 164 und S. 295–296).

Aber was war in jenen Jahren geschehen? Zwei Fragenkomplexe sind dabei – zunächst einmal getrennt voneinander – zu untersuchen: die Entwicklung der Betriebseinnahmen sowie die der Ausgabenstruktur. In beiden Fällen soll jedoch auch der Blick auf die Verhältnisse des 19. Jahrhunderts nicht zu kurz kommen, um langfristigere Tendenzen nicht von vornherein auszublenden.

Die Ausgaben des Nationaltheaters

Punktuelle Betrachtungen kommen leicht zu völlig verzerrten Ergebnissen. Dies ist am Beispiel der Gagenentwicklung zu zeigen, die besonders gern zur Demonstration von Theatermißwirtschaft herangezogen wird.

Während die Personalkosten des Nationaltheaters von 1924/25 auf 1925/26 um 12,6 Prozent zunahmen, wuchs der Ausgabenposten für das solistische Personal in Oper und Schauspiel um 24,5 Prozent! Die Ausgaben für das Orchester folgten dem mit etwas Verzögerung, im Endeffekt aber in fast derselben Höhe. Von 1924/25 bis 1927/28 erhielten die Solisten insgesamt 27,4 Prozent mehr Gage, das Orchester 24,1 Prozent (bei weitgehend gleichem Personalstand). In der gleichen Zeit wurden beim Chor die Ausgaben um 3,5 Prozent reduziert.

Die Auffälligkeiten verschwinden jedoch völlig, ja, tauchen am Ende an ganz anderen Stellen auf, wenn die Perspektive geweitet wird. Dazu genügt es, die wichtigsten Ausgabenposten für die Spielzeiten 1896/97 und 1926/27 in ihrem relativen Gewicht miteinander zu vergleichen.

Als wichtigstes Ergebnis ist wohl hervorzuheben, daß die zentralen Parameter über drei Jahrzehnte hinweg keine Veränderung erlebten: Sowohl die Relation zwischen Personal- und Sachaufwand wie das Verhältnis von Ausgaben für künstlerisches und sonstiges Personal blieben konstant.

Tabelle 4. Die Ausgabenstruktur des Nationaltheaters 1896/97 und 1926/27

	1896/97 (%)	1926/27 (%)
Ausgaben insgesamt	100	100
Davon: Sach- und Bauaufwand	15	17
Personalaufwand	85	83
Personalaufwand	100	100
Davon: künstlerisches Personal[2]	63,5	63
sonstige Personalausgaben	26,5	27
Künstlerisches Personal	100	100
Davon: Solisten	56	46,5
Chorsänger	15,5	13,5
Orchestermusiker	28,5	40,0
Sonstige Personalausgaben	100	100
Davon: Technik und Verwaltung	52,5	72
Sonstige	47,5	28

(vgl. Stahl 1929, Tabellenanhang)

Bei den Ausgaben für das künstlerische Personal sind die Tendenzen recht eindeutig. Als Gesamtgewinner sind die Orchestermusiker zu betrachten, die ihren Anteil zu Lasten der Chorsänger und der Solisten erheblich steigern konnten.

Aufschlußreich ist es, in diesem Zusammenhang die Linie weiter in die Vergangenheit zu verlängern. Für das Jahr 1837 ist eine detaillierte Gagenliste überliefert.[3] Ihr ist zu entnehmen, daß das 42köpfige Orchester 31 Prozent der Ausgaben für das künstlerische Personal erhielt, während sich der 25köpfige Chor mit 11,5 Prozent begnügen mußte. Die zehn Sänger und Sängerinnen erhielten 25,5 Prozent, die 15 Schauspieler und Schauspielerinnen 32 Prozent. Faßt man die Werte für die Solisten zusammen und stellt sie Chor und Orchesteranteilen gegenüber, ergibt sich folgende Entwicklung über fast ein Jahrhundert:

Tabelle 5. Ausgaben für das künstlerische Personal

	1837 (%)	1896/97 (%)	1926/27 (%)
Solisten	57,5	56,0	46,5
Orchester	31,0	28,5	40,0
Chor	11,5	15,5	13,5
Summe	100,0	100,0	100,0

Die Entwicklung der Betriebseinnahmen

Ohne Zweifel hatten die Ausgaben des Nationaltheaters in den zwanziger Jahren enorme Zuwachsraten. Von 1924/25 bis 1927/28 wuchsen sie um 18,5 Prozent. Doch fällt es nicht schwer, im Kaiserreich Zeiten zu finden, in denen noch weitaus höhere Zuwächse zu verzeichnen sind: Von 1901/02 bis 1904/05 beispielsweise wuchsen die Ausgaben um 39 Prozent (ohne daß dabei der außerordentliche Bauaufwand mit einbegriffen wäre).

Der zentrale Unterschied liegt auf der Seite der Einnahmenentwicklung: Anfang des Jahrhunderts gelang es, die Betriebseinnahmen in vier Jahren um genau ein Drittel zu steigern, so daß sich das Wachstum des Zuschußbedarfs in engen Grenzen hielt. Mitte der zwanziger Jahre war dagegen ein gleichzeitiger Einnahmenrückgang von genau einem Viertel zu verkraften. Und dieser Einnahmenrückgang kam 1925/26 gänzlich unerwartet, wie der Vergleich der Voranschläge mit den jeweiligen Rechnungsergebnissen zeigt.

Tabelle 6. Veranschlagte und notwendige Betriebszuschüsse in Mannheim[4]

	Voranschlag (RM)	Rechnungsergebnis (RM)	Überschreitung (%)
1925/26	621 000	1 300 092	109,4
1926/27	803 750	1 448 921	80,3
1927/28	1 535 000	1 866 319	21,6
1928/29	1 531 600	1 836 332	19,9
1929/30	1 623 200	1 666 213	2,0
1930/31	1 596 000	1 609 991	0,9

Die Betriebseinnahmen können grundsätzlich auf vier Rubriken verteilt werden: Abonnements, Tageskarten, Geschlossene Vorstellungen und alles Übrige. In der zweiten Hälfte der zwanziger Jahre war die »alles Übrige«-Kategorie nahezu bedeutungslos. Ihr Anteil bewegte sich in einer Größenordnung von ein bis zwei Prozent. Die Verände-

[2] Umfaßt die Gagen für Solisten, Choristen und Orchestermusiker.

[3] Am Ende des Theaterzettelbandes 1837, »Grüne Reihe« Reiss-Museum Mannheim, Theatersammlung.

[4] Herterich 1937, S. 292–293 auf der Grundlage der »fortlaufenden Erhebungen des Verbands der Deutschen Gemeinnützigen Theater«. Eine Überprüfung der Werte für 1926/27 anhand des Ausgangsetats ergab jedoch sogar eine Überschreitung von 177 Prozent (siehe Anm. 34).

rungen der drei anderen Größen präsentiert die folgende Tabelle, wobei zum Vergleich die Entwicklung der Jahre 1901/02 bis 1904/05 aufgenommen wurde.

Tabelle 7. Betriebseinnahmen des Nationaltheaters 1901/05 und 1924/25–1927/28

	Abonnements	Tageskarten	Geschl. Vorstellung.
1901/02	253025 M	210382 M	–
1901/02	100	100	–
1904/05	124,7	145	–
1924/25	745160 RM	446046 RM	302452 RM
1924/25	100 %	100 %	100 %
1925/26	88,9 %	99,2 %	62,1 %
1926/27	83,7 %	100,7 %	55,4 %
1927/28	76,1 %	90,4 %	42,9 %

(Vgl. Stahl 1929, Tabellenanhang)

In der zweiten Hälfte der zwanziger Jahre, von 1924/25 bis 1927/28, sanken die Einnahmen des Nationaltheaters aus seinen Vorstellungen um rund ein Viertel. Die genauere Aufschlüsselung zeigt, daß dies vor allem auf zwei Sachverhalte zurückzuführen ist: Während der Tageskartenverkauf nur wenig zurückging, erfolgte ein regelrechter Einbruch bei den Dauerkunden, den Abonnenten und vor allem den Abnehmern geschlossener Vorstellungen.

Die Statistiken über den Vorstellungsbesuch zeigen das gesamte Ausmaß: Stellt man die zurückgegangene Aufführungszahl in Rechnung, bleibt ein Besucherschwund von rund zwanzig Prozent in fünf Jahren, in denen sich die wirtschaftliche Gesamtsituation eher verbesserte als verschlechterte.

Tabelle 8. Vorstellungsbesuch 1922/23 und 1927/28[5]

	1922/23	1927/28	Verhältnis zu 1922/23 (%)
Gesamtbesuch	567 293	375 253	66
Vorstellungszahl	498	422	85
Durchschnittsbesuch	1 139	889	79

[5] Jahresbericht 1922/23 und 1927/28 (beide Reiss-Museum, Theatersammlung). Für die dazwischenliegenden Spielzeiten liegen keine Jahresberichte vor.

Was war geschehen?

Statt Unterhaltung nur noch Kunst?

Die Einnahmerückgänge bei dem Verkauf von Abonnements und geschlossenen Vorstellungen allein auf wirtschaftliche Faktoren zurückzuführen, geht nicht an. Die Weltwirtschaftskrise stand noch bevor, und 1925/26 oder 1926/27 war die allgemeine Lage kaum schlechter als 1924/25. Anderes mußte hinzukommen, Inhaltliches. Eine These bietet sich an, die erst jüngst als provokativer Ausblick nach einer umfangreichen Studie zum Theater des 19. Jahrhunderts aufgestellt wurde: Mit dem »Übergang der Theater in kommunale Finanzierung« habe sich in den zwanziger Jahren eine gewichtige inhaltliche Veränderung vollzogen, behauptet die Siegener Historikerin Ute Daniel. »Statt wie bisher ›Massen-Kunst par excellence‹ für ein möglichst breites Publikum boten die Theater einem sich immer ausschließlicher aus wohlhabenderen Kreisen der Bevölkerung rekrutierenden Publikum mit bildungsbürgerlichen und avantgardistischen Ambitionen eine sich bewußt von jedem Unterhaltungsbedürfnis und schließlich vom Publikum selbst abgrenzende Bühnenkunst« (Daniel 1995, S. 464).

Diese These antwortet direkt auf die Frage nach den Ursachen des Publikumsrückgangs, der ja auch in Mannheim unübersehbar ist. Ihre Globalität erzwingt jedoch Eingrenzungen, wenn sie an konkreter Praxis überprüft werden soll. An zwei große Merkmale für die ›gewichtigen inhaltlichen Veränderungen‹ ist zu denken: zum einen an die Programmauswahl im allgemeinen und zum anderen an die Programmpräsentation als Gesamtheit von Regie, Ausstattung und Darstellung im besonderen. Im vorliegenden Rahmen kann lediglich ein kurzer Blick auf die Veränderungen hinsichtlich der Programmauswahl geworfen werden.

Die Mannheimer Situation in der zweiten Hälfte der zwanziger Jahre ist eng mit dem Namen des damaligen Intendanten verbunden, Francesco Sioli. Sein Amt trat er am 17. März 1924, also während der laufenden Spielzeit 1923/24, an. 1929 konnte es zu folgender Charakterisierung der daran anschließenden Jahre kommen: »Seine bisherige Mannheimer Tätigkeit zeichnet sich markant aus [...] durch die Tendenz zur Verjüngung – vor allem des Spielplans, weiterhin auch des Personals. Im Repertoir [sic!] des Schauspiels ist am Mannheimer Nationaltheater selten zu einer anderen Periode die Zeitdichtung so ausgiebig und so beherzt gepflegt worden wie unter Sioli« (Stahl 1929, S. 373). Nimmt man hinzu, daß Ernst Leopold Stahl, immerhin langjähriger Schauspielkritiker bei der lokalen *Neuen Badischen Landeszeitung*, über die von Siolis Vorgänger Adolf Kraetzer gestaltete Spielzeit 1922/23 befand: »Man beklagte auch in diesem Jahre mit Recht den Mangel an einer intensiveren Beschäftigung mit der heutigen Generation [...]. Daß es dieses Jahr um die Anerkannten (Ibsen, Tolstoi, Gerhart Hauptmann, Shaw) besser stand als um die Strebenden, war ein geringer Trost« (Stahl 1929, S. 370) – könnte man markante Veränderungen erwarten.

Um es vorwegzunehmen: Die Veränderungen fallen weniger deutlich aus, als es die zitierten Charakterisierungen nahelegen, wenn man als Vergleichsbasis die offiziellen Jahresberichte des Nationaltheaters für die Spielzeiten 1922/23 und 1927/28 wählt; aber sie sind trotzdem unübersehbar.

Die wichtigsten Werte sind in der folgenden Tabelle zusammengestellt:

Tabelle 9. Mannheimer Spielplanstrukturen 1922/23 und 1927/28

	1922/23	1927/28
Aufführungen insgesamt	498	423
Davon Musiktheater	202	215
Musiktheater	100 %	100 %
Oper	70 %	80 %
Operette	30 %	20 %
Davon Schauspiel	277	208
Schauspiel	100 %	100 %
Klassiker	30 %	29 %
Heitere Gebrauchsdramatik	40 %	33 %
Ambitionierte zeitgenössische Dramatik	30 %	38 %

Es lassen sich einige Tendenzen feststellen, die sich zu einem Gesamtbefund fügen:

1. Trotz Reduktion der Aufführungszahl insgesamt wurde das Musiktheater relativ und absolut ausgebaut. Sein Anteil wuchs von vierzig auf 51 Prozent.

2. Gleichzeitig wurden die Gewichte innerhalb des Musiktheaters deutlich verschoben. Der Anteil der Operette sank von dreißig auf zwanzig Prozent, zudem wurde in der Oper die »leichte« Spieloper auffällig durch »schwerere« Dramatik ersetzt. Das läßt sich an wenigen Namen beispielhaft aufweisen: Waren Lortzing, Mozart und Nicolai 1922/23 mit sechs Werken und vierzig Aufführungen im Spielplan vertreten, so waren sie es 1927/28 nur noch mit zwei Opern und zehn Aufführungen; symptomatisch etwa, daß statt Mozarts *Entführung* und *Figaro* 1927/28 nur *Don Giovanni* geboten wurde.

3. Im Schauspiel blieb der Dreißig-Prozent-Anteil der definitiven Klassiker fast unverändert, auch inhaltlich (vor allem Schiller und Shakespeare).

4. Der Wechsel vollzog sich zwischen künstlerisch eher anspruchsloser heiterer Gebrauchsdramatik und künstlerisch ambitionierter zeitgenössischer Dramatik. Auch hier genügen einige Beispiele. Zunächst sprechen schon Aufführungshäufigkeiten eine deutliche Sprache. 1922/23 rangierten drei ausgesprochene Unterhaltungsstücke an der Spitze: Arnold/Bachs *Der keusche Lebemann* (19 Aufführungen), Niccodemis *Scampolo* (17) und Thomas' *Charleys Tante* (16). Erst dann folgten Werke Schillers und Shakespeares mit je dreizehn Aufführungen. 1927/28 stand Lina Erlenbach-Engerers *Märchen vom kleinen Teufelein* mit sechzehn Aufführungen an erster Stelle, dann folgten Shaws *Pygmalion* und Molnars *Spiel im Schloß* mit je dreizehn Aufführungen sowie Kleist und Shakespeare mit je elf: Man hatte sich von der Unterhaltung nicht völlig verabschiedet, aber ihr Umfang war deutlich reduziert.

5. Nutznießer waren jedoch die bekannteren und zum Teil schon fast »klassischen« Zeitgenossen, nicht die weniger bekannten Autoren. Zu dieser Kategorie waren 1922/23 zu rechnen: Fritz Droop (*Der Landstreicher,* drei Aufführungen), Walther Eidlitz (*Der Wald*, 5), Hanns Johst (*Wechsler und Händler*, 4), Franz Johannes Weinrich (*Columbus*, 5) und Stefan Zweig (*Jeremias*, 5). Ihr Anteil am Schauspiel in Höhe von acht Prozent wurde 1926/27 sogar noch um ein Prozent unterboten. Denn gespielt wurden nur: Alfred Brust (*Die Schlacht der Heilande,* 1), Alfred Endler (*Demetrius Jakymovycz*, 1), Ehm Welk (*Die Kreuzabnahme*, 5) und – wenn man ihn überhaupt hierher rechnen will – Carl Zuckmayer (*Schinderhannes*, 8).

All diese Veränderungen lassen sich durchaus als ein Abrücken von der reinen Unterhaltung zugunsten ambitionierterer Theaterkunst interpretieren. Eine umfassendere Behandlung des Problems müßte nun auch die Präsentationsformen mit einbeziehen, die Neuerungen der Regie, des Bühnenbildes und der Kostüme, die bekanntermaßen zum Teil heftig umstritten waren. Obwohl Quantifizierungen in diesem Bereich kaum möglich sein werden, dürften doch Anhaltspunkte gewonnen werden, die insgesamt als Stütze für Ute Daniels These dienen könnten. Allerdings wären in diesem Zusammenhang wichtige Differenzierungen unumgänglich. Denn die Abwendung von beachtlichen Publikumsteilen von »ihrem« Theater war in den zwanziger Jahren von erheblichen ideologischen Kämpfen begleitet, wurde tagespolitisch instrumentalisiert und schließlich durch Rhetorik und Politik im Rahmen der nationalsozialistischen Herrschaft sehr einseitig festgelegt. All diese Über- und Verformungen müßten sorgfältig voneinander getrennt werden, um zu der Sozialgeschichte des Theaters in der Weimarer Republik vorzustoßen. Wie fruchtbar allerdings ein solcher Ansatz werden könnte, zeigt bereits die begriffsgeschichtlich orientierte Studie des Musikwissenschaftlers Eckhard John, der einen scheinbar rein nationalsozialistischen Kampfbegriff hinterfragt und hinsichtlich seiner Verbreitung in der Weimarer Republik feststellt: »Die Rede von ›Musikbolschewismus‹ war keineswegs ein bloßes Schlagwort tölpelhafter Kunstbanausen; sie konstituierte vielmehr die Anschauungen großer Teile des musikalischen Bildungsbürgertums, die maßgeblichen Anteil an Ausprägung und Verbreitung solchen Denkens hatten« (John 1994, S. 11; vgl. zu dieser These auch den Beitrag von Wilhelm Kreutz in diesem Buch). In der zweiten Hälfte der zwanziger Jahre gelang es in Mannheim jedenfalls nicht, mit dem neuen Angebot neue Publikumsschichten in einem Umfang zu gewinnen, daß die Verluste insgesamt hätten kompensiert werden können. Doch weil die Stadt in die Bresche sprang, mußten im Theater keine radikalen Konsequenzen gezogen werden. Die Positionen im Mannheimer Stadtrat und im Bürgerausschuß, den ausschlaggebenden Gremien, sind aufgrund der komplizierten Quellenlage für diese Zeit nicht ohne weiteres zu rekonstruieren. Klar zu bestimmen ist nur der Ausgangspunkt: In den Diskussionen um den Theateretat für 1926/27, als das schlechte Betriebsergebnis für 1925/26 noch nicht bekannt war, spielte die wirtschaftliche Lage bereits eine große Rolle (»[d]ie schwere Krise, die Deutschlands Wirtschaft heimsucht, hat auch schwere Not über Deutschlands Theater gebracht«). Kategorisch wurde es jedoch abgelehnt, das Programmkonzept des Intendanten, das gerade erst das unterhaltende Element reduziert hatte, zu modifizieren: »Vielleicht könnte der Übergang zu Darbietungen leichterer Art finanziell nützlich sein, allein das Theater muß es ablehnen, sich nach dem Unterhaltungsbedürfnis der Masse einzustellen«, so stand es in der offiziellen Begründung des Bürgerausschuß-Beschlusses vom 4. Januar 1926 zum Etat des Nationaltheaters 1926/27 zu lesen (siehe Sitzungen/Beschlüsse). Die Parteien unterschieden sich in der vorangegangenen Diskussion nur um Nuancen: Während die Linke (SPD wie KPD) den Antrag des Intendanten auf deutliche Zuschußerhöhungen vorbehaltlos unterstützte, wollten alle bürgerlichen Fraktionen einige Kürzungen durchsetzen. Der Kompromiß vom 26. Januar 1926 wurde durch die tatsächliche Einnahmenentwicklung, die um zwanzig Prozent – 335 000 RM – hinter den zugrundegelegten Schätzungen zurückblieb, schnell zu Makulatur (vgl. *Neue Mannheimer Zeitung* vom 5. Januar 1926 sowie die Sitzungen/Beschlüsse des Bürgerausschusses im Reiss-Museum Mannheim und im Stadtarchiv Mannheim).

Trotz kleinerer Schwankungen scheint diese Position jedenfalls stets mehrheitsfähig gewesen zu sein. Als schließlich ab 1929/30 die Auswirkungen der Weltwirtschaftskrise zu verkraften waren (vgl. auch die *Chronologie*), lagen in Mannheim die grundlegenden Weichenstellungen also schon einige Jahre zurück.

In einer komplizierten Situation waren Grundsatzentscheidungen gefallen, die in ähnlicher Weise fast überall in Deutschlands Theaterstädten wiederholt wurden und bis heute die Entwicklung prägen. Die Veränderungen während der Weimarer Republik im Vergleich zum Kaiserreich waren unübersehbar: Die Theaterkosten waren explodiert, weil das Personal aus sozialen Gründen wesentlich besser bezahlt wurde. Gleichzeitig waren die traditionell den Theaterbesuch pflegenden Schichten durch den Krieg und die Inflation wahrscheinlich ärmer geworden. Zumindest hatte der Theaterabend für sie nicht mehr den früheren Stellenwert, denn zum einen gab es kaum zu übersehende Alternativen – das Kino und den sehr auf kulturellen Anspruch bedachten Rundfunk –, und zum anderen hatte der Unterhaltungswert des Theaters deutlich wahrnehmbar nachgelassen. Gerade die neue Konkurrenz dürfte die Theaterverantwortlichen nämlich dazu bewogen haben, sich stärker abzugrenzen. Und darin wurden sie durch die immer reichlicher bewilligten Zuschüsse bestärkt. Die alternativ denkbare Strategie, durch unterhaltsame Angebote neue Besucherschichten behutsam an das alte Medium heranzuführen, war zugunsten eines pointierten Kunstanspruchs verworfen worden. Der demokratische Anspruch wurde statt dessen nur als Deckmantel verwandt: Unter dem Motto, soziale Preise beibehalten zu müssen, wurden in wachsendem Maß Subventionen geleistet, die ein viel zu großes Angebot des stets Gleichen sicherten, das des öfteren kaum noch auf die Publikumsinteressen Rücksicht nahm, und am Ende vor allem die Kosten für die traditionellen Theaterbesucher senkten.

Die tollen Zwanziger

Das Nationaltheater während der Weimarer Republik

Wilhelm Herrmann

Szene aus Das Vergessen Gottes *von Waldemar Jollos. UA 14. November 1929, Inszenierung: Gerhard Storz. Ida Ehre (Frau Weidele) und Karl Marx (Pfarrer Fasttag). RMM, Thslg.*

Nehmen wir die Unterzeile der Überschrift beim Wort und dehnen wir die 1920er Jahre um fünf Jahre aus, dann ergibt sich ein politisch markierter Zeitraum von 1918 bis 1933, vom letzten Jahr des Ersten Weltkriegs bis zum ersten des Hitler-Jahrzwölfts. Es war eine Epoche, die den Staat und die Gesellschaft schweren Erschütterungen aussetzte: Krieg, Kapitulation, Revolution, Inflation, Weltwirtschaftskrise, Massenarbeitslosigkeit, Zusammenbruch der Ersten Republik. Seit etwa 1910 hatten die Künste und somit auch das Theater die ersten Krisenerscheinungen gespiegelt, die zur Auflösung der bestehenden Werteordnung führten. Um 1920 dann setzte im Bereich der seriösen zeitgenössischen Dramatik auf breitester Basis die Auseinandersetzung mit der Vergangenheit, die Kritik an der Gegenwart und die Proklamation eines besseren Lebens in der Zukunft ein.

Szene aus Jenufa von Leoš Janáček. EA 7. Januar 1927, Inszenierung: Richard Meyer-Walden, ML: Richard Lert. In der Ausstattung von Heinz Grete (hier abgebildet 1. Akt) sangen (von links nach rechts): Sidney de Vries (Altgesell), Adolf Loeltgen (Laca), Anna Karasek (Küsterin), Rose Pauly-Dreesen (Jenufa) und Emilia Poßzert (Alte Burya). RMM, Thslg.

Klangvolle Namen

1918 verfügte das Nationaltheater über einen Bühnenleiter und drei Bühnenvorstände, die dem Institut Weltstadtniveau sicherten. Intendant war Carl Hagemann, schon einmal, von 1906 bis 1910, und dann wieder von 1915 bis 1920 engagiert, als Journalist und Regietheoretiker 1906 in Mannheim sozusagen ins Wasser geworfen, um Schwimmen zu lernen, was ihm auf Anhieb glänzend gelang. Dem Schauspiel stand Richard Weichert vor (1914–1919), Bühnenbildner war Ludwig Sievert (1914–1919; vgl. auch Farbabbildung VIII, 15), Chefdirigent Wilhelm Furtwängler (1915–1920). Auf Hagemann folgte als Intendant Saladin Schmitt, wenn von Folgen überhaupt die Rede sein kann, denn er trat sogleich von seinem Amt und ging nach Bochum zurück, als sich dort kein Nachfolger für ihn gefunden hatte. So gab es einen Verweser der Intendantenstelle von September 1920 bis Januar 1921 in der Person des Mannheimer Stadtrats Karl Vogel, der am 1. Februar 1921 dem neuen Intendanten Adolf Kraetzer (1921–1923) die Geschäfte übergab. Weil dieser vorzeitig ausschied, war erneut eine Übergangsregelung zu treffen, während derer Oberverwaltungsrat August Zoepffel, der Mannheimer Theaterdezernent, in der Spielzeit 1923/24 bis März 1924 die Bühne kommissarisch leitete. Mit Francesco Sioli (1924–1930) konsolidierten sich die Verhältnisse; der letzte Intendant im Vor-Hitler-Deutschland war Herbert Maisch (1930–1933).

Die drei Bühnenbildner jener Jahre, traditionellerweise immer noch *Künstlerische Beiräte* genannt, wirkten gleich ruhenden Polen neben dem schnelleren Wechsel in den anderen Sparten. Ludwig Sievert wurde von Heinz Grete (1919–1927), dieser von Eduard Löffler (1927–1934) abgelöst. Mit Hagemann ging 1920 Furtwängler, den der Bayreuth-Dirigent Franz von Hößlin (1920–1922) ersetzte, nicht ohne Beeinträchtigung durch den Druck, den der Rang und der Glanz seines Vorgängers auf sein Wirken ausübte. Während der folgenden Spielzeit war Erich Kleiber, später Dirigent der Uraufführung von Alban Bergs *Wozzeck*, Chefdirigent, der letzte des Titels Erster Kapellmeister, den daraufhin der in der Rangordnung zweite Dirigent trug. Kleiber schied im Streit um seine Kompetenzansprüche. Richard Lert (1923–1928) schmückte sich als erster mit dem Titel Generalmusikdirektor; Erich Orthmann (1928–1930) rückte in diese Position auf, und Joseph Rosenstock versah sie während der Ära Maisch (1930–1933).

Die Oberspielleiter des Schauspiels wechselten nach Weicherts Ausscheiden in schnellerer Folge. Die vier Jahre, in denen Heinz Dietrich Kenter das Gesicht des zeitgenössischen Spielplananteils engagiert und entscheidend mitprägte (1925–1929), und die fünf Jahre seines Nachfolgers, des späteren Mannheimer Intendanten von 1947 bis 1949, Richard Dornseiff (1929–1934), kennzeichnen, zumindest für die Zeit bis 1933, eine ausgeglichenere Situation. Nach 21 Jahren Oberspielleitung der Oper durch Eugen Gebrath übernahm diese Funktion 1924 Richard Meyer-Walden, ihm folgte ab 1927 Richard Hein (bis 1935). 1927 wurde Aennie Häns zum zweitenmal als Ballettmeisterin verpflichtet (bis 1931), nachdem seit ihrem 1922 endenden ersten Engagement sich vier Nachfolger versucht hatten (siehe dazu den Beitrag von Sibylle Dahms). Von den zahlreichen Dramaturgen wurde erst Erich Dürr (1925–1934) in Mannheim seßhaft. In ebendiesen neun Jahren wirkte als Technischer Direktor Walter Unruh, ein Experte von internationalem Ansehen.

Die zweite Ära Hagemann brachte einen Intendanten nach Mannheim zurück, der den jugendlichen Schwung der ersten weitgehend eingebüßt, dafür aber an Reife gewonnen hatte. Die Qualität rangierte bei ihm nun vor der Originalität, die dennoch nicht verbannt war. Bisweilen provozierte sie sogar Skandale, die jedoch nicht von Hagemann, sondern von seinem Schauspielregisseur Richard Weichert ausgingen, so etwa bei der Erstaufführung von Georg Büchners *Leonce und Lena* (1. Juni 1918). An ihr rügte ein protestantischer Geistlicher öffentlich die Verhöhnung des monarchischen Gedankens, weil beim *Lever* des Königs ein Nachttopf auf der Bühne zu sehen war. In anderen Fällen kam eine unkonventionelle oder geradezu wegweisende Stoffgestaltung zustande wie bei Weicherts expressionistischer Modellinszenierung von Walter Hasenclevers *Sohn* (18. Januar 1918): Der Sohn, verkörpert von Fritz Odemar, agierte in einem senkrecht auf die Mitte der Bühne fallenden Scheinwerferkegel; um ihn herum, im Halbdunkel, erschienen schemenhaft die anderen Personen der Handlung.

Hagemanns Nachfolger Saladin Schmitt hat außer einer Inszenierung (Shakespeares *Wie es euch gefällt*) und einigen positiven Engagements in Mannheim keine Spuren hinterlassen, um so kräftigere dann in Bochum, das er schließlich doch nicht verlassen wollte und wo er eine deutsche Pflegestätte für das Werk von William Shakespeare errichtete. Adolf Kraetzer, zuvor Bühnenleiter in Darmstadt, schied schon vor Ende seines Vertrags aus. Er war der Intendant der Inflationszeit, die dem Zusammenhalt des Ensembles nicht eben förderlich war, und trat künstlerisch, weil er sich auf die Verwaltung konzentrierte, kaum in Erscheinung. Eine Folge der Geldentwertung war auch die Abschaffung der Volksvorstellungen zu ermäßigten und zu Einheitspreisen. Diese Maßnahme führte zur Gründung zweier Theaterbesucherorganisationen, der *Freien Volksbühne* (politisch links orientiert) und des *Bühnenvolksbunds* (christlich-völkisch), die in kurzer Zeit zusammen rund 20 000 Mitglieder gewannen (vgl. auch den Beitrag von Karl Bossert und Reinhard Stenzel über die *Theatergemeinde*). Als die Währungsumstellung auf die Reichsmark vorgenommen worden war (Ende 1923), trat der erstaunliche Fall ein, daß die Organisationen Tausende von Mitgliedern einbüßten, die Zahl der Abonnenten dagegen anstieg und sich jahrelang auf einer Höhe von über 3000 hielt.

Francesco Sioli, ein aus dem Schauspielerstand hervorgegangener Intendant und Regisseur, kam aus Aachen, wo er das Stadttheater geleitet hatte. Mit ihm kehrten seit Hagemanns Abschied wieder stabile Verhältnisse ein. Zwei seiner hervorstechenden Eigenschaften gaben den sechs Jahren seines Mannheimer Wirkens ein unverwechselbares Gepräge. Zum einen war er ein Mann des aktuellen Theaters, der eher zuviel als zuwenig Neues in den Spielplan einfließen ließ, sich auch mit Vorliebe um unpopuläre Klassikerwerke bemühte. Ohne den unterhaltenden Anteil seines Repertoires zu vernachlässigen, setzten er und Heinz Dietrich Kenter, der Oberleiter des Schauspiels, Akzente zugunsten eines Meinungs- und Bekenntnistheaters ohne einseitige ideologische Fixierung. Zum anderen besaß Sioli eine Witterung für »kommende« Darsteller und Darstellerinnen von Rang, sei es im Schauspiel oder in der Oper. So verfügte Mannheim damals über darstellende Künstler, die man im auszeichnenden Sinne das *Sioli-Ensemble* nennen darf.

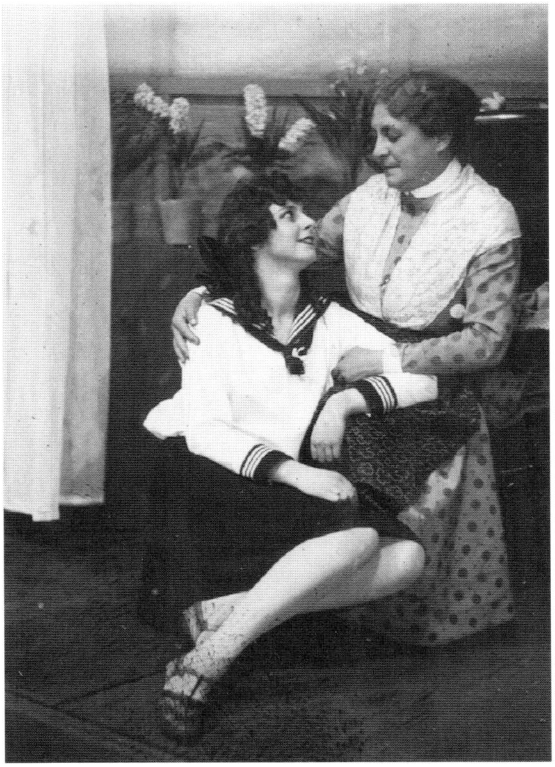

Szene aus Frühlings Erwachen *von Frank Wedekind. EA 26. November 1926, Inszenierung: Heinz Dietrich Kenter, Ausstattung: Heinz Grete. Lotte Schwarzkopf (Wendla) und Julie Sanden (Frau Bergmann). RMM, Thslg.*

Der letzte in der Reihe der Intendanten bis 1933 war Herbert Maisch, populärer als Sioli, weil eine sich in der Öffentlichkeit glänzender präsentierende und die Sache des Theaters beredter verfechtende Erscheinung. Er wagte kaum weniger als seine Vorgänger, baute klug auf dem Ensemble, das er übernommen hatte, auf und brachte es zuwege, mit der *Marneschlacht* von Paul Josef Cremers, am 14. Januar 1933 am Mannheimer Nationaltheater uraufgeführt, bei einem Gastspiel in Berlin seiner Bühne nach langer Zeit wieder einmal die Aufmerksamkeit des ganzen Theater-Deutschland zu sichern (vgl. auch *Chronologie*). Den neuen Machthabern galt er, der einarmige ehemalige Frontoffizier, als politisch unzuverlässig. Er hatte sich gegen rassistische Zumutungen zur

Wehr gesetzt und sich schützend vor jüdische Mitglieder des Ensembles gestellt. So wurde er bald nach der sogenannten Machtergreifung entlassen (ausführlich hierzu Wilhelm Kreutz).

Zwischen Expressionismus und Neuer Sachlichkeit

Was den Spielplan der fünfzehn Berichtsjahre anbelangt, so blieb im Schauspiel weiterhin die Aufgabe, klassische Werke erstaufzuführen und von selten gespielten Klassikern erstmals Kenntnis zu nehmen. So wurden als erste komplette Euripides-Inszenierung der Mannheimer Theatergeschichte 1926 *Die Bacchantinnen* als Uraufführung der Bearbeitung von Berthold Viertel gegeben; einzelne Szenen aus den *Phönizierinnen* waren 1895 vorausgegangen. Das Shakespeare-Repertoire erweiterte sich um *Troilus und Cressida* (1928), die Molière-Pflege um die Komödie *Der Herr von Pourceaugnac* (1919). Die späte Rezeption des Werks von Georg Büchner ging in vier Jahren vollständig über die Bühne: 1918 *Leonce und Lena*, 1920 *Dantons Tod*, 1922 *Woyzeck*. In diesen Zusammenhang gehören weiterhin *Don Juan und Faust* von Grabbe (1928), Goethes *Urfaust* (1925), Hebbels *Genoveva* (1919) und die späte Erstaufführung von Ibsens *Peer Gynt* (1924).

Szene aus Goethes Faust [Urfaust]. *EA 25. November 1925, Inszenierung: Hermann Wlach, Ausstattung: Heinz Grete, Peter Stanchina (Faust) und Hermann Wlach (Mephistopheles). RMM, Thslg.*

Daneben war auf das Schaffen der teilweise noch lebenden älteren Autoren zu reagieren. Das Strindberg-Repertoire erweiterte sich um neun Stücke. Gerhart Hauptmanns *Weber* (Uraufführung 1893) wurden in Mannheim erst 1923, Frank Wedekinds *Frühlings Erwachen* erst zwanzig Jahre nach der Uraufführung 1926 zur Kenntnis genommen. Mit ähnlicher Verzögerung präsentierte man einige Stücke von George Bernard Shaw, dessen *Heilige Johanna* dagegen 1925, ziemlich bald nach der Uraufführung in New York (Dezember 1923), Premiere hatte.

Die Freisetzung geistiger Kräfte, die sich zu Beginn der 1920er Jahre explosiv entluden, ist auf verwirrende Weise vom Mannheimer Spielplan abzulesen. Eine neue Generation meldete sich zu Wort. Persönliches Erleben prägte Appelle und Anklagen von der Bühne herab. Politisches Engagement, religiöse Sinnsuche, humanitäres Ethos, Zorn auf die Väter, sozialrevolutionärer Elan und Pazifismus vereinigten sich zu einem Konzert der Stimmen in der Auseinandersetzung um eine bessere Zukunft. Der Begriff *Expressionismus* reicht nicht aus, um diesen Aufbruch zu kennzeichnen, weil er eher eine Gesinnung als einen Kunststil benennt. Als Stil freilich hatte er in Mannheim länger Bestand als anderwärts; Sioli und Kenter hielten hartnäckig daran fest. In der zweiten Hälfte der zwanziger Jahre führte die *Neue Sachlichkeit* dann eine Entkrampfung herbei. Vom Geist kehrte man zur Sache zurück, von der Menschheit zum Volk.

Mannheims historischer Beitrag zum expressionistischen Theater war der schon erwähnte Hasencleversche *Sohn*. Die meistgespielten unter den neuen Autoren waren Georg Kaiser mit neun Stücken (davon *Mississippi*, 20. September 1930, in Uraufführung) und Carl Sternheim mit sieben, hiervon uraufgeführt *Die Schule von Uznach* (21. September 1926), in der der Autor zur Parodie seines eigenen parodistischen Stils fortschritt. Gehen wir vom heutigen Bekanntheitsgrad der Dramatiker aus, ist zunächst Bertolt Brecht zu nennen mit *Trommeln in der Nacht* (1928) und der *Dreigroschenoper* (1929, vgl. auch Abbildungen S. 74 und S. 465), dann Carl Zuckmayer (*Der fröhliche Weinberg*, *Schinderhannes*, *Katharina Knie*, *Der Hauptmann von Köpenick* – vgl. auch Abbildung S. 464 – zwischen 1926 und 1931). Deutsche Erstaufführungen von Werken bedeutender Ausländer präsentierte Mannheim mit Luigi Pirandellos *Spiel der Parteien* (1925) und *Der Bürge* von Paul Claudel (1927), von dem im selben Jahr noch *Das harte Brot* folgte.

Das breite Spektrum der neuen Dramatik, das Mannheim damals zur Diskussion stellte, schließt Namen ein wie Barlach (*Der arme Vetter,* 1929), Billinger (*Rauhnacht,* 1931), Bronnen, Bruckner, Cocteau, Csokor, Hamsun (*Vom Teufel geholt,* 1931), Johst, Klabund, Kolbenheyer, Mell, Heinrich Mann (*Varieté,* 1927), Raynal (*Das Grabmal des unbekannten Soldaten,* 1926), Toller/Kestens *Wunder in Amerika* (Uraufführung, 17. Oktober 1931), Unruh (*Louis Ferdinand* 1925 und, in Uraufführung, am 3. Februar 1927 *Bonaparte*), Ehm Welk (*Kreuzabnahme*, am 12. September 1927 uraufgeführt; Thema: Tolstoi und Lenin), Wildgans, Friedrich Wolf (*Der arme Konrad,* 1924) und Stefan Zweig.

In der Oper schloß das Nationaltheater sich der in den frühen zwanziger Jahren einsetzenden Händel-Renaissance mit der Aufführung von *Julius Cäsar* (1923) und *Otto und Theophano* (1924) an. Nachholbedarf bestand bei Verdi; erstaufgeführt wurden 1927 *Die Macht des Schicksals*, 1928 *Nebukadnezar* (*Nabucco*) und 1930 *Don Carlos* (vgl. auch den Beitrag von Silke Leopold). Erfolgreich und trotzdem folgenlos war die Uraufführung der Nachlaßoper *Der Goldschmied*

Szene aus
XYZ *von Klabund.*
EA 9. April 1932,
Kammerspiele im Universum,
Inszenierung: Richard Dornseiff. Von links nach rechts: Willy Birgel, Erich Musil und Annemarie Schradiek.
Foto: Tillmann-Matter.
RMM, Thslg.

von Toledo von Jacques Offenbach (7. Februar 1919). Das Aparte, nicht eben Gängige überwog ohnehin bei der Aufarbeitung des 19. Jahrhunderts: *Beatrice und Benedikt* von Berlioz (1921), Rossinis *La Cenerentola* unter dem Titel *Angelina* (1932), von Tschaikowsky *Pique Dame* (1929) und in deutscher Erstaufführung *Die goldenen Schuhe* (1932). Ebenfalls für Deutschland entdeckt wurde *Fürst Igor* von Borodin (1925); die andere russische Nationaloper, Mussorgskis *Boris Godunow*, erklang 1928, und beide Premieren zählen zu den damals außergewöhnlichen Leistungen der Mannheimer Bühne.

Geringer wurde nun der Zugewinn von repertoirebeständigen Werken aus der spätromantisch-veristischen Epoche. Er beschränkte sich auf Puccini (*Gianni Schicchi*, 1930), Richard Strauss (*Elektra*, 1926) und Pfitzner (*Palästrina*, 1920). Die Epoche des Übergangs zur Moderne fand Widerhall in einer Reihe von Ur- und Erstaufführungen, mit denen Opern von Klenau, Korngold, Sekles, Bittner und Schreker sich zumindest als interessante Novitäten einprägten. Mehr als zwanzig Jahre nach der Uraufführung entdeckte Mannheim *Jenufa* von Leoš Janáček (1927; vgl. auch Abbildung S. 395), von dem 1930 *Aus einem Totenhaus* in deutscher Erstaufführung gegeben wurde. Ein anderer Anreger des Neuen war Ferruccio Busoni, dessen *Brautwahl* schon 1913 die Gemüter aufgerührt hatte; postum erklangen von ihm *Turandot* (1930) und *Arlecchino* (1933).

Eine ähnliche Aufnahmefreudigkeit wie gegenüber der expressionistischen und neusachlichen Dramatik im Schauspiel ließ das Nationaltheater in den zwanziger und frühen dreißiger Jahren hinsichtlich der »Neutöner« in Oper und Ballett walten. Von den Großen der Neuen Musik wurden aufgeführt Igor Strawinskys *Nachtigall* (1923), *Petruschka* (1926) und *Oedipus Rex* (1931), von Paul Hindemith *Cardillac* (1927), *Hin und zurück* (1928) und *Neues vom Tage* (1931). Wie überall ging Ernst Kreneks *Jonny spielt auf* in Szene (1927); 1931 folgte sein *Leben des Orest*. Mit Uraufführungen wurde auf das Werk von Egon Wellesz (*Das Wunder der Diana*, *Alkestis*, beide am 20. März 1924), Ernst Toch (*Egon und Emilie*, 21. Oktober 1928) und Hermann Zilcher (*Doktor Eisenbarth*, 21. Mai 1922) aufmerksam gemacht, mit einer deutschen Erstaufführung auf Darius Milhauds *Rückkehr* (1929), im übrigen auf Komponisten wie Walter Braunfels (*Die Vögel*, 1922), Francesco Malipiero (*Der falsche Harlekin*, 1928), Rudi Stephan (*Die ersten Menschen*, 1925) und Julius Weismann (*Leonce und Lena*, 1925). Uraufführung hatte noch eine Neubearbeitung von Monteverdis *Orpheus* durch Carl Orff (1925), der auf Empfehlung von Wilhelm Furtwängler 1918 einige Monate kriegsaushilfsweise Kapellmeister am Nationaltheater gewesen war.

Szene aus Jonny spielt auf von Ernst Krenek. EA 23. Oktober 1927, Inszenierung: Richard Hein, ML: Richard Lert. In der Ausstattung von Eduard Löffler sangen Marianne Keiler (Stubenmädchen Yvonne) und Sidney de Vries (Jonny). RMM, Thslg.

Hochverehrte Künstler und Künstlerinnen

Was die engagierten Künstler anbelangt, so muß näher auf den bereits erwähnten Dirigenten Wilhelm Furtwängler eingegangen werden, einen Meister seines Fachs, dem später Weltruf zuteil wurde. Als er, vorher in Lübeck tätig, Mannheim verließ, beschloß er, sich nicht mehr auf Dauer an ein Theater zu binden, sondern sich hauptsächlich dem Dirigieren von Konzerten zu widmen. Hatte er selber erkannt, was seinem Mannheimer Intendanten Hagemann in der täglichen Zusammenarbeit mit ihm aufgefallen war, daß Furtwängler zwar Theatersinn, doch kein Theaterblut besaß? In seinen Memoiren, unter dem Titel *Bühne und Welt* erschienen, hält Hagemann fest: »[A]ls Theaterkapellmeister und Leiter des Opernbetriebes [...] ist Furtwängler zweifellos unter all den Mitarbeitern seiner Art in meiner langjährigen Praxis der schwierigste gewesen. [...] Die Fünf auch einmal gerade sein lassen und dennoch letzte Wirkungen erzielen, dieser im Bereich der Bühne wirksame Grundsatz mutete ihm etwas zu, das

Szene aus Neues vom Tage *von Paul Hindemith. EA 17. Mai 1931, Inszenierung: Herbert Maisch, ML: Joseph Rosenstock. In der Ausstattung von Eduard Löffler in der Mitte: Else Schulz (Laura) und Sidney de Vries (Eduard). Die Aufführung war übrigens eine von mehreren, für die Mannheimer Firmen Kostüme und Requisiten zur Verfügung stellten. Die Damenpelze im 9. Bild stammten von der Firma Richard Kunze, die Schreibmaschinen im 3. und 8. Bild wurden von der Firma Ph. Metz in Q 2, 15 und die Badeinrichtung im 5. Bild von der Firma H. Barber in N 2, 10 zur Verfügung gestellt. Else Schulz (Laura) trug Hüte und Schmuck der Firma Tauber in O 6, 4. Foto: Tillmann-Matter. RMM, Thslg.*

gegen sein Gefühl und seine Einsicht und damit über seine Fähigkeit ging. […] Nichts war ihm richtig und gut genug, an allen Entscheidungen fand er immer wieder Mängel und Lücken oder doch Bedenklichkeiten. So änderte er ständig seine Dispositionen und konnte damit Vorgesetzte, Mitarbeiter und Untergebene zur Verzweiflung bringen« (Hagemann 1948, S. 98/99).

Ein markantes künstlerisches Profil wies Oberspielleiter Heinz Dietrich Kenter als Schauspielregisseur vor. In Darmstadt hatte Gustav Hartung ihm als erster den Weg zu eigenen Inszenierungen geebnet. Ihn beschritt er dann mit beispielhafter Konsequenz, indem er ohne ideologische Scheuklappen sich dem Gesinnungstheater in seiner ganzen thematischen Breite hingab. (Als Darsteller versteckte er sich verschämt hinter dem Palindrom »Retnek«.) So wurde er in Mannheim zum bevorzugten Uraufführungsregisseur von Werken, die, weil zumeist von zeitlich begrenztem Widerhall, hier nicht aufgezählt werden sollen. In ihm kristallisierte sich das, was man, bezogen auf die zwanziger Jahre und ein deutsches Stadttheater, *cum grano salis* »toll« nennen konnte.

Unter den darstellenden Künstlern gab es drei, deren Familienname mit B anfängt und deren Erwähnung heute noch bei Zeitzeugen glänzende Augen hervorruft. Im Schauspiel lief Willy Birgel mit fortschreitender Engagementsdauer (1924–1936) seinen Kolleginnen und Kollegen den Rang ab. Er wurde zum »Star« des Ensembles und war nicht mehr zu halten, als sich ab 1933 der Film für ihn zu interessieren begann, ihn schließlich nach einigen Bösewichtsjahren als Herrendarsteller (Offizier, Turnierreiter, Dirigent, Pilot) herausbrachte und zum Gegenstand der Anbetung vornehmlich des weiblichen Kinopublikums machte. Zu seiner Ehre sei gesagt, daß er dies in Mannheim zwar auch schon perfekt beherrschte, hier aber als eine Möglichkeit unter vielen, etwa zwischen Goethes Mephistopheles und Shaws Professor Higgins. Für ihn gab es am Nationaltheater nur ein Rollenfach: das Fach der guten Rollen.

Über ein »von edelstem Klang gesättigtes Prachtorgan« (Stahl 1929, S. 378) verfügte Gertrud Bindernagel, die Hochdramatische des Opernensembles von 1927 bis 1931. Es war unausweichlich, daß Mannheim sie an die Berliner Staatsoper verlor; es war betrüblich, daß sie dort zum Gegenstand der Boulevardpresse wurde: 1932 erlag sie den auf sie abgefeuerten Pistolenschüssen ihres Ehemanns, der sich zu einer Eifersuchtstat hatte hinreißen lassen. Dieses Motiv hätte man freilich zu allerletzt vermutet: Von Körperbau war die Künstlerin nur wenig höher als breit. Unverbürgte Anekdote: Als man am Nationaltheater in Gegenwart des Gastdirigenten Furtwängler flachsend über das Äußere der Bindernagel herzog, sagte jener: »Wer so singt, darf noch ganz anders aussehen!«

Der dritte im Bunde der Hochverehrten war Hans Bahling, Heldenbariton von 1908 bis 1930, von Hagemann nach Mannheim geholt, ausgestattet mit »glanzvollem, warmem Organ, gewaltiger stimmlicher Kraft und Ausdauer, seltener Mannigfaltigkeit des gesanglichen Ausdrucks [...], dazu ein erschütternder menschlicher Gestalter des musikalischen Vorgangs« (Stahl 1929, S. 264). Stand er auf der Bühne, war er inspiriert von gleichsam göttlicher Erleuchtung; saß er am Stammtisch, sang er mit gleicher Inbrunst wie den

Szene aus Die Macht des Schicksals *von Giuseppe Verdi. EA 25. September 1927, Inszenierung: Richard Hein, ML: Erich Orthmann, Ausstattung: Eduard Löffler. Gertrud Bindernagel (Leonora de Vargas) und Adolf Loeltgen (Alvaro). RMM, Thslg.*

Wotan Rhein- und Weinlieder. Zum Höchsten berufen, kam er nicht über Mannheim hinaus. Als er, so die Fama, in Bayreuth der »Hohen Frau« vorsingen wollte, und zwar den Prolog aus Leoncavallos *Bajazzo*, und als Cosima Wagner, leicht pikiert, ihn fragte, ob es denn nicht etwas »vom Meister« sein könne, verabschiedete Bahling sich mit dem bekanntesten Zitat aus Goethes *Götz*.

Um bei der Mannheimer Oper zu bleiben – einen Höhepunkt in ihrer Geschichte schufen die Jahre um 1930. Neben Gertrud Bindernagel waren einige Sängerinnen verpflichtet, die höherem und höchstem Ruhm entgegengingen: Margarete Klose, Erna Schlüter und Margarethe Teschemacher. Von 1916 bis 1924 war Irene Eden engagiert gewesen, die nach Meinung von Richard Strauss beste Zerbinetta jener Jahre. Unter den Sängern sicherten der Tenorbuffo Theo Herrmann und der Bassist Siegfried Tappolet, beide von 1927 bis 1930 engagiert, ihren Fächern einen hohen Standard.

Nehmen wir als Kriterium der Prominenz die Tätigkeit beim Film, so sind im Schauspiel zu nennen Bum Krüger (1926–1935), der, angeblich um einer Wette willen, in Mannheim seinen bürgerlichen Vornamen Willy aufgab, Erwin Linder (1932–1939) und Joseph Offenbach, der *recte* Ziegler hieß, jedoch wegen mehrerer Zieglers am Mannheimer Theater sich nach seinem Geburtsort umbenannt haben soll (1931–1942). Zu Prinzipal- bzw. Prinzipalinnenehren brachten es später Ida Ehre (1927–1931, vgl. auch Abbildung S. 394) an den Hamburger Kammerspielen und Raoul Alster (1926–1933) am Berner Ateliertheater. Was Bodenständigkeit bedeutet, demonstrierte Ernst Langheinz, der 35 Jahre lang (1924–1959) in Mannheim wirkte und ein erstes Anrecht auf Rollen wie Striese, Datterich und Wilhelm Voigt hatte, also auf die liebenswürdigen armen Teufel, vgl. auch Abbildungen S. 432 und S. 464). Nach Birgel hofierten ihn die Intendanten mit der Zuteilung dankbarer Rollen am meisten. Daher kam es zu einer der klassischen Mannheimer Theateranekdoten: »Wie, meinst du, wird wohl ›Zwölftausend‹ von Bruno Frank besetzt?« »Ganz einfach: sechstausend Birgel, sechstausend Langheinz.« Als Urheber der Anekdote hat sich dem Verfasser dieser Zeilen gegenüber der vorerwähnte Raoul Alster bekannt.

Theaterprominenz in Mannheim

Im Gastspielwesen bemerkt man ab Mitte der zwanziger Jahre im Vergleich mit dem 19. Jahrhundert verstärkt eine Erscheinung, die bis in unsere Tage ein Posten in der Kalkulation der Bühnen geblieben ist: das Auftreten eines oder mehrerer bekannter Darsteller mit eigenem Ensemble, das in Konkurrenz trat zu den reisenden Gästen, die sich für einen Abend in die Vorstellungen der betreffenden Theater eingliederten. Den Anfang machte damit 1925 der häufiger wiederkehrende Curt Goetz. Auf ihn folgten Paul Wegener, Asta Nielsen, Käthe Dorsch, Alexander Moissi, Fritz Kortner, Elisabeth Bergner (1928 als Johanna in *Die heilige Johanna* von Shaw), Max Pallenberg (1928 als Schwejk), Ernst Deutsch und Fritzi Massary. Zwei Inszenierungen von Max Reinhardt (*Der lebende Leichnam* von Tolstoi und Hofmannsthals *Jedermann*, jeweils mit Moissi) präsentierte 1926 das Berliner Deutsche Theater. Was die Einzelgäste anbelangt, so darf zusammenfassend gesagt werden, daß in Schauspiel und Oper kaum eine der damaligen Berühmtheiten nicht den Weg nach Mannheim fand. Besonders sei auf jene Gastdarsteller hingewiesen, die für alle Vorstellungen einer Inszenierung verpflichtet wurden: Hermine Körner für die Titelrolle in Ferdinand Bruckners *Elisabeth von England* (1930), Käthe Dorsch für das Singspiel *Liselott* von Eduard Künneke (1932), Friedrich Kayssler (Faust) und Paul Wegener (Mephistopheles) für Goethes zweiten *Faust*-Teil.

Eigene Opern dirigierten die Komponisten Hans Pfitzner (1920 *Palestrina* und 1931 *Das Herz*), Franz Schreker (1921 *Der Schatzgräber*), Walter Braunfels (1922 *Die Vögel*) und Richard Strauss (vier Werke zwischen 1927 und 1932). Außerdem dirigierten als Gäste Eugen Szenkar (1920, dreißig Jahre vor seinem Mannheimer Engagement), häufig Wilhelm Furtwängler, Max von Schillings Wagners *Parsifal* 1926 und Erich Kleiber. Die neue Entwicklung der Tanzkunst demonstrierten als Gäste Gertrud Leistikow (1919), Rudolf von Laban (der 1921 in *Tannhäuser* das *Venusberg*-Ballett choreographierte), Mary Wigman (ab 1921 mehrmals), Gret Palucca (1930), Tatjana Barbakoff (1931) und Valeska Gert (1931).

Die Jubiläumsfeiern 1929 zum 150jährigen Bestehen des Nationaltheaters verschleierten die Existenzkrise des Instituts, die im Dezember desselben Jahres akut wurde. Finanznot, Besucherschwund und teilweise parteipolitisch bedingte Voreingenommenheiten im Stadtparlament führten eine Situation herbei, in der die völlige Schließung der Bühne drohte (vgl. hierzu den Beitrag von Konrad Dussel). Daß die Gefahr abgewendet werden konnte, war dem energischen Eintreten großer Bevölkerungskreise zu verdanken, die nicht gesonnen waren, auf ihr Theater zu verzichten (vgl. auch den Beitrag von Ulla Hofmann und Achim Weizel sowie die *Chronologie*).

Zwischen Zwang, Anpassung und Resistenz
Das Nationaltheater im *Dritten Reich*

Wilhelm Kreutz

Szene aus Der Feldherr und der Fähnrich, *»Dramatischer Mythos« von Walter Erich Schäfer. UA 6. November 1936,* Neues Theater *im* Rosengarten, *Regie: Helmuth Ebbs, Bühne: Friedrich Kalbfuß. Das Stück, das im Sommer 1937 auch auf die* Thingstätte *in Heidelberg übernommen worden ist, wurde auf Veranlassung der Mannheimer NS-Kulturgemeinde vom damaligen Dramaturgen des Nationaltheaters Walter Erich Schäfer verfaßt und muß als bewußte Reverenz an die herrschenden Machthaber verstanden werden. Foto: G. Tillmann-Matter. RMM, Thslg.*

Nachdem die Nationalsozialisten auch in Mannheim die Herrschaft an sich gerissen hatten, entließen sie nicht nur das jüdische Theaterpersonal, sondern begannen sogleich mit der »Säuberung« des Spielplans. Zwar versuchte Intendant Friedrich Brandenburg seinen künstlerischen Anspruch gegen die Eingriffe der Partei zu behaupten, aber seine Spielplangestaltung paßte sich durchaus kompromißbereit den Vorgaben der braunen Machthaber an. Ihre Gesinnungsdramen fanden kaum Resonanz, dagegen dominierten das klassische Opern- und Dramenrepertoire sowie die leichte Muse. Zudem erfüllte das Theater im Zweiten Weltkrieg seine »nationale Pflicht«, selbst über die Zerstörung der *Schillerbühne* im September 1943 hinaus. Erst das von Goebbels ab dem 1. September 1944 verkündete Spielverbot für alle deutschen Bühnen setzte dem Mannheimer Theaterleben des *Dritten Reichs* ein Ende.

Nationalsozialistische Kulturpolitik
Selbst eine knappe Skizze der Geschichte des Nationaltheaters während des *Dritten Reiches* kann sich nicht damit begnügen, einleitend auf den totalitären Charakter der nationalsozialistischen Kulturpolitik und die Pressionen der Reichstheaterkammer zu verweisen, um dann die künstlerischen Aspekte der Ära Friedrich Brandenburg, der dem Nationaltheater vom April 1933 bis zum Kriegsende als Intendant vorstand, zu beleuchten. Denn die historische Realität entsprach weder den in den Nachkriegsjahren verbreiteten Vorstellungen vom monolithischen »Führerstaat« noch jenen von der zentral gelenkten »Kunstdiktatur«. Die oft kolportierte Meinung, im NS-Theater habe es keine wesentliche Entscheidung gegeben, die nicht vorher vom Reichspropagandaministerium oder den ihm unterstellten Behörden genehmigt worden sei, erwies sich als falsch. Zum einen konnten die staatlichen und parteiamtlichen Dienststellen schon aufgrund ihrer schwachen personellen Ausstattung die ihnen zugewiesenen Zensur- und Kontrollaufgaben kaum erfüllen. Zum anderen konterkarierten die internen Konflikte, vor allem der Dauerstreit zwischen Joseph Goebbels und Alfred Rosenberg, eine einheitliche Linie, und die auf Länder-, Gau- oder Ortsebene um Einfluß rangelnden braunen Chargen verschärften die Widersprüche. Dies eröffnete Intendanten und Regisseuren einen größeren Spielraum, als in der Vergangenheit angenommen wurde, zumal die um das Vertrauen des Bürgertums werbenden Nationalsozialisten dem traditionellen Theater von Anfang an einen Freiraum zugestanden, der in dem Maß wuchs, in dem das Scheitern der mit großem Aufwand propagierten »Thingspiele« sowie die Erfolglosigkeit der völkischen Politdramen die Defizite der nationalsozialistischen Theaterpolitik offenlegte. Außerdem reduzierte der Wunsch nach Ablenkung die Bühnen während des Zweiten Weltkriegs auf ihre Unterhaltungsfunktion. Doch gilt all dies auch für das Mannheimer Nationaltheater? Welche Konsequenzen zeitigte die »Machtergreifung« hier, und wie radikal veränderte die vermeintliche »nationale Erhebung« tatsächlich das städtische Theaterleben?

Erste »Säuberungen« (März bis April 1933)
Die nationalsozialistische »Umgestaltung« der *Schillerbühne* begann Mitte März 1933. Zwar hatte der *Kampfbund für deutsche Kultur* auch in der Quadratestadt seine Agitation »wider den undeutschen Geist« bereits nach der Ernennung Hitlers zum Reichskanzler verstärkt, aber noch waren die republikanischen Kräfte stark genug, um die Übergriffe abzuwehren. So hatten die enragierten Antisemiten am 10. Februar 1933 vergeblich versucht, das Gastspiel des berühmten Reinhardt-Schauspielers Alexander Moissi mit George Bernard Shaws *Zu wahr, um schön zu sein* zu sprengen (vgl. auch die *Chronologie* in diesem Buch). Nach den Reichstagswahlen vom 5. März jedoch standen die demokratisch legitimierten Repräsentanten der Stadt auf verlorenem Posten. Gestützt auf die Verordnung zum »Schutz von Volk und Reich« und getragen vom Terror der SA rissen die Nationalsozialisten binnen kurzem die Macht an sich. Am 14. März ernannte der zum »Reichskommissar« Badens avancierte Gauleiter Robert Wagner seine Mannheimer Parteigenossen Otto Wetzel und Carl Renninger zu »Stadtkommissaren«. Oberbürgermeister Hermann Heimerich und die Repräsentanten der SPD wurden ebenso verhaftet wie zuvor die Mitglieder der KPD. Damit war der Weg frei für den vorgeblichen »Neuaufbau« des »Theaters der schwarzen und roten Kulturästheten«, zumal die Kommissare den seit 1839 mit der Verwaltung der Bühne betrauten Theaterausschuß durch ein Kuratorium ersetzten, in dem Renninger und Reinhold Roth, der Gründer der Mannheimer Ortsgruppe des *Kampfbundes für deutsche Kultur*, den Ton angaben.

Intendant Friedrich Brandenburg (1893–1989) Regie führend. Bleistiftzeichnung von Joachim Lutz um 1937. RMM

Ihr vollmundig angekündigtes Unterfangen, das »Theaterleben zu heben«, beschränkte sich zunächst darauf, ohne jede Rechtsgrundlage die »jüdischen und kulturbolschewistischen Elemente auszumerzen«. Bereits am 18. März »beurlaubten« sie den populären Intendanten Herbert Maisch, der das Haus in nur drei Jahren aus seiner existenzbedrohenden Wirtschaftskrise herausgeführt und kurz zuvor, am 14. Januar 1933, mit der Uraufführung von Paul Josef Cremers' Dokumentarstück *Die Marneschlacht* Triumphe gefeiert hatte. Selbst in Berlin hatte das Mannheimer Ensemble Anfang Februar zwei Wochen lang im ausverkauften *Berliner Theater* in der Charlottenstraße gastiert (vgl. auch *Chronologie*). In der Quadratestadt jedoch hatten das *Hakenkreuzbanner* und die »Kulturkämpfer« des Rosenbergbunds den mehrfach verwundeten ehemaligen Frontoffizier Maisch längst als Sympathisanten der »Systemparteien« und als Leiter eines »Amüsieretablissements für Juden« gebrandmarkt. Vergeblich versuchte er, sich mit den neuen Machthabern zu arrangieren. Trotz prominenter Fürsprache mußte er gehen. Sofort »beurlaubt« wurden außerdem alle »nichtarischen« Künstler: der seit drei Jahren am Nationaltheater wirkende Generalmusikdirektor Joseph Rosenstock,[1] der bereits von 1909 an als Komiker in Oper, Operette und Schauspiel sowie seit 1924 auch als Spielleiter tätige Alfred Landory, der Bariton Sydney de Vries, der ebenso wie der Buffotenor Walter Friedmann und der Schauspieler Raoul Alster seit 1926 an der städtischen Bühne engagiert war, die ein Jahr später in die Quadratestadt gekommene Sopranistin Sophie Karst sowie die Sängerin Ellen Philips und die Kostümverwalterin Lily Gundersheimer. Der bereits seit 1909 dem Nationaltheater verbundene Schauspieler und Regisseur Wilhelm Kolmar sah sich wegen seiner jüdischen Herkunft in den einstweiligen Ruhestand versetzt. Rechnet man die im Zuge des »Judenboykotts« vom 1. April 1933 verfügten Kündigungen der Theatermieten von 600 jüdischen Abonnenten (vgl. May 1986, S. 116), die aus »rassischen« Gründen entlassenen Chor- und Orchestermitglieder[2] oder den Eklat um das Furtwängler-Konzert vom April 1933 hinzu[3], so gewinnt der antisemitische Charakter dieser Maßnahmen Kontur. Unterstrichen wird dies noch dadurch, daß im Gegensatz dazu der Theatermeister und sozialdemokratische Betriebsratsvorsitzende Max Ailinger als einziger Angehöriger des Nationaltheaters einem parteipolitischen Engagement zum Opfer fiel. Und daß noch nicht einmal alle »Beurlaubungen« durch das zynische »Gesetz zur Wiederherstellung des Berufsbeamtentums« vom 7. April 1933 nachträglich legitimiert werden konnten, sondern die Stadt zumindest einigen Betroffenen die ihnen vertraglich zustehenden Bezüge weiterzahlen mußte, unterstreicht die Willkür jener Aktion.

Der neue Intendant Friedrich Brandenburg

So offen liegen die Gründe für die Verpflichtung des neuen Intendanten, Friedrich Brandenburg,

[1] Er baute danach das Berliner Orchester des *Jüdischen Kulturbundes* auf, bevor er 1936 nach Tokio emigrierte und hier wie später in New York als Dirigent Triumphe feierte (vgl. Freeden 1985, S. 75 ff.).

[2] Wieviele Mitglieder des Chores und des Orchesters 1933 aus »rassischen« Gründen das Nationaltheater verlassen mußten, bleibt noch zu klären. Aus den Stadtratsprotokollen im Mannheimer Stadtarchiv und den *Deutschen Bühnen Jahrbüchern* geht hervor, daß 1933 mindestens weitere zehn Mitglieder des Chors und des Orchesters das Nationaltheater verließen bzw. verlassen mußten: Wieviele von ihnen jedoch aus »rassischen« Gründen entlassen wurden, ist noch ungeklärt (vgl. May 1986, S. 99 und *Bühnen Jahrbuch* 1930 ff.).

Bereits kurz nach dem Amtsantritt von Friedrich Brandenburg veranstaltete das Nationaltheater eine erste Werbewoche (vom 20. bis zum 28. Mai 1933), um neue Abonnenten zu gewinnen, vermutlich auch deshalb, weil man unter anderem 600 jüdischen Platzmietern am 1. April 1933 ihre Abonnements gekündigt hatte. Die Nachtaufnahme zeigt das für diese Werbewoche mit Hakenkreuzflaggen und festlicher Illuminierung aufgetakelte Haus auf B 3 (Bühneneingang zum Schillerplatz*) mit dem Schiller-Denkmal. Foto: privat. RMM, Thslg. Nachlaß Langheinz*

nicht zutage. Gewiß, praktische Erfahrungen, um den Spielbetrieb trotz des personellen Exodus aufrechtzuerhalten, waren dem 1893 in Trier geborenen Kandidaten, der seit 1926 am Stuttgarter Staatstheater die Stelle eines Oberspielleiters des Schauspiels bekleidete, nicht abzusprechen. Aber hatte er dort nicht mit dem »Niggerstück« *Schatten über Harlem* oder mit den politischen Zeitstücken Friedrich Wolfs für veritable Skandale gesorgt, und war er nicht Tage zuvor, wenn auch ohne öffentliche Polemik, als »nicht tragbar« entlassen worden? Parteipolitischer Nepotismus scheidet somit als Einstellungsgrund aus. Allerdings darf die Wahl weder als altruistische Option für das »künstlerische Niveau« noch gar als Votum gegen »die Partei« mißdeutet werden, denn aus seinem »Führungsanspruch« machte Renninger von Anfang an keinen Hehl, und andere Leitungspositionen der Bühne waren längst mit »alten Kämpfern« besetzt. Die Personalentscheidung sollte vielmehr ebenso wie der »Rat« des designierten NS-Oberbürgermeisters, nun bevorzugt Klassiker zu spielen, das konservative Bürgertum der Quadratestadt beschwichtigen und damit Renningers Machtposition stärken. Das Nationaltheater blieb eine städtische und damit eine persönliche Domäne des Oberbürgermeisters. Er ließ zwar Brandenburgs Ernennung Mitte April vom Stadtrat absegnen, aber erst am 17. Mai bat Bürgermeister Otto Walli im badischen Kultusministerium um nachträgliche Bestätigung des Intendanten, der seinen Dienst am 11. April angetreten und am 22. April mit einer öffentlichen Ansprache anläßlich der Erstaufführung von Hanns Johsts Ruhrkampfdrama *Schlageter* »seinen Einstand« gefeiert hatte. Die erste Phase des »Neuaufbaus« der Mannheimer Bühne, dies führte die »[z]u Ehren des Geburtstags Adolf Hitlers [20. April]« angeordnete Premiere jedermann vor Augen, war abgeschlossen, und Brandenburg hatte sich vor den Thespiskarren der »nationalen Erhebung« spannen lassen. Wenngleich er selbst nach seinem Parteieintritt von 1942 keinesfalls zum Nationalsozialisten mutierte und in menschlicher Hinsicht sogar »Schlimmstes verhüten« konnte, auf der Bühne wurde seine »Distanz« zu selten und zu spät sichtbar. Sein Anspruch, die Kunst in bessere Zeiten hinüberzuretten, blieb defensiv.

Die »Gleichschaltung« des Nationaltheaters

Vollendet wurde die »Gleichschaltung« des Nationaltheaters erst durch den Aufbau des NS-Lenkungsapparats in den folgenden Monaten. Neben die traditionell zuständigen Aufsichtsgremien – den im Mai reaktivierten Theaterausschuß und das Theaterreferat des Kultusministeriums – traten die Theaterabteilung des Reichspropagandaministeriums, dessen im Juli 1933 eingerichtete Gaustellen sowie die im August 1933 gegründete vorläufige Reichstheaterkammer, deren Kompetenzen im Zuge der Reichskulturkammergründung wenige Wochen später rechtsverbindlichen Charakter annahmen. Ab 1. Januar 1934 stand allen deutschen Theatern mit Rainer Schlösser zudem ein »Reichsdramaturg« vor, der die Spielpläne im »nationalsozialistischen Geist« koordinieren sollte. Das Theatergesetz vom Mai 1934 unterstellte die Bühnen endgültig dem Reichspropagandaminister, legalisierte seine Eingriffe und machte die Besetzung aller Leitungspositionen von seinem Placet abhängig. Länger dauerte es, die lautstark propagierte »harmonische Betriebsgemeinschaft« in den Theatern zu verwirklichen, die allerdings nie ganz zu realisieren war. Auch nach der schrittweisen Zwangsüberführung der ehemaligen Mitglieder des *Deutschen Bühnen-Vereins* oder der *Genossenschaft Deutscher Bühnen-Angehörigen* in die *Fachschaft Bühne*, blieb für das nicht-künstlerische Personal wie zuvor eine eigene Organisation, die *Deutsche Arbeitsfront* (DAF) zuständig. Daß jedoch der Hin-

[3] Der Mannheimer Ehrenbürger Wilhelm Furtwängler, der zum Abschluß der Akademiekonzerte im April 1933 die vereinigten Orchester der Berliner Philharmoniker und des Mannheimer Theaters dirigieren sollte, weigerte sich, den jüdischen Konzertmeister seines Berliner Orchesters durch den ersten Violinisten Mannheims, einen Parteigenossen, zu ersetzen, blieb dem Festbankett fern und erklärte, er werde die Stadt nicht mehr betreten (vgl. Walter II/1950, S. 188).

[4] Im Jahr 1973 brachte Friedrich Brandenburg unter dem Titel »Das Theater eines Lebens – 12 Bilder einer ›Revue‹ aus acht Lebensjahrzehnten in Dokumenten Briefen Zeitungsnotizen mit verbindendem Text einem Prolog und einem Epilog« seine Erinnerungen besonders an die Zeit von 1933 bis 1945 zu Papier; das zur Zeit noch unveröffentlichte Originaltyposkript der Memoiren befindet sich im Eigentum der Theatersammlung des Reiss-Museums.

weis auf das Netz staatlicher bzw. parteiamtlicher Kontrolle keinen der damals Verantwortlichen *a priori* entlastet, weil trotz der zentralen Lenkung immer wieder individuelle Entscheidungen den Ausschlag gaben, wird am Beispiel des Nationaltheaters deutlich. Wenngleich außer den subjektiv gefärbten Erinnerungsbildern Friedrich Brandenburgs[4] kaum andere ähnlich umfassende Quellen überliefert sind, ist am dominierenden Einfluß einzelner nicht zu zweifeln.

Zur Personalpolitik des Nationaltheaters
Druck auf die Personalpolitik des Intendanten übte allein Oberbürgermeister Renninger aus, wohingegen dem Theaterausschuß (ab 1935 *Theaterbeirat*), der Kreisleitung der NSDAP und allen übrigen Behörden allenfalls akklamatorische Funktion zukam. Das insgesamt positive Zeugnis, das Brandenburg Renninger nachträglich ausstellte, ist allerdings nicht nur wegen des unübersehbaren Judenhasses des Oberbürgermeisters einzuschränken. Wie schon bei den »Säuberungen« des Frühjahrs 1933 drängte Renninger, nicht die Reichstheaterkammer, nach Verabschiedung der »Nürnberger Rassegesetze« darauf, die als »jüdisch-versippt« denunzierten Ensemblemitglieder, Annemarie Schradiek und Lucie Rena, zu entfernen, obwohl beide nach dem Buchstaben des Gesetzes nicht hätten entlassen werden müssen.[5] Und wenn Brandenburg betonte, daß aufgrund seiner Fürsprache alle im April 1933 noch beschäftigten SPD-Mitglieder nach einer »Bewährungsprobe« unbehelligt geblieben seien, so entsprach dies einerseits der gängigen Praxis und entsprang andererseits dem »Zwang der Verhältnisse«, weil die Entlassung der schwer zu ersetzenden Techniker den Bühnenbetrieb lahmgelegt hätte.

In den Anfangsjahren des *Dritten Reichs* bedrängten zudem die gesinnungstreuen Parteimitglieder des Nationaltheaters, Dramaturg Erich Dürr, Generalmusikdirektor Philipp Wüst, Konzertmeister Max Kergl, der »märzgefallene« Verwaltungsdirektor Karl Herrmann oder Heinrich Duffner, der Parteiobmann der DAF, den Intendanten stärker als alle fernen Funktionsträger. Erst nachdem Walter Erich Schäfer 1934 Dürr und Karl Elmendorff zwei Jahre später Wüst abgelöst hatten, verbesserte sich das Betriebsklima, zumal Renninger den ›sturen Nazi‹ Heinrich Duffner (vgl. Brandenburg 1973, S. 61) 1938 an eine Schule versetzte. Ob diese personellen Wechsel allerdings die ideologische Distanz des Nationaltheaters so weit stärkten, wie Brandenburg nachträglich behauptete, muß dahingestellt bleiben (vgl. Brandenburg 1973, S. 132–134). Der neue Dramaturg, Walter Erich Schäfer, etwa verkörpert geradezu die Ambivalenz deutscher Künstler im *Dritten Reich*. Zwar war der Stuttgarter Kollege Brandenburgs im März 1933 ebenfalls entlassen worden, aber er zählte nicht nur zu den Protegés des »Reichsdramaturgen«, sondern auch zu den Protagonisten der völkischen »Thingspiele« und zu den erfolgreichsten »nationalen« Theaterautoren der Zeit. Und der Bruder des gefeierten Bassisten Heinrich Hölzlin, Friedrich Hölzlin, der den Posten des Parteiobmanns übernahm, war als überzeugter Nationalsozialist aus Prag »heimgekehrt ins Reich« und profilierte sich hier mit Werken »auslandsdeutscher Dichter«. Nicht zu übersehen ist jedoch, daß Brandenburg durch die Mitarbeit des loyal zu ihm stehenden Parteiobmanns an Bewegungsfreiheit gewann, auch weil er das Placet des Reichspropagandaministers für die Besetzung von Führungspositionen immer wieder dadurch umging, daß er diese Zug um Zug selbst übernahm und die frei werdenden Stellen unterrangig besetzte. Diese von keiner Seite beanstandete Praxis, die noch einmal alle Aussagen zum totalitären Charakter des Systems relativiert, garantierte

[5] Zum »Fall« Annemarie Schradiek vgl. May 1986, S. 102–103; zum »Fall« Lucie Rena und ihres von ihr geschiedenen Ehemannes Alfred Tokayer vgl. Prieberg 1982, S. 48–49 (allerdings ist Priebergs Aussage, Tokayer sei Kapellmeister am Mannheimer Nationaltheater gewesen, falsch), May 1986, S. 103–104, Brandenburg 1973, S. 129–131 und Fliedner 1991, S. 620–629, Dokumente Nr. 279 b bis Nr. 279 l (Fliedner gibt jedoch nur die Anfangsbuchstaben L.T. bzw. A.T. wieder). Entlassen wurde im September 1936 auch der Harfenist Heinrich Lindner, dessen Mutter Jüdin war. Bis zu diesem Zeitpunkt war er als Frontkämpfer des Ersten Weltkriegs unter die Ausnahmebestimmungen des »Gesetzes zur Wiederherstellung des Berufsbeamtentums« gefallen. Daß er 1940 wieder eingestellt wurde, verdankte der überzeugte Anhänger Hitlers vor allem einer Sondergenehmigung von Goebbels (vgl. Fliedner 1991, S. 448–450, Dokument Nr. 129).

Szene aus Schwarzschwanenreich *von Siegfried Wagner. EA 24. April 1937, Inszenierung: Alexander Spring a.G., ML: Karl Elmendorff. In Bühnenbildern von Wieland Wagner (a.G.) Erich Hallstroem (Liebhold), Marlene Müller-Hampe (Hulda). Foto: G. Tillmann-Matter. RMM, Thslg.*

die Ergänzung des Ensembles nach künstlerischen Gesichtspunkten, und sie belegt die Bereitschaft des Intendanten, seinen Spielraum zumindest in personeller Hinsicht auszuweiten.

Der Mannheimer Spielplan von 1933 bis 1944

In den Mittelpunkt der nationalsozialistischen Kulturpolitik rückte parallel zur »Ausmerzung« der sogenannten entarteten die Pflege der »arteigenen« Kunst. Für die Theater bedeutete dies zum einen, daß alle Opern, Operetten, Dramen und Komödien, die aus der Feder »kulturbolschewistischer« bzw. jüdischer Autoren geflossen oder einer avantgardistischen Ästhetik verpflichtet waren, verboten wurden. Zum anderen begann 1933 die offizielle Förderung von Autoren und Komponisten, die dem »völkischen Aufbruch« künstlerischen Ausdruck verleihen sollten. Hinzu kam nach Kriegsbeginn das Verbot literarischer und musikalischer Werke aus dem »feindlichen Ausland«. Erwünscht war allein die Kunst »nordischer Brudervölker« und faschistischer Staaten wie Italien oder Spanien. Doch so klar die Verbotskriterien auf der Hand zu liegen schienen, in zahllosen Einzelfällen entbrannte ein erbitterter parteiinterner Kampf um die »rassisch reine Lehre«: Durften – um nur zwei prägnante Beispiele zu nennen – die *Schweigsame Frau* von Richard Strauss, deren Libretto vom Juden Stefan Zweig stammte, oder Mozarts *Zauberflöte*, die freimaurerische Ideale verherrlichte, aufgeführt werden? Den Streit entschieden Hitler und der in diesen Fällen »pragmatische« Propagandist Goebbels zugunsten des Komponisten Strauss, der zumindest vorübergehend der Reichsmusikkammer als Präsident internationales Prestige verlieh, und der populären Oper. Beide Werke wurden im Gegensatz zu vielen anderen nicht auf den Index des Reichsdramaturgen gesetzt, dessen »Schwarze Listen« gleichwohl den Spielplan der einzelnen Sparten in unterschiedlicher Weise dezimierten.

Zeitlos Klassisches und »unzeit-gemäß« Zeitgenössisches: Die Mannheimer Opernaufführungen

Kaum von Verboten betroffen war das Opernrepertoire, da nur *Hoffmanns Erzählungen* von einem »nichtarischen« Komponisten, Jacques Offenbach, stammte, und die Rassefanatiker beispielsweise Ruggiero Leoncavallo »übersahen«, dessen *Bajazzo* auch in Mannheim bis Kriegsende immer wieder auf dem Spielplan stand. Demgegenüber nahm das Publikum das Verschwinden Meyerbeers ebenso wie das anderer jüdischer Komponisten kaum zur Kenntnis, und die Neutöner der Moderne hatte es schon zuvor abgelehnt. Es verwundert daher nicht, daß das

Jahr 1933 die deutschen Opernspielpläne kaum umgestaltete. Auf allen deutschen Bühnen dominierten nach wie vor die Werke Richard Wagners, Wolfgang Amadé Mozarts und Albert Lortzings. Die besondere Wagner-Pflege des Nationaltheaters stellte keine Ausnahme dar, aber nicht überall dürfte dem Geist Bayreuths so gehuldigt worden sein wie hier. Richard Wagners Musikdramen fehlten in keiner Spielzeit, und Wüst führte jährlich den gesamten *Ring* auf, bevor er 1936 Karl Böhm in Breslau nachfolgte. Elmendorff dirigierte ein Jahr später darüber hinaus die postume Erstaufführung von Siegfried Wagners Märchenoper *Schwarzschwanenreich*. Etwas aus dem Rahmen fiel dagegen die Mannheimer Mozart-Rezeption. Brandenburg brachte nicht nur die Meisterwerke des mit der Quadratestadt in besonderer Weise verbundenen Komponisten, sondern dessen gesamtes musikdramatisches Œuvre auf die Bühne, weil die Wiedereröffnung des Schwetzinger Schloßtheaters ihm ab 1937 die einmalige Chance bot, dessen Frühwerk im originalen Ambiente neu zu inszenieren. In Schwetzingen kamen auch seltener gespielte Opern Glucks und Händels zu neuen Ehren. Diese verdienstvollen Bereicherungen wichen jedoch ebensowenig vom »Idealspielplan« des Reichsdramaturgen ab wie die wiederholten Inszenierungen der Erfolgsopern von Beethoven, Flotow, Cornelius, Humperdinck, Kreutzer, Kienzl oder der Werke Carl Maria von Webers, die aus lokalpatriotischen Gründen in Mannheim häufiger aufgeführt wurden als in anderen Städten (vgl. unter anderem die *Chronologie* in diesem Buch, 1810). Zum Repertoire zählten außerdem die beiden meistgespielten zeitgenössischen Komponisten, Eugen d'Albert und Richard Strauss, dessen nach 1933 entstandene Opern *Arabella*, *Daphne* und *Friedenstag* zu den erfolgreichsten Uraufführungen des *Dritten Reichs* gehörten. In Mannheim zählten sie ebenso wie die frühen Werke zum Standardprogramm: Von 1933 bis 1943 stand jährlich – mit Ausnahme der von den Nazis verfemten Kompositionen *Die schweigsame Frau* und *Salome* – mindestens eine Strauss-Inszenierung auf dem Spielplan.

Neben diesen Monumenten »arteigenen Musikschaffens« konnte Brandenburg wie alle deutschen Intendanten nicht auf die Opernklassiker Verdis, Rossinis, Puccinis, Donizettis, Leoncavallos oder Mascagnis verzichten. Allerdings profilierte er sich nur mit zwei Erstaufführungen junger italienischer Komponisten, einerseits des der Tradition verhafteten Neapolitaners Jacopo Napoli und andererseits des Mussolini-Enthusiasten Alfredo Casella. Noch bemerkenswerter ist das nahezu vollständige Fehlen französischer Opern. In Mannheim wurden allein Daniel Aubers *Fra Diavolo* und immer wieder Georges Bizets unverwüstliche *Carmen* aufgeführt. Das nach Kriegsbeginn verhängte generelle Spielverbot französischer Werke, von dem allerdings *Carmen* sofort ausgenommen wurde, traf die Bühne somit ebensowenig wie das spätere Verbot russischer Komponisten, denn Elmendorff hatte während seiner Mannheimer Jahre allein drei Opern Peter Tschaikowskys dem Vergessen entrissen. Auch wenn man Friedrich Smetanas *Verkaufte Braut* und die Erstaufführung von Anton Dvořáks *Der Jakobiner* hinzurechnet, springt der geringe Anteil ausländischer Opern ins Auge. Sicherlich lagen der Bevorzugung des deutschen Repertoires auch kommerzielle Erwägungen zugrunde, aber der Mannheimer Opernspielplan paßte sich den offiziellen Vorgaben übergenau an und vermied künstlerische Risiken.

Dies gilt in ähnlicher Weise für die Rezeption der offiziell geförderten zeitgenössischen Komponisten, deren volkstümliche Opern dem 19. Jahr-

Szene aus Arabella *von Richard Strauss (3. Akt). EA 19. November 1933 (rund fünf Monate nach der Dresdener Uraufführung), Regie: Richard Hein, ML: Philipp Wüst. Im Bühnenbild von Eduard Löffler von links nach rechts: Heinrich Hölzlin (Graf Waldner), Irene Ziegler (Adelaide, seine Frau), Gussa Heiken (Zdenka), Erika Müller (Arabella), Karl Buschmann (Mandryka), Ludwig Schultz (Welko), Hans Karasek (Djura). Foto: G. Tillmann-Matter. RMM, Thslg.*

hundert verpflichtet blieben. Zwar gelangten viele Werke nicht über einige Aufführungen hinaus, aber festzuhalten bleibt sowohl die Regelmäßigkeit als auch die hohe Zahl der Einstudierungen. Im Falle Mannheims bedurfte es keiner Mahnbriefe Schlössers, um das »arteigene Musikschaffen« durchzusetzen. Das 1942 angeordnete Soll von jährlich zwei Premieren überbot man hier seit 1934 mit bis zu vier Erstaufführungen – Strauss und d'Albert nicht eingerechnet – pro Spielzeit. Neben den Musikdramen Rudolf Wagner-Régenys, Hans Grimms, Wilhelm Stärks (vgl. Farbabbildung IX, 17), Ottmar Gersters, Werner Egks konnte das Publikum auch die Werke des Multifunktionärs des nationalsozialistischen Musikschaffens, Paul Graener, kennenlernen. Von den zehn populärsten Volksopern fehlten weder Norbert Schultzes *Schwarzer Peter* noch Mark Lothars *Schneider Wibbel* oder Julius Weismanns *Pfiffige Magd*. Interessanterweise »riskierte« man mit zwei Spielopern von Eugen Bodart, der 1943 Elmendorff als Generalmusikdirektor nachfolgte, sowie Kurt Gillmanns *Die Frauen des Aretino* nur drei Uraufführungen. Selbst die Werke des badischen Komponisten Arthur Kusterer wurden erst nachgespielt, wenn sie sich an anderen Bühnen durchgesetzt hatten. All dies unterstreicht das Bemühen von Generalmusikdirektor und Intendant, Konflikte zu vermeiden. Wagnisse gingen sie – sieht man von Joseph Haas' Oper *Tobias Wunderlich* ab, die allerdings trotz ihrer umstrittenen »christlichen Tendenz« von über zwanzig deutschen Bühnen übernommen wurde – nur in Ausnahmefällen ein.

Kahlschlag aufgrund rassistischer Ideologie: Die Operette

Demgegenüber reduzierte der nazistische Rassenwahn keine Sparte des Theaters so drastisch wie die der Operette. Wenngleich Goebbels und das Reichssippenamt die erst nach dem »Anschluß Österreichs« entdeckten jüdischen Vorfahren der Wiener Strauß-Dynastie »totschwiegen«, verschwanden nach der »Machtergreifung« die populären Werke Paul Abrahams, Leo Aschers, Ralph Benatzkys, Leo Falls, Jean Gilberts, Emmerich Kálmáns, Robert Stolz' und Oscar Straus' von den deutschen Bühnen; zumindest zeitweise aus »rassischen« Gründen boykottiert wurde Eduard Künneke, der nach seiner »Rehabilitierung« nur allmählich an frühere Erfolge anknüpfen konnte. Erst Ende 1934 »entlarvte« die Dienststelle Rosenberg die »nichtarische« Herkunft Leon Jessels, dessen *Schwarzwaldmädel* 1933/34 in Mannheim und vielen anderen Städten noch auf dem Spielplan gestanden hatte. Die Folgen dieses Exodus treten am Mannheimer Beispiel offen zutage, wenngleich hier der Operette bei weitem nicht der gleiche Stellenwert zukam wie der Oper. Zum einen blieb den Verantwortlichen nur der Rückgriff auf die Klassiker von Johann Strauß, Carl Zeller, Karl Millöcker und Franz Lehár, die nun noch öfter auf dem Programm standen als zuvor. Neben Wiederaufnahmen der populären Werke Rudolf Dellingers, Paul Linckes und Walter Kollos behaupteten sich nur die Erfolgsoperetten Eduard Künnekes. Zum anderen jedoch konnte eine Reihe junger Komponisten, von denen heute nur noch Fred Raymond, Nico Dostal und mit Einschränkungen Arno Vetterling oder August Pepöck bekannt sind, mit platten Plagiaten die Gunst der Stunde nutzen. Andere Konjunkturritter, die ihre musikalischen Eintagsfliegen aus Versatzstücken verbotener Werke zusammenschusterten, sind jedoch zu Recht in Vergessenheit geraten.

Die Dominanz der deutschen Zeitgenossen: Das Mannheimer Sprechtheater

Dominierte – wenngleich aus unterschiedlichen Gründen – in den Sparten des Musiktheaters das traditionelle Repertoire, so kehrten sich die Verhältnisse im Bereich des Schauspiels um. Von den insgesamt 255 Inszenierungen der Brandenburg-Ära waren mehr als die Hälfte zeitgenössisch, das heißt während des *Dritten Reichs* uraufgeführt worden, und ihr Anteil übertraf sowohl den der vor 1871 entstandenen »Klassiker« als auch den der Novitäten des Kaiserreichs und der Weimarer Republik um mehr als das Doppelte. Daß dabei den zwischen 1918 und 1933 geschriebenen Stücken der geringste Stellenwert zukam, überrascht angesichts der Vielzahl der Schriftsteller, die emigrieren mußten, nicht. Dies führte in dieser Gruppe zu einer Überrepräsentanz der braunen Vorläuferdramatik, die somit die Zahl der Schauspiele, die der NS-Ideologie zumindest mittelbar nahestanden, noch erhöhte. Wie jedoch ist dies mit den Beteuerungen Brandenburgs, national(sozial)istische Tendenzstücke seien in Mannheim erfolglos geblieben, in Einklang zu bringen? Die Antwort auf diese Frage lenkt den Blick auf ein grundsätzliches Problem, die Bewertung der unterhaltenden Genres des *Dritten Reichs*. Der Widerspruch gründet allein in der

Szene aus Der goldene Kranz, *»ein Volksstück« von Jochen Huth. EA 30. September 1937, Regie: Hans Becker. Von links nach rechts: Lola Mebius a.G. (Emma Linke, Aushilfe), Josef Offenbach (Oskar Linke, ihr Mann), Heini Handschumacher (Karl Linke, ihr Sohn), Lore Mayerhofer (Gertrud Linke, ihre Tochter), Lene Blankenfeld (Frau Krause, Aufwartefrau). Foto: G. Tillmann-Matter. RMM, Thslg.*

verschiedenen Einschätzung der ernsten wie heiteren Gebrauchsdramatik jener Jahre, die zwei Drittel der zeitgenössischen Produktion ausmachte. Grenzt man sie als »unpolitisch« von den »eigentlichen« Propagandastücken ab, so sinkt der Anteil der Politdramen tatsächlich auf etwa ein Fünftel aller in Mannheim aufgeführten Schauspiele ab.

Aber widerspricht schon die große Zahl der 1933 nicht nur aus rassischen Gründen aussortierten populären Werke dem allgemeinen Konsens über die »Zeitlosigkeit« der Unterhaltung, so muß dieses Urteil auch angesichts der damaligen Erfolgsstücke revidiert werden. Nicht immer lag die Ideologie so klar auf der Hand wie in Dietrich Lohners Abrechnung mit Weimar (*Konjunktur*) oder Jochen Huths Stilisierung eines deutschen Mutterschicksals (*Der goldene Kranz*). Tendenzlosigkeit kann Karl Bunjes und August Hinrichs' Volksstücken, die nicht nur in Mannheim in der Publikumsgunst weit vor allen anderen rangierten, ebensowenig bescheinigt werden wie den Komödien Heinz Steguweits, Heinrich Zerkaulens, Friedrich Forsters oder den Lustspielen des Pfälzers Heinz Lorenz. Gewiß, Autoren und Stücke wechselten von Spielzeit zu Spielzeit, anhaltende Erfolge waren allein Axel Ivers, Toni Impekoven, Leo Lenz oder dem »Hausautor« des *Deutschen Theaters* in Berlin, Walter Gilbricht, beschieden, deren Liebes- und Ehekomödien während des Krieges dominierten. Daneben konnten sich hier allenfalls Curt Goetz oder Ludwig Thoma behaupten, wohingegen die an anderen Bühnen vielgespielten ausländischen Autoren kaum beachtet wurden. Der angelsächsischen Komödie zollte man nur dreimal (George Bernard Shaw: *Pygmalion*, Brandon Thomas: *Charleys Tante*, Oscar Wilde: *Eine Frau ohne Bedeutung*), der französischen gar nur einmal Tribut (Victorien Sardou: *Madame sans Gêne*).

Keine »Flucht« in die Klassik

Die Aussagen Brandenburgs, die Pflege der klassischen Dichtkunst habe ihm besonders am Herzen gelegen, lassen sich empirisch nicht beweisen. Weder ihr prozentualer Anteil am Mannheimer Spielplan noch ihre Auswahl wich signifikant von der Klassikrezeption anderer Stadttheater ab. Überall blieb Schiller nach 1933 der am meisten gespielte klassische Dramatiker, selbst die Beliebtheit seiner Werke variierte nur unwesentlich. Der *Tell*, zuvor am häufigsten aufgeführt, fiel weit zurück, bevor Hitler das Tyrannenmord-Drama 1941 verbot. Andernorts wurde der politisch brisante *Don Carlos* häufiger gespielt als auf der *Schillerbühne*, dagegen rückten hier die *Wallenstein*-Trilogie und 1943/44 der *Fiesco* in den Blickpunkt, obwohl Schlösser ein Jahr zuvor »empfohlen« hatte, das Trauerspiel aus den Spielplänen zu streichen. Vordergründig kam Brandenburg dabei das Auffinden der sogenannten dritten Fassung zu Hilfe, denn jetzt konnte er einen »neuen« Schluß inszenieren, der die politische Sprengkraft indes noch verstärkte: Verrina stellt sich, nachdem er den Tyrannen Fiesco erstochen hat, dem Gericht des befreiten Volkes. Aber die befürchteten Reaktionen der NS-Behörden blieben aus, ja, der »Reichsdramaturg« stimmte sogar der Premiere am Jahrestag der »Machtergreifung« zu. Sah er im »Volksgericht« eine ähnliche Verkörperung nationalsozialistischer Ideologie wie die Mannheimer Kritiker, oder gestand er dem Theater gar eine politische Ventilfunktion zu, weil diese Form der Opposition in seinen Augen ohnehin »folgenlos« blieb?

Annähernd gleich großer Beliebtheit wie die Schauspiele des »Lokalmatadors« erfreuten sich bis Kriegsbeginn die Königsdramen und Komödien Shakespeares, denen sich Brandenburg mit besonderer Hingabe widmete. An dritter Stelle folgten die Werke Goethes, die erst nach Ausbruch des Zweiten Weltkriegs häufiger inszeniert wurden, allen voran die *Iphigenie*, die bezeichnenderweise zwischen 1942 und 1944 mit insgesamt 24 Aufführungen zum meistgespielten klassischen Drama avancierte. Außerdem waren in Mannheim Kleist mit vier, Grabbe und Lessing sowie – nach dem »Anschluß« Österreichs – Grillparzer und Nestroy mit je zwei Stücken vertreten. Auffällig bleibt wie in den anderen Sparten die geringe Berücksichtigung ausländischer Autoren, sieht man von Shakespeare ab, den die NS-Literaturwissenschaft jedoch längst »germanisiert« hatte. Daneben wurden mit Molières *Gelehrte Frauen* nur eine klassische französische und mit Goldonis *Die Zwillinge aus Venedig* nur eine italienische Komödie berücksichtigt. Diesen Mangel an Internationalität konnte die nach dem Abschluß des deutsch-spanischen Kulturabkommens von 1939 forcierte Wiederentdeckung von Lope de Vega nicht wettmachen, aber immerhin war er mit fünf Inszenierungen neben Shakespeare der meistgespielte fremdsprachige Klassiker der Brandenburg-Ära.

Die Konjunktur der völkisch-heroischen Dramen

Keine andere Sparte hat das Urteil über das NS-Theater stärker geprägt als die heroischen Historien- oder völkischen »Blut-und-Boden-Dramen« der

Szene aus Der Türkenlouis, *»Ein Kampfstück um den Oberrhein« von Friedrich Roth. EA 20. April 1934, Regie: Friedrich Brandenburg. Im Bühnenbild von Eduard Löffler Willy Birgel (Markgraf Ludwig Wilhelm v. Baden, genannt der Türkenlouis), Elisabeth Stieler (Sibylla Augusta, seine Gemahlin). Foto: G. Tillmann-Matter. RMM, Thslg.*

braunen Parteidichter sowie ihrer nationalistischen Vorläufer. Übersehen wurde dabei, daß ihr Anteil am gesamten Spielplan kaum zehn Prozent ausmachte. Ihre geringe Präsenz in Mannheim stellt somit keine Ausnahme, sondern eher die Regel dar. Und zweifellos hatte der Zwang zur besonderen programmatischen Gestaltung der NS-Feiertage, der allfälligen Gaupropagandawochen oder der nationalen Großereignisse wie der »Rückkehr der Saar« oder des »Anschlusses Österreichs« entscheidenden Anteil daran, daß diese Stücke überhaupt auf die Bühne gebracht wurden. Aber so stark der Druck der Reichstheaterkammer oder der badischen und pfälzischen Gauleitungen auch gewesen sein mag, der vergleichende Blick auf die Spielpläne anderer Theater zeigt, daß Brandenburg in den Anfangsjahren des *Dritten Reichs* das geforderte Soll »übererfüllte«. In Mannheim suchte man an Fest- und Feiertagen zunächst nur wenig »Zuflucht« bei den ideologisch unverdächtigen Opern Wagners, sondern paßte sich mit (Ur-)Aufführungen nazistischer Politdramen an. 1934 dokumentierten Kuno Brombachers Festspiel um »Deutschlands Erwachen« *Der steile Weg*, Friedrich Roths Historienspiel *Der Türkenlouis* und Hans Multerers »Blut-und-Boden-Drama« *Saat und Ernte* die »Kapitulation« vor dem braunen Ungeist. Ihnen folgten die Stücke der ersten Garde der den Nationalsozialisten genehmen Dichter Hanns Johst, Eberhard Wolfgang Möller, Friedrich Rehberg, Friedrich Bethge oder Hermann Burte, bevor in den Kriegsjahren (Opern-)Klassiker und unterhaltende Stücke in den Vordergrund traten.

Besucherzahlen und Publikumsorganisationen
Ob diese Rückkehr zum »Bewährten« und Populären wieder mehr Publikum ins Theater strömen ließ, ist nicht eindeutig zu belegen. Festzuhalten ist jedoch, daß die Auslastung des Nationaltheaters sich erst seit 1936 wieder auf dem Niveau der durch die Weltwirtschaftskrise beeinträchtigten Maisch-Ära stabilisierte. In den Jahren zuvor zählte das Nationaltheater so wenige Zuschauer wie seit dem Ersten Weltkrieg nicht mehr. Die Unsicherheit des politischen Umbruchs und die Kündigung der jüdischen Abonnements hatten 1933 einen dramatischen Rückgang der Besucherzahlen bewirkt, der sich in der folgenden Spielzeit fortsetzte, weil die Baufälligkeit der *Schillerbühne* einen Umbau unumgänglich machte (vgl. auch *Chronologie* und Abbildung S. 552). Von Frühjahr bis Herbst 1934 konnte nur im zuvor renovierten *Neuen Theater im Rosengarten* gespielt werden. Erst mit der Wiedereröffnung des traditionsreichen Hauses in B 3 stiegen die Besucherzahlen wieder an, wobei die traditionsorientierte Oper doppelt so hohe Zuwachsraten verzeichnete wie das der braunen Ideologie stärker huldigende Schauspiel. Aber nach wie vor belastete das Theater die Finanzen der Stadt. So war es nur konsequent, wenn Renninger 1937 zusammen mit dem Karlsruher Theaterreferenten Asal erfolgreich das Ansinnen des badischen Propagandaamtes zurückwies, zugunsten des »Grenzstadttheaters« Konstanz auf den jährlichen Staatszuschuß von 23 000 Mark zu verzichten (vgl. May 1986, S. 57–59).

Maßgeblichen Anteil an der verbesserten Zuschauerresonanz hatten nicht allein die gleichgeschalteten Besucherorganisationen, die bereits im April 1933 gegründete *Deutsche Bühne,* später *NS-Kulturgemeinde des Kampfbundes für deutsche Kultur,* oder die im Juni 1934 entstandene *Nationalsozialistische Gemeinde Kraft durch Freude (KdF)*, sondern auch die neuen Schülermieten und die von Brandenburg eingeführten Betriebsvorstellungen des Ensembles.

Der Zweite Weltkrieg und seine Folgen
Die Wehrmachtsbetreuung in und um Mannheim, in der Pfalz und in der Eifel erweiterten ab

Aus Anlaß des Gastspiels des Mannheimer Nationaltheaters in Paris (vgl. Chronologie*) fand am 13. März 1941 abends nach der zweiten* Walküre-*Aufführung ein »Kameradschaftsabend« im Künstlerheim KdF (»Kraft durch Freude«) statt. Unter dem überdimensionalen Porträt Adolf Hitlers von links nach rechts: Generalmusikdirektor Karl Elmendorff, Grete Scheibenhofer (Darstellerin der Sieglinde), Intendant Friedrich Brandenburg, Irene Ziegler (Darstellerin der Fricka) und am Tisch stehend der Mannheimer Oberbürgermeister Carl Renninger während seiner Tischrede.*
Foto: Le Studio, Aufnahme F. Nicolini.
RMM, Thslg. Nachlaß Landerich

Oktober 1939 die »nationalen« Aufgaben des Theaters. Bis Juni 1944 traten seine Mitglieder in 207 Veranstaltungen, meist anspruchslosen »Bunten Abenden«, auf. Der Vormarsch der deutschen Truppen eröffnete indes auch »glanzvollere« Chancen: Im März 1941 vermittelte der Militärbefehlshaber in Frankreich dem Opernensemble mit Wagners *Walküre* ein »einmaliges« Gastspiel in Paris, das die Bühnenblätter mit decouvrierendem nationalen Pathos feierten: »Zum ersten Mal überhaupt« konnte in der *Grand Opéra* »ein deutsches Theater mit eigenen Kräften [...] eine deutsche Oper in deutscher Sprache zu Gehör bringen«. Doch die Realität dieses Krieges holte auch das Nationaltheater ein. Der Rußlandfeldzug vermehrte die Zahl der Einberufungen, und bald beklagte das Ensemble die ersten Gefallenen. Noch verheerendere Folgen zeitigten die dramatisch zunehmenden Luftangriffe. Immer wieder mußten Proben und Aufführungen unterbrochen oder ganz abgesagt werden, bis in der Nacht vom 5. auf den 6. September 1943 die Bomben der Alliierten die traditionsreiche *Schillerbühne* in Schutt und Asche legten (vgl. auch Abbildungen S. 39, 54 und 423). Nur wenige Tage später, am 24. September, zerstörten sie endgültig auch den *Rosengarten* und die dortige Spielstätte des Nationaltheaters. Dennoch versuchte Brandenburg den Spielbetrieb aufrechtzuerhalten, auch um seine Ensemblemitglieder vor

Käthe Dietrich

Heinrich Hölzlin

Inhaltsangabe:

Auf einem freien Platze vor einer Waldschenke findet ein Preisschießen statt. Dem jungen Weidmann Max gelingt es nicht, auch nur zu einem einzigen guten Schusse zu kommen. Kaspar, Maxens Genosse, gibt, um zu helfen, bösen Rat; er weist auf die Mächte der Unterwelt hin und mischt Max betäubenden Saft in seinen Wein. Kaspar verweist ihn nach seinen bisherigen Fehlschüssen auf Freikugeln, die um Mitternacht in der Wolfsschlucht zu gießen seien; sie vermöchten das fernste Ziel nach Willkür zu treffen und wer sie gebrauche, sei ein „Freischütz". Er verhilft dem Kameraden sofort zu einem glücklichen Schuß aus seiner eigenen Büchse und befestigt die Federn von dem erlegten Adler auf Maxens Hut Nach langer Zurede erhält er von Max das Versprechen, Glock Zwölf zum Kugelguß in der finsteren Waldschlucht zu erscheinen. — Im nahen Forsthause harrt indessen die bräutliche Agathe gemeinsam mit Ännchen auf Max und seine Kunde von einem glücklichen Schuß. Die junge Braut ist von bangen Ahnungen erfüllt, und Ännchen sucht mit Gesang und Zurede ihren düsteren Sinn aufzuheitern.

(Fortsetzung Seite 4)

NATIONALTHEATER MANNHEIM

Sonntag, den 5. September 1943

Vorstellung Nr. 1 Außer Miete

Beginn der Spielzeit 1943/44

In neuer Einstudierung:

Der Freischütz

Oper in 3 Abteilungen (5 Bildern) zum Teil nach dem Volksmärchen „Der Freischütz" von Friedrich Kind

Musik von Carl Maria von Weber

Musikal. Ltg.: Werner Ellinger — Spielleitung: Wilhelm Trieloff

PERSONEN:

Ottokar, regierender Graf	Christian Könker
Kuno, gräflicher Erbförster	Wilhelm Trieloff
Agathe, seine Tochter	Käthe Dietrich
Aennchen, ihre Verwandte	Hildegard Stolz
Kaspar, erster Jägerbursche	Heinrich Hölzlin
Max, zweiter Jägerbursche	Georg Faßnacht
Samiel, der schwarze Jäger	Heino Thiele
Ein Eremit	Hans Vögele
Kilian, ein Bauer	Max Baltruschat
Brautjungfern	Lissy Beck Ellen Utpott Hilde Juschy

Szene: Böhmen

Die Zeit der Handlung ist kurz nach Beendigung des Dreißigjährigen Krieges

Chöre: Karl Klauß

Inspizient: Willy Appel

Pause nach dem dritten Bild

Anfang 17 Uhr Ende etwa 19.45 Uhr

Die Zurücknahme von Eintrittskarten findet nur bei Stückänderung statt. Um Störungen der Vorstellung zu vermeiden, kann Zuspätkommenden der Zutritt in den Zuschauerraum erst nach Beendigung eines Spielabschnittes gestattet werden.

Behelfsprogrammheftchen zur Eröffnungsvorstellung der Spielzeit 1943/44 am 5. September 1943 für die Neueinstudierung von Carl Maria v. Webers Oper Der Freischütz. *Kurze Zeit nach der Aufführung, die wegen der Angriffe bereits um 17 Uhr begann, wurde das Nationaltheater auf B 3 durch britische Bomben zerstört. RMM, Thslg.*

Einberufungen zu schützen. Neben Gastspielen in Heidelberg, Weimar, Karlsruhe und Metz, neben zahlreichen Konzerten und Veranstaltungen für Soldaten wie Rüstungsarbeiter fanden 1943/44 im Schloßtheater Schwetzingen, im *Ufa-Palast* Mannheim (N 7) sowie im Ludwigshafener *Pfalzbau* bzw. im *Feierabendhaus* nicht weniger als 181 Theatervorstellungen statt. Am 6. August 1944 eröffnete Brandenburg mit Mozarts *Figaro* sogar die neue Spielzeit, doch Goebbels' am 24. August 1944 durch den Rundfunk angeordnetes Spielverbot für alle deutschen Bühnen, das mit dem 1. September 1944 in Kraft trat, bereitete auch dem Mannheimer Theaterleben des *Dritten Reichs* ein Ende.

Zwischen Zwang, Anpassung und Resistenz

Der Vorhang zu, und alle Fragen offen? Keineswegs! Zu klar tritt zum einen der Antisemitismus der personellen »Säuberungen« zutage, die auf das Konto des NS-Oberbürgermeisters und seiner Parteigänger, nicht auf das des Intendanten zu buchen sind. Aber die Analyse des Spielplans zeigte zum anderen, wie leicht auch er die Grenzen zwischen Zwang, vorauseilendem Gehorsam und affirmativem Attentismus überschritt. Die zentral gelenkten rassistischen »Säuberungen« des Programms waren nicht zu umgehen, aber vor allem die intensive Pflege des »arteigenen« Musikdramas sowie die Reduktion des Sprechtheaters aufs deutsche Schauspiel gingen über die offiziellen Ver- bzw. Gebote hinaus. Und der vielfältige Kriegseinsatz des Mannheimer Ensembles unterstreicht, daß es seine patriotische Pflicht bis zum bitteren Ende erfüllte. Darüber können weder die *Fiesco*- und die *Iphigenie*-Inszenierung als späte Zeugnisse künstlerischer Resistenz noch die spontanen Beifallsstürme, mit denen das Publikum die Sarastro-Arie »In diesen heil'gen Hallen« oder das Bekenntnis des Evangelimanns »Selig sind, die Verfolgung leiden« unterbrach, hinwegtäuschen. Das Mannheimer Theater war kein Hort des künstlerischen Widerstands, wenngleich einige Schauspieler und Brandenburg nach eigenen Aussagen insgeheim mit der illegalen Widerstandsgruppe sympathisierten, die der Garderobe-Inspektor Carl Moll sowie die Bühnenarbeiter Albert Seizinger (sein Bruder Daniel wurde 1942 als Mitglied der Organisation um den Kommunisten Georg Lechleiter hingerichtet, vgl. auch den »Zeitzeugen«-Bericht von Hertha Fuchs), Richard Oesterle und Fritz Thomas aufgebaut hatten. Ihr Aktionsfeld lag bezeichnenderweise außerhalb des Theaters, aber an welchen Aktionen der Mannheimer Arbeiterbewegung sie sich beteiligten, bleibt noch zu klären.[6] Daß der Intendant sie »deckte« (vgl. Brandenburg 1973, S. 25–27, besonders S. 144), ehrt ihn ebenso wie andere seiner Personalentscheidungen. Dies unterstreicht noch einmal die Schwierigkeit, seine persönliche »Rolle« eindeutig zu beurteilen. Sein Mannheimer Spielplan indes hob sich nicht positiv von dem anderer deutscher Stadttheater während des *Dritten Reiches* ab.

Literatur

Bollmus 1970 – Brandenburg Nachlaß – Brandenburg 1973 – Daiber 1995 – Drewniak 1983 – Dussel 1981 – Dussel 1988a – Dussel 1988b – Fliedner 1991 – Freeden 1985 – Geisel 1992 – Heister/ Klein 1984 – Herrmann 1985b – Herrmann Manuskript – Hoffmann 1985 – Ketelsen 1970 – Lang 1988 – Maisch 1968 – Matthias/Weber 1984 – May 1986 – Meyer 1979 – Prieberg 1982 – Schäfer 1975 – Stommer 1985 – Walter II/1950 – Wulf 1989.

[6] Ihre Namen fehlen in der detaillierten Studie zum Widerstand gegen den Nationalsozialismus in Mannheim (Matthias/ Weber 1984). Eingehender philologischer Kritik bedürfen außerdem die Aufzeichnungen Brandenburgs und sein Briefwechsel der ausgehenden 1960er und frühen 1970er Jahre mit dem ehemaligen Parteiobmann Friedrich Hölzlin, um zu klären, welche Tatsachen er selbst erinnerte und was er aus dessen Schreiben übernahm. Nachzugehen wäre etwa auch dem Hinweis Hölzlins, er habe Seizinger »einmal sehr geholfen, als sein Bruder etwa 1940 [sic!] als Sowjet-Agent hingerichtet wurde« (Brief Friedrich Hölzlins an Friedrich Brandenburg vom 20. Dezember 1972, Brandenburg Nachlaß, Reiss-Museum Mannheim, Theatersammlung).

Blick durch das bis heute erhaltene schmiedeeiserne Tor der Jesuitenkirche des kurpfälzischen Hofschlossers Reinhard Sieber auf das zerstörte Nationaltheater, um 1948.
Foto: privat.
RMM, Thslg.

Die Schauburg: Theater hautnah

Kurt Heinz

Eingang zum Nationaltheater im ehemaligen Schauburg-*Kino im* Bernhardushof *(K 1, 5), das dem Nationaltheater von 1945 bis 1956 als Interimstheater diente. Foto (Ausschnitt): Robert Häusser, um 1955. RMM, Thslg.*

Die *Schauburg:* Der Name stand elf Jahre lang für die erste Spielstätte des Nationaltheaters Mannheim nach dem Ende des Krieges. Später sollte es heißen, dies sei die primitivste Behelfsbühne des deutschen Nachkriegstheaters gewesen. Ein objektiv begründbares, mit dem Metermaß nachvollziehbares Urteil. Nur: Im subjektiven Empfinden war dieses ehemalige Kino, mühsam hergerichtet, ein Erlebnisraum für alle Theaterfreunde Mannheims, der Zentralpunkt des kulturellen Heißhungers, der alle beherrschte, die gerade eben noch einmal davongekommen waren.

Vorgespräche

Die Stadt lag in Trümmern, durch zahllose Luftangriffe zerstört. Zwischen den Ruinen der Häuser, den hoch in den Himmel ragenden Kaminen, schlängelten sich die Loren, um den Schutt zu beseitigen. Dazwischen gab es die eine oder andere halbwegs nutzbare Wohnung, die Schutz bot vor Sonne, Regen, Kälte.
Die materielle Not war groß, die Ausflüge aufs Land, per Fahrrad, auch über die leere Autobahn, brachten bei einigem Glück ein paar Kartoffeln, ein bißchen Butter oder Milch ins Haus. Der Schwarzhandel blühte.

In dieser Situation, die kaum einer unter uns je zuvor erlebt hatte, forderte der US-Kulturoffizier[1], daß das Nationaltheater seinen Spielbetrieb wieder aufnehme. Schon im Mai 1945! Erste Sondierungsgespräche mit Vertretern der Stadtverwaltung und der Künstler, die in der Stadt geblieben waren, ermutigten alle Beteiligten. An der Spitze Heinrich Hölzlin, den seit langem hochgeschätzten Bassisten des Opernensembles. Und Richard Laugs, den international renommierten Pianisten, der 1937 als Lehrer einer Meisterklasse an die Mannheimer Musikhochschule gekommen war und während seines Studiums auch das Handwerk des Kapellmeisters gelernt und später kurzzeitig ausgeübt hatte. Jetzt fehlte noch ein Intendant.

Er fand sich in Carl Onno Eisenbart, dem ehemaligen Musik- und Theaterkritiker und Feuilletonchef der *Neuen Mannheimer Zeitung*. Unbelastet hatte er das *Dritte Reich* überstanden. Zwar war Eisenbart ganz und gar nicht begierig auf die ihm angetragene Position, er, der sich stets als publizistisch begleitenden Partner der Künste gesehen und nie den Ehrgeiz entwickelt hatte, auf diesem Feld selbst aktiv zu werden. Doch verschloß er sich nicht dem Gebot der Stunde.

Die tapferen Vier

Zu diesem Triumvirat im künstlerischen Bereich gesellte sich Fritz Kräger als Verwaltungsdirektor. Ein Mannheimer und altgedient an der *Schillerbühne*. Diese tapfere Vierertruppe mußte fortan um jeden Nagel, um jeden Eimer Farbe, um jeden Quadratmeter Leinwand hart kämpfen. Mit ihren Armeelastwagen schafften die Amerikaner den in Heilbronn, in einem Salzstollen während des Krieges ausgelagerten Kostümfundus herbei. Die Musiker mußten zusammengeholt werden, 57 waren es schließlich; sie probten in ungeheizten Räumen der Kunsthalle, die auch der Theaterleitung Unterschlupf gewährte, soweit dies möglich war. Doch schon am 21. Mai gab es ein erstes Konzert in der *Christuskirche* unter der Leitung von Richard Laugs.

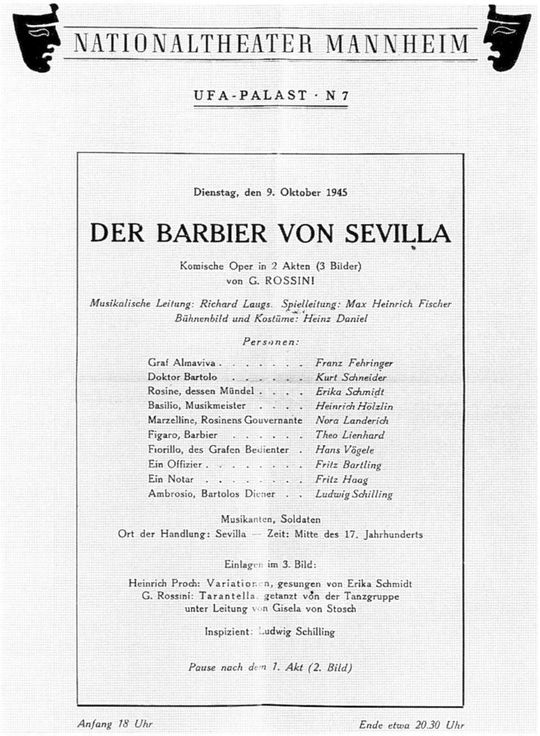

NATIONALTHEATER MANNHEIM

UFA-PALAST · N 7

Dienstag, den 9. Oktober 1945

DER BARBIER VON SEVILLA

Komische Oper in 2 Akten (3 Bilder)
von G. ROSSINI

Musikalische Leitung: Richard Laugs. Spielleitung: Max Heinrich Fischer
Bühnenbild und Kostüme: Heinz Daniel

Personen:

Graf Almaviva	*Franz Fehringer*
Doktor Bartolo	*Kurt Schneider*
Rosine, dessen Mündel	*Erika Schmidt*
Basilio, Musikmeister	*Heinrich Hölzlin*
Marzelline, Rosinens Gouvernante	*Nora Landerich*
Figaro, Barbier	*Theo Lienhard*
Fiorillo, des Grafen Bedienter	*Hans Vögele*
Ein Offizier	*Fritz Bartling*
Ein Notar	*Fritz Haag*
Ambrosio, Bartolos Diener	*Ludwig Schilling*

Musikanten, Soldaten
Ort der Handlung: Sevilla — Zeit: Mitte des 17. Jahrhunderts

Einlagen im 3. Bild:

Heinrich Proch: Variationen, gesungen von Erika Schmidt
G. Rossini: Tarantella, getanzt von der Tanzgruppe unter Leitung von Gisela von Stosch

Inspizient: Ludwig Schilling

Pause nach dem 1. Akt (2. Bild)

Anfang 18 Uhr *Ende etwa 20.30 Uhr*

[1] Möglicherweise Major Reilly oder Major John W. Pawhida. (Education Officer).
In der Beiratssitzung vom 8. November 1945 bedankte sich Oberbürgermeister Josef Braun bei folgenden Personen der Militärregierung, die sich besonders für die Wiedereinrichtung des Nationaltheaters in der Schauburg eingesetzt haben: Col. Charles D. Winning, Col. Lisle, Major Lewis und Mitarbeiter. In der Sitzung vom 14. November 1945 gilt der Dank des Oberbürgermeisters zusätzlich Col. Smith. Die Kulturoffiziere wechselten häufig, so daß nur noch schwer nachvollziehbar ist, wer wann welche Entscheidungen getroffen hat. Vgl. Stadtarchiv Mannheim, Zug. OB/147, Heft I und Hauptregistratur aus der Zeit (Anm. d. Red.).

Theaterzettel zur ersten szenischen Opernaufführung nach dem Krieg: Gespielt wurde im Universum, *N 7, Gioacchino Rossinis* Barbier von Sevilla *in der Inszenierung von Max Heinrich Fischer sowie in Bühnenbildern und Kostümen von Heinz Daniel. Reprofoto: Jean Christen. RMM, Thslg.*

Dem einen Konzert folgten andere, es folgten Lieder- und Arien-Abende, kabarettistische Darbietungen. Auch formierte sich wieder ein Opernensemble und erarbeitete eine szenische Wiedergabe des *Barbiers von Sevilla* von Rossini, die am 9. Oktober 1945 im *Universum* Premiere hatte, dem ehemaligen *UfA-Palast*, das die Amerikaner für sich besetzt hielten, zu diesen Abenden aber (wie später für die Akademiekonzerte, vgl. Festschrift 1954, S. 23) freigaben.

Jedermann als Signal

Wer diese Vorgeschichte nicht miterlebt oder sich nicht mit ihr vertraut gemacht hat, kann kaum ermessen, welche Gefühle uns bewegten, als wir an dem trüben, kalten Sonntag, dem 11. November 1945, zur *Schauburg* pilgerten, den größten Teil des Wegs zu Fuß. Denn öffentliche Verkehrsmittel waren rar und unzuverlässig. 17 Uhr: Premiere *Jedermann* von Hugo von Hofmannsthal. Nicht wenige Mannheimer hätten sich natürlich unser »Hausstück« gewünscht: *Die Räuber* von Schiller. Jeder Gedanke daran scheiterte jedoch an der personellen und szenischen Aufwendigkeit des Dramas. Wichtiger aber noch: Der *Jedermann* dokumentierte den Aufbruch in eine neue Zeit.

In der Stunde der Not

Ein Zeichen setzen: Oberbürgermeister Josef Braun brachte es in seiner unprätentiösen Festansprache, die im Mannheimer Stadtarchiv bewahrt wird, an

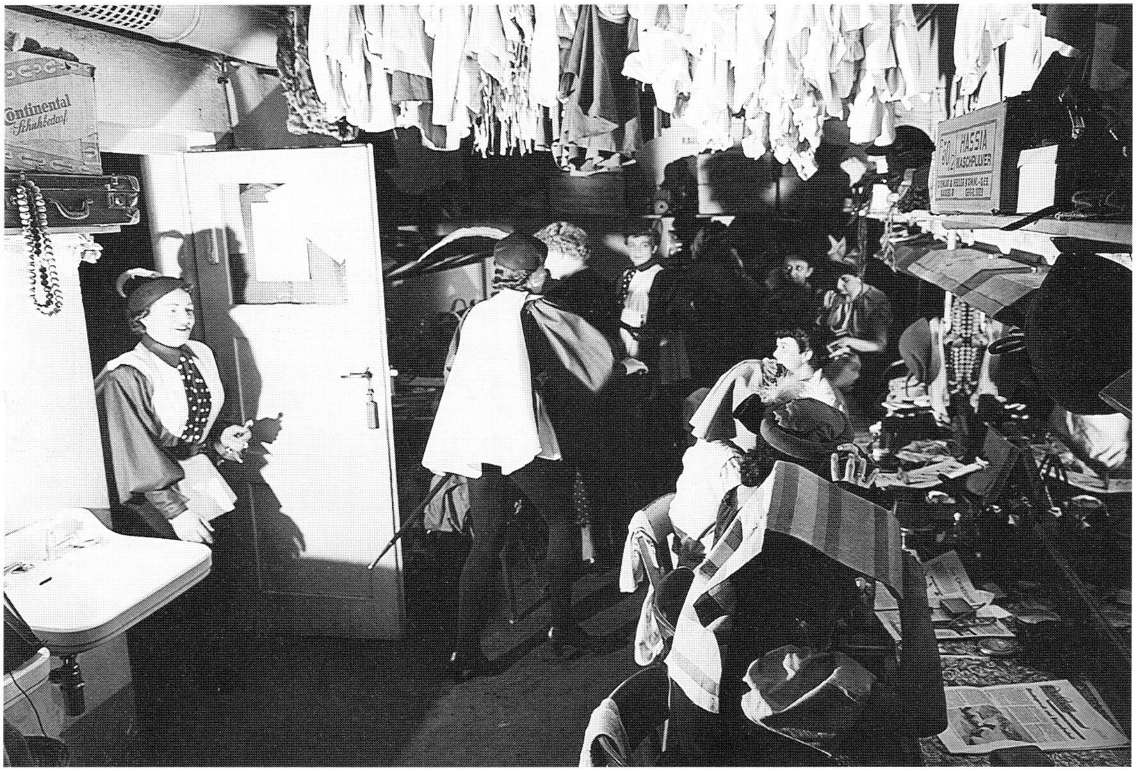

Blick in eine der Behelfsgardaroben in der Schauburg*, die in diesem Fall achtzehn Choristinnen diente, gleichzeitig jedoch noch einen Teil des Kostümfundus beherbergte. Foto: Adolf Falk, 1953. RMM, Thslg.*

diesem Abend auf den Punkt: »Es ist möglich, daß wir angesichts einer voraussichtlich im Winter noch steigenden Not in dieser Stunde von vielen noch nicht verstanden werden, die da glauben, daß die Zeitverhältnisse es bedingen könnten, die Theaterpforten geschlossen zu halten. Mir scheint der Augenblick gut gewählt zu sein, das Kultur-Theater in den Blickpunkt des Zeitgeschehens zu rücken.« Eines Zeitgeschehens, das in geistig-künstlerischer Hinsicht einen überwältigenden Raum der Freiheit öffnete.

Was tat's, daß wir während der Vorstellungen im Parkett die Mäntel entweder anbehielten, weil es kühl war, oder sie auf den Schoß legten. Wer hätte damals gewagt, das gute Stück aus der Hand zu geben! Die Künstler ihrerseits waren schließlich auch nicht viel besser dran. In ihrem Umkleidebereich gab es anfangs nicht einmal eine Toilette, die Bühne nahm mal eben eine Fläche von acht Metern in der Breite, von vier Metern in der Tiefe ein.

Das neue Repertoire

Inszeniert von Roland Ricklinger spielte Viktor Stefan Görtz den Jedermann. Klar und entschieden in der Diktion, umgeben von der Kulisse Heinz Daniels, deren Spitzbogen den gotischen Grundton bestärkten, der das Stück und seine Verse beherrscht. Danach kam der *Barbier von Sevilla* nun auch in die *Schauburg,* und Beethovens *Fidelio* erschien am 18. November 1945 in einer Inszenierung von Max Heinrich Fischer, die wegen ihrer »Aktualisierung« nicht ungeteilten Anklang fand. Das SS-Schwarz in der Uniform der Pizarro-Schergen gegen das Khaki-Gelb der Truppen des Ministers – das schien so manchem schließlich doch übertrieben. Weiter ging es in dieser Spielzeit mit Vertrautem und Neuem: neben dem *Dr. med. Hiob Prätorius* von Curt Goetz mit einer Wiedergabe von Klabunds *XYZ.* Neben dem *Gärtner von Toulouse* von Georg Kaiser kam Romain Rollands *Spiel von Tod und Liebe* heraus und der *Herr Lamberthier* von Louis Verneuil. Neu das Meiste für uns, auch wenn es alte Stücke waren, wie auch die *Geschichte vom Soldaten* Igor Strawinskys, die mit Verdis *Troubadour,* Mozarts *Don Juan,* der *Ariadne auf Naxos* von Strauss konkurrierte (vgl. Meyer 1979, S. 122/123).

Es war wohl vor allem diese erste Spielzeit, die sich als »*Schauburg*-Erlebnis« ins Gedächtnis eingeprägt hat. Eine Saison war es außerdem, die vermutlich zum ersten, gewiß zum letzten Mal ohne Zuschüsse aus der öffentlichen Hand auskam. Worauf Intendant Eisenbart zurecht ein bißchen stolz war, obgleich ihm natürlich bewußt blieb, daß nur die besondere Situation jener Tage dieses Ergebnis ermöglicht hatte. Wie er sich vorgenommen hatte, trat Eisenbart nach einem Jahr von seinem Amt zurück und kehrte in seinen angestammten Beruf zurück: als Musik- und Theaterkritiker der neu erschienenen Lizenzzeitung *Der Morgen,* der wenig später seinen Titel in *Mannheimer Morgen* erweiterte.

Die Stadt wählte Erich Kronen zum Nachfolger, einen Mann der Oper (seit 1939 Spielleiter dieser Sparte), der allerdings auch nur ein Jahr blieb und von Richard Dornseiff abgelöst wurde, einem auch in Mannheim als Schauspielchef (1929 bis 1934) hocherfahrenen Theatermann. Nach ihm übernahm Richard Payer die Führung des Hauses, ein überaus sensibler Österreicher, der freilich wenig Geschick bewies für die Personalsituation eines solchen Kulturbetriebs und sich, zum Entsetzen aller Theaterfreunde, selbst das Leben nahm (er stürzte sich aus dem Fenster seiner Wohnung am *Friedrichsplatz*). Ruhe kehrte in dieses Karussell der Intendanten erst mit der Verpflichtung von Hans Schüler ein, der von 1951 bis zu seinem Tod 1963 die *Schillerbühne* mit Mut und Entschiedenheit konsolidierte und als Patriarch mit straff gespannten Zügeln führte. Am Neubau des Nationaltheaters am *Goetheplatz* war er maßgeblich beteiligt.

Dirigenten-Karussell

Wie bei den Intendanten gab es zunächst auch in der Position der Chefdirigenten häufigen Wechsel. Richard Laugs trat freiwillig ins »zweite Glied« zurück, als 1947 Fritz Rieger engagiert wurde, nahm aber dann doch den Ruf an, die Mannheimer Musikhochschule neu aufzubauen und zu leiten. Rieger wiederum ließ sich schon nach drei Jahren von München abwerben: als Chef der Philharmoniker. Nun wagte Mannheim viel, holte sich einen internationalen Star ans Pult und machte ihn auch gleich zum ersten »Operndirektor«: Eugen Szenkar. Einen fraglos brillanten Mann, der das Orchester in kurzer Zeit auf jenen virtuos geschliffenen, pointierten Klang brachte, der jenseits des Atlantiks üblich war. Mannheim freute sich zunächst, sonnte sich im Glanz des Feuerwerks, das Szenkar zu entfachen wußte, und nahm in Kauf, daß der Chef mit dem großen Namen seine vertraglich zugesicherten »Urlaubstage« voll und darüber hinaus ausschöpfte. Bis es selbst dem Oberbürgermeister der Stadt, Hermann Heimerich, zuviel wurde, der bis dahin Szenkar geradezu militant gegen jede auch nur skeptische Meinungsäußerung verteidigt hatte. Als 1952 der wiederaufgebaute *Musensaal* des *Rosengartens* eingeweiht wurde und der *Maestro* für diesen Abend nicht zur Verfügung stand, weil er auswärts war, reagierte die Stadt mit der fristlosen Kündigung seines Vertrages.

Generalmusikdirektor Herbert Albert während einer Probe im Musensaal *des* Rosengartens*.*
Foto: Adolf Falk, um 1955. RMM, Thslg.

Nun hieß es, einen neuen Chef zu finden. Zum Glück für die Mannheimer Oper war Karl Fischer bereits im Haus, der Erste Kapellmeister, ein Musiker mit reicher Erfahrung, erprobt in allen Sätteln, nimmermüde, ein Dirigent von altem Schrot und Korn. Die Entscheidung schließlich für Herbert Albert, nach einer Reihe von »Gastspielen«, erwies sich als Glücksfall. Aus Graz holte man ihn, 54 Jahre war er alt. Ein Bruckner-Wagner-Interpret par excellence, wie sich bald herausstellte. Ihm verdanken das Orchester und die Mannheimer Oper unendlich viel. Nach Szenkars Parforce-Ritten brachte Albert wieder Wärme, Gelöstheit, den deutschen Pulsschlag ins Spiel, ohne darüber die Präzision preiszugeben.

»Kurpfälzisches Nationaltheater«?

Im Schauspiel gelang ein vergleichsweise müheloser Übergang. Roland Ricklinger, der 1942 schon zur *Schillerbühne* gekommen war, übernahm als Oberspielleiter die Führung des Sprechtheaters bis

1949. Ihm folgten Richard Dornseiff für ein Jahr, der sich von seiner Verpflichtung als Intendant hatte befreien lassen (aus Gründen der Überlastung durch künstlerische und verwaltungstechnische Aufgaben), Paul Riedy (er schon als Schauspieldirektor) bis 1954, nach ihm Heinz Joachim Klein. Als Ausstattungsleiter blieb Heinz Daniel bis 1952. Und dann nahm Paul Walter das Heft in die Hand. 24 Jahre lang schuf er in dieser Position Maßstäbe, im Reich des Kreativen wie im verantwortungsbewußten Einsatz der szenischen und finanziellen Mittel.

Zuvor aber, 1949, wurde die *Schillerbühne* mit einem Problem konfrontiert, das ihre traditionelle Struktur bedrohte. Oberbürgermeister Hermann Heimerich, der seit Kriegsende hartnäckig den zwar historisch begründbaren, politisch jedoch bis heute utopischen Gedanken einer Vereinigung des pfälzischen Raums diesseits und jenseits des Rheins verfocht, strebte unter Hinweis auf die angespannte Haushaltslage der Stadt die Fusion der Bühnen von Mannheim und Heidelberg an. Ein »Kurpfälzisches Nationaltheater« war sein Ziel. Die Oper am Rhein, das Schauspiel am Neckar. Dazu holte er ein zwanzigseitiges Gutachten von einer Fachgruppe des *Deutschen Städtetags* ein, und der Gemeinderat beschloß in der Tat, mit Heidelberg zu verhandeln.

Schulterschlüsse

Nicht gerechnet hatte man dabei mit der Bürgerschaft. Gemeinsam machten die *Gesellschaft der Freunde des Nationaltheaters* und die Bühnen selbst Front gegen solche Pläne. Heimerich mußte einlenken – zumal die genaueren Berechnungen ergeben hatten, daß eine Zusammenlegung nicht die Einsparungen bringen würde, die man eigentlich erwartet hatte. So blieb schließlich alles beim alten (vgl. auch die *Chronologie*).

Unter der rasch wechselnden Führungs-Crew verspielte die *Schillerbühne* zwar die Chance, einen möglicherweise anderen Weg für das deutsche Stadttheater zu suchen und zu finden; doch das Publikum wollte es so. Wieder zu gewinnen, was verloren gegangen war – darum ging es vor allem. Nicht nur auf dem Feld der materiellen Bedürfnisse nach der Währungsreform 1948, auch im künstlerischen Erlebnisraum. Mit großem Eifer wollte das Theater erneut das Terrain erobern, auf dem einst und über Generationen hinweg Mimen und Musiker, Sänger und Szenaristen den Schulterschluß mit Alt und Jung betrieben hatten. Eine nur allzu verständliche Tendenz nach dem Absturz am Ende eines schrecklichen Krieges.

Gestützt auf eine ansehnliche Reihe altvertrauter Künstler aus der Kriegs- und Vorkriegszeit nahm sich die *Schillerbühne* in der *Schauburg* bald des großen Musiktheaters an. Mit Heinrich Hölzlin zum Beispiel, mit Georg Faßnacht, dem Heldentenor, mit Irene Ziegler, der immer präsenten Altistin, mit Glanka Zwingenberg, der Hochdramatischen, einer wunderbaren Isolde, mit Hildegard Stolz, Nora Landerich, Grete Scheibenhofer, Theo Lienhard, dem großartigen Rigoletto (unter vielen anderen Rollen), mit Hans Schweska, dem Heldenbariton, auf den man freilich warten mußte, bis er aus der Kriegsgefangenschaft entlassen wurde. Welch ein Wagnis war es, als Richard Laugs bereits in der zweiten Spielzeit die *Elektra* von Richard Strauss herausbrachte! Fünf Wochen später folgte schon der *Tristan*. Und Verdis *Otello* stand auf dem Spielplan, *Madame Butterfly* von Puccini, *Hoffmanns Erzählungen* von Offenbach (endlich wieder) und als Ausflug in die Moderne die deutsche Erstaufführung von Gian Carlo Menottis *Die alte Jungfer und der Dieb*, kombiniert mit der *Spanischen Stunde* von Maurice Ravel. Zwölf Neuinszenierungen im Bereich des Musiktheaters.

Auch die altvertraute, liebenswerte Operette kam bald wieder zu ihrem Recht, von Johann Strauß über Franz Lehár bis Ralph Benatzky, und an eine schöne Reihe von Ballettabenden im Verlauf der Jahre muß erinnert werden, die von Gaby Loibl, danach von Horst Remus und schließlich von Lisa Kretschmar auf hohem Niveau in Szene gesetzt wurden (vgl. auch den Beitrag von Sibylle Dahms in diesem Buch).

Zauberkunststücke
Und bei alledem saßen wir dicht aufeinander, Auge in Auge mit denen da oben, wir unten im Parkett, das Ohr ganz nahe. Die Musiker spielten auf gleicher Höhe, erst später verschwanden sie in einer baulich schwierig erarbeiteten Versenkung. Die Damen und Herren auf der Bühne standen zwangsläufig immer an der Rampe, große Bewegungsabläufe waren nicht möglich. Eine mißliche Situation? Ja, gewiß, und im Ablauf der Jahre wurde sie als immer mißlicher empfunden. Und doch war es Theater »aus erster Hand«. Es bedurfte vielfacher szenischer Zauberkunststücke, um die Werke auf die Bühne zu bringen, die wir sehen wollten. Den *Maskenball* etwa von Verdi oder eine *Bohème,* die ungemein entzückte, die *Salome* oder selbst die *Aida* – unvergessen Heinz Sauerbaum als Radames mit seiner Eingangsarie »Holde Aida« (man sang noch deutsch in jenen Jahren), die er auf einem schmalen Steg über dem dann schon vorhandenen Orchestergraben balancierend sang. Es glänzte wieder die Silberrose des *Rosenkavaliers,* es kamen *Die Meistersinger von Nürnberg* und die *Walküre* und der *Siegfried,* für den Rudi Baerwind die Bühnenbilder malte, der stadtbekannt eigenwillige Künstler.

Es würde den Rahmen solcher Erinnerungen sprengen, die Aufführungen im einzelnen ins Gedächtnis zurückzurufen. Herbert Meyer hat das in seinem vorbildlichen, historisch exakten und mit viel Feingefühl geschriebenen Buch *Das Nationaltheater Mannheim 1929–1979* bereits getan. Ein paar besondere Ereignisse aber sollten vielleicht doch noch einmal herausgehoben werden.

Ein Skandal
Die szenische Uraufführung der *Abstrakten Oper Nr. 1* von Boris Blacher nach einem Textbuch von Werner Egk am 17. Oktober 1953 gehört fraglos dazu (vgl. auch Farbabbildung IX, 18). Es sei dies der ›erste Theaterskandal Mannheims seit urdenklichen Zeiten‹, war im *Mannheimer Morgen* zu lesen (vgl. Heinz 1953). Der in sieben Einzelbilder aufgeteilte Einakter wies keine Handlung auf, vermittelte vielmehr lediglich »bestimmte Bewußtseinsschichten«, die »typisch« sind für unsere Tage. Wortgestammel wie »laga-babalanore«, »azidazant, onit, anidrozit« und ähnliches ersetzte den Text, dazu komponierte Blacher eine Musik in ›geborstenem, aufgesplittertem Klang und ständig wechselnder, ungemein diffiziler Rhythmik‹ (vgl. Heinz 1953). Und das Publikum? Es johlte und buhte und rief nach der »Feuerwehr«, ein anderer Teil jedoch applaudierte »nicht weniger stark [...] bemerkbar« (Heinz 1953). Der Intendant selbst, Hans Schüler, hatte Regie geführt und stellte sich bei den späteren Aufführungen vor den Vorhang, um die Besucher in das Werk »einzuführen«.

Aufgeschlossener verhielten sich die Mannheimer gegenüber anderen Beispielen des zeitgenössischen Musiktheaters. Schon damals faßte Paul Hindemith hier Fuß. Mit seinem *Cardillac,* den die *Schillerbühne* expressionistisch ausstattete, mit dem eindrucksvollen *Mathis der Maler.* Auch Gottfried von Einems *Der Prozess* und Egks *Columbus* oder Boris Blachers *Preußisches Märchen* fanden Zuspruch. Carl Orff, er auch in Mannheim kein Unbekannter, sah sich szenisch verwirklicht im

Szene aus Siegfried *von Richard Wagner (3. Aufzug). NI 2. November 1951, Inszenierung: Joachim Klaiber, ML: Eugen Szenkar. In den fast ausschließlich malerisch ausgeführten Bühnenbildern von Rudi Baerwind sangen Georg Faßnacht den Siegfried und Helene Schmuck die Brünnhilde.*
Foto: Adolf Falk.
RMM, Thslg.

Musensaal des *Rosengartens* mit seinen *Catulli Carmina* und den *Carmina burana* durch die Choreographin Mary Wigman, die 1954 Mannheims erste Schillerpreisträgerin wurde (vgl. auch den Beitrag von Sibylle Dahms und siehe Abbildungen S. 55 und S. 158).

Es spielten und sangen...

Einige Namen von Künstlern sollten noch ins Spiel gebracht werden, die aus der *Schauburg*-Zeit bis ins Haus am *Goetheplatz* wirkten. Edith Jaeger, zum Beispiel, bezaubernd in allen hohen Lagen bei Strauss wie bei Mozart, Karl Bernhöft, der allseits einsatzfähige Spieltenor, oder Kurt Schneider, der Bassist, der immer da war, wenn man ihn brauchte, Irma Handler, die »Lyrische«. Leider zu kurz war die Zeit, die sich Willi Wolff in Mannheim engagierte, ein Bariton, der als *Don Giovanni* faszinierte wie als Mandryka in der *Arabella* von Strauss, wunderbar in der Erscheinung wie in der stimmlichen Präsenz.

Das Schauspiel brachte wieder auf die Bühne, was lange »von Staats wegen« verboten war. Stücke von Bertolt Brecht, Ferdinand Bruckner, Richard Billinger, Franz Molnar. Und vor allem die ausländischen Autoren. Sartre, Giraudoux, Cocteau, Anouilh, Thornton Wilder und Tennessee

Szene aus Der Tod des Handlungsreisenden *von Arthur Miller. EA 5. Oktober 1950, Inszenierung: Paul Riedy, Bühnenbild: Hela Riedy-Woernle a.G. Links: Ernst Langheinz (Willy Loman) und rechts: Walter Pott (Howard). Foto: Artur Pfau. RMM, Thslg.*

Williams, Max Frisch. Aber eben auch Carl Zuckmayers *Des Teufels General.* Mit Willy Birgel als Dauergast. Was für eine Freude, 1948, die Wiederbegegnung mit ihm, der einst in so vielen Rollen dem Ensemble der *Schillerbühne* im alten Haus angehört hatte und den der Film zum Star gemacht hatte. Und er kam wieder, im Jahr darauf. Als *Kaiser von Amerika* von Shaw. Seine persönliche Ausstrahlung, seine Sprache – Willy Birgel ganz einfach, wie gewohnt.

Auch ohne Gäste waren stark anrührende Erlebnisse im Theater reich gesät. Mit Ernst Langheinz zum Beispiel, der von 1924 bis 1959 der Schauspieltruppe des Nationaltheaters angehörte. Als *Hauptmann von Köpenick* hatte Zuckmayer selbst ihn einst hoch gerühmt, nun stand er im *Tod des Handlungsreisenden* von Arthur Miller auf der Bühne und rührte durch seine hohe Sensibilität tief an. Vom gleichen amerikanischen Dramatiker inszenierte Erwin Piscator 1954 im *Mozartsaal* des *Rosengartens,* dem heutigen *Stamitzsaal,* die *Hexenjagd:* als aufregendes Spektakulum auf viereckigem Spielpodium mitten im Raum.

Erinnerungen

Und es muß erinnert werden an Clara Walbröhl, die ausdrucksstarke Mutter Courage und an »ihre Kinder« (Aldona Ehret und Jörg Schleicher), eine unglaublich wandlungsfähige Darstellerin im heiteren wie im ernsten Fach. Nur spielen lassen mußte man sie... Wer könnte Walter Pott vergessen, den »Komiker«, für den Komik eine Sache des Herzens war, oder Walter Vits-Mühlen, der von 1946 bis zu seiner Pensionierung dem Mannheimer Ensemble die Treue hielt und ein Vorbild war in der verantwortungsbewußten Aneignung jeder Partie, ein kultivierter Sprecher, nobel in der Attitüde. Von 1951 bis 1958 begeisterte die vielseitige, »kapriziöse« Elisabeth Vehlbehr die Theaterfreunde. Werner Gilles, der sonst eher zurückhaltende Theaterkritiker des *Mannheimer Morgen,* jubelte über ihre Lady Cicely in *Kapitän Brassbounds Bekehrung* von Shaw: »[G]äbe es einen Preis für die beste Interpretation einer Frauenrolle auf der Bühne des Nationaltheaters, den für 1956 müßte man ihr zu Füßen legen« (Schauburg, S. 224).

Szene aus Kapitän Brassbounds Bekehrung *von George Bernard Shaw. EA: 7. Juli 1956, Inszenierung: Heinz Joachim Klein, Bühnenbild: Paul Walter, Kostüme: Gerda Schulte. Elisabeth Vehlbehr (Lady Cicely Wainflete). Foto (Ausschnitt): Adolf Falk. RMM, Thslg.*

Ein anderer Mannheimer Maler (vgl. oben Rudi Baerwind), Will Sohl, wurde als Bühnenbildner herangezogen: für die Uraufführung von Ugo Bettis Stück *Die unschuldige Irene,* die ein starker Erfolg war. Im Gegensatz zu Nikos Kazantzakis' *Feuer über Sodom,* das ›das Publikum zu Salzsäulen erstarren ließ‹ (vgl. Schauburg, S. 171) und vom Intendanten bald wieder abgesetzt wurde (ein seltener Fall in der neueren Theatergeschichte).

Tägliche Improvisation

Ein paar, zugegeben, sehr subjektiv ausgewählte Beispiele sind dies aus jenem ersten Jahrzehnt nach Kriegsende, in dem das Nationaltheater auf schmalen Brettern sein Publikum fesselte und herausforderte. Elf Jahre *Schauburg*. Elf Jahre tägliche Improvisation. Bei immer mehr sich normalisierendem Spielplan. Bei 26 Premieren in der Saison!

Und dann fiel der Vorhang zum letzten Mal, nach einer Aufführung von Verdis *Otello*. Mannheim und seine Theaterfreunde in der Region freuten sich auf das neue Haus am *Goetheplatz*, das dann ja auch alle damals denkbaren Wünsche auf den beiden Bühnen, in der Technik, im Zuschauerraum erfüllte. Und doch war das Theatererlebnis *Schauburg* ein wichtiges Kapitel in der Geschichte der *Schillerbühne.* Auf geringstem Raum die Welt dichterischer und kompositorischer Phantasie sicht- und hörbar zu machen, mit Mut und Begeisterung und Kreativität: Das ist dort möglich geworden. Lehren wurden freilich aus solcher Bescheidung nicht gezogen. Auch das Theater lebte fortan im Wohlstand.

Szene aus Feuer über Sodom *von Nikos Kazantzakis, UA: 5. Dezember 1954 in Anwesenheit des Autors, Inszenierung: Wolfgang v. Stas a.G., Bühnenbild: Paul Walter, Kostüme: Gerda Schulte. Friedrich Gröndahl (Der Engel des Feuers). Foto: Adolf Falk. RMM, Thslg.*

Um den Fluß des Beitrages nicht zu stören, sind die Premierendaten der erwähnten Aufführungen nicht innerhalb des Textes eingefügt. Sie werden hier in chronologischer Reihenfolge nachgeholt (wenn nicht anders vermerkt, fanden die Aufführungen in der *Schauburg* statt; Anm. d. Red.):

Gioacchino Rossini	*Der Barbier von Sevilla* *Universum*	NI	9. Oktober 1945
Hugo von Hofmannsthal	*Jedermann*	EA	11. November 1945
Gioacchino Rossini	*Der Barbier von Sevilla*	NI	14. November 1945
Ludwig van Beethoven	*Fidelio*	NI	18. November 1945
Curt Goetz	*Dr. med. Hiob Prätorius*	NI	27. November 1945
Georg Kaiser	*Der Gärtner von Toulouse*	EA	22. Dezember 1945
Klabund	*XYZ*	NI	30. Dezember 1945
Giuseppe Verdi	*Der Troubadour*	NI	16. Januar 1946
W. A. Mozart	*Don Juan* (Übersetzung von Hermann Levi)	NI	6. März 1946
Romain Rolland	*Ein Spiel von Tod und Liebe*	EA	23. März 1946
Louis Verneuil	*Herr Lamberthier*	EA	22. Mai 1946
Richard Strauss	*Ariadne auf Naxos*	NI	7. Juni 1946
Igor Strawinsky	*Die Geschichte vom Soldaten*	NI	29. Juni 1946
Giuseppe Verdi	*Otello* (in deutscher Sprache)	NI	28. September 1946
Richard Strauss	*Elektra*	NI	15. November 1946
Giacomo Puccini	*Madame Butterfly*	NI	18. Januar 1947
Gian Carlo Menotti	*Die alte Jungfer und der Dieb*	DE	22. Februar 1947
Maurice Ravel	*Die spanische Stunde*	EA	22. Februar 1947
Jacques Offenbach	*Hoffmanns Erzählungen*	NI	12. Juli 1947
Richard Strauss	*Salome*	NI	25. Dezember 1947
Carl Zuckmayer	*Des Teufels General*	EA	6. Februar 1948
Paul Hindemith	*Cardillac*	NI	21. April 1948
Carl Zuckmayer	*Der Hauptmann von Köpenick*	NI	25. März 1949
George Bernard Shaw	*Der Kaiser von Amerika*	NI	18. Mai 1949
Giacomo Puccini	*Die Bohème*	NI	19. Juni 1949
Richard Wagner	*Die Walküre*	NI	23. Dezember 1949

Giuseppe Verdi	*Rigoletto*	NI 1. Februar 1950
Richard Wagner	*Die Meistersinger von Nürnberg*	NI 17. September 1950
Arthur Miller	*Der Tod des Handlungsreisenden*	EA 5. Oktober 1950
Richard Strauss	*Der Rosenkavalier*	NI 29. Oktober 1950
Ugo Betti	*Die unschuldige Irene*	DEA 17. März 1951
Giuseppe Verdi	*Ein Maskenball*	NI 28. Juni 1951
Richard Wagner	*Siegfried*	NI 2. November 1951
Giuseppe Verdi	*Aida*	NI 15. März 1952
Werner Egk	*Columbus*	EA 7. März 1953
Bertolt Brecht	*Mutter Courage und ihre Kinder* *Mozartsaal* im *Rosengarten*	EA 19. Mai 1953
Boris Blacher	*Preußisches Märchen*	EBRD 8. Juni 1953
Boris Blacher	*Abstrakte Oper Nr. 1*	Szen. UA 17. Oktober 1953
Gottfried von Einem	*Der Prozess*	EA 15. November 1953
W. A. Mozart	*Don Giovanni*	NI 30. Dezember 1953
Paul Hindemith	*Mathis der Maler*	EA 25. April 1954
Richard Strauss	*Arabella*	NI 18. September 1954
Arthur Miller	*Hexenjagd* *Mozartsaal* im *Rosengarten*	EA 20. September 1954
Nikos Kazantzakis	*Feuer über Sodom*	UA 5. Dezember 1954
Carl Orff	*Catulli Carmina* und *Carmina burana* *Musensaal* im *Rosengarten*	NI 2. Juli 1955
George Bernard Shaw	*Kapitän Brassbounds Bekehrung*	EA 7. Juli 1956
Letzte Aufführung in der *Schauburg*:		
Giuseppe Verdi	*Otello* (in deutscher Sprache)	2. Dezember 1956
Letzte Aufführung im *Mozartsaal* im *Rosengarten*:		
Paul Sarauw	*Der kleine Napoleon*	4. Dezember 1956

Von weiblicher Anmut und männlichem Geist

Frauen am Mannheimer Nationaltheater

Heide Koch

Szene aus Top Girls *von Caryl Churchill. EA 9. November 1985, Regie: Winfried Lachauer. Das 1982 in New York uraufgeführte Schauspiel der englischen Autorin zählt zu den seltenen Theaterstücken, in denen ausschließlich Frauen auftreten, die darüber hinaus in unterschiedlicher Weise Geschichte gemacht haben. In Bühnenbild und Kostümen von Heinrich Tröger und Ogün Wernicke von links nach rechts: Elisabeth Auer (Papst Johanna), Rosemarie Reymann (Isabella Bird), Catrin Flick (Die Geduldige Griselda), Hedi Kriegeskotte (Dame Nijo), Viktoria Trauttmansdorff (Die tolle Grete), Gabriela Badura (Marlene). Foto: Hans-Jörg Michel. RMM, Thslg.*

»Die Frau« auf der Bühne: Schon im 18. Jahrhundert ist sie ihren Geschlechtsgenossinnen *in puncto* Emanzipation weit voraus. Zu einer Zeit, in der bürgerliche Ideale den berufstätigen Mann von seinem Anteil der häuslichen Pflichten immer mehr entfernen und die Frau verstärkt in die alleinige Verantwortung für den privaten Lebensbereich, den Haushalt und die Erziehung der Kinder drängen (vgl. Wurst 1991, S. 27), gehen die Frauen am Theater ihren eigenen Weg. Einen Weg, der nicht einfach ist: Wirtschaftliche Eigenständigkeit bedeutet für sie nicht selten wirtschaftliche Not. Die Konkurrenz ist groß. Bis heute gibt es weitaus weniger Frauen- als Männerrollen, sowohl im Sprech- als auch im Musiktheater, dies gilt selbst für zeitgenössische Theaterstücke (vgl. auch Behusch 1984, S. 86). Außerdem sind nach wie vor im allgemeinen jugendlich-hübsche Liebhaberinnen gefragt. Mit den (oberflächlich gesehen) schwindenden körperlichen Reizen von älteren Frauen schwinden zwangsläufig auch die Engagements. Der Preis für die künstlerische, zugleich weibliche Emanzipation als Schauspielerin ist hoch: ein Leben ohne soziale Absicherungen, in dem es letztlich darum geht, sich Tag für Tag aufs Neue in einer männlich dominierten (Theater-)Welt zu behaupten.

Frauenbilder

Von den Anfängen unter der Intendanz Dalberg bis heute haben Hunderte von Frauen über kurze, längere oder lange Zeit am Nationaltheater Mannheim gearbeitet – auf, neben und hinter der Bühne. Sie alle zu würdigen und den Spuren jeder einzelnen zu folgen, ist hier nicht möglich. Deshalb geht es in diesem Beitrag zunächst um einige wichtige Entwicklungen und Voraussetzungen für die weibliche Theaterarbeit und – exemplarisch – um wenige, ausgewählte Einzelschicksale: Skizzen von Frauen, die Besonderes erlebt und/oder erreicht haben. Frauen, die sich auf die berühmten »Bretter« wagten, *weil* sie ihnen die Welt bedeuteten.

Komödiantin oder Kurtisane?

Im gleichen Maß wie sich Frauen am Theater ein selbständiges, emanzipiertes Leben erstritten haben, mußten sie mit Vorurteilen, Erwartungen und Projektionen der Gesellschaft außerhalb ihres Arbeitsplatzes kämpfen.

Lange Zeit boten sich nur wenige Berufswege, die einer Frau offenstanden, von denen einer als Schauspielerin, Sängerin oder Ballettänzerin auch zum Theater führte. Aus unterschiedlichen Gründen gerieten Frauen gerade im Theaterbereich immer wieder in den Verdacht, sich zu prostituieren, nicht nur um Karriere zu machen, sondern auch um sich als Frau am Theater zumindest »über Wasser halten« zu können. Ein Verdacht, der sich freilich in einer Vielzahl der Fälle durchaus bestätigte. Zum Teil vermischten sich vor allem Schauspielerei und Mätressentum: Auch Kurfürst Carl Theodor hatte mit der Schauspielerin Françoise Després-Verneuil und der Ballettfigurantin Josepha Seyffert zwei Mätressen, die Ensemblemitglieder des französischen Schauspiels bzw. der Hofoper waren. Mit Françoise Després-Verneuil, geadelter Gräfin Parkstein, hatte der Kurfürst zwei, mit Josepha Seyffert, geadelter Gräfin Heydeck, sogar vier gemeinsame Kinder (vgl. Svoboda 1988, S. 107–121). Später werden wir, zum Teil freilich in anderem Zusammenhang, gleichfalls »Mannheimer« Theaterfrauen begegnen, deren bürgerliches Leben durch fürstliche Männer mit Hilfe verliehener Adelstitel nobilitiert wurde, um auch dem Namen nach für ein entsprechendes Ansehen der von ihnen geliebten Frauen zu sorgen.

Tatsächlich ließ sich der künstlerische und finanzielle Erfolg einer Schauspielerin häufig daran messen, in welchem Maß ihr Auftreten – auf der Bühne wie im privaten Leben – die (erotische) Phantasie des männlichen Publikums beflügelte. Wie weit die Zugeständnisse einer jungen Dame vom Theater gegenüber ihren Gönnern gingen, hing dabei ganz von den Gegebenheiten ab. An dieser Stelle sei nur kurz auf einen wichtigen, lange Zeit unterschätzten Sachverhalt hingewiesen, der erst in neuerer Zeit deutlich genug thematisiert wurde: Junge Schauspielerinnen gerieten oftmals, vor allem im Lauf des 19. Jahrhunderts, durch den Zwang, ihre Kostüme aus eigenen Mitteln beschaffen zu müssen, in materielle Schwierigkeiten, die nur durch einen lukrativen, oftmals unehrenhaften »Nebenverdienst« aufgefangen werden konnten (vgl. hierzu Malte Möhrmann unter dem bezeichnenden Titel *Die Herren zahlen die Kostüme. Mädchen vom Theater am Rande der Prostitution* in Möhrmann 1989, S. 261–280).

Theater ist Männersache

Über die längste Zeit der europäischen Theatergeschichte, angefangen bei den griechischen Tragödien, wurde Theater fast ausschließlich von Männern gemacht. Noch zu Zeiten Shakespeares übernahmen Männer alle – auch die weiblichen – Bühnenparts. Erst etwa ab der zweiten Hälfte des

17. Jahrhunderts änderte sich die Situation: Bei den zu dieser Zeit immer erfolgreicher werdenden Wandertruppen in Deutschland waren Frauen nicht nur als Berufsschauspielerinnen und Gehilfinnen bei allen anfallenden Arbeiten gefragt, sondern sie trugen auch mit ihrem Einsatz für die Truppe maßgeblich zum gesamten Erfolg bei (vgl. Ebert 1991, S. 154–155). Mitunter leiteten sie sogar als Prinzipalinnen eine ganze Schauspieltruppe. So übernahm Catharina Elisabeth Velten (1650–1712) nach dem Tod ihres Mannes allein die Direktion ihrer Kompanie. Als Leiterin der berühmten Neuberschen Gesellschaft ging etwas später Friederike Caroline Neuber (1697–1760) in die Geschichte ein (vgl. Reden-Esbeck 1881/1985, Ebert 1991, S. 192–196 und Andres-Hummel 1993, S. 46–47). Sie setzte Maßstäbe für die Weiterentwicklung des deutschen Theaters.

›Männlicher Geist‹: die Neuberin

Die Laufbahn der Friederike Caroline Neuber gleicht einem Roman. Unterdrückt von ihrem herrschsüchtigen Vater, der sie wegen einer unstandesgemäßen Liebesbeziehung immerhin ins Zuchthaus gebracht hatte (!), entkam die zwanzigjährige Caroline Weißenborn schließlich mit einem Sprung aus dem Fenster ihrem allzu engen bürgerlichen Zuhause. Mit dem Studenten Johann Neuber erhielt sie ihr erstes Engagement, die beiden heirateten und bauten gemeinsam ihre eigene Schauspieltruppe auf, wobei er sich um Organisation und Finanzen kümmerte, während sie die künstlerische Leitung übernahm und für eine erste Revolution im Theater ihrer Zeit sorgte. In Zusammenarbeit mit dem Königsberger Gelehrten und Schriftsteller Johann Christoph Gottsched (1700–1766) gelang es der Neuberin mit ihrer Leipziger Schauspielergesellschaft, die Ideale des französischen Theaters mit seinem allzu steifen deklamatorischen Stil zugunsten eines natürlicheren Stils aufzubrechen (zur Entwicklung des Schauspielerstandes im 18. Jahrhundert vgl. Maurer-Schmoock 1982, S. 160–161). Zugleich engagierte sich Caroline Neuber dafür, den Schauspielern eine Ausbildung zuteil werden zu lassen, um mit größerer Probendisziplin (unter anderem verlangte sie exaktes Auswendiglernen der Texte!) eine höhere Qualität zu erreichen. Außerdem legte sie Wert darauf, den Lebenswandel der ihr anvertrauten Künstler und Künstlerinnen nach bürgerlichen Maßstäben zu verbessern. Alles in allem ließ es sich diese außergewöhnliche Prinzipalin angelegen sein, wie in einer Familie für alle gleichermaßen zu sorgen.

Trotz ihrer großen Erfolge starb die Neuberin, die sich schließlich selbst überlebt zu haben schien, in Armut. Immerhin errichtete man ihr zu Ehren bereits sechzehn Jahre nach ihrem Tod in ihrem Sterbeort Laubegast bei Dresden ein Denkmal, auf dem folgende Inschrift zu lesen steht: »Dem verdienten Andenken einer Frau voll männlichen Geistes, der berühmtesten Schauspielerin ihrer Zeit, der Urheberin des guten Geschmacks auf der teutschen Bühne« (zit. nach Reden-Esbeck 1881/1985, S. 364).

In diesem Satz drückt sich eine Haltung aus, die immer wieder zur Erklärung der vermeintlichen Besonderheit von Frauenkarrieren in Spitzenfunktionen herhalten muß: Die künstlerische und praktische Intelligenz der Neuberin, ihr Organisationstalent, ihre Weitsicht und ihr Durchsetzungsvermögen entsprachen nach dieser Auffassung nicht »weiblichen« Qualitäten, sondern wurden bedingt durch einen ›männlichen Geist‹.

Mannheimer Anfänge

Kommen wir wieder zurück auf Mannheim: Seßhaftigkeit, ein festes Einkommen und die Möglichkeit einer regelrechten schauspielerischen Ausbildung – dies gehörte zu den Dingen, die

Gottsched und die Neuberin zur Verbesserung der allgemeinen Situation des Schauspielerstandes gewünscht und in Ansätzen realisiert hatten. Diese Vorteile verbanden sich zunächst nur mit den Hoftheatern, so natürlich auch in Mannheim, wo zur Residenzzeit der beiden wittelsbachischen Kurfürsten Carl Philipp und Carl Theodor – neben den Mitgliedern der Hofoper – nacheinander mehrere französische Schauspieltruppen engagiert waren. Mit der Verlegung der Residenz nach München (1778) und dem Wegzug des überwiegenden Teiles des Hofstaates überließ der amtierende Kurfürst, Carl Theodor, sein neues *Teutsches Comoedienhaus* in Mannheim einem zahlenden, mehrheitlich bürgerlichen Publikum, das des Kurfürsten wachsende Vorliebe für das deutschsprachige Theater teilte. Die Leitung des Hauses übergab der Kurfürst dem jungen, aber schon verdienten Hofbeamten Wolfgang Heribert von Dalberg. Durch dessen Bemühungen und die seiner Mittelsmänner kamen 1779 fünf Ehepaare und zwei ledige Schauspieler als erste festverpflichtete Ensemblemitglieder nach Mannheim (zum ersten Mannheimer Nationaltheater-Ensemble vgl. auch Daniel 1995, S. 208–210).

Ist es heutzutage relativ selten, daß Verheiratete oder gar ganze Familien gemeinsam an einem Theater ein Engagement finden, war diese familienfreundliche Personalpolitik seinerzeit üblich. Das sogenannte stehende Theater übernahm diese Tradition von den Wanderbühnen.[1] Das heißt, ein begabter Schauspieler oder eine begabte Schauspielerin wurden gleich mit Frau oder Mann, Sohn, Tochter oder Geschwistern unter Vertrag genommen. Den weniger talentierten Familienmitgliedern – sozusagen der »Knochenzuwaage« – wurden stumme Rollen oder Aufgaben hinter den Kulissen angewiesen.

Friederike Sophie Seyler (1738–1783). Anonymes Rollenporträt als Merope in Voltaires gleichnamigem Drama. Titelkupfer aus Englisches Theater. Siebenter Theil. *Danzig und Leipzig, 1777. RMM, Thslg.*

Erzrivalinnen:
Esther Charlotte Brandes und Sophie Seyler

Mit Esther Charlotte Brandes (1742–1786) wurde 1779 eine der hervorragendsten Tragödinnen Deutschlands für Mannheim engagiert. Gemeinsam mit ihrem Mann, dem Schauspieler, Regisseur und Theaterautor Johann Christian Brandes (1735–1799), gehörte sie der Truppe von Abel Seyler (1730–1800) an, die an der Gründung des ersten deutschen Nationaltheaters in Hamburg (1767–1769) beteiligt war. Als das Unternehmen scheiterte, stellten Seyler und Brandes bereits ein Jahr später in Hannover eine neue Kompanie auf. In dieser Zeit traf Esther Charlotte Brandes erstmals auf die Schauspielerin Sophie Hensel (1738–1783), spätere verheiratete Seyler, und es kam zwischen den konkurrierenden »ersten Liebhaberinnen« beinahe auf Anhieb zu Querelen. Als sich die beiden Schauspielerfamilien in Mannheim erneut begegneten, setzten sich die Streitigkeiten

[1] Mit dem Begriff »stehendes Theater« ist ein Theater gemeint, an dem ein Ensemble fest verpflichtet ist, das entweder vom Staat oder einer Kommune finanziert wird; im Gegensatz dazu Wandertruppen, deren Mitglieder dem Prinzipal der Theatergesellschaft verpflichtet sind, dieser jedoch allein das gesamte unternehmerische Risiko zu tragen hat.

fort. Weil Dalberg, dem das Prinzip der Gleichheit im Ensemble über alles ging, in den Schauspielerverträgen keine Fachbezeichnungen festzuschreiben pflegte, hatte niemand einen einklagbaren Anspruch auf eine bestimmte Rolle.[2] Auf diese Weise waren freilich Rivalitätskämpfe wie die zwischen den beiden ersten Schauspielerinnen in gewisser Weise programmiert. Die Streitigkeiten erreichten ihren Höhepunkt allerdings erst dann, als ein Teil des Publikums für Esther Charlotte Brandes und deren Tochter Minna Partei ergriff, mehr noch, Sophie Seyler regelrecht »fallen ließ« (Pichler 1879, S. 58). Als die Familie Brandes mit Beginn des Jahres 1781 um ihre Entlassung einkam, lastete das parteiische Publikum diesen Schritt vor allem der »Unverträglichkeit« Abel Seylers an (siehe Pichler 1879, S. 58). Zu allem Überfluß und durch die Gunst des Publikums getragen, profilierte sich auch noch – »aufs Höchste undankbar gegen die Familie« Seyler – die »Zweite Liebhaberin« Anna Elisabeth Toscani[3] (eine ehemalige Schülerin von Sophie Seyler!) auf einer Probe gegenüber Regisseur Seyler, indem sie einen ebenso überflüssigen wie heftigen Wortwechsel vom Zaun brach, in dessen Verlauf Seyler mit Hilfe einer Ohrfeige nur einen Pyrrhussieg davontrug. Denn Dalberg reagierte selbstredend mit der sofortigen Kündigung der Seylers (vgl. Pichler 1879, S. 58–59; siehe auch Herrmann in seinem Beitrag über das Französische Theater und die Wandertruppen in diesem Buch).

Kurze Zeit nach dem unfreiwilligen Abgang der Seylers verließ auch die Familie Brandes Mannheim, da Johann Christian Brandes ein besseres Angebot aus Hamburg erhielt. Kaum dort angekommen, begegneten sich die rivalisierenden Familien erneut. Lachende Dritte blieb in Mannheim indes die Toscani – durch den Weggang ihrer Konkurrentinnen fiel ihr unter anderem und nun ohne jede Konkurrenz 1782 die Rolle der Amalia in der Uraufführung von Schillers *Räubern* nachgerade in den Schoß!

Dalberg führte als Intendant ein strenges Regiment: Streitereien an seinem Theater nahm er nicht hin, wobei es ihm mehr um prinzipielle Gerechtigkeit als um Fragen der Qualität zu gehen schien. Welche der beiden verfeindeten Darstellerinnen mag wohl die bessere gewesen sein? – Über Sophie Seyler verraten die Theaterchroniken nicht viel. Esther Charlotte Brandes hingegen schrieb zumindest insofern Theatergeschichte, als sie bei der Darstellung antiker Frauengestalten auf den sonst üblichen übertriebenen Putz verzichtete und in einfachen altgriechischen Gewändern die Bühne betrat (vgl. auch die Farbabbildung I, 2). In ihrem Streben nach Wahrhaftigkeit auf dem Theater äußerte sich der Einfluß ihres berühmten Lehrers Gotthold Ephraim Lessing.

Kostümtreue oder Putzsucht?

Aus heutiger Sicht scheint es kaum weiter bedeutsam, daß Esther Charlotte Brandes freiwillig ein schlichtes griechisches Kostüm trug, das ihrer Rolle entsprach. Damals jedoch bewies sie damit eine ungewöhnliche künstlerische Einsicht – und eine absolut unübliche Bescheidenheit. Denn nicht erst heutzutage, seit Bühnen- und Kostümbildner immer wieder scheinbar sehr frei mit der bildlichen Umsetzung eines Stückes umgehen, wird heftig über die Frage der »Werktreue« diskutiert (vgl. auch Andres-Hummel 1993, S. 55–57). Bereits vor 200 Jahren war es Theaterleuten wie Dalberg und seinem Regisseur August Wilhelm Iffland ein Dorn im Auge, daß insbesondere Darstellerinnen bei der Wahl ihres Kostüms selten an ihrer Rolle, dafür um so mehr an einem spektakulären Auftritt interessiert waren.

Gerade bei den weiblichen Bühnenmitgliedern war die »Putzsucht« aber durchaus nachzuvollziehen:

[2] Um so erstaunlicher ist die Tatsache, daß in Dalbergs Etat die jeweiligen Positionen durchaus klar nach den gängigen Rollenbezeichnungen eingeteilt wurden: So war Sophie Seyler bei einem Jahresgehalt von 1000 fl (= Gulden) für die »Königinnen und erste Rollen im Trauerspiel« vorgesehen, Esther Charlotte Brandes erhielt 1200 fl. für »Erste Liebhaberinnen im Trauer- und Lustspiel, auch muntere Rollen«, und Anna Elisabeth Toscani sollte für »zärtliche Rollen und zweyte Liebhaberinnen« ebenfalls 1200 fl. bekommen, tatsächlich jedoch wurden ihr 1300 fl. ausgezahlt. Auch damals waren die realen Gagen für Solisten und Solistinnen in vorderer Reihe wohl Verhandlungssache, vermutlich sogar davon abhängig, wie gut ein/e Darsteller/in beim Publikum ankam. Insgesamt ist es interessant, die genannten Einzelgagen jeweils in Relation zur Bezahlung der anderen Familienmitglieder zu betrachten: Herr und Frau Seyler

Sie hatte ihre Ursache weniger in der sprichwörtlichen »weiblichen Eitelkeit« als vielmehr in den mangelnden Darstellungsmitteln. Das Aus-sich-Herausgehen auf der Bühne, ein individuelles oder gar ein »ungezügeltes« Spiel war den Männern vorbehalten. Bei den Protagonistinnen wurde streng darauf geachtet, daß sämtliche einschlägigen Konventionen – oder was man dafür hielt – auf der Bühne eingehalten wurden. Dazu gehörte auch das Tragen von Korsetts und eng geschnürten Miedern, die die natürliche Bewegungsfreiheit so sehr einschränkten, daß von individuellen Gestaltungsmöglichkeiten kaum die Rede sein konnte. Einzig die Gestaltung der Kostüme bot genügend Spielraum, den darstellerischen Rang hervorzuheben. Hier gestatteten sich die Schauspielerinnen und Sängerinnen schließlich Freiheiten, die zu nachgerade phantastischen Kostümschöpfungen führten – und heftige Dispute mit der Theaterleitung nach sich zogen. Nicht selten lehnten weibliche Bühnenmitglieder Rollen ab, in denen sie sich ihrer Meinung nach unvorteilhaft zeigen mußten – oder sie spielten einfach in unpassender Kleidung. Dalberg wandte sich deshalb immer wieder mit Ermahnungen, ja sogar ausführlichen Aufsätzen – beispielsweise *Über den anständigen Anzug und das Costüm* – an sein Ensemble, anscheinend jedoch ohne großen Erfolg.

1786 erließ Dalberg eine weitere Weisung – diesmal, um den Mißbrauch der Schminke einzudämmen. Sechs Jahre später schließlich gab der Mannheimer Schauspieler und Regisseur Iffland in seinem *Kleidungsreglement* einen detaillierten Katalog heraus, der präzise festlegte, welches Kostüm für welche Rolle angemessen sei (nachzulesen bei Pichler 1879, S. 333–338). Gerhard Ebert bezeichnet Iffland deshalb auch als »Wegbereiter milieu- und zeitgerechter Kostüme« (Ebert 1991, S. 222). Ifflands progressive Vorschrift veranlaßte die Sängerin Manon Boudet, die spätere »Madame Müller« (1764–1824), seinerzeit jedoch, eine Klageschrift an den Intendanten einzureichen, da sie »im Interesse [...] ihrer gern gezeigten schönen Gestalt, viel Chikanen machte« (Pichler 1879, S. 125). Wie zu erwarten war, blieb die Klage ohne Erfolg. Die Frage nach dem »richtigen« Kostüm beschäftigt die Theaterleute ebenso wie das Publikum freilich bis auf den heutigen Tag (vgl. auch den Beitrag von Liselotte Homering und Andreas Krock).

Dalbergs Theatergesetze

Die Auswahl und der Umgang mit den Kostümen zeigen sowohl bei den Berufsschauspielern als auch den Berufsschauspielerinnen einen Mangel an Disziplin, der schon zu Zeiten der Neuberin ein Problem darstellte und auch in Mannheim unter Dalberg immer Thema blieb. Dieser hatte zur Besserung der Verhältnisse schon 1780 seine *Theatergesetze* erlassen, um das Ensemble – Frauen und Männer gleichermaßen – zu mehr Disziplin und Ordnung anzuhalten. Obwohl die Regeln klar vorgegeben waren, kam es doch immer wieder zu Konflikten, die mitunter eskalierten, wie beispielsweise im Fall der Henriette Wallenstein.

Der Fall Henriette Wallenstein

Im September 1784 begann mit einem Streit um die Rollenverteilung der weit über die pfalzbayerischen Grenzen hinaus aufsehenerregende »Theaterkrieg« um Christiane Henriette Wallenstein/Wallerstein (um 1744–1833).[4]
Die Schauspielerin Henriette Wallenstein sollte in einem Lustspiel eine Bürgersfrau spielen, während die prestigeträchtigere Rolle einer Baronin von ihrer Kollegin Caroline Wilhelmine Rennschüb (geb. 1755, Todesdatum nicht ermittelt) verkörpert wurde. Henriette Wallenstein klagte gegen diese Besetzung, wurde jedoch vom Regieausschuß sowie dem Regisseur und Ehemann der designierten Hauptdarstellerin, Johann Ludwig

verdienten zusammen 2200 fl., Johann Christian (900 fl.) und Esther Charlotte Brandes mit ihrer Tochter Minna (400 fl.) 2500 fl. und das Ehepaar Toscani ca. 1700 fl., von denen sie den »Löwenanteil« nach Hause brachte (alle Zahlen aus Pichler 1879, S. 46–47).

3 Die Lebensdaten von Anna Elisabeth Toscani waren nicht zu ermitteln.

4 Ausführlich sind hierauf bereits Andres-Hummel 1993 (S. 53–54) und Daniel 1995 (S. 211–215) eingegangen.

Henriette Wallenstein (um 1744–1833). Silhouettenstich, um 1780. RMM

Rennschüb, abgewiesen. Henriette Wallenstein reagierte heftig – weniger auf die Tatsache ihrer Abweisung als vielmehr auf den beleidigenden Charakter derselben: »Eine Frau, die am Hofe täglich erscheint, ist für Mad. Wallenstein nicht geschaffen, wovon schon Beispiele vorhanden. Wohl aber eine affektierte Assessorsfrau, die gern Ton führen möchte, aber es nicht anzufangen weiß. [...] Schon genug, daß die Baronin Dame vom ersten Range ist, dieses entscheidet. Das Komische, was die Baronin hat, muß als Dame vorgetragen werden und dieses ist nicht Jedermanns Sache«, hatte Theaterausschußmitglied Johann Michael Boeck geschrieben (die Materialien zur Streitsache Wallenstein sind bei Martersteig 1890, S. 266–275 und S. 442–449 publiziert). Als auch die nächsthöhere Instanz, Minister Franz Albert Leopold Graf von Oberndorff, Henriette Wallensteins Klage abwies, dramatisierte sie ihre Lage in einem Protestschreiben. Darauf meldete sie sich für eine Woche krank. Statt des erforderlichen theaterärztlichen Attestes lieferte sie Gutachten zweier anderer Ärzte sowie eine eigene Schilderung ihrer Krankheit, die allerdings im Verlauf ihres Schriftwechsels mit dem Regisseur Rennschüb eine »etwas obskure Entwicklung« (Daniel 1995, S. 213) von Gehörproblemen bis zu Menstruationsbeschwerden nahm. Schließlich schrieb Rennschüb: »Wenn Sie mir recht gut wären, und Ihre monatliche Unpäßlichkeit Niersteiner 1775ger wäre, könnten Sie mich nicht mehr damit regaliren, als Sie mich heute mit dieser dreckigen Geschichte regalirt haben [...] drum bitte ich Sie, in Zukunft etwas geheimer damit zu seyn [...]« (zit. nach Martersteig 1890, S. 444).

Mit der Begründung, Henriette Wallenstein habe sich »gesetzwidrig, äußerst beleidigend und strafbar« (zit. nach Martersteig 1890, S. 450) gegenüber Regie und Ausschuß verhalten, billigte der von einer Reise zurückkehrende Intendant Dalberg die Vorgehensweise seiner Kollegen und bestand auf der Forderung, die Schauspielerin müsse gegenüber dem Theater »Abbitte« leisten. Sie ging darauf nicht ein, sondern löste ihren Kontrakt, der sie jedoch noch sechs Monate an das Haus band – und ihr Gelegenheit zur Rache verschaffte: Bei ihrer nächsten Vorstellung wurde sie vom Mannheimer Publikum mit heftigen Sympathiebekundungen empfangen, Regisseur Rennschüb jedoch auf offener Szene ausgepfiffen. Dalberg reagierte mit fristloser Entlassung und mit Hausverbot. Seiner Drohung, den ganzen Fall zu publizieren, kam die Schauspielerin allerdings zuvor: Sie ließ alle ihr zugänglichen Unterlagen – »auch die intimsten« (Daniel 1995, S. 214) – »an das unpartheiische Publikum« verteilen. Auf die öffentliche Gegendarstellung antwortete Henriette Wallenstein erneut mit einem offenen Brief, diesmal jedoch delikaterweise aus München, wo sie gerade im kurfürstlichen Hoftheater Carl Theodors gastierte. Mannheims Intendant Dalberg, derart brüskiert, verbat dem Publikum fortan alle öffentlichen Mißfallensäußerungen – eine Anweisung, die das immer stark involvierte Mannheimer Publikum gewiß nicht zu befolgen gedachte...

Fast eine »männliche« Karriere: Caroline Jagemann (1777–1848)
Die Affäre Wallenstein zeigt eine Frau, die – zu Recht oder zu Unrecht – den männlichen Theaterautoritäten ausgeliefert war und sich auf ihre Weise gegen die Bevormundung wehrte, allerdings zu ihrem eigenen Schaden. Das Beispiel einer Künstlerin, die es mit Fleiß, Ausdauer, Glück und Geschick außerordentlich weit brachte, liefert die Geschichte der Caroline Jagemann (vgl. Farbabbildung III, 5 und vgl. auch Bamberg 1926, Geitner 1988, S. 171–194, Möhrmann 1989, S. 105–113 und Raab-Frank 1984).

Konkurrentin Goethes am Weimarer Hoftheater, Operndirektorin, Mätresse des Herzogs Karl August von Sachsen-Weimar: Der unaufhaltsame Aufstieg der nicht nur wegen ihrer Kunst heute noch bekannten Sängerin Caroline Jagemann begann 1791 in Mannheim. Auf Vermittlung der Weimarer Herzogin Anna Amalia, in deren Diensten Carolines Vater stand, kam das talentierte Mädchen zur Gesangsausbildung in die Quadratestadt. Ihre Lehrerin war Josepha Beck[5], Sängerin und Ehefrau des bekannten Schauspielers Heinrich Beck. Über die stimmlichen Qualitäten der berühmten Lehrerin hält Pichler 1879 fest: »Sie entzückte Jedermann durch ihren vortrefflichen Gesang und blieb im Besitz der ersten Rollen in der Oper bis zu ihrer Pensionirung 1819« (S. 101).

Als Caroline Jagemann am 6. Oktober 1792 ihren »ersten theatralischen Versuch« in der Titelrolle des deutschen Singspiels *Oberon* von Paul Wranitzky[6] wagte, war Dalberg begeistert: Er engagierte die Fünfzehnjährige sofort und übernahm die Kosten ihrer Ausbildung. Schon zuvor war die junge Sängerin bei Konzerten in adeligen Kreisen aufgetreten – ein Umstand, der mit ihrer schönen Stimme, ihrer angenehmen Erscheinung und ihren schon am Weimarer Hof geübten Umgangsformen dazu beitrug, daß sie rasch auch in der obersten Gesellschaft ihren »festen Platz« fand: Sie verkehrte mit der pfalzgräflichen Familie, pflegte eine enge Freundschaft mit der Gräfin Oeynhausen und war bekannt mit den beiden Prinzessinnen von Mecklenburg-Neustrelitz (der späteren Königin Luise von Preußen und der späteren Königin Friederike von Hannover) sowie den Töchtern Dalbergs. Engagiert im Rollenfach der »jungen Liebhaberinnen und Bäuerinnen im Schau- und Singspiel« wurde sie von Iffland neben ihrer Gesangsausbildung in der Kunst unterrichtet, bürgerliche Rührstücke »mit Ausdruck und Seele« zu spielen. Damals war es üblich, daß Sänger/innen zugleich Rollen im Sprechtheater übernahmen.

Höhepunkt in Caroline Jagemanns Mannheimer Laufbahn war die Erstaufführung von Mozarts *Zauberflöte* am 29. März 1794, die sie für sich mit einem grandiosen Erfolg als Papagena krönte.

Ungeachtet der künstlerischen Fortschritte fühlte sie sich in Mannheim jedoch nicht wohl: Sie litt unter dem Stolz, wohl auch dem Neid ihrer Lehrerin ebenso wie unter dem Mißtrauen und der Strenge von deren Ehemann. Letzterer verbat ihr, vermutlich nicht nur aus väterlicher Verantwortung, den Umgang mit ihren vielen Verehrern. Gerade Becks eigene eifersüchtige Zuneigung zu Caroline wurde in Mannheim schnell zum Stadtgespräch. Selbst Ifflands Eingreifen brachte den Schauspieler diesbezüglich nicht zur Vernunft.

[6] Der dramatisierte Text zu Wranitzkys *Oberon* stammt übrigens von der bereits erwähnten Sophie Seyler-Hensel, geb. Sparmann.

[5] Geburtsdatum nicht ermittelt, gestorben 1827.

Außerdem wurde die Jagemann von finanziellen Nöten im nach wie vor teuren Mannheim geplagt: Immer wieder schrieb sie Bittbriefe an ihren Vater, sei es, daß sie um ein halbes Dutzend Schminktöpfchen aus Frankfurt bat, weil diese dort billiger waren, sei es, daß sie Geld benötigte, um eine neue Musselin-Schürze für die Rollen junger Bäuerinnen zu besorgen (Raab-Frank 1984). Wie alle Darstellerinnen hatte sie das Problem, daß sie die meisten Bühnenkostüme selbst beschaffen mußte, weil es die Konvention verlangte, immer *à la mode* gekleidet zu sein. Deshalb genügte die Leih-Garderobe aus dem Fundus nicht. Hierzu kam noch persönliche künstlerische Verärgerung, weil ihr Rollen, die sie als »Einspringerin« mit Bravour erfüllt hatte, wieder abgenommen und einmal gegebene Rollenversprechen nicht gehalten wurden.

Wirklich froh war sie immer nur dann, wenn Herzog Karl August aus Weimar nach Mannheim kam und sie bei einer ihrer Vorstellungen besuchte. 1796 deutete Caroline Jagemann ihrem Vater in einem Brief bereits an, daß das Interesse, das der Herzog an ihr gefunden habe, weit über das eines Landesvaters hinausging...

Als der Krieg im Gefolge der Französischen Revolution Mannheim längst erreicht hatte und die Stellung der Hoftheatermitglieder bedrohte, ergriff Caroline Jagemann die Gelegenheit, zurück nach Weimar ans dortige Hoftheater zu gehen. Auch hier war ihr Weg nicht leicht: Geprägt vom Theaterverständnis Ifflands, vertrat sie grundsätzlich andere Meinungen als ihr Intendant – Johann Wolfgang Goethe. Vor der jungen, intelligenten und talentierten Künstlerin räumte er, der trotz aller Querelen zu ihren Bewunderern zählte, schließlich das Feld: 1809 trat Goethe die Operndirektion in Weimar an Caroline Jagemann ab. Fortan hatte sie in allen Belangen des Theaters Entscheidungs- und Mitspracherechte.
1802 bereits war sie auf das beharrliche Liebeswerben des Herzogs eingegangen: Als fürstliche Mätresse wurde sie mit dem erblichen Adelstitel von Heygendorff beschenkt. Allerdings nahm die Gesellschaft diese Liaison sehr unterschiedlich auf. Ihre Gesangskarriere beendete die Geliebte des Fürsten und Mutter von drei Kindern erst im Alter von fünfzig Jahren – den Wechsel ins unbeliebte »alte Fach« ersparte sie sich.

Alles in allem kann Caroline Jagemann als seltenes Beispiel gelten für eine Theaterkünstlerin, die dem »Umweg« über einen (regierenden) Fürsten keineswegs ihre Karriere zum Opfer gebracht hat, sondern in ungewöhnlich emanzipatorischer Weise Ehe, Kinder und leitende Position in Einklang zu bringen vermochte.

Bürgerliches Theater – bürgerliche Schauspielerinnen?

»Man spricht gar nicht mit uns, sondern zu uns. Oft gar [...] zu uns herab«, hatte August Wilhelm Iffland noch 1785 über die Haltung des Bürgertums gegenüber den Leuten vom Theater geklagt (zit. bei Kord 1992, S. 35 nach Iffland *Fragmente 117*). Das Ansehen des Schauspielerstandes insgesamt, der sich vielfach aus ehemaligen Studenten und anderen »Taugenichtsen«[7] zusammensetzte, blieb lange Zeit sehr gering. Erst allmählich trat Besserung ein: Hatte Goethe gemeint, das gesellschaftliche Ansehen der Schauspieler zu erhöhen, indem er »der Welt zeigte, daß ich sie eines gesellschaftlichen Verkehrs mit mir Wert achtete« (zit. bei Kord 1992, S. 35 nach Heinrich Laube *Erinnerungen VIII*, S. 199), so begannen in Mannheim tatsächlich früher und intensiver als in anderen Städten persönliche Verbindungen zwischen Bürgertum und Künstlerschaft, wie der Chronist Ernst Leopold Stahl bemerkte, was wohl zu einem guten Teil damit zu erklären ist, daß das

[7] Tatsächlich wurde häufig Schauspieler, wer »nichts Besseres« gelernt hatte. Interessant hierzu die Statistik über die erlernten bzw. abgebrochenen Berufs- und Studienwege von Schauspielern in dieser Zeit bei Schmitt 1990, S. 101.

Theater 1839 in städtische Verwaltung übernommen worden war und von drei Honoratioren Mannheims geleitet wurde. Einige männliche Bühnenmitglieder gehörten schließlich auch schon im Gründungsjahr 1839 der bis heute bestehenden (Herren)-Gesellschaft *Räuberhöhle* an, in der sich sonst überwiegend höhere Beamte unter den »Eingetrunkenen« fanden (Stahl 1929, S. 14). Unerwähnt läßt Stahl übrigens die Aufnahme von zwei weiblichen Gesellschaftsmitgliedern, und zwar noch im Gründungsjahr als Mitglied Nr. 20 Caroline Schön (-Deisenrieder), von 1838 bis 1858 am Mannheimer Theater engagierte Sängerin, sowie die berühmte Münchner Hofopernsängerin Sophie Diez, die man 1846 sogar zum Ehrenmitglied ernannt hatte (Mitgliedsnummer 99).[8] Ein Sachverhalt, der heutzutage gerne bagatellisiert und als absolute Ausnahme gewertet wird, obgleich es der Gesellschaft doch gerade aufgrund der geänderten Verhältnisse nicht schlecht zu Gesicht stünde, auf diese Künstlerinnen stolz zu sein!

Wurden Theaterkünstler und -künstlerinnen andernorts häufig nur geduldet, gehörten sie in Mannheim durchaus dem gesellschaftlichen Leben an, standen andererseits aber auch unter dauernder Beobachtung.

Ganz im Sinn von Anstand und Sitte kam es seit der zweiten Hälfte des 19. Jahrhunderts auch zu Eheschließungen zwischen dem weiblichen Bühnenpersonal und angesehenen Mannheimer Bürgern: Henriette Rohn, Opernsängerin, heiratete den Oberamtsrichter Carl Ullrich, die Schauspielerin Emilie Heußer wurde Frau des Obergerichtsadvokaten Friedrich von Engelberg, die Opern- und Konzertsängerin Helene Hausen verheiratete sich mit dem Hauptmann a. D. Alfred Seubert, die Schauspielerin Poldi Dorina wurde Frau des Bankiers Josef Hohenemser, Jane Freund, Opernsängerin, ging mit Moritz Nauen, Kaufmann und spanischer Konsul, die Ehe ein. Auch Mannheims gefeierte dramatische Sopranistin Anna Heindl wurde die Frau eines hier ansässigen Kaufmanns und Fabrikanten – Emil Franz Rocke. Ein Beispiel einer solchen »Karriere«, die in Mannheim übrigens durchaus nicht immer mit der Aufgabe der Bühnenkarriere einhergehen mußte, ist das der Sängerin Mella Fiora.

Von der Bühne in die Bürgerlichkeit: Mella Fiora (1863–1955)[9]

Geboren als Melanie Fuchs in Wien, erhielt Mella Fiora unter anderem in Paris Gesangsunterricht. Erste Engagements führten die Koloratursopranistin nach Würzburg und Breslau, ehe sie 1897 mit ihrem ersten Ehemann, dem Kapellmeister Leopold Weintraub, nach Mannheim kam. Unter ihrem Künstlernamen Mella Fiora trat sie sehr erfolgreich im Nationaltheater auf, bis sie in den ersten Wochen der Spielzeit 1902/03 »wegen Krankheit« eine Zeitlang nicht auf der Bühne erschien. Danach verschwand ihr Name aus den Besetzungslisten – ihre Laufbahn war abrupt beendet.

Im Fall von Mella Fiora waren mit Sicherheit Schwangerschaft und Eheschließung die Gründe für den Karriere-Abbruch: Mella Fiora heiratete den vierzehn Jahre älteren Oberingenieur Oscar Smreker, der sich unter anderem durch die Errichtung neuer Wasserleitungssysteme in mehreren europäischen Städten – auch in Mannheim – einen Namen gemacht hatte.

Als Melanie Smreker erhielt Mella Fiora nach ihrer Hochzeit Zugang zu den obersten Kreisen der Mannheimer Gesellschaft. Zur Erfüllung des bürgerlichen Frauenideals gab sie ihren Beruf auf. Allerdings: Als sie diesen Schritt unternahm, war sie bereits 34 Jahre alt. Als Koloratursopran hätte ihr wahrscheinlich in Kürze der befürchtete Fachwechsel bevorgestanden – sobald sie schon allein

[8] Den Hinweis hierauf verdanke ich Liselotte Homering, Reiss-Museum Mannheim, Theatersammlung; vgl. auch Räuberhöhle 1964.

[9] Die Ausführungen über Mella Fiora folgen Krock 1995.

Mella Fiora (1863–1955). Großformatiges, ganzfiguriges Porträt von Ferdinand Keller (1842–1922). Öl auf Leinwand, 1911. RMM

stimmlich und äußerlich die Erwartungen als Königin der Nacht oder Susanna nicht mehr hätte erfüllen können. Dem allmählichen beruflichen Niedergang zog sie es offenbar vor, auf dem Zenit des Erfolges ab- und in ein neues, gesichertes Leben einzutreten.

Eine Frau schreibt Bestseller: Charlotte Birch-Pfeiffer (1800–1868)[10]

Es habe »reichlich viel Birch-Pfeiffer« gegeben, berichtet der Mannheimer Theaterchronist Ernst Leopold Stahl (Stahl 1929, S. 141) noch über das Schauspielrepertoire der Spielzeit 1885/86. Seit über fünfzig Jahren gehörten auch in Mannheim wie in fast allen Theaterstädten Europas die bürgerlich-kitschigen Rührstücke von Charlotte Birch-Pfeiffer zum festen Bestandteil des Repertoires. Ihre Werke würde man heute als *well made plays* bezeichnen: perfekt gebaut, spannend und heiter, mit klarer Differenzierung von Gut und Böse und einem garantierten *Happy End*. Sie entsprachen dem Zeitgeschmack ihres Publikums und den gültigen Konventionen. Probleme, etwa mit der Zensur, gab es nie. Nicht von ungefähr nennt Gisela Ebel Charlotte Birch-Pfeiffer die »Courths-Mahler des Theaters« (Ebel 1985, S. 15).

Sicher ist die Karriere dieser Dramatikerin einzigartig – obwohl sie ganz unspektakulär mit einer »normalen« Bühnenlaufbahn begann: Als »die« Pfeiffer feierte sie schon in sehr jungen Jahren große Erfolge als Tänzerin und Schauspielerin, mit einem festen Engagement in München – von dort aus gastierte sie übrigens gemeinsam mit ihrer Schwester bereits 1810 auch in Mannheim (vgl. den Beitrag von Sibylle Dahms in diesem Buch). Ihre Gage reichte für den Unterhalt ihrer Geschwister und Eltern mit aus – bis sie Christian Birch heiratete, der außer seiner Bibliothek nur eine Menge unbezahlter Rechnungen in die Ehe einbrachte. Mehr denn je war Charlotte Birch-Pfeiffer auf ihre Einkünfte angewiesen, und so schrieb sie 1827, als sie wegen einer Schwangerschaft nicht auftreten konnte, ihr erstes Drama, *Herma*. Der große Durchbruch gelang ihr etwas später mit *Pfeffer-Rösel*, ihrer dritten dramatischen Arbeit. Dieses Stück wurde in Mannheim erstmals 1831 gespielt. Danach – bis zur Feier des 100. Geburtstages der Autorin im Jahre 1900 mit einer Aufführung von *Dorf und Stadt* – war ihr Name vom Mannheimer Spielplan nicht mehr wegzudenken (bis 1909 gab man von »der« Birch-Pfeiffer

[10] Die Ausführungen über Charlotte Birch-Pfeiffer folgen überwiegend Ebel 1985, S. 12–20 und Kord 1992, S. 70–76.

insgesamt 24 Stücke in unzähligen Neueinstudierungen).

Charlotte Birch-Pfeiffer schrieb ihre Stücke oft »im Schnellverfahren« (Kord 1992, S. 249), manchmal in nur acht Tagen. In ihrem Gesamtwerk sind nicht weniger als 93 Dramen verzeichnet. Worin lag das Geheimnis ihres Erfolges? Es ist jedenfalls eng mit der Struktur des Publikums verzahnt: Im Parkett und auf den Rängen fanden sich im 19. Jahrhundert häufig überwiegend Zuschauerinnen, die zwar als unkritisch und sentimental galten, an deren Geschmack sich Theaterdirektoren aber gern orientierten. Susanne Kord weist zu Recht auf den Zusammenhang hin, daß die zahlenden Besucherinnen zwar von den Theaterleuten für die Anspruchslosigkeit des Spielplans verantwortlich gemacht wurden, sich aber Dramatiker und Intendanten bereitwillig dem Diktat der Masse fügten, denn letztlich richtete sich der Verdienst des Stückeschreibers – in diesem Fall der Stückeschreiberin – und der Bühnenleitung nach der Häufigkeit der Aufführungen eines Werkes (vgl. Kord 1992, S. 37–38). So wurde auch schon vor 150 Jahren nach der »Quote« geschielt. Wer es wie Charlotte Birch-Pfeiffer verstand, den Publikumsgeschmack zu treffen, hatte Erfolg. Nur wenige männliche Autoren und keine andere weibliche Dramatikerin beherrschten diese Kunst so wie sie.

Nicht nur auf der Bühne zu stehen, sondern gedanklich-kreativ den Entstehungsprozeß von Theateraufführungen – als Autorin oder als Dramaturgin – maßgeblich zu beeinflussen, diese neuen Aufgabenfelder »eroberten« sich Frauen erst nach und nach.

In Mannheim sollte es noch lange dauern, ehe die erste Dramaturgin offiziell engagiert wurde. Ansonsten kamen eher Arrangements wie im Fall des Mannheimer Intendanten August Bassermann in Betracht, von dessen Eheschließung Ernst Leopold Stahl vermerkt, jener habe mit seiner Frau Sophie (Burska) einen »in aller Stille ausgezeichnet mitarbeitenden Heimdramaturgen gewonnen« (Stahl 1929, S. 205). Ähnliches läßt sich in einem anderen Fall feststellen: Ellen Franz, in Mannheim eine beliebte Schauspielerin, sollte im letzten Drittel des 19. Jahrhunderts – vor allem in ihrer Funktion als hinter den Kulissen agierende Dramaturgin – zu einer Schlüsselfigur des ›Meininger Theaterwunders‹ werden...

Der Einstieg in eine neue Theaterzeit: Ellen Franz (1839–1923)[11]

Ein gutbürgerliches Elternhaus, eine umfassende schulische Bildung und ihre Freundschaft mit Cosima von Bülow (späterer Wagner): Das sind die Komponenten, die – neben ihrem Talent – maßgeblich zur Karriere der Schauspielerin Ellen Franz (vgl. auch Farbabbildung IV, 8) beitrugen. Geboren in Naumburg an der Saale, erhielt sie schon früh Klavierunterricht bei Theodor Kullak und bei Hans von Bülow. 1860 debutierte sie auf Empfehlung Franz Liszts mit mäßigem Erfolg als Schauspielerin in Gotha. Der künstlerische »Durchbruch« folgte zwei Jahre später in Oldenburg. 1864 schließlich wurde sie ans Mannheimer Hof- und Nationaltheater engagiert, und in den folgenden drei Jahren spielte sie nicht weniger als 106 verschiedene Rollen (vgl. Herrmann 1976). Obwohl sie sich hier sehr wohl fühlte, folgte sie 1867 einem Ruf ans Meininger Theater.

In Meiningen feierte sie neue Erfolge – und doch endete ihre Karriere auf der Bühne abrupt am Tag der heimlichen, morganatischen Eheschließung mit Herzog Georg II. von Sachsen-Meiningen. Nachdem Ellen Franz geheiratet hatte, nunmehr Freifrau von Heldburg, wendete sie sich neuen Tätigkeitsbereichen zu: Als Schauspiellehrerin kümmerte sie sich zum einen um den künstlerischen Nach-

[11] Die Ausführungen über Ellen Franz folgen Herrmann 1976.

Clara Ziegler (1844–1909). Rollenporträtfotografie als Iphigenie in Johann Wolfgang von Goethes Iphigenie auf Tauris, *eine Rolle, in der die Schauspielerin am 20. Dezember 1875 auch in Mannheim gastierte. Foto: E. Bieber, Hamburg, nach 1870. RMM, Thslg.*

wuchs. Zum anderen wagte sie sich auf das bis dahin männlich dominierte Feld der literarisch-dramaturgischen Arbeit und fand bei ihren Kollegen große Anerkennung. Zeugnis hierfür legen ihre bis heute erhaltenen Korrespondenzen mit den namhaften Dramatikern ihrer Zeit ab (vgl. Hase-Koehler 1926/1933). Zum »Meininger Theaterwunder«, das mit seinem Anspruch, historische Wirklichkeit in Bühnenbild, Kostümen und in der Darstellung realistisch-illusionistisch abzubilden, als Wegbereiter für das moderne Theater gilt, trug Ellen Franz einen maßgeblichen Teil bei.

Frauen vor der Jahrhundertwende

Mit den großen historischen Ereignissen im letzten Drittel des 19. Jahrhunderts – dem deutsch-französischen Krieg 1870/71 und der anschließenden Reichsgründung sowie der fortschreitenden Industrialisierung setzten bis zum *Fin de siècle* gravierende gesellschaftliche Veränderungen ein, die auch einen Umbruch auf dem Theater mit sich brachten. Letzterer manifestierte sich nicht nur in neuartigen Dekorationen und Spielweisen, sondern auch und vor allem in einer alle Sparten der Kunst berührenden veränderten Sichtweise auf die Wirklichkeit – und die Weiblichkeit.

Nationalismus versus Naturalismus: Clara Ziegler (1844–1909)[12]

Frauen als »männermordende Traumgestalten« – wie etwa Robert Musil sie bezeichnete (zit. nach Ahlt 1979, S. 65) – von Judith über Penthesilea bis zu Medea waren bereits kurz zuvor – von den Dramatikern der Romantik – (wieder-)entdeckt worden. Im gründerzeitlichen Deutschland ergänzten sie die Palette der Erscheinungsformen des weiblichen Geschlechts: Nie zuvor machte sich die männliche Gesellschaft so viele unterschiedliche, zum Teil groteske Bilder von »der« Frau; nie zuvor gab es so viele Spielmöglichkeiten von »weiblicher Theatralik«. Auf dem Höhepunkt der Männerphantasien stand der Starkult um so unerreichbare Schauspielerinnen wie Sarah Bernhardt, Eleonora Duse und auch die junge Adele Sandrock – Claudia Balk beschreibt sie treffend als *Theatergöttinnen* (Balk 1994) –, die sich bis ins Private hinein perfekt inszenierten. Entsprachen die Genannten dem Ideal einer kokett-lasziven, psychologisch-verfeinerten, sinnlichen Weiblichkeit, so gab es zeitgleich einen nationalen Star, der dazu wie ein Antityp erscheint – und in dieser Ausprägung wohl nur in Deutschland denkbar war: Clara Ziegler.

[12] Die Ausführungen über Clara Ziegler folgen weitgehend Balk 1994, S. 12–59.

Ihre Rollen waren die Heldinnen der griechischen Antike – Athene, Penthesilea, Medea –, aber auch Maria Stuart, die Jungfrau von Orleans, Judith und die Frauen der germanischen Mythen. Ihr Stil war geprägt von einem martialischen Auftreten, einem extrem deklamatorischen Pathos und »plastischen« stereotypen Bewegungen. Sie entsprach darin einer 1908 von Karl Scheffler in seiner Publikation *Die Frau und die Kunst* (S. 66–68) geäußerten Auffassung von weiblicher Schauspielkunst: »Die meisten berühmten Schauspielerinnen haben ihren Ruf [...] nicht der künstlerischen Verwandlungsfähigkeit zu verdanken, sondern der Liebenswürdigkeit ihrer weiblichen Natur. [...] Zum eigentlichen bewußten Charakterisieren aber gehört Wille, Objektivität und Selbstentäußerungsfähigkeit, gehören männliche Eigenschaften. So sind auch die wenigen großen Schauspielerinnen, die wirklich Verwandlungsfähigkeit zeigten, männische Individuen gewesen. Sie mußten es um so mehr werden, als die Rollen, die sie darzustellen haben, im wesentlichen männische Weiber malen. Der Begriff ›Heroine‹ ist dafür sehr bezeichnend« (zit. nach Balk 1994, S. 12, Anm. 6).

Zum »männlichen Geist«, der im 18. Jahrhundert – wie erwähnt – der erfolgreichen Theaterdirektorin Caroline Neuber attestiert wurde, trat hier der Begriff des ›männischen Individuums‹, das in Gestalt und Auftreten mitunter unheimliche maskuline Muster übernahm. Die furchteinflößenden Frauengestalten erfüllten im gründerzeitlichen Patriotismus, der im Rückgriff auf germanische Sagengestalten neue Ideale suchte und fand, monumentale Weiblichkeitsvorstellungen. Auf der Bühne entstand ein unpolitisches, ästhetisiertes Heldinnentum.

Die Biographie Clara Zieglers ist dagegen – verglichen mit den international gefeierten Kolleginnen – überraschend unspektakulär, entspricht damit jedoch den herrschenden Konventionen: Sie stammte aus gutbürgerlichem Haus und schlug den Weg einer Schauspielerin erst ein, als sie gegen ihren Willen verheiratet werden sollte. Sie lebte sehr zurückgezogen, ehelichte schließlich ihren dreißig Jahre älteren Vormund und Mentor und blieb kinderlos. Ihren selbst erarbeiteten gesellschaftlichen Rang dokumentierte sie hingegen vergleichsweise auffällig mit einer repräsentativen Villa in München.

Clara Ziegler, die Heroine des deutschen Theaters, war zum Star, ja zur Nationalheldin geworden. Daß sie auch in Mannheim viele Anhänger hatte, beweist die Tatsache, daß sie im Zeitraum von 1872 bis 1894 immerhin sechzehn Mal zu Gastspielen ans Hof- und Nationaltheater eingeladen und stets mit überschwenglicher Begeisterung aufgenommen wurde – besonders auch in der Titelrolle von Franz Grillparzers *Sappho* 1875, der einzigen Premiere am Nationaltheater, die offenbar eigens für sie auf den Spielplan gesetzt worden war.

Frauen am Theater: Die vertragliche Situation

Ein »festes« Engagement zu haben, bedeutete nicht immer zugleich, eine gesicherte soziale Position zu erhalten. Für die Stellung der Bühnenkünstler – Männer wie Frauen – brachte das Jahr 1871 mit der Gründung der *Genossenschaft deutscher Bühnenangehörigen* [sic], die beispielsweise die erste funktionierende überregionale Pensionskasse einrichtete, eine wichtige Verbesserung. Denn in dieser Zeit hatte sich ein regelrechtes »Schauspielerproletariat« entwickelt (vgl. auch Andres-Hummel 1993, S. 48): An kleineren Bühnen wurden allzu niedrige Gagen gezahlt, es gab meist nur kurzfristige Verträge und keine soziale Absicherung. Demgegenüber bildeten die

Mitglieder der Hoftheater eine künstlerisch-soziale *upper class*: Sie erhielten mehrjährige Verträge zu besseren Bedingungen, profitierten zum Teil von einer hauseigenen Pensionskasse – so auch in Mannheim – und besonders die Damen im Ensemble genossen den »Luxus«, einen gut ausgestatteten Kostümfundus in Anspruch nehmen zu können. 1918 schließlich wurde das erste Reichstheatergesetz erlassen, es fand eine Vereinheitlichung der Verträge statt, und die Bühnengenossenschaft erhielt durch die Gewerkschaft zusätzliche Stärkung.

Aber immer noch wurden Frauen und Männer am Theater unterschiedlich behandelt; kurios muten die speziell weiblichen Paragraphen in den Verträgen der Solisten an, wie die folgenden Beispiele zeigen.

Respektlose »Respekttage«?

Da steht beispielsweise in einem Vertrag des *Deutschen Bühnen-Vereins* von 1918 zwischen der Intendanz des Großherzoglichen Hof- und Nationaltheaters Mannheim und einem Mitglied des Opern-, bzw. Schauspielensembles zu lesen: »Das weibliche Mitglied ist an den ersten 3 Tagen des monatlichen Unwohlseins probe- und spielfrei; es muß diese Respekttage aber spätestens 4 Tage vor der Festsetzung des Spielplanes der Woche, in die die Respekttage fallen werden, der Bühnenleitung bezeichnen. In diesem Falle werden die Bezüge des Mitgliedes nicht gekürzt, wenn die bezeichneten Tage mit den Respekttagen zusammenfallen. Macht aber das körperliche Befinden des Mitgliedes eine Verschiebung der beanspruchten Probe- und Spielfreiheit erforderlich, so kommt für den ersten Tag, der außerhalb der bezeichneten Zeit liegt, ein Spielgeld in Wegfall; für jeden weiteren Tag entfällt der verhältnismäßige Teil des gewährleisteten Spielgeldes.«

Noch 1940 gab es die folgende vertragliche Regelung (»Dienstvertrag« des Nationaltheaters Mannheim): »Weibliche Mitglieder sind verpflichtet, die in der weiblichen Natur begründeten regelmäßigen Störungen der Bühnenleitung spätestens sechs Tage vor dem Beginn derjenigen Woche zu melden, in der die Störungen zu erwarten sind.«

Was auf den ersten Blick vielleicht wie eine vorbildliche Rücksichtnahme aussehen mag, erscheint bei näherem Hinsehen als ein vehementer Eingriff in die Intimsphäre. Heute wird dieses Thema im Vertrag freilich nicht mehr erwähnt.

Ohne Diskretion: Ehe und Schwangerschaft[13]

»Wenn ein weibliches Mitglied während der Dauer des Vertrages sich verheiraten will, so hat es seinen Vorsatz der Bühnenleitung spätestens 14 Tage vor der Abschließung der Ehe schriftlich anzuzeigen. Die Bühnenleitung hat in solchem Falle das Recht, den Vertrag zu kündigen und vom Tage der Hochzeit an zu lösen, und bleibt nur bis zu diesem Tage zur Zahlung von Gehalt und Spielgeld verpflichtet. [...]. Sollte sich das Mitglied ohne vorherige Anzeige bei der Bühnenleitung verheiraten, so steht letzterer, sobald sie es erfährt, das Recht augenblicklicher Kündigung oder Entlassung des Mitgliedes zu; auch erlöschen damit alle Ansprüche des Mitgliedes aus dem Vertrage [...]. Wenn ein weibliches Mitglied nach Abschluß des Vertrages sich verheiraten will, so ist es berechtigt, den Vertrag drei Monate vor Antritt oder aber zum Abschluß der Spielzeit zu kündigen« – so die Formulierung in dem oben bereits erwähnten Bühnenvertrag aus dem Jahr 1918 zum Thema Ehe. Männliche Schauspielkollegen mußten ihre Verheiratung nicht ankündigen, konnten auch nicht deswegen gekündigt werden. Der Grund für diese Ungerechtigkeit ist – aus männlicher Sicht –

[13] Diese Ausführungen folgen weitgehend Andres-Hummel 1993, S. 50–51.

leicht nachzuvollziehen: Frauen, die heirateten, sanken für die Theaterleitung im Wert. Einerseits verloren sie für das männliche Publikum an Attraktivität, andererseits bestand die Möglichkeit einer Schwangerschaft – beides konnte dem Theater konkrete finanzielle Probleme verursachen.

Entsprechend detaillierte Regelungen waren deshalb auch für den Fall der Schwangerschaft einer Künstlerin im besagten Vertrag festgelegt: »Bei Dienstunfähigkeit, die bei verheirateten Damen während ihrer Ehe, oder in der gesetzlichen Zeit darüber hinaus infolge von Schwangerschaft eintritt, fällt für sie der Anspruch auf Gehalt und gewährleistetes Spielgeld von dem Tage ab fort, an welchem die Bühnenleitung ein weiteres Auftreten für unzulässig erklärt. Bei verheirateten Chorsängerinnen und verheirateten Figurantinnen [Ballettstatistinnen] kann in diesem Falle Verlust des Anspruchs auf Spielgeld eintreten, wenn die Störung durch Schwangerschaft und Wochenbett und deren Folgen nicht über 2 Monate dauert. Für die weitere Zeit fällt jeder Anspruch auf Gehalt und Spielgeld fort.

In jedem Falle, in dem die Theaterleitung von dem in diesem Paragraphen ihr eingeräumten Rechte der Kürzung der festen Bezüge auf die Hälfte oder der vollständigen Einstellung der festen Beträge Gebrauch macht, steht dem Mitgliede innerhalb der Zeit, während der diese Kürzung oder Einstellung andauert, das Recht zu, den Anstellungs-Vertrag für aufgelöst zu erklären. Doch kann die Theaterleitung binnen 24 Stunden nach eingelaufener Kündigung diese durch schriftliche Erklärung unwirksam machen, indem sie dem Mitgliede wieder das volle Gehalt anweist: eine neuerliche Gehaltskürzung kann dann erst nach weiteren 28 Tagen der Erkrankung oder Verhinderung erfolgen.«

Zwar ist in diesem Vertrag von 1918, der so bereits seit 1871 Gültigkeit hatte, nicht die Rede davon, daß das Theater einer schwangeren Frau direkt kündigen konnte. Doch findet sich ein anderes massives Druckmittel: die Kürzung des Gehalts. Auf diese »durften« die betroffenen Frauen mit Kündigung ihres Vertrages reagieren, wodurch dem Theater allerdings in der Regel keine wesentlichen Verluste entstanden: Beim großen Angebot an weiblichem schauspielerischen Nachwuchs fiel es selten schwer, eine Vakanz neu zu besetzen. Nicht erwähnt sind uneheliche Schwangerschaften, die ohnehin fast immer die fristlose Kündigung seitens des Theaters zur Folge hatten.

Regelungen wie die erwähnten, die in die Privatsphäre der Frauen am Theater direkt eingreifen, gibt es zwar heute nicht mehr, doch die Entscheidungsfrage zwischen Karriere und Familie stellt sich immer wieder aufs Neue: Von Theaterleuten wird selbstverständlich erwartet, daß sie dem »Haus« jeden Tag, zu ungewöhnlichen Zeiten und oft auch kurzfristig voll zur Verfügung stehen; zudem zwingen auch heute noch die jeweils auf wenige Jahre befristeten Verträge zu häufigen Ortswechseln. Theaterberufe mit einer Familie in Einklang zu bringen, bleibt schwierig – auch wenn im Zuge der Emanzipation davon vielleicht stärker als früher beide Geschlechter betroffen sind.

Das 20. Jahrhundert: Theaterfrauen in Männerberufen?

Bis heute gibt es für Frauen am Theater geradezu »klassische« Berufsbilder: Man findet sie als Schauspielerinnen, Sängerinnen und Tänzerinnen, als Schneiderinnen und Maskenbildnerinnen sowie als Reinigungspersonal, Garderobenfrauen und Empfangsdamen vor und hinter der Bühne. Im Laufe unseres Jahrhunderts haben Frauen in allen Bereichen des täglichen Lebens allerdings nach und nach ein neues Selbstbewußtsein entwickelt,

Gerda Schulte (geb. 1903), Ausstattungsleiterin des Kostüm- und Maskenwesens von 1951 bis 1969, hier an ihrem Arbeitsplatz in der Schauburg.
Foto: Adolf Falk, 1955.
RMM, Thslg.

das es ihnen ermöglichte, in »männliche« Berufswelten einzudringen.

Eine Frau steht ihren Mann: Gerda Schulte
Seit den Meiningern hatte jedes Stück passende Dekorationen und passende Kostüme. Dabei war es noch bis vor wenigen Jahrzehnten üblich, daß ein Bühnenbildner auch die Gewänder entwarf – für die Ausführung der letzteren war häufig eine Assistentin verantwortlich, die in der Schneiderei die Auswahl der Stoffe und die Arbeit betreute. Deshalb ist es nicht weiter verwunderlich, daß es im Bereich des Kostümwesens den Frauen eher gelang als etwa im Bereich des Bühnenbilds, die männliche Domäne zu durchbrechen.

Beinahe »legendär« in Mannheim ist die 1903 geborene Kostümbildnerin Gerda Schulte: Knapp dreißigjährig wurde sie in der Spielzeit 1932/33 ans Opernhaus in Königsberg als Kostümbildnerin engagiert, um in der darauffolgenden Saison als Ausstattungsleiterin des Kostümwesens nach Leipzig zu wechseln. Hier blieb sie über die Kriegsjahre hinaus, bis sie 1948 für drei Spielzeiten in gleicher Position nach Lübeck ging. 1951 kam sie mit Hans Schüler von dort nach Mannheim, als Ausstattungsleiterin des Kostüm- und Maskenwesens. Aufgrund ihrer herausragenden Erfolge (vgl. auch Farbabbildung XIII, 22) – besonders in Zusammenarbeit mit dem Bühnenbildner Paul Walter – zeichnete man sie bei ihrem Ausscheiden 1969 mit der Ehrenmitgliedschaft des Nationaltheaters aus. Zugleich wurde damit diese Ehrung erstmals einem Theatermitglied aus dem künstlerisch-technischen Bereich zuteil. Übrigens war Gerda Schulte am Nationaltheater auch die erste Kostümbildnerin, die auf den abendlichen Besetzungszetteln immer namentlich erwähnt wurde (Meyer 1979, S. 158).

Nach ihrem Weggang übernahm wieder eine Frau diesen Wirkungskreis: Lieselotte Klein, die am Nationaltheater bis 1981 Leiterin des Kostümwesens blieb. Seither ist die Leitung aller technischen Abteilungen wieder fest in männlicher Hand. Kostüm- und auch Bühnenbildnerinnen kommen allerdings regelmäßig als Gäste nach Mannheim (vgl. auch den Beitrag von Liselotte Homering und Andreas Krock).

Frauen führen Regie

Eine Tänzerin war es, die in Mannheim als erste Frau auch Regie führen durfte: Keine Geringere als die berühmte Wegbereiterin des modernen Tanzes, Mary Wigman, wurde 1954 eingeladen, zur 175-Jahr-Feier des Nationaltheaters Händels *Saul* zu inszenieren. Wiederum war Hans Schüler der »Zauberer«, der seine ehemalige Leipziger Ballettchefin nach Mannheim lotste. Nach ihr – Jahrzehnte später – kamen die großen Regisseurinnen des deutschen Theaters auch nach Mannheim, allerdings vornehmlich im Bereich der Oper: Ruth Berghaus, Christine Mielitz, Kathrin Prick oder Renate Ackermann. Sie hatten in ihren Anfängen vor allem ein Problem: sich auf den Proben den notwendigen Respekt zu verschaffen. So wird der Berghaus – wie einst auch der Neuberin – eine »männliche« Art nachgesagt, und man erinnert sich in Mannheim heute noch an den strengen »Kasernenhofton« der Mielitz. Animiert sicher auch durch die großen Vorbilder, streben heute mehr und mehr junge Frauen den Regisseurinnenberuf an, dem in der Regel lange Lehrjahre als Regieassistentin vorangehen. Die bange Frage, ob man den Durchbruch schafft, stellt sich bei weiblichem und männlichem Nachwuchs in gleichem Maß. Glücklich, wer auf der Karriereleiter weiterkommt – wie in jüngster Vergangenheit die Mannheimer Assistentin Sabine Hug, die seit drei Spielzeiten als Oberspielleiterin des Schauspiels am Theater in Biel/Solothurn engagiert ist.

Die Harfenistin Margarethe Ernst, erstes weibliches Mitglied des Nationaltheater-Orchesters. Porträtfotografie, um 1890. RMM, Thslg.

Frauen im Orchester

Noch bis vor gut dreißig Jahren waren auch im Mannheimer Orchestergraben die Männer unter sich (eine Ausnahme im 19. Jahrhundert stellt die Harfenistin Margarethe Ernst dar, vgl. auch den Beitrag von Susanne Kaulich in diesem Buch über

das Nationaltheater-Orchester): Erst 1965 erhielt Gisela Dammann als erstes weibliches Mitglied dieses Kollektivs ihren festen Platz am Pult.
Ab 1979 gab erstmals eine Dame im Orchester den Ton an: Die Violinistin Karin Boerries wurde als Erste Konzertmeisterin engagiert (vgl. auch den Beitrag von Susanne Kaulich).

Ihre Erfahrungen mit den überwiegend männlichen Kollegen schildern in diesem Band sehr eindrucksvoll zwei bis heute am Nationaltheater tätige Musikerinnen: Ingrid Clauß und Dorothea Strasburger (vgl. die »Zeitzeugen«-Beiträge in diesem Buch).

Obwohl es im internationalen Opernbetrieb inzwischen auch einige erfolgreiche Dirigentinnen gibt, hat man in Mannheim bisher nur eine Frau den Takt schlagen lassen: Marioara Trifan. Intendant Arnold Petersen engagierte sie von 1984 bis 1987 als Korrepetitorin mit Dirigierverpflichtung. Heute ist Marioara Trifan Erste Kapellmeisterin am Theater der Stadt Koblenz. Seit ihrem Weggang wurden bisher keine Dirigentinnen mehr in Mannheim engagiert. Allerdings gab es noch die eine oder andere Korrepetitorin, und zwar Veronika Scully (1982–1984) und Lucia Arner (1982–1983), die aber nach wie vor eine absolute Minderheit darstellen, ein Sachverhalt, der in der Tat zu denken geben muß...

In zweiter Reihe: Dramaturginnen
Konzepte für Spielpläne und Inszenierungen zu entwerfen, Text- und Strichfassungen herzustellen, Programmhefte zu schreiben und den Probenprozeß kritisch zu begleiten: Die vielfältigen Aufgabenbereiche der Dramaturgie, immer in »zweiter Reihe« hinter dem Intendanten, hinter dem Spartenleiter und hinter dem Regisseur ideengebend und Einfluß nehmend, wurden in Mannheim seit 1963 regelmäßig auch in weibliche Hände übergeben. Marlis Stegh war die erste Dramaturgin im Nationaltheater. Ihr folgten Hedda Kage, Sibylle Hubach, Ursula Rühle und viele andere.

Es überrascht, daß in der Spielzeit 1997/98 in dieser Abteilung der Theaterleitung, die bis Anfang der sechziger Jahre auch eine männliche Domäne war, mehr Frauen als Männer tätig sind: Mit Kecke Schmidt, Antje Zajonz (beide Schauspiel), Hildegard Wollbold (Oper) und Anne Richter (*Schnawwl*) stehen insgesamt vier Dramaturginnen drei männlichen Kollegen gegenüber. Das »Gleichgewicht der Geschlechter« wird in der kommenden Spielzeit wieder hergestellt werden, da die zur Zeit vakante Stelle des leitenden Musikdramaturgen neu – und zwar mit einem Mann – besetzt wird. Leitende Dramaturgen der beiden großen Sparten Oper und Schauspiel sind dann wieder jeweils Männer.

Frauen am Nationaltheater heute
Es ist nun bereits mehr als angeklungen: Die meisten Führungspositionen am Nationaltheater Mannheim sind auch heute noch – nicht anders als in den meisten anderen Häusern – fest in männlicher Hand. Eine Ausnahme bildet das Kinder- und Jugendtheater *Schnawwl*, das seit 1996 mit seiner Leiterin Brigitte Dethier und der Dramaturgin Anne Richter eine weibliche »Doppelspitze« hat. Und es gibt ein neues Arbeitsfeld, das am Theater immer mehr an Bedeutung gewinnt: Der Bereich der Werbung, Öffentlichkeits- und Pressearbeit. Früher wurden diese Aufgaben von den Dramaturgen miterledigt – heute, in Zeiten immer größerer Konkurrenz auf dem »Freizeitmarkt«, braucht man auch in Mannheim »Spezialisten« für diesen Bereich. Eigene Stellen für die Öffentlichkeitsarbeit gibt es am Nationaltheater erst seit einigen Jahren. Bis auf eine Ausnahme waren diese durchgehend mit Frauen besetzt. Unter der Leitung von Ulrike Steffel, die seit 1996 hier enga-

giert ist, wurde die Öffentlichkeitsarbeit im Zug der Umwandlung des Nationaltheaters in einen Eigenbetrieb zu einer echten Marketingabteilung aufgewertet, die der Theaterdirektion direkt unterstellt ist. Die Schlüsselposition der Kommunikation des Theaters mit Medien und Publikum liegt nun in den Händen einer Frau, die gleichfalls »ihren Mann steht«.

»Bin im Theater«

»Bin im Theater« – so das Motto einer aktuellen, unter der Führung von Ulrike Steffel lancierten Werbekampagne, die auf großformatigen Plakaten unter anderem eine erschreckend unaufgeräumte Küche zeigt. So ironisch das Motiv gemeint ist – der Begleittext erklärt, daß die Besitzerin dieser Küche sich lieber »starke Frauen« im Theater ansieht als zuhause aufzuräumen – auf das Zuhause so mancher Theater-Frau mag das Bild beinahe zutreffen. Gerade im Bereich der leitenden Positionen – egal, ob als Spartendirektorin, Regisseurin, Ausstatterin, Marketingleiterin, Dramaturgin oder als Mitarbeiterinnen im Künstlerischen Betriebsbüro – wird von den Frauen wie von ihren männlichen Kollegen verlangt, daß sie beinahe rund um die Uhr im Theater sind. Ein Engagement ohne *besonderes Engagement* ist nicht denkbar. Der Leistungsdruck ist nach 200 Jahren unverändert hoch, zumal im Gegensatz zu damals im künstlerischen Bereich heute befristete Verträge gelten, die jeweils nur um ein Jahr verlängert werden. Beim Nachlassen der eigenen Leistung wie beim Wechsel der Theaterleitung droht die Kündigung.[14] Für die Karriere zu arbeiten, heißt also oft, Haushalt und Familie zu vernachlässigen. So überrascht es wenig, daß unter den sechs genannten Frauen und zwei weiteren Kolleginnen, die am Nationaltheater auf der »ersten« und »zweiten« Leitungsebene zur Zeit fest engagiert sind, nur eine – Brigitte Dethier – Familie hat. In ihrem Fall sind die klassischen Rollen vertauscht: Sie arbeitet, ihr Mann kümmert sich um Haushalt und Kinder.

Theater als »Beziehungskiste«

Kann man heute davon ausgehen, daß Theatermitglieder im gesellschaftlichen Leben anerkannt und akzeptiert sind, so findet man doch häufig – auch in Mannheim – »Beziehungskisten« und Ehen vorwiegend unter den Angehörigen des Theaters. Denn eines hat sich in 200 Jahren nicht geändert: In fast allen Theaterberufen ist es selbstverständlich, häufig am Abend und am Wochenende zu arbeiten. Für Freunde und Familie mit »normalen« Arbeitszeiten bleibt wenig gemeinsame (Frei-)Zeit.

Und was kommt danach?

Während die ungewöhnlichen Arbeitszeiten für beide Geschlechter – Frauen und Männer – am Theater Probleme mit sich bringen können, stellt sich gerade für Frauen häufig nach relativ kurzer Berufstätigkeit die Frage: »Was mache ich danach?« Im 19. Jahrhundert endeten die Karrieren von Sängerinnen, Schauspielerinnen und auch Tänzerinnen immer wieder einmal mit einer Heirat in bürgerliche, großbürgerliche oder gar adelige Kreise und dem damit verbundenen, weil gesellschaftlich erwarteten, Rückzug ins Privatleben. Vielen Frauen blieb dadurch der befürchtete Fach- oder Berufswechsel erspart. In unserem Jahrhundert trifft man dagegen öfter auf Frauen, die mit großem Elan und einer bewundernswerten Vielseitigkeit in ihrer Lebensmitte neue Aufgabenfelder erobern. Bestes Beispiel für eine solche Frau war Nora Landerich (1899–1982), Spielaltistin und Schauspielerin, die 1929 aus Dessau ans Nationaltheater gekommen war. Herbert Meyer bemerkt, sie habe »nie in der allerersten Reihe gestanden« (Meyer 1979, S. 18–19), jedoch setzte sich Nora Landerich für viele Dinge zugleich ein und erfreute sich beim Publikum einer außerordentlichen

[14] Soziale Sicherheit durch unbefristete Verträge, wie sie in anderen Berufsfeldern bei uns (noch) üblich ist, gab es für Theaterleute nur in der ehemaligen DDR: Mit einem Engagement an einer staatlichen oder kommunalen Bühne war der Arbeitsplatz dort bis zum Rentenalter garantiert. Problematisch blieb allerdings die ideologische Bevormundung, durch die die künstlerische Freiheit jeder/s Einzelnen extrem eingeschränkt wurde (vgl. auch Ebert 1991, S. 291).

Szene aus Madame Butterfly (Die kleine Frau Schmetterling) *von Giacomo Puccini. NI 5. Mai 1944 (Schwetzinger Schloßtheater), Spielleitung: Max Heinrich Fischer a.G., ML: Werner Ellinger. In der Ausstattung von Helmut Nötzold sangen Käthe Dietrich (Cho-Cho-San, links) und Nora Landerich (Suzuki, rechts). Foto: Karl Klauß. RMM, Thslg. Nachlaß Landerich*

Beliebtheit. So war sie 1938 bis 1944 neben ihrem Engagement Lehrerin an der Mannheimer Musikhochschule und betätigte sich gleichzeitig als Spielleiterin der Opernschule. 1957 beendete sie ihre Bühnenkarriere, blieb aber bis zu ihrer Pensionierung 1965 als Sekretärin des Intendanten eine wichtige Funktionsträgerin im Nationaltheater. Bei ihrem Ausscheiden wurde Nora Landerich, die seit den fünfziger Jahren bis 1976 auch als Paukistin (!) im *Stamitz-Orchester* mitwirkte, mit der Ehrenmitgliedschaft des Nationaltheaters geehrt (vgl. auch den »Zeitzeugen«-Beitrag Hertha Fuchs).

Stichwort: Beständigkeit

46 Jahre lang blieb Nora Landerich »ihrem« Nationaltheater treu. Trotz der erwähnten kurzen Verträge und dem beinahe sprichwörtlichen Wanderleben vieler Bühnenkünstler gab es und gibt es auch bis in unser Jahrhundert hinein eine Reihe von Sängerinnen und Schauspielerinnen, die – ungeachtet der Erfolge, die sie zum Teil anderswo an großen Bühnen feierten – jahrzehntelang in Mannheim geblieben sind. Kammersängerin Helene Seubert-Hausen etwa, die 1867 bis 1897 engagiert war und das erste Ehrenmitglied des Nationaltheaters wurde (1897, vgl. die Liste der Ehrenmitgliedschaften von 1897 bis heute unter *Namen – Daten – Fakten* in diesem Buch). Oder die volkstümliche Schauspielerin Elise de Lank (1867-1929), die 1876 als Klein-Däumling die Mannheimer Bühne betrat (Stahl 1929, S. 126) und erst 1929 ihren Abschied nahm.

An manche der »treuen« Theaterfrauen können sich ältere Zuschauer noch erinnern: Lene Blankenfeld (1874–1943) etwa, jene Schauspielerin, die seit 1905 am Nationaltheater engagiert und sogar Ehrenmitglied der freiwilligen Feuerwehr war, seit sie einem verunglückten Brandwächter im Theater spontan Erste Hilfe geleistet hatte. Sie starb am 17. April 1943 bei einem Luftangriff auf Mannheim (vgl. auch die *Chronologie*). Oder die Altistin Irene Ziegler (1901–1966), die 34 Jahre lang, von 1931 bis 1965, alle wichtigen Partien ihres Faches sang. Ihre Nachfolgerin übrigens blieb über einen vergleichbar langen Zeitraum im Engagement: Ilse Köhler schenkte den Mannheimern in 32 Jahren bis zu ihrer Pensionierung 1997 viele unvergessene Opernabende (vgl. »Zeitzeugen«).

Beständigkeit – nicht nur im künstlerischen, auch im sozialen Engagement – zeichnete Rosemarie Reymann (geboren 1925) aus, jene Schauspielerin, die von 1958 bis 1986 eine sehr große Zahl von Aufführungen im Nationaltheater prägte. Mit kämpferischem Elan setzte sie sich für viele Kolleginnen und Kollegen gegen soziale Mißstände im Theaterbetrieb ein. Daneben leitete sie jahrelang die Frauenkulturgruppe des DGB *Rote Distel*.

Den Verlockungen einer großen nationalen oder internationalen Karriere immer widerstanden hat die zur Zeit dienstälteste Sängerin am Nationaltheater, Hannelore Bode, die seit 1971 dabei ist (vgl. »Zeitzeugen«). Beinahe ebenso lang – seit 1975 – hält die Schauspielerin Gabriela Badura dem Mannheimer Haus bereits die Treue. Jede ihrer neuen Rollen wird von den zahlreichen jungen und älteren Fans mit Spannung erwartet (vgl. »Zeitzeugen«).

Da capo

Die Geschichte der Frauen am Nationaltheater, vor allem des künstlerischen Bereichs, das sind Hunderte einzelner Geschichten, von denen hier nur einige wenige exemplarisch erzählt werden konnten. Es sind Geschichten des Wechsels und der Veränderung, aber auch der Beständigkeit und Kontinuität. Seit über 200 Jahren setzen sich hier Frauen aktiv und intensiv in ihrem Beruf ein. Gesellschaftliche und historische Veränderungen haben Entwicklungen geprägt, die vieles erleichtert haben. Manche Probleme sind geblieben. Und letztlich ist es am interessantesten zu sehen, wie einzelne Frauen jeweils mit den Gegebenheiten ihrer persönlichen Situation umgegangen sind und darauf mit aller Energie reagiert haben.

Aktuelle Statistik

Mitarbeiterinnen und Mitarbeiter am Nationaltheater in der Spielzeit 1997/98

Arbeitsbereich	weiblich	männlich
Oper (Solo)	16	22
Schauspiel und *Schnawwl* (Solo)	13	22
Ballett (Solo)	8	8
Chor	26	29
Orchester	19	79
Übriger künstlerischer Bereich (Vorstände, Inspizienten, Dramaturgen etc.)	34	28
Technisch-künstlerischer Bereich und Arbeiter (Maske, BTT, BAT-Meister, Bühne, Requisite, Beleuchtung etc.)	50	184
Verwaltung	19	14
Hauspersonal (Pförtner, Putzfrauen, Veranstaltungspersonal)	32	5
Gesamt	**217**	**391**

Von der Pose zum szenischen Moment

Eine Mannheimer Geschichte der Theaterfotografie

Claudia Balk

Szene aus Faust, Der Tragödie zweiter Teil *von Johann Wolfgang von Goethe. NI 2. Februar 1962, Inszenierung: Heinz Joachim Klein. Im Bühnenbild von Paul Walter und in Kostümen von Gerda Schulte links unten Ernst Ginsberg (Mephisto), rechts Fred Kretzer (Faust). Foto: Hilde Zemann. RMM, Thslg.*

Die Geschichte der Theaterfotografie läßt sich beschreiben als eine Entwicklung von der Porträt- zur Dokumentarfotografie oder als eine Annäherung zweier unterschiedlicher Metiers: der auf Fixierung abzielenden Fotografie und der transitorischsten aller Kunstgattungen, des Theaters.
Die Genese fototechnischer Voraussetzungen für Momentaufnahmen – erschwertermaßen in geschlossenen Räumen – ist ein Teil dieser Geschichte, die Auseinandersetzung mit Sehgewohnheiten und die Umsetzung neuer ästhetischer Ansprüche ein anderer. Nicht selten ist auch den Bildresultaten der Grad der Kooperationsbereitschaft seitens der Theaterschaffenden zu entnehmen.

Zur geschichtlichen Entwicklung
Der Momentfotografie, der die Theaterfotografie tendenziell zugehört, ist eine Problematik immanent, die schon zu mancher philosophischen oder essayistischen Betrachtung Anlaß gab. Siegfried Kracauer, Walter Benjamin, Roland Barthes und Susan Sontag gehören zu den prominenten Teilnehmern an einem Diskurs über die mittels der Fotografie mögliche Fixierung eines Moments der fließenden Zeit. ›Gefrorene Zeit‹ hat Susan Sontag dieses Phänomen getauft. Bernd Busch schrieb: »Indem die Kamera ein Motiv festhält, hebt sie es als Fragment aus der verfließenden Zeit heraus, vergegenwärtigt so auch deren Macht« (Busch 1989, S. 362).

»Gefrorenes Spiel« kann heute ein Theaterfoto bieten. Zu einer Aufnahme des jetzigen Mannheimer Theaterfotografen Hans-Jörg Michel schrieb Nicolas Brieger: Sie »hält [...] den Augenblick einer Bewegung fest, innehaltend zwischen Anfang und Fortgang. [...] Der Ausschnitt [zeitlicher Natur!] beginnt zu erzählen. [...] So wird die Aufführung, die längst vergangen ist, durch den Ausschnitt wiederbelebt als Ganzes. [Sie ist] ein mikroskopisch kleines Detail, aus dem Fluß des [dramatischen] Geschehens herausgegriffen« (Brieger/Huber 1992, S. 5).

Nicolas Briegers Worte markieren den gegenwärtigen Endpunkt einer Entwicklung, an deren Anfang eine fotografische Abbildung von posierenden Bühnenkünstlern in Kostüm und Maske (oder auch in Zivilkleidung) stand, die wegen des fototechnisch nötigen Tageslichts nur in den lichtdurchfluteten Fotoateliers angefertigt werden konnte. Die Geschichte dieser Entwicklung ist auch anhand der Fotografien in der Theatersammlung des Reiss-Museums Mannheim nachvollziehbar.

Theaterfotografie in der Sammlung des Reiss-Museums Mannheim
Bei Aufbau und Ergänzung der Mannheimer Theatersammlung wurde dem hohen Dokumentationswert der Fotografie deutlich Rechnung getragen. Umsichtig hat man dafür gesorgt, daß die Arbeiten der Mannheimer Theaterfotografen möglichst vollständig in die Sammlung einflossen. Es wurden ganze Archivblöcke angekauft, das heißt alle Negative, Kontakte und Positive – je nach Materiallage und überwiegend inklusive Copyright –, die beispielsweise G. Tillmann-Matter, Karl Klauß, Adolf Falk, Hilde Zemann, Mara Eggert und Gerhard Vormwald für das Mannheimer Theater angefertigt haben, befinden sich nun in dieser Sammlung, nicht aber ihre Fotografien für Theater anderer Städte oder in anderen Bereichen wie etwa das Porträtwerk Hilde Zemanns, das vom *Deutschen Theatermuseum* in München erworben worden ist. Der Aufbau dieser theaterfotografischen Sammlung diente allein dem Zweck der Dokumentation des Mannheimer Theatergeschehens. Das Szenenfotoarchiv der Mannheimer Theatersammlung umfaßt zur Zeit für 1867 Inszenierungen des Nationaltheaters ca. 91 000 Negative sowie ca. 45 000 Abzüge in den unterschiedlichsten Formaten. Hinzu kommen schätzungsweise 4500 Zivilporträts und Rollenfotografien sowie viele Fotoalben, die insgesamt einen Zeitraum von den frühen 1860er Jahren bis heute dokumentieren. Unter fotoästhetischen und -historischen Aspekten wurde diese Sammlung nie gesehen, die spezifische Situation der einzelnen Fotografen wurde nicht in Betracht gezogen. Auch waren die Tätigkeitszeiträume der einzelnen Fotografen zum Teil ungeklärt. In diese Lücke stößt der vorliegende Beitrag, der auf Anregung der Herausgeberinnen dieses Buches entstanden ist. Die Akzeptanzprobleme der Fotografie als autonomer Gattung in den Museen, vor allem in der Vergangenheit, seien nur erwähnt.

Sie können in diesem Rahmen freilich weder referiert, geschweige denn diskutiert werden.

Die Atelierfotografie
Im Mannheim des 19. Jahrhunderts verlief die sogenannte Theaterfotografie in den üblichen Bahnen: Zivil- und Rollenporträts darstellender Künstler wurden in den Ateliers Emil Bühler, Gebr. Matter, C. Ruf und Geiger & Franta aufgenommen. Die fotografische Leistung eines Ateliers wie das Emil Bühlers bewegte sich aber immerhin auf einem derart gehobenen Niveau, daß etwa Ernst von Possart, der in seiner – fotogeschichtlich so bedeutenden – Hauptwirkungsstätte München reiche Auswahl an renommierten Fotografen hatte, sich auch im genannten Mannheimer Atelier porträtieren ließ.

Den enormen Aufwand eines Nadar in Paris oder des Ateliers Elvira in München trieb keiner der Mannheimer Fotografen: Für die Rollenporträts genügten ihnen die üblichen Dekorationselemente, die in Fotoateliers standardisiert vorhanden waren, Teile einer Bühnendekoration wurden dagegen nicht in die Mannheimer Ateliers transportiert. Die Ausrüstung eines Fotoateliers ab den späten sechziger Jahren des 19. Jahrhunderts bot ja auch schon reichlich für die Simulierung einer Bühnensituation an: gemalte Hintergründe, Säulen, Vasen, Balustraden, größtenteils aus Pappmaché, Pflanzen oder gar falsche Felsen (siehe Balk 1989, S. 22, und auch Tillmann 1958, S. 18 und 20). Dazu brachten die Darsteller selbstverständlich das Ihre mit: Kostüme, Perücken, Schminke, kleinere Requisiten.
Sie traten den Weg ins Fotoatelier in der Regel mit schwerem Gepäck und Dienerschaft an.

Zum Ende des 19. Jahrhunderts hin gerieten die dekorativen Versatzstücke in den Fotoateliers, die bis dahin ebenso auf den Porträtfotos normaler Bürgerlicher regelmäßig Verwendung gefunden hatten, allmählich aus der Mode. Auch die Porträtaufnahmen darstellender Künstler im Mannheimer Atelier G. Tillmann-Matter[1] – ob in Rolle oder Zivil – fanden nun zunehmend vor neutralem Hintergrund statt.

Der Fotograf betritt das Theater
Um die Jahrhundertwende konnte ein erster Grad an Authentizität in der Theaterfotografie erzielt werden: Technisch wurde es ab Mitte der neunziger Jahre des 19. Jahrhunderts möglich, in den Theatern selbst[2] zu fotografieren,[3] nach 1900 nahm die Anzahl solcher Aufnahmen zu. Nicht nur die fototechnische Entwicklung hatte hierfür nun die Basis gelegt, sondern auch die Lichttechnik in den Theatern. 1885 wurde in das Münchener Residenztheater die erste elektrische Bühnenbeleuchtung Deutschlands eingebaut.
Im Mannheimer Nationaltheater hat man erst Jahre später – während der Theaterferien 1899 – die Gasbeleuchtung durch eine elektrische Anlage ersetzt, die freilich noch nicht gleich zufriedenstellend funktionierte (vgl. Stahl 1929, S. 215, vgl. auch *Chronologie)*.

Der Anspruch an die Authentizität des Bühnengeschehens auf diesen Fotografien ist aber noch in engen Grenzen zu halten: Selbstverständlich handelt es sich bei den frühen »Szenenfotos« um gestellte Aufnahmen, die außerdem sicher nicht bei originaler Bühnenbeleuchtung entstanden sind. Für diese Aufnahmen wurde auch noch nicht versucht, szenisches Spiel nachzuahmen – sie erinnern eher an Gruppenaufnahmen, wie sie uns von früheren Klassenfotos vertraut sind. Das gesamte mitwirkende Ensemble, in Kostüm und Maske, stellte sich für die Fotoaufnahme in einem ausgewählten Bühnenbild auf, und sämtliche verfügbaren Lichtquellen wurden für die Fotoaufnahme genutzt (vgl. auch Abbildung S. 97).

[1] Georg Tillmann-Matter übernahm 1893 von seinem Schwiegervater, dem Firmengründer Gustav Matter, das Fotoatelier in P 7 (Heidelberger Straße 19). Das 1860 gegründete Atelier Gebr. Matter (bis 1866 in der Rheinstraße) hatte Gustav Matter seit 1885 allein geführt, während sich sein Bruder auf die Fabrikation von Trockenplatten verlegt hatte (vgl. Tillmann 1958, S. 10 und S. 20, ferner *Adress-Kalender* ab 1864 sowie ein Firmeninserat im *Adress-Kalender* 1867).

[2] Eine einzige frühere Ausnahme stellt das Freilichttheater dar (vgl. Balk 1989, S. 43).

[3] Eine erste, im Theater selbst fotografierte Aufnahme aus dem Jahr 1896 befindet sich im DTM.

Fritz Plank (1848–1900), Bariton, in Mannheim engagiert von 1875 bis 1884, als Wotan in Der Ring des Nibelungen *von Richard Wagner, um 1879. Foto: Emil Bühler. RMM, Thslg.*

Ermanox und Leica

Bewegung kam in die Theaterfotografie erst durch die Erfindung zweier Kameras in den zwanziger Jahren: *Ermanox* und *Leica* (vgl. Balk 1989, S. 59–60). Diese beiden Kameras, die den Fotojournalismus revolutionierten, erlaubten zum ersten Mal, spontane menschliche Bewegungen in geschlossenen Räumen auf Fotografien zu fixieren.

In den Theatern blieben bis nach 1945 die Experimente, direkt aus dem szenischen Ablauf auf der Bühne Fotos zu »schießen«, rare Einzelfälle. Denn die Authentizität forderte ihren Preis: einen deutlichen Verlust an Bildschärfe. Dieses Manko aber wollten weder die Theaterleute selbst (für Programmhefte und Aushangfotos) noch die Presse[4] akzeptieren. Einige prominente Tanzspezialisten suchten einen Ausweg, indem sie die tänzerische Bewegung in ihren gut ausgeleuchteten Ateliers fotografierten.

Gestellte Szenenfotografien

Mehrheitlich aber blieb die Theaterfotografie ausschließlich darauf beschränkt, auf der Bühne gestellte Szenen, »Lebenden Bildern« gleich, aufzunehmen (vgl. auch Abbildungen S. 74 und S. 484). Bertolt Brechts Mitarbeiterin und Fotografin Ruth Berlau beispielsweise schrieb 1952: »Die Theater erlauben einigen Fotografen, in den Pausen der Generalprobe hauptsächlich Standfotos aufzunehmen, die sie zur Reklame brauchen. Die Hauptdarsteller werden dazu in irgendeine effektvolle Stellung zusammengedrängt, die in der Aufführung oft gar nicht vorkommt. Die Darsteller bemühen sich für diese ›gestellten‹ Bilder, mit übertriebener Mimik Ersatz für das fehlende lebendige Spiel herzustellen.

[4] Auf entsprechende Widerstände seitens der Presse stieß beispielsweise auch noch Ende der vierziger Jahre die Münchener Theaterfotografin Hildegard Steinmetz.

Szene aus Der Hauptmann von Köpenick *von Carl Zuckmayer. EA 18. April 1931, Inszenierung: Herbert Maisch. In der Ausstattung von Eduard Löffler von links nach rechts: Fritz Ahlheim (Willi Wormser), Raoul Alster (Wormser), Ernst Langheinz (Wilhelm Voigt), Willy Birgel (Hauptmann von Schlettow), Fritz Linn (Wabschke, Zuschneider). Foto: G. Tillmann-Matter. RMM, Thslg.*

Standaufnahmen bedeuten, daß der Gegenstand zum Zweck der Aufnahme getötet wurde. […] So scheint Schärfe der Bilder nicht immer erstrebenswert. [E]s handelt sich mehr um die Situation selbst, den besonderen Vorgang zwischen Menschen. […] Entscheidend wird bleiben, wieviel vom Sinn und vom Charakter der Aufführung eingefangen ist« (Berliner Ensemble 1952, S. 341–345).

Das System der gestellten Szenen für die Fotografen hielt sich in einer Theaterstadt wie Berlin gar bis in die Mitte der sechziger Jahre! Dennoch bewirkte der durch die Erfindung der genannten Kameras Ende der zwanziger Jahre ermöglichte neue Fotojournalismus eine Veränderung der Sehgewohnheit und der damit verbundenen Ansprüche an ein Foto. Im Aufnehmen gestellter Szenen entwickelten einige Theaterfotografen großen Ehrgeiz und Phantasie, »quasi-bewegte« Fotografien zu erzielen. Die folgende Erläuterung zweier Mannheimer Bildbeispiele wird zeigen, was hierunter zu verstehen ist.

Späte zwanziger und die dreißiger Jahre: G. Tillmann-Matter

Auch den schon erwähnten Fotografen G. Tillmann-Matter, der in Mannheim über ein halbes Jahrhundert tätig war – wobei er Flexibilität bewies im Umgang mit technischen und stilistischen Neuerungen –, hat offenkundig das Problem der Fixierung menschlicher Bewegung auf der Bühne in starkem Maß beschäftigt. Längst schon hatte er den Standort seiner Kamera aus dem Atelier in das Mannheimer Nationaltheater verlegt, um »vor Ort« die darstellenden Künstler zu fotografieren. Ganz auf der Höhe der Zeit und ihrer bildästhetischen Tendenzen erscheinen seine Aufnahmen wie die einer Szene aus dem *Hauptmann von Köpenick* (Erstaufführung 18. April 1931): Jedem der fünf Darsteller, gleich welcher Rollengewichtung, ist die Haltung einer physischen Aktion zugeordnet. So entsteht trotz gestellter Körperhaltungen der Eindruck szenischer Aktion.

Ein schon akrobatisch anmutendes Beispiel für G. Tillmann-Matters Ringen um die Dynamisierung seiner Theaterfotografie ist das Bild Willy Birgels als Mackie Messer in der Mannheimer Erstaufführung von Brecht/Weills *Die Dreigroschenoper* am 17. April 1929. Es zeigt Macheath/Birgel beim Ausbruch aus seinem Gefängniskäfig. Diese Aktion ist perfekt »bewegt« gestellt. Wäre das Foto direkt aus der szenischen Bewegung heraus entstanden, könnten unter den damaligen fototechnischen Gegebenheiten Gestalt und Gesicht des Schauspielers nicht so scharf gezeichnet sein. Der Trick der körperlichen Balance liegt möglicherweise in Birgels linker Hand verborgen, die scheinbar nur einen Spazierstock nach oben hält (vgl. Abbildung S. 466).

Das ausgelassene komödiantische Temperament Willy Birgels[5] fand hier in Mannheim den kongenialen Partner zu seiner optischen Umsetzung. Es springt uns auch heute noch aus den Fotografien G. Tillmann-Matters entgegen. Dies gilt ebenso für die Rollenporträts, die von Natur aus eher statuarisch waren, bis sie eine viel spätere Generation aus dem laufenden szenischen Spiel herauszufiltern vermochte. Für sie gab sich der Fotograf besondere Mühe, um den mimischen und gestischen Ausdruck des Darstellers wie auf einen szenischen Moment bezogen wirken zu lassen.

Nachkriegszeit und fünfziger Jahre: Kortokraks, Artur Pfau und Adolf Falk

In den vierziger Jahren verwischen sich die Spuren kontinuierlicher theaterfotografischer Tätigkeit. Das Atelier von Tillmann-Matter wurde im

[5] Der künstlerische Nachlaß von Willy Birgel, umfassend die Jahre 1895 bis 1973, befindet sich in der Theatersammlung des Reiss-Museums Mannheim, beschrieben in Herrmann 1987, S. 33–46. Nach Erscheinen dieser Publikation konnte der Nachlaß durch Schenkungen und Ankauf ergänzt werden (im einzelnen handelt es sich um weitere Fotoalben, umfassend die Jahre 1959 bis 1973, sowie ein Filmfotoalbum zu der Ufa-Produktion von *Der Blaufuchs* und etliche Fotografien sowie Materialien aus der Schenkung einer privaten Sammlerin).

Szene aus
Die Dreigroschenoper
von Bertolt Brecht und Kurt Weill. EA 17. April 1929, Inszenierung: Heinz Dietrich Kenter, Bühnenbild: Eduard Löffler. Willy Birgel (Macheath). Siehe auch Abbildung S. 74.
Foto: G. Tillmann-Matter. RMM, Thslg.

Zweiten Weltkrieg zerstört, seine Mitarbeiter wurden zur Wehrmacht eingezogen (vgl. Brandenburg 1973, S. 148), sein Sohn, Curt Tillmann, wurde Buchhändler (vgl. Tillmann 1958, S. 7 und S. 38). In dieser Situation sprang Karl Klauß als Theaterfotograf ein, im Hauptberuf Opernchordirektor des Nationaltheaters, dem die Mannheimer Theatersammlung unter anderem auch einige überaus bemerkenswerte Szenenfotografien in Farbe (vgl. Farbabbildung IX, 17) verdankt.

Der Neubeginn nach dem Kriegsende ist in Mannheim wie andernorts noch stark von den in jenen Jahren üblichen Mängeln an Licht und Material gekennzeichnet. Die damalige Fotografin der Münchener Kammerspiele, Hildegard Steinmetz,[6] hat der Verfasserin 1988 die prekäre Situation einmal anschaulich geschildert: »In den ersten Nachkriegsjahren wußte ich am Morgen häufig nicht, wo ich den Film herbekommen sollte, den ich am Abend für die Aufnahmen auf der Fotoprobe brauchte. Stunden war ich oft unterwegs, um in allen möglichen Geschäften nach Filmmaterial zu suchen« (DTM, Tonbandinterview).

Am 11. November 1945 hatte das Mannheimer Nationaltheater in dem ehemaligen Kino *Schauburg* seinen regelmäßigen Spielbetrieb wieder aufgenommen. Von Inszenierungen der ersten beiden Spielzeiten zeugen Fotografien des Ateliers Silberzahn und Meinberg, vormals Kortokraks, die vom letztgenannten aufgenommen worden sind. Ab 1947 finden sich die Arbeiten eines Theaterfotografen in der Mannheimer Sammlung, der an die bildnerischen Qualitäten G. Tillmann-Matters anzuknüpfen wußte: Artur Pfau (vgl. auch Abbildung S. 432). Dessen Nachfolger verstanden es wiederum, diese Qualitätsebene zu erhalten, sie zeitgemäß umzusetzen und auszubauen: Adolf Falk (1950 bis 1960) und Hilde Zemann (1960 bis 1965). Beide zeichnen sich jeweils für ihre Zeit durch die Fähigkeit aus, eine eigenwillige Perspektive zu finden, die der Konstellation der Schauspieler im Raum und vor allem zueinander eine dramatische Spannung gibt. Es sind Perspektiven, die interpretieren wollen, doch vermutlich stets im Sinne der Inszenierung (vgl. Abbildung S. 468).

Die frühen sechziger Jahre im Mannheimer Schauspiel: Hilde Zemann

Wie schon seit 1958 am Heidelberger Theater ließ sich Hilde Zemann, die so sehr an der fotooptischen Umsetzung dramatischer Spannungen interessiert war, konsequenterweise auch in Mannheim nur für das Schauspiel engagieren. Sie mochte keine Posen, auch nicht in ihrer Porträtfotografie, die sie bis heute ausübt. Von Anfang an weigerte sie sich, gestellte Szenen zu fotografieren, und entwickelte eine Vorliebe für »Szenen, in denen praktisch nichts passierte, wo aber zwischen den Schauspielern eine bestimmte Spannung existierte. Ich habe nie diese Szenen gemocht, in denen jemand geküßt wurde, man sich die Hände schüttelte oder Pakte geschlossen wurden. Ich liebte mehr die stilleren Sachen« (DTM, Tonbandinterview im Frühjahr 1989; vgl. auch Abbildung S. 460).

Das Mannheimer Musiktheater der frühen sechziger Jahre: Mara Eggert

Von großen theatralischen Gesten und Posen aber waren die Operninszenierungen jener Jahre noch in starkem Maße geprägt. Die Opernregisseure, denen es nicht mehr genügte, »wenn auf der Bühne lediglich schön und gut gesungen wurde, [die] vielmehr [...] Singen und Handeln [der] Darsteller als die einander bedingenden Ausdruckselemente [...] im dramatischen Vorgang« (Schmidt 1989, S. 13) begriffen, waren noch äußerst rar. Den Grundstein zu dieser neuen

[6] Sie fotografierte für die Münchener Kammerspiele von 1945 bis 1978. Ihr Archiv befindet sich heute im Deutschen Theatermuseum München.

Szene aus Sonnenfinsternis *von Sidney Kingsley. DEA 1. Februar 1953, Inszenierung: Paul Riedy. In der Ausstattung von Hansheinrich Palitzsch von links nach rechts: L. M. Schmitt (Sekretär), Rudolf Stromberg (Aufseher), Gerhard Just (Rubaschow). Foto: Adolf Falk. RMM, Thslg.*

Auffassung legte Walter Felsenstein. In seiner Tradition versteht sich beispielsweise auch Harry Kupfer. Alles war an den Opernsängern und -sängerinnen übernatürlich gehöht, so auch die Schminke. Die Statuarik stark geschminkter Opernkünstler aber hatte etwas Maskenhaftes, ein fotografisch fesselndes Rollenporträt war da schwer zu erzielen.

Folgerichtig können Mara Eggerts Fotografien ihrer frühen Mannheimer Jahre (1963 bis 1965), in denen sie ausschließlich für die Sparte des Musiktheaters arbeitete, nicht so dynamisch und spannungsgeladen sein wie die des Schauspiels, obwohl sie auch in ihrem Bereich auf gestellte Szenenfotos verzichtete. *Die Walküre* von 1962, die sie als erste Inszenierung in Mannheim im Wettbewerb mit anderen Fotografen aufnehmen sollte, hat sie als »vollkommen düster und verschleiert« in Erinnerung. Dies hängt wohl damit zusammen, daß die Darsteller hinter einem Gazeschleier agierten. »Alle standen immer nur so statisch auf der Bühne herum« (DTM, Tonbandinterview im Frühjahr 1991). Trotz solch schwieriger Verhältnisse – die deutlich die Abhängigkeit dieser Inszenierung vom Neu-Bayreuther Stil dokumentieren – entschied sie mit ihren Bildresultaten die Konkurrenz für sich. Die Art, wie sich noch ihr Vorgänger Hermann Speer, der 1960 bis 1962 das Mannheimer Musiktheater fotografierte, aus der Affaire zog, lehnte sie – ebenso wie Hilde Zemann – kategorisch ab: »Er nahm zwar auch schon keine gestellten Szenen auf, aber er hat seine eigene Beleuchtung gemacht, mordsmäßige Blitzanlagen hat er gebaut, die er dann auf der Bühne verteilte« (DTM, Tonbandinterview, Frühjahr 1991).

Für die junge Mara Eggert war der Start in die Theaterfotografie am Nationaltheater Mannheim ein Sprung in die Untiefen eines ihr neuen und komplizierten Metiers. Zu den technischen Problemen, wie vor allem der geringeren Lichtempfindlichkeit damaliger Filme, trat ihr eigenes ästhetisches Problembewußtsein: An ein zeitgemäßes Theaterfoto wurden andere Ansprüche gestellt als zur Blütezeit der von ihr verehrten Rosemarie Clausen, die auf exakt ausgeleuchtete Rollenporträts spezialisiert war. Schon zu Beginn ihrer Mannheimer Tätigkeit, die stattliche eineinhalb Jahrzehnte umfassen sollte, war Mara Eggert die Zeitgebundenheit theaterfotografischer Ästhetik bewußt: »Wie die Clausen konnte man nicht mehr fotografieren, weil sie ja sozusagen Studioaufnahmen machte, Studio- und nicht Theaterfotos. Die waren mir auch für unser gegenwärtiges Gefühl zu übertrieben. Ihre Fotos entsprachen dem Theater, das damals gemacht wurde, aber für das Theater der sechziger Jahre hätte ich sie unpassend gefunden« (DTM, Tonbandinterview, Frühjahr 1991).

Späte sechziger und die siebziger Jahre: Mara Eggert und Gerhard Vormwald

Nach Hilde Zemanns Rückzug vom Mannheimer Theater – sie widmete sich fortan ganz ihrer Porträtfotografie (vgl. Zemann 1993) – übernahm Mara Eggert alle drei Sparten als fotografisches Arbeitsgebiet. Und sie machte in ihrer fotografischen Entwicklung einen enormen Sprung. Ein Bildvergleich aus den Jahren 1966 (*Wer hat Angst vor Virginia Woolf…?* von Edward Albee, Erstaufführung 28. Mai 1966) und 1970 (*Ein Bräutigam für Marcella* von Ivan Klima, Erstaufführung 22. Februar 1970) zeigt die neue dynamisierte Auffassung des szenischen Raumes, das zunehmende bewußte Aufladen mit dramatischer Spannung, besonders im Bereich des Schauspiels.

In den Jahren 1968 bis 1970 tritt ihr ein noch sehr junger Kollege zur Seite, der wieder ausschließlich Sprechtheater fotografiert: Gerhard Vormwald.

Szene aus Ein Bräutigam für Marcella *von Ivan Klima. DEA 22. Februar 1970, Studio in der Kunsthalle, Inszenierung: Andreas Gerstenberg. In der Ausstattung von Herbert Stahl hinten Gerold Krauel (Beamter), vorne am Boden Axel Radler (Kliment). Foto: Mara Eggert. RMM, Thslg.*

Der zwanzigjährige Kunststudent hatte nach eigenem Bekunden (Gespräch mit Gerhard Vormwald am 20. April 1996) schon früh eine starke Affinität zum Theater: Als Heidelberger Schuljunge hatte er oft bewundernd vor den Schaukästen Hilde Zemanns gestanden und bei sich gedacht, daß ein Theater für die Fotografie ein »tolles« Betätigungsfeld sein müßte. Nun hatte er einen Wettbewerb des Mannheimer Nationaltheaters für Studenten der dortigen *Freien Akademie der Künste* für sich entschieden und erhielt pro fotografierter Inszenierung ein fixes Honorar. Schon in diesen frühen Mannheimer Jahren wird sein Sinn für Bildaufteilung, sein klarer ästhetischer Zugriff spürbar. Ein Jahrzehnt später wird er eine glänzende Karriere als freischaffender Fotograf machen, wovon inzwischen beispielsweise sechzig mit seinen Arbeiten gestaltete *Stern*-Titel zeugen. 1970 brach er seine Tätigkeit für das Nationaltheater Mannheim ab, was er in dem bereits oben erwähnten Gespräch mit überhöhten Arbeitsanforderungen in Relation zu seiner Vertragssituation begründete.

Mara Eggert – anscheinend angestachelt durch die »Konkurrenz« des begabten Neulings – gelingen nun Fotografien wie die bereits gewürdigten zu *Ein Bräutigam für Marcella*. Bis zum Spielzeitende 1976 bleibt Mara Eggert fortan ungeteilt für alle Sparten des Mannheimer Nationaltheaters zuständig; sie ist in diesen Jahren aber auch zunehmend für die Theater in Frankfurt am Main tätig – ab 1972 für das Frankfurter Schauspiel und von 1974 an für die Frankfurter Oper. Nur für die Dokumentation einzelner Inszenierungen werden in Mannheim auch einmal zusätzliche Fotografen hinzugezogen. Von ihnen ist vor allem Ursula Mattes erwähnenswert, die einige Schauspielproduktionen des Jahres 1971 eigenwillig ausdrucksvoll mit ihrer Kamera einfing. So stammt von ihr die Fotografie zu Hans Neuenfels' skandalerregender *Räuber*-Inszenierung (Premiere am 25. Juni 1971), auf der sie die Konfrontation zwischen Franz und Amalia, ablesbar an ihren hochaufgereckten Körperhaltungen und angespannten Mienen, in einen vertikal äußerst eng bemessenen Bildausschnitt zwängt. Aus dieser Bildsituation, zu der noch der unliebsame Zeuge im Hintergrund gehört, gibt es für Amalia kein Entrinnen. 1976 hatte sich Mara Eggert ganz für Frankfurt am Main entschieden. Hier boten sich ihr Theaterhöhepunkte wie der schon legendäre *Ring des Nibelungen* in der Interpretation von Ruth Berghaus (Regie) und Michael Gielen (Musikalische Leitung), optisch vervollkommnet durch die Bühnenbilder und Kostüme Axel Mantheys. In diesem Umfeld und in der Zusammenarbeit mit Robert Wilson entwickelte Mara Eggert eine Farbfotografie von malerischer Bewußtheit und höchster Brillanz (vgl. Eggert 1991).

Mara Eggerts Nachfolger am Mannheimer Nationaltheater wird kein Unbekannter: Gerhard Vormwald erhält nun einen festen Vertrag für alle drei Sparten, denen er in seinen Fotografien bis 1980 ein eigenes, unverwechselbares Gepräge gibt. Nicht zufällig wird er in der Werbefotografie später so erfolgreich, denn er versteht es schon im Theater, durch seine markante fotografische Optik die Inszenierungen des Mannheimer Nationaltheaters zu einem Markenartikel werden zu lassen.

Mit Gerhard Vormwald hält endgültig die Farbfotografie Einzug ins Nationaltheater Mannheim (vgl. auch oben die Anmerkungen zu Karl Klauß), die er selektiv einsetzt für Inszenierungen, die ihm für Coloraufnahmen ergiebig erscheinen. In ihnen trifft sein kunstgeschulter Farbsinn ergänzend auf seine Kompositionsgabe und Wahrnehmungsfähigkeit der Personenkonstellationen im szenischen Raum. Gerhard Vormwald bezeichnet sich in unserem Gespräch vom 20. April 1996 als »Erster, der das Weitwinkel in die Theaterfotografie eingeführt hat«. Parallel dazu fotografiert er aber auch weiterhin jede Produktion in Schwarzweiß.

Die Möglichkeiten am Mannheimer Nationaltheater, immer wieder aufs neue »das besondere Bild zu erzielen« (Gespräch 20. April 1996), erschöpfen sich für Gerhard Vormwald. Sein Spaß am Theater, der auch in seinen Bildinszenierungen späterer fotografischer Arbeiten nachklingt, kann sich 1980 nicht mehr diesem subjektiven Eindruck widersetzen – er sucht nun andere Sujets.

Spielzeit 1980/81: Krise der Theaterfotografie in Mannheim

Nach dem Weggang Gerhard Vormwalds gerät die Theaterfotografie am Mannheimer Nationaltheater vorübergehend in eine Krise. Nicht nur von ständig alternierenden oder wechselnden Fotografen in der Spielzeit 1980/81 ist zu berichten, sondern auch von dem völligen Verzicht auf die Theaterfotografie in den Publikationsmitteln des Theaters. Sämtliche Programmhefte vom Ende dieser Spielzeit bis Mai 1982 beziehen ihr Bildmaterial aus stückbezogener oder -assoziierter Sekundärliteratur. Dazu werden Bildbände,

Szene aus Die Walküre *von Richard Wagner. NI 1. Oktober 1978, Inszenierung: Friedrich Meyer-Oertel, ML: Hans Wallat. Im Bühnenbild von Herbert Kapplmüller und in Kostümen von Reinhard Heinrich Astrid Schirmer (Brünnhilde), Franz Mazura (Wotan). Foto: Gerhard Vormwald. RMM, Thslg.*

beispielsweise über den Fotografen August Sander, ausgeschlachtet, aber Fotos der jeweiligen Inszenierung werden nicht gedruckt. Fotografinnen wie Oda Sternberg aus München und Helga Kneidl aus Hamburg geben sich zeitweise in Mannheim die Klinke in die Hand, dazu findet sich eine Reihe unbekannterer lokaler Namen.

Frühe achtziger Jahre: Wolfgang Detering

Wolfgang Detering entscheidet die chaotische Situation schließlich für sich. Mit ihm kehrt noch einmal das Primat der Schwarzweiß-Fotografie an das Nationaltheater Mannheim zurück. Auch seine großformatigen Fotokalender *Szenen 1984* und *Menschen 1988* publizierte er durchgängig in Schwarzweiß. In letztgenannter Edition, 1988 von Kodak ausgezeichnet, schrieb er: »Mit diesem Kalender können wir demonstrieren, welch starke Ausdruckskraft in der Schwarzweißfotografie liegt.«

Gerade auch diese zwei Kalenderveröffentlichungen machen Wolfgang Deterings selbsterkannte Stärken deutlich: die Fähigkeit zur ruhigen Beobachtung von Seelenlandschaften, abgeprägt in den Porträts des *Menschen*-Kalenders, und seine Anlagen zur optischen Rezeption eines gestalteten Raumes und der Positionierung einzelner Menschen darin. Letzteres verstärkt er gern durch einen forcierten Bildausschnitt. Die fotografische Umsetzung dramatischer Spannungen zwischen den Personen, deren

Szene aus Die Verbrecher *von Ferdinand Bruckner. NI 31. Januar 1982, Regie: István Bödy. Im Bühnenbild von Peter Schulz und im Kostüm von Maja Scholl-Lemcke: Karin Schroeder (Ernestine Puschek). Aus:* Kalender 1984, *Nationaltheater Mannheim, Szenen (Januar-Blatt). Foto: Wolfgang Detering. RMM, Thslg.*

Ausdruck und Interpretation, ist seine Sache dagegen nicht so sehr. So scheinen die Personen in dem Beziehungs-Thriller *Wer hat Angst vor Virginia Woolf...?*, Neuinszenierung 16. März 1984, auf Deterings Fotografien kaum etwas miteinander zu tun zu haben. Handelt es sich um einen optischen Ausdruck heutiger Kommunikationsprobleme und Beziehungsarmut? Wohl kaum. Denn der inhaltliche Anlaß, Edward Albees bitterböser Psycho-Reißer, scheint für eine solche optische Aussage ebensowenig geeignet wie dessen Interpretation durch das Regieteam Jürgen Bosse/Winfried Lachauer und die Darsteller, wie auch ein Blick in die Rezensionen zu dieser Aufführung bestätigt (vgl. Huber 1984).

Kontinuität der achtziger und neunziger Jahre: Hans-Jörg Michel

Der Mannheimer Reigen der Theaterfotografen wird vorerst beschlossen durch die längere Kontinuität des jetzigen Fotografen am Nationaltheater, Hans-Jörg Michel. Er löste 1984 Wolfgang Detering ab und ist auch 1997, dem Jahr der Drucklegung dieses Buches, nach wie vor dem Haus verbunden. Ihm wurde bereits eine indirekte Hommage zuteil in dem Buch *»Harrt einen Augenblick noch, ich beschwör' Euch...« Schauspiel Mannheim 1988–1992* (Brieger 1992), das auf die Spielzeiten des Schauspieldirektors Nicolas Brieger zurückblickte. Hierin hatte Hans-Jörg Michel die Möglichkeit, die erstaunliche Variationsbreite seiner fotografischen Gestaltungen dem Betrachter vor Augen zu stellen. Ein vielschichtiger Umgang mit der Farbe (vgl. auch Farbabbildungen XIV, 24 und XVI, 28), für den ihm ein Spektrum an zum Teil eigens ausgetüftelten Techniken zur Verfügung steht, fällt ebenso auf wie seine bewußt eingreifende Wahl des Bildausschnitts (vgl. beispielsweise Abbildungen S. 68, 81, 103). Die großen theatralischen Gesten sind gleichfalls nicht nach seinem Geschmack, Hilde Zemanns Worte (siehe oben, S. 467) könnte man sich auch von ihm gesprochen vorstellen. Er bevorzugt eine Zeichensprache des Theaters auf seinen von verhaltener Ästhetik gesättigten Bildern, die nicht eindeutig, sondern rätselhaft aufgeladen ist. Das Momenthafte eines theatralen Augenblicks betonend, gibt er mit seinen Fotografien einen Impuls an die Phantasie des Betrachters weiter: Spiel du in deinem Kopf das Theater weiter, das Davor, das Danach...

»Gefrorenes Spiel«: Szene aus Trilogie der Ferienzeit *von Carlo Goldoni. EA 22. Februar 1990, Regie: Nicolas Brieger. Im Bühnenbild von Hermann Feuchter und im Kostüm von Benedikt Ramm: Katharina Voss (Vittoria). Die ursprünglich in Farbe komponierte Fotografie wurde auch durch die Verbreitung als Theaterpostkarte gleichsam zum Markenzeichen für die kurze Mannheimer Ära (1988–1992) des Schauspieldirektors Nicolas Brieger. Foto: Hans-Jörg Michel. RMM, Thslg.*

Der Ort der Handlung ist die Bühne

Bühnengestaltung am Mannheimer Nationaltheater vom 18. Jahrhundert bis zur Gegenwart

Liselotte Homering und *Andreas Krock*

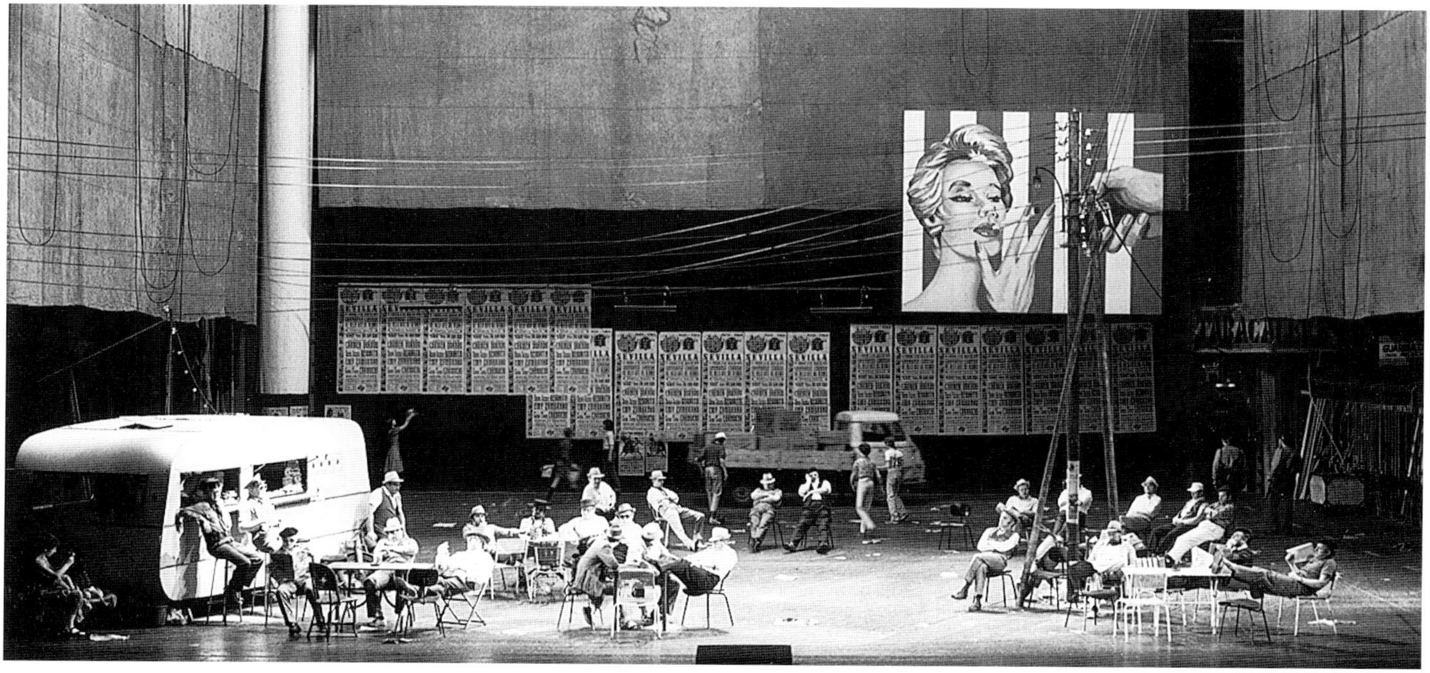

Szene aus Carmen *von Georges Bizet. NI 23. Dezember 1979, Inszenierung und Bühnenbild: Herbert Wernicke, ML: Hans Wallat, Kostüme: Ogün Wernicke. Foto: Gerhard Vormwald. RMM, Thslg.*

Vom 17. bis ins 19. Jahrhundert bestimmten hauptsächlich gemalte Kulissen das Erscheinungsbild auf der Guckkastenbühne. Erst gegen Ende des 19. Jahrhunderts unternahmen vor allem Adolphe Appia (1862–1928) und Gordon Craig (1872–1966) den Versuch einer dreidimensionalen Ausnutzung der Bühne. Damit schufen sie die Voraussetzungen für die Raumbühne im 20. Jahrhundert. Neuerungen bezüglich der Bühnenbildgestaltung wurden am Mannheimer Nationaltheater vielfach recht schnell aufgegriffen und umgesetzt, so daß es darin durchaus mit anderen großen Theatern wie in Berlin, Hamburg und München konkurrieren konnte. Bezüglich der Entwicklung bestimmter Bühnenformen wie der Breitenbühne anstelle der barocken Tiefenbühne im 19. Jahrhundert und der Stilbühne im 20. Jahrhundert nahm Mannheim – in gewissen Grenzen – sogar eine Vorreiterrolle ein. Parallel zur Bühnengestaltung ist hier auch eine Entwicklung im Hinblick auf die Kostümierung zu verzeichnen, wobei – genau betrachtet – sich bei bestimmten Gepflogenheiten das zeitgenössische Theater inzwischen wieder dem des 18. Jahrhunderts anzunähern scheint.

Die Welt des schönen Scheins

Das Nationaltheater von 1778 bis 1803 unter seinem ersten Intendanten Wolfgang Heribert von Dalberg (1750–1806) steht am Anfang der Betrachtungen zur Bühnenbildgestaltung in Mannheim. Die Hofoper im Mannheimer Schloß, die bis November 1777 genutzt wurde, sei hier hingegen nur kurz erwähnt. Ihr Architekt Alessandro Galli Bibiena (1687–1748) verkörperte noch die zentrale Figur des Barocktheaters, den Theaterarchitekten. Er rüstete das Opernhaus (vgl. auch die Beiträge von Silke Leopold und von Herbert Beierbach und Abbildung S. 86) mit einer umfangreichen Bühnenmaschinerie aus, deren Perfektion im reibungslosen Szenenwechsel die Wirkung der opulenten Bühnenmalerei effektvoll unterstützte. Dies entsprach dem damaligen Bedürfnis nach spektakulärem Geschehen auf dem Theater, das das ästhetische Hauptereignis einer jeden Aufführung darstellte. Unterstützt wurde die Szene von kostbaren, eigens für die repräsentativen Aufführungen angefertigten Kostümen, die in Mannheim nicht nur von Galli Bibiena, sondern auch von Augustin Egell (1731–1785), dem Sohn des Hofbildhauers Paul Egell, entworfen wurden, wie einige Libretti (Opern- oder Ballettexte) aus jener Zeit explizit bestätigen.

Nach mehreren vergeblichen Anläufen, den Saal für das französische Schauspiel im Mannheimer Schloß durch ein eigenständiges Schauspielhaus an anderer Stelle zu ersetzen, wurde 1776 mit Lorenzo Quaglio (1730–1804), wie vormals mit Alessandro Galli Bibiena, wieder ein Norditaliener und Angehöriger einer bedeutenden Familie von Theatermalern und Architekten, mit dieser Aufgabe betraut. Anstelle eines Neubaues wurde das alte Arsenal (Zeug- und Schütthaus) auf dem Quadrat B 3 zu einem Schauspielhaus umgebaut (vgl. Abbildungen S. 3, 4, 186, 368 und Farbabbildung III, 6 sowie den Beitrag von Herbert Beierbach in diesem Buch). Nun freilich sollte das neue alte Haus nicht mehr dem französischsprachigen Theater, sondern dem deutschsprachigen Schau- und Singspiel als Stätte dienen. Durch den Wegzug des Hofes nach München im Herbst 1778 und die im selben Jahr mit der Berufung Dalbergs zum Intendanten erfolgte Gründung des Nationaltheaters wurden die Voraussetzungen für ein vom Bürgertum getragenes Theater geschaffen (zum Begriff und zur Benennung als Nationaltheater vgl. die Beiträge von Michael W. Schlicht und von Wilhelm Herrmann über die Mannheimer Theaterzettel).

Beinahe parallel zur Entwicklung dieser ersten stehenden deutschsprachigen Bühne in Mannheim (vgl. hierzu auch den Beitrag von Wilhelm Herrmann über die Comédie française und die deutschen Wandertruppen in Mannheim) wandelte sich der vielseitige Theaterarchitekt zum eher spezialisierten Theater- und Dekorationsmaler, der aber auch gründliche Kenntnisse des Maschineriewesens haben mußte. In Mannheim waren Vertreter dieses Metiers vom ausgehenden 18. bis zum Beginn des 19. Jahrhunderts Giulio Quaglio (1764–1801), ein Neffe Lorenzo Quaglios, und der Theatermaler, Kupferstecher und Architekt Abel Schlicht (1754–1826). Einige Dekorationsentwürfe der beiden Künstler haben sich bis heute erhalten, die Originaldekorationen hingegen gingen durch Verschleiß und Kriegsschäden oder aufgrund der häufig wechselnden Aufbewahrungsorte, an denen sie gelagert wurden, vollständig verloren.

Verlorene Quellen

Besonders eingehend befaßte sich 1927 Kurt Sommerfeld mit der Bühneneinrichtung des Mannheimer Nationaltheaters in seinen Anfangsjahren. Zu dieser Zeit waren noch zwei wichtige Quellen vorhanden, auf die sich der Forscher bei seinen Untersuchungen stützen konnte. Aus den Jahren 1778 und 1780 stammten die beiden damals noch erhaltenen, ältesten Dekorationsverzeichnisse von Lorenzo Quaglio. In ihnen hatte Quaglio die bis zu jenem Zeitpunkt vorhandenen Dekorationen des Nationaltheaters beschrieben und gleichzeitig vermerkt, welche von ihm neu angefertigt oder übermalt worden waren. Die zweite wesentliche Quelle bestand in dem sogenannten Hauptbuch, das von 1798 an von dem damaligen Souffleur Johann Daniel Trinkle geführt wurde (beide Quellen sind heute nicht mehr vorhanden und gelten als Kriegsverlust; vgl. auch den Beitrag von Liselotte Homering über die Theatersammlung des Reiss-Museums, besonders Anmerkung 5). Im Hauptbuch mußten, gemäß dem Theatergesetz von 1797, zu jeder Aufführung neben verschiedenen Angaben (Aufführungsdatum, Besetzung und Aufführungsdauer) auch die verwendeten Dekorationen angegeben werden. Ein Vergleich dieser über zehn Bände hinweg nicht ganz vollständig getätigten Eintragungen mit den Aufzeichnungen Quaglios führte Sommerfeld zu der Erkenntnis, daß viele der Dekorationsteile aus der Hofoper im Schloß oder dem Schwetzinger Schloßtheater nicht übernommen oder zumindest umgearbeitet wurden. Lorenzo Quaglio war demnach in diesen Jahren intensiv damit beschäftigt, einen neuen umfangreichen Dekorationsbestand für die Bühne des Nationaltheaters zu schaffen, den zunächst sein Schüler Giulio Quaglio und ab 1801 dessen Nachfolger Abel Schlicht ergänzte. Dabei handelte es sich nicht nur um Dekorationen, die ausschließlich für ein spezielles Stück bzw. eine

Giulio Quaglio (1764–1801)
Bühnenbildentwurf,
Inneres eines Gefängnisses.
Schwarze Feder, laviert; Sepia.
Reprofoto: Jean Christen.
RMM

bestimmte Oper oder gar eine einzelne Inszenierung gedacht waren. Vielmehr war es wichtig, über einen festen Bestand an kompletten Dekorationen wie Innenräume, Außenarchitekturen und Landschaften zu verfügen, die angesichts des großen Repertoires immer wieder miteinander kombiniert oder entsprechend umgearbeitet werden konnten.

Der »Bildersaal« von 1782 und die Erstaufführung der Zauberflöte 1794

Von den aufgeführten Stücken und Opern während Dalbergs Intendanz gehören vor allem die Uraufführung von Friedrich Schillers *Räubern* am 13. Januar 1782 und die Erstaufführung von Wolfgang Amadé Mozarts *Zauberflöte* am 29. März 1794 zu den eindrucksvollen Beispielen der Bühnenbildgestaltung im 18. Jahrhundert am Nationaltheater. Bei Sommerfeld werden beide Inszenierungen unter Berücksichtigung des damals noch vorhandenen Quellenmaterials gesondert erwähnt, weshalb hier nur kurz auf sie eingegangen wird (vgl. Sommerfeld 1927, S. 22–25, S. 83–85, S. 49 und S. 59). Von den Dekorationen der *Räuber* sind in der Theatersammlung des Reiss-Museums lediglich einzelne Schwarzweißfotografien aus dem ersten Drittel des 20. Jahrhunderts erhalten, die eine Bildergalerie in einer herrschaftlichen Architektur zeigen. Diese bis zum Zweiten Weltkrieg einzige noch existierende Dekoration aus dem 18. Jahrhundert des Nationaltheaters wurde unter der Bezeichnung *Bildersaal* oder *Alter Räuberprospekt* geführt (vgl. auch Farbabbildung II, 4). Da es sich um einen prächtigen Saal im klassizistischen Stil handelte, der einen bestimmten gesellschaftlichen Status repräsentierte, wurde er außerdem für drei Stücke von August Wilhelm Iffland (1759–1814) verwendet, deren Handlung im 18. Jahrhundert spielt. Es ist nicht einwandfrei erwiesen, ob der *Bildersaal* eine Arbeit von Giulio Quaglio oder dessen älterem Bruder Giuseppe (1747–1828) war, der zeitweise ebenfalls Dekorationsaufträge für Mannheim und Schwetzingen ausführte. Aus den gleichfalls zerstörten Akten zum Dekorations- und Maschinenwesen von 1778 bis 1818 ging allerdings hervor, daß es sich bei dieser Dekoration um keine Neuanfertigung handelte. Offensichtlich stammte sie noch aus der Hofoper und mußte für die kleinere Bühne des Nationaltheaters entsprechend eingekürzt werden.

Ein Vergleich des Dekorationsbestandes von 1780 mit den Angaben, die im Hauptbuch vermerkt waren, ergab, daß auch Dekorationen des Nationaltheaters für verschiedene Inszenierungen mehrmals umgearbeitet wurden. Beispielsweise ist ein sogenanntes genuesisches Zimmer, das 1780 als Neuanfertigung erwähnt wurde, vierzehn Jahre später für die Erstaufführung der *Zauberflöte* übermalt worden. Dagegen schuf Giulio Quaglio, dessen Urheberschaft in diesem Fall gesichert ist (vgl. Niehaus 1956, S. 34–40), besonders für die *Zauberflöte* zahlreiche neue Dekorationen, was ein Licht auf die Bedeutung des Werkes für das Repertoire schon zum damaligen Zeitpunkt wirft. Da es sich seiner äußeren Erscheinungsform nach um ein Werk handelt, das sich grundsätzlich zunächst dem Genre der großen Zauberoper verpflichtet zeigt, das also eine außergewöhnliche Ausstattung erwarten ließ, war der gesamte Einfallsreichtum des Theatermalers und Dekorateurs gefordert. Anstelle des im Libretto vorgesehenen Thrones glitt bei der Mannheimer Aufführung beispielsweise die Königin der Nacht in einem Flugwagen auf die Bühne, womit die Theatermaschinerie der eingangs erwähnten Zuschauererwartung erneut gerecht wurde. Die Entwürfe von Giulio Quaglio, auch die zu anderen Inszenierungen, lassen jedoch bereits die Tendenz zu einem flacheren, »eindimensional« wirkenden Bühnenbild ahnen. Neben den Bühnen in

München, Stuttgart und Weimar etablierte sich am Mannheimer Nationaltheater diese Form der mehr in die Breite als in die Tiefe orientierten anstatt der in die Tiefe reichenden Scheinarchitektur der Barockbühne besonders schnell, wobei der abrupte Übergang vom absolutistisch geführten Hoftheater zum mehr bürgerlich geprägten und finanziell geringer ausgestatteten Theater hierzu nicht unwesentlich beitrug.

Bühnenzauber und Technik
Wiederum waren es die phantasievollen Dekorationen für eine *Zauberflöte*-Aufführung, die am 18. Januar 1816 Aufsehen erregten, diesmal in Berlin. Der Architekt Karl Friedrich Schinkel (1781–1841) hatte sich als »Bühnenbildner« betätigt. Seine erste Theaterarbeit bedeutete zugleich die Umsetzung seiner Theorie von einer neutralen Spielfläche, die lediglich nach hinten von einem Gemälde abgeschlossen wurde. Damit war endgültig der Bruch mit der Barockbühne vollzogen. Außerdem zeichneten sich Schinkels Dekorationen durch Stiltreue aus, wobei sich seine Architekturkulissen überwiegend an historischen Vorbildern orientierten. Diese neuartige Vorstellung von Bühnengestaltung löste im 19. Jahrhundert letztendlich eine Reihe von Reformbewegungen aus.

Mit Joseph Mühldorfer (1800–1863; vgl. auch Abbildung S. 51 und Farbabbildung IV, 7) wurde im zweiten Drittel des 19. Jahrhunderts am Nationaltheater ein Theaterarchitekt, -dekorateur und -maschinist tätig, dessen bühnenbildnerische Auffassung manchen Bezug zu Schinkel aufweist. Seine beruflichen Stationen führten ihn von München über Würzburg, Bamberg und Nürnberg nach Aachen. 1832 ging er nach Mannheim, wo man ihn wegen seiner Qualifikation und seiner bisherigen Erfolge auf Lebenszeit an das Nationaltheater verpflichtete. Der zu diesem Zeitpunkt noch verantwortliche Dekorationsmaler Friedrich Bille (1796–1838) hatte sich bis dahin kaum besonders hervorgetan und stellte keine ernsthafte Konkurrenz für Mühldorfer dar. Aufgrund der Neueinrichtung der Kölner Bühne von 1828 bis 1829, die Mühldorfer während seiner Anstellung am Theater in Aachen erfolgreich durchgeführt hatte, bestand einer seiner ersten Aufträge in Mannheim darin, die Bühnenmaschinerie des unterdessen über vierzig Jahre existierenden Hauses zu erneuern. Nach einem dreimonatigen Umbau konzentrierte sich Mühldorfer bei der Erprobung der neuen Technik zunächst auf den Bereich der Oper, wozu vor allem Carl Maria von Webers *Freischütz* und erneut Mozarts *Zauberflöte* Gelegenheit boten. Die romantische Oper Webers nutzte Mühldorfer ausgiebig zur Darstellung unterschiedlicher Naturstimmungen auf der Bühne. Charakteristisch für die Inszenierung von 1833 war die täuschend echte Wirkung der Dekorationen, wobei die *Wolfsschlucht*-Szene mit ihrem schäumenden Wasserfall zu den besonders imponierenden Effekten zählte (vgl. auch Rudin 1978, S. 8–11). Einen ebenso nachhaltigen Eindruck hinterließ die Inszenierung der *Zauberflöte* 1834, bei der es sich bereits um die 100. Aufführung dieser Oper am Nationaltheater handelte. Hier setzte Mühldorfer die *Feuer- und Wasserprobe* so realitätsnah wie möglich um und ließ sich bei den ägyptischen Architekturkulissen offenbar mehr von zuverlässigen Quellen und weniger von seiner Phantasie leiten.

Wenn diese Form der aufwendigen Bühnenbildgestaltung in ihrer Zeit manchem Puristen auch als Überbewertung der Ausstattung gegenüber der szenischen Handlung erschienen sein mag, so entsprach sie dennoch – damals wie heute auch – dem Wunsch eines Großteils des Publikums nach

Joseph Mühldorfer (1800–1863) Bühnenbildentwurf zu Der Prophet *von Giacomo Meyerbeer,* Inneres des Doms zu Münster. *EA 26. Dezember 1851. Die von Mühldorfer entworfenen Dekorationen waren so aufwendig, daß die Pausen – laut Theaterzettel – für den Umbau verlängert werden mußten. RMM, Fotobändchen 26*

einem prächtigen und kostspieligen Ausstattungsstil. Daß Mühldorfer diesen wie kaum ein anderer seiner Zeit beherrschte und neben dem am Kölner Theater beschäftigten Carl Brandt zu den bedeutendsten Theatermaschinisten in ganz Deutschland zählte, beweisen seine zahlreichen Aufträge für auswärtige Bühnen.

Eine der größten Herausforderungen an den Theater*architekten* Mühldorfer stellte zweifellos der Umbau des Nationaltheaters in den Jahren 1853 bis 1855 dar. Eine Veränderung an der Nahtstelle von der Bühne zum Zuschauerraum ist besonders erwähnenswert, da sich in ihr der Einfluß Schinkels manifestiert. Zwischen Bühne und Proszeniumslogen ließ Mühldorfer einen Zwischenraum und entsprach damit Schinkels Forderung nach einer deutlichen optischen Trennung der Bühne vom Publikumsbereich (vgl. auch den Beitrag von Herbert Beierbach). Richard Wagner, der sich von Mühldorfer hinsichtlich der szenisch-technischen Umsetzung seines Bühnenfestspieles *Der Ring des Nibelungen* beraten ließ, bewertete die dadurch erzielte größere Entfernung des Zuschauers von der Bühne später als deutliche Verbesserung, die zur Steigerung der Bühnenillusion beitragen konnte. Durch die Überbauung des Orchestergrabens mit gleichzeitiger »Deckelung« gegen den Zuschauerraum (»Mystischer Abgrund«) wurde im Innenausbau des Bayreuther Festspielhauses (1876) diese Wirkung noch zusätzlich verstärkt.

Zur Steigerung der Bühnenillusion in Mannheim trug zunächst auch die Einführung der Gasbeleuchtung im Jahr 1850 bei (vgl. auch *Chronologie*), mit der erstmals das Licht auf dem Theater eine bedeutende Rolle spielen konnte, da es besser zu regeln war als Kerzen- oder Ölbeleuchtung und sich mit Hilfe von Gas eine intensivere Lichtqualität erzielen ließ.

Theaterateliers

Zeichnete sich schon Mühldorfer durch historische Stilsicherheit aus, wurden seine Arbeiten im Lauf der Jahre noch durch den zunehmenden Historismus eingeholt, der sich seit den sechziger Jahren des 19. Jahrhunderts von Thüringen aus, genauer gesagt von der Residenzstadt Herzog Georgs II. von Sachsen-Meiningen, über ganz Deutschland ausbreitete. Unterstützt wurden die »Meininger« hierbei auch vom Theateratelier der Gebrüder Brückner in Coburg, das nicht nur für Meiningen, sondern unter anderem auch für Richard Wagners erste *Ring*-Aufführungen arbeitete, allerdings nicht zur grundsätzlichen Zufriedenheit des Bayreuther »Meisters«.

Im letzten Drittel des 19. Jahrhunderts erfreuten sich die Bühnenateliers einer großen Nachfrage seitens der Theater, da sie infolge rationeller Produktion Dekorationen günstiger als die eigenen Werkstätten herstellen konnten. Dafür sahen diese für ein Bühnenwerk oft über Jahre hinaus gleich aus und waren dementsprechend in den unterschiedlichsten Theatern anzutreffen. Für das Mannheimer Nationaltheater gibt es im 19. Jahrhundert zunächst noch keine Anzeichen für eine Zusammenarbeit mit Theaterateliers. Joseph Kühn, Schwiegersohn von Joseph Mühldorfer und von 1867 bis 1876 dessen Nachfolger, sowie nach ihm Oskar Auer (1876–1917) setzten die Arbeit des Bühnenzauberers Mühldorfer erfolgreich fort, ohne jedoch an dessen Ruhm anknüpfen zu können. Während Kühn einen historisierenden, bei seinen Landschaftsdekorationen fast idealisierenden Stil bevorzugte, zeigten die späteren Arbeiten Auers schon deutlich den Einfluß des Naturalismus. Ende des 19. Jahrhunderts kam es jedoch auch in Mannheim für bestimmte Aufführungen zur Zusammenarbeit mit auswärtigen Theaterateliers. Beispielsweise ließ man die Dekorationen für den 3. Akt der Neueinstudierung von Mozarts

Die Hochzeit des Figaro am 1. November 1896 im Atelier Quaglio (Mettenleiter) in München anfertigen und signalisierte hiermit dem verständigen Mannheimer Publikum, daß neue *Figaro*-Rezeptionszeiten angebrochen waren. Denn mit der Münchner Dekoration nahm man konkret Bezug auf die neue Sichtweise des Werkes durch den Münchener Generalintendanten Ernst von Possart ein Jahr zuvor, der das Stück erstmals vom altspanischen Kolorit befreite und in seiner Entstehungszeit spielen ließ (vgl. Homering 1992, S. 56 und 57). Für die festliche Osterpremiere der *Zauberflöte* vom 31. März 1902 bezog man alle Dekorationen aus dem bekannten Wiener Atelier Kautsky's Söhne und Rottonara, die dort von Franz Angelo Rottonara (1848–1938), Teilhaber des Ateliers, nach Entwürfen von Oskar Auer angefertigt worden waren (vgl. Farbabbildung VII, 13). Auch die Festspiele aus Anlaß des 300jährigen Bestehens der Stadt Mannheim vom 5. bis zum 12. Mai 1907 erwiesen sich für die Ateliers Brückner in Coburg, vor allem aber Kautsky-Rottonara in Wien als sehr profitabel: Die Dekorationen zum zweiten Aufzug für die Neueinstudierung von Wagners *Meistersingern* (5. Mai 1907) wurden bei Brückner in Coburg bestellt (die Entwürfe zum ersten Aufzug stammten von Adolf Mettenleiter, diejenigen zur Schusterstube und zur Festwiese im dritten Aufzug von Oskar Auer und wurden in eigenen Werkstätten gefertigt), für die Neuinszenierung der *Räuber* am 6. Mai bezog man die gesamte szenische Ausstattung aus Wien von Kautsky-Rottonara, ebenso wie die für die Neueinstudierung von Webers *Oberon* am 8. Mai und für die Mannheimer Erstaufführung von Hebbels *Herodes und Mariamne* am 10. Mai 1907 (zu Bühnenkostümen aus Ateliers siehe unten). Der Übergang von gemalten zu überwiegend gebauten, dreidimensionalen Dekorationen, auf den sich die Theaterateliers schwer einzustellen vermochten, führte allerdings allmählich zu deren Auflösung. Bemerkenswert ist freilich, daß für die Neueinstudierung von Giacomo Meyerbeers *Afrikanerin* am 16. Dezember 1923 offenbar noch Dekorationen aus dem Altonaer Theateratelier von Franz Gruber für Mannheim eingekauft wurden (ein Entwurf für diese Aufführung in der Theaterwissenschaftlichen Sammlung der Universität zu Köln). Vermutlich fand ein (konservativerer) Teil des Publikums nach wie vor Gefallen an dergleichen malerischen Lösungen für die große Oper.

Technische Neuerungen und die Hagemannsche Idealbühne

Die für die Bühne bedeutenden technischen Neuerungen wie Rundhorizont, elektrische Beleuchtung und Drehbühne, die in der zweiten Hälfte des 19. Jahrhunderts entwickelt worden waren, wurden am Mannheimer Nationaltheater erst zu Beginn des 20. Jahrhunderts eingeführt (vgl. auch *Chronologie*). Lediglich die elektrische Beleuchtungsanlage war seit dem Sommer 1899 nach und nach anstelle der Gasbeleuchtung auf der Bühne und im Zuschauerraum installiert worden (vgl. auch *Chronologie*). Trotz der großen Störanfälligkeit in den ersten Jahren wurde die neuartige Beleuchtung jetzt vielfach dafür eingesetzt, bestimmte Effekte wie unterschiedliche Tageslichtstimmungen oder stärkere räumliche Wirkungen auf der Bühne zu erzeugen. Dabei wurde die Bühnenillusion jetzt auch nicht mehr durch Umbauten auf offener Bühne beeinträchtigt, da diese bei Dunkelheit erfolgen konnten.

Unter den Intendanzen Carl Hagemanns von 1906 bis 1910 und nochmals von 1915 bis 1920 wurden schließlich auch andere technische Neuheiten eingeführt. Bei der Inszenierung der *Salome* von Richard Strauss, die am 21. Oktober 1906 zum ersten Mal in Mannheim aufgeführt wurde, setzte man zum Beispiel erstmals den seit 1869 entwickelten Rundhorizont ein – in diesem besonderen Fall sogar zusätzlich als Kuppelhorizont, der sich über die Szene wölbte (vgl. auch Stahl 1929, S. 242). Eine weitere Besonderheit dieser Aufführung waren die zum ersten Mal verwendeten vollplastischen Dekorationen. Sie entsprachen Hagemanns Vorstellung von seiner *Idealbühne* mit der gewünschten szenischen Vereinfachung, mit der er sich vollends bei der *Hamlet*-Inszenierung von 1907 in die Theatergeschichte einschrieb, als die Kombination von pfeilerartigen Aufbauten und aus dem Schnürboden herabgelassenen Hängern einerseits einen schnellen Szenenwechsel zuließ, andererseits in ihrer zum Teil kargen, entrümpelten Szene Verwunderung und Begeisterung zugleich auslöste. Eine moderne Bühnentechnik, die der Münchner Maschineriedirektor Carl Lautenschläger in den Jahren 1901 und 1902 im Mannheimer Haus installiert hatte, erleichterte dabei den Auf- und Abbau. Zu diesem Zweck war unter anderem auch die hölzerne Bühnenkonstruktion durch eine eiserne ersetzt und der Bühnenboden in sieben versenk- und erhöhbare Segmentstreifen unterteilt worden. Aus Sparsamkeitsgründen wurde zunächst auf die von Lautenschläger 1894 erfundene Drehbühne verzichtet. Sie kam in Mannheim erst am 13. September 1913 in der Inszenierung von Shakespeares *Sommernachtstraum* zum Einsatz (vgl. Stahl 1929, S. 304; vgl. auch *Chronologie*). Ab 1906 paßte der bis 1909 in Mannheim und später in München als Maschinerieinspektor engagierte Mannheimer Adolf Linnebach (1876–1963) nochmals die gesamte Bühnenmaschinerie den aktuellen Anforderungen an.

Szene aus Salome *von Richard Strauss. EA 21. Oktober 1906, Inszenierung: Carl Hagemann, ML: Hermann Kutzschbach, Bühnenbild: Oskar Auer, Kostüme: Leopold Schneider (siehe auch Anmerkung 2 in diesem Beitrag). Auf der Treppe Signe von Rappe (Salome), im Hintergrund Mitte links Hans Basil (Jochanaan). Foto: Füller, Worms, 1906. RMM, Thslg.*

Gustav Wunderwald und Ottomar Starke
Ferdinand Gregori, Intendant des Nationaltheaters von 1910 bis 1912, beauftragte nicht selten junge talentierte Bühnenbildner als Gäste mit der Ausstattung bestimmter Inszenierungen. Gustav Wunderwald (1882–1945) etwa wurde in dieser Zeit mehrmals für die Gestaltung der Bühne herangezogen, ebenso wie der eigenwillige Ottomar Starke (1886–1963), der von 1911 bis 1912 als sogenannter Künstlerischer Beirat (Ausstattungsleiter) engagiert war. Seine Bühnenbilder für den Wagner-Zyklus der Spielzeit 1912/13 (mit *Tannhäuser*, *Lohengrin* und *Der fliegende Holländer*) atmeten einen zeittypischen, vom Naturalismus sich distanzierenden, eher spätimpressionistischen Geist und waren dementsprechend bei einem Großteil des Mannheimer Publikums und zum Teil sogar bei den Darstellern heftig umstritten. Starke steht damit in einer langen Tradition bildender Künstler und Bühnenbildner, deren Wirkung um so nachhaltiger war, je mehr ihre Werke zunächst Provokation und Unverständnis auslösten. Wenn seine Arbeiten technisch anfangs auch noch nicht ganz ausgereift waren, so gehört er dennoch in die Reihe der bedeutenden Mannheimer Bühnenbildner, die die szenographische Entwicklung am Nationaltheater in der Folge maßgeblich geprägt haben.

Gustav Wunderwald (1882–1945) Bühnenbildentwurf zur Orestie *des Aeschylos. EA 8. April 1912,* Nibelungensaal *des* Rosengartens, *Inszenierung: Ferdinand Gregori. Gouache über Bleistift. Theaterwissenschaftliche Sammlung der Universität zu Köln*

Marianne Heymann
Entwurf für die Projektion auf einem Bühnenvorhang zu Die Verbrecher *von Ferdinand Bruckner. EA 6. September 1929, Inszenierung: Richard Dornseiff.*
Aquarellierte Federzeichnung und Collage.
Theaterwissenschaftliche Sammlung der Universität zu Köln

Um so bedauerlicher ist die Tatsache, daß sich gerade von seinen Bühnengestaltungen offenbar nur verhältnismäßig wenige Bilddokumente erhalten haben.

Von Ludwig Sievert zu Friedrich Kalbfuß
Ludwig Sievert (1887–1960), der von 1914 bis 1919 am Nationaltheater beschäftigt war, schuf Bühnenbilder von teils einfach-ornamentaler, teils schwungvoller, großer Form und intensiver Farbwirkung (vgl. auch Farbabbildung VIII, 15). Die Betonung seiner Entwürfe für die 300. Aufführung der *Zauberflöte* in Mannheim am 24. April 1917 beispielsweise lag stärker auf dem Märchenhaften der Oper als auf den realistisch wirkenden Architekturkulissen, auf die es etwa noch Mühldorfer ankam. Heinz Gretes (1885–1967) temperamentvoller Stil eignete sich ideal für die expressionistische Phase des Theaters während seiner Mannheimer Zeit von 1919 bis 1927 (vgl. auch Abbildungen S. 395, 397 und 398). Dabei distanzierte er sich ebenso von den naturalistischen Dekorationen wie von der Stilisierung der *Idealbühne*, was etwa in seiner phantastischen Auffassung der *Wolfsschlucht* der *Freischütz*-Neuinszenierung vom 16. Juni 1921 zum Ausdruck kam. Von den zahlreichen szenischen Möglichkeiten, die sich den Bühnenbildnern im 20. Jahrhundert eröffneten, machte Eduard Löffler (engagiert von 1927 bis 1934) für seine hauptsächlich durch Farb-Licht-Effekte und weniger durch plastische Elemente beeindruckenden Bühnenarbeiten Gebrauch (vgl. auch Abbildungen S. 74, 99, 401, 402, 403, 414, 418, 464 und Farbabbildung VIII, 15).

Die Theaterwissenschaftliche Sammlung der Universität zu Köln besitzt mehrere Entwürfe von Marianne Heymann, die vorübergehend (1929/30) als Assistentin Eduard Löfflers im bühnenbildnerischen Bereich am Mannheimer Nationaltheater arbeitete. Ihr Projektionsentwurf für die Mannheimer Erstaufführung von Ferdinand Bruckners *Verbrecher* (6. September 1929) zeigt, wie eindrucksvoll sich mit den damals aktuellen Stilmitteln, wie etwa der Collage, zeitgenössische Stücke gestalterisch umsetzen ließen.

Von den dreißiger Jahren bis in die frühen fünfziger Jahre wurden die Ausstattungen des Nationaltheaters entscheidend durch die beiden Bühnenbildner Friedrich Kalbfuß (1903–1945) und Heinz Daniel (1892–1960) geprägt. Kalbfuß, 1936 bis 1941 mit einer Unterbrechung in Mannheim (vgl. auch Abbildung S. 406), machte sich vor allem die Projektion zunutze, die er eher malerisch besonders zur Erzeugung bestimmter Effekte wie Feuer, Wasser und Nebel einsetzte.

Szenische Wunder auf dem »Nudelbrett«
Heinz Daniel hingegen überwand während seiner Mannheimer Jahre von 1945 bis 1952 geschickt die beengten Verhältnisse der Behelfsbühne in der *Schauburg,* wofür seine Bewältigung auch aufwendigerer Bühnenwerke wie wiederum der *Zauberflöte* (9. September 1948) oder der *Räuber* (14. Januar 1950) mit relativ einfachen Mitteln spricht. Sein Nachfolger Paul Walter (1913–1993) schließlich perfektionierte diesen Bühnenstil, bis er ab 1957 im Neuen Nationaltheater am *Goetheplatz* seine Fähigkeiten unter weitaus besseren Voraussetzungen zur Geltung bringen konnte (vgl. auch Abbildungen S. 75, 117, 138, 266, 433, 434, 460, 488 und Farbabbildungen IX, 18 sowie XI, 19).

Raumbühne und Arenabühne
Anläßlich der Eröffnungspremiere im *Kleinen Haus* mit Schillers *Räubern* am 12./13. Januar 1957 machte Walter erstmals von der Kombination Raumbühne-Arenabühne Gebrauch, in die die Mannheimer Schauspielbühne umgewandelt werden kann (vgl. auch den Beitrag von Herbert Beierbach und Farbabbildung XI, 19). Er nutzte sie später nochmals für einige wenige Bühnengestaltungen (unter anderem *Die Verschwörung des Fiesko zu Genua* oder *Kasimir und Karoline*). Bei der Inszenierung der *Räuber* wirkte sich vor allem die enge Zusammenarbeit mit dem Regisseur Erwin Piscator (1893–1966) aus, für dessen Inszenierung von Max Frischs *Biedermann und die Brandstifter* (EA 22. Mai 1959) Walter ebenfalls die Arenabühne einsetzte, diesmal jedoch tatsächlich als vierseitige Spielfläche (ähnlich wie bereits 1954 im wesentlich kleineren *Mozartsaal* des *Rosengartens* bei Piscators *Hexenjagd*-Inszenierung). Zu einer Wiederholung dieses Prinzips kam es allerdings danach aus betriebstechnischen Gründen nur noch selten. Mit dem Ausscheiden Paul Walters 1976 wurde auch die Umwandlungsmöglichkeit zur Arenabühne kaum noch wahrgenommen, da ihre Einrichtung angesichts des wechselnden Spielbetriebes zu aufwendig geworden war. Das letzte Mal nutzte sie Haitger M. Böken ansatzweise für seine Ausstattung von Max Frischs *Andorra* (NI 29. Dezember 1988).

Subjektiver Regiestil und aktuelle Kunsttendenzen
Seit Paul Walter hat es in Mannheim keinen festengagierten Leiter des Ausstattungswesens mehr gegeben. Stattdessen wurden einzelne Bühnenkünstler für die Ausstattung einer oder auch mehrerer Inszenierungen herangezogen. In den siebziger Jahren machten vor allem Klaus Gelhaar, Herbert Wernicke und Erwin W. Zimmer mit ihren Ausstattungen auf sich aufmerksam. Ihre Bühnenkunst, die zumeist aktuelle Kunstrichtungen aufgriff und den subjektiven Inszenierungsstil von

Szene aus Biedermann und die Brandstifter *von Max Frisch. EA 22. Mai 1959, Inszenierung: Erwin Piscator a. G., Bühnenbild: Paul Walter, Kostüme: Gerda Schulte. Foto: Adolf Falk. RMM, Thslg.*

Szene aus Die Räuber *von Friedrich Schiller. NI 25. Juni 1971, Inszenierung und Bearbeitung: Hans Neuenfels, Ausstattung: Klaus Gelhaar. Foto: Mara Eggert. RMM, Thslg.*

Regisseuren wie Hans Neuenfels und Jürgen Flimm betonte, traf den Zeitgeist dieser Jahre, wenn sie auch bei vielen Theaterbesuchern nicht immer auf Gegenliebe stieß. Riesige Prospekte, die gegeneinander verschiebbar waren, beherrschten etwa bei Klaus Gelhaar das Bühnenbild für Neuenfels' *Räuber*-Version (NI 25. Juni 1971). Plakativ waren darauf Ausschnitte – beispielsweise aus der Erschaffung Adams von Michelangelos *Jüngstem Gericht* – zu sehen, die auf die Problematik des Stückes, den Vater-Sohn-Konflikt, anspielten. Die Bühnenausstattung von Herbert Wernicke für die Neuinszenierung von Georges Bizets *Carmen* (23. Dezember 1979) dagegen kennzeichneten großformatige Bildprospekte im Hintergrund, die an Gemälde von Pop Art-Künstlern wie Andy Warhol (1928–1987) und Roy Lichtenstein (1923–1997) erinnerten (vgl. Abbildung S. 476).

Seit Paul Walter hat sich trotz der verschiedenen Bühnenkünstlerinnen und -künstler am Nationaltheater der vereinfachende Bühnenstil bis hin zur stilisierten Bühne durchgesetzt. Dabei gewinnt der Einsatz von Lichtdesign, wie zum Beispiel in neuester Zeit bei der Bühnenbildgestaltung von Dirk Thiele für Shakespeares *Sommernachtstraum* (NI 9. März 1996) in der Lichtregie von Eduard Roth immer mehr an Bedeutung (vgl. auch das Gespräch mit Eduard Roth und dem Technischen

Direktor des Nationaltheaters, Stefan Ritter, in diesem Buch).

Für die künstlerische Einheit von Bühnenbild und Kostümen in Mannheim spricht, daß Bühnenbildnerinnen und Bühnenbildner der achtziger und neunziger Jahre wie Peter Heilein, Marco Arturo Marelli, Alexander Müller-Elmau, Wolf Münzner, Andreas Reinhardt, Marie-Luise Strandt, Heinrich Tröger, Kazuko Watanabe und Marcel Zaba überwiegend auch die Kostüme selbst entwarfen (vgl. auch Abbildungen S. 83, 103, 234, 238, 438, 495, 497 und Farbabbildung XV, 27).

›Kleider charakterisieren Leute‹

Niemand wird die Bühnenbildgestaltung gegen die Gestaltung der Kostüme »ausspielen« wollen. Und doch übersieht man allzu leicht, daß das Spiel auf der Bühne sehr wohl ohne bildnerische Gestaltung »funktioniert«, die Darstellerinnen und Darsteller hingegen schwerlich ohne Kostümierung zwischen ihren drei Wänden agieren können (Ausnahmen bestätigen freilich die Regel). Vielmehr »muß das Kleid notwendig als Eigengebilde einen Ausdruck erhalten, es darf nicht absolut zufällig sein wie ein Blätterzweig zum Verhüllen, es muß selbst dem so bedeutenden, verhüllten Gebilde gegenüber immer noch als dieser Aufgabe wert, als existent und ausdrucksvoll empfunden werden« (Gregor 1925, S. 25). Mehr noch: »Kleidung ist persönlichkeitszugehörig und besitzt die Eignung, stellvertretend zu wirken« (Gregor 1925, S. 16). Mit anderen Worten: Kleider machen nicht nur, sondern charakterisieren Leute, indem sie Befindlichkeit unmittelbar ausdrücken (insofern entspricht auch Unbekleidetheit auf der Bühne in bestimmten, entscheidenden Situationen einem aufs äußerste gesteigerten Ausdruck und kann angebracht sein). Um so erstaunlicher, daß gerade die Geschichte des Bühnenkostüms in Mannheim bislang weitgehend unbeachtet und damit auch unerforscht geblieben ist.

Gepflogenheiten und Reglements

Gibt es seit Beginn unseres Jahrhunderts überhaupt erst die Bezeichnung Bühnenbildner/in und Kostümbildner/in, so waren noch bis zum Beginn des 20. Jahrhunderts die eigentlichen Verantwortlichen speziell für das Kostümwesen die Garderobiers und Garderobieren. Sie hatten in der Regel eine Ausbildung zum Schneidermeister absolviert und trugen für die Anfertigung, vor allem aber das Zuschneiden der Kostüme die Verantwortung, die Ausführung der Kostüme besorgten Schneider und Schneiderinnen. Üblicherweise orientierten die Garderobiers und Garderobieren ihre Kostümentwürfe an Kostümwerken, die von anderen, oftmals größeren Bühnen in Europa herausgegeben wurden und die auf bereits entsprechend ausgestatteten Aufführungen basierten. Dies war offenbar auch am Mannheimer Nationaltheater die Praxis, wie die heute zum überwiegenden Teil noch in der Theatersammlung des Reiss-Museums vorhandenen, reich illustrierten Publikationen demonstrieren, die aus der historischen Bibliothek des Nationaltheaters stammen.[1]

Anders als heute und auch anders als beispielsweise Libretti, die für die Mannheimer Hofoper gedruckt worden sind, geben die Theaterzettel des Nationaltheaters noch bis zum Zweiten Weltkrieg selten einen Hinweis auf die Schöpfer und Schöpferinnen von Kostümen.[2] Ein Grund hierfür – neben der Tatsache, daß zunächst die Bühnenbildner meistens auch die Kostüme selbst entwarfen – liegt darin, daß ursprünglich kaum spezielle Kostüme für spezielle Aufführungen hergestellt worden sind, sondern sich die Schauspieler/innen und Sänger/innen aus einem in Mannheim zum Teil sogar zusammengeschenkten Kostümfundus (ausrangierte Roben von Angehörigen des Hofes)

[1] Unter anderen *Gallerie dramatique: Costumes des Théâtres de Paris* par M. M. Dollet, Lacauchie et L. Lassalle. Paris (ca. 1845 bis 1869); Kostümbildersammlung aus dem Verlag von Hautecoeur-Martinet, Paris; sechs Bände nach Pariser Aufführungen des 19. Jahrhunderts.

[2] Ausnahmen finden sich beispielsweise auf folgenden Theaterzetteln: zu der bereits erwähnten *Figaro*-Inszenierung von 1896 und zur Osterpremiere der *Zauberflöte* von 1902, auf denen als Verantwortliche für die neuen Kostüme der Garderobe-Inspektor [Robert] Derichs und die Obergarderobieren [Jeannette] Cummerow (1896) sowie [Louise] Böheim (1902) genannt sind, oder auch zu *Salome* von Richard Strauss (1906) – hier waren die Kostüme nach Entwürfen des Garderobe-Inspektors Leopold Schneider angefertigt worden –, zu *Oberon* von Carl Maria v. Weber (Jubiläumsfestspiele 1907), für dessen Kostüme erneut Leopold Schneider und die Obergarderobiere Johanna Kalter verantwortlich zeichneten,

Christoph Fries (1788–1857)
Kostümentwurf für
Die Zauberflöte *von*
W. A. Mozart, angefertigt für
München, nach Mannheim
für eine Aufführung um 1850
übernommen.
Gouache über Bleistift.
Reprofoto: Jean Christen.
RMM, Thslg.

ferner zur Erstaufführung von Hebbels *Herodes und Mariamne* (ebenfalls im Rahmen der Jubiläumsfestspiele 1907), die wiederum mit Kostümen nach Entwürfen des Garderobe-Inspektors Leopold Schneider ausgestattet war. Weitere Beispiele im Verlauf dieser Ausführungen.

bedienten (vgl. auch den Beitrag über die Geschichte der Mannheimer Theatersammlung von Liselotte Homering und Abbildung S. 32). Wer welches Kostüm in welchem Stück zu tragen hatte, war der Entscheidung des Regisseurs überlassen. Je nach dessen Durchsetzungskraft kam so etwas wie ein einheitliches Erscheinungsbild zustande. Das Gegenteil überwog allerdings. Daher überrascht es nicht, daß in Mannheim August Wilhelm Iffland während seiner Zeit als Regisseur (von 1792 an) besonderen Wert auf rollenadäquate Kleidung auf der Bühne legte, wobei insgesamt auch zu seiner Zeit – unabhängig von dem Jahrhundert, in dem die Stücke spielten – das zeitgenössische, moderne Kostüm dominierte (allerdings auch damals, vor allem in der Oper, in bühnenkünstlerischer Formgebung). Es überraschte also keinen, wenn etwa Shakespearesche Helden und Heroinen in seidenen Kniehosen oder gepuderten Perücken und Reifröcken auf der Bühne agierten. Insofern war schon damals der heute immer wieder als werkuntreu verschriene »Hamlet oder Wotan im Frack« Alltag, der das Publikum kaum aufregte, geschweige denn zu Proteststürmen provoziert hätte! Ausnahmen wie etwa Esther Charlotte Brandes, die Gothaer Gepflogenheiten auf die Mannheimer Bühne übertragen haben dürfte, wenn sie als Ariadne in Bendas gleichnamigem Duodrama tatsächlich antikisierende Gewandung trug (vgl. auch den Beitrag von Heide Koch und die Farbabbildung I, 2), oder auch Iffland selbst bestätigen die Regel. Immerhin gab es dank Iffland in Mannheim bereits seit 1792 – noch vor den ausstattungsreformerischen Bestrebungen des Grafen Karl Moritz von Brühl (1772–1837) in Berlin – ein schriftlich fixiertes Kleiderreglement, das hauptsächlich allzu großer Willkür in der Kostümwahl – besonders der Schauspielerinnen – gegenzusteuern versuchte. In diesen Vorschriften spiegelt sich Ifflands ernsthafte Bemühung wieder, die Kostümierung vor allem dem jeweils darzustellenden sozialen Stand anzupassen (auch dies insbesondere wieder im Hinblick auf die Damen des Ensembles, die ungeachtet historischer oder gar sozialer Wahrhaftigkeit sich überwiegend um der Wirkung auf das Publikum willen zu kostümieren pflegten, einerlei ob sie eine Herzogin oder ein Bauernmädchen zu verkörpern hatten). Eine frühe Form der Mitbestimmung durch die darstellenden Künstlerinnen und Künstler enthält übrigens der Abschnitt 21 des erwähnten Kleiderreglements, wenn Iffland schreibt: »Der Regisseur [...] ist gehalten alle Kostüm Vorschläge bestens zu erwegen und [er] soll [...] die Vorschläge der spielenden Personen aufnehmen« – so sie nicht »dem Garderobe Klassifications Reglement, der Wahrheit, der Sittlichkeit, der Kenntniß der Gebräuche und des Herkommens älterer Zeiten und fremder Völker« widersprechen. Iffland begründet auch, warum die Darstellerinnen und Darsteller ein Mitspracherecht bei der Kostümwahl haben sollten: »Weil diese Freiheit dem Spiele aufhilft und die Zufriedenheit des Künstlers, welche die Hauptbasis der Kunst ist, erhöht« (zitiert nach Pichler 1879, S. 335).

Dennoch war und blieb – noch bis ins 19. Jahrhundert – das Problem an den meisten Theatern, daß selten ein homogenes Kostüm-Erscheinungsbild zu erreichen war. Dies hängt wohl auch damit zusammen, daß die Darsteller/innen immer wieder aus privaten Mitteln im Fundus eventuell fehlende Accessoires nach eigenem Gutdünken, vor allem aber mit mehr oder weniger ausgeprägtem Geschmack ergänzten. All diesen »Auswüchsen« versuchten Theaterleute wie Iffland, Brühl und später Herzog Georg II. von Sachsen-Meiningen mit einigem Erfolg, wenngleich durchaus nicht unwidersprochen, zu begegnen. Nicht umsonst fiel schließlich die einst gepriesene Meiningensche Reformbewegung, die bis zum Jackenknopf auf historische Authentizität größten Wert legte und zu Recht dem allgemein zu beobachtenden »Bühnenschlendrian« den Garaus zu machen versuchte, bei Publikum und Fachwelt in Ungnade und wurde als »Meiningerei« abgetan, als sie vor lauter historisierendem Realismus die Spontaneität und Kreativität auf der Bühne einzuengen drohte.

Entliehene Figurinen und eingekaufte Kostüme
Wohl immer wieder einmal kam es in Mannheim vor, daß von anderen, nachweislich von Münchener Aufführungen, Kostümentwürfe übernommen wurden. Zwei Fälle lassen sich sogar durch die noch vorhandenen Figurinen bildlich belegen: Christoph Fries' (1788–1857) Kostümentwürfe, die für eine *Zauberflöte*-Neuausstattung, die sich leider nur ungenau um 1850 einordnen läßt, Verwendung fanden, und Anton von Seitz' (1817–1883) Münchener Entwürfe für die Mannheimer Erstaufführung von Richard Wagners *Rienzi* am 20. Dezember 1872 (vgl. auch Farbabbildung V, 10). Ansonsten bezog man im Lauf des 19. Jahrhunderts und möglicherweise noch zu Beginn des 20. Jahrhunderts Kostüme auch aus einschlägigen Ateliers. Dies bezeugen unter anderem zwei Kostüme, die heute in der Theatersammlung des Reiss-Museums bewahrt werden. Sie stammen aus dem zu einem guten Teil über den Zweiten Weltkrieg geretteten, inzwischen im Lauf der achtziger Jahre bedauerlicherweise abgegangenen (!) alten Kostümfundus des Nationaltheaters. Eines (der Rock eines Jagdpagen) wurde im Atelier Hugo Beruch & Cie, Berlin/London/New York angefertigt, das andere (Kostüm des Prinzen Friedrich von Homburg aus einer nicht eindeutig zu identifizierenden Aufführung von Kleists Schauspiel) bei dem ebenso renommierten Österreichischen Kostümatelier Alexander Blaschke & Co, Wien. Ein schriftlicher Hinweis auf dieses Atelier als Kostümlieferant findet sich übrigens auch auf dem Theaterzettel der oben bereits erwähnten *Meistersinger*-Aufführung während der Jubiläumsfestspiele 1907. In diesem Fall fertigten Blaschke & Co. ausdrücklich nach Entwürfen von Heinrich Lefler, dem Vorgänger des damaligen Ausstattungsleiters Alfred Roller an der Wiener Hofoper.

Das Angenehme mit dem Nützlichen verbinden
Eine gewisse Tradition in Mannheim, wie andernorts übrigens auch, hat in diesem Jahrhundert die Gepflogenheit, daß sich ortsansässige Fachgeschäfte nicht nur mit entsprechender Werbung in den Bühnenblättern bzw. Programmheften, sondern gleichsam mit »Kostümnaturalien« in bestimmte Inszenierungen einbringen, vor allem dann, wenn zeitgenössisch-modische Kostümierung gefragt ist. So geschehen beispielsweise in der Mannheimer Erstaufführung von Richard Strauss' *Intermezzo* am 2. Mai 1926. Der Theaterzettel verkündet: »Die Kostüme der Christine sind von der Firma Fischer-Riegel, Sport- und Herrenkostüme von der Firma Engelhorn und Sturm geliefert.« Vergleichbares ist dem Theaterzettel zur Mannheimer Erstaufführung von Paul Hindemiths *Neues vom Tage* am 17. Mai 1931 zu entnehmen, an der offenbar kaum eine Mannheimer Firma unbeteiligt geblieben ist (allerdings nicht nur hinsichtlich der Kostüme). Hier erfahren wir unter anderem kurz und bündig: »Es sind zur Verfügung gestellt: Die Damenpelze von der Firma Richard Kunze, ›Das Haus der Pelze‹ Mannheim [...], Else Schulz trägt Hüte und Schmuck von der Firma Tauber, Mannheim, O 6, 4« (vgl. auch Text zur Abbildung S. 402). In neuerer Zeit war schließlich aus dem Besetzungszettel zur Mannheimer Erstaufführung von Donald L. Coburns Zweipersonenstück *Gin Rommé* am 15. November 1980 zu entnehmen, daß in diesem Fall die Kleider für Annemarie Schradiek ebenfalls vom Mannheimer Ausstattungshaus Engelhorn & Sturm zur Verfügung gestellt wurden.

Herrinnen des Kostümwesens

Mit Beginn des 20. Jahrhunderts, als aus dem Arrangeur der Regisseur im heutigen Sinn geworden war, wurde aus dem Dekorateur auch der Bühnenbildner und aus dem Garderobier, der zusehends ausschließlich für die Pflege, Wartung und den korrekten Einsatz der Kostüme zuständig wurde, der Kostümbildner, in selteneren Fällen, wenigstens in Mannheim, die Kostümbildnerin. Zumeist fanden sich Bühnen- und Kostümbildner in Personalunion (siehe oben). Dies änderte sich erst nach dem Zweiten Weltkrieg, als von 1951 an mit Gerda Schulte (vgl. auch den Beitrag von Heide Koch, Abbildung S. 454 und Farbabbildung XIII, 22) und danach (1969) mit Lieselotte Klein, die gleichfalls bereits seit Beginn der fünfziger Jahre (1952) in Mannheim tätig war, zwei Frauen zu Herrinnen des Kostümwesens avancierten. Besonders Gerda Schulte (geb. 1903) prägte beinahe zwei Jahrzehnte hindurch neben dem Leiter des Ausstattungswesens, Paul Walter, das Ansehen und Aussehen der Künstlerinnen und Künstler auf den Bühnen des Mannheimer Nationaltheaters mit Kostümen, die auch in ihren Entwürfen stets die Balance hielten, zwischen »Einfachheit«, ja »Schlichtheit« (vgl. auch Farbabbildung XIII, 22) und verschwenderischer »Pracht von unglaublicher Ausdrucksstärke« (Heybrock 1989). Was Christel Heybrock 1989 über Gerda Schultes Entwürfe für die Eröffnungsvorstellung der *Räuber* im neuen Nationaltheater am *Goetheplatz* (1957) in der Inszenierung von Erwin Piscator schrieb, trifft in gewisser Hinsicht auf die gesamte Fülle (insgesamt rund 4000 Figurinen) ihrer in der Mannheimer Theatersammlung bewahrten Entwürfe zu: »Gerade wegen ihrer Einfachheit und Klarheit sind die Kostüme [Gerda Schultes] im schönsten Sinne funktionell, was die Sichtbarmachung der Charaktere betrifft« (vgl. auch Farbabbildung XI, 19). Sie wirkten aber nicht nur funktionell, sondern in ihrer Stilisierung auch häufig zeitgenössisch-zeitlos, also durchaus modern und dennoch keiner konkreten Zeit zuzuordnen. Besonders bei den sogenannten Klassikern ist dies deutlich erkennbar. In dieser Hinsicht erscheinen die Figurinen Gerda Schultes aus heutiger Sicht als durchaus zeittypisch (Stichwort: Entrümpelung der Szene).

Vielfalt individueller Handschriften

Ähnlich wie im Fall Paul Walters entschied man sich auch nach dem Ausscheiden Lieselotte Kleins 1981, die in gewisser Hinsicht das Werk Gerda Schultes in Mannheim fortgeführt hat (vgl. auch Abbildungen S. 101, 160, 162 sowie S. 75, 76, 117, 139, 158, 266, 433, 434, 460 und 488), keine/n Leiter/in des Kostümwesens mehr fest ans Haus zu verpflichten. Zweifellos ergibt sich durch den bereits seit Mitte der siebziger Jahre zunehmend praktizierten Wechsel sowohl im bühnen- als auch kostümbildnerischen Bereich weniger eine größere Stilvielfalt (es erstaunt ja immer wieder, wie geschmeidig gerade Bühnen- und Kostümbildnerinnen und -bildner »der alten Schule« Sicherheit in den meisten Stilrichtungen bewiesen haben!) als eine Vielfalt höchst individueller Handschriften.

Dennoch kristallisieren sich bestimmte Künstlerinnen und Künstler im Lauf der Jahre heraus, die im einen Fall mehrfach Kostümaufträge erhielten oder im anderen Fall durch außergewöhnliche Einzelleistungen im visuellen und sehr subjektiven Gedächtnis haften geblieben sind. Aus der Fülle der über 200 in Frage kommenden Personen seien hier ganz wenige – und auch nur kursorisch – Kostümbildnerinnen und -bildner herausgegriffen (in alphabetischer Reihenfolge und lediglich mit einer Werk*auswahl*): Maren Christensen beispielsweise (*Die lustigen Weiber von Windsor* von Otto Nicolai, 1990, zusammen mit Susanne

Hubrich – deren farbintensive Kostüme besonders für den zweiten Aufzug der *Tannhäuser*-Neuinszenierung von 1996 erregten neuerdings wieder Aufmerksamkeit, vgl. auch Abbildung S. 119 –, *Don Giovanni* von Wolfgang Amadé Mozart, 1991, *Die Reise nach Reims* von Gioacchino Rossini, 1995), Uta Loher (*Onkel Wanja* von Anton Tschechow, 1983, *Sommergäste* von Maxim Gorki, 1986; vgl. auch Farbabbildung XIV, 24), Gerda Nuspel (*Peer Gynt* von Henrik Ibsen, 1985, *Wilhelm Tell* von Gioacchino Rossini, 1987), Angelika Rieck-von Bertrab (*George Dandin* von Molière, 1989, *Der nackte Wahnsinn* von Michael Frayn, 1989, *Porträt* von Slawomir Mrozek, 1990), Winnie Schneider (*Kasimir und Karoline* von Ödön von Horváth, 1976, *Der tolle Tag oder Figaros Hochzeit* von Beaumarchais, 1976, *Die Zwillinge aus Venedig* von Carlo Goldoni, 1976), Maja Scholl-Lemcke (*Der Bockerer* von Peter Preses und Ulrich Becher, 1978, vgl. auch Abbildung S. 78, *Die Verbrecher* von Ferdinand Bruckner, 1982, vgl. auch Abbildung S. 473), Marie-Luise Strandt (*Elektra* von Richard Strauss, 1980, vgl. auch Abbildung S. 103), *Titus* von Wolfgang Amadé Mozart, 1981, *Salome* von Richard Strauss, 1982), Petra Straß (*Das weite Land* von Arthur Schnitzler, 1990, *Schuld und Sühne* von Fjodor M. Dostojewski, 1990), Kazuko Watanabe (*Manon Lescaut* von Giacomo Puccini, 1987, *Ghetto* von Joshua Sobol, 1993, *Iphigenie auf Tauris* von Johann Wolfgang von Goethe, 1994), Ogün Wernicke (*Die*

Szene aus
Wilhelm Tell (Guglielmo Tell)
von Gioacchino Rossini.
NI 13. November 1987,
Inszenierung: Alfred Wopmann, ML: Klaus Rohra, Bühnenbild: Wolf Münzner, Kostüme: Gerda Nuspel.
Allan Evans (Gessler), Monica Pick-Hieronimi (Mathilde).
Foto: Hans-Jörg Michel.
RMM, Thslg.

Bergbahn von Ödön von Horváth, 1977, *Carmen* von Georges Bizet, 1979, vgl. auch Abbildung S. 476, *Top Girls* von Caryl Churchill, 1985, vgl. auch Abbildung S. 438), *Endstation Sehnsucht* von Tennessee Williams, 1987, *Ein Volksfeind* von Henrik Ibsen, 1987, *Wenn schon – denn schon* von Ray Cooney, 1987), Dorothea Wimmer (*Ariadne auf Naxos* von Richard Strauss, 1983, *Liebelei* von Arthur Schnitzler, 1989, *Die Entführung aus dem Serail* von Wolfgang Amadé Mozart, 1989), Zwinki Jeannée (*Zauber der Hölle* von und nach Friedrich Schiller, 1994, vgl. auch Abbildung S. 238) und *Die heilige Johanna* von George Bernard Shaw, 1995). Zu denjenigen, die mit der Kostümausstattung für bisher »nur« ein Stück besondere Eindrücke in Mannheim hinterlassen haben, zählen zweifellos – auch hier wieder unter anderen – Eva Dessecker (*Tosca* von Giacomo Puccini, 1994), Caroline Dohmann (*Ein Sommernachtstraum* von William Shakespeare, 1996) und Dorothea Katzer (*Maria Magdalena* von Friedrich Hebbel, 1988, vgl. auch Abbildung S. 68). Daß sich unter den bisher Genannten auch »Doppelbegabungen« befanden, also Künstlerinnen, die sowohl die Kostüme als auch Bühnenbilder entworfen haben, sei der Vollständigkeit halber erwähnt. Dieser Sachverhalt trifft beispielsweise auf Maren Christensen, Gabriele Hennig, Marie-Luise Strandt oder Kazuko Watanabe zu (deren am Isenheimer Altar orientierte Bühnenbilder zu Puccinis *Manon Lescaut* möglicherweise eher als ihre Kostüme zu dieser Oper in Erinnerung geblieben sind).

Im Theater-Ausstattungsbereich sind – im Gegensatz zur Modebranche – Künstler, die sich vornehmlich mit dem Entwerfen von Kostümen befassen, eher in der Minderheit, und für die Mannheimer Gäste sind hier eigentlich nur Reinhard Heinrich, Yoshio Yabara und neuerdings Benedikt Ramm zu nennen, die seit etlichen Jahren die Mannheimer Bühne mit ihren Kostümen bereichern. Reinhard Heinrich (vgl. auch Abbildungen S. 141 und 208) zeichnete für viele oft ebenso modische wie ungewöhnlich charakterisierende »Highlights« in Sachen Bekleidung verantwortlich, allerdings ausschließlich auf Mannheims Opernbühne, beispielsweise (und auch hier wieder nur in Auswahl) für die Kostüme zu *Arabella* von Richard Strauss, 1976, *Don Carlos* von Giuseppe Verdi, 1976, *Die Teufel von Loudun* von Krzystzof Penderecki, 1977, vgl. auch Abbildung S. 102, *Die Fledermaus* von Johann Strauß, 1978, *Der Ring des Nibelungen* von Richard Wagner, 1978–1979, vgl. auch Abbildung S. 472, *Lear* von Aribert Reimann, 1981, *Othello* von Giuseppe Verdi, 1982, *Ein Maskenball* von Giuseppe Verdi, 1983, *Moses und Aron* von Arnold Schönberg, 1984, oder *Lady Macbeth von Mzensk* von Dimitri Schostakowitsch, 1986. Benedikt Ramm hat in den letzten Jahren sowohl für die Oper als auch das Schauspiel in Mannheim gearbeitet, für *Die Hochzeit des Figaro* von Wolfgang Amadé Mozart, 1988, *Leonce und Lena* von Georg Büchner, 1989, *Der Todestanz* von August Strindberg, 1989, *Trilogie der Ferienzeit* von Carlo Goldoni, 1990 (vgl. auch Abbildung S. 475), und schließlich *Warten auf Godot* von Samuel Beckett, 1991. All seinen Kostümkreationen war und ist eine starke innere Übereinstimmung zwischen Räumen und Inszenierungen eigen, die stets beglückend auf die Betrachter gewirkt haben dürfte. Ebenso wie Ramm hat auch Yoshio Yabara sowohl für die Oper als auch das Schauspiel in Mannheim Kostüme entworfen, die vor allem in ihrer Aufwendigkeit spektakulär waren, wie etwa die weiten dunkelroten, aus drei übereinandergenähten, an der Oberfläche aufgeschnittenen Stofflagen bestehenden Mäntel zur Uraufführung von Wolfgang Rihms *Hamletmaschine,* 1987, oder für *Das Käthchen von Heilbronn* von Heinrich von Kleist, 1988 (insbesondere die Herrenkleidung, vgl. auch

Szene aus
Die Macht des Schicksals
(La Forza del destino)
von Giuseppe Verdi.
NI 26. Oktober 1985,
Inszenierung: Kurt Horres,
ML: Peter Schneider,
Ausstattung: Andreas
Reinhardt. Gabriele Schnaut
(Preziosilla).
Foto: Hans-Jörg Michel.
RMM, Thslg.

Abbildung S. 81). Etliche Kollegen von Heinrich, Ramm und Yabara sind heutzutage zumeist vorwiegend im bühnenbildnerischen Bereich tätig, seltener findet man sie mit der Gesamtausstattung befaßt. Aber auch hier gab und gibt es in neuerer Zeit einige Künstler, denen, ähnlich wie ihren Kolleginnen, der eine oder andere große Wurf in Mannheim gelang: Peter Heilein zum Beispiel mit dem *Freischütz* von Carl Maria v. Weber, 1986, mit *Jenufa* von Leoš Janáček, 1988 (vgl. auch Farbabbildung XV, 27) oder mit dem *Triptychon* von Giacomo Puccini, 1990. Marco Arturo Marelli mit *Così fan tutte* von Wolfgang Amadé Mozart, 1983, *Orpheus und Eurydike* von Christoph Willibald Gluck, 1984, oder mit der *Verkauften Braut* von Bedřich Smetana, 1985. Andreas Reinhardt, dessen Preziosilla-Kostüm in *Die Macht des Schicksals* (*La Forza del destino*) von Giuseppe Verdi, 1985, allein bereits Mannheimer Kostümgeschichte der provokanteren Art geschrieben hat, und Christian A. Steiof (*Die Wildente* von Henrik Ibsen, 1981, *Glaube Liebe Hoffnung* von Ödön von Horváth, 1982, *Nora* von Henrik Ibsen, 1983).

Heterogenität und Vergänglichkeit

Niemand verlange in diesem Rahmen eine stilistische Einordnung all dieser Künstlerinnen und Künstler oder gar eine abschließende Wertung ihrer Bedeutung für die Mannheimer Bühne in den vergangenen gut zwanzig Jahren. Stiltendenzen jeder einzelnen und jedes einzelnen kann nur die Betrachtung des jeweiligen Gesamtwerkes bieten. Bei der Lektüre der Namen und der jeweils ausgestatteten Stücke wird manche/r Leser/in ohnehin versucht haben, sich genauer zu erinnern, worin die besondere Wirkung der Arbeiten dieser Künstlerinnen und Künstler lag. Darüber hinaus hat vermutlich jede/r seine eigenen Vorlieben und ganz andere Erinnerungen. Eines freilich scheint gewiß zu sein: Die Heterogenität im Ausstattungsbereich am Mannheimer Nationaltheater in den vergangenen rund dreißig Jahren fördert das, was von der Theaterdokumentation mit besonderer Hartnäckigkeit als das Transitorische, das Vergängliche am Theater bezeichnet wird. Sie behindert sozusagen die kontinuierliche visuelle Erinnerung, und zurück bleiben mosaikartige, mehr oder minder starke Impressionen, die oftmals nur von den ganz und gar eingefleischten Theaterenthusiasten präzise mit den richtigen künstlerischen Persönlichkeiten in Verbindung gebracht werden können. Intensiviert erscheint dieser Eindruck im Schauspielbereich, in dem die Inszenierungen – im Gegensatz zur Oper – von wesentlich kürzerer »Lebensdauer« sind und die Stücke naturgemäß erheblich häufiger fluktuieren.

Generell läßt sich konstatieren, daß heute, ähnlich wie im 18. Jahrhundert, eine das Publikum nicht selten irritierende und hauptsächlich in »klassischen« Werken anzutreffende Hinwendung einerseits zur zeitgenössischen Kostümierung vorherrscht, die sich bewußt von der in den Stücken repräsentierten Zeit distanziert. War diese Tendenz vor gut 250 Jahren eine Tradition, die man vom französischen Theater mehr oder minder kritiklos adaptierte, handelt es sich heutzutage um ein Stilmittel zur Aktualisierung, Vergegenwärtigung des (vermeintlich?) nicht mehr Vermittelbaren. Auf Dauer birgt diese Vorgehensweise die Gefahr in sich, in Beliebigkeit abzugleiten und damit das Unverwechselbare zu nivellieren. Andererseits ist immer wieder auch der Rückgriff auf die Kleidungskonventionen der Entstehungszeit eines Werkes festzustellen, der ebenfalls verfremdend, oft aber auch erklärend und verdeutlichend wirken kann. Daß bei beiden Verfahren ein kaum noch zu überbietender Grad an Sorgfalt in der ästhetischen Wirkung erreicht ist und sich nicht selten – im »Zusammenspiel« von Kostümen, Bühnenbild, Licht und technischen Finessen – eine Art Filmeffekt einstellt, der die Grenze zur Kunst um der Kunst willen streift, bleibe nicht unerwähnt. Eine Wirkung, die den Darstellerinnen und Darstellern durch ihre perfektionierte Künstlichkeit dann zur Konkurrenz werden kann, wenn die Menschen auf der Bühne *und* im Parkett im gemeinsamen Spiel der Interaktion nicht mehr Zentrum des Geschehens sind.

Literatur

Baumann 1988 – Beierbach 1994 – Bühnenbild 1937 – Bühnenbild 1950 – Bühnenbild 1959 – Bühnenwerkstatt 1989 – Eduard Löffler 1980 – Gregor 1925 – Hampe 1961 – Herrmann 1979 – Homering 1988 – Homering 1992 – Ibscher 1972 – Jacob 1963 – Meyer 1979 – Meyer 1982 – Netter 1914 – Niehaus 1956 – Nölle 1974 – Pichler 1879 – Rischbieter 1968 – Rudin 1978 – Rudin 1994 – Sommerfeld 1927 – Stahl 1929 – Storck 1914 – Taschner-Striedl 1991 – Theater-Lexikon 1991 – Wagner 1926.

»Was man schwarz auf weiß besitzt«

Mannheimer Theaterzettel sprechen Bände

Wilhelm Herrmann

Theaterzettel zur Uraufführung der Räuber *von Friedrich Schiller. Bei diesem Zettel handelt es sich um einen Nachdruck etwa aus dem ersten Drittel des 19. Jahrhunderts. Er ist deutlich als solcher identifizierbar unter anderem aufgrund der korrekten Schreibweise des Namens Iffland (auf dem Originalzettel mit einem »f« geschrieben). RMM, Thslg. Theaterzettelbände, »Grüne Reihe«*

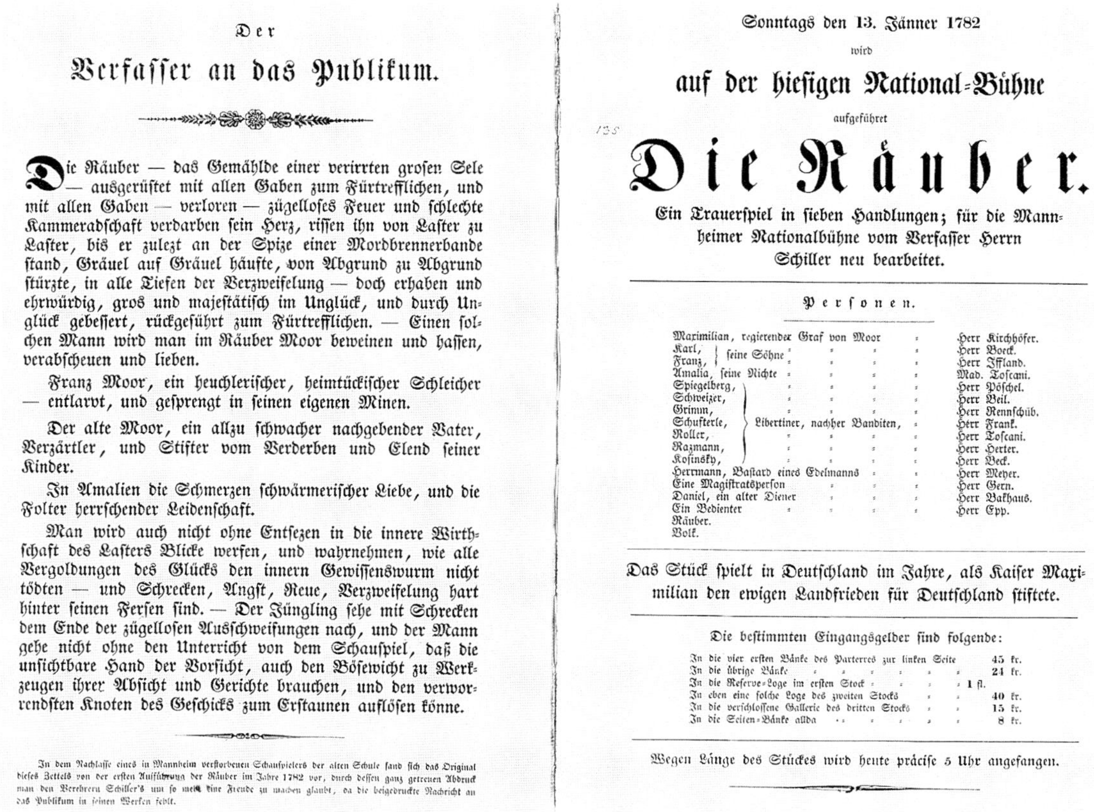

Der
Verfasser an das Publikum.

Die Räuber — das Gemählde einer verirrten grosen Sele — ausgerüstet mit allen Gaben zum Fürtrefflichen, und mit allen Gaben — verloren — zügelloses Feuer und schlechte Kammeradschaft verdarben sein Herz, rissen ihn von Laster zu Laster, bis er zulezt an der Spize einer Mordbrennerbande stand, Gräuel auf Gräuel häufte, von Abgrund zu Abgrund stürzte, in alle Tiefen der Verzweifelung — doch erhaben und ehrwürdig, gros und majestätisch im Unglück, und durch Unglück gebessert, rückgeführt zum Fürtrefflichen. — Einen solchen Mann wird man im Räuber Moor beweinen und hassen, verabscheuen und lieben.

Franz Moor, ein heuchlerischer, heimtückischer Schleicher — entlarvt, und gesprengt in seinen eigenen Minen.

Der alte Moor, ein allzu schwacher nachgebender Vater, Verzärtler, und Stifter vom Verderben und Elend seiner Kinder.

In Amalien die Schmerzen schwärmerischer Liebe, und die Folter herrschender Leidenschaft.

Man wird auch nicht ohne Entsezen in die innere Wirthschaft des Lasters Blicke werfen, und wahrnehmen, wie alle Vergoldungen des Glücks den innern Gewissenswurm nicht tödten — und Schrecken, Angst, Reue, Verzweifelung hart hinter seinen Fersen sind. — Der Jüngling sehe mit Schrecken dem Ende der zügellosen Ausschweifungen nach, und der Mann gehe nicht ohne den Unterricht von dem Schauspiel, daß die unsichtbare Hand der Vorsicht, auch den Bösewicht zu Werkzeugen ihrer Absicht und Gerichte brauchen, und den verworrendsten Knoten des Geschicks zum Erstaunen auflösen könne.

In dem Nachlasse eines in Mannheim verstorbenen Schauspielers der alten Schule fand sich das Original dieses Zettels von der ersten Aufführung der Räuber im Jahre 1782 vor, durch dessen ganz getreuen Abdruck man den Verehrern Schiller's um so mehr eine Freude zu machen glaubt, da die beigedruckte Nachricht an das Publikum in seinen Werken fehlt.

Sonntags den 13. Jänner 1782
wird
auf der hiesigen National-Bühne
aufgeführet
Die Räuber.
Ein Trauerspiel in sieben Handlungen; für die Mannheimer Nationalbühne vom Verfasser Herrn Schiller neu bearbeitet.

Personen.

Maximilian, regierender Graf von Moor	Herr Kirchhöfer.
Karl, } seine Söhne	Herr Boeck.
Franz, } seine Söhne	Herr Iffland.
Amalia, seine Nichte	Mad. Toscani.
Spiegelberg, } Libertiner, nachher Banditen	Herr Pöschel.
Schweizer,	Herr Beil.
Grimm,	Herr Rennschüb.
Schufterle,	Herr Frank.
Roller,	Herr Toscani.
Razmann,	Herr Herter.
Kosinsky,	Herr Beck.
Herrmann, Bastard eines Edelmanns	Herr Meyer.
Eine Magistratsperson	Herr Gern.
Daniel, ein alter Diener	Herr Bakhaus.
Ein Bedienter	Herr Epp.
Räuber.	
Volk.	

Das Stück spielt in Deutschland im Jahre, als Kaiser Maximilian den ewigen Landfrieden für Deutschland stiftete.

Die bestimmten Eingangsgelder sind folgende:

In die vier ersten Bänke des Parterres zur linken Seite		45 kr.
In die übrige Bänke		24 kr.
In die Reserve-Loge im ersten Stock	1 fl.	
In eben eine solche Loge des zweiten Stocks		40 kr.
In die verschlossene Gallerie des dritten Stocks		15 kr.
In die Seiten-Bänke allda		8 kr.

Wegen Länge des Stückes wird heute präcise 5 Uhr angefangen.

Die Hauptquelle für die Geschichte des Nationaltheaters Mannheim von der Gründung der Bühne am 7. Oktober 1779 bis zum heutigen Tage ist eine Theaterzettelsammlung, die zu den Beständen der Theatersammlung des Reiss-Museums der Stadt Mannheim zählt und die über fast jede Vorstellung in den vergangenen 218 Jahren Auskunft erteilt. Sie darf als einmalig bezeichnet werden, weil es wohl kein vergleichbares Institut gibt, dessen Wirken so lange und so relativ vollständig dokumentiert worden ist.

Die Braune und die Grüne Reihe
Die Zettelsammlung teilt sich auf in eine *Braune* und eine *Grüne Reihe*, so bezeichnet nach der Farbe des Einbandrückens. Die Braune ist die »offizielle« Reihe, für deren Herstellung und Richtigkeit das Nationaltheater Mannheim selbst verantwortlich war und weiterhin ist. Die Grüne stammt aus Privatbesitz und wurde dem Theater von Stephan Grua vermacht, der dem Institut während der ersten Hälfte des 19. Jahrhunderts in mannigfacher Funktion (Sänger, Schauspieler, Orchestermusiker, Chordirektor, Dirigent) gedient hatte. Seine Bände umfassen die Jahre von 1781 bis 1877. In diesem Zeitraum laufen also beide Reihen parallel. Und wenn die eine Reihe irgendwo Lücken aufweist, kann die andere helfend »einspringen«, um einen *terminus technicus* des Theaters zu bemühen. Ein auffallendes Unterscheidungsmerkmal zwischen beiden Reihen ist, daß die Bände der Braunen jeweils eine Spielzeit, die der Grünen ein Kalenderjahr umfassen. Und was die braune Farbe des Einbandrückens anbelangt, so reicht sie von den Anfängen bis zur Spielzeit 1938/39; ab dann ist der Rücken schwarz.

Aus den historischen Akten des Nationaltheaters Mannheim geht hervor, daß die Theaterzettel schon im Gründungsjahr 1779 gedruckt wurden. Sie dienten einmal als öffentlich angeschlagene Plakate, zum anderen als in Hotels und Gasthöfen für die Fremden ausgelegte Informationsmittel, zum dritten zur Benachrichtigung der Abonnenten, denen sie ins Haus getragen wurden. Zu diesem Zweck fungierte ein »Zettelträger« genannter Bote, der sich regelmäßig zu Beginn jedes Jahres bei allen »Kunden« ein Trinkgeld erfocht, indem er ihnen mit dem Zettel zugleich ein auf seine Dienste hinweisendes Neujahrsgedicht überreichte. Bisweilen wurde hierin die zu spendende Summe im wahrsten Sinne des Wortes als Trinkgeld, als Geld zum Trinken, erbeten mit dem Hinweis auf das die Kehle ausdörrende Herumlaufen in den Mannheimer Quadraten. Ohne jede Zurückhaltung und Diskretion reimte (oder ließ sich reimen) im Jahre 1805 der Zettelträger Heinrich Peter Gaab:

»Doch, weil man sich nur wünschet heute,
In's Wünschen setzet alle Freude
so wünsche ich mir hier,
statt Freunden, vieles baarres Geld;
denn Geld, nur Geld regiert die Welt.«

Und dies war keineswegs ein Einzelfall.

Die Mannheimer Zettel im 18. Jahrhundert
Zunächst sei die Frage gestellt, welche Informationen ein Theaterzettel dem Publikum zu übermitteln habe. Obligatorisch sind nach heutigem Verständnis der Name des Theaters, das Datum der Vorstellung, der Titel des aufgeführten Werks, der Name des Autors bzw. des Komponisten und Librettisten, sowie des Übersetzers im Falle eines fremdsprachigen Bühnenwerks, die Rollen und ihre Darsteller(innen), schließlich die Zeit des Vorstellungsbeginns. Es wird zu untersuchen sein, inwieweit die Mannheimer Theaterzettel diesem Minimalmuster entsprochen haben oder über es hinausgingen.

Vorausgeschickt sei und später genauer geschildert, daß die Zettelbände für das 18. Jahrhundert sehr wenige gedruckte Originalzettel enthalten. Wesentliche Ereignisse wie die Uraufführung der *Räuber* von Schiller oder die Erstaufführung der *Zauberflöte* von Mozart sind immerhin mit Kopien gedruckter Zettel belegt. Nehmen wir den *Räuber*-Zettel vom 13. Januar 1782 – das wohl einzige noch vorhandene Originalexemplar befindet sich im Besitz des Schiller-Nationalmuseums Marbach – zum Muster, so geht aus ihm hervor, daß das Mannheimer Theater ortlos als ›hiesige National-Bühne‹

figuriert und daß nur der zufällige Hinweis auf den Autor, der das Werk »für die Mannheimer Nationalbühne [...] neu bearbeitet« habe, den lokalen Bezug herstellt. Ein Versäumnis war es, auf diesem Zettel die Tatsache der Uraufführung zu unterschlagen. Korrekterweise hätte der Hinweis »Zum ersten Male« angemerkt werden müssen. Denn der Terminus »Uraufführung« erscheint auf den Mannheimer Theaterzetteln erstmals zu Beginn des 20. Jahrhunderts. Bis dahin bezeichnete »Zum ersten Male« die lokale Erstaufführung eines Bühnenwerks ohne Rücksicht darauf, ob es sich tatsächlich um eine solche oder um eine Uraufführung handelte. Für den Zeitraum von 120 Jahren war und bleibt es also Aufgabe der theatergeschichtlichen Forschung zu erkunden, welche Erstaufführung eine Uraufführung war. Für »Uraufführung« gab es, freilich nicht auf den Theaterzetteln, umschreibende Begriffe wie »überhaupt erste Aufführung«. Ausnahmsweise liest man auf dem Mannheimer Zettel vom 2. Dezember 1832: »Die Aufführung dieser Oper [*Valeria* von Aloys Schmitt], welche noch auf keiner andern Bühne erschien, geschieht unter der Leitung des Componisten.«

Daß die Mannheimer *Räuber*-Uraufführung »präcise 5 Uhr« anfing, war damals extrem früh »Wegen Länge des Stücks«. Im allgemeinen jedoch begannen die Vorstellungen während des 18. Jahrhunderts um 17.30 Uhr, was sich dann im Laufe der Zeit auf die heutige Anfangszeit von 19.30 bzw. 20 Uhr verschob. Eine Besonderheit, abweichend vom erwähnten Minimalmuster, war auf den Zetteln des 18. Jahrhunderts die Auflistung der Platzkategorien mit den zugehörigen Preisen. Dies blieb die Regel bis kurz nach dem Ersten Weltkrieg. Wer die Preise von damals umrechnet und mit den heutigen vergleicht, wird feststellen, daß ein Theaterbesuch im 18. und 19. Jahrhundert ein »teurer Spaß« war. Als Reaktion hierauf veranstaltete das Nationaltheater ab 1899 »Volksvorstellungen zum Einheitspreis« von 40 Pfennig.

Die Tatsache, daß zur Dokumentation der Vorstellungen im 18. Jahrhundert kaum gedruckte Originalzettel vorhanden sind, verleitet zu der Frage, was denn an deren Stelle vorgewiesen werden kann. Sie ist damit zu beantworten, daß das Nationaltheater die Notwendigkeit, Zettelbände ab dem Gründungsjahr 1779 anzulegen, erst zu Beginn des 19. Jahrhunderts empfand. Offenbar waren die historischen Originalzettel nicht systematisch gesammelt worden; was sich noch vorfand, war zufällig und in geringer Zahl vorhanden. Daher ging man daran, die Zettel handschriftlich zu rekonstruieren. 1804/05 ist die erste Spielzeit, ab der in der Braunen Reihe ausschließlich gedruckte Originalzettel vereinigt sind. In der Grünen Reihe ist der gleiche Vorgang ab dem Kalenderjahr 1804 zu beobachten.

Allerdings hat es in beiden Reihen keinen abrupten Wechsel von handschriftlich rekonstruierten zu originalen gedruckten Zetteln gegeben. Dies trifft mit Einschränkungen nur auf die Braune zu. In der Grünen existiert eine 1790 einsetzende Übergangszeit, in der zu den beiden obigen Zetteltypen ein dritter tritt: der gedruckte Zettel aus jüngerer Zeit, der sozusagen historisch zurückkorrigiert wurde, und zwar handschriftlich dergestalt, daß man einen Zettel mit demselben Werktitel nahm und das Datum sowie die Besetzung auf den geschichtlich gegebenen Stand brachte. Daß zu diesem Zweck Zettel aus den frühen 1830er Jahren benutzt wurden, beweist, daß Stephan Grua in diesem Jahrzehnt begann, das halbe Jahrhundert vorausgehender Theaterzettel aufzuarbeiten. Dem Nationaltheater war er insofern voraus, als er – vermutlich aus Familienbesitz – bedeutend mehr gedruckte

Großherzogl. Hof- und Nationaltheater in Mannheim.

Samstag, den 19. Juni 1841.

(Mit aufgehobenem Abonnement.)

895 193.

Große

Vorstellung der Araber

aus der Wüste Sahara,

L'ahabid-Ben-Aly, Had jhamed-Beira-Abdalah, Mehame-Ben-Hassein, Habsalem-Ben-Zida, Hamed-Ben-Mohamed, Omar-Ben-Abdalah und Mohammed-Ben-Praim,

welche in Paris, London, Mailand, Rom und Wien rc. rc. unter der Direction des Herrn Ludwig Desorme sich eines so ausgezeichneten Beifalls erfreuten.

Diese ausserordentliche Vorstellung wird in drei Abtheilungen Statt finden.

Erste Abtheilung.

Großer Tanz in der Wüste.

Zweite Abtheilung.

Zum ersten Male werden die Araber durch ihre Kraft und Gewandtheit den Löwen, den Tiger und den Affen nachahmen.

Großes Exercitium der Schwungkraft und Stärke, welche die Araber in der Wüste auszuführen pflegen, worunter sich der berühmte Aly mit seinen unübertrefflichen Sprüngen auszeichnen wird.

Dritte Abtheilung.

Große equilibristische und athletische Spiele und Pyramiden, ausgeführt von Aly und den sämmtlichen Arabern.

Zum Beschluß:

Die große Säule von Pompeji.

538. Vorher, zum ersten Male wiederholt: Die Schwestern. 2.

Lustspiel in einem Akte, nach Varin, von Angely. (Scene: Eine kleine Stadt.)

Moritz Günther, ein junger Wagner	Herr Bauer.	Gretchen Lieblich, Günthers Braut	Mlle. Pichler.
Lüders, sein Freund	Herr Greenberg.	Hammeling, Lüders Freund	Herr Hausmann.
Louise, dessen Schwester	Mlle. Greenberg.		

Anfang 6 Uhr, Ende gegen halb 9 Uhr. — Kasse geöffnet 5 Uhr.

Alle Freibillette ohne Ausnahme sind für heute aufgehoben.

Preise der Logen:

Eine Loge des mittlern Ranges	zu sieben Plätzen	à 1 fl. —	7 fl. —
	zu acht Plätzen	„	8 fl. —
	u. s. w.		
Eine Loge des untern Ranges	zu sieben Plätzen	à 48 kr. —	5 fl. 36 kr.
	zu acht Plätzen	„	6 fl. 24 kr.
	u. s. w.		
Eine Loge des dritten Ranges	zu sieben Plätzen	à 36 kr. —	4 fl. 12 kr.
	zu acht Plätzen	„	4 fl. 48 kr.
	u. s. w.		

Eintrittspreise:

Reserve-Loge und Logen-Plätze des mittlern Ranges	1 fl. 45 kr.
Logen-Plätze des untern Ranges	1 fl. 12 kr.
Reserve-Loge und Logen-Plätze des dritten Ranges	1 fl. —
Parterre	— 48 kr.
Loge des vierten Ranges	— 30 kr.
Gallerie	— 24 kr.
Seitenbänke daselbst	— 18 kr.

Die einmal gelösten Billets sind nur für denselben Tag gültig.

Diejenigen Abonnenten, welche ihre Logen für diese Vorstellung behalten wollen, werden ersucht, ihre deßfallsigen Bestellungen Samstag, den 19. Juni, Vormittags von 8 bis 12 Uhr, bei Herrn Hoftheaterkassier Walther, *Lit. O 5. N. 12.*, zu machen. Nachmittags von 2 bis halb fünf Uhr werden die noch freien Logen ebendaselbst zu den nämlichen Preisen auch an Nicht-Abonnenten abgegeben, und Bestellungen darauf können schon vorher gemacht werden.

Sonntag, den 20. Juni: „Othello." Große Oper von Rossini.

Theaterzettel vom 19. Juni 1841, mit dem eine Gast-Vorstellung im Nationaltheater angekündigt wurde, in der unter anderem veritable Araber aus der Wüste Sahara auftraten. RMM, Thslg. Theaterzettelbände, »Grüne Reihe«

Originalzettel zur Verfügung hatte. Denn in der Grünen Reihe nehmen ab 1794 bis 1803 die Originalzettel an Zahl ständig zu.

Überhaupt, wer zu Forschungszwecken die Wahl hat, entweder die Braune oder die Grüne Reihe zu benutzen, wird ohne weiteres zur Grünen greifen. Sie ist nicht nur genauer als die Braune, die in Extremfällen Tote als mitwirkende Darsteller vermerkt, sondern auch reichhaltiger. Ab 1806 findet man in den Bänden einen Anhang vor, der in der Hauptsache die Zettel der Mannheimer Sinfoniekonzerte, doch auch diejenigen der durchreisenden Zirkusunternehmen umfaßt. Von 1848 bis 1862 ist die Reihe erweitert um Zusatzbände mit Zeitungsausschnitten.

Namen und Funktionen

Ein Phänomen der Theaterzettel in den ersten 125 Jahren ist die Tatsache, daß sie die Vornamen des darstellenden Personals verschweigen. Dies hat übrigens der genealogischen Forschung im Falle häufig anzutreffender Familiennamen oder von Schauspielerdynastien – who is who? – schwer zu überwindende Schwierigkeiten bereitet. Statt des Vornamens wurde beim männlichen Teil des Ensembles jeweils »Herr« gesetzt, beim weiblichen auf französisch zwischen »Madame« und »Mademoiselle« bzw. »Demoiselle« unterschieden. Im Gegensatz dazu erhielten adelige Schauspielerinnen die Statusbezeichnung »Frau von« oder »Fräulein von«, sicherlich noch ein Reflex auf die Bedeutung des mittelhochdeutschen »vrouwe« beziehungsweise »vrouwelîn« als Damen von Stand. Von den Kinderdarstellern wurden zunächst nur die Buben gekennzeichnet, und zwar mit einem »Monsieur« vor dem Familiennamen; für Mädchen gab es keine Sonderregelungen. 1795 bürgerte sich die Nennung des Vornamens bei allen Kinderdarstellern ein; der erste solchermaßen veröffentlichte Vollname war Karl Beil. Ihn trug der Sohn des im Jahr zuvor verstorbenen Schauspielers Johann David Beil, eines namhaften Mitglieds aus dem Gründungsensemble des Nationaltheaters Mannheim. Dieser Brauch wurde beibehalten, bis mit Beginn der Spielzeit 1903/04 die erwachsenen Darsteller und Darstellerinnen mit Vornamen genannt wurden. In der Folge, als nun auf den Zetteln alle unterschiedslos mit Vor- und Zunamen erwähnt wurden, hob man die Kinder durch Voranstellen eines »kl.« (klein) von den Erwachsenen ab. Zu dieser Frage hat sich übrigens Goethe als Theaterdirektor in Weimar die wenigsten Gedanken gemacht: Er ließ auf die dortigen Zettel nichts als die Familiennamen setzen.

Was die Namen der mitwirkenden Personen anbelangt, so las man im ersten Halbjahrhundert der Nationaltheatergeschichte auf den Mannheimer Zetteln nur diejenigen der darstellenden Künstler. Die heute geläufige Erwähnung der Bühnenvorstände (Regie, Bühnenbild, Kostüme; bei musikalischen Bühnenwerken: Musikalische Leitung) setzt erst ab 1830 ein, und zwar als schleppender Vorgang. Namentlich erwähnt wurden zunächst die Bühnenbildner, doch nur im Falle der totalen Neuausstattung eines Bühnenwerks, was damals, als man die Dekorationen aus dem Fundus zu nehmen pflegte, Seltenheitswert hatte. Daß in den 1870er Jahren die Kapellmeister »zettelwürdig« wurden, jedenfalls auf den Zetteln der Akademiekonzerte des Nationaltheater-Orchesters, resultiert daraus, daß mit der Verabschiedung Vinzenz Lachners in den Ruhestand der Wechsel vom Handwerker-Dirigenten zum »Interpreten« einsetzte. Die neue Taktstockgeneration bezog ihre Maßstäbe aus der Kunsttheorie Richard Wagners, der 1871 in einem Mannheimer Konzert unter seiner Leitung, veranstaltet zugunsten des Bayreuth-Projekts, Proben von der subjektiven Auffassung einer Partitur abgelegt hatte (vgl. auch Abbildung S. 535).

Unvermittelt, mitten in der Spielzeit, am 19. November 1890, vermelden die Mannheimer Theaterzettel erstmals und in der Folge regelmäßig die Namen der Regisseure und, wenn es sich um musikalische Bühnenwerke handelt, der Dirigenten. Mittlerweile hat sich auch der Begriff »Inszenierung« herausgebildet; denn am 23. Oktober 1887 wird Goethes *Götz von Berlichingen* laut Zettel »Neu einstudirt und neu inscenirt«. Die Funktionsbezeichnung »Regisseur« gab es in Mannheim schon im 18. Jahrhundert. So wurde August Wilhelm Iffland als Regisseur der Erstaufführung von Mozarts *Zauberflöte* (1794) erwähnt. Die Regie im heutigen Sinne ist – siehe Meiningen! – kein Kind des 20. Jahrhunderts. Doch ihre theoretischen und methodischen Grundlagen wurden erst nach 1900 entwickelt, wobei die Schrift *Regie* (1902) von Carl Hagemann, dem späteren Mannheimer Nationaltheaterintendanten, wegweisend wirkte. Mit der steigenden Geltung des Regisseurs setzte sich die Premierenbezeichnung »In neuer Inszenierung« durch. Sie bedeutete eine Interpretation des betreffenden Werkes nach einheitlichen Stilprinzipien im Zusammenwirken von Regie und Bühnenbild.

In der Bibliothek des Nationaltheaters gab es seit Anbeginn die Rollen- und die Soufflierbücher (vgl. auch Abbildung S. 42). Um 1840 traten die Regiebücher hinzu, im späteren 19. Jahrhundert die Inspizientenbücher. Sie alle sind in der Mannheimer Theatersammlung verwahrt und erschlossen. Die Bedeutung des Inspizienten als Spielordner fand ihren Ausdruck darin, daß der Inhaber dieser Funktion erstmals in der Spielzeit 1921/22 namentlich auf den Theaterzetteln erscheint, und zwar als »Spielwart«. Die Souffleuse dagegen konnte ihren Namen auf den Zetteln erst lesen, als am 13. Januar 1957 das neue Gebäude des Nationaltheaters auf dem *Goetheplatz* eingeweiht und eröffnet wurde. Damals war noch nicht abzusehen, welch eine Flut von Funktionen, zusätzlich zu den klassischen, bis heute auf den Zetteln Erwähnung finden sollte: Abendspielleiter, Regieassistent, Dramaturg, Studienleiter, musikalischer Assistent, Beleuchter, Toningenieur, die verschiedenen Handwerker (Schneider, Schreiner etc.), die Verantwortlichen für Masken, Perücken und Requisiten, schließlich die Maler. Im ersten Drittel des 20. Jahrhunderts wurden Ausnahmen von der Regel gemacht, wenn am Mannheimer Theater Bühnentechniker von außergewöhnlichem Renommee wirkten. So erfuhr man über die Zettel jeweils die Mitwirkung des Maschinenmeisters Adolf Linnebach (1906–1909) und des Technischen Direktors Walther Unruh (1925–1934) an Inszenierungen des Hauses.

Die Zettel und die Tagebücher

Unschätzbaren Wert für die Erforschung der frühen Geschichte des Nationaltheaters Mannheim haben die auf den Theaterzetteln handschriftlich festgehaltenen Notizen, die wörtlich aus von Mitgliedern der Bühne geführten Tagebüchern übernommen worden sind. Als deren Autoren seien genannt der Schauspieler Johann Wilhelm Backhaus, der der Mannheimer Bühne von 1779 bis 1825 angehörte, und Stephan Grua, der die Grüne Reihe noch 25 Jahre nach Backhaus' Tod (1834) mit weiteren historischen Randbemerkungen versah. Dabei hielt er auch Tagebucheintragungen des Souffleurs Johann Daniel Trinkle sowie des Schauspielers und Regisseurs Heinrich Beck fest. Aus den Tagebüchern erfährt man beispielsweise exklusiv, daß Mozart, als er 1790 auf der Durchreise in Mannheim das Nationaltheater betreten wollte, um einer Probe seines *Figaro* beizuwohnen, zunächst daran gehindert wurde, weil man ihn für einen »kleinen Schneidergesellen« hielt. Und wer hätte je gedacht, daß Kleists *Käthchen von Heilbronn* ein »Hurenstück«

sei, wie man der Notiz zur Mannheimer Erstaufführung entnehmen kann? Durchgestrichen ist der Zettel zum Tage der Ermordung August von Kotzebues mit der Anmerkung, die Vorstellung sei ausgefallen, weil das Ensemble unter einem leistungshemmenden Schock gestanden habe.

Die Mannheimer Bühne und ihr Name

Wer heute vom Mannheimer Theater, auch in historischen Zusammenhängen, spricht, nennt es »Nationaltheater Mannheim«. Diesen Namen freilich sucht man auf den Theaterzetteln von Anbeginn bis nach dem Ersten Weltkrieg vergebens. Zunächst wurde die Ortsangabe »Mannheim« durch »hiesig« ersetzt. So heißt es ab 1779, dies oder jenes Werk werde »auf der hiesigen National-Bühne« aufgeführt. Ab September 1788 las man nach dem oben stehenden Wochentag und Datum lediglich »wird aufgeführt« ohne Angabe von Ort und Bühne. Dies ändert sich in der Folge mehrfach schnell: Jeweils erstmals heißt es am 23. Januar 1800 »auf dem hiesigen Hoftheater«, am 9. Juli 1801 »auf dem hiesigen Hof- und Nationaltheater« und am 2. Dezember 1806 »auf dem Großherzoglichen Hof- und Nationaltheater in Mannheim«. Diesen Namen nun behielt die Mannheimer Bühne bei bis zum 24. Januar 1919, als Gerhart Hauptmanns *Biberpelz* gegeben wurde. Am folgenden Tag – auf dem Spielplan stand *Alt-Heidelberg* von Wilhelm Meyer-Förster – las man am Kopf des Zettels erstmals überhaupt »National-Theater Mannheim«. Man muß also den feinen Unterschied machen, daß die Mannheimer Bühne nun erst offiziell so hieß und daß sie vorher allenfalls so genannt wurde. Übrigens, wenn im 19. Jahrhundert ein Auswärtiger nach Mannheim kam und gönnerhaft meinte, man habe hier doch ein ganz ordentliches Stadttheater, dann reagierten die Mannheimer sauer mit dem Hinweis, es handele sich um ein Hoftheater, obwohl die Bühne seit 1839 städtisch verwaltet wurde und unter mehr oder weniger lockerer Hofaufsicht stand, wobei der Hof keinen Einfluß auf den künstlerischen Sektor ausübte (vgl. auch *Chronologie*).

Im Laufe des 19. Jahrhunderts bis nach dem Ende des Ersten Weltkriegs entwickelten sich die Mannheimer Theaterzettel weg von einem klassischen Informationsmedium und hin zu einem Mitteilungsblatt, das über ständig sich mehrende Einzelheiten berichtete. Hand in Hand damit ging das Format der Zettel, die 1804 noch 20,5 cm hoch und 14,5 cm breit waren, in den 1880er Jahren dagegen eine Ausdehnung erreichten, die in Höhe und Breite das Doppelte betrug, also weit über das normale Folioformat hinausging. Die Zettel, deren Höhe nicht standardisiert war, wurden häufig, um sie beim Binden einem Normalwert anzugleichen, unten abgeschnitten oder eingefaltet.

Es wurde schon gesagt, daß der Zettel zur Uraufführung der Schillerschen *Räuber* von 1782 zusätzlich zu den unumgänglichen Informationen die Eintrittspreise für die einzelnen Platzkategorien anführte. Dies blieb der Brauch bis kurz nach dem Ersten Weltkrieg. Ab der Spielzeit 1837/38 werden die Vorstellungen für die Abonnenten numeriert; vorher war dies zusätzlich, nachträglich und in handschriftlicher Form geschehen. Im Prinzip blieb diese Numerierung bis 1956 erhalten. In der Grünen Reihe ist noch eine andere Art der Zählung angewandt: Auf jedem Zettel steht eine Zahl, die besagt, zum wievielten Male das betreffende Bühnenwerk in Mannheim aufgeführt wurde. Die Abonnementsvorstellungen waren übrigens der Normalfall, die Ausnahmen die Vorstellungen bei aufgehobenem Abonnement (*abonnement suspendu*). Dies trat dann ein, wenn die Theaterkasse »Kasse machen« wollte, also bei Gastspielen namhafter Künstler oder Ensembles, auch im Falle von Benefizvorstellungen zugunsten einzelner Ensemblemitglieder oder Hauskollektive.

Als das Zeitalter der Postkutschen vorüber war, informierte der Mannheimer Theaterzettel die Besucher auch darüber, wie sie mit öffentlichen Verkehrsmitteln nach Schluß der Vorstellungen nach Hause gelangen konnten. Dies begann in den frühen 1840er Jahren mit der Eröffnung der Badischen Staatsbahn Richtung Heidelberg. Zunächst konnte man den Zetteln die Abfahrtzeiten der Züge nach dorthin, später, als ein regelrechtes Eisenbahnnetz bestand, auch nach Frankenthal und Worms entnehmen. Oder auch die Fahrzeiten der »fliegenden Brücke« über den Rhein für die Ludwigshafener; sie ersetzte zeitweilig die eigentliche Schiffsbrücke, die während der Badischen Revolution zerstört worden war (erstmals auf dem Theaterzettel vom 12. Oktober 1849 erwähnt). Oder noch später die Abfahrtzeiten der Straßenbahn, die man damals »Tram« nannte. Bisweilen las man den beruhigenden Hinweis, daß die Abfahrt der Spätzüge sich nach dem tatsächlichen Ende der Vorstellungen richte, nicht etwa nach dem auf den Zetteln vermerkten.

Ins 18. Jahrhundert reicht der Brauch zurück, auf den Zetteln jeweils die nächste Vorstellung anzukündigen. Schließlich wurden sie noch bis 1845 auf Kosten des Theaters gedruckt und, wie schon gesagt, vom Zettelträger gratis an die Abonnenten verteilt, so daß diese regelmäßig informiert waren. Ab dann übernahm eine Druckerei die Herstellung der Zettel und verkaufte sie an das Publikum. Diese Regelung wurde jedoch kurz vor der Jahrhundertwende wieder rückgängig gemacht; das Theater übernahm erneut die Verantwortung für Druck und Vertrieb der Zettel.

Wo sonst als auf den Zetteln könnte man zweifelsfrei ablesen, ab wann die Theaterbediensteten, die achtzig Jahre lang nur in der Karwoche pausieren durften, sich eines längeren Sommerurlaubs erfreuten (1858/59, vgl. auch *Chronologie*)? Oder wann wegen der wachsenden Zahl der Abonnenten das Einheitsabonnement in die Gruppen A und B aufgeteilt wurde (1877/78)? Da die Logen, in denen die Abonnenten zu sitzen pflegten, als eine Art Familien- oder Sippenbesitz betrachtet wurden, konnten sich manche Platzmieter mit dieser Regelung nicht abfinden. Sie mieteten beide Gruppen, damit ja niemand den Fuß in *ihre* Loge setzen durfte.

Eine Idee mit Zukunft wurde in den 1870er Jahren Realität: der *Zwischen-Act.* Gemeint ist damit der Titel auf der Rückseite der Zettel, unter dem Informationen über die jeweils aufgeführten Bühnenwerke oder Miszellaneen allgemein kulturellen Inhalts veröffentlicht waren. Unschwer erkennt man hierin einen Vorläufer der Programmhefte.

Die Zettel im 20. Jahrhundert

Das Programmheft ist, jedenfalls in Mannheim, eine Erscheinung des 20. Jahrhunderts. Im allgemeinen enthält es neben informierenden Artikeln zum aufgeführten Bühnenwerk den Theaterzettel, wegen dessen es vom Publikum, das hauptsächlich an der Rollenbesetzung interessiert ist, in erster Linie gekauft wird. Damit war der Zettel kein isoliertes Objekt mehr – wie in Mannheim bis zur Spielzeit 1920/21 –, sondern Bestandteil eines Periodikums, sei es als mitgeheftete Seite oder als eingelegtes Blatt. Das erste Mannheimer Programmheft dieses Typus erschien zu Beginn der Spielzeit 1921/22 und trug den verpflichtenden Titel *Rheinische Thalia*, denselben also, den Schiller in Mannheim für sein erstes kulturpublizistisches Projekt gewählt hatte.

Großherzogl. Hof- und National-Theater in Mannheim.

№ 38. — Sonntag, den 19ten December, 1841.

Wegen plötzlicher Heiserkeit der Mad. Stöckl-Heinefetter, statt der angekündigten Oper „Jessonda“:

Das Glas Wasser,

oder:

Ursachen und Wirkungen.

Lustspiel in fünf Acten, nach Scribe, von A. Cosmar.

Anna, Königin von England	Mad. Hausmann.
Herzogin von Marlborough	Mlle. Greenberg.
Henry Saint-John, Vicomte von Bolingbroke .	Herr Braunhofer.
Masham, Fähndrich im Garderegiment . .	Herr Greenberg.
Abigail, eine Verwandte der Herzogin . .	Mlle. Pichler.
Marquis von Torcy, Gesandter Ludwigs XIV. .	Herr Gehrig.
Thompson, Thürsteher der Königin	Herr Klette.

Ein Mitglied des Parlaments.
Herren und Damen vom Hofe.
Gefolge der Königin.
Mitglieder der Oppositions-Parthei.

Die Scene spielt zu London im Palast Saint-James. — Zeit der Handlung: 1705.

Anfang 6 Uhr, Ende gegen 9 Uhr. — Kasseneröffnung 5 Uhr.

Die Freibillette sind für heute aufgehoben.

Eintrittspreise:

Reserve-Loge des mittlern Ranges	1 fl. 20 kr.	Loge des vierten Ranges . . .	— 24 kr.
Reserve-Loge des dritten Ranges	— 48 kr.	Gallerie	— 18 kr.
Parterre	— 36 kr.	Seitenbänke daselbst	— 12 kr.

☞ Nach der Vorstellung, um 10 Uhr: **Eisenbahnfahrt** von Mannheim nach Heidelberg.

Abonnements

in das Parterre, so wie in die Reserve-Loge des mittleren Ranges können fortwährend und jederzeit Statt finden zu den bisherigen

Preisen:

	in die Reserve-Loge: —	in das Parterre:
Für einen Monat	11 fl.	7 fl.
Für drei Monate	30 fl.	17 fl.
Für sechs Monate	54 fl.	30 fl.
Für das ganze Jahr	96 fl.	55 fl.

Außerdem sind im mittleren Range 4 gesonderte Abtheilungen der Reserve-Loge, jede zu 6 Plätzen, auf Monats- oder Jahres-Abonnement sogleich zu begeben.

Lusttragende belieben sich an Herrn Hoftheater-Kassier Walther, Lit. O. 3. Nr. 12., zu wenden.

Krank: Mlle. Eder. —

Montag, den 20. Dec.: „Die Liebe im Eckhause.“ Lustspiel in 2 Aufzügen, von Cosmar. — „Nummer 777.“ Posse in 1 Acte, von Lebrün. —

Theaterzettel vom 19. Dezember 1841, auf dem erstmals die Eisenbahnverbindung zwischen Mannheim und Heidelberg erwähnt wird, die am 12. September 1840 eröffnet worden war (vgl. auch Herrmann 1978). RMM, Thslg. Theaterzettelbände, »Braune Reihe«

Die Publikation erlebte nur einen Jahrgang und elf Nummern; mitten in der Spielzeit segnete sie das Zeitliche. Die einzelnen Nummern belehrten den Leser, der darin veröffentlichte Theaterzettel sei der amtliche. Höchstwahrscheinlich geschah dies mit dem kritischen Blick auf andere, private Publikationen, die seit Beginn des Jahrhunderts in Heft- oder Zeitschriftform, Theaterzettel eingeschlossen, dem kulturell interessierten Mannheimer Publikum zum Kauf angeboten wurden.

Im Gegensatz zu den übergroßen Formaten der Jahre um die Wende zum 20. Jahrhundert sind die Zettel der 1920er Jahre (nach der *Thalia*) und der 1930er klein, ja winzig ausgefallen. Sie zeigen nun nichts mehr als das Nötigste an Informationen an. Ist, vom Werk her gesehen, soviel mitzuteilen, daß das normale Format nicht ausreicht, wird im Programmheft eine zweite oder dritte Seite dazu verwendet, so daß der Zettel mitunter zum Bogen wird. Nach dem Zweiten Weltkrieg setzt sich, mit Abweichungen, das Format DIN A 4 durch.

Der Zweite Weltkrieg griff tief in das Theaterleben ein, auch in die Mannheimer Theaterzettelsammlung. Sie weist eine Lücke auf von 1939/40 bis 1942/43. Ob die fehlenden Bände vom Nationaltheater überhaupt angelegt wurden oder verloren gegangen sind, ist nicht geklärt. Ab 1943/44 fallen aus Ersparnisgründen die Programmhefte weg. Der Theaterbesucher hat nun nichts in der Hand als den Zettel oder ein Faltblatt, häufig mit Angaben zum aufgeführten Werk versehen (vgl. auch die Abbildung S. 421). Am 5. Januar 1944 erfolgte der Übergang vom gedruckten zum hektographisch vervielfältigten Zettel, der etwa zwei Monate noch begleitet wurde von älteren gedruckten Zetteln, die man handschriftlich korrigiert und auf den späteren historischen Stand gebracht hatte. Mit wenigen Ausnahmen gab es anschließend von März bis 31. August 1944, dem Datum der Schließung aller deutschen Theater aus Kriegsgründen, nur hektographierte Zettel.

Als sich nach Kriegsende die Künstler des Mannheimer Nationaltheaters, die in der Stadt geblieben oder hierhin zurückgekehrt waren, sammelten, um aus den Ruinen Theatervorstellungen, Konzerte und unterhaltende Veranstaltungen erstehen zu lassen, trat die Stadt Mannheim als Veranstalterin dieser Aktivitäten in Erscheinung. In der Zettelsammlung sind sie mit originalen Dokumenten nahezu lückenlos nachweisbar. Das Nationaltheater als Veranstalter trat neu und auf Dauer in Funktion am 11. November 1945, als es bis 1956 eine provisorische Bleibe im *Schauburg*-Kino auf der *Breiten Straße* (heute: *Kurpfalzstraße*) fand. Für die erste Nachkriegsspielzeit der Mannheimer Bühne liegt kein von dieser angelegter Zettelband vor; ab 1946/47 sind die Bände komplett vorhanden.

Die Lücken und ihre Schließung

Zu Beginn dieser Ausführungen wurde angedeutet, daß die Mannheimer Theaterzettelbandsammlung nicht über jede Vorstellung des Nationaltheaters Auskunft erteilt. Von den Lücken während des Zweiten Weltkriegs und in der Spielzeit danach war schon die Rede. Weiterhin sind mit Hilfe von Zetteln nicht nachzuweisen folgende Zeiträume: Oktober bis Dezember 1823, 1. bis 24. Oktober 1881 sowie die vollen Spielzeiten 1909/10, 1932/33 und 1935/36. Zusammengezählt sind dies sieben Jahre und vier Monate in einem Zeitraum von rund 220 Jahren.

Allerdings geht der Benutzer der Zettelbände, wenn er an die Lücken gerät, nicht leer aus. Denn seit Mitte der 1970er Jahre widmet sich die Theatersammlung des Reiss-Museums Mannheim der Aufgabe, die fehlenden Dokumente durch Herstellung von Behelfszetteln, bzw. -zettelbänden zu ersetzen. Zu diesem Zweck wurden Spielzeitstatistiken, Repertorien, Arbeits- und Probenpläne, Rezensionen und Tagebücher zu Rate gezogen. Was dabei zustandekam, ist jeweils eine Mischung aus durch Schenkung oder Ankauf erworbenen Originalzetteln, aus kopierten Originalzetteln, die sich in Programmheften vorfinden, und aus handschriftlich berichtigten kopierten Zetteln von anderen Vorstellungen desselben Bühnenwerks. Bei der letztgenannten Prozedur wird darauf gesehen, daß der »falsche« Zettel zeitlich so nahe wie möglich am Datum der tatsächlichen Vorstellung liegt, damit die nie mehr genau festzustellende Rollenbesetzung das höchste Maß an Wahrscheinlichkeit erhält. Was die Besetzung anbelangt, so sind die Namen der Darsteller und Darstellerinnen, deren Mitwirkung zweifelsfrei feststeht (Kritiken, Rollentagebücher als Quellen), auf den berichtigten Zetteln angehakt.

Die Rekonstruktion der fehlenden Zettel ist eine wissenschaftliche Knochenarbeit, die den damit Beschäftigten keinerlei Nachruhm einträgt.
Sie ist zudem eine Arbeit, die nie fertig wird.
Denn auch die durch Theaterzettel dargestellte Geschichte birgt Geheimnisse, die sie sich nicht entreißen läßt.

Der Zwischen-Act.

Abonnements auf den „Theater-Zettel“ mit „Zwischen-Act“ werden stets angenommen in der Expedition der „Neuen Badischen Landeszeitung (Mannheimer Anzeiger bei den Trägern in der Stadt und den Boten der Umgegend, sowie bei allen Postellen. Im Verlage bezogen, beträgt das Abonnement für das ganze Jahr 2 Mark 20 Pf. wozu noch der Trägerlohn oder die Postgebühr kommt. Anzeigen, in- und außerhalb des Theaters viel gelesen, billigst berechnet. Namentlich empfiehlt sich für den Zwischenakt die ständige Inserirung von Adreßkarten, die im Jahresabonnement sehr mäßig gestellt werden.

Margarethe,

von Gounod, am 19. März 1859 in Paris zur erstmaligen Aufführung gebracht, fand an der hiesigen Bühne vom 29. September 1861 bis zum 13. Februar d. J. 59 Vorführungen.

Novitäten an der Mannheimer Bühne vor hundert Jahren.

1781.
d. 5 Juli. Die Sklavin oder der großmüthige Seefahrer, Singspiel in 1 A. v. Piccini.
d. 22. „ Das Mißverständniß, Schsp. in 1 A.
d. 29. „ Nicht mehr als sechs Schüsseln, Familien-Gemälde in 5 A. v. Großmann.

Sardou's „Divorcons“ hat in 200 Aufführungen die imposante Summe von 935,177 Francs erzielt, was eine tägliche Durchschnitts-Einnahme von 4675 Frs. 88 Cent. ergiebt. Die Herren Verfasser Sardou und Najac bezogen daraus 12 pCt. Tantiéme, was bei einer Total-Tantiéme von 112,221 Frs. 24 Cent. für jeden von ihnen einen Antheil von 56,110 Frs. 62 Cent. macht.

Die berühmte Compagnieschaft D'Ennery und Jules Verne arbeitet an einem großartigen Ausstattungsstück für die Porte-Saint-Martin, welches den Titel „le voyage à travers l'impossible“ (Die Reise ins Bereich des Unmöglichen) führen wird.

Ein Theaterdichter, dessen Schauspiel eines Abends allgemein mißfallen hatte, stolperte beim Ausgang aus dem Comödienhause über die Thürschwelle. Jemand sah es und hielt ihn. Aber der arme Autor, der noch ganz voll von dem Schicksal seiner neuesten Arbeit war, rief: „Zum Henker, Herr, mein Stück hätten Sie halten sollen (als er stolpern wollte) nicht mich!“

Sardou hat für das Pariser Vaudeville-Theater ein Lustspiel geschrieben, das den Titel „Arrivé“ (Am Ziele) führt.

Die Claque ist zu einer Vollendung gediehen, der Nichts auf Erden vergleichbar ist, in allen Großstädten hat sie sich etablirt, jeder Autor, jeder Bühnenmensch, selbst diejenigen, die nicht auf bestellten Beifall angewiesen sind, müssen der Claque ihren Tribut entrichten, eine Steuer des Ruhmes gewissermaßen.

In Paris gibt es einen Director der Claque mit einem ganzen Stabe von Offizieren, die wiederum über eine Anzahl wackerer, geschulter Fäuste gebieten — selbst ordenbesteckte Herren, die würdevoll einen Fauteuil des ersten Ranges ausfüllen, gehören dort zur Claque. Nicht so großartig, aber auch ziemlich entwickelt, ist die Claque in der jüngeren Weltstadt Berlin. Leider ist ihre hervorragendste Zierde, der „Beifallswecker“ Wulkow, vor einigen Jahren gestorben; — dieser Edle hatte sich sogar Preiscourante drucken lassen, auf denen klar und deutlich zu lesen stand

Ein warmer Empfang 15 Mk.,
Ein effectvoller Abgang 25 Mk.,
Einmaliger Hervorruf 20 Mk., jeder folgende 5 Mk. mehr,
Ovationen auf der Straße (Serenade, Pferdeausspannen) nach Uebereinkunft, Minimum 50 Mk.

Aecht
Cölnisches Wasser
von Johann Maria Farina & Comp.
Jülichsplatz Nr. 2 in Cöln.
Frische Sendung angekommen und zu haben in der Expedition der Neuen Bad. Landes-Zeitung.

KLAVIERE
aller Systeme werden aufs Beste gestimmt & reparirt, und empfiehlt sich Unterzeichneter den geehrten Herrschaften zu geneigten Aufträgen.
August Bender,
MANNHEIM.
Schwetzingerstrasse No. 15.

Das beliebte
Karlsruher Coursbuch
für die Großh. Bad. Eisenbahnen und für die anschließenden Bahnen Süd-West-Deutschlands
(mit grünem Umschlag)
ist fortwährend zu haben im Verlage der Neuen Badischen Landeszeitung (Mannheimer Anzeiger) und in der Buchhandlung von J. Bensheimer, Breitestraße, M 1, 1.

Französische
Postdeclaration
(Inhalts-Erklärungen)
für Packete
zu haben im Verlag der „Neuen Bad. Landesztg.“ (Mannheimer Anzeiger).

Für die Redaction verantwortlich Philipp Krust in Mannheim.

Rückseite des Theaterzettels vom 10. Juli 1881 (Margarethe von Charles Gounod). Der Zwischen-Act (dies die alte Bezeichnung für Pause) wartete mit stets neuen Nachrichten aus der Mannheimer und der ›restlichen‹ Theaterwelt auf. In diesem besonderen Fall in der rechten Spalte eine kurze Abhandlung über die Gepflogenheiten und ›Taxen‹ von Claqueuren! RMM, Thslg. Theaterzettelbände, »Braune Reihe«

Chronologie

Chronologie zur Vorgeschichte und Geschichte des Mannheimer Nationaltheaters*

Liselotte Homering

Blick vom Quadrat A 2 auf den Haupteingang des Nationaltheaters auf B 3. Auf der rechten Seite (B 2, 14) das Theater-Café und Wiener Café Goldener Stern (*heute:* Schiller's). *Foto: Tillmann-Matter, September/Oktober 1933. Reproduktion von Franz Waller. RMM, Thslg.*

Vorbemerkung:
Zweifellos wird der eine oder die andere bestimmte Daten in dieser Zusammenstellung vermissen. Daß sich mehr als 250 Jahre in einer solchen *Chronologie* nicht umfassend darstellen lassen, liegt auf der Hand.
Der hier vorgelegte Überblick stellt eine Auswahl an Daten dar, die mehr und weniger wichtig oder gar prägend für die Vorgeschichte und Geschichte des Mannheimer Nationaltheaters gewesen sind. Auch die wenigen erwähnten Ur- und Mannheimer Erstaufführungen des Sprech- und Musiktheaters repräsentieren nur den geringsten Prozentsatz der tatsächlichen Ur- und Erstaufführungen. Insgesamt will dieses Datenangebot vor allem zur weiteren Beschäftigung mit der Mannheimer Theatergeschichte anregen.

* Für die Mitarbeit an der Datenrecherche für den Zeitraum von 1779 bis 1877 sei an dieser Stelle Frauke Franz-Martens herzlich gedankt. Außerdem verdanke ich Herrn Dipl.-Ing. Christian Delphendahl für die Zeit von 1939 bis 1956 einige interessante Hinweise, die gleichfalls in diese *Chronologie* eingeflossen sind.

1.11.1679	Zur Zeit älteste exakt datierbare Theateraufführung in Mannheim (in der Zitadelle *Friedrichsburg*): Die Theatertruppe des Johannes (»Magister«) Velten führt das Stück *Glückselige Eifersucht* auf.
1720–1731	Ein hölzerner Theaterbau wird bei der reformierten und wallonischen Doppelkirche (spätere *Konkordienkirche*) aufgeschlagen, in dem Bälle, Konzerte und auch (vermutlich französischsprachige) Schauspielaufführungen sowie in geringerem Maß Opernaufführungen (beispielsweise 1723 und 1724) stattfinden; dieses Theater kann als erster Versuch gelten, eine »stehende« Bühne in Mannheim einzurichten; 1731 erwirkt die Kirche die Entfernung des langgestreckten Holzgebäudes.
1729	Johann Gottlieb Försters deutsche Schauspieltruppe spielt in Mannheim (in den darauffolgenden Jahren und Jahrzehnten treten die unterschiedlichsten Schauspielergesellschaften in Mannheim auf, vgl. den Beitrag von Wilhelm Herrmann, *Comédie française und deutschsprachige Wandertruppen*, in diesem Buch; dort auch viele weitere Einzeldaten).
Seit 1730	Der französische Adel Mannheims unterhält eine französischsprachige Schauspieltruppe; gespielt wird bis 1743 im Erdgeschoß des Kaufhauses (N 1); seit Mitte der 1730er Jahre wird die französische Truppe vom Hof finanziert.
1737–1741	Bau des kurfürstlichen Hofopernhauses im Schloß nach Plänen von Alessandro Galli Bibiena (vgl. auch Abbildung S. 86).
18.1.1742	Eröffnung des kurfürstlichen Hofopernhauses im Westflügel des Schlosses aus Anlaß der Doppelhochzeit des designierten Kurfürsten Carl Theodor mit Elisabeth Auguste von Pfalz-Sulzbach und des Herzogs Clemens von Bayern mit Maria Anna Josepha von Pfalz-Sulzbach; uraufgeführt wird bei dieser Gelegenheit das »Dramma per musica« *Meride* von Carlo Grua.
31.12.1742	Kurfürst Carl Philipp stirbt.
1.1.1743	Regierungsantritt von Kurfürst Carl Theodor.
1743	Vermutlich infolge der kriegerischen Ereignisse in Schlesien entläßt Kurfürst Carl Theodor erstmals die Mitglieder des französischen Schauspiels.
22.6.1748	Mit kurfürstlichem Reskript wird Stephan Schenck, Schüler und Mitarbeiter Alessandro Galli Bibienas beauftragt, in der zweiten Etage im Westflügel des Schlosses (zwischen Schloßkirche und Hofoper) einen Saal für das französische Theater einzurichten.

1752	Nach Plänen von Nicolas de Pigage wird das Schwetzinger Schloßtheater erbaut und im Herbst 1752 eröffnet.
1753	Voltaire weilt in Mannheim und Schwetzingen.
15.8.1755	Kurfürstliches Reskript, mit dem Auftrag für Nicolas de Pigage, den am 10. Februar 1749 zum *Intendanten über die Gärten und Wasserkünste* ernannten Architekten, den Saal des französischen Schauspiels im Schloß akustisch zu verbessern.
1758	Voltaire weilt zum zweiten Mal in Mannheim und Schwetzingen.
Seit 1758	ist Lorenzo Quaglio als Theaterarchitekt an der Mannheimer Hofoper tätig.
1762	Kurfürst Carl Theodor entläßt etwa die Hälfte der Mitglieder der französischen Schauspieltruppe, die jedoch durch Neuengagements ersetzt wird.
14.7.–2.8.1763	Erster Aufenthalt von Wolfgang Amadé Mozart und seiner Familie in Mannheim und Schwetzingen.
1764	Voltaire wird zum Mitglied der 1763 gegründeten *Kurpfälzischen Akademie der Wissenschaften* ernannt.
1766	Aufführung von Johann Friedrich von Cronegks Tragödie *Codrus* (möglicherweise auf dem Mannheimer *Marktplatz*) durch die Wandertruppe des Schauspielunternehmers Arnold Heinrich Porsch (von dieser Aufführung ist der zur Zeit älteste erhaltene Mannheimer Theaterzettel in der Theatersammlung des Reiss-Museums Mannheim überliefert; Abbildung S. 365).
11.3.1767	Die *Mannheimer Zeitung* erwähnt, daß Kurfürst Carl Theodor erstmals eine deutschsprachige Aufführung in Mannheim besucht habe.
1767–1768	Nach Plänen von Lorenzo Quaglio Renovierungs- und Erweiterungsbaumaßnahmen für die Mannheimer Hofoper im Schloß.
1769–1770/1771	Die Schauspieltruppe von Franz Joseph Sebastiani läßt von dem Mannheimer Zimmermeister Lorentz Conrad einen hölzernen Theaterbau (*Comoedien Butte* = *Komödienbude*) auf dem Mannheimer *Marktplatz* errichten (Vertrag vom 3. Juli 1769); der Bau mißt in der Länge ca. 32 Meter (dies entspricht in etwa der *Bühnentiefe* der Hofoper im Schloß!), in der Breite ca. zwölf Meter und in der Firsthöhe ca. neun Meter; Kurfürst Carl Theodor ernennt Sebastianis Gesellschaft

	zu seinen *Teutschen Hofcomoedianten*; dieser nur von einem Unternehmen bespielte Bau kann als erneuter Versuch gelten, in Mannheim eine »stehende« (deutschsprachige) Bühne einzurichten.
Oktober 1769	Erster Besuch Johann Wolfgang Goethes in Mannheim.
3.8.1771	Letzte Vorstellung der französischen Schauspieltruppe, die von Carl Theodor endgültig entlassen wird (vgl. den Beitrag von Wilhelm Herrmann, *Comédie française und deutschsprachige Wandertruppen*, in diesem Buch).
1771/1772–1775/1776	Theobald Marchands Schauspieltruppe spielt in Mannheim (vgl. den Beitrag von Wilhelm Herrmann, *Comédie française und deutschsprachige Wandertruppen,* in diesem Buch).
5.11.1772	Uraufführung von Johann Christian Bachs *Temistocle* in der Mannheimer Hofoper im Schloß.
Frühsommer bis September 1773	Christian Friedrich Daniel Schubart verbringt etwa ein Vierteljahr in Schwetzingen und Mannheim, in dem es ihm ausnehmend gut gefällt.
1773	Johann Michael Götz gründet die erste Musikalienhandlung (mit einer angeschlossenen Notenstecherei) in Mannheim.
1774	Kurfürst Carl Theodor richtet für den Literaten und Publizisten Anton Klein eine *Professur der Weltweisheit und der schönen Wissenschaften* ein.
11.8.1774	Auf der Rückreise von Paris besucht Christoph Willibald Gluck Schwetzingen und eine Aufführung von Johann Christian Bachs »Azione teatrale per musica« *Amor vincitore* im Schloßtheater.
Herbst 1774	Johann Wolfgang Goethe begleitet Friedrich Gottlieb Klopstock auf seiner Fahrt nach Karlsruhe bis Mannheim.
Spätherbst 1774	Friedrich (»Maler«) Müller kommt nach Mannheim.
Mai 1775	Johann Wolfgang Goethe in Mannheim.
13.8.1775	Erstaufführung von Anton Schweitzers Oper *Alceste*, nach einem Text von Christoph Martin Wieland, in der Kurpfalz (Schloßtheater Schwetzingen); der große Erfolg dieser Oper trägt entscheidend zur Durchsetzung der deutschsprachigen Oper am kurpfälzischen Hof bei.

13.10.1775	Gründungsprivileg für die *Kurpfälzische deutsche Gesellschaft*.
5.11.1775	Uraufführung von Johann Christian Bachs *Lucio Silla* in der Mannheimer Hofoper im Schloß.
1775–1776/1777	Umbau des Schütt/Zeughauses und Kameral-Fruchtmagazins auf dem Quadrat B 3 nach Plänen des Architekten Lorenzo Quaglio in ein Theater.
März 1776	Jakob Michael Reinhold Lenz hält sich in Mannheim auf.
1776	formiert sich eine Schule von Balletteleven und -elevinnen, die in Schwetzingen unter der Leitung von Gottlieb Friedrich Lorenz vor Kurfürst Carl Theodor deutsche Lustspiele aufführt (vgl. den Beitrag von Wilhelm Herrmann, *Comédie française und deutschsprachige Wandertruppen*, in diesem Buch).
1776	Der Aulasaal des ehemaligen Jesuitenkollegs wird kurzzeitig für deutschsprachige Schauspielaufführungen hergerichtet, da das Theater in B 3 noch nicht fertiggestellt ist (möglicherweise finden diese Aufführungen unter Mitwirkung von Anfängern aus der neuen Theaterschule statt).
Sommer 1776	Finanzminister Franz Karl Freiherr von Hompesch trägt Gotthold Ephraim Lessing im Auftrag des kurfürstlichen Ministeriums die Leitung des neuerrichteten Mannheimer Theaters an.
5.9.1776	Der Mannheimer Buchhändler Christian Friedrich Schwan überbringt Gotthold Ephraim Lessing in Wolfenbüttel die Nachricht, daß dieser zum Mitglied der *Kurpfälzischen Akademie der Wissenschaften* ernannt worden sei; Schwan bespricht mit Lessing, ohne jedoch konkret zu werden, die Mannheimer Theaterpläne; daraufhin nimmt Lessing Kontakt mit den Theaterdirektoren Abel Seyler und Gustav Friedrich Wilhelm Großmann auf, um mit diesen mögliche Engagements von Schauspielern für Mannheim zu besprechen.
16.10.1776	Erweiterung der Mitgliederzahl der *Kurpfälzischen deutschen Gesellschaft* durch kurfürstliche Bestätigung von zwanzig auf dreißig; zugleich wird die Aufnahme von Friedrich Gottlieb Klopstock und Christoph Martin Wieland zu auswärtigen sowie Wolfgang Heribert von Dalbergs, Otto Heinrich von Gemmingens, Gotthold Ephraim Lessings zu ordentlichen Mitgliedern der Gesellschaft offiziell bestätigt.

1777	Im Auftrag des Kurfürsten Carl Theodor verfaßt Friedrich (»Maler«) Müller seine beiden Aufsätze *Gedanken über die Errichtung eines deutschen Nationaltheaters* und *Gedanken über Errichtung und Einrichtung einer Theaterschule.*
5.1.1777	Uraufführung von Ignaz Holzbauers *Günther von Schwarzburg* (Text: Anton Klein) in der Mannheimer Hofoper (bei diesem Werk handelt es sich um die erste deutsche Nationaloper, eine deutschsprachige Oper, die ihre Handlung aus der deutschen Geschichte bezieht; vgl. auch den Beitrag von Silke Leopold).
6.1.1777	Eröffnung des Mannheimer Theaters in B 3 mit *Der Schein trügt* von Johann Christian Brandes; das Theater wird zunächst durch Balletteleven und -elevinnen aus der Schule von Gottlieb Friedrich Lorenz mehr schlecht als recht bespielt (vgl. den Beitrag von Wilhelm Herrmann, *Comédie française und deutschsprachige Wandertruppen*, in diesem Buch).
23. Januar – (24. Februar?) 2. März 1777	Gotthold Ephraim Lessing in Mannheim; hier lernt er Johann Wolfgang Goethes Freund Johann Heinrich Merck sowie den Dichter, Maler und Kupferstecher Friedrich Müller kennen; Lessing wird ehrenvoll bei Hof empfangen und kann seine Pläne für ein Nationaltheater unterbreiten; er schlägt vor, die Truppe von Abel Seyler, den Lessing aus der gemeinsamen Hamburger Zeit kennt, nach Mannheim zu holen; dessen Truppe soll durch junge Schauspieler aus der Pfalz, Eleven und Elevinnen aus der neuen Theaterschule, ergänzt werden; befremdet durch das niedrige künstlerische Niveau der jungen Schauspieler und Schauspielerinnen, gibt Lessing deutlich zu verstehen, daß er selbst für die Direktion des Theaters nicht zur Verfügung stehe; wie Freiherr Stephan von Stengel berichtet, bietet Franz Karl von Hompesch Lessing daraufhin die Leitung der Heidelberger Universität an, die jedoch Minister Franz Albert Leopold Graf von Oberndorff untersteht; dieser versichert sich der Unterstützung des Paters Ignaz Frank und interveniert bei Kurfürst Carl Theodor mit dem Argument, daß man unmöglich die Heidelberger Universität in die Hand eines Protestanten geben könne, womit der katholischen Religion in der Kurpfalz sicher der Todesstreich versetzt werde; Stengel erhält kurz darauf vom Kurfürsten den undankbaren Auftrag, Lessing ›im Guten‹ nach Wolfenbüttel zurückzuschicken; der Kurfürst läßt dem Gelehrten eine goldene Dose, gefüllt mit Dukaten, sowie die vom Mannheimer Münzmeister Anton Schaeffer modellierte Medaillen-Serie der pfälzischen Regenten in Bronze übermitteln, worüber sich Lessing, der sich durch das unkluge Taktieren und Intrigieren düpiert fühlt, mit Spott und Hohn äußert; im Mai 1777 werden Lessing seine Reisekosten ersetzt, Abel Seyler erhält eine Entschädigung in Höhe von 1000 Talern, womit die für Mannheim und die deutsche Theatergeschichte unglücklich verlaufene Affaire beendet ist.

Seit 24.4.1777	Theobald Marchand ist wieder mit seiner Truppe in Mannheim und bespielt das Theater in B 3.
6.5.1777	Ernennung von Theobald Marchand zum Direktor des Kurfürstlichen Nationaltheaters in Mannheim.
30.10.1777–13.3.1778	Wolfgang Amadé Mozart in Mannheim.
14.11.1777	Wolfgang Amadé Mozart bezeichnet in einem Brief an seinen Vater das Mannheimer Theater unter Marchand als »teütsche National=schaubühne die immer bleibt«, also als deutsches Nationaltheater mit einem festen Ensemble; im übrigen attackiert Mozart die mangelhaften sängerischen Leistungen der Truppe.
20.11.1777	Letzte Aufführung in der Mannheimer Hofoper im Schloß (Ignaz Holzbauer, *Günther von Schwarzburg* mit dem Ballett *Cortes und Thelaire* von Christian Cannabich).
Dezember 1777	Proben (vermutlich für die Uraufführung in der Hofoper) zu Anton Schweitzers Singspiel in drei Aufzügen *Rosamunda* (Text: Christoph Martin Wieland); die für den 11. Januar 1778 angesetzte Uraufführung fällt wegen des Todes von Kurfürst Maximilian III. Joseph von Bayern in München (30. Dezember 1777) aus (siehe auch 20. Januar 1780).
16.6.1778	Der berühmte Schauspieler und Theaterleiter Konrad Ekhof stirbt in Gotha; Herzog Ernst II. von Gotha beschließt, sein Theater aufzuheben; unter Dalbergs Führung gelingt es, die besten Truppenmitglieder aus Gotha nach Mannheim zu engagieren.
1.9.1778	Kurfürstliches Reskript, mit dem Wolfgang Heribert von Dalberg zum Intendanten des Mannheimer Theaters bestellt wird (vgl. Abbildungen S. 522 und S. 523).
6.11.–9.12.1778	Wolfgang Amadé Mozart in Mannheim.
13.9.1778	Letzte Vorstellung der Marchandschen Truppe (die Kurfürst Carl Theodor nach München folgt) mit Gotthold Ephraim Lessings *Minna von Barnhelm*; Marchands Nachfolger in Mannheim ist Abel Seyler mit seiner Gesellschaft.

27.10.1778 Erste Aufführung der Schauspieltruppe von Abel Seyler im Theater auf B 3 (Johann Christian Bock, *Geschwind, ehe es jemand erfährt*).

27.10.1778 Gedruckte Ankündigung der *Liebhaber Concerte*, die Vorläufer der heutigen Akademiekonzerte.

20.11.1778 Erstes der sogenannten *Liebhaber Concerte*, die im Winterhalbjahr einmal wöchentlich freitags stattfinden (Leitung: Ignaz Fränzl, später Peter Ritter, Michael Frey, Joseph Eschborn, Franz Lachner etc. etc., zur Zeit Jun Märkl); die Veranstaltungsleitung der Konzertreihe liegt zunächst bei einem sogenannten *Ausschuß der abonnirten Gesellschaft*, 1807 übernimmt das Theater die Trägerschaft für die Konzerte, die es 1809 dem Orchester selbst überträgt; im Lauf der Zeit werden die Konzerte unterschiedlich benannt: *Musik-Liebhaber Konzerte* (bis 1807), *Hofmusik-Akademien* (1807–1810), *Konzerte im großen Saal* (1810–1816 und 1819–1820), *Liebhaber-Konzerte im großen Saal* (1816–1819 und 1820–1821), *Abonnement-Konzerte im großen Saal* (1821–1834); aus ihnen werden die seit 1834 so genannten *Musikalischen Akademien* (Akademiekonzerte), die seit 1809 bis heute in eigener Regie durch das Orchester des Mannheimer Theaters (heute: *Musikalische Akademie des Nationaltheater-Orchesters e. V.*) veranstaltet werden, eine in der deutschen Orchesterlandschaft singuläre Konstruktion, die ihre Tradition auf musikbegeistertes bürgerliches Engagement jenseits des Hofes zurückführen kann (vgl. auch September 1929, 30. September 1979, Mai 1997 und Spätjahr 1997).

26.8.1779 Letzte Aufführung der Seylerschen Truppe: *Orest und Elektra* von Voltaire in der Bearbeitung von Friedrich Wilhelm Gotter.

1779 Otto Heinrich von Gemmingens *Mannheimer Dramaturgie des Jahres 1779* (Besprechungen der Aufführungen der Seylerschen Schauspieltruppe im Zeitraum vom 27. Oktober 1778 bis 26. August 1779; letzte ausführliche Besprechung für den 11. Juli 1779), erschienen 1780 beim Mannheimer Verlag von Christian Friedrich Schwan).

19.9.–30.9.1779 Im Theater in B 3 werden vier Aufführungen gegeben, unter anderen mit Dorothea Wendling und Esther Charlotte Brandes (19., 23., 26. und 30. September), aus Anlaß eines Besuches von Kurfürst Carl Theodor aus München im Theater, obgleich weder eine Schauspieltruppe noch schon alle neuengagierten Mitglieder der Gothaischen Truppe in Mannheim sind.

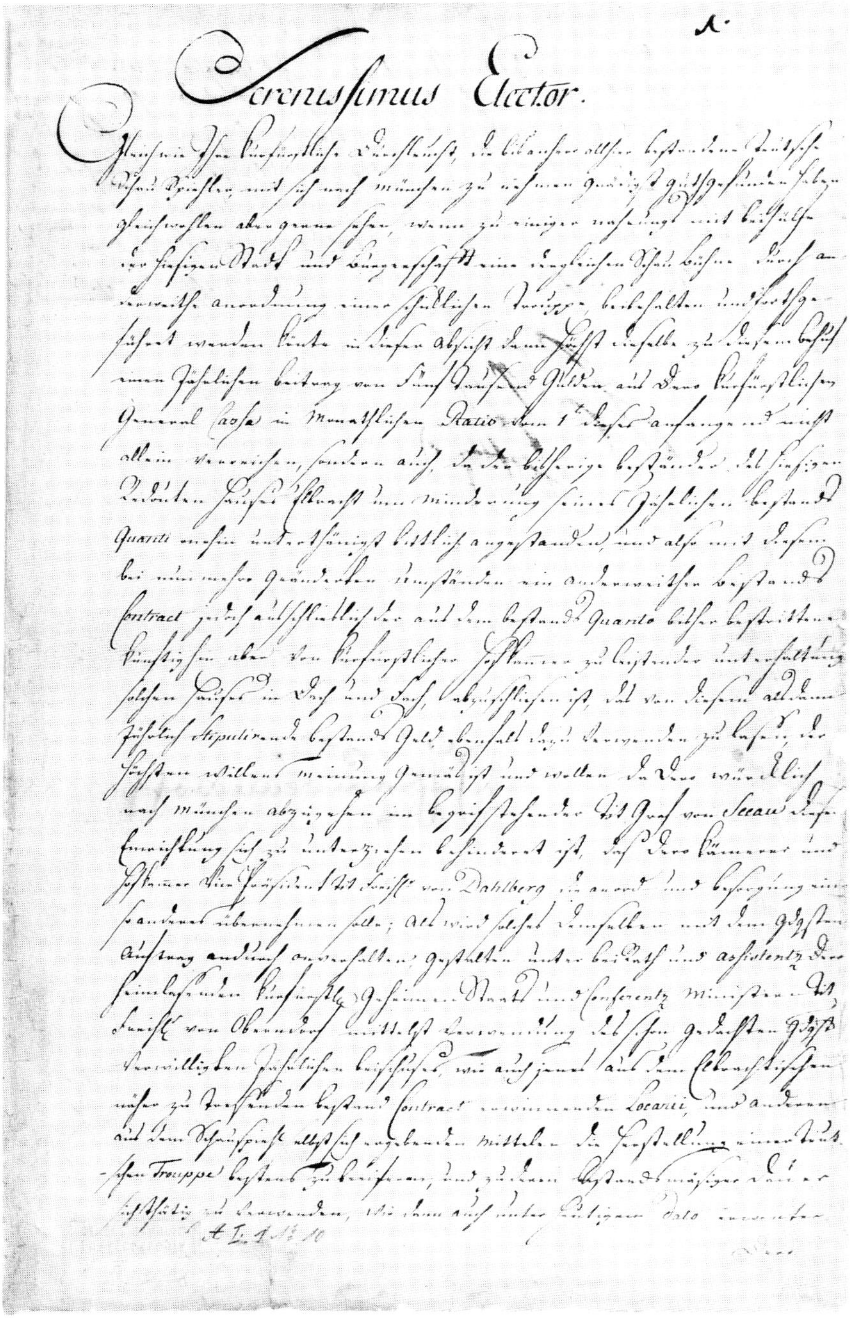
Serenissimus Elector.

Kurfürstliches Reskript vom 1. September 1778, mit dem Wolfgang Heribert von Dalberg zum Intendanten des Mannheimer Theaters bestellt wird. In der dritten und vierten Textzeile der Vorderseite findet sich auch der berühmte Zweck der Stiftung des Mannheimer Nationaltheaters: »zu einiger nahrungs mit beihülfe der hiesigen Stadt und Bürgerschaftt«. Vorder- und Rückseite der Originalhandschrift, eigenhändig unterzeichnet von Kurfürst Carl Theodor. RMM, Thslg.

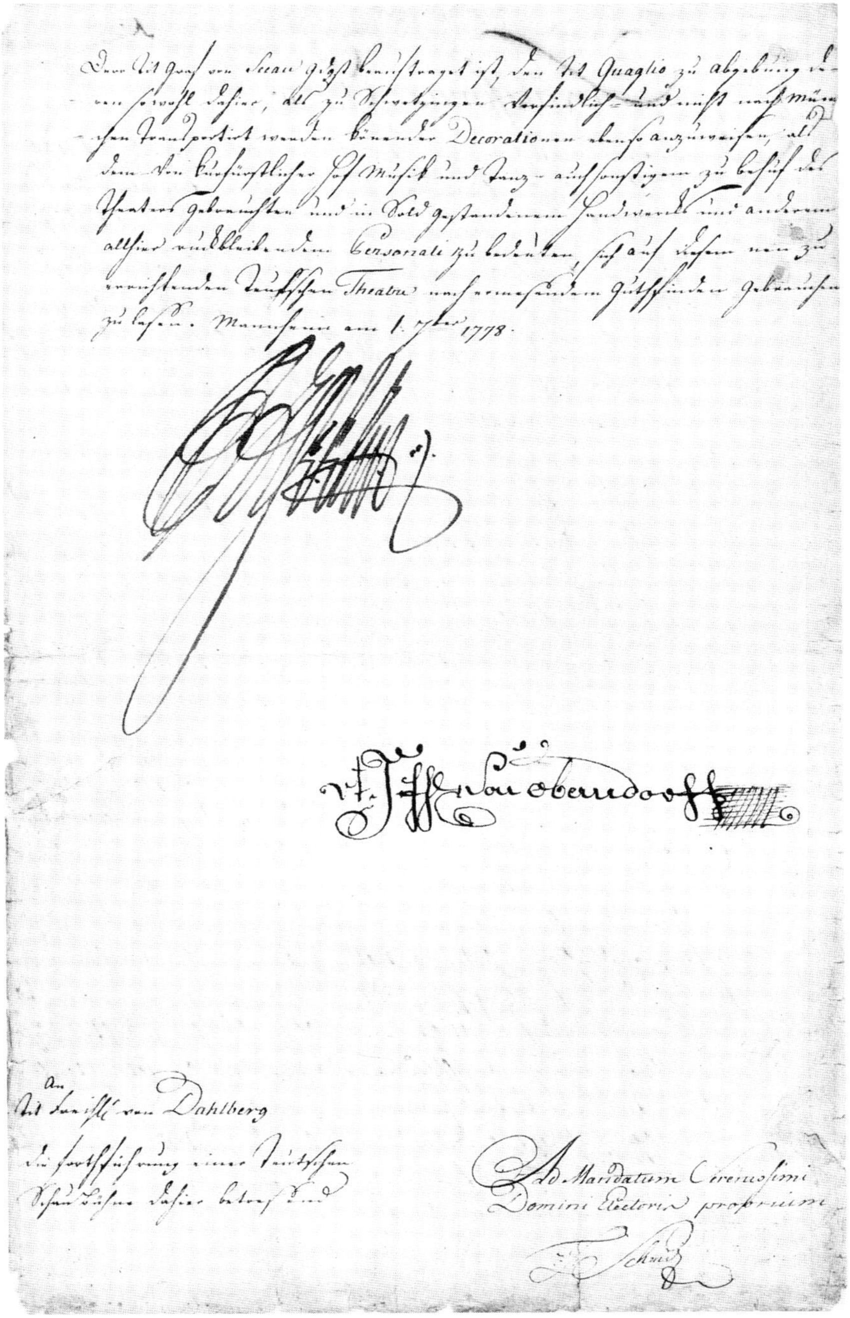

Dem Graf von Seeau gdgst beauftragt ist, dem Quaglio zu abgebung deren sowohl dahier, als zu Schwetzingen befindlich- und nicht nach München transportirt werden könnender Decorationen ebenso anzuweisen, als denen der kurfürstlichen Hof Musik und Tanz- auch sonstigen zu behuf des Theaters gebrauchten und in Sold gestandenen Handwerck und anderen allhier zurückbleibenden Personale zu bedeuten, sich auf diesem neu zu errichtenden teutschen Theatre [illegible] gebrauchen zu lassen. Mannheim am 1. 7ber 1778.

[illegible]

v. F. J. Frhr. von Oberndorff

An den Freyh. von Dahlberg

die fortführung einer teutschen Schaubühne dahier betreffend

Ad Mandatum Serenissimi Domini Electoris proprium

[illegible]

7.10.1779	Erste Aufführung des Dalberg-Ensembles im Theater auf B 3 mit *Geschwind, ehe es jemand erfährt*, Lustspiel von Johann Christian Bock (nach Carlo Goldoni); ab dieser Aufführung werden traditionsgemäß die Spielzeiten des Mannheimer Nationaltheaters gezählt.
Dezember 1779	Johann Wolfgang Goethe in Begleitung Herzog Carl Augusts von Weimar in Mannheim.
16.12.1779	In Anwesenheit und zu Ehren des Herzogs Carl August von Weimar und Johann Wolfgang Goethes wird im Theater bei freiem Eintritt als Mannheimer Erstaufführung Goethes *Clavigo* gegeben.
20.1.1780	Uraufführung von Anton Schweitzers *Rosamunda* (Text: Christoph Martin Wieland) im Theater auf B 3 (siehe auch Dezember 1777).
Juni/Juli/August 1780	(16., 18., 20., 22., 25., 27., 28., 30. Juni, 2. Juli sowie 1., 2., 4. und 6. August) Gastspiel des berühmten Schauspielers Friedrich Ludwig Schröder; Rollen (unter anderen) Hamlet, Odoardo Galotti, König Lear.
26.11.1780	Uraufführung von Otto Heinrich von Gemmingens Schauspiel *Der teutsche Hausvater* im Theater auf B 3.
18.1.1781	Das Theater kann wegen Glatteises nicht spielen; in den darauffolgenden Wintern fallen immer wieder Vorstellungen wegen Kälte aus; erst 1829 wird im Theatergebäude eine Heizung installiert.
13.2.1781	Wilhelm Christian Dietrich Meyer wird zum Regisseur gewählt.
März 1781	Entlassung von Abel Seyler als künstlerischer Direktor des Theaters.
23.5.1781–3.5.1789	Regelmäßige Sitzungen des »Kurfürstlichen Hoftheater-Ausschusses« (die Protokolle dieser Sitzungen werden 1890 von Max Martersteig in Buchform publiziert).
10.10.1781	Die Schauspieler erhalten von dem zeitweilig aus München nach Mannheim zurückgekehrten Kurfürsten Carl Theodor 100 Dukaten zum Geschenk.
1781	Friedrich Schiller läßt seine *Räuber* im Selbstverlag erscheinen und arbeitet sie auf Bitten des Mannheimer Theaters für die Bühne um.

1781	Erstausgabe von Friedrich Schillers *Die Räuber* (Frankfurt und Leipzig, eigentlich Stuttgart); die »Zwote, verbesserte Auflage« erscheint 1782 beim Mannheimer Verlag von Tobias Löffler.
1781/1782	Anton Klein gibt seine fünfbändige Dramensammlung unter dem Titel *Mannheimer Schaubühne* heraus.
13.1.1782	Uraufführung von Friedrich Schillers *Die Räuber*, die Schiller ohne Erlaubnis seines Landesherrn, Herzog Carl Eugen von Württemberg, im Mannheimer Theater miterlebt.
25.–29.5.1782	Friedrich Schiller erneut ohne Urlaub in Mannheim (siehe auch Farbabbildung I, 3).
22.9.1782	Friedrich Schiller flieht mit seinem Freund Andreas Streicher von Stuttgart nach Mannheim (Ankunft am 24. September 1782), nachdem der Herzog ihn wegen seines erneuten unerlaubten Besuches in Mannheim für vierzehn Tage hat arretieren lassen und ihm schließlich das »Komödienschreiben« verboten hat.
13.10.–30.11.1782	Friedrich Schiller hält sich unter dem Namen Schmidt gemeinsam mit Andreas Streicher im Gasthof *Zum Viehhof* in Oggersheim auf; er beschäftigt sich mit der Umarbeitung der *Verschwörung des Fiesko zu Genua* und mit dem Entwurf für *Luise Millerin (Kabale und Liebe);* Dalberg nimmt den umgearbeiteten *Fiesko* jedoch nicht zur Aufführung an; allerdings gelingt es Schiller, die Buchausgabe des Stückes an Christian Friedrich Schwan zu verkaufen; längerer Aufenthalt in Bauerbach bei Meiningen.
Ende April 1783	Erste Buchausgabe des *Fiesko* bei Christian Friedrich Schwan in Mannheim.
27.7.1783–9.4.1785	Friedrich Schiller in Mannheim; Schiller folgt weitgehend einer Aufforderung Dalbergs, der davon gehört hatte, daß der Dichter an einem brisant zeitkritischen Theaterstück *(Luise Millerin)* arbeitet.
1.9.1783–31.8.1784	Friedrich Schiller als Theaterdichter in Mannheim engagiert; in Aussicht gestelltes Jahresgehalt: 300 fl., ein minimaler Betrag, für den Schiller immerhin drei eigene Stücke liefern und zusätzlich die Arbeit eines Dramaturgen leisten soll (!).
2.9.1783	Johann Ludwig Rennschüb wird als Nachfolger von Wilhelm Christian Dietrich Meyer († 2. September 1783) zum Regisseur gewählt.

10.1.1784	Aufnahme Friedrich Schillers in die *Kurpfälzische deutsche Gesellschaft* (vgl. die Urkunde vom 21. Februar 1784; Reiss-Museum Mannheim).
11.1.1784	Wenig erfolgreiche Mannheimer Erstaufführung des umgearbeiteten *Fiesko* von Friedrich Schiller; Schiller hatte das Werk auf Dalbergs Wunsch, dem das republikanische Gedankengut des Stückes suspekt war, eigens mit einem versöhnlichen Schluß versehen (die Uraufführung hatte bereits am 20. Juli 1783 im Kurfürstlichen Theater Bonn stattgefunden).
24. und 29.2.1784	Keine Aufführungen »wegen Wassersnoth«.
15.4.1784	Überaus erfolgreiche Mannheimer Erstaufführung von Friedrich Schillers *Luise Millerin* (unter dem von August Wilhelm Iffland vorgeschlagenen Titel *Kabale und Liebe*; die Uraufführung von *Luise Millerin* fand am 13. April 1784 in Frankfurt am Main statt).
18.4.1784	Mannheimer Erstaufführung von W. A. Mozarts *Die Entführung aus dem Serail*.
26.6.1784	Friedrich Schiller hält in der *Kurpfälzischen deutschen Gesellschaft* in Mannheim seine Rede *Vom Wirken der Schaubühne auf das Volk* (1785 unter dem Titel *Was kann eine gute stehende Schaubühne eigentlich wirken* in der ersten, in Mannheim erschienenen Lieferung seiner *Rheinischen Thalia* abgedruckt); in dieser Lieferung sind auch die ersten Szenen von Schillers neuem Stück *Dom Karlos (Don Carlos)* publiziert; alle weiteren Lieferungen erscheinen im Leipziger Göschen-Verlag; da Schiller als Theaterdichter nicht viel verdient und die Lebenshaltungskosten in Mannheim nach wie vor hoch sind, gerät der Dichter in eine finanziell äußerst prekäre Situation, aus der ihn in uneigennütziger Weise zeitweilig das Mannheimer Handwerker-Ehepaar Anton und Anna Hölzel befreit; darüber hinaus läßt Dalberg Schillers Vertrag als Theaterdichter ohne Begründung auslaufen und verlängert ihn nicht; zusätzliche unerfreuliche Umstände (wie etwa die Aufführungen im August und im November 1784 von Friedrich Wilhelm Gotters Posse *Der schwarze Mann*, in der Friedrich Schiller in der Person des Theaterdichters »Flickwort« – gespielt von August Wilhelm Iffland – verhöhnt wird) verbittern Schiller seinen weiteren Aufenthalt in Mannheim, das er enerviert und am Rand des Ruins stehend am 9. April 1785 verläßt.
3.6.1788	Friedrich Hölderlin besucht im Mannheimer Theater eine Aufführung des Schauspiels *Der Fähndrich oder Der falsche Verdacht* von Friedrich Ludwig Schröder.
23.5.1789	Mannheimer Erstaufführung von W. A. Mozarts *Don Juan*.

1790	Die *Kurpfälzische deutsche Gesellschaft* setzt einen Preis (50 Dukaten) für das beste Trauerspiel aus; ausgewählt wird *Menzikoff und Natalie* von Franz Kratter.
23.10.–25.10.1790	W. A. Mozart in Mannheim und Schwetzingen.
24.10.1790	Mannheimer Erstaufführung von W. A. Mozarts *Die Hochzeit des Figaro* unter der Leitung des Komponisten.
21.7.1791	Uraufführung von *Menzikoff und Natalie* von Franz Kratter; Hinzufügung auf dem Theaterzettel: »Gefiel sehr«.
21.1.1792	August Wilhelm Iffland wird als Nachfolger von Johann Ludwig Rennschüb zum Regisseur gewählt.
1.1.1793	Aus Anlaß des 50jährigen Regierungsjubiläums des Kurfürsten Carl Theodor festliche Aufführung von August Wilhelm Ifflands *Die Verbrüderung*.
12.5.1793	Mannheimer Erstaufführung von Mozarts *Così fan tutte* unter dem Titel *Die Wette*.
2.1.–29.1.1794	Wegen der Kriegsereignisse (Revolutionskriege) wird das Theater geschlossen.
3.2.1794	Reskript, das die generelle Schließung des Theaters verfügt, gegen die sich Dalberg mit Erfolg zur Wehr setzt (Wiedereröffnung am 2. März 1794 mit Mozarts *Die Entführung aus dem Serail*); auf der vierseitigen, gedruckten »Antrittsrede« zur Wiedereröffnung des Hauses, die Dalberg verfaßt hat und die von Iffland gehalten wird, taucht die Benennung des Hauses als »Churfürstliches National-Theater in Mannheim« auf.
29.3.1794	Mannheimer Erstaufführung von Mozarts *Die Zauberflöte*.
17.8.1794	Kurfürstin Elisabeth Auguste stirbt in Weinheim; infolge der Trauer um die Kurfürstin bleibt das Theater für sechs Wochen bis zum 28. September 1794 geschlossen.
21.11.1795	Zerstörung der Mannheimer Hofoper im Lauf der Belagerung durch kaiserliche Truppen.
1797	Erlaß neuer Theatergesetze für das Mannheimer Theater.
16.2.1799	Kurfürst Carl Theodor stirbt in München.

18.2.–10.3.1799	Das Theater bleibt wegen der allgemeinen Trauer geschlossen, allerdings unüblicherweise nur knapp vier Wochen; da am 2. März 1799 die französischen Truppen in Mannheim eingerückt sind, hat die französische Generalität unter der Führung von Jean Baptiste Bernadotte (später König Karl XIV. Johann von Schweden) befohlen, die offizielle Trauerzeit um den verstorbenen Kurfürsten vorzeitig aufzuheben.
23.1.1800	Das Theater wird erstmals auf einem Theaterzettel (*Der Schreibpult* von August von Kotzebue) als »Hoftheater« bezeichnet (handschriftliche Hinzufügung: »Auf Begehren des General Stzarrey [?]: Kindtaufe des National Theaters zum Hoftheater«.
9.7.1801	Das Hoftheater wird erstmals auf einem Theaterzettel (*Der Ring [Zweiter Theil] oder: Die unglükliche Ehe durch Delikatesse* von Friedrich Ludwig Schröder) als »Hof- und Nationaltheater« bezeichnet.
8.8.1802	Mannheimer Erstaufführung von W. A. Mozarts *Des Titi Gütigkeit (= La Clemenza di Tito).*
27.11.1802	Im Zug des Übergangs der Kurpfalz an Baden erteilt Karl Friedrich von Baden die provisorische Bestätigung des Mannheimer Hof- und Nationaltheaters.
1802/1803	Es wird erwogen, die Theater in Karlsruhe und Mannheim abwechselnd zu bespielen.
21.2.1803	Das Nationaltheater erhält seitens des badischen Staates zunächst einen Zuschuß in Höhe von 14 000 fl.
23.3.1803	Mitteilung an die Mannheimer Intendanz, der Markgraf von Baden habe den Zuschuß für das Mannheimer Theater auf 20 000 fl. erhöht.
20.6.1803	Der Schwiegersohn Dalbergs, Friedrich Anton Freiherr von Venningen, übernimmt als Nachfolger Dalbergs die Leitung des Theaters.
7.10.1804	»Fünfundzwanzigjährige Jubelfeyer der Mannheimer Hof- und National-Schaubühne« (aus diesem Anlaß Aufführung von Wolfgang Heribert von Dalbergs Trauerspiel *Der Mönch vom Carmel).*
2.8.1805	Carl Maria von Webers Vater, Franz Anton von Weber, bietet dem Mannheimer Intendanten in einem Brief seinen Sohn als Direktor für die Mannheimer Oper an; Friedrich Anton Freiherr von Venningen läßt das Angebot mit der Bemerkung »ad acta ohne Antwort« ablegen.

9. Mai 1805	Friedrich Schiller stirbt in Weimar; an diesem Abend wird im Mannheimer Nationaltheater zufällig Schillers *Wilhelm Tell* gespielt.
27.9.1806	Wolfgang Heribert von Dalberg stirbt.
5.10.1806	Gedächtnisfeier für Wolfgang Heribert von Dalberg im Theater.
2.12.1806	Das Hof- und Nationaltheater wird erstmals auf einem Theaterzettel (*Der wohlthaetige Derwisch oder die Zaubertrommel und die Schellenkappe* von Emanuel Schikaneder mit Musik von Wenzl Müller – eine Mannheimer Erstaufführung, die ausschließlich von Kindern gespielt wird) als »Großherzogliches Hof- und Nationaltheater in Mannheim« bezeichnet (bis 1919).
Februar 1810	Carl Maria von Weber gibt mehrere Konzerte in Mannheim.
4.–13.11.1810	Carl Maria von Weber komponiert seine Oper *Abu Hassan* in Mannheim.
14.7.1813	In einem Erlaß des badischen Ministeriums der auswärtigen Angelegenheiten wird der bisherige Zuschuß für das Mannheimer Theater in Höhe von 20 000 fl. nochmals bestätigt und festgeschrieben; dem Intendanten Friedrich Anton Freiherr von Venningen werden abgesehen von zwei staatlichen zwei städtische Kommissäre beigegeben (Sebastian Haub/Haupt und Josef Peter Fried[e]rich).
1.8.1814	Großherzog Karl bestätigt den Staatszuschuß zum Mannheimer Theater.
26.2.1816	Am Fastnacht-Montag wird bei »abonnement suspendu« (aufgehobenem Abonnement) erstmals ein Schauspiel im Rahmen einer Matinee (morgens 11 Uhr) im Nationaltheater gegeben: *Die Uniform des Feldmarschall Wellington* von August von Kotzebue.
14.5.1816	Intendant Friedrich Anton Freiherr von Venningen wird wegen Beteiligung an den Agitationen gegen die Verfassung seines Amtes enthoben; Kreisgerichtsrat Sebastian Haub/Haupt und Depositalkassierer Josef Peter Fried[e]rich leiten als Kommissäre die Theatergeschäfte (bis 1819).
23.4.1817	Verfügung, daß anstelle des bisherigen Staatszuschusses in Höhe von 20 000 fl. (siehe 23. März 1803 und 14. Juli 1817) für das Mannheimer Theater der Stadtgemeinde gegen die Verpflichtung eines Jahresbeitrags für das Theater in Höhe von 16 000 fl. die Kranen- und Lagerhausgefälle überwiesen werden; der Staat selbst beteiligt sich nur noch mit einem Zuschuß in Höhe von 4000 fl. an der Finanzierung des Mannheimer Theaters; insgesamt ist damit eine Lasten-

	verteilung von einem Fünftel (Staat) zu vier Fünfteln (Stadt) eingetreten; diese mußte durch die Erträge aus den Kranen- und Lagerhaussteuern ausgeglichen werden.
23.3.1819	Ermordung des Theaterautors August von Kotzebue in Mannheim (Haus A 2, 5, schräg gegenüber dem Haupteingang zum Theater) durch den Wunsiedeler Studenten Carl Ludwig Sand.
4.10.1819	Ernennung von Wilhelm Heilwig Karl Robert August Freiherr von Ungern-Sternberg zum Hoftheaterintendanten.
27.10.1819	Erste Aufführung bei aufgehobenem Abonnement »zum Vortheile der neu errichteten Pensionsanstalt für verdienstvolle Mitglieder der hiesigen Bühne« (*Don Juan* von W. A. Mozart).
30.10.1820	Dem Hoftheaterintendanten werden erneut außer den beiden Hofkommissären zwei städtische Kommissäre zur Führung der Geschäfte zur Seite gestellt.
1821	Gründung eines Reservefonds für das Nationaltheater, der nicht zu laufenden Zwecken Verwendung finden, sondern für außerordentliche Fälle verbraucht werden soll; die Erträgnisse sollen jeweils zum Kapital geschlagen werden, desgleichen etwaige Betriebsüberschüsse; der Fonds wird durch einen jährlichen Zuschuß in Höhe von 1000 bis 2000 fl. gespeist.
1.1.1821	Ernennung von Karl August Reichsgraf von Luxburg zum Hoftheaterintendanten (bis 30. Januar 1836).
20.10.1821	Karl Ferd. Heckel gründet im Haus O 3, 10 seine Instrumenten- und Musikalienhandlung in Mannheim.
6.12.1821	Das badische Ministerium genehmigt der Stadt Mannheim für die Bedürfnisse des Theaters die Besteuerung von Bier (Bieroktroi).
11.12.1821	Das badische Ministerium der auswärtigen Angelegenheiten erläßt ein Reskript, in dem vor allem der verbindliche Etat des Mannheimer Theaters festgelegt wird (sogenanntes Normal-Reskript, das für die grundsätzliche Neuordnung des Theaters von Bedeutung ist); dieses Normal-Reskript bestätigt nochmals den Erlaß vom 30. Oktober 1820 (siehe dort) und beziffert die Etats für Oper, Orchester, Schauspiel etc. getrennt, mit der ausdrücklichen Auflage, daß jede Abteilung für sich etatisiert und möglichst kein Geld der anderen Abteilungen zusätzlich für die Oper verwendet werden solle; Schulden des

	Mannheimer Theaters werde die Staatskasse in Zukunft nicht mehr übernehmen; wegen der bis zu diesem Zeitpunkt aufgelaufenen Schuldensumme in Höhe von ca. zwei Dritteln des Theateretats wird eine Untersuchung eingeleitet.
1821	Umbau der Bühne, Sanierung des Logenhauses.
5.5.1822	Erste Mannheimer Aufführung von Carl Maria von Webers *Der Freischütz*.
26.12.1828	Erste Mannheimer Aufführung von Ludwig van Beethovens *Fidelio*.
7.10.1829	50jähriges Bestehen des Nationaltheaters (aus diesem Anlaß Aufführung von Friedrich Schillers *Wallensteins Lager* und *Wallensteins Tod*).
13.5.1832	Ca. 800 Personen stürmen das Nationaltheatergebäude, um im *Kleinen Theatersaal* eine Volksversammlung abzuhalten, in der gegen die drohende Zurücknahme der Pressefreiheit protestiert wird; die Versammlung verabschiedet eine Petition, die in der Folgezeit von nahezu 2000 Bürgern Mannheims unterzeichnet wird; zwar mißlingt die Übergabe der Petition an Großherzog Leopold in Karlsruhe, doch werfen die Ereignisse insgesamt ihre Schatten auf das *Hambacher Fest* voraus.
1.6.1832	Engagement des Theaterdekorateurs, -maschinisten und -architekten Joseph Mühldorfer.
Juni–September 1832	Erstmalige Verbesserungen an der Bühnenmaschinerie und anderer technischer Einrichtungen des Theaters durch Joseph Mühldorfer.
1834	Franz Lachner wird als Kapellmeister nach Mannheim berufen.
8.11.1834	Erstmals wird ein Abonnement-Konzert des Mannheimer Theaterorchesters auf dem Konzertzettel als *Musikalische Akademie* bezeichnet.
24.12.1835	»Instruction über den Wirkungskreis und die Stellung der Großherzoglichen Hoftheater-Intendanz in Mannheim in Folge der höchsten Entschließung aus Großherzoglichem Staats-Ministerium vom 24. Dezember 1835«; in dieser »Instruction« wird nochmals die herausragende Stellung der städtischen, aber auch der landesherrlichen Kommissäre in Bezug auf den Intendanten bestätigt (siehe auch 30. Oktober 1820).
30.1.1836	Entlassung des Intendanten Karl August von Luxburg, weil er mit den städtischen Kommissären in Konflikt gerät.

31.5.1836	Vinzenz Lachner übernimmt die Position des Kapellmeisters von seinem Bruder Franz.
14.3.1837	Franz Karl von Kronfels wird zum Intendanten ernannt (bis 1839).
16.4.1839	Beschluß des Mannheimer Gemeinderates, das Theater in kommunale Verwaltung zu überführen; dies wird durch Ministerialerlaß vom 16. April 1839 genehmigt; das Theater behält zwar seine Eigenschaft als Staatsanstalt, wird jedoch von der Stadtgemeinde gleich einer Gemeindeanstalt geführt; in einem Theaterstatut wird folgender Zuschußmodus vereinbart: Der badische Staat leistet einen Zuschuß in Höhe von 8000 fl., die Stadt in Höhe von 31 500 fl.; in demselben Theaterstatut findet auch der Reservefonds des Theaters wieder Erwähnung, der zur »Deckung eines durch unvorhergesehene Zufälle entstehendes Defizits [sic!]« dienen soll (Sitzungen/Beschlüsse, 18. September 1930).
24.4.1839	Intendant Franz Karl von Kronfels übergibt die Theatergeschäfte an die städtischen Kommissäre Ludwig Jolly und J. Conrad Schmuckert; die Arbeit des Hoftheaterkomitees beginnt; dieses Hoftheaterkomitee, dem ab Juni 1839 drei Mitglieder angehören, wird vom Stadtrat gewählt und leitet das Theater ehrenamtlich und damit unentgeltlich (das Ende der Hoftheaterkomiteearbeit betreffend siehe 2. April 1890; siehe auch 15. Mai 1843).
1.6.1839	Franz Karl von Kronfels verabschiedet sich von den Theatermitgliedern.
1.3.1840	Zum ersten Mal findet ein *Großer Maskenball* in den vereinigten Sälen des Hoftheaters statt (normale Bälle wurden auch schon vorher regelmäßig im Theater veranstaltet).
8.8.1840	Franz Liszt gibt ein großes Konzert im Theater.
Seit 1.12.1841	finden nicht mehr wie bis zu diesem Zeitpunkt drei, sondern vier Vorstellungen pro Woche im Mannheimer Theater statt.
8.7.1842	Als Gast dirigiert Conradin Kreutzer eine Aufführung seiner Oper *Das Nachtlager von Granada* in Mannheim.
13.1.1843	Hector Berlioz dirigiert im Theater das Nationaltheater-Orchester, das »auf der Bühne placirt ist« (vgl. den gedruckten Hinweis auf dem Programmzettel für dieses Konzert).
15.5.1843	Philipp Jacob Düringer wird als Regisseur, ab 1848 als Oberregisseur verpflichtet.

6.12.1843	Franz Liszt gibt ein weiteres Konzert im Mannheimer Theater.
3.7.1844	Als Gast dirigiert Albert Lortzing seine Oper *Zar und Zimmermann* in Mannheim.
1.10.1844	Gründung der Witwen- und Waisen-Kasse des Hoftheater-Orchesters.
Seit 1.1.1845	Auf den Mannheimer Theaterzetteln wird anstelle von »Madame« die Bezeichnung »Frau« und für »Demoiselle« die Bezeichnung »Fräulein« eingeführt.
20.3.1849	Johann Strauß, Vater, gibt im Konzertsaal des Theaters »mit seiner eigenen Capelle« ein Konzert.
15.6.1849–23.6.1849	Wegen der Revolutionsereignisse bleibt das Theater geschlossen.
26.2.1850	Im Theater finden die Wahlen der Wahlmänner statt, die die Abgeordneten zum Volkshaus des zu berufenden deutschen Parlamentes wählen sollen.
ca. 25.–29.3.1850	Installation von Gasbeleuchtung im Theater.
1. April 1850	Erste Vorstellung bei Gasbeleuchtung (*Die Hugenotten* von Giacomo Meyerbeer); »Der Contrast des intensiven Gaslichts gegen das frühere Oehllampendüster war um so überraschender, als auch der Plafond des Auditoriums sein altergraues [sic!] Colorit gegen eine nunmehr hellere Färbung vertauscht hatte.« (Zeitungsnotiz, möglicherweise aus dem *Mannheimer Journal* vom 2. April 1850).
4.3.1853	Der grundlegende Umbau des alten Theatergebäudes nach Plänen von Joseph Mühldorfer wird beschlossen.
1853–1855	Umbau des historischen Theatergebäudes nach den Plänen von Joseph Mühldorfer (vom 5. März 1854 an finden die Vorstellungen im zum Interimstheater umgestalteten »großen Concert-Saale« des Theaters statt).
11.2.1855	Feierliche Eröffnung des umgebauten Theaters »bei festlich beleuchtetem Hause« mit W. A. Mozarts *Zauberflöte*.
15.7.1855	Erste Aufführung eines musikalischen Dramas von Richard Wagner in Mannheim (*Tannhäuser*, Musikalische Leitung: Vinzenz Lachner).
1858	Einführung von regulären Theaterferien (bis zu diesem Zeitpunkt spielte das Theater durchgehend, lediglich von »Hitzeferien« unterbrochen sowie einer freien Woche vor Ostern [Karwoche]).

9.1.1859	Mannheimer Erstaufführung von Richard Wagners *Lohengrin* (Musikalische Leitung: Vinzenz Lachner).
9.–11.11.1859	Schillerfeierlichkeiten in Mannheim aus Anlaß des 100. Geburtstages des Dichters.
27.1.1861	Mannheimer Erstaufführung von W. A. Mozarts *Idomeneo*.
10.11.1862	Enthüllung des Schiller-Denkmals von Karl Cauer vor dem Mannheimer Theater (vgl. Farbabbildung V, 9, Stiftungsurkunde); aus Anlaß der Denkmalübergabe wird der *Theaterplatz* in *Schillerplatz* umbenannt.
Herbst 1862–Frühjahr 1865	Max Bruch in Mannheim.
14.6.1863	Uraufführung von Max Bruchs Oper *Die Loreley*.
3.11.1863	Clara Schumann gastiert im Theater.
20.8.1864	Enthüllung des von König Ludwig I. von Bayern gestifteten Iffland-Denkmals (im Zweiten Weltkrieg zerstört) von Max von Widnmann auf dem *Schillerplatz* (Richtung C 3).
27.10.1864	Clara Schumann gastiert erneut im Theater.
15.12.1865	Erstes öffentliches Auftreten von Johannes Brahms in einer der Quartett-Soireen, die von Mitgliedern des Mannheimer Hof- und Nationaltheaters gestaltet werden.
1865	Der »Hervorruf bei offener Szene« wird abgeschafft.
1.9.1866	Enthüllung des von König Ludwig I. von Bayern gestifteten Dalberg-Denkmals von Max von Widnmann auf dem *Schillerplatz* (Richtung A 3).
5.3.1869	Mannheimer Erstaufführung von Richard Wagners *Die Meistersinger von Nürnberg* (Musikalische Leitung: Vinzenz Lachner).
30.10.1870	Mannheimer Erstaufführung von Richard Wagners *Der fliegende Holländer* (Musikalische Leitung: Vinzenz Lachner).
1.6.1871	Gründung des ersten Richard-Wagner-Vereins durch Emil Heckel in Mannheim.

Das – im Original blaufarbene – Ankündigungsplakat für das Konzert, das Richard Wagner am 20. Dezember 1871 im Mannheimer Nationaltheater dirigiert hat. RMM, Thslg.

17.–21.12.1871	Richard und Cosima Wagner in Mannheim.
19.12.1871	Hauptprobe für das Wagner-Konzert am Abend des 20. Dezember 1871.
20.12.1871	Am Vormittag dirigiert Wagner in einer halböffentlichen Aufführung in Mannheim zum ersten Mal das *Siegfried-Idyll* in der großen Orchesterfassung.
20.12.1871	Richard Wagner dirigiert »im grossen Saale des Hoftheaters« die »vereinigten Orchester« von Karlsruhe und Mannheim in einem Konzert mit eigenen und klassischen Werken (vgl. Ankündigungsplakat, Theatersammlung des Reiss-Museums Mannheim).
15.11.–19.11.1872	Richard und Cosima Wagner in Mannheim (am 17. November Besuch einer Aufführung des *Fliegenden Holländers*, die Wagner wegen der von Vinzenz Lachner vorgenommenen »Striche« demonstrativ verläßt).
20.12.1872	Mannheimer Erstaufführung von Richard Wagners *Rienzi, Der letzte der Tribunen* (Musikalische Leitung: Ernst Frank; vgl. auch Farbabbildung V, 10).
3.3.1873	Transferierung der Dalbergschen Grabstätte vom katholischen Friedhof in K 2 auf den Mannheimer Hauptfriedhof.
Herbst 1873	Kapellmeister Ernst Frank richtet eine dem Nationaltheater angegliederte Ausbildungsstätte für Chorsänger/innen ein (Leitung: Anton Heurung, Musik- und Chordirektor von 1874 bis 1877); 1878 geht diese Chorschule jedoch wieder ein (vgl. auch den Beitrag von Georg Metz in diesem Buch).
11.10.1874	Uraufführung von Hermann Goetz' komischer Oper *Der Widerspenstigen Zähmung* (Musikalische Leitung: Ernst Frank; vgl. Abbildung S. 97).
Seit 1876/77	zahlt die Stadt dem Nationaltheater neben den sogenannten ordentlichen Zuschüssen (25 500 fl. = 1890: 43 714, 29 Mark) zusätzlich einen *außerordentlichen Zuschuß* in Höhe von 26 000 Mark.
30.9.1877	Uraufführung von Hermann Goetz' Oper *Francesca von Rimini* (Musikalische Leitung: Ernst Frank).
1.10.1877	Das Abonnement wird in die Gruppen A und B aufgeteilt.

22.1.1878	1. Volksvorstellung zu erheblich reduzierten Preisen: »bei aufgehobenem Abonnement u. aufgehobenem Vorrecht der Abonnenten – Zur Gedächtnißfeier Lessing's« *Nathan der Weise*.
13. und 14.4.1879	Erste Mannheimer Aufführungen von Richard Wagners *Das Rheingold* und *Die Walküre* (Inszenierung: Julius Werther, Musikalische Leitung: Franz Fischer); am Ende des 3. Aufzuges der *Walküre (Feuerzauber)* kommt es dank der allzu realistischen Umsetzung durch den versierten Leiter der Bühnentechnik, Fritz Brandt, beinahe zu einer Brandkatastrophe.
1879	Aus Anlaß der Hundertjahrfeierlichkeiten des Nationaltheaters werden folgende Aufführungen gegeben:
5.10.1879	Zur Vorfeier: Ludwig van Beethoven *Fidelio*.
7.10.1879	Julius Werther *Poesie und Geschichte. Ein Festspiel in 10 Bildern, Zur Feier des Einhundertjährigen Bestehens des Großherzoglich Badischen Hof- und National-theaters in Mannheim, am 7. Oktober 1779;* danach: Johann Christian Bock *Geschwind eh' es jemand erfährt oder Der besondere Zufall* (siehe auch 7. Oktober 1779).
8.10.1879	Friedrich Schiller *Die Räuber* (Trauerspiel in sieben Handlungen »neu einstudiert gemäß der ersten Aufführung« am 13. Januar 1782; siehe dort).
9.10.1879	August Wilhelm Iffland *Die Jäger*.
11.10.1879	Zur Nachfeier: Richard Wagner *Das Rheingold*.
12.10.1879	Richard Wagner *Die Walküre*.
16.3.1881	Das Hoftheater-Komitee schreibt einen Preis in Höhe von 1000 Mark aus »für dasjenige deutsche Originaldrama [...], das sich an tragischer Kraft und tiefer Erfassung allgemein menschlicher Konflikte einigermaßen den Räubern Schillers nähere.« (Rückseite des Theaterzettels vom 15. Januar 1882).
13.1.1882	*Räuber*-Gedenkfeier; aus diesem Anlaß findet auch die Vergabe des *Räuber-jubiläumspreises* statt; die Mannheimer Juroren, die ihre Entscheidung von Heinrich Laube in Wien sowie Michael Bernays und Paul Heyse in München überprüfen ließen, haben aus den 156 Einsendungen das Trauerspiel in fünf Akten von Richard Voß, *Luigia Sanfelice*, als des ersten Preises würdig ausgewählt.

15.1.1882	Uraufführung der *Luigia Sanfelice* von Richard Voß.
22.5.1884	Mannheimer Erstaufführung von Richard Wagners *Siegfried*.
25.5.1885	Mannheimer Erstaufführung von Richard Wagners *Götterdämmerung*.
17.–29.12.1886	Aus Anlaß des 100. Geburtstages und auf Anregung des damaligen bedeutenden Mannheimer Oberregisseurs und Theaterhistorikers Max Martersteig (engagiert von 1885–1890) veranstaltet das Nationaltheater eine zyklische Aufführung aller Bühnenwerke Carl Maria von Webers (*Silvana*, 17. Dezember; *Abu Hassan* und *Preziosa*, 18. Dezember; *Der Freischütz*, 19. Dezember; *Oberon*, 22. Dezember; *Euryanthe*, 29. Dezember).
1886	Errichtung eines Denkmales (nicht mehr vorhanden) für den berühmten Mannheimer Violinisten und Konzertmeister des Theater-Orchesters sowie Gründer des *Florentiner Quartetts* Jean Becker eingangs des damaligen Schloßgartens; es handelt sich hierbei um das erste öffentliche Denkmal für einen gebürtigen Mannheimer.
25.4.1887	Erster Bühnenauftritt von Albert Bassermann (auf dem Theaterzettel nicht vermerkt; Bassermann spielt eine stumme Rolle in Ludwig Uhlands *Ernst, Herzog von Schwaben*).
15.9.1887	Enthüllung der Wagner-Kolossalbüste aus Carrarer Marmor von Johannes Hoffart am Haus Heckel in O 3, 10 (erstes öffentliches Denkmal für Richard Wagner); die in doppelter Lebensgröße ausgeführte Büste ist seit Ende des Zweiten Weltkrieges verschollen.
23.12.1888	Mannheimer Erstaufführung von Richard Wagners *Tristan und Isolde*.
1889	Der *außerordentliche Zuschuß* der Stadt zum Theaterbetrieb beläuft sich mittlerweile auf 78 000 Mark (1876/77: 26 000 Mark); hinzukommen Beitragskosten zum Pensionsfond (8571,43 Mark), zur Nationaltheater-Reservekasse (1714,29 Mark) sowie an Feuerversicherungsprämien (11 500 Mark).
2.4.1890	Der Mannheimer Stadtrat beschließt die Änderung des Theaterstatuts; infolge immer wiederkehrender Uneinigkeit des ehrenamtlich und unentgeltlich arbeitenden Hoftheaterkomitees, was erhöhte Ausgaben und sehr schwankendes künstlerisches Niveau zur Folge hat, ist die Wiedereinführung der Position des Intendanten als verantwortlichem Leiter des Theaters beschlossen worden; als Aufsichts- und Kontrollbehörde fungiert das Theaterkomitee jedoch

	weiterhin; diesem nach wie vor dreiköpfigen Gremium, das vom Stadtrat gewählt wird, muß als direkter Verbindungsmann zum städtischen Parlament ein Stadtrat angehören; zusätzlich gehört der Theaterkommission mit vollem Stimmrecht der jeweilige Oberbürgermeister an; dieser Aufsichts- und Kontrollbehörde ist der Intendant im gesamten Umfang seiner Verwaltungstätigkeit verantwortlich; wichtige Verwaltungshandlungen des Intendanten bedürfen vor dem Vollzug der Genehmigung durch diese neue Theaterkommission.
1.6.1890	Freiherr Carl von Stengel wird zum neuen Intendanten ernannt.
9.10.1890	Erste Mannheimer Aufführung von *Der Venusberg (für Paris nachkomponierte Fassung der 1. Szene aus Tannhäuser)* von Richard Wagner in der *1. Musikalischen Akademie* der Spielzeit 1890/91.
Seit 1890/91	Ballettschule am Nationaltheater (Leitung: Louise Dänike, Ballettmeisterin und 1. Solotänzerin am Nationaltheater seit 1. September 1889, 1. Juli 1901 pensioniert).
7.10.1892	Mannheimer Erstaufführung von W. A. Mozarts *Bastien und Bastienne*.
22.12.1892	Mannheimer Erstaufführung von W. A. Mozarts *Die Gärtnerin aus Liebe*.
1893 und 1894	Jeweils in verlängerten Theaterferien erneuter Umbau des Theatergebäudes, insbesondere unter dem Aspekt, die Feuersicherheit des Hauses zu erhöhen (Erweiterung der Korridore, Anlage neuer Treppen und Treppenaufgänge, Vereinheitlichung der Heizungseinrichtung etc.).
1.9.1894	Eröffnung der neuen Restauration im Theaterkellergewölbe.
1895	Aus feuerpolizeilichen Gründen muß der große Konzertsaal des Nationaltheaters für den Publikumsverkehr gesperrt werden.
Oktober 1895	Der Mannheimer Industrielle Heinrich Lanz mietet für seine vierzig Arbeiter und Beamten Plätze für sämtliche Abonnementsvorstellungen des Nationaltheaters (die Plätze befinden sich auf der Galerie, in der Galerieloge, auf dem zweiten und dem dritten Rang).
7.6.1896	Uraufführung von Hugo Wolfs Oper *Der Corregidor* (Inszenierung: August Bassermann, Musikalische Leitung: Hugo Röhr).

25.4.1899	Beschluß des Bürgerausschusses, der vom Stadtrat genehmigten Elektrifizierung des Theaters zuzustimmen.
Sommer 1899	Während der Theaterferien wird das Theater durch die Firma Siemens & Halske, Charlottenburg elektrifiziert (erste Aufführung bei elektrischer Beleuchtung am 9. September 1899: *Fidelio* von Ludwig van Beethoven, »Fest-Vorstellung zur Feier des Allerhöchsten Geburtsfestes Sr. Kgl. Hoheit des Großherzogs Friedrich von Baden«).
25.9.1899	Erste »Volksvorstellung zum Einheitspreis« von vierzig Pfennigen pro Karte (*Götz von Berlichingen* von Johann Wolfgang Goethe); zunächst werden vier Vorstellungen pro Spielzeit gegeben, ab 1902 acht, 1903 neun, 1904 zehn, ab 1907 zwölf und von 1912 an 22 Aufführungen; das Angebot wird besonders von Jugendlichen, aber auch Arbeitern angenommen; die übrigen »Volksvorstellungen zu erheblich reduzierten Preisen« (vgl. 22. Januar 1878) werden ebenfalls weiter angeboten, finden ihre Abnehmer hingegen mehr in finanziell nicht gut gestellten bürgerlichen Kreisen (vgl. auch 22. Januar 1920 und 1922).
Seit 1899/1900	gibt es in Mannheim eine Filiale der *Zentralstelle für die weiblichen Bühnen-Angehörigen Deutschlands,* einer im April 1899 in Berlin gegründeten »Vereinigung von Damen der Bühne und der Gesellschaft« (Bühnen-Almanache der Zeit), die finanziell schlechter gestellte weibliche Bühnenangehörige bei der Beschaffung von historischen und modernen Bühnenkostümen unterstützt, aber auch bei der Wohnungssuche etc. behilflich ist; für die Mannheimer Filiale ist Anna Scipio, N 7, 12, zuständig.
1900	Einführung eines Wochenend-Abonnements (sogenanntes Schabbes-Abc).
1.1.1900	Mit Vertrag zwischen der badischen Staatsregierung und der Stadtgemeinde Mannheim geht das Theatergebäude in das Eigentum der Stadt Mannheim über.
7.11.1900	Der Mannheimer Stadtrat entscheidet sich für eine Erneuerung der Bühnentechnik (ohne Drehbühne, aber mit elektrischen Antrieben).
1901	Gründung des Extrachores des Nationaltheaters unter dem Intendanten August Bassermann und dem 1. Kapellmeister Willibald Kähler; der Extrachor bestand zunächst nur aus Herren; 1928/29 zählte er 24 Mitglieder (vgl. auch den Beitrag von Georg Metz in diesem Buch); anderslautend gibt der *Mannheimer Morgen* vom 26. Oktober 1978 als Gründungsdatum den Oktober 1928 an; der Extrachor beging demzufolge fälschlicherweise 1978 sein 50jähriges Bestehen, im Jahr 2001 kann er hingegen sein 100jähriges Bestehen feiern.

1901 und 1902	Das Theater wird im Innenbereich zum Teil umgebaut und renoviert; bei dieser Gelegenheit wird unter anderem der Bühnenboden um 0,7 Meter abgesenkt und der Orchestergraben verbreitert sowie ca. 1,5 Meter tiefergelegt.
1903	Im § 7 des Statuts für die Verwaltung des Nationaltheaters ist erneut der Reservefonds (jetzt Reservekasse) des Theaters erwähnt, in den die Stadt Mannheim einen jährlichen Zuschuß in Höhe von 1714,29 Mark einzahlt; diese Reservekasse ist »zur Deckung eines durch außerordentliche und unvorhergesehene Zufälle entstehenden Fehlbetrags der Theaterkasse bestimmt« (Sitzungen/Beschlüsse, 18. September 1930).
7.3.1903	Gründung der *Vereinigung der Statisterie des Großherzoglichen Hof- und Nationaltheaters Mannheim.*
1.5.1903	Erste Aufführung des Nationaltheaters im *Neuen Theater* im *Rosengarten* (eingeweiht am 11. April 1903): vorab *Carnaval romain* von Hector Berlioz, gespielt vom Orchester des Nationaltheaters, darauf Henrik Ibsens *Stützen der Gesellschaft.*
6.10.1903	Im *Musensaal* des *Rosengartens* findet zum ersten Mal ein Akademiekonzert des Nationaltheater-Orchesters statt; das Programm wird mit Ludwig van Beethovens op. 124, der Ouvertüre *Die Weihe des Hauses*, eingeleitet; seither werden die Akademiekonzerte regelmäßig im *Rosengarten* (mit kriegsbedingten Ausnahmen) veranstaltet.
9.5.1905	Große Festlichkeiten aus Anlaß des 100. Todestages von Friedrich Schiller.
21.10.1906	Mannheimer Erstaufführung von Richard Strauss' *Salome* (Inszenierung: Carl Hagemann, Musikalische Leitung: Hermann Kutzschbach).
27.7.1907	Uraufführung von Leo Falls Operette *Der fidele Bauer* (unter der musikalischen Leitung des Komponisten).
30.5.1909	Neuinszenierung von Goethes *Faust* (Inszenierung: Carl Hagemann); für die neuen und umfangreichen Dekorationen haben die Familien Lanz und Röchling die Gelder zur Verfügung gestellt; auch für die Neuinszenierung von Friedrich Schillers *Wallenstein*-Trilogie durch Carl Hagemann finanzieren die beiden Familien die Bühnenausstattung (Premiere: 10. November 1909); kurze Zeit darauf beteiligt sich die Witwe von Heinrich Lanz, Julie Lanz, an der Finanzierung von Dekorationen für die Neugestaltung von Richard Wagners *Der Ring des Nibelungen.*

1911	Der Zuschauerraum des Nationaltheaters erhält eine neue Bestuhlung.
Juli 1913	Der Stadtrat genehmigt die Erweiterung des Orchestergrabens sowie den Einbau einer einfachen Drehbühne; beide Maßnahmen werden während der Theaterferien ausgeführt.
20.9.1914	Das Nationaltheater, das wegen des Kriegsausbruches wochenlang nicht gespielt hat, eröffnet die Spielzeit 1914/15 mit einem vaterländischen Abend »Zum Besten der Zentralstelle für Kriegsfürsorge«.
4.4.1915	Erste Mannheimer Aufführung von *Parsifal*, Bühnenweihfestspiel von Richard Wagner (Freigabe für alle Bühnen 1913); (Inszenierung: Eugen Gebrath, Musikalische Leitung: Artur Bodanzky).
7.9.1915	Wilhelm Furtwänglers erstes Dirigat im Mannheimer Theater (Ludwig van Beethoven *Fidelio*).
13.–21.9.1917	Zur Einweihung der neuen Kurhausbühne in Baden-Baden Gesamtgastspiel des Mannheimer Opernensembles mit den Premieren der Neuinszenierung von Richard Wagners *Der Ring des Nibelungen* (Inszenierung: Carl Hagemann, Musikalische Leitung: Wilhelm Furtwängler, Bühnengestaltung und technische Einrichtung: Ludwig Sievert und Adolf Linnebach).
28.–30.9.1917	1. Hauptversammlung des *Verbandes zur Förderung deutscher Theaterkultur* in Mannheim.
17.11.1917	Das Heimatfronttheater Mannheim, das für den Bereich des 14. Armeekorps' spielen soll, wird ins Leben gerufen; ihm gehören etliche zum Kriegsdienst eingezogene Schauspieler des Mannheimer Ensembles an.
18.1.1918	Erste Mannheimer Aufführung von Walter Hasenclevers Drama *Der Sohn* (Inszenierung: Richard Weichert), mit der exemplarisch der Expressionismus auf Mannheims Bühne Einzug hält; Walter Hasenclever, selbst bei der Aufführung anwesend, ist vom Darstellungs-, Inszenierungs- und Ausstattungsstil überwältigt.
22.2.1919	Die angesetzte Tragödie *Gyges und sein Ring* von Friedrich Hebbel muß kurz vor Beginn wegen revolutionärer Unruhen in der Stadt abgesagt werden.
23.2.1919	Wegen der Verhängung des Belagerungszustandes über Baden wird die Aufführung von Giacomo Puccinis *Madame Butterfly* nach dem ersten Akt abgebrochen.

28.4.1919	Der Mannheimer Stadtrat bewilligt dem darstellenden Personal des Nationaltheaters eine einmalige Beihilfe zu dem durch die kriegsbedingte Teuerung verursachten Mehraufwand für Kleidung, Wäsche und sonstigen Berufsaufwand (Schminke, Perücken, Fett, Seife, Trikots), der von den Künstlern und Künstlerinnen selbst bestritten werden muß, in Höhe von 50 000 Mark; dieser Betrag verteilt sich auf rund 100 Personen.
20.1.1920	Der Mannheimer Stadtrat bewilligt erneut eine einmalige Beihilfe für das darstellende Personal in Höhe von 115 000 Mark, die aus den Mehreinnahmen des Spieljahres 1919/20 resultieren.
22.1.1920	Beschluß des Mannheimer Stadtrates: Ab der Spielzeit 1920/21 sind im Nationaltheater 45 Volksvorstellungen zu geben, wobei drei Viertel der Plätze an die Gewerkschaften und Berufsvereine, die mindestens 100 Mitglieder zählen, abzugeben sind; mindestens zwei Drittel der Aufführungen müssen im Nationaltheater auf B 3 stattfinden.
7. Mai 1921	Tagung des 1920 gegründeten *Verbandes der gemeinnützigen Theater* in Mannheim.
28.5. und 4.6.1921	Freilichtaufführungen des Nationaltheaters von W. A. Mozarts *Die Entführung aus dem Serail oder Belmonte und Constanze* vor der Türkischen Moschee im Schwetzinger Schloßgarten in der Inszenierung von Eugen Gebrath, der Bühneneinrichtung von Heinz Grete und unter der musikalischen Leitung von Franz von Hößlin.
24.9.1921	Im Nationaltheater, das wegen der schweren Explosionskatastrophe im Oppauer Stickstoffwerk der Badischen Anilin- und Soda-Fabrik in Ludwigshafen am 21. September 1921 über mehrere Tage geschlossen war, findet für die Opfer und die Hinterbliebenen des Unglücks eine Trauerfeier statt.
1922	Infolge der Inflation beschließt der Mannheimer Stadtrat die Abschaffung der Volksvorstellungen (vgl. auch 22. Januar 1878, 25. September 1899, 22. Januar 1920); noch im selben Jahr gründen Mitglieder von Gewerkschaften und des *Theaterkulturverbandes* die *Theatergemeinde Freie Volksbühne Mannheim*; parallel dazu entsteht ebenfalls noch 1922 der christlich-völkisch geprägte *Bühnenvolksbund Mannheim-Ludwigshafen*.
27.6.1922	Wegen der Ermordung von Außenminister Walter Rathenau am 26. Juni bleibt das Nationaltheater geschlossen.

19.4.1923

Der Mannheimer Stadtrat beschließt »im Anschlusse an die Maßnahmen zahlreicher deutscher Theater«, daß rückwirkend vom 1. April an auf die Dauer von vorerst sechs Monaten ein Prozent der Theatereinnahmen aus Aufführungen von Werken Richard Wagners an dessen Witwe Cosima Wagner als »Ehrentantieme« abgeführt wird; infolge des Ablaufes der Schutzfrist für die

Der historische Kronleuchter, der seit dem Umbau des Theaters auf B 3, Mitte des 19. Jahrhunderts, bis 1928 den Zuschauerraum erhellt hat. Der Entwurf zu diesem Beleuchtungskörper in klassizistischer Formgebung stammt von Joseph Mühldorfer. Eine Kopie dieses Kronleuchters befindet sich heute im Wilhelmatheater *in Stuttgart-Bad Cannstatt. Der Mühldorfersche Kronleuchter wurde 1928 durch einen neuen, ca. 66 Zentner schweren Beleuchtungskörper ersetzt. RMM, Thslg. Nachlaß Brandenburg*

Werke Richard Wagners im Jahr 1913 und aufgrund der Geldentwertung befinde sich Cosima Wagner in akuter finanzieller Bedrängnis; der Mannheimer Stadtrat folgt mit seinem Beschluß einer Aufforderung des *Deutschen Bühnenvereins* und des *Verbandes der deutschen gemeinnützigen Theater.*

28.2.1925 Aus Anlaß des Todes von Reichspräsident Friedrich Ebert bleibt das Nationaltheater geschlossen.

3.9.1925 Der Mannheimer Stadtrat beschließt mit Wirkung vom 1. September 1925 an, der durch den *Verband der deutschen gemeinnützigen Theater* ins Leben gerufenen *Versorgungsanstalt deutscher Bühnen* beizutreten; dies hat gleichzeitig die Auflösung der *Pensionsanstalt des Großherzoglichen Hof- und Nationaltheaters* zur Folge, die allerdings aufgrund der fortschreitenden Geldentwertung nicht mehr zahlungsfähig war; die neue Einrichtung trägt den Namen *Versorgungsanstalt des Nationaltheaters zu Mannheim.*

23.8.1928 Der Mannheimer Stadtrat bewilligt Gelder, um die Logen und den schadhaften Fußboden des I. Ranges erneuern zu lassen, da bereits ein empfindlicher Rückgang der Mieter dieser Logen zu verzeichnen ist, die sich durch den stark knarrenden Fußboden sowie die durchgesessene Bestuhlung in ihrem Kunsterlebnis erheblich beeinträchtigt fühlen. Im selben Jahr erhält der Zuschauerraum auch eine neue Beleuchtungsanlage; diese Maßnahme war notwendig geworden, weil der alte, noch von Joseph Mühldorfer entworfene Kronleuchter (vgl. Abbildung links) aus sicherheitstechnischen Gründen entfernt werden mußte; eine originalgetreue Kopie dieses alten Mannheimer Kronleuchters befindet sich heute im seit 1987 wiederhergestellten *Wilhelmatheater* in Stuttgart-Bad Cannstatt.

5.5.1929 Im Rahmen der *Badischen Rundfunktage* findet erstmals eine Rundfunk-Direkt-Übertragung aus dem Mannheimer Nationaltheater statt (Johann Strauß' Operette *Eine Nacht in Venedig*).

22.–30.6.1929 Mannheim begeht das Jubiläum des 150jährigen Bestehens des Nationaltheaters mit einer *Jubiläumswoche*; aus diesem Anlaß werden dem Mannheimer Schauspieler Albert Bassermann und Wilhelm Furtwängler (1. Kapellmeister in Mannheim von 1915 bis 1920) die Ehrenbürgerrechte der Stadt Mannheim verliehen; Albert Bassermann wird dieses Recht vermutlich 1942 wieder aberkannt, unter anderem weil er in amerikanischen antinationalsozialistischen Filmen mitgewirkt hatte; in jedem Fall wird Bassermann am 7. April 1949 in Mannheim die erneuerte Ehrenbürgerurkunde der Stadt Mannheim überreicht.

Veranstaltungen während der *Jubiläumswoche*:

22.6.1929

Am Morgen überreichen mehrere Bürger Mannheims Oberbürgermeister Hermann Heimerich eine Spende in Höhe von 30 000 Mark, die für Neuinszenierungen des Mannheimer Theaters in der wirtschaftlich äußerst schwierigen Zeit verwendet werden sollen.
11 Uhr Festakt im *Rittersaal* des Schlosses; den Festvortrag hält der Berliner Generalintendant Leopold Jessner zum Thema *Das behördliche Theater – Rückblick, Eingeständnisse und Forderungen;* danach wird die große Theater-Ausstellung des Mannheimer Schloßmuseums *150 Jahre Mannheimer Nationaltheater* (in fünfzehn Ausstellungsräumen, den ehemaligen Wohnräumen des Kurfürstenpaares Carl Theodor und Elisabeth Auguste) eröffnet (vgl. auch den Beitrag über die Theatersammlung des Reiss-Museums von Liselotte Homering in diesem Buch).
18.30 Uhr Nationaltheater, B 3: Vorspiel zu Richard Wagners *Die Meistersinger von Nürnberg* unter der Leitung von Artur Bodanzky, New York; anschließend Premiere der Neuinszenierung von Friedrich Schillers *Die Räuber* (Inszenierung: Heinz Dietrich Kenter).
Ab 22 Uhr Empfang in den Festsälen des Schlosses; bei dieser Gelegenheit Verleihung der *Goldenen Denkmünze der Stadt Mannheim* durch Oberbürgermeister Hermann Heimerich an August Bassermann (Intendant von 1895 bis 1904), Artur Bodanzky (1. Kapellmeister von 1909 bis 1915), die Komponisten Hans Pfitzner und Richard Strauss, der allerdings nicht anwesend sein kann.

23.6.1929

11.30 Uhr: Huldigung der Schüler der Mannheimer *Schillerschule* am Schiller-Denkmal vor dem Nationaltheater in B 3 (in diesem Rahmen werden auch Teile aus Andreas Jacob Rombergs Vertonung von Friedrich Schillers Gedicht *Die Glocke* aufgeführt).
17 Uhr: »Volksfeier im Stadion«: *Alltag und Fest – ein Sinnreigen für großen Bewegungschor* von Rudolf Laban (Regie: Rudolf Laban, Mitarbeit für Text, Sprechchöre und Regie: Martin Gleisner; Tanz und Einstudierung: Mannheimer Bewegungschöre Laban [ca. 500 Personen]; Leitung: Harry und Grete Pierenkämper; Assistenz: Alice Magdeburg; Musik von Werner Gößling [*Mannheimer Festmarsch* 1929], Egon Wellesz [*Festlicher Marsch*], Gustav Holst [aus *Die Planeten:* Nr. I *Mars*, Nr. IV *Jupiter*, Nr. VI *Uranus*], Ernst Krenek [*Heiterer Marsch*], Max Brand [aus *Maschinist Hopkins*] und Bruno Granichstaedten [*Glockenchoral*]); als besonderes Ereignis von Rudolf Laban hervorgehoben, wird sämtliche Musik von Schallplatten eingespielt; für die Großlautsprecheranlage zeichnet die Firma Siemens & Halske verantwortlich.
19.30 Uhr Nationaltheater, B 3: Premiere der Neuinszenierung von W. A. Mozarts *Die Zauberflöte* (Inszenierung: Richard Hein; unter der musika-

lischen Leitung von Erich Orthmann singen ausschließlich hauseigene Kräfte, unter anderen Margarethe Teschemacher, Gertrud Bindernagel und Erna Schlüter).

24.6.1929 Premiere der Neuinszenierung von William Shakespeares *Der Kaufmann von Venedig* (Inszenierung: Gerhard Storz; den Shylock spielt als Gast Otto Wernicke).

25.6.1929 Premiere der Neuinszenierung von Ludwig van Beethovens *Fidelio* (Inszenierung: Richard Hein, Musikalische Leitung: Wilhelm Furtwängler a. G., den Fidelio singt Gertrud Bindernagel, den Florestan als Gast Karl Erb).

26.6.1929 Wiederholung der »Volksfeier im Stadion«; im Nationaltheater werden für die Theatergemeinden Schillers *Räuber* gegeben.

27.6.1929 Im Nationaltheater Vorstellung für Schüler von Friedrich Schillers *Räubern*.

28.6.1929 Premiere der Neuinszenierung von Hans Pfitzners *Palestrina* (Inszenierung: Richard Hein, Musikalische Leitung: Hans Pfitzner a.G.).

29.6.1929 Aufführung von Friedrich Schillers *Räubern* für Abonnenten.

30.6.1929 Premiere der Neuinszenierung von Richard Strauss' *Der Rosenkavalier* (Inszenierung: Alfred Landory, Musikalische Leitung: Erich Kleiber a.G.).

7.–10.7.1929 Jahrestagung der Berufsgruppe *Technische Bühnenvorstände* in Mannheim.

September 1929 Die Stadt Mannheim erkennt dem Nationaltheater-Orchester als Träger der *Musikalischen Akademie* und damit wegen seiner Verdienste um das Musikleben der Stadt die *Goldene Ehrenmedaille der Stadt Mannheim* zu.

28. und 29.9.1929 Feierlichkeiten aus Anlaß des 150jährigen Bestehens der *Musikalischen Akademie des Nationaltheater-Orchesters* (vgl. 20. November 1778).

10.10.1929 Der Mannheimer Stadtrat beschließt trotz der desolaten finanziellen und wirtschaftlichen Verhältnisse der Stadt, das Nationaltheater weiterzuführen; statistische Erhebungen haben gezeigt, daß der städtische Theaterzuschuß im Verhältnis zur Bevölkerungszahl überproportional hoch ist (im Vergleich zu Duisburg, Frankfurt am Main, Düsseldorf, Karlsruhe, Stuttgart und München); die Ursache liegt in der verhältnismäßig geringen Einwohnerzahl, auf die der Zuschußbetrag, der im Vergleich mit den genannten Städten wesentlich niedriger ausfällt, umgelegt werden muß; einnahmemindernd »wirken die schlechte wirtschaftliche Lage eines großen Teils der Bevölkerung und die unzureichenden Raumverhältnisse des Hauses, ausgabesteigernd die sich aus der alten Mannheimer Theater=Tradition und dem kulturellen Niveau der Stadt ergebenden, besonders hoch gestellten Ansprüche an die Leistungen des Theaters« (Sitzungen/Beschlüsse, 15. November 1929).

14.11.1929 Der Mannheimer Bürgerausschuß stimmt zwar dem Beschluß des Stadtrates zu, den Theaterbetrieb aufrecht zu erhalten, lehnt jedoch den vom Stadtrat am 10. Oktober 1929 festgelegten Betriebszuschuß für das Nationaltheater in Höhe von 1 150 000 Reichsmark ab; daraufhin muß sich der Stadtrat erneut mit dem Theatervoranschlag befassen, da die Ablehnung keinerlei Vorbereitungen für die kommende Spielzeit (zum Beispiel den Abschluß von Verträgen) zuläßt; es »müssen vielmehr nun diejenigen Maßnahmen getroffen werden, die erforderlich sind, um den Betrieb des Theaters mit Ablauf der Spielzeit 1929/30 zu schließen« (Sitzungen/Beschlüsse, 13. Dezember 1929).

13.12.1929 Aufgrund des Antrages des Bürgerausschusses vom 13. Dezember 1929 faßt der Mannheimer Stadtrat in einer Sondersitzung am selben Tag folgenden Beschluß: »Unter Aufrechterhaltung des Theaterbetriebs mit den drei Spielgattungen – Schauspiel, Oper, Operette – und unter Zugrundelegung des beiliegenden Voranschlags wird bestimmt, daß bei Erreichung einer Einnahmesumme von 1 220 000 RM der jährliche Betriebszuschuß von 1 100 000 RM nicht überschritten werden darf; Anordnungen in diesem Sinne können nur auf die Dauer von 3 Spielzeiten, gerechnet von September 1930 an, getroffen werden« (Sitzungen/Beschlüsse 13. Dezember 1929); diesem Stadtratsbeschluß stimmt der Bürgerausschuß mit 61 zu 48 und einer Stimmenthaltung zu; die Weiterexistenz des Mannheimer Nationaltheaters ist damit gesichert.

7.8.1930 Der Mannheimer Stadtrat beschließt die Aufhebung des Reservefonds von 1821, der seit Beratung des Voranschlages des Nationaltheaters für die Spielzeit 1924/25 gestrichen worden ist; der am 1. Juli 1930 festgestellte Bestand beträgt 32 177,85 RM; da unterdessen das Land Baden aus Anlaß des 150jährigen Bestehens des Nationaltheaters einen Betrag von 25 000 RM gestiftet hat (lt. Vorschlag des Staatsministeriums an den Landtag vom 21. Juni 1929), um finanziell Schwachgestellten in der Mannheimer Bevölkerung den Besuch des Theaters zu erleichtern, werden der verbliebene Bestand des Reservefonds und die Stiftung des Landes Baden zu einer Stiftung vereinigt; das Stiftungskapital beträgt 57 000 RM; die Erträge aus diesem Kapital sollen für die Veranstaltung geschlossener Vorstellungen »für Minderbemittelte verwendet werden; für diese Vorstellungen wird ein ganz geringer Einheitspreis für den Platz erhoben werden (etwa 20 RPfg.)« (Sitzungen/Beschlüsse, 18. September 1930; vgl. auch 22. Januar 1878, 25. September 1899, 22. Januar 1920, 1922).

14.12.1930	Deutsche Erstaufführung von Leoš Janáčeks *Aus einem Totenhaus* (Inszenierung: Richard Hein, Musikalische Leitung: Joseph Rosenstock).
17.10.1931	Uraufführung von Ernst Tollers und Hermann Kestens Schauspiel *Wunder in Amerika* (Inszenierung: Richard Dornseiff).
13.1.1932	Mannheim begeht den 150. Jahrestag der Uraufführung von Friedrich Schillers *Räubern* in Mannheim (13. Januar 1782, siehe dort) mit einer Aufführung des Stückes im Nationaltheater.
15.1.1932	Der Südfunk überträgt aus dem Mannheimer Senderaum als Ursendung die von Friedrich Walter verfaßte Schiller-Hörfolge *In tyrannos*.
14.2.1932	Uraufführung von Berthold Goldschmidts Oper *Der gewaltige Hahnrei* (Inszenierung: Richard Hein, Musikalische Leitung: Joseph Rosenstock).
25.6.1932	Eröffnung einer Werbeausstellung des Nationaltheaters in der Städtischen Kunsthalle.
16.–20.11.1932	Festvorstellungen aus Anlaß des 70. Geburtstages von Gerhart Hauptmann im Nationaltheater: *Die Weber* (16. November), *Vor Sonnenuntergang* (17. November), *Der Biberpelz* (18. November), *Vor Sonnenuntergang* (20. November).
20.11.1932	Morgenfeier zu Gerhart Hauptmanns 70. Geburtstag; den Festvortrag hält der Kritiker und Autor Alfred Kerr.
20.11.1932	17 Uhr Festakt der *Mannheimer Bibliophilen-Gesellschaft* im *Rittersaal* des Schlosses: »Alfred Kerr zu Ehren«; weitere Programmfolge: 20.30 Uhr Aufführung des Nationaltheater-Orchesters von Alfredo Casellas *Pupazetti*, fünf Stücke für Marionetten; danach in Erstaufführung Manuel de Fallas Oper *Meister Pedros Puppenspiel;* die Marionettenbühne wird von Georg Deininger, Stuttgart, geleitet; dem schließt sich Richard Strauss' Liederzyklus op. 66 *Der Krämerspiegel*, Gesänge von Alfred Kerr, an; es singt Ernst Cremer (1. Kapellmeister am Nationaltheater), am Flügel begleitet von GMD Joseph Rosenstock.
3.12.1932	Deutschsprachige Erstaufführung von Jean Cocteaus *Die geliebte Stimme* (Regie: Herbert Albert Schroeder).

14.1.1933	Uraufführung von Paul Joseph Cremers' Schauspiel *Die Marneschlacht* (Inszenierung: Herbert Maisch).
29.1.1933	Einladung des Nationaltheaters nach Düsseldorf mit Paul Joseph Cremers' Schauspiel *Die Marneschlacht* (das Stück wird zweimal am selben Tag im Düsseldorfer Schauspielhaus gegeben).
3.–14.2.1933	Einladung des Nationaltheaters nach Berlin mit Paul Joseph Cremers' Schauspiel *Die Marneschlacht*; das Gastspiel gerät zu einem sensationellen Triumph für das Mannheimer Theater (am 5. Februar nachmittags überträgt der Rundfunk das Stück, am 14. Februar spielt das Nationaltheater zwei Aufführungen).
10.2.1933	Alexander Moissi gastiert zum wiederholten Mal im Nationaltheater, diesmal in George Bernard Shaws *Zu wahr, um schön zu sein;* die Aufführung wird durch antisemitische Kundgebungen und Stinkbomben gestört.
12.2.1933	11.30 Uhr: Aus Anlaß des 50. Todestages von Richard Wagner »Gedenkfeier« im Nationaltheater; die »Gedenkrede« hält Bernhard Diebold, Berlin; das Nationaltheater-Orchester spielt unter der musikalischen Leitung von Joseph Rosenstock.
12.2.1933	Das nationalsozialistische Parteiorgan in Mannheim, *Hakenkreuzbanner,* verteufelt den Intendanten Herbert Maisch: »Ihre Zeit ist abgelaufen. Mögen Sie eine Marneschlacht gewonnen haben: Wir werden die Entscheidungsschlacht gewinnen« (zit. nach Meyer 1979, S. 54).
18.3.1933	Der Intendant Herbert Maisch und Generalmusikdirektor Joseph Rosenstock werden »beurlaubt«; ein Kuratorium unter der Leitung von Reinhold Roth, Anführer des Mannheimer *Kampfbundes für deutsche Kultur*, übernimmt die Theatergeschäfte.
24.3.1933	»Beurlaubung« des SPD-Mitglieds und Theatermeisters Max Ailinger.
25.3.1933	»Beurlaubung« des jüdischen ehemaligen Sängers und derzeitigen Opern- und Operettenspielleiters Alfred Landory (engagiert seit 1900).
4.4.1933	»Beurlaubung« des jüdischen Schauspielers Raoul Alster (engagiert seit 1926).
6.4.1933	»Beurlaubung« der jüdischen Kostümverwalterin Lily Gundersheim.

7.4.1933	»Beurlaubung« der jüdischen Opernsänger und Opernsängerinnen Walther Friedmann (engagiert seit 1926), Sidney de Vries (engagiert seit 1926) und Ellen Philips (engagiert seit 1931).
11.4.1933	Friedrich Brandenburg wird neuer Intendant des Nationaltheaters.
21.7.1933	Der Mannheimer Stadtrat beschließt die Einrichtung einer Hochschule für Musik und Theater (Eröffnung am 1. Oktober 1933).
23.11.1933	Der Stadtrat beschließt, daß der *Musensaal* im *Rosengarten* für Theateraufführungen in besser geeigneter Weise eingerichtet werden muß; wegen des Abbruchs und Neuaufbaus des Hinterbühnenbereiches des Nationaltheatergebäudes auf B 3 muß der Spielbetrieb von Mai bis Oktober 1934 vor allem im *Musensaal* stattfinden.
2.1.–15.3.1934	Der *Musensaal* im *Rosengarten* wird so eingerichtet und umgebaut, daß das Nationaltheater während der Schließzeit diesen als Hauptspielstätte nutzen kann.
Mai–Oktober 1934	Das Nationaltheater auf B 3 wird grundlegend saniert, da sich die gesamte Hinterbühne abgesenkt hatte; diesen Bereich trennt man aus dem Haus heraus und baut ihn neu auf (vgl. Abbildung S. 552).
15.6.1934	Der Mannheimer Stadtrat diskutiert Pläne zur Arbeitsbeschaffung, unter anderem auch durch den Umbau des Nationaltheatergebäudes.
14.10.1934	Nach sechsmonatiger Umbauphase wird das Nationaltheater auf B 3 mit Richard Wagners *Lohengrin* wiedereröffnet.
6.1.1936	Der homosexuelle Schauspieler Fritz Schmiedel wird von der Gestapo verhaftet.
9.4.1936	Das in der ehemaligen Villa der Geschwister Reiß (E 7, 20) von Gustaf Jacob eingerichtete Theatermuseum der Stadt Mannheim wird eröffnet (vgl. auch den Beitrag über die Theatersammlung des Reiss-Museums von Liselotte Homering in diesem Buch).
10.5.1937	Im Rahmen der *Maifestspiele* (6. bis 16. Mai 1937) des Nationaltheaters besucht Reichsminister Joseph Goebbels die Aufführung des *Heinrich-von-Kleist-Abends* (*Amphitryon* und *Der zerbrochene Krug*) im Nationaltheater (ursprünglich war für diesen Abend *Ein Wintermärchen* von William Shakespeare vorgesehen); zum pikanten Verlauf der Aufführung ausführlich Brandenburg 1973, S. 123–124.
Sommer 1937	Ohne den Spielbetrieb des Nationaltheaters einzustellen, wird die gesamte alte, aus der Mitte des 19. Jahrhunderts stammende Holzdachkonstruktion des Hauses in B 3 durch eine Eisenträgerdachkonstruktion ersetzt.

Blick von der Kuppel der Jesuitenkirche auf die Umbauarbeiten am Nationaltheater auf B 3 im Jahr 1934. Deutlich erkennbar, ist der gesamte Hinterbühnenbereich aus dem Haus »herausgeschnitten«. Er wurde vollständig neu aufgebaut. Vor allem dieser Bereich hatte die Zerstörungen des Zweiten Weltkriegs einigermaßen unbeschadet überstanden. In den Jahren bis 1950 wurde die Ruine des Nationaltheaters auf B 3 abgetragen und der Schillerplatz insgesamt eingeebnet und zu einer Parkanlage umgestaltet. Heute erinnern lediglich eine Gedenkplatte sowie das in der Nordwestecke des Platzes aufgestellte Schiller-Denkmal an das Nationaltheater auf B 3. RMM, Fotobändchen 22

10.10.1937 — Im Rahmen einer »Gaukulturwoche« wird das restaurierte Schloßtheater in Schwetzingen unter der neuen Benennung »Rokokotheater« der Öffentlichkeit übergeben; gespielt werden an diesem Abend vom Ensemble des Badischen Staatstheaters Karlsruhe Goethes *Die Laune des Verliebten* und vom Ensemble des Nationaltheaters Mannheim Glucks Oper *Die Pilger von Mekka*.

5.12.–8.12.1937 — Gastspiel des Nationaltheaters in der Königlichen Oper von Antwerpen mit Siegfried Wagners Oper *Schwarzschwanenreich* (Inszenierung: Alexander Spring a.G., Bühnenbilder: Wieland Wagner a.G., Musikalische Leitung: Karl Elmendorff; vgl. auch Abbildung S. 412); die Aufführung findet am Dienstag, 7. Dezember 1937 statt.

14.5.1938 — Mannheimer Erstaufführung von W. A. Mozarts *Zaide*.

11.7.1939 — Festaufführung in Anwesenheit von Reichsminister Joseph Goebbels im Schloßtheater Schwetzingen; aufgeführt werden von Christoph Willibald Gluck

	Die Pilger von Mekka, ausgeführt durch das Ensemble des Nationaltheaters, sowie das pantomimische Ballett *Don Juan*, dargestellt von der Tanzgruppe des Badischen Staatstheaters Karlsruhe.
11. und 13.3.1941	Im Auftrag des Oberkommandos der Wehrmacht gastiert das Nationaltheater in der Pariser Oper mit Richard Wagners *Die Walküre* (vgl. Abbildung S. 420).
11.10.1941	Deutsche Erstaufführung von Anton Dvořáks Oper *Der Jakobiner*.
12.2.–20.3.1942	Das Theater bleibt wegen Bombenschäden am Gebäude, verursacht durch den Angriff vom 11. Februar 1942, geschlossen; am 21. März 1942 wird in neuer Inszenierung Johann Wolfgang Goethes Trauerspiel *Stella* gegeben.
16./17.4.1943	Die von 1905 an engagierte und bei Publikum und Kollegen sehr beliebte und geschätzte Schauspielerin Lene Blankenfeld kommt in der Nacht zum 17. April 1943 bei einem Bombenangriff ums Leben (vgl. auch Senk 1983, S. 27); die Trauerfeier für die Opfer des Angriffes findet am 22. April 1943 im Nationaltheater statt.
23.4.1943	Im alten Krematorium auf dem Hauptfriedhof findet die Trauerfeier für Lene Blankenfeld und deren ebenfalls bei dem Fliegerangriff vom 16./17. April umgekommene Cousine, die Schauspielerin Ida Gerber-Gersy, statt; wenige Tage später werden die Leichname der beiden Frauen eingeäschert und die Urnen auf dem Ehrenfriedhof des Mannheimer Hauptfriedhofes beigesetzt (Feld IV, 2. Reihe, Grab 4; der im Lauf der Jahrzehnte unkenntlich gewordene kleine Einheitsgrabstein wurde erst 1997 wiederentdeckt und restauriert).
30.5.–23.6.1943	Das Nationaltheater veranstaltet *Kulturtage*.
5./6.9.1943	Nach der Eröffnungspremiere der Spielzeit 1943/44 am 5. September 1943 mit Carl Maria von Webers *Der Freischütz* wird das Theatergebäude auf B 3 durch britische Bombenangriffe in der Nacht auf den 6. September so sehr zerstört, daß es nicht mehr bespielbar ist; Oberbürgermeister Carl Renninger verfügt sogleich, daß der Theaterbetrieb fortzuführen sei; Intendanz und Verwaltung werden zunächst in das *Palast-Hotel Mannheimer Hof* und kurz darauf in die Städtische Kunsthalle verlegt.
24.9.1943	Durch einen Großangriff wird auch der *Rosengarten* insgesamt so sehr zerstört, daß er nicht mehr benutzbar ist.
Ab 5.10.1943	spielt das Nationaltheater regelmäßig bis zum 30. August 1944 (siehe dort) im Schwetzinger Schloßtheater.

Ab 10.11.1943	werden vom Nationaltheater achtzehn Aufführungen im Heidelberger Stadttheater gegeben.
Ab 25.11.1943	finden wöchentlich drei Aufführungen des Nationaltheaters im Ludwigshafener *Pfalzbau* (Kino) statt.
6.1.1944	Der *Pfalzbau* in Ludwigshafen wird zerstört.
14.5.1944	Die Stadt Mannheim empfängt aus Anlaß der Eröffnung der Deutsch-Japanischen Gesellschaft im Schwetzinger Schloßtheater den japanischen Botschafter General Hiroshi Oshima; als »Festoper« wird W. A. Mozarts *Die Hochzeit des Figaro* aufgeführt.
28.6.1944	»Bilanz des Nationaltheaters [für die Spielzeit 1943/44]: 100 Vorstellungen in Mannheim, 154 in Schwetzingen, 18 in Heidelberg, 13 in der weiteren Umgebung, 3 in Karlsruhe, 6 in Metz, 4 in Weimar« (May 1986, S. 20).
24.8.1944	Per Rundfunk wird die Schließung der Theater in Deutschland angeordnet (siehe 1. September 1944).
30.8.1944	Letzte Opernaufführung des Nationaltheaters vor Kriegsende: *Madame Butterfly* von Giacomo Puccini im Schwetzinger Schloßtheater.
31.8.1944	Letzte Aufführung des Nationaltheaters vor Kriegsende: *O diese Kinder* von Gherardo Gherardi im Schloßtheater Schwetzingen (siehe auch 5. Oktober 1943).
1.9.1944	Aufgrund der Verfügung des Reichsministers Joseph Goebbels haben mit diesem Tag alle Theater in Deutschland ihren Spielbetrieb einzustellen, die Theatermitglieder werden entlassen; auch die Musikhochschule wird geschlossen; die Theatermitglieder werden entweder zur Wehrmacht eingezogen oder müssen in Rüstungsbetrieben arbeiten (in Mannheim vor allem bei Bopp + Reuther).
25. und 26.12.1944	Veranstaltungen des Nationaltheaters: Konzerte in der Mannheimer Christuskirche.
12.8.1945	Erste Aufführung des Nationaltheaters nach dem Krieg: *Die Schöpfung* (Joseph Haydn) in der Mannheimer Christuskirche; dieser Aufführung folgen etliche Konzertaufführungen des Theaters.
9.10.1945	Erste Theateraufführung des Nationaltheaters nach dem Krieg: *Der Barbier von Sevilla* (Gioacchino Rossini) im *Ufa-Palast* N 7 (vgl. auch Abbildung S. 425).

11.11.1945 Erste Aufführung des Nationaltheaters in der *Schauburg* in K 1, 5: *Jedermann* (Hugo von Hofmannsthal); ab diesem Tag erscheinen wieder regelmäßig einfache Programmhefte (ab dem 10. September 1948 bis Ende der Spielzeit 1974/75 »Bühnenblätter« genannt, wie schon von der Spielzeit 1930/31 bis Anfang der Spielzeit 1940/41; seit der Spielzeit 1975/76 werden diese wieder als Programmhefte bezeichnet).

15.– 30. Juni 1946 Festspiele im Schloßtheater Schwetzingen, »veranstaltet vom National-Theater Mannheim und Städt. Theater Heidelberg«.

29.3.1947 In der Wandelhalle des in Teilen wiederhergestellten *Rosengartens* wird ein zweiter Theaterraum (zusätzlich zur *Schauburg*) mit der Neueinstudierung des Schwanks *Der wahre Jakob* von Franz Arnold und Ernst Bach eröffnet.

8.5.–15.5.1948 *Festliche Veranstaltungen zum Gedächtnis der deutschen Revolution 1848/49* im Nationaltheater (unter anderem: 9. Mai vormittags: »Feierliche Weihestunde« im Nationaltheater mit einer Ansprache von Theodor Heuss, am Abend Premiere der Neuinszenierung von Georg Büchners Drama *Dantons Tod*).

21.6.1948 Währungsreform.

1948–1955 Die Mannheimer Firma Pichler & Casse erhält nach einer entsprechenden Ausschreibung den Zuschlag, in der *Schauburg* gegen Bezahlung Dia-Positiv-Werbung im Auftrag von Mannheimer Geschäften machen zu können (die Zahl der inserierenden Firmen wächst bis 1954 auf rund 27 an); vor Beginn der Aufführungen wird die Reklame ca. fünf Minuten lang auf eine vor dem Bühnenvorhang installierte Leinwand projiziert.

23.5.1949 Gründung der *Theatergemeinde Mannheim* (heute *Theatergemeinde für das Nationaltheater Mannheim e.V.*).

11.1.1950 Der Gemeinderat beschließt, Verhandlungen mit dem Heidelberger Stadttheater aufzunehmen, nachdem in einem von Oberbürgermeister Hermann Heimerich bei der Kölner *Kommunalen Gemeinschaftsstelle für Verwaltungsvereinfachung im Deutschen Städtetag* in Auftrag gegebenen Gutachten die Einrichtung eines *Kurpfälzischen Nationaltheaters Mannheim-Heidelberg* vorgeschlagen wurde; demnach sollte in Mannheim nur noch Musiktheater, in Heidelberg Sprechtheater gespielt werden; im Lauf der Gespräche stellt sich allerdings heraus, daß bei einer Fusionierung kaum etwas eingespart werden könnte; außerdem hagelt es Proteste sowohl seitens der Theater als auch der Bevölkerung; unter diesem Eindruck beschließt der Mannheimer Gemeinderat am 7. März 1950, das National-

	theater mit Sprech- und Musiktheater fortzuführen (vgl. auch den Beitrag von Kurt Heinz in diesem Buch und vgl. 9. Juni 1969 sowie 7. Oktober 1979).
3.3.1950	Gründung der *Gesellschaft der Freunde des Mannheimer Nationaltheaters* (1992 Umbenennung in *Freunde und Förderer des Nationaltheaters Mannheim*).
17.3.1951	Für die deutsche Erstaufführung von Ugo Bettis *Die unschuldige Irene* (Inszenierung: Paul Riedy, Bühnenmusik: Hans Georg Gitschel) hat als Gast der Mannheimer Künstler Will Sohl die Bühnenbilder entworfen (siehe auch 14. Juni 1996).
15.6.1951	Der bekannte Frankfurter Theateragent Albert Richard Mohr schlägt die Durchführung einer Tombola für den Wiederaufbau des Nationaltheaters vor; Mohr hatte bereits zuvor gemeinsam mit seinem Partner R. E. Stolzenberg für Hannover, Frankfurt, Kassel, Karlsruhe und Wuppertal ähnliche Großaktionen angeregt und erfolgreich durchgeführt.
23.6.1951	Erste Aufführung nach dem Krieg im Vortragssaal der Städtischen Kunsthalle (DEA *Die Höllenmaschine* von Jean Cocteau; Inszenierung: Paul Riedy).
2.11.1951	Neuinszenierung von Richard Wagners *Siegfried*; für diese Inszenierung waren drei Mannheimer Kunstmaler (Rudi Baerwind, Willi Wernz und Hans Graeder) um Entwürfe gebeten worden; Wettbewerbssieger war Rudi Baerwind, der für die extrem kleine Bühne der *Schauburg* ausschließlich malerische Lösungen, kombiniert mit Projektionen fand, mit denen sich das Publikum allerdings nicht anfreunden will (vgl. Abbildung S. 431).
Vom 15.12.1951	an befindet sich die Geschäftsstelle der *Musikalischen Akademie des Nationaltheater-Orchesters* in der *Liselotteschule*, Collinistraße 26 (vgl. auch 1967).
30.1.1952	Wiedereröffnung des *Rosengartens* mit einem Konzert des Nationaltheaters zugunsten der »Tombola für den Wiederaufbau des Nationaltheaters« mit Werken von Wagner, Verdi, Puccini, Oscar Straus und anderen.
4. und 5.2.1952	Das 6. Akademiekonzert der Spielzeit 1951/52 findet erstmals nach dem Krieg im wiederaufgebauten *Musensaal* des *Rosengartens* statt; bis zu diesem Zeitpunkt wurden die Konzerte im *Ufa-Palast* in N 7 durchgeführt.

1.4.–30.6.1952	Erste Serie der Losbrief-Tombola für den Wiederaufbau des Nationaltheaters (in der 1. Serie besteht der Hauptgewinn in einem Persianer Pelzmantel im Wert von DM 3000.–; der Hauptgewinn der Schlußprämienauslosung besteht in einem Lanz-Bulldog im Wert von DM 6572.–); verkauft werden sollen 900 000 Losbriefe zu je DM 0,50, das Spielkapital beträgt DM 450 000.–; in drei Monaten und zehn Tagen werden 1,2 Millionen Lose verkauft; der Reingewinn beträgt DM 517 768,68; die *Gesellschaft der Freunde des Mannheimer Nationaltheaters* kann der Stadt im Januar 1953 einen Scheck in Höhe von DM 520 000.– übergeben.
26.4.1952	Um 14 Uhr beginnt ein großer Umzug mit Überführung der großen, teilweise gestifteten Preise zum *Paradeplatz*, die dort in einem eigens hierfür errichteten Pavillon ausgestellt werden (vgl. auch Abbildung S. 319).
10.9.1952	Festliche Einweihung der neuen Orgel im *Musensaal* des *Rosengartens* unter Mitwirkung des Nationaltheater-Orchesters.
14.11.1952	Eröffnung des *Hauses am Friedrichsplatz* im *Rosengarten* als zusätzliche Spielstätte für das Nationaltheater (im *Mozartsaal* – heute *Stamitzsaal*) mit Molières *Der eingebildet Kranke*; in der Titelrolle Ernst Langheinz.
18.1.1953	Zum Abschluß der Theatertombola veranstaltet die *Gesellschaft der Freunde des Mannheimer Nationaltheaters e.V.* eine Matinee gemeinsam mit dem Nationaltheater-Ensemble und dem Nationaltheater-Orchester in der *Schauburg*; Festansprachen halten der 1. Vorsitzende der *Gesellschaft*, Carl Reuther, und Oberbürgermeister Hermann Heimerich; danach werden »sieben szenische Episoden« von Claus Helmut Drese und Wilhelm Herrmann unter dem Motto *Nationaltheater gestern und morgen* uraufgeführt; das Nationaltheater-Orchester spielt Musik aus Werken von Holzbauer, Weber, Lortzing, Goetz, Wolf, Offenbach und Prokofieff.
30.6.1953	Der Gemeinderat beschließt die Gründung der Stiftung *Nationaltheaterbau Mannheim*; in derselben Sitzung folgt er mit einem weiteren Beschluß der Empfehlung des Theaterausschusses und bewilligt eine Summe von 1,5 Millionen DM zur Errichtung eines Magazin-, Werkstätten- und Verwaltungsgebäudes auf dem Gelände der *Liselotteschule* unter Einbeziehung des dort vorhandenen Gebäudes.
27.8.1953	Das Schiller-Denkmal wird auf dem *Zeughausplatz* (heute *Toulonplatz*) in C 5 aufgestellt.

14.10.1953	Oberbürgermeister Hermann Heimerich teilt den Mitgliedern des Theaterausschusses das endgültige Ergebnis der Tombola für den Nationaltheater-Neubau mit: Die Gesamteinnahmen betrugen DM 1 129 405,74; von diesen sind Aufwendungen in Höhe von DM 598 226,78 (= 53 % der Einnahmen) abzuziehen; als Reingewinn ergeben sich insgesamt DM 531 226,78.
17.10.1953	Szenische Uraufführung von Boris Blachers *Abstrakte Oper Nr. 1* nach einem Text von Werner Egk (Inszenierung: Hans Schüler, Musikalische Leitung: Herbert Albert); das Werk provoziert einen Theaterskandal (vgl. auch Farbabbildung IX, 18 und den Beitrag von Kurt Heinz in diesem Buch).
18.10.1953	»1. Arbeiter-Matinee für die Belegschaften der Motorenwerke Mannheim und der Firma Bopp & Reuther«; bei diesen von Claus Helmut Drese (Dramaturg) initiierten Morgenveranstaltungen bietet das Nationaltheater in moderierter Form einen bunten Querschnitt aus dem reichen Angebot des Hauses an.
21.12.1953	Der Technische Ausschuß genehmigt die Ausführung des neuen Magazin-, Werkstätten- und Verwaltungsgebäudes im Bereich der zu ca. vierzig Prozent zerstörten *Liselotteschule* (siehe auch 30. Juni 1953).
26.1.1954	Baubeginn für das neue Verwaltungsgebäude für das Nationaltheater.
24.4.–29.6.1954	Feierlichkeiten aus Anlaß des 175jährigen Bestehens des Nationaltheaters Mannheim.
24.4.1954	16 Uhr: Eröffnung der Ausstellung *Aus der Geschichte des Mannheimer Nationaltheaters,* Städtische Museen, Zeughaus. 20 Uhr, Haus Friedrichsplatz: Uraufführung von Manfred Hausmanns *Hafenbar* (Regie: Heinrich Sauer).
25.4.1954	11 Uhr, *Rosengarten, Musensaal*: Festakt; Ansprache von Oberbürgermeister Hermann Heimerich; Festvortrag zum Thema *Über die Festlichkeit des Theaters* von Hans-Georg Gadamer. 19 Uhr, Haus Kurpfalzstraße (*Schauburg*): Erstaufführung von Paul Hindemiths Oper *Mathis der Maler* (Inszenierung: Joachim Klaiber, Musikalische Leitung: Herbert Albert).
14.5.1954	Baubeginn für das neue Werkstättengebäude des Nationaltheaters (die Inbetriebnahme des gesamten Gebäudekomplexes erfolgt dem Verlauf der Bauarbeiten entsprechend vom 1. August 1954 bis zum 16. März 1955).

15.5.1954 »Rokoko-Theater« Schwetzingen: Im Rahmen der *Festspiele im Schwetzinger Schloß 1954* Neuinszenierung von W. A. Mozarts *Idomeneo* (Inszenierung: Joachim Klaiber, Musikalische Leitung: Herbert Albert).

18.5.1954 Kunsthalle: Lichtbildervortrag von Claus Helmut Drese zum Thema *Bilder aus der Vergangenheit des Mannheimer Nationaltheaters.*

20.5.1954 *Rosengarten, Musensaal*: Festliches Konzert mit dem Berliner Philharmonischen Orchester unter der Leitung von Wilhelm Furtwängler.

24.5.1954 Haus Kurpfalzstraße (*Schauburg*): Neuinszenierung von Friedrich Schillers *Die Braut von Messina* (Inszenierung: Paul Riedy).

11.6.1954 Haus Friedrichsplatz *(Mozartsaal)*: Erstaufführung von Frank Martins *Der Zaubertrank* (Inszenierung: Joachim Klaiber; Musikalische Leitung: Karl Fischer).

Feierliche Grundsteinlegung für das neue Nationaltheater am Goetheplatz *durch Oberbürgermeister Hermann Heimerich am 18. Juni 1954. Foto: Keese und Steiger. RMM, Thslg.*

17.–19.6.1954	Hauptversammlung des *Deutschen Bühnenvereins* in Mannheim.
18.6.1954	16 Uhr: Grundsteinlegung für das neue Nationaltheater am *Goetheplatz*. 20 Uhr, *Rosengarten, Musensaal:* Szenische Erstaufführung von Georg Friedrich Händels Oratorium *Saul* (Inszenierung: Mary Wigman a.G., Musikalische Leitung: Herbert Albert).
19.6.1954	Haus Kurpfalzstraße (*Schauburg*): Neuinszenierung von William Shakespeares *Wie es euch gefällt* (Inszenierung: Heinrich Sauer).
29.6.1954	Haus Friedrichsplatz, im Rahmen von *Jugend und Theater*: Erstaufführung von Wolfgang Altendorfs *Der arme Mensch* (Inszenierung: Lothar M. Schmitt) mit anschließender Diskussion.
25.11.1954	Uraufführung von Gerhard Wimbergers Oper *Schaubudengeschichte* (Inszenierung: Joachim Klaiber, Musikalische Leitung: Karl Fischer).
5.12.1954	Uraufführung von Nikos Kazantzakis' Schauspiel *Feuer über Sodom* in Anwesenheit des Autors (Inszenierung: Wolfgang von Stas a.G., vgl. auch Abbildung S. 434).
7.–15.5.1955	Aus Anlaß des 150. Todestages von Friedrich Schiller veranstaltet das Nationaltheater *Schiller-Tage* mit Aufführungen von Werken des Dichters – *Die Verschwörung des Fiesko zu Genua*, 7. Mai (Inszenierung: Claus Helmut Drese); *Phädra,* 8. Mai (Inszenierung: Heinrich Sauer); *Kabale und Liebe*, 9. Mai (Inszenierung: Heinz Hilpert a.G.), *Wilhelm Tell*, 10. Mai, Gastspiel des Landestheaters Darmstadt (Inszenierung: Gustav Rudolf Sellner) sowie *Demetrius*, Szenische Lesung, 15. Mai (Regie: Claus Helmut Drese) –, einer *Schillerfeier für die Jugend* (8. Mai im *Musensaal* des *Rosengartens*), der *Schillerfeier des Nationaltheaters* (8. Mai, gleichfalls im *Musensaal* des *Rosengartens*) und anderem.
28.4.1956	Beginn der zweiten Tombola zu Gunsten des Nationaltheater-Neubaus; nach 65 Tagen sind rund 1 360 000 Lose verkauft; diesmal beträgt der Reingewinn etwa DM 460 000.–.
2.12.1956	Letzte Aufführung des Nationaltheaters im Theater in der *Schauburg: Otello* (Giuseppe Verdi); in deutscher Sprache (obwohl auf dem Theaterzettel der italienische Originaltitel genannt wird).
4.12.1956	Letzte Aufführung des Nationaltheaters im *Rosengarten*, *Mozartsaal*, heute *Stamitzsaal: Der kleine Napoleon* (Paul Sarauw).

12. und 13. Januar 1957	Eröffnung des neuen Nationaltheaters am *Goetheplatz* (Architekt: Gerhard Weber [gestorben 17. März 1986, siehe dort]; ein Schüler von Ludwig Mies van der Rohe, Weber hatte bereits mit seiner Konstruktion des Zuschauerhauses für die Hamburgische Staatsoper und den Konzertsaal des Hessischen Rundfunks im *Funkhaus am Dornbusch* in Frankfurt am Main Aufsehen erregt [vgl. auch den Beitrag von Herbert Beierbach in diesem Buch]).
12. Januar 1957, 11 Uhr	Festakt im *Großen Haus*; im Rahmen dieser Veranstaltung Verleihung des *Schillerpreises* der Stadt Mannheim für das Jahr 1956 an den Regisseur Jürgen Fehling, der jedoch schwer erkrankt ist (für ihn nimmt die Schauspielerin Joana Maria Gorvin den Preis entgegen); Oberbürgermeister Hans Reschke erwähnt in seiner Festansprache »stellvertretend für alle, die mithalfen«, daß der Neubau des Nationaltheaters entstehen konnte, seinen Amtsvorgänger Hermann Heimerich und den Präsidenten der Industrie- und Handelskammer, Hans Leonhard Hammerbacher, den »unermüdlichen Helfer, Werber und Sammler«.
12. Januar 1957, 13 Uhr	Empfang der Stadt Mannheim für 500 geladene Gäste im *Musensaal* des *Rosengartens* aus Anlaß der feierlichen Eröffnung des neuen Nationaltheaters; im Rahmen dieses Empfanges: Verleihung des Großen Verdienstkreuzes des Verdienstordens der Bundesrepublik Deutschland im Namen des Bundes präsidenten durch den baden-württembergischen Ministerpräsidenten Gebhard Müller an den amtierenden Intendanten Hans Schüler. Am 10. Januar 1957 findet eine Voraufführung des *Freischütz* im *Großen Haus* »für die am Theaterbau Beschäftigten« statt; bei den Aufführungen am 12. Januar 1957 handelt es sich um ›die Voraufführungen für Ehrengäste‹, erst am 13. Januar 1957 abends finden die eigentlichen ›Festlichen Eröffnungsvorstellungen des Nationaltheaters‹ statt »für langjährige Platzmieter und Mitglieder der Theatergemeinde sowie Spender für den Theaterneubau«: im *Kleinen Haus* mit Friedrich Schillers *Die Räuber* (Inszenierung: Erwin Piscator a.G., Musik: Aleida Montijn a.G.) – in Erinnerung an die vor 175 Jahren in Mannheim am Sonntag, 13. Januar 1782, erfolgte Uraufführung (siehe dort) – und im *Großen Haus* mit Carl Maria von Webers *Der Freischütz* (Inszenierung: Hans Schüler, Musikalische Leitung: Herbert Albert) – in Erinnerung an die letzte Aufführung im Nationaltheater auf B 3 (5. September 1943, siehe dort, und vgl. Farbabbildungen X und XI, 19).
27.5.1957	Im Rahmen der *VI. Mannheimer Kultur- und Dokumentarfilmwoche* (27. Mai bis 1. Juni 1957) um 20.45 Uhr Uraufführung des Films über das neue Mannheimer Nationaltheater, *Impressionen aus einem Theater*, in den

	Alster Lichtspielen (Herstellung des Films durch Oertel-Filmgesellschaft mbH in Wiesbaden-Biebrich, Länge des Films: 400 m, Spieldauer: 28 Minuten; Kamera und Regie: Curt Oertel; Drehbuch: Kurt Joachim Fischer; künstlerische Beratung: Claus Helmut Drese; Regieassistenz: Hansgünter Heyme); sämtliche Mitglieder des Nationaltheaters, die in diesem Film mitwirken, verzichten auf eine Honorierung; der Film wird in der Langfassung von der *Filmbewertungsstelle der Länder* 1958 mit dem Prädikat »Besonders wertvoll« ausgezeichnet.
Herbst 1957	Auf der IV. Internationalen Bauausstellung in São Paulo (Brasilien) wird der Architekt Gerhard Weber als bester internationaler Theaterarchitekt des Jahres 1957 für seine Arbeiten in Hamburg (Staatsoper) und Mannheim (Nationaltheater) mit dem 1. Preis ausgezeichnet (vgl. auch 12./13. Januar 1957).
November 1957	Die Stadt Mannheim lobt einen Autorenwettbewerb für zeitgenössische deutschsprachige Dramatik aus (Dotierung: DM 10 000.– und zusätzliche Aufführungstantiemen); das zwanzigköpfige *Dramaturgische Kollegium* (unter Leitung des Kulturreferenten Christoph Andritzky) hat vier Themenkreise zur Auswahl gestellt, zu denen zur Zeit kaum Stücke auf dem Theater zu sehen sind: 1. Das Problem der Autorität in unserer Zeit. 2. Das psychologische Problem der Spaltung des Menschen. 3. Probleme der neuen industriellen Gesellschaft. 4. Probleme der demokratischen Staatsform. Bis zum festgesetzten Einsendeschluß (31. März 1958), beteiligen sich 374 (!) Autoren mit 438 Exposés; das *Dramaturgische Kollegium* wählt vier Autoren aus, die alle zuvor noch nicht für das Theater gearbeitet haben: Tankred Dorst, Beatrice Ferolli, Heinrich Heym und Johannes Mario Simmel; Anerkennungen werden ausgesprochen an Karl Peter Heiser, Kurt Klinger, Heinrich Krackhardt und Erwin Sylvanus; den Wettbewerb gewinnt Johannes Mario Simmel mit seinem Entwurf zu dem Schauspiel *Der Schulfreund*, das am 26. Februar 1959 (siehe dort) im Nationaltheater mit großem Erfolg uraufgeführt wird; auf ebensolche Anerkennung stößt Tankred Dorsts Entwurf für *Gesellschaft im Herbst*; Uraufführung am 2. Juli 1960 (siehe dort).
6.–8.6.1958	18. Volksbühnentag (Tagung des *Verbandes der deutschen Volksbühnen-Vereine e. V.*) in Mannheim.
21. und 22.6.1958	Gastspiel des Nationaltheaters bei den *Wiener Festwochen* im Wiener *Burgtheater* mit zwei Aufführungen von Ernst Barlachs Schauspiel *Sündflut* (Inszenierung: Heinz Joachim Klein).

Oktober 1958 Das Wandmosaik auf der Außenfassade des *Kleinen Hauses* Richtung *Friedrichsring* nach Entwürfen des Malers, Grafikers und Bühnenbildners Hans Leistikow, Frankfurt am Main, wird von einer Frankfurter Spezialfirma angebracht.

29.10.1958 Die Begum Aga Khan ist in Heidelberg zu Gast (25. Oktober bis November 1958) und besucht von dort aus auch Mannheim und sein Nationaltheater; sie erlebt eine Aufführung im *Großen Haus* von *La Cenerentola (Aschenbrödel)* von Gioacchino Rossini.

4.1.1959 Die *Theatergemeinde für das Nationaltheater Mannheim* eröffnet in D 5, 4 die neu gegründeten *Mannheimer Puppenspiele.*

26.2.1959 Uraufführung von Johannes Mario Simmels Schauspiel *Der Schulfreund* (Inszenierung: Heinz Joachim Klein, mit Bruno Hübner a. G.).

Die Begum Aga Khan mit Oberbürgermeister Hans Reschke in dessen Loge im Großen Haus *des Nationaltheaters am* Goetheplatz *vor der Aufführung am 29. Oktober 1958 von Gioacchino Rossinis* La Cenerentola. *Foto: Bohnert + Neusch. RMM, Thslg.*

19.4.1959	Mit einem Vortrag von Wilhelm Herrmann gedenkt das Nationaltheater in einer Matinee im *Kleinen Haus* unter dem Titel *Die Kunst lang, das Leben kurz – August Wilhelm Iffland. Eine Stunde der Erinnerung* des 200. Geburtstages von August Wilhelm Iffland, Schauspieler und Regisseur in Mannheim von 1779 bis 1796.
4.6.1959	Aus Anlaß des 200. Geburtstages von Friedrich Schiller wird das Mannheimer Schiller-Denkmal wieder auf dem Quadrat B 3 aufgestellt, auf dem bis zu seiner Zerstörung 1943 das Nationaltheater stand (heute insgesamt *Schillerplatz*).
27.–30.7.1959	32. Bühnentechnische Tagung im Nationaltheater der Berufsgruppe *Ausstattung, Technik und Verwaltung* in der *Genossenschaft deutscher Bühnenangehöriger* und der *Deutschen Theatertechnischen Gesellschaft*; zwar hat der als einer der Hauptredner angekündigte Erwin Piscator abgesagt, doch wird sein Referat mit einem Bekenntnis zur Technik im Theater von Walter Vits-Mühlen verlesen.
9.11.1959	Zum Gedenken an den 200. Geburtstag von Friedrich Schiller findet im *Großen Haus* ein Festakt statt, in dessen Verlauf dem Schweizer Dramatiker Friedrich Dürrenmatt der *Schillerpreis* der Stadt Mannheim verliehen wird; gleichzeitig werden Helene Röchling, Else Landmann-Driescher, Franz-Josef Brecht und Carl Onno Eisenbart mit der Schillerplakette der Stadt Mannheim geehrt; Friedrich Dürrenmatt hält eine vielbeachtete Schiller-Rede.
2.7.1960	Uraufführung von Tankred Dorsts Schauspiel *Gesellschaft im Herbst* (Regie: Heinz Joachim Klein; mit Ida Ehre a. G.).
12.10.1961	Erste Aufführung im neu eingerichteten Kammerspieltheater (Vortragssaal, ehemaliger *Kahnweiler-Saal*, heute durch einen – ebenfalls nach Henry Kahnweiler benannten – Saal im Neubau der Städtischen Kunsthalle ersetzt): Mannheimer Erstaufführung von Samuel Becketts *Warten auf Godot* (Inszenierung: Curt Bock a.G.).
17.12.1961	Uraufführung von Paul Hindemiths *Das lange Weihnachtsmahl* unter der Leitung des Komponisten (letzte Inszenierung des Intendanten Hans Schüler).
30.9. und 1.10.1962	Gastspiel des Nationaltheaters in der Berliner Akademie der Künste mit Paul Hindemiths *Das lange Weihnachtsmahl* und Darius Milhauds *3 opéras minutes* (Inszenierung: Ulrich Reinhardt) anläßlich der Berliner Festwochen; das Gastspiel findet unter der musikalischen Leitung von Paul Hindemith statt.

Seit Spielzeitbeginn, 7.9.1963	hängt über dem Treppenaufgang A (Richtung *Goethestraße*) zum *Großen Haus* (heute über dem Treppenaufgang B, Richtung *Hebelstraße*) ein 4,75 auf 2,87 Meter großer Bildteppich (Gobelin) nach dem Entwurf des französischen Künstlers Jean Lurçat, angefertigt in den mittelfranzösischen Werkstätten von Aubusson-sur-Creuse; der Teppich trägt den Titel *Mannheim* und nimmt Bezug auf das Mannheimer Stadtwappen; bei dem Kunstwerk handelt es sich um eine Auftragsarbeit der Stadt Mannheim, nachdem die Städtische Kunsthalle 1959/60 eine viel beachtete Ausstellung mit großen Gobelin-Arbeiten des Künstlers veranstaltet hatte; die Finanzierung des Teppichs wird durch die *Daimler-Benz-Jubiläums-Stiftung* von 1962 ermöglicht.
27., 28. und 29.3. 1963	Gastspiel des Nationaltheaters im *Théâtre des Nations* in Paris mit Paul Hindemiths *Das lange Weihnachtsmahl (Le long repas de Noël)* und Darius Milhauds *3 opéras minutes* (Musikalische Gesamtleitung: Walther Knör).
Mai/Juni 1963	Das Nationaltheater nimmt in Käfertal (*Reichenbachstraße*) sein ca. 95 x 45 Meter großes und ca. elf Meter hohes Kulissenmagazin in Betrieb.
18.4.–2.7.1963	*Wagner Verdi Zyklus:* »Achtzehn Hauptwerke in der Reihenfolge ihres Entstehens zur Feier des 150. Geburtstages beider Meister. Mit Gästen von Weltruf«; aus dem *Wagner Verdi Zyklus* sind seit 1965 die *Festlichen Opernabende* entstanden, die zumeist regelmäßig alle zwei Jahre veranstaltet werden.
22.4.–1.5.1964	Gastspiel der *Freien Volksbühne* Berlin mit Rolf Hochhuths umstrittenen Zeitstück *Der Stellvertreter* (Inszenierung: Erwin Piscator; Musik: Aleida Montijn).
27.–30.4.1964	Gastspiel des Nationaltheaters Mannheim in der Deutschen Demokratischen Republik (Weimar, Dresden, Leipzig, Ost-Berlin) mit William Shakespeares *Der Sturm* (Inszenierung: Ernst Dietz); siehe Farbabbildung XII, 20.
26.10.1964	Erstes Gastspiel einer Bühne aus der *Deutschen Demokratischen Republik* im Nationaltheater (Staatstheater Dresden mit William Shakespeares *Troilus und Cressida*); es kommt zu weiteren Austauschgastspielen von DDR-Bühnen im Nationaltheater, bis die Kontakte 1968 (»Prager Frühling« und Einmarsch sowjetischer Truppen in die Tschechoslowakei) seitens der DDR abrupt abbrechen (siehe auch 2. und 3. Dezember 1986).

29.4.1965	Uraufführung von Wolfgang Lauths Ballettmusiken *Jazztime* und *Totentanz*.
August 1965	Der Bühnenboden im *Kleinen Haus* wird erneuert und das Mosaik an der Außenfassade des *Kleinen Hauses* (Richtung *Friedrichsring*), das 1958 (siehe dort) nach Entwürfen von Hans Leistikow angebracht worden war, wird teilweise saniert.
1967	Das Haus *Mozartsraße 11* (vormals im Besitz des *Corps Hermunduria*) wird von der Stadt für das Nationaltheater angekauft, umgebaut und neu eingerichtet (seitdem ist es unter anderem Sitz der *Musikalischen Akademie des Nationaltheater-Orchesters e. V.*, deren Geschäftsstelle bis zu diesem Zeitpunkt im Haus *Collinistraße 26* untergebracht war; vgl. 15. Dezember 1951).
1967	Ausstellung des Nationaltheaters aus Anlaß der Eröffnung des Nationaltheaters am *Goetheplatz* vor zehn Jahren, die von Peter Mertz, Marlis Stegh und Paul Walter unter dem Titel *188 Spielzeiten Nationaltheater Mannheim – Eine Ausstellung zum zehnjährigen Bestehen des neuen Hauses* erarbeitet worden ist; die Ausstellung wird von einer kleinen Schrift gleichen Titels begleitet, zusammengestellt von Peter Mertz und Marlis Stegh.
1.1.1968	Das Nationaltheater legt erstmals eine Miete ausschließlich für das Schauspiel auf (Schauspielmiete, 10 Vorstellungen mit festem Stammsitz; acht Aufführungen finden im *Kleinen* oder im *Großen Haus*, zwei Vorstellungen im *Kammerspiel in der Kunsthalle* statt).
21.9.1968	Der neue *Pfalzbau* in Ludwigshafen wird vormittags mit einem Festakt und am Abend mit der Neuinszenierung von Wolfgang Amadé Mozarts *Die Zauberflöte* durch das Nationaltheater Mannheim eröffnet (Inszenierung: Ernst Dietz, Musikalische Leitung: Horst Stein).
16.12.1968	Erstes von mehreren Wohltätigkeitskonzerten des Nationaltheaters zugunsten der von der Tageszeitung *Mannheimer Morgen* ins Leben gerufenen Aktion *Wir wollen helfen*, die bis heute in Not geratene Mannheimer Bürger finanziell unterstützt.
22.2.–2.3.1969	Tschechische Woche im Nationaltheater mit Gastspielen aus der Tschechoslowakei und hauseigenen Produktionen tschechischer Opern und Schauspiele.
22.4.1969	Der 1968 von der Kunsthalle angekaufte Bildteppich der Textilkünstlerin Johanna Schütz-Wolff, auf dem linear verschlungene Formen den Oberkörper einer

menschlichen Figur umspielen, wird im Nationaltheater am Treppenaufgang zum *Großen Haus* (Aufgang A) aufgehängt; dieser geknüpfte Wollteppich, der auch heute noch (1997) dort hängt, ist nicht identisch mit dem ursprünglich von Johanna Schütz-Wolff für diesen Aufgang entworfenen Bildteppich, der dort (zumindest) bei der Eröffnung des Hauses als 1:1-Entwurf auf Karton zu sehen war (vgl. die Farbabbildung XIII, 21 des Originalentwurfs in diesem Buch).

9.6.1969 Der Oberbürgermeister der Stadt Mannheim, Hans Reschke, beauftragt die Verwaltungsdirektoren der Staatsoper Hamburg, Herbert Paris, und der Deutschen Oper am Rhein Düsseldorf-Duisburg, Karl Waschkowitz, ein Gutachten anzufertigen, in dem die Möglichkeiten für eine »Theater-Ehe« zwischen Mannheim und Ludwigshafen überprüft werden sollen (vgl. auch 11. Januar 1950 und 7. Oktober 1979).

7.10.1969 100. Vorstellung eines *Jazz-Balletts* von Wolfgang Lauth und Horst Müller; diese *Jazz-Balletts* stellen bis heute die erfolgreichsten Produktionen des Mannheimer Balletts dar (vgl. auch den Beitrag von Sibylle Dahms in diesem Buch).

15.1.1970 Das von den Städten Mannheim, Ludwigshafen, Heidelberg und dem Bezirksverband Rheinland-Pfalz in Auftrag gegebene Gutachten (siehe 9. Juni 1969) kommt zu folgendem Ergebnis: Eine Theatergemeinschaft, die auch Heidelberg und Kaiserslautern einbezieht, ist von vornherein zum Scheitern verurteilt, besonders weil die Bühnenausmaße viel zu unterschiedlich sind; eine Theatergemeinschaft zwischen Mannheim und Ludwigshafen hingegen wäre denkbar, hätte allerdings einen erheblichen Mehraufwand im künstlerischen sowie im technischen Bereich zur Folge (mindestens fünfzig zusätzliche Planstellen); die Kosten für diesen Mehraufwand (zu diesem Zeitpunkt knapp zwei Millionen DM pro Spielzeit) gingen vornehmlich zu Lasten von Ludwigshafen; im Rahmen des Gutachtens wird ausdrücklich auf die Verantwortung der Länder hingewiesen, die »sich stärker als bisher an der Erhaltung der Substanz des deutschen Theaters durch Bereitstellung entsprechender Mittel« an der Deckung der verbleibenden Fehlbeträge beteiligen sollen; dieser Beitrag müsse mindestens zwischen 33 bis fünfzig Prozent liegen (Gutachten 1970, S. 93/94); das Gutachten wird in der Öffentlichkeit und in den Gremien heftig diskutiert (siehe auch 16. Juni 1971).

3.12.1970 Das Nationaltheater bringt unter dem Titel *Galaabend der Mannheimer Oper* seine erste hauseigene Schallplattenproduktion heraus (Live-Mitschnitt des Zweiten *Wir wollen helfen*-Wohltätigkeitskonzertes vom 29. Dezember 1969 auf zwei Langspielplatten).

28.12.1970	Drittes *Wir wollen helfen*-Wohltätigkeitskonzert des Nationaltheaters.
30.1.1971	Übergabe im Nationaltheater des 1970 von *Mannheimer Morgen*-Mitherausgeber Rainer von Schilling gestifteten *Bloomaulordens* an die Mannheimer Opernsängerin Anneliese Rothenberger; der Fastnachtsorden wird seither jährlich während der Fastnachtszeit im Nationaltheater an Persönlichkeiten verliehen, die Mannheim in besonderer Weise repräsentieren (vgl. auch *Namen–Daten–Fakten* in diesem Buch).
7.2.1971	Verleihung des *Schillerpreises* der Stadt Mannheim des Jahres 1970 an die Schauspielerin und Theaterleiterin Ida Ehre, die von 1927 bis 1931 Mitglied des Mannheimer Schauspielensembles war.
14.2.1971	Aus Anlaß seines 80. Geburtstages Verleihung des Ehrenringes der Stadt Mannheim an Generalintendant Herbert Maisch (Intendant in Mannheim von 1930 bis 1933) im *Oberen Foyer* des Nationaltheaters.
4.5.1971	Der Generaldirektor der *San Francisco Opera*, Herbert G. Adler, ist in Mannheim, um den Vertrag mit dem Nationaltheater über den Ankauf von Dekorationen nach Entwürfen von Paul Walter zur »abgespielten« *Eugen-Onegin*-Inszenierung für die *San Francisco Opera* zu unterzeichnen.
16.6.1971	Unter Vorsitz des Mannheimer Oberbürgermeisters Hans Reschke lehnt der *Ausschuß für Kulturelle Angelegenheiten des Gemeinschaftsausschusses der Städte Mannheim – Ludwigshafen* wegen der schlechten Finanzlage der Stadt Ludwigshafen die Zusammenarbeit zwischen dem Ludwigshafener *Pfalzbau* und dem Nationaltheater Mannheim ab.
3.–7.9.1971	Aufgrund des großen Erfolges vor allem beim jüngeren Publikum mit der hauseigenen Musicalproduktion von Donald Drivers *Tut, was ihr wollt* organisiert das Nationaltheater am Ende der Theaterferien ein Gastspiel des Schweizer Tourneetheaters mit der in München und Zürich gezeigten deutschen Originalinszenierung des Musicals *Hair* im *Großen Haus* (wegen des Riesenerfolges werden für den 15.–20. November 1971 weitere Termine vereinbart).
21.9.1971	In nichtöffentlicher Sitzung beschließt der Mannheimer Gemeinderat aus künstlerischen Gründen die Eingruppierung von Orchester, Chor und Ballett von der Tarifgruppe B in die Tarifgruppe A.

26. und 27.10.1971	Als einzige deutschsprachige Bühne wird das Nationaltheater vom Goethe-Institut zur Teilnahme am *2. Internationalen Theaterfestival* mit Schillers *Räubern (Los Bandidos)* in der umstrittenen Inszenierung von Hans Neuenfels nach Madrid in das *Teatro de la Zarzuela* eingeladen; das Festival steht unter dem Motto *Klassiker auf modernen Bühnen;* als zweite deutsche Bühne neben dem Mannheimer Nationaltheater stand die Berliner *Schaubühne am Halleschen Ufer* mit Ibsens *Peer Gynt* zur Wahl.
15.–20.11.1971	Erneut Vorstellungen des Musicals *Hair* im *Großen Haus* des Nationaltheaters (siehe auch 3.–7. September 1971).
1971–1979	Organisiert von einem eigenen Komitee, findet rund ums Nationaltheater fünf Mal im Jahr der *Mannemer Flohmarkt/Krempelmarkt* statt; nach Kompetenzgerangel mit dem Ordnungsamt der Stadt Mannheim und aufgrund mangelnder Infrastruktur (Toiletten, Parkplätze etc.) findet der *Mannemer Flohmarkt/Krempelmarkt* seit dem 1. Dezember 1979 regelmäßig auf dem *Neuen Meßplatz* statt.
28.12.1971	Viertes Wohltätigkeitskonzert des Nationaltheaters zu Gunsten der Aktion *Wir wollen helfen* im *Musensaal* des Mannheimer *Rosengartens* (das Konzert spielt insgesamt DM 25 000.– ein).
25. und 26.1.1972	Eine Delegation von Theaterwissenschaftlern aus der Sowjetunion informiert sich im Nationaltheater Mannheim über technische und architektonische Einrichtungen, um Erfahrungen für Neubauten von Schauspiel- und Opernhäusern in der UdSSR zu gewinnen.
11.4.1972	Der Mannheimer Kammermusiker Fritz Bunge, seit fünfzehn Jahren Vorsitzender der *Musikalischen Akademie für das Nationaltheater-Orchester e.V.*, erhält im Rahmen des Siebenten Akademiekonzertes aus der Hand des baden-württembergischen Ministerpräsidenten Hans Filbinger das Bundesverdienstkreuz am Bande des Verdienstordens der Bundesrepublik Deutschland.
Mai 1972	Aus Kostengründen beschließt der Gemeinderat, die bis dahin vom Hauspersonal des Nationaltheaters betreute Garderobe für das *Kleine Haus* durch 378 Garderobeschränke zu ersetzen (Anschaffungspreis: ca. DM 86 000.–).
Mai 1972	Der spätere Kabarettist Klaus Jürgen Hoffmann gründet in Mannheim den *Pavarotti-Club e.V.*, der sich unter anderem zum Ziel gesetzt hat, den damals in der Bundesrepublik noch als Geheimtip geltenden Tenor Luciano Pavarotti zu einem Gastspiel nach Mannheim zu holen (der Club gibt kurzzeitig eine eigene Opernzeitschrift heraus – *Oper aktuell* –, wird am 1. Januar 1973 in *Mann-*

	heimer Opernclub e. V. umbenannt, existiert jedoch nicht mehr sehr lange; das Gastspiel Luciano Pavarottis findet am 20. Juni 1974 im Nationaltheater statt, siehe dort).
Juli/August 1972	Einrichtung der Studiobühne im *Werkhaus* in der *Mozartstraße*.
15.9.1972	Zur Eröffnung der Spielzeit 1972/73 wird erstmals an einem (mobilen) Buchstand im Foyer des Nationaltheaters Theaterliteratur etc. angeboten.
29.11.1972	Eröffnung des *Studios im Werkhaus* mit der Uraufführung von *Verräter Faust*, einer »Faust-Revue nach Christopher Marlowe« von Keith Hack (Inszenierung und Bearbeitung vom Autor).
28.12.1972	Fünftes Wohltätigkeitskonzert des Nationaltheaters zu Gunsten der Aktion *Wir wollen helfen* im *Musensaal* des Mannheimer *Rosengartens* (das Konzert spielt insgesamt DM 20 000.– ein; der Reinerlös der bisherigen Konzerte, inklusive Rundfunk- und Schallplattenverkauf, liegt bei rund DM 125 000.–, die ohne Abzüge Mannheimer Bürgern zufließen, die einer entsprechenden Unterstützung bedürfen).
19.4.1973	Aus Anlaß seines 80. Geburtstages erhält der ehemalige Intendant des Mannheimer Nationaltheaters von 1933 bis 1945, Friedrich Brandenburg, die Silberne Gedenkmünze der Stadt Mannheim.
Juli/August 1973	Der Bühnenboden des *Großen Hauses* wird erneuert.
20.11.1973	Im Rahmen ihrer umstrittenen Tournee gastieren die Sopranistin Maria Callas und der Tenor Giuseppe di Stefano auch im *Großen Haus* des Mannheimer Nationaltheaters.
9.12.1973	Rechtzeitig zum Weihnachtsfest und im Rahmen einer eigens dafür veranstalteten Matinee wird im *Oberen Foyer* erstmals ein »Geschenk-Abonnement« angeboten, das fünf Aufführungen freier Wahl umfaßt, einzulösen im Zeitraum vom 15. Dezember 1973 bis zum 15. Januar 1974.
1974–1981	Vom 6. Januar 1974 bis zum 22. Dezember 1981 finden regelmäßig Veranstaltungen des Mannheimer kommunalen Kinos *Cinema Quadrat* im *Studio Werkhaus* des Nationaltheaters statt.

10.–14.2.1974	Das in der Gewerkschaft ÖTV organisierte technische Personal des Nationaltheaters bestreikt das Haus, um eine elfprozentige Lohnerhöhung zu erkämpfen, was auch gelingt.
26.2.1974	Verleihung des *Bloomaulordens* im Nationaltheater an den Mannheimer Schauspieler Carl Raddatz.
Februar 1974	Das Nationaltheater führt nach vielen Vorbereitungen und Vorgesprächen mit örtlichen Gewerkschaftsmitgliedern (seit 1971) ein »Betriebs-Abonnement« für Mitarbeiter und Mitarbeiterinnen von Mannheimer Betrieben ein; zunächst beginnt man mit 709 Abonnenten, aber bereits zehn Jahre später besuchen knapp 2500 Mannheimer Arbeitnehmer aus ca. fünfzig Betrieben regelmäßig jeweils zehn Aufführungen des Nationaltheaters pro Spielzeit zu reduzierten Preisen (Stand 1997: 3009 Abonnenten).
20.6.1974	Luciano Pavarotti singt im *Großen Haus* in einer Aufführung von Giuseppe Verdis *Rigoletto* den Herzog (siehe Mai 1972 – *Pavarotti-Club e.V.*); dies ist bis heute der erste und einzige Auftritt des berühmten italienischen Tenors im Mannheimer Nationaltheater geblieben.
22.9.1974	Festakt im *Rittersaal* des Mannheimer Schlosses aus Anlaß des 25jährigen Bestehens der *Theatergemeinde für das Nationaltheater e.V.*
19.10.1974	Einweihung des neuen Saalbaus *Rosengarten (Mozartsaal)* unter Mitwirkung des Nationaltheaters.
19. und 21.10.1974	1. Akademiekonzert des Nationaltheater-Orchesters im neuen *Mozartsaal* des Rosengartens (Ludwig van Beethoven: Symphonie Nr. 9 in d-moll, op. 125 unter der Leitung von Hans Wallat); seitdem finden dort alle Akademiekonzerte statt.
6.3.1975	Für die Uraufführung des neuen Ballettabends von Lothar Höfgen, *A la Don Quijote – Vögel – Orpheus oder die Gewalt,* haben die Künstler Rudi Baerwind, Wolf Hildebrandt und Leo Labusch die Bühnenbildentwürfe geschaffen, die von Günther Fischer-Piscat auf die Bühne übertragen worden sind.
17.4.1975	Galakonzert des Nationaltheaters unter Mitwirkung des Tenors Mario del Monaco am Vorabend der Eröffnung der Bundesgartenschau im *Mozartsaal* des *Rosengartens.*

18.4.1975	Große festliche Eröffnung der Bundesgartenschau im *Mozartsaal des Rosengartens* unter Mitwirkung von Mitgliedern des Nationaltheater-Orchesters *(Mannheim-Sound 75)*.
Mai 1975	Generalinstandsetzung des Mosaiks an der Außenfassade des *Kleinen Hauses* (Richtung *Friedrichsring*; siehe auch 1958 und 1965).
23.8.1975	Mit Beginn der neuen Spielzeit wird zusätzlich zum Buchstand im Foyer des Nationaltheaters ein Schallplattenverkaufsstand eingerichtet.
2.9.–14.10.1975	Aus Anlaß des ersten, spektakulären Theaterfestes, mit dem der neue Intendant des Nationaltheaters, Arnold Petersen, seinen Einstand gibt, gestalten die Mannheimer Künstler Fred Emmerich, Hans Graeder, Rainer Negrelli und Edgar Schmandt die Fassade des *Werkhauses* in der *Mozartstraße* im Rahmen einer gemeinsamen, unkonventionellen Malaktion neu.
6.9.1975	*1. Mannheimer Theaterfest*
19.10.1975	Große Abschlußveranstaltung der Bundesgartenschau im Nationaltheater.
1976–1986	Jährlich findet zur Karnevalszeit der *Theaterfasching* statt, der sich rasch allergrößter Beliebtheit beim Mannheimer Publikum erfreut (siehe auch 8. und 9. Februar 1997).
11.9.1976	Gastspiel des Hamburger *Deutschen Schauspielhauses* mit der spektakulären *Othello*-Inszenierung (nach Shakespeare) von Peter Zadek im *Großen Haus* des Nationaltheaters.
10.10.1976	*2. Mannheimer Theaterfest*
24.11.1976	Der Gemeinderat genehmigt den Einbau einer neuen Lichtstellanlage im *Großen Haus* (Kosten: ca. DM 522 000.–).
Ende Januar 1977	Die Bestuhlung des *Großen Hauses* wird im Lauf mehrerer Nächte erneuert; die Firma Schröder und Henzelmann, Westdeutsche Sitzmöbelfabrik in Vlotho, die 1956 die Erstbestuhlung lieferte, hatte das alte Modell eigens nachgebaut (Gesamtkosten: ca. DM 326 000.–).
April 1977	Der Künstler HAP Grieshaber entwirft das Plakat und drei Zeichnungen für das Programmheft zur bundesrepublikanischen Erstaufführung von Volker Brauns *Tinka* am 23. April 1977 im Nationaltheater; aus Anlaß einer im Nationaltheater

veranstalteten Ausstellung mit Werken des Künstlers (8. Mai bis 5. Juni 1977, Titel: *Mahnbilder für Freiheit und Menschenrechte*) schenkt dieser dem Theater seinen 1962 entstandenen *Feuervogel*-Vorhang.

23.–30.4.1977 *Baden-Württembergische Theatertage '77* in Mannheim.

28.4.1977 Einladung des Nationaltheaters in das Staatstheater Stuttgart mit *Die Bergbahn* von Ödön von Horváth (Inszenierung: Jürgen Bosse).

4.5.1977 Der Sopranistin Hannelore Bode und dem Tenor Jean Cox wird nach einer Aufführung von Giuseppe Verdis *Othello* im *Oberen Foyer* des Nationaltheaters durch den baden-württembergischen Ministerpräsidenten Hans Filbinger als ersten Solisten des Mannheimer Theaters in neuerer Zeit der Titel »Kammersänger« verliehen, obgleich sie nicht Mitglieder eines Staatstheaters sind; seither haben mehrere Ensemblemitglieder der Mannheimer Oper diesen Titel verliehen bekommen (unter anderen Astrid Schirmer, Michael Davidson, Karl Heinz Herr, Ilse Köhler, Franz Mazura, Hans Rössling, Erich Syri, Georg Völker).

18.5.1977 Einladung des Nationaltheaters zu den Mülheimer Theatertagen *(Stücke '77)* mit *Tinka* von Volker Braun (Inszenierung: Jürgen Bosse).

21., 22. und 24.6.1977 Erstmals wird das Nationaltheater mit drei verschiedenen Operninszenierungen zum *Festival International* nach Lausanne eingeladen, und zwar mit *Parsifal* von Richard Wagner (Inszenierung: Hans Schüler), *Arabella* von Richard Strauss (Inszenierung: Friedrich Meyer-Oertel) und *Götterdämmerung* von Richard Wagner (Inszenierung: Friedrich Meyer-Oertel).

24.6.1977 Letzter Spieltag der Saison 1976/77; für dieses Datum hält Arnold Petersen in der Theaterzeitung vom August/September 1977 die bemerkenswerte Tatsache fest, daß an diesem Tag das Nationaltheater erstmals in seiner Geschichte eine Spielzeit nicht im eigenen Haus in Mannheim beendet, da am 24. Juni 1977 das Schauspiel mit Ödön von Horváths *Bergbahn* in Kiel (im Rahmen der *Kieler Woche*) und die Oper mit Richard Wagners *Götterdämmerung* in Lausanne gastiert.

Juli/August 1977 Der Malersaal im *Werkhaus* in der *Mozartstraße* erhält eine Lüftungsanlage sowie einen neuen (versiegelten) Parkettfußboden, die Bühne des *Großen Hauses* einen neuen Schmuckvorhang; die Kartenvorverkaufsschalterhalle in der *Collinistraße* wird wegen des hohen Besucheraufkommens ausgebaut (seit 1997 wird der Vorverkauf wieder über die eigentliche Kassenhalle im Spielhaus am *Goetheplatz* abgewickelt).

15. und 16.9.1977	Einladung des Nationaltheaters zu den 27. Berliner Festwochen mit *Die Bergbahn* von Ödön von Horváth (Inszenierung: Jürgen Bosse).
18.10.1977	Das Nationaltheater gastiert mit Ödön von Horváths *Die Bergbahn* in Luxemburg.
23.9.1977	*3. Mannheimer Theaterfest.*
19.1.1978	Der Kultur-, Schul- und Theaterausschuß des Gemeinderates billigt einstimmig einen Antrag der CDU-Fraktion, im Nationaltheater eine vierte Sparte (Kinder- und Jugendtheater) einzurichten.
23.4.–18.5.1978	*Festlicher Mozart-Zyklus* mit Gästen: *Idomeneo* (Inszenierung: Friedrich Meyer-Oertel, Musikalische Leitung: Mathias Husmann), *Die Entführung aus dem Serail* (Inszenierung: Michael Hampe, Musikalische Leitung: Mathias Husmann), *Die Hochzeit des Figaro* (Inszenierung: Michael Hampe, Musikalische Leitung: Hans Wallat), *Don Giovanni* (Inszenierung: Michael Hampe, Musikalische Leitung: Hans Wallat), *Così fan tutte* (Inszenierung: Ernst Dietz, Musikalische Leitung: Hans Wallat), *Die Zauberflöte* (Inszenierung: Friedrich Meyer-Oertel, Musikalische Leitung: Hans Wallat).
Mai 1978	Der Technische Ausschuß des Gemeinderates beschließt die Erweiterung des Dekorationenmagazins in Käfertal *(Reichenbachstraße)*, in dem vor allem Dekorationen für die Oper magaziniert sind (Kosten: ca. 1,9 Millionen DM).
2.–7.5.1978	Zum ersten Mal: *Schiller-Tage* (ab 1986: *Schillertage*) in Mannheim, die bis 1992 unter internationaler Beteiligung in zweijährigem Turnus veranstaltet werden; ab 1997 kann das Nationaltheater nach heftigem, erfolgreichem Ringen um die Finanzierung die nunmehr *Internationalen Schiller-Tage* wieder durchführen – allerdings in Kooperation mit Weimar; diese Kooperation hat zur Folge, daß die *Schiller-Tage* ab 1997 in Mannheim nur noch alle vier Jahre stattfinden werden (siehe 8.–14. Juni 1997 und vgl. den Beitrag von Michael Winrich Schlicht sowie den »Zeitzeugen«-Beitrag von Claus Leininger in diesem Buch).
13.6.1978	Nach monatelangen Diskussionen beschließt der Gemeinderat gegen die Stimmen der SPD und des Oberbürgermeisters (Ludwig Ratzel) die Einrichtung einer vierten Sparte am Nationaltheater (Kinder- und Jugendtheater); die SPD hatte sich dafür ausgesprochen, ab der Spielzeit 1978/79 unterschiedliche Ensembles, die entsprechende Stücke aus dem Kinder- und Jugendtheaterbereich aufführen sollten, in Mannheim gastieren zu lassen.

Plakat- und Covermotiv für das Begleitbuch zu den 1. Schiller-Tagen *in Mannheim vom 2. bis zum 7. Mai 1978. Entwurf: Jürgen Czaschka. RMM, Thslg.*

15. und 16.6.1978	Einladung des Nationaltheaters zu den *Ruhrfestspielen* Recklinghausen mit *Die Bergbahn* von Ödön von Horváth.
Juni/Juli 1978	Die Bühne des *Großen Hauses* erhält einen neuen Rundhorizont, das *Kleine Haus* eine neue Bestuhlung (Neuanfertigungen nach dem Vorgängermodell); das Dachgeschoß des *Werkhauses* in der *Mozartstraße* wird auf einer Fläche von ca. 860 Quadratmetern für die Aufnahme des Kostümfundus umgebaut und gesichert; zuvor war der Kostümfundus, der zu einem großen Teil auch Kostüme enthielt, die über den Zweiten Weltkrieg gerettet worden waren, unter unzuträglichen Verhältnissen im Bunker unter dem Spielhaus am *Goetheplatz* gelagert worden.
8.10.1978	Erstaufführung von Peter Preses' und Ulrich Bechers 1948 in Wien uraufgeführtem Schauspiel *Der Bockerer* (Inszenierung: Jürgen Bosse).
16.12.1978	Eröffnung der Theaterkneipe im *Casino des Werkhauses* in der *Mozartstraße;* die »hauseigenen« Wirte sind zunächst die Schauspieler Peter Houska und Hanno Meyer.
Ab 1.1.1979	wird die Bezahlung der Chormitglieder aufgrund veränderter Manteltarifverträge neu geregelt; diese Neuregelung sieht unter anderem vor, daß die Grundgehälter vom Dienstalter bzw. der Länge der Zugehörigkeit zu ein und demselben Haus abhängig sind; je nach dem werden die Grundgehälter von fünf bis elf Prozent angehoben; die unverhältnismäßige Diskrepanz zwischen der Bezahlung der Chor- und der Orchestermitglieder bleibt dennoch bestehen.
1.3.1979	Aus Anlaß des 70. Geburtstages von HAP Grieshaber hat die Stadt Mannheim auf Beschluß des Gemeinderates den zwölfteiligen Holzschnittzyklus des Künstlers *Die Sintflut* aus dem Jahr 1972 erworben (einer von drei Drucken) und dem Nationaltheater als Dauerleihgabe überlassen; der ca. 12 x 2,82 Meter große Zyklus findet an der Rückwand des *Oberen Foyers* des *Großen Hauses* seinen Platz; die Übergabe findet in Grieshabers Anwesenheit statt; mit der Umgestaltung des *Oberen Foyers* 1993/94 wird das Kunstwerk wieder entfernt.
5.5.1979	Im *Forum der Jugend* präsentiert sich erstmals das neue Kinder- und Jugendtheater am Nationaltheater mit dem Stück *Hau den Lukas* der Berliner Spielgruppe *Birne*; die *Alte Feuerwache*, die zu einem Kulturzentrum ausgebaut werden soll, steht noch nicht zur Verfügung (siehe 8. Mai 1981).

3. und 4.6.1979	Außerordentlich erfolgreich gastiert das Nationaltheater erstmals in einem osteuropäischen Land, mit *Zufälliger Tod eines Anarchisten* von Dario Fo (Inszenierung: Jürgen Bosse) im *Theater der Nationalen Volksarmee* in der bulgarischen Hauptstadt Sofia.
Juni 1979	Erstmals in der Geschichte des Nationaltheaters wird eine Frau Erste(r) Konzertmeister(in), die Violinistin Karin Boerries (ab der Spielzeit 1979/80).
26.7.1979	Mitglieder des Ausschusses für den *Theaterfasching* '79 übergeben der Johanniter-Unfallhilfe einen neuen Krankentransportwagen, der aus dem Überschuß der Fastnachtsveranstaltung finanziert werden konnte.
Juli–September 1979	Im *Kleinen Haus* wird eine computergesteuerte Lichtanlage installiert, der Orchesterprobenraum erhält eine Klimaanlage und wird akustisch verbessert.
1979/80	Jubiläumsspielzeit; aus Anlaß des 200jährigen Bestehens des Nationaltheaters (siehe 6. Januar 1777 und 7. Oktober 1779) findet während der gesamten Spielzeit eine Fülle von unterschiedlichsten Veranstaltungen statt, unter anderen die Eröffnung des Kinder- und Jugendtheaters am Nationaltheater, Gastspiele berühmter Ballettkompagnien, mehrere Tagungen zu Theaterthemen, zwanzig *Festliche Opernabende*, Ausstellungen, die *Schiller-Tage*, der Theaterfasching, Uraufführungen von Auftragswerken, das *1. Mannheimer Theaterfestival* und vieles andere mehr; darüber hinaus leisten Mannheimer Schulen, die Musikalien- und Instrumentenhandlung Karl Ferd. Heckel sowie andere Institutionen und Vereinigungen eigene Beiträge zum 200. Geburtstag des Mannheimer Nationaltheaters.
15.9.1979	Das Nationaltheater beginnt die Jubiläumsspielzeit mit einem weiteren Wohltätigkeitskonzert zu Gunsten der Aktion *Wir wollen helfen* im *Mozartsaal* des *Rosengartens*; die Moderation übernimmt die Mannheimer Opernsängerin Anneliese Rothenberger (siehe auch 8. Dezember 1979).
29. und 30.9.1979	Erste Aufführungen des Kinder- und Jugendtheaters am Nationaltheater *Schnawwl* in einem Zelt an der *Neckarpromenade* und im *Forum der Jugend* (*Kopf in Sand* von Brändli/Ziegler und *Strada I*); mit einer großen Geburtstags-party beginnt die erste Spielzeit des *Schnawwl* (vgl. auch den Beitrag von Jürgen Kirschner in diesem Buch).
30.9.1979	Festakt aus Anlaß des 200jährigen Bestehens der Akademiekonzerte, veranstaltet von der *Musikalischen Akademie des Nationaltheater-Orchesters e. V.*

im *Mozartsaal* des *Rosengartens* (siehe auch 20. November 1778 sowie 28. und 29. September 1929).

4.10.1979 Hans-Joachim Rieken, Vorsitzender der Stadtsparkasse Mannheim, überreicht Oberbürgermeister Ludwig Ratzel zwei Exemplare der Medaille, die aus Anlaß des 200jährigen Bestehens des Nationaltheaters in Gold und Silber geprägt worden ist; die Medaille zeigt die stilisierten Darstellungen des neuen Nationaltheaters am *Goetheplatz* und des Porträts des ersten Intendanten Wolfgang Heribert von Dalberg.

5.10.1979 Intendant Arnold Petersen eröffnet in der Dresdner Bank in P 2,12 aus Anlaß des Theaterjubiläums eine Ausstellung mit Fotografien der berühmten Hamburger Theaterfotografin Rosemarie Clausen: *Gesicht des Schauspielers – Portraits und Szenen.*

7.10.1979 Festakt aus Anlaß des 200jährigen Bestehens des Nationaltheaters im *Großen Haus*; den Festvortrag zum Thema *Der Ort der Handlung ist Deutschland – Nationaltheater ohne Nation* hält der Tübinger Professor Walter Jens; es kommt zu einer Mißstimmung, weil Oberbürgermeister Ludwig Ratzel kurze Zeit zuvor in einer Rundfunksendung geäußert hat, daß er die Zusammenlegung der Theater von Mannheim und Heidelberg (Schauspiel in Heidelberg, Oper in Mannheim) für diskutierbar halte; von diesem Standpunkt weicht er auch in seiner Festansprache nicht ab, sondern polemisiert darüber hinaus gegen das Mannheimer Schauspiel unter der Leitung von Jürgen Bosse, was den Intendanten Arnold Petersen zu heftiger Gegenrede provoziert; auch Walter Jens erklärt sich mit dem Mannheimer Schauspiel solidarisch; Mitglieder des Schauspielensembles haben bereits vor Beginn der Festveranstaltung ein offenes Schreiben an den Mannheimer Gemeinderat unter den Besuchern verteilt, in dem sie Stellung gegen die Fusionsidee beziehen (siehe auch 11. Januar 1950, 15. Januar 1970 und 16. Juni 1971).

7.10.1979 Mit einer Aufführung von Peter Preses' und Ulrich Bechers *Der Bockerer* gedenkt das Nationaltheater der ersten Aufführung des Dalbergschen Ensembles vor 200 Jahren (siehe auch 6. Januar 1777 und 7. Oktober 1779).

31.10.1979 Tagung der *Arbeitsgemeinschaft Kommunaltheater* des Städtetages Baden-Württemberg im Mannheimer Rathaus; ausdrücklich wird die Einrichtung des Kinder- und Jugendtheaters am Nationaltheater befürwortet und den übrigen Mitgliedsstädten zur Nachahmung empfohlen; ein besonderes Anliegen der Arbeitsgemeinschaft liegt darin, das Land Baden-Württemberg zu einer verstärkten Förderung der kommunalen Theater zu bewegen; Wahl von Bürgermeister Manfred David zum Vorsitzenden der Arbeitsgemeinschaft.

9.11.1979 Eröffnung der großen Jubiläums-Fotoausstellung *200 Jahre Nationaltheater Mannheim,* die von Wilhelm Herrmann, Leiter der Theatersammlung des Reiss-Museums, für das Foyer des Nationaltheaters erarbeitet worden ist.

8.12.1979 Der Verkauf des zweiten vom Nationaltheater herausgegebenen Schallplatten-Albums mit dem Mitschnitt des Gala-Konzertes vom 15. September 1979 beginnt (die Einnahmen aus dem Konzert sowie dem Verkauf des Plattenalbums betragen insgesamt DM 152 219.–, die an die Aktion *Wir wollen helfen* überwiesen werden; siehe auch 3. Dezember 1970); das Album wird auch an ca. 2300 ehemalige im Ausland lebende Mannheimer Bürger mit einer Grußbotschaft des Oberbürgermeisters zum Jahreswechsel versendet.

10.2.1980 Roland Hartung, CDU-Stadtrat und Oberbürgermeisterkandidat, veranstaltet erstmals mit Mitgliedern des Nationaltheater-Orchesters eine musikalische *Fastnachts-Matinee*; das Orchester spielt unter der Leitung des 1. Kapellmeisters Mathias Husmann Werke von Johann Strauß.

29.2.–2.3.1980 Kindertheatertagung im Mannheimer Kinder- und Jugendtheater *Schnawwl* zum Thema »Zwischen Kunst, Pädagogik, Theaterbetrieb und Verwaltung. Berichte aus der Praxis des Kinder- und Jugendtheaters in Deutschland«.

15.3.1980 75. Aufführung von Dario Fos politischer Farce *Zufälliger Tod eines Anarchisten* (Inszenierung: Jürgen Bosse); bei diesem Stück, das es insgesamt auf 89 Aufführungen bringt, handelt es sich um das am häufigsten aufgeführte Schauspiel in der Nachkriegsgeschichte des Mannheimer Nationaltheaters; in der bis dahin 200jährigen Geschichte des Hauses steht das Stück in der Schauspielstatistik auf Platz drei: Das meistgespielte Schauspiel ist Friedrich Schillers *Wilhelm Tell* (1980 mit 105 Aufführungen), gefolgt von Schillers *Kabale und Liebe* (zu diesem Zeitpunkt neunzig Aufführungen); den vierten Platz belegt *Der Bockerer* mit knapp über siebzig Aufführungen.

3. und 4.5.1980 Das Nationaltheater gastiert mit *Groß und Klein* von Botho Strauß (Inszenierung: Jürgen Bosse) auf Einladung beim *Festival Rassegna internazionale di Teatri stabili* in Florenz.

4.5.1980 Aus Anlaß des 175. Todestages von Friedrich Schiller veranstaltet der Südwestfunk Baden-Baden eine Soiree im Städtischen Reiß-Museum der Stadt Mannheim.

9.–18.5.1980	Im Rahmen der Jubiläumsspielzeit des Nationaltheaters *1. Mannheimer Theaterfestival* mit internationaler Beteiligung.
17.5.1980	Aus Anlaß des 200jährigen Bestehens des Nationaltheaters veranstaltet die *Gesellschaft der Freunde des Mannheimer Nationaltheaters e. V.* im *Rosengarten* einen Festball (Gäste sind unter anderen der Pianist Horst Jankowski mit dem RIAS-Tanzorchester und die Sängerin Caterina Valente [vgl. auch Farbabbildung XI, 19], die beide ihre Karriere in Mannheim begonnen haben, sowie der österreichische Schauspieler Fritz Muliar, der die Conférence übernimmt).
19.5.1980	Aus Anlaß des 200jährigen Bestehens des Nationaltheaters veranstaltet der Opernchor ein Sonderkonzert mit Werken von Georg Friedrich Händel *(Dettinger Te Deum)* und Carl Orff *(Catulli Carmina)*; Chordirektor Jürgen Schulz dirigiert die Pfälzische Philharmonie.
20. und 21.5.1980	Einladung des Nationaltheaters zum Berliner Theatertreffen mit *Vatermord* von Arnolt Bronnen (Inszenierung: Jürgen Bosse).
23.5.1980	Im *Rosengarten* findet die Jahreshauptversammlung des *Deutschen Bühnenvereins* statt.
1.7.1980	Einladung des Nationaltheaters in das Staatstheater Stuttgart mit *Vatermord* von Arnolt Bronnen.
12.7.1980	Uraufführung von Giselher Klebes Oper *Der jüngste Tag* (Auftragskomposition des Nationaltheaters aus Anlaß des 200jährigen Bestehens; Inszenierung: Kurt Horres a. G., Musikalische Leitung: Mathias Husmann).
28. und 30.9.1980	Start der ersten Tournee eines chinesischen Theaters durch Westeuropa in Mannheim: *Volkskunsttheater Peking* mit *Das Teehaus* von Lao She (europäische Erstaufführung in chinesischer Sprache mit deutscher Simultanübersetzung und in Anwesenheit der Tochter des Autors); das vom Publikum mit Begeisterung aufgenommene Gastspiel (vgl. auch Farbabbildung XIV, 25) war ursprünglich für den 27. und 28. September vorgesehen; infolge eines politischen Konfliktes zwischen dem Iran und dem Irak wird jedoch das chinesische Flugzeug, in dem das Pekinger Ensemble nach Frankfurt fliegen soll, im pakistanischen Karachi aufgehalten, so daß das Gastspiel erst mit eintägiger Verspätung beginnen kann; es wird vereinbart, daß das Nationaltheater in absehbarer Zeit das Gastspiel mit einer besonderen Aufführung in China erwidern soll (siehe auch 2. bis 18. Mai 1982).

6./7.10.1980	Aus Anlaß des Firmenjubiläums von Mannheims renommiertem Pelzhaus Christian Schwenzke wird die neue Pelzkollektion der traditionsreichen Firma von Tänzerinnen des Nationaltheater-Ballettensembles unter der Leitung von Johann Jordaan präsentiert.
9.11.1980	Uraufführung von Rolf Hochhuths *Ärztinnen* (ursprünglich aus Anlaß des 200jährigen Jubiläums in Auftrag gegeben; Inszenierung: Jürgen Bosse).
4.12.1980	Im Rathaus nimmt Bürgermeister Manfred David das erste Exemplar der Festschrift zum 200jährigen Jubiläum des Nationaltheaters mit einer ausführlichen Dokumentation über die Jubiläumsspielzeit entgegen (Autoren: Kurt Heinz und Heinz Schönfeldt).
27.1.1981	Die Stadträte Gert Kordes und Hermann Motz von der *Mannheimer Liste* stellen in einer Gemeinderatssitzung den Antrag, das Schiller-Denkmal vom *Schillerplatz* (B 3, ehemaliger Standort des historischen Nationaltheaters) vor das neue Nationaltheater am *Goetheplatz* umzusetzen; dadurch wird eine Leserbriefdiskussion im *Mannheimer Morgen* in Gang gesetzt, in deren Verlauf besonders von Anwohnern des *Schillerplatzes* angeregt wird, das Denkmal in B 3 zu belassen, es hingegen am korrekten ehemaligen Standort etwa in der Mitte des *Schillerplatzes* aufzustellen; dem Wunsch der Bürger ist seitens der Stadtverwaltung bis heute nicht entsprochen worden.
28.2.1981	Die *Schauburg*, seit 1918 Mannheimer Kino in K 1, 5a, das von 1945 bis 1956 dem Nationaltheater nach dem Krieg als Interims-Spielstätte diente, wird wegen des bevorstehenden Abrisses geschlossen.
21.4.1981	Erstmals gibt das Kinder- und Jugendtheater *Schnawwl* seinen eigenen Monatsspielplan heraus.
8.5.1981	Im Rahmen der Einweihung der neuen *Alten Feuerwache* als Kulturzentrum Eröffnung der neuen ständigen Spielstätte des Kinder- und Jugendtheaters am Nationaltheater *Schnawwl* im Turm der *Alten Feuerwache* mit dem Erfolgsstück *Was heißt hier Liebe?* von Helma Fehrmann, Jürgen Flügge und Holger Franke.

Anfang Juni 1981	Das Kino *Schauburg* in K 1, 5a, das von 1945 bis 1956 dem Nationaltheater als Interims-Spielstätte nach dem Zweiten Weltkrieg gedient hat, wird abgerissen; es entsteht dort das neue Kundenzentrum der *Mannheimer Versorgungs- und Verkehrs-Gesellschaft mbH (MVV)*.
12.–21.6.1981	*2. Mannheimer Theaterfestival* unter Beteiligung von siebzehn Theatertruppen aus elf Ländern im Theaterzelt auf dem *Paradeplatz*, im *Studio im Werkhaus*, im *Kleinen Haus* und »auf der Straße«.
7.10.1981	Urteilsverkündung vor dem Mannheimer Arbeitsgericht in einem Prozeß des Nationaltheater-Orchesters gegen die Stadt Mannheim und das Nationaltheater wegen Überforderung durch zusätzliche »Dienste« in der Zeit vom 10. Oktober bis 4. Dezember 1979 (Jubiläumsspielzeit); aufgrund des schriftlichen, dann auch am 7. Oktober 1981 mündlich verteidigten Gutachtens des Bayerischen Generalmusikdirektors und Direktors der Bayerischen Staatsoper, Wolfgang Sawallisch, verurteilt Arbeitsrichter Ulrich Jaeniche die Beklagten zur Zahlung eines finanziellen Ausgleichs; das Nationaltheater geht in die Berufung.
1.11.1981	Der Mannheimer Opernchor bestreikt den *Festlichen Opernabend* von Giuseppe Verdis *Rigoletto*, so daß die Chorpassagen wegfallen; im September 1981 ergab eine Urabstimmung der *Vereinigung deutscher Opernchöre und Bühnentänzer e. V.* (VdO) in der Deutschen Angestellten Gewerkschaft (DAG), daß 97,2 Prozent der Mitglieder einen Streik im Arbeitskampf gegen den *Deutschen Bühnenverein* befürworten; die VdO fordert neben der Präzisierung von Mitwirkungspflichten und -rechten die tarifvertragliche Neuregelung der Freizeit.
12.11.1981	In einer Sitzung des Kultur-, Schul- und Theaterausschusses steht nochmals das Thema *Schiller-Denkmal auf den Goetheplatz* zur Diskussion; während man mehrheitlich gegen die Versetzung des Denkmals ist, stimmt der größte Teil der Ausschußmitglieder darin überein, daß das Dalberg-Denkmal von D 6 nach B 3 (ehemaliger Standort des Nationaltheaters und ehemaliger Standort des Denkmals) zu translozieren sei.
23.11.1981	Eine Aufführung von Georges Bizets *Carmen* findet ohne Mitwirkung der 42 in der VdO organisierten Mitglieder des Opernchores statt.
Dezember 1981	Das Nationaltheater gibt ein kommentiertes Spielplanheft für Jugendliche heraus.
21.12.1981	In Düsseldorf treffen die Tarifkommissionen der Intendantengruppe des *Deutschen Bühnenvereins* und die VdO eine Übereinkunft, die empfiehlt, den Mitgliedern der Opernchöre – über die ohnehin existierende Freizeit-

regelung hinaus – »im Rahmen aller gegebenen Dispositionsfreiräume weitere halbe Tage zu gewähren, soweit dies nicht bereits geschieht« (zit. nach *Mannheimer Morgen* vom 23. Dezember 1981); in einer Urabstimmung befürworten etwa 65 Prozent der in der VdO organisierten Opernchorsänger/innen den neuen am 21. Dezember 1981 ausgehandelten Manteltarifvertrag.

Januar 1982 — Das Nationaltheater schließt einen Kooperationsvertrag mit dem *Theater des Westens*, Berlin, ab, der die gemeinsame Beteiligung an den Ausstattungskosten für die Inszenierung des Musicals *Anatevka* von Jerry Bock vorsieht; in Mannheim wird die Inszenierung des Regisseurs Karl Vibach von Februar 1982 an gespielt, danach von Dezember 1982 bis Januar 1983 *en suite* in Berlin; schließlich wird das Musical wieder in den Mannheimer Spielplan übernommen.

12. und 13.1.1982 — Das Nationaltheater begeht das Doppeljubiläum der Eröffnung des Nationaltheaters am *Goetheplatz* vor 25 Jahren sowie der Uraufführung von Friedrich Schillers *Räubern* vor 200 Jahren; aus diesem Anlaß wird am 12. Januar 1982 im Foyer des Theaters eine von Intendant Arnold Petersen zusammengestellte Fotoausstellung mit dem Titel *25 Jahre Neues Nationaltheater* eröffnet; am Morgen des 13. Januar auf dem Mannheimer Hauptfriedhof Kranzniederlegung am Grab des ehemaligen Intendanten Hans Schüler, dem maßgeblichen Initiator des Theaterneubaus; am Vormittag gedenken Schüler der *Schillerschule* vor dem Schiller-Denkmal in B 3 in einer Feierstunde der *Räuber*-Uraufführung vor 200 Jahren; im Anschluß daran bietet das Nationaltheater einen »Tag der offenen Tür« mit Führungen, Probenbesuchen und Besichtigungsprogramm in den Werkstätten; im *Studio im Werkhaus* werden Curt Oertels Film *Impressionen aus einem Theater* (siehe auch 27. Mai 1957 und 13. Januar 1997) und Herbert Maischs Film über das Leben Friedrich Schillers, *Der Triumph eines Genies,* aus dem Jahr 1940 gezeigt; am Abend findet im *Großen Haus* eine Aufführung von Carl Maria von Webers *Der Freischütz* statt (siehe auch 5. September 1943 und 12./13. Januar 1957); im *Kleinen Haus* hält der Schriftsteller und Dramatiker Rolf Hochhuth den Festvortrag *Räuber Rede '82 – Die Schaubühne als moralische Anstalt?,* danach findet eine Lesung aus einer noch nicht uraufgeführten Schiller-Satire von Herbert Rosendorfer statt; das als »Trauerspiel« bezeichnete Stück trägt den beziehungsreichen Titel *Dem Manne kann geholfen werden.*

16.2.1982 — Der Gemeinderat beschließt, Straßen in Mannheim nach Herbert Maisch (Intendant von 1930 bis 1933), Jürgen Fehling (Theaterregisseur und Schillerpreisträger der Stadt Mannheim 1956), Herbert Albert (Generalmusikdirektor von 1952 bis 1963) sowie Hans Schüler (Intendant von 1951 bis 1963) zu benennen.

März 1982	Unter dem Motto »Jugendliche schreiben« fordert das Nationaltheater Jugendliche zwischen sechzehn und 25 Jahren auf, eigene Texte einzusenden, die in der Reihe *Pop & Literatur* von Schauspielern im *Studio im Werkhaus* gelesen werden sollen; das Theater will jungen Menschen ein Forum bieten, auf dem diese ihre Gedanken, Ansichten, Gefühle und Erfahrungen in literarischer Form ausdrücken können; es wird besonders betont, daß es sich hierbei um keinen Wettbewerb oder ein Preisausschreiben handele.
7.4.1982	Uraufführung von Zygmunt Krauszes Kammeroper *Die Kleider* (Auftragskomposition des Nationaltheaters aus Anlaß des 200jährigen Bestehens; Inszenierung: Peter Rasky, Musikalische Leitung: Donald Runnicles).
2.–18.5.1982	Gastspiel des Nationaltheaters in China (Peking und Shanghai) mit *Der Bockerer* von Peter Preses und Ulrich Becher (Inszenierung: Jürgen Bosse, Adolf Laimböck in der Titelrolle).
1982/1983	Mit dieser Spielzeit führt das Nationaltheater die neue Reihe *Musiktheater für Kinder* ein.
21.1.1983	Uraufführung des Operngrusicals *Die Leiche im Sack* von Eberhard Streul und Franz Wittenbrink im *Studio im Werkhaus*; am 16. Oktober des selben Jahres erhalten die Autoren den erstmals in Berlin vergebenen und mit DM 10 000,– dotierten »Günter-Neumann-Preis« für ihre köstliche Opernpersiflage.
19.–24.3.1983	Erste *Mannheimer Schultheaterwoche,* die seitdem jährlich vom Nationaltheater durchgeführt wird.
3.12.1983	Uraufführung im *Kleinen Haus* von *Das Geheimnis der Wolfsschlucht,* Geschichte mit Musik für Kinder nach Carl Maria von Webers *Der Freischütz* von Eberhard Streul.
5.3.1984	Ein nächtlicher Schwelbrand legt die gesamte Stromversorgung des Nationaltheaters lahm; die Reparaturen im Foyer ziehen sich Wochen lang hin und verursachen Kosten in Höhe mehrerer Hunderttausendmark.
24.2.1984	Der Mannheimer Opernsänger Kurt Schneider erhält den *Bloomaulorden* 1984.
12. und 13.5.1984	Einladung des Nationaltheaters zum Berliner Theatertreffen mit *Onkel Wanja* von Anton Tschechow (Inszenierung: Harald Clemen).

8.12.1984 — Anläßlich des Gastspiels der *Laokoon Dance Group* der englischen Choreographin Rosamond Gilmore überreicht ihr Erster Bürgermeister Manfred David im *Studio im Werkhaus* den *Förderpreis der Stadt Mannheim für junge Künstler* des Jahres 1984.

8.2.1985 — Der Inhaber des Teppichhauses Engelhardt, Horst Engelhardt, der sich immer wieder fördernd unter anderem auch für die Belange des Nationaltheaters einsetzt, erhält den *Bloomaulorden* 1985 (siehe auch Januar 1989 und 8. Februar 1993)

25.4.1985 — Uraufführung der »Revue für einen Theaterrequisiteur« *Die Sternstunde des Josef Bieder* von Eberhard Streul im *Studio im Werkhaus.*

8.5.1985 — Gastspiel des Nationaltheaters bei den *Ruhrfestspielen* Recklinghausen mit *Jeder stirbt für sich allein* von Peter Zadek und Gottfried Greiffenhagen nach dem Roman von Hans Fallada (Inszenierung: Jürgen Bosse).

28. und 29.9.1985 — Im Rahmen der Internationalen Kulturtage der Stadt Mannheim mit der Sowjetunion Gastspiel mit Solisten berühmter sowjetischer Ballettensembles *(Sterne des sowjetischen Balletts)*.

4.1.1986 — Nach einer Aufführung von Engelbert Humperdincks *Hänsel und Gretel*, die er als Abendspielleiter betreut hat, wird der beliebte Mannheimer Bassist Kurt Schneider, der über vierzig Jahre dem Ensemble angehörte, auf dem Nachhauseweg Opfer eines Verkehrsunfalls (siehe auch 24. Februar 1984).

27.1.1986 — Das Musiktheater des Mannheimer Nationaltheaters startet seine neue Reihe *Begegnung mit...*, in der sich Mitglieder des Opernensembles im *Oberen Foyer* mit dem Musikdramaturgen (Urs Leicht) zum Gespräch einfinden; die erste *Begegnung* bestreitet Urs Leicht mit dem Bassisten Franz Mazura.

17.3.1986 — In seinem Haus am Starnberger See stirbt der Architekt des neuen Nationaltheaters am *Goetheplatz,* Gerhard Weber (geboren 1909; siehe auch 12. und 13. Januar 1957 sowie Herbst 1957).

7.4.1986 — Für seine Verdienste um das kulturelle Leben der Stadt Mannheim erhält der langjährige Feuilletonchef des *Mannheimer Morgen*, Kurt Heinz, die *Schillerplakette der Stadt Mannheim*; Erster Bürgermeister Manfred David überreicht sie ihm im Pressehaus am *Marktplatz.*

1.–8.5.1986	Das *1. Baden-Württembergische Jugendtheatertreffen,* ausgerichtet vom Kinder- und Jugendtheater am Nationaltheater *Schnawwl,* findet im *Kulturzentrum Alte Hauptfeuerwache* statt.
12.6.1986	Siebentes Gala-Konzert des Nationaltheaters zu Gunsten der Aktion *Wir wollen helfen* im *Mozartsaal* des *Rosengartens.*
15.6.–10.9.1986	I. Phase der Sanierung des Nationaltheatergebäudes am *Goetheplatz* (Durchführung der Sofortmaßnahmen I); Beseitigung der TÜV-Mängel aut Prüfbericht vom 25. November 1987 sowie Erneuerung von Antrieben und Sicherheitseinrichtungen; finanzieller Aufwand acht Millionen DM.
31.10.1986	Im Rahmen seines einwöchigen Aufenthaltes in der Bundesrepublik Deutschland besucht der Justizminister der Volksrepublik China Zou Yu auch eine Aufführung von Webers *Freischütz* im Nationaltheater.
30.11.1986	Uraufführung von Violeta Dinescus Oper *Der 35. Mai* (Auftragskomposition des Nationaltheaters; Inszenierung: Florian Zwipf, Musikalische Leitung: Donald Runnicles); 1984 war Violeta Dinescu Stipendiatin der Stadt Mannheim.
2. und 3.12.1986	Nach mehr als zwanzig Jahren gastiert aufgrund des im Mai 1986 abgeschlossenen deutsch-deutschen Kulturabkommens erstmals wieder ein Ensemble aus der DDR im Nationaltheater, die *Städtischen Theater Karl-Marx-Stadt* mit Gerhart Hauptmanns *Der Biberpelz* und Anton Tschechows *Drei Schwestern* (siehe auch 26. Oktober 1964).
15.3.1987	Aus Anlaß seines 75. Geburtstages am 13. März ist der Mannheimer Schauspieler Carl Raddatz im *Kleinen Haus* zu Gast und liest Lyrik und Prosa von Carl Zuckmayer.
30.3.1987	Uraufführung von Wolfgang Rihms *Die Hamletmaschine* (Auftragskomposition des Nationaltheaters; Inszenierung: Friedrich Meyer-Oertel, Musikalische Leitung: Peter Schneider).
7.5.1987	Einladung des Nationaltheaters zu den *Baden-Württembergischen Theatertagen* nach Ulm mit *Sommergäste* von Maxim Gorki (Inszenierung: Harald Clemen); mit dieser Inszenierung gastierte das Nationaltheater bereits im Frühjahr bei den *Europäischen Kulturtagen* in Karlsruhe (vgl. auch Farbabbildung XIV, 24).
12.5.1987	Der Technische Ausschuß des Gemeinderats billigt – gegen die Stimme des Stadtrats Jürgen Rochlitz von den Grünen – den Bebauungsplan »Theater-

garage« an der *Renzstraße;* wegen der eklatanten Parkprobleme am Nationaltheater ist eine Tiefgarage geplant, die zum Teil unter die *Renzstraße* und unter den *Unteren Luisenpark* gelegt werden soll; der Plan ist jedoch sehr umstritten; bei einer Unterschriftensammlung haben sich 3000 Mannheimer Bürger gegen das Projekt ausgesprochen; im August 1988 wird der Bebauungsplan Nr. 41/11 »Renzgarage« vom Gemeinderat als Satzung beschlossen; das Projekt ist bis heute (1997) nicht umgesetzt worden.

12.5.1987 — Achtes Gala-Konzert des Nationaltheaters zu Gunsten der Aktion *Wir wollen helfen* im *Mozartsaal* des *Rosengartens* (der Reinertrag liegt bei DM 75 000.–).

20., 21. und 22.5.1987 — Einladung des Nationaltheaters zum Berliner Theatertreffen mit *Quai West* von Bernard-Marie Koltés (Inszenierung: Jürgen Bosse).

30.9.1987 — Aus Anlaß der Internationalen Kulturtage der Stadt Mannheim, *Begegnung mit den Niederlanden* Gastspiel des *Nederlands Dans Theater* mit *Perspektiven* (Choreographie: Jiri Kylian, Musik: Luciano Berio) im *Großen Haus* des Nationaltheaters.

27.10.1987 — Sondersitzung des Haupt-, des Technischen und des Theater-Ausschusses des Gemeinderats; beraten wird das Gutachten des Architektur- und Ingenieurbüros Biste & Gerling, Berlin, das für die Sanierung des Nationaltheaters am *Goetheplatz* in Auftrag gegeben worden ist und das mit einer Gesamtkostenschätzung für die vorgesehenen Maßnahmen in Höhe von ca. 150 bis 160 Millionen DM aufwartet.

12.2.1988 — Uraufführung des Auftragswerkes *Fritz – A German Hero oder Nr. 447 bricht aus* von Peter-Paul Zahl im *Schnawwl,* das sich mit der Jugend Friedrich Schillers befaßt (Inszenierung: René Geiger).

18.4.1988 — Auftakt zur *Internationalen Kinderkulturwoche,* die in Kooperation von Stadtjugendamt, dem Kinder- und Jugendtheater am Nationaltheater *Schnawwl* und dem *Mannheimer Morgen* veranstaltet wird, mit der Preisverleihung im Malwettbewerb zum Thema *Kinder dieser Erde*.

4.9.–9.9.1988 — 17. Internationaler Kongreß der *Société Internationale des Bibliothèques et des Musées des Arts du Spectacle* (SIBMAS) im *Rosengarten*; Organisation und Durchführung des Kongresses durch die Theatersammlung des Reiss-Museums Mannheim.

23.10.1988	Mit dem Vortrag von Klaus Günther (Frankfurt) *Die Kunst sich aufzuopfern, zu Heinrich von Kleists Das Käthchen von Heilbronn* beginnt das Nationaltheater im *Oberen Foyer* seine neue Reihe *Schauspiel Extra.*
6.11.1988	In einer Live-Ausstrahlung des ZDF präsentiert sich die Stadt Mannheim im Rahmen des *ZDF-Städteturniers,* in dem sich alles um die besten Kulturprogramme dreht, die Städte zwischen 200 000 und 400 000 Einwohnern zu bieten haben; in der Endausscheidung treten unter anderen auch Mitglieder des *Schnawwl*-Ensembles auf; mit von der Partie sind auch der Erste Bürgermeister Manfred David und Oberbürgermeister Gerhard Widder; Mannheim belegt in diesem Turnier nach Münster den zweiten Platz.
9.11.1988	In einem Gespräch zwischen Ministerpräsident Lothar Späth, Ministerialdirigent Hans Rettich, Ministerialrat Hans-Jürgen Müller-Arens, dem Mannheimer Oberbürgermeister Gerhard Widder und dem Kulturdezernenten Manfred David in Stuttgart weicht das Land nicht von seiner bisherigen anteiligen Finanzierungsstrategie für das Nationaltheater ab: Es beteiligt sich sowohl an der Generalsanierung sowie an den laufenden Betriebskosten mit nach wie vor vierzig Prozent.
17.11.1988	Durch Einbrüche bei der Gewerbesteuer in unvorhergesehener Höhe ist die Stadt Mannheim in eine überaus prekäre finanzielle Situation geraten, weshalb die Verwaltung versucht, insbesondere bei den sogenannten freiwilligen Ausgaben den Rotstift anzusetzen; am 17. November 1988 Protestmarsch von ca. 400 Theatermitarbeitern auf das Mannheimer Rathaus: Der amtierende Intendant Arnold Petersen hatte auf einer Personalversammlung des Theaters wegen der geplanten Etatkürzungen (ca. zwanzig Prozent) seinen Rücktritt mitgeteilt (bereits zuvor hatte er Oberbürgermeister Gerhard Widder um vorzeitige Entlassung aus seinem Vertrag gebeten); auch der Schauspiel- und der Operndirektor haben ihren Rücktritt angekündigt; sowohl Erster Bürgermeister Manfred David als auch der Kämmerer der Stadt Mannheim, Norbert Egger, stellen sich der Diskussion mit den aufgebrachten Mitarbeitern des Nationaltheaters.
21.11.1988	Auf Anfrage des *Mannheimer Morgen* beim zuständigen Staatsministerium in Stuttgart zeigt man sich dort überrascht, daß die Stadtverwaltung nach den positiven Ergebnissen der Gesprächsrunde in Stuttgart am 9. November 1988 (siehe dort) dennoch drastische Kürzungen im Kulturbereich beabsichtige; davon habe man keine Kenntnis gehabt; in Stuttgart sei man vielmehr davon ausgegangen, so Jürgen Müller-Arens, als »Gegenleistung« für die Zusagen aus der Landeshauptstadt werde in Mannheim auf die Kürzungen des Sachetats des Nationaltheaters verzichtet.

24.11.1988 Initiiert von Mannheimer Bürgern, darunter auch die Bloomaulordenträger, beginnt eine Unterschriftenkamapagne unter dem Motto *nationaltheater mannheim in Not!*; da das Land in den nächsten Jahren ständig seinen Zuschuß zum Betrieb des Nationaltheaters verringert (bis zu mittlerweile – 1997 – weniger als 31 Prozent), engagiert sich diese Aktion *nationaltheater mannheim in Not!* bis zur Umwandlung des Nationaltheaters in einen Eigenbetrieb (siehe 1. September 1996) regelmäßig mit Unterschriftensammlungen und anderen Aktivitäten.

24.11.1988 Ministerpräsident Erwin Teufel informiert sich in Mannheim an Ort und Stelle über die Situation der Stadt und stattet unter anderem auch dem Nationaltheater einen Besuch ab; bei dieser Gelegenheit betont er nochmals, daß das Land bei seiner Zusage bleibe, vierzig Prozent der Kosten für die Sanierung des Hauses oder einen Neubau des Theaters zu übernehmen.

Januar 1989 Der Mannheimer Geschäftsmann und Theaterenthusiast Horst Engelhardt (siehe auch 8. Februar 1985 und 8. Februar 1993) hat als Leierkastenmann für die Aktion *nationaltheater mannheim in Not!* wieder 3347 Unterschriften Mannheimer Bürger gesammelt, die sich für »ihr« Nationaltheater und die höhere Bezuschussung durch das Land stark machen.

Februar 1989 Der Gemeinderat beschließt einstimmig die Umbenennung des *Großen Hauses* in *Opernhaus* und des *Kleinen Hauses* in *Schauspielhaus;* die neuen Bezeichnungen sollen besonders auswärtigen Besuchern zur besseren Orientierung dienen; darüber hinaus soll das *Opernhaus* nicht mehr wie früher auch für goße Schauspielaufführungen, sondern ausschließlich für das Musiktheater, das *Schauspielhaus* nicht mehr auch für kleinere Opern zur Verfügung stehen; die Neuregelung wird seit dem 1. März 1989 umgesetzt.

15.2.1989 Aus Anlaß des 80. Geburtstages von HAP Grieshaber wird dem Nationaltheater ein Bühnenzwischenvorhang zum Geschenk gemacht, den der Künstler in der Spielzeit 1960/61 für eine Inszenierung am Theater der Stadt Heidelberg geschaffen hatte; der Vorhang wird zeitweilig am Treppenaufgang A zum *Opernhaus* aufgehängt.

15.2.1989 Dietmar Bertko, Personalratsvorsitzender am Nationaltheater, überreicht dem neuen Kulturdezernenten der Stadt Mannheim, Lothar Mark, 8525 Unterschriften überwiegend von Theaterbesuchern, die an den Gemeinderat appellieren, das Theater »in seiner Substanz« als kulturellen Aktivposten und Werbeträger der Stadt Mannheim zu erhalten.

22.2.1989	Der Gemeinderat beschließt den Haushalt des Nationaltheaters für 1989, wie von der Stadtverwaltung vorgeschlagen, in Höhe von DM 58,9 Millionen DM (1988: 59,1 Millionen DM), wobei der Personaletat um 1,2 Millionen DM angehoben und der Sachetat um DM 300 000.– erhöht wird; die Mittel hierfür kommen zum Teil aus dem Landeszuschuß, der nicht proportional angepaßt wird, sondern um 1,7 Prozent steigt (statt vierzig 41,7 Prozent gegenüber dem Vorjahr); darüber hinaus spendiert das Land DM 200 000.– für die Feiern aus Anlaß der sogenannten Kommunalisierung des Nationaltheaters vor 150 Jahren; eventuell in bestimmten Bereichen erwirtschaftete Überschüsse sollen in Zukunft ausschließlich an das Nationaltheater zurückfließen; die für 1990 geplanten *Schillertage,* die zunächst auch der städtischen Sparpolitik zum Opfer fallen sollten, können nun doch durchgeführt werden; Arnold Petersen, Nicolas Brieger und Friedemann Layer ziehen ihre Rücktrittsandrohungen zurück; zuvor hat der Gemeinderat auch einer Anhebung des Gewerbesteuersatzes zugestimmt: Den Finanzexperten ist allerdings klar, daß sich die Finanzlage der Kommunen und damit ihrer Theater in den nächsten Jahren nicht zum Besseren wenden wird.
9.5.1989	Opern-Sonderkonzert aus Anlaß von *150 Jahre Kommunales Nationaltheater Mannheim 1839–1989* im *Mozartsaal* des *Rosengartens;* Musikalische Leitung: Friedemann Layer, Moderation: Walter Vits-Mühlen.
10.5.1989	Im Rahmen von *150 Jahre Kommunales Nationaltheater Mannheim 1839–1989* hält Klaus Günther von der Universität Frankfurt am Main einen Vortrag zu *Ästhetik und Politik – Bürgerliches Theater als verpaßte Chance?* (siehe auch 23. Oktober 1988).
4.7.1989	Beschluß des Mannheimer Gemeinderates, Arnold Petersen für weitere fünf Jahre mit der Leitung des Nationaltheaters zu betrauen; die neue Dienstbezeichnung Petersens lautet »Generalintendant«.
29.8.1989	Uraufführung durch die freie Theatergruppe *Triebtheater,* Ludwigshafen, von Bettina Fless' *Memmingen;* mit dieser Aufführung im *Studio im Werkhaus* soll sich der *Jugendclub Theater* etablieren.
11.7.–15.9.1989	II. Phase der Sanierung des Nationaltheatergebäudes am *Goetheplatz* (Durchführung der Sofortmaßnahmen II); Beseitigung von Sicherheitsmängeln lt. TÜV-Bericht; Erneuerung der Brandmeldeanlage; Erneuerung der Bühnenlichtsteuerung; Erneuerung der Kälteanlage; Maßnahmen lt. Beschluß des Gemeinderates vom 4. April 1989; die II. Sanierungsphase dehnt sich auf die Zeit vom 1. Juli – 4. September 1990 aus; finanzieller Aufwand für 1989 6,3 Millionen DM, für 1990 2,3 Millionen DM.

5.11.1989	Festakt aus Anlaß der sogenannten Kommunalisierung des Nationaltheaters vor 150 Jahren (siehe auch 1839), also der Übernahme der Institution in städtische Verwaltung; den Festvortrag hält in Anwesenheit vieler Ehrengäste (unter anderen auch Ministerpräsident Lothar Späth) der Berliner Theaterwissenschaftler Henning Rischbieter zum Thema *Das deutsche Stadttheater – Geschichte, Gegenwart, Zukunft* (vgl. auch 22. Februar, 9. und 10. Mai 1989 und siehe unten).
7.11.1989	Aus Anlaß des 150jährigen Bestehens des Nationaltheaters als städtische Einrichtung wird in der Südwestdeutschen Landesbank eine Ausstellung des Mannheimer Stadtarchivs eröffnet, in der historische Theaterplakate gezeigt werden.
26.11.1989	Uraufführung von Jens-Peter Ostendorfs Kinderoper *Der falsche Prinz* nach Wilhelm Hauff im *Opernhaus* (Inszenierung: Florian Zwipf, Musikalische Leitung: Siegfried Schwab).
2. und 3.12.1989	Aus Anlaß der sogenannten Kommunalisierung des Nationaltheaters vor 150 Jahren veranstaltet das Nationaltheater ein öffentliches Symposium zum Thema *Geschichte, Gegenwart und Zukunft des bürgerlichen Theaters.*
12.1.1990	Theaterdirektor Piotr Palamarchuk aus der neuen weißrussischen Partnerstadt von Mannheim, Kischinjow, besucht das Mannheimer Nationaltheater, um Gespräche über einen Gastspielaustausch zwischen den beiden Städten zu führen; Generalintendant Arnold Petersen hatte bereits im Dezember des vergangenen Jahres der neuen Partnergemeinde und dessen Theater einen Besuch abgestattet (siehe auch 7. bis 10. April 1990).
23.2.1990	Uraufführung von Thomas Braschs *Nachspiel im Himmel* im *Studio im Werkhaus* (Inszenierung: Manfred Weiß).
7.4.–10.4.1990	Das Ballettensemble des Staatstheaters Kischinjow gastiert im Mannheimer Nationaltheater.
Juli 1990	Generalintendant Arnold Petersen kündigt überraschend und vorzeitig seinen noch bis zum Ende der Spielzeit 1991/92 laufenden Vertrag.
1.7.–4.9.1990	II. Phase der Sanierung des Nationaltheatergebäudes am *Goetheplatz* (Durchführung der Sofortmaßnahmen II), 2. Teil (siehe 11. Juli bis 15. September 1989).

18.11.1990	Uraufführung von Detlev Müller-Siemens' Oper *Die Menschen* (Auftragskomposition des Nationaltheaters; Inszenierung: Christine Mielitz a.G., Musikalische Leitung: Jun Märkl).
9.4.1991	Vorstellung des designierten neuen Generalintendanten Klaus Schultz durch Oberbürgermeister Gerhard Widder und Kulturbürgermeister Lothar Mark.
23.4.1991	Der Gemeinderat wählt bei zwei Stimmenthaltungen Klaus Schultz zum neuen Generalintendanten des Nationaltheaters (Amtsantritt zur Spielzeit 1992/93).
14.5.1991	Der Mannheimer Gemeinderat stimmt der Baumaßnahme für die Erweiterung der Maimarkthalle auf dem *Mühlfeld* zu, in der während der Schließung des Nationaltheaters am *Goetheplatz* im Rahmen der III. Sanierungsphase (siehe unten) das Schauspiel eine Ersatzspielstätte erhalten soll (Baukosten: ca. 6,5 Millionen DM).
13.7.1991	Anläßlich des 200. Todestages von Wolfgang Amadé Mozart organisiert die *Mannheimer Kongreß und Touristik GmbH* (*MKT*) im Ehrenhof des Mannheimer Schlosses ein Konzert mit dem Nationaltheater-Orchester und den Solisten Edith Mathis und Peter Schreier; ca. 4000 Menschen erleben dieses besondere Ereignis.
17.9.1991	Bei zwölf Gegenstimmen genehmigt der Mannheimer Gemeinderat den Bau eines Bühnenturms für das *Schauspielhaus* des Nationaltheaters am *Goetheplatz* (veranschlagte Kosten: DM 17,2 Millionen).
22.9.1991	Uraufführung von Eberhard Streuls *Stunde bei Aloysia* im *Studio im Werkhaus* (Inszenierung: Florian Zwipf); die Rolle der Aloysia Weber wird von Elsbeth Janda gespielt.
6.10.1991	Uraufführung von *Durch dick und dünn,* einem Clownsspektakel im *Schnawwl* mit Finke & Faltz (Inszenierung: Raimund Finke und Mathias Faltz).
4. und 5.12.1991	Gedenkkonzert im *Opernhaus* des Nationaltheaters aus Anlaß des 200. Todestages von Wolfgang Amadé Mozart.
8.12.1991	Im *Opernhaus:* Benefizkonzert des Nationaltheater-Orchesters im Rahmen von *Freundschaftsbrücke – Kinder der Perestroika e.V.* zugunsten der Notleidenden in der Sowjetunion.
31.1.1992	Verleihung des *Bloomaulordens* 1992 an Klaus Wendt, Chefdisponent des Nationaltheaters.

9.3.1992	Aus Anlaß des Columbus-Jahres: Uraufführung der *Sinfonía del Descubrimiento* (Sinfonie der Entdeckung) für Orchester und Männerchor von Generalmusikdirektor Miguel A. Gómez Martínez unter der Leitung des Komponisten im Rahmen des 6. Akademiekonzertes des Nationaltheater-Orchesters im *Mozartsaal* des *Rosengartens.*
23.–28.4.1992	Gastspielreise des Kinder- und Jugendtheaters am Nationaltheater *Schnawwl* durch Rußland.
27.4.1992	Im Rahmen der Tarifauseinandersetzungen innerhalb des öffentlichen Dienstes wird unter anderen städtischen Betrieben auch das Nationaltheater bestreikt.
Frühsommer 1992	Das Dalberg-Denkmal wird vom Quadrat D 6 auf das Quadrat N 2, auf den Platz gegenüber dem Dalberghaus (N 3, 4) umgesetzt, in dem der Intendant des Nationaltheaters Wolfgang Heribert von Dalberg von 1782 bis zu seinem Tod 1806 wohnte.
7., 8. und 9.5.1992	Aufführungen des Nationaltheaters im *Gorki-Theater* von St. Petersburg mit Arthur Schnitzlers *Das weite Land* (Inszenierung: Nicolas Brieger).
23.–31.5.1992	4. Baden-Württembergisches Kinder- und Jugendtheatertreffen im *Schnawwl.*
28.6.1992	Im Rahmen einer Matinee im *Schauspielhaus* wird erstmals der von dem Bauunternehmer Roland Ernst und einem von diesem initiierten Freundeskreis gestiftete *Arnold-Petersen-Preis* für den künstlerischen Nachwuchs am Nationaltheater vergeben; erste Preisträgerinnen sind die Schauspielerin Caroline Schreiber und die Opernsängerin Daniela Hennecke; der Preis ist jeweils mit DM 10 000.– dotiert (siehe auch *Namen – Daten – Fakten* in diesem Buch).
27.7.1992– 31.10.1993	III. Phase der Sanierung des Nationaltheatergebäudes am *Goetheplatz* (Durchführung der Sofortmaßnahmen III); Beseitigung von Sicherheitsmängeln lt. TÜV-Gutachten, technische Verbesserungen an der Bühnenmaschinerie im *Opern-* und im *Schauspielhaus,* Errichtung eines Bühnenturmes für das *Schauspielhaus* lt. Beschluß des Gemeinderates vom 17. September 1991 (siehe dort); finanzieller Aufwand 48,5 Millionen DM; hinzu kommen ca. sieben Millionen DM an Aufwendungen für Ersatzspielstätten; der Gesamtaufwand für die Sanierung des Nationaltheatergebäudes beträgt 72,1 Millionen DM.
19.9.1992	Erste Aufführung des *Schauspiels am Maimarkt* (*Amadeus* von Peter Shaffer).

20.10.1992	Im Stadthaus N 1 veranstalten die *Freunde und Förderer des Mannheimer Nationaltheaters* eine Diskussion, in der Mitglieder des Landtages, die Fraktionsvorsitzenden des Mannheimer Gemeinderates und andere mit dem neuen Generalintendanten Klaus Schultz und dem 1987 zum Verwaltungsdirektor berufenen Lutz Beutling über die dem Nationaltheater drohende Finanzlücke sprechen; gleichzeitig demonstrieren etwa 300 Theatermitarbeiter gegen die geplanten Einsparungen.
29.10.1992	Uraufführung der szenischen Collage von Ines Haffner *I wanna be loved by you* im Kinder- und Jugendtheater *Schnawwl,* einem Stück über den sexuellen Mißbrauch an Kindern und Jugendlichen.
22.11.1992	Die Berliner Theater haben zu Demonstrationen gegen Ausländerhaß aufgerufen; dem Aufruf folgen auch etwa 200 Mitarbeiter des Nationaltheaters; vom *Rosengarten* aus bilden sie eine Menschenkette und ziehen bis zum Stadthaus N 1, wo der langjährige Mannheimer Schauspieler Michael Timmermann eine Rede hält.
30.1.1993	Aus Anlaß des 60. Jahrestages der »Machtergreifung« Adolf Hitlers veranstalten das Stadtjugendamt und das Kinder- und Jugendtheater *Schnawwl* auf dem *Paradeplatz* eine gemeinsame Straßentheateraktion *(Todesspur von Rechts).*
8.2.1993	Der engagierte Theaterfreund Horst Engelhardt, Inhaber des Teppichhauses Engelhardt an den *Planken,* der die Aktion *nationaltheater mannheim in Not!* initiiert hat, überreicht in Stuttgart umfangreiche Unterschriftenlisten, mit denen Mannheimer Bürger die Landesregierung auffordern, die zugesagten Zuschüsse für das Nationaltheater einzuhalten (vgl. auch 9. und 24. November 1988 und Januar 1989).
12.2.1993	Richtfest für den Bühnenturm des *Schauspielhauses;* der Text des Meisterspruchs lautet: *»Dank sei dem Land und auch der Stadt, die Platz und Gelder* *mühsam endlich hat bereitgestellt!* *Leben soll'n sie! Ihre Ruhmes Felder* *preise hoch, und noch mal hoch dem Rat der Stadt.* *Leben soll'n sie! Und glücklich will ich leeren* *ihnen das erste Glas mit edlem Wein!* *Möge auch in Zeiten, unheilschweren,* *dieses Haus der Künste Heimstatt sein.*

Das zweite Glas geweiht
Technik, Künstlern, Orchester, Tanz und Chor,
die sich um jeden Kunstfreund redlich müh'n,
und ihnen, die im Forum sitzen,
mit Witz und Wonne halten sie den Spiegel vor,
auf daß an jedem Abend ihr Spiel die Herzen läßt erglüh'n.

Dies letzte Glas will ich erheben
für Maurer und den Bühnenstahlbaumann,
der oft frei muß in den Lüften schweben,
und Gott sei Dank der Tod hier keinen abgewann.

Der Turm ist also aufgerichtet,
mit Stahl gefaßt, gemauert ist's noch nicht.
Noch können Regen und der Sonnenschein
von oben und von überall herein.
Drum rufen wir zum Meister dieser Welt,
er wolle von dem Himmelszelt
nur Heil und Segen gießen aus
hier über dies noch off'ne Haus.«

Mannheim, den 12. Februar 1993

28.5.1993 Uraufführung von Andreas Krämers *Unter der Hungerleuchte – Silhouetten aus dem Taxi* im *Studio im Werkhaus* (Inszenierung: Boris Pfeiffer).

30.5.1993 Konzertante Erstaufführung des Nationaltheaters im *Rosengarten* von Manuel de Fallas szenischer Kantate *Atlántida* (Atlantis) in katalanischer Sprache; Musikalische Leitung: Miguel A. Gómez-Martínez.

8.–13.6.1993 Das 4. Treffen *Jugendclubs an Theatern*, das vom Bundesministerium für Frauen und Jugend finanziert wird, findet im *Schnawwl* zum Thema *Gewalt und Gewaltbereitschaft* statt.

9.6.1993 Uraufführung von Joshua Sobols *Untergrund* im *Studio im Werkhaus* (Inszenierung: Inken Böhack).

1.8.–21.12.1993 Bunkerausbau unter dem Nationaltheatergebäude am *Goetheplatz* zum Kulissenlager, Möbel- und Requisitenmagazin lt. einstimmigem Beschluß des Hauptausschusses auf einer Sondersitzung am 9. Juli 1993; finanzieller Aufwand 3,6 Millionen DM.

5.9.1993	In einer gemeinsamen Veranstaltung erinnern die Theatersammlung des Reiss-Museums und Kurpfalz-Radio mit einer Live-Sendung, in der etliche Zeitzeugen zu Wort kommen, unter dem Titel *Als der Vorhang fiel* an die Zerstörung des Nationaltheaters auf B 3 vor fünfzig Jahren.
26.10.1993	Der Gemeinderat beschließt, einige Straßen des neuen Stadtteils »Im Rott« nach berühmten »Mannheimer« Theaterfrauen zu benennen: nach Esther Charlotte Brandes (Schauspielerin am Mannheimer Theater von 1779 bis 1781, siehe auch Farbabbildung I, 2), Caroline Jagemann (Sängerin und Schauspielerin am Mannheimer Theater von 1792 bis 1796, siehe auch Farbabbildung III, 5), Mary Wigman (Ausdruckstänzerin, Choreographin und erste Schillerpreisträgerin der Stadt Mannheim, 1954, siehe auch Abbildung S. 55), Elisabeth Bergner (Schauspielerin und Schillerpreisträgerin der Stadt Mannheim, 1962) sowie Ida Ehre (Schauspielerin, engagiert in Mannheim von 1927 bis 1931, Theaterdirektorin und Schillerpreisträgerin der Stadt Mannheim, 1970, siehe auch Abbildung S. 394).
31.12.1993	Letzte Aufführung im *Theater am Maimarkt* mit der Komödie *Hase Hase* (Inszenierung: Winfried Lachauer) von Coline Serreau.
26. und 27.2.1994	Wiedereröffnung des sanierten Nationaltheatergebäudes auf dem *Goetheplatz* am 26. Februar im *Schauspielhaus* in Anwesenheit des Ministerpräsidenten des Landes Baden-Württemberg, Erwin Teufel, mit einem Festvortrag, in dem sich der Tübinger Professor Hans Mayer *Gedanken zum Mannheimer Nationaltheater* macht; im Anschluß daran Uraufführung des Schillerprojekts *Zauber der Hölle*, eine Schiller-Text-Montage von Henrik Bien, Alexander Müller-Elmau und Amélie Niermeyer (Inszenierung: Amélie Niermeyer, vgl. auch Abbildung S. 238); am 27. Februar festliche Wiedereröffnung des *Opernhauses* mit der Aufführung *Rund um die Oper – Eine Einführung für Anfänger und Fortgeschrittene* nach einer Idee von Klaus Schultz; mit dieser schwungvollen Bühnenshow erhalten die Zuschauer einen Einblick hinter die Kulissen und auf die mit viel neuem technischen Raffinement ausgestattete Bühne des *Opernhauses* (Musikalische Leitung: Jun Märkl); mit der Wiedereröffnung des Nationaltheaters stehen den Theaterbesuchern auch zusätzlich 160 Parkplätze in der Parkgarage des Theresienkrankenhauses gegen eine Abendpauschale zur Verfügung.
19.4.1994	Der neue Bühnenturm für das *Schauspielhaus* wird infolge eines Schwelbrandes, der bei Dacharbeiten entstanden ist, stark beschädigt; es entsteht ein Sachschaden in Höhe von ca. DM 500 000.–; trotz der Löscharbeiten wird der Proben- und Spielbetrieb kaum beeinträchtigt.

24.4.1994	Uraufführung von Joshua Sobols *Auge um Auge* im *Studio im Werkhaus* (Regie: Clemens Bechtel).
30.4.1994	Uraufführung von Raimund Finkes *Erste Liebe oder Nichts was mir gehört* im Kinder- und Jugendtheater *Schnawwl* (Regie: Franziska Steiof).
7.5.1994	Erste Veranstaltung im Rahmen von *Junge Choreographen* im *Studio im Werkhaus* mit Choreographie-Uraufführungen von Rosemary Neri, Luches Huddleston Jr., Aki Kato und Bronizlav Roznos.
14., 15., 16., und 17.5.1994	Einladung des Nationaltheaters zum Berliner Theatertreffen mit *Walpurgisnacht oder Die Schritte des Komturs* von Wenedikt Jerofejew (Inszenierung: Hans-Ulrich Becker).
31.5.1994	Einladung des Nationaltheaters zu den Mülheimer Theatertagen mit *Das Gleichgewicht* von Botho Strauß (Inszenierung: Mark Zurmühle).
5. und 6.6.1994	Jahrestagung des *Deutschen Bühnenvereins* in Mannheim; am 5. Juni findet im *Schauspielhaus* eine Podiumsdiskussion unter der Leitung des Präsidenten des *Bühnenvereins,* Staatsintendant August Everding, zum Thema *Welches Theater brauchen wir – welches Theater können wir uns leisten?* statt; am 6. Juni 1997 präsentiert sich erstmals die *Otto-Mann-Stiftung zur Förderung der Kultur- und Theaterwissenschaften an der Universität Mannheim* mit einem Festvortrag von August Everding, den dieser unter dem Titel *Kultur-Wissenschaft, Theater-Wissenschaft, Widersprüche* hält.
19.6.1994	Einladung des Nationaltheaters zur *Bonner Biennale* mit *Das Gleichgewicht* von Botho Strauß
11.9.1994	Uraufführung von Roland Topors *Ein Winter unter dem Tisch* im *Studio im Werkhaus* (Inszenierung: Andreas von Studnitz).
23.9.1994	Berthold Goldschmidt, dessen Oper *Der gewaltige Hahnrei* am 14. Februar 1932 (siehe dort) am Mannheimer Nationaltheater uraufgeführt wurde, den die Nationalsozialisten aus Deutschland vertrieben haben und dessen Werke neuerdings wiederentdeckt werden, ist auf Einladung der *Gesellschaft für neue Musik e. V.* im *Anna-Reiß-Saal* des Reiss-Museums im Rahmen eines Konzertes, in dem Kompositionen von ihm aufgeführt werden, selbst zu Gast.
10.12.1994	Uraufführung von Charlotte Knappsteins und Mathias Wendels musikalischer Revue *Edith – a star is born* im Kinder- und Jugendtheater *Schnawwl.*

13.12.1994	Die neue ständige Ausstellung der Theatersammlung des Reiss-Museums wird mit einem Festakt im *Anna-Reiß-Saal* des Neubaus auf D 5 nach zehnjähriger Schließzeit im *Verschaffelt-Gewölbe* des Zeughauses (C 5, Museum für Kunst-, Stadt- und Theatergeschichte) unter dem Titel *Mannheim und sein Nationaltheater – Bretter, die die Welt bedeuten* wiedereröffnet; als Ehrengast rezitiert der in Mannheim geborene Schauspieler und Bloomaulordensträger Carl Raddatz aus Werken von Carl Zuckmayer.
23.11.1995	Uraufführung von Detlev Glanerts Oper *Der Spiegel des großen Kaisers* (Auftragskomposition des Nationaltheaters; Inszenierung und Bühnenbild: Peter Theiler, Musikalische Leitung: Jun Märkl).
10.1.1996	Erstes Probetraining für den neugegründeten Bewegungschor am Nationaltheater, der leichtere Gruppenaufgaben auf der Bühne übernehmen soll (vgl. 23. Juni 1929).

Szene aus Der Spiegel des großen Kaisers *von Detlev Glanert. UA in Anwesenheit des Komponisten: 23. November 1995, Inszenierung und Bühne: Peter Theiler, Kostüme: Gabriele Heimann, Musikalische Leitung: Jun Märkl. Rechts: Mikel Dean (Der Kaiser), links: Oskar Pürgstaller (Meir, Armenarzt). Foto: Hans-Jörg Michel. RMM, Thslg.*

12.3.1996	Im Rahmen einer Pressekonferenz werden im Nationaltheater im Beisein von leitenden Vertretern der kommunalen Bühnen in Baden-Württemberg den Vertretern der beiden großen Parteien im Baden-Württembergischen Landtag 10 000 Unterschriften von Freunden des Mannheimer Nationaltheaters übergeben, die innerhalb von drei Wochen gesammelt wurden (die Aktion wird von der Stadt und dem Nationaltheater getragen): Der Protest richtet sich gegen die geplanten Kürzungen der Landesregierung für die kommunalen Bühnen in Baden-Württemberg; seit 1992 sind die seit Jahrzehnten gewährten Landeszuschüsse bei vierzig Prozent »eingefroren«; nach den beabsichtigten Kürzungen betragen sie real nur noch ca. 31 Prozent (vgl. auch 24. November 1988).
8., 9., 10.5.1996	Einladung des Nationaltheaters zum Berliner Theatertreffen mit *Baumeister Solness* von Henrik Ibsen (Inszenierung: Gerhard Willert; siehe auch Farbabbildung XVI, 28 und Titelfoto dieses Buches).
14.6.1996	Premiere der »Tanzrevue« *Die Geschichte vom Bösen Mann* von Philippe Talard und Aki Kato nach der gleichnamigen Geschichte von Will Sohl; Bühne und Kostüme stammen von Pieter Sohl, dem Sohn des Mannheimer Malers Will Sohl (siehe auch 17. März 1951); gleichzeitig findet im Foyer des Nationaltheaters eine Ausstellung mit Bildern und Skulpturen von Pieter und Will Sohl statt.
19.6.1996	Die Vorsitzenden der drei im Mannheimer Gemeinderat vertretenen Fraktionen einigen sich in einer Nachtsitzung darauf, daß der städtische Zuschuß für das Nationaltheater für die nächsten fünf Jahre auf wenigstens 46,5 Millionen DM pro Jahr festgeschrieben wird (vgl. auch den Beitrag von Ulrich Schwab in diesem Buch).
25.6.1996	Der Mannheimer Gemeinderat beschließt eine drastische Erhöhung der Eintrittspreise für das Nationaltheater; gleichfalls zur Diskussion steht der Wirtschaftsplan des Eigenbetriebs Nationaltheater für die Spielzeit 1996/97, wegen dem es bereits in der Hauptausschuß- sowie Theater- und Kulturausschußsitzung am 18. Juni 1996 zu heftigen Auseinandersetzungen kam, da der Haushalt des Theaters nicht ausgeglichen ist; es geht die Rede von einer »Bugwelle« in Höhe mehrerer Hunderttausendmark, Rückstände, die das Nationaltheater vor sich hergeschoben habe; da weiterer Klärungsbedarf besteht, kommt es in der Sitzung am 25. Juni 1996 zu keiner Beschlußfassung.
23.7.1996	Der Gemeinderat beschließt den Wirtschaftsplan des Eigenbetriebes Nationaltheater für die Spielzeit 1996/97, der eine fünfjährige Planungs-

	sicherheit gewährleistet; die Planungssumme ist auf DM 78 777 800,– festgesetzt.
1.9.1996	Der Regiebetrieb Nationaltheater Mannheim wird in einen Eigenbetrieb umgewandelt.
15.8.–7.9.1996	Während der Theaterferien präsentiert das Nationaltheater im *Opernhaus* die amerikanische Originalbesetzung des Musicals *42nd Street,* die aus Anlaß des 100. Geburtstages des *Deutschen Theaters* in München produziert wurde.
1996/1997	Der Verein der *Freunde und Förderer des Nationaltheaters* finanziert für eine Spielzeit die Stelle eines »Theaterdichters«; der junge Theaterautor Albert Ostermaier ist damit der erste Theaterdichter in Mannheim nach Friedrich Schiller (siehe auch 1. September 1783 bis 31. August 1784); seine Nachfolgerin ab der Spielzeit 1997/98 ist die Autorin Simone Schneider.
12./13.1.1997	Aus Anlaß des vierzigjährigen Bestehens des Nationaltheaters am *Goetheplatz* richtet der Süddeutsche Rundfunk (S 4, Kurpfalz-Radio) am 12. Januar 1997 im *Schauspielhaus* eine einstündige Sendung über das Theater aus, die unter Mitwirkung von Mitgliedern des Nationaltheaters live gesendet wird; danach wird im Foyer eine kleine Sonderschau zum Nationaltheater aus Beständen des Mannheimer Stadtarchivs eröffnet; am 13. Januar veranstaltet das »Stadtarchiv in Zusammenarbeit mit dem Nationaltheater« im *Schauspielhaus* einen Erinnerungsabend; den Vortrag zum Thema *Neues Theater in der zerstörten Stadt – Das Nationaltheater 1945–1957* hält Christian Peters vom Haus der Geschichte der Bundesrepublik Deutschland, Bonn; zur Aufführung gelangt auch wieder Curt Oertels Film *Impressionen aus einem Theater* (siehe auch 27. Mai 1957 und 13. Januar 1982).
8. und 9.2.1997	Zum ersten Mal seit 1986 findet wieder der traditionelle *Theaterfasching* im Nationaltheater statt.
13. 4.1997	Mit einer Aufführung von Richard Wagners Bühnenweihfestspiel *Parsifal* (Inszenierung: Hans Schüler, Bühnenbild und Projektionen: Paul Walter, Kostüme: Gerda Schulte) erinnert das Nationaltheater an die Neuinszenierung am 14. April 1957 des Werks, die seit vierzig Jahren ohne Unterbrechung im Spielplan des Nationaltheaters steht; die Theatersammlung des Reiss-Museums Mannheim hat aus diesem Anlaß eine kleine Ausstellung über *Vierzig Jahre Parsifal* zusammengestellt, die im Foyer des Nationaltheaters gezeigt wird.

20.4.1997 Erstmals wird die Übertitelungsanlage im *Opernhaus* eingesetzt (in der Premiere der Neuinszenierung von Giuseppe Verdis *Othello,* Inszenierung: Chris Alexander a.G., Musikalische Leitung: Peter Sommer).

8. bis 14.6.1997 *9. Internationale Schiller-Tage* (siehe auch 2.–7. Mai 1978).

Mai 1997 Der amtierende Generalintendant des Nationaltheaters, Ulrich Schwab, kündigt den Vertrag mit der *Musikalischen Akademie des Nationaltheater-Orchesters e.V.* nach 188 Jahren auf; im Jahr 1809 wurde seitens des Theaters die Verantwortung für die Konzertreihe des Nationaltheaters dem Orchester selbst übertragen; träte die seitens der Theaterleitung gewünschte Neuregelung inkraft, dürfte das Nationaltheater-Orchester die durch das Orchester in Eigenverantwortung organisierten Akademiekonzerte ab der Spielzeit 1999/2000 (also 190 Jahre nach der Regelung von 1809) nicht mehr in eigener Regie bestreiten; der dem eingetragenen Verein *Musikalische Akademie des Nationaltheater-Orchesters* zuerkannte Status der Gemeinnützigkeit hat zur Folge, daß die Konzerte unter anderem nach wie vor zu moderaten Eintrittspreisen angeboten werden können, da alle erwirtschafteten Überschüsse in die Konzertveranstaltungen reinvestiert werden müssen; Ulrich Schwab argumentiert vor allem damit, daß der Generalmusikdirektor nicht in die Planungen des Orchesters einbezogen werde und dem Theater an den Konzertabenden hohe Kosten entstehen und Einnahmen verlorengehen; die Angelegenheit wird auch in der Öffentlichkeit diskutiert (siehe auch 20. November 1778, 28. und 29. September 1929, 30. September 1979 und Spätjahr 1997).

24.6.1997 Auf der Fahrt von Mannheim an seinen Heimatort kommt der am Nationaltheater von 1988 bis 1996 engagierte Heldentenor Wolfgang Fassler bei einem Autounfall ums Leben.

Sommerpause 1997 Die Kassenhalle des Nationaltheaters wird für einen kombinierten Tages- und Abendkassen- sowie Abonnementbüro- und Cafébetrieb neu eingerichtet; bei dieser Gelegenheit werden sämtliche Stahlkonstruktionen und Glasscheiben erneuert; der Hauptzugang zur Kassenhalle und damit zum Theater insgesamt wird zu Gunsten des Café- und Restaurantbetriebes geschlossen; als Zugang dienen jetzt ausschließlich die Seiteneingänge.

Spätjahr 1997 Nach vielen internen und öffentlichen Diskussionen, die vom Widerstand eines großen Teils der Abonnenten und der Konzertbesucher sowie von prominenter Seite begleitet waren, ist ein gewisses Umdenken im Hinblick auf die *Musikalische Akademie des Nationaltheater-Orchesters e.V.* erfolgt; die Intendanz des Nationaltheaters hat sich mit den Vertretern der *Musikalischen*

Akademie auf folgende wesentlichen Punkte geeinigt: Die Eigenständigkeit der *Musikalischen Akademie* bleibt in Zukunft gesichert; dem Generalmusikdirektor wird die (nach Aussage der *Musikalischen Akademie*) bisher bereits praktizierte Mitsprache hinsichtlich der Programmauswahl und des Engagements von Solisten schriftlich bestätigt (dem GMD steht ein Erstvorschlagsrecht zu); das Orchester muß zu einem gewissen Teil zur Refinanzierung der Orchester-Personalkosten beitragen, und zwar – je nach Ertragslage – in Höhe von mindestens DM 160 000,– und maximal DM 198 000,– pro Saison (ab 1999/2000); für die Konzertsaison 1998/1999 soll die *Musikalische Akademie* bereits fünfzig Prozent der von ihr erwirtschafteten Überschüsse an das Nationaltheater abführen; diese Neuregelung wird eine Erhöhung der Abonnement- und Eintrittspreise der *Musikalischen Akademie* um etwa zwanzig Prozent zur Folge haben; im Frühjahr 1998 soll die entsprechende neue Vereinbarung, die auf der bislang geltenden Vereinbarung basiert, von den Beteiligten unterzeichnet werden.

Quellen und Literatur

Brandenburg 1973 – Dürr 1929 – Festschrift 1994 – Finscher 1992 – Förderer-kreis 1992 – Gutachten 1970 – Hemmerle 1982 – Herrmann 1985 – Herrmann 1997 – Höber 1929 – Homering 1984 – Homering 1987 – Homering 1992 – Lersch 1989 – Mannheimer Chronik – May 1986 – Meyer 1959 – Meyer 1979 – Mozart 1962 – Nationaltheater 1967 – Pelker 1992 – Pichler 1879 – Piper 1981 – Senk 1983 – Senk 1997 – Sitzungen/Beschlüsse – StadtA Mannheim Zug 34/148 und 164/1973 – Stahl 1929 – Stahl 1940 – Thslg. Chronik – Thslg. Premieren-datei – Thslg. Theaterzettelbände 1779–1983 – Theaterzeitungen – Verband 1958 – verschiedene Beiträge dieses Buches – Walter 1898 – Walter 1899/1 und 2 – Walter 1907 – Walter 1931 – Walter I/1949 – Walter II/1950 – Werther 1911 – Würtz 1969.

Namen, Daten, Fakten

Intendanten und leitende Kapellmeister des Nationaltheaters von 1779 bis 1997
(Synoptische Darstellung)

Liselotte Homering

Intendanten[1]		**Leitende Kapellmeister**[2]	
1779–1803	Wolfgang Heribert v. Dalberg	1779–1804	Ignaz Fränzl
1803–1816	Friedrich Anton v. Venningen		
		1804–1823	Peter Ritter
1816–1819	Sebastian Haub/Haupt und Josef Peter Fried(e)rich		
1819–1821	Wilhelm Heilwig Karl Robert August v. Ungern-Sternberg		
1821–1836	Carl August v. Luxburg		
		1823–1832	Michael Frey
		1832–1834	Joseph Eschborn
		1834–1836	Franz Lachner
1836–1837	Philipp v. Hertling	1836–1873	Vinzenz Lachner
1837–1839	Franz Karl v. Kronfels		
1839–1890	**Hoftheaterkomitee**[3]		
Oberregisseure:			
1843/48–1853	Philipp Jacob Düringer		
1853–1857	Dr. Johann Friedrich Meyer		
1857–1858	Heinrich Barthel		
1858–1868	August Wolff		
1868–1873	Dr. Julius Werther		
1873–1876	August Wolff	1873–1877	Ernst Frank
1876–1877	Otto Devrient		
1877–1884	Dr. Julius Werther	1877–1880	Franz Fischer
1884–1885	Jocza Savits	1880–1889	Emil Paur
1885–1890	Max Martersteig		
		1889–1891	Felix Weingartner
1890–1892	Carl v. Stengel		
		1891–1892	Karl Frank
1892–1895	Aloys Prasch	1892–1896	Hugo Röhr
1895–1904	Dr. August Bassermann		
		1896–1899	Emil Nikolaus v. Reznicek
1904–1906	Julius Hofmann	1899–1906	Willibald Kähler
1906–1910	Dr. Carl Hagemann	1906–1909	Hermann Kutzschbach
1910–1912	Prof. Ferdinand Gregori	1909–1915	Artur Bodanzky (OD)
1912–1913	Ludwig Landmann		
1913–1914	Alfred Bernau		
1914–1914	Franz Freytag, Stadtrat		
1914–1914	Dr. Sally Stern, Stadtrat		
1914–1915	Ludwig Landmann		

[1] Von 1779 bis 1816 und von 1819 bis 1839 waren die Mannheimer Intendanten sogenannte Kavaliersintendanten, also Intendanten von Adel, die in ihrer Eigenschaft als (zunächst kurpfälzische, später badische) Hofbeamte dem Theater vorstanden; den Titel des Generalintendanten konnte als erster (von 1989 an, vgl. auch *Chronologie*) Arnold Petersen führen. In den Jahren von 1839 bis 1890 wurde das Mannheimer Nationaltheater nicht von einem Intendanten geleitet, sondern von einem Hoftheaterkomitee, dem jeweils drei ehrenamtlich tätige Honoratioren Mannheims angehörten. An der Spitze des Komitees stand der Präsident, mehrmals war dies der jeweils amtierende Oberbürgermeister der Stadt Mannheim. Dem Theaterkomitee unterstand seit 1843 ein künstlerischer Leiter (Regisseur, ab 1848 Oberregisseur), der für die künstlerischen Fragen zuständig, in seinen Entscheidungen allerdings nicht frei war.

[2] Von 1779 bis 1923 war die Bezeichnung für die leitenden Kapellmeister entweder

1915–1920	Dr. Carl Hagemann	1915–1920	Wilhelm Furtwängler
1920–1921	Dr. Saladin Schmitt, Karl Vogel, Stadtrat	1920–1922	Franz v. Hößlin
1921–1923	Dr. Adolf Kraetzer		
		1922–1923	Erich Kleiber
1923–1924	August Zoepffel	1923–1928	Richard Lert (GMD)
1924–1930	Francesco Sioli		
		1928–1930	Erich Orthmann (GMD)
1930–1933	Herbert Maisch	1930–1933	Joseph Rosenstock (GMD)
1933–1945	Friedrich Brandenburg	1933–1936	Philipp Wüst (GMD)
		1936–1942	Karl Elmendorff (GMD)
		1943–1944	Eugen Bodart (GMD)
1945–1946	Carl Onno Eisenbart	1945–1947	Richard Laugs (1. Kpmstr.)
1946–1947	Erich Kronen		
1947–1949	Richard Dornseiff	1947–1950	Fritz Rieger (Ltd. Kpmstr.)
1949–1950	Richard Payer		
		1950–1951	Eugen Szenkar (OD)
1951–1963	Dr. Hans Schüler		
		1952–1963	Herbert Albert (GMD)
1963–1972	Ernst Dietz	1963–1970	Horst Stein (GMD u.OD)
		1970–1980	Hans Wallat (GMD u. OD)
1972–1975	Dr. Michael Hampe		
1975–1992	Arnold Petersen (GIn)		
		1980–1985	Wolfgang Rennert (GMD u. OD)
		1985–1987	Peter Schneider (GMD u. OD)
		1987–1990	Friedemann Layer (GMD u. OD)
		1990–1993	Miguel A. Gómez-Martínez (GMD)
1992–1996	Klaus Schultz (GIn)		
		Seit 1994	Jun Märkl (GMD u. OD)
Seit 1996	Ulrich Schwab (GIn)		

1. Kapellmeister oder Hofkapellmeister. Richard Lert war der erste Mannheimer 1. Kapellmeister, der sich *Generalmusikdirektor* nennen durfte.

[3] Eine ausführliche synoptische Aufstellung von Hoftheaterkomiteemitgliedern, Mitgliedern der (Hof)Theaterkommission, Regisseuren, Oberregisseuren und Intendanten von 1839 bis 1929 bei Stahl 1929, S. 383–388.

Spielleiter/Oberspielleiter/Direktoren Schauspiel und Oper 1979 bis 1997
(ohne Intendanten)

Ursula Gornik-Skibbe

Becker, Hans-Ulrich
Oberspielleiter Schauspiel 1993–1994

Bosse, Jürgen
Spielleiter Schauspiel 1975–1977
Oberspielleiter Schauspiel 1977–1979
Schauspieldirektor 1979–1988

Brieger, Nicolas
Schauspieldirektor 1988–1992

Klimek, Bruno
Spielleiter Schauspiel 1988–1992
Schauspieldirektor seit 1996

Marelli, Marco Arturo
Oberspielleiter Oper 1984–1985

Meyer-Oertel, Friedrich
Oberspielleiter Oper 1975–1979

Schlicht, Dr. Michael Winrich
Schauspieldirektor 1992–1996

Theiler, Peter
Oberspielleiter Oper 1994–1996

Zwipf, Florian
Spielleiter Oper 1988–1993

Dramaturginnen und Dramaturgen 1979 bis 1997
(ohne Gastdramaturgen)

Ursula Gornik-Skibbe

Abbrederis, Susanne
Dramaturgin Schauspiel 1985–1988

Besier, Christine
Dramaturgin Schauspiel seit 1996

Bien, Henrik
Dramaturg Schauspiel 1992–1994

Börschinger, Eckhard
Dramaturg Schauspiel 1983–1988

Drescher, Hans-Jürgen
Dramaturg Schauspiel 1988–1991

Eisinger, Dr. Ralf
Dramaturg Oper 1992–1995

Esterházy, Dr. Paul
Dramaturg Oper 1989–1990

Frank, Heike
Dramaturgin Schauspiel 1995–1996

Gläser, Carla-Maria
Dramaturgin Schauspiel 1988–1991

Hanke, Dr. Dirk Olaf
Dramaturg Schauspiel 1994–1996

Jacobs, Eilhard
Dramaturg Schauspiel 1979–1988

Kaulich, Susanne
Dramaturgin 1990–1992
Dramaturgin Oper 1992–1994

Kazmaier, Dr. Martin
Dramaturg Oper 1976–1979

Klement, Joachim
Ltd. Dramaturg des Schauspiels seit 1996
und Stellvertreter des Schauspieldirektors

Klügl, Dr. Michael
Ltd. Dramaturg des Musiktheaters 1994–1997
und Stellvertretender Operndirektor

Koch, Heide
Dramaturgin und Öffentlich-
keitsarbeit Musiktheater 1994–1996

Leicht, Urs
Dramaturg Oper 1985–1989

Müller, Gert
Dramaturg 1981–1983

Nieraad, Karla
Dramaturgin und persönliche
Mitarbeiterin des Ballettdirektors 1991–1993

Persché, Gerhard
Dramaturg Musiktheater 1979–1981

Ritz, Peter 1978–1981
Dramaturg Schauspiel

Rühle, Ursula 1975–1981
Dramaturgin Schauspiel

Schirmer, Friedrich 1978–1979
Dramaturg

Schneider, Berthold
Dramaturg Oper 1995–1997

Stamer, Peter
Dramaturg und persönlicher
Mitarbeiter des Ballettdirektors,
Stellvertreter des Ballettdirektors seit 1993

Steffel, Ulrike
Dramaturgin Schauspiel und
Öffentlichkeitsarbeit seit 1996

Streul, Eberhard
Dramaturg Oper 1981–1985

Voigtländer, Eva-Maria
Dramaturgin Schauspiel 1992–1995

Votteler, Juliane
Dramaturgin Schauspiel 1989–1992

Waldschmidt, Dr. Ralf
Dramaturg Schauspiel 1988–1992

Wollbold, Hildegard
Dramaturgin und Öffentlichkeits-
arbeit Musiktheater seit 1996

Zajonz, Antje
Dramaturgin Schauspiel seit 1996

Dirigenten und Chordirektoren 1979 bis 1997
(ohne die Leiter der Oper)

Ursula Gornik-Skibbe

Bloemecke, Karl-Heinz
1. Kapellmeister 1981–1985

Blunier, Stefan
1. Kapellmeister seit 1995

Broeck, Silveer van den
1. Kapellmeister 1985–1986

Epple, Roger
1. Kapellmeister 1993–1995

Gitschel, Hans Georg
Kapellmeister 1951–1988

Gorywoda, Lech-Rudolf 1986–1987
Kommissarischer Leiter des Opernchors

Heinrich, Claus-Erhard
Kapellmeister 1993–1994

Husmann, Mathias
Kapellmeister 1976–1977
1. Kapellmeister 1977–1981

Kalb, Thomas
1. Kapellmeister 1992–1994

Koloseus, Wolfram
Kapellmeister seit 1993

Limbach, Albert
Chordirektor 1987–1992

Märkl, Jun
1. Kapellmeister 1990–1992;
1992–1993 (G)[1]

Matheson, John
1. Kapellmeister 1977–1981

Meiswinkel, Frank
Chordirektor und Kapellmeister 1981–1986

Metz, Georg
Chordirektor seit 1992

Rohra, Klaus
1. Kapellmeister 1987–1990

Rosewell, Michael
Kapellmeister 1987–1989

Runnicles, Donald
Kapellmeister 1981–1985
1. Kapellmeister 1985–1987

Schulz, Jürgen
Chordirektor und Kapellmeister 1974–1981

Sommer, Peter
1. Kapellmeister seit 1994

Vetö, Tamás
Kapellmeister 1980–1981 (G)
1. Kapellmeister 1981–1984

Wächter, Erich
Kapellmeister 1986–1987 (G)
1. Kapellmeister 1987–1990

Weese, Helmut
Kapellmeister 1975–1979

Zapf, Anton
1. Kapellmeister 1990–1992

[1] G = als Gast, teilverpflichtet

Bühnen- und Kostümbildnerinnen und -bildner 1779 bis 1981

Liselotte Homering und *Wilhelm Herrmann*

Nach dem Ausscheiden des Ausstattungsleiters Paul Walter im Jahr 1976 und der Leiterin des Kostümwesens, Lieselotte Klein, im Jahr 1981 gibt es keine fest engagierten Ausstattungsleiter und Leiterinnen des Kostümwesens mehr am Mannheimer Nationaltheater. Im Zeitraum von 1976 bis heute arbeiteten über 220 verschiedene Bühnen- und Kostümbildnerinnen und -bildner als Gäste am Nationaltheater, zum Teil für eine Produktion oder auch für mehrere Inszenierungen. In dieser chronologischen Aufstellung sind ausschließlich die fest verpflichteten Bühnenvorstände aus dem Ausstattungsbereich (von 1911–1945: Künstlerische Beiräte) sowie die fest engagierten Bühnen- und Kostümbildnerinnen und -bildner (ohne die Assistentinnen und Assistenten) für den oben genannten Zeitraum aufgelistet. Im 18. und 19. Jahrhundert sind – anders als heute – die Begriffe des Theaterdekorateurs, -malers, architekten oder -maschinisten oftmals nicht exakt auseinanderzuhalten. In den meisten Fällen handelte es sich bei diesen Künstlern um »Allroundbegabungen«.

1758–1789	Lorenzo Quaglio, Theaterarchitekt und Dekorationsmaler, seit 1778 Hofkammerrat
1776–1807	Abel Schlicht, Hofarchitekt (seit 1776), Theaterarchitekt (seit ?) und Dekorationsmaler (seit 1801)
1778–1800	Giulio Quaglio, seit 1789 Hauptdekorateur und Theatermaler
1779–1804	Johann Georg Kirchhöffer, Dekorationsmaler
1800–1802	Giovanni Maria Quaglio, Theaterarchitekt und Theatermaler
Ca. 1806/07–1826	Adolf Hölzel, Dekorateur und Theatermaschinist
1808–1809/10	Philipp Jakob Karl, Architekt und Dekorateur
1813–1820	Friedrich Pohlmann, Hoftheaterarchitekt und Dekorationsmaler
1822–1831	Friedrich Brauch, Theatermaler
1831–1835	Friedrich Bille, Theatermaler
1832–1863	Joseph Mühldorfer, Theaterdekorateur und -maschinist, Theaterarchitekt
1862–1863	Wilhelm Mühldorfer, Bühnenmaler
1863–1866	Friedrich Helwig, Theatermaler und Maschinist
1866–1867	Carl Gruner, Theatermaler
1867–1876	Joseph Kühn, Maschinist und Bühnenmaler
1876	Joseph Frieb, Dekorationsmaler
1876–1917	Oskar Auer, Maschinist und Dekorationsmaler, ab 1881 Technischer Oberleiter, ab 1892 Technischer Direktor
1878–1880	Fritz Brandt, Obermaschineriemeister
1911–1912	Ottomar Starke, Künstlerischer Beirat
1912–1914	Franz Weih, Künstlerischer Beirat, ab 1914 Dekorationsmaler und stellvertretender Vorstand der Malerei
1914–1919	Ludwig Sievert, Künstlerischer Beirat
1919–1927	Heinz Grete, Künstlerischer Beirat
1927–1934	Dr. Eduard Löffler, Künstlerischer Beirat
1929–1930	Marianne Heymann, Bühnenbildnerin

1934–1936	Hans Blanke, Künstlerischer Beirat
1936	Margaretha (Gretl, Mary) Altvater, Bühnen- und Kostümbildnerin
1936–1939	Friedrich Kalbfuß, Künstlerischer Beirat
1939–1940	Toni Steinberger, Künstlerischer Beirat
1939–1941	Ernst Bekker, Bühnenbildner
1940–1941	Friedrich Kalbfuß, Künstlerischer Beirat
1941–1945	Hellmuth Nötzold, Künstlerischer Beirat
1941–1945	Allmut Trautmann, Kostümbildnerin
1945–1952	Heinz Daniel, Ausstattungsleiter
1951–1969	Gerda Schulte, Leiterin des Kostüm- und Maskenwesens
1952–1981	Lieselotte Klein, Kostümbildnerin, seit 1969 Leiterin des Kostümwesens
1952–1976	Paul Walter, Bühnenbildner, Ausstattungsleiter
1957–1961	Hans Georg Firmans, Bühnenbildner
1957–1961	Hartmut Schönfeld, Bühnenbildner
1963–1964	Matthias Kralj, Bühnenbildner
1964–1969	Irmgard Weiher, Bühnenbildnerin
1969–1972	Herbert Stahl, Bühnen- und Kostümbildner
1972–1974	Hans Kleber, Bühnenbildner
1972–1974	Hans Peter Schubert, Bühnenbildner
1974–1977	Winnie Schneider, Kostümbildnerin
1976–1977	Erwin W. Zimmer, Bühnen- und Kostümbildner

Darstellende Künstlerinnen und Künstler 1979 bis 1997

Ursula Gornik-Skibbe

Mit dieser Zusammenstellung wird diejenige bei Meyer 1979 bis zur Gegenwart (Spielzeit 1996/97) fortgeschrieben. Im Gegensatz zu Meyer enthält die Aufstellung zusätzlich teilzeitverpflichtete Künstlerinnen und Künstler oder solche, die über eine längere Zeitspanne für eine oder mehrere bestimmte Rolle(n) verpflichtet waren bzw. sind. Dies können zum Beispiel auch Mitglieder des Ensembles sein, die kleinere Solo-Rollen übernehmen. Auf diese unterschiedlichen Sachverhalte verweist ganz allgemein der in Klammern hinter den Daten hinzugefügte Buchstabe »G« – ohne freilich in der oben genannten Weise zu differenzieren. Unberücksichtigt bleiben Gäste, die kurzfristig eingesprungen oder für *Festliche Opernabende* engagiert worden sind.

Stahl 1929 und Meyer 1979 weisen die Tänzerinnen und Tänzer nicht nach. Diese sind jetzt von 1870 an berücksichtigt und werden im Anschluß an die Sänger aufgeführt.

Schauspiel

Schauspielerinnen

Albrecht, Juliana	1994–1995 (G)
Amm, Claudia	1992–1994 (G)
Angerstein, Gertrud	1981–1984 (G)
Auer, Elisabeth	1980–1987
	1987–1988 (G)
Averkamp, Nicole	1992–1994
Badura, Gabriela	seit 1975
Bircher, Eleonore	1993–1996
Blaschko, Eva	1995–1996 (G)
Blechinger, Julia	1978–1982
	1982–1988 (G)
Böttrich, Brigitte	1974–1978
	1978–1982 (G)
	1983–1984 (G)
Cappallo, Sylvia	1985–1986 (G)
	1987–1988 (G)
Derleder, Eva	1978–1985
	1985–1986 (G)
	1986–1987
Dobirr, Margarete	1986–1987 (G)
	1989–1990 (G)
Fehmer, Sandra	1992–1996
Fless, Bettina	1988–1991
	1991–1992 (G)
Flick, Catrin	1977–1988
Franke, Bettina	1985–1990
Frerichs, Friederike	1988–1989 (G)
Geier, Gudrun	1987–1988 (G)
Grimme, Helga	1972–1990
Häusler, Susanne	1992–1996
Haider, Sylvia	1984–1985 (G)
Hailer, April	1986–1987 (G)
Heinz, Olga	seit 1996 (G)
Heitger, Mia	1980–1986
Henkel, Almut	seit 1988
Heyse, Cornelia	1990–1992
Idler, Sylvia	1986–1987 (G)
Janda, Elsbeth	1991–1995 (G)
Jaschke, Julia	1995–1996 (G)
Kaiser, Karin	1988–1989 (G)
	1989–1992
	seit 1996
Kempers, Cornelia	seit 1996
Koch, Verena	1992–1996
Korpiun, Anja-Marlene	seit 1996
Koy, Barbara de	1991–1992
Krappatsch, Sylvana	seit 1995
Kriegeskotte, Hedi	1978–1986
	1986–1987 (G)

Kroll, Monika	1989–1991
	1991–1992 (G)
Kugler, Irene	1993–1995;
	1995–1996 (G)
Kunzendorf, Nina	seit 1996
Kurotschka, Mara	1995–1996 (G)
Lyssewski, Dörte	1995–1996 (G)
Martinez, Isabel	1988–1989 (G)
Meierhofer, Susanne	1979–1980 (G)
Nagel, Caroline	1990–1992
Neuhäuser, Karin	1992–1993 (G)
Penzel, Ursula	1994–1995 (G)
Petritsch, Barbara	1988–1990 (G)
	1990–1992
Pfammatter, Karin	1987–1988
Pichler, Maria	1990–1991
Podgornik, Pia	1992–1995
	1995–1996 (G)
Pudor, Viola	1982–1990
Reichhard, Susanne	1994–1995 (G)
Reymann, Rosemarie	1958–1986
Rubruck, Christiana	seit 1996
Sagell, Ellen	1976–1979
Schatz, Alberta	1994–1996
Scheurer, Eva	1988–1989 (G)
Schradiek, Annemarie	1981–1982 (G)
Schreiber, Caroline	1988–1992
Schroeder, Karin	1974–1988
	1994–1996
Seibt, Tatja	1982–1983 (G)
	1994–1995 (G)
Sitte, Dagmar	1994–1995
Steger, Monika-Margret	seit 1996
Steuer, Noëmi	1992–1993
	1993–1994 (G)
Streichert, Andrea	seit 1996 (G)
Striebeck, Catrin	1988–1989 (G)
Teuber, Barbara	1995–1996 (G)
Trauttmansdorff, Victoria	1983–1988
Twiesselmann, Elke	1981–1987
	1987–1988 (G)
Voss, Katharina	1988–1992
Wagner, Friederike	seit 1996
Weckerle, Susanne	seit 1996
Werner, Sabine	1988–1991
	1991–1992 (G)
Weisse, Ina	1992–1994
Wolf, Helga Karola	1991–1992 (G)

Schauspieler

Albrecht, Kurt	1981–1982
	1982–1988 (G)
Alisch, Ernst	1972–1978
	1978–1979 (G)
	1980–1987
	1989–1992 (G)
Anders, Willi	1965–1981
	1982–1983
	1983–1986 (G)
Arnst, Hendrik	1992–1994
Authenrieth, Michael	1980–1982
	1982–1983 (G)
Baacke, Günther	1976–1981
Bachmann, Raphael	1981–1982 (G)
Bayer, Roland	1979–1980
	1982–1987
	1987–1988 (G)
	1989–1995
	1995–1996 (G)
Benson, Stephan	1987–1989
	1989–1990 (G)
Beyer, Tobias	seit 1996
Bock, Rainer	1992–1995
	1995–1996 (G)
Böhlke, Edgar M.	1988–1989 (G)
Boysen, Claus	1985–1988

Brandt, Matthias	seit 1996	Hüpgen, Hans-Detlef	1994–1996
Buch, Achim	1992–1995	Ianculescu, Dinu	seit 1996 (G)
	1995–1996 (G)	Jaroschka, Wolfgang	1992–1996
Buhl, Matthias	1972–1982	Jörnhoff, Heinz	1969–1987
	1984–1988 (G)		1987–1989 (G)
Calvin, Marcus	1992–1995	Kaneider, Stefan	1988–1992
	1995–1996 (G)	Karow, Reinhard	1980–1987
Campfens, Kees	seit 1996		1987–1988 (G)
Claussen, Lorenz	1988–1992	Kasten, Thomas	1989–1992
Delcroix, Michael	1984–1985	Kenda, Roland	1979–1989
Domanski, Andreas	seit 1996		1989–1991 (G)
Eberwein, Jan	seit 1996 (G)	Kersten, Heinz	1981–1996
Falár, Hans	1973–1981	Kessler, Michael	1992–1996
	1982–1983	Kilian, Heinz Günter	1982–1984
Faria, Derval de	1995–1996 (G)	Knaack, Peter	seit 1996
Fleischmann, Hans	1987–1988	Kollhoff, Heiner	1969–1972
Fritsche, Marcus	1988–1991		1975–1988
	1991–1992 (G)	Konarek, Ernst	1984–1988
Funke, Ronald	1994–1996	Kowalski, Rudolf	1982–1988
Galas, Werner	seit 1988	Krämer, Andreas	1992–1996
Geiling, Bernd	1992–1996	Krause, Johannes	1960–1986
Goldberg, Michael	1988–1992		1986–1988 (G)
	seit 1996	Krohm, Uli	1974–1981
Granzer, Hannes	1988–1989 (G)	Kunkel, Wolfram	1977–1979
Grashof, Max	1989–1996	Laimböck, Adolf	1975–1985
Grasshoff, Thorsten	seit 1996		1985–1986 (G)
Greisner, Detlev	1988–1994		1992–1994 (G)
	1994–1995 (G)	Lansky, Rolf	1987–1995 (G)
	seit 1996		seit 1996 (G)
Gressl, Siegfried	1981–1987	Lieven, Heinz	1988–1989 (G)
	1987–1988 (G)	Lüttichau, Helmfried von	1987–1992
Habich, Sven-Christian	1994–1996	Maeder, Stephane	1987–1992
	seit 1996 (G)	Matousch, Stefan	1994–1996
Hackenberger, Peter	1989–1990 (G)	Meyer, Hanno	1976–1981
Hartmann, Jörg	seit 1996	Meyer, Henry	1995–1996 (G)
Helsner, Marek	1995–1996 (G)	Meyer-Fürst, Gustl	seit 1995
Herrmann, Mathias	1992–1993	Michael, Wolfgang	1981–1986
	1993–1994 (G)	Montfort, Georg	1958–1964
Houska, Peter	1975–1988		1977–1978
	1988–1989 (G)		1981–1983
Huber, Thomas	1989–1992		

Mosebach, Volker	1988–1989
	1989–1991 (G)
Moser, Werner	1982–1984
Motschach, Hermann	1972–1980
Müller-Elmau, Markwart	1992–1993
Müller-Elmau, Raidar	1993–1994
	1994–1995 (G)
Mumm, Jürgen	1981–1982
	1982–1983 (G)
Neukirch, Matthias	seit 1996
Özcelik, Ercan	1994–1995 (G)
Ontrop, Martin	1989–1992
Otto, Carsten	1987–1988
Paulmann, Jochen	1978–1979 (G)
	1979–1981
Pfisterer, Hubert	1991–1993 (G)
Piske, Gerhard	1988–1994
	seit 1994 (G)
Prinz, Werner	1976–1979
	1979–1981 (G)
Reck, Stefan	1988–1990
	1990–1991 (G)
Richter, Ernst T.	1975–1981
	1981–1982 (G)
Riegler, Rudi	1983–1984 (G)
Roloff, Elmar	1989–1992
Roth, Manfred	seit 1996 (G)
Rühring, Peter	1972–1988
Sachtleben, Horst	1987–1988 (G)
Sannemann, Reinhard	1981–1982
	1982–1983 (G)
Sauer, Heinrich	1994–1995 (G)
Schäfer, Hannes	1992–1993
	1993–1994 (G)
Schimke, Henning	1986–1989
Schnitzer, Werner	1994–1996
Schubert, Heinz	1978–1982
	1982–1983 (G)
Sentek, Werner	1978–1981
	1981–1982 (G)
Siedhoff, Joost	1988–1989 (G)
Sittler, Walter	1981–1988
Slama, Toni	1978–1986
	1986–1987 (G)
Sotke, Vasilij	seit 1995
Spahr, Volker	1966–1971
	1986–1988 (G)
Spalinger, Adolph	1990–1992 (G)
Stolzmann, Reinhart von	1974–1979
Timmermann, Michael	seit 1963
Toetzke, Berthold	1974–1978
	1982–1994
Trabant, Manfred	seit 1988
Uliczay, Harold	1979–1981
Vits-Mühlen, Walter	1946–1980
	1981–1982 (G)
Walser, Sven	1995–1996
Wehnert, Roderich	1981–1988
Wenk, Stefano	seit 1996
Wigger, Maximilian	1988–1989
	1989–1991 (G)
Wolf, Peter	1989–1992
Wolff-Plottegg, Paul	1988–1989 (G)
Wurm, Bernd	1976–1978
Yamoah, John	1990–1992 (G)
Zhuber, Helmut	1985–1992

Oper

Sängerinnen

Abajan, Maria	1982–1986
Anghelova (Angelo), Mariana	seit 1986
Bengtsdotter-Ljung, Carolina	seit 1996
Bode, Hannelore	seit 1971

Bohman, Gunnel	1984–1987
Borchert, Julia	seit 1991
Borst, Martina	1981–1987
Braun, Lioba	seit 1993
Brittain, Lisbeth	1978–1980
	1980–1981 (G)
Browner, Alison	1987–1991
Calabro, Suzanne	1981–1991
Card, June	1980–1983 (G)
Cleva, Maria	1975–1980
Close, Shirley	seit 1996 (G)
Cook, Rebecca	1982–1983 (G)
	1983–1987
Csordas, Klara	1985–1987
Denzler, Doris	1975–1981
DeVol, Luana	1987–1991
Dixon, Janice	seit 1989
Elina, Päivi	1991–1996
Fonseca, Regine	1969–1980
	1980–1981 (G)
Fuggiss, Carmen	1986–1988
Galante, Inessa	1992–1996
Geibel, Monika	1982–1990 (G)
Gettler, Rachel	1980–1982
Gierhardt, Heike	1987–1990
Girard, Valerie	1980–1987
Green, Anna	1982–1984 (G)
Gubitzer, Elfie	1976–1978
Hahn, Brigitte	seit 1993
Hennecke, Daniela	seit 1988
Henninger, Nancy	1988–1990 (G)
Iven, Christiane	seit 1996
Jehličková, Zora	1981–1982 (G)
Johnson, Nancy	1982–1987
Köhler, Ilse	1965–1996
	seit 1996 (G)
Kunz, Claudia	1987–1993
Labuda, Izabela	1991–1992 (G)
Lehnert, Christa	1967–1970
	1981–1982 (G)
Lerer, Norma	1978–1979
Logan-Hastings, Mary	1983–1986
	1986–1987 (G)
	1988–1990 (G)
Lorenz, Gerlinde	1989–1990 (G)
McCarthy, Fionnuala	1989–1991
Meier, Waltraud	1978–1980
Molnar, Eva Maria	1961–1980
	1980–1985 (G)
Montgomery-Meißner, Kathryn	1981–1984 (G)
Morloc, Renée	1990–1992
	1992–1993 (G)
Naidu, Ann-Katrin	1994–1996
Nejčeva, Liljana	1980–1994
Oertel, Gertrud	1982–1989
Pick-Hieronimi, Monica	1977–1988
Polaski, Deborah	1985–1987
Ramm, Gabriele	1978–1982 (G)
Reingardt, Dorothee	1979–1982
Reinhard, Susanne	seit 1995
Reuter, Elsbeth	seit 1996
Roberts, Brenda	1989–1990 (G)
Robinson, Marie	1977–1982
Rose, Andrea	1982–1984
Sax, Uta	1975–1978 (G)
Schiffelers, Yvonne	1987–1994
	seit 1995 (G)
Schirmer, Astrid	1975–1985
Schnaut, Gabriele	1980–1988
Schreiner, Elisabeth	1966–1981
	1981–1990 (G)
Slavkova, Maria	seit 1988
Sonntag, Ulrike	1986–1988
Tassati, Anna	1978–1979
Terjung, Heike Theresa	seit 1991
Tyree, Mildred	1991–1994
	1994–1995 (G)
Woodward, Donna	1975–1986
Xyni, Marussa	seit 1987

Sänger

Abbott, Drew	seit 1995 (G)
Bakker, Marco	1983–1984 (G)
Baldin, Aldo	1977–1980
	1980–1985 (G)
Beck, Günther	1990–1992 (G)
Bremner, Anthony	1981–1983 (G)
Bundschuh, Dieter	1981–1982 (G)
	1982–1990
	1990–1991 (G)
Chafin, Robert	1990–1992
Clear, Marc	1992–1994
Cooney, Michael	1977–1978
	1978–1980 (G)
Cox, Jean	1959–1987
	1987–1996 (G)
Crawford, David	1987–1989
Cupido, Alberto	1980–1983 (G)
Czekala, Pawel	seit 1991
Davidson, Michael	seit 1966
Dean, Mikel	seit 1995
Dickie, John	1982–1985
Evangelides, Petros	1982–1984
Evans, Allan	seit 1988
Fassler, Wolfgang	1988–1996
Fegran, Espen	1992–1993
Feldhoff, Heinz	1970–1982
	1982–1986 (G)
Ford, Bruce	1985–1987
Glashof, Wolfgang	1982–1987
Godshall, Rodney	seit 1992
Götz, Werner	1976–1980 (G)
Gougaloff, Peter	1979–1981 (G)
Grönlund, Peter	1994–1995
Günther, Kai	1987–1990
Hannula, Tero	1977–1982
Herr, Karl Heinz	seit 1963
Hoins, Klaus	1989–1990 (G)
Holdorf, Udo	1989–1990 (G)
Holzer, Robert	seit 1996
Johns, William	1971–1976
	1978–1980 (G)
Kang, Philip	1986–1988
	1988–1989 (G)
	1989–1990
Kiepert, Gerhard	seit 1967
Knodt, Erich	1975–1986
Kösters, Johannes M.	1981–1987
Künzli, Robert	1987–1990
Lansky, Rolf	seit 1995 (G)
Lehrberger, Thomas	seit 1975
Lindroos, Peter	1981–1984 (G)
Lindskog, Richard	1979–1980 (G)
MacAllister, Scott	1988–1989 (G)
	1989–1996
Markus, Urs	1988–1995
Mazura, Franz	1964–1986
	seit 1986 (G)
Mihaylov, Mihail	seit 1987
Mohr, Thomas	1987–1991
	1991–1993 (G)
Müller, Willy	1995–1996 (G)
Muff, Alfred	1984–1986
Murgu, Corneliu	1980–1984
	1984–1985 (G)
Murray, Niall	1981–1986
	1986–1988 (G)
Neumann, Wolfgang	1980–1988
	1994–1996 (G)
	seit 1996
Park, Ki-Chun	seit 1994
Parsch, Peter	seit 1987
Paucker, Georg	1976–1985
	1985–1989 (G)
Protschka, Josef	1982–1985 (G)
Pürgstaller, Oskar	seit 1984
Puhlmann, Werner	seit 1981 (G)
Raffell, Anthony	1986–1988
Ramirez, Alejandro	1980–1982

Rees, Jakob	1957–1981
Reichardt, Axel	1982–1983 (G)
Rössling, Hans	1953–1991
	1991–1995 (G)
Schaefer, Herbert	1977–1980
	1980–1981 (G)
Schneider, Kurt	1945–1986
Scholze, Rainer	1988–1990
	1990–1991 (G)
Schwarts, Robert	seit 1996
Smith, Robert D.	seit 1994
Spencer, Ted	1981–1985 (G)
Steinbach, Heribert	1978–1980 (G)
Swetlew, Michail	1976–1978
Syri, Erich	seit 1969
Treleaven, John	1991–1992 (G)
Tudoroiu, Ion	1983–1994
Völker, Georg	1961–1989
	1989–1994 (G)
Volle, Michael	1990–1994
Waag, Bjørn	seit 1994
Wade Jr., Ray M.	seit 1996
Wagner, Jürgen	1991–1994 (G)
Wendt, Klaus	1963–1977
	seit 1977 (G)
Westi, Kurt	1986–1989
Willershäuser, Ralf	seit 1996
Yoder, Paul	1981–1983 (G)
Zawisza, Philip	seit 1993

Tänzerinnen und Tänzer 1870 bis 1997

Ursula Gornik-Skibbe, Wilhelm Herrmann und *Liselotte Homering*

Tanz/Ballettvorstände
(auch Primaballerina, bzw. I. Solotänzer/in)

1870–1888	(Frühwald-) Gutenthal, Pauline
1888–1889	Funk, Elise
1889–1901	Dänike, Louise
1901–1904	Robertine, Fernande
1904–1907	Wratschko, Emmy
1907–1908	Lorenz-Gobini, Marietta
1908–1922	Häns, Aennie
1922–1924	Kreideweiß, Reinhold
1924–1925	Bauer, Magda
1925–1926	Wolkowa, Lida
1926–1927	Schede, Wolfgang M.
1927–1931	Häns, Aennie
1931–1935	Steinweg, Gertrud
1935–1937	Köster, Erika
1937–1944	Donalies, Wera
1945–1946 (G)	
1946–1951	Loibl (-Schweska), Gabriele
1951–1953	Remus, Horst
1953–1956	Kretschmar, Lisa
1956–1960	Guttmann, Ingeborg
1960–1963	Heiden, Heino
1963–1973	Müller, Horst
1973–1979	Höfgen, Lothar
1979–1991	Gerster, Joachim
seit 1991	Talard, Philippe

Tänzerinnen
(mit stellvertretenden Ballettmeisterinnen, Trainingsleiterinnen, Primaballerinen, Ballerinen, I. Solotänzerinnen und Solotänzerinnen, Solotänzerinnen mit Gruppenverpflichtung, Gruppentänzerinnen mit Soloverpflichtung, Gruppentänzerinnen, Figurantinnen; Elevinnen)

Abendroth, Emmy	1906–1908
Adam, Guylaine	1985–1988
Adler, Catharina	1872–1876
	1879–1883
Albert, Gertrud	1940–1946
Albrecht, Angèle	1960–1961
Alkins, Marianne	1979–1980
Alt, Sophie	1872–1874
Andreae, Christiane	1970–1971
Arno, Anna	1883–1903
Aupor, Judith	1945–1946
Baker, Julia Vanessa	1980–1982
Balzer, Petra	1965–1966
Banister, Sara	1983–1986
Bannholzer, Helene	1912–1923
Baro, Emma	1906–1907
Baro, Ida	1906–1923
Basler, Prisca	1982–1984
Bassery, Juliane	1879–1879
Batey, Jaqueline	1979–1982
Bechthold, Ursula	1970–1971
Becker, Hedwig	1893–1896
Becker, Pauline	1890–1897
Beinder, Katharina	1890–1891
Bell, Charlotte	1991–1992
Benedict, Laurel	1970–1971
Bergmann, Helga	1947–1951
Bertuleit, Angela	1983–1989
Bethge, Paula	1893–1902
Betteridge, Heather	1972–1973
	1976–1978
Beyer, Christa	1940–1941

Beyer, Roswitha	1965–1970
Bize, Christel	seit 1993
Blanck, Hiltrud	1969–1971
Bland, Kim	1983–1984
Blume, Gerda	1936–1937
Bogart, Ludmilla	1969–1970
Böhm, Elisabeth	1930–1935
Boldin-Lowe, Jennifer	1960–1961
Bolle, Hertha	1937–1942
	1945–1947
Boneberg, Maria	1885–1887
Bonitz, Else	1912–1914
Bowakow, Tamara	1978–1979
Boyd, Norris	1965–1966
Brandtner, Elise	1899–1901
Braun, Margrit	1956–1958
Bräuning, Hedwig	1884–1887
Breeke, Anni	1903–1905
Breisch, Julie	1900–1904
Brenner, Else	1906–1921
Briesemeister, Eva	1956–1957
Brinkmann, Anny	1903–1906
Britton, Claire	1983–1986
Broch, Hedwig	1932–1936
Bucataru, Carmen	1988–1991
Buchmann, Marion	1973–1979
Burkart, Christine	1936–1937
Bussien, Nadja	1984–1991
Bussmann, Marianne	1961–1962
	1966–1967
Byrne, Jacqueline	seit 1993
Calheiros, Rosangela	1991–1996
Campbell, Harriet	1981–1983
Cerro, Teresa del	1973–1975
Christian, Noëlle	1963–1964
Clinton, Camille	1985–1988
Clipperton, Heather	1962–1963
Cooper, Elizabeth	1992–1993
Culbertson, Babara	1962–1963
Cutler, Laura	1983–1985
Cuvelier, Brigitte	1982–1990
d'Angelo, Corinna	1985–1990
Dahl, Ute	1963–1966
Dahringer, Marianne	1946–1947
Dammermann, Karla	1932–1933
Dann, Louise	1870–1872
Davenport, Jacquie	1968–1969
Delucchi, Mariel	1974–1978
Deretz, Florence	seit 1994
Dietrich, Emilie	1875–1877
Dietrich, Maria	1919–1925
Dischinger, Johanna	1892–1898
Dittler/Römer-Hahn, Anja	1931–1935
Dobberphuhl, Ingrid	1951–1953
Dobriner, Flora	1884–1891
Dunsford, Lynn	1971–1972
Durelli, Stéphanie	seit 1996
Durst, Lina	1873–1874
Ebler, Hilde	1927–1932
Eckardt, Ilse	1936–1937
Eckert, Ingrid	1952–1953
Eick, Eva Maria	1947–1951
Eilenstein, Marga	1937–1941
Erni, Yvonne	1978–1979
Ernst, Ilse	1924–1925
Etzel, Gisela	1945–1951
Eugen-Poranski, Liselott	1925–1926
Fabry, Erika	1964–1965
Fahrenkamp, Christine	1975–1976
Fasolin, Margareth	1964–1966
Fäßle, Ria	1922–1927
Faulhaber, Dora	1896–1904
Federlin, Aline	1942–1943
Fellendorf, Käthe	1935–1936
Finke, Magdalene	1898–1901
Fischer, Adelheid	1898–1903
Fischer, Lotte/Lola	1937–1940
Fohmann, Anna	1878–1881
Frey, Birgit	1965–1970
Fricke, Bettina	1984–1988
Frötschel, Edith	1941–1943
Frühe, Ursula	1990–1991

Fuchs, Hulda	1960–1961
Garnier, Béatrice	1993–1994
Gaus, Hilde	1938–1940
Gedner, Hulda	1894–1896
Gehm, Traudel	1936–1937
Gehrig, Ingeborg	1953–1956
Gerlach, Elise	1913–1924
Gerstenmeier, Inge	1953–1957
Gessner, Dina	1924–1925
Gilgenberg, Gisela	1953–1955
Gläser, Elvira	1926–1927
Glessing, Emma	1890–1891
Glogorats, Irma	1888–1893
Gobini, Claire	1907–1908
Goller, Anni	1953–1956
Goodfellow, Antoinette	seit 1989
Gori, Eleonora	1986–1990
Greagsbey, Wendy	1979–1983
Gromow, Larissa	1958–1959
Grönlund, Helgard von	1965–1972
Grünewald, Lina	1892–1893
Guingamp, Karine	seit 1991
Gwilt, Adrienne	1977–1980
Hafa, Antonie	1872–1875
Hammett, Christine	1971–1974
Hamprecht-Doganis, Anni	1961–1968
Harcot, Margaret	1964–1965
Harprecht, Trudel	1904–1907
Harverson (-Steinheimer), Judy	1965–1972
Harzuba, Marie	1898–1899
Hasel, Luise	1919–1920
Hauck, Erika	1932–1934
Heger, Marie	1914–1920
Heilmann, Yolande	1963–1965
Heindl, Lina	1880–1883
Heiß, Margarethe/Gretel	1914–1931
Hekel, Irmgard	1948–1953
Henninger, Lia	1927–1932
Herff, Lilly	1942–1943
Herre, Hilde	1954–1969
Hertel, Lucie	1914–1916
Heuer, Anna	1913–1920
Heuser, Annie	1927–1935
Hiller, Anna	1892–1897
Hils, Mirzl	1916–1921
Hinkert, Adelheid	1886–1891
Hirsch, Brigitte	1957–1958
Hlebec, Marta	1961–1967
Hoff, Bridy van der	1978–1979
Hoffmann, Veronika	1964–1965
Höfgen, Claudia	1980–1985
Hohmann, Anna	1919–1923
Höhne, Emilie	1906–1907
Holford, Margaret	1966–1969
Hollyman, Victoria	1989–1990
Holzapfel, Ingeborg	1936–1937
Homolatsch, Elisabeth	1947–1950
Hopper, Jane	1990–1991
Horn, Elke	1956–1958
Hotter, Jenny	1902–1918
Huber, Sybilla	1905–1908
Hughes, Susan	1988–1989
Hunt, Susan	1975–1977
Imhoff, Elfriede	1927–1932
Ireland, Ailsa	1979–1986
Itabashi, Ayako	1988–1991
James, Shan	1972–1974
Jarosch, Sophie	1903–1904
Jones, Anita	1960–1961
Joseph, Yvonne	1964–1965
Kalarova, Michaela	1990–1991
Kammerer, Lina	1875–1885
Kanner, Karen	1961–1963
Kasing, Mizi	1903–1906
Kath, Elfriede	1913–1914
Kato, Aki	seit 1991
Keber, Lieselotte	1945–1951
Keckek, Mitzi	1908–1911
Kellermann, Liddy	1899–1905
Kelly, Diane	1964–1965
Kern, Josefa	1897–1898
Kersebaum, Margarete	1910–1926

Kirschbaum, Pauline	1884–1886
Klauprecht, Sofie	1914–1917
Klenau, Irene von	1951–1956
Klippel, Mary	1883–1887
Klobetz, Gabriele	1907–1908
Knapp, Johanna	1924–1925
Köhler, Marianne	1953–1954
Krasucki, Maria	1907–1908
Kretschmar, Lisa	1951–1953
Kreutzberger-Dux, Gudrun	1959–1960
Krienitz, Irm(en)traud	1966–1970
Kromer, Katharina	1883–1906
Kromer, Susanna	1879–1882
Krutzfeld, Helga	1954–1957
Kuhn, Antje Kathrin	1968–1972
Kühnle, Elsa	1942–1944
Landschneider, Sophie	1913–1926
Lang, Birgit	1961–1962
Lank, Emilie de	1890–1895
Laurikainen, Riitta	1978–1991
Liebergall, Marie	1898–1899
Linder, Monika	1991–1992
Lindner, Rosa	1896–1898
Lindner, Ute	1977–1981
Lipp, Julia	1884–1887
Lipp, Marie	1880–1883
Löffler, Franziska	1956–1957
Loibl, Gabriele	1937–1940
Loser, Sonja Greta	1950–1956
Luthmann, Elisabeth	1894–1896
Macoun, Carolyn	1988–1989
Mader, Helga	1963–1973
Maintz, Agnes	1963–1964
Mangold, Emilie	1946–1948
Mangold, Hedy	1947–1953
Mangold, Ruth	1940–1943
Mann, Li	1911–1912
Markoff, Anna	1877–1879
Martin, Ursula	1958–1961
Matenaer, Margit	1966–1972
Mathias, Edwina	1901–1902
Mat(t)hias, Ella	1901–1902
Matiasch, Fine	1906–1908
Mayer, Jakobine	1890–1892
Mehner, Irmgard	1931–1933
Meinl, Karin	1958–1959
Merian, Clara	1898–1903
Meyer, Lisa	1937–1939
Michel, Viola	1991–1994
Millradt, Fränzi	1935–1936
Möhring, Rosa	1906–1926
Möllinger, Elise	1898–1906
Montfort, Angelica	1961–1963
Montigny, ?	1876–1877
Mora, Hanneline	1963–1964
Müller, Käthe	1896–1897
Munn, Marie Claire	1964–1971
Muriglio, Valeria	1988–1989
Murphy, Eileen	1986–1988
Nachtigall, Carin	1956–1965
Natterer, Johanna	1910–1913
Neeb, Hannelore	1943–1945
Neri, Rosemary	1991–1995
Nestle, Marta	1967–1968
Netz, Ilse	1925–1926
Neuffer, Louisa	1874–1875
Neumeister, Inge	1943–1944
Niegsch, Marina-Viola	1960–1961
No, J. Barbra	seit 1995
Ollertz, Uta	1961–1964
Osborne, Nicola	1975–1977
Otschenaschek, Emma	1906–1911
Otschenaschek, Johanna	1910–1923
Otto-Brun, Christa	1974–1977
Overbeck, Susanne	1957–1960
Page, Sarah	1974–1975
Pahl, Sighilt	1992–1995 (G)
Paluch, Tac	1989–1991
Petrofsky, Elsa	1908–1912
Pfahl, Lydia	1911–1919
Pfau, Luise	1904–1905

Pfeiffer, Käthe	1919–1922
	1927–1947
Pimble, Toni	1977–1978
Plank, Ruth	1948–1951
Pollitt, Andrea	1982–1983
Poritz, Clara	1897–1899
Porny, Sabine	1961–1963
Potthast, Gerda	1941–1942
Powers, Marlene	1962–1963
Quednau, Lotte	1942–1945
Rademacher, Lotte	1942–1944
Rangel, Christina	1991–1992
Rapp, Ilse	1943–1945
Rauer, Ellen	1961–1962
Reck, Antonie	1888–1892
Redicker, Katharina	1936–1937
Reibold, Lena	1898–1906
Reichenbach, Traute	1914–1915
Reinke, Ida	1907–1918
Reuss, Aurelia	1872–1873
Reyn, Martine	seit 1993
Richter, Paula	1893–1896
Robinson, Penelope	1972–1973
Robitschek, Rosa	1911–1914
Rogers, Marianne	1980–1982
Rogge, Bianca	1934–1936
Rohden, Jolande von	1943–1945
Rombaut, Annemarie	1978–1979
Röser, Marie	1870–1872
Rößler, Margarethe	1919–1920
Rosswag, Margrit	1940–1942
Rother, Irmgard	1956–1958
Rumbold, Mary	1965–1975
Rupp, Elfriede	1926–1927
Sabanoff, Ilonka	1924–1925
Sallay, Judith von	1959–1961
Salzmann, Martha	1899–1905
Santoro, Gisèle	1987–1991
Sauter, Betty	1919–1931
Schaar, Rosalie	1874–1881
Schaefer, Hildegard	1960–1963
Schäfer, Rosa	1890–1895
Schanze, Bertha	1894–1898
Schanze, Ernestine	1890–1894
Schanze, Margaretha	1891–1893
Schier, Gertrud	1937–1938
Schippers, Anni	1905–1906
Schloemann, Marion	1991–1992
Schmidkonz, Carolina	1896–1919
Schmieke, Elisabeth	1934–1936
Schmitt, Luise	1913–1927
Schneider, Irène	1959–1960
	1961–1963
Schneider, Wilhelmine	1906–1908
Schnettler, Marie-Luise	1971–1972
Schröder, Elfriede	1927–1932
Schuch, Margarethe	1871–1872
Schulz, Barbara	1967–1969
Schulze, Waltraud	1963–1964
Schurath, Marion	1958–1959
Schuricht, Adelheid	1902–1903
Schuster, Sophie	1870–1872
Schwab, Trude	1924–1925
Schwetz, Hanita	1977–1981
Settgast, Ingeborg	1958–1959
Seufert, Else	1919–1924
Seyrek, Canan	1983–1987
Siedler, Marianne	1951–1954
Simon, Roxane	1979–1983
Sorma, Malvine	1902–1903
Soul, Hilary	1975–1987
Spegele, Louise	1874–1877
Spiess, Hannelore	1944–1945
Stach-Besette, Karin	1957–1972
Stähler, Elfriede	1946–1953
Starré, Anna	1905–1914
Steinwachs, Heide	1958–1960
Stephan, Christiane	1963–1964
Stosch, Gisela von	1940–1944
Stromeyer, Diana	1971–1972
Sutinen, Johanna	1985–1991
Tennyson, Henriette	1979–1983

Téri, Evelyn	1969–1976
Timm, Maria	1956–1960
Treisch, Christine	1971–1985
Tuvey, Elisabeth	1990–1992
Uhlhorn, Ilse	1943–1945
Ullmicher, Margaretha	1874–1878
Ulrich, Friedel	1933–1934
Vlcek, Elisabeth	1971–1972
Vock, Elise	1875–1888
Vogt, Pauline	1877–1878
Vukovic, Katica	1960–1961
Waelde, Anneliese	1937–1941
Wagner, Louise	1878–1882
Walden, Anna	1892–1893
Wall, June	1969–1972
Wallat, Elena	1961–1963
Walter, Emma	1908–1910
Weber, Luise	1910–1926
Weckesser, Sigrid	1946–1948
Weisinger, Borsca	1888–1893
Weiss, Inga	1955–1956
Wendt, Luise	1925–1926
Wenthe, Ilona	1961–1962
Werner, Brigitte	1960–1961
Wernz, Hela	1927–1930
Westerfeld, Gisela	1941–1942
Westrick, Gezina	1964–1967
Wilke, Hille	1959–1960
Wilson, Joan	1960–1961
Wirsch, Anita	1951–1956
Wirsch, Margit	1951–1956
Wittmann, Magda	1939–1941
Wolfermann, Mia	1935–1937
Woodhead, Carol-Ann	1976–1981
Wrona, Mariel	1973–1974
Wunderlin, Marcella	1932–1933
Wurm, Claudia	1975–1979
Wyeth, Marget	1984–1988
Ziegler, Claudia	1992–1993
Ziegler, Hannelore	1916–1918
Ziegler, Inge	1933–1936
Zimmermann, Else	1914–1917
Zimmermann, Maria	1908–1911
Zirkler, Hildegard	1946–1947
Zisch, Christine	1900–1906

Tänzer
(mit Trainingsleitern, stellvertretenden Ballettmeistern, I. Solotänzern und Solotänzern, Solotänzern mit Gruppenverpflichtung, Gruppentänzern mit Soloverpflichtung, Gruppentänzern, Eleven)

Ahrenkiel, Peter	1953–1956
Al-Muhanna, Talal	seit 1996
Alexanders, Svenbjorg	1991–1992
Alkins, Russell David	1979–1982
Anthony, William	1983–1986
Arco, Rolf	1926–1927
Aybar, Fuat	1976–1978
Badillo, Thomas	1975–1976
Bataille, Ivan	1983–1984
	1992–1993
Bayer, Marijan	1961–1962
Beelitz, Klaus	1960–1961
Bell, Gerard	1995–1996 (G)
Bellekens, Marc	1977–1978

Berg, Willy	1964–1970
Bohner, Gerhard	1958–1960
Boldin, Dragutin	1960–1961
Bonnin, Miguel	1987–1990
Bosse, Maxim	1936–1937
Bouvier, Rikki	1981–1982
Bouy, Luc	1992–1995 (G)
Bucher, Michael	1978–1979
Buchtrup, Bjarne	1962–1963
Büker, Günther	1963–1965
	seit 1996 (G)
Burau, Hans	1936–1937
Burnajev, Eduard	seit 1996
Cahill, M. Thomas	1960–1961
Cahill, Richard	1962–1963
Calderon, Julian	1961–1962
Carnegie, Leslie	1987–1989
Catbas, Murat	seit 1995
Chaize, Jean	1983–1988
Chen, Haichow	1978–1979
Chilcott, Werner B.	1958–1959
Chlup, Jan	1973–1977
Christ, Willy	1958–1959
Comte, Pierre	1979–1982
Cyrée, Eduard	1962–1963
Davis, Carey	1989–1991
Decken, Georg Wilhelm	1979–1983
DeLange, Sijbrand	1987–1991
Diekamp, Michael	1963–1964
Dobirr, Horst	1956–1958
	1963–1969
Dudas, Karoly	1989–1991
Eberhart, Ferdinand	1939–1943[1]
	1944, 1945
Edmondson, Esco	1980–1981
Eggert, Günter	1951–1953
Falen, Russell	1969–1971
Fiala, Radek	1994–1996
Fikkert, Hendrik Jan	1938–1939
Fletcher, Thomas	1976–1978
Fox, Jeffrey	1988–1989
Gallienne, Nigel	1983–1984
Ganter, Bernhard	1954–1955
Gardner, Andrew	1979–1990
Gean, Roy	1963–1964
Geisel, Gerwin	1973–1976
George, Roger	1955–1960
Gerster, Hans-Joachim	1958–1960
Giannaridis, Yoannis	1991–1994
Götze, Berndt	1979–1982
Guo, Ping Lu	1991–1992
Habekost, Rolf	1961–1969
Haegele, Werner	1951–1956
Hähnlein, Hardy	1956–1957
Halatschev, Sdravko	1972–1975
Hancock, Justin David	1987–1988
Hannemann, Frank	1990–1991
Heilig, Walter	1952–1956
Hensel, Helmuth	1927–1929
Hermes, Karl Heinz	1957–1958
Heuberger, Ernst	1959–1961
Heuermann, Michael	1976–1978
Himmel, Rudolf	1984–1988
Hjort, Flemming	1958–1959
Höfgen, Lothar	1953–1954
Hoopmann, Frank	1956–1958
Huddleston Jr., Luches J.	seit 1991
Ikehata, Mikio	1978–1979
Ivan, Thomas	1967–1972
Jackson, Stephan J.	1986–1987
Jagiello, Marek	1978–1979
Jaisle, Arnulf	1951–1954
Janke, Hans	1954–1955
Jerschik, Andrej	1931–1933
Jeschke, Egon	1956–1960
Jobst, Siegfried	1933–1934
Jones, Robert	1960–1961
Jordaan, Johannes	1979–1984
Jordan, Heinz	1955–1959
Jucquois, Fabrice	1994–1995
Karl, Peter	1960–1961
Knape, Rudolf	1959–1960

[1] kriegsverpflichtet

Knütter, Hans	1989–1991
Koppel, Gadi	1984–1987
Köster, Ulrich	1983–1984
Kreutzberger, Hartmut	1959–1961
Krog, Bozidar	1972–1973
Kujawski, Walter	1933–1935
Leistner, Wolfgang	1967–1972
Leitner, Bodo	1965–1967
Lieuthier, Rogerio	1994–1995
Lusignan, Nikolai de	1981–1983
Lynch, Brian	1990–1991
Macedo, Marcelo	1986–1988
Maier, Gerhard	1963–1964
Makarowski, Jerzy	1977–1978
Mancuso, Christian	1983–1987
Markstein, Max	1982–1983
Matheys, Guy	1975–1976
Matula, István	1965–1967
McArdle, James	1979–1980
Meger, Franz	1991–1995
Mehler, Fred	1955–1956
Meinecke, Karl	1935–1936
Melis, Paul	1994–1995 (G)
Mietz, Arthur	1948–1949
Mikulski, Wladimir	1965–1970
Morgan, Ray	1971–1972
Nagy, Gabor M.	1995–1996
Neal, Charles	1963–1964
Nunez, Christian	1978–1979
Obeya, Emanuel	1995–1996
Osch, Joost van	1978–1979
Otto, Fred	1958–1959
Paleru, Virgil	1984–1990
Paluch, Christoph	1988–1991
Pankov, Gradimir	1974–1976
Payne, Paul	seit 1988
Perillo, Bruno	1991–1992
	seit 1995
Pfeifer, Roland	1986–1989
Phillips, Scott	1991–1993
Plep, Peter	1969–1974
Polecki, Thomas	1967–1969
Pop, Hans	1968–1971
Poser, Gottfried	1954–1955
Poulin, Alphonse	1992–1995 (G)
Poulopoulos, Constantin	1980–1983
Rann, Joffrey	1989–1990
Rapos, Peter	1970–1972
Rau, Rodolfo	1991–1992
Riedel, Klaus	1960–1961
Ritzmann, Horst	1950–1951
Roeder, Günter	1937–1942[1]
	1945
Rosas, Riccardo	1993–1994
Rosenfeld, Arthur	1975–1976
Roznos, Bronislav	1991–1995
Schaschek, Rudi	1947–1948
Scheibner, Steffen	1990–1991
Schindler, Werner	1935–1936
Schmidt, Karlheinz	1961–1963
Schmidt, Olaf	1991–1992
Schönfeld, Andreas	1990–1991
Schönig, Alexander	1987–1989
Schwansee, Joachim	1960–1967
Seyrek, Ogur	1983–1985
Skripek, John	1975–1977
Slovenak, Vaclav	1975–1982
Spassow, Borislav	1989–1991
Stemick, Heino	1959–1960
Stock, Hartmut	1969–1975
Stühler, Martin	1950–1953
Surmejan, Hazaros	1961–1963
Swanborn, Dirk A.	1964–1965
	1966–1968
Szymczak, Henryk	1959–1960
	1962–1963
Thomas, Lisburn	1974–1975
Trottier, Eric	seit 1995
Twellmann, Jürgen	1959–1960
Ulmer, Michael	1979–1985
Ulrich, Manfred	1961–1962
Vejsada, Igor	1994–1995

[1] kriegsverpflichtet

Vidal, Jean-Jacques	1992–1995 (G)	Werder, Théophil	1957–1958
Virto, Oscar	1988–1992	Wilimzig, Irmfried	1937–1938
Vitoros, Anastassios	1981–1983	Willems, Joseph	1985–1987
Volpert, Andreas	1929–1930	Winbolt, Paul	1970–1975
Vospernik, Gorazd	1961–1965	Worthmann, Werner	1964–1966
Waldas, Jack	seit 1996	Wrentschur, Kurt	1958–1959
Watkins, Charles	1982–1983	Wrona, Hans	1973–1979
Weber, Robert	1983–1985	Wullschleger, Alan	1977–1978
Wegerle, Willy	1950–1951	Zberg, Walter	1976–1978
Weiss-Jendly, Norbert	1959–1960		

Kinder- und Jugendtheater Schnawwl 1978 bis 1997

Liselotte Homering

Künstlerische Leitung und Spielleitung/Regie

Mikulastik, Pavel	1978–1984

Künstlerische Leitung und Dramaturg

Schrage, Konrad	1984–1990

Spartenleitung, Künstlerische Leitung, Direktion

Flachhuber, Hubert Georg	1990–1996

Direktion und Spielleitung

Dethier, Brigitte	seit 1996

Spielleitung

Abramov, Modest(ovitsch)	1994–1995 (G)
Andersonn, Peter	1992–1994 (G)
Balaun, Michael	1990–1991 (G)
Bammer, Thomas	seit 1996 (G)
Bertsch, Yolande	1995–1996 (G)
Brandt, Götz	seit 1996 (G)
Brix, Antonia	seit 1996 (G)
Carcu, Viktor	1995–1996 (G)
Diaz, Marcelo	1991–1992 (G)
Diem, Conny	1991–1992 (G)
Faltz, Matthias	1992–1993 (G)
Finke, Jens	1992–1993 (G)
Finke, Raimund	1992–1996
Florin, Hermann	1990–1991 (G)
Geiger, René	1984–1990
Gunten, Dominik von	seit 1996 (G)
Herre, Klaus	1994–1996
Hintze, Stephan	1990–1991 (G)
Jankowiak, Günter	1993–1996 (G)
Kartusch, Susanna	1992–1993
Kotovitski, Vitali	1994–1995 (G)
Leubner, Klaus D.	1991–1992 (G)
Martin-Schneider, Eva	1991–1996 (G)
Piske, Gerhard	1995–1996 (G)
Queck, Maverick	1993–1994 (G)
Sloboda, Stefan-Dan	1994–1995 (G)
Steiof, Franziska	1993–1995 (G)
Wendel, Mathias	1994–1995 (G)
Wyrsch, Beat	1990–1991 (G)

Dramaturgie, Organisationsleitung, stellv. Künstlerische Leitung

Haas, Roland	1978–1981
Richter, Anne	seit 1996

Disposition

Flachhuber, Hubert Georg	1981–1996

Darstellerinnen

Bartsch, Cornelia	1984–1985	Lehner, Gabriele-Isabella	1984–1987
Bernstein, Gabriele	1984–1987	Madincea, Alexandra	seit 1996
Bronder, Ute	1986–1989	Martin, Eva	1985–1988
Bueb, Kerstin	1989–1991	Martinez, Isabel	1982–1983
Clees, Michèle	1983–1984	Radetzky, Judith von	1983–1984
Daniel, Ester	1994–1996	Renfer, Christiane	1979–1984
Düsterhöft, Anne-Rebekka	seit 1996	Roßmann, Claudia	1989–1990
Ermisch, Gabriela	1980–1983	Schmincke, Tina	1980–1982
Feldbrugge, Barbara	seit 1996	Schümann, Bettina	1991–1992
Frerichs, Friderike	1984–1988 (G)	Schütrumpf, Sigrid	1987–1993 (G)
Georgis, Julie	1982–1983	Schulz, Sigrid	1986–1988
Haffner, Ines	1991–1995 (G)	Seebohm, Tine	1981–1982
Hagin, Barbara	1979–1980	Shepard, Sheryl	1988–1990
Hardt, Katreen	1991–1992 (G)	Sommer, Michaela	1983–1984
Hopfmüller, Antje	1994–1996	Steiner, Regula	1979–1980
Knappstein, Charlotte	1992–1996	Szell, Susanne	1991–1992
Krämer, Susanne	1988–1994 (G)	Wassermann, Sonja	1990–1991

Darsteller

Ander-Huber, René	1979–1983	Kumbrink, Ingolf	1986–1989
Appel, Rainer	1984–1985	Lelle, Tobias	1980–1983
Bideller, Michael	1982–1984	Lott, Rainer	1980–1983
Bronder, Christian	1984–1987	Noelle, Jobst	1984–1985
Cahn, Peter	1986–1990	Pape, Axel	1984–1986
Cofalka-Adami, Klaus	1990–1992 (G)	Richter, Ronald	1982–1984
Gähwiler, Beat	1980–1982	Ritter, Gerd	1993–1996
Gerber, Rudolf	1979–1980	Schack, René	seit 1996
	1983–1984	Schmid, Robert	1989–1990
Grumbkow, Uwe von	1987–1991	Schmidt, Andreas	1984–1985
Helferich, Roman	1983–1985	Schöni, Werner	1985–1988
Herre, Klaus	1990–1996		1989–1990
Heymann, Volker	1991–1993	Trapp, Dietrich	1985–1986
Hirth, Hannes	1988–1989	Uhl, Manfred	1988–1989
Hitzblech, Johannes	1991–1992		seit 1990
Hummel, Jürgen	1983–1984	Weidlich, Volker	1985–1987
Kappl, Joachim	1987–1989	Weiser, Reinhold	seit 1991 (G)
Kleinespel, Rainer	seit 1996	Wendel, Mathias	1989–1992 (G)
Kramer, Hubert	1979–1980	Witschi, Stephan	1980–1981 (G)

Ehrenmitglieder des Nationaltheaters 1897 bis 1997

Brigitte Dormann, Sibilla Erhart und *Liselotte Homering*

Name	Engagement und Tätigkeit	Jahr
Adomeit, Hans-Joachim Prof.	1953–1983; 1. Konzertmeister (Solo-Violoncellist)	1983
Birgel, Willy	1924–1936; Schauspieler	1972
Cox, Jean	1959–1989; Opernsänger (Kammersänger)	1989
Dalberg, Fred	1957–1970; Opernsänger	1970
Fenten, Wilhelm	1899–1931; Opernsänger (Kammersänger)	1931
Fischer, Karl	1950–1968; 1. Kapellmeister	1968
Godeck, Hans	1896–1933; Schauspieler	1933
Heiken, Gussa	1922–1940; Opernsängerin	1940
Hoffmann, Edwin	seit 1958; Polsterer und seit 1973 Leiter der Dekorationsabteilung	1994
Hönig, Johannes	1958–1976; Schauspieler	1976
Jacobi, Hermann	1864–1905; Schauspieler und Regisseur	1905
Jacobi-Bußler, Katharina	1867–1901; Schauspielerin	1901
Kenter, Dietrich Prof.	1925–1929; Oberspielleiter und Regisseur	1976
Köhler, Georg	1901–1933; Schauspieler	1933
Kollhoff, Heiner	1969–1972; 1975–1988; Schauspieler	1988
Kromer, Joachim	1895–1922; 1922–1927 a.G.; Opernsänger (Kammersänger)	1922
Landerich, Nora	1929–1965; Opernsängerin und Intendanzsekretärin	1965
Landory, Alfred	1909–1933; Opernsänger, Schauspieler und Opernregisseur	1958
Langheinz, Ernst	1924–1959; Schauspieler	1959
Maisch, Herbert	1930–1933; Intendant; 1959–1971 Regisseur a.G.	1961
Mang, Karl	1913–1936; Opernsänger (Kammersänger)	1936
Marx, Karl	1893–1925; Opernsänger, Regisseur und Opernspielleiter	1926
Marx, Karl Franz	1927–1960; Schauspieler	1958
Mazura, Franz	1964–1986; seit 1986 a.G. Opernsänger (Kammersänger)	1990
Möller, Kai	1960–1978; Schauspieler	1978
Müller, Carl	1897–1937; Konzertmeister (1. Solo-Violoncellist)	1937
Neumann-Hoditz, Carl	1903–1928; Schauspieler und Spielleiter (Operette und Lustspiel)	1938
Petersen, Arnold	1956–1972; 1975–1992; Chefdisponent; Intendant, Generalintendant	1996

Name	Engagement und Tätigkeit	Jahr
Rees, Jacob	1957–1981; Opernsänger	1982
Rössling, Hans	1953–1990; Opernsänger (Kammersänger)	1991
Sanden, Julie	1902–1931; Schauspielerin	1931
Schneider, Kurt	1945–1976; 1977–1986 a.G.; Opernsänger	1981
Schüler, Hans Dr.	1951–1963; Intendant	1963
Schulte, Gerda	1951–1969; Kostümbildnerin und Leiterin des Kostümwesens	1969
Seubert-Hausen, Helene	1867–1897; Opernsängerin (Kammersängerin)	1897
Simshäuser, Hans	1927–1935; 1948–1966; Schauspieler	1965
Stein, Horst Prof.	1963–1970; Generalmusikdirektor und Operndirektor	1995
Tietsch, Paul	1886–1914; Schauspieler	1914
Tuschkau-Huth, Else	1906–1922; Opernsängerin	1962
Vits-Mühlen, Walter	1946–1980; Schauspieler	1980
Vogelstrom, Fritz	1903–1912; Opernsänger (Kammersänger)	1962
Voisin, Hugo	1898–1936; Opernsänger und Schauspieler	1936
Völker, Georg	1961–1988; Opernsänger (Kammersänger)	1988
Walbröhl, Clara	1949–1976; Schauspielerin	1976
Walter, Paul	1952–1976; Bühnenbildner und Ausstattungsleiter	1976
Wigman, Mary Prof.	Tänzerin, Choreographin, Regisseurin a.G.	1961

Preisträgerinnen und Preisträger aus dem Bereich der darstellenden Künste 1954 bis 1997

Liselotte Homering

Schillerpreis der Stadt Mannheim (seit 1954, Stifterin: Stadt Mannheim)

1954	Mary Wigman, Tänzerin, Choreographin, Tanzpädagogin (übergeben 1954)
1956	Jürgen Fehling, Regisseur (übergeben 1957)
1958	Friedrich Dürrenmatt, Dramatiker (übergeben 1958)
1962	Elisabeth Bergner, Schauspielerin (übergeben 1963)
1970	Ida Ehre, Schauspielerin und Intendantin (übergeben 1971)
1972	Peter Handke, Schriftsteller und Dramatiker (übergeben 1973)
1978	Peter Stein, Regisseur und Theaterleiter (nicht öffentlich übergeben)
1986	Dieter Hildebrandt, Kabarettist (übergeben 1987)

Kulturpreis *Friedrich S.* (seit 1997, Stifter: KulturNetz Mannheim-Ludwigshafen)

1997	Cornelia Froboess, Schauspielerin

Bloomaul-Orden (seit 1970, Stifter: Rainer von Schilling, *Mannheimer Morgen*)

1971	Anneliese Rothenberger, Opern- und Konzertsängerin
1974	Carl Raddatz, Schauspieler
1979	Elsbeth Janda, Schauspielerin und Vortragskünstlerin
1984	Kurt Schneider, Opernsänger
1992	Klaus Wendt, Opernsänger und Chefdisponent (heute: Direktor des künstlerischen Betriebs) des Nationaltheaters

Arnold-Petersen-Preis (für besondere künstlerische Nachwuchsleistungen am Mannheimer Nationaltheater, seit 1992, Stifter: Roland Ernst, Heidelberg)

1992	Daniela Hennecke, Opernsängerin Caroline Schreiber, Schauspielerin
1993	Bronislav Roznos, Tänzer
1994	Pia Podgornik, Schauspielerin
1995	Philip Zawisza, Opernsänger
1996	Pawel Czekala, Opernsänger
1997	Anja-Marlene Korpiun, Schauspielerin

Abkürzungen

Anm.	Anmerkung
Aufl.	Auflage
Ausg.	Ausgabe
BAT	Bundesangestellten-Tarifvertrag
bearb.	bearbeitet(e)
betr.	betreffend
Bibl.	Bibliothek
BTT	Bühnentechniker-Tarifvertrag
CDU	Christlich-Demokratische Union
DAF	Nationalsozialismus: Deutsche Arbeitsfront
DAG	Deutsche Angestellten Gewerkschaft
DBJ	Deutsches Bühnen Jahrbuch
DdMDA	Derra de Moroda Dance Archives Salzburg
DEA	Deutsche/Deutschsprachige Erstaufführung
DOV	Deutsche Orchestervereinigung
DTM	Deutsches Theatermuseum München (früher Clara-Ziegler-Stiftung)
EA	Erstaufführung
EBRD	Bundesrepublikanische Erstaufführung, Westdeutsche Erstaufführung
erw.	erweitert(e)
G	Gast
GIn	Generalintendant
GMD	Generalmusikdirektor
KdF	Nationalsozialismus: Nationalsozialistische Gemeinde Kraft durch Freude
KPD	Kommunistische Partei Deutschlands
Kpmstr.	Kapellmeister
lt.	laut
Ltd. Kpmstr.	Leitender Kapellmeister
Mh	Signatur für Mannheimer Drucke in der Bibliothek des Reiss-Museums Mannheim
ML	Musikalische Leitung
Ms	Manuskript
NI	Neuinszenierung
NS	Nationalsozialismus/nationalsozialistisch
NSDAP	Nationalsozialismus: Nationalsozialistische Deutsche Arbeiterpartei
NTM	Nationaltheater Mannheim
OD	Operndirektor
PA	Personenarchiv
PrA	Pressearchiv
Red.	Redaktion
RIAS	Rundfunk im amerikanischen Sektor, Rundfunksender in Westberlin
RMM	Reiss-Museum Mannheim
RMM Bibl. Mh	Reiss-Museum Mannheim Bibliothek, Mannheimer Drucke
SA	Nationalsozialismus: Sturmabteilung
Sp.	Spalte
SPD	Sozialdemokratische Partei Deutschlands
SS	Nationalsozialismus: Schutzstaffel (nationalsozialistische Terrororganisation)

StadtA MA Stadtarchiv Mannheim
Szen. UA Szenische Uraufführung

Thslg. Theatersammlung
TVK Tarifvertrag der deutschen Kulturorchester

UA Uraufführung
UdSSR Union der sozialistischen Sowjetrepubliken; sozialistischer Vorläuferstaat (bis 1991) der heutigen ›Gemeinschaft Unabhängiger Staaten‹ (GUS)
US Kurz für: USA, United States of America – Vereinigte Staaten von Amerika

verb. verbessert(e)
vgl. vergleiche!

WEA Westdeutsche Erstaufführung

Zs. Zeitschrift
Zug. Zugang

Literatur und Quellen in Auswahl

(Alphabetisch nach den in den Beiträgen zitierten Kurztiteln)

Dieter Dümas und *Liselotte Homering*

Adresskalender
Mannheimer Adresskalender. Mannheim 1836 ff. (verschiedene Jahrgänge).

Alth 1979
Alth, Minna von: *Frauen am Theater. Freche Buhlerinnen?* Freiburg/Basel/Wien 1979.

Andres-Hummel 1993
Andres-Hummel, Stephanie: »Theaterfrauen – Frauen am Theater«. In: Thomas, Ilse (Hrsg.): *Stadt ohne Frauen? Frauen in der Geschichte Mannheims.* Mannheim 1993, S. 45–62.

ASSITEJ 1981
ASSITEJ Association Internationale du Théâtre pour l'Enfance et la Jeunesse. Sektion BRD: Zweites Handbuch Kinder- und Jugendtheater Bundesrepublik Deutschland. Sonderteil Modell Baden-Württemberg. Duisburg 1981.

Balk 1989
Balk, Claudia: *Theaterfotografie. Eine Darstellung ihrer Geschichte anhand der Sammlung des Deutschen Theatermuseums.* München 1989.

Balk 1994
Balk, Claudia: *Theatergöttinnen. Inszenierte Weiblichkeit* (= Schriften der Gesellschaft für Theatergeschichte 72). Berlin 1994.

Bamberg 1926
Jagemann, Caroline: *Die Erinnerungen der Caroline Jagemann.* Hrsg. von Eduard von Bamberg. Dresden 1926.

Bauer 1927
Bauer, Bernhard A.: *Komödiantin – Dirne? Der Künstlerin Leben und Lieben im Lichte der Wahrheit*. Wien/Leipzig 1927.

Baumann 1988
Baumann, Carl Friedrich: *Licht im Theater. Von der Argand-Lampe bis zum Glühlampen-Scheinwerfer* (= Die Schaubühne. Quellen und Forschungen zur Theatergeschichte 72). Stuttgart 1988.

Behusch 1984
Behusch, Annemarie: *Die Frau im Theater der Gegenwart. Studie an ausgewählten Bühnenbeispielen* (= Dissertation zur Erlangung des Doktorgrades an der Universität Wien). Wien 1984.

Beierbach 1994
Beierbach, Herbert: *Das Nationaltheater in Mannheim. Baugeschichte und Wandel der architektonischen Gestaltung*. Diss. Heidelberg 1994.

Beilharz 1995
Beilharz, Manfred: »Kollektives Selbstbewußtsein«. In: Iden 1995, S. 38–42. Zuerst in: *Frankfurter Rundschau* vom 19. März 1994.

Berliner Ensemble 1952
Berliner Ensemble/Weigel, Helene (Hrsg.): *Theaterarbeit. 6 Aufführungen des Berliner Ensembles*. Dresden 1952.

Berufsinformation
Eine Berufsinformation der Vereinigung Deutscher Opernchöre und Bühnentänzer e.V. in der DAG [Deutsche Angestellten Gewerkschaft]. Erftstadt (o.J.).

Beutling 1983
Beutling, Lutz: »Methoden und Probleme der betriebswirtschaftlichen Erfolgsrechnung im Theaterbetrieb«. In: *Betriebswirtschaftliche Forschung und Praxis (BFuP)* 1983, Heft 1, S. 1–16.

Beutling 1986
Beutling, Lutz: »Betriebliches Rechnungswesen und Rechnungslegung öffentlicher Theater als Instrumente zur Sicherung ihrer Wirtschaftlichkeit«. In: *Betriebswirtschaftliche Forschung und Praxis*, 1986, Heft 1, S. 82–91.

Beutling 1988
Beutling Lutz: »Flaggschiff der Stadt Mannheim – Das Nationaltheater. Bedeutender Wirtschaftsfaktor für Stadt und Region«. In: *Wirtschaft, IHK Rhein-Neckar*, 6/1988. S. 396–397.

Beutling 1993
Beutling, Lutz: *Controlling in Kulturbetrieben am Beispiel Theater. Grundlagen für ein Managementmodell zur betriebswirtschaftlichen Steuerung.* Studienbrief Fernuniversität Hagen, 1993.

Beutling 1995
Beutling, Lutz: »Controlling in Kulturbetrieben am Beispiel Theater«. In: Richter/Sievers/Siewert (Hrsg.): *Unternehmen Kultur. Neue Struktur- und Steuerungsformen in der Kulturverwaltung.* Hagen 1995, S. 217–230.

Boetzges/Queck 1977
Boetzkes, Manfred/Queck, Marion: »Die Theaterverhältnisse nach der Novemberrevolution«. In: *Weimarer Republik.* Katalog zur Ausstellung, hrsg. vom Kunstamt Kreuzberg, Berlin, und dem Institut für Theaterwissenschaft der Universität zu Köln. Berlin/Hamburg 1977.

Bollmus 1970
Bollmus, Reinhart: *Das Amt Rosenberg und seine Gegner. Studien zum Machtkampf im nationalsozialistischen Herrschaftssystem*. Stuttgart 1970.

Boppel 1969
Boppel, Karl: »Tradition und Verpflichtung«. In: *Musikalische Akademie Mannheim: Die Musikalische Akademie nach dem Zweiten Weltkrieg.* Festschrift zum 190jährigen Jubiläum der Musikalischen Akademie. Mannheim 1969, S. 11–23.

Bouqueton 1763
(Bouqueton, André/Toeschi, Carlo Giuseppe): *Telemaque dans l'isle de Calipso* (= 1. Ballett zu *Sofonisba* von Tomaso Traetta; EA Hofoper Mannheim 5. November 1762). Mannheim 1763. RMM, Bibl. Mh. 1722.

Brandenburg Nachlaß
Brandenburg, Friedrich: *Nachlaß in der Theatersammlung des Reiss-Museums.*

Brandenburg 1973
Brandenburg, Friedrich: *Das Theater eines Lebens. 12 Bilder einer »Revue« aus acht Lebensjahrzehnten in Dokumenten, Briefen, Zeitungsnotizen mit einem verbindenden Text, einem Prolog und einem Epilog*. Originaltyposkript im Eigentum der Theatersammlung des Reiss-Museums. 1973.

Brauneck 1996
Brauneck, Manfred: »Das Mannheimer Nationaltheater unter der Leitung des Reichsfreiherrn von Dalberg«. In: Brauneck, Manfred: *Die Welt als Bühne. Geschichte des europäischen Theaters.* Bd. 2. Stuttgart/Weimar 1996, S. 737–742.

Brieger/Huber 1992
Brieger, Nicolas: Vorwort. In: Brieger, Nicolas/ Huber, Alfred: *»Harrt einen Augenblick noch, ich beschwör' Euch…«. Schauspiel Mannheim 1988–1992*. Mannheim 1992.

Bühnenbild 1937
Das Deutsche Bühnenbild (= Katalog der Ausstellung im Haus der Kunst, Berlin). Berlin 1937.

Bühnenbild 1950
Bühnenbild der Gegenwart. Katalog der Ausstellung im Kunstverein Braunschweig. Braunschweig 1950.

Bühnenbild 1959
Das Bühnenbild im 19. Jahrhundert. Katalog der Ausstellung zur Wiedereröffnung des E. T. A. Hoffmann-Theaters in Bamberg. Bamberg 1959.

Bühnenwerkstatt 1989
Die Bühnenwerkstatt der Gebrüder Brückner. Katalog der Ausstellung der Bayreuther Festspiele. Bayreuth 1989.

Bühnenverein 1971
Deutscher Bühnenverein: Studie zum Kinder- und Jugendtheater. Köln 1971.

Burckhardt
Burckhardt, Ernst Friedrich: *Der Umbau des Mannheimer Nationaltheaters.* Unveröffentlichtes Typoskript, Eidgenössische Technische Hochschule Zürich (o. J.), S. 1–6.

Burney 1772/1980
Burney, Charles: *Tagebuch einer musikalischen Reise durch Frankreich und Italien, durch Flandern, die Niederlande, und am Rhein bis Wien [...] 1770–1772.* Hamburg 1772, Nachdruck Wilhelmshaven 1980 (= Taschenbücher zur Musikwissenschaft 65).

Busch 1989
Busch, Bernd: *Belichtete Welt. Eine Wahrnehmungsgeschichte der Fotografie.* München/Wien 1989.

Caspari 1937
Caspari, Wilhelm: »Geheimer Regierungsrat Ludwig Mathy †«. In: *Mannheimer Geschichtsblätter* 37 (1936), S. 90.

China 1982
Nationaltheater Mannheim (Hrsg.): *Nationaltheater Mannheim in China. Das große Gastspiel. Peking und Shanghai 2. bis 18. Mai 1982.* Mannheim (1992).

Corneilson 1992
Corneilson, Paul Edward: *Opera at Mannheim. 1770–1778.* Ann Arbor 1992.

Corneilson 1997
Corneilson, Paul Edward: »Reconstructing the Mannheim Court Theatre«. In: *Early Music*, February 1997, S. 63–81.

Corneilson/Wolf 1996
Corneilson, Paul Edward/Wolf, Eugene: »Sources for Mannheim Ballets«. In: *Ballet Music from the Mannheim Court.* Bd. 1. Madison 1996, S. XXIV–XXXIII.

Dahlhaus 1957
Dahlhaus, Carl: »Vom Elend der Musikkritik«. In: *Melos* 24 (1957), Heft 4, S. 132–136.

Dahlhaus 1980
Dahlhaus, Carl: *Die Musik des 19. Jahrhunderts* (= Neues Handbuch der Musikwissenschaft 6). Wiesbaden 1980.

Dahms 1991
Dahms, Sibylle: »Mozart und Noverres ›Ballet en action‹«. In: *Mozart-Jahrbuch 1991*, S. 431–436/37.

Dahms 1992a
Dahms, Sibylle: »Das Repertoire des ›Ballet en action‹. Noverre – Angiolini – Lauchery«. In: *De Editione Musices.* Festschrift für Gerhard Croll. Laber 1992, S. 125–142.

Dahms 1992b
Dahms, Sibylle: »Das Mannheimer Ballett im Zeichen der Ballettreform des 18. Jahrhunderts«. In: Finscher, Ludwig (Hrsg.): *Die Mannheimer Hofkapelle im Zeitalter Carl Theodors.* Mannheim 1992, S. 131–140.

Dahms 1996
Dahms, Sibylle: »Ballet Reform in the Eighteenth Century and Ballet at the Mannheim Court«. In Grave, Floyd K. (Hrsg.): *Ballet Music from the Mannheim Court.* Bd. 1. I. Madison, Wisconsin 1996, S. IX–XXIII.

Daiber 1995
Daiber, Hans: *Schaufenster der Diktatur. Theater im Machtbereich Hitlers.* Stuttgart 1995.

Daniel 1995
Daniel, Ute: Hoftheater. *Zur Geschichte des Theaters und der Höfe im 18. und 19. Jahrhundert.* Stuttgart 1995.

DBJ
Bühnengenossenschaft deutscher Bühnen-Angehörigen, bzw. Bühnen-Angehöriger (Hrsg.): *Deutsches Bühnen Jahrbuch. Theatergeschichtliches Jahr- und Adreßbuch* [...], bzw. *Das große Adreßbuch für Bühne, Film, Funk und Fernsehen* [...]. Jahrgänge 1976 bis 1997.

Deutscher Bühnenverein 1971
Deutscher Bühnenverein (Hrsg.): *Studie zum Kinder- und Jugendtheater.* Köln 1971.

Deutsches Bühnen Jahrbuch
Siehe DBJ

Devrient 1967/1 und 2
Devrient, Eduard: *Geschichte der deutschen Schauspielkunst.* Neu hrsg. von Rolf Kabel und Christoph Trilse. Band 1–5. München/Wien 1967.

Dienstverträge 1910
Dienstverträge für Chorpersonal zwischen Allgemeinem Deutschen Chorsänger- und Ballettverband und dem Deutschen Bühnenverein. 1910.

Drese 1957
Drese, Claus Helmut (Hrsg.): *Das neue Nationaltheater.* Festschrift zur Eröffnung des neuen Nationaltheaters am 175. Jahrestag der Uraufführung der *Räuber*. Heidelberg 1957.

Drewniak 1983
Drewniak, Boguslaw: *Das Theater im NS-Staat. Szenarium deutscher Zeitgeschichte 1933–1945.* Düsseldorf 1983.

Dürr 1929
Dürr, Erich (Hrsg.): *Mannheim 1729–1929. Jubiläumswoche des Nationaltheaters.* Festprogramm und Ausstellungsführer. Mannheim 1929.

Dussel 1981
Dussel, Konrad: *Theater im Dritten Reich. Theorie – Gesetzgebung – Praxis am Beispiel der nordbadischen Theater.* Wissenschaftliche Hausarbeit am Historischen Seminar der Universität Heidelberg. Maschinenschriftliche Fassung im Besitz der Theatersammlung des Reiss-Museums. 1981.

Dussel 1988a
Dussel, Konrad: *Ein neues, ein heroisches Theater? Nationalsozialistische Theaterpolitik und ihre Auswirkungen in der Provinz* (= Literatur und Wirklichkeit 26). Bonn 1988.

Dussel 1988b
Dussel, Konrad: »Von Bert Brecht zu Hanns Johst? Deutsches Provinztheater 1918–1944«. In: *Universitas. Zeitschrift für Wissenschaft, Kunst und Literatur* 1988, Heft 9, S. 976–989.

Ebel 1985
Ebel, Gisela: *Das Kind ist tot, die Ehre ist gerettet.* Frankfurt am Main 1985.

Ebert 1991
Ebert, Gerhard: *Der Schauspieler. Geschichte eines Berufes.* Berlin 1991.

Eckart 1953
Eckart, Hermann Peter: »Strukturwandel im Theater«. In: *Deutsche Bauzeitung* 1953, Heft 3, S. 95–103.

Eggert 1991
Mara Eggert. Magische Augenblicke. Inszenierungen von Ruth Berghaus und Robert Wilson. Ausstellungskatalog Deutsches Theatermuseum. München 1991.

Eisenbarth 1957
Eisenbarth, W.M.: »Mit Webers ›Freischütz‹ ins neue Große Haus. Einweihungsvorstellung des Nationaltheaters im glänzenden Rahmen«. In: *Die Rheinpfalz* vom 14. Januar 1957.

Enkelmann 1937
Enkelmann, Siegfried: *Tänzer unserer Zeit.* München 1937.

Everding 1993
Everding, August: *Wenn für Romeo der letzte Vorhang fällt. Theater, Oper, Musik. Kritische Anmerkungen zur aktuellen Kulturszene.* München 1993.

Fambach 1980
Fambach, Oscar: *Das Repertorium des Hof- und Nationaltheaters in Mannheim 1804–1832* (= Mitteilungen zur Theatergeschichte der Goethezeit, Bd. 1). Bonn 1980.

Fehrmann/Flügge/Franke 1977
Fehrmann, Helma/Flügge, Jürgen/Franke, Holger: »Was heißt hier Liebe? Materialien. München 1977«. S. 3. Nachgedruckt in: *Nationaltheater Theaterzeitung* 1979, Nr. 7.

Feiler 1957
Feiler, Max Christian: »›Freischütz‹ und ›Räuber‹ im Mannheimer Nationaltheater. Das neue Haus beispielgebend für die deutsche Theaterarchitektur – Piscators Weg zur Pietät – Und das Münchner Nationaltheater?« In: *Münchner Merkur* vom 15. Januar 1957, S. 6.

Festschrift 1929
Nationaltheater-Orchester (Hrsg.): *150 Jahre Musikalische Akademie des Mannheimer Nationaltheater-Orchesters 1779–1929.* Jubiläumsschrift. Mannheim/Berlin/Leipzig 1929.

Festschrift 1954
Musikalische Akademie Mannheim: *Festschrift zum 175jährigen Jubiläum der Musikalischen Akademie Mannheim.* Mannheim 1954.

Festschrift 1969
Musikalische Akademie Mannheim: *Die Musikalische Akademie nach dem Zweiten Weltkrieg. Festschrift zum 190jährigen Jubiläum der Musikalischen Akademie.* Mannheim 1969.

Festschrift 1979
Festschrift zum 200jährigen Jubiläum der Musikalischen Akademie des Nationaltheater-Orchesters Mannheim e.V. Mannheim 1979.

Festschrift 1994
Stadt Mannheim (Hrsg.): *Festschrift zur Wiedereröffnung des Nationaltheaters der Stadt Mannheim nach Abschluß der 3. Sanierungsphase am 26./27. Februar 1994.* Hildesheim 1994.

Finscher 1992
Finscher, Ludwig (Hrsg.): *Die Mannheimer Hofkapelle im Zeitalter Carl Theodors.* Mannheim 1992.

Fliedner 1991
Fliedner, Hans-Joachim: *Die Judenverfolgung in Mannheim 1933–1945. Darstellung und Dokumente* (= Veröffentlichungen des Stadtarchivs Mannheim 1/2). 2. Aufl. Stuttgart/Berlin/Köln 1991.

Flimm 1995
Flimm, Jürgen: »Die Dämonen verjagen«. In: Iden 1995, S. 54–57. Zuerst in: *Frankfurter Rundschau* vom 12. März 1994.

Fördererkreis 1992
Fördererkreis historischer Grabstätten in Mannheim e.V. (Hrsg.): *Die Friedhöfe in Mannheim.* Mannheim 1992.

Freeden 1985
Freeden, Herbert: *Jüdisches Theater in Nazideutschland.* Frankfurt am Main/Berlin/Wien 1985.

Gall 1989
Gall, Lothar: *Bürgertum in Deutschland.* Berlin 1989.

Gallerie 1910
Werner, Richard Maria (Hrsg.): *Gallerie von Teutschen Schauspielern und Schauspielerinnen nebst Johann Friedrich Schinks Zusätzen und Berichtigungen* (= Schriften der Gesellschaft für Theatergeschichte 13). Berlin 1910.

Geisel 1992
Geisel, Eike/Broder, Henry M.: *Premiere und Pogrom: Der Jüdische Kulturbund 1933–1941.* Texte und Bilder. Berlin 1992.

Geitner 1988
Geitner, Ursula (Hrsg.): *Schauspielerinnen. Der theatralische Eintritt der Frau in die Moderne*. Bielefeld 1988.

Gilles 1970
Gilles, Werner: »Zwischenspiel auf der Behelfsbühne (1945–1956)«. In: Mertz/Magin 1970, S. 32–54.

Girshausen 1996
Sucher, C. Bernd (Hrsg.): *Theaterlexikon,* Bd. 2: *Epochen, Ensembles, Figuren, Spielformen, Begriffe, Theorie.* Von Theo Girshausen. Mit Beiträgen von Helga Dressel und anderen. München 1996. Darin der Artikel zum Begriff Nationaltheater, S. 299-301.

Girth 1979
Girth, Peter: »Mannheim und die Künste des Friedens. Festvortrag anläßlich des zweihundertjährigen Jubiläums der Musikalischen Akademie«. In: *Das Orchester* 1979, Heft 12, S. 908–912.

Glanz 1991
Glanz, Alexandra: Alessandro Galli-Bibiena (1686–1748). Inventore delle Scene *und* Premier Architecteur *am kurpfälzischen Hof in Mannheim* (= Schriften der Gesellschaft für Theatergeschichte e.V. 69). Berlin 1991.

Grebner 1957
Grebner, Fritz/Eisenberg, Albrecht/Meyer-Speer, Paul: »Statische Probleme«. In: Drese, Claus Helmut (Hrsg.): *Das neue Nationaltheater. Festschrift zur Eröffnung des neuen Nationaltheaters am 175. Jahrestag der Uraufführung der Räuber.* Heidelberg 1957, S. 174–176.

Gregor 1925
Gregor, Joseph: *Wiener szenische Kunst.* Bd. 2: *Das Bühnenkostüm. In historischer, ästhetischer und psychologischer Analyse.* Zürich/Leipzig/Wien 1925.

Greiner 1996
Greiner, Ulrich: »Total vergnügt«. In: *Die Zeit* vom 15. April 1996, S. 46.

Guest 1954
Guest, Ivor: *The Romantic Ballet in England.* London 1954.

Gutachten 1970
Paris, Herbert/Waschkowitz, Karl: *Gutachten über die Möglichkeiten einer Theaterzusammenarbeit der Städte Mannheim und Ludwigshafen unter Einbeziehung der Städtischen Bühne Heidelberg, des Pfalztheaters Kaiserslautern und des Philharmonischen Orchesters der Pfalz, Ludwigshafen.* Im Auftrag der Städte Mannheim, Ludwigshafen und Heidelberg sowie des Bezirksverbandes Rheinland-Pfalz. (Ohne Ort) 1970.

Hagemann 1902
Hagemann, Carl: *Regie. Studien zur dramatischen Kunst.* Berlin 1902.

Hagemann 1925
Hagemann, Carl: Einführungsvortrag vom 8. Mai 1925 anläßlich eines Gastspieles des Wiesbadischen Staatstheaters am 9. Mai 1925 zugunsten der freiwilligen Wohlfahrtsverbände im Mannheimer *Rosengarten* mit Igor Strawinskys *Die Geschichte vom Soldaten.* Eigenhändiges Manuskript. Reiss-Museum Mannheim, Theatersammlung.

Hagemann 1948
Hagemann, Carl: *Bühne und Welt. Erlebnisse und Betrachtungen eines Theaterleiters.* Wiesbaden 1948.

Hampe 1961
Hampe, Michael: *Die Entwicklung der Bühnendekoration von der Kulissenbühne zum Rundhorizont-System.* Diss. Wien 1961.

Harting 1950
Harting, Werner: »Der Wettbewerb um das Mannheimer Nationaltheater«. In: *Neue Bauwelt* 5 (1950), Heft 14, S. 223–226. Berlin.

Hase-Koehler 1926
Franz, Ellen (Freifrau von Heldburg): *Fünfzig Jahre Glück und Leid. Ein Leben in Briefen aus den Jahren 1873–1923.* Hrsg. von Else von Hase-Koehler. 6. Aufl. Leipzig 1926.

Heckel 1899
Heckel, Emil (Hrsg.): *Richard Wagner an Emil Heckel. Zur Entstehungsgeschichte der Bühnenfestspiele in Bayreuth.* Leipzig (1899) 1912.

Heinrich 1856
Heinrich, A. (Hrsg.): *Deutscher Bühnen-Almanach.* Berlin 1856. Eintrag Mannheim, S. 284–289.

Heinz 1953
Heinz, Kurt: »Pfiffe, Protestrufe und Beifall für die ›Abstrakte Oper Nr. 1‹«. In: *Mannheimer Morgen* vom 19. Oktober 1953. Wiederabgedruckt in Schauburg, S. 127–130.

Heinz 1965
Heinz, Kurt: »Joachim Popelka †. Zum Tod des Mannheimer Chordirektors«. In: *Mannheimer Morgen* vom 6. April 1965.

Heinz 1977
Heinz, Kurt: »Trennung von Hans Wallat?« In: *Mannheimer Morgen* vom 22. November 1977.

Heinz 1982
Heinz, Kurt: »Das hat es früher nie gegeben«. In: *Mannheimer Morgen* vom 19. Februar 1982.

Heinz/Schönfeldt 1980
Heinz, Kurt/Schönfeldt, Heinz: *200 Jahre Nationaltheater Mannheim. Geschichte und Jubiläum*. Mannheim 1980.

Heister/Klein 1984
Heister, Hanns-Werner/Klein, Hans-Günter (Hrsg.): *Musik und Musikpolitik im faschistischen Deutschland*. Frankfurt am Main 1984.

Hemmerle 1982
Hemmerle, Joachim: »Sterne der Freiheit und Kometen des Unheils«. In: *Mannheimer Morgen* vom 6. Mai 1982, S. 25.

Henning 1953
Henning, Heinrich: »Strukturwandel im Theaterbau« In: *Die neue Stadt* 1953, Heft 4, S. 146–165.

Hermann 1979
Hermann, Hanns: »Sei mir gegrüßt! Zur Geschichte der Musikalischen Akademie des Nationaltheater-Orchesters Mannheim 1779–1979«. In: *Das Orchester* 1979, Heft 12, S. 903–908.

Herrmann Manuskript
Herrmann, Wilhelm: *Theater und Diktatur*. Unveröffentlichtes Typoskript.

Herrmann 1954
Herrmann, Wilhelm: *Musizieren um des Musizierens willen. 125 Jahre Mannheimer Liebhaber-Orchester*. Mannheim [1954].

Herrmann 1958
Herrmann, Wilhelm: »Die Theatergemeinde des Mannheimer Nationaltheaters [...]«. In: *Mannheimer Hefte* 1958, Heft 1, S. 1–3.

Herrmann 1976
Herrmann, Wilhelm: *Die Schauspielerin Ellen Franz. Ein Porträt von Oskar Begas*. Ungedrucktes Typoskript für den Vortrag zum Zweiten Museumsabend des Reiss-Museums am 20. und 21. Oktober 1976. Reiss-Museum, Theatersammlung.

Herrmann 1978
Herrmann, Wilhelm: *Der Mannheimer Theaterzettel vom 19. Dezember 1841*. Ungedrucktes Typoskript für den Vortrag zum Zweiten Museumsabend des Reiss-Museums am 18. und 19. Oktober 1978. Reiss-Museum, Theatersammlung.

Herrmann 1979a
Herrmann, Wilhelm: »Die Gründung des Nationaltheaters Mannheim und die Familie Brandes«. In: *Mannheimer Hefte* 1979, Heft 2, S. 70–78.

Herrmann 1979b
Herrmann, Wilhelm: *Das Nationaltheater Mannheim im 19. Jahrhundert*. Ausstellung zum 200jährigen Bestehen des Nationaltheaters Mannheim. Mannheim 1979.

Herrmann 1982
Herrmann, Wilhelm: *200 Jahre Schillers »Räuber«. Die Entstehung des Werkes, Uraufführung und Inszenierungen am Nationaltheater Mannheim*. Ausstellungskatalog. Mannheim 1982.

Herrmann 1985a
Herrmann, Wilhelm: »Die Laien an die Front! Mannheimer Sinfoniekonzerte von 1778 bis 1834«. In: *Mannheimer Hefte* 1985, Heft 2, S. 120–128.

Herrmann 1985b
Herrmann, Wilhelm: *Vom »Sohn« zur »Marneschlacht«. Das Nationaltheater Mannheim von 1918 bis 1933*. Ausstellungskatalog des Städtischen Reiss-Museums Mannheim. Mannheim 1985.

Herrmann 1985c
Herrmann, Wilhelm: »Die Theatersammlung des Städtischen Reiss-Museums Mannheim«. In: *Theatersammlungen in der Bundesrepublik Deutschland und Berlin (West)* (= Kleine Schriften der Gesellschaft für Theatergeschichte 33). Berlin 1985, S. 83–91.

Herrmann 1987
Herrmann, Wilhelm: *Willy Birgel – Leben und Dokumente*. Hrsg. vom Städtischen Reiss-Museum Mannheim in Verbindung mit dem Fördererkreis für das Reiss-Museum e.V. (= Bildhefte des Städt. Reiss-Museums Mannheim, Kunst- und Stadtgeschichtliche Sammlungen 7). Mannheim 1987.

Herrmann 1990
Herrmann, Wilhelm: »Die Architektur des historischen Mannheimer Nationaltheater-Gebäudes«. In: *Mannheimer Hefte* 1990, Heft 1, S. 56–64.

Herterich 1937
Herterich, Fritz: *Theater und Volkswirtschaft*. München/Leipzig 1937.

Heybrock 1989
Heybrock, Christel: »Einfach und verschwenderisch zugleich. Zur Figurinen-Sammlung der Kostümbildnerin Gerda Schulte im Mannheimer Reiss-Museum«. In: *Mannheimer Morgen* vom 24.–26. Dezember 1989, S. 58.

Höber 1929
Nachrichtenamt der Stadt Mannheim/Höber, Johannes (Hrsg.): *1779–1929. Jubiläumswoche des Nationaltheaters Mannheim. 22.–30. Juni 1929. Ein Bericht über die Veranstaltungen und ihr Echo*. Mannheim 1929.

Höfler 1967
Höfler, Wolfgang: »Beste Leistung: Joachim Bliese. Goethes ›Torquato Tasso‹ im Nationaltheater«. In: *Karlsruher Tageblatt* vom 20. Dezember 1967.

Höft/Homering 1996
Höft, Brigitte/Homering, Liselotte: »Mannheim«. In: Finscher, Ludwig (Hrsg.): *Die Musik in Geschichte und Gegenwart (MGG)*, 2. neubearb. Ausg. Sachteil 5 (Kas – Mein). Basel/London/New York/Prag/Stuttgart/Weimar 1996, Sp. 1635–1645.

Hoffmann 1985
Hoffmann, Herbert: *Im Gleichschritt in die Diktatur? Die nationalsozialistische »Machtergreifung« in Heidelberg und Mannheim 1930 bis 1935*. Frankfurt am Main/Bern/New York 1985.

Homering (1984)
Homering, Liselotte: *Theater-, Literatur- und Sprachpflege in der Kurpfalz im Zeitalter Karl Theodors*. Unveröffentlichtes Typoskript.

Homering 1987
Homering, Liselotte: *Albert Bassermann (1867–1952)*. Begleitheft zur Sonderschau im Städtischen Reiss-Museum Mannheim anläßlich seines ersten Bühnenauftritts vor 100 Jahren in Mannheim. Mannheim 1987.

Homering 1988
Homering, Liselotte: *Der Ort der Handlung ist die Bühne. Bühnengestaltung in Mannheim vom 18. bis zum 20. Jahrhundert*. Begleitheft zur Sonderausstellung aus Anlaß des 17. Internationalen Kongresses der *Société Internationale des Bibliothèques et des Musées des Arts du Spectacle, SIBMAS*. Mannheim 1988.

Homering 1989
Homering, Liselotte: »The Theatre Collection of the Städtisches Reiss-Museum Mannheim«. In: *Theatre History Studies* 9 (1989), S. 141–160.

Homering 1990
Homering, Liselotte: »Cäcilie Mohor und die Mannheimer Erstaufführung von Richard Wagners ›Tristan und Isolde‹ (1888)«. In: *Mannheimer Hefte* 1990/1, S. 72–87.

Homering 1991a
Homering, Liselotte: »›Alles Merkwürdige des deutschen Athen's‹ – Kunst und Wissenschaft in Mannheim zur Zeit Carl Theodors«. In: Welck, Karin von/Homering, Liselotte (Hrsg.): *176 Tage W. A. Mozart in Mannheim*. Ausstellungshandbuch und -katalog. Heidelberg 1991, S. 84–99.

Homering 1991b
Homering, Liselotte: »Als die Künste ›gleich wohlthaetigen Feen um die Wette stritten...‹. Theater, Musik, Literatur- und Sprachpflege in Mannheim zur Zeit Carl Theodors«. In: *Mannheimer Hefte* 1991/2, S. 99–116.

Homering 1992a
Homering, Liselotte: »›Kleiner Schneider‹ – Große Oper. 200 Jahre Mozarts ›Die Hochzeit des Figaro‹ am Mannheimer Nationaltheater«. In: *Acta Mozartiana* Dezember 1992, Heft 2, S. 51–66.

Homering 1992b
Homering, Liselotte: »Theatersammlung«. In: *Museum für Kunst-, Stadt- und Theatergeschichte im Reiss-Museum der Stadt Mannheim (= Museum)*. Braunschweig 1992, S. 90–117.

Homering 1994
Homering, Liselotte: »Umbau, Aufbau, Anbau, Neubau – Das historische Nationaltheatergebäude auf B 3 als Beispiel für den notwendigen Wandel in der Zeit«. In: Stadt Mannheim (Hrsg.): *Festschrift zur Wiedereröffnung des Nationaltheaters der Stadt Mannheim nach Abschluß der 3. Sanierungsphase am 26./27. Februar 1994*. Hildesheim 1994, S. 31–35.

Homering 1996
Homering, Liselotte: »Mnemosynes Werk. Wiedergewonnener Skulpturenschmuck vom historischen Nationaltheatergebäude in B 3«. In: *Kunst und Antiquitäten*. Schloss Schwetzingen 26.–29.9.1996. München 1996, ohne Paginierung.

Huber 1984
Huber, Alfred: »Verbündete Feinde, zerstrittene Freunde. Edward Albees ›Wer hat Angst vor Virginia Woolf?‹ im Kleinen Haus des Nationaltheaters Mannheim«. In: *Mannheimer Morgen* vom 19. März 1984, S. 28.

Huth 1982
Huth, Hans: *Die Kunstdenkmäler des Stadtkreises Mannheim* (= Die Kunstdenkmäler in Baden-Württemberg). 2 Bde. München 1982.

Ibscher 1972
Ibscher, Edith: *Theaterateliers des deutschen Sprachraums im 19. und 20. Jahrhundert*. Diss. Köln 1972.

Iden 1995
Iden, Peter (Hrsg.): *Warum wir das Theater brauchen*. Frankfurt am Main 1995.

Jacob 1936
Jacob, Gustaf: *Das Theatermuseum der Stadt Mannheim* (= Schriften der Stadt Mannheim 1). (Mannheim) 1936.

Jacob 1962
Jacob, Gustaf: »Zur Geschichte des Städtischen Archivs«. In: *Mannheimer Hefte* 1962, Heft 2, S. 2–7.

Jacob 1963
Jacob, Gustaf: »Erinnerungen an Joseph Mühldorfer zum hundertsten Todestag«. In: *Mannheimer Hefte* 1963, Heft 1, S. 25–33.

Jahnke 1987
Jahnke, Manfred: »Perspektiven für Baden-Württembergs Kinder- und Jugendtheater«. In: *Grimm & Grips*. Jahrbuch für Kinder- und Jugendtheater 1 (1987/88), S. 9–19. Frankfurt am Main 1987.

Jahrbuch
Statistisches Jahrbuch deutscher Städte. Verschiedene Jahrgänge.

Jahresbericht 1899
Jahresbericht der Handelskammer für den Kreis Mannheim für das Jahr 1899. 1. Teil. Mannheim 1899.

Jahresbericht 1923
National-Theater Mannheim: Jahresbericht 1922/23. Mannheim 1923.

Jahresbericht 1928
National-Theater Mannheim: Jahresbericht 1927/28. Mannheim 1928.

Jens 1979
Jens, Walter: *Der Ort der Handlung ist Deutschland. Nationaltheater ohne Nation*. Festvortrag zum 200jährigen Bestehen des Nationaltheaters Mannheim (= Sonderbeilage zur Theaterzeitung Nr. 2, November 1979). Mannheim 1979.

John 1994
John, Eckhard: *Musikbolschewismus. Die Politisierung der Musik in Deutschland 1918–1938*. Stuttgart/Weimar 1994.

Keller 1985/1988
Keller, Max: *DuMont's Handbuch Bühnenbeleuchtung*. Köln 1985, 2. verb. Aufl. 1988.

Ketelsen 1970
Ketelsen, Uwe-Karsten: *Von heroischem Sein und völkischem Tod. Zur Dramatik des Dritten Reiches*. Bonn 1970.

Kindermann 1961
»Mannheim: Vom europäischen Rokoko-Theater zu Dalbergs Nationaltheater«. In: Kindermann, Heinz: *Theatergeschichte Europas*. Bd. 4: Von der Aufklärung zur Romantik (1. Teil). Salzburg 1961, S. 676–725.

Kloiber 1928
Kloiber, Rudolf: *Die dramatischen Ballette von Christian Cannabich*. München 1928.

Knaus 1992
Knaus, Walter: »Herbert Maisch und das Mannheimer Nationaltheater von 1930 bis 1933«. In: *Mannheimer Hefte* 1992, Heft 1, S. 50–62.

Knudsen 1970
Knudsen, Hans: *Deutsche Theatergeschichte*. 2., neu bearb. und erw. Aufl. Stuttgart 1970.

Koch 1993
Koch, Stefan: »Nabucco gab's erst zum Schluß. Das Chorkonzert des Mannheimer Nationaltheaters unter Georg Metz im Mozartsaal des Rosengartens«. In: *Mannheimer Morgen* vom 1. März 1993, S. 32.

König 1954/55
König, Heinrich: »Umbau des Mannheimer Nationaltheaters«. In: *Architektur und Wohnform* 63 (1954/1955), Heft 2, S. 5–7. Stuttgart.

Koffka 1865
Koffka, Wilhelm: *Iffland und Dalberg. Geschichte der classischen Theaterzeit Mannheims*. Leipzig 1865.

Kord 1992
Kord, Susanne: *Ein Blick hinter die Kulissen. Deutschsprachige Dramatikerinnen im 18. und 19. Jahrhundert* (= Ergebnisse der Frauenforschung 2). Stuttgart 1992.

Krauß 1993
Krauß, Martin: *Armenwesen und Gesundheitsfürsorge in Mannheim vor der Industrialisierung 1750–1850/60*. Sigmaringen 1993.

Krock 1995
Krock, Andreas: *Mella Fiora – Melanie Smreker. Ein repräsentatives Portrait aus dem Jahr 1910 von Ferdinand Keller*. Ungedrucktes Typoskript für den Vortrag zum Ersten Museumsabend des Reiss-Museums am 22. und 26. November 1995. Reiss-Museum, Theatersammlung.

Kupferschmid 1929
Kupferschmid, Anna: »Festaufführung des Mannheimer Hofballetts in Freiburg im Breisgau während des Aufenthalts der Dauphine Marie-Antoinette 4. und 5. Mai 1770«. In: *Mannheimer Geschichtsblätter* 30 (1929), Sp. 154–160.

L'Amour 1766
L'Amour Jardinier ou le Mariage de Dorante et d'Angélique. (Kassel 1766).

Lang 1988
Lang, Stephanie: *Das Musiktheater am Nationaltheater Mannheim während der NS-Zeit*. Schriftliche Hausarbeit an der Staatlichen Hochschule für Musik Köln, Abteilung Aachen. Maschinenschriftliche Fassung im Besitz der Theatersammlung des Reiss-Museums.

Lauchery 1768
Lauchery Laimé, Etienne: *Recueil des ballets, exécuté[s] sur les théâtres de Cassel, depuis l'année 1764 jusqu'à la fin de l'année 1768*. Kassel, 1768.

Lauchery 1775
Lauchery Laimé, Etienne: *L'amant jardinier. Ballet pantomime*. Mannheim 1775.

Lemke-Stein 1982
Lemke-Stein, Irene: »Witz und Vitalität«. In: *Rhein-Neckar-Zeitung* vom 29. März 1982.

Lenk 1933
Lenk, Wolfgang: *Das kommunale Theater*. Diss. Berlin 1933.

Lersch 1989
Lersch, Edgar: »Von der Besprechungsstelle zum Studio – Der Süddeutsche Rundfunk in Mannheim 1924–1988«. In: *Mannheimer Hefte* 1989, Heft 2, S. 114–135.

Leserbrief 1980a
Leserbrief: »Das Jugendtheater – ein Trauerspiel«. In: *Mannheimer Morgen* vom 20./21. Dezember 1980.

Leserbrief 1980b
Leserbrief: »Unterschied zwischen Zärtlichkeit und Zote«. In: *Mannheimer Morgen* vom 4. Dezember 1980.

Linde 1953
Linde, Horst: Schreiben vom 17. März 1953 an den Oberbürgermeister. In: Stadtarchiv Mannheim, Sammlung Ortsgeschichte S 2 – 1345 – 31.

Löffler 1980
Eduard Löffler. Das bühnenbildnerische Werk. Katalog der Ausstellung zum 200jährigen Bestehen des Nationaltheaters Mannheim. Mannheim 1980.

Maisch 1968
Maisch, Herbert: *Helm ab, Vorhang auf. Siebzig Jahre eines ungewöhnlichen Lebens*. Emsdetten 1968.

Mann 1975
Mann, Thomas: *Das erzählerische Werk*. Bd. 9. Frankfurt am Main 1975.

Mannheimer Chronik
»Mannheimer Chronik«. In: *Mannheim heute* 1 (1948) bis 1/2 (1951), *Mannheimer Hefte* 1952 bis 1996 und *Mannheimer Geschichtsblätter*, Neue Folge 1 (1994) bis 3 (1996).

Martersteig 1890
Martersteig, Max (Hrsg.): *Die Protokolle des Mannheimer Nationaltheaters unter Dalberg aus den Jahren 1781 bis 1789*. Mannheim 1890.

Marx 1988
Marx, Heike: »Nicht jedermanns Schiller«. In: *Die Rheinpfalz* vom 15. Februar 1988.

Matthias/Weber 1984
Matthias, Erich/Weber, Hermann (Hrsg.): *Widerstand gegen den Nationalsozialismus in Mannheim*. Mannheim 1984.

Maurer-Schmoock 1982
Maurer-Schmoock, Sybille: *Deutsches Theater im 18. Jahrhundert* (= Studien zur deutschen Literatur. 71). Tübingen 1982.

May 1986
May, Ursula: *Das Schauspiel des Mannheimer Nationaltheaters von 1933 bis 1945*. Magisterarbeit am Institut für Theaterwissenschaften der Freien Universität Berlin 1986. (Maschinenschriftliche Fassung in der Theatersammlung des Reiss-Museums Mannheim).

Mertz/Magin 1970
Mertz, Peter/Magin, Wolf: *Das Nationaltheater Mannheim*. Mannheim 1970.

Meyer 1959
Meyer, Herbert: *Schillers Flucht. In Selbstzeugnissen, zeitgenössischen Berichten und Bildern dargestellt* (= *Meyers Bildbändchen*. Neue Folge 16/17). Mannheim 1959.

Meyer 1962
Meyer, Herbert: »Die Entwicklung des Mannheimer Bibliothekswesens bis zur Gründung der öffentlichen Bibliothek 1870«. In: *Mannheimer Hefte* 1962, Heft 2, S. 8–17.

Meyer 1970
Meyer, Herbert: »Historisches Spectaculum und biedermeierlicher Bilderbogen. Das Mannheimer Nationaltheater in den Jahren 1848/49«. In: *Mannheimer Hefte* 1970, Heft 3, S. 93–100.

Meyer 1971
Meyer, Herbert: »Einhundert Jahre Mannheimer Schloßbücherei«. In: *Mannheimer Hefte* 1971, Heft 1, S. 40–51.

Meyer 1979
Meyer, Herbert: *Das Nationaltheater Mannheim 1929–1979* (= Forschungen zur Geschichte Mannheims und der Pfalz. Neue Folge 7). Mannheim/Wien/Zürich 1979.

Meyer 1981
Scheuffelen, Thomas/Dambacher, Eva/Dieke, Hildegard (Hrsg.): *»...in Dichters Lande..«. Literarische Museen und Gedenkstätten in Baden-Württemberg*. Katalog zur Ausstellung im Schiller-Nationalmuseum Marbach am Neckar. Darin die Ausführungen von Herbert Meyer über die Entstehung der Mannheimer Theatersammlung. Marbach am Neckar 1981, S. 92–96.

Meyer 1982
Meyer, Herbert: »Die Mannheimer Mozart-Aufführungen in der Ära Dalberg (1778–1803)«. In: *Mannheimer Hefte* 1982, Heft 2, S. 70–78.

Meyer 1987
Meyer, Herbert: »Theater in Mannheim«. In: Zeller, Bernhard (Hrsg.): *Literatur in Baden-Württemberg*. Stuttgart 1987, S. 127–137.

Meyer 1989
Meyer, Herbert: *Schiller im Mannheimer Teutschen Comödienhaus. Die Premieren seiner Dramen in den Jahren 1782–1808*. München 1989.

Mlakar 1992
Mlakar, Pia/Mlakar, Pino: *Unsterblicher Theatertanz. 300 Jahre Ballettgeschichte der Oper in München*. Bd. 1: Von den Anfängen um 1650 bis 1860. Wilhelmshaven 1992.

Moderne Theaterkunst 1913
Moderne Theaterkunst. Geleitworte. 13. Ausstellung des Freien Bundes. Kunsthalle Mannheim. Januar · Februar 1913. (Mannheim) 1913.

Möhrmann 1989
Möhrmann, Renate (Hrsg.): *Die Schauspielerin. Zur Kulturgeschichte der weiblichen Bühnenkunst*. Frankfurt am Main 1989.

Mozart 1962
Internationale Stiftung Mozarteum Salzburg (Hrsg.): *Mozart. Briefe und Aufzeichnungen*. Gesamtausgabe. Bd. II: 1777–1779. Kassel/Basel/London/New York 1962.

Münster 1981
›Annalen der Baierischen Litteratur‹ 1781, Bd. 2. Zitiert nach: Münster, Robert: »Mozarts Münchener Aufenthalt 1780/1781 und die Uraufführung des ›Idomeneo‹«. In: *Wolfgang Amadeus Mozart. IDOMENEO 1781–1981*. München/Zürich 1981. S. 71–105.

Nationaltheater 1967
Mertz, Peter/Stegh, Marlies (Bearb.): *Nationaltheater 1779/1967. 188 Spielzeiten Nationaltheater Mannheim. Eine Ausstellung zum zehnjährigen Bestehen des neuen Hauses*. Mannheim 1967.

Netter 1914
Netter, Maria: »Ottomar Starkes Neuinszenierungen für den Wagnerzyklus«. In: *Jahrbuch Mannheimer Kultur* 1913. Mannheim 1914. S. 131–137.

NMZ 1926
Neue Mannheimer Zeitung vom 5. Januar 1926.

Neumann-Cosel-Nebe 1995
Neumann-Cosel-Nebe, Isabelle von: »Sein Glück selbst in die Hand nehmen«. In: *Rhein-Neckar-Zeitung* vom 16. Oktober 1995.

Nicholson 1994
Nicholson, Eric A.: »Das Theater: Frauenbilder«. In: Duby, Georges/Perrot, Michelle: *Geschichte der Frauen*. Bd. 3: Frühe Neuzeit. Frankfurt/Wien 1994, S. 311–332.

Niehaus 1956
Niehaus, Wolfgang: *Die Theatermaler Quaglio. Ein Beitrag zur Geschichte des Bühnenbildes im 18. und 19. Jahrhundert*. Maschinenschriftliche Diss. München 1956.

Nölle 1974
Nölle, Eckehart: *Bühnenbilder des 20. Jahrhunderts aus den Beständen des Theatermuseums München (früher Clara-Ziegler-Stiftung)*. Ausstellungskatalog. Bamberg 1974.

Olivier 1901
Olivier, Jean Jaques: *Les Comédiens Français dans les cours d'Allemagne au XVIIIe Siècle. 1re Série: La cour Electorale Palatine. 16..–1778*. Paris 1901.

Opernchor 1995
»Was die Begeisterung ausmacht. Der Mannheimer Opernchor stellt sich vor«. In: *Motive* (= Mannheimer Theaterzeitung) 7 (März 1995), S. 7.

Parfait 1756
Parfait, Claude/Parfait, François: *Dictionnaire des Théâtres*. Bd. 1. Paris 1756.

Pelker 1992
Pelker, Bärbel: »Theateraufführungen und Musikalische Akademien am Hof Carl Theodors in Mannheim. Eine Chronik der Jahre 1742–1777«. In: Finscher, Ludwig (Hrsg.): *Die Mannheimer Hofkapelle im Zeitalter Carl Theodors*. Mannheim 1992, S. 219–259.

Pelker 1996
Pelker, Bärbel: »Mannheimer Schule«. In: Finscher, Ludwig (Hrsg.): *Die Musik in Geschichte und Gegenwart (MGG)*, 2., neubearb. Ausg. Sachteil 5 (Kas – Mein). Basel/London/New York/Prag/Stuttgart/Weimar 1996, Sp. 1645–1662.

Petersen 1989
Petersen, Arnold: »Grußbotschaft aus Anlaß des 40jährigen Bestehens der Theatergemeinde Mannheim«. In: *Die Theatergemeinde* Juni 1989, Heft 6, S. 2.

Petersen 1990a
»Die Perfektion und ihr Preis. Gehen die westdeutschen Theater pleite? Was wird aus den DDR-Bühnen? Ein THEATER HEUTE-Gespräch [von Peter von Becker] mit dem Mannheimer Generalintendanten Arnold Petersen«. In: *THEATER HEUTE* 9 (1990), S. 21–24.

Petersen 1990b
Ruf, Wolfgang: »Arnold Petersen, Nationaltheater Mannheim: ›Dafür bin ich nicht der Handlanger‹. Interview«. In: *Die Deutsche Bühne* 9 (1990), S. 8–9.

Petzet 1944
Petzet, Wolfgang: *Otto Falckenberg. Mein Leben – Mein Theater.* München/Wien/Leipzig 1944.

Pflanz 1992a
Pflanz, K[atrin]: »Konferenz der Vögel«. In: *Meier* 1992, Heft 2, S. 37.

Pflanz 1992b
Pflanz, Katrin: »Krise am Mannheimer Schnawwel [sic]«. In: *Meier* 1992, Heft 1, S. 18.

Pflicht 1976
Pflicht, Stefan: *Kurfürst Carl Theodor und das deutsche Theater. Die Gründung des Nationaltheaters in Mannheim und München.* Reichling (Obb.) 1976.

Piccinni 1771
(Piccinni, Niccolò): *Gli Stravaganti. Azione comica per musica* [...]. Mannheim 1771.

Pichler 1879
Pichler, Anton: *Chronik des Großherzoglichen Hof- und Nationaltheaters in Mannheim. Zur Feier seines hundertjährigen Bestehens am 7. October 1879.* Mannheim 1879.

Pies 1973
Pies, Eike: *Prinzipale. Zur Genealogie des deutschsprachigen Berufstheaters vom 17. bis 19. Jahrhundert.* Ratingen/Kastellaun/Düsseldorf 1973.

Piper 1981
Piper, Wulf: *Gotthold Ephraim Lessing 1729 bis 1781*. Ausstellung im Lessinghaus. Wolfenbüttel/Braunschweig 1981.

Pöllnitz 1738
Pöllnitz, Karl Ludwig von: *Lettres et Mémoires du Baron de Pöllnitz, contenant Les observations qu'il a faites dans ses Voyages, et le caractère des Personnes qui composent les principales cours de l'Europe*. 5. Aufl. Bd. 1. Frankfurt 1738.

Popp 1996
Popp, Christoph: *Der Mannheimer Altertumsverein 1859–1949. Regionale Forschungen, Sozialstruktur und Geschichtsbild eines Historischen Vereins* (= Mannheimer historische Forschungen 10). Mannheim 1996.

Prieberg 1982
Prieberg, Fred K.: *Musik im NS-Staat.* Frankfurt am Main 1982.

Raab-Frank 1984
Raab-Frank, Bärbel: »Eine Sängerin macht in Mannheim Karriere. Die Lehrjahre der Karoline Jagemann am Nationaltheater in den Jahren 1791 bis 1796«. In: *Mannheimer Morgen,* Weihnachtsbeilage vom 24. Dezember 1984.

Räuberhöhle 1964
Hoppner, Erwin: *Die Räuberhöhle zu Mannheim. 125 Jahre Höhlengeschichte 1839–1964.* Mannheim 1964.

Räuchle 1981a
Räuchle, Susanne: »Kunst und Kultur zündeten in der Alten Feuerwache«. In: *Mannheimer Morgen* vom 11. Mai 1981.

Räuchle 1981b
Räuchle, Susanne: »Der Schnawwl hat ein Dach überm Kopf«. In: *Mannheimer Morgen* vom 25. April 1981.

Ratsprotokolle
Ratsprotokolle der Stadt Mannheim. Stadtarchiv Mannheim.

Reden-Esbeck 1881/1985
Reden-Esbeck, Friedrich Johann von: *Caroline Neuber und ihre Zeitgenossen. Ein Beitrag zur deutschen Kultur- und Theatergeschichte*. Leipzig 1881. Nachdruck Leipzig 1985.

Reichard 1777
(Reichard, Heinrich August Ottokar): *Taschenbuch für die Schaubühne auf das Jahr 1777.* Gotha (1777).

Riaucour 1760
[Riaucour, Andreas von]: ›*Des Legations=Raths von Riaucour Abschickung an den Chur=-Pfälzischen Hof und dessen daselbst geführte Negociation betr.*‹ Staatsarchiv Dresden. Geheimes Kabinett (Loc. 2624, Bd. 14, 1760).

Rieger 1824
Rieger, J.G.: *Historisch-topographisch-statistische Beschreibung von Mannheim und seiner Umgebung* [...]. Mannheim 1824, S. 235–243 und S. 360–371.

Rischbieter 1968
Rischbieter, Henning (Hrsg.): *Bühne und bildende Kunst im 20. Jahrhundert.* Velber 1968.

Rudin 1978
Rudin, Bärbel: »Seefahrt auf trockenen Meeren. Zur Theaternautik im 19. Jahrhundert«. In: *Bühnentechnische Rundschau* 1978, Heft 1, S. 8–11.

Rudin 1994
Rudin, Bärbel: »Aus Joseph Mühldorfers Mannheimer Dekorationsatelier. Zum Verhältnis von Invention und szenischer Realisation am Beispiel von Lortzings ›Undine‹«. In: *Bühnentechnische Rundschau,* 1994, Heft 1, S. 23–26.

Rückblick 1890
Rückblick und Statistischer Bericht über die 50jährige bürgerliche Verwaltungsperiode des Großherzogl. Hof- und National-Theaters zu Mannheim. 1839–1889. Mannheim 1890.

Rückblick 1996
Nationaltheater Mannheim und Freunde und Förderer des Nationaltheaters Mannheim e.V. (Hrsg.): *Rückblick auf die Spielzeiten 1992/93–1995/96.* Darmstadt 1996.

Saarbrücken 1943
Rezension *Saarbrücker Zeitung* vom 3. Dezember 1943.

Schadt 1996
Schadt, Jörg: Einführung: In: Schadt, Jörg (Hrsg.): *Das Nationaltheater Mannheim. Abriß seiner Geschichte und Führer zu den im Stadtarchiv Mannheim verwahrten Unterlagen* (= Kleine Schriften des Stadtarchivs Mannheim, 6). Mannheim 1996, S. 9–12.

Schadt/Martin 1987
Schadt, Jörg/Martin, Michael: »Übersicht über die Quellen im Stadtarchiv Mannheim zur Geschichte der Juden«. In: Watzinger, Karl Otto: *Geschichte der Juden in Mannheim 1650–1945.* Stuttgart/Berlin/Köln/Mainz 1987, S. 161–176.

Schäfer 1975
Schäfer, Walter Erich: *Bühne eines Lebens. Erinnerungen.* Stuttgart 1975.

Schauburg
Mannheimer Morgen (Hrsg.): *Theater in der Schauburg. Elf Jahre Nationaltheater Mannheim im Spiegel des »Mannheimer Morgen« 1945–1956.* Mannheim (1956/1957).

Schläder 1992
Schläder, Jürgen: »Kontinuität der Geschichte? Die Oper in München, ihre Veranstalter und ihr Publikum«. In: Zehetmair, Hans/Schläder, Jürgen (Hrsg.): *Nationaltheater. Die Bayerische Staatsoper.* München 1992, S. 9–20.

Schmidt 1989
Schmidt, Eberhard: »Harry Kupfer – Opernregisseur. Eine biographische Skizze«. In: Lummer, Rupert: *Harry Kupfer* (= Regie im Theater). Frankfurt am Main 1989.

Schmidt/Weber 1995
Schmidt, Dörte/Weber, Brigitta (Hrsg.): *Keine Experimentierkunst. Musikleben an städtischen Theatern in der Weimarer Republik.* Stuttgart/Weimar 1995.

Schmitt 1990
Schmitt, Peter: *Schauspieler und Theaterbetrieb. Studien zur Sozialgeschichte des Schauspielerstandes im deutschsprachigen Raum 1700–1900* (= *Theatron*. Studien zur Geschichte und Theorie der dramatischen Künste 5). Tübingen 1990.

Schnawwl 1994
Schnawwl: *Schnawwl-Theater am Nationaltheater Mannheim: Jugendclubs an Theatern.* Dokumentation des 4. Treffens im *Schnawwl* am Nationaltheater Mannheim 8.–13. Juni 1993. Mannheim 1994.

Schönfeldt 1979
Schönfeldt, Heinz: »Zum Auftakt heißt es Hau den Lukas«. In: *Mannheimer Morgen* vom 2. Februar 1979.

Schönfeldt 1980a
Schönfeldt, Heinz: »Jürgen Bosses Dank ans Mannheimer Publikum. Die Pläne des Schauspiels, des Kinder- und Jugendtheaters für die kommende Saison«. In: *Mannheimer Morgen* vom 9. Mai 1980, S. 40.

Schönfeldt 1980b
Schönfeldt, Heinz: »Der Kalif auf dem Gabelstapler«. In: *Mannheimer Morgen* vom 2. Dezember 1980.

Schönfeldt 1982
Schönfeldt, Heinz: »Zwei Kinder brennen durch«. In: *Mannheimer Morgen* vom 29. März 1982.

Schönfeldt 1984
Schönfeldt, Heinz: »Auf, durch den Heulerwald zum großen Zauberer!« In: *Mannheimer Morgen* vom 16. Januar 1984.

Schönfeldt 1990
Schönfeldt, Heinz: »Der Schnawwl tönt auf neue Weise«. In: *Mannheimer Morgen* vom 7. September 1990.

Schrenk 1997
Schrenk, Christhardt: *Schatzkammer Salzbergwerk. Kulturgüter überdauern in Heilbronn und Kochendorf den Zweiten Weltkrieg* (= Quellen und Forschungen zur Geschichte der Stadt Heilbronn 8). Heilbronn/Weinsberg 1997.

Schüler 1956
Schüler, Hans: »Das alte und das neue Nationaltheater«. In: *Mannheimer Hefte* 1956, Heft 1, S. 12–16.

Schulz 1959
Schulz, Günter: »Theaterbau im Wandel der Zeit«. In: *Verband deutscher Volksbühnenvereine* 1959, Heft 20, S. 1–21.

Schweizer 1955
Schweizer, Otto Ernst: »Zum zweiten Entwurf für das Nationaltheater Mannheim«. In: *Moderne Architektur »Kunstwerk-Schriften«* 49/50 (1955), S. 77–79. Baden-Baden.

Senftleben 1994
Senftleben, Sabine: *Die Entwicklung des Nationaltheaters Mannheim, Schauspielhaus. Überlegungen [zu] einer Dramaturgie des Raumes.* Maschinenschriftliche Diplomarbeit im Studiengang Theater- und Veranstaltungstechnik, Fachbereich Maschinenbau an der technischen Fachhochschule Berlin. Berlin 1994.

Senk 1983
Senk, Illa: »Vor 40 Jahren – 700 Menschen obdachlos. Im Bombenhagel starb auch die Schauspielerin Lene Blankenfeld«. In: *Mannheimer Morgen* vom 16./17. April 1983, S. 27.

Senk 1997
Senk, Illa: »übrigens...«. In: *Mannheimer Morgen* vom 15. Januar 1997, S. 15.

Sitzungen/Beschlüsse
Stadtgemeinde Mannheim: *Einladungen zu Sitzungen des Bürger-Ausschusses, Vorlagen für den Bürger-Ausschuß und Beschlüsse des Bürger-Ausschusses 1873–1933* (Reiss-Museum Mannheim, Mannheimer Altertumsverein, Sign. M 830 und C 277 c).

Sommerfeld 1927
Sommerfeld, Kurt: *Die Bühneneinrichtungen des Nationaltheaters unter Dalbergs Leitung (1778–1803)* (= Schriften der Gesellschaft für Theatergeschichte 36). Berlin 1927.

Sous 1985
Sous, Alfred: »Die Musikalische Akademie des Nationaltheaters Mannheim e.V.«. In: *Das Orchester* 3 (1985), S. 263–264.

Sous 1988
Sous, Alfred: *Das Bayreuther Festspielorchester. Geschichte und Gegenwart*. Hof an der Saale 1988.

Spieß 1992
Spieß, Pirmin (Hrsg.): *Mannheim im Umbruch. Die frühe badische Zeit*. Mannheim 1992.

StadtA 1
Stadtarchiv Mannheim, Nachlaß Walter, »Persönliches und Handakten«, 53 (zur Zeit der Bearbeitung – 1997 – im Gegensatz zu StadtA 3 und StadtA 4 noch unfoliiert).

StadtA 2
Stadtarchiv Mannheim, Nachlaß Walter, »Persönliches und Handakten«, 21 (zur Zeit der Bearbeitung – 1997 – noch unfoliiert, siehe oben).

StadtA 3
Stadtarchiv Mannheim, Wissenschaftliche Stadtbibliothek, Zugang 10/1971, Nr. 113.

StadtA 4
Stadtarchiv Mannheim, Wissenschaftliche Stadtbibliothek, Zugang 21/1968, Nr. 40.

Stadtgeschichtliches Museum 1908
Mannheimer Altertumsverein (Hrsg.): *Führer durch das Stadtgeschichtliche Museum in Mannheim*. Mannheim 1908.

Stahl 1929
Stahl, Ernst Leopold: *Das Mannheimer Nationaltheater. Ein Jahrhundert deutscher Theaterkultur im Reich*. Mannheim/Berlin/Leipzig 1929.

Stahl 1940
Stahl, Ernst Leopold: *Das Europäische Mannheim. Die Wege zum deutschen Nationaltheater. Die klassische Zeit des Mannheimer Theaters*. Erster Teil (mehr nicht erschienen). Mannheim 1940.

Stommer 1985
Stommer, Rainer: *Die inszenierte Volksgemeinschaft. Die »Thing-Bewegung« im Dritten Reich*. Marburg 1985.

Storck 1914
Storck, Willi Friedrich: »Bühne und Bild«. In: Höhn, Karl (Hrsg.): *Jahrbuch Mannheimer Kultur* 1913. Mannheim 1914. S. 31–39.

Stubenrauch 1954
Stubenrauch, Herbert: *Nationaltheater Mannheim 1779–1954* (= *Bühnenblätter für die Spielzeit 1953/1954* – Jubiläumsausgabe, Nr. I). Hrsg. vom Nationaltheater Mannheim. Mannheim (1954).

Stubenrauch 1955
Stubenrauch, Herbert: »Mein Klima ist das Theater. Schiller und Mannheim«. In: Drese, Claus Helmut (Red.): *Nationaltheater Mannheim. Bühnenblätter für die Spielzeit 1954/55*. Sonderausgabe zum 150. Todestag Friedrich Schillers. Mannheim (1955).

Stuckenschmidt 1957
Stuckenschmidt, Hans Heinz: *Glanz und Elend der Musikkritik. – Der Verfall des musikalischen Geschmacks*. Berlin-Halensee/Wunsiedel 1957.

Sucher 1995
Sucher, C. Bernd: *Das Theater der achtziger und neunziger Jahre*. Frankfurt am Main 1995.

Svoboda 1989
Svoboda, Karl Joseph: *Prinzessinnen und Favoritinnen. Kurpfälzische Frauengestalten am Mannheimer Hof*. Mannheim 1989.

Taschner-Striedl 1991
Taschner-Striedl, Karin: *Die bühnentechnischen Projekte von Adolf Linnebach* (= Europäische Hochschulschriften. Reihe 30, Theater-, Film- und Fernsehwissenschaften 41). Diss. Frankfurt am Main/Bern/New York/Paris 1991.

Theaterfrage 1871
Anonym: *Die Theaterfrage. Betrachtungen über die Mannheimer Bühne*. Mannheim 1871.

Theater Kalender 1795
Theater Kalender. Mannheim 1795.

Theater-Lexikon 1991
Schwab, Lothar/Weber, Richard: *Theater-Lexikon. Kompaktwissen für Schüler und junge Erwachsene*. Frankfurt am Main 1991.

Theatersammlungen 1990
Homering, Liselotte (Hrsg.): *Theatersammlungen und Öffentlichkeit. Les Collections Théâtrales et le Public. Theatre Collections and the Public. Bericht des 17. Internationalen SIBMAS-Kongresses in Mannheim 1988*. Heidelberg 1990.

Theaterstatistik 1993/94
Deutscher Bühnenverein – Bundesverband Deutscher Theater (Hrsg.): *Theaterstatistik 1993/94*, Heft 29. Köln 1996.

Theaterzeitung 1979
Nationaltheater Mannheim: *200 Jahre Nationaltheater Mannheim 1779–1979*. Jubiläumsspielzeit 1979/80. Nr. 1 (September/Oktober 1979).

Theaterzeitung 1981
Nationaltheater Mannheim: »Unser Weihnachtsstück: Spaghetti mit Ketchup vom Grips Theater Berlin«. In: *Nationaltheater Theaterzeitung* 1981/82, Nr. 4 (Dezember 1981).

Theaterzeitung 1990
Nationaltheater Mannheim: »Eine Frage, Herr Geiger!« In: *Nationaltheater Theaterzeitung* 1989/90, Nr. 6 (Februar 1990).

Theaterzeitung 1992
Nationaltheater Mannheim: »Lebt wohl [...]«. In: *Nationaltheater Theaterzeitung* 1991/92, Nr. 10 (Juni/Juli 1992).

Theaterzeitung 1995
Nationaltheater Mannheim (Hrsg.): *Motive* 1995/96, Nr. 1 (September 1995). Darin: «Jespers Dusel», S. 10.

Theaterzeitung 1996
Nationaltheater Mannheim (Hrsg.): *Motive* 1995/96, Nr. 4 (Januar 1996). Darin: Interview mit Günter Jankowiak, S. 10.

Theaterzeitungen
Nationaltheater Mannheim (Hrsg.): *Theaterzeitungen 1968/69–1992/93* und *1994/95–1996/97* (Spielzeit 1993/94 keine Theaterzeitung erschienen).

Thslg. Chronik
Reiss-Museum Mannheim, Theatersammlung: Pressearchiv »Nationaltheater Mannheim Chronik«.

Thslg. Premierendatei
Reiss-Museum Mannheim, Theatersammlung: Datei aller Premieren des Nationaltheaters von 1778 bis zur Gegenwart.

Thslg. Theaterzettelbände
Reiss-Museum Mannheim, Theatersammlung: Theaterzettelbände »Braune Reihe« 1779–zur Zeit 1983 und »Grüne Reihe« 1781–1877.

Tillmann 1958
Tillmann, Curt: *Rund um den photographischen Zauberkasten. Kindheitserinnerungen an das Atelier Tillmann-Matter in Mannheim* (= Schriften der Gesellschaft der Freunde Mannheims und der ehemaligen Kurpfalz, Mannheimer Altertumsverein von 1859, 5). Mannheim 1958.

Trumpfheller 1957
Trumpfheller, Jakob: »Die Vorgeschichte des Theater-Neubaues«. In: Drese, Claus Helmut (Hrsg.): *Das neue Nationaltheater. Festschrift zur Eröffnung des neuen Nationaltheaters am 175. Jahrestag der Uraufführung der »Räuber«*. Heidelberg 1957, S. 129–134.

Twain 1985
Twain, Mark: *Bummel durch Europa*. Frankfurt am Main 1985.

Verband 1958
Der 18. Volksbühnentag. Tagung des Verbandes der deutschen Volksbühnen-Vereine e.V. Mannheim 1958 (= Schriften des Verbandes [...] 8). Berlin (o. J.).

Vogt 1988
Vogt, Heribert: »Eine Jugend in Deutschland«. In: *Rhein-Neckar-Zeitung* vom 15. Februar 1988.

Wagner 1926
Wagner, Ludwig: *Der Szeniker Ludwig Sievert. Studie zur Entwicklungsgeschichte des Bühnenbildes im letzten Jahrzehnt*. Berlin 1926.

Walter 1898
Walter, Friedrich: *Geschichte des Theaters und der Musik am kurpfälzischen Hofe*. Leipzig 1898.

Walter 1899/1 und 2
Walter, Friedrich: *Archiv und Bibliothek des Grossh. Hof- und Nationaltheaters in Mannheim 1779–1839*. 2 Bde. Leipzig 1899.

Walter 1907/1, 2 und 3
Walter, Friedrich: *Mannheim in Vergangenheit und Gegenwart*. Jubiläumsgabe der Stadt. 3 Bde.
Bd. 1: *Geschichte Mannheims von den ersten Anfängen bis zum Übergang an Baden (1802)*.
Bd. 2: *Geschichte Mannheims vom Übergang an Baden (1802) bis zur Gründung des Reiches*.
Bd. 3 (im Auftrag des Stadtrates dargestellt vom Statistischen Amt): *Mannheim seit der Gründung des Reiches 1871–1907*. Mannheim 1907.
In Band 3: Walter, Friedrich: *XI. Kunst und Wissenschaft 4* und *5*: »Das Theater«. Und: »Das musikalische Leben«. S. 596–620.

Walter 1931
Walter, Friedrich: *Städtisches Schloßmuseum Mannheim. Kleiner Führer durch die Sammlungen*. Mannheim 1931.

Walter 1935
Walter, Friedrich: »Ferdinand Langer«:
In: *Badische Biographien* 6, Teil 1901–1910. [...], S. 417–419. Heidelberg 1935.

Walter I/1949
Walter, Friedrich: *Schicksal einer deutschen Stadt. Geschichte Mannheims 1907–1945*.
Bd. 1: (1907–1924). Frankfurt am Main 1949.

Walter II/1950
Walter, Friedrich: *Schicksal einer deutschen Stadt. Geschichte Mannheims 1907–1945*.
Bd. 2: (1925–1945). Frankfurt am Main 1950.

Walter 1952
Walter, Friedrich: *Aufgabe und Vermächtnis einer deutschen Stadt. Drei Jahrhunderte Alt-Mannheim*. Frankfurt am Main 1952.

Warrack 1976
Warrack, John: *Carl Maria von Weber*. Second Edition. Cambridge unda. 1976.

Watzinger 1987
Watzinger, Karl Otto: *Geschichte der Juden in Mannheim 1650–1945 [...]*.
Stuttgart/Berlin/Köln/Mainz 1987.

Weber 1953a
Weber, Gerhard: »Viele Pläne von zwei Kontinenten«. In: *Mannheimer Morgen* vom 7. Februar 1953, S. 4.

Weber 1953b
Weber, Gerhard: »Theaterentwürfe der Mannheimer Architekten«. In: *Mannheimer Morgen* vom 7. Februar 1953, S. 5.

Weber 1954
Weber, Gerhard: »Zwei gegensätzliche Theaterbau-Entwürfe stehen zur Diskussion«. In: *Mannheimer Morgen* vom 9. Februar 1954, S. 2.

Weber 1955
Weber, Gerhard: »Der Neubau des Nationaltheaters in Mannheim«. In: *Mannheimer Hefte* 1955, Heft 2, S. 31–34.

Welck 1993
Welck, Karin von: »Anna Reiss. Opernsängerin, Mäzenin, Ehrenbürgerin von Mannheim«. In: Thomas, Ilse (Hrsg.): *Stadt ohne Frauen? Frauen in der Geschichte Mannheims*. Mannheim 1993, S. 127–132.

Welck/Homering 1991
Welck, Karin v. und Liselotte Homering (Hrsg.): *176 Tage W. A. Mozart in Mannheim*. Ausstellungshandbuch und -katalog. Heidelberg 1991.

Wendt 1980
Wendt, Ernst: »Natürliche Feinde, verbündet«. In: *Die Zeit* 29, 11. Juli 1980, S. 25.

Werther 1911
Werther, Julius von: *Erinnerungen und Erfahrungen eines alten Hoftheater-Intendanten [...]*. Stuttgart 1911.

Wessling 1987
Wessling, Bernd W.: *Furtwängler. Eine kritische Biographie*. München 1987.

Würtz 1969
Würtz, Roland: *Ignaz Fränzl. Ein Beitrag zur Musikgeschichte der Stadt Mannheim (= Beiträge zur Mittelrheinischen Musikgeschichte* 12). Mainz 1969.

Würtz 1992
Würtz, Roland: »Die Organisation der Mannheimer Hofkapelle«. In: Finscher, Ludwig (Hrsg.): *Die Mannheimer Hofkapelle im Zeitalter Carl Theodors*. Mannheim 1992, S. 37–48.

Wulf 1989
Wulf, Joseph: *Kultur im Dritten Reich*. Band 4: *Theater und Film*. Bd. 5: *Musik*. Frankfurt am Main/Berlin 1989.

Wurst 1991
Wurst, Karin A. (Hrsg.): *Frauen und Drama im achtzehnten Jahrhundert*. Köln/Wien 1991.

Zemann 1993
Deutsches Theatermuseum München (Hrsg.): *Zemann-Portraits*. Ausstellungskatalog. München. Stuttgart 1993.

Zimmermann 1992
Zimmermann, Clemens: »Die Kommunalisierung des Nationaltheaters als stadthistorisches Problem. Vom Beginn der badischen Epoche bis in die 1840er Jahre«. In: Spieß, Pirmin (Hrsg.): *Mannheim im Umbruch. Die frühe badische Zeit. Mannheim* 1992, S. 73–94.

Autorinnen und Autoren der Sachbeiträge

Liselotte Homering

Dr. Claudia Balk
Theaterwissenschaftlerin, stellvertretende Direktorin des Deutschen Theatermuseums München

Dr. Herbert Beierbach
Architekt und Kunsthistoriker, 1994 Dissertation über *Das Nationaltheater in Mannheim. Baugeschichte und Wandel der architektonischen Gestaltung*

Lutz Beutling
Dipl.-Verwaltungswirt, Verwaltungsdirektor des Nationaltheaters Mannheim von 1988 bis 1996

Karl Bossert
Bankdirektor i.R., seit 1955 Vorstandsmitglied, seit 1968 Vorsitzender der *Theatergemeinde für das Nationaltheater Mannheim e. V.*

Waltraud Brunst
Musikjournalistin und freie Mitarbeiterin der Kulturredaktion des *Mannheimer Morgen*

Dr. Sibylle Dahms
Musikwissenschaftlerin, Leiterin der Abteilung Tanz und Musiktheater des Instituts für Musikwissenschaft an der Universität Salzburg und der *Derra de Moroda Dance Archives* Salzburg

Dr. Konrad Dussel
Historiker und Theaterhistoriker, Universität Mannheim

Prof. Dr. Michael Hampe
Intendant des Nationaltheaters Mannheim von 1972 bis 1975 und Direktor der *Dresdner Musikfestspiele*

Kurt Heinz
Musik-, Theater- und Kunstkritiker sowie Leiter der Feuilletonredaktion und Musikkritiker des *Mannheimer Morgen* von 1947 bis 1986

Wilhelm Herrmann, M.A.
Journalist, Literaturwissenschaftler und Theaterhistoriker, Leiter der Theatersammlung des Reiss-Museums Mannheim von 1973 bis 1985

Edwin Hoffmann
Dekorationsmeister am Nationaltheater Mannheim, Initiator und Betreuer des Seniorenkreises des Hauses seit 1969

Ulla Hofmann
Mitglied der Wirtschaftsredaktion der *Frankfurter Allgemeinen Zeitung* und stellvertretende Vorsitzende der *Freunde und Förderer des Nationaltheaters Mannheim e. V.*

Liselotte Homering
Literaturwissenschaftlerin und Theaterhistorikerin, Konservatorin, Leiterin der Theatersammlung des Reiss-Museums Mannheim seit 1985

Alfred Huber
Redakteur sowie Theater- und Kunstkritiker des *Mannheimer Morgen*

Susanne Kaulich
Literatur- und Musikwissenschaftlerin, Dramaturgin und Musikjournalistin

Dr. Jürgen Kirschner
Literaturwissenschaftler und Pädagoge, wissenschaftlicher Dokumentar am *Kinder- und Jugendtheaterzentrum in der Bundesrepublik Deutschland,* Frankfurt am Main

Joachim Klement
Literatur- und Theaterwissenschaftler, Ltd. Dramaturg und Stellvertreter des Schauspieldirektors des Nationaltheaters Mannheim seit 1996

Bruno Klimek
Schauspieldirektor des Nationaltheaters Mannheim seit 1996

Heide Koch
Literaturwissenschaftlerin und Historikerin, Dramaturgin, Referentin für Marketing und Sponsoring am Nationaltheater Mannheim seit 1996

Stefan Koch
Literatur- und Musikwissenschaftler, Kunsthistoriker, Leiter der Kulturredaktion des *Mannheimer Morgen*

Dr. Wilhelm Kreutz
Literaturwissenschaftler und Historiker, Privatdozent, Forschungsprojekt »Geschichte der Juden im napoleonischen Zeitalter«

Andreas Krock, M.A.
Kunsthistoriker, wissenschaftlicher Mitarbeiter der Theatersammlung des Reiss-Museums Mannheim

Prof. Dr. Silke Leopold
Musikwissenschaftlerin, Ordinaria des Musikwissenschaftlichen Instituts der Universität Heidelberg

Jun Märkl
Generalmusikdirektor und Operndirektor des Nationaltheaters Mannheim seit 1994

Georg Metz
Opernchordirektor des Nationaltheaters Mannheim seit 1992

Arnold Petersen
Intendant und Generalintendant des Nationaltheaters Mannheim von 1975 bis 1992

Dr. Stefan Ritter
Dipl.-Ing. Maschinenbau, Dr. Ing., Technischer Direktor des Nationaltheaters Mannheim seit 1996

Eduard Roth
Beleuchtungsobermeister sowie Leiter des Beleuchtungswesens am Nationaltheater Mannheim von 1956 bis 1997

Dr. Michael Winrich Schlicht
Schauspieldirektor am Mannheimer Nationaltheater von 1992 bis 1996, seit der Spielzeit 1997/98 Intendant des Volkstheaters in Rostock

Heinz Schönfeldt
Redakteur, Theater- und Kunstkritiker, Leiter der Feuilletonredaktion des *Mannheimer Morgen* i.R.

Klaus Schultz
Generalintendant des Nationaltheaters Mannheim von 1992 bis 1996, Staatsintendant des Bayerischen Staatstheaters am Gärtnerplatz München seit 1996

Ulrich Schwab
Generalintendant des Nationaltheaters Mannheim seit 1996

Reinhard Stenzel
Geschäftsführer der *Theatergemeinde für das Nationaltheater Mannheim e.V.*

Prof. Dr. Achim Weizel
Chefarzt der Medizinischen Klinik des Heinrich-Lanz-Krankenhauses seit 1980 und Vorsitzender der *Freunde und Förderer des Nationaltheaters Mannheim e.V.*

Prof. Dr. Karin v. Welck
Ethnologin und Linguistin, Ltd. Direktorin des Reiss-Museums Mannheim seit 1990

Personenregister[1]

Liselotte Homering

[1] *Römisch-arabische Zahlenkombinationen verweisen auf die Farbabbildungsteile.*

C

Verzeichnis der Fotografen

Liselotte Homering

Nicht alle Autoren der in diesem Buch abgebildeten Fotografien lassen sich exakt nachweisen. Soweit sie jedoch eindeutig zu identifizieren waren, sind sie hier für alle an der Theaterfotografie Interessierten in alphabetischer Reihenfolge ausgewiesen.

An dieser Stelle danken die Herausgeberinnen besonders Hans-Jörg Michel, der seine zum Teil noch nicht in der Theatersammlung vorhandenen Fotografien in überaus großzügiger Weise für dieses Publikationsprojekt zur Verfügung gestellt hat.

Die Zahlen hinter dem Namen bezeichnen die Seite, auf der die Fotografie abgebildet ist.

talbot

» *so geht kein mann zu ende den keuschheitsgürtel*
über die Augen gestanzt den panzer vollgepisst
mit blut in das die jungfrau ihre fahne taucht die
heilgen lippen ohne scham & ihre edle brust an
der der krieg sich nährt mit unschuld doch mit
feuerzungen auch wenn dieser schöne schein wie
ich zerfällt zuletzt zu einer handvoll leichten
staubs dem nichts in das wir gehen «

Das Theater-Gedicht talbot *von Albert Ostermaier entstand im Anschluß an die Eröffnung der Spielzeit 1996/97 mit Schillers* Die Jungfrau von Orleans. *Regie: Bruno Klimek; es wird hier zum ersten Mal veröffentlicht.*